# 1951–2013

# 广西价格调查资料汇编

GUANGXI JIAGE DIAOCHA ZILIAO HUIBIAN

公开版

（第一册）

国家统计局广西调查总队　编

广西人民出版社

# 《广西价格调查资料汇编（公开版）（1951—2013）》

## 编辑委员会及编委人员名单

**编辑委员会**

主　　任：邹伟忠 杨京凯

副 主 任：何永东 梁开光 李建茂 杨锡虹 程兴华

主　　编：梁开光

副 主 编：彭金娥 苏小玲

编　　委：彭金娥　苏小玲　苏然荣　黄岚兰　蒋志华　陆俊全
金庆全　刘　剑　陈　钧　肖静月　杨宁琳　李　辉
骆　洁

**编辑工作人员**

责任编辑：彭金娥　苏小玲

执行编辑：蒋志华　陈　钧

编辑人员：黄岚兰　蒋志华　陈　钧　肖静月　杨宁琳　司丽锋　李　辉
骆　洁

**图书在版编目（CIP）数据**

广西价格调查资料汇编：1951-2013/ 国家统计局广西调查总队编 .—南宁：广西人民出版社，2014.12

ISBN 978-7-219-09288-0

Ⅰ . ①广… Ⅱ . ①国… Ⅲ . ①价格 - 统计资料 - 汇编 - 广西 -1951~2013 Ⅳ . ① F726.762

中国版本图书馆 CIP 数据核字 (2014) 第 312690 号

策　　划　李　洁
责任编辑　韦洁琳
责任校对　兰　震

---

出版发行　广西人民出版社
社　　址　广西南宁市桂春路 6 号
邮　　编　530028
印　　刷　广西发展改革委机关服务中心印刷厂
开　　本　889mm × 1194mm　1/16
印　　张　116.25
字　　数　1600 千字
版　　次　2014 年 12 月　第 1 版
印　　次　2014 年 12 月　第 1 次印刷

---

ISBN　978-7-219-09288-0/F · 1154
总定价：800 元（全三册）

# 编 者 说 明

一、《广西价格调查资料汇编（公开版）（1951—2013）》是国家统计局广西调查总队编辑出版的大型价格指数历史资料年鉴，收录了1951—2013年广西流通消费价格、工业生产者价格、固定资产投资价格等指数资料。

二、全书内容分为两篇和附录即：第一篇广西价格调查；第二篇价格指数；附录1：1985—2013年全国及各省居民消费价格和商品零售价格指数；附录2：1985—2013年全国工业生产者价格指数；附录3：1991—2013年部分国家居民消费价格指数；附录4：广西CPI波动规律及对策研究。

三、由于各年价格调查方法制度均有不同程度的修改或变动，一些价格指数的分类资料存在前后不衔接、不连贯的情况，编辑时尽量保持历史原貌。本套资料保持当时的价格指数分类，并收录了大、中、小、部分基本分类等价格指数资料。

四、考虑到一些市(县)已自行编制本地区的价格指数年鉴，所以本套资料只收录南宁市、柳州市、鹿寨县、桂林市、全州县、梧州市、北海市、合浦县、防城港市、钦州市、贵港市、玉林市、博白县、百色市、田阳县、贺州市、河池市、宜州市、来宾市、崇左市、扶绥县等21个广西主要市县的居民消费价格总指数和大类指数。

五、本套资料为公开版，分一、二、三册。

# 目录

## 第一篇 广西价格调查



## 第二篇 价格指数

## 1951—1978 年广西全区居民消费价格指数走势图

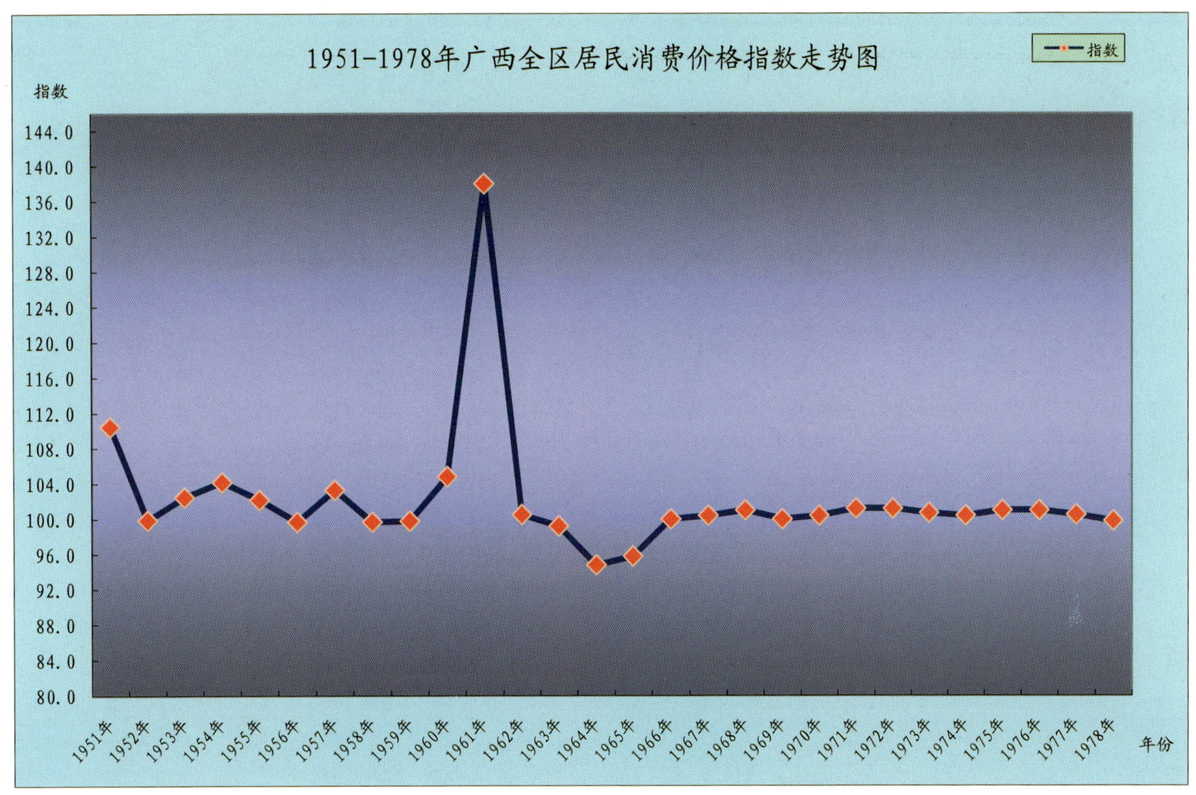


## 1979—2013 年广西全区居民消费价格指数走势图

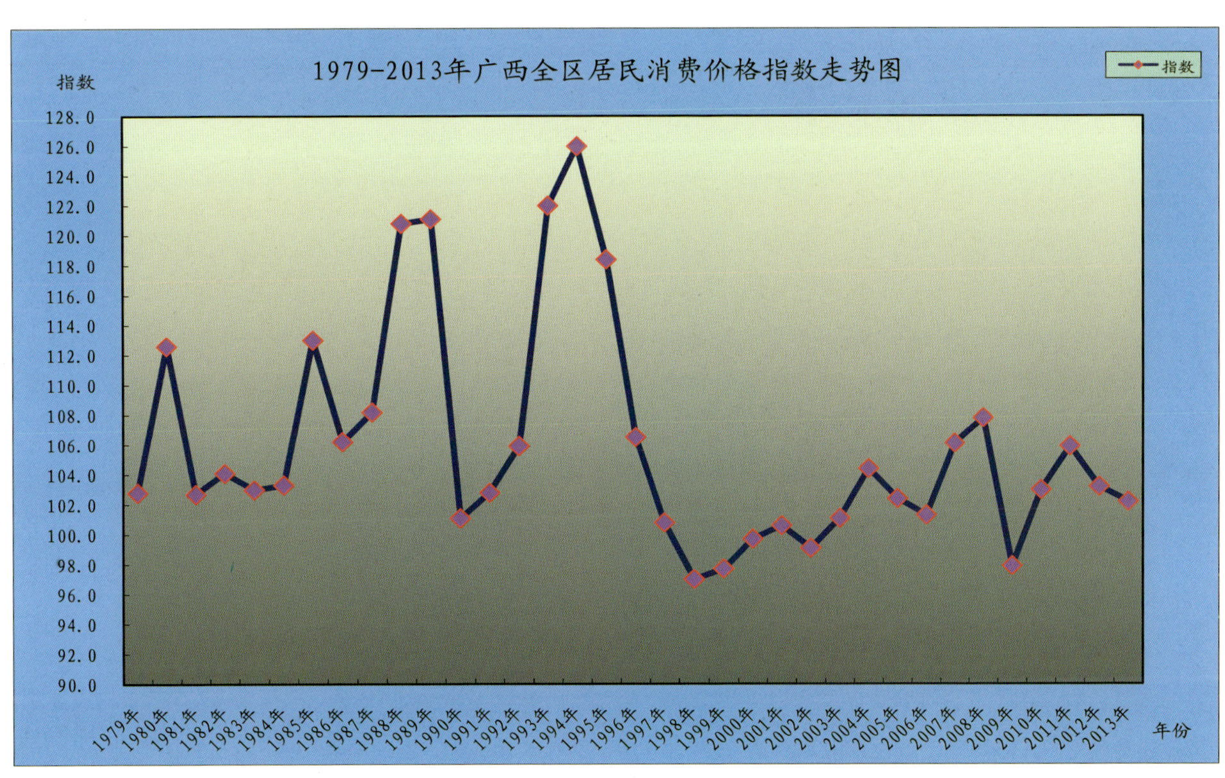

## 1951—1978 年广西全区商品零售价格指数走势图

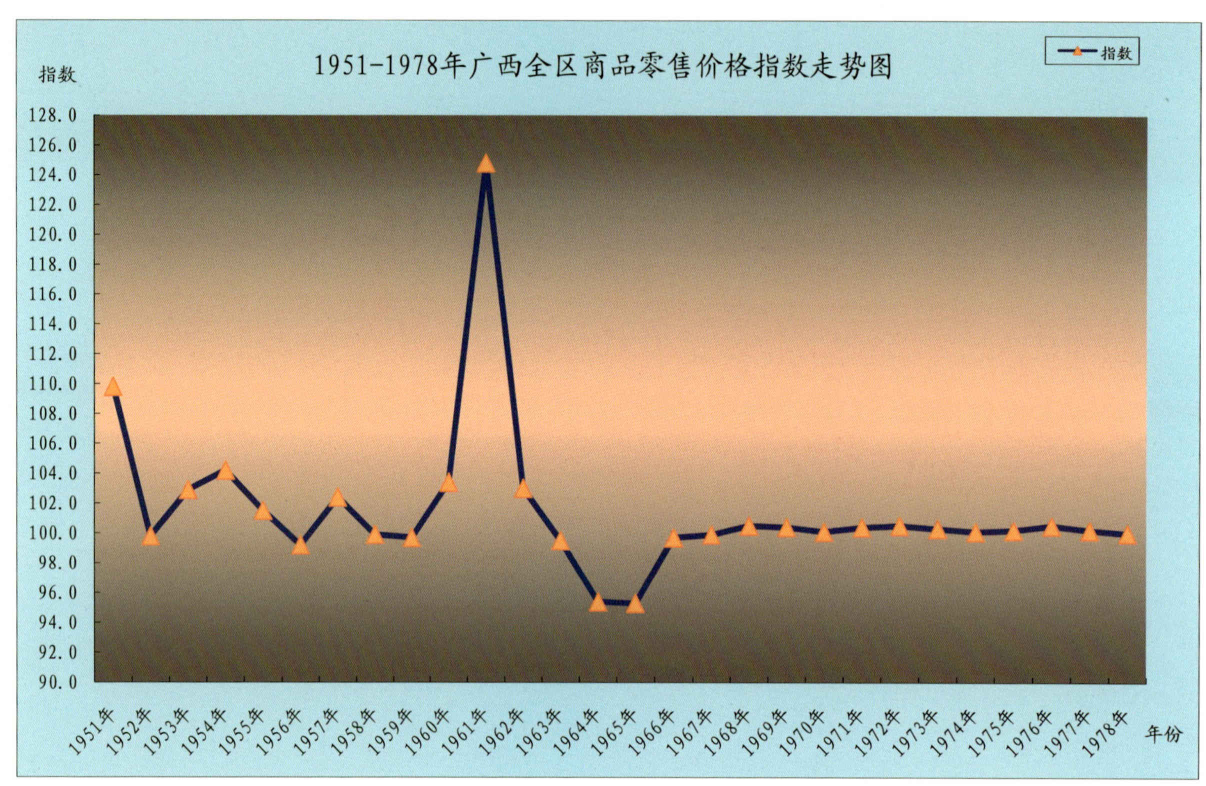


## 1979—2013 年广西全区商品零售价格指数走势图

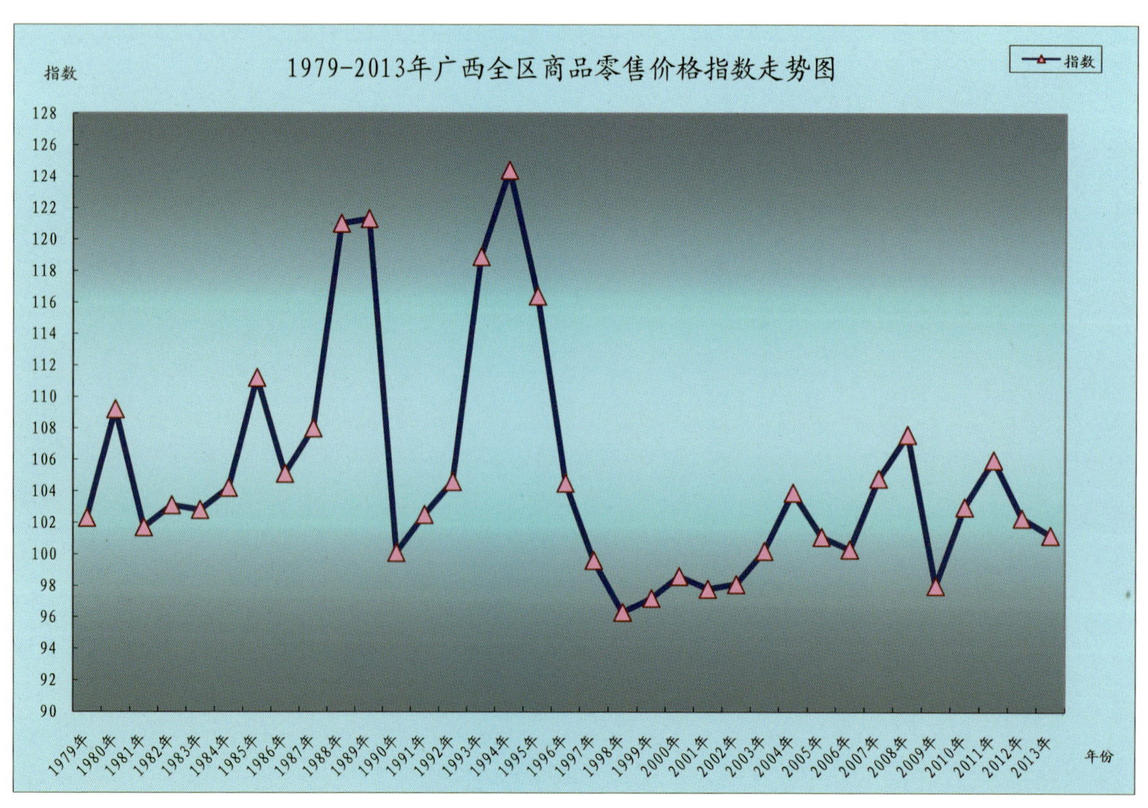

## 1985—2013 年全国及广西居民消费价格指数走势图

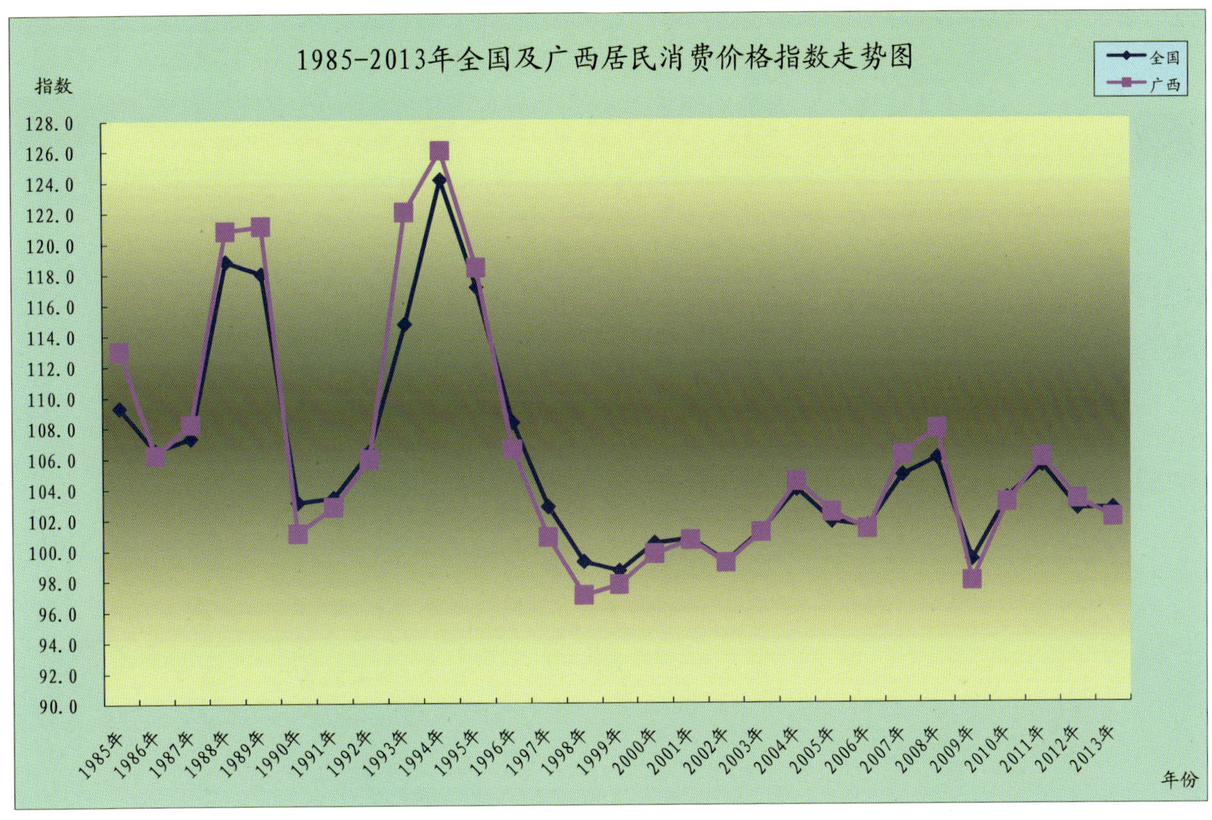


## 1985—2013 年全国及广西商品零售价格指数走势图

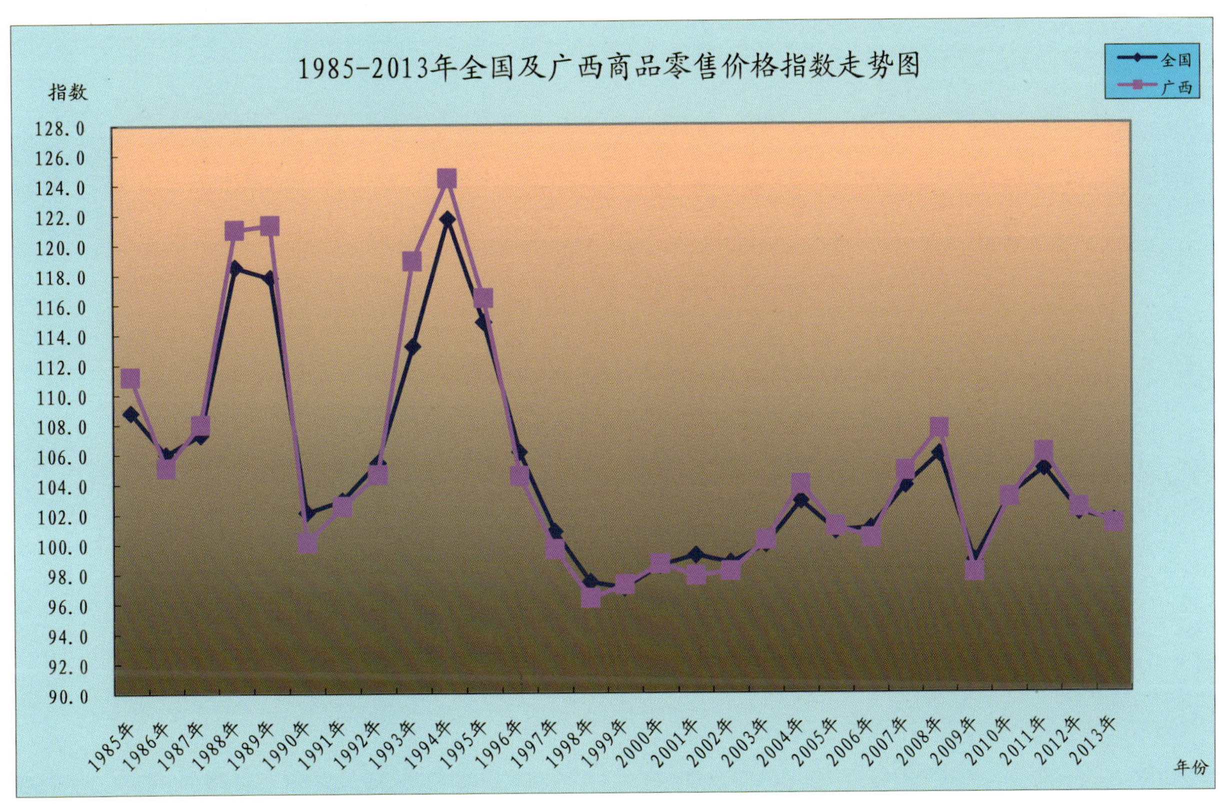

## 1990—2013 年广西工业生产者出厂价格指数走势图

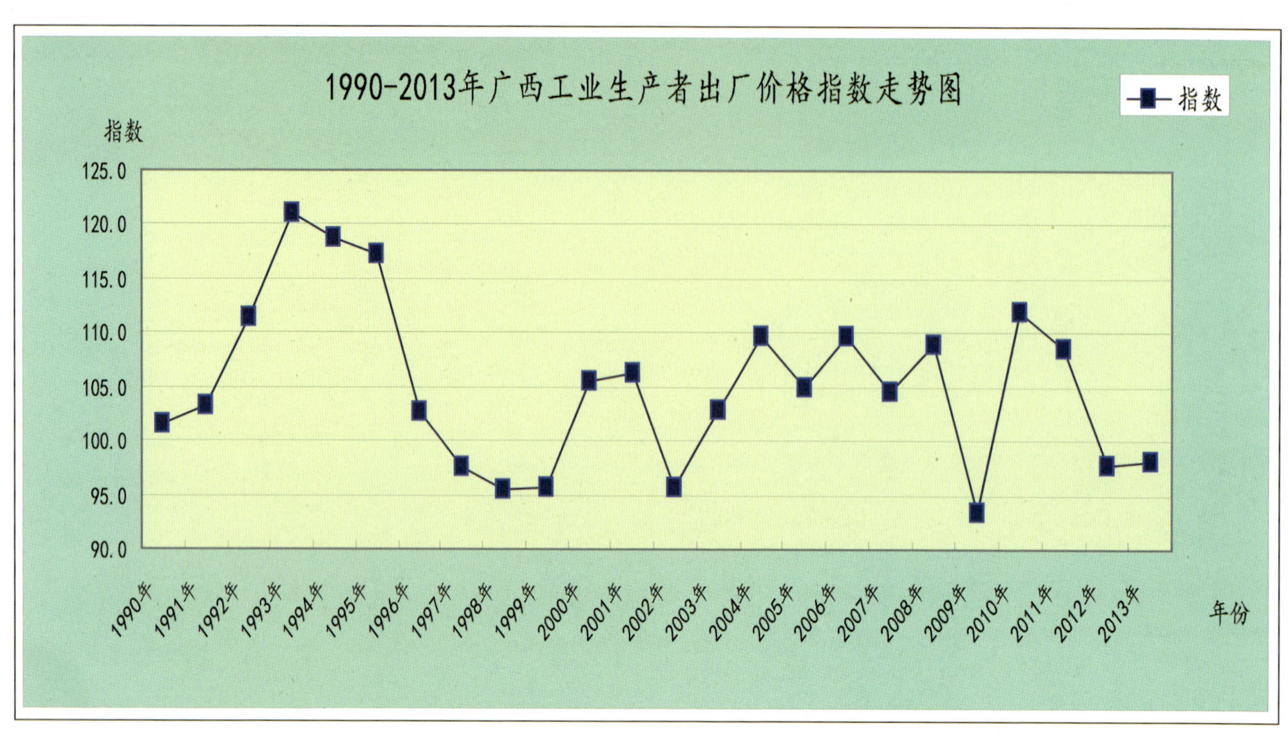


## 1990—2013 年广西工业生产者购进价格指数走势图

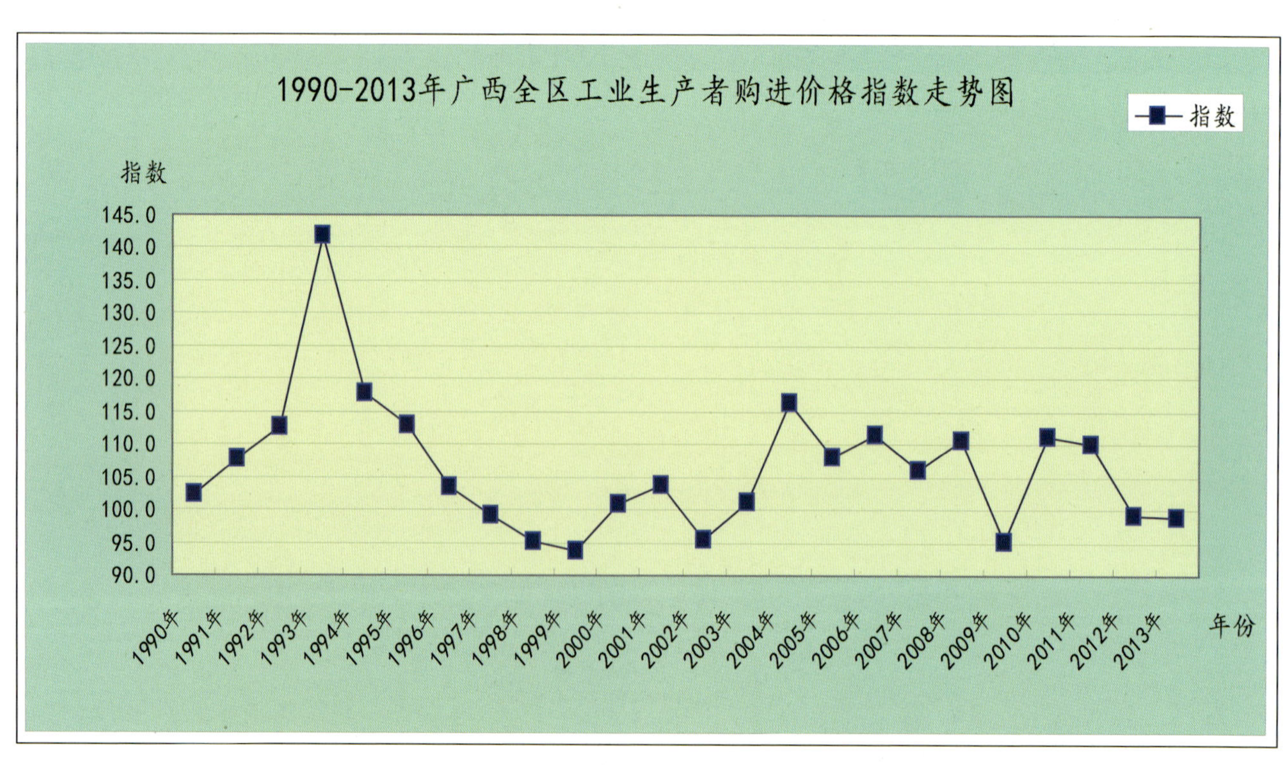

## 1990—2013 年全国及广西工业生产者出厂价格指数走势图

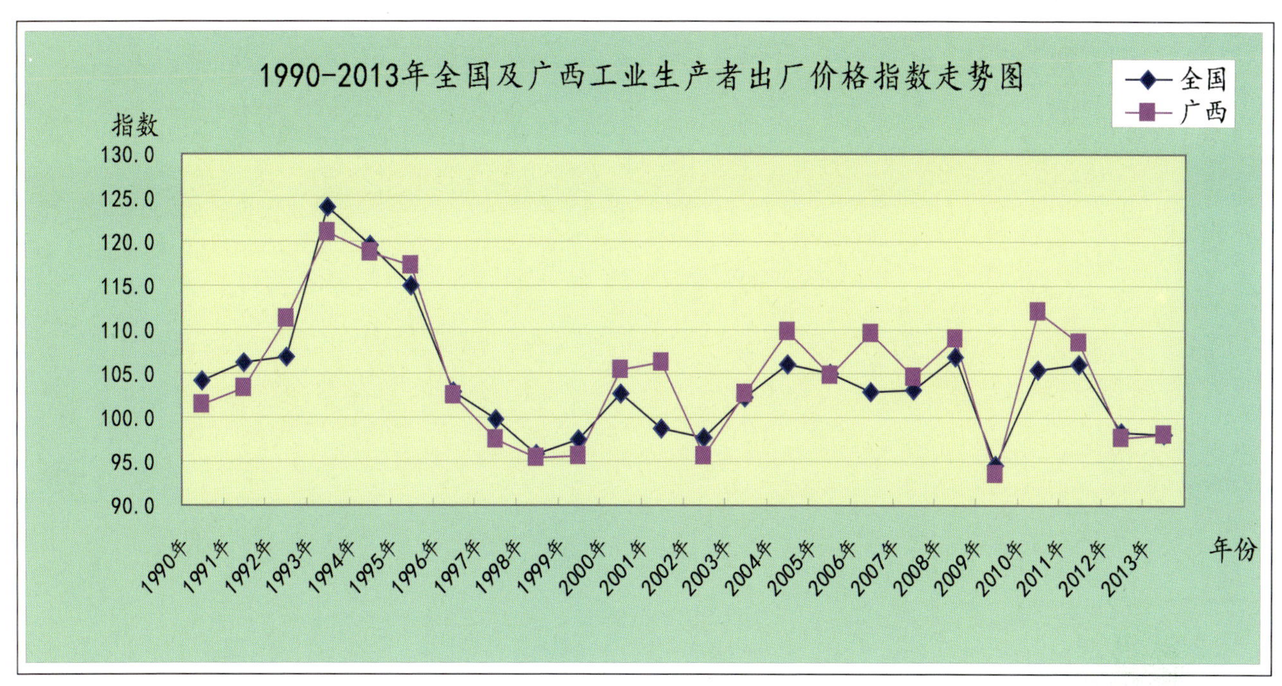


## 1990—2013 年全国及广西工业生产者购进价格指数走势图

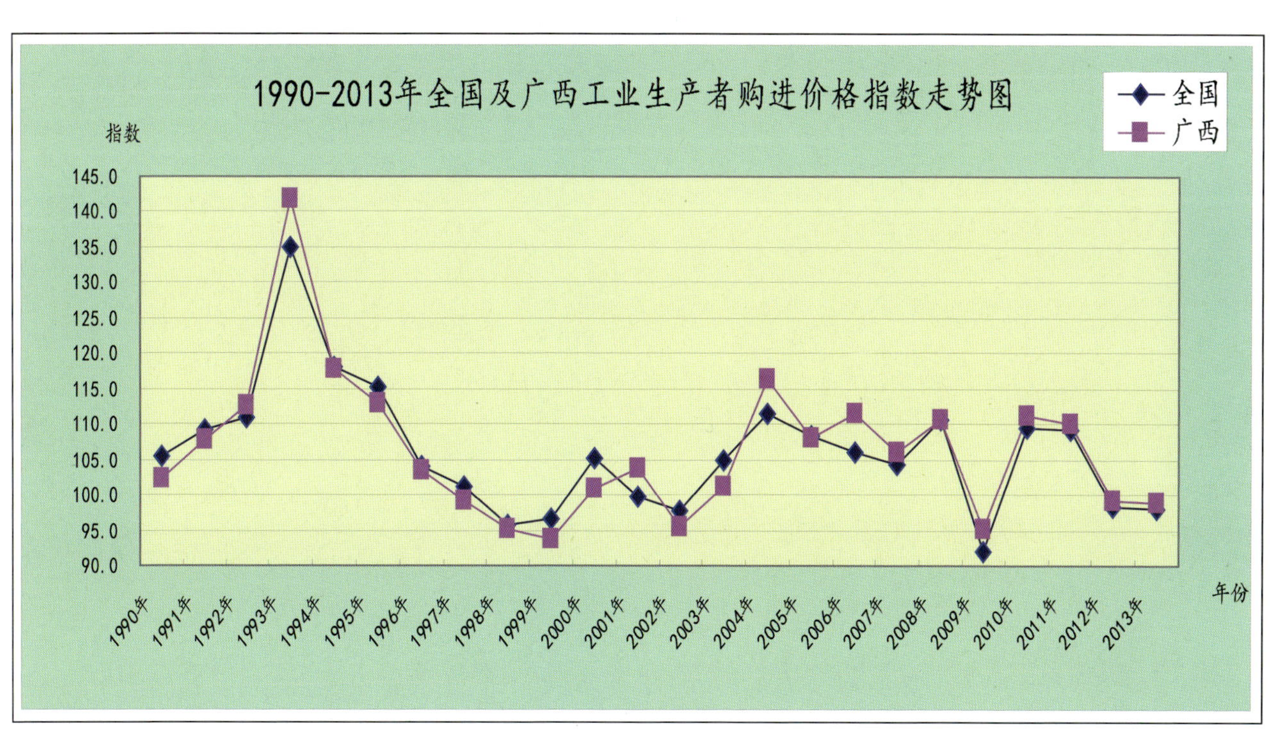

# 第一篇　价格调查工作概况

# 第一章　各时期广西流通消费价格调查统计工作概况

## 第一节　民国时期广西流通消费价格调查统计工作概况

广西物价统计工作始于民国23年（1934年），当时市场物价连续上升，国民党政府遂建立物价调查工作机构，分别在南宁进行趸售、零售价格调查；梧州、桂林、百色、贵县（今贵港市）、柳州、郁林（今玉林）、龙州、平乐等地进行零售价格调查。至民国24年，南宁首先编制趸售物价指数，民国25年，梧州也开始编制趸售物价指数，计算公式均采用简单几何平均法（下同），项目包括50种商品。

民国26年（1937）年7月，抗日战争爆发，各地物价因战争影响逐渐上升，至民国27年长势渐猛，如桂林市零售物价指数与民国26年上半年平均比较，民国27年升31.8%，民国28年升1.1倍，民国29年升2.9倍，民国30年8倍，民国31年涨31倍，民国32年165倍。国民党政府面临经济危机，进一步加强了物价统计工作，民国27年，桂林市开始编制趸售物价指数，并于民国28年追编桂林、南宁零售物价指数，项目包括50种商品。民国31年又按全国统一方案改编桂林市趸售国货价格指数、趸售国货外国货价格指数、零售国货价格指数及机关办公用品价格指数。

民国30年（1941年），按全国统一方案编制各重点市县（即桂林市、贺县、柳州、梧州、南宁、百色、靖西、龙州）公务员生活费指数，公式采用加权总值式，项目包括24种商品及4种服务支出，消费量按全国统一规定，为修订各地公务员生活费之依据，并计算以桂林为基点的各地公务员生活费指数及桂林市省级公务员薪金指数与生活费指数比较。

为了了解全省各县人民生活费变动，布置各县按月编报简易生活费指数，项目包括米、油、盐、布、柴等，消费量全省统一规定，公式采用加权总值式。

民国33年（1944年）春，日军迫近，桂林市大疏散，省府西迁百色，除按规定继续编报公务员生活费指数外，还按规定每月查编百色趸售国货价格指数，趸售国货外国货价格指数，零售国货价格指数及机关办公用品价格指数。

民国34年（1945年）抗日战争胜利以后，国民党政府发动内战，除了强化财政金融、税收等手段外，变本加厉地增发货币，引起恶性通货膨胀和物价飞涨，被迫于国民37年8月以金圆券代替法币，但物价仍如脱缰之马狂涨。当局为了掌握物价波动引起的影响，继续编制零售物价指数和公务员生活费指数。

## 第二节　1949—1989年广西流通消费价格调查统计概况

中华人民共和国成立后，物价调查统计同工商统计一样，是广西建立最早的统计制度之一。1953年以前由广西省商业厅物价科负责，配备专职干部5人，逐步开展物价调查统计工作，1954年以后，商业厅物价科改为物价处，省一级各个国营商业公司亦先后配备了物价统计人员，商业厅物价统计则减为2人。

1957年，广西省统计局为了全面积累价格资料，计算商品价格变动水平，并研究各种物价变动对国家财政、集体收入和城乡居民的影响，以供各级领导作为检查、研究和确定物价政策的依据，按照国家统计局、商业部、供销合作总社、城市服务部、食品工业部、森林工业部联合颁发《全国物价统计报告制度》的规定，正式建立综合物价统计工作，并在省统计局商业科配置 2 名专职人员。南宁、柳州、桂林、梧州 4 市和平乐、贺县、贵县、宜山、百色 5 个县为物价调查市、县，1958 年增加融安县。1960 年又增加平南县，至此全自治区共有 11 个物价调查市、县，其中南宁市为全国调查的重点。在 7 个调查县中，并分别以平乐二矿、贺县贺街、贵县桥圩、平南大安、融安雅瑶、宜山三岔、百色龙川作为初级市场物价调查点。调查点确定后，各调查市、县统计部门即按制度规定开展经常性调查，按月（季）和年度编报主要商品零售、批发、农副产品收购、工业品购进价格指数、工农业商品比价指数和职工生活费用价格指数等报表，编写各种物价指数变动情况的分析报告。1962 年增加宜山县和贵县为全国物价调查点，全国调查点的资料同时报送自治区和国家统计局。

1962 年，集市贸易在国民经济调整中日趋活跃，为提供编制物价指数有关资料和重点掌握集市贸易情况，国家统计局在执行物价统计报告制度的同时，建立了农村集市贸易定期定点调查报告制度。自治区统计局、商业厅按照全国统一布置，抽选以柳州市河南商场、平南县城关、贵县桥圩、百色县龙川 4 个集市作为全国的集市贸易调查点，另以南宁、桂林、梧州市和宜山庆远，平乐二塘、融安长安、贺县八步 7 个集市作为自治区集市贸易调查点。全自治 11 个集市贸易调查点从元月份起按月上报调查统计报表（国家调查点的报表同时报国家统计局和自治区统计局）。1963 年，新增南宁市作为全国集市贸易调查点，地方点新增贵县城关、宜山三岔、横县百合、兴安界首、阳朔白沙、岑溪南渡、田阳那坡。全自治区集市贸易调查点由上年的 11 个增加到 18 个点。按月上报的调查报表有《集市贸易基本情况》、《粮食市场交易基本情况》、《集市贸易主要商品上市量和成交金额》、《国合商业零售额和集市成交额》4 个报表。随着集市贸易进一步繁荣兴旺，1964 年全自治区集市贸易调查点有所调整并进一步扩大。属于国家调查的 5 个点中，柳州市由河南商场改为市郊。自治区调查点撤去横县百合和兴安界首，后者以该县大溶江取代，同时新增贺县贺街、平南大安、陆川米场、融安雅瑶，百色城关、武宣二塘、平乐城关、天等向都、武鸣陆斡 9 个点。1966 年“文化大革命”开始后，物价调查统计内容大量精简，在年报中只要求报送零售物价指数和年末牌价市价指数 2 个表。

1967 年至 1972 年，物价调查统计工作因受“文化大革命”冲击而中断。

1973 年 5 月，自治区革命委员会生产指挥组发出《关于做好统计工作的通知》，强调要恢复物价统计调查，要求南宁、柳州、桂林、梧州、北海 5 市和贵县、贺县、宜山、百色 4 县迅速配备物价统计人员，恢复建立零售物价指数和农副产品收购价格指数编报工作，自治区一级由自治区革命委员会生产指挥组计划小组负责，配专职干部 1 人。各调查点新配的物价统计人员，经自治区集中培训后，先后恢复了物价统计调查。同年 10 月，自治区计划委员会颁发 1973 年物价统计年报和 1974 年定期报表制度，除 5 种年报和零售物价指数的 3 种季报外，增加主要农副产品收购价格调整情况报表，由自治区商业、粮食、外贸、林业、水产部门和贵县、贺县、宜山、百色、北海按季填报。1975 年 9 月，按照国家计划委员会颁发的《财贸、物价统计制度》的规定，为利于全国进行机器汇总，统一了全自治区的物价统计计算方法、计算单位、统计口径、综合范围和填报目录，并恢复编报集市贸易价格变动情况和集市价格指数。编报各种报表采取“谁经营谁填报，谁主管谁汇总”的原则，规定计算汇总和商品价格指数，零售消费品为食品、衣着、日用杂品、文化用品、医药、燃料 6 类约 200 种商品，农业生产资料为小农具、半机械化农具、机械化农具、化学饼肥、农药及农药械、柴油、建筑材料 7 类约 30 种；服务项目为房租水电和生活服务 2 大类 9 小类共 20 多个收费项目；农副产品收购分 11 大类约 200 种。从此，广西的物价调查统计在恢复中逐步走向规范化。

1979年8月，自治区统计局成立后，全自治区物价调查统计工作由财贸处配一名专职干部具体负责。同年9月，国家统计局颁行的《1979年物价统计年报和1980年物价统计定期报表制度》，有年报表14个，定期报表6个均为季报。制度规定，零售物价指数中消费品计算汇总的6类商品增为385种，农业生产资料增加种子及其他一类共9类66种商品，服务项目收费为9类33种，集市贸易价格指数计算汇总消费品和农业生产资料2大类15小类85种商品，农副产品收购价格指数则计算汇总11大类250种商品。1980以后几年，物价统计报表和指标内容总的变化不大，全自治区物价调查重点仍为1973恢复时的9个市、县。

1984年5月，适应新形势的需要，广西城市抽样调查队（简称城调队，下同）成立。全自治区物价统计工作由自治区统计局连同5名物价统计专职人员转归城调队物价处。为扩大指数的代表性，增抽选钦州市、融安县2个物价调查点。随后全自治区11个调查市、县亦相继成立了城市抽样调查队。专门机构的建立和调查力量的加强，标志着物价调查统计工作进入了新的发展时期。

编制零售物价指数所需基础材料的收集方法，在高度集中的价格管理体制下历来依靠国营商业部门和供销合作社填报报表。随着经济体制改革的深化和价格管理权限的下放，品种的放开，商品流通渠道发生了根本性的变化。过去按行政区域组织商品流通的方式被按商品经济流向组织流通的方式所取代，各有关商业部门已无法向统计部门提供基层企业的商品零售价格资料。为此，按照国家统计局颁行的《城市物价调查暂行办法》，在每个调查市、县以划类抽样原则，抽选不同所有制形式的商业企业、交易市场作为采价点。抽选的企业在地区分布上保持均匀合理，在经营规模上大中小型相结合，在经营品种上包括吃、穿、用、烧、住、行等主要商品集团及非商品收费项目700多个，每个商品选择2个至3个代表规格品，由调查员每2天或5天巡回到选定的调查商店了解商品供求情况，及由此引起的价格变动情况，同时在调查商店中聘请辅助调查员，逐日登记商品价格动态。各调查市、县城调队则建立价格登记卡，记录原始价格资料，月、季、年平均价格以及零售量和零售额台账。由于采价方法由依靠报表变革为直接派员进行调查，使统计部门工作更为主动，并提高了指数的准确性。

与此同时，物价统计报表全部由季报改为月报；按照统计分类标准化的要求，对物价指数的商品分类，与职工家庭生活调查（简称家计调查，下同）进行了衔接，同时，结合实际对物价指数的必报商品目录进行了适当的调整和增补，消费品价格指数计算汇总增加书报杂志共为7类275种必报商品，农业生产资料50种，服务项目25种，集市贸易消费品增为97种；农副产品收购价格指数计算汇总200多种。各种牌价价格指数除保留农副产品收购价格指数外，其余全部取消；计算零售物价总指数和职工生活费用价格总指数，则由“指数平均法”改用“综合平均价格”法。长期以来按制度规定用“指数平均法”计算总指数，虽然比较简便，但在多流通渠道，多价格形式的新形势下，用指数平均法计算的总指数，与牌、议、市价指数反映的升降情况往往不一致。广西城调队经过反复研究探索，并在桂林试验实践，采用调查员直接从市场采集的各种商品的牌、议、市价格，并按已配套的住户调查报表上3种价格商品的销售量，计算包括牌、议、市价因素的各种商品的全社会综合平均价格，直接采用综合物价指数公式（$R=\sum q_1P_1 / q_1P_0$）计算职工生活费用价格总指数，更能确切反映物价水平的变化趋势和程度。这一尝试得到国家统计局的肯定，并规定从1984年年报起，全国统一使用“综合平均价格”法计算零售物价指数和职工生活费用价格指数，使计算的结果更加切合实际。

1985年和以后的几年，物价统计报表制度，虽然每年都有一些修订，但总的基本稳定。物价统计改革的重点则主要是确定采价方法和计算指数权数。

1986年，市场物价进一步放开。为了改进农副产品收购价格采价方法，按照国家统计局制定的《农副产品收购价格调查试行方案》，广西城调队结合实际，制发了编报方法和《农副产品收购价格调查试行方案实施细则》(简称《实施细则》，下同)，对农副产品收购价格调查进行以下改革：①从单纯向业务部门搜集价格资料转变为以直接选点调查同向业务部门布置填报有关资料相结合。既派人到产区选点直接调查搜集农副产品的实际成交价格、数量和金额资料，同时也布置收购单位填报实际收购农副产品的价格、数量和金额，以便相互补充、验证。②从只调查向国家及各级部门通过收购站收购的农副产品价格，转变为调查各单位以各种形式收购的农副产品的价格。③从一年只反映一次农副产品收购价格的变动，改为半年和年度各编报一次农副产品收购价格指数。同时，全自治区抽选邕宁、武鸣、柳城、阳朔、平南、苍梧、灵山、博白、靖西、都安、融水、资源共12个农副产品主产县(自治县)和建立有城调队的南宁、柳州、桂林、梧州、北海、百色、贺县、贵县、宜山、融安、钦州等11个市、县作为农副产品收购价格调查重点，各重点调查市、县亦选择3个至4个主产乡的农副产品收购站为固定调查点，在收购季节派员直接调查，确保第一手资料的准确性。国家统计局城调总队对广西的这种做法甚为赞许，并印发广西的《实施细则》通报全国，予以推广。

随着住户调查的逐步完善，从1986年元月起，计算职工生活费用价格指数的权数资料，由长期以来用加权汇总消费品价格指数和服务项目价格指数而取得的方法，改为以住户调查资料为主，参照市场消费品零售资料计算确定，从而提高了职工生活费用价格指数的准确性。

1986年，为使物价和住户两项调查制度的改革进一步配套，按照国家统计局城调总队提出的两项调查在指标设置、计算单位、商品分类、数据处理、台账建设、上报时间等方面的衔接配套改革方案，自治区城调队采取边摸索、边试行、边总结、边改进的方法，经过多次研究改进和实践、设计和试验成功了一套比较科学、实用、规范，适合住户和物价调查统一使用的分类账页和分户台账，简称为“一台两用”台账，避免了重复劳动，提高了工作效率和两项调查报表的时效性，自治区的月度综合数字，月后13天即可报出，比过去提前7天至10天，数字质量也明显提高。两项调查制度配套改革成功，有力地促进了基础工作的规范化，促进了统计分析和优质服务工作的开展，加快了微机的开发和应用。为此，陕西、安徽、天津、江西等省市城调队相继来函索要两用台账，要求介绍配套改革的具体做法；广东、湖南等省还多次派人前来考察。广西在1986年全国城调先进工作者代表会上得到国家城调总队赞扬。

1987年至1989年，物价统计报表制度除了指数计算方法有所改进，权数由百分制改为千分制，必报商品目录有所调整外，指标体系基本稳定。

## 第三节　1990–2013年广西流通消费价格调查统计工作概况

### 一、机构沿革

1989年1月自治区和抽样选中的市(县)城市抽样调查队改名为城市社会经济调查队。1990年10月23日，根据国家统计局统人字[1990]335号文，广西壮族自治区城市社会经济调查队(简称广西区城调队，下同)下设机构进行调整：撤销物价调查处，设生产投资价格统计处和流通消费价格统计处。流通消费价格统计处负责原物价调查处的全部工作。

2006年，国家统计局将广西壮族自治区城市社会经济调查队、广西壮族自治区农村社会经济调查队、广西壮族自治区企业调查队三支调查队合并，成立国家统计统计局广西调查总队，下设消费价格调查处，负责原广西区城调队流通消费价格统计处的全部工作。

## 二、调查方法

（一）国家的制度

1. 流通和消费价格统计制度

1990年9月，为适应国民经济发展的需要，国家统计局颁布了《物价统计报表制度》（1990年统计年报和1991年定期统计报表）（简称《90物价统计制度》，下同）。其中包含了“消费品及服务项目价格调查方案”。从1990年年报和1991年定期统计报表开始执行此制度。

1991—1993年，商品价格的采集由原来的牌、议、市价格的“多轨制”形式逐步转变成为市场价格，“消费品及服务项目价格调查方案” 除了必报商品目录有所调整外，指标体系基本稳定。

1994年，为了进一步完善价格指数体系，适应市场经济的需要，我国物价调查进行了一次力度较大的方法制度改革，9月出台了新的《价格统计报表制度》（1994年统计年报和1995年定期统计报表）（简称《94价格统计制度》，下同）。该制度把生活费用价格指数改称居民消费价格指数，零售物价指数改称商品零售价格指数，集市贸易价格指数改为农贸市场农产品成交价格指数。居民消费价格指数、农贸市场农产品成交价格指数从1994年年报起，定期统计报表从1995年开始执行《94价格统计制度》。

《94价格统计制度》包括价格调查方案、商品目录和报表表式三大部分。价格调查方案包括《居民消费价格调查方案》、《城市居民基本生活费用价格编制方案》、《商品零售价格调查方案》、《农业生产资料价格调查方案》等多种价格调查方案。商品目录分别为《居民消费价格指数的商品和服务项目目录》、《城市居民基本生活费用价格的商品和服务项目目录》、《商品零售价格指数的商品目录》、《农业生产资料价格的商品目录》等多种价格调查目录。表式分为综合报表和基层报表两部分，并且按报告期又分为年报和定期报表。

《94价格统计制度》和以往的价格统计制度相比，最大的特点就是突出改革的力度。从改革的内容看，主要有：一是开始分编消费领域的居民消费价格指数（中国开始了真正的CPI编制工作）和流通领域的商品零售价格指数，分别拥有独立的商品目录、分类和权数；二是省级和全国价格指数汇总由价格法改为指数法；三是县及县级市仅编算农村价格指数，不再编算城关镇的价格指数；四是年度价格指数是根据1至12月指数简单平均计算；五是将农业生产资料从商品零售价格指数中分离出来，单独编制农业生产资料价格指数；六是停止编制集市贸易价格指数，改为由抽中城市编制农贸市场农产品成交价格指数。七是直辖市、计划单列市和省会城市以及部分地级市还编制了城镇居民基本生活费用价格指数，但数据不公开。

1996年至1999年，价格统计报表制度，除了必报的商品目录有所调整，指标体系基本稳定。

2000年，由于市场经济体制的逐步建立，多种价格逐步并轨，以及价格指数体系的不断完善，农贸市场农产品成交价格指数已经逐渐失去意义，停止编制。同年，在价格统计指数的公布和使用中，从以商品零售价格指数为主改为以居民消费价格指数为主。

2001年，为实现统计指标与国际接轨，国家统计局对1994年制定的居民消费价格指数编报方法和制度进行了重大的修改。同年，终止城市居民基本生活费用价格指数的编制。修改内容为：

（1）采用新的指数计算公式。将原采用的年距和月距环比加权算术平均公式改为国际通行的链式拉氏贝尔公式，即 $L_t=\left[\sum W_{(t-1)}\frac{P_t}{P_{t-1}}\right]\times L_{t-1}$，其中，L为定基指数，W为权数，P为价格，t为报告期，t−1为报告期的上一期，$p_t/p_{t-1}$ 为本期环比指数。改用国际通行的链式拉式贝尔公式，使得价格指数更为真实地反映各个时期总体价格水平波动中的纯属价格变动，准确解释价格走势。同时，还可以解决长期以来月距环比指数与年环比指数难以实现逻辑检验的矛盾。

（2）调整分类。把居民消费价格原来的第一大类食品中的第 11 中类烟草和第 12 中类的酒拿出来，单独列为第二大类；把第一大类食品中的第 17 中类饮食业改名为在外用膳；取消原来的第八大类服务项目，把服务项目中小类分散到医疗保健、交通和通讯、娱乐教育文化用品等大类中。调整后，计算居民消费价格指数的八大类分别是：食品、烟酒及用品、衣着、家庭设备用品及维修服务、医疗保健和个人用品、交通和通讯、娱乐教育文化用品及服务、居住。

（3）增加基本分类。在小类和商品之间插入基本分类。总共有 251 个基本分类。

（4）增加新的商品和新的服务项目。随着我国市场经济的不断完善，居民消费领域进一步拓宽，汽车、移动电话、物业管理、自有住房需缴纳的费用、教育费用等在居民家庭消费支出中的比重愈来愈大。为了及时反映价格水平变化状况，计算居民消费价格指数和商品零售价格指数的代表规格需要不断更新。修改后计算居民消费价格指数的调查商品和服务项目数量由原来 325 种增加到 550 种左右，计算商品零售价格指数的代表规格品由 304 种增加到 530 种左右。

（5）固定基期。将每月变动对比基期改为固定对比基期，居民消费价格指数首轮对比定基基期定为 2000 年，以后每 5 年或 10 年更换基期一次。

（6）增加新的价格指数系列。除保留月环比价格指数、月同比价格指数、累计平均价格指数外，增加了固定基期的价格指数以及以上年 12 月为对比基期的价格指数。根据需要，可以计算任意对比基期的各种价格指数。

（7）从 2001 年起，国家逐月编制并公布以 2000 年价格水平为基期的居民消费价格定基指数，作为反映我国通货膨胀（或紧缩）程度的主要指标。

（8）居民消费价格指数的权数的确定：全区抽中的 7 个城市分别按各抽中市非农业居民相应的类商品及服务项目消费额分别加权汇总计算；6 个县城按城关镇居民和农民相应的类商品及服务项目消费额分别加权汇总计算。全省权数在 7 市 6 县计算基础上按城乡居民相应的类商品及服务项目消费额比重分别加权计算。权数五年计算一次，其中每年进行一次微调。

（9）指数编制技术的重大改革，使指数编制科学性和数据准确性有了进一步提高，可以进一步满足各方面对价格指数精度的要求。

（10）重编计算机程序。2001 年，重新编制了计算居民消费价格、商品零售价格、农业生产资料价格指数计算的计算机程序。用 Visual FoxPro 6.0 语言编制的可视化程序，在 windows 平台上操作，界面友好，更加人性化，数据易于备份和恢复，指数表输出均为 excel 电子表格。

2002 年，国家的价格调查方法制度，必报商品目录有个别调整外，指标体系基本稳定。

2003 年，国家统计局对商品零售价格指数和农业生产资料价格指数的编制方法进行了修改，修改内容如下：

（1）增加了“定基比”指数。除继续编报商品零售价格的“年环比”、“月环比”指数外，增加了“定基比”指数。与居民消费价格指数编制方法相同，首轮对比基期定在 2002 年，以后在尾数 0 或 5 的年份进行更换，实现了消费、零售和农业生产资料三套指数一个程序的编制方法。

（2）采用新公式。计算公式由原采用的年距和月距环比加权算术平均公式改为国际通行的链式拉氏贝尔公式。

（3）零售价格调查内容调整。商品零售价格指数调整内容为：涉及各类型的工业、商业、饮食业和其他行业的零售商品以及农民对非农业居民出售的商品价格。重新划分为包括食品、饮料烟酒、服装鞋帽、纺织品、家用电器及音响器材、文化办公用品、日用品、体育娱乐用品、交通通信用品、家具、化妆品、金银珠宝、中西药品及医疗保健用品、书报杂志及电子出版物、燃料、建筑材料及五金电料等16个大类。

（4）增加基本分类。在小类和商品之间插入基本分类。总共有225个基本分类。

（5）农资分类划分。农业生产资料价格指数将原分类中的幼禽家畜、大牲畜调整为产品畜、役畜，即农业生产资料价格指数划分为：小农具、饲料、产品畜、役畜、半机械化农具、机械化农具、化学肥料、农药及农药械、农用机油和其他等十大类

2004年至2006年，居民消费价格调查、商品零售价格调查、农业生产资料价格调查除了必报商品目录有所调整外，指标体系基本稳定。

2007年，除了消费、零售和农业生产资料价格三套指数外，开始试编城镇低收入居民基本生活价格指数（84个基本分类，135个调查规格品），并于2008年开始在全国90个市县正式开展编制工作。

2009年，国家统计局在全国部分城市，推广使用电子采集器采集价格，从而把流通消费价格采集工作推到崭新阶段。2012年在全国推广使用电子采集器采集价格，并继续执行统一规范的“三定一直”原则即“定点、定时、定人直接调查”开展消费价格采集工作，以保证源头数据及时、准确。

2013年，居民消费价格调查、商品零售价格调查、农业生产资料价格调查除了必报商品目录有所调整外，指标体系基本稳定。

2. 调查目的

消费品及服务项目价格调查目的。1990年，为了及时、准确地反映消费品及服务项目价格的变动情况以及观察其对城乡居民生活费支出的影响，国家统计局要求各省、自治区、直辖市系统地调查、搜集和消费品零售价格及服务项目收费价格，运用科学方法编制各种价格指数，正确反映市场物价的变动趋势，为各级党政领导及有关部门了解市场物价情况，加强市场物价管理，编制国民经济计划，研究和制定物价政策、工资政策以及为社会各部门提供正确、可靠地信息。

1991—1993年，消费品及服务项目价格调查目的和1990年一样。

1994年，我国物价调查进行了一次力度较大的方法制度改革，对居民消费价格调查、城镇居民基本生活费用价格调查、商品零售价格调查、农业生产资料价格调查也提出了更高的要求，调查目的也更加明确。

居民消费价格调查目的。居民消费价格调查居民支付所购买的生活消费品和获得服务项目的价格，是社会产品的最终价格和服务项目的收费价格，同人民生活休戚相关，在整个国民经济价格体系中也具有极其重要的地位。系统地调查、搜集和整理居民生活消费品零售价格及服务项目收费价格，编制居民消费价格指数，科学准确地反映其价格的变动趋势和变动程度，其目的在于观察居民生活消费品及服务项目价格的变动对城乡居民生活的影响，为各级党政领导掌握居民消费价格状况，研究和制定居民消费价格政策、工资政策以及为新的国民经济核算体系中消除价格变动因素的不变价格核算提供科学依据。居民消费价格指数还是反映通货膨胀的重要指标。

居民基本生活费用价格调查目的。编制居民基本生活费用价格指数，是为了及时准确反映价格变动对人民群众基本生活水平的影响程度，使各级政府明确了控制市场物价的重点，为宏观决策提供参考依据。

商品的零售价格目的。商品的零售价格是商品在流通过程中的最后一个环节的价格，是工业、商业、餐饮业和其他零售企业向居民、机关团体出售生活消费品和办公用品的价格。系统地调查、搜集和整理市场商品零售价格资料，编制商品零售价格指数，掌握商品零售价格变动趋势和变动程度。其

目的在于掌握零售商品的平均价格水平，为国家制定经济政策提供依据；同时，还可以在此基础上编制其它派生指数，为研究城乡市场流通和新国民经济核算体系提供科学依据。

农业生产资料价格目的。农业生产资料价格是农业生产资料在流通领域的最后一个环节价格，是工业、商业及其他单位和个人向农民出售农业生产资料的价格。系统地调查、搜集和整理市场农业生产资料价格资料，编制农业生产资料价格指数，掌握农业生产资料价格变动趋势和变动程度。其目的在于掌握农业生产资料的平均价格水平，为国家制定经济政策提供依据；同时，为研究城乡市场流通和新国民经济核算体系提供科学依据。

1995—2013 年，居民消费价格调查、城镇居民基本生活费用价格调查、商品零售价格调查、农业生产资料价格调查等的调查目的和 1994 年一样。

3. 调查范围和内容

1990 年，“消费品及服务项目价格调查方案”规定的调查范围：消费品及服务项目价格的调查，主要是在人民生活中占有重要地位的生活消费品和服务项目（县城还包括农业生产资料）的价格。除主要从国营和集体商业单位调查搜集商品的国家指令性价格、国家指导性价格外，还要搜集农贸市场商品的市场价格。

1990 年，“消费品及服务项目价格调查方案”规定的调查内容，调查统计国营商业、集体商业和农贸市场的各类门市部或专柜出售的粮油、肉食禽蛋、糖果糕点、干鲜果、调味品、茶叶、烟酒、干鲜菜、纺织品、针织品、服装、鞋帽、百货、文化用品、日用杂品、五金交电、中药、西药、民用煤、液化石油气等生活消费品和农业生产资料的零售价格，以及交通、邮电、医疗保健、理发、洗澡、照相、影剧、缝纫和修理等服务行业的服务项目和市场价格。对食品等同时存在多种价格形式的商品，除了调查搜集其零售价格资料外，还要经常搜集积累国家指令性价格、国家指导性价格和市场价格的销售量资料，加权计算其国营商业综合平均价格和全社会综合平均价格。除了观察市场物价变动外，还要注意反映市场突发性、苗头性、倾向性的问题，并注意搜集群众对市场物价变动的反映。

1991—1993 年，消费品及服务项目价格的调查范围和内容与 1990 年一样。

1994 年，我国物价调查进行了一次力度较大的方法制度改革，居民消费价格调查、城镇居民基本生活费用价格调查、商品零售价格调查、农业生产资料价格调查等的调查范围和内容与 1990 年相比，调查范围有很多不同的地方，调查内容更加丰富。

1994 年，居民消费价格的调查范围和内容，是居民用于生活消费的全部商品价格和服务项目价格，包括食品、衣着、家庭设备及用品、医疗保健、交通和通讯、娱乐教育和文化用品、居住、服务项目等八大类商品及服务项目价格。从消费渠道来讲，既包括城乡居民从商店、工厂、集市所购买的商品的价格，也包括城乡居民从餐饮行业购买商品的价格。

1994 年，居民基本生活费用价格的调查范围：是居民购买或获得的用于基本生活消费的日用生活消费品和主要服务项目，包括生存资料和少量的发展资料，不包括高档消费品及各种享受资料。调查内容：粮食、食用植物油、鲜菜、豆腐、肉及肉制品、鲜蛋、水产品、盐、酱油、醋、味精、烟酒茶、鲜果、奶及奶制品、棉布、涤棉布、衬衫、鞋、混纺毛线、毛衣、夹克衫、袜子、床单、毛巾、牙膏、洗涤用品、卫生纸、信纸、电池、碗、铁锅、灯泡、黑白电视机、自行车、电风扇、医药、蜂窝煤、民用燃料、房租、水电费、托儿费、洗理费、医疗费、学杂费市内交通费等 47 种基本生活消费品和服务项目。

1994 年，商品零售价格的调查范围包括各种经济类型的工业、商业、餐饮业和其他行业的零售商品以及农民对非农业居民出售的商品的价格。不仅包括销售给城乡居民和社会集团的生活消费品和办公用品价格，而且还包括餐饮业商品的价格。调查内容主要是统计食品、饮料烟酒、服装、鞋帽、

纺织品、中西药品、化妆品、书报杂志、文化体育用品、日用品、家用电器、首饰、燃料、建筑装潢材料、机电产品的零售价格。

1994 年，农业生产资料价格的调查范围包括各种经济类型的工业、商业及其他单位和个人售给农民的农业生产资料价格。调查内容主要是统计小农具、饲料、幼禽家畜、大牲畜、半机械化农具、机械化农具、化学肥料、农药及农药械、农用机油等农业生产资料零售价格。

1995 年，农业生产资料价格虽然从商品零售价格调查分出来单独编制指数，但是调查范围和调查内容仍然与 1994 年一样。居民消费价格调查、城镇居民基本生活费用价格调查、商品零售价格调查的调查范围和调查内容也与 1994 年一样。

1996—2000 年，居民消费价格调查、商品零售价格调查、农业生产资料价格调查等除少数商品调整外，调查范围和调查内容基本稳定。

2001 年，随着居民消费价格指数编报方法和制度进行了重大的修改，除了居民消费价格调查中增加汽车、移动电话、物业管理、自有住房需缴纳的费用、教育费用等商品和新的服务项目外，其调查范围和调查内容基本稳定。商品零售价格调查、农业生产资料价格调查等除少数商品调整外，调查范围和调查内容基本稳定。

2002—2013 年，居民消费价格调查、商品零售价格调查、农业生产资料价格调查等除少数商品调整外，调查范围和调查内容基本稳定。

4. 报表种类

1990 年，“消费品及服务项目价格调查方案”中的报表种类有：综合报表年报表和综合定期报表。消费品及服务项目价格调查的综合定期报表是月报，月报的各种指数从对比基期的不同，又分同比和环比。所有的报表报送方式均为软盘上报。

年报 13 个。其中：省级上报国家的年报 5 个，省会城市同时既上报国家又上报省级的年报 2 个，市县级上报省级的年报 6 个。月报，12 个。其中：省级上报国家的月报 4 个，省会城市既上报国家又上报省级的月报 2 个，市县级上报省级的月报 6 个。

省级年报和月报包括：①省、自治区、直辖市生活费用价格总指数和零售物价总指数（国价年综 01 表），此表为年报；②省、自治区、直辖市全社会生活费用价格指数和零售物价指数，此表年报和月报通用，年报为国价年综 02 表，月报为国价定综 01 表；③省、自治区、直辖市按国营商业价格计算的生活费用价格指数和零售物价指数，此表年报和月报通用，国价年综 03 表，月报为国价定综 02 表；④省、自治区、直辖市集市贸易价格指数，此表年报和月报通用，年报为国价年综 10 表，月报为国价定综 09 表；国价年综 01、02、03、10 表均是年后 30 日用软盘上报国家。国价定综 01、02、09、13 表均为月后 20 日用上报国家；⑤省、自治区、直辖市主要商品零售混合平均价格（国价年综 15 表），此表为年报，年后 40 日用软盘上报国家。

省会城市年报和月报包括：①市、县全社会综合平均价格和国营商业综合平均价格计算表，此表年报和月报通用，年报为国价年综 04 表，月报为 03 表；②城镇职工基本生活费用价格指数，此表年报和月报通用，年报为国价年综 17 表，月报为国价定综 12 表。国价年综 04、17 表均为年后 20 日用上报国家和省级调查队。国价定综 03、12 表均为月后 10 日用上报国家和省级调查队。

市县级年报和月报包括：①市、县全社会生活费用价格指数和零售物价指数，国价年综 05 表，月报为国价定综 04 表；②市、县全社会鲜菜零售价格指数计算表，此表年报和月报通用，年报为国价年综 06 表，月报为国价定综 05 表；③市、县按国营商业价格计算的生活费用价格指数和零售物价指数，此表年报和月报通用，年报为国价年综 07 表，月报为国价定综 06 表；④市、县国营商业鲜菜零售价格指数计算表，此表年报和月报通用，年报为国价年综 08 表，月报为国价定综 07 表；⑤县农民生活费用价格指数和农村零售物价指数，此表年报和月报通用，年报为国价年综 09 表，月报为国价定综 08 表；⑥市、县市集市贸易价格指数，此表年报和月报通用，年报为国价年综 11 表，月报为国价定综 10 表。国价年综 05、06、07、08、09、11 表均为年后 20 日用软盘上报省级调查队；国价定综 04、05、06、07、08、10 表均为月后 10 日用软盘上报省级调查队。

1991—1993 年，报表种类和 1990 年一样。

1994 年，随着我国物价调查进行了力度较大的方法制度改革，《94 价格统计制度》中的报表种类以及报表的表号和上报时间、上报方式等比 1993 年以前都有了较大的变化。报表种类有：居民消费价格指数、商品零售价格指数、农业生产资料价格指数、农贸市场农产品成交价格指数、城市居民基本生活费用价格指数，实施年报和月报。月报的各种指数从对比基期的不同，又分同比和环比。报表的报送方式将原来的软盘上报改为数据传输。所有报表上报时间都比原来提前 5-15 天。年报有 11 个，月报有 11 个。

省级年报和月报有：①省、自治区居民消费价格指数，此表年报和月报通用，年报为 V301 表，月报为 V401 表；②省、自治区商品零售价格指数，此表年报和月报通用，年报为 V302 表，月报为 V402 表；③省、自治区农业生产资料价格指数，此表年报和月报通用，年报为 V303 表，月报为 V403 表；④省、自治区农贸市场农产品成交价格指数，此表年报和月报通用，年报为 V304 表，月报为 V404 表。年报为年后 15 日用数据传输方式上报国家统计局城市社会经济调查总队，上报时间比以前提前 10 天。月报为月后 9 日用数据传输方式上报国家统计局城市社会经济调查总队，上报时间比以前提前 11 天。

市县级年报有：①城市居民消费价格指数，此表年报和月报通用，年报为 V306 表，月报为 V405 表；②农村居民消费价格指数，此表年报和月报通用，年报为 V307 表，月报为 V406 表；③城市商品零售价格指数，此表年报和月报通用，年报为 V308 表，月报为 V407 表；④农村商品零售价格指数，此表年报和月报通用，年报为 V309 表，月报为 V408 表；⑤县农业生产资料价格指数，此表年报和月报通用，年报为 V310 表，月报为 V409 表；⑥城市农贸市场农产品成交价格指数，此表年报和月报通用，年报为 V311 表，月报为 V410 表；⑦城市居民基本生活费用价格指数，此表年报和月报通用，年报为 V312 表，月报为 V411 表。年报为年后 5 日用数据传输方式上报省级城市社会经济调查队，上报时间比以前提前 15 天；月报为月后 3 日用数据传输方式上报省级城市社会经济调查队，上报时间比以前提前 7 天。

1995—2000 年，报表种类和 1994 年一样。

2001 年，在居民消费价格指数编报方法和制度进行了重大的修改的同时，取消了城市农贸市场农产品成交价格指数表，其他报表种类不变。

2002—2013 年，报表种类有：居民消费价格指数、商品零售价格指数、农业生产资料价格指数、城市居民基本生活费用价格指数，实施年报和月报。

5. 统计指标

1990 年，“消费品及服务项目价格调查方案”中不同的报表有不同的统计指标。

①计算各种基期的省自治区直辖市职工生活费用价格总指数和零售物价总指数表，主要指标有：按全社会综合平均价格计算的职工生活费用价格总指数、按国营商业价格计算的职工生活费用价格总指数、农民生活费用价格总指数、全社会零售物价总指数（其中又分全省、城市、农村）、国营商业零售物价总指数（其中又分全省、城市、农村）；

②省、自治区、直辖市全社会生活费用价格指数和零售物价指数，省、自治区、直辖市按国营商业价格计算的生活费用价格指数和零售物价指数，省自治区直辖市集市贸易价格指数，这三种表都有全省、城市、农村三大指标；

③市、县全社会综合平均价格和国营商业综合平均价格计算表的指标有全社会平均价格、国营商业消费价格（包括综合平均价格、牌价、议价）、市价；

④市、县全社会生活费用价格指数和零售物价指数，市、县按国营商业价格计算的生活费用价格指数和零售物价指数，县农民生活费用价格指数和农村零售物价指数，这三种表均有上年（上年同月）平均价格、本年（本月）价平均价格、权数、以上年（上年同月）价格为 100 的指数、以上年（上年同月）价格为 100 的指数 × 权数等五个统计指标；

⑤市、县集市贸易价格指数的统计指标有：平均价格【其中：上年（上年同月）价、本年（本月）价】、本年（月）成交额、以上年（上年同月）价格为 100 的指数、以上年（上年同月）国营价格为 100 的指数；

⑥全社会鲜菜零售价格指数、市县国营商业鲜菜零售价格指数，这两种表的统计指标均有：平均价格【其中：上年（上年同月）价、本年（本月）价】、本年零售量、本年零售额、以上年（上年同月）价格为 100 的指数。

1992—1993 年，各种报表的统计指标与 1990 年一样。

1994 年，《94 价格统计制度》的各种报表的统计指标如下：

①省、自治区民消费价格指数和省、自治区商品零售价格指数都有全省、城市、农村三个统计指标，省、自治区农业生产资料价格指数和省、自治区农贸市场农产品成交价格指数都有权数、以基期价格为 100 的指数两个统计指标；

②城市居民消费价格指数、农村居民消费价格指数、城市商品零售价格指数、农村商品零售价格指数，都有平均价格（其中又分基期、本期）、权数、以基期价格为 100（其中又分指数、指数 × 权数）三个指标。县农业生产资料价格指数、城市农贸市场农产品成交价格指数，都有平均价格（其中又分基期、本期）、本期成交额、以基期价格为 100（其中又分指数、指数 × 按基期价格计算的成交额）三个统计指标。

③城市居民基本生活费用价格指数的统计指标有：每百人消费数量、平均价格（其中分为上年或上年同月、本年或月）、消费金额（其中分为上年或上年同月、本年或月）、以上年（上年同月）价格为 100 的指数、对居民支出的影响额。

1995—2000 年，各种报表的统计指标与 1994 年一样。

2001 年，随着居民消费价格指数编报方法和制度进行了重大的修改的同时，报表的统计指标发生了一些变化。城市居民消费价格指数、农村居民消费价格指数表中取消了平均价格这个指标，其余两个指标和 1994 年一样。而省、自治区民消费价格指数和省、自治区商品零售价格指数和省、自治区农业生产资料价格指数、城市商品零售价格指数、农村商品零售价格指数、县农业生产资料价格指数、城市居民基本生活费用价格指数，这七种指数表的统计指标和 1994 年一样。

2002—2013 年，各种报表的统计指标与 2001 年一样。

6. 统计分类

1990 年的“消费品及服务项目价格调查方案”按照统计分类的标准，对物价指数的商品进行分类。

①全社会及国营商业生活费用价格和零售物价指数（同期：分全社会和国营商业两套）分消费品零售价格指数（食品、衣着、日用品、文化娱乐用品、书报杂志、药及医疗用品、建筑装潢材料、燃料 8 类）、生产资料价格指数（小农具、半机械化农具、机械化农具、化学肥料、农药及农药械、农用机油和其他 7 类）和服务项目价格指数（房租、水电、交通、邮电、医疗保健、学杂保育、文娱和修理及其他服务 8 类）等共计三个大类。

②集市贸易价格指数（同期及国营商业本期）分消费品价格指数（粮食、食用油、鲜菜、干菜、

肉禽蛋、水产品、鲜果、干果、日用杂品、柴草及其他 11 类）和农业生产资料（饲料、小农具、幼禽家畜、大牲畜和竹木材等 5 类）等共计二大类。

1991—1993 年，各种指数表的统计分类和 1990 年一样。

1994 年，《94 价格统计制度》规定从 1994 年年报起，居民生活费用价格指数改为居民消费价格指数。居民消费价格指数商品类包括食品、衣着、家庭设备及用品、医疗保健、交通和通讯工具、娱乐教育文化用品、居住、服务项目等八大类商品及服务项目价格。改变过去长期来按吃、穿、用、住、烧的简单分类。

《94 价格统计制度》规定从 1995 年月报起，农业生产资料价格指数与商品零售价格指数实行分编。此时的商品零售价格指数的分类为：食品、饮料烟酒、服装鞋帽、纺织品、中西药品、化妆品、书报杂志、文化体育用品、日用品、家用电器、首饰、燃料、建筑装潢材料、机电产品等十四大类。

《94 价格统计制度》规定 1995 年月报起，独立编制后的农业生产资料指数分类为：小农具、饲料、幼禽家畜、大牲畜、半机械化农具、机械化农具、化学肥料、农药及农药械、农用机油和其他等十大类。

1994 年年报起，集市贸易价格指数改称农贸市场农产品成交价格指数。农贸市场农产品成交价格指数分类为：粮食、油脂、肉禽蛋、水产品、鲜菜、干菜、鲜果和干果等八大类。

“城镇居民基本生活费用价格指数”原名为“城镇职工基本生活费用价格指数”：只在直辖市、计划单列市和省会城市以及部分地级市编制，但数据不公开。开始编制时是 42 个基本分类，1995 年开始改为 47 个基本分类，包含商品和服务。

1995—2000 年，各种指数表的统计分类和 1994 年一样。

2001 年，随着居民消费价格计算方法的改革，居民消费价格指数的统计分类发生了较大的变化。居民消费价格指数分为八大类：食品、烟酒及用品、衣着、家庭设备用品及维修服务、医疗保健和个人用品、交通和通信、娱乐教育文化用品及服务、居住等八大类商品及服务项目价格。而商品零售价格指数、农业生产资料指数分类和 2000 年一样。

2002 年，各种指数表的统计分类和 2001 年一样。

2003 年，随着商品零售价格指数计算方法的改革，商品零售价格指数的统计分类发生了较大变化，比 2002 年多了两个大类，共十六个大类，大类的排序与原来也不一样。分别为：食品、饮料烟酒、服装鞋帽、纺织品、家用电器及音像器材、文化办公用品、日用品、体育娱乐用品、交通通信用品、家具、化妆品、金银珠宝、中西药品及医疗保健用品、书报杂志及电子出版物、燃料、建筑材料及五金电料。同时，农业生产资料价格指数的统计分类也发生了一些变化，小农具、饲料、产品畜、半机械化农具、机械化农具、化学肥料、农药及农药械、农用机油、其他农业生产资料等十大类。而居民消费价格指数的统计分类和 2002 年一样。

2004—2013 年，各种指数表的统计分类和 2003 年一样。

7. 汇总方法

1990 年，在全社会生活费用价格指数和零售物价指数、按国营商业价格计算的生活费用价格指数和零售物价指数中，都有两个总指数：生活费用价格总指数、零售物价总指数。生活费用价格总指数由第一大类消费品和第三大类服务项目的所有商品价格和服务费用汇总而得；而零售物价总指数则有第一大类消费品和第二大类农业生产资料所有商品价格汇总而得。总指数的汇总方法仍然采用 1984 年的方法制度总的“综合平均价格”法，如计算全省城镇和农村生活费用价格指数和全社会零售物价指数，分别采用先汇总计算全省重点城镇、农村全社会综合平均价格，然后再根据各重点市、县住户和农民生活调查资料，并参照零售额研究确定的权数，按加权算术平均公式，分别计算全省城镇、农村指数。包括城镇和农村的全省城镇和农村生活费用价格指数和全社会零售物价指数，根据全省城镇和农村指数加权平均计算。以上的各种指数的汇总方法“价格法”一直沿用到1993年。

1994年，我国进行的方法制度改革，规定省级和全国价格指数汇总方法由价格法改为指数法，年度价格指数是根据1至12月指数简单平均计算，并且一直沿用到2013年。

（二）广西流通消费价格调查的实施过程

1. 调查市县

1990年，广西继续沿用原有的调查市县：南宁、柳州、桂林、梧州、北海、百色、贵县、贺县、钦州、宜山、兴安、融安等12个。其中南宁、柳州、桂林、梧州、北海、百色、贵县、贺县等8个调查市县经费由国家财政统一拨付；钦州、宜山、兴安、融安等4个调查市县经费由广西地方财政拨付。

1991—1994年广西的价格调查市县和1990年一样。

1995年，为满足价格调查工作的需要，广西区城调队的商品流通消费价格调查市县在原有的12个调查市县的基础上，新增崇左县为价格调查统计调查市县。从此，广西壮族自治区共设价格调查市县13个，其中南宁、柳州、桂林、梧州、北海、贵港、百色、贺州等8个点为国家价格调查市县；钦州、宜山、兴安、融安、崇左等5个点为地方价格调查市县。

1996—2001年广西的价格调查市县和1995年一样。

2002年，广西区城调队对价格调查市县进行调整，全区共设价格调查市县8个，分别南宁、柳州、桂林、梧州、北海、贵港、百色、贺州皆为国家价格调查市县，经费由国家局统一拨付。原隶属广西区统计局管理的钦州、宜山、兴安、融安、崇左等5个调查市县的管理工作下放当地政府，价格指数不再纳入全国价格指数汇总，仅为各地政府提供参考。

2003—2007年，广西的价格调查市县和2002年一样。

2008年，根据国家统计局要求，在广西8个编制居民消费价格指数的调查网点（包括南宁、柳州、桂林、梧州、北海、贵港、百色、贺州）全面铺开编制生活费用指数、低收入居民生活费用指数的工作。同时，增加田阳县为国家物价调查点，开展生活费用指数及低收入居民生活费用指数调查。

与此同时，广西于2008年开展增加、扩充价格调查网点工作，在原有的南宁、柳州、桂林、梧州、北海、贵港、百色和贺州等8个国家调查网点基础上，新增防城港、钦州、玉林、河池、来宾、崇左、鹿寨、全州、合浦、博白、田阳、宜州和扶绥等13个市县为地方调查网点。到2008年底，我区价格调查网点共计21个市县点，覆盖全区14个地级市。

2009-2013年，广西的价格调查市县和2008年一样。

2. 采价点选择的前期工作、原则、步骤

（1）采价点抽选前的前期准备工作。采价点（即调查商店和农贸市场、服务网点，下同）的抽选，是价格调查的基础性工作。为了抽选出具有代表性的采价点，在采价前，必须做好一些必要的准备工作。首先，对当地的商业网点、农贸市场和服务网点的有关情况进行全面的了解和掌握，在确定采价点时，通过查询统计资料、工商税务登记、主管部门资料，对当地各种类型的商场（店）、农贸市场的分布、规模、结构、类型以及经营情况、零售额等指标进行调查了解，建立本地零售企业和农贸市场经营网点基本情况台账，并在此基础上建立总体样本抽样框。其次，走访主要的商业企业、农贸市场和服务网点，对其地理位置、经营场所、客流量等进行观察，增加感性认识。再次，分类划片，逐一筛选。在全面掌握当地商业企业、农贸市场和服务网点的基础上，对不同的商业网点进行划片，如综合性商场、农贸市场、专业市场的分布等情况，对其进行逐一筛选，增强不同类型的采价点的区域代表性。

（2）抽选采价点的基本原则。抽选采价点，既要严格遵循国家调查方案，也要结合当地特点，从实际情况出发进行选择。抽选采价点的基本原则如下：

①地域性原则。在抽选采价点时，要坚持繁华地段为主兼顾地域分布合理的原则。繁华地段是商业企业集中地区，客流量大，购买力集中，商品价格变动能够较好地反映整个地区价格水平的变动趋势。但一个城市的各城区之间，由于地理位置、居民消费水平的不同，在价格水平上也存在一定的差异。因此，在抽选采价点时，也必须考虑地域分布的广泛性和合理性，各主要城区都应选择一些调查点，以确保价格的代表性。

②规模性原则。以大中型商业企业为主，兼顾其他。抽选采价点时要大、中、小兼顾，即以大中型商业企业为主，同时兼顾分散在各居民区的小型商店、超市。大中型商业企业经营的商品种类齐全，进货渠道稳定，信誉好，商品质量也有保证，其经营额在该地区社会消费品销售额中占有较大比重，这些企业在各个方面主导着该地区的市场，其商品价格具有较高的示范性和代表性。此外，这些企业在经营管理上也比较规范，企业的基础统计工作相对较好，调查采集商品价格资料比较容易。另一方面，与居民生活密切相关的油、盐、酱、醋等日常生活用品，居民购买频繁，而且很大一部分在一些小型商店或超市购买，其价格变动直接影响居民生活，因此，也应适当抽选部分这种类型的商店作为采价点。

③零售模式兼顾原则。即调查不同类别的商品价格，应该选择不同零售模式的市场为采价点。在新的商品流通领域中新的商业模式市场不断涌现，如大型超市、连锁经营、专营店、专业市场（家电市场、建材市场、汽车市场等）等经营形式的出现和不断发展，某些类别的商品销售日趋集中，在选择这些类别商品的采价点时，要考虑其市场销售情况，抽选一定数量的连锁店及专营店作为价格调查采价点。

④数量保证原则。采价点数量的多少，对价格的准确性和代表性影响很大，数量多，调查价格的准确性必然高；相反，数量少，调查网点太少，价格的准确性就会受到影响。但是采价点太多，又受到调查力量的限制，在确定采价点的数量时，要在现有的人员的基础上，最大限度保证采价点数量，以确保采价点数量的代表性。特大城市和大城市必须选择 5 个以上农贸市场和 3 个以上综合型超市作为价格采价点；中等城市必须选择 3 个以上农贸市场和 2 个以上综合型超市作为价格采价点；小城市和县必须选择 2 个以上农贸市场和 1 个以上综合型超市作为价格采价点。对于同一规格品，特大城市和大城市必须选择 3 个以上价格采价点，中等城市必须选择 2 个以上价格采价点，小城市和县必须选择 1 个以上价格采价点。此外，还要选取一定数量的辅助采价点，以便在原采价点失去代表性时及时替换。实际工作中，一些规格品等级复杂多变，如果某些代表规格品在不同采价点保持一致性比较困难，可采取选取相近代表规格品替代或适当增加代表规格品数量的方法解决。

⑤动态性原则。城市总是向前发展的，城区规模在逐步扩大，城市商业中心、商业网点不断发生变化。此外，商业经营形式也经常改变（一般性市场改为超市等）。为了确保采价点的代表性，对采价点实施动态化管理，根据本地区实际变化情况，及时调整和更换。

（3）采价点抽选的步骤。在实际工作中，采价点的抽选主要有以下几个步骤：

第一步：在抽选调查商店前，首先对当地各种类型商场（店）、超市、服务点、农贸市场的基本情况（如商店名称、地址、经济类型、经营品种、零售额等）的资料进行加工整理，建立总体样本框，确保采价点选择工作的合理性、规范性和代表性。

第二步：确定抽选采价点的数量。将调查方案

商品目录要求的规格品作大体归类，看哪些商品价格可以从农贸市场采集，哪些商品价格可以商场、超市或商店采集，做到心中有数。抽选的调查商店、农贸市场数量，以能够涵盖居民消费价格调查的规格品及服务项目，且保证同一规格品价格至少要能从两个采价点采集到为准。一般各地的重点销售、服务网点都应该被选中。

第三步，对抽选的采价点进行适当调整和补充。将抽选出的采价点，与当地城市建设的规划和商业网点的分布相比较，对部分代表性差、分布不合理的采价点进行调整和补充，保证抽选的采价点具有较强的代表性。

第四步，采价点选定以后，保证相对稳定，不得随意调换。每年底，各地都要根据商业销售网点和市场变化情况，对失去代表性的采价点进行调整和更换，以增强采价点的代表性。

此外，在抽选采价点时，还请物价、商务、工商等相关部门参与和协作。利用物价、商务、工商局对商品价格以及商业流通领域的管理优势，保证选择的采价点分布合理、代表性强、接受调查和配合调查的程度高。

3. 代表规格品的选择原则

编制价格指数是以国家制定的调查商品目录为基础的，选择代表规格品要遵循一定的原则。首先，根据当地的实际情况，选择销售量大、供应比较稳定的商品；其次，价格变动趋势和变动程度有较强的代表性，即选中规格品与未选中规格品的价格变动特点愈相关愈好；还要选择同一基本分类的规格品之间，性质差异愈大愈好，价格变动特征的相关性愈低愈好；选中的规格品应具有较好的销售前景，工业消费品必须是合格产品，产品包装上应有注册商标、产地、规格品等级等标识，不合格品不能选为调查代表规格品。每一个基本分类的代表规格品的选择数量，原则上不能少于制度规定的最低标准，各地根据实际情况适当增减；对于一些规格品牌复杂的商品也要选出了1–2种与代表规格品质量相近的规格品进行调查。代表规格品一经确定，原则上一年内不能更改。为保证代表规格品的唯一性，选择代表规格品时要详细描述代表规格品的名称、品牌、产地、规格等级、货号等特征。对失去代表规格品的商品和服务项目每年要进行一次调整、补充。

广西选择代表规格品时是严格遵照以上原则进行的。

4. 价格采集的方法和原则

（1）“三定一直”方法。在确定采价点和规格品之后，广西各调查市、县派出调查人员按照规定时间对选定的商店、市场和服务网点的商品或服务价格，采用“三定一直”方法进行收集调查登记，“三定一直”方法即定点、定时、定人直接采价。“定点”，就是到已选定的采价点，即固定的调查商店和农贸市场，以保障价格资料来源的稳定性和可比性。“定时”，即在固定的日子和时间来采价，这是保证基期价格和报告期价格在时间上具有可比性，因为采集价格的时间不同，商品的价格也存在差异。这一点鲜活商品体现得最为明显，比如鲜菜，通常是上午刚上市时价格高一些，晚上收市时价格则低一些。因此，在进行价格调查时，不但每个月的调查次数和日期应保持一致，每次调查的时间也应相对固定。“定人”，就是在一定时期内由固定调查人员去调查，这是为了避免因调查人员的频繁变动而引起的人为价格调查误差，保持价格资料的稳定性、连续性和可比性。“一直”就是由调查人员直接到采点进行现场采价，确保采集的价格是成交价。

（2）五个原则。广西各市县调查队搜集价格资料时，根据实际情况，遵循如下原则进行采价：

①同质可比原则。同一规格品的价格必须同质可比，即商品性质基本相同可以进行比较；如果商品的挂牌价格与实际成交价格不一致，应调查采集实际成交价格。

②重点调查与一般调查相结合。区别不同的商品，排列固定调查日期，巡回固定登记商品的价格。

对于价格变动比较频繁且与人民生活密切相关的商品（如鲜菜、鲜果等鲜活食品）采取重点调查，至少每5天调查一次；一般性商品每旬调查一次；对于国家定价，价格相对稳定的粮油等商品或房租、水电、交通、邮电等服务项目收费价格，则按月调查登记。

③定点调查和灵活调查相结合。当调查的商品无货时，及时查明原因，针对不同的情况采取灵活的方法进行处理。

A. 对于无季节差价的工业品暂时缺货时，若无统一调价，按价格不变登记；若缺货在半年以上的，予以更换。

B. 对于有无季节差价的农产品，如系过季无价，则不登记其价格，全年平均价格按有价月份价格平均计算。

C. 对于规格、等级、牌号、产地复杂多变的商品，如木器家具、服装、鞋、罐头等，多调查几种规格品的价格；如果固定采价点无货，采用辅助采价点的价格代替，如果辅助采价点也无货，则采用其他商店或农贸市场同种代表规格品的价格代替，以便连续反映该商品的价格变动情况；如果计算指数的规格品缺少价格时，则用近似规格品的变动幅度，推算规格品的价格，其计算公式为：原规格品的报告期价格 = 原规格品的基期价格 × 近似规格品的指数 ÷100。

D. 因为进货渠道不同等原因，在调查商店之间出现的一物多价的现象时，则按被调查的几个商店的实际零售价格进行简单算术平均计算指数。

E. 对调查价格的商品，每年进行一次调整，及时更换长期无货失去代表性的规格品。如果新规格品缺少基期价格时，采取各种方法了解产地基价，否则，采取近似规格品的价格指数进行推算。其计算公式为：新规格品基期平均价格 = 新规格品的报告期平均价格 ÷ 近似规格品的价格指数 ×100。

④当采价点的商品代表规格品的零售价格因受某种因素干扰，失去代表性时，则及时更换采价点进行调查。

⑤计算国营商业综合平均价格和全社会综合平均价格商品的国家指令性价格、指导性价格、市场价格的消费量资料的全面资料，主要国家住户资料计算，某些商品的不够善，参照商品流转统计资料计算。

5. 确定调查人员、调查联络人员及其职责

广西区城调队以及后来成立的广西调查总队要求各调查市、县调查队根据当地的实际情况，确定物价调查人员和物价调查联络人员，明确其职责范围。

在确定物价调查人员之后，各调查市、县调查队采取责任落实到人，分片包干的办法，实行明确的岗位责任制：物价调查员应做到认真负责，耐心细致，遵守纪律，严格保守国家秘密，如实反映市场物价情况。如果发现物价调查人员敷衍塞责，随便登记价格，给编制物价指数造成错误者，进行批评教育，情节严重者，给予纪律处分。在确定物价调查人员的责任之后，物价调查人员深入基层商店和农贸市场，对市场物价进行经常性的直接调查，了解群众对市场物价的反映，负责搜集、整理商品的零售价格和零售量；向被调查单位的负责人和有关人员询问商品质量、商品供求和价格变化情况。

与此同时，各调查市、县调查队在有关业务部门确定业务主管人员，在被调查商店确定一名业务熟悉、工作负责、能如实反映情况的同志作为物价联络人员。物价联络人员必须配合物价调查人员共同搞好调查工作，协助物价调查人员查清各类商品的代表规格品的实际价格，并向物价调查人员如实反映市场情况和问题，根据市场供求情况及时帮助物价调查人员选好代表规格品；各调查市、县调查队还不定期的召开有关业务部门的业务主管人员和被调查商店的物价联络人员座谈会，听取他们对物价调查工作的意见，共同研究和改进物价调查工作。

6. 价格整理及计算

物价调查人员采集到的价格资料，必须及时整

理。要求各调查市、县调查队必须建立各种商品及服务项目的价格登记卡片，并将调查搜集的原始价格资料及时整理成月、季、年平均价格，建立健全各种价格台账和商品消费量及消费额台账；各种商品和服务的月平均价格，用调查日价格按简单算术平均法计算，季平均价格用季内各月的价格简单算术平均法计算，年平均价格用年内各月的价格简单算术平均法计算；对食品等同时存在国家指令性价格、指导性价格、市场价格等多种价格形式的零售商品，在其各月国家指令性价格、指导性价格、市场价格的基础上，按当月的国家指令性价格、指导性价格、市场价格消费量，加权计算每月的国营商业综合价格和全社会综合平均价。从2012年开始，物价调查人员通过CPI手持数据采集器终端，直接录入价格，上报至国家数据服务器。

7. 权数编制

1990—1993，计算职工生活费用价格指数、零售物价指数和农业生产价格指数是一整套权数。

1994年，广西区城调队按国家统计局《94价格统计制度》的要求，实行了居民消费价格指数、商品零售价格指数、农业生产资料价格指数等三套指数的权数进行分编，以供1995年使用。①编制居民消费价格指数的权数是反映不同的商品和服务项目的价格变动在总指数形成中具有不同的重要程度的统计指标。编算居民消费价格指数的类和大部分商品和服务项目的权数根据住户调查中居民的实际消费构成计算；部分在住户调查中不编码汇总计算的商品和服务项目的权数则根据典型调查资料推算；居民消费价格指数的权数每年计算一次，其中鲜菜、鲜果的权数每月计算一次；广西全区居民消费价格指数的类和大部分商品和服务项目的权数有广西所有抽中市和县居民消费价格指数相应的类、商品及服务项目的权数按城乡居民应的相类、商品及服务项目消费额比重分别加权计算。②商品零售价格指数权数的资料来源。商品零售价格指数的大类商品权数根据商品流转统计中商品销售构成资料计算，具体商品的权数根据典型调查资料推算。鲜菜、鲜果的权数每月计算一次，其余商品及大中小权数每年计算一次；广西全区商品零售价格指数的类及商品权数由计算抽中城市和县商品零售价格指数的相应的类及商品权数按城乡相应的类及商品零售额分别加权平均计算。③农业生产资料价格指数权数资料的来源。编制农业生产资料价格指数的权数根据商品流转统计中商品销售构成资料计算，对商品流转统计中没有的商品，其权数则根据典型调查资料计算。权数每年算一次。广西全区农业生产资料价格指数的类及商品权数由各抽中县计算农业生产资料价格指数的相应的类及商品权数简单平均计算。所不同的是，从2001年开始，权数每5年计算一次。

1995—2013年，居民消费价格指数、商品零售价格指数、农业生产资料价格指数等三套指数的权数也是分编的。所不同的是，从2001年开始，权数每25年计算一次。

8. 价格录入

1990—2013年，用计算机进行指数汇总，由国家统一下发程序，各省、市、县的编号由国家统一编号，总指数、大中小类指数、商品、规格品等的机器汇总代码由国家统一编制，各省、市、县把整理好的规格品价格、消费量、消费额、权数等在程序里录入，检查无误后，即可进行汇总各种指数。

9. 指数编制过程

1990年的生活费用价格指数，包括按全社会综合平均价格计算和按国营商业综合价格计算的两种口径。全社会综合平均价格是指同一种商品在同一时期内的零售牌价、议价和市价，各按其消费量加权计算的综合平均价格；国营商业综合平均价，是指同一种商品在同一时期内的国营商业零售牌价和议价各按其消费量加权计算的综合平均价格。牌价是指令性计划价格，议价是指导性价格，市价主要是农贸市场的商品实际成交价。由于居民生活消费支出包括购买商品支出和非商品服务性支出两部分，因而编制居民生活费用价格指数也包括消费品价格指数和服务项目指数两部分。

1990年，零售物价指数包括消费品和农业生产资料共两大类商品价格。消费品调查涉及食品、衣着、日用品、文化娱乐用品、医药和燃料等6类商品337种代表规格品，用于计算消费品的零售物价指数。农业生产资料调查涉及小农具、半机械化农具、机械化农具、化学肥料、农药及农药械、农机用油、其他等7类52个代表规格品，用来计算农业生产资料的零售物价指数。

采用国营商业的零售价格进行价格指数的计算，用加权算术平均公式计算零售物价类指数、总指数和全区零售物价指数及合编包括牌价、议价、市价的全社会零售物价总指数。

具体编制方法和步骤是：①由市、县调查队派出调查人员，按照国家制度要求定点、定时到被抽选的调查网点（如大型商场、超市、商店、农贸市场等采价点）采集各种代表规格品的市场零售价格，分别计算出每种商品的挂牌价、议价和市场的平均价格。同时，依据居民家庭收支调查资料计算出各种形式价格购买的同种商品数量和金额，进而计算出该商品的全社会平均价格。②根据调查计算获得的本期和对比期的商品平均价格，计算单项商品价格指数。③用单项商品价格指数，结合城乡居民家庭收支调查的消费构成和商品的零售统计的各种商品构成，加权计算出商品价格的类指数和总指数。并分别编制城市、城镇、农村的零售物价指数。为观察不同流通渠道的商品零售价格指数，分别编制国营牌价、议价指数和集市贸易价格指数。为研究不同商品价格变动对物价总指数的影响，分别编制消费品零售价格指数、农业生产资料零售价格指数。

农业生产资料价格指数，反映农业生产所用生产资料价格变动趋势和程度的相对数指标。又称农用生产资料价格指数。农业生产资料价格指数是作为农村零售物价指数的组成内容编制的。包括：小农具、半机械化农具、机械化农具、化学肥料、农药及农药械、农机用油、其他等7个小类,52种商品。计算方法与零售物价指数相同，采用国合商业的零售价格进行价格指数的计算，用加权算术平均公式计算零售物价类、总指数和全区零售物价指数及合编包括牌价、议价、市价的全社会零售物价总指数。上报周期为月报。

农业生产资料价格指数和消费品价格指数是共同组成零售物价调查的重要组成部分，所涉及的7类52个规格品成为一个大类被包括在商品零售价格调查之中。调查组织方式、指数计算和数据上报与商品零售价格指数的组织方式、指数计算和数据上报方式完全一样。

集市贸易价格指数的编制过程。集市贸易价格指数的计算方法，是根据报告期集市贸易主要商品的平均价格（分月、季、年平均价格）和基期平均价格计算出单项商品价格指数，以报告期该种商品所在商品集团的成交额为权数，按加权例数平均数公式计算类指数；再以类指数的实际成交额为权数，计算集市贸易价格总指数。其计算公式为：

$$= \frac{\sum P_1Q_1}{\sum \frac{P_1Q_1}{K}} \times 100\%$$

分别编制城市集市贸易价格指数和农村集市贸易价格指数。

城市集市贸易价格指数包括粮食、食用植物油、鲜菜、干菜、肉禽蛋、水产品、鲜果、干果、日用杂品、柴草、其他等11类消费品。

农村集市贸易价格指数除包括上述消费品外，还包括饲料、小农具、幼禽家畜、大牲畜、竹木材等5类农业生产资料。

集市贸易价格指数以集市贸易主要商品的平均价格为基础计算单项价格指数，然后采用调和平均法以成交额为权数计算类指数和总指数。集市贸易价格指数按月、季和年编制。月平均价格是以调查员在各采价点上登记的各次实际价格，采用简单算术平均法计算的，季平均价格和年平均价格是以月平均价格为基础用简单算术平均法计算。统计实践

中，在编制集市贸易价格指数的同时，还测算以国营商业价格为 100 的指数，用以反映国营商业价格与集市贸易价格相比的价比率变化情况。将计算结果减去 100，得国营商业价格与集市贸易价格的平均差率。集市贸易价格指数可以反映集市贸易价格的变动趋势和程度，分析集市价格和国家牌价的比例关系，分析集市价格变动对农业生产和城乡人民生活的影响。该指数于 1993 年结束编制。

1994 年，按国家统计局《94 价格统计制度》的要求，价格指数的汇总方法由“价格法”改为指数法，年度指数根据 1—12 月指数简单平均计算。指数编制过程：（1）居民消费价格指数。各抽中市县按月和年编制居民消费价格指数；市县居民消费价格指数根据各调查商品和服务项目的基期和报告期的平均价格采用加权算术平均公式计算；全区城市居民消费价格指数是在各抽中市单项商品或服务项目价格指数的基础上，根据各抽中市居民消费额资料，确定每种商品城市间的比重，加权计算出城市单项商品价格指数，然后按加权算术平均公式汇总计算；全区农村居民消费价格指数是在各抽中县农村居民单项商品消费价格指数的基础上，简单平均计算出农村居民单项商品价格指数，然后按加权算术平均公式汇总计算；全区居民消费价格指数是在全区城市和农村单项商品消费价格指数的基础上，根据城乡居民消费额资料，确定每种商品城乡间居民消费的比重，加权计算出全区居民单项商品的消费价格指数，然后按加权算术平均公式汇总计算。（2）商品零售价格指数。各抽中市县按月和年编制商品零售价格指数；市县商品零售价格指数根据各调查商品的基期和报告期的平均价格采用加权算术平均公式计算；全区城市商品零售价格指数是在各抽中市单项商品零售价格指数的基础上，根据各抽中市商品零售额资料，确定每种商品城市间的比重，加权计算出城市单项商品价格指数，然后按加权算术平均公式汇总计算；全区农村商品零售价格指数是在各抽中县单项商品零售价格指数的基础上，简单平均计算出农村居民单项商品价格指数，然后按加权算术平均公式汇总计算；全区商品零售价格指数是在全区城市和农村单项商品消费价格指数的基础上，根据城乡商品零售额资料，确定每种商品城乡间的比重，加权计算出全区单项商品的零售价格指数，然后按加权算术平均公式汇总计算。（3）农业生产资料价格指数。各抽中县按月和年编制农业生产资料价格指数；县农业生产资料价格指数采用加权算术平均公式计算；全区农业生产资料价格指数是在各抽中县单项农业生产资料价格指数的基础上，简单平均计算出全区的单项农业生产资料价格指数，然后按加权算术平均公式分别汇总计算。

1995—2000 年居民消费价格指数、1995—2002 年商品零售价格指数和农业生产资料价格指数的编制过程和 1994 年一样。

2001 年，随着居民消费价格指数编报方法和制度进行了重大的修改，居民消费价格指数编的方法和步骤如下：

第一步，代表规格品的平均价格的计算。代表规格品的月度平均价采用简单算术平均方法计算，首先计算规格品在一个采价点的平均价格，再根据各个采价点的价格算出月度平均价。

$$P_i = \frac{1}{m}\sum_{j=1}^{m}(\frac{1}{n}\sum_{k=1}^{n}P_{ijk}) = \frac{1}{m}\sum_{j=1}^{m}P_{ij}$$

其中：$P_{ijk}$ 为第 i 个规格品在第 j 个价格采价点的第 k 次调查的价格；

$P_{ij}$ 为第 i 个规格品第 j 个采价点的月度平均价格；m 为采价点的个数，n 为调查次数。

第二步，基本分类指数的计算

（1）规格品相对数的计算

代表规格品价格变动的相对数为

$$G_{ti} = P_{ti} / P_{(t-1)i} \times 100\%$$

$G_{ti}$ 为第 i 个代表规格品在报告期（t）价格与上期（t-1）价格对比的相对数。

（2）基本分类月环比指数的计算

根据所属代表规格品变动相对数，采用几何平均法计算各基本分类的月环比指数，计算公式为：

$$K_i = \sqrt[n]{G_{t1} \times G_{t2} \times \cdots\cdots \times G_{tn}} \times 100\%$$

其中：

$G_{t1}$、$G_{t2}$……、$G_{tn}$ 分别为第 1 个至第 $n$ 个规格品在第 $t$ 期与上期价格对比的相对数。

（3）各类定基指数的计算

$$L_t = L_{t-1} \times \frac{\sum P_t Q_{2010}}{\sum p_{t-1} Q_{2010}}$$

其中：$t$：报告期

$t-1$：报告期的上一时期

$L$：定基指数

$P_t Q_{2010}$：固定篮子商品和服务的金额

第三步，总指数及大中小类指数的计算

逐级加权平均计算，采用链式拉式公式：

$$L_t = \left( \sum W_{t-1} \frac{P_t}{P_{t-1}} \right) \times L_{t-1}$$

其中：$L$：定基指数

$W$：权数

$P$：价格

$t$：报告期

$t-1$：报告期的上一时期

$\frac{P_t}{P_{t-1}}$：本期环比指数

第四步，全区居民消费价格总指数的计算

全区居民消费价格总指数根据全区城市和农村指数按城乡居民消费支出金额加权平均计算。

2002—2003 年，居民消费价格指数的编制方法、步骤和一样 2001 年。

2003 年，国家统计局对商品零售价格指数和农业生产资料价格指数的编制方法进行了修改，这两种价格指数的编制方法和步骤与 2001 年居民消费价格指数的编制方法和步骤一样。

2004—2013 年，居民消费价格指数、商品零售价格指数、农业生产资料价格指数的编制方法和步骤与 2003 年一样。

（三）农副产品收购价格调查

1. 国家的方法制度

（1）农副产品收购价格调查方案。1990 年，国家统计局颁布的《物价统计报表制度》（1990 年统计年报和 1991 年定期报表制度）其中包含了“农副产品收购价格调查方案”。该方案包括商品目录和报表表式两大部分。从 1990 年年报和 1991 年定期统计报表开始执行此制度。

1991 年，农副产品收购价格指数增加编制 2、4 季度指数。

1992 年至 1993 年，《农副产品收购价格调查方案》与 1990 年的调查方案相比，指标体系没有变动。

1994 年 9 月国家统计局出台了施新的价格统计报表制度方法，即《1994 年统计年报和 1995 年定期统计报表》（简称《94 价格统计制度》，下同）。其中包含了“农副产品收购价格调查方案”。该方案改革的内容主要有：把“农副产品收购价格指数”改名为“农产品收购价格指数”，分类不变，扩大农产品收购价格统计的调查范围，即包括国营农业生产单位在内的全社会的农产品生产者和收购者。同时取消“季度指数”和“上半年指数”的编制，只编制“全年指数”，也取消了“省农产品与工业品的交换综合比价指数”、“省农产品与工业品单项比价”、“省主要农副产品收购混合平均价格”等三种表的编制。报表上报方式改为数据传输。

1995 年至 2000 年农副产品收购价格调查工作执行 1994 年的调查方案，指标体系基本稳定。

2001 年，为了在资料取得方面更加方便，农产品收购价格指数改由省农调队编制。

（2）调查目的。农副产品收购价格是价格体系的重要组成部分，是农副产品进入流通领域的最初价格，同社会生产和人民生活关系极为密切。农副产品收购价格调查的目的在于及时、准确地反映农副产品收购价格的变动情况及其对国家财政支出和农民货币收入及有关方面的影响，为国家制定、检查农副产品收购政策，研究农副产品收购价格水

平、差价政策和比价政策提供科学依据；同时，为社会各部门提供准确信息。据此目的，农副产品收购价格调查的主要任务是掌握各种经济类型的商业企业及其他单位以各种形式收购的农副产品价格资料，整理计算出农副产品平均价格，编制农副产品收购价格指数和比价资料，及时反映农副产品收购过程中的新情况和问题。

（3）调查范围和内容。农副产品收购价格的调查范围，包括各种经济类型的商业企业及其他单位直接从农村乡(镇)、村集体农业生产单位和农民个人以各种价格形式（包括国家定价、国家指导价和市场调节价）收购农副产品的价格、数量和金额。不包括农民对非农业居民出售的农副产品。农副产品收购价格的调查内容，包括农林牧渔五业中的粮食、食用植物油及油料、棉花、麻、烟叶、糖料、茶叶、木材、竹材、工业用油脂油料、工业用漆胶、肉畜、禽蛋、皮张、鬃毛、蚕茧蚕丝、干鲜果、干鲜菜及调味品、药材、土副产品等十一个大类，276中商品。

（4）报表种类。农副产品价格调查的报表种类有：年报①省、自治区、直辖市农产品与工业品的交换综合比价指数（国价年综12表），年后40日用软盘上报国家；②省、自治区、直辖市农副产品收购价格指数（国价年综13表），年后25日用软盘上报国家；③省、自治区、直辖市农产品与工业品单项比价（国价年综14表）；④省、自治区、直辖市主要农副产品收购混合平均价格（国价年综16表），国价年综14、16表均为年后40日用软盘上报国家。

定期报表：国价定综11表（省、自治区、直辖市农副产品收购价格指数）,半年报为7月25日上报国家，1季度和3季度的季报为季后20日上报国家，2、4季度免报季度指数。

（5）统计指标。①农副产品收购价格指数的统计指标有：上年（上年同期）综合平均收购价格、本年（期）综合平均收购价格、本年（期）实际收购额、以上年（上年同期）价格为100的指数；②农产品与工业品单项比价的统计指标有：交换品、被交换品。交换品有小麦、稻谷、玉米、大豆、皮棉、烤烟、黄红麻（熟麻）、大麻、苎麻、花生果、油菜籽、芝麻、甜菜、毛茶、肥猪、鸡蛋、绵羊毛、桐油、生漆；被交换品有：食盐、白糖、纸烟、白酒、棉布、棉花化纤混纺布、肥皂、火柴、煤油、化肥、缝纫机（家用一级品）、自行车（26型，一级品）、机械手表（国产19钻，一级品）、手扶拖拉机、黑白电视机（35cm）、柴油（0号、20号平均）；③主要农副产品收购混合平均价格的统计指标有：本年实际收购额（百元）、混合平均单价（元）。

（6）统计分类。农副产品收购价格指数：分粮食、经济作物、工业用油漆、禽畜产品、蚕茧蚕丝、干鲜果、干鲜菜及调味品、药材、土副产品和水产品等共计十一大类。

（7）汇总方法。省（区、市）农副产品收购价格指数根据各调查商品的全省（区、市）综合平均收购价格和相应的单项商品价格指数用报告期收购额采用加权调和平均公式计算。

2. 广西农副产品收购价格调查的实施过程

1990—2005年，广西区城调队按国家统计局价格统计制度中“农副产品价格调查方案”的要求编制农副产品收购价格指数及相关工作。在具体实施过程中，遵照以下一系列的方法和原则：

（1）调查市县。农副产品收购价格的调查点，必须是所规定的调查商品的主产区，而且收购量大，有代表性的地区。农副产品收购价格调查点，以能代表全省的农副产品收购价格变动趋势为准则。1990—2001年，广西继续使用1986年抽选的能代表广西的农副产品收购价格变动趋势的调查点，分别是邕宁、武鸣、柳城、阳朔、平南、苍梧、灵山、博白、靖西、都安、融水、资源共12个农副产品主产县和建立有城调队的南宁、柳州、桂林、梧州北海、百色、贺县、贵县、宜山、融安、钦州等11个市县。各市县又选择3—4个主产乡收购站为固定调查点。

（2）组织形式。在农副产品价格调查的实施过程中，国家、省级、抽中调查县（市）各负其责。国家统计局城市社会经济调查总队负责编制全国农副产品收购价格指数和有关比价资料，组织指导各省（区、市）农副产品价格的调查工作。广西区城调队负责搜集、整理本区各调查商品的收购价格整理，并计算各调查商品的全区综合平均收购价格，编制全区农副产品收购价格指数，开展农副产品收购价格方面的专题调查。广西被抽中的调查县（市）统计局负责管理本县（市）农副产品收购价格调查点，负责搜集、整理本县（市）主产的农副产品收购价格、数量和金额，定期向广西区城调队提供，并反映收购市场行情。如果广西被抽中的主产县（市）设有城调队，则由城调队负责。

（3）资料搜集方法和原则。广西区城调队制定基层调查表，列出调查商品项目及其规格等级、收购数量、收购金额等指标，并且派员经常下调查点进行业务辅导。调查县（市）也定期直接派员直接调查各调查点的收购价格及数量；同时各抽中乡（镇）及调查点也根据调查要求，及时、准确地向县（市）城调队或统计局上报调查商品的收购价格及数量。对于存在多种价格形式的调查商品，搜集了不同价格形式的收购数量和价格，以便计算综合平均价格。执行国家定价和国家指导价的商品，是指省级及省级以上物价主管部门规定的商品和价格幅度。凡是超过国家定价和国家指导价标准的农副产品收购价格一律按市场调节价统计。对于不分等级收购，又划不出具体规格等级的调查商品，则调查统货价。对于全社会的收购量和收购额以及区分不同价格形式的比重资料，则是综合利用农村住户调查和商品流转的有关统计资料，参照有关业务主管部门资料，经过综合平衡和相互验证而取得的。

（4）价格资料的整理和计算方法。调查人员采集大的农副产品收购价格资料，能够及时的整理。农副产品收购价格资料采用分级汇总方式，即先由调查县（市）各调查点的价格整理计算出不同价格形式的平均价格以及全县（市）的收购量和收购额资料，在此基础上，再由广西区城调队整理计算全广西的不同价格形式的平均价格和综合平均价格。调查县（市）各调查商品的国家定价、国家指导价和市场调节价的平均收购价格，可以各抽中乡（镇）调查点相应的收购价格及其收购量或比重加权计算求得。广西区各种调查商品的国家定价、国家指导价和市场调节价的平均收购价格，可以各调查县（市）相应的收购价格及其收购量或比重加权计算求得。广西区各调查商品的综合平均收购价格，可以全区的国家定价、国家指导价和市场调节价及其收购量或比重加权计算求得。如果某一种商品只存在一种价格形式的收购价格，则这个价格就是该商品的全区综合平均收购价格。对调查商品，每月整理计算一次月平均收购价格，季度、半年度和年度平均收购价格根据期内各月平均收购价格和收购量或比重加权计算求得。

（5）价格录入。从1986年开始，农副产品收购价格指数用计算机进行指数汇总，程序由国家统一下发。各省编号由国家统一编号，总指数、大中小类指数、商品、规格品等的机器汇总代码由国家统一编制，各省把整理好的规格品价格、收购额等在程序里录入，检查无误后，即可进行汇总各种指数。

（6）指数编制过程。广西农副产品收购价格指数的计算过程：先用整理好的综合平均收购价格计算出单项商品的收购价格指数，再用报告期收购额采用加权调和平均公式计算出总指数。广西的年度工农业商品综合比价指数，分别根据农民出售农副产品价格指数和农副产品收购价格指数与农村工业品零售价格指数对比计算。其中农民出售农副产品价格指数按现行农副产品收购价格指数与城镇集市贸易价格指数加权平均求得。计算农产品与工业品单项比价的商品范围包括对非农业居民出售的农副产品。

# 第二章　工业生产者价格、固定资产投资价格方法制度变迁

## 一、工业生产者价格统计调查制度

1990 年，广西工业品价格统计工作由广西区统计局工交处负责。调查价格为混合价格（产品销售总额除以销售总量），价格形式有国家定价、浮动价格、市场价格。

1991 年，广西区城调队接管广西区统计局的工业品价格统计工作。当年，广西区城调队在执行国家统计局城市社会经济调查总队（简称国家城调总队）制定的第二版《工业品价格统计调查方案》的同时，还结合了广西的具体情况，制定了《广西工业品价格定期统计报表制度实施办法》，选出了工业品价格调查企业 308 个，产值占总量的 51%，所选企业分布 51 个市县。实行企业直报制度，不论有没有城调队的市县，一律参加选点，从而在地区分配上进一步保证了调查对象的代表性，能及时、准确地上报国家总队。3、5、8、11 月的工业品价格指数由广西区统计局负责编制，广西区城调队负责年度汇总工作。

1992 年广西区城调队执行工业品价格月度报表制度，即 3、5、8、11 月编制月度工业品价格指数。

1993 年，全国及大部分省城调队执行工业品价格月度报表制度，每个月编制月度工业品价格指数。广西从 1993 年 5 月以后，每个月编制月度工业品价格指数。

1994、1995 年，继续执行国家城调总队制定的第二版《工业品价格统计调查方案》，方法制度、指数计算方法、上报方式等均无变动。

1996 年，执行国家城调总队制定的我国第三版《工业品价格统计调查方案》，该方案比以前的方案有很大的变动。①省级数据上报由上报原始数据报表改为远程传输原始数据的方式；②调查表式中取消国家定价、浮动价格、市场价格的内容，只上报调查产品混合平均价；③规格品价格指数的计算方法由平均价法（即先计算出规格品的报告期、基期平均价，再计算指数），改为指数法（即利用各个调查企业上报的相同规格品的出厂价格指数，以其销售量为权数，加权平均计算出该代表规格品的价格指数）；

1997—2000 年，继续执行国家城调总队制定的第三版《工业品价格统计调查方案》，方法制度、指数计算方法、上报方式等均无变动。

2001 年，国家城调总队制定了第四版《工业品价格统计调查方案》，该方案着眼于计算工业发展速度的目标，对原工业品价格统计调查方案进行了重大计算修订和改进，主要内容包括：①取消每月调查混合平均价（含税）的方法，改为每月调查两次时点价（不含税）；②采用几何平均法计算规格品价格指数，即利用各个调查企业同一规格品的出厂价格指数进行几何平均；③从 2003 年起执行《GB/4754−2002》国民经济行业分类标准；④省级月报上报国家的时间，由报告月月后 10 日前改为报告月 28 日前。全国各省从 2002 年起执行该方案。

2002 年，广西区城调队执行 2001 年国家城调总队制定的第四版《工业品价格统计调查方案》。为了增强广西工业行业代表性，这一年增选大量企业，使广西的工业品价格调查企业从原来的 300 家增加到 1000 多家，调查产品由原来的 200 个扩大到 700 个，规格品由原来的 270 多个扩大到 1200 多个。由于当时许多广西的规格品在国家的产品目录里找不到代码，广西自增规格品 800 个。有指数的中类行业 154 个，占有产值的 167 个工业中类行业的 92.2%，基本满足当年广西区统计局试算工业发展速度的需要。

根据《国家统计局关于试行新的工业发展速度计算方法的通知》（国统字 [2002]3 号）要求，从 2002 年 4 月起，在全国范围内，试行新的工业发展

速度计算方法。

2003年6月，国家统计局决定从2004年开始正式采用价格指数缩减法计算工业发展速度。

2005年，国家城调总队在第四版《工业品价格统计调查方案》的产品目录中增加了大批产品和规格品代码，以便各省使用。

2007年，随着市场经济的发展，部分企业倒闭、重组或被兼并等，广西工业品价格调查企业已经不足800家，为了增强广西工业行业代表性，这一年增选企业300多家，使广西工业品价格调查企业维持在1000家以上。

2008—2009年，广西工业生产者价格统计调查制度基本不变。

2010年，全国工业生产者价格统计调查制度进行了一次改动，报告期单价采价日由8日和18日分别改为5日和20日，取消报表中的上年同月平均价指标，并将报表报送时间改为报告月月后1日。这一年，全国各省根据第二次经济普查资料进行了一次基期数据和权数的测算，定下了2011-2015年这5年的权数。

2011—2013年，广西工业生产者价格统计调查制度基本不变。

## 二、固定资产投资价格统计报表制度

国家是从1991年开始按年度编制固定资产投资价格指数，广西经过区统计局研究决定，原由区统计局投资处承担的固定资产投资价格统计工作，交由广西区城调队生产投资价格统计处承担。

1991年10月广西区城调队生产投资价格统计处开始着手制定符合我区实际的固定资产投资价格统计报表制度，并商定在年报会前做好接收和各项准备工作。广西的固定资产投资价格统计执行国家统一制定的调查方案，采用重点调查与典型调查相结合的方法。调查范围覆盖了全区市县级以上的建筑企业、建筑安装企业及部门建筑施工企业。1991年选出固定资产投资价格调查企业71个（60），产值占总产值45%左右。报表为年报，报表种类有：《固定资产投资价格指数》、《建筑安装工程价格指数汇总表》、《建筑安装工程价格指数调查表》、《建筑业产值中主要材料费用价格指数》、《主要标准设备、工器具投资价格指数》、《主要标准设备、工器具购进价格调查表》。

1992—1994年广西固定资产投资价格统计没有大的改变，一直沿用1991年的统计制度和方法。

1995年，建筑业和固定资产投资价格调查制度取消《主要标准设备、工器具购进价格调查表》和《主要设备工器具投资价格指数表》，原则上以工业品出厂价格指数中的机械工业产品出厂价格指数代替设备、工器具价格指数，增加《其他费用投资价格指数调查项目》。而且不再编制建筑业产值价格指数，而用建筑安装工程价格指数替代。

1996年根据国家统计局城调总队的统一布置，对原固定资产投资价格调查方案作了重新修订，综合报表有三种：《固定资产投资价格指数》V313表、《建筑安装工程价格指数》V314表、《建筑安装工程中主要材料价格指数》V316表；基层报表有八种：《建筑业产值构成汇总表》V101表、《材料费价格指数总表》V102表、《材料费价格指数》V103表、《人工费价格指数》V104表、《机械使用费价格指数》V105表、《间接费费率指数》V106表、《建筑安装工程价格指数》V107表、《其他费用投资价格指数》V108表。报表为半年报及年报，上报时间为7月5日前及1月5日前。

1997年国家统计局新制定了《固定资产价格调查方案》，上报时间为半年报、年报，并根据此方案编制了新的固定资产投资价格调查数据处理程序，在DOS程序下运行的数据库软件。可同时满足国家、省、地级市城调队用于固定资产投资价格调查的数据录入、审核、汇兑、打印及上报等处理工作。综合报表有三种：《固定资产投资价格指数》V313表、《建筑安装工程价格指数》V314表、《建筑安装工程中主要材料价格指数》V316表；基层报表有七种：《建筑业产值构成表》V101表、《材

料费价格指数总表》V102表、《材料费价格指数》V103表、《人工费价格指数》V104表、《机械费价格指数》V105表、《间接费费率指数》V106表、《其他费用投资价格指数》V107表。

1998—2002年固定资产投资价格统计没有大的改变，一直沿用1997年的统计制度和方法。

2003年国家对报表制度进行了重大改革，报表改为季报，上报时间为3月15日、6月15日、9月15日、12月15日，启用2002年修订的目录。并根据此方案编制了新的固定资产投资价格调查数据处理程序，在WINDOS系统下运行的数据库软件。综合报表有三种：《固定资产投资价格指数》V414表、《建筑安装工程价格指数》V415表、《建筑安装工程中材料价格指数》V416表；基层报表有四种：《材料费价格明细表》V207表、《人工费价格指数》V208表、《机械费价格指数》V209表、《其他费用投资价格指数》V211表。

2004—2007年固定资产投资价格统计没有大的改变，一直沿用2003年的统计制度和方法。

2008年国家根据建筑安装工程价格指数在整个固定资产投资价格中占60%以上，是编制固定资产投资价格统计调查的基础。而近年来，新产品、新材料的广泛应用，产品更新换代的步伐加快，各地在上报过程中新增产品目录条数逐渐增多，有的已经超过原来目录的30%。因此仍按2002年修订的目录上报已远远不能满足需要，为规范上报目录，增强上报调查产品的代表性，对2002年版的《建筑安装工程投资中材料费用价格指数调查产品目录》进行修订并启用。其余制度及计算方法不变，实行的还是季报。

2009—2013年固定资产投资价格统计没有大的改变，一直沿用2008年的统计制度和方法。

根据广西的具体情况，1991–2013年企业报表的上报形式一直采用直报广西调查总队的方式，报表的汇总采用超级汇总方式。

# 第二篇　价格指数

# 1951—1993 年广西四种流通消费价格总指数

以上年价格为 100

| 年　份 | 生活费用价格总指数 | | | 零售物价总指数 | | | 农副产品收购价格总指数 | 集市贸易价格总指数 |
|---|---|---|---|---|---|---|---|---|
| | 全区 | 城镇 | 农村 | 全区 | 城镇 | 农村 | | |
| 1951 | 110.5 | 110.5 | - | 109.8 | 110.4 | 109.4 | 123.4 | 110.2 |
| 1952 | 99.9 | 99.9 | - | 99.8 | 99.7 | 99.8 | 113.0 | 97.5 |
| 1953 | 102.5 | 102.5 | - | 102.9 | 102.9 | 102.9 | 112.8 | 105.2 |
| 1954 | 104.2 | 104.2 | - | 104.2 | 104.6 | 103.9 | 98.6 | 107.8 |
| 1955 | 102.2 | 102.2 | - | 101.5 | 102.4 | 100.8 | 99.3 | 103.1 |
| 1956 | 99.7 | 99.7 | - | 99.2 | 99.7 | 98.5 | 100.4 | 99.7 |
| 1957 | 103.3 | 103.3 | - | 102.4 | 103.1 | 101.5 | 108.6 | 104.8 |
| 1958 | 99.7 | 99.7 | - | 99.9 | 99.7 | 100.0 | 101.4 | 108.0 |
| 1959 | 99.8 | 99.8 | - | 99.7 | 99.8 | 99.6 | 102.3 | 102.4 |
| 1960 | 104.8 | 104.8 | - | 103.4 | 104.3 | 102.7 | 104.4 | 133.9 |
| 1961 | 138.0 | 138.0 | - | 124.8 | 139.6 | 114.5 | 123.0 | 447.5 |
| 1962 | 100.5 | 100.5 | - | 103.0 | 100.2 | 105.3 | 100.9 | 68.8 |
| 1963 | 99.2 | 99.2 | - | 99.5 | 99.2 | 99.9 | 97.7 | 49.5 |
| 1964 | 94.8 | 94.8 | - | 95.4 | 94.8 | 96.0 | 99.8 | 65.6 |
| 1965 | 95.8 | 95.8 | - | 95.3 | 95.9 | 94.8 | 100.2 | 93.3 |
| 1966 | 100.0 | 100.0 | - | 99.7 | 100.0 | 99.5 | 103.7 | 101.5 |
| 1967 | 100.4 | 100.4 | - | 99.9 | 100.4 | 99.3 | 100.0 | 101.8 |
| 1968 | 101.0 | 101.0 | - | 100.5 | 101.0 | 100.1 | 100.0 | 102.1 |
| 1969 | 100.0 | 100.0 | - | 100.4 | 100.9 | 100.1 | 100.0 | 102.4 |
| 1970 | 100.4 | 100.4 | - | 100.1 | 100.4 | 99.9 | 100.0 | 101.9 |
| 1971 | 101.2 | 101.2 | - | 100.4 | 101.3 | 100.1 | 101.4 | 106.0 |
| 1972 | 101.2 | 101.2 | - | 100.5 | 101.3 | 100.3 | 101.8 | 106.2 |
| 1973 | 100.7 | 100.7 | - | 100.3 | 100.7 | 100.1 | 100.5 | 103.8 |
| 1974 | 100.4 | 100.4 | - | 100.1 | 100.4 | 100.0 | 100.1 | 102.3 |
| 1975 | 101.0 | 101.0 | - | 100.2 | 101.0 | 99.7 | 100.2 | 107.9 |
| 1976 | 101.0 | 101.0 | - | 100.5 | 101.1 | 100.1 | 100.0 | 108.7 |
| 1977 | 100.5 | 100.5 | - | 100.2 | 100.5 | 100.0 | 100.0 | 103.2 |
| 1978 | 99.8 | 99.8 | - | 100.0 | 99.8 | 100.1 | 103.5 | 97.2 |
| 1979 | 102.8 | 102.8 | - | 102.3 | 102.9 | 101.7 | 115.1 | 113.3 |
| 1980 | 112.6 | 112.6 | - | 109.2 | 113.1 | 106.1 | 102.7 | 105.1 |
| 1981 | 102.7 | 102.7 | - | 101.7 | 103.0 | 100.5 | 101.0 | 108.2 |
| 1982 | 104.1 | 104.1 | - | 103.1 | 104.4 | 102.4 | 105.5 | 108.6 |
| 1983 | 103.0 | 103.0 | - | 102.8 | 103.0 | 102.7 | 101.8 | 104.4 |
| 1984 | 103.3 | 104.6 | 102.4 | 104.2 | 104.5 | 104.1 | 106.9 | 98.9 |
| 1985 | 113.0 | 114.7 | 111.8 | 111.2 | 114.5 | 109.3 | 118.2 | 124.8 |
| 1986 | 106.2 | 106.2 | 106.2 | 105.1 | 106.0 | 104.4 | 105.4 | 107.8 |
| 1987 | 108.2 | 110.2 | 105.8 | 108.0 | 110.5 | 105.5 | 115.7 | 116.0 |
| 1988 | 120.8 | 123.3 | 118.4 | 121.0 | 123.2 | 119.4 | 124.4 | 128.6 |
| 1989 | 121.1 | 119.7 | 123.3 | 121.3 | 119.1 | 123.5 | 103.7 | 118.8 |
| 1990 | 101.1 | 98.3 | 104.4 | 100.1 | 97.4 | 102.4 | 88.6 | 93.1 |
| 1991 | 102.8 | 102.7 | 103.0 | 102.5 | 102.5 | 102.5 | 106.5 | 97.0 |
| 1992 | 105.9 | 107.0 | 105.4 | 104.6 | 106.2 | 103.9 | 103.6 | 102.9 |
| 1993 | 122.0 | 123.3 | 119.1 | 118.9 | 121.9 | 114.8 | 110.6 | 124.2 |

# 1994—2013 年广西居民消费、商品零售、农业生产资料价格总指数

以上年价格为 100

| 年份 | 居民消费价格指数 | | | 商品零售价格指数 | | | 农业生产资料价格指数 | | |
|---|---|---|---|---|---|---|---|---|---|
| | 全区 | 城市 | 农村 | 全区 | 城市 | 农村 | 全区 | 城市 | 农村 |
| 1994 | 126.0 | 125.4 | 126.5 | 124.4 | 122.7 | 125.6 | 118.1 | | 118.1 |
| 1995 | 118.4 | 118.0 | 118.6 | 116.4 | 115.0 | 117.7 | 130.1 | | 130.1 |
| 1996 | 106.5 | 105.5 | 107.4 | 104.5 | 104.1 | 104.9 | 103.8 | | 103.8 |
| 1997 | 100.8 | 100.7 | 100.8 | 99.6 | 99.9 | 99.4 | 100.3 | | 100.3 |
| 1998 | 97.0 | 97.1 | 96.8 | 96.3 | 96.7 | 95.9 | 92.1 | | 92.1 |
| 1999 | 97.7 | 97.2 | 98.2 | 97.2 | 96.8 | 97.6 | 96.4 | | 96.4 |
| 2000 | 99.7 | 100.0 | 99.5 | 98.6 | 98.4 | 98.8 | 99.9 | | 99.9 |
| 2001 | 100.6 | 101.3 | 99.6 | 97.8 | 97.3 | 99.0 | 97.7 | | 97.7 |
| 2002 | 99.1 | 98.9 | 99.3 | 98.1 | 98.2 | 98.0 | 98.2 | | 98.2 |
| 2003 | 101.1 | 100.9 | 101.3 | 100.2 | 99.6 | 100.8 | 102.4 | | 102.4 |
| 2004 | 104.4 | 104.1 | 104.9 | 103.9 | 103.4 | 104.4 | 115.3 | | 115.3 |
| 2005 | 102.4 | 103.0 | 101.6 | 101.1 | 101.3 | 101.0 | 110.5 | | 110.5 |
| 2006 | 101.3 | 101.6 | 100.9 | 100.3 | 100.8 | 99.8 | 101.0 | | 101.0 |
| 2007 | 106.1 | 105.6 | 106.8 | 104.8 | 104.2 | 105.3 | 114.4 | | 114.4 |
| 2008 | 107.8 | 107.6 | 108.5 | 107.6 | 107.6 | 108.3 | 124.0 | | 124.0 |
| 2009 | 97.9 | 97.9 | 97.5 | 98.0 | 98.1 | 96.9 | 94.2 | | 94.2 |
| 2010 | 103.0 | 102.9 | 103.4 | 103.0 | 103.0 | 103.2 | 101.9 | | 101.9 |
| 2011 | 105.9 | 105.7 | 106.4 | 106.0 | 105.7 | 106.6 | 112.2 | | 112.2 |
| 2012 | 103.2 | 103.2 | 103.3 | 102.3 | 102.2 | 102.4 | 103.9 | | 103.9 |
| 2013 | 102.2 | 102.1 | 102.4 | 101.2 | 101.1 | 101.3 | 99.9 | | 99.9 |

# 1994—1995 年广西全区及城乡居民消费价格分类指数

以上年价格为 100

| 类别 | 1994 年 | | | 1995 年 | | |
|---|---|---|---|---|---|---|
| | 全区 | 城市 | 农村 | 全区 | 城市 | 农村 |
| **居民消费价格总指数** | **126.0** | **125.4** | **126.5** | **118.4** | **118.0** | **118.6** |
| **一、食　　品** | **131.2** | **130.2** | **132.1** | **127.0** | **125.2** | **128.6** |
| 1. 粮　　食 | 163.7 | 157.2 | 169.1 | 135.0 | 131.9 | 137.9 |
| 大　　米 | 173.0 | 168.0 | 176.4 | 134.0 | 130.6 | 136.9 |
| 2. 淀粉及薯类 | 127.1 | 126.8 | 127.2 | 129.7 | 126.5 | 131.6 |
| 3. 干豆类及豆制品 | 114.0 | 112.5 | 115.5 | 113.9 | 114.1 | 113.8 |
| 4. 油 脂 类 | 146.7 | 143.7 | 149.4 | 117.2 | 112.0 | 121.8 |
| 植 物 油 | 148.6 | 144.7 | 152.9 | 111.5 | 108.6 | 115.0 |
| 5. 肉禽及其制品 | 129.2 | 129.1 | 129.2 | 128.8 | 128.3 | 129.2 |
| 猪　　肉 | 131.2 | 131.6 | 130.8 | 131.2 | 130.0 | 132.2 |
| 牛　　肉 | 138.0 | 136.4 | 139.2 | 144.2 | 147.2 | 141.8 |
| 羊　　肉 | 147.4 | 147.4 | 133.6 | 153.4 | 161.2 | 127.4 |
| 鸡 | 120.1 | 121.2 | 118.0 | 111.9 | 112.0 | 111.7 |
| 鸭 | 129.2 | 122.8 | 134.9 | 125.7 | 130.4 | 120.5 |
| 6. 蛋　　类 | 111.7 | 112.2 | 111.2 | 109.4 | 109.1 | 109.7 |
| 鲜　　蛋 | 111.0 | 110.8 | 111.3 | 108.8 | 108.4 | 109.2 |
| 7. 水产品类 | 120.4 | 122.7 | 118.2 | 117.3 | 113.7 | 121.4 |
| 8. 菜　　类 | 131.3 | 129.2 | 133.6 | 136.1 | 132.3 | 140.0 |
| (1) 鲜　　菜 | 136.2 | 133.3 | 139.1 | 137.3 | 133.3 | 141.5 |
| 9. 调 味 品 | 114.7 | 115.8 | 113.8 | 122.3 | 127.0 | 118.5 |
| 盐 | 113.6 | 112.7 | 113.9 | 120.5 | 119.5 | 120.9 |
| 酱　　油 | 118.6 | 118.5 | 118.8 | 121.3 | 129.6 | 112.1 |
| 10. 糖　　类 | 134.1 | 132.6 | 135.6 | 128.4 | 123.7 | 133.0 |
| (1) 食　　糖 | 142.0 | 137.1 | 146.0 | 130.4 | 129.7 | 131.0 |
| 11. 烟 草 类 | 111.5 | 113.2 | 110.0 | 110.0 | 109.0 | 110.7 |
| 12. 酒和饮料 | 116.5 | 117.3 | 115.7 | 113.5 | 118.2 | 109.5 |
| 13. 干鲜瓜果类 | 120.9 | 121.1 | 120.7 | 123.6 | 123.9 | 123.2 |
| (1) 鲜　　果 | 120.7 | 120.7 | 120.8 | 122.6 | 123.2 | 122.1 |
| 14. 糕 点 类 | 122.0 | 128.3 | 113.7 | 129.9 | 132.7 | 125.4 |
| 饼　　干 | 117.4 | 124.5 | 111.5 | 128.8 | 135.8 | 121.3 |

## 1994—1995 年广西全区及城乡居民消费价格分类指数（续表 1）

以上年价格为 100

| 类别 | 1994 年 | | | 1995 年 | | |
|---|---|---|---|---|---|---|
| | 全区 | 城市 | 农村 | 全区 | 城市 | 农村 |
| 15. 奶及奶制品 | 129.6 | 129.0 | 128.1 | 130.1 | 123.2 | 140.2 |
| 16. 其他食品 | 118.0 | 118.8 | 117.2 | 120.5 | 123.6 | 116.7 |
| 17. 饮 食 业 | 135.0 | 134.9 | 134.8 | 130.3 | 125.9 | 134.9 |
| **二、衣 着 类** | **123.8** | **132.8** | **115.0** | **116.2** | **115.3** | **116.9** |
| 1. 服　装 | 128.0 | 142.4 | 113.3 | 115.8 | 115.9 | 115.4 |
| 2. 衣着材料 | 109.9 | 110.0 | 110.0 | 111.3 | 109.6 | 112.9 |
| (1) 棉　布 | 127.9 | 124.3 | 130.3 | 136.0 | 138.8 | 134.8 |
| (2) 棉花化纤混纺布 | 117.5 | 116.1 | 118.7 | 125.2 | 132.7 | 119.5 |
| (3) 化 纤 布 | 105.8 | 105.4 | 106.1 | 107.1 | 104.9 | 110.0 |
| (4) 呢　绒 | 112.8 | 116.0 | 106.9 | 104.1 | 104.1 | 104.1 |
| (5) 绸　缎 | 112.8 | 113.5 | 111.4 | 113.1 | 111.9 | 113.8 |
| (6) 毛　线 | 113.1 | 114.1 | 112.2 | 110.3 | 113.0 | 108.6 |
| 3. 鞋袜帽及其他衣着 | 122.8 | 121.8 | 123.8 | 120.6 | 117.3 | 124.1 |
| (1) 鞋　类 | 123.8 | 122.8 | 124.8 | 120.3 | 117.1 | 123.9 |
| (2) 袜　子 | 114.0 | 112.1 | 115.4 | 122.7 | 123.7 | 121.7 |
| (3) 帽　子 | 103.9 | 103.8 | 104.0 | 113.8 | 112.0 | 115.1 |
| (4) 其他衣着 | 125.9 | 122.7 | 129.1 | 122.6 | 114.7 | 129.1 |
| **三、家庭设备及用品** | **112.6** | **112.1** | **113.3** | **107.7** | **106.9** | **108.4** |
| 1. 耐用消费品 | 109.8 | 109.0 | 110.7 | 102.9 | 104.1 | 101.4 |
| (1) 家　具 | 110.3 | 109.6 | 111.2 | 105.7 | 110.4 | 100.9 |
| (2) 家庭设备 | 109.6 | 108.7 | 110.4 | 101.3 | 100.9 | 101.7 |
| 2. 室内装饰品 | 108.4 | 108.8 | 107.8 | 103.0 | 103.7 | 101.9 |
| 3. 床上用品 | 112.3 | 115.0 | 110.6 | 114.7 | 114.4 | 115.1 |
| 4. 家庭日用杂品 | 119.0 | 117.8 | 120.2 | 116.6 | 115.4 | 117.2 |
| 5. 其他日用品 | 113.4 | 113.6 | 113.3 | 109.7 | 107.9 | 111.5 |
| **四、医疗保健** | **109.9** | **107.0** | **112.1** | **114.4** | **115.5** | **114.0** |
| 1. 医疗器具及保健用品 | 114.9 | 116.5 | 114.3 | 117.4 | 113.8 | 119.5 |
| 2. 中药（中药材及中成药） | 106.2 | 102.6 | 108.6 | 110.9 | 110.1 | 111.7 |
| 3. 西　药 | 112.4 | 109.1 | 115.4 | 116.8 | 119.3 | 115.3 |
| **五、交通和通讯工具** | **108.1** | **106.8** | **109.1** | **96.9** | **94.6** | **98.7** |

# 1994—1995 年广西全区及城乡居民消费价格分类指数（续表 2）

以上年价格为 100

| 类　别 | 1994 年 | | | 1995 年 | | |
|---|---|---|---|---|---|---|
| | 全区 | 城市 | 农村 | 全区 | 城市 | 农村 |
| 1. 交通工具 | 109.2 | 108.1 | 109.9 | 97.8 | 96.9 | 98.6 |
| 2. 通讯工具 | 101.1 | 98.0 | 103.7 | 93.6 | 89.5 | 99.4 |
| **六、娱乐教育文化用品** | **118.4** | **115.2** | **121.0** | **104.8** | **102.8** | **106.4** |
| 1. 文娱用耐用消费品 | 108.8 | 106.2 | 111.2 | 99.5 | 98.4 | 100.2 |
| 2. 教材及参考书 | 123.1 | 125.4 | 121.9 | 120.9 | 122.7 | 120.2 |
| 3. 文化娱乐用品 | 130.3 | 125.5 | 135.0 | 105.5 | 104.9 | 105.9 |
| (1) 文娱用品 | 110.6 | 111.9 | 108.9 | 108.2 | 105.4 | 110.9 |
| (2) 报纸杂志 | 155.3 | 147.5 | 161.8 | 102.1 | 104.2 | 100.6 |
| **七、居　住** | **123.4** | **117.1** | **128.7** | **111.5** | **116.3** | **108.7** |
| 1. 住　房 | 129.1 | 122.6 | 138.4 | 113.2 | 126.2 | 103.4 |
| (1) 建筑材料 | 108.0 | 105.9 | 110.3 | 97.1 | 98.0 | 96.5 |
| (2) 房　租 | 146.9 | 135.7 | 164.0 | 136.5 | 155.1 | 116.8 |
| 2. 水、电、燃料 | 121.7 | 115.0 | 126.6 | 110.3 | 107.6 | 111.4 |
| 水 | 134.0 | 115.6 | 145.7 | 117.1 | 114.5 | 118.1 |
| 电 | 113.5 | 110.6 | 115.2 | 108.8 | 107.3 | 109.4 |
| 液化石油气 | 131.7 | 122.1 | 138.7 | 107.5 | 103.5 | 110.1 |
| 管道煤气 | 116.1 | 116.1 | | 146.9 | 146.9 | |
| **八、服务项目** | **129.2** | **124.9** | **133.4** | **117.8** | **118.9** | **117.1** |
| 1. 电 讯 费 | 108.4 | 110.9 | 106.6 | 101.3 | 100.7 | 102.2 |
| 2. 邮　费 | 100.0 | 100.0 | 100.0 | 100.0 | 100.0 | 100.0 |
| 3. 交 通 费 | 115.4 | 109.4 | 123.9 | 111.6 | 109.4 | 114.3 |
| 4. 洗理美容费 | 132.6 | 128.3 | 135.2 | 128.1 | 125.8 | 130.1 |
| 5. 文 娱 费 | 136.9 | 148.1 | 120.5 | 124.2 | 121.3 | 128.2 |
| 6. 学杂保育费 | 137.5 | 128.7 | 144.7 | 120.3 | 124.1 | 118.9 |
| 7. 修理及其他服务费 | 116.7 | 120.1 | 111.5 | 117.3 | 119.8 | 113.9 |
| 8. 医疗保健服务 | 104.6 | 110.8 | 101.5 | 104.7 | 105.5 | 104.4 |

# 1996—1998年广西全区及城乡居民消费价格分类指数

以上年价格为100

| 类别 | 1996 | | | 1997 | | | 1998 | | |
|---|---|---|---|---|---|---|---|---|---|
| | 全区 | 城市 | 农村 | 全区 | 城市 | 农村 | 全区 | 城市 | 农村 |
| **居民消费价格总指数** | **106.5** | **105.4** | **107.4** | **100.8** | **100.7** | **100.8** | **97.0** | **97.1** | **96.8** |
| **一、食　品** | **105.4** | **104.6** | **106.3** | **98.3** | **98.1** | **98.5** | **94.2** | **94.3** | **94.3** |
| 1. 粮　食 | 99.8 | 99.3 | 100.2 | 92.3 | 94.2 | 90.2 | 95.0 | 93.7 | 96.6 |
| 大　米 | 97.1 | 97.5 | 96.7 | 89.0 | 92.4 | 84.9 | 93.9 | 92.1 | 96.3 |
| 2. 淀粉及薯类 | 107.6 | 110.0 | 105.6 | 97.6 | 98.5 | 96.7 | 99.0 | 100.4 | 97.6 |
| 3. 干豆类及豆制品 | 117.3 | 116.1 | 118.2 | 106.7 | 104.6 | 108.5 | 94.6 | 93.5 | 95.8 |
| 4. 油脂类 | 93.8 | 92.6 | 94.7 | 101.6 | 102.6 | 100.8 | 96.1 | 99.4 | 93.3 |
| 植物油 | 94.0 | 92.7 | 95.3 | 102.1 | 102.8 | 101.5 | 98.2 | 100.7 | 95.7 |
| 5. 肉禽及其制品 | 104.3 | 104.7 | 104.0 | 97.9 | 96.0 | 99.4 | 89.6 | 89.8 | 89.4 |
| 猪　肉 | 102.4 | 102.6 | 102.3 | 101.8 | 101.6 | 102.0 | 86.5 | 86.1 | 86.8 |
| 牛　肉 | 107.1 | 109.6 | 105.0 | 91.5 | 87.6 | 94.2 | 84.1 | 83.0 | 85.2 |
| 羊　肉 | 103.1 | 104.0 | 102.4 | 93.4 | 91.9 | 94.9 | 85.4 | 84.9 | 85.8 |
| 鸡 | 104.7 | 106.9 | 100.8 | 89.2 | 87.4 | 92.4 | 95.8 | 94.8 | 97.8 |
| 鸭 | 115.2 | 113.6 | 116.6 | 91.3 | 88.9 | 93.3 | 95.6 | 95.2 | 96.0 |
| 6. 蛋　类 | 115.7 | 113.5 | 117.7 | 79.0 | 77.4 | 80.8 | 98.1 | 95.9 | 100.7 |
| 鲜　蛋 | 116.0 | 113.8 | 118.0 | 78.0 | 75.9 | 80.3 | 98.7 | 96.4 | 101.2 |
| 7. 水产品类 | 102.6 | 101.2 | 104.9 | 91.5 | 92.3 | 91.1 | 88.2 | 90.0 | 86.8 |
| 8. 菜　类 | 113.5 | 108.9 | 118.8 | 99.9 | 100.8 | 98.8 | 95.0 | 92.3 | 98.2 |
| (1) 鲜　菜 | 114.2 | 109.7 | 119.9 | 99.9 | 100.3 | 99.4 | 93.9 | 92.1 | 96.9 |
| 9. 调味品 | 108.4 | 108.0 | 108.9 | 104.2 | 103.9 | 104.5 | 99.3 | 98.3 | 100.1 |
| 盐 | 112.6 | 114.5 | 112.0 | 105.7 | 103.6 | 106.5 | 101.0 | 102.1 | 100.4 |
| 酱　油 | 107.1 | 108.6 | 105.6 | 103.7 | 104.1 | 103.4 | 100.7 | 98.6 | 103.1 |
| 10. 糖　类 | 101.9 | 102.4 | 101.5 | 102.1 | 103.6 | 100.5 | 95.9 | 95.9 | 96.1 |
| (1) 食　糖 | 96.5 | 96.6 | 96.5 | 100.9 | 102.7 | 99.6 | 91.6 | 90.8 | 92.3 |
| 11. 烟草类 | 110.7 | 104.9 | 114.1 | 102.9 | 102.7 | 103.5 | 99.0 | 99.7 | 98.9 |
| 12. 酒和饮料 | 103.4 | 102.9 | 103.7 | 101.0 | 102.4 | 100.1 | 99.8 | 99.6 | 99.9 |
| 13. 干鲜瓜果类 | 106.4 | 105.1 | 108.4 | 97.8 | 101.3 | 91.7 | 98.7 | 98.6 | 99.1 |
| (1) 鲜　果 | 103.7 | 101.8 | 106.5 | 97.1 | 101.1 | 90.1 | 101.5 | 101.4 | 101.6 |
| 14. 糕点类 | 108.3 | 106.1 | 111.0 | 102.5 | 103.1 | 101.7 | 99.6 | 100.1 | 98.8 |
| 15. 奶及奶制品 | 107.3 | 107.0 | 111.3 | 105.7 | 107.6 | 105.2 | 102.6 | 106.6 | 97.5 |

# 1996—1998年广西全区及城乡居民消费价格分类指数（续表1）

以上年价格为100

| 类别 | 1996 | | | 1997 | | | 1998 | | |
|---|---|---|---|---|---|---|---|---|---|
| | 全区 | 城市 | 农村 | 全区 | 城市 | 农村 | 全区 | 城市 | 农村 |
| 16. 其他食品 | 105.4 | 103.6 | 108.2 | 101.1 | 101.8 | 100.2 | 101.4 | 101.1 | 102.0 |
| 17. 饮食业 | 109.9 | 109.1 | 110.7 | 105.1 | 104.1 | 106.1 | 101.1 | 101.2 | 101.0 |
| **二、衣着类** | **106.1** | **104.4** | **107.4** | **100.4** | **100.7** | **100.3** | **98.8** | **100.0** | **97.8** |
| 1. 服装 | 105.5 | 104.0 | 106.9 | 99.7 | 100.7 | 98.8 | 97.8 | 99.2 | 96.5 |
| 2. 衣着材料 | 104.4 | 102.2 | 105.5 | 102.6 | 100.3 | 103.9 | 99.5 | 99.3 | 99.6 |
| (1) 棉布 | 112.5 | 113.8 | 112.4 | 108.5 | 105.6 | 109.4 | 100.5 | 99.4 | 100.8 |
| (2) 棉花化纤混纺布 | 111.6 | 110.8 | 111.9 | 102.3 | 101.7 | 102.6 | 100.5 | 97.7 | 101.7 |
| (3) 化纤布 | 102.2 | 99.9 | 103.5 | 102.3 | 100.9 | 103.3 | 99.6 | 100.3 | 99.2 |
| (4) 呢绒 | 103.6 | 105.1 | 102.7 | 101.3 | 101.2 | 101.4 | 98.2 | 96.3 | 100.1 |
| (5) 绸缎 | 105.4 | 104.9 | 105.3 | 98.6 | 100.6 | 97.4 | 98.7 | 99.6 | 98.2 |
| (6) 毛线 | 104.5 | 103.1 | 105.0 | 101.7 | 95.2 | 104.4 | 98.9 | 98.1 | 99.3 |
| 3. 鞋袜帽及其他衣着 | 108.7 | 106.7 | 110.0 | 101.0 | 100.9 | 101.1 | 100.8 | 102.6 | 99.6 |
| (1) 鞋类 | 108.4 | 106.5 | 109.8 | 100.5 | 100.1 | 100.9 | 100.4 | 102.9 | 98.6 |
| (2) 袜子 | 113.4 | 105.8 | 117.4 | 101.0 | 103.8 | 99.6 | 100.6 | 99.9 | 101.1 |
| (3) 帽子 | 110.3 | 114.8 | 107.8 | 101.1 | 103.0 | 99.6 | 99.0 | 101.3 | 97.6 |
| (4) 其他衣着 | 107.0 | 109.2 | 106.1 | 104.7 | 106.9 | 103.7 | 104.4 | 101.1 | 106.3 |
| **三、家庭设备及用品** | **102.9** | **102.5** | **103.3** | **100.4** | **100.6** | **100.1** | **98.1** | **98.6** | **97.6** |
| 1. 耐用消费品 | 100.3 | 100.1 | 100.5 | 98.7 | 98.5 | 98.9 | 97.0 | 97.4 | 96.5 |
| (1) 家具 | 101.1 | 102.0 | 100.3 | 99.4 | 99.6 | 99.2 | 98.6 | 99.6 | 97.8 |
| (2) 家庭设备 | 99.8 | 98.8 | 100.7 | 98.3 | 97.9 | 98.7 | 96.0 | 96.2 | 95.8 |
| 2. 室内装饰品 | 102.2 | 102.2 | 102.1 | 100.1 | 100.2 | 99.8 | 100.1 | 100.5 | 99.2 |
| 3. 床上用品 | 106.4 | 105.3 | 107.0 | 100.3 | 101.9 | 99.7 | 99.1 | 98.9 | 99.2 |
| 4. 家庭日用杂品 | 107.2 | 107.7 | 106.9 | 103.1 | 104.5 | 102.2 | 99.4 | 100.7 | 98.5 |
| 5. 其他日用品 | 102.8 | 103.1 | 102.5 | 101.8 | 102.3 | 101.3 | 98.5 | 99.1 | 97.6 |
| **四、医疗保健** | **108.6** | **110.1** | **108.0** | **108.1** | **110.8** | **106.4** | **104.0** | **103.7** | **104.0** |
| 1. 医疗器具及保健用品 | 106.8 | 105.1 | 107.6 | 102.8 | 104.2 | 102.5 | 100.9 | 102.2 | 100.3 |
| 2. 中药材及中成药 | 110.8 | 114.7 | 109.1 | 111.1 | 118.4 | 106.9 | 110.0 | 109.7 | 110.2 |
| 3. 西药 | 106.8 | 106.3 | 106.9 | 105.9 | 103.2 | 106.5 | 98.3 | 96.7 | 99.0 |
| **五、交通和通讯工具** | **95.4** | **92.9** | **97.8** | **95.6** | **94.2** | **96.9** | **93.6** | **92.6** | **94.6** |
| 1. 交通工具 | 96.6 | 95.2 | 97.8 | 97.0 | 96.0 | 98.0 | 95.3 | 94.2 | 96.5 |

## 1996—1998 年广西全区及城乡居民消费价格分类指数（续表 2）

以上年价格为 100

| 类别 | 1996 | | | 1997 | | | 1998 | | |
|---|---|---|---|---|---|---|---|---|---|
| | 全区 | 城市 | 农村 | 全区 | 城市 | 农村 | 全区 | 城市 | 农村 |
| 2. 通讯工具 | 90.0 | 85.6 | 97.5 | 91.3 | 90.1 | 93.3 | 89.8 | 90.3 | 87.1 |
| **六、娱乐教育文化用品** | **111.7** | **111.7** | **111.9** | **102.1** | **102.2** | **102.1** | **96.9** | **98.1** | **96.0** |
| 1. 文娱用耐用消费品 | 96.0 | 97.2 | 95.1 | 91.0 | 91.2 | 90.6 | 92.2 | 95.4 | 89.9 |
| 2. 教材及参考书 | 139.8 | 135.0 | 142.9 | 117.9 | 119.3 | 117.7 | 103.5 | 102.6 | 104.0 |
| 3. 文化娱乐用品 | 121.3 | 122.7 | 120.0 | 107.6 | 107.3 | 108.1 | 99.1 | 99.4 | 98.9 |
| (1) 文娱用品 | 103.6 | 102.5 | 104.3 | 99.2 | 100.6 | 98.4 | 98.3 | 98.3 | 98.3 |
| (2) 报纸杂志 | 143.4 | 147.4 | 139.8 | 117.3 | 115.2 | 119.4 | 100.1 | 100.9 | 99.6 |
| **七、居　住** | **107.7** | **111.6** | **105.1** | **105.7** | **111.5** | **102.1** | **99.3** | **102.7** | **96.8** |
| 1. 住　房 | 106.4 | 112.9 | 102.5 | 103.6 | 111.2 | 99.5 | 101.1 | 107.7 | 96.8 |
| (1) 建筑材料 | 99.9 | 100.1 | 99.7 | 96.8 | 99.7 | 96.5 | 95.6 | 97.3 | 95.3 |
| (2) 房　租 | 118.8 | 125.3 | 112.6 | 116.3 | 121.0 | 112.3 | 109.6 | 114.3 | 103.2 |
| 2. 水、电、燃料 | 109.0 | 110.6 | 108.0 | 108.0 | 111.8 | 105.6 | 97.3 | 98.0 | 96.8 |
| 水 | 114.7 | 127.1 | 108.8 | 113.3 | 120.0 | 109.7 | 115.1 | 120.5 | 111.7 |
| 电 | 114.6 | 114.1 | 114.9 | 111.4 | 114.2 | 109.8 | 104.1 | 104.7 | 103.8 |
| 液化石油气 | 100.9 | 103.3 | 98.4 | 102.8 | 108.2 | 97.3 | 81.9 | 84.8 | 78.6 |
| 管道煤气 | 110.0 | 110.0 | | 110.0 | 110.0 | | 111.1 | 111.1 | 0.0 |
| **八、服务项目** | **112.7** | **109.3** | **115.5** | **107.2** | **106.4** | **108.1** | **104.4** | **103.8** | **105.4** |
| 1. 电讯费 | 101.2 | 100.0 | 104.7 | 100.1 | 99.6 | 101.9 | 100.1 | 100.0 | 100.3 |
| 2. 邮　费 | 109.7 | 109.8 | 109.5 | 202.7 | 206.1 | 201.1 | 100.0 | 100.0 | 100.0 |
| 3. 交通费 | 112.8 | 111.5 | 114.2 | 104.9 | 108.8 | 101.8 | 106.1 | 110.4 | 101.2 |
| 4. 洗理美容费 | 118.4 | 118.4 | 118.3 | 115.1 | 109.5 | 121.7 | 101.4 | 100.8 | 102.2 |
| 5. 文娱费 | 113.6 | 115.8 | 111.9 | 108.4 | 109.3 | 108.6 | 110.0 | 112.1 | 109.0 |
| 6. 学杂保育费 | 115.6 | 110.1 | 118.7 | 105.8 | 104.5 | 106.6 | 105.7 | 103.2 | 107.5 |
| 7. 修理及其他服务费 | 105.6 | 104.5 | 107.4 | 104.7 | 104.1 | 105.3 | 100.4 | 99.9 | 101.0 |
| 8. 医疗保健服务 | 110.1 | 113.3 | 108.5 | 114.1 | 115.3 | 113.4 | 100.6 | 99.9 | 101.2 |

# 1999—2000年广西全区及城乡居民消费价格分类指数

以上年价格为100

| 类别 | 1999 | | | 2000 | | |
|---|---|---|---|---|---|---|
| | 全区 | 城市 | 农村 | 全区 | 城市 | 农村 |
| **居民消费价格总指数** | **97.7** | **97.2** | **98.2** | **99.7** | **100.0** | **99.5** |
| **一、食　品** | **95.9** | **95.7** | **96.4** | **96.6** | **96.8** | **96.5** |
| 1. 粮　食 | 98.3 | 98.4 | 98.0 | 91.6 | 92.4 | 90.6 |
| 大　米 | 98.3 | 98.6 | 98.0 | 89.6 | 91.1 | 87.4 |
| 2. 淀粉及薯类 | 95.7 | 93.7 | 98.3 | 96.2 | 95.5 | 97.3 |
| 3. 干豆类及豆制品 | 88.9 | 87.0 | 91.0 | 101.7 | 102.6 | 100.7 |
| 4. 油脂类 | 94.6 | 91.2 | 97.8 | 96.0 | 96.7 | 95.3 |
| 植物油 | 95.2 | 91.5 | 99.2 | 96.7 | 97.2 | 96.2 |
| 5. 肉禽及其制品 | 93.0 | 92.7 | 93.2 | 95.5 | 95.3 | 95.8 |
| 猪　肉 | 90.5 | 89.8 | 91.1 | 97.5 | 98.4 | 96.7 |
| 牛　肉 | 96.7 | 95.8 | 97.6 | 99.3 | 97.9 | 101.0 |
| 羊　肉 | 89.0 | 84.3 | 96.6 | 106.1 | 105.3 | 107.4 |
| 鸡 | 97.6 | 96.6 | 99.8 | 91.2 | 90.9 | 91.9 |
| 鸭 | 92.2 | 91.7 | 92.6 | 84.3 | 81.7 | 86.1 |
| 6. 蛋　类 | 94.0 | 94.1 | 93.8 | 84.8 | 87.0 | 81.9 |
| 鲜　蛋 | 93.6 | 93.8 | 93.4 | 84.4 | 86.8 | 81.4 |
| 7. 水产品类 | 95.7 | 96.5 | 96.1 | 96.3 | 99.3 | 91.7 |
| 8. 菜　类 | 98.3 | 97.0 | 100.0 | 98.9 | 99.9 | 97.6 |
| (1) 鲜　菜 | 97.6 | 96.9 | 98.8 | 100.0 | 100.7 | 98.7 |
| 9. 调味品 | 99.4 | 99.4 | 99.4 | 103.1 | 101.5 | 104.7 |
| 盐 | 100.9 | 102.1 | 100.3 | 110.7 | 111.2 | 110.5 |
| 酱　油 | 100.1 | 99.1 | 101.4 | 101.8 | 99.7 | 104.6 |
| 10. 糖　类 | 91.7 | 93.7 | 89.5 | 105.7 | 102.6 | 109.4 |
| (1) 食　糖 | 83.9 | 83.5 | 84.4 | 111.5 | 106.5 | 115.8 |
| 11. 烟草类 | 97.5 | 97.1 | 98.0 | 98.4 | 97.5 | 99.3 |
| 12. 酒和饮料 | 99.1 | 97.8 | 100.1 | 100.8 | 101.3 | 100.3 |
| 13. 干鲜瓜果类 | 96.9 | 96.4 | 97.9 | 98.4 | 96.2 | 102.6 |
| (1) 鲜　果 | 98.4 | 98.3 | 98.7 | 98.8 | 96.3 | 103.5 |
| 14. 糕点类 | 99.6 | 100.0 | 98.8 | 100.0 | 99.7 | 100.6 |
| 15. 奶及奶制品 | 100.0 | 100.9 | 98.5 | 101.4 | 101.1 | 100.7 |

# 1999—2000年广西全区及城乡居民消费价格分类指数（续表1）

以上年价格为100

| 类 别 | 1999 | | | 2000 | | |
|---|---|---|---|---|---|---|
| | 全区 | 城市 | 农村 | 全区 | 城市 | 农村 |
| 16. 其他食品 | 99.9 | 99.6 | 100.5 | 99.3 | 99.3 | 99.0 |
| 17. 饮 食 业 | 100.3 | 99.7 | 101.0 | 99.3 | 98.8 | 100.1 |
| **二、衣 着 类** | **98.8** | **97.4** | **100.0** | **99.6** | **101.4** | **97.9** |
| 1. 服　　装 | 99.3 | 96.7 | 102.1 | 100.1 | 101.9 | 98.1 |
| 2. 衣着材料 | 98.0 | 97.5 | 98.3 | 98.1 | 99.8 | 97.4 |
| (1) 棉　　布 | 100.1 | 101.1 | 99.7 | 99.3 | 99.0 | 99.4 |
| (2) 棉花化纤混纺布 | 97.4 | 99.2 | 96.8 | 98.6 | 97.9 | 98.9 |
| (3) 化 纤 布 | 97.3 | 97.1 | 97.4 | 98.5 | 101.1 | 97.3 |
| (4) 呢　　绒 | 97.1 | 95.8 | 97.9 | 96.0 | 92.9 | 99.3 |
| (5) 绸　　缎 | 99.4 | 100.5 | 98.8 | 99.5 | 100.2 | 99.0 |
| (6) 毛　　线 | 99.3 | 97.6 | 100.1 | 96.7 | 99.9 | 95.3 |
| 3. 鞋袜帽及其他衣着 | 97.9 | 99.5 | 96.7 | 99.1 | 100.6 | 97.8 |
| (1) 鞋　　类 | 97.3 | 99.1 | 95.8 | 99.1 | 100.5 | 97.8 |
| (2) 袜　　子 | 102.0 | 104.1 | 100.4 | 97.0 | 100.4 | 94.3 |
| (3) 帽　　子 | 98.8 | 98.4 | 99.0 | 102.1 | 102.9 | 101.5 |
| (4) 其他衣着 | 100.5 | 99.6 | 101.0 | 100.0 | 101.0 | 99.4 |
| **三、家庭设备及用品** | **98.4** | **99.0** | **97.8** | **98.5** | **98.7** | **98.3** |
| 1. 耐用消费品 | 97.7 | 98.4 | 97.1 | 98.1 | 97.6 | 98.7 |
| (1) 家　　具 | 98.0 | 100.4 | 95.8 | 99.6 | 99.9 | 99.2 |
| (2) 家庭设备 | 97.5 | 97.2 | 97.9 | 97.4 | 96.4 | 98.4 |
| 2. 室内装饰品 | 99.6 | 99.8 | 99.3 | 98.9 | 99.3 | 98.1 |
| 3. 床上用品 | 98.2 | 99.7 | 97.4 | 97.6 | 99.9 | 96.3 |
| 4. 家庭日用杂品 | 98.8 | 99.3 | 98.5 | 99.3 | 100.2 | 98.6 |
| 5. 其他日用品 | 99.6 | 100.0 | 98.7 | 99.0 | 99.6 | 98.2 |
| **四、医疗保健** | **100.3** | **101.0** | **99.9** | **97.5** | **94.3** | **99.8** |
| 1. 医疗器具及保健用品 | 103.1 | 106.2 | 101.6 | 99.4 | 100.2 | 98.7 |
| 2. 中药材及中成药 | 101.4 | 100.8 | 101.9 | 98.4 | 93.4 | 102.8 |
| 3. 西　　药 | 98.9 | 100.6 | 97.9 | 96.4 | 94.7 | 97.3 |
| **五、交通和通讯工具** | **89.6** | **86.9** | **93.4** | **91.3** | **90.8** | **91.6** |
| 1. 交通工具 | 91.8 | 89.2 | 94.8 | 95.0 | 95.7 | 94.2 |

# 1999—2000年广西全区及城乡居民消费价格分类指数（续表2）

以上年价格为100

| 类　别 | 1999 | | | 2000 | | |
| --- | --- | --- | --- | --- | --- | --- |
| | 全区 | 城市 | 农村 | 全区 | 城市 | 农村 |
| 2. 通讯工具 | 85.2 | 83.7 | 88.5 | 84.4 | 84.7 | 83.5 |
| **六、娱乐教育文化用品** | **97.9** | **97.9** | **97.8** | **98.6** | **97.4** | **100.1** |
| 1. 文娱用耐用消费品 | 92.8 | 93.1 | 92.6 | 92.8 | 92.6 | 93.0 |
| 2. 教材及参考书 | 104.3 | 104.8 | 103.6 | 108.7 | 105.3 | 111.4 |
| 3. 文化娱乐用品 | 101.4 | 101.4 | 101.2 | 100.1 | 100.5 | 99.8 |
| (1) 文娱用品 | 100.6 | 100.4 | 100.7 | 100.2 | 100.8 | 99.6 |
| (2) 报纸杂志 | 102.2 | 102.5 | 101.7 | 100.0 | 100.1 | 100.0 |
| **七、居　　住** | **100.8** | **101.9** | **99.9** | **105.9** | **106.8** | **105.1** |
| 1. 住　　房 | 99.6 | 101.6 | 98.1 | 100.2 | 99.1 | 101.1 |
| (1) 建筑材料 | 96.3 | 96.2 | 96.7 | 99.6 | 97.4 | 100.7 |
| (2) 房　　租 | 104.3 | 105.1 | 104.1 | 101.1 | 100.3 | 103.0 |
| 2. 水、电、燃料 | 102.2 | 102.3 | 102.2 | 111.9 | 113.5 | 110.2 |
| 水 | 104.9 | 106.7 | 103.3 | 106.5 | 112.9 | 100.6 |
| 电 | 99.2 | 99.4 | 99.0 | 100.8 | 102.2 | 99.1 |
| 液化石油气 | 105.0 | 104.2 | 106.0 | 129.7 | 128.3 | 131.5 |
| 管道煤气 | 109.2 | 109.2 | | 100.0 | 100.0 | |
| **八、服务项目** | **102.9** | **102.0** | **103.9** | **113.6** | **115.9** | **110.2** |
| 1. 电 讯 费 | 100.7 | 100.9 | 100.0 | 100.2 | 100.3 | 100.0 |
| 2. 邮　　费 | 137.2 | 139.9 | 135.2 | 107.1 | 108.2 | 106.6 |
| 3. 交 通 费 | 103.8 | 105.7 | 101.8 | 101.0 | 101.3 | 100.7 |
| 4. 洗理美容费 | 103.4 | 104.5 | 101.8 | 104.7 | 100.4 | 110.8 |
| 5. 文 娱 费 | 102.4 | 102.0 | 103.9 | 103.5 | 105.0 | 102.0 |
| 6. 学杂保育费 | 103.5 | 102.3 | 104.6 | 125.4 | 136.7 | 115.1 |
| 7. 修理及其他服务费 | 99.0 | 98.0 | 101.1 | 99.8 | 100.0 | 99.3 |
| 8. 医疗保健服务 | 102.4 | 100.3 | 104.1 | 103.5 | 100.5 | 106.4 |

# 2001—2003 广西全区及城乡居民消费价格分类指数

以上年价格为 100

| 类 别 | 2001 年 | | | 2002 年 | | | 2003 年 | | |
|---|---|---|---|---|---|---|---|---|---|
| | 全省 | 城市 | 农村 | 全省 | 城市 | 农村 | 全省 | 城市 | 农村 |
| **居民消费价格总指数** | **100.6** | **101.3** | **99.6** | **99.1** | **98.9** | **99.3** | **101.1** | **100.9** | **101.3** |
| 一、食 品 | **98.5** | **98.6** | **98.3** | **99.9** | **99.8** | **99.9** | **102.9** | **102.1** | **104.1** |
| 1. 粮 食 | 92.5 | 91.1 | 96.7 | 100.1 | 99.7 | 101.6 | 106.8 | 105.1 | 111.9 |
| 大 米 | 90.0 | 89.6 | 96.4 | 100.8 | 100.5 | 101.6 | 107.6 | 105.3 | 113.9 |
| 2. 淀粉及薯类 | 97.0 | 97.3 | 92.9 | 105.2 | 105.4 | 102.2 | 98.0 | 97.5 | 105.7 |
| 3. 干豆类及豆制品 | 97.9 | 98.8 | 97.0 | 95.3 | 92.9 | 97.2 | 105.5 | 106.7 | 104.4 |
| 4. 油 脂 | 87.8 | 89.5 | 86.4 | 98.6 | 95.9 | 100.8 | 113.1 | 107.9 | 117.2 |
| 植物油脂 | 91.3 | 89.8 | 93.8 | 98.8 | 95.9 | 103.7 | 110.9 | 106.8 | 117.2 |
| 5. 肉禽及其制品 | 98.8 | 99.6 | 97.7 | 100.1 | 99.3 | 101.3 | 101.9 | 101.4 | 102.6 |
| (1) 食用畜肉及副产品 | 96.7 | 97.3 | 95.8 | 99.9 | 98.3 | 103.0 | 103.5 | 103.3 | 103.9 |
| 猪 肉 | 97.1 | 96.9 | 97.7 | 97.7 | 97.2 | 98.9 | 103.1 | 103.2 | 103.0 |
| 牛 肉 | 105.0 | 106.6 | 103.3 | 114.4 | 114.6 | 113.9 | 110.6 | 111.9 | 109.8 |
| 羊 肉 | 98.1 | 113.7 | 95.1 | 104.1 | 99.2 | 109.1 | 96.1 | 96.8 | 95.0 |
| (2) 禽 | 102.9 | 104.1 | 100.3 | 100.2 | 100.6 | 99.4 | 99.0 | 97.4 | 102.4 |
| 鸡 | 103.3 | 104.3 | 100.0 | 100.7 | 101.1 | 99.1 | 97.1 | 96.6 | 98.8 |
| 鸭 | 107.2 | 109.7 | 105.4 | 99.9 | 100.6 | 99.7 | 105.5 | 103.5 | 106.5 |
| (3) 肉禽加工制品 | 99.7 | 100.4 | 99.2 | 100.4 | 101.1 | 100.0 | 100.7 | 101.3 | 100.4 |
| 6. 蛋 | 101.7 | 100.7 | 103.9 | 107.5 | 107.2 | 108.2 | 99.2 | 97.8 | 102.0 |
| 鲜 蛋 | 102.4 | 101.0 | 105.9 | 108.0 | 107.2 | 109.8 | 98.9 | 97.7 | 101.8 |
| 7. 水 产 品 | 96.0 | 95.2 | 97.0 | 98.6 | 98.2 | 99.0 | 97.9 | 98.6 | 97.0 |
| (1) 鱼 | 94.9 | 93.9 | 95.8 | 97.6 | 97.2 | 97.9 | 99.2 | 100.3 | 98.2 |
| 淡 水 鱼 | 92.8 | 92.9 | 92.7 | 94.6 | 95.8 | 93.5 | 98.5 | 100.2 | 96.8 |
| 海 水 鱼 | 98.8 | 96.1 | 101.0 | 102.8 | 100.2 | 104.7 | 100.5 | 100.4 | 100.4 |
| (2) 其它水产品 | 98.9 | 97.6 | 101.6 | 101.0 | 99.8 | 103.2 | 94.5 | 95.5 | 92.1 |
| 8. 菜 | 104.4 | 105.1 | 102.9 | 96.3 | 96.8 | 95.0 | 109.4 | 109.5 | 109.4 |
| 鲜 菜 | 105.3 | 105.4 | 105.0 | 95.6 | 96.5 | 92.4 | 111.1 | 110.6 | 113.1 |
| 9. 调 味 品 | 107.0 | 105.9 | 107.9 | 100.1 | 99.7 | 100.5 | 100.9 | 101.7 | 100.1 |
| 盐 | 125.3 | 126.8 | 124.2 | 100.6 | 100.7 | 100.6 | 100.6 | 101.4 | 100.0 |
| 酱 油 | 100.2 | 99.6 | 100.8 | 101.5 | 101.3 | 102.0 | 99.0 | 100.2 | 98.0 |
| 10. 糖 | 108.1 | 105.4 | 111.0 | 94.3 | 96.5 | 92.1 | 97.9 | 99.1 | 96.7 |
| 食 糖 | 119.7 | 116.2 | 123.0 | 83.3 | 86.5 | 80.3 | 90.4 | 92.8 | 88.2 |
| 11. 茶及饮料 | 100.9 | 100.9 | 100.9 | 99.0 | 99.2 | 98.8 | 97.8 | 96.4 | 99.8 |
| (1) 茶 叶 | 102.4 | 102.6 | 102.1 | 100.7 | 101.4 | 99.8 | 101.3 | 102.9 | 99.6 |
| (2) 饮 料 | 100.1 | 100.1 | 100.2 | 98.0 | 98.0 | 98.1 | 95.7 | 93.3 | 100.0 |
| 12. 干鲜瓜果 | 96.9 | 96.7 | 97.7 | 104.7 | 106.3 | 100.0 | 105.1 | 103.1 | 111.6 |
| 鲜 果 | 98.0 | 98.1 | 97.8 | 104.4 | 106.2 | 98.8 | 104.9 | 102.8 | 111.9 |

# 2001—2003 广西全区及城乡居民消费价格分类指数（续表 1）

以上年价格为 100

| 类别 | 2001 年 | | | 2002 年 | | | 2003 年 | | |
|---|---|---|---|---|---|---|---|---|---|
| | 全省 | 城市 | 农村 | 全省 | 城市 | 农村 | 全省 | 城市 | 农村 |
| 13. 糕点饼干面包 | 99.7 | 100.3 | 98.6 | 98.2 | 97.9 | 98.9 | 99.8 | 99.8 | 99.9 |
| 14. 奶及奶制品 | 100.0 | 100.1 | 99.2 | 99.6 | 100.3 | 96.1 | 95.0 | 93.3 | 104.2 |
| 15. 在外用膳食品 | 100.0 | 100.3 | 99.6 | 99.9 | 99.9 | 100.0 | 99.5 | 99.2 | 100.2 |
| 16. 其它食品及食品加工服务 | 99.2 | 98.7 | 99.4 | 99.3 | 99.4 | 99.3 | 100.0 | 98.7 | 100.5 |
| **二、烟酒及用品** | **99.2** | **98.7** | **99.6** | **100.0** | **101.2** | **98.9** | **100.0** | **98.9** | **101.0** |
| 1. 烟　　草 | 98.8 | 98.2 | 99.3 | 98.8 | 99.9 | 97.8 | 98.5 | 97.6 | 99.2 |
| 2. 酒 | 99.9 | 99.9 | 99.8 | 101.9 | 103.8 | 100.6 | 102.3 | 101.2 | 103.1 |
| 3. 吸烟饮酒用品 | 98.8 | 97.1 | 100.9 | 99.2 | 99.9 | 98.4 | 99.6 | 97.8 | 101.9 |
| **三、衣　　着** | **96.3** | **95.8** | **97.2** | **95.7** | **94.5** | **97.7** | **98.5** | **99.6** | **96.6** |
| 1. 服　　装 | 95.2 | 95.0 | 95.7 | 95.6 | 95.2 | 96.4 | 96.3 | 97.3 | 94.5 |
| (1) 男式服装 | 94.9 | 95.2 | 94.3 | 93.6 | 93.6 | 93.3 | 95.3 | 96.7 | 91.8 |
| (2) 女式服装 | 95.8 | 94.4 | 99.4 | 96.5 | 96.1 | 97.7 | 96.1 | 97.2 | 93.5 |
| (3) 儿童服装 | 94.2 | 96.8 | 92.1 | 97.1 | 96.3 | 97.8 | 98.9 | 99.3 | 98.6 |
| 2. 衣着材料 | 100.1 | 99.9 | 100.2 | 98.0 | 97.1 | 98.9 | 98.0 | 98.2 | 97.8 |
| 3. 鞋 袜 帽 | 97.9 | 97.0 | 99.3 | 95.1 | 91.8 | 100.4 | 104.0 | 106.4 | 100.5 |
| (1) 鞋 | 97.1 | 96.7 | 97.9 | 93.1 | 90.6 | 97.8 | 104.1 | 107.0 | 98.8 |
| (2) 袜　　子 | 102.5 | 99.7 | 104.3 | 105.5 | 99.5 | 109.1 | 102.3 | 100.0 | 103.5 |
| (3) 帽　　子 | 99.8 | 100.4 | 99.6 | 108.7 | 120.4 | 103.7 | 107.8 | 100.9 | 110.5 |
| 4. 衣着加工服务 | 99.9 | 97.7 | 105.2 | 100.1 | 100.5 | 99.1 | 99.4 | 99.0 | 100.3 |
| **四、家庭设备用品及维修服务** | **97.0** | **96.5** | **98.0** | **96.6** | **96.1** | **97.6** | **97.4** | **96.5** | **99.2** |
| 1. 耐用消费品 | 94.6 | 94.1 | 96.4 | 95.0 | 94.3 | 96.9 | 94.6 | 93.0 | 99.1 |
| (1) 家　　具 | 95.1 | 94.5 | 96.5 | 94.4 | 92.9 | 97.5 | 97.7 | 95.7 | 101.8 |
| (2) 家庭设备 | 94.2 | 93.7 | 96.1 | 95.5 | 95.3 | 96.3 | 92.2 | 91.2 | 96.0 |
| 2. 室内装饰品 | 99.4 | 101.4 | 93.0 | 97.4 | 97.9 | 95.9 | 97.2 | 96.3 | 100.1 |
| 3. 床上用品 | 98.5 | 98.9 | 97.8 | 98.0 | 97.5 | 98.9 | 100.1 | 99.0 | 102.1 |
| 4. 家庭日用杂品 | 98.1 | 97.0 | 99.9 | 96.7 | 96.1 | 97.6 | 97.7 | 97.2 | 98.4 |
| 5. 家庭服务及加工维修服务 | 101.6 | 101.7 | 101.1 | 101.5 | 101.5 | 101.1 | 106.2 | 107.8 | 99.8 |
| **五、医疗保健和个人用品** | **97.7** | **96.2** | **99.8** | **98.7** | **99.1** | **97.9** | **102.8** | **102.6** | **103.1** |
| 1. 医疗保健 | 97.2 | 95.4 | 100.5 | 98.3 | 98.8 | 97.3 | 103.9 | 104.2 | 103.2 |
| (1) 医疗器具及用品 | 98.5 | 95.3 | 99.5 | 97.9 | 94.7 | 98.8 | 102.0 | 101.9 | 102.0 |
| (2) 中药材及中成药 | 91.9 | 89.6 | 98.1 | 93.8 | 96.2 | 87.6 | 106.6 | 106.2 | 106.8 |
| (3) 西　　药 | 93.0 | 91.8 | 96.1 | 97.3 | 99.0 | 93.2 | 97.1 | 96.9 | 97.4 |
| (4) 保健器具及用品 | 98.2 | 97.5 | 100.1 | 97.4 | 97.1 | 98.0 | 98.0 | 97.7 | 98.5 |
| (5) 医疗保健服务 | 110.9 | 115.6 | 106.7 | 104.9 | 102.9 | 106.9 | 114.2 | 122.9 | 106.5 |
| 2. 个人用品及服务 | 98.6 | 98.3 | 98.8 | 99.3 | 99.8 | 98.7 | 100.8 | 98.9 | 102.9 |
| (1) 化妆美容用品 | 101.0 | 102.0 | 95.8 | 97.2 | 97.1 | 98.0 | 102.0 | 102.0 | 102.3 |

## 2001—2003 广西全区及城乡居民消费价格分类指数（续表 2）

以上年价格为 100

| 类别 | 2001 年 | | | 2002 年 | | | 2003 年 | | |
|---|---|---|---|---|---|---|---|---|---|
| | 全省 | 城市 | 农村 | 全省 | 城市 | 农村 | 全省 | 城市 | 农村 |
| (2) 卫生用品 | 97.0 | 95.4 | 98.7 | 97.5 | 97.0 | 98.1 | 96.6 | 94.1 | 99.4 |
| (3) 个人饰品 | 96.7 | 94.9 | 98.0 | 100.2 | 99.9 | 100.4 | 101.8 | 102.7 | 101.1 |
| (4) 个人服务 | 100.9 | 101.8 | 100.2 | 101.2 | 106.0 | 97.8 | 103.6 | 97.7 | 108.1 |
| **六、交通和通讯** | **98.7** | **99.6** | **96.9** | **96.3** | **95.8** | **97.4** | **96.4** | **96.2** | **96.7** |
| 1. 交　通 | 99.3 | 100.7 | 97.7 | 97.0 | 96.6 | 97.5 | 97.9 | 98.4 | 97.4 |
| (1) 交通工具 | 94.4 | 93.9 | 94.9 | 91.1 | 88.1 | 93.3 | 92.7 | 92.5 | 92.9 |
| (2) 车用燃料及零配件 | 98.2 | 98.8 | 97.3 | 98.4 | 99.5 | 96.5 | 105.3 | 105.4 | 105.1 |
| 汽　油 | 99.1 | 99.3 | 98.5 | 99.0 | 99.2 | 98.8 | 110.7 | 110.7 | 110.7 |
| 柴　油 | 95.7 | 94.4 | 97.4 | 100.2 | 101.1 | 99.0 | 112.8 | 112.5 | 113.3 |
| (3) 车辆使用及维修 | 97.9 | 97.0 | 99.7 | 99.4 | 99.1 | 100.0 | 98.5 | 98.5 | 98.6 |
| (4) 市区公共交通 | 107.6 | 110.3 | 99.3 | 102.3 | 101.2 | 105.4 | 100.1 | 100.0 | 100.4 |
| (5) 城市间交通 | 101.3 | 101.9 | 100.7 | 99.8 | 98.6 | 100.9 | 100.6 | 100.4 | 100.8 |
| 2. 通　信 | 98.0 | 98.7 | 94.7 | 95.4 | 95.1 | 97.0 | 94.4 | 94.4 | 94.7 |
| (1) 通信工具 | 82.8 | 80.2 | 90.7 | 82.6 | 79.5 | 92.2 | 81.6 | 79.8 | 87.0 |
| (2) 通信服务 | 102.0 | 103.3 | 96.3 | 98.7 | 98.7 | 98.6 | 97.7 | 97.8 | 97.4 |
| **七、娱乐教育文化用品及服务** | **112.6** | **118.9** | **104.6** | **101.3** | **101.6** | **100.9** | **100.6** | **100.8** | **100.4** |
| 1. 文娱用耐用消费品及服务 | 89.2 | 88.7 | 89.9 | 88.4 | 87.5 | 89.8 | 87.8 | 87.2 | 88.8 |
| 2. 教　育 | 124.0 | 141.9 | 108.6 | 104.9 | 106.7 | 103.5 | 104.8 | 106.6 | 103.2 |
| (1) 教材及参考书 | 106.5 | 107.0 | 106.0 | 95.9 | 96.9 | 94.9 | 95.2 | 96.9 | 93.5 |
| (2) 学杂托幼费 | 125.3 | 145.0 | 108.7 | 105.6 | 107.5 | 104.0 | 105.5 | 107.4 | 103.8 |
| 3. 文化娱乐用品 | 102.2 | 102.7 | 100.3 | 102.3 | 103.1 | 99.8 | 100.9 | 101.2 | 100.0 |
| (1) 文化娱乐 | 100.1 | 100.3 | 99.6 | 98.9 | 98.3 | 100.2 | 99.0 | 99.4 | 98.2 |
| (2) 书报杂志 | 100.5 | 100.7 | 100.0 | 100.3 | 100.3 | 100.2 | 103.6 | 103.8 | 103.0 |
| (3) 文娱费 | 105.7 | 106.0 | 103.1 | 107.4 | 108.6 | 98.4 | 100.7 | 100.6 | 101.2 |
| 4. 旅游及外出 | 99.7 | 99.8 | 96.0 | 99.7 | 99.8 | 93.8 | 98.1 | 98.1 | 96.4 |
| **八、居　住** | **100.4** | **101.2** | **99.4** | **99.1** | **99.3** | **98.8** | **102.3** | **103.5** | **100.6** |
| 1. 建房及装修材料 | 96.6 | 94.6 | 97.7 | 97.1 | 97.5 | 96.9 | 99.9 | 99.7 | 99.9 |
| 2. 租　房 | 106.1 | 106.2 | 105.8 | 102.0 | 100.6 | 110.5 | 108.7 | 110.1 | 100.2 |
| 3. 自有住房 | 100.2 | 100.2 | 100.0 | 96.8 | 95.8 | 100.0 | 99.4 | 99.2 | 100.0 |
| 4. 水、电、燃料 | 103.6 | 104.2 | 102.4 | 101.7 | 101.7 | 101.7 | 105.0 | 106.3 | 102.3 |
| 水 | 104.3 | 104.8 | 100.0 | 107.7 | 108.5 | 100.0 | 110.2 | 111.2 | 100.0 |
| 电 | 107.0 | 108.6 | 104.6 | 100.3 | 100.3 | 100.2 | 99.1 | 99.1 | 99.1 |
| 液化石油气 | 92.0 | 92.1 | 91.2 | 93.4 | 93.3 | 95.7 | 119.7 | 119.7 | 120.0 |
| 管道燃气 | 105.0 | 105.1 | 100.0 | 100.4 | 100.4 | 100.0 | 105.4 | 105.8 | 100.0 |

## 2004—2005 年广西全区及城乡居民消费价格分类指数

以上年价格为 100

| 类　别 | 2004 年 | | | 2005 年 | | |
|---|---|---|---|---|---|---|
| | 全省 | 城市 | 农村 | 全省 | 城市 | 农村 |
| **居民消费价格总指数** | **104.4** | **104.1** | **104.9** | **102.4** | **103.0** | **101.6** |
| **一、食　品** | **112.2** | **111.7** | **113.0** | **102.7** | **103.1** | **102.2** |
| 1. 粮　食 | 125.5 | 130.1 | 119.7 | 101.6 | 102.5 | 100.8 |
| 大　米 | 127.2 | 131.8 | 121.3 | 101.6 | 102.6 | 100.5 |
| 2. 淀粉及薯类 | 113.7 | 117.4 | 107.5 | 103.3 | 99.0 | 104.3 |
| 3. 干豆类及豆制品 | 126.9 | 126.5 | 126.4 | 104.7 | 103.0 | 108.4 |
| 4. 油　脂 | 125.2 | 118.6 | 129.0 | 92.2 | 92.0 | 92.7 |
| 植物油脂 | 113.9 | 110.3 | 119.2 | 98.0 | 97.9 | 98.2 |
| 5. 肉禽及其制品 | 118.5 | 118.4 | 118.7 | 103.1 | 102.5 | 103.9 |
| (1) 食用畜肉及副产品 | 122.5 | 123.0 | 121.7 | 100.5 | 100.2 | 100.9 |
| 猪　肉 | 126.0 | 126.3 | 125.7 | 96.3 | 95.5 | 97.4 |
| 牛　肉 | 117.3 | 114.7 | 117.7 | 110.9 | 111.0 | 110.9 |
| 羊　肉 | 108.8 | 110.3 | 102.1 | 108.8 | 107.9 | 110.8 |
| (2) 禽 | 112.7 | 108.7 | 118.8 | 104.6 | 102.4 | 107.3 |
| 鸡 | 112.3 | 107.7 | 118.8 | 107.8 | 105.7 | 109.4 |
| 鸭 | 113.6 | 113.3 | 120.7 | 98.7 | 97.8 | 101.3 |
| (3) 肉禽加工制品 | 113.8 | 115.7 | 113.8 | 107.3 | 106.8 | 108.4 |
| 6. 蛋 | 120.1 | 119.2 | 121.9 | 103.7 | 104.6 | 102.5 |
| 鲜　蛋 | 119.4 | 118.0 | 121.9 | 102.8 | 103.3 | 102.1 |
| 7. 水 产 品 | 112.3 | 111.9 | 114.2 | 108.0 | 109.2 | 105.8 |
| (1) 鱼 | 112.6 | 111.2 | 116.2 | 106.6 | 108.1 | 103.3 |
| 淡 水 鱼 | 117.9 | 114.2 | 124.1 | 104.7 | 104.5 | 105.0 |
| 海 水 鱼 | 103.8 | 106.5 | 102.6 | 110.3 | 114.6 | 101.2 |
| (2) 其它水产品 | 111.0 | 111.5 | 106.8 | 112.9 | 113.3 | 112.3 |
| 8. 菜 | 102.1 | 104.3 | 98.7 | 106.3 | 106.6 | 105.8 |
| 鲜　菜 | 101.1 | 104.0 | 96.0 | 108.2 | 110.2 | 106.3 |
| 9. 调 味 品 | 100.6 | 101.6 | 99.8 | 101.4 | 100.1 | 104.4 |
| 盐 | 100.1 | 100.2 | 100.0 | 101.2 | 100.2 | 103.8 |
| 酱　油 | 98.5 | 98.6 | 100.7 | 101.1 | 97.1 | 110.7 |
| 10. 糖 | 102.4 | 99.9 | 106.0 | 105.1 | 106.2 | 103.3 |
| 食　糖 | 100.8 | 96.3 | 108.0 | 107.4 | 108.4 | 106.1 |
| 11. 茶及饮料 | 98.5 | 98.9 | 98.0 | 101.6 | 101.7 | 101.5 |
| (1) 茶　叶 | 97.0 | 99.6 | 93.8 | 101.4 | 101.9 | 100.5 |
| (2) 饮　料 | 99.5 | 98.4 | 101.1 | 101.7 | 101.5 | 102.0 |
| 12. 干鲜瓜果 | 102.9 | 102.9 | 106.3 | 100.5 | 110.6 | 92.0 |
| 鲜　果 | 102.0 | 100.8 | 107.3 | 99.8 | 112.3 | 89.9 |

## 2004—2005年广西全区及城乡居民消费价格分类指数（续表1）

以上年价格为100

| 类别 | 2004年 | | | 2005年 | | |
|---|---|---|---|---|---|---|
| | 全省 | 城市 | 农村 | 全省 | 城市 | 农村 |
| 13. 糕点饼干面包 | 104.5 | 101.6 | 108.2 | 102.6 | 100.5 | 105.0 |
| 14. 奶及奶制品 | 102.2 | 106.2 | 99.9 | 104.1 | 103.6 | 104.3 |
| 15. 在外用膳食品 | 103.5 | 102.1 | 105.4 | 101.5 | 101.4 | 101.5 |
| 16. 其它食品及食品加工服务 | 101.4 | 99.7 | 103.0 | 101.7 | 101.9 | 101.2 |
| **二、烟酒及用品** | **100.2** | **99.4** | **101.1** | **99.9** | **99.7** | **100.3** |
| 1. 烟　草 | 99.4 | 98.9 | 99.7 | 100.1 | 100.7 | 98.9 |
| 2. 酒 | 100.6 | 100.8 | 101.7 | 99.7 | 98.1 | 103.4 |
| 3. 吸烟饮酒用品 | 102.3 | 98.1 | 107.5 | 99.9 | 100.7 | 98.4 |
| **三、衣　着** | **98.0** | **98.9** | **96.7** | **97.1** | **96.5** | **98.1** |
| 1. 服　装 | 96.4 | 96.5 | 97.3 | 96.6 | 94.0 | 100.2 |
| (1) 男式服装 | 93.4 | 91.3 | 98.8 | 93.0 | 89.2 | 97.4 |
| (2) 女式服装 | 96.6 | 97.2 | 97.9 | 98.4 | 94.5 | 102.7 |
| (3) 儿童服装 | 99.8 | 101.1 | 97.1 | 98.5 | 98.4 | 98.9 |
| 2. 衣着材料 | 99.2 | 101.2 | 96.0 | 100.9 | 101.8 | 99.1 |
| 3. 鞋 袜 帽 | 100.6 | 103.9 | 95.5 | 97.1 | 100.0 | 92.4 |
| (1) 鞋 | 100.9 | 104.0 | 95.3 | 96.4 | 99.7 | 91.8 |
| (2) 袜　子 | 98.9 | 99.8 | 97.9 | 99.4 | 101.3 | 94.7 |
| (3) 帽　子 | 95.8 | 98.6 | 95.8 | 100.0 | 100.0 | 100.1 |
| 4. 衣着加工服务 | 106.0 | 99.1 | 115.5 | 104.2 | 99.9 | 109.1 |
| **四、家庭设备用品及维修服务** | **99.6** | **99.1** | **100.6** | **99.9** | **99.4** | **100.4** |
| 1. 耐用消费品 | 97.9 | 98.2 | 97.1 | 99.8 | 100.5 | 99.0 |
| (1) 家　具 | 98.2 | 98.7 | 97.6 | 100.0 | 99.8 | 100.2 |
| (2) 家庭设备 | 97.5 | 97.6 | 96.5 | 99.6 | 101.5 | 98.0 |
| 2. 室内装饰品 | 101.8 | 101.0 | 109.4 | 94.8 | 93.5 | 96.0 |
| 3. 床上用品 | 100.8 | 99.0 | 103.7 | 98.5 | 100.9 | 94.8 |
| 4. 家庭日用杂品 | 100.4 | 98.7 | 103.0 | 99.4 | 97.9 | 101.7 |
| 5. 家庭服务及加工维修服务 | 102.4 | 105.3 | 100.2 | 107.1 | 103.1 | 110.2 |
| **五、医疗保健和个人用品** | **101.1** | **100.5** | **102.1** | **100.2** | **101.4** | **98.4** |
| 1. 医疗保健 | 101.9 | 101.4 | 103.4 | 99.4 | 100.9 | 97.4 |
| (1) 医疗器具及用品 | 106.8 | 104.8 | 103.1 | 95.8 | 97.2 | 91.9 |
| (2) 中药材及中成药 | 98.6 | 98.1 | 102.7 | 92.1 | 95.0 | 88.8 |
| (3) 西　药 | 98.4 | 98.1 | 100.4 | 97.6 | 98.6 | 96.5 |
| (4) 保健器具及用品 | 99.6 | 99.2 | 101.2 | 98.2 | 100.6 | 95.6 |
| (5) 医疗保健服务 | 110.5 | 112.3 | 107.7 | 108.3 | 107.3 | 110.2 |
| 2. 个人用品及服务 | 99.7 | 99.2 | 100.6 | 101.4 | 101.9 | 100.5 |
| (1) 化妆美容用品 | 100.0 | 99.8 | 100.8 | 98.9 | 100.0 | 98.2 |

# 2004—2005 年广西全区及城乡居民消费价格分类指数（续表 2）

以上年价格为 100

| 类　别 | 2004 年 | | | 2005 年 | | |
|---|---|---|---|---|---|---|
| | 全省 | 城市 | 农村 | 全省 | 城市 | 农村 |
| (2) 卫生用品 | 95.8 | 93.7 | 99.1 | 101.2 | 101.6 | 100.6 |
| (3) 个人饰品 | 103.6 | 103.9 | 103.6 | 101.2 | 102.0 | 99.5 |
| (4) 个人服务 | 99.5 | 99.8 | 99.1 | 102.5 | 102.4 | 102.6 |
| **六、交通和通讯** | **97.7** | **98.5** | **96.4** | **101.1** | **100.4** | **102.0** |
| 1. 交　　通 | 98.2 | 99.6 | 96.5 | 103.2 | 102.3 | 104.8 |
| (1) 交通工具 | 94.3 | 93.2 | 94.6 | 97.7 | 98.5 | 95.8 |
| (2) 车用燃料及零配件 | 105.6 | 104.9 | 106.6 | 109.5 | 108.8 | 110.7 |
| 汽　　油 | 111.9 | 111.7 | 111.2 | 115.1 | 114.6 | 115.7 |
| 柴　　油 | 108.8 | 107.9 | 110.2 | 115.9 | 115.7 | 116.2 |
| (3) 车辆使用及维修 | 100.1 | 101.2 | 98.3 | 103.7 | 105.1 | 101.8 |
| (4) 市区公共交通 | 100.0 | 100.0 | 100.0 | 113.2 | 100.5 | 125.9 |
| (5) 城市间交通 | 98.7 | 102.7 | 94.5 | 104.6 | 105.9 | 102.0 |
| 2. 通　　信 | 96.5 | 96.0 | 97.0 | 96.6 | 94.7 | 98.1 |
| (1) 通信工具 | 87.3 | 86.9 | 87.4 | 85.4 | 80.2 | 90.8 |
| (2) 通信服务 | 99.0 | 98.7 | 99.9 | 100.0 | 100.0 | 100.0 |
| **七、娱乐教育文化用品及服务** | **98.6** | **98.1** | **99.1** | **106.6** | **108.6** | **103.0** |
| 1. 文娱用耐用消费品及服务 | 88.9 | 89.5 | 88.1 | 92.5 | 91.7 | 93.9 |
| 2. 教　　育 | 101.2 | 100.0 | 102.1 | 111.5 | 113.5 | 107.2 |
| (1) 教材及参考书 | 101.2 | 100.8 | 99.8 | 100.0 | 99.3 | 101.3 |
| (2) 学杂托幼费 | 101.2 | 100.0 | 102.2 | 112.3 | 114.4 | 107.7 |
| 3. 文化娱乐用品 | 102.7 | 104.4 | 99.9 | 101.8 | 101.5 | 102.0 |
| (1) 文化娱乐 | 99.8 | 100.5 | 98.5 | 100.1 | 100.7 | 99.3 |
| (2) 书报杂志 | 102.1 | 102.8 | 100.9 | 100.9 | 101.3 | 100.6 |
| (3) 文 娱 费 | 107.9 | 115.3 | 99.9 | 105.2 | 102.2 | 105.9 |
| 4. 旅游及外出 | 89.7 | 95.5 | 88.7 | 93.1 | 98.4 | 92.8 |
| **八、居　　住** | **105.2** | **105.1** | **105.4** | **104.0** | **104.2** | **103.5** |
| 1. 建房及装修材料 | 106.3 | 107.1 | 105.1 | 102.9 | 102.6 | 103.5 |
| 2. 租　　房 | 108.1 | 109.1 | 102.2 | 98.8 | 100.0 | 97.9 |
| 3. 自有住房 | 100.1 | 100.0 | 100.3 | 103.3 | 101.4 | 105.3 |
| 4. 水、电、燃料 | 105.0 | 102.7 | 108.9 | 106.8 | 109.6 | 103.5 |
| 水 | 104.6 | 113.7 | 100.0 | 102.9 | 108.7 | 100.4 |
| 电 | 102.3 | 99.3 | 107.2 | 98.3 | 102.1 | 92.4 |
| 液化石油气 | 111.5 | 116.1 | 113.9 | 113.7 | 116.0 | 113.1 |
| 管道燃气 | 105.8 | 106.4 | | 114.3 | 114.3 | |

# 2006—2008 年广西全区及城乡居民消费价格分类指数

以上年价格为 100

| 类别 | 2006 年 | | | 2007 年 | | | 2008 年 | | |
|---|---|---|---|---|---|---|---|---|---|
| | 全区 | 城市 | 农村 | 全区 | 城市 | 农村 | 全区 | 城市 | 农村 |
| **居民消费价格总指数** | **101.3** | **101.6** | **100.9** | **106.1** | **105.6** | **106.8** | **107.8** | **107.6** | **108.5** |
| **一、食　　品** | **101.9** | **102.4** | **101.2** | **114.1** | **113.1** | **115.4** | **120.0** | **119.5** | **121.0** |
| 1. 粮　　食 | 101.0 | 101.3 | 100.6 | 106.4 | 107.9 | 104.2 | 111.9 | 112.7 | 110.5 |
| 大　　米 | 101.3 | 101.9 | 100.5 | 105.1 | 107.1 | 102.2 | 112.5 | 113.1 | 110.9 |
| 2. 淀　　粉 | 113.1 | 119.8 | 102.3 | 104.6 | 104.2 | 105.2 | 123.9 | 126.3 | 109.1 |
| 3. 干豆类及豆制品 | 100.6 | 102.3 | 98.0 | 109.2 | 107.0 | 112.4 | 139.4 | 138.0 | 142.9 |
| 4. 油　　脂 | 101.1 | 99.9 | 102.6 | 122.3 | 121.4 | 122.9 | 121.5 | 121.5 | 124.5 |
| 食用植物油 | 103.0 | 100.4 | 105.3 | 122.6 | 120.0 | 124.7 | 122.7 | 122.2 | 126.5 |
| 5. 肉禽及其制品 | 95.8 | 97.3 | 93.6 | 132.7 | 130.9 | 134.9 | 122.0 | 122.2 | 120.9 |
| (1) 食用畜肉及副产品 | 96.4 | 97.0 | 95.6 | 137.9 | 137.8 | 138.0 | 127.8 | 129.0 | 125.6 |
| 猪　　肉 | 93.2 | 92.1 | 94.5 | 149.4 | 153.6 | 144.3 | 121.1 | 121.7 | 120.7 |
| 牛　　肉 | 103.2 | 103.5 | 102.3 | 108.2 | 104.4 | 117.9 | 153.7 | 156.0 | 146.6 |
| 羊　　肉 | 113.1 | 116.3 | 105.7 | 118.9 | 116.5 | 124.4 | 123.9 | 123.8 | 124.3 |
| (2) 禽 | 92.4 | 96.1 | 86.2 | 128.6 | 125.7 | 133.2 | 110.2 | 110.2 | 109.3 |
| 鸡 | 89.4 | 93.9 | 82.8 | 130.3 | 125.3 | 137.2 | 107.7 | 106.2 | 108.0 |
| 鸭 | 98.7 | 100.2 | 95.4 | 125.2 | 126.6 | 121.8 | 115.8 | 116.1 | 113.1 |
| (3) 加工肉禽 | 99.8 | 100.2 | 99.2 | 121.0 | 118.9 | 124.6 | 120.2 | 119.6 | 122.6 |
| 6. 蛋 | 98.7 | 100.1 | 96.6 | 123.8 | 122.8 | 125.4 | 102.8 | 102.8 | 108.4 |
| 鲜　　蛋 | 99.2 | 101.0 | 96.6 | 124.1 | 123.1 | 125.5 | 102.3 | 102.2 | 108.2 |
| 7. 水 产 品 | 101.4 | 102.1 | 99.9 | 105.7 | 105.2 | 105.8 | 117.6 | 117.4 | 120.6 |
| (1) 鱼 | 98.3 | 98.5 | 97.9 | 106.3 | 106.4 | 106.0 | 123.5 | 123.2 | 126.9 |
| 淡 水 鱼 | 97.8 | 97.8 | 97.9 | 107.4 | 108.0 | 106.5 | 129.5 | 130.7 | 128.1 |
| 海 水 鱼 | 99.3 | 99.6 | 98.1 | 104.1 | 104.0 | 102.6 | 112.2 | 111.2 | 119.2 |
| (2) 其他水产品 | 108.4 | 110.2 | 104.5 | 103.8 | 103.4 | 104.5 | 104.3 | 105.0 | 102.7 |
| 虾 蟹 类 | 108.5 | 110.2 | 104.1 | 103.5 | 103.4 | 103.7 | 104.3 | 105.0 | 102.7 |
| 8. 菜 | 107.2 | 106.4 | 109.0 | 106.1 | 106.6 | 104.8 | 137.5 | 135.9 | 140.4 |
| 鲜　　菜 | 107.0 | 106.6 | 108.0 | 105.0 | 105.4 | 103.8 | 139.5 | 137.8 | 142.6 |
| 9. 调 味 品 | 104.6 | 104.2 | 105.2 | 107.4 | 106.8 | 108.3 | 107.6 | 106.4 | 108.0 |
| 盐 | 108.9 | 106.4 | 112.1 | 116.7 | 116.5 | 117.0 | 100.1 | 100.0 | 100.3 |
| 酱　　油 | 102.1 | 103.1 | 100.6 | 103.6 | 104.3 | 102.8 | 109.9 | 108.6 | 110.7 |
| 10. 糖 | 115.8 | 115.2 | 116.5 | 99.4 | 99.9 | 98.8 | 106.3 | 105.4 | 107.7 |
| 食　　糖 | 141.1 | 142.4 | 139.7 | 95.1 | 95.7 | 94.5 | 98.2 | 99.9 | 95.9 |
| 11. 茶及饮料 | 101.0 | 100.7 | 101.5 | 104.2 | 105.2 | 102.6 | 103.4 | 103.2 | 104.5 |
| (1) 茶　　叶 | 101.1 | 101.5 | 100.5 | 104.2 | 105.3 | 101.9 | 101.7 | 101.2 | 103.9 |
| (2) 饮　　料 | 101.0 | 100.3 | 101.9 | 104.2 | 105.1 | 102.9 | 104.1 | 104.1 | 104.7 |
| 12. 干鲜瓜果 | 119.9 | 120.0 | 119.7 | 99.4 | 100.4 | 98.3 | 110.2 | 110.1 | 116.4 |

# 2006—2008年广西全区及城乡居民消费价格分类指数（续表1）

以上年价格为100

| 类　别 | 2006年 | | | 2007年 | | | 2008年 | | |
|---|---|---|---|---|---|---|---|---|---|
| | 全区 | 城市 | 农村 | 全区 | 城市 | 农村 | 全区 | 城市 | 农村 |
| 鲜 瓜 果 | 122.2 | 121.8 | 122.9 | 97.3 | 98.0 | 96.4 | 108.6 | 108.4 | 115.7 |
| 13. 糕点饼干 | 104.0 | 104.6 | 102.8 | 103.8 | 102.7 | 105.8 | 111.4 | 108.4 | 117.1 |
| 14. 液体乳及乳制品 | 102.4 | 100.7 | 106.4 | 102.5 | 102.5 | 102.7 | 120.1 | 120.3 | 117.8 |
| 15. 在外用膳食品 | 101.7 | 101.5 | 101.9 | 105.4 | 104.7 | 106.7 | 115.9 | 115.9 | 115.1 |
| 16. 其他食品 | 102.3 | 99.8 | 104.6 | 104.6 | 102.6 | 106.4 | 107.3 | 104.6 | 114.5 |
| **二、烟酒及用品** | **98.8** | **99.8** | **97.5** | **101.1** | **101.7** | **100.2** | **103.2** | **102.9** | **103.4** |
| 1. 烟　草 | 98.4 | 99.1 | 97.7 | 99.3 | 99.9 | 98.5 | 98.8 | 98.6 | 99.3 |
| 2. 酒 | 98.7 | 100.0 | 97.0 | 103.1 | 103.8 | 101.9 | 109.3 | 108.3 | 109.9 |
| 3. 吸烟、饮酒用品 | 101.3 | 102.4 | 98.4 | 101.2 | 101.5 | 101.2 | 97.5 | 100.7 | 90.0 |
| **三、衣　着** | **97.6** | **97.3** | **98.1** | **102.7** | **101.6** | **104.9** | **99.2** | **101.3** | **98.0** |
| 1. 服　装 | 96.3 | 96.2 | 96.5 | 101.5 | 100.3 | 104.0 | 99.3 | 102.2 | 97.2 |
| (1) 男式服装 | 98.4 | 98.4 | 98.5 | 99.4 | 98.7 | 100.5 | 99.9 | 103.0 | 94.9 |
| (2) 女式服装 | 95.6 | 96.5 | 94.2 | 103.3 | 99.8 | 108.5 | 97.1 | 101.5 | 94.7 |
| (3) 儿童服装 | 93.6 | 89.7 | 98.7 | 100.7 | 102.1 | 99.0 | 104.4 | 101.9 | 110.2 |
| 2. 衣着材料 | 97.7 | 100.7 | 94.8 | 100.1 | 102.7 | 98.0 | 101.2 | 100.9 | 101.5 |
| 3. 鞋 袜 帽 | 100.8 | 99.9 | 102.2 | 106.5 | 105.1 | 108.6 | 99.1 | 99.1 | 99.4 |
| (1) 鞋 | 100.0 | 99.0 | 101.8 | 106.8 | 105.2 | 109.4 | 99.0 | 99.0 | 99.5 |
| (2) 袜　子 | 105.1 | 104.9 | 105.6 | 105.7 | 105.3 | 106.5 | 98.9 | 100.2 | 98.1 |
| (3) 帽　子 | 102.4 | 103.3 | 100.7 | 101.0 | 104.7 | 94.7 | 100.2 | 99.7 | 103.5 |
| 4. 衣着加工服务费 | 106.7 | 99.2 | 117.2 | 102.3 | 100.3 | 104.5 | 106.1 | 105.9 | 106.6 |
| **四、家庭设备用品及维修服务** | **100.9** | **100.5** | **101.5** | **101.4** | **101.8** | **100.9** | **103.1** | **102.4** | **105.5** |
| 1. 耐用消费品 | 99.9 | 99.9 | 99.8 | 101.3 | 101.9 | 100.3 | 100.4 | 100.8 | 99.1 |
| (1) 家　具 | 100.7 | 101.0 | 100.2 | 100.5 | 99.9 | 101.5 | 99.2 | 98.7 | 101.0 |
| (2) 家庭设备 | 99.4 | 99.3 | 99.5 | 101.7 | 103.1 | 99.6 | 101.1 | 102.0 | 97.9 |
| 2. 室内装饰品 | 96.4 | 94.9 | 100.0 | 98.8 | 98.0 | 100.5 | 101.7 | 100.4 | 107.5 |
| 3. 床上用品 | 98.9 | 98.0 | 100.2 | 97.4 | 98.6 | 95.4 | 101.7 | 99.5 | 117.7 |
| 4. 家庭日用杂品 | 102.9 | 102.8 | 103.0 | 102.2 | 102.5 | 101.8 | 107.3 | 104.8 | 111.7 |
| 5. 家庭服务及加工维修服务 | 104.7 | 102.7 | 108.0 | 105.8 | 104.7 | 108.0 | 106.8 | 107.2 | 104.6 |
| **五、医疗保健和个人用品** | **105.6** | **105.6** | **105.5** | **103.0** | **102.3** | **104.3** | **103.2** | **102.9** | **104.8** |
| 1. 医疗保健 | 107.0 | 107.3 | 106.5 | 103.5 | 102.2 | 106.0 | 102.9 | 102.8 | 103.6 |
| (1) 医疗器具及用品 | 101.0 | 105.0 | 90.9 | 101.1 | 101.6 | 98.8 | 100.1 | 100.2 | 100.1 |
| (2) 中药材及中成药 | 102.6 | 107.7 | 94.3 | 114.0 | 111.0 | 119.3 | 106.0 | 107.2 | 104.6 |
| (3) 西　药 | 98.5 | 99.4 | 97.2 | 97.6 | 97.0 | 98.8 | 101.5 | 101.0 | 103.3 |
| (4) 保健器具及用品 | 99.1 | 98.8 | 99.7 | 99.7 | 99.1 | 100.9 | 107.2 | 105.7 | 113.9 |
| (5) 医疗保健服务 | 127.3 | 121.0 | 138.1 | 101.7 | 100.0 | 104.2 | 100.6 | 99.7 | 102.1 |
| 2. 个人用品及服务 | 102.8 | 102.3 | 103.5 | 101.8 | 102.6 | 100.3 | 103.7 | 103.1 | 107.4 |

# 2006—2008 年广西全区及城乡居民消费价格分类指数（续表 2）

以上年价格为 100

| 类　别 | 2006 年 | | | 2007 年 | | | 2008 年 | | |
|---|---|---|---|---|---|---|---|---|---|
| | 全区 | 城市 | 农村 | 全区 | 城市 | 农村 | 全区 | 城市 | 农村 |
| (1) 化妆美容用品 | 100.9 | 100.7 | 101.2 | 100.7 | 100.7 | 100.6 | 99.5 | 99.5 | 99.9 |
| (2) 清洁化妆用品 | 100.2 | 98.6 | 103.5 | 100.8 | 99.8 | 102.7 | 104.4 | 103.5 | 108.0 |
| (3) 个人饰品 | 106.9 | 110.4 | 101.4 | 104.4 | 106.3 | 101.1 | 107.6 | 107.6 | 108.8 |
| (4) 个人服务 | 103.9 | 101.6 | 107.1 | 102.8 | 107.6 | 96.2 | 107.2 | 105.5 | 115.9 |
| **六、交通和通信** | **99.1** | **99.8** | **98.0** | **99.9** | **99.6** | **100.4** | **99.2** | **98.6** | **100.9** |
| 1. 交　通 | 102.6 | 104.7 | 99.7 | 101.2 | 101.4 | 100.7 | 101.7 | 101.7 | 102.0 |
| (1) 交通工具 | 92.9 | 98.3 | 86.6 | 96.3 | 96.5 | 95.9 | 97.7 | 97.7 | 99.3 |
| (2) 车用燃料及零配件 | 111.1 | 111.3 | 110.8 | 102.8 | 102.0 | 103.7 | 112.1 | 112.0 | 112.3 |
| 汽　油 | 116.3 | 116.3 | 116.4 | 101.7 | 101.5 | 101.9 | 116.2 | 116.3 | 116.2 |
| 柴　油 | 116.3 | 115.8 | 116.7 | 105.6 | 105.2 | 105.9 | 117.4 | 116.6 | 117.9 |
| (3) 车辆使用及维修费 | 106.3 | 106.9 | 105.4 | 105.8 | 107.7 | 102.9 | 98.2 | 99.2 | 95.8 |
| (4) 市区公共交通费 | 105.4 | 105.9 | 104.4 | 100.9 | 101.9 | 99.1 | 100.2 | 99.8 | 101.7 |
| (5) 城市间交通费 | 104.9 | 105.7 | 103.9 | 103.2 | 101.3 | 105.2 | 103.0 | 104.6 | 101.6 |
| 2. 通　信 | 95.3 | 95.1 | 95.8 | 98.4 | 97.7 | 99.9 | 96.4 | 95.0 | 99.6 |
| (1) 通信工具 | 79.9 | 79.5 | 80.8 | 79.9 | 80.3 | 79.6 | 80.1 | 81.4 | 79.1 |
| (2) 通信服务 | 100.3 | 100.1 | 100.5 | 104.0 | | 106.5 | 100.8 | 98.4 | 106.0 |
| **七、娱乐教育文化用品及服务** | **99.1** | **98.9** | **99.6** | **100.1** | **100.7** | **99.0** | **98.5** | **99.1** | **97.9** |
| 1. 文娱用耐用消费品及服务 | 92.0 | 92.2 | 91.7 | 91.1 | 92.6 | 89.0 | 89.6 | 92.5 | 83.8 |
| 2. 教　育 | 101.8 | 100.6 | 103.6 | 101.2 | 101.0 | 101.4 | 101.0 | 100.7 | 101.4 |
| (1) 教材及参考书 | 97.8 | 97.8 | 97.8 | 94.9 | 93.7 | 96.8 | 98.7 | 98.7 | 98.9 |
| (2) 学杂托幼费 | 102.4 | 101.1 | 104.5 | 102.1 | 102.2 | 102.0 | 101.3 | 101.0 | 101.7 |
| 3. 文化娱乐类 | 103.6 | 104.2 | 102.4 | 104.5 | 105.1 | 102.9 | 101.3 | 101.7 | 100.1 |
| (1) 文化娱乐用品 | 95.4 | 97.0 | 92.5 | 99.7 | 99.2 | 100.7 | 99.8 | 99.5 | 99.9 |
| (2) 书报杂志 | 100.1 | 100.2 | 100.0 | 100.8 | 101.0 | 100.2 | 101.6 | 101.8 | 100.9 |
| (3) 文 娱 费 | 114.5 | 114.4 | 114.6 | 111.4 | 113.7 | 106.6 | 102.5 | 103.6 | 99.7 |
| 4. 旅　游 | 94.5 | 95.5 | 92.8 | 103.2 | 104.8 | 100.8 | 98.8 | 98.8 | 102.9 |
| **八、居　住** | **104.4** | **105.1** | **103.3** | **105.6** | **104.1** | **107.7** | **106.1** | **105.6** | **106.7** |
| 1. 建房及装修材料 | 100.9 | 102.3 | 99.4 | 107.1 | 109.6 | 104.1 | 109.0 | 109.6 | 108.0 |
| 2. 租　房 | 105.9 | 104.3 | 108.4 | 110.6 | 103.7 | 115.3 | 102.7 | 102.7 | 102.2 |
| 3. 自有住房 | 104.5 | 104.6 | 104.3 | 106.8 | 105.6 | 108.6 | 99.6 | 98.9 | 102.6 |
| 4. 水、电、燃料 | 106.6 | 107.3 | 105.3 | 103.5 | 102.3 | 105.3 | 108.5 | 107.5 | 109.7 |
| 水 | 109.6 | 111.4 | 106.1 | 108.2 | 104.2 | 115.3 | 109.0 | 105.9 | 115.4 |
| 电 | 100.7 | 100.8 | 100.6 | 100.7 | 100.7 | 100.9 | 100.0 | 100.0 | 100.0 |
| 液化石油气 | 112.2 | 113.7 | 110.1 | 106.3 | 105.2 | 108.0 | 117.6 | 116.5 | 117.6 |
| 管道燃气 | 106.3 | 106.3 | | 101.0 | 101.0 | | 103.6 | 103.6 | |

# 2009—2010年广西全区及城乡居民消费价格分类指数

以上年价格为100

| 类　别 | 2009年 | | | 2010年 | | |
| --- | --- | --- | --- | --- | --- | --- |
| | 全　区 | 城　市 | 农　村 | 全　区 | 城　市 | 农　村 |
| **居民消费价格总指数** | **97.9** | **97.9** | **97.5** | **103.0** | **102.9** | **103.4** |
| **一、食　品** | **98.5** | **98.8** | **97.1** | **107.1** | **107.2** | **106.6** |
| 1. 粮　食 | 106.2 | 106.1 | 106.5 | 106.8 | 106.6 | 107.5 |
| 大　米 | 106.8 | 106.8 | 106.3 | 107.2 | 106.9 | 108.0 |
| 2. 淀粉及制品 | 95.9 | 95.6 | 98.7 | 106.3 | 105.8 | 110.9 |
| 3. 干豆类及豆制品 | 97.4 | 97.9 | 95.6 | 109.0 | 109.0 | 108.7 |
| 4. 油　脂 | 80.0 | 81.2 | 75.9 | 104.1 | 102.6 | 110.1 |
| 食用植物油 | 78.5 | 80.6 | 73.8 | 107.2 | 105.0 | 114.8 |
| 5. 肉禽及其制品 | 91.2 | 91.5 | 90.0 | 103.2 | 103.3 | 102.8 |
| (1) 食用畜肉及副产品 | 85.3 | 85.4 | 84.7 | 101.3 | 101.5 | 100.6 |
| 猪　肉 | 78.3 | 77.6 | 80.5 | 101.3 | 101.4 | 101.1 |
| 牛　肉 | 102.4 | 102.5 | 101.5 | 99.5 | 99.6 | 99.1 |
| 羊　肉 | 95.8 | 94.8 | 103.3 | 107.9 | 108.6 | 102.3 |
| (2) 禽 | 98.7 | 99.1 | 97.0 | 106.8 | 106.6 | 107.8 |
| 鸡 | 98.7 | 99.3 | 95.9 | 105.3 | 105.1 | 106.2 |
| 鸭 | 98.8 | 98.6 | 100.0 | 110.0 | 109.7 | 111.9 |
| (3) 加工肉禽 | 99.0 | 98.8 | 100.1 | 102.7 | 102.8 | 102.3 |
| 6. 蛋 | 101.0 | 100.7 | 102.2 | 106.6 | 106.5 | 107.3 |
| 鲜　蛋 | 101.0 | 100.6 | 102.1 | 106.8 | 106.7 | 107.1 |
| 7. 水 产 品 | 97.8 | 98.7 | 92.0 | 109.0 | 109.2 | 107.7 |
| (1) 鱼 | 94.4 | 95.1 | 90.9 | 107.4 | 107.6 | 106.7 |
| 淡 水 鱼 | 88.7 | 89.0 | 87.2 | 105.7 | 105.7 | 105.7 |
| 海 水 鱼 | 105.6 | 106.0 | 106.9 | 110.0 | 110.3 | 108.0 |
| (2) 其他水产品 | 106.6 | 107.5 | 97.1 | 112.7 | 112.7 | 112.2 |
| 虾 蟹 类 | 106.6 | 107.5 | 97.1 | 112.7 | 112.7 | 112.2 |
| 8. 菜 | 103.0 | 102.9 | 103.1 | 123.1 | 123.5 | 121.2 |
| 鲜　菜 | 103.5 | 103.7 | 102.5 | 124.0 | 124.5 | 121.9 |
| 9. 调 味 品 | 101.8 | 101.9 | 101.3 | 102.5 | 102.5 | 102.5 |
| 盐 | 99.2 | 99.0 | 99.7 | 100.1 | 99.0 | 103.3 |
| 酱　油 | 101.3 | 101.7 | 100.1 | 102.4 | 102.9 | 100.1 |
| 10. 糖 | 104.0 | 103.8 | 104.8 | 108.9 | 107.9 | 112.6 |
| 食　糖 | 104.6 | 104.7 | 104.0 | 120.5 | 118.7 | 125.5 |
| 11. 茶及饮料 | 100.0 | 100.0 | 100.0 | 101.4 | 101.5 | 101.0 |
| (1) 茶　叶 | 101.6 | 101.2 | 103.0 | 100.7 | 100.5 | 101.9 |
| (2) 饮　料 | 99.4 | 99.6 | 98.9 | 101.6 | 101.8 | 100.8 |
| 12. 干鲜瓜果 | 107.2 | 107.2 | 106.9 | 112.9 | 113.9 | 108.6 |

# 2009—2010年广西全区及城乡居民消费价格分类指数（续表1）

以上年价格为100

| 类 别 | 2009年 | | | 2010年 | | |
|---|---|---|---|---|---|---|
| | 全 区 | 城 市 | 农 村 | 全 区 | 城 市 | 农 村 |
| 鲜 瓜 果 | 108.1 | 107.9 | 108.2 | 113.3 | 114.7 | 107.5 |
| 13. 糕点饼干面包 | 101.2 | 101.7 | 98.8 | 101.6 | 101.7 | 101.0 |
| 14. 液体乳及乳制品 | 104.4 | 105.3 | 98.1 | 101.4 | 101.3 | 102.4 |
| 15. 在外用膳食品 | 104.3 | 104.5 | 103.2 | 104.2 | 104.4 | 102.9 |
| 16. 其他食品 | 102.4 | 101.0 | 105.2 | 101.8 | 102.2 | 100.9 |
| **二、烟酒及用品** | **100.8** | **100.5** | **101.4** | **101.6** | **101.4** | **102.1** |
| 1. 烟 草 | 99.1 | 99.4 | 98.5 | 100.3 | 100.4 | 100.1 |
| 2. 酒 | 103.2 | 102.5 | 104.9 | 103.2 | 102.7 | 104.3 |
| 3. 吸烟、饮酒用品 | 97.5 | 97.6 | 96.8 | 100.1 | 100.2 | 99.3 |
| **三、衣 着** | **97.8** | **98.7** | **93.9** | **99.8** | **99.5** | **101.5** |
| 1. 服 装 | 98.6 | 99.9 | 93.1 | 100.4 | 99.7 | 103.6 |
| (1) 男式服装 | 99.9 | 101.2 | 93.2 | 99.7 | 99.1 | 102.9 |
| (2) 女式服装 | 98.8 | 99.6 | 95.4 | 100.6 | 99.8 | 104.0 |
| (3) 儿童服装 | 94.9 | 96.9 | 86.8 | 101.8 | 101.2 | 103.8 |
| 2. 衣着材料 | 102.5 | 105.1 | 95.3 | 103.4 | 102.5 | 107.5 |
| 3. 鞋 袜 帽 | 94.7 | 94.5 | 95.6 | 97.8 | 98.4 | 94.5 |
| (1) 鞋 | 93.5 | 93.2 | 95.1 | 97.3 | 98.1 | 93.2 |
| (2) 袜 子 | 101.1 | 101.6 | 98.2 | 100.7 | 100.7 | 100.9 |
| (3) 帽 子 | 100.5 | 100.9 | 99.7 | 100.8 | 101.1 | 99.8 |
| 4. 衣着加工服务费 | 103.8 | 103.2 | 105.7 | 100.9 | 100.3 | 104.9 |
| **四、家庭设备用品及维修服务** | **98.6** | **98.5** | **99.0** | **98.8** | **98.6** | **99.9** |
| 1. 耐用消费品 | 95.6 | 95.9 | 94.7 | 97.7 | 97.7 | 98.0 |
| (1) 家 具 | 96.4 | 96.5 | 95.2 | 98.4 | 98.2 | 99.2 |
| (2) 家庭设备 | 95.2 | 95.5 | 94.1 | 97.4 | 97.3 | 97.5 |
| 2. 室内装饰品 | 97.5 | 97.3 | 98.2 | 100.9 | 100.3 | 103.9 |
| 3. 床上用品 | 99.4 | 98.9 | 101.9 | 98.0 | 97.4 | 100.6 |
| 4. 家庭日用杂品 | 102.6 | 102.5 | 102.8 | 99.9 | 99.9 | 99.6 |
| 5. 家庭服务及加工维修服务 | 102.6 | 101.9 | 105.9 | 102.9 | 101.5 | 110.2 |
| **五、医疗保健和个人用品** | **100.5** | **100.2** | **101.5** | **101.5** | **101.4** | **102.1** |
| 1. 医疗保健 | 99.9 | 99.7 | 100.9 | 101.3 | 101.1 | 102.2 |
| (1) 医疗器具及用品 | 101.6 | 101.7 | 101.3 | 108.5 | 109.2 | 101.8 |
| (2) 中药材及中成药 | 98.6 | 97.9 | 102.5 | 103.2 | 102.1 | 108.9 |
| (3) 西 药 | 100.2 | 100.4 | 99.5 | 100.6 | 100.7 | 100.1 |
| (4) 保健器具及用品 | 107.0 | 106.0 | 114.7 | 101.2 | 101.5 | 99.4 |
| (5) 医疗保健服务 | 99.6 | 99.5 | 100.0 | 100.0 | 100.0 | 99.9 |
| 2. 个人用品及服务 | 101.7 | 101.5 | 102.9 | 102.0 | 102.0 | 102.0 |

# 2009—2010 年广西全区及城乡居民消费价格分类指数（续表 2）

以上年价格为 100

| 类　别 | 2009 年 | | | 2010 年 | | |
|---|---|---|---|---|---|---|
| | 全　区 | 城　市 | 农　村 | 全　区 | 城　市 | 农　村 |
| (1) 化妆美容用品 | 101.6 | 101.7 | 101.2 | 100.9 | 100.7 | 102.1 |
| (2) 清洁类化妆品 | 102.5 | 102.9 | 101.3 | 99.9 | 100.0 | 99.3 |
| (3) 个人饰品 | 96.3 | 96.7 | 94.2 | 107.3 | 108.5 | 101.1 |
| (4) 个人服务 | 105.0 | 102.1 | 115.9 | 102.6 | 101.0 | 108.5 |
| **六、交通和通信** | **97.9** | **97.8** | **98.4** | **100.4** | **100.4** | **100.6** |
| 1. 交　通 | 98.5 | 98.3 | 99.4 | 102.8 | 102.7 | 103.2 |
| (1) 交通工具 | 98.4 | 98.2 | 99.1 | 99.1 | 99.0 | 99.7 |
| (2) 车用燃料及零配件 | 98.9 | 98.7 | 99.7 | 110.3 | 109.8 | 112.0 |
| 汽　油 | 99.0 | 98.7 | 100.2 | 114.5 | 114.5 | 114.4 |
| 柴　油 | 96.3 | 96.1 | 96.9 | 115.7 | 115.8 | 115.6 |
| (3) 车辆使用及维修费 | 100.5 | 100.1 | 103.1 | 102.3 | 102.6 | 100.6 |
| (4) 市区公共交通费 | 96.7 | 96.3 | 99.3 | 100.3 | 100.2 | 100.4 |
| (5) 城市间交通费 | 98.3 | 98.5 | 97.7 | 103.7 | 104.0 | 102.7 |
| 2. 通　信 | 97.3 | 97.3 | 97.0 | 98.1 | 98.2 | 97.5 |
| (1) 通信工具 | 86.5 | 86.4 | 86.8 | 90.4 | 90.6 | 89.9 |
| (2) 通信服务 | 100.0 | 99.9 | 100.3 | 100.1 | 100.1 | 100.0 |
| **七、娱乐教育文化用品及服务** | **99.8** | **99.8** | **99.9** | **98.4** | **98.2** | **99.3** |
| 1. 文娱用耐用消费品及服务 | 89.9 | 90.2 | 88.3 | 95.8 | 95.6 | 96.6 |
| 2. 教　育 | 100.6 | 99.9 | 103.7 | 97.0 | 96.5 | 98.6 |
| (1) 教材及参考书 | 101.0 | 100.6 | 103.1 | 99.9 | 99.7 | 100.7 |
| (2) 教育服务 | 100.6 | 99.8 | 103.8 | 96.5 | 96.1 | 98.4 |
| 3. 文化娱乐类 | 104.6 | 105.2 | 102.0 | 101.5 | 101.6 | 100.8 |
| (1) 文化娱乐用品 | 99.6 | 99.9 | 97.9 | 99.9 | 100.0 | 99.7 |
| (2) 书报杂志 | 109.4 | 109.6 | 108.4 | 100.5 | 100.5 | 100.0 |
| (3) 文 娱 费 | 105.7 | 106.6 | 101.5 | 103.6 | 103.9 | 102.3 |
| 4. 旅　游 | 105.6 | 106.7 | 98.4 | 103.3 | 103.2 | 104.0 |
| **八、居　住** | **92.0** | **91.6** | **93.3** | **105.7** | **105.5** | **106.3** |
| 1. 建房及装修材料 | 99.8 | 99.9 | 99.7 | 104.9 | 104.6 | 106.1 |
| 2. 住房租金 | 102.6 | 103.6 | 96.9 | 100.0 | 99.8 | 101.2 |
| 3. 自有住房 | 73.3 | 73.3 | 73.1 | 104.0 | 103.6 | 105.4 |
| 4. 水、电、燃料 | 93.3 | 92.8 | 95.6 | 108.3 | 108.4 | 107.8 |
| 水 | 123.3 | 116.3 | 155.4 | 107.3 | 107.7 | 103.7 |
| 电 | 99.4 | 99.5 | 99.4 | 99.9 | 99.9 | 100.0 |
| 液化石油气 | 74.8 | 75.3 | 72.7 | 124.4 | 124.6 | 123.2 |
| 管道燃气 | 108.4 | 108.4 | | 99.9 | 99.9 | |

# 2011—2013年广西全区及城乡居民消费价格分类指数

以上年价格为100

| 类　别 | 2011年 | | | 2012年 | | | 2013年 | | |
|---|---|---|---|---|---|---|---|---|---|
| | 全区 | 城市 | 农村 | 全区 | 城市 | 农村 | 全区 | 城市 | 农村 |
| **居民消费价格总指数** | **105.9** | **105.7** | **106.4** | **103.2** | **103.2** | **103.3** | **102.2** | **102.1** | **102.4** |
| **一、食　品** | **114.4** | **113.7** | **115.8** | **105.2** | **105.2** | **105.1** | **103.8** | **104.1** | **103.3** |
| 1. 粮　食 | 117.2 | 117.3 | 116.9 | 103.8 | 103.5 | 104.3 | 101.4 | 101.2 | 101.7 |
| 大　米 | 118.4 | 119.1 | 117.3 | 103.9 | 103.5 | 104.7 | 100.2 | 100.0 | 100.5 |
| 2. 淀粉及制品 | 113.3 | 114.1 | 110.5 | 102.1 | 101.9 | 102.7 | 102.0 | 102.3 | 100.9 |
| 3. 干豆类及豆制品 | 106.1 | 105.0 | 107.9 | 101.6 | 101.4 | 101.9 | 105.1 | 105.5 | 104.4 |
| 4. 油　脂 | 112.1 | 111.5 | 112.9 | 108.2 | 108.9 | 107.1 | 101.5 | 101.4 | 101.5 |
| 食用植物油 | 114.3 | 113.7 | 115.3 | 109.9 | 111.4 | 107.8 | 102.6 | 102.8 | 102.2 |
| 5. 肉禽及其制品 | 120.9 | 119.7 | 123.0 | 103.0 | 103.6 | 101.9 | 102.4 | 103.1 | 101.2 |
| (1) 食用畜肉及副产品 | 126.2 | 124.8 | 128.5 | 102.0 | 103.0 | 100.4 | 103.5 | 104.7 | 101.6 |
| 猪　肉 | 131.0 | 130.0 | 132.5 | 95.2 | 95.1 | 95.3 | 99.5 | 100.2 | 98.5 |
| 牛　肉 | 104.3 | 103.1 | 107.9 | 137.8 | 138.3 | 136.6 | 119.5 | 120.4 | 117.3 |
| 羊　肉 | 121.7 | 121.8 | 121.5 | 126.1 | 125.7 | 127.2 | 111.5 | 110.8 | 113.5 |
| (2) 禽 | 113.8 | 113.7 | 114.0 | 103.5 | 103.6 | 103.4 | 100.9 | 101.2 | 100.2 |
| 鸡 | 114.2 | 114.6 | 113.4 | 103.4 | 103.2 | 103.8 | 99.9 | 100.4 | 99.1 |
| 鸭 | 113.0 | 111.9 | 115.4 | 103.8 | 104.5 | 102.2 | 103.1 | 103.1 | 103.0 |
| (3) 加工肉禽 | 113.4 | 112.8 | 114.7 | 106.5 | 106.2 | 107.2 | 100.8 | 100.8 | 100.9 |
| 6. 蛋 | 113.8 | 113.9 | 113.5 | 97.3 | 97.3 | 97.4 | 107.7 | 108.1 | 106.8 |
| 鲜　蛋 | 113.8 | 114.2 | 112.9 | 96.9 | 96.9 | 97.0 | 108.0 | 108.3 | 107.3 |
| 7. 水 产 品 | 117.6 | 116.4 | 121.1 | 104.9 | 104.9 | 104.9 | 103.9 | 105.0 | 101.0 |
| (1) 鱼 | 117.6 | 115.8 | 122.3 | 103.7 | 103.4 | 104.5 | 102.3 | 103.3 | 99.6 |
| 淡 水 鱼 | 118.1 | 117.1 | 120.1 | 101.7 | 101.3 | 102.5 | 101.5 | 102.4 | 99.5 |
| 海 水 鱼 | 116.8 | 113.8 | 128.5 | 107.3 | 106.5 | 109.8 | 103.6 | 104.6 | 99.9 |
| (2) 其他水产品 | 117.7 | 118.1 | 115.9 | 108.3 | 108.7 | 106.8 | 108.7 | 109.1 | 107.2 |
| 虾 蟹 类 | 118.0 | 118.4 | 116.1 | 108.5 | 108.9 | 106.9 | 108.9 | 109.2 | 107.3 |
| 8. 菜 | 107.6 | 107.7 | 107.6 | 116.7 | 115.9 | 118.4 | 107.6 | 107.3 | 108.2 |
| 鲜　菜 | 107.6 | 107.6 | 107.6 | 119.0 | 118.4 | 120.4 | 108.0 | 107.7 | 108.7 |
| 9. 调 味 品 | 104.0 | 103.9 | 104.2 | 101.8 | 101.9 | 101.6 | 102.2 | 102.4 | 101.7 |
| 食 用 盐 | 100.4 | 99.9 | 101.3 | 99.8 | 99.7 | 100.0 | 100.0 | 100.0 | 100.0 |
| 酱　油 | 106.3 | 105.9 | 107.0 | 102.7 | 102.9 | 102.2 | 103.0 | 103.6 | 101.9 |
| 10. 糖 | 114.5 | 112.8 | 117.1 | 103.9 | 106.2 | 100.6 | 98.6 | 99.5 | 97.2 |
| 食　糖 | 123.2 | 118.9 | 128.8 | 103.6 | 107.4 | 98.9 | 96.0 | 97.8 | 93.5 |
| 11. 茶及饮料 | 103.7 | 104.1 | 103.0 | 103.8 | 105.0 | 101.1 | 101.9 | 102.2 | 101.0 |
| (1) 茶　叶 | 100.8 | 100.1 | 102.8 | 101.4 | 101.2 | 101.7 | 101.3 | 100.8 | 102.8 |
| (2) 饮　料 | 104.7 | 105.4 | 103.0 | 104.6 | 106.2 | 100.9 | 102.0 | 102.6 | 100.4 |
| 12. 干鲜瓜果 | 115.8 | 117.1 | 113.4 | 98.7 | 99.6 | 97.0 | 107.5 | 108.8 | 104.8 |

## 2011—2013 年广西全区及城乡居民消费价格分类指数（续表 1）

以上年价格为 100

| 类别 | 2011 年 | | | 2012 年 | | | 2013 年 | | |
|---|---|---|---|---|---|---|---|---|---|
| | 全区 | 城市 | 农村 | 全区 | 城市 | 农村 | 全区 | 城市 | 农村 |
| 鲜瓜果 | 116.4 | 117.8 | 113.5 | 98.1 | 99.0 | 96.1 | 109.1 | 110.5 | 106.2 |
| 13. 糕点饼干面包 | 107.3 | 108.4 | 105.0 | 104.1 | 105.2 | 101.8 | 101.9 | 102.6 | 100.4 |
| 14. 液体乳及乳制品 | 104.7 | 104.7 | 104.9 | 103.3 | 103.4 | 103.0 | 105.0 | 104.0 | 107.5 |
| 15. 在外用膳食品 | 110.1 | 108.7 | 113.4 | 108.3 | 107.0 | 111.2 | 103.9 | 102.9 | 105.9 |
| 16. 其他食品 | 106.7 | 107.7 | 105.5 | 104.9 | 103.3 | 107.0 | 104.4 | 102.4 | 106.9 |
| **二、烟 酒** | **103.7** | **104.0** | **103.2** | **103.1** | **103.3** | **102.6** | **99.8** | **99.7** | **100.1** |
| 1. 烟 草 | 100.3 | 100.2 | 100.4 | 100.2 | 100.3 | 100.2 | 99.8 | 100.0 | 99.6 |
| 2. 酒 | 106.9 | 107.3 | 106.1 | 105.5 | 105.8 | 105.0 | 99.8 | 99.4 | 100.6 |
| **三、衣 着** | **101.9** | **103.3** | **99.1** | **103.6** | **102.7** | **105.4** | **102.3** | **102.0** | **102.7** |
| 1. 服 装 | 102.4 | 104.1 | 99.2 | 104.7 | 103.7 | 106.7 | 102.8 | 102.7 | 102.9 |
| (1) 男式服装 | 103.0 | 105.1 | 98.5 | 105.3 | 104.0 | 108.2 | 102.3 | 102.1 | 102.7 |
| (2) 女式服装 | 102.7 | 104.6 | 99.1 | 105.2 | 104.5 | 106.4 | 102.6 | 102.6 | 102.7 |
| (3) 儿童服装 | 100.3 | 99.8 | 101.1 | 101.5 | 100.0 | 104.0 | 104.8 | 105.4 | 103.7 |
| 2. 衣着材料 | 112.3 | 109.6 | 116.6 | 106.4 | 105.4 | 107.9 | 100.6 | 99.3 | 102.6 |
| 3. 鞋 袜 帽 | 99.4 | 100.4 | 97.2 | 99.5 | 99.1 | 100.5 | 100.6 | 100.0 | 102.0 |
| (1) 鞋 | 99.4 | 100.6 | 96.8 | 99.5 | 99.0 | 100.7 | 100.7 | 99.9 | 102.4 |
| (2) 袜 子 | 99.4 | 99.5 | 99.3 | 99.9 | 100.1 | 99.5 | 99.8 | 99.7 | 100.0 |
| (3) 帽 子 | 100.2 | 99.7 | 100.8 | 98.0 | 97.2 | 99.0 | 101.7 | 104.0 | 98.9 |
| 4. 衣着加工服务费 | 108.4 | 108.5 | 108.1 | 109.5 | 106.4 | 116.8 | 104.0 | 103.5 | 104.9 |
| **四、家庭设备用品及维修服务** | **101.7** | **101.6** | **101.9** | **101.1** | **101.4** | **100.4** | **101.1** | **100.8** | **101.6** |
| 1. 耐用消费品 | 99.9 | 100.0 | 99.7 | 100.5 | 100.8 | 99.7 | 100.4 | 100.3 | 100.8 |
| (1) 家 具 | 102.8 | 103.2 | 102.0 | 102.4 | 102.6 | 101.8 | 100.1 | 100.0 | 100.5 |
| (2) 家庭设备 | 98.2 | 98.1 | 98.6 | 99.3 | 99.6 | 98.8 | 100.6 | 100.5 | 100.9 |
| 2. 室内装饰品 | 105.3 | 103.5 | 109.5 | 100.8 | 100.6 | 101.4 | 101.0 | 100.6 | 102.0 |
| 3. 床上用品 | 106.8 | 106.4 | 107.6 | 99.5 | 100.0 | 98.5 | 102.3 | 101.5 | 104.3 |
| 4. 家庭日用杂品 | 101.8 | 101.7 | 101.8 | 101.7 | 101.8 | 101.5 | 100.9 | 100.7 | 101.4 |
| 5. 家庭服务及加工维修服务 | 105.8 | 105.7 | 106.0 | 106.7 | 108.2 | 103.5 | 103.8 | 104.1 | 103.1 |
| **五、医疗保健和个人用品** | **103.5** | **103.4** | **103.8** | **102.0** | **101.7** | **102.5** | **100.7** | **100.2** | **101.6** |
| 1. 医疗保健 | 103.8 | 103.6 | 104.3 | 101.6 | 101.5 | 101.8 | 100.9 | 100.3 | 102.2 |
| (1) 医疗器具及用品 | 101.7 | 103.0 | 96.6 | 102.4 | 103.1 | 99.2 | 101.0 | 101.1 | 100.8 |
| (2) 中药材及中成药 | 115.3 | 114.0 | 118.1 | 103.4 | 103.6 | 103.0 | 100.8 | 99.8 | 103.0 |
| (3) 西 药 | 100.0 | 100.1 | 99.9 | 101.0 | 100.6 | 101.8 | 100.5 | 100.6 | 100.2 |
| (4) 保健器具及用品 | 100.8 | 100.9 | 100.4 | 100.5 | 100.4 | 100.8 | 100.7 | 100.6 | 101.4 |
| (5) 医疗保健服务 | 99.7 | 99.6 | 99.8 | 100.8 | 100.9 | 100.7 | 101.8 | 100.2 | 104.7 |
| 2. 个人用品及服务 | 103.0 | 103.2 | 102.7 | 102.8 | 102.2 | 104.0 | 100.2 | 100.2 | 100.2 |
| (1) 化妆美容用品 | 100.9 | 101.1 | 100.6 | 101.1 | 101.3 | 100.5 | 100.2 | 100.2 | 100.3 |

# 2011—2013年广西全区及城乡居民消费价格分类指数（续表2）

以上年价格为100

| 类别 | 2011年 | | | 2012年 | | | 2013年 | | |
|---|---|---|---|---|---|---|---|---|---|
| | 全区 | 城市 | 农村 | 全区 | 城市 | 农村 | 全区 | 城市 | 农村 |
| (2) 清洁类化妆品 | 102.0 | 102.6 | 100.9 | 103.9 | 103.9 | 103.9 | 101.5 | 101.6 | 101.3 |
| (3) 个人饰品 | 106.4 | 106.9 | 105.3 | 100.8 | 100.7 | 100.9 | 94.5 | 94.2 | 95.1 |
| (4) 个人服务 | 104.7 | 103.9 | 106.1 | 105.6 | 102.0 | 111.5 | 103.8 | 104.5 | 102.7 |
| **六、交通和通信** | **101.9** | **101.8** | **101.9** | **100.2** | **100.2** | **100.0** | **99.9** | **99.7** | **100.2** |
| 1. 交　通 | 105.1 | 104.6 | 106.1 | 101.9 | 101.8 | 102.1 | 100.7 | 100.8 | 100.5 |
| (1) 交通工具 | 102.3 | 101.1 | 104.1 | 100.0 | 100.0 | 99.8 | 98.7 | 99.0 | 98.3 |
| (2) 车用燃料及零配件 | 110.2 | 109.6 | 111.3 | 102.7 | 102.3 | 103.4 | 98.7 | 99.0 | 98.3 |
| 汽　油 | 112.8 | 113.1 | 112.3 | 102.8 | 102.7 | 102.8 | 98.8 | 98.8 | 98.9 |
| 柴　油 | 112.9 | 113.4 | 112.5 | 103.1 | 103.0 | 103.1 | 98.6 | 98.6 | 98.6 |
| (3) 车辆使用及维修费 | 103.4 | 102.4 | 105.6 | 102.1 | 102.4 | 101.6 | 104.6 | 105.3 | 103.1 |
| (4) 市区公共交通费 | 100.4 | 99.8 | 102.4 | 101.6 | 101.0 | 103.4 | 101.1 | 100.7 | 102.1 |
| (5) 城市间交通费 | 109.1 | 110.9 | 106.0 | 104.3 | 104.1 | 104.6 | 103.0 | 102.1 | 104.5 |
| 2. 通　信 | 98.5 | 99.1 | 97.4 | 98.3 | 98.6 | 97.6 | 99.0 | 98.6 | 99.8 |
| (1) 通信工具 | 92.7 | 94.8 | 89.0 | 90.8 | 92.2 | 88.2 | 94.1 | 91.8 | 98.6 |
| (2) 通信服务 | 100.1 | 100.1 | 100.0 | 100.1 | 100.1 | 100.1 | 100.1 | 100.1 | 100.0 |
| **七、娱乐教育文化用品及服务** | **100.1** | **99.7** | **101.0** | **101.5** | **101.5** | **101.4** | **100.8** | **100.5** | **101.5** |
| 1. 文娱用耐用消费品及服务 | 94.8 | 93.5 | 97.9 | 94.5 | 93.6 | 96.5 | 95.1 | 94.4 | 96.4 |
| 2. 教　育 | 102.8 | 103.0 | 102.5 | 103.1 | 103.1 | 103.0 | 102.9 | 102.7 | 103.4 |
| (1) 教材及参考书 | 100.3 | 99.8 | 101.3 | 100.4 | 100.8 | 99.5 | 99.8 | 99.6 | 100.4 |
| (2) 教育服务 | 103.2 | 103.4 | 102.7 | 103.5 | 103.5 | 103.4 | 103.3 | 103.1 | 103.8 |
| 3. 文化娱乐类 | 97.8 | 97.9 | 97.6 | 103.7 | 104.0 | 103.0 | 101.5 | 101.9 | 100.5 |
| (1) 文化娱乐用品 | 100.5 | 100.5 | 100.3 | 100.1 | 101.0 | 98.2 | 99.1 | 99.2 | 98.9 |
| (2) 书报杂志 | 100.4 | 100.3 | 100.7 | 100.2 | 100.2 | 100.2 | 100.1 | 99.9 | 100.3 |
| (3) 文 娱 费 | 94.3 | 94.8 | 93.3 | 108.6 | 108.3 | 109.3 | 104.0 | 105.0 | 101.9 |
| 4. 旅　游 | 101.1 | 100.0 | 104.0 | 102.8 | 104.0 | 100.0 | 100.1 | 99.4 | 101.8 |
| **八、居　住** | **102.2** | **101.9** | **102.9** | **103.7** | **103.7** | **103.6** | **102.7** | **102.4** | **103.5** |
| 1. 建房及装修材料 | 105.9 | 106.1 | 105.6 | 101.4 | 102.0 | 100.6 | 101.9 | 101.5 | 102.5 |
| 2. 住房租金 | 100.3 | 99.0 | 103.6 | 103.0 | 101.9 | 105.8 | 102.5 | 101.2 | 105.4 |
| 3. 自有住房 | 102.6 | 102.4 | 103.1 | 102.1 | 102.0 | 102.5 | 103.0 | 102.8 | 103.3 |
| 4. 水、电、燃料 | 99.7 | 99.9 | 99.1 | 108.2 | 108.2 | 108.0 | 103.2 | 102.9 | 104.0 |
| 水 | 94.3 | 94.9 | 92.9 | 117.8 | 120.0 | 112.1 | 109.9 | 108.0 | 115.1 |
| 电 | 95.6 | 95.6 | 95.6 | 107.2 | 107.3 | 107.0 | 102.5 | 102.6 | 102.4 |
| 液化石油气 | 107.4 | 107.8 | 106.5 | 106.1 | 105.4 | 108.1 | 101.5 | 101.5 | 101.7 |
| 管道燃气 | 99.1 | 99.2 | 97.1 | 101.7 | 101.7 | 103.0 | 98.4 | 98.8 | 91.9 |

# 1984—1985年广西全区及城乡生活费用价格和零售物价分类指数

以上年价格为100

| 类别 | 1984年 | | | 1985年 | | |
|---|---|---|---|---|---|---|
| | 全区 | 城市 | 农村 | 全区 | 城市 | 农村 |
| **生活费用价格指数** | **103.3** | **104.6** | **102.4** | **113.0** | **114.7** | **111.8** |
| **零售物价指数** | **104.2** | **104.5** | **104.1** | **111.2** | **114.5** | **109.3** |
| **一、消费品价格指数** | **103.0** | **104.5** | **101.1** | **112.3** | **114.5** | **110.8** |
| （一）食品类 | 105.5 | 105.9 | 102.7 | 121.8 | 121.1 | 125.5 |
| 1. 粮食 | 100.0 | 100.0 | 99.8 | 123.9 | 104.1 | 147.8 |
| (1) 细粮 | 100.0 | 100.0 | 100.0 | 123.5 | 103.2 | 147.6 |
| (2) 粗粮 | 101.8 | 102.1 | 92.9 | 140.4 | 132.4 | 155.5 |
| 2. 副食品 | 107.8 | 108.3 | 106.0 | 126.7 | 127.1 | 124.3 |
| (1) 食用植物油 | 104.6 | 104.6 | 104.7 | 112.4 | 110.9 | 119.8 |
| (2) 食盐 | 100.0 | 100.0 | 100.0 | 100.0 | 100.0 | 100.0 |
| (3) 鲜菜 | 101.8 | 101.8 | | 135.2 | 135.2 | |
| (4) 干菜 | 105.9 | 105.1 | 106.7 | 110.7 | 108.1 | 113.5 |
| (5) 肉禽蛋 | 110.1 | 110.2 | 109.4 | 132.8 | 129.5 | 143.9 |
| (6) 水产品 | 107.2 | 110.8 | 106.5 | 143.6 | 137.5 | 156.9 |
| (7) 调味品 | 101.3 | 100.9 | 102.0 | 105.6 | 105.9 | 103.6 |
| (8) 食糖 | 100.6 | 100.2 | 101.9 | 102.3 | 102.2 | 102.3 |
| 3. 烟酒茶 | 100.2 | 100.2 | 100.1 | 100.6 | 101.1 | 100.3 |
| (1) 烟 | 100.2 | 100.2 | 100.2 | 101.0 | 102.0 | 100.1 |
| (2) 酒 | 100.2 | 100.2 | 100.0 | 100.0 | 99.9 | 100.6 |
| (3) 茶 | 99.7 | 99.7 | 99.8 | 102.8 | 103.5 | 102.4 |
| 4. 其他食品 | 104.7 | 105.1 | 101.8 | 115.6 | 121.6 | 108.6 |
| (1) 鲜果 | 107.3 | 108.2 | 106.8 | 138.8 | 139.3 | 134.1 |
| (2) 干果 | 102.3 | 102.6 | 99.1 | 105.1 | 105.2 | 104.7 |
| (3) 糖果 | 100.0 | 100.0 | 100.0 | 101.2 | 100.9 | 101.6 |
| (4) 糕点 | 103.2 | 102.8 | 103.7 | 107.2 | 104.6 | 115.0 |
| (5) 奶及奶制品 | 102.7 | 103.6 | 100.7 | 102.1 | 102.5 | 101.5 |
| (6) 罐头 | 100.2 | 100.4 | 100.0 | 103.4 | 102.7 | 104.8 |
| （二）衣着类 | 100.3 | 100.2 | 100.3 | 100.5 | 100.8 | 100.4 |
| (1) 棉布 | 100.7 | 100.6 | 100.8 | 100.0 | 100.0 | 100.0 |
| (2) 棉花化纤混纺布 | 98.8 | 98.7 | 99.6 | 100.0 | 100.0 | 100.0 |
| (3) 化纤布 | 99.9 | 99.9 | 100.0 | 100.0 | 100.0 | 100.0 |
| (4) 呢绒 | 99.9 | 99.9 | 100.0 | 100.6 | 100.8 | 100.5 |
| (5) 绸缎 | 100.0 | 100.0 | 100.0 | 101.4 | 100.9 | 101.9 |
| (6) 针纺织品 | 100.6 | 100.4 | 100.8 | 101.1 | 101.5 | 100.8 |
| (7) 服装 | 100.0 | 100.0 | 100.0 | 100.3 | 100.3 | 100.4 |
| (8) 鞋 | 100.2 | 100.2 | 100.2 | 102.0 | 102.6 | 101.5 |
| (9) 其他衣着 | 101.2 | 101.4 | 101.0 | 100.4 | 100.8 | 100.1 |

## 1984—1985年广西全区及城乡生活费用价格和零售物价分类指数（续表）

以上年价格为100

| 类　别 | 1984年 | | | 1985年 | | |
|---|---|---|---|---|---|---|
| | 全区 | 城市 | 农村 | 全区 | 城市 | 农村 |
| （三）日用品类 | 100.3 | 100.2 | 100.5 | 102.7 | 102.8 | 102.3 |
| (1) 一般日用品 | 100.4 | 100.4 | 100.4 | 102.8 | 103.0 | 102.7 |
| (2) 日用机电消费品 | 98.2 | 98.3 | 97.9 | 101.2 | 100.8 | 101.4 |
| (3) 家　　具 | 102.9 | 103.0 | 101.2 | 107.3 | 108.3 | 104.6 |
| (4) 日用杂品 | 104.2 | 103.6 | 105.8 | 104.6 | 105.5 | 103.0 |
| （四）文化娱乐用品类 | 99.7 | 99.9 | 99.7 | 100.6 | 100.5 | 100.7 |
| (1) 纸张文具 | 99.8 | 99.8 | 100.0 | 100.5 | 101.2 | 100.1 |
| (2) 文娱用机电消费品 | 99.7 | 100.0 | 99.5 | 100.7 | 100.5 | 100.8 |
| (3) 其他文娱用品 | 99.6 | 99.6 | 100.9 | 100.9 | 100.9 | 100.8 |
| （五）书报杂志类 | 112.7 | 112.7 | 112.7 | 112.4 | 110.7 | 113.7 |
| （六）药及医疗用品类 | 107.3 | 107.9 | 107.1 | 104.2 | 104.8 | 103.7 |
| (1) 中　　药 | 110.8 | 111.1 | 110.4 | 106.7 | 108.3 | 105.5 |
| (2) 西药及医疗用品 | 103.9 | 104.6 | 103.6 | 101.7 | 101.8 | 101.7 |
| （七）燃 料 类 | 106.0 | 106.3 | 102.6 | 113.8 | 115.6 | 107.3 |
| **二、农业生产资料指数** | **110.4** | | **110.4** | **104.6** | | **104.6** |
| 1. 小 农 具 | 102.0 | | 102.0 | 102.3 | | 102.3 |
| (1) 铁制小农具 | 101.8 | | 101.8 | 102.8 | | 102.8 |
| (2) 竹木制小农具 | 102.5 | | 102.5 | 100.9 | | 100.9 |
| 2. 半机械化农具 | 97.6 | | 97.6 | 101.0 | | 101.0 |
| 3. 机械化农具 | 103.4 | | 103.4 | 106.7 | | 106.7 |
| 4. 化学肥料 | 115.6 | | 115.6 | 105.3 | | 105.3 |
| 5. 农药及农药械 | 100.0 | | 100.0 | 99.7 | | 99.7 |
| (1) 化学农药 | 100.0 | | 100.0 | 100.3 | | 100.3 |
| (2) 农 药 械 | 100.2 | | 100.2 | 97.1 | | 97.1 |
| 6. 农用机油 | | | | | | |
| 7. 柴　　油 | 112.3 | | 112.3 | 106.8 | | 106.8 |
| 8. 其　　他 | 104.4 | | 104.4 | 101.7 | | 101.7 |
| **三、服务项目价格指数** | **106.9** | **105.9** | **107.9** | **119.9** | **116.3** | **123.2** |
| 1. 房　　租 | 104.2 | 101.0 | 111.8 | 102.0 | 103.8 | 100.2 |
| 2. 水 电 费 | 98.8 | 97.6 | 100.0 | 100.0 | 100.0 | 100.0 |
| 3. 交 通 费 | 101.1 | 102.2 | 100.0 | 101.3 | 101.6 | 100.9 |
| 4. 邮 电 费 | 120.1 | 131.6 | 108.6 | 100.0 | 100.0 | 100.0 |
| 5. 医疗保健费 | 100.1 | 100.2 | 100.0 | 152.3 | 147.7 | 154.4 |
| 6. 学杂保育费 | 112.1 | 111.6 | 112.6 | 130.3 | 130.7 | 130.0 |
| 7. 文 娱 费 | 111.5 | 111.1 | 112.4 | 124.0 | 127.7 | 120.9 |
| 8. 修理及其他服务费 | 109.7 | 109.7 | 109.7 | 112.4 | 114.3 | 110.6 |

说明：生活费用价格指数（统计一和三2大类商品价格）和零售物价指数（统计一和二2大类商品价格）

# 1986—1987年广西全区及城乡生活费用价格和零售物价分类指数

以上年价格为100

| 类别 | 1986年 | | | 1987年 | | |
|---|---|---|---|---|---|---|
| | 全区 | 城市 | 农村 | 全区 | 城镇 | 农村 |
| **生活费用价格指数** | **106.2** | **106.2** | **106.2** | **108.2** | **110.2** | **105.8** |
| **零售物价指数** | **105.1** | **106.0** | **104.4** | **108.0** | **110.5** | **105.5** |
| **一、消费品价格指数** | **105.8** | **106.0** | **105.6** | **108.2** | **110.5** | **105.5** |
| （一）食品类 | 107.6 | 107.0 | 108.4 | 111.2 | 112.6 | 105.7 |
| 1. 粮食 | 109.7 | 103.2 | 115.0 | 103.0 | 103.8 | 101.5 |
| (1) 细粮 | 109.3 | 102.5 | 114.8 | 101.4 | 101.5 | 101.3 |
| (2) 粗粮 | 134.0 | 134.3 | 133.4 | 130.8 | 131.5 | 125.9 |
| 2. 副食品 | 108.9 | 108.6 | 109.7 | 115.7 | 116.5 | 109.5 |
| (1) 食用植物油 | 108.7 | 106.2 | 116.5 | 117.0 | 116.6 | 120.5 |
| (2) 鲜菜 | 100.8 | 100.8 | | 135.3 | 135.3 | |
| (3) 干菜 | 114.4 | 119.0 | 111.2 | 115.7 | 116.6 | 114.1 |
| (4) 肉禽蛋 | 110.7 | 110.4 | 114.1 | 111.8 | 111.8 | 112.1 |
| (5) 水产品 | 106.2 | 106.4 | 105.7 | 115.8 | 116.2 | 113.0 |
| (6) 调味品 | 108.9 | 107.3 | 110.5 | 110.8 | 112.5 | 110.2 |
| (7) 食糖 | 99.9 | 99.8 | 100.0 | 100.5 | 100.4 | 100.5 |
| 3. 烟酒茶 | 102.0 | 101.9 | 102.1 | 103.4 | 103.6 | 103.3 |
| (1) 烟 | 100.2 | 100.3 | 100.1 | 100.2 | 100.3 | 100.1 |
| (2) 酒 | 104.6 | 104.0 | 105.1 | 107.4 | 108.2 | 106.8 |
| (3) 茶 | 102.7 | 103.6 | 101.8 | 103.4 | 103.6 | 102.9 |
| 4. 其他食品 | 105.0 | 105.0 | 105.0 | 107.7 | 107.6 | 108.1 |
| (1) 鲜果 | 105.9 | 105.0 | 118.3 | 106.2 | 106.3 | 104.7 |
| (2) 干果 | 106.8 | 106.8 | 106.9 | 115.6 | 119.9 | 109.7 |
| (3) 糖果 | 102.5 | 102.5 | 102.5 | 102.7 | 103.0 | 102.5 |
| (4) 糕点 | 105.3 | 104.5 | 106.0 | 111.0 | 109.4 | 111.7 |
| (5) 奶及奶制品 | 106.2 | 108.6 | 103.8 | 106.7 | 107.2 | 106.0 |
| (6) 罐头 | 100.9 | 101.7 | 100.0 | 101.8 | 101.8 | 101.9 |
| （二）衣着类 | 101.0 | 101.0 | 100.9 | 103.7 | 104.1 | 103.5 |
| (1) 棉布 | 100.0 | 100.0 | 100.0 | 103.4 | 103.2 | 103.4 |
| (2) 棉花化纤混纺布 | 100.0 | 100.0 | 100.0 | 100.2 | 100.2 | 100.2 |
| (3) 化纤布 | 100.0 | 100.0 | 100.0 | 100.0 | 100.0 | 100.0 |
| (4) 呢绒 | 103.4 | 103.0 | 103.7 | 102.5 | 104.0 | 101.3 |
| (5) 绸缎 | 102.4 | 101.5 | 103.2 | 111.6 | 111.7 | 111.5 |
| (6) 针纺织品 | 100.6 | 100.6 | 100.5 | 107.4 | 106.7 | 107.7 |
| (7) 服装 | 100.2 | 100.3 | 100.0 | 103.1 | 102.5 | 103.5 |
| (8) 鞋 | 103.2 | 102.8 | 103.5 | 101.8 | 101.8 | 101.8 |
| (9) 其他衣着 | 103.2 | 103.5 | 102.9 | 109.6 | 111.4 | 108.5 |

# 1986—1987 年广西全区及城乡生活费用价格和零售物价分类指数（续表）

以上年价格为 100

| 类　别 | 1986 年 | | | 1987 年 | | |
|---|---|---|---|---|---|---|
| | 全区 | 城市 | 农村 | 全区 | 城镇 | 农村 |
| （三）日用品类 | 107.1 | 107.5 | 106.7 | 109.8 | 110.7 | 109.5 |
| (1) 一般日用品 | 105.8 | 105.9 | 105.7 | 108.4 | 108.2 | 108.5 |
| (2) 日用机电消费品 | 107.6 | 108.3 | 106.9 | 111.4 | 114.0 | 110.5 |
| (3) 家　　具 | 107.2 | 108.1 | 106.2 | 104.2 | 105.3 | 103.2 |
| (4) 日用杂品 | 107.6 | 106.9 | 108.2 | 111.6 | 111.3 | 111.7 |
| （四）文化娱乐用品类 | 100.6 | 100.5 | 100.6 | 102.2 | 102.3 | 102.2 |
| (1) 纸张文具 | 103.7 | 103.8 | 103.6 | 105.3 | 105.2 | 105.4 |
| (2) 文娱用机电消费品 | 100.2 | 100.1 | 100.2 | 100.8 | 100.6 | 101.0 |
| (3) 其他文娱用品 | 101.0 | 101.1 | 100.8 | 104.7 | 107.6 | 101.9 |
| （五）书报杂志类 | 117.9 | 123.4 | 112.3 | 100.2 | 100.4 | 100.2 |
| （六）药及医疗用品类 | 102.7 | 101.3 | 104.1 | 103.9 | 104.7 | 103.8 |
| (1) 中　　药 | 103.5 | 100.9 | 106.0 | 103.4 | 103.2 | 103.4 |
| (2) 西药及医疗用品 | 101.7 | 101.7 | 101.6 | 104.3 | 106.2 | 104.1 |
| （七）燃 料 类 | 101.5 | 102.9 | 100.0 | 102.2 | 109.6 | 100.5 |
| **二、农业生产资料指数** | **101.1** | | **101.1** | **105.5** | | **105.5** |
| 1. 小 农 具 | 103.1 | | 103.1 | 112.5 | | 112.5 |
| (1) 铁制小农具 | 101.7 | | 101.7 | 112.0 | | 112.0 |
| (2) 竹木制小农具 | 107.0 | | 107.0 | 114.1 | | 114.1 |
| 2. 半机械化农具 | 100.6 | | 100.6 | 104.9 | | 104.9 |
| 3. 机械化农具 | 106.0 | | 106.0 | 101.8 | | 101.8 |
| 4. 化学肥料 | 99.4 | | 99.4 | 106.1 | | 106.1 |
| 5. 农药及农药械 | 99.8 | | 99.8 | 104.3 | | 104.3 |
| (1) 化学农药 | 99.9 | | 99.9 | 104.4 | | 104.4 |
| (2) 农 药 械 | 99.5 | | 99.5 | 102.7 | | 102.7 |
| 6. 柴　　油 | 100.4 | | 100.4 | 101.1 | | 101.1 |
| 7. 其　　他 | 100.7 | | 100.7 | 104.2 | | 104.2 |
| **三、服务项目价格指数** | **109.6** | **108.1** | **111.1** | **108.3** | **107.5** | **109.1** |
| 1. 房　　租 | 102.7 | 100.7 | 104.7 | 101.0 | 100.8 | 103.2 |
| 2. 水 电 费 | 100.8 | 100.4 | 101.1 | 102.0 | 101.8 | 102.4 |
| 3. 交 通 费 | 111.9 | 110.0 | 113.7 | 102.3 | 101.8 | 102.7 |
| 4. 邮 电 费 | 100.0 | 100.0 | 100.0 | 100.6 | 100.3 | 100.8 |
| 5. 医疗保健费 | 109.7 | 110.5 | 108.8 | 101.5 | 102.2 | 101.3 |
| 6. 学杂保育费 | 112.5 | 110.0 | 114.9 | 112.9 | 111.4 | 114.0 |
| 7. 文 娱 费 | 115.8 | 112.5 | 119.0 | 114.1 | 117.7 | 109.7 |
| 8. 修理及其他服务费 | 113.7 | 117.0 | 110.4 | 113.0 | 112.8 | 113.1 |

说明：生活费用价格指数（统计一和三 2 大类商品价格）和零售物价指数（统计一和二 2 大类商品价格）

# 1988—1989 年广西全区及城乡生活费用价格和零售物价分类指数

以上年价格为 100

| 商品类别及名称 | 1988 年 | | | | | 1989 年 | | | | |
|---|---|---|---|---|---|---|---|---|---|---|
| | 全省全社会价格 | | | | 农村国营商业价格 | 全省全社会价格 | | | | 农村国营商业价格 |
| | 全区 | 城镇 | 城市 | 县城 | | 全区 | 城镇 | 城市 | 县城 | |
| **生活费用价格总指数** | **120.8** | **123.3** | **124.2** | **122.3** | **118.4** | **121.1** | **119.7** | **119.0** | **121.6** | **123.3** |
| **零售物价总指数** | **121.0** | **123.2** | **124.3** | **121.9** | **119.4** | **121.3** | **119.1** | **118.5** | **120.7** | **123.5** |
| **一、消费品零售价格指数** | **120.0** | **123.2** | **124.3** | **121.9** | **116.9** | **120.4** | **119.1** | **118.5** | **120.7** | **122.4** |
| 1. 食品类 | 123.6 | 125.1 | 125.8 | 124.2 | 119.6 | 119.8 | 119.4 | 119.1 | 120.4 | 120.8 |
| (1) 粮食 | 105.8 | 104.5 | 103.3 | 105.8 | 107.8 | 113.3 | 106.9 | 104.8 | 112.4 | 123.9 |
| 1) 细粮 | 105.0 | 103.6 | 102.5 | 104.8 | 107.2 | 110.2 | 104.8 | 102.3 | 111.4 | 120.5 |
| 2) 粗粮 | 123.1 | 123.4 | 120.5 | 126.3 | 122.6 | 137.9 | 135.3 | 136.1 | 132.3 | 139.4 |
| (2) 副食品 | 128.8 | 128.8 | 128.8 | 128.4 | 128.5 | 121.5 | 121.9 | 121.4 | 123.6 | 119.8 |
| 1) 食用植物油 | 148.3 | 148.6 | 154.3 | 143.9 | 147.1 | 152.1 | 149.7 | 148.4 | 154.2 | 169.6 |
| 2) 鲜菜 | 111.6 | 111.6 | 112.1 | 109.4 | | 116.1 | 116.1 | 114.3 | 122.8 | |
| 3) 干菜 | 118.0 | 119.0 | 118.3 | 120.6 | 115.5 | 124.1 | 134.4 | 138.6 | 121.9 | 113.7 |
| 4) 肉禽蛋 | 132.5 | 132.4 | 132.6 | 132.1 | 134.1 | 121.7 | 121.6 | 121.2 | 122.6 | 122.3 |
| 猪肉 | 138.6 | 138.7 | 140.9 | 136.8 | 134.3 | 122.1 | 122.1 | 121.6 | 123.1 | 122.9 |
| 牛肉 | 135.6 | 135.6 | 136.0 | 135.3 | | 126.1 | 126.0 | 126.1 | 125.7 | 128.2 |
| 羊肉 | 152.2 | 152.2 | 152.2 | | | 118.2 | 118.2 | 118.2 | | |
| 活鸡 | 119.6 | 119.6 | 119.3 | 120.0 | | 127.2 | 127.2 | 127.6 | 125.8 | |
| 活鸭 | 117.1 | 117.1 | 116.3 | 118.2 | | 117.9 | 117.9 | 118.7 | 114.8 | |
| 5) 水产品 | 130.7 | 130.9 | 128.2 | 133.2 | 127.6 | 115.8 | 114.9 | 114.2 | 117.5 | 142.5 |
| 6) 调味品 | 116.6 | 116.3 | 119.4 | 112.6 | 116.7 | 114.6 | 115.6 | 116.3 | 113.4 | 114.3 |
| 精盐 | 121.2 | 119.5 | 118.6 | 121.5 | 121.5 | 113.8 | 112.4 | 111.6 | 114.2 | 114.2 |
| 粒盐 | 119.4 | 119.9 | 121.1 | 119.3 | 119.3 | 114.8 | 115.3 | 115.8 | 114.7 | 114.7 |
| 酱油 | 115.2 | 117.9 | 122.4 | 112.4 | 111.9 | 126.3 | 133.1 | 135.6 | 124.7 | 123.0 |
| 7) 食糖 | 141.6 | 141.6 | 141.3 | 141.8 | 141.6 | 118.6 | 117.0 | 116.0 | 118.8 | 119.2 |
| (3) 烟酒茶 | 116.1 | 120.4 | 126.8 | 112.4 | 113.5 | 116.8 | 118.5 | 120.3 | 114.1 | 115.0 |
| 1) 烟 | 109.4 | 111.6 | 114.9 | 108.0 | 108.0 | 112.5 | 114.2 | 115.7 | 111.1 | 110.6 |
| 2) 酒 | 124.2 | 132.5 | 143.6 | 117.9 | 119.7 | 122.1 | 124.4 | 126.0 | 119.3 | 120.0 |
| 3) 茶叶 | 120.5 | 124.9 | 138.8 | 116.2 | 115.4 | 115.7 | 114.8 | 114.2 | 116.7 | 116.6 |
| (4) 其他食品 | 129.0 | 128.7 | 128.5 | 128.9 | 129.6 | 119.6 | 115.6 | 116.3 | 113.5 | 127.4 |
| 1) 鲜果 | 130.5 | 130.4 | 129.2 | 131.9 | 143.5 | 104.3 | 104.7 | 104.6 | 105.1 | 95.6 |

## 1988—1989 年广西全区及城乡生活费用价格和零售物价分类指数（续表 1）

以上年价格为 100

| 商品类别及名称 | 1988 年 | | | | | 1989 年 | | | | |
|---|---|---|---|---|---|---|---|---|---|---|
| | 全省全社会价格 | | | | 农村国营商业价格 | 全省全社会价格 | | | | 农村国营商业价格 |
| | 全区 | 城镇 | 城市 | 县城 | | 全区 | 城镇 | 城市 | 县城 | |
| 2) 干　　果 | 114.8 | 115.2 | 116.7 | 114.0 | 114.0 | 121.5 | 120.7 | 120.5 | 121.4 | 123.4 |
| 3) 糖　　果 | 131.0 | 132.0 | 135.2 | 129.2 | 130.5 | 125.3 | 122.8 | 120.8 | 127.3 | 126.2 |
| 4) 糕　　点 | 137.4 | 137.5 | 141.3 | 132.7 | 137.3 | 141.6 | 145.9 | 149.1 | 137.1 | 138.4 |
| 5) 奶及奶制品 | 119.5 | 122.4 | 125.6 | 114.7 | 115.7 | 120.9 | 126.3 | 129.1 | 111.8 | 111.1 |
| 6) 罐　　头 | 108.4 | 109.7 | 111.1 | 107.4 | 106.9 | 129.4 | 129.0 | 129.7 | 125.0 | 129.7 |
| 7) 其他饮料 | 117.3 | 117.4 | 117.9 | 115.7 | 117.2 | 116.1 | 115.9 | 115.9 | 115.7 | 116.5 |
| 2. 衣 着 类 | 109.7 | 111.8 | 113.6 | 109.7 | 108.8 | 120.3 | 120.7 | 120.5 | 121.2 | 120.0 |
| (1) 棉　　布 | 114.0 | 114.9 | 115.9 | 114.1 | 113.9 | 125.6 | 131.7 | 135.3 | 123.8 | 123.3 |
| (2) 棉花化纤混纺布 | 105.1 | 105.1 | 104.8 | 105.3 | 105.1 | 117.0 | 122.7 | 125.1 | 117.5 | 116.1 |
| (3) 化 纤 布 | 102.9 | 105.5 | 108.9 | 103.0 | 102.1 | 116.2 | 117.9 | 118.9 | 115.2 | 115.7 |
| (4) 呢　　绒 | 110.3 | 112.0 | 114.4 | 108.3 | 106.9 | 122.1 | 123.7 | 123.2 | 129.2 | 120.3 |
| (5) 绸　　缎 | 118.2 | 117.3 | 119.6 | 114.1 | 119.2 | 125.5 | 125.6 | 126.1 | 123.8 | 125.5 |
| (6) 针纺织品 | 116.8 | 118.5 | 122.1 | 114.5 | 115.6 | 124.1 | 123.9 | 123.6 | 124.5 | 124.4 |
| (7) 服　　装 | 108.3 | 109.0 | 109.5 | 108.2 | 107.8 | 122.0 | 119.9 | 119.3 | 123.0 | 123.9 |
| (8) 鞋 | 111.5 | 111.4 | 112.1 | 110.6 | 111.6 | 116.4 | 114.9 | 114.1 | 117.1 | 117.3 |
| (9) 其他衣着 | 115.0 | 117.0 | 119.7 | 113.1 | 113.2 | 120.5 | 121.4 | 122.1 | 119.4 | 118.6 |
| 3. 日用品类 | 114.7 | 117.1 | 119.6 | 113.5 | 113.7 | 115.0 | 111.7 | 110.9 | 114.7 | 118.3 |
| (1) 一般日用品 | 123.4 | 120.8 | 120.4 | 121.2 | 124.6 | 126.0 | 124.3 | 124.2 | 124.6 | 127.3 |
| (2) 日用机电消费品 | 108.9 | 115.9 | 121.1 | 106.9 | 105.7 | 107.6 | 104.7 | 103.6 | 109.1 | 111.6 |
| (3) 家　　具 | 110.9 | 112.7 | 114.8 | 109.5 | 109.5 | 114.4 | 116.1 | 117.1 | 111.8 | 111.5 |
| (4) 日用杂品 | 118.7 | 117.0 | 113.6 | 121.6 | 118.9 | 118.6 | 118.0 | 118.7 | 115.5 | 118.8 |
| 4. 文化娱乐用品类 | 116.9 | 126.3 | 133.3 | 116.6 | 109.7 | 111.7 | 111.0 | 110.7 | 112.1 | 112.8 |
| (1) 纸张文具 | 116.4 | 114.3 | 114.3 | 114.2 | 117.2 | 122.3 | 120.4 | 119.9 | 121.5 | 123.0 |
| (2) 文娱用机电消费品 | 119.7 | 132.5 | 141.1 | 119.9 | 109.3 | 109.2 | 109.7 | 109.7 | 109.6 | 108.1 |
| (3) 其他文娱用品 | 107.2 | 108.3 | 109.6 | 106.7 | 106.4 | 114.2 | 113.8 | 112.9 | 116.0 | 114.9 |
| 5. 书报杂志 | 113.7 | 116.0 | 117.7 | 114.6 | 112.7 | 202.3 | 200.9 | 201.6 | 199.1 | 203.4 |
| 6. 药及医疗用品 | 135.9 | 141.9 | 159.6 | 133.8 | 134.7 | 128.0 | 124.7 | 122.0 | 129.3 | 129.4 |
| (1) 中　　药 | 158.0 | 170.0 | 193.9 | 154.6 | 155.5 | 130.5 | 127.6 | 124.8 | 133.1 | 131.8 |

# 1988—1989 年广西全区及城乡生活费用价格和零售物价分类指数（续表 2）

以上年价格为 100

| 商品类别及名称 | 1988 年 | | | | | 1989 年 | | | | |
|---|---|---|---|---|---|---|---|---|---|---|
| | 全省全社会价格 | | | | 农村国营商业价格 | 全省全社会价格 | | | | 农村国营商业价格 |
| | 全区 | 城镇 | 城市 | 县城 | | 全区 | 城镇 | 城市 | 县城 | |
| (2) 西药及医疗用品 | 119.3 | 119.3 | 115.3 | 120.9 | 119.3 | 125.7 | 121.4 | 118.4 | 125.8 | 127.3 |
| 7. 建筑装潢材料类 | 129.4 | 130.0 | 138.9 | 129.1 | 129.3 | 120.9 | 120.2 | 115.5 | 121.8 | 121.2 |
| 8. 燃 料 类 | 125.5 | 127.2 | 117.3 | 138.2 | 120.3 | 124.3 | 122.0 | 122.9 | 121.0 | 131.1 |
| 液化石油气 | 121.7 | 121.7 | 121.7 | | | 117.5 | 117.5 | 117.2 | 124.7 | |
| **二、生产资料价格指数** | | | | | **126.7** | | | | | **125.8** |
| 1. 小 农 具 | | | | | 111.6 | | | | | 113.3 |
| (1) 铁制小农具 | | | | | 109.0 | | | | | 112.6 |
| (2) 竹木制小农具 | | | | | 117.0 | | | | | 114.9 |
| 2. 半机械化农具 | | | | | 116.4 | | | | | 112.0 |
| 3. 机械化农具 | | | | | 115.7 | | | | | 115.3 |
| 4. 化学肥料 | | | | | 130.5 | | | | | 126.9 |
| 5. 农药及农药械 | | | | | 140.3 | | | | | 139.7 |
| (1) 化学农药 | | | | | 144.8 | | | | | 144.9 |
| (2) 农 药 械 | | | | | 106.1 | | | | | 110.7 |
| 6. 农机用油 | | | | | 143.9 | | | | | 142.1 |
| 7. 其 他 | | | | | 122.2 | | | | | 126.1 |
| **三、服务项目价格指数** | **127.7** | **123.8** | **122.9** | **125.7** | **131.1** | **127.9** | **125.7** | **124.3** | **129.1** | **131.1** |
| 1. 房 租 | 108.9 | 105.8 | 104.6 | 107.5 | 117.9 | 107.9 | 104.8 | 102.2 | 112.8 | 121.7 |
| 2. 水 电 费 | 102.2 | 101.9 | 103.2 | 101.8 | 102.8 | 101.6 | 101.4 | 100.8 | 103.3 | 102.3 |
| 自 来 水 | 104.2 | 104.2 | 111.2 | 100.0 | | 104.0 | 104.0 | 103.4 | 105.5 | |
| 管道煤气 | | | | | | 100.0 | 100.0 | 100.0 | | |
| 3. 交 通 费 | 111.7 | 109.9 | 107.9 | 112.3 | 113.0 | 124.8 | 129.1 | 132.0 | 121.7 | 120.5 |
| 4. 邮 电 费 | 106.1 | 106.6 | 104.3 | 110.9 | 105.7 | 114.4 | 116.1 | 115.8 | 117.4 | 111.8 |
| 5. 医疗保健费 | 105.2 | 107.0 | 110.0 | 104.5 | 104.6 | 122.9 | 126.0 | 127.4 | 117.9 | 121.4 |
| 6. 学杂保育费 | 157.9 | 154.4 | 154.3 | 154.4 | 160.4 | 143.0 | 142.7 | 141.7 | 144.9 | 143.3 |
| 7. 文 娱 费 | 130.5 | 131.1 | 131.5 | 129.8 | 129.8 | 147.0 | 140.4 | 137.7 | 157.0 | 158.4 |
| 8. 修理及其他服务费 | 118.8 | 118.2 | 114.2 | 121.4 | 119.4 | 126.0 | 125.4 | 123.2 | 128.8 | 127.5 |

生活费用价格总指数（统计一和三 2 大类商品价格）和零售物价总指数（统计一和二 2 大类商品价格）。县城指的是城关镇。

# 1990—1991 年广西全区及城乡生活费用价格和零售物价分类指数

以上年价格为 100

| 商品类别及名称 | 1990 年 | | | | | 1991 年 | | | | |
|---|---|---|---|---|---|---|---|---|---|---|
| | 全省全社会价格 | | | | 农村国营商业价格 | 全省全社会价格 | | | | 农村国营商业价格 |
| | 全区 | 城镇 | 城市 | 县城 | | 全区 | 城镇 | 城市 | 县城 | |
| **生活费用价格总指数** | **101.1** | **98.3** | **98.3** | **98.2** | **104.4** | **102.3** | **102.7** | **103.0** | **101.9** | **103.0** |
| **零售物价总指数** | **100.1** | **97.4** | **97.5** | **97.1** | **102.4** | **101.9** | **102.5** | **103.0** | **101.7** | **102.5** |
| **一、消费品零售价格指数** | **100.2** | **97.4** | **97.5** | **97.1** | **103.7** | **102.0** | **102.5** | **103.0** | **101.7** | **103.0** |
| 1. 食品类 | 97.9 | 95.2 | 95.4 | 94.6 | 103.7 | 101.5 | 102.3 | 102.6 | 101.8 | 103.5 |
| (1) 粮食 | 97.8 | 98.0 | 97.8 | 98.5 | 97.5 | 110.5 | 139.7 | 144.9 | 133.9 | 99.7 |
| 1) 细粮 | 99.4 | 99.5 | 99.4 | 99.9 | 99.2 | 111.7 | 143.7 | 148.5 | 138.2 | 100.0 |
| 2) 粗粮 | 83.0 | 84.3 | 83.0 | 87.6 | 81.4 | 96.5 | 97.7 | 100.5 | 95.5 | 95.9 |
| (2) 副食品 | 96.8 | 94.0 | 94.2 | 93.3 | 106.9 | 99.0 | 97.3 | 97.6 | 96.7 | 105.5 |
| 1) 食用植物油 | 93.1 | 92.3 | 93.1 | 88.8 | 96.1 | 96.3 | 97.6 | 98.1 | 96.7 | 94.8 |
| 2) 鲜菜 | 99.7 | 99.7 | 99.8 | 98.9 | | 101.4 | 101.4 | 101.6 | 100.0 | |
| 3) 干菜 | 104.5 | 100.3 | 99.0 | 104.2 | 108.0 | 102.1 | 101.7 | 100.7 | 103.1 | 102.4 |
| 4) 肉禽蛋 | 90.9 | 91.2 | 91.3 | 90.8 | 87.8 | 95.2 | 95.0 | 95.3 | 94.4 | 98.0 |
| 猪肉 | 88.1 | 88.2 | 88.0 | 88.7 | 84.7 | 94.5 | 94.3 | 95.0 | 93.4 | 97.1 |
| 牛肉 | 90.1 | 90.0 | 89.7 | 90.7 | 95.3 | 90.9 | 90.9 | 91.0 | 90.7 | 95.9 |
| 羊肉 | 95.1 | 95.1 | 95.1 | | | 102.5 | 102.5 | 102.5 | | |
| 活鸡 | 101.5 | 101.5 | 102.0 | 99.6 | | 103.2 | 103.2 | 103.7 | 102.5 | |
| 活鸭 | 89.7 | 89.7 | 90.6 | 87.6 | | 96.0 | 96.0 | 94.3 | 97.5 | |
| 5) 水产品 | 97.9 | 97.6 | 98.3 | 94.7 | 106.2 | 100.4 | 100.4 | 100.6 | 100.0 | 102.8 |
| 6) 调味品 | 116.7 | 111.0 | 110.3 | 113.3 | 117.8 | 101.2 | 101.8 | 102.2 | 101.0 | 101.0 |
| 精盐 | 122.6 | 122.8 | 122.9 | 122.6 | 122.6 | 100.0 | 100.0 | 100.0 | 100.0 | 100.0 |
| 粒盐 | 135.3 | 131.8 | 127.1 | 135.5 | 135.5 | 100.2 | 102.3 | 105.4 | 100.0 | 100.0 |
| 酱油 | 106.2 | 107.7 | 108.5 | 105.1 | 105.7 | 104.3 | 105.3 | 105.7 | 104.1 | 104.1 |
| 7) 食糖 | 107.6 | 107.0 | 106.9 | 107.2 | 107.8 | 120.5 | 119.7 | 117.9 | 120.4 | 120.5 |
| (3) 烟酒茶 | 100.8 | 99.7 | 99.1 | 101.6 | 101.4 | 101.7 | 101.9 | 101.9 | 102.2 | 101.5 |
| 1) 烟 | 101.3 | 101.1 | 101.0 | 101.4 | 101.4 | 102.6 | 102.7 | 102.3 | 103.5 | 102.5 |
| 2) 酒 | 99.8 | 96.9 | 95.6 | 101.3 | 101.1 | 99.8 | 100.3 | 100.7 | 99.8 | 99.5 |
| 3) 茶叶 | 109.4 | 106.8 | 106.2 | 110.6 | 112.5 | 108.2 | 109.2 | 109.5 | 108.8 | 107.7 |
| (4) 其他食品 | 100.9 | 98.5 | 99.4 | 95.8 | 105.1 | 106.9 | 107.7 | 107.9 | 107.5 | 105.5 |
| 1) 鲜果 | 94.1 | 94.1 | 95.8 | 89.4 | 91.5 | 108.6 | 108.7 | 108.6 | 109.1 | 102.1 |

# 1990—1991 年广西全区及城乡生活费用价格和零售物价分类指数（续表 1）

以上年价格为 100

| 商品类别及名称 | 1990 年 | | | | | 1991 年 | | | | |
|---|---|---|---|---|---|---|---|---|---|---|
| | 全省全社会价格 | | | | 农村国营商业价格 | 全省全社会价格 | | | | 农村国营商业价格 |
| | 全区 | 城镇 | 城市 | 县城 | | 全区 | 城镇 | 城市 | 县城 | |
| 2) 干　　果 | 103.5 | 104.2 | 104.7 | 103.1 | 101.9 | 114.4 | 113.7 | 113.9 | 113.5 | 115.7 |
| 3) 糖　　果 | 105.5 | 103.2 | 102.5 | 105.2 | 106.2 | 106.6 | 106.6 | 106.8 | 106.3 | 106.6 |
| 4) 糕　　点 | 105.0 | 103.1 | 102.0 | 107.3 | 106.1 | 106.1 | 107.8 | 109.2 | 105.5 | 105.3 |
| 5) 奶及奶制品 | 103.1 | 102.7 | 102.3 | 105.8 | 103.7 | 101.4 | 102.2 | 102.6 | 101.0 | 100.5 |
| 6) 罐　　头 | 102.1 | 104.1 | 105.1 | 99.5 | 100.8 | 97.3 | 97.3 | 97.0 | 97.9 | 97.3 |
| 7) 其他饮料 | 103.4 | 104.0 | 104.6 | 102.0 | 101.8 | 102.6 | 103.3 | 104.4 | 101.2 | 100.7 |
| 2. 衣 着 类 | 108.9 | 107.7 | 107.4 | 108.5 | 109.6 | 105.8 | 106.3 | 106.7 | 105.5 | 105.7 |
| (1) 棉　　布 | 115.6 | 112.5 | 111.2 | 115.9 | 116.3 | 112.9 | 114.3 | 115.4 | 112.7 | 112.7 |
| (2) 棉花化纤混纺布 | 111.9 | 111.0 | 110.2 | 112.3 | 112.0 | 105.6 | 105.4 | 105.5 | 105.2 | 105.6 |
| (3) 化 纤 布 | 106.9 | 107.6 | 107.5 | 107.7 | 106.7 | 104.6 | 108.7 | 111.8 | 103.1 | 103.0 |
| (4) 呢　　绒 | 104.2 | 104.3 | 104.5 | 103.9 | 104.1 | 101.9 | 100.0 | 99.6 | 103.0 | 102.6 |
| (5) 绸　　缎 | 111.3 | 110.7 | 110.8 | 110.1 | 111.7 | 100.0 | 97.8 | 97.3 | 101.1 | 101.0 |
| (6) 针纺织品 | 108.7 | 108.4 | 108.3 | 108.6 | 108.9 | 107.2 | 107.8 | 108.3 | 106.9 | 106.8 |
| (7) 服　　装 | 106.2 | 106.3 | 106.4 | 106.1 | 106.1 | 105.7 | 106.2 | 106.9 | 105.1 | 105.6 |
| (8) 鞋 | 112.4 | 111.2 | 111.0 | 112.0 | 113.1 | 104.7 | 105.1 | 105.3 | 105.1 | 104.5 |
| (9) 其他衣着 | 107.3 | 105.1 | 102.7 | 110.9 | 109.6 | 104.6 | 103.0 | 101.1 | 106.6 | 105.9 |
| 3. 日用品类 | 102.1 | 100.1 | 99.7 | 101.1 | 103.6 | 101.9 | 101.7 | 101.9 | 101.7 | 102.2 |
| (1) 一般日用品 | 108.5 | 107.9 | 107.5 | 108.7 | 108.8 | 101.8 | 102.0 | 101.9 | 102.2 | 101.7 |
| (2) 日用机电消费品 | 95.1 | 93.4 | 92.8 | 95.0 | 96.9 | 100.6 | 101.2 | 102.3 | 99.9 | 100.3 |
| (3) 家　　具 | 103.0 | 102.9 | 103.3 | 101.4 | 103.1 | 100.3 | 100.3 | 100.3 | 100.3 | 100.4 |
| (4) 日用杂品 | 106.6 | 107.0 | 107.3 | 106.3 | 106.5 | 107.2 | 104.7 | 102.3 | 109.0 | 108.3 |
| 4. 文化娱乐用品类 | 97.7 | 96.4 | 96.3 | 96.8 | 99.3 | 96.2 | 96.0 | 96.8 | 95.1 | 96.6 |
| (1) 纸张文具 | 107.5 | 109.5 | 110.8 | 107.1 | 106.8 | 102.3 | 103.7 | 104.6 | 101.8 | 102.0 |
| (2) 文娱用机电消费品 | 93.0 | 92.7 | 93.3 | 91.0 | 93.3 | 93.9 | 93.9 | 94.6 | 93.2 | 94.0 |
| (3) 其他文娱用品 | 109.0 | 106.4 | 105.1 | 108.7 | 113.6 | 101.8 | 101.9 | 102.3 | 101.3 | 101.7 |
| 5. 书报杂志 | 114.2 | 111.2 | 110.9 | 112.2 | 115.9 | 99.4 | 99.5 | 99.4 | 99.6 | 99.4 |
| 6. 药及医疗用品 | 99.2 | 95.5 | 93.9 | 98.8 | 100.6 | 102.4 | 104.5 | 107.4 | 101.9 | 101.9 |
| (1) 中　　药 | 93.2 | 89.9 | 88.0 | 94.9 | 94.6 | 101.1 | 104.9 | 109.3 | 100.4 | 101.1 |
| (2) 西药及医疗用品 | 105.3 | 102.8 | 103.0 | 102.4 | 106.1 | 103.5 | 104.0 | 104.7 | 103.3 | 103.4 |

## 1990—1991 年广西全区及城乡生活费用价格和零售物价分类指数（续表 2）

以上年价格为 100

| 商品类别及名称 | 1990 年 | | | | | 1991 年 | | | | |
|---|---|---|---|---|---|---|---|---|---|---|
| | 全省全社会价格 | | | | 农村国营商业价格 | 全省全社会价格 | | | | 农村国营商业价格 |
| | 全区 | 城镇 | 城市 | 县城 | | 全区 | 城镇 | 城市 | 县城 | |
| 7. 建筑装潢材料类 | 93.3 | 94.0 | 97.5 | 92.7 | 93.1 | 102.6 | 101.2 | 100.1 | 102.6 | 102.8 |
| 8. 燃 料 类 | 108.8 | 110.3 | 111.6 | 106.8 | 106.0 | 112.5 | 117.1 | 124.0 | 105.6 | 104.9 |
| 液化石油气 | 103.5 | 103.5 | 103.6 | 96.2 | | 104.5 | 104.5 | 106.4 | 98.9 | |
| **二、生产资料价格指数** | | | | | **99.2** | | | | | **101.3** |
| 1. 小 农 具 | | | | | 106.7 | | | | | 100.7 |
| (1) 铁制小农具 | | | | | 105.3 | | | | | 99.7 |
| (2) 竹木制小农具 | | | | | 109.3 | | | | | 102.6 |
| 2. 半机械化农具 | | | | | 103.0 | | | | | 101.6 |
| 3. 机械化农具 | | | | | 104.1 | | | | | 103.1 |
| 4. 化学肥料 | | | | | 93.8 | | | | | 101.2 |
| 5. 农药及农药械 | | | | | 111.9 | | | | | 98.8 |
| (1) 化学农药 | | | | | 112.6 | | | | | 98.5 |
| (2) 农 药 械 | | | | | 107.1 | | | | | 101.2 |
| 6. 农机用油 | | | | | 111.2 | | | | | 104.3 |
| 7. 其 他 | | | | | 103.4 | | | | | 100.1 |
| **三、服务项目价格指数** | **107.5** | **106.1** | **105.6** | **107.5** | **108.8** | **104.3** | **103.4** | **103.3** | **103.6** | **103.3** |
| 1. 房 租 | 101.4 | 100.9 | 100.3 | 103.2 | 102.2 | 101.3 | 101.7 | 103.1 | 100.0 | 100.0 |
| 2. 水 电 费 | 106.3 | 105.3 | 104.6 | 107.5 | 107.9 | 107.9 | 105.6 | 104.2 | 108.1 | 106.9 |
| 自 来 水 | 107.0 | 104.8 | 103.3 | 108.7 | 124.5 | 113.3 | 113.0 | 113.2 | 113.0 | 114.2 |
| 管道煤气 | 100.0 | 100.0 | 100.0 | | | 140.0 | 140.0 | 140.0 | | |
| 3. 交 通 费 | 129.5 | 129.3 | 128.9 | 130.2 | 129.6 | 102.6 | 106.9 | 111.6 | 100.0 | 100.0 |
| 4. 邮 电 费 | 151.4 | 152.8 | 154.4 | 146.8 | 149.1 | 144.5 | 141.1 | 141.1 | 142.1 | 147.1 |
| 5. 医疗保健费 | 105.7 | 104.6 | 104.3 | 105.9 | 106.0 | 108.5 | 116.5 | 120.8 | 107.5 | 107.4 |
| 6. 学杂保育费 | 102.4 | 101.0 | 100.2 | 102.8 | 103.5 | 101.7 | 98.3 | 92.0 | 101.5 | 102.0 |
| 7. 文 娱 费 | 105.9 | 105.3 | 105.1 | 106.1 | 106.5 | 109.8 | 112.5 | 113.7 | 107.3 | 106.1 |
| 8. 修理及其他服务费 | 107.2 | 106.5 | 105.8 | 108.0 | 108.2 | 102.0 | 103.8 | 105.1 | 101.5 | 101.0 |

生活费用价格总指数（统计一和三 2 大类商品价格）和零售物价总指数（统计一和二 2 大类商品价格）。县城指的是城关镇。

# 1992—1993 年广西全区及城乡生活费用价格和零售物价分类指数

以上年价格为 100

| 商品类别及名称 | 1992 年 | | | | | 1993 年 | | | | |
|---|---|---|---|---|---|---|---|---|---|---|
| | 全省全社会价格 | | | | 农村国营商业价格 | 全省全社会价格 | | | | 农村国营商业价格 |
| | 全区 | 城镇 | 城市 | 县城 | | 全区 | 城镇 | 城市 | 县城 | |
| **生活费用价格总指数** | **105.9** | **107.0** | **107.3** | **106.7** | **105.4** | **122.0** | **123.3** | **124.2** | **120.7** | **119.1** |
| **零售物价总指数** | **104.7** | **106.2** | **106.6** | **105.9** | **103.9** | **118.9** | **121.9** | **123.3** | **119.1** | **114.8** |
| **一、消费品零售价格指数** | **104.8** | **106.2** | **106.6** | **105.9** | **103.9** | **120.1** | **121.9** | **123.3** | **119.1** | **116.5** |
| 1. 食品类 | 106.3 | 108.1 | 108.0 | 108.6 | 104.3 | 125.6 | 127.0 | 128.2 | 124.1 | 120.3 |
| (1) 粮食 | 131.2 | 149.2 | 151.1 | 146.8 | 121.3 | 154.6 | 159.8 | 162.0 | 156.7 | 144.3 |
| 1) 细粮 | 131.2 | 150.5 | 152.3 | 148.2 | 120.6 | 155.7 | 161.0 | 163.6 | 157.5 | 145.0 |
| 2) 粗粮 | 131.3 | 129.7 | 131.3 | 128.1 | 132.2 | 135.6 | 136.5 | 135.1 | 139.5 | 134.0 |
| (2) 副食品 | 103.3 | 104.4 | 104.1 | 105.1 | 99.7 | 124.5 | 125.0 | 126.0 | 122.0 | 121.5 |
| 1) 食用植物油 | 101.7 | 100.4 | 99.5 | 102.6 | 102.9 | 121.5 | 122.8 | 124.7 | 118.5 | 116.7 |
| 2) 鲜菜 | 108.9 | 108.9 | 109.0 | 108.5 | | 136.8 | 136.8 | 138.8 | 125.5 | 0.0 |
| 3) 干菜 | 106.5 | 111.1 | 113.5 | 105.3 | 102.9 | 116.1 | 117.2 | 118.0 | 115.4 | 114.3 |
| 4) 肉禽蛋 | 104.3 | 103.8 | 102.9 | 105.6 | 108.9 | 122.0 | 122.0 | 122.4 | 121.2 | 124.2 |
| 猪肉 | 107.7 | 107.5 | 105.9 | 110.4 | 109.1 | 122.2 | 122.1 | 121.8 | 122.4 | 127.6 |
| 牛肉 | 106.1 | 106.1 | 106.4 | 105.7 | | 122.6 | 122.6 | 125.5 | 119.7 | |
| 羊肉 | 100.9 | 100.9 | 100.9 | | | 122.9 | 122.9 | 122.9 | 0.0 | |
| 活鸡 | 100.6 | 100.6 | 101.2 | 99.4 | | 124.3 | 124.3 | 124.5 | 123.7 | |
| 活鸭 | 104.3 | 104.3 | 105.4 | 103.0 | | 126.0 | 126.0 | 128.8 | 123.9 | |
| 5) 水产品 | 103.4 | 103.4 | 104.2 | 102.1 | 102.2 | 130.3 | 131.1 | 134.2 | 125.8 | 107.8 |
| 6) 调味品 | 102.7 | 104.4 | 105.5 | 102.4 | 102.5 | 122.4 | 125.9 | 130.2 | 118.0 | 121.3 |
| 精盐 | 102.6 | 102.6 | 102.3 | 102.6 | 102.6 | 127.8 | 127.4 | 126.7 | 127.7 | 127.7 |
| 粒盐 | 103.5 | 103.5 | 102.8 | 103.7 | 103.5 | 127.9 | 127.3 | 125.5 | 128.0 | 128.1 |
| 酱油 | 103.5 | 106.2 | 107.5 | 103.2 | 103.1 | 120.8 | 136.9 | 145.2 | 112.5 | 113.0 |
| 7) 食糖 | 81.7 | 82.8 | 85.7 | 81.5 | 81.6 | 127.9 | 129.9 | 131.7 | 128.7 | 127.2 |
| (3) 烟酒茶 | 102.1 | 104.5 | 107.5 | 101.0 | 101.0 | 107.2 | 109.3 | 111.1 | 107.4 | 105.0 |
| 1) 烟 | 102.3 | 105.0 | 109.0 | 101.0 | 101.1 | 105.4 | 106.7 | 106.7 | 106.7 | 103.9 |
| 2) 酒 | 101.7 | 103.9 | 105.7 | 101.2 | 100.8 | 109.8 | 113.5 | 117.2 | 108.6 | 106.6 |
| 3) 茶叶 | 101.2 | 102.0 | 103.1 | 99.1 | 100.6 | 111.3 | 114.2 | 117.6 | 107.2 | 106.5 |
| (4) 其他食品 | 100.2 | 99.4 | 100.1 | 98.5 | 101.9 | 115.4 | 117.5 | 119.5 | 114.0 | 107.0 |
| 1) 鲜果 | 96.4 | 96.2 | 96.2 | 96.1 | 92.9 | 121.5 | 121.8 | 124.8 | 117.3 | 96.9 |
| 2) 干果 | 98.1 | 98.5 | 99.7 | 97.2 | 96.7 | 119.1 | 121.2 | 119.9 | 123.8 | 111.0 |

## 1992—1993年广西全区及城乡生活费用价格和零售物价分类指数（续表1）

以上年价格为100

| 商品类别及名称 | 1992年 | | | | | 1993年 | | | | |
|---|---|---|---|---|---|---|---|---|---|---|
| | 全省全社会价格 | | | | 农村国营商业价格 | 全省全社会价格 | | | | 农村国营商业价格 |
| | 全区 | 城镇 | 城市 | 县城 | | 全区 | 城镇 | 城市 | 县城 | |
| 3）糖　　果 | 101.4 | 102.6 | 103.4 | 101.4 | 101.0 | 104.8 | 105.7 | 106.4 | 104.2 | 104.1 |
| 4）糕　　点 | 105.0 | 104.9 | 104.9 | 104.9 | 105.3 | 112.0 | 113.4 | 115.9 | 109.6 | 110.1 |
| 5）奶及奶制品 | 103.0 | 104.1 | 105.2 | 101.2 | 100.5 | 114.1 | 116.8 | 120.7 | 104.0 | 103.4 |
| 6）罐　　头 | 101.1 | 101.9 | 102.2 | 101.4 | 100.5 | 107.7 | 108.5 | 108.9 | 106.6 | 104.8 |
| 7）其他饮料 | 102.4 | 102.6 | 103.8 | 101.0 | 101.2 | 107.5 | 107.7 | 108.8 | 105.9 | 106.3 |
| 2. 衣 着 类 | 102.3 | 104.5 | 106.5 | 101.4 | 101.2 | 109.7 | 111.3 | 112.6 | 109.1 | 107.8 |
| (1) 棉　　布 | 101.2 | 101.3 | 101.4 | 101.3 | 101.2 | 102.6 | 101.8 | 101.1 | 102.9 | 102.8 |
| (2) 棉花化纤混纺布 | 100.6 | 99.4 | 98.7 | 100.7 | 100.6 | 102.1 | 100.1 | 98.6 | 102.5 | 102.4 |
| (3) 化 纤 布 | 101.8 | 105.5 | 107.8 | 100.2 | 100.4 | 106.0 | 105.5 | 105.3 | 105.8 | 106.0 |
| (4) 呢　　绒 | 101.0 | 100.3 | 99.8 | 101.7 | 101.4 | 104.9 | 105.4 | 105.6 | 104.0 | 104.3 |
| (5) 绸　　缎 | 101.7 | 99.3 | 97.8 | 102.8 | 103.0 | 106.7 | 110.6 | 113.3 | 104.1 | 104.7 |
| (6) 针纺织品 | 101.6 | 102.2 | 102.7 | 101.5 | 101.4 | 108.0 | 108.0 | 108.3 | 107.6 | 108.0 |
| (7) 服　　装 | 103.7 | 106.9 | 110.5 | 100.9 | 100.8 | 114.4 | 114.6 | 116.1 | 111.8 | 114.3 |
| (8) 鞋 | 103.7 | 104.8 | 105.7 | 103.5 | 103.0 | 110.7 | 112.2 | 113.4 | 109.7 | 108.8 |
| (9) 其他衣着 | 100.0 | 99.1 | 98.1 | 100.9 | 100.7 | 103.9 | 105.4 | 106.8 | 102.3 | 102.1 |
| 3. 日用品类 | 100.7 | 100.6 | 100.7 | 100.4 | 100.7 | 111.2 | 112.2 | 114.3 | 108.9 | 109.9 |
| (1) 一般日用品 | 100.9 | 101.1 | 101.1 | 101.1 | 100.7 | 111.1 | 112.4 | 114.6 | 108.5 | 109.6 |
| (2) 日用机电消费品 | 100.5 | 100.1 | 100.1 | 100.2 | 100.8 | 111.0 | 113.3 | 115.8 | 109.7 | 108.0 |
| (3) 家　　具 | 99.5 | 99.3 | 99.7 | 98.7 | 100.1 | 105.6 | 106.1 | 106.4 | 105.4 | 104.6 |
| (4) 日用杂品 | 101.4 | 102.7 | 104.2 | 101.2 | 100.9 | 116.2 | 114.2 | 115.4 | 111.9 | 118.4 |
| 4. 文化娱乐用品类 | 95.7 | 95.2 | 93.9 | 97.6 | 96.1 | 101.5 | 101.4 | 100.1 | 102.8 | 101.7 |
| (1) 纸张文具 | 101.8 | 102.6 | 103.5 | 101.7 | 101.6 | 105.8 | 107.5 | 109.5 | 104.9 | 105.0 |
| (2) 文娱用机电消费品 | 92.6 | 91.9 | 90.2 | 95.3 | 93.1 | 99.5 | 99.4 | 97.0 | 102.1 | 99.6 |
| (3) 其他文娱用品 | 102.3 | 102.1 | 102.4 | 101.9 | 103.5 | 106.3 | 106.5 | 107.9 | 104.8 | 105.8 |
| 5. 书报杂志 | 101.7 | 103.1 | 103.4 | 102.6 | 100.8 | 107.5 | 106.0 | 105.8 | 106.2 | 108.7 |
| 6. 药及医疗用品 | 110.7 | 114.1 | 119.2 | 108.3 | 109.7 | 111.7 | 114.0 | 116.4 | 111.0 | 110.3 |
| (1) 中　　药 | 119.1 | 124.9 | 131.9 | 115.0 | 117.3 | 115.5 | 118.1 | 120.2 | 114.8 | 113.8 |
| (2) 西药及医疗用品 | 102.9 | 102.5 | 102.5 | 102.6 | 103.1 | 107.7 | 109.2 | 110.7 | 107.7 | 106.9 |
| 7. 建筑装潢材料类 | 115.2 | 111.8 | 109.8 | 114.3 | 115.6 | 135.4 | 138.4 | 141.2 | 135.5 | 134.9 |
| 8. 燃 料 类 | 115.9 | 121.6 | 128.7 | 106.8 | 109.3 | 147.8 | 144.5 | 152.0 | 130.9 | 161.8 |

# 1992—1993 年广西全区及城乡生活费用价格和零售物价分类指数（续表 2）

以上年价格为 100

| 商品类别及名称 | 1992 年 | | | | | 1993 年 | | | | |
|---|---|---|---|---|---|---|---|---|---|---|
| | 全省全社会价格 | | | | 农村国营商业价格 | 全省全社会价格 | | | | 农村国营商业价格 |
| | 全区 | 城镇 | 城市 | 县城 | | 全区 | 城镇 | 城市 | 县城 | |
| 液化石油气 | 104.8 | 104.8 | 104.7 | 105.2 | | 139.3 | 139.3 | 144.9 | 129.5 | 125.5 |
| **二、生产资料价格指数** | | | | | **104.0** | | | | | **110.6** |
| 1. 小 农 具 | | | | | 103.2 | | | | | 114.3 |
| (1) 铁制小农具 | | | | | 102.9 | | | | | 115.6 |
| (2) 竹木制小农具 | | | | | 103.8 | | | | | 111.5 |
| 2. 半机械化农具 | | | | | 103.3 | | | | | 121.9 |
| 3. 机械化农具 | | | | | 103.5 | | | | | 118.3 |
| 4. 化学肥料 | | | | | 105.4 | | | | | 107.6 |
| 5. 农药及农药械 | | | | | 97.5 | | | | | 100.6 |
| (1) 化学农药 | | | | | 97.1 | | | | | 100.3 |
| (2) 农 药 械 | | | | | 98.7 | | | | | 102.6 |
| 6. 农机用油 | | | | | 105.2 | | | | | 125.4 |
| 7. 其　　他 | | | | | 99.7 | | | | | 105.2 |
| **三、服务项目价格指数** | **114.0** | **113.1** | **113.5** | **113.1** | **115.6** | **135.9** | **131.5** | **131.7** | **131.3** | **136.7** |
| 1. 房　　租 | 102.5 | 102.9 | 104.1 | 100.2 | 101.3 | 126.9 | 130.1 | 144.9 | 106.3 | 116.9 |
| 2. 水 电 费 | 106.4 | 104.8 | 102.4 | 108.1 | 105.5 | 132.3 | 135.8 | 139.9 | 132.4 | 129.4 |
| 自 来 水 | 115.4 | 112.9 | 106.5 | 120.2 | 123.5 | 150.7 | 150.9 | 157.0 | 147.0 | 150.0 |
| 管道煤气 | 100.0 | 100.0 | 100.0 | | | 128.6 | 128.6 | 128.6 | 0.0 | 0.0 |
| 3. 交 通 费 | 118.7 | 117.4 | 116.5 | 118.9 | 120.4 | 128.9 | 131.8 | 135.9 | 121.7 | 130.7 |
| 4. 邮 电 费 | 100.1 | 100.1 | 100.1 | 100.1 | 100.1 | 106.6 | 107.5 | 108.9 | 105.7 | 104.4 |
| 5. 医疗保健费 | 123.2 | 124.7 | 126.2 | 121.5 | 123.2 | 107.8 | 108.8 | 109.3 | 107.2 | 107.8 |
| 6. 学杂保育费 | 119.6 | 120.7 | 124.3 | 119.2 | 120.4 | 151.3 | 139.3 | 125.2 | 146.5 | 152.8 |
| 7. 文 娱 费 | 115.4 | 119.5 | 122.7 | 111.1 | 109.9 | 146.0 | 162.4 | 175.3 | 121.7 | 123.7 |
| 8. 修理及其他服务费 | 103.2 | 105.3 | 106.8 | 102.3 | 101.8 | 114.6 | 119.3 | 123.0 | 110.2 | 109.7 |

生活费用价格总指数（统计一和三 2 大类商品价格）和零售物价总指数（统计一和二 2 大类商品价格）。县城指的是城关镇。

# 1994 年广西全区及城乡商品零售价格分类指数

以上年价格为 100

| 商品名称及类别 | 全区 | 城市 | 农村 |
|---|---|---|---|
| **总指数** | **123.9** | **122.7** | **124.5** |
| **零售价格总指数** | **124.4** | **122.7** | **125.6** |
| **一、食 品 类** | **134.2** | **132.8** | **135.1** |
| 1. 粮　　食 | 158.5 | 153.5 | 161.3 |
| (1) 细　　粮 | 165.0 | 157.9 | 169.6 |
| (2) 粗　　粮 | 109.5 | 109.8 | 109.3 |
| 2. 油 脂 类 | 145.5 | 143.3 | 148.1 |
| 3. 肉 禽 蛋 | 127.9 | 128.3 | 127.5 |
| 猪　　肉 | 131.2 | 132.2 | 130.6 |
| 牛　　肉 | 137.8 | 135.6 | 139.3 |
| 羊　　肉 | 141.8 | 146.9 | 133.6 |
| 鸡 | 119.9 | 121.4 | 117.9 |
| 鸭 | 131.0 | 124.8 | 136.2 |
| 4. 水 产 品 | 121.2 | 124.7 | 118.7 |
| 5. 鲜　　菜 | 137.2 | 133.5 | 139.7 |
| 6. 干　　菜 | 112.3 | 108.2 | 115.2 |
| 7. 鲜　　果 | 117.8 | 113.4 | 121.2 |
| 8. 干　　果 | 123.5 | 124.5 | 122.0 |
| 9. 其他食品类 | 126.5 | 129.5 | 124.2 |
| (1) 调 味 品 | 113.8 | 115.5 | 113.1 |
| 盐 | 111.9 | 112.8 | 111.8 |
| 酱　　油 | 118.2 | 118.4 | 118.2 |
| (2) 食　　糖 | 142.0 | 137.8 | 144.5 |
| (3) 糖　　果 | 124.6 | 128.5 | 123.1 |
| (4) 糕　　点 | 119.4 | 133.5 | 112.7 |
| (5) 奶及奶制品 | 129.3 | 128.2 | 127.6 |
| (6) 罐　　头 | 117.8 | 117.9 | 117.8 |
| 10. 饮 食 业 | 134.3 | 134.1 | 133.9 |
| (1) 主　　食 | 134.4 | 138.5 | 130.3 |
| (2) 炒　　菜 | 134.4 | 132.8 | 136.0 |
| (3) 地方小吃 | 133.7 | 135.8 | 131.6 |
| **二、饮料、烟酒类** | **113.9** | **115.7** | **112.9** |
| 1. 饮　　料 | 112.0 | 114.8 | 109.9 |
| 2. 烟　　酒 | 114.2 | 115.8 | 113.3 |
| **三、服装、鞋帽类** | **124.0** | **131.9** | **116.9** |
| 1. 服　　装 | 124.4 | 138.5 | 113.8 |
| 2. 鞋 | 122.0 | 122.6 | 121.8 |
| 3. 其他衣着 | 126.3 | 128.6 | 123.5 |
| **四、纺 织 类** | **114.8** | **112.8** | **116.5** |
| 1. 棉　　布 | 128.1 | 124.7 | 129.9 |

# 1994年广西全区及城乡商品零售价格分类指数（续表）

以上年价格为100

| 商品名称及类别 | 全区 | 城市 | 农村 |
|---|---|---|---|
| 2. 棉花化纤混纺布 | 118.0 | 116.9 | 119.0 |
| 3. 化 纤 布 | 105.4 | 105.2 | 105.9 |
| 4. 呢　　绒 | 112.0 | 114.8 | 107.0 |
| 5. 绸　　缎 | 110.9 | 113.3 | 108.2 |
| 6. 其他纺织品 | 116.2 | 115.5 | 118.2 |
| **五、中、西药品类** | **109.8** | **107.1** | **112.0** |
| 1. 中　　药 | 105.2 | 102.1 | 107.6 |
| 2. 西　　药 | 112.4 | 108.7 | 115.6 |
| **六、化妆品类** | **119.7** | **117.3** | **123.8** |
| **七、书报、杂志类** | **142.5** | **148.0** | **139.0** |
| **八、文化体育用品类** | **110.5** | **110.9** | **109.9** |
| 1. 文化用品 | 110.3 | 110.5 | 109.9 |
| 2. 体育用品 | 110.7 | 111.3 | 109.8 |
| **九、日用品类** | **113.1** | **113.0** | **113.2** |
| 1. 一般日用品 | 113.4 | 112.5 | 114.3 |
| 2. 家 具 类 | 110.6 | 110.7 | 110.4 |
| **十、家用电器类** | **109.6** | **106.6** | **112.1** |
| **十一、首 饰 类** | **110.3** | **111.0** | **109.2** |
| **十二、燃 料 类** | **113.2** | **109.1** | **119.2** |
| 汽　　油 | 96.6 | 91.8 | 101.0 |
| 煤　　油 | 111.8 | 100.4 | 123.0 |
| 液化石油气 | 129.0 | 120.2 | 138.2 |
| **十三、建筑装潢材料类** | **112.8** | **109.7** | **114.6** |
| **十四、机电产品类** | **102.6** | **100.5** | **105.1** |
| **十五、农业生产资料类** | **118.1** | | **118.1** |
| 1. 小 农 具 | 130.2 | | 130.2 |
| 2. 饲　　料 | 130.3 | | 130.3 |
| 3. 幼禽家畜 | 114.1 | | 114.1 |
| 4. 大 牲 畜 | 118.2 | | 118.2 |
| 5. 半机械化农具 | 117.4 | | 117.4 |
| 6. 机械化农具 | 117.2 | | 117.2 |
| 7. 化学肥料 | 123.7 | | 123.7 |
| 8. 农药及农药械 | 103.1 | | 103.1 |
| (1) 化学农药 | 103.0 | | 103.0 |
| (2) 农 药 械 | 103.4 | | 103.4 |
| 9. 农机用油 | 110.0 | | 110.0 |
| 10. 其　　他 | 119.7 | | 119.7 |

# 1995—1996 年广西全区及城乡商品零售价格分类指数

以上年价格为 100

| 商品名称及类别 | 1995 年 | | | 1996 年 | | |
|---|---|---|---|---|---|---|
| | 全区 | 城市 | 农村 | 全区 | 城市 | 农村 |
| **商品零售价格总指数** | **116.4** | **115.0** | **117.7** | **104.5** | **104.1** | **104.9** |
| **一、食 品 类** | **128.2** | **125.9** | **130.0** | **105.6** | **104.9** | **106.3** |
| 1. 粮　　食 | 133.7 | 130.9 | 135.1 | 102.1 | 101.9 | 102.3 |
| (1) 细　　粮 | 135.9 | 132.2 | 138.4 | 99.5 | 99.2 | 99.6 |
| 大　　米 | 134.4 | 130.6 | 136.9 | 96.8 | 96.9 | 96.7 |
| (2) 粗　　粮 | 114.8 | 113.8 | 114.3 | 124.9 | 127.6 | 123.2 |
| 2. 油 脂 类 | 118.0 | 113.3 | 122.3 | 93.7 | 92.5 | 94.8 |
| 3. 肉 禽 蛋 | 127.7 | 127.0 | 128.3 | 105.3 | 105.2 | 105.2 |
| 猪　　肉 | 131.2 | 130.1 | 132.2 | 102.3 | 102.3 | 102.3 |
| 牛　　肉 | 143.6 | 146.8 | 141.8 | 107.1 | 110.0 | 105.0 |
| 羊　　肉 | 151.7 | 155.0 | 127.4 | 103.1 | 103.5 | 102.4 |
| 鸡 | 111.8 | 111.7 | 111.9 | 104.2 | 106.7 | 100.6 |
| 鸭 | 126.8 | 130.4 | 120.6 | 115.2 | 113.7 | 116.8 |
| 鲜　　蛋 | 108.9 | 108.7 | 109.2 | 116.1 | 113.9 | 118.3 |
| 4. 水 产 品 | 117.2 | 113.8 | 120.9 | 104.1 | 103.2 | 105.5 |
| 5. 鲜　　菜 | 137.5 | 132.9 | 141.8 | 114.5 | 109.7 | 120.6 |
| 6. 干　　菜 | 119.9 | 118.3 | 121.3 | 109.8 | 105.4 | 113.1 |
| 7. 鲜　　果 | 122.1 | 121.8 | 122.2 | 104.7 | 103.6 | 105.9 |
| 8. 干　　果 | 127.7 | 127.4 | 127.7 | 116.2 | 115.1 | 117.1 |
| 9. 其他食品类 | 127.6 | 126.6 | 128.0 | 106.1 | 105.9 | 106.2 |
| (1) 调 味 品 | 120.3 | 127.6 | 118.4 | 108.1 | 108.4 | 108.3 |
| 盐 | 120.7 | 119.3 | 120.9 | 112.6 | 116.2 | 112.0 |
| 酱　　油 | 117.1 | 130.9 | 111.9 | 106.3 | 107.9 | 105.6 |
| (2) 食　　糖 | 130.3 | 129.6 | 130.9 | 96.4 | 96.4 | 96.4 |
| (3) 糖　　果 | 129.6 | 119.3 | 135.6 | 108.6 | 108.4 | 108.7 |
| (4) 糕　　点 | 128.7 | 132.8 | 124.8 | 109.5 | 108.0 | 110.8 |
| (5) 奶及奶制品 | 130.7 | 123.6 | 139.8 | 108.5 | 107.2 | 111.9 |
| (6) 罐　　头 | 119.6 | 123.5 | 116.3 | 106.0 | 102.1 | 108.5 |
| 10. 饮 食 业 | 130.4 | 125.4 | 135.4 | 109.6 | 108.7 | 110.6 |
| (1) 主　　食 | 130.4 | 124.2 | 136.6 | 108.3 | 107.0 | 109.8 |
| (2) 炒　　菜 | 129.2 | 123.5 | 134.9 | 109.2 | 109.0 | 109.5 |
| (3) 地方小吃 | 135.7 | 135.8 | 135.5 | 114.4 | 110.8 | 118.2 |
| **二、饮料、烟酒类** | **111.7** | **114.6** | **109.7** | **105.8** | **103.7** | **107.2** |
| 1. 饮　　料 | 115.4 | 120.1 | 110.4 | 104.8 | 104.1 | 105.7 |

# 1995—1996年广西全区及城乡商品零售价格分类指数（续表）

以上年价格为100

| 商品名称及类别 | 1995年 | | | 1996年 | | |
|---|---|---|---|---|---|---|
| | 全区 | 城市 | 农村 | 全区 | 城市 | 农村 |
| 2. 烟　酒 | 110.9 | 112.9 | 109.6 | 106.0 | 103.6 | 107.4 |
| 三、服装、鞋帽类 | **119.3** | **118.8** | **119.7** | **106.4** | **105.3** | **107.8** |
| 1. 服　装 | 116.3 | 117.2 | 115.3 | 105.3 | 104.1 | 106.6 |
| 2. 鞋 | 122.2 | 120.1 | 124.6 | 107.7 | 106.7 | 109.1 |
| 3. 其他衣着 | 127.3 | 122.7 | 132.8 | 109.0 | 107.9 | 110.5 |
| 四、纺织类 | **117.6** | **115.5** | **119.6** | **107.0** | **105.4** | **108.6** |
| 1. 棉　布 | 135.4 | 137.5 | 134.7 | 112.6 | 113.8 | 112.2 |
| 2. 棉花化纤混纺布 | 124.1 | 132.7 | 119.3 | 109.3 | 106.2 | 111.7 |
| 3. 化纤布 | 106.8 | 104.2 | 110.4 | 102.5 | 101.7 | 103.7 |
| 4. 呢　绒 | 104.1 | 104.3 | 103.7 | 104.3 | 105.0 | 102.7 |
| 5. 绸　缎 | 113.3 | 113.8 | 112.7 | 103.8 | 102.2 | 104.3 |
| 6. 其他纺织品 | 115.7 | 116.1 | 115.3 | 108.2 | 106.9 | 109.4 |
| 五、中、西药品类 | **113.9** | **114.3** | **113.7** | **109.0** | **110.4** | **107.6** |
| 1. 中　药 | 111.0 | 110.4 | 111.6 | 112.3 | 115.3 | 108.8 |
| 2. 西　药 | 115.9 | 116.9 | 115.1 | 106.1 | 105.6 | 106.6 |
| 3. 医疗用品 | 115.4 | 116.0 | 115.2 | 106.3 | 106.1 | 106.5 |
| 六、化妆品类 | **111.3** | **108.4** | **114.3** | **103.1** | **103.9** | **101.8** |
| 七、书报、杂志类 | **113.4** | **114.7** | **112.9** | **140.1** | **139.3** | **141.0** |
| 八、文化体育用品类 | **108.5** | **105.8** | **112.5** | **105.6** | **104.4** | **106.8** |
| 1. 文化用品 | 107.9 | 104.8 | 111.4 | 106.0 | 105.6 | 106.1 |
| 2. 体育用品 | 109.6 | 107.1 | 114.7 | 104.8 | 102.8 | 108.0 |
| 九、日用品类 | **108.9** | **109.8** | **108.1** | **103.4** | **103.7** | **103.1** |
| 1. 一般日用品 | 110.3 | 110.1 | 110.5 | 104.1 | 104.2 | 103.9 |
| 2. 家具类 | 104.5 | 106.8 | 102.6 | 101.4 | 102.1 | 100.9 |
| 3. 日用杂品 | 112.5 | 113.1 | 112.1 | 103.9 | 104.4 | 103.5 |
| 十、家用电器类 | **99.7** | **99.2** | **100.3** | **97.5** | **97.9** | **97.1** |
| 十一、首饰类 | **101.0** | **101.8** | **99.6** | **98.9** | **98.6** | **99.5** |
| 十二、燃料类 | **104.4** | **102.5** | **105.9** | **101.7** | **104.4** | **99.6** |
| 汽　油 | 101.0 | 99.8 | 101.6 | 100.6 | 102.5 | 99.5 |
| 液化石油气 | 106.7 | 103.2 | 110.1 | 101.2 | 104.6 | 98.5 |
| 十三、建筑装潢材料类 | **101.8** | **97.3** | **104.0** | **99.0** | **99.3** | **98.5** |
| 十四、机电产品类 | **96.9** | **95.7** | **98.8** | **94.0** | **93.4** | **96.9** |

## 1997—1998年广西全区及城乡商品零售价格分类指数

以上年价格为100

| 类别及品名 | 1997 | | | 1998 | | |
|---|---|---|---|---|---|---|
| | 全区 | 城市 | 农村 | 全区 | 城市 | 农村 |
| **商品零售价格总指数** | **99.6** | **99.9** | **99.4** | **96.3** | **96.7** | **95.9** |
| **一、食　　品** | **97.8** | **98.3** | **97.5** | **94.2** | **94.1** | **94.5** |
| 1. 粮　　食 | 93.9 | 96.2 | 92.5 | 95.3 | 93.9 | 96.2 |
| (1) 细　　粮 | 91.8 | 94.9 | 89.7 | 95.6 | 94.0 | 96.5 |
| 大　　米 | 88.1 | 92.7 | 84.9 | 94.9 | 92.5 | 96.3 |
| (2) 粗　　粮 | 112.6 | 107.8 | 115.7 | 93.1 | 92.7 | 93.3 |
| 2. 油 脂 类 | 101.8 | 102.9 | 100.8 | 95.7 | 98.3 | 93.5 |
| 3. 肉 禽 蛋 | 96.0 | 94.7 | 97.0 | 90.9 | 90.8 | 91.0 |
| 猪　　肉 | 101.7 | 101.4 | 102.0 | 86.9 | 87.0 | 86.8 |
| 牛　　肉 | 91.9 | 88.5 | 94.2 | 84.4 | 93.1 | 85.2 |
| 羊　　肉 | 93.5 | 91.3 | 94.9 | 85.6 | 85.9 | 85.3 |
| 鸡 | 89.8 | 87.4 | 92.4 | 96.6 | 95.4 | 97.8 |
| 鸭 | 91.1 | 88.7 | 93.3 | 95.4 | 94.7 | 96.0 |
| 鲜　　蛋 | 78.4 | 76.0 | 80.3 | 99.3 | 96.7 | 101.2 |
| 4. 水产品类 | 91.9 | 92.8 | 91.3 | 88.1 | 89.5 | 86.9 |
| 5. 鲜　　菜 | 100.0 | 100.7 | 99.2 | 94.3 | 91.9 | 97.1 |
| 6. 干　　菜 | 102.9 | 103.8 | 102.3 | 97.5 | 96.5 | 98.2 |
| 7. 鲜　　果 | 96.8 | 101.6 | 91.1 | 101.0 | 100.4 | 101.6 |
| 8. 干　　果 | 101.7 | 102.4 | 101.3 | 86.1 | 85.6 | 86.6 |
| 9. 其他食品类 | 103.2 | 104.5 | 102.4 | 98.5 | 99.6 | 98.0 |
| (1) 调 味 品 | 104.1 | 103.8 | 104.3 | 99.5 | 98.1 | 100.1 |
| 盐 | 106.1 | 103.7 | 106.5 | 100.6 | 101.2 | 100.4 |
| 酱　　油 | 103.4 | 103.5 | 103.4 | 102.0 | 99.5 | 103.1 |
| (2) 食　　糖 | 101.1 | 103.1 | 100.1 | 91.1 | 89.6 | 92.1 |
| (3) 糖　　果 | 102.8 | 104.2 | 101.9 | 101.0 | 100.9 | 101.0 |
| (4) 糕　　点 | 102.4 | 103.2 | 101.6 | 100.0 | 100.9 | 98.7 |
| (5) 奶及奶制品 | 106.3 | 108.2 | 105.1 | 101.6 | 104.8 | 98.2 |
| (6) 罐　　头 | 101.2 | 102.5 | 100.4 | 101.4 | 100.5 | 102.0 |
| 10. 饮 食 业 | 105.4 | 104.8 | 106.0 | 101.1 | 101.1 | 101.1 |
| (1) 主　　食 | 105.1 | 104.6 | 105.7 | 100.9 | 101.3 | 100.6 |
| (2) 炒　　菜 | 105.3 | 104.8 | 105.9 | 101.0 | 101.3 | 100.6 |
| (3) 地方小吃 | 106.2 | 105.3 | 107.2 | 101.8 | 99.9 | 104.2 |
| **二、饮料、烟酒类** | **101.5** | **102.9** | **100.7** | **99.6** | **100.2** | **99.1** |
| 1. 饮　　料 | 100.2 | 101.0 | 99.4 | 101.2 | 103.0 | 99.2 |

## 1997—1998 年广西全区及城乡商品零售价格分类指数（续表）

以上年价格为 100

| 类别及品名 | 1997 | | | 1998 | | |
|---|---|---|---|---|---|---|
| | 全区 | 城市 | 农村 | 全区 | 城市 | 农村 |
| 2. 烟　酒 | 101.8 | 103.4 | 100.9 | 99.2 | 99.4 | 99.1 |
| **三、服装、鞋帽类** | **99.8** | **100.0** | **99.7** | **99.9** | **101.6** | **98.1** |
| 1. 服　装 | 99.3 | 99.8 | 98.7 | 98.6 | 100.3 | 96.6 |
| 2. 鞋 | 100.4 | 99.7 | 101.0 | 101.1 | 103.2 | 98.8 |
| 3. 其他衣着 | 101.7 | 101.5 | 101.7 | 104.2 | 104.3 | 104.2 |
| **四、纺织品类** | **103.1** | **101.6** | **104.3** | **99.7** | **99.3** | **100.0** |
| 1. 棉　布 | 108.4 | 105.7 | 109.5 | 100.6 | 99.8 | 101.0 |
| 2. 棉花化纤混纺布 | 101.6 | 99.9 | 102.4 | 100.7 | 98.0 | 101.7 |
| 3. 化 纤 布 | 103.0 | 102.3 | 103.6 | 100.2 | 101.1 | 99.2 |
| 4. 呢　绒 | 101.4 | 101.1 | 101.4 | 99.3 | 98.8 | 100.1 |
| 5. 绸　缎 | 100.0 | 101.9 | 98.8 | 99.2 | 99.8 | 98.8 |
| 6. 其他纺织品 | 101.5 | 100.1 | 103.0 | 98.0 | 97.5 | 98.4 |
| **五、中、西药品类** | **108.5** | **111.2** | **106.1** | **104.3** | **104.6** | **103.9** |
| 1. 中　药 | 112.6 | 118.4 | 106.9 | 110.3 | 111.0 | 109.5 |
| 2. 西　药 | 105.2 | 103.7 | 106.2 | 98.3 | 97.5 | 98.9 |
| 3. 医疗用品 | 102.9 | 104.5 | 101.6 | 102.4 | 101.3 | 103.2 |
| **六、化妆品类** | **99.8** | **98.5** | **101.2** | **100.6** | **102.9** | **98.3** |
| **七、书报、杂志类** | **121.6** | **120.6** | **122.8** | **103.9** | **104.0** | **103.8** |
| **八、文化体育用品类** | **101.9** | **100.4** | **103.2** | **99.9** | **99.4** | **100.5** |
| 1. 文化用品 | 102.0 | 99.9 | 104.0 | 100.2 | 99.2 | 101.4 |
| 2. 体育用品 | 101.6 | 101.3 | 101.9 | 99.4 | 99.7 | 99.0 |
| **九、日用品类** | **101.6** | **102.5** | **100.9** | **98.9** | **100.2** | **97.9** |
| 1. 一般日用品 | 101.7 | 102.6 | 101.1 | 98.5 | 99.9 | 97.5 |
| 2. 家 具 类 | 100.4 | 101.5 | 99.6 | 99.3 | 100.7 | 98.1 |
| 3. 日用杂品 | 102.7 | 103.5 | 102.1 | 99.8 | 100.5 | 99.1 |
| **十、家用电器类** | **94.9** | **95.6** | **94.4** | **93.5** | **95.1** | **92.0** |
| **十一、首 饰 类** | **99.0** | **98.8** | **99.3** | **90.9** | **90.4** | **91.5** |
| **十二、燃 料 类** | **103.4** | **105.6** | **102.1** | **89.6** | **91.2** | **88.4** |
| 汽　油 | 104.6 | 101.4 | 106.1 | 96.4 | 97.5 | 95.9 |
| 液化石油气 | 102.2 | 109.6 | 97.3 | 81.2 | 84.3 | 78.6 |
| **十三、建筑装潢材料类** | **95.6** | **98.4** | **94.1** | **96.5** | **98.5** | **95.3** |
| **十四、机电产品类** | **93.5** | **92.6** | **95.1** | **91.7** | **91.1** | **92.5** |

# 1999—2000年广西全区及城乡商品零售价格分类指数

以上年价格为100

| 类别及品名 | 1999 | | | 2000 | | |
|---|---|---|---|---|---|---|
| | 全区 | 城市 | 农村 | 全区 | 城市 | 农村 |
| **商品零售价格总指数** | **97.2** | **96.8** | **97.6** | **98.6** | **98.4** | **98.8** |
| **一、食　品** | **95.7** | **95.2** | **96.3** | **96.4** | **96.7** | **96.2** |
| 1. 粮　食 | 96.6 | 96.2 | 96.9 | 91.7 | 93.0 | 91.0 |
| (1) 细　粮 | 98.1 | 98.3 | 98.0 | 90.9 | 92.2 | 90.1 |
| 大　米 | 98.2 | 98.5 | 98.0 | 88.6 | 90.6 | 87.4 |
| (2) 粗　粮 | 84.3 | 77.4 | 88.1 | 98.8 | 99.9 | 98.2 |
| 2. 油脂类 | 94.8 | 91.6 | 97.7 | 95.8 | 96.2 | 95.5 |
| 3. 肉禽蛋 | 93.4 | 92.7 | 94.1 | 94.5 | 94.8 | 94.2 |
| 猪　肉 | 90.5 | 89.8 | 91.1 | 97.6 | 98.6 | 96.7 |
| 牛　肉 | 97.1 | 96.4 | 97.6 | 99.6 | 97.7 | 101.0 |
| 羊　肉 | 90.4 | 83.9 | 96.8 | 106.5 | 105.5 | 107.4 |
| 鸡 | 98.2 | 96.7 | 99.8 | 91.6 | 91.4 | 91.9 |
| 鸭 | 92.3 | 91.9 | 92.6 | 84.2 | 80.4 | 86.1 |
| 鲜　蛋 | 93.1 | 92.7 | 93.4 | 83.7 | 86.7 | 81.4 |
| 4. 水产品类 | 95.7 | 95.8 | 96.1 | 94.9 | 98.0 | 91.4 |
| 5. 鲜　菜 | 97.5 | 96.4 | 98.8 | 99.8 | 100.8 | 98.7 |
| 6. 干　菜 | 97.9 | 96.9 | 98.6 | 95.6 | 94.7 | 96.0 |
| 7. 鲜　果 | 98.5 | 97.8 | 99.4 | 100.6 | 96.9 | 105.0 |
| 8. 干　果 | 89.5 | 86.6 | 92.8 | 96.6 | 95.3 | 98.0 |
| 9. 其他食品类 | 96.3 | 97.8 | 95.1 | 103.4 | 101.3 | 105.2 |
| (1) 调味品 | 99.3 | 99.4 | 99.3 | 102.7 | 101.7 | 103.4 |
| 盐 | 100.6 | 101.9 | 100.3 | 110.7 | 111.2 | 110.5 |
| 酱　油 | 100.7 | 99.1 | 101.4 | 103.1 | 99.7 | 104.6 |
| (2) 食　糖 | 84.5 | 85.0 | 84.2 | 112.9 | 105.8 | 116.4 |
| (3) 糖　果 | 97.9 | 99.6 | 96.3 | 100.6 | 100.0 | 101.1 |
| (4) 糕　点 | 99.5 | 100.0 | 98.7 | 100.1 | 99.7 | 100.6 |
| (5) 奶及奶制品 | 100.1 | 100.9 | 99.3 | 101.3 | 101.2 | 100.7 |
| (6) 罐　头 | 100.0 | 99.6 | 100.3 | 99.0 | 99.0 | 99.1 |
| 10. 饮食业 | 100.2 | 99.7 | 100.9 | 99.4 | 98.8 | 100.1 |
| (1) 主　食 | 100.3 | 100.4 | 100.3 | 99.8 | 99.3 | 100.1 |
| (2) 炒　菜 | 100.1 | 99.6 | 100.8 | 99.1 | 98.4 | 100.1 |
| (3) 地方小吃 | 100.8 | 99.5 | 102.4 | 99.8 | 99.7 | 99.9 |
| **二、饮料、烟酒类** | **98.6** | **98.1** | **99.0** | **99.7** | **100.0** | **99.6** |
| 1. 饮　料 | 99.7 | 99.4 | 100.0 | 98.1 | 97.9 | 98.2 |

## 1999—2000年广西全区及城乡商品零售价格分类指数（续表）

以上年价格为100

| 类别及品名 | 1999 | | | 2000 | | |
|---|---|---|---|---|---|---|
| | 全区 | 城市 | 农村 | 全区 | 城市 | 农村 |
| 2. 烟　酒 | 98.4 | 97.8 | 98.8 | 100.1 | 100.6 | 99.8 |
| **三、服装、鞋帽类** | **99.0** | **97.7** | **100.2** | **100.0** | **102.0** | **97.9** |
| 1. 服　装 | 98.8 | 95.9 | 102.0 | 100.7 | 102.9 | 98.1 |
| 2. 鞋 | 97.6 | 99.0 | 96.2 | 98.9 | 100.4 | 97.3 |
| 3. 其他衣着 | 103.0 | 104.6 | 101.4 | 99.1 | 100.7 | 97.9 |
| **四、纺织品类** | **98.6** | **98.9** | **98.4** | **98.8** | **99.7** | **98.1** |
| 1. 棉　布 | 100.9 | 104.2 | 99.7 | 99.0 | 98.1 | 99.4 |
| 2. 棉花化纤混纺布 | 97.9 | 101.9 | 96.7 | 98.8 | 98.7 | 98.9 |
| 3. 化 纤 布 | 97.9 | 98.2 | 97.4 | 99.0 | 100.9 | 97.3 |
| 4. 呢　绒 | 97.7 | 97.8 | 97.9 | 98.3 | 97.0 | 99.3 |
| 5. 绸　缎 | 100.0 | 100.5 | 99.6 | 99.5 | 99.6 | 99.4 |
| 6. 其他纺织品 | 97.8 | 96.8 | 98.9 | 98.5 | 101.0 | 95.6 |
| **五、中、西药品类** | **100.3** | **100.8** | **99.9** | **96.6** | **93.1** | **99.6** |
| 1. 中　药 | 101.5 | 101.4 | 101.6 | 97.2 | 91.9 | 102.8 |
| 2. 西　药 | 98.9 | 100.2 | 97.8 | 95.8 | 94.2 | 97.1 |
| 3. 医疗用品 | 101.8 | 100.5 | 102.6 | 96.8 | 95.9 | 97.3 |
| **六、化妆品类** | **100.1** | **102.5** | **97.5** | **98.1** | **100.3** | **95.4** |
| **七、书报、杂志类** | **104.2** | **105.2** | **103.3** | **105.6** | **102.8** | **108.1** |
| **八、文化体育用品类** | **100.3** | **100.4** | **100.1** | **100.1** | **100.2** | **99.9** |
| 1. 文化用品 | 100.9 | 100.7 | 101.3 | 100.1 | 100.1 | 100.0 |
| 2. 体育用品 | 99.2 | 100.0 | 98.2 | 100.0 | 100.4 | 99.5 |
| **九、日用品类** | **98.7** | **99.5** | **98.1** | **99.1** | **99.8** | **98.6** |
| 1. 一般日用品 | 98.6 | 99.0 | 98.3 | 99.2 | 99.8 | 98.7 |
| 2. 家 具 类 | 98.4 | 100.0 | 96.9 | 99.5 | 100.1 | 99.0 |
| 3. 日用杂品 | 99.8 | 100.2 | 99.4 | 98.4 | 99.5 | 97.2 |
| **十、家用电器类** | **94.8** | **94.6** | **94.9** | **94.7** | **94.0** | **95.2** |
| **十一、首 饰 类** | **95.2** | **95.4** | **94.9** | **98.0** | **96.9** | **99.6** |
| **十二、燃 料 类** | **103.9** | **103.4** | **104.4** | **126.1** | **124.6** | **127.4** |
| 汽　油 | 103.5 | 103.9 | 103.3 | 125.9 | 125.6 | 126.1 |
| 液化石油气 | 105.6 | 105.1 | 106.0 | 130.3 | 128.8 | 131.5 |
| **十三、建筑装潢材料类** | **96.0** | **95.4** | **95.9** | **98.2** | **97.9** | **98.1** |
| **十四、机电产品类** | **90.0** | **90.4** | **90.7** | **91.1** | **92.6** | **89.8** |

# 2001—2002 年广西全区及城乡商品零售价格分类指数

以上年价格为 100

| 类　别 | 2001 年 | | | 2002 年 | | |
|---|---|---|---|---|---|---|
| | 全省 | 城市 | 农村 | 全省 | 城市 | 农村 |
| **商品零售价格总指数** | **97.8** | **97.3** | **99.0** | **98.1** | **98.2** | **98.0** |
| **一、食 品 类** | **99.2** | **98.6** | **101.0** | **100.6** | **101.0** | **100.2** |
| 1. 粮　　食 | 94.8 | 91.7 | 99.4 | | | |
| 2. 淀粉及薯类 | | | | | | |
| 3. 干豆类及豆制品 | | | | | | |
| 4. 油　　脂 | 89.2 | 89.0 | 89.6 | 95.7 | 96.7 | 95.0 |
| 5. 肉禽及其制品 | | | | | | |
| (1) 食用畜肉及副产品 | | | | | | |
| (2) 禽 | | | | | | |
| (3) 肉禽加工制品 | | | | | | |
| 6. 蛋 | | | | | | |
| 7. 水 产 品 | 95.6 | 95.3 | 97.5 | 96.9 | 99.0 | 94.1 |
| (1) 鱼 | | | | | | |
| (2) 其它水产品 | | | | | | |
| 8. 菜 | | | | | | |
| 鲜　　菜 | | | | 100.5 | 101.7 | 98.9 |
| 9. 调 味 品 | 105.9 | 105.3 | 108.2 | 98.8 | 99.5 | 98.7 |
| 10. 糖 | | | | | | |
| 食　　糖 | 119.8 | 115.4 | 125.5 | 84.7 | 82.7 | 86.1 |
| 11. 干鲜瓜果 | | | | | | |
| 鲜　　果 | 99.3 | 98.9 | 100.5 | 106.6 | 110.7 | 101.1 |
| 12. 糕点饼干面包 | | | | | | |
| 糕　　点 | 100.9 | 100.7 | 101.4 | | | |
| 13. 奶及奶制品 | 99.1 | 99.1 | 99.3 | 99.7 | 99.7 | 99.7 |
| 14. 在外用膳食品（原名：饮食业） | 99.6 | 99.6 | 99.4 | 101.2 | 100.7 | 101.9 |
| 主　　食 | 100.2 | 100.3 | 100.1 | 100.0 | 99.9 | 100.0 |
| 炒　　菜 | 98.9 | 98.9 | 99.1 | 100.7 | 101.3 | 99.8 |
| 地方小吃 | 101.8 | 102.6 | 99.4 | 105.8 | 99.0 | 112.4 |
| 15. 其它食品 | | | | | | |
| 其它食品 | | | | | | |
| **二、饮料、烟酒** | **99.1** | **98.9** | **99.5** | **99.8** | **99.4** | **100.2** |
| 1. 茶及饮料 | | | | | | |
| (1) 茶　　叶 | | | | | | |
| (2) 饮　　料 | 98.6 | 98.0 | 100.4 | 99.0 | 98.3 | 99.7 |
| 2. 烟　　草 | | | | | | |
| 3. 酒 | | | | | | |
| **三、服装、鞋帽类** | **97.5** | **97.2** | **98.4** | **96.4** | **96.2** | **96.7** |
| 1. 服　　装 | 97.0 | 96.6 | 9.2 | 94.8 | 95.2 | 94.4 |
| (1) 男式服装 | | | | | | |
| (2) 女式服装 | | | | | | |
| (3) 儿童服装 | | | | | | |
| 2. 鞋 袜 帽 | | | | | | |

# 2001—2002 年广西全区及城乡商品零售价格分类指数（续表）

以上年价格为 100

| 类别 | 2001 年 | | | 2002 年 | | |
|---|---|---|---|---|---|---|
| | 全省 | 城市 | 农村 | 全省 | 城市 | 农村 |
| (1) 鞋 | 98.2 | 98.1 | 98.7 | 98.7 | 97.8 | 99.7 |
| (2) 袜　子 | | | | | | |
| (3) 帽　子 | | | | | | |
| 3. 其　它 | | | | | | |
| **四、纺织品类** | **99.7** | **99.8** | **99.2** | **98.8** | **98.2** | **99.3** |
| 1. 衣着材料 | | | | | | |
| 棉　布 | 99.1 | 99.0 | 99.5 | 97.4 | 98.3 | 97.2 |
| 棉花化纤混纺布 | 98.9 | 98.9 | 99.0 | 99.1 | 96.8 | 99.8 |
| 化 纤 布 | 100.3 | 100.5 | 99.5 | 97.1 | 96.5 | 97.7 |
| 2. 床上用品 | | | | | | |
| **五、家用电器及音像器材** | | | | | | |
| 1. 家庭设备 | | | | | | |
| 2. 文娱用耐用消费品 | | | | | | |
| 3. 音像器材类 | | | | | | |
| **六、文化办公用品** | | | | | | |
| **七、日 用 品** | **98.2** | **97.8** | **98.8** | **97.9** | **98.1** | **97.7** |
| 1. 日用百货 | | | | | | |
| 2. 日用杂品 | 98.9 | 99.0 | 98.7 | 99.1 | 100.9 | 97.4 |
| 3. 洗涤用品 | | | | | | |
| 4. 其它日用品 | | | | | | |
| **八、体育娱乐用品** | | | | | | |
| 1. 体育用品 | 99.4 | 99.6 | 98.9 | 100.0 | 97.6 | 103.6 |
| 2. 娱乐用品 | | | | | | |
| **九、交通、通信用品** | | | | | | |
| 1、交通运输机械 | | | | | | |
| 2、通讯器材类 | | | | | | |
| **十、家　具** | **98.1** | **98.1** | **98.2** | **96.9** | **96.5** | **97.4** |
| **十一、化妆品类** | **96.3** | **96.3** | **96.5** | **97.8** | **97.4** | **98.3** |
| **十二、金银珠宝类** | **88.2** | **88.1** | **88.4** | **104.6** | **107.7** | **99.9** |
| **十三、中西药品及医疗保健用品类** | | | | | | |
| 1. 医疗器具及用品 | | | | | | |
| 2. 中药材及中成药 | | | | | | |
| 3. 西　药 | 95.7 | 95.2 | 96.8 | 98.2 | 101.6 | 94.7 |
| 4. 保健器具及用品 | | | | | | |
| **十四、书报杂志及电子出版物类** | | | | | | |
| 1. 教材及参考书 | | | | | | |
| 2. 书报杂志 | 108.2 | 105.7 | 113.7 | 96.8 | 98.0 | 95.7 |
| 3. 电子音像制品 | | | | | | |
| **十五、燃 料 类** | **98.5** | **98.8** | **97.9** | **98.9** | **99.1** | **98.7** |
| **十六、建筑材料及五金电料类** | | | | | | |
| 1. 建筑装潢材料 | 98.0 | 98.0 | 97.8 | 98.6 | 101.6 | 97.3 |

# 2003—2005年广西全区及城乡商品零售价格分类指数

以上年价格为100

| 类　别 | 2003年 | | | 2004年 | | | 2005年 | | |
|---|---|---|---|---|---|---|---|---|---|
| | 全区 | 城市 | 农村 | 全区 | 城市 | 农村 | 全区 | 城市 | 农村 |
| **商品零售价格总指数** | **100.2** | **99.6** | **100.8** | **103.9** | **103.4** | **104.4** | **101.1** | **101.3** | **101.0** |
| **一、食 品 类** | **103.1** | **101.9** | **104.1** | **112.7** | **111.2** | **114.0** | **102.9** | **103.8** | **102.2** |
| 1. 粮　　食 | 107.1 | 104.5 | 109.0 | 122.8 | 126.9 | 120.1 | 101.6 | 102.2 | 101.2 |
| 大　　米 | 109.1 | 104.9 | 112.0 | 125.5 | 131.2 | 121.7 | 101.4 | 102.4 | 100.6 |
| 2. 淀粉及薯类 | 101.4 | 97.7 | 104.0 | 109.8 | 116.2 | 105.4 | 104.0 | 100.2 | 106.7 |
| 3. 干豆类及豆制品 | 105.0 | 105.4 | 104.8 | 127.2 | 128.5 | 126.3 | 104.9 | 103.0 | 106.1 |
| 4. 油　　脂 | 111.1 | 108.0 | 113.2 | 117.2 | 112.5 | 120.2 | 96.4 | 97.7 | 95.5 |
| 5. 肉禽及其制品 | 102.2 | 102.2 | 102.1 | 119.0 | 118.1 | 119.7 | 103.4 | 101.4 | 105.0 |
| (1) 食用畜肉及副产品 | 103.5 | 104.2 | 102.9 | 122.2 | 122.9 | 121.6 | 100.8 | 99.1 | 102.3 |
| 猪　　肉 | 104.5 | 104.3 | 104.6 | 127.5 | 127.1 | 127.8 | 97.3 | 95.2 | 98.9 |
| 牛　　肉 | 110.6 | 110.7 | 110.5 | 116.7 | 117.1 | 116.4 | 110.9 | 111.2 | 110.6 |
| 羊　　肉 | 94.7 | 98.4 | 90.0 | 108.1 | 111.7 | 103.5 | 108.0 | 106.9 | 109.5 |
| (2) 禽 | 100.1 | 98.8 | 101.2 | 114.8 | 110.3 | 118.8 | 105.9 | 104.5 | 107.0 |
| 鸡 | 98.0 | 96.8 | 99.2 | 114.1 | 108.6 | 119.4 | 108.6 | 106.6 | 110.3 |
| 鸭 | 105.5 | 106.0 | 105.2 | 115.7 | 114.3 | 116.8 | 98.5 | 96.7 | 99.9 |
| (3) 肉禽加工制品 | 101.0 | 101.2 | 100.8 | 113.9 | 114.2 | 113.7 | 109.8 | 106.2 | 111.8 |
| 6. 蛋 | 99.0 | 99.8 | 98.6 | 119.9 | 118.2 | 120.9 | 103.4 | 104.4 | 102.7 |
| 鲜　　蛋 | 98.8 | 99.6 | 98.3 | 119.9 | 118.3 | 120.7 | 102.9 | 103.8 | 102.4 |
| 7. 水 产 品 | 98.0 | 97.5 | 98.4 | 114.6 | 113.1 | 116.3 | 108.2 | 109.7 | 106.5 |
| (1) 鱼 | 99.6 | 99.8 | 99.4 | 115.7 | 113.7 | 117.5 | 106.9 | 109.0 | 104.9 |
| 淡 水 鱼 | 99.3 | 99.6 | 99.1 | 118.6 | 115.8 | 120.6 | 107.0 | 107.2 | 106.9 |
| 海 水 鱼 | 100.4 | 100.3 | 100.6 | 107.6 | 109.7 | 103.5 | 107.0 | 112.1 | 97.4 |
| (2) 其它水产品 | 93.7 | 93.5 | 93.8 | 111.8 | 112.3 | 110.3 | 112.0 | 111.1 | 114.3 |
| 8. 菜 | 109.8 | 108.0 | 112.1 | 103.1 | 104.6 | 101.3 | 107.1 | 109.3 | 104.4 |
| 鲜　　菜 | 111.7 | 109.5 | 114.8 | 103.1 | 104.9 | 100.7 | 107.9 | 110.3 | 104.8 |
| 9. 调 味 品 | 100.3 | 101.9 | 99.5 | 100.3 | 101.8 | 99.6 | 101.7 | 99.3 | 102.8 |
| 盐 | 100.6 | 102.9 | 100.0 | 100.1 | 100.3 | 100.0 | 101.5 | 100.2 | 101.9 |
| 酱　　油 | 98.9 | 100.0 | 98.3 | 100.0 | 98.3 | 100.8 | 107.1 | 98.0 | 111.8 |
| 10. 糖 | 98.4 | 98.7 | 98.3 | 103.9 | 101.3 | 105.3 | 103.5 | 105.7 | 102.4 |
| 食　　糖 | 92.5 | 91.8 | 92.8 | 106.1 | 98.2 | 109.3 | 103.5 | 109.8 | 101.2 |
| 11. 干鲜瓜果 | 107.2 | 103.0 | 111.5 | 105.1 | 101.8 | 108.2 | 97.3 | 108.8 | 87.5 |
| 鲜　　果 | 107.1 | 102.2 | 112.0 | 104.4 | 99.1 | 109.1 | 96.3 | 109.9 | 85.4 |
| 12. 糕点饼干面包 | 99.7 | 99.6 | 99.9 | 106.0 | 101.6 | 111.0 | 103.3 | 100.4 | 106.4 |

# 2003—2005 年广西全区及城乡商品零售价格分类指数（续表 1）

以上年价格为 100

| 类 别 | 2003 年 | | | 2004 年 | | | 2005 年 | | |
|---|---|---|---|---|---|---|---|---|---|
| | 全区 | 城市 | 农村 | 全区 | 城市 | 农村 | 全区 | 城市 | 农村 |
| 13. 奶及奶制品 | 96.5 | 94.2 | 101.6 | 101.2 | 101.2 | 101.0 | 102.2 | 100.9 | 105.1 |
| 14. 在外用膳食品 | 99.7 | 99.1 | 100.4 | 104.2 | 102.1 | 106.5 | 101.0 | 101.7 | 100.1 |
| 15. 其它食品 | 100.1 | 98.6 | 101.2 | 101.6 | 98.7 | 103.5 | 102.4 | 101.1 | 103.4 |
| **二、饮料、烟酒** | **99.6** | **97.9** | **100.5** | **100.0** | **99.4** | **100.3** | **101.0** | **100.6** | **101.2** |
| 1. 茶及饮料 | 97.8 | 95.5 | 99.8 | 99.8 | 99.2 | 100.4 | 101.9 | 102.0 | 101.8 |
| (1) 茶　　叶 | 100.8 | 101.4 | 100.1 | 97.9 | 99.7 | 95.6 | 101.2 | 102.8 | 98.9 |
| (2) 饮　　料 | 96.4 | 92.3 | 99.6 | 100.6 | 98.9 | 101.9 | 102.2 | 101.6 | 102.6 |
| 2. 烟　　草 | 99.0 | 98.2 | 99.5 | 99.4 | 98.9 | 99.7 | 99.4 | 101.1 | 98.2 |
| 3. 酒 | 101.6 | 100.8 | 101.7 | 100.7 | 100.8 | 100.7 | 102.5 | 97.7 | 104.1 |
| **三、服装、鞋帽类** | **99.6** | **101.1** | **98.3** | **97.3** | **99.7** | **95.0** | **97.5** | **96.0** | **99.1** |
| 1. 服　　装 | 98.7 | 99.6 | 97.8 | 96.6 | 98.3 | 95.1 | 99.2 | 94.7 | 103.6 |
| (1) 男式服装 | 97.8 | 99.8 | 95.7 | 95.6 | 97.2 | 93.9 | 96.8 | 93.0 | 101.0 |
| (2) 女式服装 | 98.8 | 99.1 | 98.6 | 97.0 | 98.9 | 95.3 | 100.2 | 95.2 | 105.0 |
| (3) 儿童服装 | 100.6 | 101.1 | 100.2 | 98.2 | 99.6 | 97.1 | 102.1 | 98.0 | 105.1 |
| 2. 鞋 袜 帽 | 102.5 | 105.4 | 99.8 | 98.5 | 103.6 | 93.6 | 93.3 | 99.1 | 88.0 |
| (1) 鞋 | 102.6 | 106.5 | 99.0 | 98.5 | 104.2 | 93.1 | 92.5 | 98.8 | 86.9 |
| (2) 袜　　子 | 101.5 | 100.0 | 103.4 | 98.7 | 99.9 | 97.4 | 98.0 | 101.1 | 94.3 |
| (3) 帽　　子 | 105.0 | 100.6 | 109.0 | 97.8 | 100.5 | 95.6 | 100.0 | 99.9 | 100.1 |
| 3. 其　　它 | 97.0 | 97.7 | 96.7 | 99.7 | 98.0 | 100.8 | 98.8 | 98.5 | 99.1 |
| **四、纺织品类** | **98.9** | **97.9** | **100.1** | **98.4** | **100.2** | **96.2** | **101.2** | **101.9** | **100.3** |
| 1. 衣着材料 | 97.8 | 96.7 | 98.5 | 97.7 | 102.1 | 94.7 | 101.4 | 102.7 | 100.5 |
| 2. 床上用品 | 99.7 | 98.4 | 101.9 | 98.8 | 99.4 | 97.8 | 101.0 | 101.5 | 100.1 |
| **五、家用电器及音像器材** | **91.8** | **91.0** | **92.9** | **93.8** | **93.5** | **94.2** | **96.4** | **96.5** | **96.3** |
| 1. 家庭设备 | 93.8 | 93.0 | 94.7 | 96.8 | 97.2 | 96.3 | 100.4 | 101.6 | 99.1 |
| 2. 文娱用耐用消费品 | 88.2 | 87.0 | 90.1 | 89.0 | 87.9 | 90.8 | 91.1 | 90.5 | 91.9 |
| 3. 音像器材类 | 99.0 | 99.1 | 98.7 | 99.4 | 99.3 | 99.7 | 98.4 | 98.4 | 98.4 |
| **六、文化办公用品** | **93.4** | **93.4** | **93.4** | **96.0** | **95.7** | **96.4** | **95.8** | **96.5** | **95.1** |
| **七、日 用 品** | **98.1** | **98.0** | **98.1** | **99.9** | **99.1** | **100.5** | **101.8** | **101.2** | **102.4** |
| 1. 日用百货 | 97.3 | 97.5 | 97.2 | 100.0 | 97.8 | 101.3 | 100.3 | 99.2 | 101.0 |
| 2. 日用杂品 | 99.9 | 99.8 | 100.0 | 99.9 | 99.7 | 100.2 | 101.6 | 98.8 | 104.1 |
| 3. 洗涤用品 | 97.4 | 95.8 | 98.6 | 99.2 | 97.7 | 100.3 | 103.0 | 101.5 | 104.2 |
| 4. 其它日用品 | 98.6 | 99.8 | 97.2 | 100.7 | 102.0 | 99.1 | 103.2 | 105.6 | 100.5 |

# 2003—2005年广西全区及城乡商品零售价格分类指数（续表2）

以上年价格为100

| 类别 | 2003年 | | | 2004年 | | | 2005年 | | |
|---|---|---|---|---|---|---|---|---|---|
| | 全区 | 城市 | 农村 | 全区 | 城市 | 农村 | 全区 | 城市 | 农村 |
| **八、体育娱乐用品** | **99.0** | **99.3** | **98.4** | **97.5** | **96.9** | **98.3** | **100.7** | **100.7** | **100.7** |
| 1. 体育用品 | 99.0 | 99.3 | 98.6 | 97.8 | 96.6 | 99.6 | 102.7 | 101.8 | 104.0 |
| 2. 娱乐用品 | 98.9 | 99.3 | 98.2 | 97.1 | 97.1 | 96.9 | 98.7 | 99.7 | 97.0 |
| **九、交通、通信用品** | **88.9** | **90.5** | **86.7** | **90.3** | **93.4** | **85.8** | **89.5** | **88.3** | **91.3** |
| 1. 交通运输机械 | 94.1 | 94.7 | 93.1 | 94.2 | 95.7 | 91.7 | 94.3 | 94.0 | 94.8 |
| 2. 通讯器材类 | 80.4 | 82.5 | 78.1 | 83.1 | 88.6 | 76.8 | 81.2 | 77.2 | 86.1 |
| **十、家　　具** | **99.1** | **96.3** | **102.1** | **99.4** | **99.4** | **99.5** | **100.5** | **99.4** | **101.5** |
| **十一、化妆品类** | **98.9** | **98.3** | **99.8** | **100.5** | **101.2** | **99.6** | **98.9** | **99.1** | **98.7** |
| **十二、金银珠宝类** | **105.8** | **106.5** | **104.6** | **109.3** | **107.0** | **113.0** | **106.1** | **104.1** | **109.2** |
| **十三、中西药品及医疗保健用品类** | **101.5** | **100.4** | **102.7** | **100.3** | **99.6** | **101.0** | **97.3** | **99.3** | **95.1** |
| 1. 医疗器具及用品 | 102.5 | 101.7 | 103.1 | 104.9 | 105.2 | 104.6 | 95.4 | 98.7 | 92.9 |
| 2. 中药材及中成药 | 106.1 | 104.2 | 108.5 | 100.8 | 100.6 | 101.0 | 96.7 | 98.6 | 94.3 |
| 3. 西　　药 | 98.0 | 97.4 | 98.7 | 99.3 | 98.3 | 100.5 | 97.9 | 99.7 | 96.0 |
| 4. 保健器具及用品 | 98.9 | 98.1 | 100.1 | 99.6 | 99.4 | 100.0 | 98.6 | 100.3 | 95.7 |
| **十四、书报杂志及电子出版物类** | **99.6** | **99.9** | **99.3** | **102.4** | **102.5** | **102.3** | **100.5** | **100.4** | **100.5** |
| 1. 教材及参考书 | 96.9 | 97.6 | 96.3 | 102.6 | 100.6 | 104.2 | 100.4 | 100.2 | 100.5 |
| 2. 书报杂志 | 103.2 | 103.1 | 103.3 | 102.5 | 103.0 | 102.1 | 100.8 | 101.2 | 100.4 |
| 3. 电子音像制品 | 98.9 | 98.1 | 99.9 | 101.7 | 104.3 | 98.4 | 100.1 | 99.5 | 100.8 |
| **十五、燃料类** | **112.5** | **112.5** | **112.4** | **112.0** | **111.8** | **112.2** | **115.0** | **115.8** | **113.9** |
| 1. 煤炭及制品类 | 103.0 | 100.9 | 105.7 | 107.6 | 106.3 | 109.1 | 119.5 | 119.4 | 119.6 |
| 2. 石油及制品类 | 113.8 | 114.2 | 113.4 | 112.5 | 112.5 | 112.6 | 114.4 | 115.3 | 113.1 |
| 液化石油气 | 118.7 | 119.1 | 118.1 | 115.2 | 115.9 | 113.8 | 113.9 | 116.0 | 110.7 |
| 管道燃气 | 107.5 | 107.5 | 0.0 | 106.4 | 106.4 | 0.0 | 114.5 | 114.5 | 0.0 |
| 汽　　油 | 110.3 | 111.6 | 108.7 | 111.9 | 112.1 | 111.8 | 115.5 | 115.6 | 115.3 |
| 柴　　油 | 111.0 | 112.2 | 109.9 | 109.9 | 108.8 | 111.0 | 115.9 | 115.8 | 116.0 |
| **十六、建筑材料及五金电料类** | **100.1** | **99.8** | **100.2** | **105.1** | **106.0** | **104.7** | **102.6** | **102.3** | **102.7** |
| 1. 建筑装潢材料 | 100.2 | 99.8 | 100.4 | 105.4 | 108.1 | 104.5 | 102.7 | 103.0 | 102.6 |
| 2. 五金电料类 | 99.6 | 100.0 | 99.4 | 103.7 | 100.1 | 105.6 | 102.2 | 100.0 | 103.3 |

# 2006—2007年广西全区及城乡商品零售价格分类指数

以上年价格为100

| 类别 | 2006年 | | | 2007年 | | |
|---|---|---|---|---|---|---|
| | 全区 | 城市 | 农村 | 全区 | 城市 | 农村 |
| **商品零售价格总指数** | **100.3** | **100.8** | **99.8** | **104.8** | **104.2** | **105.3** |
| **一、食　　品** | **102.0** | **102.7** | **101.2** | **114.1** | **112.9** | **115.3** |
| 1. 粮　　食 | 100.7 | 101.1 | 100.5 | 106.1 | 107.8 | 104.8 |
| 大　　米 | 100.9 | 101.6 | 100.4 | 104.6 | 106.9 | 102.6 |
| 2. 淀　　粉 | 108.4 | 116.6 | 101.8 | 105.4 | 105.2 | 105.5 |
| 3. 干豆类及豆制品 | 99.9 | 102.5 | 98.0 | 110.7 | 107.2 | 113.3 |
| 4. 油　　脂 | 100.9 | 100.1 | 101.5 | 123.0 | 121.1 | 124.3 |
| 食用植物油 | 103.0 | 100.4 | 104.7 | 123.0 | 120.0 | 125.0 |
| 5. 肉禽及其制品 | 95.5 | 97.3 | 94.0 | 132.7 | 131.7 | 133.5 |
| (1) 食用畜肉及副产品 | 96.3 | 96.9 | 95.7 | 137.5 | 137.8 | 137.2 |
| 猪　　肉 | 93.5 | 92.3 | 94.5 | 148.1 | 152.8 | 144.5 |
| 牛　　肉 | 102.4 | 102.6 | 102.2 | 110.1 | 104.8 | 118.0 |
| 羊　　肉 | 112.5 | 116.5 | 105.6 | 119.5 | 118.3 | 123.8 |
| (2) 禽 | 92.0 | 96.6 | 87.5 | 128.8 | 126.6 | 130.8 |
| 鸡 | 88.3 | 93.4 | 83.3 | 131.4 | 126.1 | 136.1 |
| 鸭 | 100.0 | 103.9 | 95.8 | 124.5 | 128.0 | 120.8 |
| (3) 肉禽加工制品 | 100.0 | 100.4 | 99.7 | 121.7 | 118.9 | 123.9 |
| 6. 蛋 | 98.0 | 99.5 | 96.7 | 123.7 | 122.8 | 124.6 |
| 鲜　　蛋 | 98.3 | 100.3 | 96.6 | 124.0 | 123.1 | 124.8 |
| 7. 水 产 品 | 101.0 | 102.8 | 98.7 | 105.4 | 104.9 | 106.0 |
| (1) 鱼 | 97.6 | 98.5 | 96.7 | 106.1 | 105.9 | 106.4 |
| 淡 水 鱼 | 97.1 | 97.8 | 96.5 | 107.5 | 108.0 | 107.1 |
| 海 水 鱼 | 98.9 | 99.4 | 97.6 | 102.6 | 102.7 | 102.6 |
| (2) 其他水产品 | 108.1 | 109.9 | 104.6 | 103.6 | 103.1 | 104.7 |
| 虾 蟹 类 | 108.2 | 109.9 | 104.0 | 103.2 | 103.1 | 103.7 |
| 8. 菜 | 108.2 | 107.1 | 109.3 | 105.8 | 106.2 | 105.2 |
| 鲜　　菜 | 107.8 | 107.4 | 108.3 | 104.9 | 105.4 | 104.3 |
| 9. 调 味 品 | 103.6 | 104.5 | 103.1 | 106.5 | 105.7 | 107.0 |
| 盐 | 110.4 | 106.9 | 112.3 | 117.1 | 117.3 | 116.9 |
| 酱　　油 | 101.8 | 103.6 | 100.5 | 102.7 | 102.5 | 102.9 |
| 10. 糖 | 115.5 | 114.1 | 116.3 | 99.4 | 100.9 | 98.4 |
| 食　　糖 | 141.2 | 145.1 | 139.4 | 95.1 | 97.8 | 93.8 |

# 2006—2007年广西全区及城乡商品零售价格分类指数（续表1）

以上年价格为100

| 类别 | 2006年 | | | 2007年 | | |
|---|---|---|---|---|---|---|
| | 全区 | 城市 | 农村 | 全区 | 城市 | 农村 |
| 11. 干鲜瓜果 | 120.1 | 120.1 | 120.1 | 98.9 | 100.2 | 97.6 |
| 鲜瓜果 | 122.4 | 122.0 | 122.8 | 96.9 | 97.9 | 95.9 |
| 12. 糕点饼干面包 | 104.0 | 105.2 | 102.7 | 104.2 | 102.9 | 105.7 |
| 13. 液体乳及乳制品 | 102.3 | 100.5 | 105.2 | 102.8 | 102.6 | 103.1 |
| 14. 在外用膳食品 | 101.6 | 101.4 | 101.8 | 105.3 | 104.0 | 106.6 |
| 15. 其他食品 | 103.3 | 100.4 | 105.9 | 104.7 | 103.5 | 105.4 |
| **二、饮料、烟酒** | **99.4** | **100.0** | **98.9** | **101.3** | **102.3** | **100.7** |
| 1. 茶及饮料 | 101.2 | 101.0 | 101.5 | 103.6 | 104.5 | 102.8 |
| (1) 茶叶 | 101.6 | 102.6 | 100.6 | 103.1 | 103.9 | 102.2 |
| (2) 饮料 | 101.1 | 100.4 | 101.8 | 103.9 | 104.7 | 103.0 |
| 2. 烟草 | 98.0 | 98.6 | 97.6 | 98.8 | 99.3 | 98.5 |
| 3. 酒 | 99.5 | 100.8 | 98.8 | 102.4 | 103.8 | 101.7 |
| **三、服装、鞋帽** | **97.0** | **97.3** | **96.8** | **102.7** | **101.0** | **104.0** |
| 1. 服装 | 96.0 | 96.6 | 95.6 | 101.6 | 99.7 | 103.1 |
| (1) 男式服装 | 97.6 | 98.5 | 96.8 | 100.0 | 98.9 | 100.9 |
| (2) 女式服装 | 94.7 | 96.6 | 93.1 | 103.1 | 99.5 | 106.3 |
| (3) 儿童服装 | 96.2 | 90.4 | 99.8 | 101.1 | 103.0 | 99.9 |
| 2. 鞋袜帽 | 99.1 | 98.8 | 99.4 | 106.2 | 104.9 | 107.2 |
| (1) 鞋 | 98.3 | 97.9 | 98.6 | 106.5 | 104.8 | 107.8 |
| (2) 袜子 | 104.8 | 105.3 | 104.4 | 105.2 | 104.9 | 105.4 |
| (3) 帽子 | 102.5 | 104.5 | 100.7 | 101.3 | 107.3 | 95.7 |
| 3. 其他 | 99.1 | 98.2 | 99.7 | 98.0 | 98.3 | 97.8 |
| **四、纺织品** | **97.8** | **96.7** | **98.9** | **97.7** | **99.2** | **96.5** |
| 1. 衣着材料 | 97.7 | 100.2 | 95.8 | 99.9 | 102.4 | 98.4 |
| 2. 床上用品 | 97.9 | 95.0 | 100.9 | 96.5 | 97.7 | 95.2 |
| **五、家用电器及音像器材** | **95.1** | **94.5** | **95.7** | **96.7** | **98.1** | **95.1** |
| 1. 家庭设备 | 99.5 | 100.0 | 99.0 | 101.6 | 103.5 | 99.5 |
| 2. 文娱用耐用消费品 | 89.4 | 87.7 | 91.5 | 90.5 | 91.5 | 89.2 |
| 3. 音像器材 | 99.6 | 99.8 | 99.0 | 98.8 | 98.4 | 100.0 |
| **六、文化办公用品** | **96.6** | **97.6** | **95.6** | **97.7** | **98.2** | **97.2** |
| **七、日用品** | **99.7** | **102.1** | **97.4** | **101.9** | **102.4** | **101.4** |
| 1. 日用百货 | 94.8 | 102.2 | 88.5 | 100.6 | 102.0 | 99.2 |

# 2006—2007 年广西全区及城乡商品零售价格分类指数（续表 2）

以上年价格为 100

| 类　别 | 2006 年 | | | 2007 年 | | |
|---|---|---|---|---|---|---|
| | 全区 | 城市 | 农村 | 全区 | 城市 | 农村 |
| 2. 日用杂品 | 103.5 | 106.9 | 100.2 | 102.5 | 103.0 | 101.9 |
| 3. 洗涤用品 | 101.8 | 99.5 | 104.0 | 103.9 | 102.6 | 105.1 |
| 4. 其他日用品 | 101.1 | 101.1 | 101.2 | 100.4 | 102.0 | 98.8 |
| **八、体育娱乐用品** | **97.7** | **99.3** | **96.0** | **99.6** | **100.4** | **98.7** |
| 1. 体育用品 | 97.3 | 100.4 | 93.7 | 99.7 | 101.2 | 97.9 |
| 2. 娱乐用品 | 98.2 | 98.1 | 98.3 | 99.5 | 99.5 | 99.5 |
| **九、交通、通信用品** | **91.4** | **90.8** | **92.1** | **91.5** | **91.2** | **91.9** |
| 1. 交通运输机械 | 97.4 | 97.2 | 97.7 | 96.7 | 96.3 | 97.2 |
| 2. 通信器材 | 80.4 | 78.3 | 82.7 | 81.1 | 79.9 | 82.4 |
| **十、家　　具** | **100.2** | **100.7** | **99.6** | **100.8** | **100.4** | **101.3** |
| **十一、化 妆 品** | **101.0** | **100.5** | **101.4** | **100.8** | **101.0** | **100.7** |
| **十二、金银珠宝** | **118.9** | **119.7** | **117.8** | **106.9** | **106.9** | **107.0** |
| **十三、中西药品及医疗保健用品** | **101.5** | **103.1** | **100.0** | **103.7** | **101.8** | **105.7** |
| 1. 医疗器具及用品 | 99.4 | 104.1 | 94.3 | 99.8 | 100.4 | 99.1 |
| 2. 中药材及中成药 | 105.8 | 109.1 | 102.7 | 113.7 | 109.9 | 117.3 |
| 3. 西　　药 | 98.8 | 99.5 | 98.2 | 97.9 | 97.0 | 98.7 |
| 4. 保健器具及用品 | 100.7 | 99.4 | 102.3 | 100.0 | 99.3 | 100.8 |
| **十四、书报杂志及电子出版物** | **98.9** | **98.1** | **99.7** | **98.5** | **98.3** | **98.6** |
| 1. 教材及参考书 | 97.7 | 96.5 | 98.6 | 94.8 | 93.1 | 96.0 |
| 2. 书报杂志 | 100.1 | 100.0 | 100.2 | 100.5 | 100.7 | 100.3 |
| 3. 电子音像制品 | 98.9 | 96.6 | 101.3 | 101.2 | 101.0 | 101.3 |
| **十五、燃　　料** | **113.0** | **112.9** | **113.1** | **104.3** | **103.3** | **105.5** |
| 1. 煤炭及制品 | 105.7 | 103.4 | 107.8 | 105.3 | 102.4 | 109.0 |
| 2. 石油及制品 | 114.1 | 114.1 | 114.0 | 104.3 | 103.4 | 105.4 |
| 液化石油气 | 112.1 | 113.5 | 110.5 | 106.6 | 105.4 | 108.0 |
| 管道燃气 | 106.8 | 106.8 | | 101.0 | 101.0 | |
| 汽　　油 | 116.3 | 116.3 | 116.4 | 101.5 | 101.2 | 101.9 |
| 柴　　油 | 116.5 | 116.2 | 116.7 | 105.7 | 105.4 | 105.9 |
| **十六、建筑材料及五金电料** | **100.7** | **101.1** | **100.4** | **106.9** | **109.8** | **104.9** |
| 1. 建筑装潢材料 | 100.2 | 100.9 | 99.8 | 108.5 | 112.1 | 106.1 |
| 2. 五金电料 | 102.3 | 101.7 | 102.7 | 101.4 | 102.6 | 100.4 |

# 2008—2010年广西全区及城乡商品零售价格分类指数

以上年价格为100

| 类　别 | 2008年 | | | 2009年 | | | 2010年 | | |
|---|---|---|---|---|---|---|---|---|---|
| | 全区 | 城市 | 农村 | 全区 | 城市 | 农村 | 全区 | 城市 | 农村 |
| **商品零售价格总指数** | **107.6** | **107.6** | **108.3** | **98.0** | **98.1** | **96.9** | **103.0** | **103.0** | **103.2** |
| **一、食　品** | **120.4** | **119.6** | **121.0** | **99.5** | **99.9** | **97.2** | **107.2** | **107.3** | **106.5** |
| 1. 粮　食 | 112.1 | 112.7 | 110.8 | 106.0 | 106.3 | 104.3 | 106.7 | 106.6 | 107.2 |
| 大　米 | 112.8 | 113.1 | 111.2 | 105.8 | 106.1 | 104.0 | 107.1 | 107.0 | 107.9 |
| 2. 淀　粉 | 125.2 | 128.7 | 111.2 | 97.1 | 96.6 | 99.4 | 106.3 | 105.4 | 110.7 |
| 3. 干豆类及豆制品 | 139.5 | 138.9 | 140.5 | 96.9 | 97.3 | 95.2 | 109.5 | 109.2 | 110.7 |
| 4. 油　脂 | 121.0 | 121.0 | 125.7 | 80.6 | 81.5 | 76.3 | 103.5 | 102.5 | 109.0 |
| 食用植物油 | 122.2 | 122.1 | 128.6 | 79.4 | 80.8 | 73.7 | 106.6 | 105.0 | 114.6 |
| 5. 肉禽及其制品 | 122.0 | 122.2 | 121.1 | 92.0 | 92.5 | 89.7 | 103.1 | 103.2 | 102.7 |
| (1) 食用畜肉及副产品 | 128.0 | 129.4 | 126.1 | 86.1 | 86.6 | 84.0 | 101.4 | 101.6 | 100.7 |
| 猪　肉 | 121.0 | 121.8 | 120.7 | 78.3 | 78.1 | 79.4 | 101.2 | 101.2 | 101.1 |
| 牛　肉 | 152.8 | 155.8 | 146.8 | 102.7 | 102.9 | 100.8 | 99.5 | 99.5 | 99.5 |
| 羊　肉 | 123.7 | 122.6 | 124.6 | 96.0 | 95.2 | 102.4 | 107.1 | 107.5 | 103.6 |
| (2) 禽 | 110.6 | 110.6 | 109.7 | 100.0 | 100.4 | 97.5 | 106.5 | 106.4 | 107.1 |
| 鸡 | 108.3 | 106.2 | 108.4 | 100.6 | 101.1 | 97.4 | 104.9 | 104.7 | 105.4 |
| 鸭 | 116.1 | 117.1 | 113.2 | 98.7 | 98.8 | 98.0 | 109.8 | 109.6 | 111.3 |
| (3) 肉禽加工制品 | 119.8 | 119.0 | 122.2 | 99.2 | 99.4 | 98.2 | 102.5 | 102.7 | 101.6 |
| 6. 蛋 | 102.2 | 101.8 | 111.7 | 101.0 | 100.9 | 100.7 | 106.3 | 106.2 | 107.1 |
| 鲜　蛋 | 101.7 | 101.0 | 111.7 | 100.9 | 100.9 | 100.6 | 106.5 | 106.4 | 107.1 |
| 7. 水 产 品 | 116.7 | 116.2 | 120.9 | 100.3 | 101.2 | 94.1 | 109.6 | 109.7 | 108.7 |
| (1) 鱼 | 123.3 | 123.2 | 127.0 | 95.5 | 96.3 | 91.4 | 107.4 | 107.6 | 106.3 |
| 淡 水 鱼 | 129.8 | 131.7 | 128.7 | 89.1 | 89.4 | 87.8 | 106.1 | 106.2 | 106.0 |
| 海 水 鱼 | 111.9 | 110.1 | 118.6 | 107.2 | 107.5 | 106.8 | 109.2 | 109.5 | 106.3 |
| (2) 其他水产品 | 104.0 | 104.8 | 102.7 | 109.4 | 110.0 | 101.2 | 113.0 | 112.8 | 114.6 |
| 虾 蟹 类 | 104.0 | 104.8 | 102.6 | 109.4 | 110.0 | 101.2 | 113.0 | 112.8 | 114.6 |
| 8. 菜 | 139.8 | 139.8 | 139.6 | 105.5 | 105.6 | 104.9 | 123.4 | 123.7 | 121.4 |
| 鲜　菜 | 141.9 | 141.9 | 141.8 | 106.2 | 106.5 | 104.7 | 124.6 | 125.0 | 122.0 |
| 9. 调 味 品 | 107.4 | 107.4 | 106.4 | 101.6 | 101.5 | 102.2 | 102.9 | 102.7 | 103.4 |
| 盐 | 100.1 | 100.0 | 100.3 | 99.6 | 99.6 | 99.5 | 100.8 | 99.8 | 103.9 |
| 酱　油 | 109.9 | 108.3 | 110.3 | 100.4 | 100.6 | 99.8 | 102.9 | 103.3 | 100.4 |
| 10. 糖 | 106.9 | 106.1 | 107.0 | 107.0 | 107.5 | 104.6 | 110.1 | 109.4 | 113.2 |
| 食　糖 | 97.4 | 99.4 | 95.9 | 109.1 | 110.8 | 104.0 | 123.5 | 122.8 | 126.2 |

# 2008—2010 年广西全区及城乡商品零售价格分类指数（续表 1）

以上年价格为 100

| 类 别 | 2008 年 | | | 2009 年 | | | 2010 年 | | |
|---|---|---|---|---|---|---|---|---|---|
| | 全区 | 城市 | 农村 | 全区 | 城市 | 农村 | 全区 | 城市 | 农村 |
| 11. 干鲜瓜果 | 109.8 | 109.8 | 116.8 | 107.8 | 107.6 | 108.2 | 114.0 | 114.7 | 109.3 |
| 鲜 瓜 果 | 108.3 | 108.3 | 116.2 | 108.8 | 108.6 | 109.5 | 114.9 | 116.0 | 108.5 |
| 12. 糕点饼干面包 | 112.6 | 108.9 | 116.8 | 101.0 | 101.5 | 97.8 | 101.2 | 101.3 | 101.0 |
| 13. 液体乳及乳制品 | 120.4 | 120.5 | 117.4 | 104.5 | 105.1 | 97.8 | 101.6 | 101.5 | 102.8 |
| 14. 在外用膳食品 | 116.4 | 116.4 | 114.6 | 104.0 | 104.1 | 103.4 | 103.6 | 103.8 | 102.3 |
| 15. 其他食品 | 105.1 | 104.2 | 113.8 | 103.3 | 102.4 | 109.5 | 101.5 | 101.7 | 100.4 |
| **二、饮料、烟酒** | **103.6** | **102.9** | **104.3** | **100.7** | **100.6** | **101.1** | **101.5** | **101.5** | **101.6** |
| 1. 茶及饮料 | 103.4 | 103.0 | 105.3 | 99.5 | 99.3 | 100.2 | 101.4 | 101.5 | 100.8 |
| (1) 茶 叶 | 101.4 | 100.7 | 104.4 | 99.9 | 99.3 | 102.7 | 100.8 | 100.6 | 101.6 |
| (2) 饮 料 | 104.1 | 103.9 | 105.7 | 99.4 | 99.4 | 99.3 | 101.7 | 102.0 | 100.5 |
| 2. 烟 草 | 98.9 | 98.6 | 99.1 | 99.3 | 99.6 | 98.6 | 100.1 | 100.2 | 100.0 |
| 3. 酒 | 109.2 | 107.8 | 109.5 | 103.1 | 102.6 | 104.3 | 103.1 | 102.9 | 103.9 |
| **三、服装、鞋帽** | **97.8** | **101.6** | **96.9** | **97.0** | **97.7** | **93.3** | **99.1** | **99.1** | **99.4** |
| 1. 服 装 | 97.8 | 102.4 | 97.4 | 98.8 | 99.8 | 93.2 | 99.8 | 99.4 | 101.8 |
| (1) 男式服装 | 98.8 | 103.1 | 95.0 | 99.6 | 100.6 | 93.5 | 98.6 | 98.2 | 101.4 |
| (2) 女式服装 | 95.3 | 102.1 | 94.9 | 99.0 | 99.8 | 94.5 | 100.1 | 99.8 | 102.2 |
| (3) 儿童服装 | 103.8 | 101.3 | 110.2 | 95.5 | 97.2 | 88.9 | 101.7 | 101.8 | 101.4 |
| 2. 鞋 袜 帽 | 97.9 | 99.8 | 95.8 | 93.0 | 92.9 | 93.9 | 97.5 | 98.2 | 93.8 |
| (1) 鞋 | 97.8 | 99.8 | 95.3 | 91.9 | 91.7 | 93.0 | 97.0 | 97.8 | 92.5 |
| (2) 袜 子 | 98.1 | 100.3 | 98.1 | 100.3 | 100.6 | 98.9 | 100.8 | 100.7 | 101.3 |
| (3) 帽 子 | 100.3 | 99.4 | 105.9 | 101.0 | 101.3 | 99.7 | 100.1 | 100.1 | 100.0 |
| 3. 其 他 | 100.3 | 100.5 | 96.5 | 93.3 | 93.4 | 92.5 | 98.2 | 98.1 | 98.7 |
| **四、纺 织 品** | **100.6** | **100.2** | **110.7** | **100.7** | **100.7** | **100.8** | **100.2** | **99.7** | **102.6** |
| 1. 衣着材料 | 101.3 | 100.8 | 101.7 | 103.4 | 105.6 | 96.3 | 103.4 | 102.7 | 106.2 |
| 2. 床上用品 | 100.0 | 100.0 | 116.6 | 99.2 | 98.3 | 103.5 | 98.5 | 98.2 | 100.3 |
| **五、家用电器及音像器材** | **95.2** | **96.8** | **91.0** | **92.7** | **92.7** | **92.3** | **96.2** | **96.2** | **96.4** |
| 1. 家庭设备 | 101.4 | 102.1 | 98.2 | 95.4 | 95.6 | 94.4 | 96.8 | 96.7 | 97.0 |
| 2. 文娱用耐用消费品 | 87.1 | 90.1 | 81.2 | 88.4 | 88.3 | 88.9 | 95.1 | 95.1 | 95.6 |
| 3. 音像器材 | 99.3 | 99.2 | 99.9 | 98.0 | 97.9 | 99.3 | 99.9 | 99.9 | 98.4 |
| **六、文化办公用品** | **95.9** | **96.7** | **95.0** | **96.5** | **96.6** | **95.4** | **98.9** | **98.9** | **99.2** |
| **七、日 用 品** | **105.0** | **104.6** | **107.6** | **101.3** | **101.1** | **102.0** | **99.9** | **99.8** | **99.9** |
| 1. 日用百货 | 102.3 | 102.1 | 104.6 | 100.8 | 100.6 | 102.1 | 100.0 | 100.0 | 100.0 |
| 2. 日用杂品 | 104.6 | 103.2 | 105.8 | 100.5 | 100.1 | 102.5 | 100.0 | 99.9 | 100.3 |

## 2008—2010 年广西全区及城乡商品零售价格分类指数（续表 2）

以上年价格为 100

| 类　别 | 2008 年 | | | 2009 年 | | | 2010 年 | | |
|---|---|---|---|---|---|---|---|---|---|
| | 全区 | 城市 | 农村 | 全区 | 城市 | 农村 | 全区 | 城市 | 农村 |
| 3. 洗涤用品 | 109.7 | 109.1 | 115.5 | 103.2 | 103.2 | 102.9 | 99.8 | 99.9 | 99.4 |
| 4. 其他日用品 | 102.6 | 102.6 | 102.9 | 99.6 | 99.7 | 99.4 | 99.6 | 99.5 | 100.2 |
| **八、体育娱乐用品** | **98.1** | **99.1** | **95.1** | **97.6** | **97.8** | **96.7** | **98.9** | **99.1** | **98.0** |
| 1. 体育用品 | 99.7 | 100.3 | 98.1 | 99.2 | 98.9 | 101.0 | 100.2 | 100.4 | 98.6 |
| 2. 娱乐用品 | 96.3 | 97.8 | 92.1 | 96.0 | 96.5 | 92.4 | 97.6 | 97.6 | 97.4 |
| **九、交通、通信用品** | **92.9** | **93.9** | **92.7** | **96.1** | **96.0** | **96.4** | **97.3** | **97.4** | **96.9** |
| 1. 交通运输机械 | 97.9 | 97.9 | 98.0 | 99.3 | 99.3 | 99.5 | 99.2 | 99.1 | 100.0 |
| 2. 通信器材 | 82.5 | 82.5 | 83.1 | 89.3 | 89.1 | 90.7 | 93.7 | 94.1 | 91.5 |
| **十、家　　具** | **99.6** | **99.4** | **101.6** | **97.1** | **97.4** | **95.5** | **98.3** | **98.1** | **99.0** |
| **十一、化 妆 品** | **99.8** | **99.8** | **99.9** | **101.5** | **101.5** | **101.5** | **100.7** | **100.6** | **101.4** |
| **十二、金银珠宝** | **111.2** | **111.2** | **118.7** | **98.5** | **98.7** | **96.9** | **114.0** | **113.9** | **114.2** |
| **十三、中西药品及医疗保健用品** | **103.4** | **103.4** | **104.3** | **101.0** | **100.7** | **102.5** | **101.7** | **101.5** | **103.3** |
| 1. 医疗器具及用品 | 99.7 | 99.7 | 100.1 | 102.9 | 103.1 | 100.8 | 105.6 | 105.9 | 103.6 |
| 2. 中药材及中成药 | 105.4 | 107.3 | 104.4 | 99.4 | 98.8 | 102.6 | 103.1 | 102.1 | 108.5 |
| 3. 西　　药 | 101.5 | 100.9 | 103.4 | 100.5 | 100.6 | 100.3 | 100.4 | 100.4 | 100.0 |
| 4. 保健器具及用品 | 107.8 | 106.4 | 113.4 | 106.8 | 105.4 | 116.8 | 100.7 | 100.9 | 99.2 |
| **十四、书报杂志及电子出版物** | **99.7** | **100.1** | **99.3** | **104.5** | **104.7** | **103.5** | **99.5** | **99.5** | **99.6** |
| 1. 教材及参考书 | 98.2 | 98.2 | 98.6 | 102.0 | 101.9 | 102.3 | 98.8 | 98.6 | 99.9 |
| 2. 书报杂志 | 101.4 | 101.4 | 101.1 | 110.2 | 110.4 | 108.7 | 100.3 | 100.4 | 100.0 |
| 3. 电子音像制品 | 99.4 | 99.7 | 97.8 | 97.8 | 97.8 | 97.6 | 99.1 | 99.2 | 98.6 |
| **十五、燃　　料** | **117.6** | **116.8** | **117.8** | **91.6** | **92.2** | **88.0** | **115.3** | **115.1** | **116.6** |
| 1. 煤炭及制品 | 128.6 | 131.9 | 121.6 | 96.9 | 100.1 | 77.6 | 104.3 | 104.4 | 103.1 |
| 2. 石油及制品 | 116.2 | 114.9 | 117.4 | 90.5 | 90.7 | 88.7 | 116.4 | 116.2 | 117.7 |
| 液化石油气 | 118.2 | 118.2 | 117.7 | 74.6 | 74.9 | 72.6 | 124.6 | 124.7 | 123.8 |
| 管道燃气 | 101.4 | 101.4 | | 107.6 | 107.6 | | 103.5 | 103.5 | |
| 汽　　油 | 116.1 | 116.1 | 116.2 | 99.3 | 99.1 | 100.9 | 114.5 | 114.5 | 114.4 |
| 柴　　油 | 117.3 | 116.8 | 117.9 | 96.6 | 96.2 | 98.1 | 115.7 | 115.7 | 115.6 |
| **十六、建筑材料及五金电料** | **110.5** | **110.9** | **110.1** | **97.8** | **98.0** | **96.5** | **104.8** | **104.7** | **105.4** |
| 建筑装潢材料 | 112.6 | 113.6 | 111.1 | 96.6 | 96.6 | 96.4 | 105.4 | 105.3 | 106.2 |
| 五金电料 | 102.7 | 101.4 | 106.2 | 101.9 | 102.9 | 96.3 | 102.8 | 102.8 | 102.5 |

# 2011—2013年广西全区及城乡商品零售价分类格指数

上年价格为100

| 类别 | 2011年 | | | 2012年 | | | 2013年 | | |
|---|---|---|---|---|---|---|---|---|---|
| | 全区 | 城市 | 农村 | 全区 | 城市 | 农村 | 全区 | 城市 | 农村 |
| **商品零售价格总指数** | **106.0** | **105.7** | **106.6** | **102.3** | **102.2** | **102.4** | **101.2** | **101.1** | **101.3** |
| **一、食　　品** | **114.2** | **113.4** | **115.8** | **105.4** | **105.4** | **105.3** | **103.9** | **104.2** | **103.4** |
| 1. 粮　　食 | 117.0 | 117.1 | 117.0 | 103.5 | 103.3 | 103.7 | 101.6 | 101.3 | 102.0 |
| 大　　米 | 118.6 | 118.9 | 118.0 | 103.5 | 103.3 | 103.9 | 100.2 | 100.0 | 100.7 |
| 2. 淀粉及制品 | 111.7 | 112.8 | 109.5 | 102.5 | 101.8 | 104.1 | 101.8 | 102.1 | 101.3 |
| 3. 干豆类及豆制品 | 106.3 | 105.2 | 108.1 | 101.6 | 101.5 | 101.8 | 105.2 | 105.6 | 104.5 |
| 4. 油　　脂 | 111.8 | 111.5 | 112.2 | 108.3 | 109.0 | 107.1 | 101.1 | 101.2 | 101.1 |
| 食用植物油 | 114.3 | 114.2 | 114.5 | 110.1 | 111.6 | 107.7 | 102.6 | 102.6 | 102.5 |
| 5. 肉禽及其制品 | 120.2 | 119.2 | 122.0 | 104.0 | 104.5 | 103.2 | 102.8 | 103.5 | 101.6 |
| (1) 食用畜肉及副产品 | 125.0 | 123.7 | 127.1 | 103.9 | 104.8 | 102.3 | 104.3 | 105.3 | 102.4 |
| 猪　　肉 | 130.6 | 129.8 | 131.9 | 95.3 | 94.7 | 96.1 | 99.5 | 100.0 | 98.8 |
| 牛　　肉 | 104.5 | 103.5 | 107.7 | 138.3 | 138.8 | 136.8 | 119.7 | 120.4 | 117.6 |
| 羊　　肉 | 121.3 | 121.6 | 120.4 | 126.3 | 126.3 | 126.3 | 110.5 | 110.0 | 111.9 |
| (2) 禽 | 114.1 | 113.9 | 114.6 | 103.3 | 103.4 | 103.0 | 100.7 | 101.1 | 100.1 |
| 鸡 | 114.5 | 114.7 | 114.1 | 103.1 | 103.0 | 103.4 | 99.8 | 100.3 | 98.9 |
| 鸭 | 113.6 | 112.6 | 115.7 | 103.6 | 104.3 | 102.1 | 102.7 | 102.6 | 103.0 |
| (3) 加工肉禽 | 113.8 | 113.1 | 115.1 | 106.5 | 105.7 | 108.1 | 100.7 | 100.7 | 100.6 |
| 6. 蛋 | 113.6 | 114.1 | 112.8 | 97.5 | 97.3 | 97.7 | 107.6 | 108.3 | 106.2 |
| 鲜　　蛋 | 113.7 | 114.3 | 112.5 | 96.9 | 96.7 | 97.4 | 107.8 | 108.5 | 106.5 |
| 7. 水 产 品 | 117.5 | 116.3 | 120.5 | 105.1 | 105.1 | 105.2 | 104.5 | 105.8 | 101.5 |
| (1) 鱼 | 117.4 | 115.2 | 122.0 | 103.6 | 103.2 | 104.4 | 102.1 | 103.4 | 99.6 |
| 淡 水 鱼 | 118.3 | 117.2 | 120.0 | 101.9 | 101.5 | 102.6 | 101.3 | 102.6 | 99.4 |
| 海 水 鱼 | 115.9 | 112.6 | 129.3 | 106.8 | 105.8 | 110.5 | 103.6 | 104.5 | 100.4 |
| (2) 其他水产品 | 117.7 | 118.3 | 115.4 | 108.4 | 108.5 | 107.8 | 109.5 | 110.1 | 107.6 |
| 虾 蟹 类 | 118.2 | 119.0 | 115.6 | 108.7 | 108.9 | 108.0 | 109.8 | 110.3 | 107.8 |
| 8. 菜 | 107.4 | 107.0 | 108.2 | 116.2 | 116.2 | 116.3 | 107.3 | 107.3 | 107.3 |
| 鲜　　菜 | 107.2 | 106.8 | 108.0 | 118.6 | 118.6 | 118.6 | 107.6 | 107.5 | 107.8 |
| 9. 调 味 品 | 103.5 | 103.7 | 103.0 | 101.6 | 101.7 | 101.3 | 102.0 | 102.1 | 101.8 |
| 食 用 盐 | 100.1 | 99.7 | 100.8 | 99.7 | 99.5 | 100.0 | 100.0 | 99.9 | 100.0 |
| 酱　　油 | 106.0 | 106.0 | 106.1 | 102.6 | 102.8 | 102.2 | 103.7 | 103.8 | 103.5 |
| 10. 糖 | 113.7 | 111.8 | 116.9 | 103.4 | 105.5 | 100.2 | 98.4 | 99.1 | 97.4 |
| 食　　糖 | 122.9 | 118.7 | 128.5 | 102.3 | 105.9 | 97.9 | 95.6 | 97.4 | 93.2 |
| 11. 干鲜瓜果 | 115.2 | 115.8 | 114.0 | 98.7 | 99.4 | 97.1 | 107.4 | 108.6 | 104.5 |

## 2011—2013年广西全区及城乡商品零售价分类格指数（续表1）

上年价格为100

| 类别 | 2011年 | | | 2012年 | | | 2013年 | | |
|---|---|---|---|---|---|---|---|---|---|
| | 全区 | 城市 | 农村 | 全区 | 城市 | 农村 | 全区 | 城市 | 农村 |
| 鲜瓜果 | 115.7 | 116.2 | 114.5 | 98.0 | 98.8 | 96.1 | 109.2 | 110.7 | 105.8 |
| 12. 糕点饼干面包 | 107.4 | 108.2 | 105.3 | 104.1 | 105.1 | 101.7 | 102.0 | 102.7 | 100.3 |
| 13. 液体乳及乳制品 | 104.6 | 104.7 | 104.4 | 103.2 | 103.2 | 103.2 | 104.7 | 104.0 | 106.7 |
| 14. 在外用膳食品 | 110.5 | 108.6 | 114.6 | 108.7 | 107.2 | 111.8 | 103.9 | 102.8 | 106.1 |
| 15. 其他食品 | 107.1 | 107.7 | 106.0 | 104.7 | 103.6 | 106.9 | 103.6 | 102.3 | 106.2 |
| **二、饮料、烟酒** | **103.3** | **103.6** | **102.9** | **102.8** | **103.4** | **101.9** | **100.5** | **100.5** | **100.5** |
| 1. 茶及饮料 | 103.8 | 103.8 | 103.7 | 103.5 | 104.8 | 101.2 | 101.9 | 102.3 | 101.3 |
| (1) 茶叶 | 101.3 | 100.0 | 103.6 | 101.8 | 101.7 | 101.9 | 101.5 | 101.0 | 102.5 |
| (2) 饮料 | 104.8 | 105.4 | 103.7 | 104.1 | 106.0 | 101.0 | 102.1 | 102.8 | 100.9 |
| 2. 烟草 | 100.2 | 100.2 | 100.3 | 100.2 | 100.3 | 100.1 | 99.9 | 100.0 | 99.8 |
| 3. 酒 | 106.5 | 107.3 | 105.4 | 105.2 | 105.7 | 104.6 | 100.0 | 99.5 | 100.7 |
| **三、服装、鞋帽** | **100.7** | **102.5** | **97.5** | **102.8** | **102.1** | **104.3** | **101.7** | **101.7** | **101.7** |
| 1. 服装 | 102.0 | 103.8 | 98.5 | 104.3 | 103.4 | 106.3 | 102.3 | 102.3 | 102.1 |
| (1) 男式服装 | 101.9 | 104.2 | 97.3 | 104.6 | 103.2 | 107.4 | 101.9 | 101.8 | 102.0 |
| (2) 女式服装 | 102.8 | 104.8 | 98.7 | 104.8 | 104.3 | 105.9 | 102.0 | 102.0 | 101.9 |
| (3) 儿童服装 | 99.5 | 98.9 | 100.6 | 101.9 | 100.0 | 104.8 | 104.3 | 105.3 | 102.9 |
| 2. 鞋袜帽 | 98.3 | 99.8 | 95.6 | 99.4 | 98.8 | 100.5 | 100.3 | 99.7 | 101.4 |
| (1) 鞋 | 98.0 | 99.8 | 94.8 | 99.3 | 98.6 | 100.6 | 100.3 | 99.6 | 101.6 |
| (2) 袜子 | 100.0 | 99.8 | 100.4 | 100.4 | 100.9 | 99.8 | 100.1 | 100.1 | 99.9 |
| (3) 帽子 | 99.5 | 99.8 | 98.9 | 99.1 | 99.0 | 99.4 | 101.3 | 102.0 | 99.7 |
| 3. 其他 | 96.7 | 97.4 | 95.7 | 99.8 | 101.0 | 97.7 | 100.8 | 102.1 | 98.7 |
| **四、纺织品** | **107.5** | **106.1** | **110.0** | **101.4** | **101.2** | **101.7** | **101.7** | **100.8** | **103.2** |
| 1. 衣着材料 | 111.9 | 108.9 | 116.5 | 105.9 | 104.9 | 107.3 | 101.1 | 99.7 | 102.9 |
| 2. 床上用品 | 105.2 | 104.8 | 105.9 | 98.9 | 99.3 | 98.0 | 102.0 | 101.3 | 103.5 |
| **五、家用电器及音像器材** | **96.6** | **96.1** | **97.7** | **97.0** | **96.9** | **97.0** | **98.4** | **98.4** | **98.4** |
| 1. 家庭设备 | 98.2 | 97.9 | 98.6 | 99.1 | 99.2 | 98.9 | 100.6 | 100.6 | 100.7 |
| 2. 文娱用耐用消费品 | 94.4 | 93.4 | 96.5 | 94.0 | 93.6 | 94.7 | 95.2 | 95.1 | 95.5 |
| 3. 专业音像器材 | 100.0 | 100.0 | 99.6 | 100.3 | 100.4 | 98.6 | 100.4 | 100.6 | 97.5 |
| **六、文化办公用品** | **98.9** | **98.2** | **100.2** | **99.0** | **98.8** | **99.6** | **98.6** | **98.3** | **99.3** |
| **七、日用品** | **102.3** | **102.1** | **102.7** | **101.4** | **101.3** | **101.5** | **100.6** | **100.5** | **100.9** |
| 1. 日用百货 | 102.7 | 101.9 | 104.0 | 101.3 | 101.4 | 101.1 | 100.2 | 100.3 | 99.9 |
| 2. 日用杂品 | 101.5 | 101.7 | 101.2 | 101.2 | 101.6 | 100.4 | 100.9 | 100.5 | 101.6 |
| 3. 洗涤用品 | 103.1 | 103.2 | 103.0 | 102.2 | 101.8 | 102.9 | 101.0 | 100.7 | 101.6 |

# 2011—2013年广西全区及城乡商品零售价分类格指数（续表2）

上年价格为100

| 类别 | 2011年 | | | 2012年 | | | 2013年 | | |
|---|---|---|---|---|---|---|---|---|---|
| | 全区 | 城市 | 农村 | 全区 | 城市 | 农村 | 全区 | 城市 | 农村 |
| 4. 其他日用品 | 101.2 | 101.1 | 101.4 | 100.5 | 100.2 | 101.3 | 100.5 | 100.4 | 100.6 |
| **八、体育娱乐用品** | **100.7** | **100.5** | **101.2** | **100.1** | **100.2** | **99.9** | **100.0** | **100.0** | **100.0** |
| 1. 体育用品 | 100.9 | 100.6 | 101.4 | 100.1 | 100.0 | 100.5 | 100.4 | 100.1 | 101.1 |
| 2. 娱乐用品 | 100.5 | 100.3 | 101.0 | 100.0 | 100.4 | 99.2 | 99.6 | 99.9 | 98.8 |
| **九、交通、通信用品** | **97.7** | **97.7** | **97.8** | **97.4** | **97.4** | **97.5** | **98.5** | **97.8** | **100.1** |
| 1. 交通运输机械 | 99.6 | 98.8 | 101.6 | 99.5 | 99.3 | 99.9 | 99.8 | 99.7 | 100.0 |
| 2. 通信器材 | 94.2 | 95.5 | 91.8 | 93.6 | 93.8 | 93.3 | 95.9 | 93.8 | 100.1 |
| **十、家　　具** | **103.3** | **103.4** | **102.9** | **102.2** | **102.2** | **102.2** | **100.2** | **99.9** | **100.8** |
| **十一、化 妆 品** | **101.4** | **101.4** | **101.2** | **102.0** | **102.1** | **101.6** | **101.0** | **100.8** | **101.3** |
| **十二、金银珠宝** | **114.2** | **113.0** | **117.3** | **102.5** | **102.2** | **103.3** | **90.6** | **90.5** | **91.0** |
| **十三、中西药品及医疗保健用品** | **105.2** | **104.7** | **106.3** | **101.8** | **101.7** | **102.1** | **100.6** | **100.3** | **101.3** |
| 1. 医疗器具及用品 | 101.6 | 102.9 | 97.9 | 102.0 | 102.9 | 99.7 | 100.9 | 101.0 | 100.7 |
| 2. 中药材及中成药 | 115.2 | 113.5 | 118.3 | 103.2 | 103.2 | 103.3 | 100.8 | 99.6 | 102.9 |
| 3. 西　　药 | 99.6 | 99.7 | 99.4 | 101.0 | 100.7 | 101.5 | 100.5 | 100.7 | 100.0 |
| 4. 保健器具及用品 | 101.1 | 101.5 | 100.0 | 100.3 | 100.2 | 100.6 | 100.7 | 100.4 | 101.4 |
| **十四、书报杂志及电子出版物** | **100.4** | **100.3** | **100.5** | **100.3** | **100.3** | **100.3** | **99.9** | **99.8** | **100.1** |
| 1. 教材及参考书 | 100.4 | 100.4 | 100.6 | 100.6 | 100.7 | 100.5 | 99.9 | 99.6 | 100.2 |
| 2. 书报杂志 | 100.4 | 100.3 | 100.7 | 100.2 | 100.2 | 100.1 | 100.0 | 100.0 | 100.2 |
| 3. 电子音像制品 | 100.1 | 100.3 | 99.8 | 100.1 | 100.0 | 100.3 | 99.7 | 99.7 | 99.7 |
| **十五、燃　　料** | **109.7** | **110.0** | **109.1** | **103.9** | **103.8** | **104.1** | **99.7** | **99.5** | **99.9** |
| 1. 煤炭及制品 | 107.7 | 111.0 | 101.9 | 100.0 | 103.0 | 94.2 | 99.6 | 99.4 | 100.0 |
| 2. 石油及制品 | 109.9 | 109.9 | 110.0 | 104.3 | 103.9 | 105.2 | 99.7 | 99.6 | 99.9 |
| 液化石油气 | 107.7 | 108.1 | 107.1 | 106.7 | 105.8 | 108.7 | 101.3 | 101.1 | 101.6 |
| 管道燃气 | 99.0 | 99.1 | 97.1 | 103.0 | 103.0 | 103.0 | 98.1 | 98.3 | 91.9 |
| 汽　　油 | 112.8 | 113.1 | 112.0 | 102.8 | 102.7 | 102.8 | 98.8 | 98.7 | 98.9 |
| 柴　　油 | 113.1 | 113.6 | 112.4 | 103.1 | 103.0 | 103.1 | 98.6 | 98.6 | 98.6 |
| **十六、建筑材料及五金电料** | **106.2** | **106.0** | **106.5** | **99.8** | **100.2** | **99.2** | **100.9** | **101.3** | **100.2** |
| 1. 建筑装潢材料 | 107.2 | 107.2 | 107.1 | 99.6 | 100.0 | 98.9 | 101.1 | 101.7 | 100.3 |
| 2. 五金电料 | 102.7 | 102.0 | 103.9 | 100.8 | 101.0 | 100.5 | 99.9 | 99.9 | 99.9 |

## 1984—1993年广西城市集市贸易价格分类指数

以上年价格为100

| 类别 | 1984 | 1985 | 1986 | 1987 | 1988 | 1989 | 1990 | 1991 | 1992 | 1993 |
|---|---|---|---|---|---|---|---|---|---|---|
| **总指数** | **98.9** | **124.8** | **105.1** | **116.8** | **126.9** | **116.3** | **93.5** | **96.9** | **102.5** | **124.7** |
| **一、消费品价格指数** | **98.9** | **124.8** | **105.1** | **116.8** | **126.9** | **116.3** | **93.5** | **96.9** | **102.5** | **124.7** |
| 1. 粮　　食 | 89.8 | 108.5 | 119.9 | 127.9 | 119.9 | 127.6 | 78.0 | 94.1 | 99.0 | 118.6 |
| 2. 食用植物油 | 90.7 | 110.0 | 108.5 | 104.6 | 117.6 | 130.2 | 92.8 | 98.5 | 96.8 | 125.7 |
| 3. 鲜 菜 类 | 94.2 | 138.6 | 99.3 | 137.4 | 110.9 | 113.6 | 99.7 | 100.9 | 107.3 | 137.4 |
| 4. 干 菜 类 | 100.9 | 105.7 | 104.6 | 125.1 | 119.1 | 114.0 | 92.4 | 94.5 | 115.0 | 121.1 |
| 5. 肉禽蛋类 | 97.9 | 121.9 | 107.7 | 112.7 | 132.7 | 120.1 | 91.6 | 94.5 | 102.6 | 122.4 |
| 6. 水产品类 | 107.3 | 132.6 | 101.6 | 113.9 | 133.2 | 112.5 | 95.3 | 100.0 | 103.9 | 133.7 |
| 7. 鲜 果 类 | 102.2 | 134.5 | 99.9 | 114.0 | 125.7 | 101.8 | 96.4 | 105.2 | 96.0 | 118.5 |
| 8. 干 果 类 | 97.5 | 110.5 | 110.3 | 121.8 | 116.3 | 106.9 | 103.9 | 110.1 | 95.8 | 122.4 |
| 9. 日用杂品类 | 101.5 | 116.7 | 116.8 | 112.8 | 118.0 | 125.5 | 113.7 | 102.8 | 103.1 | 108.8 |
| 10. 柴 草 类 | 95.2 | 102.1 | 99.5 | 109.0 | 133.0 | 121.4 | 111.8 | 92.6 | 101.0 | 107.7 |
| 11. 其 他 类 | 113.4 | 102.3 | 113.5 | 125.4 | 134.8 | 129.3 | 100.0 | 104.4 | 102.3 | 106.4 |

## 1984—1993年广西县城集市贸易价格分类指数

以上年价格为100

| 类别 | 1984 | 1985 | 1986 | 1987 | 1988 | 1989 | 1990 | 1991 | 1992 | 1993 |
|---|---|---|---|---|---|---|---|---|---|---|
| **总指数** | **100.7** | **122.2** | **109.2** | **113.2** | **130.9** | **120.4** | **91.1** | **97.5** | **104.9** | **122.5** |
| **一、消费品价格指数** | **100.3** | **121.9** | **109.7** | **114.5** | **128.4** | **121.3** | **91.0** | **97.4** | **104.4** | **121.5** |
| 1. 粮　　食 | 92.9 | 112.7 | 127.7 | 113.7 | 135.3 | 128.0 | 77.6 | 92.2 | 105.4 | 124.6 |
| 2. 食用植物油 | 95.2 | 115.1 | 103.5 | 119.9 | 123.0 | 129.0 | 82.1 | 101.2 | 95.0 | 134.3 |
| 3. 鲜 菜 类 | 99.3 | 130.3 | 102.3 | 138.0 | 109.5 | 122.9 | 98.6 | 96.7 | 108.5 | 125.5 |
| 4. 干 菜 类 | 100.2 | 110.3 | 104.5 | 112.7 | 120.7 | 123.9 | 99.4 | 101.4 | 105.4 | 117.1 |
| 5. 肉禽蛋类 | 99.4 | 121.8 | 111.6 | 112.0 | 129.2 | 123.4 | 91.2 | 95.1 | 106.3 | 121.6 |
| 6. 水产品类 | 106.3 | 131.5 | 109.5 | 115.2 | 133.5 | 118.4 | 93.6 | 100.0 | 101.9 | 127.6 |
| 7. 鲜 果 类 | 106.5 | 131.9 | 104.8 | 106.7 | 126.5 | 101.9 | 87.8 | 107.5 | 94.5 | 108.9 |
| 8. 干 果 类 | 104.2 | 104.0 | 105.0 | 118.3 | 114.6 | 110.7 | 93.1 | 104.3 | 96.7 | 122.0 |
| 9. 日用杂品类 | 104.7 | 103.9 | 104.5 | 110.2 | 118.5 | 127.6 | 102.6 | 95.7 | 96.3 | 114.7 |
| 10. 柴 草 类 | 102.3 | 109.7 | 111.0 | 119.8 | 136.9 | 118.5 | 112.6 | 112.6 | 110.1 | 105.5 |
| 11. 其 他 类 | 102.3 | 104.9 | 104.8 | 109.7 | 170.6 | 107.8 | 89.5 | 113.6 | 99.7 | 96.6 |
| **二、农业生产资料** | **102.4** | **127.5** | **104.2** | **104.8** | **159.1** | **112.2** | **91.9** | **98.7** | **108.4** | **128.0** |
| 1. 饲 料 类 | 116.1 | 110.9 | 123.5 | 108.7 | 122.6 | 127.9 | 98.1 | 94.3 | 105.9 | 121.8 |
| 2. 小农具类 | 108.8 | 108.2 | 102.5 | 116.0 | 133.6 | 109.5 | 100.6 | 96.2 | 105.8 | 124.5 |
| 3. 幼禽家畜类 | 98.8 | 139.2 | 101.2 | 97.2 | 185.1 | 111.2 | 86.4 | 102.6 | 114.0 | 134.4 |
| 4. 大牲畜类 | 102.6 | 101.6 | 94.2 | 110.5 | 108.8 | 106.6 | 115.1 | 97.3 | 98.9 | 112.6 |
| 5. 竹木材类 | 104.8 | 120.4 | 121.0 | 124.4 | 148.5 | 103.4 | 96.1 | 99.2 | 102.3 | 107.8 |

# 1988—1990年广西全区及城乡集市贸易价格分类指数

以上年价格为100

| 类 别 | 1988年 | | | 1989年 | | | 1990年 | | |
|---|---|---|---|---|---|---|---|---|---|
| | 全区 | 城市 | 县城 | 全区 | 城市 | 县城 | 全区 | 城市 | 县城 |
| **总指数** | **128.6** | **126.9** | **130.9** | **118.8** | **116.3** | **120.4** | **93.1** | **93.5** | **91.1** |
| **一、消费品价格指数** | **127.5** | **126.9** | **128.4** | **119.2** | **116.3** | **121.3** | **93.1** | **93.5** | **91.0** |
| 1. 粮 食 类 | 129.8 | 119.9 | 135.3 | 128.0 | 127.6 | 128.0 | 77.8 | 78.0 | 77.6 |
| 2. 食用植物油 | 119.7 | 117.6 | 123.0 | 129.3 | 130.2 | 129.0 | 89.0 | 92.8 | 82.1 |
| 3. 鲜 菜 类 | 110.4 | 110.9 | 109.5 | 118.1 | 113.6 | 122.9 | 99.5 | 99.7 | 98.6 |
| 4. 干 菜 类 | 119.5 | 119.1 | 120.7 | 118.7 | 114.0 | 123.9 | 93.4 | 92.4 | 99.4 |
| 5. 肉禽蛋类 | 131.4 | 132.7 | 129.2 | 122.0 | 120.1 | 123.4 | 91.5 | 91.6 | 91.2 |
| 6. 水产品类 | 133.2 | 133.2 | 133.5 | 115.1 | 112.5 | 118.4 | 95.1 | 95.3 | 93.6 |
| 7. 鲜 果 类 | 125.9 | 125.7 | 126.5 | 101.9 | 101.8 | 101.9 | 95.1 | 96.4 | 87.8 |
| 8. 干 果 类 | 115.8 | 116.3 | 114.6 | 109.1 | 106.9 | 110.7 | 101.9 | 103.9 | 93.1 |
| 9. 日用杂品类 | 118.4 | 118.0 | 118.5 | 127.1 | 125.5 | 127.6 | 110.2 | 113.7 | 102.6 |
| 10. 柴 草 类 | 136.6 | 133.0 | 136.9 | 118.6 | 121.4 | 118.5 | 112.3 | 111.8 | 112.6 |
| 11. 其 他 类 | 153.2 | 134.8 | 170.6 | 112.8 | 129.3 | 107.8 | 96.8 | 100.0 | 89.5 |
| **二、农业生产资料价格指数** | **159.1** | | **159.1** | **112.2** | | **112.2** | **91.9** | | **91.9** |
| 1. 饲 料 类 | 122.6 | | 122.6 | 127.9 | | 127.9 | 98.1 | | 98.1 |
| 2. 小农具类 | 133.6 | | 133.6 | 109.5 | | 109.5 | 100.6 | | 100.6 |
| 3. 幼畜幼禽类 | 185.1 | | 185.1 | 111.2 | | 111.2 | 86.4 | | 86.4 |
| 4. 大牲畜类 | 108.8 | | 108.8 | 106.6 | | 106.6 | 115.1 | | 115.1 |
| 5. 竹木材类 | 148.5 | | 148.5 | 103.4 | | 103.4 | 96.1 | | 96.1 |

# 1991—1993年广西全区及城乡集市贸易价格分类指数

以上年价格为100

| 类 别 | 1991年 | | | 1992年 | | | 1993年 | | |
|---|---|---|---|---|---|---|---|---|---|
| | 全区 | 城市 | 县城 | 全区 | 城市 | 县城 | 全区 | 城市 | 县城 |
| **总指数** | **97.0** | **96.9** | **97.5** | **102.9** | **102.5** | **104.9** | **124.2** | **124.7** | **122.5** |
| **一、消费品价格指数** | **97.0** | **96.9** | **97.4** | **102.8** | **102.5** | **104.4** | **124.1** | **124.7** | **121.5** |
| 1. 粮 食 类 | 93.1 | 94.1 | 92.2 | 101.2 | 99.0 | 105.4 | 119.9 | 118.6 | 124.6 |
| 2. 食用植物油 | 99.5 | 98.5 | 101.2 | 96.2 | 96.8 | 95.0 | 127.4 | 125.7 | 134.3 |
| 3. 鲜 菜 类 | 100.2 | 100.9 | 96.7 | 107.5 | 107.3 | 108.5 | 135.5 | 137.4 | 125.5 |
| 4. 干 菜 类 | 95.6 | 94.5 | 101.4 | 113.7 | 115.0 | 105.4 | 120.5 | 121.1 | 117.1 |
| 5. 肉禽蛋类 | 94.6 | 94.5 | 95.1 | 103.3 | 102.6 | 106.3 | 122.3 | 122.4 | 121.6 |
| 6. 水产品类 | 100.0 | 100.0 | 100.0 | 103.5 | 103.9 | 101.9 | 133.0 | 133.7 | 127.6 |
| 7. 鲜 果 类 | 105.5 | 105.2 | 107.5 | 95.7 | 96.0 | 94.5 | 117.2 | 118.5 | 108.9 |
| 8. 干 果 类 | 109.3 | 110.1 | 104.3 | 95.8 | 95.8 | 96.7 | 122.4 | 122.4 | 122.0 |
| 9. 日用杂品类 | 98.6 | 102.8 | 95.7 | 100.5 | 103.1 | 96.3 | 111.3 | 108.8 | 114.7 |
| 10. 柴 草 类 | 107.9 | 92.6 | 112.6 | 109.2 | 101.0 | 110.1 | 106.5 | 107.7 | 105.5 |
| 11. 其 他 类 | 108.0 | 104.4 | 113.6 | 101.0 | 102.3 | 99.7 | 101.4 | 106.4 | 96.6 |
| **二、农业生产资料价格指数** | **98.7** | | **98.7** | **108.4** | | **108.4** | **128.0** | | **128.0** |
| 1. 饲 料 类 | 94.3 | | 94.3 | 105.9 | | 105.9 | 121.8 | | 121.8 |
| 2. 小农具类 | 96.2 | | 96.2 | 105.8 | | 105.8 | 124.5 | | 124.5 |
| 3. 幼畜幼禽类 | 102.6 | | 102.6 | 114.0 | | 114.0 | 134.4 | | 134.4 |
| 4. 大牲畜类 | 97.3 | | 97.3 | 98.9 | | 98.9 | 112.6 | | 112.6 |
| 5. 竹木材类 | 99.2 | | 99.2 | 102.3 | | 102.3 | 107.8 | | 107.8 |

## 1995—2000年广西农业生产资料价格分类指数

以上年价格为100

| 类别 | 1995年 | 1996年 | 1997年 | 1998年 | 1999年 | 2000年 |
|---|---|---|---|---|---|---|
| **农业生产资料价格指数** | **130.1** | **103.8** | **100.3** | **92.1** | **96.4** | **99.9** |
| 1. 小农具 | 117.7 | 103.9 | 100.7 | 95.6 | 95.4 | 97.1 |
| 2. 饲　料 | 131.5 | 101.7 | 98.7 | 100.4 | 96.6 | 94.5 |
| 3. 幼禽家畜 | 132.2 | 108.3 | 122.4 | 74.9 | 93.1 | 117.1 |
| 4. 大牲畜 | 123.9 | 118.4 | 96.3 | 83.2 | 99.0 | 100.5 |
| 5. 半机械化农具 | 102.9 | 100.8 | 98.8 | 97.5 | 97.8 | 98.0 |
| 6. 机械化农具 | 118.5 | 98.6 | 99.6 | 99.3 | 98.1 | 97.3 |
| 7. 化学肥料 | 147.1 | 101.7 | 92.0 | 92.9 | 94.4 | 91.8 |
| 8. 农药及农药械 | 116.6 | 113.0 | 96.7 | 96.8 | 93.5 | 94.6 |
| (1) 化学农药 | 117.6 | 113.9 | 96.2 | 96.5 | 93.1 | 94.2 |
| (2) 农药械 | 110.7 | 105.7 | 102.7 | 100.2 | 98.2 | 99.0 |
| 9. 农用机油 | 101.4 | 102.8 | 110.5 | 92.6 | 108.0 | 128.7 |
| 10. 其　他 | 137.9 | 104.6 | 106.7 | 94.8 | 95.6 | 95.5 |

## 2001—2005年广西农业生产资料价格分类指数

以上年价格为100

| 类别 | 2001 | 2002 | 2003 | 2004 | 2005 |
|---|---|---|---|---|---|
| **农业生产资料价格指数** | **97.7** | **98.2** | **102.4** | **115.3** | **110.5** |
| 小农具 | 97.8 | 98.2 | 100.4 | 120.9 | 106.1 |
| 饲　料 | 98.3 | 100.0 | 98.8 | 113.8 | 108.9 |
| 产品畜 | - | - | 102.7 | 130.3 | 102.6 |
| 役　畜 | - | - | 103.4 | 186.8 | 123.3 |
| 半机械化农具 | 96.2 | 99.0 | 99.8 | 106.7 | 107.4 |
| 机械化农具 | 97.8 | 95.4 | 98.4 | 106.7 | 103.7 |
| 化学肥料 | 97.4 | 101.9 | 101.1 | 114.2 | 112.6 |
| 农药及农药械 | 97.2 | 91.0 | 109.8 | 109.5 | 106.0 |
| 化学农药 | 97.6 | 90.5 | 102.0 | 107.7 | 105.5 |
| 农药器械 | 93.1 | 96.3 | 161.9 | 115.4 | 109.3 |
| 农用机油 | 98.7 | 100.1 | 111.8 | 108.4 | 114.4 |
| 其他农业生产资料 | - | - | 105.6 | 103.9 | 122.5 |
| 农用种子 | - | - | 111.6 | 106.7 | 133.4 |
| 其　他 | - | - | 97.8 | 100.3 | 109.4 |

## 2006—2010年广西农业生产资料价格分类指数

以上年价格为100

| 类别 | 2006 | 2007 | 2008 | 2009 | 2010 |
|---|---|---|---|---|---|
| **农业生产资料价格指数** | **101.0** | **114.4** | **124.0** | **94.2** | **101.9** |
| 农用手工工具 | 102.4 | 109.4 | 122.5 | 107.8 | 103.1 |
| 饲　料 | 99.6 | 101.6 | 112.4 | 102.5 | 106.2 |
| 产品畜 | 105.3 | 182.0 | 108.0 | 82.6 | 101.4 |
| 半机械化农具 | 110.4 | 103.8 | 100.1 | 96.9 | 101.0 |
| 机械化农具 | 103.7 | 101.8 | 117.9 | 100.8 | 101.9 |
| 化学肥料 | 97.0 | 107.3 | 143.0 | 87.2 | 97.1 |
| 农药及农药械 | 98.7 | 98.9 | 106.4 | 98.7 | 100.8 |
| 化学农药 | 98.4 | 98.8 | 106.8 | 97.9 | 101.1 |
| 农药器械 | 100.3 | 99.3 | 104.4 | 104.1 | 98.9 |
| 农用机油 | 116.1 | 103.9 | 117.1 | 95.0 | 113.9 |
| 其他农业生产资料 | 97.3 | 99.3 | 118.7 | 103.9 | 104.9 |
| 农用种子 | 91.2 | 95.5 | 122.2 | 109.3 | 106.6 |
| 其　他 | 105.9 | 104.2 | 113.8 | 96.4 | 102.8 |
| 农业生产服务 | 103.4 | 104.7 | 110.5 | 102.6 | 100.5 |

## 2011—2013年广西农业生产资料价格分类指数

以上年价格为100

| 类别 | 2011年 | 2012年 | 2013年 |
|---|---|---|---|
| **农业生产资料价格指数** | **112.2** | **103.9** | **99.9** |
| **一、农用手工工具** | **105.5** | **103.7** | **104.3** |
| 农用手工工具 | 105.5 | 103.7 | 104.3 |
| **二、饲　料** | **107.3** | **111.3** | **103.8** |
| **三、产品畜** | **142.3** | **91.5** | **90.3** |
| **四、半机械化农具** | **103.8** | **101.2** | **99.7** |
| **五、机械化农具** | **104.9** | **101.4** | **99.6** |
| **六、化学肥料** | **115.2** | **104.8** | **93.3** |
| **七、农药及农药器械** | **103.2** | **103.6** | **102.4** |
| 1. 化学农药 | 103.0 | 104.0 | 102.7 |
| 2. 农药器械 | 104.6 | 101.0 | 101.0 |
| **八、农用机油** | **109.0** | **106.3** | **99.7** |
| **九、其他农业生产资料** | **107.9** | **105.8** | **107.4** |
| 1. 农用种子 | 109.6 | 108.2 | 110.3 |
| 2. 其　他 | 105.1 | 101.7 | 102.3 |
| **十、农业生产服务** | **106.8** | **106.7** | **105.4** |
| 农业用电 | 101.2 | 108.1 | 100.0 |

# 1951—2000年广西农副产品收购价格大类指数

以上年价格为100

| 年份 | 总指数 | 一、粮食类 | 二、经济作物类 | 三、竹木材类 | 四、工业用油用漆类 | 五、禽畜产品类 |
|---|---|---|---|---|---|---|
| 1951 | 123.4 | 132.0 | 106.4 | 112.6 | 102.8 | 107.0 |
| 1952 | 113.0 | 90.8 | 86.9 | 125.2 | 96.1 | 102.5 |
| 1953 | 112.8 | 113.5 | 112.9 | 100.0 | 89.7 | 126.3 |
| 1954 | 98.6 | 99.9 | 101.6 | 98.9 | 104.5 | 104.0 |
| 1955 | 99.3 | 100.0 | 102.4 | 94.3 | 112.4 | 97.9 |
| 1956 | 100.4 | 99.5 | 101.1 | 105.2 | 116.7 | 100.9 |
| 1957 | 108.6 | 100.3 | 118.9 | 100.0 | 128.9 | 111.0 |
| 1958 | 101.4 | 101.9 | 103.2 | 100.0 | 106.9 | 100.0 |
| 1959 | 102.3 | 101.5 | 101.1 | 106.4 | 104.4 | 102.4 |
| 1960 | 104.4 | 104.8 | 108.3 | 106.0 | 116.2 | 100.9 |
| 1961 | 123.0 | 128.6 | 109.1 | 100.0 | 122.5 | 123.5 |
| 1962 | 100.9 | 100.0 | 102.0 | 100.0 | 100.0 | 100.1 |
| 1963 | 97.7 | 100.0 | 101.7 | 100.0 | 95.6 | 96.2 |
| 1964 | 99.8 | 100.0 | 100.9 | 123.6 | 97.8 | 98.4 |
| 1965 | 100.2 | 103.8 | 101.0 | 100.0 | 100.0 | 99.7 |
| 1966 | 103.7 | 114.6 | 100.5 | 100.0 | 100.0 | 100.8 |
| 1967 | 100.0 | 100.0 | 100.0 | 100.0 | 100.0 | 100.0 |
| 1968 | 100.0 | 100.0 | 100.0 | 100.0 | 100.0 | 100.0 |
| 1969 | 100.0 | 100.0 | 100.0 | 100.0 | 100.0 | 100.0 |
| 1970 | 100.0 | 100.0 | 100.1 | 100.0 | 100.0 | 100.0 |
| 1971 | 101.4 | 100.0 | 103.1 | 100.0 | 102.8 | 104.6 |
| 1972 | 101.8 | 100.0 | 103.0 | 100.0 | 107.0 | 100.6 |
| 1973 | 100.5 | 100.0 | 100.7 | 100.0 | 100.0 | 100.4 |
| 1974 | 100.1 | 100.0 | 100.0 | 105.9 | 100.0 | 100.0 |
| 1975 | 100.2 | 100.0 | 100.0 | 100.0 | 100.0 | 100.2 |
| 1976 | 100.0 | 100.0 | 100.0 | 100.0 | 100.0 | 100.0 |
| 1977 | 100.0 | 100.0 | 100.0 | 100.0 | 100.0 | 100.0 |
| 1978 | 103.5 | 100.4 | 101.2 | 100.0 | 117.3 | 101.9 |
| 1979 | 115.1 | 121.0 | 115.5 | 135.3 | 100.7 | 125.5 |
| 1980 | 102.7 | 100.0 | 100.0 | 100.0 | 127.6 | 100.6 |
| 1981 | 101.0 | 106.3 | 100.8 | 100.9 | 102.3 | 100.5 |
| 1982 | 105.5 | 114.4 | 103.2 | 100.5 | 100.0 | 104.8 |
| 1983 | 101.8 | 98.7 | 101.8 | 100.0 | 100.8 | 105.0 |
| 1984 | 106.9 | 103.7 | 112.3 | 100.0 | 104.3 | 106.1 |
| 1985 | 118.2 | 110.7 | 107.1 | 161.8 | 117.7 | 134.1 |
| 1986 | 105.4 | 102.8 | 102.3 | 132.3 | 95.6 | 103.1 |
| 1987 | 115.7 | 123.3 | 104.7 | 112.3 | 103.6 | 126.1 |
| 1988 | 124.4 | 135.2 | 121.3 | 126.8 | 137.3 | 118.7 |

| 六、蚕茧蚕丝类 | 七、干鲜果类 | 八、干鲜菜及调味品类 | 九、药材类 | 十、土副产品类 | 十一、水产品类 |
|---:|---:|---:|---:|---:|---:|
| 105.0 | 122.5 | 125.1 | 111.6 | 121.6 | 118.3 |
| 104.4 | 99.9 | 138.4 | 124.5 | 113.4 | 94.3 |
| 98.6 | 104.3 | 144.0 | 120.7 | 110.2 | 108.4 |
| 117.0 | 97.2 | 97.9 | 125.9 | 111.8 | 117.4 |
| 100.0 | 103.1 | 75.7 | 97.9 | 104.9 | 104.2 |
| 102.1 | 107.8 | 87.8 | 96.8 | 107.4 | 101.1 |
| 109.6 | 111.6 | 100.4 | 112.3 | 127.8 | 102.6 |
| 100.0 | 108.0 | 101.6 | 103.4 | 101.7 | 101.6 |
| 123.1 | 102.1 | 102.3 | 103.7 | 104.4 | 106.7 |
| 100.0 | 110.7 | 100.3 | 104.7 | 110.4 | 131.6 |
| 100.0 | 108.0 | 144.6 | 109.5 | 109.2 | 88.9 |
| 100.0 | 100.0 | 102.1 | 100.0 | 105.6 | 100.0 |
| 100.0 | 78.0 | 96.9 | 98.1 | 94.6 | 100.0 |
| 100.0 | 97.2 | 97.3 | 100.0 | 96.5 | 100.0 |
| 100.0 | 100.5 | 95.3 | 111.9 | 99.4 | 100.0 |
| 104.8 | 100.0 | 96.7 | 100.0 | 100.1 | 100.0 |
| 100.0 | 100.0 | 100.0 | 100.0 | 100.0 | 100.0 |
| 100.0 | 100.0 | 100.5 | 100.0 | 100.0 | 100.0 |
| 100.0 | 100.0 | 101.2 | 100.0 | 100.0 | 100.0 |
| 100.0 | 100.0 | 100.6 | 100.0 | 100.0 | 100.0 |
| 100.0 | 100.9 | 99.6 | 100.0 | 100.4 | 100.0 |
| 100.0 | 103.8 | 110.7 | 100.6 | 103.8 | 100.0 |
| 100.0 | 107.4 | 108.1 | 99.3 | 100.2 | 101.3 |
| 100.0 | 101.4 | 104.2 | 93.4 | 100.0 | 100.0 |
| 100.0 | 100.0 | 100.0 | 100.0 | 102.4 | 100.0 |
| 100.0 | 100.0 | 99.9 | 100.0 | 100.0 | 100.0 |
| 100.0 | 100.0 | 100.8 | 100.0 | 100.0 | 100.0 |
| 100.0 | 100.0 | 128.9 | 101.2 | 108.1 | 100.0 |
| 115.8 | 124.1 | 96.0 | 100.1 | 100.6 | 118.8 |
| 100.0 | 100.0 | 107.4 | 102.5 | 108.4 | 100.0 |
| 100.0 | 101.2 | 90.6 | 100.0 | 101.6 | 104.1 |
| 100.0 | 101.3 | 100.2 | 100.0 | 100.1 | 107.1 |
| 100.0 | 101.0 | 102.4 | 123.0 | 105.0 | 100.2 |
| 100.0 | 113.4 | 106.9 | 110.5 | 110.9 | 116.3 |
| 130.2 | 130.2 | 157.6 | 105.6 | 99.0 | 133.3 |
| 100.0 | 94.5 | 104.6 | 91.3 | 146.6 | 110.5 |
| 177.2 | 140.6 | 112.9 | 113.5 | 112.4 | 112.0 |
| 197.2 | 129.2 | 99.8 | 112.0 | 132.3 | 127.8 |

# 1951—2000年广西农副产品收购价格大类指数（续表）

以上年价格为100

| 年份 | 总指数 | 一、粮食类 | 二、经济作物类 | 三、竹木材类 | 四、工业用油用漆类 | 五、禽畜产品类 |
|---|---|---|---|---|---|---|
| 1989 | 103.7 | 92.7 | 105.4 | 117.4 | 101.3 | 128.4 |
| 1990 | 88.6 | 90.6 | 105.2 | 70.6 | 102.8 | 74.7 |
| 1991 | 106.5 | 101.1 | 110.8 | 106.5 | 166.0 | 97.3 |
| 1992 | 103.6 | 103.1 | 91.0 | 101.3 | 134.4 | 106.1 |
| 1993 | 110.6 | 139.3 | 102.4 | 110.4 | 42.3 | 125.3 |
| 1994 | 120.0 | 150.1 | 126.8 | 111.4 | 115.1 | 131.0 |
| 1995 | 119.0 | 123.4 | 130.8 | 108.1 | 108.8 | 116.7 |
| 1996 | 108.4 | 104.3 | 127.7 | 100.3 | 111.9 | 104.6 |
| 1997 | 96.3 | 89.4 | 91.2 | 91.1 | 136.4 | 101.2 |
| 1998 | 86.6 | 91.1 | 85.3 | 109.4 | 77.8 | 83.8 |
| 1999 | 87.6 | 90.3 | 79.6 | 81.5 | 100.3 | 93.5 |
| 2000 | 92.8 | 83.9 | 92.5 | 88.5 | 92.9 | 94.7 |

| 六、蚕茧蚕丝类 | 七、干鲜果类 | 八、干鲜菜及调味品类 | 九、药材类 | 十、土副产品类 | 十一、水产品类 |
|---|---|---|---|---|---|
| 97.0 | 107.8 | 97.1 | 49.8 | 108.4 | 125.3 |
| 70.3 | 101.7 | 77.9 | 76.8 | 82.5 | 91.5 |
| 97.8 | 91.0 | 117.5 | 110.1 | 111.9 | 103.9 |
| 77.2 | 109.3 | 156.9 | 111.0 | 150.8 | 104.3 |
| 140.7 | 106.5 | 115.1 | 126.2 | 133.9 | 119.9 |
| 176.2 | 123.5 | 84.7 | 75.4 | 84.2 | 124.3 |
| 66.5 | 137.1 | 92.4 | 112.1 | 127.9 | 114.2 |
| 91.2 | 95.5 | 115.5 | 109.2 | 118.1 | 105.6 |
| 125.1 | 101.4 | 87.1 | 100.2 | 96.3 | 90.1 |
| 104.1 | 104.9 | 72.3 | 46.3 | 76.8 | 99.0 |
| 81.2 | 85.0 | 93.2 | 101.7 | 97.9 | 89.8 |
| 163.2 | 111.2 | 93.9 | 97.7 | 120.8 | 90.3 |

# 1986—2000年广西农副产品收购价格分类指数

以上年价格为100

| 商品类别及品名\年份 | 1986 | 1987 | 1988 | 1989 | 1990 | 1991 | 1992 |
|---|---|---|---|---|---|---|---|
| **总指数** | **105.4** | **115.7** | **124.4** | **103.7** | **88.6** | **106.5** | **103.6** |
| **一、粮 食 类** | **102.8** | **123.3** | **135.2** | **92.7** | **90.6** | **101.1** | **103.1** |
| **二、经济作物类** | **102.3** | **104.7** | **121.3** | **105.4** | **105.2** | **110.8** | **91.0** |
| 1. 食用植物油及油料 | 107.4 | 104.6 | 136.6 | 127.3 | 90.8 | 102.4 | 97.1 |
| 2. 棉　花 | 100.0 | 100.0 | | | | | |
| 3. 麻 | 104.8 | 65.2 | 69.2 | 115.6 | 106.7 | 95.6 | 106.9 |
| 4. 烟　叶 | 100.0 | 134.4 | 114.1 | 100.8 | 97.3 | 102.0 | 88.4 |
| 5. 糖　料 | 100.1 | 109.7 | 129.7 | 110.5 | 121.8 | 116.4 | 87.2 |
| 6. 茶　叶 | 121.0 | 109.8 | 116.4 | 59.0 | 92.1 | 143.0 | 92.5 |
| **三、竹木材类** | **132.3** | **112.3** | **126.8** | **117.4** | **70.6** | **106.5** | **101.3** |
| 1. 木　材 | 134.1 | 112.0 | 126.3 | 119.6 | 69.7 | 103.2 | 109.4 |
| 2. 竹　材 | 107.5 | 119.6 | 131.5 | 105.3 | 78.8 | 115.4 | 86.2 |
| **四、工业用油用漆类** | **95.6** | **103.6** | **137.3** | **101.3** | **102.8** | **166.0** | **134.4** |
| 1. 工业用油脂油料 | 90.6 | 114.6 | 137.5 | 101.7 | 102.0 | 171.0 | 139.7 |
| 2. 工业用漆胶 | 105.0 | 100.0 | 135.5 | 74.2 | 175.0 | 85.7 | 100.0 |
| **五、禽畜产品类** | **103.1** | **126.1** | **118.7** | **128.4** | **74.7** | **97.3** | **106.1** |
| 1. 肉　畜 | 103.4 | 131.8 | 114.9 | 140.0 | 71.7 | 97.1 | 108.5 |
| 2. 禽　蛋 | 123.9 | 130.1 | 119.4 | 121.3 | 99.0 | 98.3 | 99.4 |
| 3. 皮　张 | 99.9 | 101.3 | 144.6 | 103.6 | 92.6 | 84.5 | 104.6 |
| 4. 鬃　毛 | 90.1 | 104.2 | 189.8 | 79.8 | 46.6 | 123.8 | 105.4 |
| 5. 其他畜产品 | 111.9 | 116.3 | | | | | |
| **六、蚕茧蚕丝类** | **100.0** | **177.2** | **197.2** | **107.8** | **70.3** | **97.8** | **77.2** |
| **七、干鲜果类** | **94.5** | **140.6** | **129.2** | **97.0** | **101.7** | **91.0** | **109.3** |
| 1. 瓜　果 | 84.3 | 132.1 | 136.4 | 97.7 | 99.8 | 84.0 | 108.3 |
| 2. 干　果 | 120.9 | 158.9 | 108.6 | 91.6 | 114.2 | 117.7 | 111.9 |
| **八、干鲜菜及调味品类** | **104.6** | **112.9** | **99.8** | **97.1** | **77.9** | **117.5** | **156.9** |
| 1. 鲜　菜 | 123.6 | 182.5 | 90.1 | 100.4 | 107.8 | 82.7 | 113.1 |
| 2. 干　菜 | 114.0 | 114.1 | 98.2 | 97.3 | 72.8 | 133.7 | 145.8 |
| 3. 调 味 品 | 88.9 | 94.8 | 106.8 | 95.4 | 68.8 | 138.6 | 291.4 |
| **九、药 材 类** | **91.3** | **113.5** | **112.0** | **49.8** | **76.8** | **110.1** | **111.0** |
| **十、土副产品类** | **146.6** | **112.4** | **132.3** | **108.4** | **82.5** | **111.9** | **150.8** |
| **十一、水产品类** | **110.5** | **112.0** | **127.8** | **125.3** | **91.5** | **103.9** | **104.3** |
| 1. 海水鲜品 | 107.4 | 111.2 | | | 69.3 | 0.0 | 100.0 |
| 2. 淡水鲜品 | 126.8 | 118.7 | 127.8 | 125.3 | 95.0 | 103.3 | 102.2 |
| 3. 其他水产品 | 107.3 | 106.2 | | | 74.5 | 112.0 | 116.1 |

| 1993 | 1994 | 1995 | 1996 | 1997 | 1998 | 1999 | 2000 |
|---|---|---|---|---|---|---|---|
| **110.6** | **120.0** | **119.0** | **108.4** | **96.3** | **88.6** | **87.6** | **92.8** |
| **139.3** | **150.1** | **123.4** | **104.3** | **89.4** | **91.1** | **90.3** | **83.9** |
| **102.4** | **126.8** | **130.8** | **127.7** | **91.2** | **85.3** | **79.6** | **92.5** |
| 124.2 | 143.4 | 116.8 | 97.3 | 106.2 | 98.1 | 70.8 | 92.0 |
| | | | | | | | |
| 101.7 | 94.8 | 103.7 | 182.2 | 79.3 | 75.5 | 81.9 | 100.0 |
| 116.5 | 126.5 | 152.5 | 170.3 | 62.9 | 128.4 | 94.0 | 112.4 |
| 96.3 | 128.9 | 141.1 | 129.7 | 91.6 | 85.1 | 79.8 | 92.1 |
| 99.5 | 125.7 | 121.5 | 103.6 | 122.6 | 77.4 | 93.7 | 194.5 |
| **110.4** | **111.4** | **108.1** | **100.3** | **91.1** | **109.4** | **81.5** | **88.5** |
| 103.6 | 111.3 | 107.0 | 99.8 | 89.5 | 110.1 | 76.7 | 114.3 |
| 133.1 | 112.0 | 111.6 | 101.3 | 112.5 | 101.8 | 107.5 | 88.3 |
| **42.3** | **115.1** | **108.8** | **111.9** | **136.4** | **77.8** | **100.3** | **92.9** |
| 39.8 | 125.2 | 103.6 | 111.9 | 136.4 | 77.3 | 100.2 | 92.5 |
| 100.0 | 66.7 | 200.0 | | | 100.0 | 102.9 | 98.8 |
| **125.3** | **131.0** | **116.7** | **104.6** | **101.2** | **83.8** | **93.5** | **94.5** |
| 131.7 | 136.9 | 120.5 | 103.1 | 103.5 | 83.7 | 93.1 | 95.5 |
| 122.0 | 123.9 | 104.4 | 115.4 | 88.5 | 84.1 | 95.0 | 88.4 |
| 102.0 | 134.0 | 118.6 | 107.7 | 97.0 | 115.8 | 98.1 | 115.2 |
| 117.5 | 100.9 | | | 100.0 | 100.3 | 97.4 | 99.8 |
| | | | | | | | |
| **140.7** | **176.2** | **66.5** | **91.2** | **125.1** | **104.1** | **81.2** | **163.2** |
| **106.5** | **123.5** | **137.1** | **95.5** | **101.4** | **104.9** | **85.0** | **111.2** |
| 99.4 | 127.3 | 143.8 | 95.8 | 101.9 | 155.0 | 93.7 | 109.1 |
| 131.8 | 114.3 | 121.9 | 87.3 | 90.2 | 99.0 | 38.0 | 210.2 |
| **115.1** | **84.7** | **92.4** | **115.5** | **87.1** | **72.3** | **93.2** | **93.9** |
| 136.8 | 127.9 | 119.7 | 115.9 | 86.4 | 71.9 | 99.2 | 92.4 |
| 97.4 | 72.5 | 81.7 | 145.1 | 120.0 | 134.5 | 85.1 | 84.2 |
| 139.3 | 71.5 | 84.1 | 105.9 | 93.4 | 58.1 | 116.3 | 224.9 |
| **126.2** | **75.4** | **112.1** | **109.2** | **100.2** | **46.3** | **101.7** | **97.7** |
| **133.9** | **84.2** | **127.9** | **118.1** | **96.3** | **76.8** | **97.9** | **120.8** |
| **119.9** | **124.3** | **114.2** | **105.6** | **90.1** | **99.0** | **89.8** | **90.3** |
| | | 103.2 | 104.0 | 77.3 | 89.7 | 98.9 | 98.0 |
| 115.5 | 126.1 | 114.0 | 105.4 | 90.2 | 99.3 | 89.6 | 90.1 |
| 152.7 | 114.8 | 128.6 | 153.0 | 100.0 | 99.2 | 100.0 | 100.0 |

# 1988年广西全区生活费用价格和零售物价各月同比指数

以上年同月价格为100

| 类　别 | 1月 | 2月 | 3月 | 4月 | 5月 |
|---|---|---|---|---|---|
| **生活费用价格总指数** | **108.7** | **109.2** | **109.2** | **110.7** | **114.6** |
| **零售物价总指数** | **108.6** | **109.4** | **109.6** | **111.6** | **116.2** |
| **一、消费品价格指数** | **108.7** | **109.4** | **109.2** | **110.8** | **115.0** |
| （一）食 品 类 | 113.0 | 114.0 | 112.8 | 114.3 | 119.8 |
| 1. 粮　　食 | 103.7 | 102.2 | 100.2 | 101.8 | 102.3 |
| (1) 细　　粮 | 102.8 | 101.3 | 99.2 | 100.9 | 101.3 |
| (2) 粗　　粮 | 125.2 | 121.8 | 120.2 | 121.4 | 123.8 |
| 2. 副 食 品 | 119.3 | 121.1 | 118.3 | 121.9 | 129.6 |
| (1) 食用植物油 | 110.0 | 122.5 | 108.7 | 119.8 | 114.2 |
| (2) 鲜　　菜 | 130.5 | 112.8 | 90.5 | 106.0 | 125.1 |
| (3) 干　　菜 | 113.2 | 116.9 | 114.2 | 110.3 | 113.9 |
| (4) 肉 禽 蛋 | 122.1 | 126.7 | 128.6 | 129.8 | 134.2 |
| (5) 水 产 品 | 114.5 | 125.9 | 125.3 | 132.7 | 133.3 |
| (6) 调 味 品 | 105.3 | 105.2 | 104.8 | 105.0 | 107.1 |
| (7) 食　　糖 | 101.4 | 102.0 | 102.5 | 102.4 | 149.7 |
| 3. 烟 酒 茶 | 103.9 | 104.4 | 104.6 | 103.4 | 105.2 |
| (1) 烟 | 100.0 | 100.0 | 100.0 | 100.3 | 101.1 |
| (2) 酒 | 108.8 | 109.5 | 110.2 | 106.9 | 109.6 |
| (3) 茶　　叶 | 104.6 | 108.3 | 108.2 | 107.9 | 112.3 |
| 4. 其他食品 | 106.1 | 106.0 | 108.0 | 108.2 | 112.0 |
| (1) 鲜　　果 | 101.3 | 101.2 | 105.5 | 104.7 | 96.2 |
| (2) 干　　果 | 113.6 | 110.0 | 111.8 | 111.8 | 113.4 |
| (3) 糖　　果 | 105.3 | 106.2 | 107.4 | 107.6 | 125.9 |
| (4) 糕　　点 | 113.0 | 112.7 | 112.6 | 113.4 | 120.4 |
| (5) 奶及奶制品 | 105.9 | 106.5 | 111.6 | 111.9 | 119.4 |
| (6) 罐　　头 | 103.8 | 103.8 | 100.4 | 100.7 | 103.8 |
| (7) 其他饮料 | 104.3 | 103.9 | 103.9 | 105.9 | 115.9 |
| （二）衣 着 类 | 102.4 | 102.5 | 103.2 | 104.3 | 107.4 |
| (1) 棉　　布 | 102.8 | 102.7 | 103.1 | 103.7 | 106.4 |
| (2) 棉花化纤混纺布 | 99.9 | 99.9 | 99.8 | 101.7 | 101.7 |
| (3) 化 纤 布 | 97.0 | 97.7 | 97.6 | 97.7 | 102.9 |
| (4) 呢　　绒 | 102.9 | 102.9 | 103.8 | 103.8 | 106.0 |
| (5) 绸　　缎 | 103.8 | 104.5 | 106.5 | 112.1 | 108.5 |
| (6) 针纺织品 | 106.7 | 106.7 | 108.1 | 111.5 | 115.8 |
| (7) 服　　装 | 101.2 | 101.9 | 102.6 | 103.4 | 106.7 |
| (8) 鞋 | 102.8 | 103.0 | 103.9 | 104.6 | 108.3 |
| (9) 其他衣着 | 111.2 | 110.3 | 111.6 | 112.2 | 113.3 |
| （三）日用品类 | 104.6 | 104.1 | 105.1 | 106.2 | 108.2 |

| 6月 | 7月 | 8月 | 9月 | 10月 | 11月 | 12月 |
|---|---|---|---|---|---|---|
| **115.2** | **118.3** | **124.6** | **130.6** | **133.1** | **133.4** | **132.0** |
| **117.9** | **120.7** | **126.4** | **130.0** | **132.3** | **132.2** | **131.1** |
| **116.1** | **118.9** | **125.6** | **129.5** | **131.9** | **131.9** | **130.5** |
| 118.3 | 120.4 | 130.3 | 136.5 | 138.0 | 136.9 | 132.8 |
| 105.1 | 103.8 | 101.8 | 102.9 | 118.7 | 112.1 | 114.3 |
| 104.2 | 103.3 | 101.2 | 102.0 | 116.9 | 110.4 | 112.4 |
| 124.1 | 111.7 | 115.2 | 121.0 | 159.1 | 149.1 | 157.2 |
| 123.5 | 127.4 | 138.1 | 146.3 | 143.3 | 141.6 | 135.3 |
| 124.8 | 145.1 | 159.9 | 178.2 | 191.6 | 201.0 | 197.8 |
| 100.9 | 107.5 | 114.5 | 148.5 | 124.6 | 118.3 | 83.7 |
| 110.4 | 115.3 | 118.8 | 123.7 | 131.3 | 132.2 | 130.8 |
| 126.4 | 128.6 | 143.8 | 147.7 | 146.1 | 143.9 | 141.5 |
| 129.0 | 131.1 | 138.4 | 138.8 | 137.5 | 137.0 | 136.4 |
| 118.7 | 122.0 | 122.1 | 124.8 | 127.0 | 127.9 | 127.9 |
| 157.8 | 164.1 | 164.4 | 166.0 | 166.0 | 166.0 | 165.3 |
| 106.5 | 114.0 | 127.1 | 126.5 | 128.3 | 129.4 | 128.2 |
| 101.7 | 109.5 | 120.0 | 118.0 | 120.2 | 120.4 | 119.5 |
| 111.7 | 118.8 | 136.2 | 137.0 | 138.3 | 140.9 | 139.1 |
| 117.1 | 125.1 | 127.5 | 126.5 | 127.6 | 128.0 | 128.1 |
| 122.6 | 115.8 | 129.7 | 148.9 | 146.1 | 150.8 | 148.8 |
| 118.6 | 90.7 | 122.4 | 164.0 | 152.8 | 159.6 | 155.7 |
| 112.7 | 116.1 | 121.8 | 121.0 | 121.8 | 126.4 | 127.6 |
| 134.1 | 142.4 | 145.6 | 145.8 | 146.7 | 149.6 | 146.1 |
| 125.0 | 130.3 | 135.6 | 152.8 | 156.7 | 162.3 | 161.6 |
| 121.6 | 124.4 | 127.9 | 127.0 | 126.2 | 126.5 | 125.1 |
| 105.3 | 105.9 | 107.2 | 112.9 | 112.2 | 115.1 | 117.5 |
| 120.2 | 124.4 | 127.6 | 126.5 | 127.4 | 128.0 | 128.4 |
| 108.6 | 109.3 | 111.7 | 113.8 | 114.6 | 116.3 | 117.3 |
| 111.2 | 112.4 | 117.1 | 122.7 | 120.2 | 120.7 | 124.8 |
| 104.8 | 105.0 | 105.0 | 106.1 | 106.3 | 107.1 | 107.2 |
| 104.0 | 104.2 | 105.9 | 107.1 | 107.1 | 107.6 | 107.5 |
| 107.3 | 108.0 | 109.1 | 114.0 | 114.5 | 117.2 | 130.1 |
| 117.6 | 119.3 | 123.2 | 124.6 | 127.0 | 129.7 | 131.3 |
| 116.6 | 116.9 | 119.3 | 122.2 | 122.4 | 124.7 | 124.6 |
| 107.2 | 108.8 | 109.9 | 111.9 | 113.7 | 116.8 | 118.6 |
| 108.7 | 109.2 | 114.1 | 115.8 | 117.4 | 119.1 | 118.9 |
| 111.5 | 111.1 | 116.1 | 118.8 | 121.1 | 120.3 | 120.7 |
| 111.5 | 114.5 | 118.0 | 121.2 | 124.7 | 125.9 | 126.6 |

## 1988 年广西全区生活费用价格和零售物价各月同比指数（续表）

以上年同月价格为 100

| 类 别 | 1 月 | 2 月 | 3 月 | 4 月 | 5 月 |
|---|---|---|---|---|---|
| (1) 一般日用品 | 106.8 | 107.2 | 108.6 | 113.8 | 117.2 |
| (2) 日用机电消费品 | 101.3 | 100.2 | 101.5 | 101.5 | 102.4 |
| (3) 家　　具 | 106.0 | 105.2 | 105.7 | 105.6 | 109.1 |
| (4) 日用杂品 | 109.7 | 109.3 | 109.1 | 107.2 | 108.7 |
| （四）文化娱乐用品类 | 103.8 | 105.6 | 107.3 | 109.4 | 114.3 |
| (1) 纸张文具 | 105.6 | 107.5 | 107.6 | 109.1 | 114.3 |
| (2) 文娱用机电消费品 | 103.4 | 105.6 | 108.0 | 110.9 | 117.0 |
| (3) 其他文娱用品 | 104.0 | 104.4 | 104.5 | 104.1 | 104.7 |
| （五）书报杂志类 | 106.6 | 107.7 | 105.9 | 105.0 | 104.9 |
| （六）药及医疗用品类 | 107.3 | 107.3 | 108.0 | 112.9 | 124.7 |
| (1) 中　　药 | 105.8 | 106.8 | 108.7 | 117.0 | 140.2 |
| (2) 西药及医疗用品 | 108.4 | 107.7 | 107.6 | 109.9 | 112.9 |
| （七）建筑材料类 | 111.6 | 115.4 | 116.5 | 119.0 | 119.8 |
| （八）燃 料 类 | 110.0 | 108.8 | 111.7 | 110.3 | 112.1 |
| **二、农业生产资料指数** | **108.2** | **109.3** | **111.6** | **115.8** | **122.5** |
| 1. 小 农 具 | 107.9 | 104.9 | 105.9 | 104.8 | 107.5 |
| (1) 铁制小农具 | 109.0 | 104.5 | 104.5 | 103.2 | 106.4 |
| (2) 竹木制小农具 | 105.8 | 105.8 | 108.7 | 108.1 | 109.7 |
| 2. 半机械化农具 | 107.4 | 107.4 | 107.7 | 112.4 | 116.1 |
| 3. 机械化农具 | 108.0 | 109.0 | 111.2 | 110.9 | 112.7 |
| 4. 化学肥料 | 109.3 | 111.9 | 115.2 | 122.5 | 131.6 |
| 5. 农药及农药械 | 108.1 | 107.1 | 109.8 | 117.5 | 132.9 |
| (1) 化学农药 | 109.0 | 108.0 | 111.0 | 119.6 | 136.4 |
| (2) 农 药 械 | 101.2 | 100.3 | 100.3 | 101.6 | 105.8 |
| 6. 农用机油 | 105.2 | 105.2 | 105.2 | 105.2 | 108.7 |
| 7. 其　　他 | 104.4 | 104.6 | 106.4 | 109.3 | 115.0 |
| **三、服务项目价格指数** | **107.1** | **107.7** | **109.1** | **109.6** | **110.7** |
| 1. 房　　租 | 101.4 | 101.8 | 102.6 | 102.6 | 104.3 |
| 2. 水 电 费 | 101.1 | 101.1 | 102.5 | 102.6 | 102.6 |
| 3. 交 通 费 | 100.2 | 104.5 | 104.5 | 111.6 | 112.1 |
| 4. 邮 电 费 | 100.0 | 100.0 | 100.0 | 101.2 | 102.0 |
| 5. 医疗保健费 | 100.6 | 100.6 | 100.6 | 100.3 | 100.3 |
| 6. 学杂保育费 | 114.1 | 113.6 | 115.6 | 115.9 | 117.8 |
| 7. 文 娱 费 | 114.9 | 116.7 | 119.1 | 115.0 | 115.8 |
| 8. 修理及其他服务费 | 106.7 | 107.7 | 109.3 | 108.1 | 109.0 |

注：生活费用价格统计一和三 2 大类商品价格，零售物价统计一和二 2 大类商品价格

| 6月 | 7月 | 8月 | 9月 | 10月 | 11月 | 12月 |
|---|---|---|---|---|---|---|
| 119.9 | 125.1 | 128.0 | 131.6 | 135.6 | 137.6 | 138.0 |
| 104.8 | 107.4 | 111.6 | 115.5 | 119.2 | 119.9 | 119.8 |
| 110.6 | 111.4 | 112.5 | 112.3 | 113.8 | 114.5 | 115.3 |
| 116.9 | 118.0 | 122.0 | 124.7 | 127.1 | 129.0 | 132.3 |
| 117.3 | 120.4 | 123.6 | 123.0 | 125.3 | 124.2 | 123.9 |
| 116.3 | 118.2 | 119.8 | 123.9 | 123.8 | 125.2 | 122.3 |
| 120.7 | 124.4 | 128.4 | 127.0 | 130.3 | 128.2 | 127.9 |
| 106.0 | 107.9 | 109.2 | 109.1 | 108.5 | 109.6 | 111.2 |
| 108.2 | 107.7 | 113.3 | 122.0 | 121.9 | 122.4 | 123.1 |
| 134.6 | 144.4 | 150.5 | 151.6 | 154.5 | 154.5 | 157.3 |
| 158.0 | 176.1 | 187.3 | 189.6 | 194.1 | 192.3 | 192.0 |
| 117.0 | 120.6 | 122.7 | 122.9 | 124.7 | 126.0 | 131.2 |
| 122.1 | 129.2 | 134.7 | 136.4 | 148.7 | 146.6 | 145.8 |
| 116.6 | 127.0 | 142.3 | 144.2 | 141.5 | 142.7 | 143.0 |
| **127.7** | **131.1** | **131.7** | **132.8** | **134.2** | **133.9** | **135.2** |
| 107.0 | 111.2 | 113.9 | 114.7 | 113.7 | 113.0 | 113.5 |
| 105.7 | 107.2 | 106.1 | 106.5 | 106.7 | 107.2 | 108.0 |
| 109.7 | 119.3 | 129.6 | 131.2 | 127.9 | 124.8 | 124.8 |
| 120.2 | 120.3 | 121.2 | 121.4 | 122.9 | 124.4 | 124.6 |
| 116.4 | 114.3 | 114.9 | 120.6 | 121.8 | 123.8 | 124.8 |
| 137.3 | 139.1 | 137.9 | 138.3 | 140.7 | 140.1 | 142.0 |
| 141.1 | 144.5 | 153.6 | 152.7 | 153.7 | 146.5 | 147.4 |
| 145.8 | 149.4 | 159.5 | 158.5 | 159.4 | 151.1 | 152.1 |
| 105.2 | 107.1 | 107.9 | 107.9 | 109.8 | 110.9 | 110.9 |
| 121.9 | 143.5 | 145.5 | 145.5 | 145.5 | 145.5 | 145.6 |
| 116.4 | 123.5 | 123.7 | 123.5 | 124.6 | 125.5 | 127.9 |
| **111.5** | **112.4** | **115.9** | **139.6** | **143.9** | **146.6** | **146.2** |
| 103.8 | 109.1 | 112.7 | 116.0 | 118.3 | 117.8 | 117.7 |
| 102.6 | 102.2 | 102.5 | 104.3 | 104.3 | 104.9 | 103.3 |
| 112.4 | 112.1 | 112.3 | 112.3 | 112.3 | 120.7 | 117.3 |
| 101.5 | 101.9 | 101.4 | 101.9 | 105.6 | 115.5 | 115.6 |
| 102.3 | 105.0 | 106.7 | 107.7 | 107.8 | 109.4 | 109.4 |
| 117.9 | 118.0 | 124.8 | 189.3 | 198.9 | 198.5 | 198.4 |
| 116.8 | 125.0 | 139.8 | 139.3 | 142.3 | 150.9 | 156.5 |
| 111.7 | 112.6 | 114.0 | 115.8 | 119.4 | 126.3 | 126.7 |

# 1988年广西城镇生活费用价格和零售物价各月同比指数

以上年同月价格为100

| 类　别 | 1月 | 2月 | 3月 | 4月 | 5月 |
|---|---|---|---|---|---|
| **生活费用价格总指数** | **112.5** | **113.3** | **112.6** | **114.8** | **119.1** |
| **零售物价总指数** | **112.6** | **113.9** | **112.9** | **115.4** | **120.0** |
| **一、消费品价格指数** | **112.6** | **113.9** | **112.9** | **115.4** | **120.0** |
| （一）食品类 | 115.6 | 117.1 | 115.2 | 117.8 | 123.0 |
| 1. 粮　食 | 104.4 | 101.9 | 98.7 | 100.9 | 102.1 |
| (1) 细　粮 | 103.1 | 100.7 | 97.4 | 99.9 | 100.8 |
| (2) 粗　粮 | 132.5 | 127.7 | 125.2 | 121.1 | 129.2 |
| 2. 副食品 | 121.1 | 123.3 | 119.8 | 124.3 | 130.9 |
| (1) 食用植物油 | 111.2 | 126.4 | 109.6 | 123.7 | 117.0 |
| (2) 鲜　菜 | 130.5 | 112.8 | 90.5 | 106.0 | 125.1 |
| (3) 干　菜 | 114.3 | 119.5 | 115.2 | 110.1 | 115.2 |
| (4) 肉禽蛋 | 121.8 | 126.4 | 128.3 | 129.6 | 134.2 |
| (5) 水产品 | 115.2 | 127.6 | 126.5 | 134.4 | 135.3 |
| (6) 调味品 | 108.5 | 108.2 | 107.2 | 108.3 | 110.6 |
| (7) 食　糖 | 101.9 | 102.3 | 102.6 | 101.8 | 149.9 |
| 3. 烟酒茶 | 103.9 | 104.3 | 104.4 | 102.7 | 104.1 |
| (1) 烟 | 100.0 | 100.0 | 100.0 | 100.7 | 100.7 |
| (2) 酒 | 109.2 | 109.5 | 109.7 | 104.5 | 107.5 |
| (3) 茶　叶 | 106.1 | 113.2 | 113.0 | 113.0 | 116.7 |
| 4. 其他食品 | 104.9 | 104.6 | 107.6 | 107.8 | 107.1 |
| (1) 鲜　果 | 101.2 | 101.2 | 105.5 | 104.7 | 96.2 |
| (2) 干　果 | 114.9 | 111.0 | 114.3 | 114.7 | 115.5 |
| (3) 糖　果 | 105.7 | 106.5 | 106.7 | 107.4 | 127.5 |
| (4) 糕　点 | 114.2 | 113.6 | 113.9 | 115.6 | 125.0 |
| (5) 奶及奶制品 | 105.6 | 106.0 | 114.1 | 115.1 | 119.7 |
| (6) 罐　头 | 102.4 | 102.3 | 100.7 | 101.3 | 105.8 |
| (7) 其他饮料 | 105.4 | 104.8 | 104.6 | 107.8 | 114.8 |
| （二）衣着类 | 104.4 | 104.6 | 105.7 | 107.1 | 108.6 |
| (1) 棉　布 | 103.1 | 103.0 | 103.4 | 103.9 | 106.8 |
| (2) 棉花化纤混纺布 | 99.8 | 99.8 | 99.8 | 100.9 | 100.9 |
| (3) 化纤布 | 99.6 | 99.6 | 99.9 | 100.1 | 102.0 |
| (4) 呢　绒 | 103.7 | 103.7 | 105.0 | 105.1 | 107.7 |
| (5) 绸　缎 | 104.6 | 104.8 | 108.5 | 118.4 | 108.9 |
| (6) 针纺织品 | 107.4 | 107.4 | 108.7 | 113.1 | 116.1 |
| (7) 服　装 | 102.9 | 103.7 | 104.2 | 104.9 | 105.8 |
| (8) 鞋 | 103.6 | 103.7 | 106.4 | 106.9 | 108.9 |
| (9) 其他衣着 | 111.9 | 111.2 | 112.7 | 113.2 | 113.6 |

| 6月 | 7月 | 8月 | 9月 | 10月 | 11月 | 12月 |
|---|---|---|---|---|---|---|
| **117.0** | **119.8** | **128.4** | **136.1** | **135.9** | **135.6** | **132.8** |
| **118.6** | **120.4** | **129.8** | **136.0** | **135.9** | **135.3** | **132.2** |
| **118.6** | **120.4** | **129.8** | **136.0** | **135.9** | **135.3** | **132.2** |
| 119.4 | 120.3 | 132.6 | 140.4 | 139.6 | 138.2 | 133.3 |
| 106.8 | 104.8 | 101.3 | 104.2 | 113.6 | 109.6 | 113.8 |
| 105.7 | 104.1 | 100.7 | 103.3 | 111.6 | 107.7 | 111.5 |
| 129.2 | 116.2 | 113.8 | 122.4 | 155.4 | 149.4 | 162.5 |
| 122.6 | 126.0 | 138.2 | 147.0 | 142.8 | 140.7 | 133.5 |
| 129.5 | 153.4 | 168.3 | 182.6 | 193.4 | 199.9 | 197.0 |
| 100.9 | 107.5 | 114.5 | 148.5 | 124.6 | 118.3 | 83.7 |
| 112.0 | 115.2 | 120.0 | 126.6 | 134.7 | 137.0 | 134.5 |
| 126.5 | 128.4 | 143.9 | 147.8 | 145.9 | 143.5 | 141.0 |
| 130.1 | 130.0 | 138.1 | 138.4 | 135.9 | 135.9 | 135.3 |
| 116.1 | 118.0 | 118.0 | 120.3 | 125.6 | 126.7 | 127.2 |
| 163.5 | 163.9 | 165.0 | 165.0 | 165.0 | 165.0 | 164.5 |
| 105.4 | 116.7 | 139.1 | 138.9 | 140.1 | 140.2 | 140.9 |
| 100.8 | 112.4 | 125.0 | 124.0 | 125.4 | 125.4 | 125.7 |
| 110.2 | 121.3 | 159.9 | 169.9 | 161.7 | 162.2 | 163.2 |
| 122.1 | 130.9 | 132.2 | 132.0 | 132.7 | 132.7 | 133.6 |
| 121.8 | 107.8 | 127.7 | 152.3 | 146.9 | 152.7 | 150.7 |
| 118.6 | 90.5 | 122.4 | 164.0 | 152.8 | 159.6 | 155.7 |
| 112.5 | 117.0 | 120.9 | 122.4 | 126.0 | 130.7 | 130.2 |
| 137.9 | 141.9 | 146.1 | 146.8 | 148.6 | 151.4 | 149.5 |
| 130.9 | 134.7 | 142.7 | 150.6 | 153.4 | 163.8 | 165.3 |
| 123.2 | 127.0 | 131.9 | 132.0 | 131.1 | 131.2 | 132.1 |
| 108.4 | 109.6 | 111.2 | 116.2 | 115.4 | 117.0 | 121.2 |
| 120.8 | 124.0 | 126.5 | 127.9 | 127.9 | 128.7 | 128.0 |
| 109.6 | 110.1 | 112.4 | 115.7 | 116.5 | 119.7 | 120.8 |
| 110.2 | 121.7 | 117.3 | 123.4 | 123.6 | 127.0 | 132.0 |
| 102.7 | 105.2 | 105.2 | 108.9 | 109.1 | 109.4 | 107.5 |
| 103.5 | 104.5 | 104.9 | 109.9 | 109.0 | 110.8 | 110.9 |
| 108.5 | 109.5 | 110.4 | 115.8 | 116.5 | 118.9 | 136.2 |
| 118.6 | 119.6 | 122.8 | 122.8 | 123.8 | 128.9 | 130.9 |
| 118.1 | 117.9 | 120.0 | 123.8 | 124.2 | 128.6 | 128.4 |
| 106.6 | 107.6 | 108.4 | 111.5 | 112.4 | 116.6 | 118.6 |
| 109.2 | 109.6 | 113.5 | 111.4 | 115.5 | 118.7 | 117.5 |
| 112.5 | 110.8 | 118.1 | 122.8 | 124.9 | 124.4 | 125.0 |

# 1988 年广西城镇生活费用价格和零售物价各月同比指数（续表）

以上年同月价格为 100

| 类　别 | 1月 | 2月 | 3月 | 4月 | 5月 |
|---|---|---|---|---|---|
| （三）日用品类 | 106.6 | 106.8 | 108.2 | 109.3 | 111.1 |
| (1) 一般日用品 | 106.3 | 107.3 | 108.4 | 111.8 | 114.4 |
| (2) 日用机电消费品 | 106.1 | 106.0 | 108.0 | 108.2 | 109.7 |
| (3) 家　　具 | 107.5 | 107.1 | 108.2 | 108.4 | 109.6 |
| (4) 日用杂品 | 110.1 | 109.1 | 108.8 | 107.7 | 108.8 |
| （四）文化娱乐用品类 | 106.1 | 109.6 | 112.7 | 115.1 | 124.5 |
| (1) 纸张文具 | 105.5 | 107.7 | 108.2 | 109.3 | 111.0 |
| (2) 文娱用机电消费品 | 106.5 | 111.0 | 115.1 | 118.4 | 130.8 |
| (3) 其他文娱用品 | 105.1 | 105.1 | 105.4 | 105.3 | 106.2 |
| （五）书报杂志类 | 109.0 | 109.4 | 108.4 | 107.7 | 107.7 |
| （六）药及医疗用品类 | 108.6 | 108.4 | 113.2 | 118.4 | 127.5 |
| (1) 中　　药 | 110.9 | 110.4 | 120.7 | 128.9 | 146.0 |
| (2) 西药及医疗用品 | 106.7 | 106.7 | 107.1 | 110.0 | 112.6 |
| （七）建筑材料类 | 113.0 | 114.9 | 115.2 | 118.4 | 120.0 |
| （八）燃 料 类 | 112.8 | 111.5 | 115.1 | 113.7 | 116.3 |
| **二、农业生产资料指数** | | | | | |
| 1. 小 农 具 | | | | | |
| (1) 铁制小农具 | | | | | |
| (2) 竹木制小农具 | | | | | |
| 2. 半机械化农具 | | | | | |
| 3. 机械化农具 | | | | | |
| 4. 化学肥料 | | | | | |
| 5. 农药及农药械 | | | | | |
| (1) 化学农药 | | | | | |
| (2) 农 药 械 | | | | | |
| 6. 农用机油 | | | | | |
| 7. 其　　他 | | | | | |
| **三、服务项目价格指数** | **107.2** | **107.9** | **109.3** | **109.7** | **110.8** |
| 1. 房　　租 | 101.1 | 101.2 | 102.3 | 102.3 | 102.6 |
| 2. 水 电 费 | 101.0 | 101.0 | 102.4 | 102.4 | 102.4 |
| 3. 交 通 费 | 100.4 | 103.4 | 103.4 | 109.5 | 110.6 |
| 4. 邮 电 费 | 100.0 | 100.0 | 100.0 | 101.4 | 102.0 |
| 5. 医疗保健费 | 102.4 | 102.4 | 102.4 | 101.4 | 101.4 |
| 6. 学杂保育费 | 114.7 | 114.8 | 116.4 | 117.1 | 119.5 |
| 7. 文 娱 费 | 116.7 | 119.5 | 120.5 | 114.8 | 116.4 |
| 8. 修理及其他服务费 | 107.3 | 108.3 | 110.8 | 109.7 | 110.7 |

注：生活费用价格统计一和三 2 大类商品价格，零售物价统计一和二 2 大类商品价格

| 6月 | 7月 | 8月 | 9月 | 10月 | 11月 | 12月 |
|---|---|---|---|---|---|---|
| 113.3 | 117.1 | 121.0 | 124.5 | 126.5 | 126.9 | 126.6 |
| 117.3 | 122.1 | 125.3 | 128.7 | 131.4 | 133.5 | 134.3 |
| 110.7 | 114.8 | 120.3 | 125.1 | 126.5 | 125.5 | 123.9 |
| 113.2 | 113.8 | 114.5 | 113.8 | 116.6 | 116.7 | 118.4 |
| 114.4 | 116.7 | 118.3 | 120.2 | 121.9 | 124.6 | 125.7 |
| 129.0 | 133.7 | 137.8 | 136.8 | 139.4 | 134.5 | 133.5 |
| 113.8 | 115.2 | 115.8 | 117.8 | 118.5 | 119.5 | 119.2 |
| 136.3 | 142.5 | 147.6 | 146.2 | 150.0 | 142.8 | 141.1 |
| 107.8 | 108.5 | 110.2 | 109.5 | 108.4 | 109.7 | 111.2 |
| 110.7 | 110.7 | 113.4 | 124.1 | 123.9 | 124.2 | 126.2 |
| 142.1 | 153.7 | 159.4 | 159.5 | 164.4 | 164.3 | 165.6 |
| 174.0 | 195.5 | 202.6 | 202.7 | 211.5 | 209.9 | 210.1 |
| 116.4 | 120.1 | 124.7 | 124.7 | 126.5 | 127.6 | 129.7 |
| 122.2 | 129.3 | 134.9 | 139.8 | 150.5 | 148.2 | 147.5 |
| 121.7 | 134.4 | 141.7 | 142.9 | 139.1 | 140.9 | 141.2 |
| | | | | | | |
| **111.6** | **112.4** | **115.1** | **136.7** | **136.2** | **138.5** | **138.6** |
| 102.5 | 103.9 | 107.3 | 111.0 | 111.6 | 111.6 | 111.6 |
| 102.4 | 101.9 | 102.3 | 103.6 | 103.6 | 103.8 | 102.9 |
| 111.6 | 110.8 | 111.3 | 111.3 | 111.3 | 117.3 | 116.0 |
| 101.8 | 101.9 | 101.6 | 101.9 | 109.6 | 121.1 | 121.1 |
| 102.3 | 103.6 | 110.5 | 112.7 | 113.2 | 114.2 | 114.1 |
| 119.5 | 119.7 | 124.9 | 191.6 | 187.1 | 187.1 | 187.1 |
| 117.4 | 132.0 | 140.9 | 140.9 | 142.3 | 149.8 | 152.3 |
| 113.2 | 113.7 | 114.8 | 116.6 | 119.3 | 124.5 | 125.6 |

# 1988 年广西城市生活费用价格和零售物价各月同比指数

以上年同月价格为 100

| 类　别 | 1 月 | 2 月 | 3 月 | 4 月 | 5 月 |
|---|---|---|---|---|---|
| **生活费用价格总指数** | **112.3** | **114.2** | **113.5** | **116.2** | **119.8** |
| **零售物价总指数** | **112.5** | **114.6** | **113.6** | **116.5** | **120.3** |
| **一、消费品价格指数** | **112.5** | **114.6** | **113.6** | **116.5** | **120.3** |
| （一）食 品 类 | 114.9 | 117.4 | 114.8 | 118.4 | 122.4 |
| 1. 粮　　食 | 107.6 | 102.6 | 96.0 | 99.6 | 99.3 |
| (1) 细　　粮 | 106.3 | 101.6 | 94.8 | 98.4 | 97.5 |
| (2) 粗　　粮 | 136.5 | 126.4 | 122.6 | 126.9 | 139.9 |
| 2. 副 食 品 | 118.8 | 122.6 | 119.5 | 124.9 | 130.8 |
| (1) 食用植物油 | 102.5 | 125.2 | 118.6 | 134.1 | 125.7 |
| (2) 鲜　　菜 | 128.8 | 113.6 | 88.9 | 110.0 | 124.9 |
| (3) 干　　菜 | 115.8 | 119.3 | 113.6 | 106.1 | 114.9 |
| (4) 肉 禽 蛋 | 118.9 | 124.6 | 127.0 | 128.1 | 133.6 |
| (5) 水 产 品 | 115.1 | 129.8 | 129.2 | 137.3 | 133.1 |
| (6) 调 味 品 | 109.6 | 109.1 | 108.9 | 111.7 | 114.4 |
| (7) 食　　糖 | 102.9 | 102.9 | 102.8 | 102.9 | 149.6 |
| 3. 烟 酒 茶 | 104.8 | 105.5 | 105.5 | 102.5 | 103.7 |
| (1) 烟 | 100.0 | 100.0 | 100.0 | 100.4 | 100.4 |
| (2) 酒 | 111.5 | 111.5 | 111.5 | 103.2 | 106.3 |
| (3) 茶　　叶 | 111.2 | 129.0 | 129.0 | 129.0 | 129.0 |
| 4. 其他食品 | 105.6 | 108.8 | 110.8 | 108.4 | 107.7 |
| (1) 鲜　　果 | 101.4 | 108.3 | 110.4 | 104.5 | 94.9 |
| (2) 干　　果 | 118.2 | 112.8 | 116.3 | 115.5 | 117.4 |
| (3) 糖　　果 | 105.3 | 105.3 | 104.2 | 108.3 | 130.8 |
| (4) 糕　　点 | 117.4 | 117.0 | 117.3 | 118.2 | 128.8 |
| (5) 奶及奶制品 | 105.4 | 105.4 | 116.6 | 117.0 | 121.2 |
| (6) 罐　　头 | 101.1 | 101.1 | 101.1 | 101.1 | 107.9 |
| (7) 其他饮料 | 106.3 | 105.5 | 105.0 | 108.1 | 114.7 |
| （二）衣 着 类 | 106.1 | 106.5 | 108.0 | 109.7 | 109.8 |
| (1) 棉　　布 | 103.5 | 103.5 | 104.0 | 104.3 | 107.3 |
| (2) 棉花化纤混纺布 | 100.1 | 100.1 | 100.1 | 100.1 | 100.1 |
| (3) 化 纤 布 | 102.1 | 102.1 | 102.8 | 102.9 | 102.9 |
| (4) 呢　　绒 | 104.6 | 104.6 | 106.8 | 106.8 | 110.0 |
| (5) 绸　　缎 | 106.4 | 106.3 | 112.4 | 128.4 | 111.5 |
| (6) 针纺织品 | 109.3 | 109.2 | 110.3 | 116.7 | 118.6 |
| (7) 服　　装 | 104.9 | 106.0 | 106.6 | 107.2 | 106.5 |
| (8) 鞋 | 104.5 | 104.7 | 109.6 | 109.8 | 110.5 |
| (9) 其他衣着 | 112.8 | 113.2 | 114.0 | 114.2 | 113.7 |

| 6月 | 7月 | 8月 | 9月 | 10月 | 11月 | 12月 |
|---|---|---|---|---|---|---|
| **119.0** | **120.5** | **130.0** | **138.1** | **136.6** | **135.1** | **132.5** |
| **119.3** | **120.9** | **131.5** | **138.7** | **137.1** | **135.4** | **132.5** |
| **119.3** | **120.9** | **131.5** | **138.7** | **137.1** | **135.4** | **132.5** |
| 119.3 | 119.7 | 133.8 | 142.6 | 139.7 | 137.2 | 132.9 |
| 107.0 | 104.8 | 101.2 | 103.2 | 114.9 | 106.1 | 107.5 |
| 105.7 | 104.1 | 100.7 | 102.3 | 113.3 | 104.2 | 105.2 |
| 136.0 | 120.9 | 112.9 | 123.2 | 151.1 | 148.4 | 160.2 |
| 121.7 | 123.6 | 138.0 | 145.5 | 141.0 | 137.7 | 131.5 |
| 133.7 | 171.0 | 165.3 | 177.7 | 202.1 | 187.4 | 184.6 |
| 99.8 | 100.7 | 115.7 | 149.7 | 124.3 | 118.9 | 84.3 |
| 110.0 | 109.8 | 117.0 | 119.7 | 129.1 | 128.8 | 134.2 |
| 125.7 | 127.0 | 144.2 | 147.8 | 144.5 | 141.7 | 139.4 |
| 126.0 | 122.9 | 136.3 | 130.8 | 130.6 | 129.1 | 133.6 |
| 118.1 | 121.2 | 121.2 | 121.8 | 130.8 | 131.2 | 131.5 |
| 162.7 | 162.6 | 162.6 | 162.6 | 162.4 | 162.4 | 162.4 |
| 105.5 | 120.1 | 154.3 | 154.6 | 154.6 | 154.5 | 155.2 |
| 100.4 | 116.1 | 132.3 | 132.4 | 132.4 | 132.4 | 132.6 |
| 110.2 | 123.0 | 188.0 | 188.5 | 188.5 | 188.3 | 190.1 |
| 137.4 | 152.3 | 149.7 | 150.8 | 150.8 | 150.9 | 148.3 |
| 125.0 | 111.4 | 127.8 | 154.8 | 145.7 | 151.8 | 154.0 |
| 123.1 | 94.1 | 119.6 | 168.9 | 151.2 | 157.1 | 153.7 |
| 112.5 | 118.6 | 122.8 | 124.4 | 128.0 | 133.6 | 132.4 |
| 141.2 | 146.5 | 152.1 | 153.7 | 153.7 | 155.9 | 155.9 |
| 133.6 | 135.3 | 147.4 | 152.2 | 121.8 | 170.0 | 172.1 |
| 126.1 | 129.9 | 136.7 | 136.7 | 136.7 | 136.8 | 138.5 |
| 112.0 | 114.0 | 114.4 | 118.2 | 118.0 | 118.5 | 124.7 |
| 122.2 | 125.6 | 127.9 | 129.0 | 129.0 | 129.9 | 128.6 |
| 110.9 | 111.1 | 113.5 | 118.0 | 118.6 | 123.2 | 124.4 |
| 108.3 | 111.2 | 118.6 | 128.2 | 128.0 | 135.0 | 139.4 |
| 100.6 | 105.6 | 105.8 | 112.2 | 112.4 | 112.4 | 108.2 |
| 105.5 | 107.6 | 107.6 | 116.4 | 116.7 | 120.0 | 120.0 |
| 110.4 | 112.1 | 113.0 | 119.3 | 119.8 | 120.9 | 143.6 |
| 123.2 | 123.9 | 125.1 | 125.7 | 125.7 | 134.2 | 136.5 |
| 122.3 | 121.7 | 123.0 | 127.1 | 128.1 | 135.3 | 134.8 |
| 106.5 | 107.1 | 107.5 | 111.9 | 112.2 | 117.5 | 119.5 |
| 110.7 | 110.6 | 114.7 | 114.2 | 114.8 | 119.4 | 117.3 |
| 113.7 | 110.3 | 120.5 | 127.6 | 129.4 | 129.8 | 131.0 |

## 1988 年广西城市生活费用价格和零售物价各月同比指数（续表）

以上年同月价格为 100

| 类　别 | 1月 | 2月 | 3月 | 4月 | 5月 |
|---|---|---|---|---|---|
| （三）日用品类 | 108.6 | 109.0 | 111.1 | 112.0 | 113.5 |
| (1) 一般日用品 | 106.6 | 108.2 | 109.3 | 111.3 | 113.4 |
| (2) 日用机电消费品 | 109.4 | 109.8 | 112.7 | 113.2 | 115.1 |
| (3) 家　　具 | 109.1 | 108.7 | 110.6 | 110.9 | 110.4 |
| (4) 日用杂品 | 108.9 | 106.9 | 107.0 | 107.1 | 107.2 |
| （四）文化娱乐用品类 | 109.5 | 114.3 | 117.1 | 118.1 | 131.9 |
| (1) 纸张文具 | 105.5 | 108.6 | 109.4 | 109.9 | 110.6 |
| (2) 文娱用机电消费品 | 110.5 | 116.7 | 120.3 | 121.5 | 139.8 |
| (3) 其他文娱用品 | 107.0 | 107.0 | 107.4 | 107.5 | 108.2 |
| （五）书报杂志类 | 108.0 | 108.0 | 110.1 | 110.3 | 110.5 |
| （六）药及医疗用品类 | 114.7 | 112.1 | 126.9 | 131.7 | 135.7 |
| (1) 中　　药 | 119.9 | 115.5 | 140.5 | 148.3 | 154.8 |
| (2) 西药及医疗用品 | 108.0 | 107.7 | 109.4 | 110.3 | 111.2 |
| （七）建筑材料类 | 104.4 | 105.8 | 107.2 | 111.7 | 131.5 |
| （八）燃 料 类 | 101.7 | 101.7 | 102.9 | 103.0 | 102.9 |
| **二、农业生产资料指数** | | | | | |
| 1. 小 农 具 | | | | | |
| (1) 铁制小农具 | | | | | |
| (2) 竹木制小农具 | | | | | |
| 2. 半机械化农具 | | | | | |
| 3. 机械化农具 | | | | | |
| 4. 化学肥料 | | | | | |
| 5. 农药及农药械 | | | | | |
| (1) 化学农药 | | | | | |
| (2) 农 药 械 | | | | | |
| 6. 农用机油 | | | | | |
| 7. 其　　他 | | | | | |
| **三、服务项目价格指数** | **109.9** | **110.7** | **112.2** | **113.3** | **115.4** |
| 1. 房　　租 | 101.3 | 101.3 | 102.9 | 102.9 | 102.8 |
| 2. 水 电 费 | 101.1 | 101.1 | 104.2 | 104.2 | 104.2 |
| 3. 交 通 费 | 100.8 | 102.3 | 103.0 | 106.4 | 109.1 |
| 4. 邮 电 费 | 100.0 | 100.0 | 100.0 | 101.6 | 101.6 |
| 5. 医疗保健费 | 104.6 | 104.6 | 104.6 | 102.5 | 102.5 |
| 6. 学杂保育费 | 122.2 | 123.7 | 123.7 | 128.1 | 133.3 |
| 7. 文 娱 费 | 119.9 | 132.5 | 123.5 | 114.7 | 116.4 |
| 8. 修理及其他服务费 | 109.3 | 109.5 | 112.9 | 112.3 | 113.1 |

注：生活费用价格统计一和三 2 大类商品价格，零售物价统计一和二 2 大类商品价格

| 6月 | 7月 | 8月 | 9月 | 10月 | 11月 | 12月 |
|---|---|---|---|---|---|---|
| 115.2 | 119.7 | 124.3 | 128.2 | 129.7 | 129.9 | 128.6 |
| 116.5 | 121.6 | 125.0 | 128.7 | 131.0 | 133.6 | 134.7 |
| 115.1 | 120.2 | 126.7 | 132.6 | 133.1 | 131.4 | 127.8 |
| 116.4 | 117.1 | 117.5 | 115.3 | 118.8 | 119.6 | 121.7 |
| 108.4 | 111.9 | 114.1 | 114.1 | 117.2 | 120.9 | 121.8 |
| 138.3 | 143.2 | 148.2 | 148.6 | 149.1 | 140.9 | 138.9 |
| 114.6 | 115.7 | 115.6 | 115.9 | 117.5 | 118.1 | 120.6 |
| 147.7 | 154.2 | 160.5 | 161.4 | 162.5 | 151.2 | 147.9 |
| 109.8 | 109.8 | 111.3 | 110.1 | 108.3 | 108.9 | 110.7 |
| 110.8 | 111.9 | 111.9 | 129.6 | 129.6 | 129.6 | 134.0 |
| 163.2 | 179.0 | 181.4 | 180.9 | 192.0 | 192.0 | 192.1 |
| 201.4 | 226.9 | 230.2 | 230.1 | 247.1 | 246.7 | 248.8 |
| 114.0 | 117.3 | 118.5 | 117.6 | 121.0 | 121.5 | 119.0 |
| 134.3 | 134.5 | 139.8 | 155.3 | 160.8 | 157.3 | 155.6 |
| 106.1 | 130.2 | 132.1 | 132.1 | 132.0 | 132.1 | 137.0 |
| | | | | | | |
| **115.8** | **116.5** | **114.8** | **132.7** | **131.3** | **132.3** | **133.0** |
| 102.8 | 102.7 | 102.7 | 108.0 | 108.0 | 108.0 | 108.0 |
| 104.2 | 103.0 | 103.6 | 103.6 | 103.6 | 103.6 | 103.6 |
| 111.0 | 109.4 | 110.0 | 110.0 | 110.0 | 112.5 | 113.5 |
| 101.6 | 101.6 | 101.6 | 101.6 | 114.0 | 114.0 | 114.0 |
| 102.5 | 102.5 | 115.6 | 118.2 | 119.1 | 121.1 | 121.1 |
| 133.3 | 133.6 | 124.7 | 181.1 | 175.4 | 175.4 | 175.5 |
| 117.6 | 139.8 | 142.5 | 142.5 | 142.5 | 148.5 | 147.6 |
| 114.2 | 113.7 | 113.7 | 115.2 | 115.7 | 117.8 | 121.0 |

# 1988年广西农村国营生活费用价格和零售物价各月同比指数

以上年同月价格为100

| 类　别 | 1月 | 2月 | 3月 | 4月 | 5月 |
|---|---|---|---|---|---|
| **生活费用价格总指数** | **104.9** | **105.4** | **106.0** | **107.2** | **110.9** |
| **零售物价总指数** | **105.5** | **106.2** | **107.2** | **109.2** | **113.9** |
| **一、消费品价格指数** | **104.6** | **105.1** | **105.7** | **106.9** | **110.9** |
| （一）食 品 类 | 105.5 | 105.9 | 106.3 | 106.0 | 112.7 |
| 1. 粮　食 | 102.6 | 102.6 | 102.5 | 103.2 | 102.5 |
| (1) 细　粮 | 102.2 | 102.2 | 102.1 | 102.4 | 102.0 |
| (2) 粗　粮 | 111.3 | 111.3 | 111.3 | 121.8 | 115.6 |
| 2. 副 食 品 | 107.6 | 108.1 | 109.0 | 108.5 | 123.1 |
| (1) 食用植物油 | 104.1 | 104.6 | 104.3 | 103.9 | 103.5 |
| (2) 鲜　菜 | | | | | |
| (3) 干　菜 | 110.4 | 110.6 | 111.8 | 110.8 | 111.1 |
| (4) 肉 禽 蛋 | 132.0 | 134.1 | 137.3 | 134.0 | 133.2 |
| (5) 水 产 品 | 102.8 | 101.0 | 106.6 | 109.2 | 107.5 |
| (6) 调 味 品 | 103.9 | 104.0 | 103.8 | 103.7 | 105.9 |
| (7) 食　糖 | 101.3 | 101.9 | 102.5 | 102.5 | 149.7 |
| 3. 烟 酒 茶 | 103.9 | 104.4 | 104.8 | 103.8 | 105.7 |
| (1) 烟 | 100.0 | 100.0 | 100.0 | 100.1 | 101.3 |
| (2) 酒 | 108.5 | 109.5 | 110.4 | 108.1 | 110.6 |
| (3) 茶　叶 | 102.8 | 102.8 | 102.6 | 102.6 | 107.9 |
| 4. 其他食品 | 108.3 | 108.5 | 108.8 | 108.9 | 119.6 |
| (1) 鲜　果 | 133.7 | 112.3 | 116.9 | 100.3 | 104.7 |
| (2) 干　果 | 110.2 | 107.8 | 105.8 | 105.8 | 109.3 |
| (3) 糖　果 | 105.1 | 106.1 | 107.7 | 107.7 | 125.3 |
| (4) 糕　点 | 112.2 | 112.2 | 111.8 | 112.2 | 118.1 |
| (5) 奶及奶制品 | 106.2 | 107.2 | 108.3 | 108.3 | 119.1 |
| (6) 罐　头 | 105.5 | 105.5 | 100.0 | 100.0 | 101.9 |
| (7) 其他饮料 | 102.3 | 102.3 | 102.7 | 102.7 | 117.5 |
| （二）衣 着 类 | 101.4 | 101.6 | 102.0 | 103.2 | 106.9 |
| (1) 棉　布 | 102.8 | 102.7 | 103.0 | 103.7 | 106.4 |
| (2) 棉花化纤混纺布 | 99.9 | 99.9 | 99.8 | 101.8 | 101.8 |
| (3) 化 纤 布 | 96.2 | 97.1 | 96.9 | 97.1 | 103.1 |
| (4) 呢　绒 | 101.3 | 101.3 | 101.2 | 101.3 | 103.1 |
| (5) 绸　缎 | 102.9 | 104.1 | 104.2 | 105.7 | 108.1 |
| (6) 针纺织品 | 106.2 | 106.1 | 107.6 | 110.4 | 115.6 |
| (7) 服　装 | 100.0 | 100.7 | 101.5 | 102.4 | 107.2 |
| (8) 鞋 | 102.5 | 102.7 | 102.9 | 103.7 | 108.1 |
| (9) 其他衣着 | 110.6 | 109.5 | 110.7 | 111.4 | 113.0 |

| 6月 | 7月 | 8月 | 9月 | 10月 | 11月 | 12月 |
|---|---|---|---|---|---|---|
| **113.6** | **116.9** | **120.6** | **125.4** | **130.5** | **131.1** | **131.2** |
| **117.4** | **120.9** | **123.8** | **125.8** | **129.7** | **129.7** | **130.3** |
| **113.9** | **117.4** | **121.1** | **123.4** | **128.1** | **128.3** | **128.6** |
| 115.5 | 120.5 | 123.8 | 126.5 | 133.8 | 133.0 | 131.5 |
| 102.5 | 102.1 | 102.6 | 100.8 | 126.7 | 116.4 | 115.3 |
| 102.0 | 102.0 | 102.0 | 100.1 | 125.1 | 115.1 | 114.0 |
| 115.5 | 103.4 | 117.8 | 118.5 | 165.6 | 148.4 | 146.6 |
| 128.7 | 136.1 | 137.5 | 142.4 | 146.3 | 147.8 | 147.6 |
| 104.5 | 106.1 | 117.7 | 158.6 | 183.2 | 206.8 | 201.8 |
| | | | | | | |
| 106.6 | 115.5 | 115.6 | 116.6 | 123.2 | 119.3 | 120.9 |
| 125.1 | 133.2 | 139.5 | 145.7 | 151.0 | 155.1 | 156.6 |
| 114.2 | 147.4 | 143.9 | 144.2 | 161.1 | 154.7 | 154.7 |
| 119.7 | 123.7 | 123.9 | 126.6 | 127.6 | 128.5 | 128.2 |
| 156.3 | 164.2 | 164.2 | 166.3 | 166.3 | 166.3 | 165.6 |
| 107.1 | 112.3 | 119.1 | 119.0 | 121.1 | 122.2 | 119.6 |
| 102.2 | 107.5 | 116.3 | 114.1 | 116.8 | 116.8 | 114.9 |
| 112.4 | 117.5 | 122.3 | 124.5 | 125.9 | 128.5 | 124.9 |
| 111.7 | 118.3 | 121.5 | 120.4 | 121.7 | 122.1 | 121.2 |
| 124.0 | 130.5 | 133.7 | 142.8 | 144.8 | 147.1 | 144.9 |
| 129.5 | 134.2 | 121.7 | 154.9 | 164.7 | 154.7 | 159.0 |
| 113.1 | 113.9 | 124.1 | 117.8 | 111.9 | 115.3 | 120.9 |
| 132.5 | 142.7 | 145.3 | 145.3 | 145.8 | 148.7 | 144.5 |
| 121.8 | 127.6 | 131.0 | 154.1 | 158.6 | 161.3 | 159.1 |
| 119.7 | 120.9 | 122.2 | 120.8 | 120.0 | 120.0 | 115.2 |
| 101.9 | 101.5 | 102.2 | 109.2 | 108.6 | 112.8 | 112.8 |
| 119.3 | 125.0 | 129.7 | 124.0 | 126.5 | 126.5 | 129.2 |
| 108.2 | 108.9 | 111.4 | 113.0 | 113.8 | 114.6 | 115.5 |
| 111.3 | 112.4 | 117.0 | 122.6 | 119.7 | 119.6 | 123.6 |
| 105.0 | 105.0 | 105.0 | 105.8 | 106.0 | 106.9 | 107.2 |
| 104.1 | 104.1 | 106.3 | 106.5 | 106.5 | 106.5 | 106.3 |
| 105.1 | 105.0 | 106.1 | 110.5 | 110.6 | 113.4 | 116.4 |
| 116.7 | 119.0 | 123.6 | 126.6 | 130.7 | 130.7 | 131.7 |
| 115.5 | 116.1 | 118.8 | 121.0 | 121.0 | 121.5 | 121.5 |
| 107.6 | 109.6 | 111.0 | 112.2 | 114.6 | 117.0 | 118.6 |
| 108.5 | 109.1 | 114.4 | 116.3 | 118.2 | 119.3 | 119.6 |
| 110.6 | 111.3 | 114.1 | 115.4 | 117.7 | 116.4 | 116.5 |

# 1988年广西农村国营生活费用价格和零售物价各月同比指数（续表）

以上年同月价格为100

| 类　别 | 1月 | 2月 | 3月 | 4月 | 5月 |
|---|---|---|---|---|---|
| （三）日用品类 | 103.7 | 103.0 | 103.8 | 105.1 | 107.1 |
| (1) 一般日用品 | 107.1 | 107.2 | 108.2 | 114.6 | 118.3 |
| (2) 日用机电消费品 | 99.0 | 97.6 | 98.6 | 98.8 | 99.6 |
| (3) 家　　具 | 104.9 | 103.9 | 103.8 | 103.7 | 108.8 |
| (4) 日用杂品 | 109.6 | 109.3 | 109.2 | 107.1 | 108.7 |
| （四）文化娱乐用品类 | 101.9 | 102.6 | 103.2 | 105.5 | 107.7 |
| (1) 纸张文具 | 105.6 | 107.4 | 107.4 | 109.1 | 115.3 |
| (2) 文娱用机电消费品 | 100.8 | 101.3 | 102.2 | 105.5 | 107.5 |
| (3) 其他文娱用品 | 103.1 | 103.8 | 103.8 | 103.3 | 103.7 |
| （五）书报杂志类 | 105.4 | 107.0 | 104.8 | 103.9 | 103.9 |
| （六）药及医疗用品类 | 107.0 | 107.1 | 107.0 | 111.9 | 124.2 |
| (1) 中　　药 | 104.6 | 106.1 | 106.1 | 114.7 | 139.2 |
| (2) 西药及医疗用品 | 108.7 | 107.9 | 107.7 | 109.9 | 113.0 |
| （七）建筑材料类 | 111.2 | 115.5 | 116.8 | 119.1 | 119.7 |
| （八）燃 料 类 | 100.6 | 100.6 | 100.8 | 100.8 | 101.0 |
| **二、农业生产资料指数** | **108.2** | **109.3** | **111.6** | **115.8** | **122.5** |
| 1. 小 农 具 | 107.9 | 104.9 | 105.9 | 104.8 | 107.5 |
| (1) 铁制小农具 | 109.0 | 104.5 | 104.5 | 103.2 | 106.4 |
| (2) 竹木制小农具 | 105.8 | 105.8 | 108.7 | 108.1 | 109.7 |
| 2. 半机械化农具 | 107.4 | 107.4 | 107.7 | 112.4 | 116.1 |
| 3. 机械化农具 | 108.0 | 109.0 | 111.2 | 110.9 | 112.7 |
| 4. 化学肥料 | 109.3 | 111.9 | 115.2 | 122.5 | 131.6 |
| 5. 农药及农药械 | 108.1 | 107.1 | 109.8 | 117.5 | 132.9 |
| (1) 化学农药 | 109.0 | 108.0 | 111.0 | 119.6 | 136.4 |
| (2) 农 药 械 | 101.2 | 100.3 | 100.3 | 101.6 | 105.8 |
| 6. 农用机油 | 105.2 | 105.2 | 105.2 | 105.2 | 108.7 |
| 7. 其　　他 | 104.4 | 104.6 | 106.4 | 109.3 | 115.0 |
| **三、服务项目价格指数** | **107.0** | **107.6** | **108.9** | **109.6** | **110.6** |
| 1. 房　　租 | 102.4 | 103.5 | 103.5 | 103.5 | 108.5 |
| 2. 水 电 费 | 101.4 | 101.4 | 102.8 | 102.8 | 102.8 |
| 3. 交 通 费 | 100.1 | 105.3 | 105.3 | 113.0 | 113.0 |
| 4. 邮 电 费 | 100.0 | 100.0 | 100.0 | 101.1 | 102.0 |
| 5. 医疗保健费 | 100.0 | 100.0 | 100.0 | 100.0 | 100.0 |
| 6. 学杂保育费 | 113.6 | 112.8 | 115.1 | 115.1 | 116.8 |
| 7. 文 娱 费 | 112.4 | 113.1 | 117.2 | 115.2 | 115.1 |
| 8. 修理及其他服务费 | 106.0 | 107.2 | 107.8 | 106.7 | 107.5 |

注：生活费用价格统计一和三2大类商品价格，零售物价统计一和二2大类商品价格

| 6月 | 7月 | 8月 | 9月 | 10月 | 11月 | 12月 |
|---|---|---|---|---|---|---|
| 110.8 | 113.4 | 116.6 | 119.9 | 123.9 | 125.5 | 126.6 |
| 121.1 | 126.6 | 129.5 | 132.9 | 137.6 | 139.7 | 140.0 |
| 102.3 | 104.0 | 107.3 | 111.2 | 115.9 | 117.1 | 117.7 |
| 108.8 | 109.6 | 110.9 | 111.2 | 111.7 | 112.7 | 112.9 |
| 117.2 | 118.2 | 122.6 | 125.3 | 127.9 | 129.7 | 133.4 |
| 109.2 | 110.2 | 112.0 | 112.9 | 114.7 | 115.7 | 116.0 |
| 117.2 | 119.3 | 121.4 | 126.1 | 125.7 | 127.4 | 123.5 |
| 109.0 | 109.3 | 111.3 | 111.7 | 114.4 | 115.3 | 116.0 |
| 104.6 | 107.5 | 108.3 | 108.8 | 108.5 | 109.6 | 111.2 |
| 107.1 | 106.3 | 113.3 | 121.1 | 121.0 | 121.5 | 121.5 |
| 133.2 | 142.5 | 148.5 | 150.0 | 152.5 | 152.4 | 155.5 |
| 154.8 | 171.9 | 183.7 | 186.9 | 190.5 | 188.3 | 187.8 |
| 117.1 | 120.7 | 122.3 | 122.6 | 124.3 | 125.7 | 131.5 |
| 122.1 | 129.2 | 134.7 | 135.5 | 148.2 | 146.2 | 145.3 |
| 101.6 | 103.1 | 144.2 | 148.3 | 148.8 | 148.8 | 149.1 |
| **127.7** | **131.1** | **131.7** | **132.8** | **134.2** | **133.9** | **135.2** |
| 107.0 | 111.2 | 113.9 | 114.7 | 113.7 | 113.0 | 113.5 |
| 105.7 | 107.2 | 106.1 | 106.5 | 106.7 | 107.2 | 108.0 |
| 109.7 | 119.3 | 129.6 | 131.2 | 127.9 | 124.8 | 124.8 |
| 120.2 | 120.3 | 121.2 | 121.4 | 122.9 | 124.4 | 124.6 |
| 116.4 | 114.3 | 114.9 | 120.6 | 121.8 | 123.8 | 124.8 |
| 137.3 | 139.1 | 137.9 | 138.3 | 140.7 | 140.1 | 142.0 |
| 141.1 | 144.5 | 153.6 | 152.7 | 153.7 | 146.5 | 147.4 |
| 145.8 | 149.4 | 159.5 | 158.5 | 159.4 | 151.1 | 152.1 |
| 105.2 | 107.1 | 107.9 | 107.9 | 109.8 | 110.9 | 110.9 |
| 121.9 | 143.5 | 145.5 | 145.5 | 145.5 | 145.5 | 145.6 |
| 116.4 | 123.5 | 123.7 | 123.5 | 124.6 | 125.5 | 127.9 |
| **111.4** | **112.4** | **116.7** | **142.0** | **150.6** | **154.3** | **153.6** |
| 107.4 | 124.6 | 130.0 | 130.0 | 137.4 | 137.4 | 137.4 |
| 102.8 | 102.8 | 102.8 | 105.6 | 105.6 | 107.0 | 104.2 |
| 113.0 | 113.0 | 113.1 | 113.1 | 113.1 | 123.4 | 118.3 |
| 101.3 | 101.9 | 101.2 | 101.9 | 101.9 | 109.8 | 109.8 |
| 102.3 | 105.4 | 105.4 | 106.1 | 106.1 | 107.8 | 107.8 |
| 116.8 | 116.8 | 124.8 | 187.8 | 207.0 | 207.0 | 207.0 |
| 116.1 | 115.3 | 138.1 | 137.3 | 142.2 | 152.5 | 162.8 |
| 110.4 | 111.4 | 113.1 | 115.0 | 119.5 | 128.2 | 127.9 |

# 1989年广西全区生活费用价格和零售物价各月同比指数

以上年同月价格为100

| 类　别 | 1月 | 2月 | 3月 | 4月 | 5月 |
|---|---|---|---|---|---|
| **生活费用价格总指数** | **136.1** | **137.0** | **135.7** | **136.4** | **130.6** |
| **零售物价总指数** | **134.4** | **136.0** | **136.3** | **135.4** | **129.9** |
| **一、消费品价格指数** | **135.0** | **136.3** | **135.4** | **135.9** | **129.9** |
| （一）食 品 类 | 136.9 | 139.6 | 138.1 | 140.1 | 130.8 |
| 1. 粮　　食 | 126.1 | 132.8 | 130.1 | 131.0 | 126.0 |
| (1) 细　　粮 | 122.5 | 128.9 | 125.6 | 127.0 | 123.2 |
| (2) 粗　　粮 | 155.1 | 162.9 | 165.8 | 162.5 | 148.1 |
| 2. 副 食 品 | 137.2 | 140.5 | 140.2 | 142.0 | 129.5 |
| (1) 食用植物油 | 212.3 | 197.8 | 230.1 | 200.8 | 189.6 |
| (2) 鲜　　菜 | 115.5 | 137.5 | 129.7 | 139.6 | 96.4 |
| (3) 干　　菜 | 127.1 | 128.7 | 132.3 | 138.1 | 134.2 |
| (4) 肉 禽 蛋 | 135.2 | 138.1 | 136.6 | 139.2 | 133.1 |
| (5) 水 产 品 | 136.1 | 129.9 | 127.5 | 130.1 | 120.0 |
| (6) 调 味 品 | 125.3 | 126.2 | 125.8 | 126.0 | 123.4 |
| (7) 食　　糖 | 164.7 | 165.7 | 163.0 | 164.5 | 126.2 |
| 3. 烟 酒 茶 | 134.7 | 135.8 | 135.9 | 142.8 | 131.9 |
| (1) 烟 | 122.8 | 122.1 | 124.1 | 124.7 | 119.4 |
| (2) 酒 | 149.6 | 153.8 | 151.4 | 166.3 | 148.1 |
| (3) 茶　　叶 | 126.3 | 121.1 | 120.9 | 119.7 | 119.2 |
| 4. 其他食品 | 147.3 | 145.1 | 137.3 | 136.7 | 141.1 |
| (1) 鲜　　果 | 142.4 | 127.1 | 113.0 | 113.5 | 142.6 |
| (2) 干　　果 | 127.4 | 131.5 | 132.5 | 132.0 | 129.5 |
| (3) 糖　　果 | 151.0 | 153.0 | 149.4 | 149.6 | 134.0 |
| (4) 糕　　点 | 171.8 | 180.6 | 180.3 | 181.1 | 163.3 |
| (5) 奶及奶制品 | 136.8 | 137.7 | 126.1 | 119.7 | 125.0 |
| (6) 罐　　头 | 120.1 | 128.8 | 129.5 | 132.6 | 127.0 |
| (7) 其他饮料 | 130.8 | 131.6 | 124.9 | 121.9 | 117.2 |
| （二）衣 着 类 | 121.6 | 122.8 | 123.9 | 123.8 | 122.5 |
| (1) 棉　　布 | 128.3 | 130.4 | 131.8 | 137.1 | 135.3 |
| (2) 棉花化纤混纺布 | 116.3 | 119.5 | 121.5 | 121.6 | 120.1 |
| (3) 化 纤 布 | 112.5 | 110.3 | 114.4 | 114.6 | 116.9 |
| (4) 呢　　绒 | 133.9 | 136.0 | 136.5 | 138.2 | 131.2 |
| (5) 绸　　缎 | 128.6 | 128.1 | 133.5 | 134.2 | 134.4 |
| (6) 针纺织品 | 129.4 | 128.4 | 128.8 | 126.5 | 125.8 |
| (7) 服　　装 | 122.2 | 126.2 | 127.5 | 126.2 | 123.6 |
| (8) 鞋 | 117.6 | 118.4 | 117.9 | 119.9 | 118.4 |
| (9) 其他衣着 | 126.0 | 125.9 | 123.1 | 123.0 | 122.0 |

| 6月 | 7月 | 8月 | 9月 | 10月 | 11月 | 12月 |
|---|---|---|---|---|---|---|
| **126.9** | **123.8** | **117.3** | **111.1** | **109.4** | **108.2** | **108.2** |
| **126.1** | **122.7** | **116.7** | **111.4** | **110.1** | **109.2** | **109.0** |
| **125.8** | **122.5** | **116.0** | **110.2** | **108.4** | **107.1** | **107.1** |
| 124.4 | 122.0 | 113.7 | 105.6 | 104.6 | 103.5 | 103.9 |
| 116.1 | 115.5 | 115.0 | 110.7 | 99.7 | 99.7 | 98.3 |
| 113.6 | 113.9 | 114.1 | 109.9 | 99.6 | 99.3 | 98.5 |
| 135.2 | 129.2 | 122.6 | 118.0 | 100.9 | 102.7 | 96.7 |
| 125.5 | 121.9 | 113.1 | 104.7 | 105.5 | 105.1 | 106.6 |
| 173.1 | 137.9 | 136.3 | 128.2 | 119.1 | 111.1 | 104.8 |
| 97.0 | 105.0 | 101.3 | 77.5 | 91.2 | 107.8 | 128.6 |
| 132.3 | 127.5 | 125.3 | 126.8 | 120.0 | 122.3 | 116.4 |
| 130.8 | 126.0 | 113.3 | 105.6 | 105.6 | 103.0 | 101.5 |
| 124.8 | 125.7 | 117.0 | 109.9 | 111.2 | 101.3 | 99.2 |
| 110.5 | 109.5 | 108.9 | 107.0 | 104.4 | 105.5 | 115.8 |
| 104.0 | 105.1 | 100.1 | 100.2 | 100.1 | 100.1 | 100.1 |
| 132.3 | 122.6 | 104.6 | 104.8 | 103.3 | 103.0 | 103.1 |
| 122.3 | 112.9 | 102.5 | 103.0 | 101.9 | 102.0 | 102.0 |
| 145.1 | 134.8 | 106.5 | 106.5 | 105.0 | 103.9 | 103.0 |
| 120.5 | 116.4 | 113.5 | 111.6 | 105.0 | 105.9 | 111.7 |
| 120.0 | 128.1 | 124.1 | 106.5 | 105.8 | 99.6 | 96.2 |
| 89.5 | 124.0 | 123.1 | 91.6 | 92.8 | 79.2 | 72.8 |
| 125.6 | 122.5 | 119.0 | 107.7 | 102.9 | 101.2 | 95.4 |
| 128.6 | 118.4 | 113.8 | 114.5 | 111.2 | 110.1 | 109.7 |
| 157.1 | 151.4 | 142.1 | 123.0 | 120.0 | 116.8 | 114.2 |
| 123.8 | 119.6 | 113.7 | 113.0 | 112.8 | 113.2 | 111.9 |
| 136.5 | 137.2 | 135.2 | 129.6 | 129.2 | 128.5 | 125.2 |
| 115.0 | 113.4 | 111.3 | 110.9 | 111.6 | 110.9 | 111.0 |
| 123.0 | 123.4 | 120.9 | 118.3 | 118.1 | 115.7 | 115.5 |
| 132.1 | 132.3 | 125.0 | 121.2 | 120.4 | 119.5 | 122.9 |
| 118.6 | 119.7 | 118.5 | 116.2 | 116.3 | 115.5 | 114.9 |
| 116.2 | 119.0 | 120.7 | 117.2 | 122.1 | 120.5 | 120.5 |
| 131.1 | 130.5 | 127.0 | 118.6 | 118.6 | 113.4 | 111.9 |
| 129.6 | 129.3 | 123.5 | 120.4 | 118.8 | 117.1 | 117.6 |
| 128.1 | 129.1 | 127.3 | 119.1 | 119.8 | 116.3 | 116.4 |
| 123.8 | 123.4 | 119.9 | 121.1 | 118.5 | 115.5 | 115.0 |
| 120.2 | 118.0 | 115.0 | 114.5 | 113.6 | 111.3 | 110.8 |
| 124.4 | 126.3 | 123.0 | 115.1 | 116.0 | 115.4 | 113.7 |

# 1989年广西全区生活费用价格和零售物价各月同比指数（续表）

以上年同月价格为100

| 类　别 | 1月 | 2月 | 3月 | 4月 | 5月 |
|---|---|---|---|---|---|
| （三）日用品类 | 126.2 | 125.7 | 124.1 | 125.8 | 122.1 |
| (1) 一般日用品 | 137.4 | 137.7 | 134.9 | 134.5 | 133.1 |
| (2) 日用机电消费品 | 120.9 | 119.5 | 118.2 | 122.0 | 116.5 |
| (3) 家　　具 | 117.1 | 118.4 | 118.2 | 116.5 | 116.4 |
| (4) 日用杂品 | 125.2 | 125.2 | 124.7 | 125.6 | 121.5 |
| （四）文化娱乐用品类 | 128.7 | 123.7 | 121.6 | 117.9 | 115.1 |
| (1) 纸张文具 | 128.8 | 126.5 | 126.2 | 126.4 | 125.2 |
| (2) 文娱用机电消费品 | 132.5 | 125.9 | 122.7 | 116.8 | 113.2 |
| (3) 其他文娱用品 | 112.3 | 112.5 | 113.6 | 116.1 | 115.1 |
| （五）书报杂志类 | 196.7 | 203.1 | 206.1 | 207.5 | 213.7 |
| （六）药及医疗用品类 | 163.1 | 160.1 | 162.3 | 150.1 | 143.2 |
| (1) 中　　药 | 191.6 | 184.8 | 186.1 | 167.7 | 154.3 |
| (2) 西药及医疗用品 | 136.7 | 137.6 | 140.5 | 133.8 | 133.0 |
| （七）建筑材料类 | 147.1 | 149.8 | 148.7 | 142.6 | 143.2 |
| （八）燃 料 类 | 148.2 | 148.8 | 146.7 | 157.9 | 145.2 |
| **二、农业生产资料指数** | **131.5** | **134.4** | **141.0** | **132.7** | **129.6** |
| 1. 小 农 具 | 109.5 | 110.1 | 113.4 | 112.5 | 117.4 |
| (1) 铁制小农具 | 105.0 | 105.9 | 111.8 | 110.6 | 114.0 |
| (2) 竹木制小农具 | 120.4 | 120.4 | 117.2 | 117.2 | 125.7 |
| 2. 半机械化农具 | 118.1 | 126.2 | 126.7 | 121.7 | 117.4 |
| 3. 机械化农具 | 119.7 | 119.2 | 116.8 | 118.5 | 116.5 |
| 4. 化学肥料 | 134.4 | 136.5 | 144.5 | 133.0 | 129.5 |
| 5. 农药及农药械 | 144.2 | 145.0 | 154.1 | 137.8 | 134.4 |
| (1) 化学农药 | 150.3 | 150.9 | 161.1 | 142.2 | 138.9 |
| (2) 农 药 械 | 109.7 | 111.9 | 114.7 | 113.2 | 108.8 |
| 6. 农用机油 | 127.5 | 169.4 | 209.1 | 178.0 | 176.2 |
| 7. 其　　他 | 137.3 | 135.2 | 132.0 | 146.0 | 139.7 |
| **三、服务项目价格指数** | **146.9** | **142.8** | **139.2** | **140.6** | **137.0** |
| 1. 房　　租 | 113.7 | 114.5 | 114.7 | 112.8 | 112.1 |
| 2. 水 电 费 | 102.3 | 102.8 | 101.1 | 101.3 | 101.2 |
| 3. 交 通 费 | 132.1 | 130.5 | 129.7 | 115.4 | 107.0 |
| 4. 邮 电 费 | 117.3 | 117.7 | 123.3 | 118.5 | 120.0 |
| 5. 医疗保健费 | 116.0 | 127.2 | 127.5 | 122.8 | 128.1 |
| 6. 学杂保育费 | 190.5 | 173.6 | 165.2 | 172.9 | 163.5 |
| 7. 文 娱 费 | 164.2 | 169.6 | 167.4 | 170.8 | 172.7 |
| 8. 修理及其他服务费 | 123.5 | 120.8 | 129.6 | 133.2 | 134.2 |

注：生活费用价格统计一和三2大类商品价格，零售物价统计一和二2大类商品价格

| 6月 | 7月 | 8月 | 9月 | 10月 | 11月 | 12月 |
|---|---|---|---|---|---|---|
| 120.3 | 116.7 | 112.7 | 108.0 | 105.1 | 104.3 | 103.8 |
| 131.7 | 126.9 | 125.1 | 121.5 | 117.5 | 116.7 | 116.0 |
| 113.5 | 110.1 | 104.5 | 98.0 | 95.8 | 94.8 | 94.0 |
| 115.5 | 116.1 | 114.3 | 113.3 | 109.4 | 108.8 | 108.7 |
| 122.2 | 118.9 | 115.0 | 114.0 | 110.8 | 110.7 | 111.0 |
| 112.6 | 110.3 | 107.8 | 104.2 | 103.1 | 102.0 | 102.0 |
| 123.5 | 122.2 | 122.2 | 121.0 | 119.2 | 118.6 | 118.7 |
| 110.0 | 106.5 | 103.6 | 98.6 | 97.6 | 96.4 | 96.6 |
| 114.3 | 117.2 | 114.5 | 115.8 | 114.0 | 113.0 | 111.5 |
| 212.6 | 211.3 | 201.4 | 207.8 | 199.9 | 200.5 | 191.6 |
| 134.3 | 124.8 | 116.4 | 116.6 | 112.5 | 111.2 | 110.3 |
| 141.2 | 122.8 | 110.6 | 110.6 | 106.5 | 104.6 | 102.8 |
| 128.0 | 126.6 | 121.9 | 122.2 | 118.1 | 117.3 | 117.2 |
| 144.8 | 129.6 | 117.4 | 114.0 | 105.0 | 99.9 | 100.7 |
| 126.3 | 116.5 | 112.4 | 108.4 | 110.7 | 108.2 | 109.6 |
| **127.8** | **123.9** | **121.3** | **118.9** | **120.3** | **121.6** | **120.1** |
| 118.8 | 117.1 | 115.5 | 114.8 | 114.7 | 113.4 | 115.4 |
| 114.1 | 114.1 | 114.4 | 115.7 | 114.6 | 113.1 | 115.5 |
| 130.2 | 124.5 | 118.3 | 112.5 | 115.0 | 114.2 | 115.0 |
| 111.7 | 111.3 | 108.7 | 108.4 | 107.0 | 105.6 | 105.4 |
| 115.5 | 117.8 | 118.2 | 112.2 | 112.9 | 111.2 | 111.2 |
| 128.3 | 121.9 | 119.4 | 118.3 | 119.8 | 121.9 | 119.8 |
| 142.6 | 145.3 | 139.1 | 132.0 | 137.3 | 136.6 | 134.6 |
| 148.6 | 152.1 | 145.0 | 135.5 | 141.7 | 141.1 | 138.7 |
| 108.8 | 107.3 | 105.8 | 112.4 | 112.7 | 111.6 | 111.6 |
| 142.9 | 136.3 | 122.6 | 120.6 | 119.7 | 132.2 | 132.2 |
| 134.3 | 128.0 | 128.8 | 126.6 | 126.1 | 126.9 | 124.5 |
| **137.1** | **136.4** | **130.3** | **118.9** | **118.8** | **119.1** | **118.5** |
| 113.1 | 111.2 | 105.7 | 103.4 | 102.7 | 105.2 | 104.3 |
| 101.3 | 101.3 | 101.0 | 100.1 | 102.6 | 102.6 | 102.8 |
| 107.9 | 105.4 | 105.3 | 142.8 | 140.0 | 135.9 | 149.0 |
| 120.6 | 120.5 | 120.5 | 120.0 | 111.9 | 110.1 | 108.6 |
| 128.8 | 127.9 | 122.2 | 118.6 | 119.1 | 119.2 | 120.1 |
| 163.0 | 165.5 | 154.3 | 115.9 | 116.9 | 122.6 | 118.0 |
| 174.6 | 158.7 | 134.3 | 139.5 | 135.1 | 122.5 | 125.5 |
| 133.7 | 132.3 | 132.0 | 128.4 | 126.6 | 121.1 | 118.3 |

# 1989年广西城镇生活费用价格和零售物价各月同比指数

以上年同月价格为100

| 类　别 | 1月 | 2月 | 3月 | 4月 | 5月 |
|---|---|---|---|---|---|
| **生活费用价格总指数** | **136.0** | **136.2** | **134.7** | **136.2** | **129.4** |
| **零售物价总指数** | **135.4** | **136.1** | **134.7** | **135.8** | **129.0** |
| **一、消费品价格指数** | **135.4** | **136.1** | **134.7** | **135.8** | **129.0** |
| (一)食品类 | 137.1 | 138.9 | 137.5 | 139.1 | 130.2 |
| 1. 粮　食 | 119.2 | 114.8 | 113.0 | 114.6 | 112.7 |
| (1)细　粮 | 116.6 | 111.7 | 109.7 | 111.9 | 110.7 |
| (2)粗　粮 | 154.3 | 157.8 | 158.8 | 150.9 | 140.7 |
| 2. 副食品 | 137.2 | 141.4 | 141.3 | 142.1 | 129.1 |
| (1)食用植物油 | 218.7 | 201.1 | 237.1 | 194.3 | 108.1 |
| (2)鲜　菜 | 115.5 | 137.5 | 129.7 | 139.6 | 96.4 |
| (3)干　菜 | 134.2 | 130.8 | 140.4 | 155.3 | 151.3 |
| (4)肉禽蛋 | 135.3 | 139.3 | 137.6 | 139.4 | 132.8 |
| (5)水产品 | 135.3 | 127.5 | 125.7 | 127.6 | 117.3 |
| (6)调味品 | 126.5 | 124.9 | 126.6 | 127.5 | 120.2 |
| (7)食　糖 | 163.8 | 162.9 | 161.7 | 162.2 | 116.9 |
| 3. 烟酒茶 | 148.1 | 148.8 | 147.2 | 159.8 | 146.0 |
| (1)烟 | 127.9 | 127.2 | 127.7 | 128.2 | 127.5 |
| (2)酒 | 176.3 | 180.6 | 175.6 | 204.9 | 172.7 |
| (3)茶　叶 | 129.9 | 118.6 | 118.5 | 118.0 | 118.3 |
| 4. 其他食品 | 145.0 | 138.6 | 129.1 | 128.4 | 142.6 |
| (1)鲜　果 | 143.2 | 127.2 | 112.9 | 112.7 | 114.0 |
| (2)干　果 | 131.0 | 137.5 | 136.1 | 135.9 | 133.3 |
| (3)糖　果 | 153.2 | 153.6 | 155.4 | 155.9 | 141.9 |
| (4)糕　点 | 167.8 | 179.8 | 179.8 | 182.5 | 165.8 |
| (5)奶及奶制品 | 148.5 | 148.2 | 131.8 | 119.3 | 131.4 |
| (6)罐　头 | 126.5 | 132.0 | 132.9 | 140.4 | 124.3 |
| (7)其他饮料 | 127.9 | 130.1 | 125.0 | 122.1 | 119.7 |
| (二)衣着类 | 123.4 | 124.2 | 124.6 | 124.0 | 124.0 |
| (1)棉　布 | 133.4 | 135.9 | 140.1 | 144.8 | 143.8 |
| (2)棉花化纤混纺布 | 112.4 | 114.5 | 129.9 | 141.6 | 130.7 |
| (3)化纤布 | 115.1 | 114.7 | 117.5 | 120.1 | 117.1 |
| (4)呢　绒 | 143.0 | 147.3 | 145.1 | 147.5 | 138.0 |
| (5)绸　缎 | 124.5 | 124.8 | 136.7 | 137.1 | 135.7 |
| (6)针纺织品 | 132.3 | 131.2 | 131.0 | 127.7 | 128.5 |
| (7)服　装 | 118.8 | 120.6 | 122.1 | 120.6 | 121.8 |
| (8)鞋 | 115.6 | 117.5 | 115.7 | 114.9 | 116.8 |
| (9)其他衣着 | 129.4 | 129.1 | 124.7 | 124.8 | 124.8 |

| 6月 | 7月 | 8月 | 9月 | 10月 | 11月 | 12月 |
|---|---|---|---|---|---|---|
| **124.9** | **122.2** | **115.2** | **107.1** | **106.5** | **105.2** | **105.5** |
| **124.1** | **121.3** | **113.9** | **105.9** | **105.3** | **103.9** | **104.2** |
| **124.1** | **121.3** | **113.9** | **105.9** | **105.3** | **103.9** | **104.2** |
| 124.4 | 122.3 | 112.8 | 103.1 | 103.6 | 102.3 | 102.9 |
| 108.0 | 108.2 | 108.3 | 102.8 | 97.0 | 98.3 | 97.0 |
| 106.3 | 106.8 | 107.4 | 102.2 | 97.2 | 98.3 | 97.1 |
| 132.0 | 127.6 | 121.1 | 112.3 | 105.7 | 98.1 | 93.9 |
| 126.7 | 123.1 | 112.9 | 103.4 | 104.9 | 104.5 | 106.2 |
| 175.0 | 137.2 | 133.5 | 126.0 | 118.1 | 110.0 | 103.7 |
| 97.0 | 105.0 | 101.3 | 77.5 | 91.2 | 107.8 | 128.6 |
| 146.2 | 139.8 | 131.8 | 131.6 | 124.6 | 123.6 | 117.2 |
| 130.2 | 125.8 | 112.5 | 104.7 | 104.9 | 102.6 | 101.5 |
| 121.8 | 125.1 | 116.9 | 109.8 | 111.2 | 100.8 | 98.6 |
| 114.9 | 111.5 | 111.5 | 112.9 | 106.5 | 108.0 | 114.2 |
| 102.2 | 102.6 | 100.5 | 100.5 | 100.5 | 100.5 | 100.4 |
| 144.8 | 126.6 | 102.6 | 101.0 | 100.2 | 100.1 | 100.4 |
| 128.5 | 111.0 | 102.3 | 101.7 | 101.6 | 101.6 | 101.5 |
| 160.5 | 145.2 | 101.6 | 98.9 | 98.6 | 98.2 | 97.8 |
| 116.4 | 115.3 | 114.8 | 111.3 | 98.4 | 99.6 | 114.1 |
| 111.3 | 127.0 | 123.4 | 103.0 | 102.6 | 93.5 | 89.0 |
| 89.5 | 124.0 | 123.2 | 91.3 | 92.5 | 78.4 | 71.9 |
| 134.0 | 128.9 | 122.8 | 106.7 | 101.3 | 97.7 | 92.7 |
| 137.9 | 118.8 | 115.2 | 111.8 | 111.1 | 109.7 | 109.2 |
| 159.1 | 151.3 | 137.8 | 128.0 | 123.4 | 116.4 | 114.1 |
| 130.7 | 123.9 | 116.6 | 117.0 | 116.7 | 116.9 | 115.5 |
| 132.6 | 134.1 | 132.6 | 130.0 | 129.8 | 128.2 | 120.0 |
| 116.0 | 114.3 | 113.1 | 111.8 | 112.1 | 111.2 | 111.3 |
| 124.8 | 124.5 | 122.2 | 115.2 | 115.9 | 112.3 | 112.1 |
| 144.5 | 143.8 | 138.7 | 122.5 | 123.8 | 121.5 | 120.6 |
| 131.3 | 127.2 | 126.5 | 118.1 | 117.3 | 116.7 | 116.0 |
| 116.1 | 114.6 | 113.1 | 102.6 | 112.2 | 109.7 | 108.8 |
| 137.9 | 134.7 | 132.6 | 116.9 | 115.8 | 111.5 | 113.9 |
| 128.0 | 128.0 | 125.2 | 121.5 | 120.2 | 114.9 | 115.1 |
| 128.8 | 129.2 | 127.6 | 117.0 | 118.2 | 113.2 | 113.7 |
| 123.2 | 122.9 | 121.1 | 116.3 | 115.7 | 112.2 | 111.8 |
| 117.3 | 116.4 | 115.0 | 115.2 | 112.8 | 107.9 | 108.5 |
| 126.6 | 127.5 | 122.4 | 113.4 | 115.5 | 114.2 | 112.4 |

## 1989年广西城镇生活费用价格和零售物价各月同比指数（续表）

以上年同月价格为100

| 类　别 | 1月 | 2月 | 3月 | 4月 | 5月 |
|---|---|---|---|---|---|
| （三）日用品类 | 125.9 | 124.6 | 122.9 | 127.3 | 121.6 |
| (1) 一般日用品 | 133.2 | 133.2 | 132.2 | 134.4 | 133.8 |
| (2) 日用机电消费品 | 124.0 | 121.4 | 119.0 | 125.7 | 116.3 |
| (3) 家　　具 | 120.4 | 121.2 | 120.6 | 117.6 | 120.6 |
| (4) 日用杂品 | 121.3 | 123.2 | 124.5 | 130.3 | 122.4 |
| （四）文化娱乐用品类 | 133.5 | 126.3 | 122.7 | 118.4 | 114.7 |
| (1) 纸张文具 | 120.1 | 122.8 | 123.8 | 125.3 | 125.3 |
| (2) 文娱用机电消费品 | 139.4 | 129.9 | 124.8 | 118.1 | 113.8 |
| (3) 其他文娱用品 | 112.0 | 112.0 | 113.2 | 117.3 | 115.7 |
| （五）书报杂志类 | 205.6 | 202.1 | 205.2 | 203.2 | 108.5 |
| （六）药及医疗用品类 | 169.7 | 167.9 | 159.7 | 143.1 | 144.6 |
| (1) 中　　药 | 208.9 | 203.5 | 186.8 | 158.0 | 159.8 |
| (2) 西药及医疗用品 | 126.6 | 129.4 | 130.0 | 126.6 | 127.9 |
| （七）建筑材料类 | 143.2 | 149.7 | 147.6 | 144.2 | 142.7 |
| （八）燃 料 类 | 145.5 | 145.9 | 144.8 | 157.9 | 143.3 |
| **二、农业生产资料指数** | | | | | |
| 1. 小 农 具 | | | | | |
| (1) 铁制小农具 | | | | | |
| (2) 竹木制小农具 | | | | | |
| 2. 半机械化农具 | | | | | |
| 3. 机械化农具 | | | | | |
| 4. 化学肥料 | | | | | |
| 5. 农药及农药械 | | | | | |
| (1) 化学农药 | | | | | |
| (2) 农 药 械 | | | | | |
| 6. 农用机油 | | | | | |
| 7. 其　　他 | | | | | |
| **三、服务项目价格指数** | **141.7** | **136.2** | **135.2** | **139.1** | **133.4** |
| 1. 房　　租 | 108.5 | 108.8 | 109.7 | 107.6 | 107.3 |
| 2. 水 电 费 | 102.6 | 103.0 | 101.0 | 101.2 | 101.1 |
| 3. 交 通 费 | 126.1 | 124.5 | 123.4 | 115.0 | 107.1 |
| 4. 邮 电 费 | 119.3 | 119.6 | 126.3 | 119.2 | 122.8 |
| 5. 医疗保健费 | 132.8 | 133.4 | 133.7 | 119.0 | 134.7 |
| 6. 学杂保育费 | 187.8 | 168.5 | 165.9 | 180.5 | 162.9 |
| 7. 文 娱 费 | 157.7 | 161.9 | 161.0 | 167.3 | 163.9 |
| 8. 修理及其他服务费 | 124.3 | 127.2 | 128.1 | 131.0 | 132.2 |

注：生活费用价格统计一和三2大类商品价格，零售物价统计一和二2大类商品价格

| 6月 | 7月 | 8月 | 9月 | 10月 | 11月 | 12月 |
|---|---|---|---|---|---|---|
| 116.9 | 112.6 | 108.9 | 103.5 | 99.6 | 98.8 | 99.0 |
| 129.9 | 125.9 | 124.0 | 120.9 | 115.5 | 114.2 | 113.9 |
| 110.5 | 105.0 | 100.0 | 92.5 | 90.4 | 89.7 | 89.5 |
| 117.8 | 118.3 | 116.4 | 114.7 | 108.5 | 108.1 | 108.1 |
| 120.0 | 118.4 | 116.6 | 115.2 | 103.9 | 103.0 | 111.1 |
| 111.6 | 108.4 | 106.2 | 101.5 | 100.0 | 99.7 | 100.0 |
| 123.8 | 122.6 | 124.8 | 124.4 | 116.7 | 115.9 | 116.6 |
| 109.9 | 105.5 | 102.7 | 96.7 | 96.1 | 95.9 | 96.6 |
| 114.8 | 116.6 | 115.6 | 115.3 | 112.0 | 111.2 | 109.8 |
| 206.6 | 205.6 | 199.5 | 201.1 | 196.2 | 197.4 | 192.7 |
| 128.3 | 118.0 | 114.1 | 113.8 | 106.9 | 104.8 | 103.2 |
| 131.4 | 115.4 | 109.1 | 108.7 | 99.7 | 96.4 | 93.2 |
| 124.8 | 120.9 | 119.7 | 119.4 | 114.8 | 114.2 | 114.3 |
| 142.6 | 127.8 | 115.5 | 109.7 | 100.2 | 96.5 | 97.5 |
| 134.6 | 119.0 | 113.5 | 108.8 | 109.0 | 105.7 | 107.1 |
| | | | | | | |
| **132.9** | **131.7** | **127.6** | **118.1** | **118.7** | **117.7** | **117.3** |
| 108.5 | 108.0 | 105.1 | 103.9 | 104.1 | 103.9 | 104.0 |
| 101.3 | 101.2 | 100.9 | 100.5 | 101.7 | 101.7 | 101.8 |
| 106.6 | 106.2 | 106.1 | 152.8 | 156.0 | 154.4 | 159.8 |
| 123.2 | 123.0 | 123.0 | 121.9 | 109.5 | 109.5 | 107.1 |
| 137 | 139.1 | 119.6 | 112.7 | 112.1 | 112.0 | 114.1 |
| 161.9 | 162.6 | 154.0 | 115.8 | 117.3 | 119.8 | 117.8 |
| 164.4 | 138.3 | 131.3 | 132.9 | 133.0 | 117.3 | 126.4 |
| 130.2 | 129.3 | 129.9 | 126.8 | 125.2 | 121.0 | 117.1 |

# 1989年广西城市生活费用价格和零售物价各月同比指数

以上年同月价格为100

| 类　别 | 1月 | 2月 | 3月 | 4月 | 5月 |
|---|---|---|---|---|---|
| **生活费用价格总指数** | **136.4** | **136.7** | **134.7** | **136.7** | **129.0** |
| **零售物价总指数** | **135.9** | **137.1** | **134.9** | **136.5** | **128.8** |
| **一、消费品价格指数** | **135.9** | **137.1** | **134.9** | **136.5** | **120.8** |
| （一）食品类 | 137.0 | 137.1 | 134.9 | 136.5 | 120.8 |
| 1. 粮　食 | 137.8 | 141.3 | 138.6 | 140.3 | 130.3 |
| (1) 细　粮 | 107.9 | 109.3 | 106.6 | 111.5 | 105.7 |
| (2) 粗　粮 | 151.5 | 158.1 | 160.0 | 149.3 | 139.2 |
| 2. 副食品 | 130.6 | 143.7 | 142.0 | 142.2 | 128.4 |
| (1) 食用植物油 | 228.3 | 204.8 | 239.9 | 192.4 | 179.6 |
| (2) 鲜　菜 | 120.7 | 146.2 | 130.7 | 138.7 | 96.5 |
| (3) 干　菜 | 135.1 | 141.3 | 152.7 | 163.9 | 158.7 |
| (4) 肉禽蛋 | 135.8 | 140.6 | 138.2 | 139.8 | 132.7 |
| (5) 水产品 | 134.3 | 126.5 | 124.4 | 126.4 | 115.4 |
| (6) 调味品 | 125.9 | 126.1 | 127.7 | 128.6 | 119.6 |
| (7) 食　糖 | 160.6 | 159.9 | 160.2 | 159.9 | 110.1 |
| 3. 烟酒茶 | 160.2 | 162.9 | 159.3 | 175.5 | 156.5 |
| (1) 烟 | 133.7 | 133.6 | 133.6 | 133.2 | 132.8 |
| (2) 酒 | 192.6 | 200.5 | 192.5 | 220.9 | 186.9 |
| (3) 茶　叶 | 132.7 | 116.6 | 116.6 | 117.0 | 118.1 |
| 4. 其他食品 | 141.9 | 137.2 | 127.8 | 128.3 | 145.8 |
| (1) 鲜　果 | 137.6 | 122.8 | 108.4 | 110.7 | 148.7 |
| (2) 干　果 | 127.7 | 136.0 | 135.8 | 134.2 | 133.5 |
| (3) 糖　果 | 155.7 | 155.7 | 159.2 | 160.7 | 147.0 |
| (4) 糕　点 | 165.4 | 102.1 | 182.3 | 107.1 | 168.3 |
| (5) 奶及奶制品 | 155.4 | 155.3 | 134.6 | 119.9 | 135.2 |
| (6) 罐　头 | 128.3 | 133.0 | 134.6 | 142.8 | 123.8 |
| (7) 其他饮料 | 127.3 | 129.3 | 126.1 | 122.7 | 120.7 |
| （二）衣着类 | 124.0 | 124.6 | 124.5 | 123.8 | 124.7 |
| (1) 棉　布 | 137.2 | 140.2 | 144.7 | 151.7 | 150.8 |
| (2) 棉花化纤混纺布 | 109.3 | 109.8 | 134.3 | 152.0 | 135.5 |
| (3) 化纤布 | 118.4 | 118.4 | 118.5 | 122.0 | 118.1 |
| (4) 呢　绒 | 144.1 | 148.9 | 145.9 | 148.4 | 138.4 |
| (5) 绸　缎 | 124.1 | 124.4 | 139.7 | 139.8 | 137.3 |
| (6) 针纺织品 | 135.8 | 134.8 | 133.7 | 128.6 | 130.7 |
| (7) 服　装 | 117.4 | 118.1 | 119.9 | 118.3 | 121.1 |
| (8) 鞋 | 114.5 | 116.5 | 113.9 | 113.0 | 115.8 |
| (9) 其他衣着 | 133.2 | 133.1 | 126.3 | 126.6 | 127.5 |

| 6 月 | 7 月 | 8 月 | 9 月 | 10 月 | 11 月 | 12 月 |
|---|---|---|---|---|---|---|
| **124.4** | **121.6** | **114.3** | **105.6** | **105.4** | **104.1** | **104.6** |
| **123.8** | **120.9** | **113.2** | **104.4** | **104.2** | **102.9** | **103.5** |
| **123.8** | **120.9** | **113.2** | **104.4** | **104.2** | **102.9** | **103.5** |
| 123.8 | 120.9 | 113.2 | 104.4 | 104.2 | 102.9 | 103.5 |
| 124.9 | 122.6 | 112.1 | 101.9 | 103.0 | 101.8 | 102.7 |
| 104.4 | 103.2 | 103.1 | 97.9 | 95.5 | 97.4 | 97.7 |
| 131.6 | 129.7 | 120.9 | 111.3 | 107.6 | 98.2 | 94.7 |
| 126.4 | 123.4 | 112.3 | 102.3 | 104.3 | 103.8 | 105.8 |
| 172.1 | 136.5 | 131.8 | 123.8 | 117.3 | 109.1 | 103.9 |
| 97.5 | 101.5 | 99.1 | 73.3 | 87.6 | 103.6 | 124.2 |
| 151.5 | 147.1 | 134.2 | 137.1 | 129.2 | 127.1 | 120.1 |
| 129.8 | 126.6 | 112.0 | 103.7 | 104.4 | 102.3 | 101.6 |
| 121.0 | 126.5 | 117.2 | 111.0 | 112.7 | 101.3 | 98.4 |
| 116.4 | 112.4 | 112.5 | 115.5 | 107.7 | 109.2 | 114.5 |
| 100.7 | 100.8 | 100.8 | 100.8 | 100.8 | 100.8 | 100.7 |
| 153.7 | 130.7 | 101.0 | 98.7 | 97.7 | 97.9 | 98.3 |
| 133.0 | 112.4 | 101.7 | 100.9 | 100.9 | 100.9 | 100.6 |
| 180.9 | 152.8 | 98.7 | 95.0 | 94.6 | 94.7 | 94.1 |
| 114.3 | 114.6 | 115.7 | 111.0 | 93.5 | 95.3 | 115.4 |
| 113.4 | 128.0 | 125.1 | 104.1 | 103.8 | 94.9 | 89.6 |
| 90.6 | 124.7 | 126.2 | 91.6 | 93.1 | 79.7 | 71.6 |
| 136.0 | 131.5 | 123.9 | 106.9 | 102.1 | 98.6 | 93.0 |
| 143.0 | 118.2 | 115.7 | 109.7 | 109.7 | 108.4 | 107.6 |
| 161.5 | 153.8 | 137.0 | 130.0 | 125.2 | 115.8 | 113.8 |
| 134.0 | 126.4 | 118.5 | 119.2 | 118.8 | 118.8 | 117.3 |
| 132.2 | 134.0 | 133.3 | 131.4 | 131.3 | 129.4 | 119.7 |
| 116.3 | 114.3 | 113.5 | 112.1 | 112.4 | 111.3 | 111.4 |
| 125.1 | 124.5 | 122.7 | 113.9 | 115.0 | 110.6 | 110.5 |
| 151.6 | 150.3 | 147.2 | 122.8 | 125.6 | 122.3 | 119.0 |
| 136.9 | 130.2 | 129.9 | 118.4 | 117.2 | 116.7 | 116.1 |
| 115.2 | 111.8 | 111.9 | 97.9 | 100.5 | 107.5 | 106.1 |
| 138.3 | 134.6 | 132.7 | 115.7 | 114.5 | 110.6 | 114.1 |
| 127.2 | 127.6 | 125.9 | 121.5 | 128.4 | 113.3 | 113.4 |
| 129.2 | 129.1 | 120.2 | 114.9 | 116.5 | 109.9 | 110.9 |
| 123.2 | 123.0 | 121.9 | 115.5 | 115.1 | 111.1 | 110.8 |
| 115.9 | 115.6 | 115.0 | 115.3 | 112.2 | 106.1 | 107.2 |
| 128.5 | 128.6 | 121.5 | 111.2 | 114.7 | 112.7 | 110.7 |

# 1989年广西城市生活费用价格和零售物价各月同比指数（续表）

以上年同月价格为100

| 类　别 | 1月 | 2月 | 3月 | 4月 | 5月 |
|---|---|---|---|---|---|
| （三）日用品类 | 126.5 | 124.8 | 123.1 | 129.0 | 122.2 |
| (1) 一般日用品 | 132.0 | 131.9 | 132.3 | 136.1 | 135.9 |
| (2) 日用机电消费品 | 125.6 | 122.4 | 119.4 | 127.8 | 116.4 |
| (3) 家　　具 | 122.0 | 123.1 | 121.9 | 118.1 | 122.6 |
| (4) 日用杂品 | 120.8 | 123.6 | 125.7 | 133.3 | 124.0 |
| （四）文化娱乐用品类 | 134.0 | 124.6 | 122.2 | 118.6 | 114.4 |
| (1) 纸张文具 | 110.9 | 119.6 | 123.1 | 125.7 | 125.8 |
| (2) 文娱用机电消费品 | 139.2 | 127.4 | 124.0 | 118.2 | 113.4 |
| (3) 其他文娱用品 | 112.2 | 111.8 | 112.4 | 118.2 | 116.0 |
| （五）书报杂志类 | 214.3 | 204.9 | 207.7 | 202.0 | 207.6 |
| （六）药及医疗用品类 | 176.0 | 174.9 | 156.4 | 136.0 | 144.5 |
| (1) 中　　药 | 223.8 | 219.5 | 186.4 | 149.6 | 161.8 |
| (2) 西药及医疗用品 | 115.9 | 118.9 | 118.7 | 118.9 | 122.8 |
| （七）建筑材料类 | 154.7 | 148.5 | 152.0 | 151.8 | 141.7 |
| （八）燃 料 类 | 144.9 | 142.2 | 144.9 | 168.0 | 149.7 |
| **二、农业生产资料指数** | | | | | |
| 1. 小 农 具 | | | | | |
| (1) 铁制小农具 | | | | | |
| (2) 竹木制小农具 | | | | | |
| 2. 半机械化农具 | | | | | |
| 3. 机械化农具 | | | | | |
| 4. 化学肥料 | | | | | |
| 5. 农药及农药械 | | | | | |
| (1) 化学农药 | | | | | |
| (2) 农 药 械 | | | | | |
| 6. 农用机油 | | | | | |
| 7. 其　　他 | | | | | |
| **三、服务项目价格指数** | **141.0** | **132.4** | **132.8** | **138.5** | **131.2** |
| 1. 房　　租 | 106.5 | 106.5 | 102.5 | 100.6 | 102.5 |
| 2. 水 电 费 | 103.2 | 103.2 | 100.7 | 100.9 | 100.7 |
| 3. 交 通 费 | 120.9 | 118.7 | 117.7 | 114.7 | 107.2 |
| 4. 邮 电 费 | 119.2 | 119.2 | 126.5 | 118.4 | 123.1 |
| 5. 医疗保健费 | 136.3 | 136.3 | 136.3 | 118.7 | 136.9 |
| 6. 学杂保育费 | 191.1 | 163.7 | 166.4 | 187.2 | 162.0 |
| 7. 文 娱 费 | 156.2 | 158.8 | 158.8 | 161.7 | 162.0 |
| 8. 修理及其他服务费 | 120.9 | 121.5 | 123.6 | 124.8 | 127.3 |

注：生活费用价格统计一和三2大类商品价格，零售物价统计一和二2大类商品价格

| 6月 | 7月 | 8月 | 9月 | 10月 | 11月 | 12月 |
|---|---|---|---|---|---|---|
| 116.0 | 111.4 | 107.9 | 101.9 | 97.3 | 96.7 | 97.4 |
| 129.9 | 126.1 | 123.8 | 121.0 | 114.5 | 113.0 | 112.7 |
| 109.3 | 103.0 | 98.6 | 90.1 | 87.7 | 87.4 | 87.8 |
| 118.7 | 119.6 | 117.7 | 115.9 | 108.2 | 107.9 | 108.4 |
| 120.6 | 119.8 | 118.1 | 116.5 | 101.9 | 100.7 | 111.3 |
| 110.9 | 107.8 | 105.9 | 100.4 | 99.1 | 99.2 | 99.9 |
| 124.2 | 123.1 | 126.3 | 126.4 | 115.7 | 114.9 | 115.6 |
| 109.2 | 105.3 | 102.8 | 96.0 | 96.1 | 96.2 | 97.2 |
| 115.1 | 115.5 | 115.0 | 114.2 | 109.1 | 109.1 | 108.3 |
| 205.4 | 205.0 | 202.5 | 190.9 | 196.9 | 196.8 | 193.7 |
| 123.2 | 113.1 | 112.3 | 112.3 | 103.0 | 100.6 | 90.2 |
| 124.5 | 109.9 | 107.8 | 107.0 | 94.5 | 90.5 | 85.8 |
| 121.6 | 117.1 | 118.0 | 119.0 | 113.6 | 113.3 | 113.8 |
| 133.1 | 119.4 | 107.4 | 92.4 | 81.0 | 82.5 | 83.0 |
| 139.4 | 113.9 | 113.2 | 110.0 | 109.5 | 109.5 | 106.0 |
| | | | | | | |
| **130.7** | **128.9** | **125.5** | **117.2** | **117.2** | **116.0** | **115.5** |
| 102.5 | 102.2 | 102.2 | 100.1 | 100.1 | 100.1 | 100.2 |
| 100.7 | 100.7 | 100.3 | 100.3 | 100.3 | 100.3 | 100.3 |
| 107.2 | 106.9 | 106.7 | 161.0 | 165.9 | 165.6 | 165.2 |
| 123.1 | 123.1 | 123.1 | 121.8 | 107.0 | 108.5 | 105.5 |
| 139.6 | 142.3 | 119.6 | 111.9 | 111.0 | 111.0 | 113.3 |
| 162.0 | 161.2 | 154.8 | 115.9 | 115.9 | 115.9 | 115.9 |
| 131.1 | 130.6 | 131.1 | 130.6 | 130.6 | 113.5 | 125.2 |
| 123.4 | 123.7 | 123.7 | 122.8 | 121.4 | 120.0 | 113.0 |

# 1989年广西农村国营生活费用价格和零售物价各月同比指数

以上年同月价格为100

| 类　别 | 1月 | 2月 | 3月 | 4月 | 5月 |
|---|---|---|---|---|---|
| **生活费用价格总指数** | **136.3** | **138.0** | **137.1** | **136.7** | **132.2** |
| **零售物价总指数** | **133.4** | **135.9** | **137.8** | **135.0** | **130.7** |
| **一、消费品价格指数** | **134.3** | **136.6** | **136.3** | **136.0** | **131.2** |
| （一）食品类 | 136.3 | 141.2 | 139.8 | 143.0 | 132.3 |
| 1. 粮　食 | 137.1 | 157.7 | 156.8 | 158.2 | 146.3 |
| (1) 细　粮 | 133.1 | 156.0 | 154.0 | 155.8 | 145.1 |
| (2) 粗　粮 | 155.5 | 165.4 | 169.7 | 169.2 | 152.0 |
| 2. 副食品 | 137.3 | 137.2 | 135.5 | 141.8 | 131.0 |
| (1) 食用植物油 | 167.2 | 177.6 | 181.5 | 249.0 | 199.6 |
| (2) 鲜　菜 | | | | | |
| (3) 干　菜 | 120.4 | 120.3 | 116.9 | 120.7 | 118.3 |
| (4) 肉禽蛋 | 133.9 | 128.1 | 127.6 | 136.9 | 135.5 |
| (5) 水产品 | 159.1 | 187.5 | 178.4 | 202.0 | 192.4 |
| (6) 调味品 | 124.9 | 126.5 | 125.6 | 125.5 | 124.3 |
| (7) 食　糖 | 165.0 | 166.6 | 163.4 | 165.4 | 129.4 |
| 3. 烟酒茶 | 121.6 | 124.6 | 124.9 | 125.2 | 118.6 |
| (1) 烟 | 117.3 | 117.2 | 120.3 | 120.7 | 110.9 |
| (2) 酒 | 126.4 | 133.4 | 130.5 | 130.8 | 127.4 |
| (3) 茶　叶 | 122.9 | 123.2 | 123.2 | 121.5 | 120.1 |
| 4. 其他食品 | 151.6 | 155.5 | 152.2 | 152.7 | 138.4 |
| (1) 鲜　果 | 125.6 | 125.6 | 115.3 | 131.5 | 115.4 |
| (2) 干　果 | 120.0 | 120.6 | 125.2 | 123.4 | 121.9 |
| (3) 糖　果 | 150.3 | 152.8 | 147.3 | 147.3 | 131.4 |
| (4) 糕　点 | 174.5 | 181.1 | 180.7 | 180.0 | 161.6 |
| (5) 奶及奶制品 | 116.9 | 122.1 | 116.4 | 120.4 | 114.4 |
| (6) 罐　头 | 116.1 | 127.1 | 127.4 | 127.4 | 120.6 |
| (7) 其他饮料 | 138.1 | 135.1 | 124.8 | 121.4 | 111.1 |
| （二）衣着类 | 120.4 | 122.0 | 123.4 | 123.7 | 121.5 |
| (1) 棉　布 | 126.5 | 128.7 | 128.8 | 134.2 | 132.4 |
| (2) 棉花化纤混纺布 | 116.9 | 120.2 | 120.3 | 118.5 | 118.6 |
| (3) 化纤布 | 111.7 | 109.1 | 113.4 | 112.8 | 116.9 |
| (4) 呢　绒 | 124.2 | 125.5 | 127.3 | 127.7 | 124.2 |
| (5) 绸　缎 | 132.2 | 130.6 | 130.7 | 131.5 | 133.3 |
| (6) 针纺织品 | 125.0 | 124.8 | 125.6 | 124.6 | 121.9 |
| (7) 服　装 | 125.1 | 130.2 | 132.0 | 131.0 | 125.0 |
| (8) 鞋 | 118.7 | 118.8 | 119.1 | 122.7 | 119.2 |
| (9) 其他衣着 | 118.7 | 119.7 | 119.7 | 118.9 | 116.1 |

| 6月 | 7月 | 8月 | 9月 | 10月 | 11月 | 12月 |
|---|---|---|---|---|---|---|
| **129.5** | **126.4** | **120.8** | **118.3** | **114.4** | **113.3** | **112.4** |
| **128.0** | **124.3** | **119.9** | **118.4** | **115.9** | **115.3** | **114.2** |
| **128.1** | **124.5** | **119.3** | **118.1** | **113.9** | **112.4** | **111.5** |
| 124.4 | 121.1 | 116.6 | 114.2 | 107.9 | 107.2 | 106.7 |
| 127.9 | 128.2 | 127.0 | 126.5 | 103.4 | 102.2 | 100.6 |
| 125.9 | 127.8 | 127.8 | 127.5 | 104.7 | 101.5 | 101.1 |
| 136.9 | 130.2 | 123.6 | 122.0 | 97.7 | 105.6 | 98.3 |
| 120.7 | 116.2 | 113.8 | 111.4 | 108.3 | 107.8 | 108.2 |
| 160.6 | 143.6 | 158.1 | 148.1 | 127.3 | 119.9 | 112.7 |
| | | | | | | |
| 120.0 | 114.6 | 118.3 | 121.1 | 114.6 | 120.9 | 115.6 |
| 135.8 | 127.6 | 122.0 | 116.7 | 113.1 | 107.2 | 101.3 |
| 203.4 | 143.0 | 119.9 | 112.0 | 112.7 | 116.1 | 117.6 |
| 109.3 | 108.8 | 108.0 | 104.7 | 103.6 | 104.6 | 116.3 |
| 104.6 | 106.0 | 100.0 | 100.0 | 100.0 | 100.0 | 100.0 |
| 121.0 | 118.3 | 106.9 | 109.5 | 106.9 | 106.2 | 105.9 |
| 116.2 | 112.8 | 102.7 | 104.8 | 102.4 | 102.6 | 102.6 |
| 126.2 | 124.9 | 111.3 | 114.8 | 111.7 | 109.7 | 109.4 |
| 124.1 | 117.5 | 112.0 | 112.0 | 112.7 | 113.0 | 109.2 |
| 134.9 | 130.2 | 125.4 | 114.8 | 112.8 | 112.5 | 110.5 |
| | | 121.5 | 98.0 | 101.1 | 97.6 | 92.9 |
| 109.3 | 107.9 | 110.1 | 110.3 | 106.9 | 109.5 | 101.4 |
| 125.7 | 118.2 | 113.3 | 115.6 | 111.2 | 110.2 | 109.9 |
| 155.8 | 151.4 | 145.5 | 118.7 | 117.2 | 117.2 | 114.2 |
| 112.9 | 115.5 | 108.2 | 104.3 | 104.8 | 106.0 | 105.3 |
| 138.8 | 139.3 | 137.0 | 129.3 | 128.7 | 128.7 | 128.7 |
| 112.5 | 110.9 | 106.2 | 108.2 | 110.1 | 110.1 | 110.1 |
| 121.8 | 122.5 | 119.9 | 121.0 | 119.9 | 118.5 | 118.1 |
| 127.9 | 127.8 | 119.4 | 120.6 | 118.9 | 118.6 | 123.8 |
| 116.9 | 118.5 | 117.2 | 115.8 | 116.1 | 115.3 | 114.7 |
| 116.2 | 120.5 | 123.4 | 123.0 | 125.9 | 124.4 | 124.4 |
| 124.3 | 125.7 | 120.3 | 120.9 | 122.2 | 115.7 | 109.6 |
| 130.9 | 130.5 | 121.9 | 119.1 | 117.3 | 119.3 | 119.9 |
| 127.1 | 129.0 | 126.8 | 123.2 | 122.7 | 121.7 | 120.7 |
| 124.2 | 123.8 | 118.8 | 126.1 | 121.2 | 118.6 | 117.9 |
| 121.6 | 119.0 | 115.0 | 114.1 | 114.2 | 113.5 | 112.1 |
| 120.0 | 123.3 | 124.6 | 119.8 | 117.4 | 118.3 | 116.7 |

# 1989 年广西农村国营生活费用价格和零售物价各月同比指数（续表）

以上年同月价格为 100

| 类　别 | 1 月 | 2 月 | 3 月 | 4 月 | 5 月 |
|---|---|---|---|---|---|
| （三）日用品类 | 126.5 | 126.7 | 125.2 | 124.2 | 122.6 |
| (1) 一般日用品 | 140.6 | 140.6 | 136.9 | 134.5 | 132.6 |
| (2) 日用机电消费品 | 117.0 | 117.3 | 117.1 | 117.0 | 116.7 |
| (3) 家　　具 | 111.6 | 114.4 | 114.3 | 114.7 | 109.8 |
| (4) 日用杂品 | 126.4 | 125.7 | 124.7 | 124.1 | 121.2 |
| （四）文化娱乐用品类 | 121.6 | 120.4 | 120.0 | 117.2 | 115.6 |
| (1) 纸张文具 | 132.1 | 127.7 | 127.1 | 126.8 | 125.2 |
| (2) 文娱用机电消费品 | 119.8 | 119.4 | 118.8 | 114.2 | 112.1 |
| (3) 其他文娱用品 | 112.8 | 113.2 | 114.2 | 113.9 | 114.1 |
| （五）书报杂志类 | 190.2 | 203.7 | 206.8 | 210.8 | 217.4 |
| （六）药及医疗用品类 | 160.5 | 157.5 | 163.3 | 152.9 | 142.7 |
| (1) 中　　药 | 184.2 | 177.8 | 185.8 | 172.0 | 152.1 |
| (2) 西药及医疗用品 | 140.3 | 140.1 | 144.1 | 136.5 | 134.7 |
| （七）建筑材料类 | 148.4 | 149.8 | 149.1 | 142.0 | 143.3 |
| （八）燃 料 类 | 156.0 | 156.0 | 152.2 | 157.7 | 150.7 |
| **二、农业生产资料指数** | **131.5** | **134.4** | **141.0** | **132.7** | **129.6** |
| 1. 小 农 具 | 109.5 | 110.1 | 113.4 | 112.5 | 117.4 |
| (1) 铁制小农具 | 105.0 | 105.9 | 111.8 | 110.6 | 114.0 |
| (2) 竹木制小农具 | 120.4 | 120.4 | 117.2 | 117.2 | 125.7 |
| 2. 半机械化农具 | 118.1 | 126.2 | 126.7 | 121.7 | 117.4 |
| 3. 机械化农具 | 119.7 | 119.2 | 116.8 | 118.5 | 116.5 |
| 4. 化学肥料 | 134.4 | 136.5 | 144.5 | 133.0 | 129.5 |
| 5. 农药及农药械 | 144.2 | 145.0 | 154.1 | 137.8 | 134.4 |
| (1) 化学农药 | 150.3 | 150.9 | 161.1 | 142.2 | 138.9 |
| (2) 农 药 械 | 109.7 | 111.9 | 114.7 | 113.2 | 108.8 |
| 6. 农用机油 | 127.5 | 169.4 | 209.1 | 178.0 | 176.2 |
| 7. 其　　他 | 137.3 | 135.2 | 132.0 | 146.0 | 139.7 |
| **三、服务项目价格指数** | **154.1** | **150.9** | **144.7** | **142.7** | **141.7** |
| 1. 房　　租 | 135.6 | 135.6 | 135.6 | 135.6 | 131.7 |
| 2. 水 电 费 | 101.4 | 102.3 | 101.4 | 101.4 | 101.4 |
| 3. 交 通 费 | 137.8 | 135.5 | 135.5 | 115.8 | 106.9 |
| 4. 邮 电 费 | 114.3 | 115.1 | 118.8 | 117.3 | 116.0 |
| 5. 医疗保健费 | 108.3 | 124.7 | 124.7 | 124.7 | 125.1 |
| 6. 学杂保育费 | 193.3 | 178.3 | 164.5 | 164.5 | 164.1 |
| 7. 文 娱 费 | 174.7 | 180.7 | 177.8 | 176.8 | 186.6 |
| 8. 修理及其他服务费 | 121.7 | 132.1 | 133.1 | 138.6 | 138.7 |

注：生活费用价格统计一和三 2 大类商品价格，零售物价统计一和二 2 大类商品价格

| 6月 | 7月 | 8月 | 9月 | 10月 | 11月 | 12月 |
|---|---|---|---|---|---|---|
| 123.3 | 120.9 | 116.8 | 113.5 | 111.4 | 110.5 | 108.7 |
| 133.0 | 127.7 | 126.1 | 122.0 | 119.3 | 118.8 | 117.7 |
| 117.1 | 117.2 | 110.9 | 106.9 | 104.1 | 102.4 | 100.2 |
| 111.9 | 112.2 | 110.3 | 110.3 | 111.3 | 110.2 | 109.7 |
| 122.8 | 119.1 | 114.4 | 113.6 | 113.4 | 113.5 | 111.0 |
| 113.9 | 113.3 | 110.4 | 109.3 | 108.5 | 105.9 | 105.0 |
| 123.4 | 122.1 | 121.1 | 119.4 | 120.4 | 119.8 | 119.5 |
| 110.2 | 108.4 | 105.5 | 103.2 | 101.0 | 97.4 | 96.6 |
| 113.4 | 118.2 | 112.3 | 116.9 | 118.0 | 116.4 | 114.5 |
| 216.6 | 215.9 | 202.9 | 213.9 | 203.1 | 203.1 | 190.8 |
| 136.4 | 127.6 | 117.4 | 118.0 | 115.1 | 114.0 | 113.2 |
| 145.1 | 126.3 | 111.3 | 111.6 | 110.0 | 108.7 | 107.2 |
| 129.0 | 128.8 | 122.7 | 123.4 | 119.5 | 118.5 | 118.3 |
| 145.5 | 130.2 | 118.1 | 115.9 | 106.9 | 101.3 | 101.9 |
| 104.0 | 108.4 | 108.7 | 107.0 | 116.8 | 116.8 | 117.3 |
| **127.8** | **123.9** | **121.3** | **118.9** | **120.3** | **121.6** | **120.1** |
| 118.8 | 117.1 | 115.5 | 114.8 | 114.7 | 113.4 | 115.4 |
| 114.1 | 114.1 | 114.4 | 115.7 | 114.6 | 113.1 | 115.5 |
| 130.2 | 124.5 | 118.3 | 112.5 | 115.0 | 114.2 | 115.0 |
| 111.7 | 111.3 | 108.7 | 108.4 | 107.0 | 105.6 | 105.4 |
| 115.5 | 117.8 | 118.2 | 112.2 | 112.9 | 111.2 | 111.2 |
| 128.3 | 121.9 | 119.4 | 118.3 | 119.8 | 121.9 | 119.8 |
| 142.6 | 145.3 | 139.1 | 132.0 | 137.3 | 136.6 | 134.6 |
| 148.6 | 152.1 | 145.0 | 135.5 | 141.7 | 141.1 | 138.7 |
| 108.8 | 107.3 | 105.8 | 112.4 | 112.7 | 111.6 | 111.6 |
| 142.9 | 136.3 | 122.6 | 120.6 | 119.7 | 132.2 | 132.2 |
| 134.3 | 128.0 | 128.8 | 126.6 | 126.1 | 126.9 | 124.5 |
| **142.4** | **143.4** | **134.6** | **120.2** | **119.0** | **121.3** | **120.4** |
| 131.1 | 125.9 | 108.7 | 101.0 | 95.6 | 111.4 | 105.4 |
| 101.4 | 101.4 | 101.4 | 98.7 | 105.5 | 105.5 | 105.5 |
| 109.0 | 104.5 | 104.5 | 130.9 | 122.0 | 115.7 | 138.2 |
| 117.0 | 116.3 | 116.3 | 116.3 | 116.3 | 111.1 | 111.1 |
| 125.3 | 122.3 | 123.5 | 122.0 | 123.0 | 123.0 | 123.0 |
| 164.1 | 168.7 | 154.6 | 116.0 | 116.4 | 126.0 | 118.2 |
| 190.0 | 195.0 | 139.7 | 153.2 | 139.2 | 132.2 | 123.9 |
| 141.2 | 140.0 | 137.4 | 133.3 | 130.4 | 121.2 | 121.2 |

# 1990年广西全区生活费用价格和零售物价各月同比指数

以上年同月价格为100

| 类　别 | 1月 | 2月 | 3月 | 4月 | 5月 |
|---|---|---|---|---|---|
| **生活费用价格总指数** | **106.2** | **103.2** | **103.5** | **101.8** | **100.7** |
| **零售物价总指数** | **107.4** | **104.0** | **103.8** | **101.1** | **99.4** |
| **一、消费品价格指数** | **104.8** | **102.2** | **102.7** | **100.8** | **99.6** |
| （一）食 品 类 | 102.7 | 98.5 | 100.2 | 97.7 | 96.8 |
| 1. 粮　　食 | 93.4 | 97.8 | 97.9 | 98.1 | 101.6 |
| (1) 细　　粮 | 94.7 | 99.0 | 99.7 | 100.2 | 103.9 |
| (2) 粗　　粮 | 81.6 | 86.1 | 81.1 | 79.9 | 81.0 |
| 2. 副 食 品 | 105.8 | 98.3 | 99.6 | 96.0 | 95.5 |
| (1) 食用植物油 | 101.1 | 101.5 | 93.8 | 93.9 | 92.7 |
| (2) 鲜　　菜 | 108.9 | 78.1 | 103.3 | 102.3 | 93.5 |
| (3) 干　　菜 | 115.7 | 108.6 | 104.5 | 102.4 | 103.7 |
| (4) 肉 禽 蛋 | 101.9 | 96.0 | 95.4 | 90.9 | 90.7 |
| (5) 水 产 品 | 104.0 | 101.8 | 100.5 | 89.7 | 98.7 |
| (6) 调 味 品 | 121.3 | 120.2 | 120.2 | 117.2 | 117.4 |
| (7) 食　　糖 | 105.3 | 102.3 | 99.1 | 99.9 | 99.1 |
| 3. 烟 酒 茶 | 101.7 | 102.5 | 104.6 | 102.8 | 103.4 |
| (1) 烟 | 102.1 | 103.9 | 108.4 | 104.6 | 105.8 |
| (2) 酒 | 100.8 | 100.2 | 99.5 | 99.8 | 99.7 |
| (3) 茶　　叶 | 109.6 | 111.7 | 111.2 | 118.7 | 114.2 |
| 4. 其他食品 | 95.1 | 96.1 | 101.3 | 101.5 | 92.0 |
| (1) 鲜　　果 | 73.6 | 77.6 | 94.3 | 95.7 | 70.7 |
| (2) 干　　果 | 92.6 | 97.6 | 100.4 | 106.7 | 97.3 |
| (3) 糖　　果 | 106.6 | 105.4 | 104.0 | 103.9 | 103.6 |
| (4) 糕　　点 | 110.8 | 108.1 | 108.3 | 103.7 | 104.0 |
| (5) 奶及奶制品 | 104.5 | 103.3 | 101.9 | 103.6 | 102.5 |
| (6) 罐　　头 | 122.2 | 113.3 | 110.4 | 108.8 | 107.6 |
| (7) 其他饮料 | 109.4 | 108.5 | 104.6 | 105.0 | 103.6 |
| （二）衣 着 类 | 113.4 | 112.7 | 111.9 | 111.2 | 109.1 |
| (1) 棉　　布 | 123.3 | 123.0 | 121.6 | 121.7 | 115.5 |
| (2) 棉花化纤混纺布 | 111.6 | 108.6 | 112.7 | 114.2 | 110.9 |
| (3) 化 纤 布 | 111.3 | 113.8 | 109.8 | 108.1 | 106.0 |
| (4) 呢　　绒 | 109.1 | 109.8 | 107.8 | 104.5 | 105.5 |
| (5) 绸　　缎 | 118.1 | 116.6 | 116.3 | 113.3 | 113.8 |
| (6) 针纺织品 | 115.0 | 114.3 | 113.4 | 112.5 | 109.1 |
| (7) 服　　装 | 110.7 | 109.1 | 109.0 | 108.6 | 107.1 |
| (8) 鞋 | 115.3 | 116.9 | 114.4 | 113.2 | 112.0 |
| (9) 其他衣着 | 112.0 | 110.9 | 111.2 | 109.1 | 109.5 |

| 6月 | 7月 | 8月 | 9月 | 10月 | 11月 | 12月 |
|---|---|---|---|---|---|---|
| **99.9** | **99.1** | **100.0** | **100.0** | **99.5** | **101.5** | **101.5** |
| **97.9** | **97.3** | **98.2** | **98.8** | **98.0** | **100.1** | **100.5** |
| **98.6** | **97.7** | **98.7** | **99.1** | **98.7** | **101.0** | **101.5** |
| 95.3 | 94.3 | 95.9 | 97.3 | 96.6 | 99.9 | 101.2 |
| 96.5 | 96.1 | 100.2 | 101.4 | 100.2 | 101.3 | 101.3 |
| 98.7 | 97.5 | 102.0 | 103.0 | 101.6 | 102.5. | 102.3 |
| 75.9 | 83.0 | 83.4 | 86.7 | 86.9 | 90.1 | 88.9 |
| 93.4 | 92.6 | 92.8 | 94.8 | 93.9 | 98.6 | 99.8 |
| 89.4 | 89.0 | 91.4 | 91.0 | 90.9 | 92.4 | 91.5 |
| 92.7 | 98.5 | 93.6 | 97.5 | 92.6 | 100.0 | 110.5 |
| 104.8 | 103.2 | 102.4 | 101.1 | 102.6 | 100.3 | 102.8 |
| 86.8 | 85.8 | 86.1 | 88.7 | 87.8 | 90.0 | 91.2 |
| 98.0 | 96.8 | 97.4 | 101.7 | 101.9 | 102.6 | 104.2 |
| 117.3 | 117.2 | 117.3 | 118.0 | 117.2 | 116.4 | 107.7 |
| 99.7 | 99.6 | 99.6 | 99.4 | 99.4 | 143.9 | 144.2 |
| 102.2 | 101.4 | 103.4 | 102.9 | 101.7 | 101.2 | 102.0 |
| 104.4 | 104.0 | 105.6 | 105.0 | 102.9 | 102.4 | 102.8 |
| 98.9 | 97.7 | 100.3 | 99.8 | 99.9 | 99.6 | 100.5 |
| 109.2 | 106.5 | 106.4 | 107.5 | 106.2 | 105.6 | 109.4 |
| 97.4 | 95.1 | 101.2 | 101.4 | 102.2 | 104.7 | 108.8 |
| 86.4 | 81.5 | 96.7 | 96.2 | 99.5 | 103.5 | 112.7 |
| 100.8 | 102.5 | 107.3 | 114.3 | 113.8 | 115.8 | 120.2 |
| 105.2 | 104.9 | 104.9 | 104.9 | 101.9 | 106.5 | 108.8 |
| 102.2 | 101.8 | 103.0 | 101.9 | 102.4 | 103.6 | 103.6 |
| 101.3 | 103.8 | 102.8 | 102.6 | 103.2 | 102.2 | 104.1 |
| 104.0 | 98.9 | 97.8 | 93.8 | 93.4 | 94.6 | 96.5 |
| 102.6 | 101.7 | 101.5 | 102.0 | 102.4 | 102.6 | 101.1 |
| 108.1 | 107.6 | 106.9 | 106.7 | 106.2 | 108.4 | 108.2 |
| 111.9 | 112.0 | 109.0 | 108.6 | 111.0 | 119.6 | 118.4 |
| 112.2 | 112.1 | 110.3 | 110.3 | 110.6 | 115.2 | 115.2 |
| 105.7 | 106.2 | 103.4 | 106.3 | 104.1 | 104.6 | 105.8 |
| 105.2 | 102.8 | 102.1 | 101.7 | 100.1 | 102.8 | 100.8 |
| 114.2 | 113.2 | 112.3 | 112.3 | 106.3 | 106.1 | 104.8 |
| 107.9 | 106.0 | 104.8 | 104.7 | 105.2 | 108.5 | 108.3 |
| 105.7 | 105.0 | 105.9 | 104.7 | 104.2 | 105.1 | 104.8 |
| 110.8 | 111.4 | 112.0 | 110.8 | 110.0 | 110.8 | 110.3 |
| 108.1 | 107.8 | 104.0 | 105.2 | 103.7 | 106.4 | 106.8 |

## 1990年广西全区生活费用价格和零售物价各月同比指数（续表）

以上年同月价格为100

| 类　别 | 1月 | 2月 | 3月 | 4月 | 5月 |
|---|---|---|---|---|---|
| （三）日用品类 | 105.3 | 105.0 | 104.4 | 103.3 | 102.1 |
| (1) 一般日用品 | 114.3 | 113.1 | 113.1 | 110.5 | 108.0 |
| (2) 日用机电消费品 | 95.6 | 96.6 | 95.2 | 95.1 | 94.3 |
| (3) 家　　具 | 106.6 | 105.5 | 105.3 | 105.4 | 104.8 |
| (4) 日用杂品 | 110.9 | 109.2 | 109.5 | 109.2 | 109.1 |
| （四）文化娱乐用品类 | 100.6 | 101.8 | 101.4 | 99.8 | 97.7 |
| (1) 纸张文具 | 110.8 | 111.7 | 111.2 | 111.6 | 108.0 |
| (2) 文娱用机电消费品 | 96.1 | 96.9 | 96.4 | 93.2 | 92.0 |
| (3) 其他文娱用品 | 110.5 | 112.9 | 113.6 | 116.2 | 112.2 |
| （五）书报杂志类 | 123.1 | 125.8 | 122.2 | 114.5 | 116.4 |
| （六）药及医疗用品类 | 106.4 | 104.8 | 103.3 | 103.4 | 100.4 |
| (1) 中　　药 | 100.3 | 99.2 | 97.4 | 97.6 | 93.5 |
| (2) 西药及医疗用品 | 112.7 | 110.6 | 109.4 | 109.5 | 107.4 |
| （七）建筑装潢材料类 | 97.9 | 96.3 | 95.2 | 94.2 | 92.9 |
| （八）燃 料 类 | 114.6 | 105.0 | 103.8 | 103.2 | 103.1 |
| **二、农业生产资料指数** | | | | | |
| 1. 小 农 具 | | | | | |
| (1) 铁制小农具 | | | | | |
| (2) 竹木制小农具 | | | | | |
| 2. 半机械化农具 | | | | | |
| 3. 机械化农具 | | | | | |
| 4. 化学肥料 | | | | | |
| 5. 农药及农药械 | | | | | |
| (1) 化学农药 | | | | | |
| (2) 农 药 械 | | | | | |
| 6. 农用机油 | | | | | |
| 7. 其　　他 | | | | | |
| **三、服务项目价格指数** | **116.8** | **110.1** | **108.9** | **110.2** | **109.6** |
| 1. 房　　租 | 105.2 | 105.6 | 100.8 | 101.4 | 100.6 |
| 2. 水 电 费 | 103.5 | 106.9 | 107.7 | 107.2 | 105.9 |
| 3. 交 通 费 | 135.8 | 132.8 | 133.1 | 143.6 | 149.2 |
| 4. 邮 电 费 | 103.9 | 104.9 | 102.0 | 102.2 | 103.9 |
| 5. 医疗保健费 | 110.8 | 106.1 | 105.9 | 105.7 | 105.2 |
| 6. 学杂保育费 | 121.5 | 106.0 | 103.8 | 103.8 | 102.8 |
| 7. 文 娱 费 | 111.4 | 113.6 | 113.6 | 113.6 | 108.1 |
| 8. 修理及其他服务费 | 112.8 | 110.9 | 109.6 | 110.5 | 108.2 |

注：生活费用价格统计一和三2大类商品价格，零售物价统计一和二2大类商品价格

| 6月 | 7月 | 8月 | 9月 | 10月 | 11月 | 12月 |
|---|---|---|---|---|---|---|
| 100.9 | 101.5 | 101.7 | 101.3 | 101.7 | 101.4 | 101.4 |
| 107.0 | 108.6 | 107.6 | 106.6 | 106.3 | 105.6 | 104.6 |
| 92.8 | 93.6 | 94.9 | 95.1 | 95.9 | 96.6 | 97.9 |
| 101.5 | 101.3 | 102.3 | 101.9 | 101.9 | 101.9 | 101.8 |
| 109.3 | 109.0 | 107.5 | 106.7 | 107.3 | 105.4 | 103.7 |
| 97.3 | 95.9 | 96.1 | 96.3 | 96.0 | 96.9 | 96.9 |
| 107.5 | 106.9 | 107.0 | 106.6 | 105.5 | 105.8 | 105.4 |
| 91.9 | 90.8 | 90.5 | 91.3 | 91.1 | 92.7 | 92.5 |
| 110.0 | 107.8 | 109.6 | 107.5 | 107.5 | 106.5 | 107.1 |
| 117.9 | 117.3 | 120.4 | 107.6 | 107.6 | 107.0 | 104.5 |
| 98.7 | 97.6 | 96.0 | 95.5 | 96.8 | 97.4 | 97.6 |
| 91.9 | 90.6 | 90.4 | 90.6 | 91.7 | 91.8 | 91.9 |
| 105.6 | 104.9 | 101.6 | 100.5 | 102.1 | 103.0 | 103.3 |
| 94.1 | 93.3 | 91.0 | 90.7 | 90.1 | 89.8 | 89.6 |
| 101.7 | 106.0 | 117.7 | 111.9 | 116.0 | 124.3 | 120.7 |
| | | | | | | |
| **110.5** | **109.8** | **109.6** | **106.7** | **105.5** | **105.5** | **101.1** |
| 100.6 | 100.6 | 100.6 | 100.4 | 99.5 | 101.0 | 100.7 |
| 105.9 | 106.9 | 107.3 | 107.3 | 105.3 | 105.5 | 105.6 |
| 155.9 | 156.0 | 152.2 | 127.5 | 122.6 | 120.3 | 103.1 |
| 104.4 | 107.3 | 215.2 | 219.7 | 210.4 | 208.9 | 207.8 |
| 104.2 | 104.1 | 103.4 | 104.2 | 105.8 | 105.8 | 105.6 |
| 103.8 | 102.9 | 101.4 | 100.1 | 99.3 | 99.6 | 94.8 |
| 104.8 | 100.3 | 104.2 | 104.1 | 105.1 | 104.9 | 103.3 |
| 107.3 | 106.6 | 104.0 | 105.6 | 105.5 | 105.5 | 103.5 |

# 1990 年广西城镇生活费用价格和零售物价各月同比指数

以上年同月价格为 100

| 类　别 | 1 月 | 2 月 | 3 月 | 4 月 | 5 月 |
|---|---|---|---|---|---|
| **生活费用价格总指数** | **103.2** | **99.1** | **100.3** | **98.2** | **96.9** |
| **零售物价总指数** | **102.1** | **97.9** | **99.4** | **97.1** | **95.8** |
| **一、消费品价格指数** | **102.1** | **97.9** | **99.4** | **97.1** | **95.8** |
| （一）食 品 类 | 100.9 | 94.7 | 97.4 | 94.4 | 93.0 |
| 1. 粮　　食 | 89.0 | 93.0 | 96.3 | 93.0 | 96.9 |
| (1) 细　　粮 | 90.1 | 94.1 | 97.4 | 94.0 | 98.7 |
| (2) 粗　　粮 | 78.6 | 82.7 | 86.0 | 84.7 | 81.0 |
| 2. 副 食 品 | 104.3 | 95.0 | 97.0 | 93.2 | 92.8 |
| (1) 食用植物油 | 100.6 | 98.4 | 92.2 | 91.9 | 91.3 |
| (2) 鲜　　菜 | 108.9 | 78.1 | 103.3 | 102.3 | 93.5 |
| (3) 干　　菜 | 122.3 | 106.2 | 98.9 | 96.3 | 96.4 |
| (4) 肉 禽 蛋 | 102.1 | 96.0 | 95.0 | 91.0 | 91.1 |
| (5) 水 产 品 | 102.5 | 100.6 | 99.5 | 88.7 | 98.2 |
| (6) 调 味 品 | 114.6 | 114.8 | 113.6 | 112.8 | 113.1 |
| (7) 食　　糖 | 99.5 | 100.5 | 100.0 | 100.0 | 100.0 |
| 3. 烟 酒 茶 | 99.7 | 100.6 | 100.4 | 101.8 | 102.1 |
| (1) 烟 | 101.1 | 102.6 | 103.3 | 104.0 | 104.9 |
| (2) 酒 | 97.1 | 96.6 | 95.2 | 96.6 | 96.5 |
| (3) 茶　　叶 | 104.9 | 109.3 | 108.6 | 121.1 | 114.8 |
| 4. 其他食品 | 88.7 | 90.3 | 99.1 | 99.6 | 85.3 |
| (1) 鲜　　果 | 73.6 | 77.6 | 94.3 | 95.6 | 70.7 |
| (2) 干　　果 | 92.0 | 95.8 | 100.5 | 103.2 | 96.8 |
| (3) 糖　　果 | 106.8 | 107.4 | 105.0 | 103.9 | 102.6 |
| (4) 糕　　点 | 110.4 | 104.7 | 106.3 | 102.6 | 102.4 |
| (5) 奶及奶制品 | 105.2 | 104.9 | 104.0 | 105.3 | 102.9 |
| (6) 罐　　头 | 121.8 | 113.5 | 113.2 | 109.6 | 108.1 |
| (7) 其他饮料 | 110.9 | 109.9 | 105.0 | 105.7 | 103.1 |
| （二）衣 着 类 | 111.3 | 111.2 | 109.7 | 110.0 | 108.7 |
| (1) 棉　　布 | 121.9 | 121.7 | 117.2 | 116.1 | 109.5 |
| (2) 棉花化纤混纺布 | 126.1 | 124.3 | 114.3 | 114.6 | 108.6 |
| (3) 化 纤 布 | 112.1 | 112.3 | 106.1 | 108.6 | 109.0 |
| (4) 呢　　绒 | 109.0 | 110.1 | 107.2 | 103.2 | 105.1 |
| (5) 绸　　缎 | 119.7 | 117.4 | 116.4 | 112.8 | 112.4 |
| (6) 针纺织品 | 114.0 | 112.7 | 111.8 | 111.1 | 106.6 |
| (7) 服　　装 | 108.8 | 108.8 | 108.3 | 108.8 | 108.4 |
| (8) 鞋 | 112.2 | 112.9 | 112.8 | 114.5 | 112.6 |
| (9) 其他衣着 | 108.5 | 108.5 | 108.0 | 106.9 | 106.7 |

| 6月 | 7月 | 8月 | 9月 | 10月 | 11月 | 12月 |
|---|---|---|---|---|---|---|
| **95.7** | **95.8** | **96.7** | **97.5** | **96.7** | **99.0** | **100.1** |
| **94.3** | **94.4** | **95.4** | **96.6** | **96.0** | **98.5** | **99.9** |
| **94.3** | **94.4** | **95.4** | **96.6** | **96.0** | **98.5** | **99.9** |
| 91.3 | 91.3 | 92.6 | 94.6 | 93.8 | 96.6 | 98.8 |
| 93.1 | 96.9 | 101.2 | 103.3 | 101.6 | 104.1 | 103.8 |
| 94.6 | 98.6 | 103.0 | 105.3 | 103.5 | 106.1 | 105.9 |
| 79.5 | 81.9 | 84.7 | 85.7 | 85.0 | 86.6 | 85.9 |
| 90.0 | 90.0 | 89.7 | 92.3 | 91.2 | 94.2 | 96.3 |
| 88.4 | 88.3 | 90.9 | 90.9 | 91.2 | 92.9 | 92.1 |
| 92.7 | 98.5 | 93.6 | 97.5 | 92.6 | 100.0 | 110.5 |
| 96.9 | 98.9 | 98.3 | 97.1 | 97.5 | 98.0 | 100.9 |
| 87.1 | 85.8 | 86.0 | 89.0 | 88.2 | 90.3 | 91.4 |
| 98.1 | 97.1 | 97.4 | 101.7 | 102.1 | 102.7 | 104.3 |
| 112.8 | 114.2 | 112.5 | 110.4 | 109.8 | 108.1 | 102.2 |
| 99.9 | 99.7 | 99.7 | 99.5 | 99.5 | 142.5 | 142.9 |
| 100.9 | 100.4 | 102.1 | 99.9 | 99.5 | 99.6 | 101.4 |
| 103.7 | 102.9 | 104.5 | 101.2 | 100.7 | 101.4 | 102.6 |
| 96.1 | 96.4 | 98.3 | 97.6 | 97.5 | 96.7 | 99.0 |
| 107.2 | 102.9 | 102.4 | 102.8 | 102.0 | 101.2 | 107.9 |
| 93.3 | 90.7 | 99.4 | 100.0 | 101.5 | 104.6 | 110.2 |
| 86.4 | 81.5 | 96.5 | 96.3 | 99.5 | 103.6 | 112.9 |
| 97.4 | 99.3 | 107.3 | 116.3 | 114.0 | 119.1 | 120.8 |
| 102.0 | 101.9 | 102.0 | 101.2 | 100.7 | 104.4 | 106.9 |
| 100.7 | 100.2 | 101.3 | 100.8 | 100.6 | 102.2 | 104.5 |
| 102.9 | 102.8 | 101.8 | 101.0 | 100.9 | 99.9 | 101.2 |
| 109.3 | 101.5 | 101.3 | 95.4 | 95.3 | 95.9 | 100.7 |
| 102.4 | 101.9 | 101.7 | 102.6 | 103.6 | 103.9 | 101.9 |
| 107.1 | 106.8 | 106.5 | 106.2 | 105.0 | 106.8 | 107.1 |
| 108.8 | 108.0 | 106.9 | 107.0 | 106.8 | 114.4 | 115.3 |
| 108.1 | 108.0 | 107.2 | 107.2 | 104.0 | 107.1 | 110.9 |
| 108.7 | 109.8 | 108.8 | 109.2 | 103.4 | 103.7 | 106.4 |
| 106.1 | 103.2 | 103.0 | 102.6 | 100.8 | 103.0 | 101.1 |
| 111.8 | 113.4 | 113.1 | 113.1 | 105.7 | 105.6 | 105.7 |
| 106.4 | 105.8 | 104.7 | 104.7 | 104.8 | 109.8 | 109.4 |
| 106.0 | 104.9 | 105.3 | 105.2 | 104.5 | 105.2 | 105.6 |
| 110.9 | 112.0 | 112.2 | 110.3 | 109.3 | 110.0 | 108.7 |
| 104.6 | 104.3 | 102.9 | 103.2 | 102.1 | 104.4 | 105.8 |

## 1990 年广西城镇生活费用价格和零售物价各月同比指数（续表）

以上年同月价格为 100

| 类　别 | 1 月 | 2 月 | 3 月 | 4 月 | 5 月 |
|---|---|---|---|---|---|
| （三）日用品类 | 101.1 | 101.6 | 100.7 | 99.9 | 99.2 |
| (1) 一般日用品 | 111.6 | 111.3 | 111.1 | 108.5 | 106.9 |
| (2) 日用机电消费品 | 91.6 | 93.3 | 91.9 | 91.8 | 91.5 |
| (3) 家　　具 | 106.4 | 106.3 | 105.7 | 106.3 | 105.5 |
| (4) 日用杂品 | 111.0 | 107.4 | 107.7 | 107.2 | 107.4 |
| （四）文化娱乐用品类 | 99.4 | 100.5 | 100.2 | 97.4 | 95.8 |
| (1) 纸张文具 | 111.9 | 113.5 | 112.5 | 113.5 | 111.6 |
| (2) 文娱用机电消费品 | 96.1 | 97.1 | 96.7 | 92.2 | 91.2 |
| (3) 其他文娱用品 | 108.2 | 108.9 | 109.5 | 112.1 | 108.4 |
| （五）书报杂志类 | 117.5 | 118.8 | 117.0 | 114.2 | 115.9 |
| （六）药及医疗用品类 | 101.9 | 99.6 | 97.1 | 96.4 | 95.5 |
| (1) 中　　药 | 94.0 | 91.6 | 90.3 | 89.8 | 88.8 |
| (2) 西药及医疗用品 | 112.3 | 110.0 | 106.0 | 105.1 | 104.3 |
| （七）建筑装潢材料类 | 97.7 | 96.7 | 96.0 | 95.0 | 93.8 |
| （八）燃 料 类 | 107.8 | 108.8 | 106.4 | 105.9 | 104.8 |
| **二、农业生产资料指数** | | | | | |
| 1. 小 农 具 | | | | | |
| (1) 铁制小农具 | | | | | |
| (2) 竹木制小农具 | | | | | |
| 2. 半机械化农具 | | | | | |
| 3. 机械化农具 | | | | | |
| 4. 化学肥料 | | | | | |
| 5. 农药及农药械 | | | | | |
| (1) 化学农药 | | | | | |
| (2) 农 药 械 | | | | | |
| 6. 农用机油 | | | | | |
| 7. 其　　他 | | | | | |
| **三、服务项目价格指数** | **113.5** | **109.8** | **108.1** | **108.6** | **107.9** |
| 1. 房　　租 | 103.3 | 103.5 | 100.4 | 100.5 | 100.4 |
| 2. 水 电 费 | 101.8 | 105.8 | 106.1 | 105.9 | 105.1 |
| 3. 交 通 费 | 146.5 | 145.2 | 145.7 | 151.3 | 153.5 |
| 4. 邮 电 费 | 104.3 | 106.0 | 102.2 | 102.5 | 105.3 |
| 5. 医疗保健费 | 106.2 | 105.5 | 104.6 | 103.5 | 103.0 |
| 6. 学杂保育费 | 116.8 | 105.9 | 102.7 | 102.7 | 102.2 |
| 7. 文 娱 费 | 110.6 | 112.3 | 112.3 | 112.3 | 107.4 |
| 8. 修理及其他服务费 | 112.5 | 109.7 | 108.1 | 108.6 | 106.6 |

注：生活费用价格统计一和三 2 大类商品价格，零售物价统计一和二 2 大类商品价格

| 6月 | 7月 | 8月 | 9月 | 10月 | 11月 | 12月 |
|---|---|---|---|---|---|---|
| 97.7 | 99.3 | 100.5 | 100.3 | 101.1 | 100.7 | 100.9 |
| 106.2 | 108.0 | 108.8 | 107.7 | 106.4 | 106.1 | 105.1 |
| 90.1 | 92.5 | 93.7 | 94.5 | 96.1 | 95.9 | 97.2 |
| 100.8 | 100.5 | 102.5 | 101.5 | 101.9 | 101.9 | 102.0 |
| 106.7 | 106.6 | 107.5 | 106.7 | 111.0 | 108.2 | 105.3 |
| 95.2 | 94.4 | 94.3 | 95.1 | 95.0 | 95.6 | 95.6 |
| 109.2 | 109.4 | 108.8 | 109.5 | 107.4 | 107.1 | 106.7 |
| 90.9 | 90.0 | 89.6 | 91.1 | 91.1 | 92.2 | 91.9 |
| 106.7 | 106.1 | 107.6 | 105.3 | 105.5 | 104.9 | 105.3 |
| 116.8 | 116.2 | 116.9 | 104.7 | 104.7 | 103.2 | 103.0 |
| 94.5 | 93.9 | 92.9 | 92.2 | 94.5 | 95.3 | 96.3 |
| 88.4 | 87.7 | 88.1 | 87.6 | 90.9 | 91.1 | 92.4 |
| 102.4 | 102.1 | 99.2 | 98.2 | 99.4 | 100.8 | 101.0 |
| 94.6 | 94.3 | 92.7 | 92.3 | 92.3 | 93.0 | 90.8 |
| 103.4 | 105.9 | 108.0 | 108.6 | 107.3 | 127.2 | 124.8 |
| | | | | | | |
| **108.6** | **108.5** | **108.5** | **105.1** | **103.1** | **103.4** | **101.5** |
| 100.4 | 100.4 | 100.4 | 100.0 | 100.0 | 102.4 | 101.9 |
| 105.0 | 105.7 | 105.9 | 105.9 | 105.0 | 105.1 | 105.2 |
| 157.1 | 157.1 | 156.8 | 125.9 | 112.9 | 111.9 | 102.8 |
| 105.6 | 108.8 | 215.6 | 222.8 | 207.9 | 205.7 | 206.6 |
| 102.1 | 102.1 | 102.0 | 106.0 | 106.4 | 106.4 | 104.2 |
| 104.4 | 104.0 | 100.6 | 97.4 | 95.7 | 96.2 | 94.6 |
| 103.0 | 101.6 | 102.5 | 102.4 | 102.7 | 102.8 | 102.6 |
| 105.8 | 105.4 | 104.6 | 105.1 | 105.0 | 105.1 | 103.7 |

# 1990年广西城市生活费用价格和零售物价各月同比指数

以上年同月价格为100

| 类 别 | 1月 | 2月 | 3月 | 4月 | 5月 |
| --- | --- | --- | --- | --- | --- |
| **生活费用价格总指数** | **102.4** | **98.4** | **99.8** | **97.6** | **97.1** |
| **零售物价总指数** | **101.4** | **97.2** | **98.9** | **96.5** | **96.0** |
| **一、消费品价格指数** | **101.4** | **97.2** | **98.9** | **96.5** | **96.0** |
| （一）食品类 | 100.3 | 94.1 | 97.0 | 93.9 | 93.5 |
| 1. 粮 食 | 89.2 | 90.1 | 95.9 | 92.5 | 98.1 |
| (1) 细 粮 | 90.6 | 91.3 | 96.9 | 93.3 | 99.7 |
| (2) 粗 粮 | 75.5 | 78.6 | 86.5 | 85.1 | 83.5 |
| 2. 副食品 | 103.3 | 94.5 | 96.4 | 92.5 | 93.5 |
| (1) 食用植物油 | 101.4 | 98.4 | 91.4 | 92.3 | 91.8 |
| (2) 鲜 菜 | 106.4 | 77.0 | 103.0 | 102.1 | 94.0 |
| (3) 干 菜 | 126.2 | 106.4 | 98.5 | 93.3 | 93.8 |
| (4) 肉禽蛋 | 101.4 | 95.7 | 94.3 | 90.4 | 92.0 |
| (5) 水产品 | 101.9 | 101.1 | 99.1 | 87.2 | 98.4 |
| (6) 调味品 | 114.2 | 114.4 | 112.7 | 112.7 | 113.1 |
| (7) 食 糖 | 99.8 | 100.0 | 100.0 | 100.0 | 100.0 |
| 3. 烟酒茶 | 98.6 | 98.7 | 98.1 | 101.1 | 101.2 |
| (1) 烟 | 100.4 | 100.5 | 100.6 | 103.7 | 104.5 |
| (2) 酒 | 95.6 | 95.0 | 93.4 | 95.1 | 95.1 |
| (3) 茶 叶 | 103.6 | 108.8 | 108.1 | 122.5 | 115.4 |
| 4. 其他食品 | 90.1 | 91.6 | 101.0 | 100.5 | 85.3 |
| (1) 鲜 果 | 74.8 | 79.1 | 97.4 | 97.0 | 69.9 |
| (2) 干 果 | 92.8 | 96.9 | 103.1 | 104.7 | 97.7 |
| (3) 糖 果 | 106.9 | 108.0 | 105.6 | 103.8 | 102.2 |
| (4) 糕 点 | 109.8 | 102.9 | 105.1 | 101.6 | 101.6 |
| (5) 奶及奶制品 | 105.5 | 105.1 | 104.2 | 105.5 | 102.5 |
| (6) 罐 头 | 122.4 | 114.2 | 114.7 | 110.5 | 109.3 |
| (7) 其他饮料 | 112.0 | 110.9 | 104.9 | 106.0 | 103.2 |
| （二）衣着类 | 110.3 | 110.4 | 108.8 | 109.8 | 108.5 |
| (1) 棉 布 | 121.6 | 121.4 | 116.0 | 114.0 | 107.2 |
| (2) 棉花化纤混纺布 | 133.9 | 133.8 | 114.2 | 114.4 | 107.0 |
| (3) 化纤布 | 111.5 | 110.5 | 104.1 | 108.1 | 109.5 |
| (4) 呢 绒 | 108.3 | 110.2 | 106.4 | 101.5 | 104.4 |
| (5) 绸 缎 | 120.6 | 117.8 | 116.7 | 112.9 | 112.1 |
| (6) 针纺织品 | 113.3 | 111.7 | 110.9 | 110.5 | 105.2 |
| (7) 服 装 | 107.8 | 108.7 | 107.9 | 108.9 | 109.1 |
| (8) 鞋 | 111.1 | 111.6 | 112.4 | 115.3 | 113.1 |
| (9) 其他衣着 | 105.6 | 105.6 | 104.7 | 104.7 | 103.8 |

| 6月 | 7月 | 8月 | 9月 | 10月 | 11月 | 12月 |
|---|---|---|---|---|---|---|
| **95.6** | **95.6** | **96.8** | **97.9** | **97.1** | **99.6** | **101.3** |
| **94.2** | **94.2** | **95.5** | **97.3** | **96.6** | **99.3** | **101.2** |
| **94.2** | **94.2** | **95.5** | **97.3** | **96.6** | **99.3** | **101.2** |
| 91.5 | 91.2 | 92.7 | 95.5 | 94.5 | 97.4 | 100.1 |
| 93.1 | 95.8 | 100.8 | 104.6 | 103.3 | 105.1 | 102.4 |
| 94.2 | 97.3 | 102.5 | 106.7 | 105.3 | 107.0 | 104.2 |
| 82.3 | 82.0 | 84.7 | 85.3 | 84.4 | 87.2 | 85.7 |
| 90.4 | 90.2 | 89.9 | 93.3 | 91.9 | 95.2 | 97.8 |
| 88.8 | 88.0 | 91.8 | 92.2 | 92.7 | 94.4 | 94.0 |
| 92.7 | 98.9 | 92.4 | 98.3 | 93.0 | 101.7 | 112.3 |
| 95.3 | 97.4 | 96.8 | 95.8 | 95.9 | 96.7 | 99.0 |
| 87.4 | 85.6 | 96.3 | 89.9 | 88.6 | 91.1 | 92.4 |
| 100.1 | 99.1 | 99.6 | 103.3 | 104.3 | 103.4 | 106.0 |
| 112.6 | 114.5 | 112.3 | 108.9 | 108.5 | 106.4 | 100.1 |
| 99.9 | 99.7 | 99.6 | 99.6 | 99.6 | 142.0 | 142.2 |
| 100.0 | 99.3 | 101.2 | 98.3 | 98.1 | 98.3 | 100.6 |
| 103.1 | 102.1 | 103.9 | 99.3 | 99.1 | 100.1 | 102.1 |
| 94.8 | 95.1 | 97.5 | 96.6 | 96.5 | 95.6 | 97.8 |
| 106.7 | 101.6 | 101.1 | 101.2 | 100.5 | 99.7 | 107.4 |
| 91.9 | 89.6 | 100.0 | 101.1 | 103.1 | 105.3 | 113.1 |
| 85.2 | 78.7 | 97.8 | 98.4 | 102.7 | 105.5 | 119.3 |
| 98.3 | 101.5 | 109.1 | 119.8 | 115.8 | 120.0 | 123.2 |
| 101.0 | 101.1 | 101.2 | 100.1 | 100.5 | 103.7 | 105.8 |
| 99.7 | 99.2 | 100.2 | 99.8 | 99.7 | 101.3 | 104.2 |
| 102.4 | 102.2 | 100.9 | 100.2 | 99.9 | 99.0 | 99.4 |
| 111.6 | 102.5 | 102.5 | 96.0 | 96.0 | 96.4 | 103.7 |
| 102.6 | 102.0 | 102.0 | 103.3 | 104.9 | 105.2 | 103.2 |
| 106.7 | 106.5 | 106.6 | 106.2 | 104.8 | 106.7 | 107.2 |
| 107.9 | 106.7 | 106.4 | 106.8 | 105.4 | 112.6 | 113.1 |
| 105.7 | 105.7 | 105.7 | 105.6 | 100.1 | 102.3 | 105.5 |
| 109.5 | 111.1 | 111.1 | 111.1 | 103.1 | 103.9 | 107.3 |
| 106.3 | 103.7 | 103.7 | 103.4 | 101.0 | 103.7 | 101.1 |
| 111.5 | 113.7 | 113.6 | 113.6 | 106.0 | 106.1 | 107.1 |
| 105.5 | 105.7 | 104.6 | 104.8 | 104.8 | 111.0 | 111.3 |
| 106.0 | 104.7 | 105.3 | 105.3 | 104.6 | 105.3 | 106.5 |
| 111.2 | 112.6 | 112.6 | 110.4 | 109.4 | 110.0 | 107.9 |
| 100.9 | 100.7 | 101.2 | 100.8 | 100.7 | 101.8 | 102.2 |

# 1990年广西城市生活费用价格和零售物价各月同比指数（续表）

以上年同月价格为100

| 类　别 | 1月 | 2月 | 3月 | 4月 | 5月 |
|---|---|---|---|---|---|
| （三）日用品类 | 99.8 | 100.6 | 99.7 | 98.9 | 98.3 |
| (1) 一般日用品 | 110.1 | 110.2 | 109.8 | 107.3 | 106.1 |
| (2) 日用机电消费品 | 89.8 | 92.0 | 90.5 | 90.2 | 90.1 |
| (3) 家　　具 | 107.1 | 107.3 | 106.6 | 107.7 | 106.3 |
| (4) 日用杂品 | 111.3 | 106.7 | 107.1 | 106.3 | 106.8 |
| （四）文化娱乐用品类 | 99.0 | 100.1 | 99.9 | 96.4 | 94.9 |
| (1) 纸张文具 | 112.9 | 115.0 | 113.4 | 115.0 | 113.3 |
| (2) 文娱用机电消费品 | 96.5 | 97.7 | 97.4 | 92.0 | 91.2 |
| (3) 其他文娱用品 | 105.8 | 105.6 | 106.5 | 110.2 | 105.7 |
| （五）书报杂志类 | 116.6 | 117.5 | 116.6 | 115.4 | 116.6 |
| （六）药及医疗用品类 | 99.5 | 97.1 | 94.0 | 93.1 | 93.6 |
| (1) 中　　药 | 90.6 | 87.7 | 86.7 | 85.4 | 86.3 |
| (2) 西药及医疗用品 | 113.3 | 111.6 | 105.3 | 105.1 | 104.9 |
| （七）建筑装潢材料类 | 95.6 | 96.7 | 97.3 | 96.3 | 95.0 |
| （八）燃 料 类 | 107.7 | 107.2 | 105.8 | 104.5 | 104.7 |
| **二、农业生产资料指数** | | | | | |
| 1. 小 农 具 | | | | | |
| (1) 铁制小农具 | | | | | |
| (2) 竹木制小农具 | | | | | |
| 2. 半机械化农具 | | | | | |
| 3. 机械化农具 | | | | | |
| 4. 化学肥料 | | | | | |
| 5. 农药及农药械 | | | | | |
| (1) 化学农药 | | | | | |
| (2) 农 药 械 | | | | | |
| 6. 农用机油 | | | | | |
| 7. 其　　他 | | | | | |
| **三、服务项目价格指数** | **112.0** | **110.0** | **108.0** | **108.2** | **107.9** |
| 1. 房　　租 | 100.0 | 100.0 | 100.0 | 100.0 | 100.0 |
| 2. 水 电 费 | 100.1 | 104.7 | 104.6 | 104.6 | 104.6 |
| 3. 交 通 费 | 152.2 | 152.2 | 152.7 | 155.6 | 155.6 |
| 4. 邮 电 费 | 104.4 | 106.5 | 102.3 | 102.7 | 106.3 |
| 5. 医疗保健费 | 105.0 | 105.3 | 104.3 | 102.9 | 102.4 |
| 6. 学杂保育费 | 114.2 | 106.8 | 102.9 | 102.9 | 102.9 |
| 7. 文 娱 费 | 110.4 | 111.9 | 111.9 | 111.9 | 107.1 |
| 8. 修理及其他服务费 | 112.1 | 108.8 | 106.0 | 106.1 | 105.1 |

注：生活费用价格统计一和三2大类商品价格，零售物价统计一和二2大类商品价格

| 6月 | 7月 | 8月 | 9月 | 10月 | 11月 | 12月 |
|---|---|---|---|---|---|---|
| 96.9 | 98.9 | 100.5 | 100.4 | 101.4 | 100.9 | 100.7 |
| 105.7 | 107.6 | 109.6 | 108.4 | 106.3 | 106.3 | 105.5 |
| 89.2 | 92.3 | 93.3 | 94.5 | 96.6 | 95.9 | 96.5 |
| 100.8 | 100.3 | 103.1 | 101.2 | 102.2 | 102.2 | 102.1 |
| 105.6 | 105.4 | 107.3 | 106.5 | 111.2 | 109.4 | 106.4 |
| 94.3 | 94.0 | 94.1 | 95.3 | 95.2 | 95.7 | 95.8 |
| 110.1 | 110.7 | 109.7 | 111.2 | 108.2 | 107.5 | 107.7 |
| 90.9 | 90.2 | 89.9 | 92.0 | 92.0 | 92.7 | 92.9 |
| 104.4 | 105.6 | 108.1 | 104.8 | 105.1 | 105.2 | 105.1 |
| 118.0 | 117.3 | 117.0 | 103.7 | 103.7 | 101.7 | 101.6 |
| 92.8 | 92.3 | 91.5 | 90.7 | 93.8 | 94.5 | 95.6 |
| 86.3 | 86.0 | 86.6 | 86.0 | 90.3 | 90.5 | 92.5 |
| 102.9 | 102.1 | 99.1 | 97.9 | 99.3 | 100.7 | 100.4 |
| 95.2 | 95.3 | 97.3 | 96.6 | 100.2 | 103.6 | 100.5 |
| 104.8 | 108.5 | 108.5 | 108.4 | 108.5 | 134.9 | 136.0 |
| | | | | | | |
| **108.8** | **108.9** | **108.7** | **103.7** | **102.0** | **102.4** | **102.0** |
| 100.0 | 100.0 | 100.0 | 100.0 | 100.0 | 103.1 | 103.1 |
| 104.6 | 105.1 | 105.1 | 105.1 | 105.1 | 105.1 | 105.1 |
| 157.4 | 157.4 | 159.2 | 124.9 | 107.0 | 107.0 | 102.3 |
| 106.3 | 109.7 | 217.6 | 226.8 | 207.9 | 205.1 | 208.6 |
| 101.4 | 101.5 | 101.5 | 106.6 | 106.6 | 106.6 | 103.2 |
| 106.2 | 106.2 | 100.5 | 93.5 | 93.5 | 94.1 | 94.1 |
| 102.2 | 102.0 | 101.7 | 101.7 | 101.7 | 102.0 | 102.0 |
| 104.6 | 104.5 | 105.5 | 104.4 | 104.4 | 104.5 | 104.7 |

# 1990年广西县城生活费用价格和零售物价各月同比指数

以上年同月价格为100

| 类　别 | 1月 | 2月 | 3月 | 4月 | 5月 |
|---|---|---|---|---|---|
| **生活费用价格总指数** | **105.7** | **100.9** | **101.8** | **99.9** | **96.5** |
| **零售物价总指数** | **104.3** | **99.9** | **101.0** | **98.7** | **95.1** |
| **一、消费品价格指数** | **104.3** | **99.9** | **101.0** | **98.7** | **95.1** |
| (一)食品类 | 103.1 | 96.4 | 98.8 | 95.9 | 91.2 |
| 1. 粮　食 | 88.3 | 101.0 | 97.3 | 94.5 | 93.5 |
| (1) 细　粮 | 88.5 | 102.1 | 98.9 | 95.9 | 95.9 |
| (2) 粗　粮 | 86.5 | 92.5 | 84.8 | 83.8 | 74.6 |
| 2. 副食品 | 107.9 | 96.5 | 99.1 | 95.2 | 90.6 |
| (1) 食用植物油 | 96.8 | 98.2 | 95.8 | 90.4 | 89.2 |
| (2) 鲜　菜 | 131.4 | 87.3 | 107.0 | 104.3 | 90.3 |
| (3) 干　菜 | 109.0 | 105.5 | 100.3 | 105.4 | 104.7 |
| (4) 肉禽蛋 | 104.4 | 96.8 | 97.0 | 92.6 | 88.3 |
| (5) 水产品 | 105.0 | 98.4 | 100.9 | 94.3 | 97.4 |
| (6) 调味品 | 116.2 | 116.1 | 116.5 | 113.0 | 113.2 |
| (7) 食　糖 | 98.8 | 101.5 | 100.0 | 100.0 | 100.0 |
| 3. 烟酒茶 | 103.1 | 105.9 | 107.4 | 103.8 | 104.6 |
| (1) 烟 | 103.0 | 107.7 | 110.2 | 104.7 | 106.1 |
| (2) 酒 | 102.6 | 102.1 | 101.6 | 101.6 | 101.4 |
| (3) 茶　叶 | 113.1 | 112.0 | 111.8 | 113.1 | 111.2 |
| 4. 其他食品 | 84.2 | 86.4 | 93.1 | 96.8 | 85.2 |
| (1) 鲜　果 | 69.9 | 73.6 | 85.5 | 91.8 | 73.0 |
| (2) 干　果 | 90.1 | 93.2 | 94.6 | 99.8 | 94.7 |
| (3) 糖　果 | 106.4 | 105.8 | 103.1 | 104.0 | 103.9 |
| (4) 糕　点 | 112.8 | 111.0 | 110.7 | 106.2 | 105.6 |
| (5) 奶及奶制品 | 102.3 | 103.2 | 102.7 | 104.1 | 106.1 |
| (6) 罐　头 | 118.8 | 110.2 | 105.7 | 105.5 | 102.2 |
| (7) 其他饮料 | 106.5 | 106.2 | 105.6 | 104.5 | 102.8 |
| (二)衣着类 | 114.2 | 113.3 | 112.4 | 110.7 | 109.1 |
| (1) 棉　布 | 122.6 | 122.5 | 120.7 | 121.5 | 116.1 |
| (2) 棉花化纤混纺布 | 111.6 | 107.9 | 114.4 | 115.0 | 111.4 |
| (3) 化纤布 | 113.8 | 116.6 | 110.9 | 109.7 | 107.6 |
| (4) 呢　绒 | 110.6 | 109.9 | 108.9 | 106.8 | 106.8 |
| (5) 绸　缎 | 113.5 | 114.7 | 114.7 | 112.2 | 114.2 |
| (6) 针纺织品 | 115.9 | 115.4 | 114.3 | 112.5 | 110.6 |
| (7) 服　装 | 112.2 | 109.1 | 109.7 | 108.4 | 106.0 |
| (8) 鞋 | 115.6 | 117.0 | 114.0 | 112.1 | 111.2 |
| (9) 其他衣着 | 116.0 | 115.4 | 116.1 | 111.9 | 113.8 |

| 6月 | 7月 | 8月 | 9月 | 10月 | 11月 | 12月 |
|---|---|---|---|---|---|---|
| **96.0** | **96.3** | **96.5** | **96.3** | **95.6** | **97.1** | **98.4** |
| **94.5** | **95.0** | **95.2** | **94.8** | **94.4** | **96.1** | **98.1** |
| **94.5** | **95.0** | **95.2** | **94.8** | **94.4** | **96.1** | **98.1** |
| 90.8 | 91.8 | 92.4 | 91.9 | 91.7 | 93.9 | 96.8 |
| 93.2 | 100.1 | 102.2 | 99.5 | 97.0 | 101.3 | 105.9 |
| 95.7 | 102.4 | 104.4 | 101.1 | 98.4 | 103.4 | 108.4 |
| 73.0 | 81.7 | 84.7 | 86.5 | 86.3 | 84.9 | 86.2 |
| 88.8 | 89.3 | 89.2 | 89.1 | 89.2 | 90.8 | 93.8 |
| 87.0 | 89.8 | 87.3 | 85.4 | 85.3 | 86.3 | 87.9 |
| 93.7 | 96.0 | 102.5 | 92.2 | 90.4 | 88.6 | 98.7 |
| 101.5 | 103.8 | 103.0 | 101.2 | 102.2 | 102.2 | 104.0 |
| 86.1 | 86.3 | 85.1 | 86.3 | 87.1 | 87.7 | 89.9 |
| 90.3 | 88.7 | 88.4 | 95.4 | 93.8 | 99.6 | 100.9 |
| 113.3 | 113.2 | 113.2 | 115.2 | 113.9 | 114.1 | 105.8 |
| 99.8 | 99.8 | 99.8 | 99.3 | 99.3 | 143.4 | 143.7 |
| 103.5 | 103.9 | 104.6 | 104.4 | 103.6 | 103.6 | 102.6 |
| 105.0 | 105.1 | 106.2 | 106.0 | 104.7 | 104.8 | 103.2 |
| 100.2 | 101.1 | 101.1 | 100.9 | 100.9 | 100.9 | 101.1 |
| 110.0 | 110.6 | 110.5 | 112.2 | 110.5 | 110.3 | 109.6 |
| 94.6 | 94.3 | 97.4 | 96.5 | 96.7 | 102.2 | 105.6 |
| 89.4 | 89.3 | 92.7 | 90.4 | 91.1 | 98.2 | 103.9 |
| 95.6 | 94.0 | 103.2 | 108.4 | 110.0 | 117.1 | 117.9 |
| 104.6 | 104.3 | 104.1 | 104.3 | 101.1 | 106.5 | 108.4 |
| 104.3 | 104.0 | 105.3 | 104.6 | 103.9 | 105.5 | 105.0 |
| 106.2 | 107.3 | 108.5 | 107.4 | 108.3 | 107.6 | 108.2 |
| 98.7 | 96.5 | 95.2 | 92.5 | 91.8 | 93.4 | 93.4 |
| 101.9 | 101.3 | 100.8 | 99.9 | 99.2 | 99.2 | 99.6 |
| 108.3 | 107.5 | 106.2 | 106.1 | 105.4 | 107.0 | 106.9 |
| 111.3 | 111.8 | 108.4 | 107.7 | 110.6 | 119.6 | 118.3 |
| 112.2 | 112.2 | 109.9 | 109.9 | 110.6 | 116.0 | 115.8 |
| 107.0 | 106.5 | 103.2 | 104.8 | 104.0 | 103.3 | 105.4 |
| 105.8 | 102.2 | 101.4 | 101.0 | 100.3 | 101.3 | 101.1 |
| 113.8 | 111.2 | 109.8 | 109.8 | 103.8 | 102.5 | 101.2 |
| 108.8 | 105.9 | 104.8 | 104.6 | 104.9 | 106.5 | 106.7 |
| 105.8 | 105.5 | 105.4 | 104.7 | 104.1 | 104.8 | 104.1 |
| 110.2 | 110.3 | 110.9 | 109.8 | 109.2 | 109.9 | 109.9 |
| 113.0 | 113.0 | 107.1 | 108.8 | 105.4 | 110.9 | 110.2 |

# 1990年广西县城生活费用价格和零售物价各月同比指数（续表）

以上年同月价格为100

| 类 别 | 1月 | 2月 | 3月 | 4月 | 5月 |
|---|---|---|---|---|---|
| （三）日用品类 | 104.8 | 104.2 | 103.7 | 102.7 | 101.7 |
| (1) 一般日用品 | 115.4 | 113.9 | 114.1 | 111.2 | 108.7 |
| (2) 日用机电消费品 | 96.9 | 97.0 | 95.8 | 96.1 | 95.4 |
| (3) 家　　具 | 103.7 | 102.5 | 102.3 | 101.3 | 102.3 |
| (4) 日用杂品 | 110.0 | 109.5 | 109.6 | 109.5 | 109.2 |
| （四）文化娱乐用品类 | 100.6 | 101.6 | 101.0 | 99.9 | 98.3 |
| (1) 纸张文具 | 109.8 | 110.9 | 110.8 | 110.8 | 108.3 |
| (2) 文娱用机电消费品 | 94.8 | 95.5 | 94.5 | 92.7 | 91.3 |
| (3) 其他文娱用品 | 112.7 | 114.6 | 114.6 | 115.1 | 113.1 |
| （五）书报杂志类 | 120.4 | 122.5 | 118.1 | 111.1 | 113.8 |
| （六）药及医疗用品类 | 107.3 | 104.8 | 103.8 | 103.2 | 99.6 |
| (1) 中　　药 | 103.9 | 102.0 | 100.1 | 101.1 | 95.7 |
| (2) 西药及医疗用品 | 110.5 | 107.4 | 107.2 | 105.1 | 103.3 |
| （七）建筑装潢材料类 | 98.6 | 96.7 | 95.5 | 94.6 | 93.3 |
| （八）燃 料 类 | 107.9 | 113.2 | 108.1 | 109.6 | 104.9 |
| **二、农业生产资料指数** | | | | | |
| 1. 小 农 具 | | | | | |
| (1) 铁制小农具 | | | | | |
| (2) 竹木制小农具 | | | | | |
| 2. 半机械化农具 | | | | | |
| 3. 机械化农具 | | | | | |
| 4. 化学肥料 | | | | | |
| 5. 农药及农药械 | | | | | |
| (1) 化学农药 | | | | | |
| (2) 农 药 械 | | | | | |
| 6. 农用机油 | | | | | |
| 7. 其　　他 | | | | | |
| **三、服务项目价格指数** | **117.7** | **109.3** | **108.5** | **109.6** | **108.0** |
| 1. 房　　租 | 116.2 | 116.3 | 102.0 | 102.2 | 101.9 |
| 2. 水 电 费 | 107.3 | 109.0 | 110.8 | 109.8 | 106.9 |
| 3. 交 通 费 | 131.2 | 127.7 | 127.8 | 140.9 | 148.0 |
| 4. 邮 电 费 | 104.1 | 104.1 | 101.8 | 101.8 | 101.7 |
| 5. 医疗保健费 | 111.5 | 106.1 | 106.1 | 106.1 | 105.6 |
| 6. 学杂保育费 | 122.7 | 104.0 | 102.4 | 102.4 | 100.7 |
| 7. 文 娱 费 | 111.5 | 114.2 | 114.2 | 114.0 | 108.6 |
| 8. 修理及其他服务费 | 113.5 | 111.8 | 112.9 | 113.9 | 110.2 |

注：生活费用价格统计一和三2大类商品价格，零售物价统计一和二2大类商品价格

| 6月 | 7月 | 8月 | 9月 | 10月 | 11月 | 12月 |
|---|---|---|---|---|---|---|
| 99.7 | 100.5 | 100.6 | 100.2 | 100.3 | 100.3 | 101.2 |
| 107.3 | 108.9 | 106.9 | 106.1 | 106.6 | 105.6 | 104.7 |
| 92.5 | 92.9 | 95.0 | 94.5 | 94.8 | 95.8 | 98.2 |
| 100.8 | 101.1 | 100.3 | 102.7 | 100.8 | 100.8 | 101.8 |
| 109.8 | 110.0 | 107.9 | 107.1 | 106.6 | 104.8 | 103.6 |
| 97.4 | 95.4 | 94.7 | 94.5 | 94.4 | 95.5 | 95.4 |
| 107.7 | 106.9 | 107.1 | 106.5 | 106.1 | 106.3 | 105.8 |
| 91.0 | 89.4 | 88.5 | 88.6 | 88.5 | 90.6 | 90.3 |
| 110.5 | 107.1 | 106.7 | 106.1 | 106.1 | 104.5 | 105.4 |
| 113.7 | 113.1 | 116.5 | 107.5 | 107.5 | 107.5 | 105.0 |
| 97.8 | 97.5 | 95.9 | 95.4 | 96.0 | 97.1 | 97.0 |
| 93.7 | 92.6 | 92.2 | 92.0 | 92.3 | 92.7 | 92.2 |
| 101.7 | 102.1 | 99.3 | 98.6 | 99.5 | 101.1 | 101.5 |
| 94.4 | 93.9 | 91.0 | 90.7 | 89.4 | 88.9 | 89.0 |
| 99.8 | 98.7 | 106.7 | 109.2 | 104.1 | 105.6 | 109.3 |
| | | | | | | |
| **108.2** | **107.5** | **107.8** | **108.7** | **105.7** | **105.9** | **100.9** |
| 101.9 | 101.9 | 101.9 | 101.1 | 99.8 | 99.8 | 99.8 |
| 106.3 | 107.8 | 108.5 | 108.5 | 104.8 | 105.3 | 105.3 |
| 156.3 | 156.3 | 150.6 | 128.5 | 127.4 | 124.7 | 103.5 |
| 103.2 | 105.2 | 208.0 | 208.0 | 208.0 | 208.0 | 202.8 |
| 104.7 | 104.7 | 103.9 | 103.6 | 105.6 | 105.6 | 106.4 |
| 100.9 | 99.4 | 100.9 | 105.4 | 100.2 | 100.9 | 95.1 |
| 106.6 | 99.6 | 106.3 | 105.8 | 107.2 | 106.9 | 103.9 |
| 108.4 | 107.5 | 102.4 | 106.7 | 106.3 | 106.4 | 102.6 |

# 1990年广西农村国营生活费用价格和零售物价各月同比指数

以上年同月价格为100

| 类　别 | 1月 | 2月 | 3月 | 4月 | 5月 |
|---|---|---|---|---|---|
| **生活费用价格总指数** | **109.8** | **107.9** | **107.3** | **106.0** | **105.2** |
| **零售物价总指数** | **112.3** | **109.2** | **107.7** | **104.5** | **102.6** |
| **一、消费品价格指数** | **108.3** | **107.5** | **106.9** | **105.2** | **104.3** |
| （一）食品类 | 106.7 | 106.8 | 106.4 | 104.6 | 105.0 |
| 1. 粮　食 | 98.8 | 103.3 | 99.8 | 103.9 | 107.0 |
| (1) 细　粮 | 100.1 | 104.6 | 102.4 | 107.0 | 109.7 |
| (2) 粗　粮 | 85.7 | 90.5 | 74.7 | 74.0 | 80.9 |
| 2. 副食品 | 111.5 | 110.0 | 108.8 | 105.5 | 105.0 |
| (1) 食用植物油 | 103.2 | 114.0 | 100.4 | 101.7 | 98.2 |
| (2) 鲜　菜 | | | | | |
| (3) 干　菜 | 110.0 | 110.6 | 109.2 | 107.4 | 109.8 |
| (4) 肉禽蛋 | 98.9 | 96.1 | 100.1 | 89.3 | 86.3 |
| (5) 水产品 | 143.5 | 130.0 | 124.7 | 112.9 | 112.1 |
| (6) 调味品 | 122.6 | 121.2 | 121.5 | 118.0 | 118.2 |
| (7) 食　糖 | 106.7 | 102.7 | 98.9 | 99.9 | 98.9 |
| 3. 烟酒茶 | 102.9 | 103.6 | 107.1 | 103.4 | 104.1 |
| (1) 烟 | 102.7 | 104.8 | 111.7 | 104.9 | 106.3 |
| (2) 酒 | 102.6 | 101.8 | 101.5 | 101.2 | 101.1 |
| (3) 茶　叶 | 115.5 | 114.6 | 114.4 | 115.8 | 113.4 |
| 4. 其他食品 | 107.2 | 106.3 | 105.4 | 104.7 | 103.9 |
| (1) 鲜　果 | 78.5 | 80.1 | 98.9 | 107.5 | 0.0 |
| (2) 干　果 | 94.0 | 101.8 | 100.2 | 114.7 | 98.4 |
| (3) 糖　果 | 106.5 | 104.7 | 103.7 | 103.9 | 103.9 |
| (4) 糕　点 | 111.0 | 110.0 | 109.5 | 104.4 | 104.9 |
| (5) 奶及奶制品 | 103.6 | 101.3 | 99.1 | 101.4 | 102.0 |
| (6) 罐　头 | 122.5 | 113.2 | 108.5 | 108.3 | 107.3 |
| (7) 其他饮料 | 104.7 | 104.6 | 103.4 | 103.2 | 105.2 |
| （二）衣着类 | 114.6 | 113.6 | 113.2 | 111.8 | 109.4 |
| (1) 棉　布 | 123.6 | 123.3 | 122.6 | 122.8 | 116.8 |
| (2) 棉花化纤混纺布 | 110.4 | 107.4 | 112.6 | 114.2 | 111.1 |
| (3) 化纤布 | 113.8 | 114.3 | 111.3 | 107.9 | 104.9 |
| (4) 呢　绒 | 109.2 | 109.4 | 108.6 | 106.0 | 105.9 |
| (5) 绸　缎 | 117.1 | 116.1 | 116.2 | 113.6 | 114.6 |
| (6) 针纺织品 | 115.7 | 115.4 | 114.5 | 113.4 | 110.9 |
| (7) 服　装 | 112.5 | 109.3 | 109.7 | 108.4 | 105.9 |
| (8) 鞋 | 117.0 | 119.0 | 115.3 | 112.3 | 111.7 |
| (9) 其他衣着 | 116.0 | 113.5 | 114.8 | 111.3 | 112.5 |

| 6月 | 7月 | 8月 | 9月 | 10月 | 11月 | 12月 |
|---|---|---|---|---|---|---|
| **104.4** | **103.8** | **104.0** | **103.0** | **102.8** | **104.6** | **103.2** |
| **100.8** | **100.4** | **100.7** | **100.7** | **99.8** | **101.6** | **101.1** |
| **103.3** | **102.7** | **103.0** | **102.2** | **102.0** | **104.2** | **103.6** |
| 103.2 | 102.0 | 103.4 | 103.3 | 102.6 | 107.5 | 106.7 |
| 100.1 | 94.9 | 99.0 | 99.1 | 98.6 | 97.8 | 97.6 |
| 103.0 | 96.0 | 100.8 | 100.2 | 99.5 | 98.1 | 98.1 |
| 71.8 | 84.7 | 81.6 | 88.1 | 89.4 | 94.8 | 92.8 |
| 104.2 | 103.8 | 104.2 | 103.9 | 103.6 | 114.8 | 112.6 |
| 93.0 | 92.2 | 93.3 | 91.4 | 89.8 | 90.1 | 89.0 |
| | | | | | | |
| 110.8 | 107.6 | 105.9 | 104.6 | 106.9 | 102.4 | 104.4 |
| 83.1 | 85.1 | 86.7 | 84.5 | 83.2 | 85.7 | 89.0 |
| 94.8 | 87.7 | 98.1 | 101.8 | 97.3 | 99.3 | 101.6 |
| 118.1 | 117.9 | 118.2 | 119.5 | 118.6 | 118.0 | 108.7 |
| 99.7 | 99.6 | 99.6 | 99.4 | 99.4 | 144.3 | 114.5 |
| 102.8 | 102.1 | 104.1 | 104.6 | 103.0 | 102.2 | 102.3 |
| 104.8 | 104.8 | 106.3 | 107.5 | 104.4 | 103.0 | 102.9 |
| 100.1 | 98.5 | 101.2 | 100.9 | 101.0 | 101.0 | 101.2 |
| 111.5 | 111.8 | 111.4 | 113.4 | 111.4 | 111.2 | 111.2 |
| 104.1 | 104.7 | 104.7 | 104.0 | 103.4 | 105.0 | 106.3 |
| 0.0 | 0.0 | 120.0 | 85.1 | 94.7 | 95.8 | 93.3 |
| 108.2 | 111.9 | 107.3 | 109.8 | 113.2 | 107.4 | 118.6 |
| 106.2 | 106.1 | 105.9 | 106.2 | 102.3 | 107.3 | 109.5 |
| 103.0 | 103.0 | 104.0 | 102.6 | 103.5 | 104.4 | 103.1 |
| 99.4 | 105.3 | 104.2 | 104.7 | 106.3 | 105.3 | 108.0 |
| 100.9 | 96.8 | 95.5 | 92.8 | 92.1 | 93.7 | 93.7 |
| 103.0 | 100.8 | 100.9 | 100.4 | 98.8 | 98.8 | 98.8 |
| 108.6 | 108.2 | 107.1 | 107.0 | 106.9 | 109.3 | 108.9 |
| 112.5 | 113.0 | 109.4 | 109.0 | 111.9 | 120.8 | 119.1 |
| 112.5 | 112.5 | 110.6 | 110.6 | 111.1 | 115.9 | 115.5 |
| 104.6 | 104.6 | 101.2 | 105.2 | 104.3 | 105.0 | 105.6 |
| 104.2 | 102.2 | 100.9 | 100.6 | 99.2 | 102.5 | 100.4 |
| 115.5 | 113.0 | 111.8 | 111.8 | 106.7 | 106.4 | 104.2 |
| 108.9 | 106.1 | 104.9 | 104.7 | 105.4 | 107.5 | 107.5 |
| 105.5 | 105.2 | 106.5 | 104.2 | 103.9 | 105.0 | 104.1 |
| 110.7 | 111.1 | 111.9 | 111.1 | 110.3 | 111.2 | 111.1 |
| 111.5 | 111.9 | 105.2 | 107.4 | 105.4 | 108.6 | 107.8 |

# 1990年广西农村国营生活费用价格和零售物价各月同比指数（续表）

以上年同月价格为100

| 类　别 | 1月 | 2月 | 3月 | 4月 | 5月 |
|---|---|---|---|---|---|
| （三）日用品类 | 108.6 | 107.5 | 107.2 | 105.9 | 104.3 |
| (1) 一般日用品 | 116.0 | 114.2 | 114.4 | 111.6 | 108.7 |
| (2) 日用机电消费品 | 99.9 | 99.9 | 98.5 | 98.4 | 97.2 |
| (3) 家　　具 | 107.0 | 104.3 | 104.7 | 104.0 | 103.8 |
| (4) 日用杂品 | 110.9 | 109.9 | 110.2 | 109.9 | 109.7 |
| （四）文化娱乐用品类 | 102.1 | 103.3 | 102.9 | 102.4 | 99.9 |
| (1) 纸张文具 | 110.4 | 111.1 | 110.8 | 111.0 | 106.8 |
| (2) 文娱用机电消费品 | 96.1 | 96.6 | 95.9 | 94.5 | 93.0 |
| (3) 其他文娱用品 | 114.7 | 119.9 | 120.9 | 123.1 | 118.9 |
| （五）书报杂志类 | 126.4 | 129.7 | 125.1 | 114.6 | 116.7 |
| （六）药及医疗用品类 | 108.2 | 106.8 | 105.7 | 106.0 | 102.2 |
| (1) 中　　药 | 103.2 | 102.4 | 100.5 | 100.8 | 95.5 |
| (2) 西药及医疗用品 | 112.9 | 110.8 | 110.6 | 110.9 | 108.4 |
| （七）建筑装潢材料类 | 98.0 | 96.2 | 95.0 | 94.0 | 92.6 |
| （八）燃 料 类 | 127.4 | 98.3 | 99.0 | 98.5 | 100.0 |
| **二、农业生产资料指数** | **122.2** | **113.3** | **109.6** | **102.7** | **98.3** |
| 1. 小 农 具 | 114.9 | 115.2 | 108.2 | 109.8 | 107.2 |
| (1) 铁制小农具 | 112.7 | 112.6 | 108.1 | 106.7 | 104.4 |
| (2) 竹木制小农具 | 119.0 | 120.0 | 108.5 | 115.6 | 112.4 |
| 2. 半机械化农具 | 102.8 | 103.1 | 97.0 | 104.6 | 103.4 |
| 3. 机械化农具 | 109.0 | 106.7 | 106.3 | 105.8 | 105.4 |
| 4. 化学肥料 | 123.8 | 110.5 | 105.4 | 96.7 | 91.7 |
| 5. 农药及农药械 | 143.5 | 137.0 | 137.5 | 123.1 | 112.8 |
| (1) 化学农药 | 147.9 | 140.8 | 141.8 | 125.2 | 113.4 |
| (2) 农 药 械 | 114.8 | 112.6 | 109.8 | 109.2 | 109.2 |
| 6. 农用机油 | 129.2 | 128.6 | 126.8 | 113.1 | 112.6 |
| 7. 其　　他 | 107.6 | 106.8 | 103.4 | 106.1 | 101.7 |
| **三、服务项目价格指数** | **119.9** | **110.4** | **109.6** | **111.6** | **111.1** |
| 1. 房　　租 | 108.4 | 109.0 | 101.4 | 102.8 | 101.0 |
| 2. 水 电 费 | 106.5 | 108.9 | 110.6 | 109.4 | 107.2 |
| 3. 交 通 费 | 130.0 | 126.5 | 126.5 | 139.8 | 147.0 |
| 4. 邮 电 费 | 103.2 | 103.2 | 101.6 | 101.6 | 101.5 |
| 5. 医疗保健费 | 112.3 | 106.3 | 106.3 | 106.3 | 105.9 |
| 6. 学杂保育费 | 125.2 | 106.1 | 104.7 | 104.7 | 103.3 |
| 7. 文 娱 费 | 112.4 | 115.1 | 115.1 | 115.0 | 108.8 |
| 8. 修理及其他服务费 | 113.3 | 112.4 | 111.7 | 112.9 | 110.2 |

注：生活费用价格统计一和三2大类商品价格，零售物价统计一和二2大类商品价格

| 6月 | 7月 | 8月 | 9月 | 10月 | 11月 | 12月 |
|---|---|---|---|---|---|---|
| 103.1 | 103.6 | 102.7 | 102.1 | 102.1 | 102.0 | 101.8 |
| 107.5 | 109.0 | 106.9 | 105.9 | 106.2 | 105.2 | 104.3 |
| 95.2 | 95.0 | 96.1 | 95.7 | 95.7 | 97.4 | 98.6 |
| 102.4 | 102.9 | 102.1 | 102.6 | 101.9 | 101.9 | 101.5 |
| 110.1 | 110.1 | 107.5 | 106.7 | 106.3 | 104.4 | 103.1 |
| 99.6 | 98.0 | 98.2 | 97.7 | 97.2 | 98.4 | 98.4 |
| 107.0 | 105.9 | 106.3 | 105.6 | 104.9 | 105.3 | 104.9 |
| 93.2 | 92.0 | 91.7 | 91.5 | 91.2 | 93.3 | 93.3 |
| 115.3 | 111.3 | 113.2 | 111.5 | 111.1 | 109.5 | 110.2 |
| 118.4 | 118.0 | 122.4 | 109.2 | 109.2 | 109.2 | 105.4 |
| 100.2 | 99.3 | 97.2 | 96.8 | 97.7 | 98.2 | 98.1 |
| 93.2 | 92.1 | 91.5 | 91.9 | 92.0 | 92.1 | 91.7 |
| 106.6 | 106.0 | 102.5 | 101.3 | 103.0 | 103.8 | 104.1 |
| 94.0 | 93.0 | 90.5 | 90.2 | 89.5 | 88.8 | 89.2 |
| 99.0 | 106.3 | 135.8 | 118.0 | 131.6 | 118.8 | 113.3 |
| **94.6** | **94.6** | **94.9** | **96.9** | **94.4** | **95.0** | **94.9** |
| 105.9 | 104.8 | 105.2 | 105.1 | 105.2 | 106.6 | 105.0 |
| 105.0 | 105.1 | 104.6 | 103.8 | 104.1 | 104.8 | 102.1 |
| 107.7 | 104.3 | 106.4 | 107.6 | 107.2 | 110.1 | 110.5 |
| 106.3 | 95.9 | 105.3 | 106.2 | 102.1 | 106.0 | 106.0 |
| 104.2 | 101.3 | 101.1 | 102.5 | 101.7 | 101.8 | 101.8 |
| 86.7 | 88.6 | 88.9 | 91.6 | 88.5 | 89.2 | 88.8 |
| 107.6 | 105.3 | 105.1 | 104.7 | 102.4 | 102.9 | 103.1 |
| 107.4 | 104.5 | 104.5 | 105.0 | 102.7 | 103.2 | 103.4 |
| 109.2 | 110.3 | 108.8 | 102.4 | 100.8 | 101.0 | 101.0 |
| 108.8 | 108.2 | 104.8 | 109.1 | 106.1 | 103.6 | 107.4 |
| 101.6 | 101.9 | 101.4 | 104.3 | 103.4 | 103.3 | 102.6 |
| **112.0** | **111.2** | **110.7** | **108.1** | **107.7** | **107.4** | **100.7** |
| 101.0 | 101.0 | 101.0 | 101.0 | 98.6 | 98.6 | 98.6 |
| 107.2 | 109.4 | 109.8 | 109.8 | 105.8 | 106.2 | 106.2 |
| 155.4 | 155.4 | 149.7 | 128.4 | 127.5 | 124.8 | 103.3 |
| 102.5 | 104.4 | 214.5 | 214.5 | 214.5 | 214.5 | 209.8 |
| 104.8 | 104.8 | 103.8 | 103.6 | 105.6 | 105.6 | 106.1 |
| 103.4 | 101.8 | 102.1 | 102.2 | 102.1 | 102.3 | 95.0 |
| 106.5 | 98.6 | 106.1 | 106.1 | 107.7 | 107.4 | 104.0 |
| 109.0 | 108.4 | 103.2 | 106.3 | 106.1 | 106.1 | 103.2 |

# 1991 年广西全区生活费用价格和零售物价各月同比指数

以上年同月价格为 100

| 类 别 | 1 月 | 2 月 | 3 月 | 4 月 | 5 月 |
|---|---|---|---|---|---|
| **生活费用价格总指数** | **100.6** | **100.8** | **100.5** | **100.4** | **103.1** |
| **零售物价总指数** | **99.0** | **99.8** | **99.7** | **99.8** | **102.7** |
| **一、消费品价格指数** | **100.4** | **100.2** | **99.9** | **99.7** | **102.4** |
| （一）食 品 类 | 99.3 | 99.0 | 97.5 | 97.1 | 101.4 |
| 1. 粮 食 | 101.8 | 101.6 | 98.2 | 100.4 | 122.8 |
| (1) 细 粮 | 102.8 | 102.9 | 99.3 | 101.2 | 125.2 |
| (2) 粗 粮 | 89.2 | 85.5 | 85.0 | 91.2 | 94.1 |
| 2. 副 食 品 | 96.8 | 95.8 | 95.1 | 94.9 | 98.3 |
| (1) 食用植物油 | 93.2 | 90.0 | 92.5 | 92.0 | 94.6 |
| (2) 鲜 菜 | 89.7 | 72.5 | 76.3 | 75.0 | 103.5 |
| (3) 干 菜 | 101.2 | 100.8 | 102.3 | 101.7 | 101.1 |
| (4) 肉 禽 蛋 | 92.1 | 94.3 | 92.5 | 92.3 | 92.9 |
| (5) 水 产 品 | 97.8 | 99.2 | 96.2 | 96.2 | 96.9 |
| (6) 调 味 品 | 100.6 | 101.1 | 99.6 | 101.3 | 102.1 |
| (7) 食 糖 | 139.5 | 136.3 | 135.9 | 135.7 | 130.6 |
| 3. 烟 酒 茶 | 100.5 | 101.4 | 101.3 | 101.4 | 101.4 |
| (1) 烟 | 101.5 | 102.5 | 102.1 | 102.4 | 102.7 |
| (2) 酒 | 98.5 | 99.2 | 99.3 | 99.4 | 98.9 |
| (3) 茶 叶 | 108.6 | 109.7 | 111.2 | 110.4 | 111.1 |
| 4. 其他食品 | 109.5 | 112.1 | 106.5 | 102.2 | 99.4 |
| (1) 鲜 果 | 115.1 | 124.6 | 108.7 | 98.1 | 87.9 |
| (2) 干 果 | 117.6 | 113.1 | 109.3 | 106.2 | 108.4 |
| (3) 糖 果 | 108.9 | 106.5 | 108.0 | 107.2 | 108.3 |
| (4) 糕 点 | 103.8 | 104.0 | 104.2 | 104.1 | 106.5 |
| (5) 奶及奶制品 | 104.5 | 104.1 | 103.7 | 102.6 | 101.0 |
| (6) 罐 头 | 93.0 | 92.9 | 97.4 | 93.5 | 96.9 |
| (7) 其他饮料 | 100.9 | 100.7 | 101.6 | 102.6 | 103.1 |
| （二）衣 着 类 | 106.3 | 106.6 | 106.9 | 106.0 | 106.6 |
| (1) 棉 布 | 116.4 | 115.7 | 115.2 | 114.7 | 112.4 |
| (2) 棉花化纤混纺布 | 107.6 | 109.1 | 108.0 | 104.5 | 107.5 |
| (3) 化 纤 布 | 105.3 | 109.6 | 109.3 | 105.7 | 106.4 |
| (4) 呢 绒 | 100.6 | 101.2 | 102.1 | 102.7 | 102.1 |
| (5) 绸 缎 | 104.8 | 101.1 | 100.4 | 100.4 | 99.8 |
| (6) 针纺织品 | 109.2 | 108.5 | 109.5 | 108.7 | 109.2 |
| (7) 服 装 | 103.9 | 104.3 | 104.3 | 104.1 | 105.1 |
| (8) 鞋 | 103.9 | 103.6 | 105.0 | 104.8 | 105.5 |
| (9) 其他衣着 | 108.0 | 105.1 | 105.6 | 106.4 | 106.2 |

| 6月 | 7月 | 8月 | 9月 | 10月 | 11月 | 12月 |
|---|---|---|---|---|---|---|
| **104.3** | **103.6** | **104.0** | **104.0** | **104.3** | **102.7** | **101.8** |
| **103.6** | **103.0** | **104.1** | **103.8** | **104.4** | **102.4** | **102.0** |
| **103.8** | **104.4** | **104.1** | **104.2** | **104.0** | **102.5** | **101.5** |
| 105.9 | 105.4 | 106.1 | 105.0 | 103.7 | 100.9 | 100.5 |
| 117.5 | 118.3 | 118.9 | 118.9 | 117.8 | 117.8 | 123.3 |
| 119.3 | 119.8 | 120.2 | 120.2 | 118.8 | 119.3 | 124.5 |
| 96.3 | 99.7 | 102.8 | 103.8 | 106.1 | 99.9 | 109.1 |
| 103.7 | 102.2 | 103.5 | 100.7 | 101.2 | 97.4 | 94.0 |
| 96.0 | 95.2 | 97.7 | 99.5 | 98.7 | 100.4 | 101.2 |
| 103.7 | 115.3 | 125.5 | 103.5 | 108.3 | 92.5 | 70.8 |
| 102.0 | 102.7 | 102.3 | 103.8 | 103.4 | 101.9 | 102.6 |
| 95.3 | 96.7 | 97.6 | 96.9 | 97.0 | 98.1 | 97.0 |
| 98.5 | 103.0 | 101.5 | 102.8 | 102.3 | 100.5 | 97.0 |
| 101.5 | 101.3 | 101.3 | 101.1 | 101.7 | 100.1 | 100.1 |
| 130.9 | 130.9 | 126.0 | 120.7 | 121.5 | 84.6 | 82.6 |
| 101.7 | 101.6 | 101.6 | 102.0 | 102.4 | 101.6 | 101.4 |
| 102.7 | 102.8 | 102.8 | 103.4 | 103.9 | 102.4 | 102.0 |
| 99.6 | 99.2 | 99.4 | 100.0 | 100.0 | 100.1 | 100.2 |
| 111.4 | 111.3 | 106.3 | 104.9 | 105.2 | 105.1 | 105.2 |
| 97.2 | 102.1 | 102.3 | 108.2 | 106.3 | 104.4 | 104.0 |
| 83.4 | 96.3 | 98.5 | 110.0 | 104.5 | 103.2 | 102.1 |
| 107.6 | 111.1 | 111.1 | 110.5 | 111.6 | 108.0 | 108.5 |
| 106.9 | 106.6 | 107.2 | 107.9 | 107.7 | 103.0 | 103.2 |
| 105.7 | 106.0 | 106.1 | 110.0 | 109.8 | 107.7 | 107.6 |
| 101.6 | 100.5 | 100.1 | 100.4 | 101.2 | 101.3 | 101.0 |
| 97.2 | 99.0 | 100.1 | 100.4 | 100.4 | 98.9 | 98.9 |
| 102.8 | 103.2 | 102.2 | 103.1 | 104.0 | 103.9 | 103.7 |
| 106.4 | 106.0 | 106.0 | 105.5 | 104.9 | 103.7 | 103.6 |
| 114.4 | 116.3 | 115.1 | 115.1 | 110.1 | 105.1 | 105.1 |
| 106.3 | 106.3 | 106.3 | 106.3 | 105.5 | 101.0 | 101.0 |
| 103.6 | 103.6 | 103.7 | 103.3 | 103.0 | 101.9 | 101.7 |
| 102.4 | 102.3 | 101.7 | 102.1 | 101.6 | 101.0 | 101.0 |
| 99.0 | 99.1 | 99.3 | 98.7 | 99.0 | 98.4 | 98.3 |
| 107.9 | 107.9 | 107.5 | 107.2 | 105.7 | 103.8 | 103.6 |
| 106.3 | 104.9 | 105.5 | 105.3 | 105.6 | 106.0 | 105.9 |
| 105.7 | 105.0 | 104.8 | 103.8 | 103.6 | 103.2 | 103.4 |
| 105.6 | 106.7 | 105.7 | 104.0 | 103.5 | 101.4 | 100.7 |

# 1991 年广西全区生活费用价格和零售物价各月同比指数（续表）

以上年同月价格为 100

| 类　别 | 1 月 | 2 月 | 3 月 | 4 月 | 5 月 |
|---|---|---|---|---|---|
| （三）日用品类 | 101.6 | 101.9 | 102.3 | 101.9 | 102.6 |
| (1) 一般日用品 | 102.5 | 102.7 | 102.9 | 102.6 | 103.3 |
| (2) 日用机电消费品 | 99.0 | 99.5 | 100.4 | 99.8 | 100.3 |
| (3) 家　　具 | 100.8 | 100.3 | 100.4 | 99.5 | 100.7 |
| (4) 日用杂品 | 108.0 | 107.9 | 107.6 | 107.9 | 108.8 |
| （四）文化娱乐用品类 | 94.6 | 94.3 | 94.7 | 96.0 | 96.9 |
| (1) 纸张文具 | 102.0 | 101.6 | 102.0 | 102.5 | 103.1 |
| (2) 文娱用机电消费品 | 91.2 | 91.1 | 91.9 | 93.6 | 94.8 |
| (3) 其他文娱用品 | 103.7 | 102.7 | 101.5 | 101.4 | 101.5 |
| （五）书报杂志类 | 106.0 | 100.0 | 100.9 | 101.1 | 100.9 |
| （六）药及医疗用品类 | 97.9 | 97.9 | 99.1 | 99.5 | 102.7 |
| (1) 中　　药 | 91.4 | 92.0 | 93.8 | 95.0 | 99.6 |
| (2) 西药及医疗用品 | 103.7 | 103.1 | 103.8 | 103.4 | 105.4 |
| （七）建筑装潢材料类 | 96.3 | 98.1 | 101.9 | 102.7 | 105.1 |
| （八）燃 料 类 | 110.0 | 108.5 | 110.6 | 113.3 | 112.8 |
| **二、农业生产资料指数** | **95.9** | **98.4** | **99.1** | **100.1** | **104.0** |
| 1. 小 农 具 | 102.5 | 105.1 | 102.3 | 100.8 | 101.3 |
| (1) 铁制小农具 | 99.7 | 104.7 | 100.4 | 98.8 | 98.7 |
| (2) 竹木制小农具 | 108.2 | 105.9 | 106.2 | 105.0 | 106.6 |
| 2. 半机械化农具 | 102.1 | 101.7 | 102.5 | 98.7 | 103.2 |
| 3. 机械化农具 | 101.4 | 101.2 | 102.5 | 103.3 | 103.8 |
| 4. 化学肥料 | 91.0 | 95.4 | 96.7 | 98.3 | 105.0 |
| 5. 农药及农药械 | 103.9 | 104.6 | 102.3 | 102.1 | 99.3 |
| (1) 化学农药 | 104.4 | 105.2 | 102.4 | 102.2 | 98.9 |
| (2) 农 药 械 | 100.9 | 100.9 | 101.4 | 101.7 | 102.0 |
| 6. 农用机油 | 102.6 | 101.6 | 103.0 | 109.4 | 109.2 |
| 7. 其　　他 | 102.6 | 102.3 | 101.6 | 100.1 | 100.8 |
| **三、服务项目价格指数** | **102.3** | **105.1** | **104.1** | **104.5** | **105.8** |
| 1. 房　　租 | 99.6 | 101.7 | 101.0 | 101.9 | 101.9 |
| 2. 水 电 费 | 104.3 | 103.0 | 103.0 | 104.3 | 103.3 |
| 3. 交 通 费 | 101.5 | 101.5 | 102.5 | 103.0 | 103.2 |
| 4. 邮 电 费 | 208.0 | 215.2 | 218.0 | 222.2 | 221.1 |
| 5. 医疗保健费 | 109.1 | 108.6 | 109.1 | 109.9 | 111.2 |
| 6. 学杂保育费 | 95.9 | 105.7 | 104.6 | 104.5 | 112.2 |
| 7. 文 娱 费 | 109.5 | 102.9 | 109.0 | 107.5 | 112.2 |
| 8. 修理及其他服务费 | 103.0 | 101.4 | 101.6 | 101.5 | 101.1 |

注：生活费用价格统计一和三 2 大类商品价格，零售物价统计一和二 2 大类商品价格

| 6月 | 7月 | 8月 | 9月 | 10月 | 11月 | 12月 |
|---|---|---|---|---|---|---|
| 102.4 | 102.1 | 102.3 | 102.3 | 101.8 | 101.4 | 101.4 |
| 102.9 | 101.6 | 101.4 | 100.9 | 100.9 | 100.7 | 100.7 |
| 100.6 | 101.0 | 102.0 | 102.5 | 101.4 | 100.9 | 101.0 |
| 100.5 | 100.5 | 99.8 | 99.7 | 99.5 | 99.2 | 99.7 |
| 108.0 | 107.6 | 107.2 | 107.0 | 107.0 | 106.1 | 105.7 |
| 97.1 | 97.7 | 97.6 | 97.1 | 96.6 | 96.9 | 96.6 |
| 103.0 | 103.4 | 102.7 | 102.1 | 102.0 | 101.8 | 101.4 |
| 95.0 | 95.6 | 95.8 | 95.3 | 94.6 | 95.0 | 94.7 |
| 102.1 | 102.4 | 101.4 | 101.4 | 101.5 | 101.5 | 101.4 |
| 100.9 | 101.0 | 97.9 | 96.1 | 96.4 | 96.5 | 96.8 |
| 103.4 | 104.6 | 104.8 | 106.1 | 106.0 | 105.6 | 105.7 |
| 101.6 | 104.9 | 105.9 | 108.4 | 108.9 | 108.9 | 109.1 |
| 105.0 | 104.3 | 103.9 | 104.1 | 103.5 | 102.7 | 102.8 |
| 102.5 | 102.7 | 103.8 | 103.4 | 104.5 | 106.8 | 107.5 |
| 113.5 | 110.5 | 111.4 | 114.3 | 116.3 | 111.3 | 112.1 |
| **102.7** | **101.3** | **104.1** | **101.6** | **104.5** | **101.8** | **105.5** |
| 100.3 | 98.8 | 98.8 | 98.3 | 99.0 | 98.5 | 98.5 |
| 98.7 | 97.9 | 97.9 | 97.6 | 98.3 | 98.0 | 98.0 |
| 103.6 | 100.5 | 100.5 | 99.6 | 100.5 | 99.5 | 99.5 |
| 103.2 | 101.7 | 102.9 | 98.3 | 102.0 | 102.0 | 102.3 |
| 103.8 | 104.0 | 103.8 | 103.1 | 102.8 | 103.1 | 104.1 |
| 103.1 | 101.4 | 106.1 | 102.4 | 107.7 | 103.1 | 109.2 |
| 98.9 | 95.2 | 96.0 | 95.9 | 96.3 | 95.6 | 95.6 |
| 98.5 | 94.3 | 95.3 | 95.1 | 95.6 | 94.8 | 94.8 |
| 101.7 | 101.1 | 101.1 | 101.1 | 101.1 | 100.9 | 100.9 |
| 105.5 | 106.3 | 106.5 | 106.4 | 101.4 | 100.9 | 100.7 |
| 100.3 | 100.2 | 99.9 | 98.9 | 98.3 | 97.8 | 98.4 |
| **105.5** | **103.3** | **103.1** | **102.4** | **104.3** | **104.2** | **104.6** |
| 101.9 | 101.9 | 101.9 | 101.9 | 101.9 | 100.2 | 100.2 |
| 128.7 | 106.2 | 105.3 | 106.0 | 109.1 | 108.9 | 107.0 |
| 103.6 | 103.6 | 103.2 | 103.2 | 103.2 | 103.2 | 103.2 |
| 222.2 | 212.1 | 105.0 | 105.0 | 105.0 | 105.0 | 105.0 |
| 109.9 | 109.9 | 109.6 | 108.7 | 106.1 | 106.1 | 105.3 |
| 100.0 | 95.9 | 99.9 | 97.7 | 102.5 | 102.0 | 103.1 |
| 106.2 | 111.2 | 109.6 | 112.3 | 112.3 | 112.1 | 115.1 |
| 101.8 | 101.2 | 101.4 | 101.2 | 101.6 | 102.8 | 103.1 |

# 1991年广西城镇生活费用价格和零售物价各月同比指数

以上年同月价格为100

| 类 别 | 1月 | 2月 | 3月 | 4月 | 5月 |
|---|---|---|---|---|---|
| **生活费用价格总指数** | **98.9** | **98.8** | **98.0** | **97.8** | **102.1** |
| **零售物价总指数** | **98.4** | **98.6** | **97.4** | **97.1** | **101.9** |
| **一、消费品价格指数** | **98.4** | **98.6** | **97.4** | **97.1** | **101.9** |
| （一）食 品 类 | 96.7 | 96.5 | 94.8 | 94.5 | 101.4 |
| 1. 粮 食 | 104.9 | 105.0 | 101.5 | 110.0 | 160.4 |
| (1) 细 粮 | 106.5 | 106.5 | 103.3 | 111.9 | 166.6 |
| (2) 粗 粮 | 88.4 | 89.0 | 82.8 | 90.5 | 95.8 |
| 2. 副 食 品 | 93.2 | 92.1 | 91.5 | 90.9 | 95.6 |
| (1) 食用植物油 | 93.5 | 90.7 | 93.2 | 92.7 | 96.7 |
| (2) 鲜 菜 | 89.7 | 72.5 | 76.3 | 75.0 | 103.5 |
| (3) 干 菜 | 100.1 | 100.9 | 101.4 | 100.1 | 100.8 |
| (4) 肉 禽 蛋 | 91.7 | 93.9 | 92.3 | 91.7 | 92.4 |
| (5) 水 产 品 | 97.6 | 99.0 | 95.9 | 96.4 | 96.8 |
| (6) 调 味 品 | 100.4 | 100.1 | 100.1 | 100.7 | 100.9 |
| (7) 食 糖 | 141.6 | 135.8 | 135.5 | 133.9 | 130.6 |
| 3. 烟 酒 茶 | 99.7 | 101.6 | 100.9 | 101.6 | 101.1 |
| (1) 烟 | 100.9 | 103.3 | 102.1 | 103.0 | 102.7 |
| (2) 酒 | 97.6 | 98.4 | 98.5 | 98.9 | 98.3 |
| (3) 茶 叶 | 106.4 | 111.1 | 109.9 | 109.6 | 109.1 |
| 4. 其他食品 | 111.6 | 115.9 | 108.1 | 101.7 | 96.9 |
| (1) 鲜 果 | 115.6 | 125.9 | 110.3 | 98.9 | 88.2 |
| (2) 干 果 | 121.6 | 112.0 | 107.4 | 102.2 | 107.4 |
| (3) 糖 果 | 106.9 | 106.9 | 108.9 | 107.5 | 107.8 |
| (4) 糕 点 | 106.4 | 105.7 | 106.9 | 107.0 | 108.9 |
| (5) 奶及奶制品 | 103.4 | 103.3 | 103.8 | 102.5 | 102.0 |
| (6) 罐 头 | 95.2 | 95.0 | 97.7 | 95.8 | 97.6 |
| (7) 其他饮料 | 101.9 | 101.3 | 102.5 | 103.3 | 103.7 |
| （二）衣 着 类 | 105.8 | 106.6 | 106.7 | 106.0 | 105.7 |
| (1) 棉 布 | 116.7 | 118.5 | 117.4 | 115.9 | 114.9 |
| (2) 棉花化纤混纺布 | 106.0 | 107.2 | 105.9 | 104.7 | 106.5 |
| (3) 化 纤 布 | 105.9 | 112.8 | 113.0 | 112.0 | 109.5 |
| (4) 呢 绒 | 101.8 | 99.6 | 102.1 | 101.9 | 101.1 |
| (5) 绸 缎 | 107.8 | 98.9 | 98.8 | 98.6 | 97.2 |
| (6) 针纺织品 | 110.4 | 109.4 | 110.7 | 109.7 | 109.1 |
| (7) 服 装 | 103.3 | 104.7 | 104.5 | 103.4 | 103.8 |
| (8) 鞋 | 105.6 | 104.8 | 104.4 | 104.7 | 104.8 |
| (9) 其他衣着 | 105.4 | 104.0 | 104.4 | 104.2 | 103.4 |

| 6月 | 7月 | 8月 | 9月 | 10月 | 11月 | 12月 |
|---|---|---|---|---|---|---|
| **105.5** | **104.8** | **105.5** | **104.8** | **104.9** | **103.3** | **101.7** |
| **105.6** | **105.0** | **105.7** | **104.8** | **104.8** | **103.0** | **101.2** |
| **105.6** | **105.0** | **105.7** | **104.8** | **104.8** | **103.0** | **101.2** |
| 106.6 | 105.8 | 106.9 | 105.4 | 105.6 | 103.3 | 100.7 |
| 163.9 | 160.8 | 156.4 | 159.5 | 157.4 | 153.3 | 159.5 |
| 170.2 | 166.2 | 161.3 | 164.3 | 162.0 | 158.0 | 164.1 |
| 97.8 | 103.7 | 104.9 | 109.5 | 109.4 | 104.1 | 111.3 |
| 102.4 | 100.7 | 102.6 | 99.2 | 100.0 | 97.7 | 93.6 |
| 96.8 | 97.0 | 98.6 | 100.7 | 99.8 | 100.9 | 101.5 |
| 137.7 | 115.3 | 125.5 | 103.5 | 108.3 | 92.5 | 70.8 |
| 103.0 | 103.3 | 102.8 | 104.0 | 103.9 | 102.7 | 102.4 |
| 95.1 | 96.7 | 97.6 | 96.7 | 97.0 | 97.9 | 96.9 |
| 98.4 | 102.9 | 101.5 | 102.7 | 102.3 | 100.6 | 97.0 |
| 101.6 | 101.5 | 101.5 | 101.0 | 101.0 | 100.4 | 100.5 |
| 128.4 | 128.0 | 124.6 | 122.1 | 120.7 | 84.0 | 82.7 |
| 101.9 | 101.9 | 102.0 | 102.0 | 102.5 | 101.8 | 102.0 |
| 102.7 | 103.0 | 102.8 | 102.7 | 103.6 | 102.1 | 102.5 |
| 100.0 | 99.7 | 100.2 | 100.5 | 100.6 | 100.8 | 100.8 |
| 110.9 | 110.8 | 109.1 | 108.2 | 108.4 | 108.6 | 109.1 |
| 94.3 | 101.2 | 101.3 | 108.5 | 108.4 | 104.5 | 103.5 |
| 83.4 | 96.3 | 97.1 | 110.0 | 105.0 | 103.4 | 102.2 |
| 108.2 | 111.8 | 109.9 | 110.5 | 112.4 | 108.5 | 106.5 |
| 107.4 | 107.0 | 107.2 | 107.2 | 107.8 | 103.0 | 102.8 |
| 107.6 | 107.8 | 108.0 | 110.1 | 110.3 | 108.1 | 106.6 |
| 102.3 | 101.8 | 101.1 | 101.6 | 103.1 | 102.9 | 102.8 |
| 97.2 | 97.9 | 97.9 | 98.8 | 98.7 | 98.1 | 98.1 |
| 103.5 | 103.6 | 102.5 | 103.5 | 104.6 | 104.5 | 104.3 |
| 106.8 | 106.6 | 106.7 | 106.6 | 106.2 | 105.5 | 105.3 |
| 115.1 | 115.8 | 116.2 | 117.0 | 113.2 | 106.7 | 106.7 |
| 106.0 | 106.0 | 106.0 | 108.0 | 106.8 | 102.1 | 102.1 |
| 108.3 | 108.3 | 108.8 | 108.7 | 107.5 | 106.5 | 106.0 |
| 101.1 | 100.6 | 98.9 | 98.9 | 98.9 | 98.2 | 98.2 |
| 97.1 | 97.0 | 96.6 | 95.6 | 96.0 | 96.0 | 95.9 |
| 108.9 | 108.7 | 108.1 | 108.0 | 106.9 | 102.7 | 102.4 |
| 107.0 | 106.3 | 106.8 | 107.3 | 107.4 | 108.5 | 108.2 |
| 105.2 | 105.2 | 105.4 | 105.0 | 104.8 | 105.1 | 105.4 |
| 103.1 | 104.0 | 103.4 | 101.9 | 101.5 | 100.2 | 99.8 |

## 1991 年广西城镇生活费用价格和零售物价各月同比指数（续表）

以上年同月价格为 100

| 类　别 | 1 月 | 2 月 | 3 月 | 4 月 | 5 月 |
|---|---|---|---|---|---|
| （三）日用品类 | 101.3 | 101.5 | 101.7 | 101.5 | 101.9 |
| (1) 一般日用品 | 102.9 | 102.9 | 102.8 | 102.6 | 102.8 |
| (2) 日用机电消费品 | 99.1 | 99.9 | 100.5 | 100.3 | 100.7 |
| (3) 家　　具 | 100.5 | 100.1 | 100.3 | 99.9 | 100.9 |
| (4) 日用杂品 | 105.9 | 105.4 | 104.9 | 105.2 | 105.3 |
| （四）文化娱乐用品类 | 93.5 | 93.3 | 94.5 | 96.4 | 96.9 |
| (1) 纸张文具 | 104.4 | 103.6 | 103.4 | 103.6 | 103.6 |
| (2) 文娱用机电消费品 | 90.0 | 89.9 | 91.9 | 94.6 | 95.3 |
| (3) 其他文娱用品 | 103.7 | 103.4 | 101.9 | 101.5 | 101.2 |
| （五）书报杂志类 | 102.6 | 100.5 | 101.0 | 101.1 | 100.7 |
| （六）药及医疗用品类 | 98.2 | 98.7 | 100.6 | 101.6 | 102.8 |
| (1) 中　　药 | 95.0 | 95.6 | 98.5 | 100.7 | 102.1 |
| (2) 西药及医疗用品 | 102.0 | 102.2 | 103.0 | 102.6 | 103.7 |
| （七）建筑装潢材料类 | 98.8 | 99.5 | 101.0 | 102.3 | 102.0 |
| （八）燃 料 类 | 116.2 | 115.7 | 116.5 | 117.3 | 118.8 |
| **二、农业生产资料指数** | | | | | |
| 1. 小 农 具 | | | | | |
| (1) 铁制小农具 | | | | | |
| (2) 竹木制小农具 | | | | | |
| 2. 半机械化农具 | | | | | |
| 3. 机械化农具 | | | | | |
| 4. 化学肥料 | | | | | |
| 5. 农药及农药械 | | | | | |
| (1) 化学农药 | | | | | |
| (2) 农 药 械 | | | | | |
| 6. 农用机油 | | | | | |
| 7. 其　　他 | | | | | |
| **三、服务项目价格指数** | **102.9** | **103.2** | **103.4** | **104.2** | **104.3** |
| 1. 房　　租 | 101.9 | 102.2 | 102.2 | 102.3 | 102.3 |
| 2. 水 电 费 | 105.4 | 101.2 | 102.1 | 103.7 | 103.5 |
| 3. 交 通 费 | 101.2 | 101.5 | 104.3 | 107.9 | 108.6 |
| 4. 邮 电 费 | 207.8 | 219.0 | 221.1 | 223.4 | 222.2 |
| 5. 医疗保健费 | 111.5 | 114.4 | 119.6 | 119.9 | 119.9 |
| 6. 学杂保育费 | 95.4 | 99.7 | 97.7 | 97.6 | 97.8 |
| 7. 文 娱 费 | 111.3 | 102.3 | 107.2 | 109.4 | 110.7 |
| 8. 修理及其他服务费 | 102.6 | 102.1 | 102.3 | 102.1 | 101.9 |

注：生活费用价格统计一和三 2 大类商品价格，零售物价统计一和二 2 大类商品价格

| 6月 | 7月 | 8月 | 9月 | 10月 | 11月 | 12月 |
|---|---|---|---|---|---|---|
| 102.2 | 102.2 | 102.0 | 102.2 | 101.5 | 101.5 | 101.4 |
| 102.9 | 102.0 | 101.6 | 101.3 | 101.2 | 101.4 | 101.3 |
| 101.4 | 101.9 | 102.5 | 103.0 | 101.9 | 101.8 | 101.7 |
| 100.6 | 101.3 | 100.2 | 100.1 | 99.6 | 99.1 | 99.1 |
| 105.3 | 105.2 | 104.1 | 104.3 | 103.8 | 103.7 | 103.6 |
| 97.7 | 98.2 | 97.5 | 97.4 | 95.9 | 96.1 | 95.7 |
| 103.5 | 104.9 | 104.9 | 103.9 | 103.0 | 103.2 | 103.3 |
| 96.1 | 96.7 | 96.0 | 95.9 | 93.9 | 94.2 | 93.6 |
| 102.0 | 101.9 | 101.4 | 101.6 | 101.8 | 101.6 | 101.4 |
| 100.7 | 100.9 | 99.1 | 96.9 | 97.0 | 97.1 | 97.3 |
| 105.1 | 105.7 | 106.0 | 107.3 | 109.0 | 108.7 | 108.7 |
| 105.8 | 107.0 | 107.8 | 109.5 | 112.1 | 112.4 | 112.5 |
| 104.3 | 104.1 | 103.9 | 104.7 | 105.3 | 104.3 | 104.3 |
| 102.0 | 101.2 | 101.6 | 100.5 | 101.5 | 101.8 | 102.0 |
| 118.2 | 114.8 | 116.1 | 121.9 | 123.0 | 110.2 | 112.1 |
| **104.8** | **103.4** | **103.4** | **104.5** | **106.1** | **106.1** | **106.5** |
| 102.3 | 102.3 | 102.3 | 102.3 | 102.3 | 100.0 | 100.0 |
| 112.8 | 105.8 | 105.3 | 106.2 | 107.2 | 107.0 | 107.0 |
| 109.1 | 109.1 | 108.2 | 108.2 | 109.0 | 109.0 | 109.0 |
| 222.6 | 211.2 | 101.6 | 101.6 | 101.6 | 101.6 | 101.6 |
| 119.8 | 119.8 | 116.4 | 116.4 | 115.3 | 115.3 | 115.0 |
| 92.4 | 92.6 | 98.2 | 100.1 | 103.3 | 102.5 | 103.2 |
| 109.2 | 114.4 | 114.4 | 117.9 | 117.9 | 117.5 | 119.0 |
| 103.5 | 103.3 | 103.0 | 103.4 | 104.8 | 107.3 | 108.0 |

# 1991年广西农村国营生活费用价格和零售物价各月同比指数

以上年同月价格为100

| 类 别 | 1月 | 2月 | 3月 | 4月 | 5月 |
| --- | --- | --- | --- | --- | --- |
| **生活费用价格总指数** | **102.9** | **103.2** | **103.5** | **103.6** | **105.2** |
| **零售物价总指数** | **100.8** | **101.5** | **102.0** | **102.4** | **104.5** |
| **一、消费品价格指数** | **103.1** | **102.9** | **103.3** | **103.4** | **104.8** |
| （一）食 品 类 | 105.5 | 105.3 | 104.2 | 104.9 | 106.3 |
| 1. 粮 食 | 100.7 | 100.3 | 97.3 | 97.4 | 108.0 |
| (1) 细 粮 | 101.3 | 101.5 | 97.9 | 97.7 | 109.0 |
| (2) 粗 粮 | 91.2 | 82.8 | 88.1 | 92.4 | 93.5 |
| 2. 副 食 品 | 109.7 | 109.3 | 108.2 | 109.6 | 108.4 |
| (1) 食用植物油 | 93.4 | 89.5 | 91.9 | 91.5 | 92.0 |
| (2) 鲜 菜 | | | | | |
| (3) 干 菜 | 102.4 | 100.5 | 103.0 | 103.1 | 101.2 |
| (4) 肉 禽 蛋 | 94.9 | 99.8 | 93.1 | 99.5 | 99.7 |
| (5) 水 产 品 | 104.2 | 106.2 | 101.3 | 94.0 | 99.6 |
| (6) 调 味 品 | 100.7 | 101.3 | 99.6 | 101.3 | 102.3 |
| (7) 食 糖 | 139.1 | 136.2 | 136.0 | 136.0 | 130.7 |
| 3. 烟 酒 茶 | 100.8 | 101.4 | 101.4 | 101.4 | 101.6 |
| (1) 烟 | 101.5 | 102.2 | 102.0 | 102.1 | 102.6 |
| (2) 酒 | 99.1 | 99.7 | 99.7 | 99.8 | 99.3 |
| (3) 茶 叶 | 109.5 | 108.9 | 111.8 | 110.7 | 112.0 |
| 4. 其他食品 | 105.4 | 104.9 | 104.3 | 104.1 | 105.9 |
| (1) 鲜 果 | 106.2 | 102.8 | 77.8 | 79.1 | 0.0 |
| (2) 干 果 | 109.2 | 115.8 | 114.3 | 115.4 | 112.2 |
| (3) 糖 果 | 109.4 | 106.4 | 107.7 | 107.1 | 108.3 |
| (4) 糕 点 | 102.4 | 103.1 | 102.7 | 102.6 | 105.2 |
| (5) 奶及奶制品 | 105.6 | 105.2 | 103.4 | 102.7 | 100.0 |
| (6) 罐 头 | 91.4 | 91.3 | 97.1 | 91.7 | 96.4 |
| (7) 其他饮料 | 98.7 | 99.2 | 99.5 | 100.3 | 101.0 |
| （二）衣 着 类 | 106.7 | 106.8 | 107.2 | 106.0 | 107.1 |
| (1) 棉 布 | 116.4 | 115.4 | 115.0 | 114.5 | 112.1 |
| (2) 棉花化纤混纺布 | 107.8 | 109.2 | 108.1 | 104.5 | 107.6 |
| (3) 化 纤 布 | 104.4 | 108.1 | 107.7 | 102.9 | 104.8 |
| (4) 呢 绒 | 100.2 | 101.8 | 102.0 | 103.0 | 102.4 |
| (5) 绸 缎 | 104.2 | 102.2 | 101.2 | 101.2 | 101.2 |
| (6) 针纺织品 | 108.7 | 108.1 | 109.0 | 108.2 | 109.3 |
| (7) 服 装 | 104.8 | 104.3 | 104.5 | 104.9 | 106.2 |
| (8) 鞋 | 103.1 | 102.9 | 105.2 | 104.7 | 105.8 |
| (9) 其他衣着 | 110.1 | 106.0 | 106.6 | 108.1 | 108.3 |

| 6月 | 7月 | 8月 | 9月 | 10月 | 11月 | 12月 |
|---|---|---|---|---|---|---|
| **104.1** | **103.6** | **103.7** | **103.2** | **103.4** | **101.9** | **102.0** |
| **103.5** | **102.9** | **104.0** | **102.9** | **103.8** | **101.7** | **103.0** |
| **103.8** | **103.7** | **103.9** | **103.5** | **103.5** | **101.7** | **101.9** |
| 104.9 | 104.8 | 105.0 | 104.6 | 104.7 | 99.8 | 100.2 |
| 100.9 | 101.0 | 104.0 | 102.2 | 102.5 | 102.4 | 106.7 |
| 101.2 | 101.3 | 104.1 | 102.5 | 102.4 | 102.8 | 106.7 |
| 95.9 | 96.0 | 101.8 | 97.9 | 103.4 | 97.1 | 106.8 |
| 108.1 | 107.8 | 107.2 | 106.1 | 106.2 | 96.5 | 96.1 |
| 95.0 | 92.6 | 96.7 | 97.5 | 96.5 | 99.8 | 100.8 |
| | | | | | | |
| 100.9 | 102.0 | 101.5 | 103.3 | 103.7 | 101.1 | 102.8 |
| 97.6 | 95.2 | 98.5 | 99.5 | 98.2 | 102.9 | 101.7 |
| 101.1 | 114.1 | 105.0 | 102.9 | 100.2 | 100.2 | 99.1 |
| 101.3 | 101.2 | 101.2 | 101.2 | 101.7 | 100.0 | 100.0 |
| 131.2 | 131.3 | 126.2 | 120.4 | 121.7 | 84.7 | 82.5 |
| 101.6 | 101.5 | 101.4 | 102.0 | 102.2 | 101.5 | 101.2 |
| 102.6 | 102.7 | 102.7 | 103.4 | 103.7 | 102.5 | 101.8 |
| 99.4 | 99.1 | 99.1 | 99.7 | 99.7 | 99.8 | 100.0 |
| 111.6 | 111.4 | 104.9 | 103.2 | 103.5 | 103.4 | 103.4 |
| 104.8 | 105.0 | 105.4 | 107.7 | 106.9 | 104.8 | 104.8 |
| 0.0 | 0.0 | 100.0 | 113.7 | 98.7 | 113.9 | 96.6 |
| 107.5 | 110.4 | 112.8 | 110.4 | 109.4 | 106.3 | 112.1 |
| 106.7 | 106.4 | 107.2 | 108.0 | 107.7 | 103.1 | 103.2 |
| 104.6 | 105.0 | 105.1 | 110.0 | 109.6 | 107.7 | 108.4 |
| 100.8 | 99.3 | 99.3 | 99.0 | 99.0 | 99.6 | 98.6 |
| 97.3 | 99.7 | 101.5 | 101.5 | 101.5 | 99.5 | 99.5 |
| 100.8 | 101.8 | 101.4 | 101.9 | 101.9 | 101.9 | 101.6 |
| 106.4 | 106.0 | 105.9 | 105.3 | 104.4 | 102.9 | 102.8 |
| 114.3 | 116.3 | 115.0 | 114.9 | 109.7 | 104.9 | 104.9 |
| 106.3 | 106.3 | 106.3 | 106.3 | 105.4 | 101.0 | 101.0 |
| 101.9 | 101.9 | 101.9 | 101.5 | 101.5 | 100.5 | 100.5 |
| 102.9 | 102.9 | 102.9 | 103.4 | 102.8 | 102.2 | 102.1 |
| 99.8 | 100.1 | 100.7 | 100.1 | 100.4 | 99.4 | 99.4 |
| 107.4 | 107.5 | 107.2 | 106.8 | 105.1 | 104.2 | 104.0 |
| 106.3 | 104.2 | 104.9 | 104.3 | 104.5 | 104.5 | 104.5 |
| 105.9 | 104.9 | 104.7 | 103.3 | 103.1 | 102.3 | 102.4 |
| 107.5 | 108.7 | 107.5 | 105.6 | 105.0 | 102.3 | 101.3 |

## 1991 年广西农村国营生活费用价格和零售物价各月同比指数（续表）

以上年同月价格为 100

| 类　别 | 1 月 | 2 月 | 3 月 | 4 月 | 5 月 |
|---|---|---|---|---|---|
| （三）日用品类 | 102.1 | 102.3 | 102.8 | 102.3 | 103.0 |
| (1) 一般日用品 | 102.4 | 102.7 | 103.0 | 102.6 | 103.5 |
| (2) 日用机电消费品 | 99.0 | 99.3 | 100.4 | 99.6 | 100.0 |
| (3) 家　　具 | 101.5 | 100.8 | 100.8 | 99.3 | 100.6 |
| (4) 日用杂品 | 108.9 | 108.9 | 108.8 | 109.1 | 110.1 |
| （四）文化娱乐用品类 | 96.2 | 95.6 | 95.3 | 95.7 | 96.9 |
| (1) 纸张文具 | 101.7 | 101.2 | 101.7 | 102.2 | 102.9 |
| (2) 文娱用机电消费品 | 93.1 | 92.8 | 92.3 | 92.7 | 94.2 |
| (3) 其他文娱用品 | 104.2 | 101.6 | 100.8 | 101.0 | 101.7 |
| （五）书报杂志类 | 107.8 | 99.8 | 100.9 | 101.1 | 101.0 |
| （六）药及医疗用品类 | 98.0 | 97.9 | 98.9 | 99.2 | 102.8 |
| (1) 中　　药 | 90.3 | 91.0 | 92.5 | 93.6 | 99.0 |
| (2) 西药及医疗用品 | 104.2 | 103.4 | 104.1 | 103.7 | 105.8 |
| （七）建筑装潢材料类 | 96.1 | 98.0 | 102.0 | 102.7 | 105.4 |
| （八）燃 料 类 | 100.5 | 96.2 | 101.8 | 107.9 | 104.7 |
| **二、农业生产资料指数** | **95.9** | **98.4** | **99.1** | **100.1** | **104.0** |
| 1. 小 农 具 | 102.5 | 105.1 | 102.3 | 100.8 | 101.3 |
| (1) 铁制小农具 | 99.7 | 104.7 | 100.4 | 98.8 | 98.7 |
| (2) 竹木制小农具 | 108.2 | 105.9 | 106.2 | 105.0 | 106.6 |
| 2. 半机械化农具 | 102.1 | 101.7 | 102.5 | 98.7 | 103.2 |
| 3. 机械化农具 | 101.4 | 101.2 | 102.5 | 103.3 | 103.8 |
| 4. 化学肥料 | 91.0 | 95.4 | 96.7 | 98.3 | 105.0 |
| 5. 农药及农药械 | 103.9 | 104.6 | 102.3 | 102.1 | 99.3 |
| (1) 化学农药 | 104.4 | 105.2 | 102.4 | 102.2 | 98.9 |
| (2) 农 药 械 | 100.9 | 100.9 | 101.4 | 101.7 | 102.0 |
| 6. 农用机油 | 102.6 | 101.6 | 103.0 | 109.4 | 109.2 |
| 7. 其　　他 | 102.6 | 102.3 | 101.6 | 100.1 | 100.8 |
| **三、服务项目价格指数** | **101.7** | **105.2** | **105.0** | **104.9** | **107.7** |
| 1. 房　　租 | 93.5 | 100.0 | 100.0 | 100.7 | 100.8 |
| 2. 水 电 费 | 104.3 | 103.0 | 104.1 | 105.1 | 103.0 |
| 3. 交 通 费 | 101.6 | 101.6 | 101.6 | 100.0 | 100.0 |
| 4. 邮 电 费 | 209.4 | 210.3 | 215.0 | 220.6 | 219.7 |
| 5. 医疗保健费 | 106.9 | 107.9 | 108.0 | 108.8 | 110.1 |
| 6. 学杂保育费 | 96.6 | 106.3 | 104.9 | 104.9 | 111.9 |
| 7. 文 娱 费 | 107.4 | 103.9 | 110.8 | 104.4 | 113.5 |
| 8. 修理及其他服务费 | 103.0 | 100.7 | 100.7 | 100.7 | 100.2 |

注：生活费用价格统计一和三 2 大类商品价格，零售物价统计一和二 2 大类商品价格

| 6月 | 7月 | 8月 | 9月 | 10月 | 11月 | 12月 |
|---|---|---|---|---|---|---|
| 102.6 | 102.1 | 102.5 | 102.4 | 102.0 | 101.4 | 101.5 |
| 102.9 | 101.4 | 101.2 | 100.6 | 100.6 | 100.3 | 100.3 |
| 100.0 | 100.4 | 101.7 | 102.3 | 101.2 | 100.4 | 100.7 |
| 100.3 | 99.4 | 99.4 | 99.4 | 99.5 | 99.5 | 100.4 |
| 109.2 | 108.7 | 108.7 | 108.1 | 108.2 | 107.1 | 106.6 |
| 96.7 | 97.2 | 97.6 | 96.9 | 97.4 | 97.6 | 97.6 |
| 102.9 | 103.0 | 102.2 | 101.7 | 101.8 | 101.5 | 101.0 |
| 93.7 | 94.3 | 95.5 | 94.6 | 95.3 | 95.7 | 95.9 |
| 102.4 | 103.2 | 101.6 | 101.1 | 101.2 | 101.5 | 101.5 |
| 101.0 | 101.0 | 97.4 | 95.6 | 95.9 | 96.0 | 96.4 |
| 103.2 | 104.3 | 104.6 | 105.8 | 105.4 | 104.8 | 105.1 |
| 100.6 | 104.4 | 105.4 | 108.1 | 108.2 | 107.9 | 108.2 |
| 105.2 | 104.3 | 103.9 | 104.0 | 103.2 | 102.3 | 102.6 |
| 102.6 | 102.8 | 104.0 | 103.7 | 104.8 | 107.3 | 108.0 |
| 106.5 | 103.3 | 103.3 | 101.5 | 105.5 | 113.5 | 112.6 |
| **102.7** | **101.3** | **104.1** | **101.6** | **104.5** | **101.8** | **105.5** |
| 100.3 | 98.8 | 98.8 | 98.3 | 99.0 | 98.5 | 98.5 |
| 98.7 | 97.9 | 97.9 | 97.6 | 98.3 | 98.0 | 98.0 |
| 103.6 | 100.5 | 100.5 | 99.6 | 100.5 | 99.5 | 99.5 |
| 103.2 | 101.7 | 102.9 | 98.3 | 102.0 | 102.0 | 102.3 |
| 103.8 | 104.0 | 103.8 | 103.1 | 102.8 | 103.1 | 104.1 |
| 103.1 | 101.4 | 106.1 | 102.4 | 107.7 | 103.1 | 109.2 |
| 98.9 | 95.2 | 96.0 | 95.9 | 96.3 | 95.6 | 95.6 |
| 98.5 | 94.3 | 95.3 | 95.1 | 95.6 | 94.8 | 94.8 |
| 101.7 | 101.1 | 101.1 | 101.1 | 101.1 | 100.9 | 100.9 |
| 105.5 | 106.3 | 106.5 | 106.4 | 101.4 | 100.9 | 100.7 |
| 100.3 | 100.2 | 99.9 | 98.9 | 98.3 | 97.8 | 98.4 |
| **106.3** | **103.1** | **102.0** | **101.0** | **102.9** | **102.9** | **103.0** |
| 100.7 | 100.7 | 100.7 | 100.7 | 100.7 | 100.7 | 100.7 |
| 131.1 | 106.7 | 105.4 | 105.7 | 107.0 | 106.9 | 106.9 |
| 100.0 | 100.0 | 100.0 | 100.0 | 100.0 | 100.0 | 100.0 |
| 221.7 | 216.4 | 106.0 | 106.0 | 106.0 | 106.0 | 106.0 |
| 108.8 | 108.8 | 108.8 | 107.8 | 105.1 | 105.1 | 104.2 |
| 100.0 | 100.1 | 100.0 | 97.7 | 102.9 | 102.7 | 103.0 |
| 102.0 | 106.8 | 103.5 | 105.0 | 105.0 | 105.0 | 109.7 |
| 100.7 | 99.9 | 100.2 | 100.0 | 100.0 | 100.8 | 100.8 |

# 1992年广西全区生活费用价格和零售物价各月同比指数

以上年同月价格为100

| 类 别 | 1月 | 2月 | 3月 | 4月 | 5月 |
|---|---|---|---|---|---|
| **生活费用价格总指数** | **103.0** | **102.5** | **102.7** | **104.8** | **104.8** |
| **零售物价总指数** | **103.0** | **101.8** | **101.8** | **104.0** | **104.0** |
| **一、消费品价格指数** | **102.3** | **101.8** | **101.7** | **104.0** | **103.9** |
| （一）食品类 | 102.5 | 102.0 | 102.3 | 106.4 | 106.2 |
| 1. 粮 食 | 122.4 | 118.9 | 120.0 | 146.4 | 128.9 |
| (1) 细 粮 | 122.9 | 118.8 | 120.5 | 148.3 | 128.6 |
| (2) 粗 粮 | 115.1 | 120.3 | 113.2 | 117.7 | 133.7 |
| 2. 副食品 | 98.6 | 99.7 | 100.5 | 101.0 | 102.6 |
| (1) 食用植物油 | 101.8 | 101.2 | 100.8 | 102.2 | 100.9 |
| (2) 鲜 菜 | 97.1 | 123.8 | 116.9 | 116.7 | 118.3 |
| (3) 干 菜 | 104.2 | 103.2 | 102.8 | 102.9 | 104.8 |
| (4) 肉禽蛋 | 99.4 | 96.3 | 99.1 | 100.1 | 102.7 |
| (5) 水产品 | 100.4 | 101.0 | 101.8 | 101.5 | 100.4 |
| (6) 调味品 | 100.1 | 100.3 | 100.2 | 100.0 | 100.0 |
| (7) 食 糖 | 76.7 | 76.0 | 76.6 | 75.8 | 76.9 |
| 3. 烟酒茶 | 102.7 | 102.3 | 102.2 | 102.4 | 102.3 |
| (1) 烟 | 103.6 | 103.1 | 103.3 | 103.6 | 103.1 |
| (2) 酒 | 101.1 | 100.8 | 100.2 | 100.3 | 101.0 |
| (3) 茶 叶 | 103.7 | 103.9 | 99.9 | 99.7 | 99.9 |
| 4. 其他食品 | 102.8 | 96.3 | 93.8 | 97.6 | 105.1 |
| (1) 鲜 果 | 99.1 | 84.7 | 79.1 | 88.9 | 108.9 |
| (2) 干 果 | 106.8 | 100.7 | 100.0 | 101.0 | 99.4 |
| (3) 糖 果 | 103.7 | 102.2 | 101.9 | 101.8 | 101.8 |
| (4) 糕 点 | 107.1 | 107.1 | 106.1 | 106.3 | 105.2 |
| (5) 奶及奶制品 | 102.3 | 100.6 | 101.2 | 101.4 | 101.1 |
| (6) 罐 头 | 101.2 | 101.5 | 100.8 | 100.8 | 100.9 |
| (7) 其他饮料 | 103.8 | 103.2 | 103.4 | 101.8 | 101.7 |
| （二）衣着类 | 102.8 | 102.2 | 102.0 | 102.1 | 102.4 |
| (1) 棉 布 | 101.7 | 101.8 | 100.7 | 100.2 | 103.1 |
| (2) 棉花化纤混纺布 | 99.9 | 99.9 | 99.8 | 100.0 | 101.0 |
| (3) 化纤布 | 103.1 | 101.3 | 102.1 | 101.6 | 101.9 |
| (4) 呢 绒 | 101.1 | 101.0 | 100.7 | 100.1 | 99.6 |
| (5) 绸 缎 | 100.9 | 101.4 | 100.3 | 100.7 | 101.1 |
| (6) 针纺织品 | 102.3 | 102.7 | 101.9 | 101.0 | 101.1 |
| (7) 服 装 | 104.4 | 103.0 | 103.3 | 104.2 | 104.7 |
| (8) 鞋 | 103.7 | 103.4 | 102.5 | 103.2 | 102.2 |
| (9) 其他衣着 | 100.1 | 100.4 | 100.1 | 99.7 | 99.9 |

| 6月 | 7月 | 8月 | 9月 | 10月 | 11月 | 12月 |
|---|---|---|---|---|---|---|
| **104.4** | **105.4** | **106.3** | **107.9** | **109.5** | **109.6** | **111.4** |
| **103.7** | **104.6** | **104.5** | **105.9** | **107.4** | **107.6** | **108.4** |
| **103.6** | **104.4** | **105.1** | **106.2** | **108.4** | **108.2** | **110.0** |
| 105.6 | 106.7 | 107.5 | 108.1 | 110.0 | 109.6 | 113.0 |
| 128.6 | 130.2 | 137.9 | 130.0 | 138.9 | 138.9 | 136.5 |
| 128.3 | 130.4 | 138.0 | 130.0 | 139.4 | 138.8 | 136.9 |
| 132.6 | 127.3 | 136.4 | 130.6 | 131.2 | 140.3 | 129.9 |
| 100.6 | 103.1 | 103.0 | 105.8 | 106.9 | 106.0 | 111.4 |
| 102.1 | 101.8 | 103.9 | 99.0 | 101.1 | 98.7 | 97.6 |
| 87.5 | 102.9 | 97.9 | 110.2 | 104.7 | 88.3 | 124.0 |
| 103.7 | 104.0 | 106.5 | 107.3 | 107.4 | 105.9 | 107.2 |
| 104.9 | 106.5 | 105.7 | 107.3 | 110.4 | 110.0 | 112.2 |
| 104.2 | 103.3 | 102.1 | 108.6 | 107.3 | 109.2 | 111.3 |
| 99.7 | 100.1 | 101.5 | 102.4 | 102.2 | 108.7 | 117.4 |
| 74.9 | 74.9 | 84.7 | 90.1 | 90.4 | 91.4 | 93.4 |
| 102.0 | 101.7 | 101.2 | 101.7 | 101.8 | 102.7 | 102.9 |
| 102.4 | 101.4 | 100.8 | 101.1 | 101.0 | 102.6 | 103.3 |
| 101.4 | 102.3 | 101.9 | 102.7 | 103.3 | 102.9 | 102.3 |
| 100.6 | 100.6 | 100.6 | 100.5 | 100.4 | 102.4 | 102.1 |
| 111.9 | 105.8 | 104.2 | 103.4 | 103.8 | 104.9 | 106.4 |
| 126.3 | 111.0 | 106.0 | 98.4 | 103.9 | 104.0 | 111.9 |
| 97.4 | 96.5 | 96.5 | 96.0 | 98.4 | 100.1 | 99.0 |
| 101.8 | 102.2 | 101.9 | 101.1 | 100.3 | 100.2 | 99.9 |
| 105.6 | 103.7 | 104.3 | 104.1 | 104.2 | 104.3 | 104.3 |
| 102.8 | 103.6 | 104.1 | 103.7 | 103.5 | 103.3 | 108.0 |
| 100.8 | 101.4 | 101.1 | 100.9 | 101.5 | 101.2 | 101.2 |
| 101.4 | 102.4 | 102.9 | 102.2 | 102.2 | 102.0 | 102.1 |
| 102.0 | 102.2 | 101.8 | 101.6 | 102.1 | 102.0 | 102.3 |
| 102.4 | 100.3 | 101.1 | 101.4 | 101.2 | 101.2 | 101.3 |
| 101.0 | 101.0 | 101.0 | 101.0 | 100.7 | 100.8 | 100.8 |
| 101.3 | 101.3 | 101.1 | 100.9 | 100.8 | 101.0 | 101.0 |
| 100.0 | 100.5 | 100.5 | 100.0 | 102.4 | 102.5 | 102.5 |
| 102.0 | 102.0 | 101.3 | 101.5 | 102.4 | 102.9 | 102.9 |
| 101.2 | 101.2 | 101.4 | 101.2 | 101.3 | 101.4 | 101.5 |
| 103.5 | 104.3 | 102.6 | 102.0 | 102.5 | 102.6 | 103.4 |
| 102.8 | 103.1 | 103.2 | 103.0 | 105.3 | 104.8 | 105.7 |
| 99.7 | 99.8 | 99.8 | 100.3 | 100.6 | 99.4 | 99.4 |

# 1992 年广西全区生活费用价格和零售物价各月同比指数（续表）

以上年同月价格为 100

| 类　别 | 1 月 | 2 月 | 3 月 | 4 月 | 5 月 |
|---|---|---|---|---|---|
| （三）日用品类 | 100.9 | 100.6 | 100.1 | 100.3 | 100.1 |
| (1) 一般日用品 | 100.7 | 100.6 | 100.3 | 100.4 | 100.3 |
| (2) 日用机电消费品 | 101.3 | 101.1 | 100.4 | 100.6 | 100.4 |
| (3) 家　　具 | 99.7 | 99.0 | 98.7 | 98.6 | 98.6 |
| (4) 日用杂品 | 101.2 | 100.3 | 99.7 | 100.0 | 99.7 |
| （四）文化娱乐用品类 | 96.0 | 95.6 | 95.5 | 95.2 | 95.0 |
| (1) 纸张文具 | 101.7 | 102.1 | 102.2 | 101.6 | 101.5 |
| (2) 文娱用机电消费品 | 93.2 | 92.5 | 92.3 | 91.8 | 91.7 |
| (3) 其他文娱用品 | 102.1 | 102.2 | 102.1 | 102.6 | 102.3 |
| （五）书报杂志类 | 100.3 | 100.2 | 98.7 | 98.3 | 97.7 |
| （六）药及医疗用品类 | 107.0 | 106.5 | 105.9 | 107.7 | 109.3 |
| (1) 中　　药 | 112.0 | 110.5 | 110.5 | 113.3 | 116.7 |
| (2) 西药及医疗用品 | 102.5 | 102.9 | 101.7 | 102.6 | 102.5 |
| （七）建筑装潢材料类 | 106.2 | 107.1 | 104.2 | 103.1 | 103.2 |
| （八）燃 料 类 | 108.3 | 105.8 | 106.1 | 110.9 | 110.0 |
| **二、农业生产资料指数** | **105.7** | **101.6** | **102.4** | **104.0** | **104.2** |
| 1. 小 农 具 | 101.2 | 98.8 | 100.7 | 101.8 | 102.0 |
| (1) 铁制小农具 | 100.3 | 97.4 | 99.9 | 101.4 | 101.6 |
| (2) 竹木制小农具 | 103.4 | 102.3 | 102.6 | 102.9 | 102.9 |
| 2. 半机械化农具 | 101.7 | 101.7 | 101.1 | 100.6 | 100.7 |
| 3. 机械化农具 | 104.5 | 104.4 | 103.7 | 103.4 | 103.4 |
| 4. 化学肥料 | 109.5 | 102.2 | 104.0 | 107.3 | 107.4 |
| 5. 农药及农药械 | 96.3 | 95.4 | 97.0 | 97.3 | 97.9 |
| (1) 化学农药 | 94.9 | 94.1 | 96.4 | 96.8 | 97.5 |
| (2) 农 药 械 | 100.9 | 99.9 | 99.1 | 99.1 | 99.1 |
| 6. 农用机油 | 98.0 | 97.3 | 94.1 | 91.2 | 93.2 |
| 7. 其　　他 | 98.4 | 97.8 | 100.2 | 100.0 | 99.9 |
| **三、服务项目价格指数** | **108.2** | **107.3** | **110.3** | **110.5** | **111.3** |
| 1. 房　　租 | 100.2 | 100.3 | 100.3 | 100.3 | 100.3 |
| 2. 水 电 费 | 109.0 | 109.1 | 108.2 | 107.5 | 111.3 |
| 3. 交 通 费 | 109.8 | 116.2 | 115.7 | 115.1 | 116.5 |
| 4. 邮 电 费 | 100.2 | 102.2 | 100.0 | 100.0 | 100.0 |
| 5. 医疗保健费 | 101.3 | 104.8 | 121.5 | 127.4 | 128.4 |
| 6. 学杂保育费 | 110.3 | 105.0 | 110.8 | 111.0 | 110.6 |
| 7. 文 娱 费 | 120.0 | 119.8 | 117.5 | 115.5 | 115.6 |
| 8. 修理及其他服务费 | 103.1 | 103.3 | 103.6 | 103.6 | 103.6 |

注：生活费用价格统计一和三 2 大类商品价格，零售物价统计一和二 2 大类商品价格

| 6月 | 7月 | 8月 | 9月 | 10月 | 11月 | 12月 |
|---|---|---|---|---|---|---|
| 100.2 | 99.9 | 100.4 | 100.6 | 101.3 | 101.3 | 101.5 |
| 100.1 | 100.1 | 101.0 | 101.3 | 101.9 | 101.7 | 101.8 |
| 100.5 | 100.0 | 99.9 | 99.7 | 100.5 | 100.6 | 100.6 |
| 99.0 | 98.9 | 99.1 | 99.6 | 100.2 | 100.1 | 100.4 |
| 100.2 | 99.7 | 101.2 | 102.8 | 103.1 | 103.9 | 104.7 |
| 94.6 | 94.7 | 95.5 | 95.9 | 96.1 | 96.9 | 97.0 |
| 101.2 | 100.6 | 100.8 | 100.7 | 101.4 | 101.4 | 100.8 |
| 91.1 | 91.3 | 92.4 | 92.9 | 93.3 | 94.6 | 94.9 |
| 102.3 | 102.5 | 102.6 | 102.9 | 102.4 | 102.0 | 101.9 |
| 97.3 | 96.9 | 99.6 | 105.8 | 107.9 | 108.9 | 108.8 |
| 109.8 | 111.8 | 112.4 | 113.7 | 113.5 | 115.2 | 115.5 |
| 117.9 | 120.9 | 122.6 | 125.2 | 124.4 | 127.2 | 127.5 |
| 102.4 | 103.4 | 103.0 | 103.1 | 103.5 | 104.1 | 104.4 |
| 105.3 | 106.3 | 106.3 | 121.0 | 139.4 | 140.5 | 138.0 |
| 110.9 | 120.2 | 125.3 | 121.9 | 124.5 | 122.2 | 123.0 |
| **104.3** | **105.3** | **102.4** | **105.0** | **103.9** | **105.4** | **102.5** |
| 103.2 | 105.5 | 105.2 | 105.0 | 104.2 | 103.7 | 103.5 |
| 102.3 | 105.0 | 104.7 | 104.7 | 104.3 | 104.3 | 104.1 |
| 105.4 | 106.7 | 106.4 | 105.6 | 103.8 | 102.2 | 102.2 |
| 100.6 | 102.7 | 102.7 | 103.4 | 106.4 | 108.9 | 109.2 |
| 103.3 | 102.1 | 102.8 | 103.5 | 103.9 | 103.9 | 103.4 |
| 107.6 | 109.1 | 103.0 | 106.6 | 103.6 | 105.6 | 99.7 |
| 97.0 | 98.2 | 98.5 | 98.0 | 98.2 | 98.1 | 98.1 |
| 96.5 | 98.5 | 98.8 | 98.1 | 98.2 | 98.1 | 98.1 |
| 98.7 | 97.1 | 97.6 | 97.8 | 98.2 | 98.2 | 98.2 |
| 95.3 | 98.8 | 101.1 | 109.5 | 114.2 | 120.1 | 125.9 |
| 98.8 | 98.7 | 99.9 | 99.2 | 100.1 | 101.9 | 100.3 |
| **110.2** | **113.1** | **115.1** | **120.4** | **118.8** | **119.8** | **121.8** |
| 100.3 | 100.3 | 100.3 | 100.3 | 101.8 | 111.3 | 111.3 |
| 91.3 | 105.3 | 106.2 | 105.9 | 105.5 | 105.7 | 110.8 |
| 119.2 | 120.4 | 120.4 | 120.4 | 120.7 | 122.0 | 129.4 |
| 100.0 | 100.0 | 100.1 | 100.1 | 100.1 | 100.1 | 100.1 |
| 128.4 | 128.4 | 128.7 | 127.9 | 127.4 | 127.9 | 127.9 |
| 115.4 | 116.8 | 121.2 | 135.5 | 131.4 | 131.9 | 131.6 |
| 116.5 | 113.8 | 113.4 | 107.6 | 109.0 | 115.4 | 124.2 |
| 103.2 | 103.1 | 103.1 | 103.0 | 102.9 | 102.6 | 103.4 |

# 1992年广西城镇生活费用价格和零售物价各月同比指数

以上年同月价格为100

| 类　别 | 1月 | 2月 | 3月 | 4月 | 5月 |
|---|---|---|---|---|---|
| **生活费用价格总指数** | **105.0** | **105.0** | **105.6** | **108.7** | **106.3** |
| **零售物价总指数** | **104.6** | **104.4** | **104.8** | **108.4** | **105.8** |
| **一、消费品价格指数** | **104.6** | **104.4** | **104.8** | **108.4** | **105.8** |
| （一）食 品 类 | 106.3 | 106.2 | 106.6 | 111.9 | 107.7 |
| 1. 粮　　食 | 157.1 | 160.0 | 164.6 | 207.8 | 138.8 |
| (1) 细　　粮 | 159.7 | 162.9 | 167.7 | 213.5 | 139.4 |
| (2) 粗　　粮 | 118.6 | 116.2 | 117.9 | 124.8 | 129.2 |
| 2. 副 食 品 | 99.4 | 101.3 | 101.7 | 102.4 | 104.2 |
| (1) 食用植物油 | 102.2 | 102.1 | 102.0 | 101.5 | 99.1 |
| (2) 鲜　　菜 | 97.1 | 123.8 | 116.9 | 116.7 | 118.3 |
| (3) 干　　菜 | 103.9 | 103.4 | 103.1 | 103.5 | 106.6 |
| (4) 肉 禽 蛋 | 99.5 | 96.5 | 98.6 | 99.9 | 102.6 |
| (5) 水 产 品 | 100.5 | 101.1 | 101.7 | 101.2 | 100.0 |
| (6) 调 味 品 | 100.7 | 101.0 | 102.1 | 101.4 | 101.5 |
| (7) 食　　糖 | 78.5 | 78.6 | 76.8 | 77.2 | 77.1 |
| 3. 烟 酒 茶 | 106.6 | 104.6 | 104.5 | 104.6 | 104.5 |
| (1) 烟 | 109.6 | 106.4 | 106.5 | 107.0 | 105.7 |
| (2) 酒 | 101.9 | 101.7 | 101.4 | 100.9 | 102.7 |
| (3) 茶　　叶 | 103.1 | 103.1 | 100.9 | 100.8 | 101.3 |
| 4. 其他食品 | 102.1 | 93.9 | 90.8 | 95.8 | 105.6 |
| (1) 鲜　　果 | 99.5 | 84.8 | 79.3 | 89.2 | 108.9 |
| (2) 干　　果 | 106.7 | 101.1 | 99.6 | 100.4 | 99.0 |
| (3) 糖　　果 | 102.9 | 102.7 | 101.4 | 102.6 | 102.6 |
| (4) 糕　　点 | 106.0 | 105.8 | 105.5 | 105.6 | 104.3 |
| (5) 奶及奶制品 | 104.2 | 102.0 | 101.9 | 101.7 | 101.7 |
| (6) 罐　　头 | 101.5 | 102.4 | 101.4 | 101.3 | 101.6 |
| (7) 其他饮料 | 103.9 | 103.4 | 103.7 | 102.0 | 101.9 |
| （二）衣 着 类 | 105.7 | 103.2 | 104.6 | 104.9 | 105.3 |
| (1) 棉　　布 | 103.9 | 101.4 | 102.4 | 102.1 | 104.2 |
| (2) 棉花化纤混纺布 | 99.0 | 98.9 | 99.1 | 99.2 | 99.5 |
| (3) 化 纤 布 | 112.6 | 104.1 | 107.2 | 105.5 | 106.9 |
| (4) 呢　　绒 | 100.6 | 100.9 | 100.2 | 99.9 | 99.3 |
| (5) 绸　　缎 | 100.1 | 101.0 | 96.7 | 97.0 | 98.0 |
| (6) 针纺织品 | 101.9 | 102.4 | 101.8 | 101.4 | 101.7 |
| (7) 服　　装 | 107.2 | 104.0 | 107.2 | 108.5 | 108.7 |
| (8) 鞋 | 105.4 | 104.5 | 103.7 | 104.3 | 103.9 |
| (9) 其他衣着 | 99.4 | 99.5 | 98.8 | 98.5 | 99.2 |

| 6月 | 7月 | 8月 | 9月 | 10月 | 11月 | 12月 |
|---|---|---|---|---|---|---|
| **106.0** | **106.9** | **106.6** | **108.4** | **109.2** | **109.2** | **112.1** |
| **105.0** | **106.3** | **105.9** | **107.4** | **108.4** | **108.2** | **111.3** |
| **105.0** | **106.3** | **105.9** | **107.4** | **108.4** | **108.2** | **111.3** |
| 106.7 | 108.3 | 107.6 | 109.9 | 110.8 | 110.7 | 115.1 |
| 136.6 | 139.6 | 142.1 | 143.5 | 145.9 | 150.9 | 148.4 |
| 137.0 | 140.8 | 142.9 | 144.3 | 147.4 | 151.9 | 149.7 |
| 130.0 | 121.8 | 130.9 | 130.9 | 123.9 | 136.8 | 129.8 |
| 101.5 | 104.7 | 103.4 | 106.8 | 107.7 | 106.4 | 112.5 |
| 100.8 | 100.3 | 100.6 | 98.3 | 100.3 | 98.1 | 97.4 |
| 87.5 | 102.9 | 97.9 | 110.2 | 104.7 | 88.3 | 124.0 |
| 106.1 | 106.4 | 107.8 | 109.1 | 109.7 | 109.2 | 109.8 |
| 104.3 | 106.1 | 105.1 | 106.6 | 109.2 | 110.6 | 111.7 |
| 104.4 | 103.5 | 102.1 | 108.9 | 107.5 | 109.5 | 111.7 |
| 101.5 | 101.8 | 103.1 | 105.1 | 105.1 | 111.5 | 118.1 |
| 76.1 | 76.0 | 85.7 | 91.4 | 92.4 | 92.8 | 95.3 |
| 103.9 | 103.5 | 103.3 | 104.5 | 104.8 | 105.5 | 105.9 |
| 103.9 | 103.1 | 102.4 | 103.2 | 103.7 | 105.3 | 106.1 |
| 104.2 | 104.2 | 104.9 | 106.7 | 106.7 | 106.0 | 105.6 |
| 101.0 | 101.0 | 101.2 | 101.4 | 101.1 | 104.7 | 103.9 |
| 114.6 | 106.6 | 105.7 | 103.8 | 104.2 | 105.4 | 108.2 |
| 126.2 | 111.0 | 110.8 | 105.0 | 105.6 | 108.0 | 112.3 |
| 97.4 | 94.8 | 95.4 | 96.4 | 97.9 | 98.2 | 98.3 |
| 103.0 | 103.2 | 103.1 | 102.7 | 102.8 | 102.4 | 101.8 |
| 104.5 | 103.4 | 105.0 | 104.3 | 104.5 | 104.8 | 104.9 |
| 103.8 | 104.9 | 105.5 | 104.9 | 104.3 | 103.9 | 110.5 |
| 101.3 | 102.1 | 102.5 | 101.9 | 102.7 | 102.0 | 102.0 |
| 101.5 | 102.7 | 103.1 | 102.4 | 102.4 | 102.2 | 102.3 |
| 104.7 | 105.0 | 103.8 | 103.3 | 103.6 | 103.1 | 103.9 |
| 102.8 | 101.7 | 100.1 | 100.3 | 100.2 | 99.5 | 99.6 |
| 100.1 | 100.1 | 100.1 | 100.1 | 98.7 | 99.2 | 99.2 |
| 104.2 | 104.3 | 103.3 | 102.8 | 102.8 | 101.3 | 101.4 |
| 100.2 | 100.5 | 100.5 | 99.8 | 100.2 | 100.2 | 100.1 |
| 100.0 | 100.0 | 98.3 | 99.4 | 99.8 | 100.8 | 100.8 |
| 101.9 | 102.4 | 102.7 | 102.6 | 102.4 | 102.4 | 102.5 |
| 108.2 | 108.5 | 105.9 | 104.5 | 105.0 | 104.6 | 106.3 |
| 103.7 | 104.4 | 104.3 | 104.4 | 105.4 | 104.8 | 105.2 |
| 98.9 | 98.9 | 99.2 | 99.8 | 100.1 | 99.1 | 99.1 |

## 1992年广西城镇生活费用价格和零售物价各月同比指数（续表）

以上年同月价格为100

| 类　别 | 1月 | 2月 | 3月 | 4月 | 5月 |
|---|---|---|---|---|---|
| （三）日用品类 | 101.5 | 100.9 | 100.3 | 100.3 | 100.2 |
| (1) 一般日用品 | 101.4 | 101.0 | 100.3 | 100.6 | 100.6 |
| (2) 日用机电消费品 | 102.0 | 101.3 | 100.8 | 100.4 | 100.1 |
| (3) 家　　具 | 99.7 | 98.8 | 98.5 | 98.2 | 98.3 |
| (4) 日用杂品 | 101.3 | 101.0 | 100.3 | 101.7 | 101.6 |
| （四）文化娱乐用品类 | 95.9 | 94.7 | 94.6 | 94.2 | 94.0 |
| (1) 纸张文具 | 103.6 | 103.5 | 103.8 | 103.3 | 103.2 |
| (2) 文娱用机电消费品 | 92.7 | 91.2 | 91.0 | 90.3 | 90.1 |
| (3) 其他文娱用品 | 102.3 | 101.9 | 101.7 | 102.3 | 101.9 |
| （五）书报杂志类 | 103.1 | 102.6 | 102.3 | 102.2 | 100.2 |
| （六）药及医疗用品类 | 109.7 | 110.8 | 112.0 | 113.0 | 114.2 |
| (1) 中　　药 | 116.2 | 118.7 | 121.5 | 123.0 | 125.0 |
| (2) 西药及医疗用品 | 102.8 | 102.4 | 101.8 | 102.2 | 102.6 |
| （七）建筑装潢材料类 | 101.0 | 101.3 | 101.3 | 100.4 | 100.7 |
| （八）燃 料 类 | 106.3 | 105.7 | 108.8 | 118.5 | 117.7 |
| **二、农业生产资料指数** | | | | | |
| 1. 小 农 具 | | | | | |
| (1) 铁制小农具 | | | | | |
| (2) 竹木制小农具 | | | | | |
| 2. 半机械化农具 | | | | | |
| 3. 机械化农具 | | | | | |
| 4. 化学肥料 | | | | | |
| 5. 农药及农药械 | | | | | |
| (1) 化学农药 | | | | | |
| (2) 农 药 械 | | | | | |
| 6. 农用机油 | | | | | |
| 7. 其　　他 | | | | | |
| **三、服务项目价格指数** | **108.3** | **110.3** | **111.8** | **110.9** | **111.0** |
| 1. 房　　租 | 100.0 | 100.5 | 100.5 | 100.5 | 100.5 |
| 2. 水 电 费 | 106.8 | 106.8 | 106.5 | 105.3 | 105.6 |
| 3. 交 通 费 | 112.7 | 119.1 | 116.0 | 112.1 | 113.3 |
| 4. 邮 电 费 | 100.0 | 101.0 | 100.0 | 100.0 | 100.0 |
| 5. 医疗保健费 | 104.2 | 109.6 | 131.0 | 128.4 | 128.7 |
| 6. 学杂保育费 | 107.9 | 110.0 | 114.8 | 115.0 | 114.6 |
| 7. 文 娱 费 | 126.3 | 126.0 | 122.4 | 118.4 | 118.7 |
| 8. 修理及其他服务费 | 107.0 | 106.9 | 106.9 | 106.9 | 106.9 |

注：生活费用价格统计一和三2大类商品价格，零售物价统计一和二2大类商品价格

| 6月 | 7月 | 8月 | 9月 | 10月 | 11月 | 12月 |
|---|---|---|---|---|---|---|
| 100.2 | 99.8 | 100.1 | 100.3 | 101.0 | 101.1 | 101.3 |
| 100.3 | 100.4 | 101.0 | 101.5 | 101.9 | 101.5 | 101.5 |
| 100.1 | 99.4 | 99.2 | 99.1 | 99.9 | 100.0 | 100.0 |
| 99.0 | 98.7 | 99.1 | 99.4 | 100.2 | 100.0 | 100.4 |
| 101.7 | 101.5 | 102.4 | 103.3 | 103.7 | 106.9 | 107.7 |
| 94.0 | 94.0 | 95.6 | 95.8 | 96.3 | 96.8 | 97.2 |
| 103.0 | 101.1 | 101.2 | 101.4 | 101.6 | 101.7 | 101.5 |
| 90.0 | 90.1 | 92.4 | 92.6 | 93.5 | 94.5 | 95.1 |
| 102.3 | 102.6 | 102.5 | 102.7 | 102.2 | 101.6 | 101.6 |
| 100.0 | 99.9 | 101.7 | 106.3 | 107.2 | 107.6 | 107.3 |
| 114.1 | 116.1 | 116.0 | 115.2 | 114.2 | 115.9 | 117.9 |
| 124.9 | 128.5 | 128.3 | 128.8 | 125.3 | 127.9 | 131.7 |
| 102.5 | 102.7 | 102.8 | 102.7 | 102.2 | 103.1 | 103.1 |
| 102.6 | 102.7 | 102.9 | 114.6 | 139.4 | 139.3 | 138.7 |
| 118.4 | 125.6 | 134.3 | 127.3 | 130.5 | 130.7 | 131.3 |
| | | | | | | |
| **110.8** | **112.2** | **112.4** | **117.0** | **115.7** | **117.6** | **119.0** |
| 100.5 | 100.5 | 100.5 | 100.5 | 101.1 | 113.3 | 113.3 |
| 98.2 | 104.6 | 105.8 | 105.3 | 105.2 | 105.6 | 106.8 |
| 117.9 | 118.8 | 118.8 | 118.8 | 117.7 | 118.5 | 123.0 |
| 100.0 | 100.1 | 100.2 | 100.2 | 100.2 | 100.2 | 100.2 |
| 128.7 | 128.7 | 128.7 | 128.0 | 128.0 | 128.0 | 128.0 |
| 117.7 | 118.5 | 118.3 | 133.5 | 130.1 | 131.7 | 131.4 |
| 120.0 | 115.4 | 114.7 | 108.7 | 109.6 | 122.7 | 139.2 |
| 105.0 | 104.9 | 104.8 | 104.4 | 104.1 | 103.4 | 103.5 |

# 1992年广西城市生活费用价格和零售物价各月同比指数

以上年同月价格为100

| 类　别 | 1月 | 2月 | 3月 | 4月 | 5月 |
|---|---|---|---|---|---|
| **生活费用价格总指数** | **105.5** | **106.3** | **106.4** | **109.4** | **106.6** |
| **零售物价总指数** | **105.2** | **105.3** | **105.4** | **109.0** | **105.8** |
| **一、消费品价格指数** | **105.2** | **105.3** | **105.4** | **109.0** | **105.8** |
| （一）食品类 | 106.2 | 107.4 | 106.9 | 112.0 | 107.1 |
| 1. 粮　食 | 163.0 | 167.3 | 168.4 | 211.4 | 136.9 |
| (1) 细　粮 | 165.9 | 170.3 | 171.2 | 216.7 | 137.5 |
| (2) 粗　粮 | 116.4 | 119.4 | 122.5 | 125.5 | 127.6 |
| 2. 副食品 | 99.2 | 102.2 | 101.8 | 102.6 | 103.6 |
| (1) 食用植物油 | 101.9 | 103.1 | 103.4 | 101.1 | 97.4 |
| (2) 鲜　菜 | 94.9 | 124.4 | 117.6 | 118.0 | 118.4 |
| (3) 干　菜 | 104.1 | 103.5 | 103.3 | 104.2 | 108.9 |
| (4) 肉禽蛋 | 99.4 | 96.9 | 98.4 | 99.6 | 101.6 |
| (5) 水产品 | 101.2 | 104.4 | 101.2 | 101.8 | 99.2 |
| (6) 调味品 | 101.1 | 101.6 | 103.4 | 102.3 | 102.4 |
| (7) 食　糖 | 83.1 | 86.1 | 79.5 | 81.3 | 76.7 |
| 3. 烟酒茶 | 111.8 | 107.9 | 107.6 | 107.5 | 107.3 |
| (1) 烟 | 119.1 | 112.1 | 111.7 | 112.3 | 109.7 |
| (2) 酒 | 102.4 | 102.4 | 102.3 | 101.3 | 104.2 |
| (3) 茶　叶 | 103.0 | 103.3 | 102.8 | 102.8 | 103.4 |
| 4. 其他食品 | 103.6 | 94.5 | 92.1 | 97.6 | 106.1 |
| (1) 鲜　果 | 101.4 | 84.4 | 80.2 | 91.8 | 109.8 |
| (2) 干　果 | 107.1 | 101.9 | 100.3 | 101.2 | 98.9 |
| (3) 糖　果 | 103.3 | 103.0 | 100.8 | 103.1 | 103.3 |
| (4) 糕　点 | 105.7 | 105.2 | 105.1 | 105.3 | 103.6 |
| (5) 奶及奶制品 | 105.8 | 103.3 | 102.3 | 102.1 | 102.1 |
| (6) 罐　头 | 102.0 | 102.3 | 102.2 | 101.3 | 101.9 |
| (7) 其他饮料 | 105.9 | 105.4 | 105.7 | 102.8 | 102.9 |
| （二）衣着类 | 108.0 | 104.0 | 106.8 | 107.3 | 107.9 |
| (1) 棉　布 | 106.4 | 101.2 | 104.2 | 104.0 | 105.2 |
| (2) 棉花化纤混纺布 | 98.4 | 98.3 | 98.6 | 98.6 | 98.6 |
| (3) 化纤布 | 118.7 | 106.1 | 110.3 | 107.9 | 110.1 |
| (4) 呢　绒 | 100.5 | 100.9 | 99.9 | 99.8 | 99.1 |
| (5) 绸　缎 | 99.1 | 101.0 | 94.5 | 94.7 | 96.0 |
| (6) 针纺织品 | 101.5 | 102.2 | 101.8 | 101.8 | 102.3 |
| (7) 服　装 | 110.3 | 105.3 | 111.3 | 113.2 | 113.2 |
| (8) 鞋 | 106.8 | 105.4 | 104.8 | 105.4 | 105.7 |
| (9) 其他衣着 | 98.4 | 98.3 | 97.3 | 97.2 | 98.5 |

| 6月 | 7月 | 8月 | 9月 | 10月 | 11月 | 12月 |
|---|---|---|---|---|---|---|
| **105.7** | **107.1** | **106.4** | **108.5** | **109.2** | **109.6** | **112.5** |
| **104.8** | **106.3** | **105.9** | **107.8** | **108.7** | **108.7** | **111.8** |
| **104.8** | **106.3** | **105.9** | **107.8** | **108.7** | **108.7** | **111.8** |
| 105.7 | 107.6 | 106.7 | 109.9 | 110.6 | 110.6 | 115.1 |
| 136.4 | 141.5 | 145.1 | 146.4 | 150.6 | 155.9 | 152.0 |
| 136.9 | 142.7 | 145.8 | 147.2 | 152.1 | 156.4 | 153.5 |
| 129.1 | 121.5 | 134.0 | 133.0 | 126.8 | 147.6 | 128.0 |
| 100.5 | 104.2 | 102.3 | 106.5 | 106.9 | 106.1 | 112.0 |
| 100.1 | 99.3 | 98.2 | 98.2 | 99.7 | 97.8 | 97.5 |
| 85.3 | 103.2 | 95.6 | 111.3 | 105.1 | 89.0 | 123.0 |
| 107.5 | 108.0 | 109.5 | 109.8 | 110.4 | 111.5 | 112.1 |
| 102.9 | 105.2 | 103.8 | 105.1 | 107.8 | 109.3 | 110.6 |
| 104.7 | 103.3 | 102.3 | 112.4 | 107.6 | 110.9 | 113.0 |
| 102.4 | 102.6 | 103.9 | 106.7 | 107.0 | 113.6 | 120.4 |
| 77.8 | 79.1 | 87.4 | 92.3 | 94.1 | 94.3 | 99.3 |
| 106.3 | 106.3 | 106.2 | 107.8 | 108.2 | 108.0 | 108.2 |
| 106.3 | 106.2 | 105.7 | 106.8 | 107.9 | 107.8 | 108.2 |
| 106.6 | 106.7 | 107.2 | 109.8 | 109.1 | 108.3 | 108.5 |
| 102.6 | 102.6 | 101.5 | 101.9 | 101.5 | 106.4 | 105.3 |
| 114.0 | 103.9 | 105.1 | 104.7 | 104.8 | 105.1 | 109.8 |
| 125.7 | 104.8 | 105.8 | 106.0 | 106.3 | 106.7 | 114.8 |
| 97.8 | 94.5 | 96.4 | 97.0 | 96.8 | 99.0 | 97.7 |
| 104.1 | 104.1 | 104.2 | 104.0 | 104.5 | 103.8 | 103.2 |
| 103.6 | 103.4 | 105.9 | 104.8 | 105.1 | 105.5 | 105.0 |
| 104.6 | 106.2 | 106.8 | 106.1 | 104.9 | 104.4 | 113.6 |
| 101.2 | 102.0 | 103.7 | 102.5 | 103.4 | 102.1 | 102.1 |
| 102.6 | 104.5 | 104.8 | 103.2 | 103.3 | 103.0 | 103.0 |
| 107.2 | 107.5 | 105.9 | 105.0 | 105.1 | 104.1 | 105.2 |
| 103.2 | 103.3 | 99.2 | 99.3 | 99.2 | 98.0 | 98.1 |
| 99.6 | 99.6 | 99.6 | 99.6 | 97.5 | 98.2 | 98.2 |
| 106.0 | 106.0 | 104.6 | 103.9 | 103.9 | 101.8 | 102.0 |
| 100.2 | 100.4 | 100.4 | 99.7 | 99.1 | 99.2 | 99.0 |
| 99.3 | 99.3 | 96.6 | 98.0 | 97.9 | 99.3 | 99.2 |
| 102.5 | 103.3 | 103.7 | 103.9 | 103.3 | 103.3 | 103.3 |
| 113.2 | 113.2 | 109.9 | 107.5 | 108.1 | 107.1 | 109.6 |
| 104.6 | 105.6 | 105.3 | 105.8 | 105.3 | 104.1 | 104.1 |
| 98.1 | 98.2 | 98.7 | 99.5 | 99.8 | 98.8 | 98.9 |

## 1992 年广西城市生活费用价格和零售物价各月同比指数（续表）

以上年同月价格为 100

| 类　别 | 1月 | 2月 | 3月 | 4月 | 5月 |
|---|---|---|---|---|---|
| （三）日用品类 | 102.2 | 101.2 | 100.6 | 100.7 | 100.5 |
| (1) 一般日用品 | 101.6 | 100.9 | 100.1 | 100.7 | 100.8 |
| (2) 日用机电消费品 | 103.4 | 102.0 | 101.5 | 100.7 | 100.2 |
| (3) 家　　具 | 99.8 | 98.8 | 98.5 | 98.7 | 98.9 |
| (4) 日用杂品 | 101.2 | 101.4 | 100.9 | 103.8 | 103.7 |
| （四）文化娱乐用品类 | 94.5 | 93.0 | 92.7 | 92.3 | 91.8 |
| (1) 纸张文具 | 105.5 | 104.8 | 105.6 | 105.6 | 105.3 |
| (2) 文娱用机电消费品 | 90.8 | 89.0 | 88.6 | 87.7 | 87.3 |
| (3) 其他文娱用品 | 102.8 | 101.9 | 101.7 | 102.5 | 101.8 |
| （五）书报杂志类 | 105.3 | 104.5 | 104.7 | 104.7 | 100.7 |
| （六）药及医疗用品类 | 113.0 | 116.1 | 119.1 | 119.6 | 120.4 |
| (1) 中　　药 | 120.7 | 126.5 | 131.8 | 132.4 | 133.5 |
| (2) 西药及医疗用品 | 102.9 | 102.4 | 102.5 | 102.7 | 103.2 |
| （七）建筑装潢材料类 | 96.8 | 97.0 | 99.0 | 98.1 | 98.6 |
| （八）燃 料 类 | 106.2 | 106.1 | 111.0 | 126.1 | 125.0 |
| **二、农业生产资料指数** | | | | | |
| 1. 小 农 具 | | | | | |
| (1) 铁制小农具 | | | | | |
| (2) 竹木制小农具 | | | | | |
| 2. 半机械化农具 | | | | | |
| 3. 机械化农具 | | | | | |
| 4. 化学肥料 | | | | | |
| 5. 农药及农药械 | | | | | |
| (1) 化学农药 | | | | | |
| (2) 农 药 械 | | | | | |
| 6. 农用机油 | | | | | |
| 7. 其　　他 | | | | | |
| **三、服务项目价格指数** | **108.4** | **114.9** | **115.0** | **113.2** | **113.1** |
| 1. 房　　租 | 100.0 | 100.6 | 100.6 | 100.6 | 100.6 |
| 2. 水 电 费 | 104.1 | 104.1 | 104.1 | 102.0 | 101.4 |
| 3. 交 通 费 | 117.3 | 122.1 | 115.6 | 109.2 | 109.8 |
| 4. 邮 电 费 | 100.0 | 100.0 | 100.0 | 100.0 | 100.0 |
| 5. 医疗保健费 | 105.4 | 111.5 | 135.6 | 130.1 | 130.1 |
| 6. 学杂保育费 | 104.8 | 124.9 | 125.1 | 125.1 | 125.1 |
| 7. 文 娱 费 | 131.5 | 131.3 | 126.8 | 121.2 | 121.6 |
| 8. 修理及其他服务费 | 110.1 | 109.5 | 109.4 | 109.4 | 109.4 |

注：生活费用价格统计一和三 2 大类商品价格，零售物价统计一和二 2 大类商品价格

| 6月 | 7月 | 8月 | 9月 | 10月 | 11月 | 12月 |
|---|---|---|---|---|---|---|
| 100.4 | 99.9 | 100.0 | 100.3 | 100.8 | 101.2 | 101.3 |
| 100.4 | 100.4 | 101.0 | 101.7 | 101.7 | 101.2 | 101.2 |
| 100.1 | 99.1 | 98.7 | 98.6 | 99.4 | 99.5 | 99.6 |
| 100.0 | 99.5 | 99.4 | 100.0 | 101.1 | 100.9 | 101.3 |
| 103.2 | 103.2 | 103.2 | 103.8 | 104.3 | 110.9 | 111.3 |
| 92.1 | 92.2 | 94.8 | 94.9 | 95.8 | 96.2 | 97.0 |
| 105.2 | 101.7 | 101.7 | 102.0 | 102.0 | 102.2 | 102.7 |
| 87.4 | 87.4 | 91.2 | 91.4 | 92.9 | 93.9 | 94.9 |
| 102.9 | 103.7 | 103.4 | 103.3 | 102.6 | 101.5 | 101.6 |
| 100.7 | 100.7 | 102.2 | 106.8 | 106.9 | 106.9 | 106.6 |
| 119.7 | 122.1 | 121.3 | 120.1 | 117.1 | 119.8 | 123.6 |
| 132.4 | 136.8 | 135.3 | 133.4 | 129.4 | 133.0 | 138.9 |
| 103.0 | 102.7 | 103.0 | 102.5 | 100.9 | 102.4 | 102.2 |
| 100.4 | 99.5 | 99.8 | 110.0 | 142.8 | 141.7 | 142.6 |
| 124.8 | 134.7 | 147.5 | 136.6 | 140.4 | 140.4 | 140.4 |
| **113.5** | **113.6** | **110.6** | **114.8** | **113.9** | **116.8** | **118.1** |
| 100.6 | 100.6 | 100.6 | 100.6 | 101.1 | 120.9 | 120.9 |
| 101.4 | 103.1 | 103.1 | 103.1 | 103.1 | 103.8 | 103.2 |
| 117.3 | 117.3 | 118.3 | 118.3 | 117.0 | 117.0 | 119.3 |
| 100.0 | 100.1 | 100.2 | 100.2 | 100.2 | 100.2 | 100.2 |
| 130.1 | 130.1 | 130.1 | 129.6 | 129.6 | 129.6 | 129.6 |
| 125.1 | 125.1 | 114.7 | 130.9 | 128.7 | 131.8 | 131.8 |
| 122.9 | 116.9 | 115.8 | 109.6 | 109.6 | 127.5 | 150.1 |
| 106.3 | 106.2 | 106.0 | 105.5 | 104.9 | 103.8 | 103.3 |

# 1992年广西县城生活费用价格和零售物价各月同比指数

以上年同比价格为100

| 类别 | 1月 | 2月 | 3月 | 4月 | 5月 |
|---|---|---|---|---|---|
| **生活费用价格总指数** | **104.9** | **103.7** | **104.7** | **107.5** | **106.3** |
| **零售物价总指数** | **104.6** | **103.3** | **104.1** | **107.2** | **105.8** |
| **一、消费品价格指数** | **104.6** | **103.3** | **104.1** | **107.2** | **105.8** |
| （一）食品类 | 106.5 | 104.5 | 106.2 | 111.2 | 109.0 |
| 1. 粮食 | 149.5 | 151.9 | 160.3 | 203.8 | 141.5 |
| (1) 细粮 | 151.6 | 154.8 | 163.8 | 209.8 | 142.2 |
| (2) 粗粮 | 121.8 | 112.9 | 113.1 | 123.9 | 132.1 |
| 2. 副食品 | 101.5 | 99.6 | 101.4 | 101.4 | 105.3 |
| (1) 食用植物油 | 103.0 | 100.3 | 99.0 | 102.3 | 103.1 |
| (2) 鲜菜 | 113.3 | 121.2 | 113.3 | 108.0 | 118.0 |
| (3) 干菜 | 103.9 | 103.2 | 102.9 | 102.3 | 102.3 |
| (4) 肉禽蛋 | 99.5 | 95.7 | 99.2 | 100.6 | 104.3 |
| (5) 水产品 | 99.3 | 95.1 | 102.6 | 100.2 | 101.3 |
| (6) 调味品 | 100.0 | 100.1 | 100.0 | 99.9 | 100.1 |
| (7) 食糖 | 76.4 | 75.3 | 75.6 | 75.3 | 77.4 |
| 3. 烟酒茶 | 100.4 | 100.7 | 100.8 | 101.3 | 101.3 |
| (1) 烟 | 100.0 | 100.7 | 101.3 | 101.9 | 101.8 |
| (2) 酒 | 101.1 | 100.7 | 100.0 | 100.3 | 100.6 |
| (3) 茶叶 | 103.2 | 103.1 | 96.0 | 95.7 | 95.7 |
| 4. 其他食品 | 100.5 | 93.0 | 89.2 | 91.0 | 105.2 |
| (1) 鲜果 | 97.4 | 85.2 | 78.5 | 81.7 | 107.7 |
| (2) 干果 | 106.6 | 100.2 | 98.9 | 99.5 | 99.4 |
| (3) 糖果 | 102.4 | 102.1 | 102.3 | 101.8 | 101.8 |
| (4) 糕点 | 106.7 | 107.1 | 106.3 | 106.2 | 105.5 |
| (5) 奶及奶制品 | 99.8 | 98.6 | 100.8 | 100.7 | 100.7 |
| (6) 罐头 | 101.1 | 102.4 | 100.7 | 101.3 | 101.3 |
| (7) 其他饮料 | 101.4 | 100.8 | 101.1 | 101.1 | 100.7 |
| （二）衣着类 | 102.1 | 102.2 | 101.0 | 101.1 | 101.0 |
| (1) 棉布 | 101.7 | 102.0 | 100.9 | 100.2 | 103.2 |
| (2) 棉花化纤混纺布 | 99.9 | 99.9 | 99.9 | 100.1 | 101.0 |
| (3) 化纤布 | 100.5 | 100.5 | 100.5 | 100.5 | 100.1 |
| (4) 呢绒 | 101.3 | 101.2 | 101.1 | 100.3 | 99.9 |
| (5) 绸缎 | 102.7 | 101.7 | 102.0 | 102.2 | 102.2 |
| (6) 针纺织品 | 102.5 | 102.8 | 102.0 | 101.0 | 100.9 |
| (7) 服装 | 102.1 | 102.2 | 100.0 | 100.5 | 101.1 |
| (8) 鞋 | 103.5 | 103.2 | 102.2 | 102.9 | 101.4 |
| (9) 其他衣着 | 101.3 | 101.8 | 101.7 | 101.1 | 100.6 |

| 6月 | 7月 | 8月 | 9月 | 10月 | 11月 | 12月 |
|---|---|---|---|---|---|---|
| **106.4** | **106.9** | **107.3** | **108.3** | **109.3** | **109.2** | **112.1** |
| **106.1** | **106.3** | **106.3** | **106.8** | **108.1** | **107.9** | **111.0** |
| **106.1** | **106.3** | **106.3** | **106.8** | **108.1** | **107.9** | **111.0** |
| 109.5 | 109.6 | 109.5 | 109.8 | 111.2 | 110.9 | 115.7 |
| 137.1 | 137.4 | 138.2 | 139.4 | 139.3 | 143.8 | 143.5 |
| 137.4 | 138.5 | 138.9 | 140.1 | 140.7 | 145.2 | 144.4 |
| 132.5 | 122.2 | 128.9 | 129.9 | 121.3 | 125.4 | 132.2 |
| 104.5 | 105.6 | 106.3 | 107.3 | 109.1 | 107.3 | 114.2 |
| 102.3 | 102.8 | 106.1 | 98.5 | 101.7 | 98.9 | 97.2 |
| 97.6 | 101.6 | 106.9 | 105.4 | 102.4 | 85.6 | 128.6 |
| 103.7 | 103.4 | 105.0 | 108.6 | 109.2 | 105.9 | 106.6 |
| 107.1 | 107.9 | 107.6 | 109.5 | 112.0 | 113.3 | 113.9 |
| 104.2 | 103.9 | 101.9 | 102.6 | 107.3 | 106.8 | 109.2 |
| 100.1 | 100.5 | 101.8 | 102.5 | 102.0 | 108.1 | 113.8 |
| 75.3 | 74.6 | 84.8 | 91.0 | 91.5 | 92.1 | 93.2 |
| 101.2 | 100.1 | 99.8 | 100.5 | 100.7 | 102.7 | 103.1 |
| 101.7 | 100.0 | 99.0 | 99.6 | 99.4 | 102.8 | 104.1 |
| 100.5 | 100.5 | 101.4 | 102.2 | 103.2 | 102.6 | 101.4 |
| 96.9 | 96.9 | 100.7 | 100.0 | 100.0 | 100.8 | 100.8 |
| 117.5 | 112.6 | 106.8 | 102.4 | 103.5 | 106.9 | 105.5 |
| 130.3 | 122.3 | 111.9 | 103.7 | 104.9 | 111.6 | 108.5 |
| 97.3 | 95.6 | 94.3 | 96.1 | 99.5 | 97.5 | 99.1 |
| 101.5 | 102.0 | 101.5 | 100.9 | 100.4 | 100.4 | 99.9 |
| 106.1 | 103.6 | 103.8 | 103.8 | 103.8 | 103.8 | 104.7 |
| 101.6 | 101.4 | 102.1 | 101.4 | 102.4 | 102.4 | 102.4 |
| 101.3 | 102.2 | 101.1 | 101.1 | 101.6 | 101.6 | 101.6 |
| 100.3 | 100.7 | 101.3 | 101.3 | 101.2 | 101.2 | 101.4 |
| 100.6 | 100.9 | 100.8 | 100.7 | 101.7 | 101.6 | 101.9 |
| 102.5 | 100.0 | 101.2 | 101.4 | 101.2 | 101.2 | 101.4 |
| 101.0 | 101.0 | 101.0 | 101.0 | 100.8 | 100.9 | 100.9 |
| 100.1 | 100.1 | 100.1 | 100.1 | 100.1 | 100.3 | 100.3 |
| 100.1 | 100.5 | 100.5 | 100.1 | 103.8 | 103.8 | 103.8 |
| 102.2 | 102.2 | 102.2 | 102.2 | 104.2 | 104.6 | 104.6 |
| 101.2 | 101.1 | 101.3 | 100.8 | 101.0 | 101.1 | 101.3 |
| 99.6 | 100.5 | 100.1 | 100.1 | 100.7 | 100.8 | 100.8 |
| 102.3 | 102.5 | 102.7 | 102.2 | 105.7 | 105.7 | 106.8 |
| 100.5 | 100.6 | 100.3 | 100.5 | 101.0 | 99.9 | 99.7 |

# 1992年广西县城生活费用价格和零售物价各月同比指数（续表）

以上年同比价格为100

| 类　别 | 1月 | 2月 | 3月 | 4月 | 5月 |
|---|---|---|---|---|---|
| （三）日用品类 | 100.6 | 100.5 | 100.0 | 99.8 | 99.7 |
| (1) 一般日用品 | 101.2 | 101.1 | 100.8 | 100.6 | 100.4 |
| (2) 日用机电消费品 | 100.3 | 100.5 | 99.8 | 100.0 | 100.0 |
| (3) 家　　具 | 99.7 | 98.8 | 98.6 | 97.5 | 97.4 |
| (4) 日用杂品 | 101.5 | 100.7 | 99.6 | 99.4 | 99.2 |
| （四）文化娱乐用品类 | 98.1 | 97.7 | 97.9 | 97.8 | 97.8 |
| (1) 纸张文具 | 101.6 | 101.9 | 101.9 | 101.0 | 100.9 |
| (2) 文娱用机电消费品 | 96.2 | 95.4 | 95.7 | 95.4 | 95.5 |
| (3) 其他文娱用品 | 101.6 | 101.8 | 101.8 | 102.3 | 102.3 |
| （五）书报杂志类 | 100.7 | 100.9 | 99.8 | 99.5 | 99.5 |
| （六）药及医疗用品类 | 106.3 | 105.0 | 104.1 | 105.7 | 107.3 |
| (1) 中　　药 | 110.3 | 108.0 | 107.2 | 109.7 | 113.3 |
| (2) 西药及医疗用品 | 102.8 | 102.4 | 101.4 | 102.2 | 102.1 |
| （七）建筑装潢材料类 | 106.8 | 107.3 | 104.4 | 103.5 | 103.5 |
| （八）燃 料 类 | 106.4 | 104.5 | 104.2 | 103.6 | 103.0 |
| **二、农业生产资料指数** | **105.7** | **101.6** | **102.4** | **104.0** | **104.2** |
| 1. 小 农 具 | 101.2 | 98.8 | 100.7 | 101.8 | 102.0 |
| (1) 铁制小农具 | 100.3 | 97.4 | 99.9 | 101.4 | 101.6 |
| (2) 竹木制小农具 | 103.4 | 102.3 | 102.6 | 102.9 | 102.9 |
| 2. 半机械化农具 | 101.7 | 101.7 | 101.1 | 100.7 | 100.7 |
| 3. 机械化农具 | 104.5 | 104.4 | 103.7 | 103.4 | 103.4 |
| 4. 化学肥料 | 109.5 | 102.2 | 104.0 | 107.4 | 107.4 |
| 5. 农药及农药械 | 96.3 | 95.4 | 97.0 | 97.9 | 97.0 |
| (1) 化学农药 | 94.9 | 94.1 | 96.4 | 96.8 | 97.5 |
| (2) 农 药 械 | 100.9 | 99.9 | 99.1 | 99.1 | 99.1 |
| 6. 农用机油 | 98.0 | 97.3 | 94.1 | 91.2 | 93.2 |
| 7. 其　　他 | 98.4 | 97.8 | 100.2 | 100.0 | 99.9 |
| **三、服务项目价格指数** | **107.5** | **106.5** | **109.5** | **110.0** | **110.2** |
| 1. 房　　租 | 100.1 | 100.0 | 100.0 | 100.0 | 100.0 |
| 2. 水 电 费 | 110.6 | 110.6 | 109.7 | 109.7 | 111.7 |
| 3. 交 通 费 | 107.1 | 114.5 | 116.0 | 117.4 | 118.8 |
| 4. 邮 电 费 | 100.4 | 103.9 | 100.0 | 100.0 | 100.0 |
| 5. 医疗保健费 | 101.1 | 104.4 | 119.3 | 125.2 | 126.5 |
| 6. 学杂保育费 | 109.6 | 104.4 | 110.6 | 111.1 | 110.1 |
| 7. 文 娱 费 | 113.6 | 113.3 | 111.8 | 111.3 | 111.3 |
| 8. 修理及其他服务费 | 101.0 | 101.8 | 102.3 | 102.3 | 102.3 |

注：生活费用价格统计一和三2大类商品价格，零售物价统计一和二2大类商品价格

| 6月 | 7月 | 8月 | 9月 | 10月 | 11月 | 12月 |
|---|---|---|---|---|---|---|
| 99.9 | 99.7 | 100.4 | 100.5 | 101.2 | 101.1 | 101.3 |
| 100.2 | 100.4 | 101.0 | 101.3 | 102.2 | 102.1 | 102.2 |
| 100.2 | 99.8 | 100.1 | 99.9 | 100.6 | 100.8 | 100.6 |
| 97.5 | 97.5 | 98.6 | 98.6 | 98.9 | 98.8 | 99.2 |
| 100.2 | 99.5 | 101.6 | 102.9 | 103.2 | 102.5 | 103.8 |
| 97.4 | 97.4 | 97.1 | 97.4 | 97.3 | 97.8 | 97.5 |
| 100.7 | 100.5 | 100.7 | 100.6 | 101.1 | 101.0 | 100.2 |
| 95.2 | 95.3 | 94.6 | 94.9 | 94.8 | 95.6 | 95.3 |
| 101.6 | 101.3 | 101.7 | 102.2 | 102.0 | 102.0 | 101.7 |
| 99.1 | 98.7 | 100.9 | 105.9 | 107.9 | 108.5 | 108.5 |
| 107.8 | 109.3 | 109.9 | 110.1 | 111.0 | 111.9 | 111.9 |
| 114.4 | 116.7 | 118.4 | 118.4 | 120.0 | 121.6 | 121.1 |
| 102.1 | 102.9 | 102.6 | 103.0 | 103.3 | 103.5 | 104.0 |
| 105.5 | 106.9 | 106.9 | 120.2 | 135.2 | 136.1 | 134.0 |
| 105.5 | 108.0 | 108.4 | 107.7 | 109.4 | 110.0 | 111.2 |
| **104.3** | **105.3** | **102.4** | **105.0** | **103.9** | **105.4** | **102.5** |
| 103.2 | 105.5 | 105.2 | 105.0 | 104.2 | 103.7 | 103.5 |
| 102.3 | 105.0 | 104.7 | 104.7 | 104.7 | 104.3 | 104.1 |
| 105.4 | 106.7 | 106.4 | 105.6 | 103.8 | 102.2 | 102.2 |
| 100.6 | 102.7 | 102.7 | 103.4 | 106.4 | 108.9 | 109.2 |
| 103.3 | 102.1 | 102.8 | 103.5 | 103.9 | 103.9 | 103.4 |
| 107.6 | 109.1 | 103.0 | 106.6 | 103.6 | 105.6 | 99.7 |
| 98.2 | 98.5 | 98.0 | 98.2 | 98.1 | 98.1 | 98.1 |
| 96.5 | 98.5 | 98.8 | 98.1 | 98.2 | 98.1 | 98.1 |
| 98.7 | 97.1 | 97.6 | 97.8 | 98.2 | 98.2 | 98.2 |
| 95.3 | 98.8 | 101.1 | 109.5 | 114.2 | 120.1 | 125.9 |
| 98.8 | 98.7 | 99.9 | 99.2 | 100.1 | 101.9 | 100.3 |
| **108.7** | **111.6** | **114.5** | **119.9** | **118.6** | **118.8** | **120.4** |
| 100.0 | 100.0 | 100.0 | 100.0 | 100.9 | 100.9 | 100.9 |
| 94.3 | 106.2 | 109.6 | 108.3 | 108.3 | 108.3 | 112.3 |
| 119.0 | 120.4 | 120.4 | 120.4 | 120.5 | 121.9 | 130.6 |
| 100.0 | 100.0 | 100.0 | 100.0 | 100.0 | 100.0 | 100.0 |
| 126.5 | 126.5 | 126.5 | 125.6 | 125.6 | 125.6 | 125.6 |
| 114.5 | 115.6 | 121.2 | 135.5 | 131.8 | 131.6 | 130.8 |
| 112.3 | 111.5 | 111.5 | 106.3 | 109.5 | 110.9 | 110.9 |
| 102.3 | 102.3 | 102.3 | 102.3 | 102.5 | 102.6 | 103.9 |

# 1993年广西全区生活费用价格和零售物价各月同比指数

以上年同月价格为100

| 类　别 | 1月 | 2月 | 3月 | 4月 | 5月 |
|---|---|---|---|---|---|
| **生活费用价格总指数** | **114.8** | **117.0** | **120.6** | **119.6** | **120.6** |
| **零售物价总指数** | **121.1** | **113.5** | **117.7** | **116.6** | **117.8** |
| **一、消费品价格指数** | **113.4** | **114.8** | **119.1** | **117.8** | **118.9** |
| （一）食品类 | 117.0 | 119.8 | 125.8 | 121.8 | 121.8 |
| 1. 粮　食 | 143.6 | 160.7 | 185.6 | 151.1 | 144.5 |
| (1) 细　粮 | 144.7 | 162.6 | 188.4 | 151.6 | 144.6 |
| (2) 粗　粮 | 124.0 | 126.3 | 135.4 | 141.3 | 142.9 |
| 2. 副食品 | 116.4 | 116.6 | 120.0 | 119.4 | 120.4 |
| (1) 食用植物油 | 98.6 | 101.3 | 124.9 | 129.6 | 125.8 |
| (2) 鲜　菜 | 128.8 | 131.8 | 116.5 | 101.5 | 104.8 |
| (3) 干　菜 | 111.4 | 112.3 | 111.9 | 116.1 | 115.2 |
| (4) 肉禽蛋 | 116.2 | 115.4 | 119.7 | 120.3 | 121.0 |
| (5) 水产品 | 119.9 | 118.9 | 128.9 | 131.9 | 131.2 |
| (6) 调味品 | 119.2 | 119.2 | 125.9 | 122.9 | 124.8 |
| (7) 食　糖 | 100.7 | 106.3 | 111.9 | 118.3 | 127.3 |
| 3. 烟酒茶 | 103.3 | 103.4 | 104.2 | 105.5 | 107.6 |
| (1) 烟 | 103.4 | 103.4 | 102.8 | 104.7 | 106.0 |
| (2) 酒 | 103.2 | 103.5 | 106.3 | 106.6 | 110.0 |
| (3) 茶　叶 | 103.1 | 103.0 | 104.9 | 106.2 | 109.1 |
| 4. 其他食品 | 103.9 | 107.4 | 111.5 | 116.5 | 116.7 |
| (1) 鲜　果 | 97.4 | 103.8 | 117.9 | 128.8 | 126.3 |
| (2) 干　果 | 101.1 | 103.2 | 110.6 | 113.6 | 118.4 |
| (3) 糖　果 | 102.3 | 102.3 | 102.5 | 102.6 | 103.5 |
| (4) 糕　点 | 101.6 | 104.7 | 107.1 | 108.4 | 109.0 |
| (5) 奶及奶制品 | 110.1 | 111.0 | 112.8 | 111.6 | 115.6 |
| (6) 罐　头 | 103.9 | 104.1 | 105.1 | 108.0 | 108.6 |
| (7) 其他饮料 | 102.5 | 102.4 | 102.8 | 103.9 | 107.4 |
| （二）衣着类 | 104.1 | 103.4 | 104.8 | 105.6 | 108.8 |
| (1) 棉　布 | 100.1 | 100.6 | 100.8 | 101.3 | 101.9 |
| (2) 棉花化纤混纺布 | 101.0 | 101.8 | 101.9 | 101.9 | 102.0 |
| (3) 化纤布 | 100.1 | 100.3 | 100.0 | 102.2 | 103.5 |
| (4) 呢　绒 | 101.3 | 99.8 | 99.9 | 101.4 | 103.6 |
| (5) 绸　缎 | 103.4 | 101.4 | 104.1 | 103.5 | 105.3 |
| (6) 针纺织品 | 101.8 | 101.9 | 104.3 | 104.9 | 107.4 |
| (7) 服　装 | 107.4 | 104.9 | 107.5 | 108.1 | 113.7 |
| (8) 鞋 | 105.9 | 106.8 | 107.0 | 107.6 | 110.2 |
| (9) 其他衣着 | 100.2 | 100.6 | 101.8 | 102.8 | 102.7 |

| 6月 | 7月 | 8月 | 9月 | 10月 | 11月 | 12月 |
|---|---|---|---|---|---|---|
| **124.4** | **125.6** | **125.7** | **124.2** | **122.9** | **123.3** | **122.6** |
| **121.6** | **122.9** | **122.2** | **120.9** | **119.8** | **120.0** | **119.2** |
| **123.1** | **124.3** | **123.4** | **121.8** | **120.4** | **120.9** | **120.6** |
| 128.4 | 130.5 | 129.0 | 126.8 | 125.8 | 126.4 | 126.7 |
| 146.3 | 142.3 | 142.5 | 147.1 | 146.5 | 156.2 | 171.3 |
| 146.4 | 141.9 | 142.5 | 147.9 | 147.1 | 158.0 | 174.0 |
| 143.6 | 148.7 | 143.2 | 133.0 | 135.3 | 124.5 | 129.7 |
| 129.8 | 132.6 | 130.1 | 127.0 | 125.9 | 125.9 | 125.0 |
| 123.3 | 124.1 | 121.1 | 124.6 | 123.9 | 123.4 | 137.7 |
| 153.0 | 165.2 | 149.3 | 130.5 | 125.3 | 134.6 | 139.4 |
| 117.9 | 120.3 | 120.3 | 117.5 | 118.4 | 117.9 | 116.8 |
| 124.3 | 126.2 | 126.1 | 126.1 | 124.5 | 123.3 | 121.5 |
| 140.2 | 135.0 | 136.3 | 132.2 | 136.3 | 137.0 | 134.2 |
| 126.4 | 127.3 | 125.2 | 125.5 | 125.5 | 117.8 | 111.0 |
| 140.1 | 150.7 | 143.3 | 135.2 | 135.3 | 134.9 | 134.9 |
| 108.7 | 110.3 | 111.0 | 109.6 | 108.5 | 108.1 | 106.3 |
| 103.7 | 107.3 | 107.3 | 106.9 | 107.1 | 106.1 | 104.6 |
| 111.7 | 114.7 | 116.4 | 113.4 | 110.2 | 110.9 | 108.9 |
| 107.8 | 113.2 | 115.0 | 115.8 | 115.8 | 114.0 | 113.5 |
| 118.0 | 122.6 | 123.2 | 118.4 | 115.7 | 112.2 | 107.3 |
| 128.0 | 137.2 | 137.4 | 121.2 | 115.0 | 107.3 | 95.6 |
| 124.7 | 127.0 | 130.1 | 129.9 | 129.5 | 124.2 | 124.3 |
| 104.2 | 105.4 | 106.7 | 106.6 | 106.5 | 106.4 | 109.1 |
| 109.5 | 110.7 | 110.9 | 120.0 | 119.9 | 119.8 | 119.4 |
| 113.4 | 115.7 | 117.2 | 117.2 | 116.4 | 117.4 | 109.1 |
| 109.0 | 107.8 | 108.6 | 108.6 | 108.9 | 109.1 | 106.8 |
| 109.3 | 110.1 | 110.2 | 110.5 | 110.3 | 110.3 | 109.4 |
| 110.1 | 111.0 | 112.2 | 113.4 | 113.2 | 114.1 | 113.6 |
| 102.4 | 102.4 | 103.6 | 104.1 | 104.2 | 104.7 | 105.4 |
| 102.2 | 101.3 | 102.7 | 102.7 | 103.1 | 102.7 | 103.0 |
| 103.3 | 105.0 | 108.3 | 114.2 | 109.2 | 110.1 | 115.2 |
| 104.5 | 104.7 | 105.7 | 106.8 | 106.6 | 112.1 | 111.0 |
| 103.4 | 105.2 | 109.3 | 109.3 | 113.4 | 111.8 | 112.0 |
| 108.5 | 109.4 | 109.9 | 111.2 | 111.3 | 112.3 | 112.3 |
| 116.0 | 117.7 | 118.3 | 118.4 | 119.7 | 119.9 | 119.4 |
| 112.2 | 111.2 | 112.4 | 113.1 | 112.9 | 114.4 | 113.7 |
| 102.9 | 104.2 | 105.0 | 105.3 | 105.8 | 108.1 | 108.1 |

# 1993年广西全区生活费用价格和零售物价各月同比指数（续表）

以上年同月价格为100

| 类　别 | 1月 | 2月 | 3月 | 4月 | 5月 |
|---|---|---|---|---|---|
| （三）日用品类 | 102.2 | 103.0 | 101.8 | 107.4 | 111.5 |
| (1) 一般日用品 | 102.6 | 103.1 | 104.5 | 109.0 | 111.9 |
| (2) 日用机电消费品 | 100.6 | 101.4 | 103.4 | 105.4 | 110.3 |
| (3) 家　　具 | 101.2 | 101.8 | 103.5 | 104.5 | 105.9 |
| (4) 日用杂品 | 107.1 | 109.1 | 111.0 | 111.6 | 118.3 |
| （四）文化娱乐用品类 | 97.0 | 98.2 | 98.7 | 98.6 | 100.6 |
| (1) 纸张文具 | 101.1 | 101.9 | 103.2 | 102.3 | 105.0 |
| (2) 文娱用机电消费品 | 94.8 | 96.5 | 96.5 | 96.6 | 98.4 |
| (3) 其他文娱用品 | 102.8 | 102.5 | 104.3 | 103.7 | 105.9 |
| （五）书报杂志类 | 106.8 | 108.8 | 106.6 | 106.3 | 106.3 |
| （六）药及医疗用品类 | 118.0 | 115.8 | 115.3 | 114.1 | 112.8 |
| (1) 中　　药 | 130.4 | 126.7 | 125.4 | 122.8 | 118.9 |
| (2) 西药及医疗用品 | 105.0 | 104.4 | 104.7 | 105.1 | 106.4 |
| （七）建筑装潢材料类 | 139.5 | 134.5 | 141.5 | 152.4 | 153.1 |
| （八）燃 料 类 | 133.3 | 139.4 | 154.9 | 151.3 | 149.0 |
| **二、农业生产资料指数** | **102.9** | **104.4** | **108.1** | **108.4** | **110.4** |
| 1. 小 农 具 | 102.8 | 105.6 | 111.2 | 109.3 | 114.5 |
| (1) 铁制小农具 | 104.0 | 104.7 | 112.4 | 110.4 | 117.8 |
| (2) 竹木制小农具 | 100.2 | 107.7 | 108.5 | 106.7 | 107.1 |
| 2. 半机械化农具 | 110.1 | 112.0 | 113.2 | 122.4 | 123.3 |
| 3. 机械化农具 | 103.8 | 107.0 | 116.1 | 120.7 | 120.6 |
| 4. 化学肥料 | 100.9 | 102.2 | 104.6 | 103.0 | 105.9 |
| 5. 农药及农药械 | 99.2 | 100.1 | 99.8 | 99.7 | 99.6 |
| (1) 化学农药 | 99.4 | 100.2 | 99.5 | 99.0 | 99.1 |
| (2) 农 药 械 | 98.2 | 99.2 | 101.5 | 104.0 | 102.7 |
| 6. 农用机油 | 124.5 | 123.9 | 130.2 | 131.1 | 132.1 |
| 7. 其　　他 | 101.3 | 101.8 | 101.7 | 103.0 | 105.2 |
| **三、服务项目价格指数** | 125.0 | 132.8 | 131.1 | 132.5 | 132.6 |
| 1. 房　　租 | 113.3 | 112.7 | 110.4 | 123.4 | 126.2 |
| 2. 水 电 费 | 111.5 | 118.0 | 129.3 | 133.0 | 134.7 |
| 3. 交 通 费 | 163.8 | 150.7 | 128.8 | 133.8 | 127.3 |
| 4. 邮 电 费 | 105.5 | 106.1 | 106.6 | 106.1 | 106.1 |
| 5. 医疗保健费 | 127.5 | 122.7 | 107.2 | 101.5 | 101.3 |
| 6. 学杂保育费 | 126.4 | 146.5 | 145.5 | 144.9 | 145.0 |
| 7. 文 娱 费 | 144.5 | 139.3 | 147.4 | 142.8 | 145.9 |
| 8. 修理及其他服务费 | 105.3 | 106.8 | 107.3 | 109.6 | 111.3 |

注：生活费用价格统计一和三2大类商品价格，零售物价统计一和二2大类商品价格

| 6月 | 7月 | 8月 | 9月 | 10月 | 11月 | 12月 |
|---|---|---|---|---|---|---|
| 114.0 | 115.2 | 114.8 | 115.0 | 115.1 | 115.1 | 115.2 |
| 113.1 | 113.9 | 113.9 | 114.4 | 114.8 | 115.4 | 115.4 |
| 114.9 | 116.6 | 115.6 | 116.2 | 115.9 | 115.6 | 115.5 |
| 105.8 | 106.7 | 107.1 | 106.9 | 106.7 | 107.2 | 107.5 |
| 119.7 | 120.5 | 120.8 | 118.9 | 119.7 | 119.1 | 118.9 |
| 101.7 | 102.5 | 103.2 | 103.7 | 103.8 | 104.1 | 105.2 |
| 105.2 | 106.4 | 107.4 | 107.9 | 107.6 | 108.9 | 111.3 |
| 99.8 | 100.4 | 101.3 | 101.8 | 101.9 | 102.1 | 102.6 |
| 106.8 | 108.0 | 107.8 | 108.3 | 108.4 | 108.6 | 110.0 |
| 106.4 | 106.3 | 107.0 | 106.4 | 109.1 | 108.8 | 107.9 |
| 112.4 | 111.9 | 112.4 | 111.9 | 108.9 | 108.2 | 106.3 |
| 117.2 | 115.0 | 114.4 | 112.9 | 108.4 | 106.2 | 103.4 |
| 107.5 | 108.6 | 110.4 | 110.9 | 109.5 | 110.3 | 109.0 |
| 154.4 | 149.3 | 146.0 | 132.1 | 119.2 | 117.5 | 118.3 |
| 151.5 | 151.8 | 145.1 | 153.2 | 151.3 | 151.5 | 152.5 |
| **110.8** | **112.8** | **113.4** | **114.5** | **115.6** | **113.7** | **113.9** |
| 114.8 | 117.1 | 118.5 | 118.9 | 119.4 | 119.3 | 120.9 |
| 116.5 | 118.1 | 118.3 | 122.1 | 119.8 | 120.2 | 123.0 |
| 110.9 | 114.7 | 119.1 | 111.8 | 118.4 | 117.2 | 115.9 |
| 117.9 | 129.9 | 129.9 | 128.8 | 127.1 | 124.2 | 123.3 |
| 122.1 | 122.0 | 121.2 | 120.1 | 121.7 | 121.6 | 120.9 |
| 106.2 | 108.8 | 110.2 | 113.4 | 114.6 | 111.7 | 112.2 |
| 101.2 | 100.1 | 101.3 | 101.6 | 101.7 | 102.0 | 102.4 |
| 101.0 | 99.4 | 100.8 | 101.2 | 101.4 | 101.8 | 101.8 |
| 102.6 | 104.1 | 104.1 | 103.8 | 103.4 | 103.4 | 104.6 |
| 133.1 | 133.9 | 130.0 | 119.4 | 121.3 | 119.1 | 112.1 |
| 105.4 | 105.7 | 106.6 | 105.7 | 105.5 | 105.7 | 106.5 |
| 133.9 | 134.6 | 142.5 | 141.2 | 141.3 | 140.5 | 137.8 |
| 127.2 | 134.6 | 135.6 | 135.6 | 133.3 | 131.3 | 134.5 |
| 141.1 | 140.5 | 137.6 | 136.4 | 134.6 | 133.9 | 131.9 |
| 122.3 | 121.3 | 122.3 | 122.3 | 122.7 | 123.2 | 116.5 |
| 106.4 | 107.2 | 107.0 | 107.0 | 107.0 | 107.2 | 106.9 |
| 101.4 | 102.7 | 107.7 | 107.5 | 107.9 | 108.5 | 107.7 |
| 145.6 | 145.6 | 163.5 | 160.0 | 161.4 | 160.4 | 161.3 |
| 151.8 | 148.0 | 148.0 | 158.4 | 153.8 | 146.9 | 140.9 |
| 113.2 | 117.3 | 120.2 | 120.2 | 121.0 | 120.8 | 118.5 |

# 1993年广西城镇生活费用价格和零售物价各月同比指数

以上年同月价格为100

| 类 别 | 1月 | 2月 | 3月 | 4月 | 5月 |
|---|---|---|---|---|---|
| **生活费用价格总指数** | **115.7** | **117.6** | **121.5** | **119.7** | **120.8** |
| **零售物价总指数** | **114.3** | **116.0** | **120.4** | **118.2** | **119.4** |
| **一、消费品价格指数** | **114.3** | **116.0** | **120.4** | **118.2** | **119.4** |
| （一）食 品 类 | 118.5 | 121.0 | 126.6 | 122.8 | 123.0 |
| 1. 粮　　食 | 150.0 | 168.1 | 192.3 | 155.3 | 151.2 |
| (1) 细　　粮 | 150.9 | 170.0 | 194.9 | 155.9 | 151.3 |
| (2) 粗　　粮 | 133.4 | 131.4 | 142.6 | 144.1 | 149.1 |
| 2. 副 食 品 | 117.2 | 117.2 | 120.3 | 119.6 | 120.2 |
| (1) 食用植物油 | 98.4 | 101.7 | 126.0 | 131.2 | 127.1 |
| (2) 鲜　　菜 | 128.8 | 131.8 | 116.5 | 101.5 | 104.8 |
| (3) 干　　菜 | 113.4 | 114.0 | 112.5 | 118.0 | 116.1 |
| (4) 肉 禽 蛋 | 115.9 | 115.0 | 119.6 | 120.3 | 120.9 |
| (5) 水 产 品 | 120.5 | 119.5 | 130.0 | 132.8 | 132.2 |
| (6) 调 味 品 | 121.9 | 122.3 | 126.3 | 126.2 | 127.2 |
| (7) 食　　糖 | 101.6 | 104.4 | 113.2 | 121.5 | 132.5 |
| 3. 烟 酒 茶 | 104.4 | 105.0 | 106.6 | 107.9 | 110.1 |
| (1) 烟 | 104.0 | 104.6 | 103.8 | 105.9 | 107.4 |
| (2) 酒 | 105.1 | 105.7 | 111.2 | 111.2 | 114.5 |
| (3) 茶　　叶 | 103.9 | 103.8 | 105.3 | 107.5 | 111.0 |
| 4. 其他食品 | 105.0 | 106.7 | 113.5 | 119.4 | 119.6 |
| (1) 鲜　　果 | 103.6 | 107.5 | 118.1 | 128.5 | 126.4 |
| (2) 干　　果 | 99.6 | 103.0 | 112.7 | 116.1 | 121.8 |
| (3) 糖　　果 | 104.0 | 104.0 | 103.7 | 102.9 | 104.5 |
| (4) 糕　　点 | 104.7 | 105.1 | 108.1 | 110.5 | 110.7 |
| (5) 奶及奶制品 | 112.3 | 113.2 | 115.5 | 113.9 | 118.5 |
| (6) 罐　　头 | 104.2 | 104.4 | 105.7 | 109.2 | 109.4 |
| (7) 其他饮料 | 102.5 | 102.5 | 103.0 | 104.1 | 107.7 |
| （二）衣 着 类 | 105.6 | 104.7 | 106.1 | 106.6 | 110.1 |
| (1) 棉　　布 | 98.1 | 98.3 | 97.5 | 98.6 | 100.7 |
| (2) 棉花化纤混纺布 | 100.8 | 101.1 | 102.0 | 102.0 | 99.4 |
| (3) 化 纤 布 | 99.4 | 100.0 | 99.5 | 101.3 | 103.0 |
| (4) 呢　　绒 | 100.1 | 99.6 | 100.2 | 100.7 | 103.3 |
| (5) 绸　　缎 | 101.1 | 100.3 | 108.4 | 107.6 | 110.4 |
| (6) 针纺织品 | 102.1 | 102.6 | 103.4 | 104.3 | 107.1 |
| (7) 服　　装 | 109.2 | 105.9 | 108.5 | 108.7 | 113.5 |
| (8) 鞋 | 105.4 | 109.2 | 108.8 | 108.3 | 111.5 |
| (9) 其他衣着 | 100.2 | 100.6 | 102.4 | 104.5 | 103.8 |

| 6月 | 7月 | 8月 | 9月 | 10月 | 11月 | 12月 |
|---|---|---|---|---|---|---|
| **125.7** | **127.4** | **127.0** | **125.0** | **124.2** | **124.5** | **123.9** |
| **124.5** | **126.3** | **125.3** | **123.5** | **122.5** | **123.1** | **122.6** |
| **124.5** | **126.3** | **125.3** | **123.5** | **122.5** | **123.1** | **122.6** |
| 130.0 | 132.3 | 130.8 | 127.6 | 126.2 | 127.0 | 127.0 |
| 149.1 | 145.4 | 145.9 | 147.2 | 146.3 | 155.9 | 172.1 |
| 149.4 | 145.3 | 146.3 | 148.4 | 147.2 | 157.7 | 175.4 |
| 144.2 | 146.7 | 138.4 | 125.2 | 128.8 | 120.9 | 123.4 |
| 130.1 | 132.8 | 130.4 | 127.2 | 126.1 | 126.4 | 125.9 |
| 123.5 | 124.8 | 122.6 | 125.0 | 124.7 | 124.2 | 141.5 |
| 153.0 | 165.2 | 149.3 | 130.5 | 125.3 | 134.6 | 139.4 |
| 118.4 | 121.4 | 121.3 | 119.2 | 120.0 | 118.7 | 115.8 |
| 124.1 | 126.1 | 126.1 | 126.1 | 124.7 | 123.2 | 121.0 |
| 141.4 | 135.9 | 137.3 | 133.1 | 137.1 | 137.8 | 134.9 |
| 129.3 | 131.9 | 129.9 | 128.8 | 129.1 | 123.8 | 115.3 |
| 149.4 | 155.1 | 146.0 | 135.4 | 134.8 | 135.9 | 135.5 |
| 112.0 | 113.5 | 113.9 | 112.2 | 109.9 | 110.1 | 109.1 |
| 109.0 | 108.8 | 108.5 | 108.5 | 108.2 | 107.5 | 106.3 |
| 117.0 | 120.9 | 122.2 | 117.7 | 117.7 | 113.8 | 113.2 |
| 109.6 | 118.5 | 121.4 | 121.6 | 121.6 | 119.2 | 116.9 |
| 121.1 | 126.5 | 128.6 | 120.0 | 116.6 | 112.6 | 105.9 |
| 128.2 | 137.4 | 140.2 | 121.2 | 115.1 | 107.5 | 95.8 |
| 129.8 | 131.2 | 133.6 | 133.0 | 132.8 | 128.4 | 129.7 |
| 104.8 | 106.7 | 107.3 | 107.1 | 106.5 | 107.4 | 108.5 |
| 111.5 | 112.4 | 113.3 | 121.6 | 120.5 | 120.5 | 120.9 |
| 115.8 | 118.7 | 120.4 | 120.4 | 119.8 | 121.0 | 111.7 |
| 109.6 | 108.3 | 109.1 | 109.1 | 109.3 | 110.0 | 110.1 |
| 109.7 | 110.3 | 110.6 | 110.6 | 110.4 | 110.4 | 109.4 |
| 111.4 | 113.1 | 113.8 | 114.7 | 115.6 | 116.5 | 115.4 |
| 101.7 | 102.0 | 103.5 | 103.7 | 104.2 | 106.1 | 106.9 |
| 99.5 | 99.8 | 100.3 | 100.3 | 100.0 | 98.9 | 98.1 |
| 102.5 | 105.7 | 108.1 | 111.4 | 109.5 | 111.7 | 112.5 |
| 104.9 | 105.0 | 105.3 | 107.2 | 106.9 | 115.4 | 116.8 |
| 104.7 | 106.5 | 113.2 | 112.8 | 124.9 | 119.9 | 120.4 |
| 107.9 | 109.4 | 109.7 | 111.3 | 111.4 | 112.9 | 113.6 |
| 115.5 | 117.6 | 118.0 | 118.2 | 120.1 | 119.8 | 118.8 |
| 114.7 | 112.9 | 113.6 | 114.8 | 114.8 | 116.6 | 115.3 |
| 103.9 | 106.2 | 106.9 | 107.5 | 108.0 | 110.7 | 110.5 |

# 1993 年广西城镇生活费用价格和零售物价各月同比指数（续表）

以上年同月价格为 100

| 类 别 | 1 月 | 2 月 | 3 月 | 4 月 | 5 月 |
|---|---|---|---|---|---|
| （三）日用品类 | 102.3 | 103.0 | 104.7 | 108.1 | 112.4 |
| (1) 一般日用品 | 102.5 | 103.5 | 104.2 | 110.6 | 113.6 |
| (2) 日用机电消费品 | 100.4 | 100.8 | 103.2 | 106.6 | 112.7 |
| (3) 家　　具 | 101.3 | 101.9 | 104.3 | 105.2 | 106.7 |
| (4) 日用杂品 | 109.1 | 110.4 | 111.4 | 109.4 | 113.6 |
| （四）文化娱乐用品类 | 96.6 | 98.0 | 98.4 | 98.3 | 100.6 |
| (1) 纸张文具 | 100.8 | 102.8 | 104.2 | 102.8 | 107.7 |
| (2) 文娱用机电消费品 | 94.7 | 96.4 | 96.2 | 96.2 | 98.3 |
| (3) 其他文娱用品 | 102.0 | 102.3 | 104.5 | 104.1 | 106.4 |
| （五）书报杂志类 | 104.9 | 106.0 | 104.9 | 105.0 | 105.0 |
| （六）药及医疗用品类 | 123.7 | 118.2 | 117.5 | 116.3 | 116.5 |
| (1) 中　　药 | 139.4 | 130.0 | 128.5 | 124.8 | 123.7 |
| (2) 西药及医疗用品 | 104.6 | 104.1 | 105.4 | 106.2 | 107.9 |
| （七）建筑装潢材料类 | 138.5 | 136.2 | 139.0 | 146.8 | 150.2 |
| （八）燃 料 类 | 134.7 | 140.7 | 155.0 | 146.9 | 145.3 |
| **二、农业生产资料指数** | | | | | |
| 1. 小 农 具 | | | | | |
| (1) 铁制小农具 | | | | | |
| (2) 竹木制小农具 | | | | | |
| 2. 半机械化农具 | | | | | |
| 3. 机械化农具 | | | | | |
| 4. 化学肥料 | | | | | |
| 5. 农药及农药械 | | | | | |
| (1) 化学农药 | | | | | |
| (2) 农 药 械 | | | | | |
| 6. 农用机油 | | | | | |
| 7. 其　　他 | | | | | |
| **三、服务项目价格指数** | **125.9** | **128.1** | **128.8** | **129.5** | **129.9** |
| 1. 房　　租 | 114.8 | 113.8 | 111.1 | 126.8 | 130.2 |
| 2. 水 电 费 | 116.6 | 120.4 | 130.4 | 132.8 | 134.3 |
| 3. 交 通 费 | 154.7 | 146.0 | 131.8 | 138.1 | 132.6 |
| 4. 邮 电 费 | 105.7 | 106.7 | 107.4 | 106.7 | 106.7 |
| 5. 医疗保健费 | 125.8 | 120.9 | 101.9 | 101.0 | 100.3 |
| 6. 学杂保育费 | 129.9 | 139.4 | 140.7 | 137.3 | 137.4 |
| 7. 文 娱 费 | 162.1 | 156.0 | 164.4 | 156.8 | 160.2 |
| 8. 修理及其他服务费 | 105.9 | 109.7 | 109.8 | 113.3 | 115.6 |

注：生活费用价格统计一和三 2 大类商品价格，零售物价统计一和二 2 大类商品价格

| 6月 | 7月 | 8月 | 9月 | 10月 | 11月 | 12月 |
|---|---|---|---|---|---|---|
| 115.8 | 116.9 | 116.5 | 116.8 | 117.0 | 116.5 | 116.6 |
| 114.9 | 115.6 | 116.0 | 116.3 | 117.0 | 117.3 | 117.8 |
| 119.3 | 120.8 | 119.2 | 120.0 | 119.6 | 118.6 | 118.2 |
| 106.3 | 107.3 | 107.7 | 107.4 | 107.4 | 107.9 | 108.2 |
| 115.9 | 117.3 | 117.6 | 117.1 | 118.1 | 116.0 | 115.6 |
| 101.7 | 102.5 | 103.2 | 103.7 | 103.7 | 104.1 | 105.3 |
| 108.2 | 109.0 | 110.5 | 110.3 | 110.1 | 110.7 | 112.6 |
| 99.5 | 100.2 | 101.2 | 101.8 | 101.7 | 102.2 | 102.6 |
| 107.3 | 108.5 | 108.1 | 108.6 | 108.7 | 108.9 | 110.6 |
| 105.0 | 105.0 | 105.4 | 106.2 | 108.2 | 107.8 | 106.9 |
| 115.4 | 114.3 | 113.6 | 114.0 | 110.9 | 110.3 | 108.0 |
| 120.5 | 116.9 | 113.8 | 114.9 | 110.9 | 108.5 | 105.3 |
| 109.4 | 111.1 | 112.2 | 112.9 | 110.9 | 112.5 | 111.0 |
| 150.0 | 150.9 | 150.7 | 147.0 | 128.1 | 126.4 | 124.1 |
| 148.1 | 147.3 | 142.7 | 147.7 | 146.4 | 147.3 | 143.8 |
| | | | | | | |
| **134.6** | **135.9** | **137.1** | **133.6** | **134.4** | **132.3** | **134.8** |
| 131.6 | 139.6 | 139.8 | 139.8 | 138.1 | 134.9 | 135.8 |
| 146.5 | 145.3 | 142.4 | 140.7 | 139.3 | 137.9 | 138.0 |
| 125.4 | 125.9 | 126.9 | 126.9 | 126.9 | 126.7 | 121.1 |
| 107.1 | 108.3 | 108.0 | 108.0 | 108.0 | 108.4 | 108.4 |
| 100.5 | 107.1 | 109.2 | 108.5 | 112.5 | 112.8 | 108.5 |
| 138.2 | 138.2 | 147.9 | 140.0 | 142.6 | 140.6 | 144.4 |
| 171.4 | 168.4 | 168.4 | 176.5 | 175.7 | 163.3 | 149.7 |
| 118.5 | 123.8 | 126.5 | 126.5 | 126.0 | 125.4 | 126.9 |

# 1993年广西城市生活费用价格和零售物价各月同比指数

以上年同月价格为100

| 类　别 | 1月 | 2月 | 3月 | 4月 | 5月 |
|---|---|---|---|---|---|
| **生活费用价格总指数** | **116.7** | **118.4** | **122.2** | **120.8** | **122.2** |
| **零售物价总指数** | **114.9** | **117.2** | **121.3** | **119.6** | **121.1** |
| **一、消费品价格指数** | **114.9** | **117.2** | **121.3** | **119.6** | **121.1** |
| （一）食 品 类 | 118.5 | 121.9 | 127.2 | 124.2 | 124.8 |
| 1. 粮　　食 | 148.6 | 177.9 | 191.4 | 158.1 | 159.3 |
| (1) 细　　粮 | 149.3 | 180.5 | 194.1 | 158.5 | 159.7 |
| (2) 粗　　粮 | 137.4 | 134.4 | 145.6 | 151.0 | 152.5 |
| 2. 副 食 品 | 117.4 | 117.3 | 121.1 | 120.8 | 121.1 |
| (1) 食用植物油 | 98.0 | 102.2 | 129.8 | 134.7 | 129.4 |
| (2) 鲜　　菜 | 132.3 | 132.5 | 116.5 | 102.3 | 107.1 |
| (3) 干　　菜 | 116.6 | 116.9 | 112.1 | 119.6 | 116.0 |
| (4) 肉 禽 蛋 | 115.5 | 115.2 | 120.3 | 119.6 | 120.5 |
| (5) 水 产 品 | 120.0 | 118.2 | 129.9 | 140.9 | 135.3 |
| (6) 调 味 品 | 124.5 | 126.1 | 129.3 | 130.7 | 130.8 |
| (7) 食　　糖 | 102.2 | 100.5 | 112.4 | 125.4 | 139.4 |
| 3. 烟 酒 茶 | 104.5 | 106.0 | 108.8 | 109.6 | 111.9 |
| (1) 烟 | 102.3 | 104.3 | 102.9 | 104.7 | 106.6 |
| (2) 酒 | 107.9 | 108.7 | 117.8 | 117.1 | 119.7 |
| (3) 茶　　叶 | 104.3 | 104.0 | 104.9 | 108.4 | 112.5 |
| 4. 其他食品 | 105.0 | 107.8 | 115.6 | 121.3 | 122.0 |
| (1) 鲜　　果 | 103.6 | 108.5 | 121.5 | 131.8 | 129.9 |
| (2) 干　　果 | 98.8 | 102.9 | 111.5 | 116.4 | 122.0 |
| (3) 糖　　果 | 105.4 | 105.4 | 104.8 | 103.0 | 105.2 |
| (4) 糕　　点 | 105.0 | 105.6 | 109.5 | 113.8 | 113.5 |
| (5) 奶及奶制品 | 115.7 | 116.4 | 119.5 | 117.2 | 123.0 |
| (6) 罐　　头 | 103.9 | 104.2 | 105.8 | 110.7 | 110.4 |
| (7) 其他饮料 | 103.3 | 103.3 | 104.0 | 105.0 | 109.1 |
| （二）衣 着 类 | 107.2 | 106.1 | 107.4 | 107.5 | 111.1 |
| (1) 棉　　布 | 96.6 | 96.8 | 95.0 | 96.7 | 99.9 |
| (2) 棉花化纤混纺布 | 100.5 | 100.5 | 102.1 | 102.0 | 97.3 |
| (3) 化 纤 布 | 100.0 | 99.9 | 99.1 | 100.7 | 102.6 |
| (4) 呢　　绒 | 99.6 | 99.6 | 100.3 | 100.4 | 103.3 |
| (5) 绸　　缎 | 99.4 | 99.4 | 110.8 | 110.2 | 113.7 |
| (6) 针纺织品 | 102.8 | 103.6 | 102.4 | 103.8 | 106.9 |
| (7) 服　　装 | 112.0 | 107.6 | 110.4 | 110.0 | 114.8 |
| (8) 鞋 | 104.6 | 111.3 | 110.1 | 108.8 | 112.5 |
| (9) 其他衣着 | 100.2 | 100.7 | 102.9 | 106.3 | 104.8 |

| 6月 | 7月 | 8月 | 9月 | 10月 | 11月 | 12月 |
|---|---|---|---|---|---|---|
| **127.8** | **129.3** | **128.0** | **125.7** | **124.9** | **124.7** | **124.7** |
| **127.0** | **128.4** | **126.9** | **124.8** | **123.8** | **124.0** | **124.0** |
| **127.0** | **128.4** | **126.9** | **128.4** | **123.8** | **124.0** | **124.0** |
| 132.8 | 134.4 | 132.5 | 128.7 | 127.2 | 127.6 | 128.1 |
| 152.7 | 146.9 | 148.8 | 146.8 | 143.2 | 151.2 | 174.7 |
| 153.3 | 147.0 | 149.5 | 148.2 | 144.3 | 153.0 | 177.8 |
| 143.4 | 144.6 | 136.6 | 122.3 | 125.1 | 120.1 | 123.6 |
| 132.9 | 134.0 | 131.9 | 128.4 | 127.0 | 127.4 | 127.1 |
| 125.7 | 127.0 | 126.6 | 126.0 | 126.4 | 125.0 | 144.6 |
| 162.0 | 167.2 | 151.0 | 132.0 | 124.1 | 135.6 | 143.7 |
| 118.1 | 121.3 | 121.3 | 119.9 | 120.7 | 118.0 | 114.6 |
| 124.8 | 126.6 | 126.6 | 127.2 | 125.5 | 124.1 | 121.4 |
| 150.8 | 141.6 | 143.8 | 134.3 | 140.7 | 140.5 | 136.5 |
| 134.2 | 138.3 | 135.4 | 133.2 | 133.6 | 128.8 | 119.1 |
| 163.5 | 160.3 | 149.5 | 135.3 | 133.0 | 135.8 | 135.3 |
| 115.2 | 116.4 | 116.2 | 114.2 | 110.2 | 112.2 | 112.2 |
| 110.2 | 108.4 | 107.8 | 108.7 | 108.1 | 109.0 | 109.7 |
| 123.0 | 127.5 | 127.4 | 121.0 | 111.8 | 115.7 | 114.8 |
| 111.3 | 124.6 | 130.0 | 129.4 | 129.4 | 126.3 | 122.2 |
| 122.8 | 133.2 | 129.0 | 121.6 | 121.9 | 115.7 | 107.1 |
| 130.6 | 151.2 | 140.2 | 122.1 | 123.4 | 110.7 | 96.3 |
| 130.5 | 130.8 | 133.6 | 132.7 | 134.6 | 128.9 | 129.0 |
| 105.5 | 107.7 | 107.9 | 107.6 | 106.6 | 108.1 | 108.5 |
| 114.3 | 115.2 | 116.8 | 125.1 | 123.3 | 123.3 | 123.4 |
| 119.4 | 123.2 | 125.5 | 125.5 | 124.8 | 125.3 | 114.4 |
| 110.4 | 109.0 | 109.0 | 109.0 | 109.9 | 110.5 | 110.7 |
| 111.3 | 111.5 | 111.9 | 111.9 | 111.5 | 111.6 | 110.9 |
| 112.2 | 114.7 | 115.1 | 115.9 | 117.7 | 118.2 | 116.1 |
| 101.1 | 101.7 | 103.4 | 103.4 | 104.0 | 106.9 | 107.8 |
| 97.3 | 98.5 | 98.5 | 98.5 | 97.5 | 96.0 | 95.0 |
| 101.8 | 105.9 | 107.9 | 109.2 | 109.7 | 113.1 | 111.7 |
| 105.1 | 105.2 | 105.2 | 107.3 | 107.0 | 117.0 | 120.0 |
| 105.2 | 106.9 | 116.1 | 115.4 | 133.6 | 126.2 | 128.8 |
| 107.4 | 109.9 | 109.9 | 112.0 | 112.2 | 114.4 | 115.2 |
| 115.6 | 119.3 | 119.6 | 119.8 | 122.6 | 121.1 | 118.8 |
| 116.4 | 114.5 | 114.6 | 116.2 | 116.7 | 118.2 | 116.4 |
| 105.0 | 108.2 | 108.8 | 109.6 | 110.1 | 113.0 | 112.9 |

# 1993年广西城市生活费用价格和零售物价各月同比指数（续表）

以上年同月价格为100

| 类　别 | 1月 | 2月 | 3月 | 4月 | 5月 |
|---|---|---|---|---|---|
| （三）日用品类 | 102.7 | 103.6 | 105.2 | 109.8 | 114.5 |
| (1) 一般日用品 | 102.3 | 104.3 | 104.3 | 112.9 | 116.1 |
| (2) 日用机电消费品 | 100.3 | 100.5 | 103.0 | 107.9 | 115.1 |
| (3) 家　　具 | 101.7 | 102.1 | 106.2 | 106.5 | 108.1 |
| (4) 日用杂品 | 112.1 | 112.6 | 114.0 | 109.6 | 113.3 |
| （四）文化娱乐用品类 | 96.0 | 97.6 | 98.0 | 97.2 | 99.8 |
| (1) 纸张文具 | 101.0 | 104.6 | 105.5 | 103.5 | 110.8 |
| (2) 文娱用机电消费品 | 94.0 | 95.7 | 95.0 | 94.2 | 96.3 |
| (3) 其他文娱用品 | 101.2 | 101.9 | 105.6 | 105.3 | 108.5 |
| （五）书报杂志类 | 103.5 | 104.4 | 104.2 | 104.8 | 104.8 |
| （六）药及医疗用品类 | 129.6 | 120.8 | 119.8 | 118.7 | 120.5 |
| (1) 中　　药 | 146.5 | 132.4 | 128.8 | 126.4 | 127.6 |
| (2) 西药及医疗用品 | 104.6 | 103.7 | 106.6 | 107.3 | 110.0 |
| （七）建筑装潢材料类 | 139.0 | 139.2 | 136.6 | 141.9 | 148.0 |
| （八）燃 料 类 | 147.9 | 155.6 | 173.1 | 159.2 | 157.0 |
| 二、农业生产资料指数 | | | | | |
| 1. 小 农 具 | | | | | |
| (1) 铁制小农具 | | | | | |
| (2) 竹木制小农具 | | | | | |
| 2. 半机械化农具 | | | | | |
| 3. 机械化农具 | | | | | |
| 4. 化学肥料 | | | | | |
| 5. 农药及农药械 | | | | | |
| (1) 化学农药 | | | | | |
| (2) 农 药 械 | | | | | |
| 6. 农用机油 | | | | | |
| 7. 其　　他 | | | | | |
| 三、服务项目价格指数 | 130.8 | 128.4 | 129.7 | 130.3 | 130.6 |
| 1. 房　　租 | 122.6 | 121.2 | 116.6 | 143.3 | 147.7 |
| 2. 水 电 费 | 122.5 | 122.5 | 131.1 | 132.1 | 132.1 |
| 3. 交 通 费 | 154.6 | 146.9 | 136.4 | 142.9 | 138.1 |
| 4. 邮 电 费 | 105.4 | 107.5 | 108.7 | 107.5 | 107.5 |
| 5. 医疗保健费 | 126.8 | 121.0 | 100.0 | 100.9 | 100.0 |
| 6. 学杂保育费 | 136.6 | 130.9 | 135.4 | 128.8 | 128.4 |
| 7. 文 娱 费 | 176.2 | 169.6 | 178.3 | 168.8 | 172.4 |
| 8. 修理及其他服务费 | 106.2 | 112.0 | 112.0 | 116.3 | 119.6 |

注：生活费用价格统计一和三2大类商品价格，零售物价统计一和二2大类商品价格

| 6月 | 7月 | 8月 | 9月 | 10月 | 11月 | 12月 |
|---|---|---|---|---|---|---|
| 119.3 | 120.0 | 119.1 | 119.7 | 120.2 | 119.1 | 119.1 |
| 117.6 | 118.3 | 118.8 | 119.2 | 120.3 | 120.5 | 121.1 |
| 124.8 | 125.1 | 122.5 | 123.6 | 123.2 | 121.5 | 120.8 |
| 107.2 | 107.7 | 108.0 | 107.5 | 107.7 | 107.7 | 107.3 |
| 116.2 | 118.4 | 118.4 | 118.8 | 120.8 | 117.0 | 117.3 |
| 100.4 | 101.0 | 100.8 | 101.6 | 101.8 | 102.6 | 104.3 |
| 111.7 | 112.0 | 114.2 | 113.1 | 112.9 | 112.9 | 113.2 |
| 96.6 | 96.9 | 96.7 | 98.0 | 98.2 | 99.1 | 100.6 |
| 109.6 | 111.2 | 110.5 | 110.5 | 110.7 | 111.3 | 112.8 |
| 104.8 | 104.8 | 105.1 | 107.2 | 109.0 | 108.3 | 107.7 |
| 118.6 | 116.7 | 113.6 | 115.9 | 112.7 | 112.7 | 110.3 |
| 123.0 | 118.5 | 113.4 | 116.5 | 113.2 | 111.4 | 107.4 |
| 112.0 | 114.1 | 113.9 | 115.1 | 112.0 | 114.5 | 114.0 |
| 145.7 | 152.9 | 155.3 | 163.8 | 135.5 | 134.8 | 129.1 |
| 160.3 | 156.6 | 146.8 | 148.0 | 147.2 | 147.1 | 147.8 |
| | | | | | | |
| **134.6** | **136.2** | **136.9** | **132.5** | **134.0** | **130.6** | **130.2** |
| 149.5 | 157.9 | 157.9 | 157.9 | 155.9 | 149.3 | 147.9 |
| 151.1 | 148.5 | 148.5 | 145.6 | 145.6 | 143.9 | 143.1 |
| 129.1 | 129.9 | 130.8 | 130.8 | 130.8 | 130.8 | 125.0 |
| 108.2 | 110.7 | 110.1 | 110.1 | 110.1 | 110.8 | 109.3 |
| 100.2 | 109.5 | 109.5 | 108.7 | 114.4 | 114.4 | 108.5 |
| 128.4 | 128.4 | 128.9 | 116.9 | 121.4 | 117.1 | 118.5 |
| 187.0 | 184.3 | 184.3 | 191.2 | 193.0 | 175.5 | 154.1 |
| 123.0 | 129.3 | 131.5 | 131.5 | 129.9 | 128.9 | 132.0 |

# 1993年广西县城生活费用价格和零售物价各月同比指数

以上年同月价格为100

| 类　别 | 1月 | 2月 | 3月 | 4月 | 5月 |
|---|---|---|---|---|---|
| **生活费用价格总指数** | **113.7** | **115.5** | **119.9** | **117.3** | **117.6** |
| **零售物价总指数** | **112.8** | **113.7** | **118.8** | **115.7** | **115.9** |
| **一、消费品价格指数** | **112.8** | **113.7** | **118.8** | **115.7** | **115.9** |
| （一）食 品 类 | 117.6 | 118.7 | 125.7 | 120.2 | 119.2 |
| 1. 粮　　食 | 152.0 | 154.2 | 193.7 | 151.3 | 140.3 |
| (1) 细　　粮 | 153.2 | 155.5 | 196.2 | 152.2 | 140.2 |
| (2) 粗　　粮 | 125.4 | 125.5 | 136.6 | 130.8 | 143.1 |
| 2. 副 食 品 | 115.7 | 116.6 | 119.1 | 117.1 | 117.4 |
| (1) 食用植物油 | 99.6 | 100.8 | 117.1 | 123.4 | 121.8 |
| (2) 鲜　　菜 | 114.3 | 127.0 | 116.6 | 95.3 | 91.9 |
| (3) 干　　菜 | 107.3 | 108.8 | 113.5 | 115.5 | 116.3 |
| (4) 肉 禽 蛋 | 116.8 | 114.8 | 118.4 | 121.6 | 121.7 |
| (5) 水 产 品 | 121.9 | 122.6 | 130.3 | 118.6 | 125.0 |
| (6) 调 味 品 | 116.7 | 115.4 | 121.2 | 118.3 | 120.7 |
| (7) 食　　糖 | 101.1 | 107.1 | 113.6 | 119.0 | 128.1 |
| 3. 烟 酒 茶 | 104.4 | 104.1 | 104.1 | 105.9 | 108.1 |
| (1) 烟 | 105.8 | 105.1 | 104.8 | 107.2 | 108.2 |
| (2) 酒 | 102.0 | 102.3 | 102.9 | 103.5 | 107.9 |
| (3) 茶　　叶 | 103.1 | 103.1 | 105.4 | 105.6 | 107.4 |
| 4. 其他食品 | 103.2 | 104.8 | 110.7 | 116.1 | 115.7 |
| (1) 鲜　　果 | 103.7 | 106.1 | 114.6 | 123.7 | 121.4 |
| (2) 干　　果 | 101.2 | 103.4 | 115.3 | 115.7 | 121.6 |
| (3) 糖　　果 | 101.2 | 101.2 | 101.8 | 102.6 | 103.1 |
| (4) 糕　　点 | 104.4 | 104.5 | 105.8 | 105.2 | 106.4 |
| (5) 奶及奶制品 | 101.8 | 102.7 | 102.5 | 103.3 | 104.3 |
| (6) 罐　　头 | 105.6 | 105.1 | 105.1 | 103.3 | 105.1 |
| (7) 其他饮料 | 101.2 | 101.1 | 101.1 | 102.4 | 105.7 |
| （二）衣 着 类 | 102.6 | 102.4 | 103.9 | 105.0 | 108.6 |
| (1) 棉　　布 | 100.3 | 100.8 | 101.4 | 101.8 | 102.2 |
| (2) 棉花化纤混纺布 | 101.1 | 102.0 | 102.0 | 102.0 | 102.3 |
| (3) 化 纤 布 | 98.8 | 100.4 | 100.4 | 102.4 | 103.2 |
| (4) 呢　　绒 | 103.3 | 100.1 | 99.5 | 101.9 | 103.7 |
| (5) 绸　　缎 | 104.3 | 101.8 | 101.8 | 101.5 | 103.0 |
| (6) 针纺织品 | 101.6 | 101.5 | 104.4 | 104.8 | 107.4 |
| (7) 服　　装 | 103.0 | 102.8 | 104.7 | 105.9 | 111.9 |
| (8) 鞋 | 107.2 | 105.0 | 106.1 | 107.2 | 109.0 |
| (9) 其他衣着 | 100.1 | 100.3 | 101.0 | 100.8 | 101.3 |

| 6月 | 7月 | 8月 | 9月 | 10月 | 11月 | 12月 |
|---|---|---|---|---|---|---|
| **120.4** | **124.0** | **124.7** | **123.1** | **122.8** | **122.8** | **121.5** |
| **118.8** | **122.8** | **122.9** | **121.3** | **121.0** | **121.0** | **119.7** |
| **118.8** | **122.8** | **122.9** | **121.3** | **121.0** | **121.0** | **119.7** |
| 122.9 | 128.6 | 128.1 | 125.5 | 125.7 | 125.3 | 123.8 |
| 144.0 | 143.2 | 142.1 | 148.2 | 153.0 | 163.0 | 169.9 |
| 143.9 | 142.9 | 142.1 | 148.9 | 153.7 | 164.8 | 173.4 |
| 145.5 | 151.2 | 141.9 | 131.4 | 136.1 | 122.4 | 123.2 |
| 121.5 | 129.9 | 127.3 | 124.6 | 125.5 | 123.9 | 121.6 |
| 118.7 | 119.7 | 113.9 | 122.9 | 120.8 | 122.3 | 134.9 |
| 112.0 | 155.8 | 141.3 | 122.6 | 132.9 | 128.3 | 117.1 |
| 119.2 | 121.7 | 121.1 | 117.0 | 117.5 | 119.9 | 119.0 |
| 123.1 | 125.5 | 125.3 | 124.4 | 123.5 | 121.6 | 120.2 |
| 124.8 | 124.9 | 125.5 | 131.3 | 131.3 | 133.5 | 132.0 |
| 121.2 | 121.3 | 120.4 | 121.0 | 121.1 | 114.8 | 109.0 |
| 141.0 | 151.8 | 143.9 | 135.5 | 135.9 | 136.0 | 135.5 |
| 108.5 | 110.6 | 111.6 | 109.9 | 109.6 | 107.6 | 105.4 |
| 107.9 | 109.4 | 109.5 | 108.4 | 108.6 | 106.0 | 103.0 |
| 109.6 | 113.0 | 115.8 | 112.8 | 111.5 | 110.5 | 110.1 |
| 106.1 | 106.1 | 104.4 | 105.9 | 105.9 | 105.1 | 105.8 |
| 118.4 | 117.1 | 127.9 | 117.9 | 110.3 | 107.6 | 104.6 |
| 125.0 | 121.8 | 139.9 | 120.6 | 108.2 | 103.5 | 95.3 |
| 128.3 | 132.4 | 133.9 | 134.3 | 129.5 | 127.2 | 130.6 |
| 103.1 | 104.7 | 106.3 | 106.3 | 106.4 | 105.7 | 108.6 |
| 107.0 | 107.9 | 107.5 | 115.9 | 115.9 | 115.9 | 117.6 |
| 103.9 | 103.8 | 104.0 | 104.0 | 103.0 | 107.1 | 104.8 |
| 106.0 | 105.0 | 109.2 | 109.2 | 107.2 | 107.6 | 109.2 |
| 107.3 | 108.5 | 108.5 | 108.8 | 108.8 | 108.7 | 107.6 |
| 110.4 | 110.5 | 111.9 | 113.1 | 112.0 | 113.5 | 114.4 |
| 102.7 | 102.7 | 103.7 | 104.2 | 104.5 | 105.1 | 106.0 |
| 102.5 | 101.6 | 103.0 | 103.0 | 103.4 | 103.3 | 103.1 |
| 103.2 | 105.3 | 108.7 | 115.3 | 109.5 | 109.4 | 114.4 |
| 103.7 | 103.9 | 105.9 | 105.9 | 105.8 | 106.9 | 107.7 |
| 103.2 | 104.8 | 106.3 | 106.3 | 106.0 | 105.7 | 104.6 |
| 108.5 | 109.0 | 109.6 | 110.7 | 110.6 | 111.4 | 111.1 |
| 115.4 | 114.7 | 115.7 | 115.7 | 115.1 | 117.4 | 119.4 |
| 109.2 | 109.3 | 111.2 | 112.3 | 111.7 | 113.4 | 113.9 |
| 101.5 | 101.7 | 102.7 | 102.8 | 103.4 | 105.4 | 105.9 |

# 1993年广西县城生活费用价格和零售物价各月同比指数（续表）

以上年同月价格为100

| 类 别 | 1月 | 2月 | 3月 | 4月 | 5月 |
|---|---|---|---|---|---|
| （三）日用品类 | 101.7 | 102.2 | 103.8 | 105.3 | 108.8 |
| (1) 一般日用品 | 102.8 | 102.1 | 104.1 | 105.9 | 108.7 |
| (2) 日用机电消费品 | 100.7 | 101.4 | 103.4 | 104.8 | 109.0 |
| (3) 家　　具 | 100.7 | 101.6 | 101.8 | 103.4 | 104.7 |
| (4) 日用杂品 | 103.7 | 106.2 | 106.9 | 108.6 | 114.0 |
| （四）文化娱乐用品类 | 97.4 | 98.6 | 99.1 | 99.5 | 101.3 |
| (1) 纸张文具 | 100.7 | 100.9 | 102.7 | 102.0 | 103.4 |
| (2) 文娱用机电消费品 | 95.5 | 97.2 | 97.7 | 98.5 | 100.4 |
| (3) 其他文娱用品 | 103.3 | 102.9 | 103.0 | 102.6 | 103.9 |
| （五）书报杂志类 | 106.7 | 108.5 | 105.8 | 105.2 | 105.2 |
| （六）药及医疗用品类 | 114.5 | 115.4 | 115.3 | 113.7 | 111.2 |
| (1) 中　　药 | 125.9 | 127.6 | 127.8 | 123.7 | 117.0 |
| (2) 西药及医疗用品 | 104.5 | 104.8 | 104.5 | 105.0 | 106.2 |
| （七）建筑装潢材料类 | 138.0 | 133.2 | 141.1 | 151.7 | 152.5 |
| （八）燃 料 类 | 111.5 | 114.3 | 122.4 | 125.0 | 124.4 |
| **二、农业生产资料指数** | **102.9** | **104.4** | **108.1** | **108.4** | **110.4** |
| 1. 小 农 具 | 102.8 | 105.6 | 111.2 | 109.3 | 114.5 |
| (1) 铁制小农具 | 104.0 | 104.7 | 112.4 | 110.4 | 117.8 |
| (2) 竹木制小农具 | 100.2 | 107.7 | 108.5 | 106.7 | 107.1 |
| 2. 半机械化农具 | 110.1 | 112.0 | 113.2 | 122.4 | 123.3 |
| 3. 机械化农具 | 103.8 | 107.0 | 116.1 | 120.7 | 120.6 |
| 4. 化学肥料 | 100.9 | 102.2 | 104.6 | 103.0 | 105.9 |
| 5. 农药及农药械 | 99.2 | 100.1 | 99.8 | 99.7 | 99.6 |
| (1) 化学农药 | 99.4 | 100.2 | 99.5 | 99.0 | 99.1 |
| (2) 农 药 械 | 98.2 | 99.2 | 101.5 | 104.0 | 102.7 |
| 6. 农用机油 | 124.5 | 123.9 | 130.2 | 131.1 | 132.1 |
| 7. 其　　他 | 101.3 | 101.8 | 101.7 | 103.0 | 105.2 |
| **三、服务项目价格指数** | **120.1** | **127.8** | **127.6** | **128.4** | **129.0** |
| 1. 房　　租 | 102.0 | 102.0 | 102.0 | 102.0 | 102.6 |
| 2. 水 电 费 | 110.7 | 118.1 | 129.7 | 133.4 | 136.2 |
| 3. 交 通 费 | 156.4 | 141.0 | 117.3 | 122.2 | 117.6 |
| 4. 邮 电 费 | 105.7 | 105.7 | 105.7 | 105.7 | 105.7 |
| 5. 医疗保健费 | 125.3 | 120.7 | 107.0 | 101.2 | 101.2 |
| 6. 学杂保育费 | 124.8 | 143.8 | 142.4 | 141.1 | 141.7 |
| 7. 文 娱 费 | 118.1 | 114.9 | 121.7 | 121.7 | 124.0 |
| 8. 修理及其他服务费 | 105.2 | 104.3 | 105.0 | 106.3 | 106.3 |

注：生活费用价格统计一和三2大类商品价格，零售物价统计一和二2大类商品价格

| 6月 | 7月 | 8月 | 9月 | 10月 | 11月 | 12月 |
|---|---|---|---|---|---|---|
| 110.2 | 112.1 | 112.3 | 112.2 | 112.1 | 112.5 | 113.5 |
| 109.8 | 110.6 | 110.7 | 111.0 | 111.1 | 111.9 | 113.2 |
| 111.1 | 114.3 | 114.2 | 114.4 | 114.2 | 114.2 | 114.8 |
| 105.0 | 106.5 | 107.2 | 107.2 | 107.0 | 107.9 | 109.3 |
| 115.2 | 115.4 | 116.2 | 113.9 | 113.5 | 114.5 | 113.7 |
| 103.2 | 104.3 | 105.9 | 106.3 | 105.8 | 105.9 | 106.9 |
| 103.5 | 104.9 | 105.7 | 106.7 | 106.5 | 107.9 | 111.6 |
| 102.8 | 104.0 | 106.1 | 106.2 | 105.6 | 105.6 | 105.9 |
| 104.3 | 105.3 | 105.3 | 106.5 | 106.5 | 106.3 | 107.9 |
| 105.3 | 105.2 | 105.9 | 104.8 | 107.0 | 107.0 | 106.0 |
| 111.3 | 111.5 | 113.6 | 111.2 | 108.6 | 108.1 | 106.2 |
| 116.4 | 115.5 | 117.0 | 111.8 | 107.0 | 104.8 | 102.5 |
| 106.9 | 108.0 | 110.6 | 110.7 | 110.0 | 111.0 | 109.3 |
| 154.3 | 148.7 | 145.9 | 131.7 | 120.9 | 118.7 | 118.8 |
| 125.9 | 130.2 | 136.7 | 147.7 | 145.1 | 147.5 | 135.2 |
| **110.8** | **112.8** | **113.4** | **114.5** | **115.6** | **113.7** | **113.9** |
| 114.8 | 117.1 | 118.5 | 118.9 | 119.4 | 119.3 | 120.9 |
| 116.5 | 118.1 | 118.3 | 122.1 | 119.8 | 120.2 | 123.0 |
| 110.9 | 114.7 | 119.1 | 111.8 | 118.4 | 117.2 | 115.9 |
| 117.9 | 129.9 | 129.9 | 128.8 | 127.1 | 124.2 | 123.3 |
| 122.1 | 122.0 | 121.2 | 120.1 | 121.7 | 121.6 | 120.9 |
| 106.2 | 108.8 | 110.2 | 113.4 | 114.6 | 111.7 | 112.2 |
| 101.2 | 100.1 | 101.3 | 101.6 | 101.7 | 102.0 | 102.4 |
| 101.0 | 99.4 | 100.8 | 101.2 | 101.4 | 101.8 | 101.8 |
| 102.6 | 104.1 | 104.1 | 103.8 | 103.4 | 103.4 | 104.6 |
| 133.1 | 133.9 | 130.0 | 119.4 | 121.3 | 119.1 | 112.1 |
| 105.4 | 105.7 | 106.6 | 105.7 | 105.5 | 105.7 | 106.5 |
| **131.4** | **131.9** | **137.3** | **135.2** | **134.9** | **134.7** | **135.5** |
| 102.6 | 109.8 | 110.7 | 110.7 | 109.5 | 109.5 | 111.8 |
| 142.6 | 142.4 | 137.1 | 136.3 | 134.1 | 132.8 | 131.5 |
| 117.4 | 116.3 | 116.3 | 116.3 | 117.0 | 117.6 | 115.4 |
| 105.7 | 105.7 | 105.7 | 105.7 | 105.7 | 105.7 | 106.1 |
| 101.2 | 101.2 | 108.2 | 108.2 | 107.1 | 108.2 | 109.2 |
| 143.4 | 143.4 | 158.0 | 152.3 | 152.8 | 153.2 | 157.1 |
| 123.1 | 120.1 | 120.1 | 131.0 | 123.6 | 122.3 | 131.0 |
| 108.0 | 110.8 | 114.5 | 114.5 | 116.6 | 116.4 | 113.8 |

# 1993年广西农村国营生活费用价格和零售物价各月同比指数

以上年同月价格为100

| 类别 | 1月 | 2月 | 3月 | 4月 | 5月 |
|---|---|---|---|---|---|
| **生活费用价格总指数** | **113.8** | **115.7** | **118.8** | **119.2** | **120.0** |
| **零售物价总指数** | **109.1** | **110.2** | **114.4** | **114.7** | **116.0** |
| **一、消费品价格指数** | **111.5** | **112.5** | **116.9** | **117.2** | **118.2** |
| （一）食品类 | 111.4 | 115.7 | 123.4 | 118.1 | 117.8 |
| 1. 粮食 | 131.9 | 147.1 | 173.4 | 142.8 | 131.5 |
| (1) 细粮 | 133.3 | 149.0 | 176.8 | 143.3 | 131.5 |
| (2) 粗粮 | 109.7 | 116.9 | 120.6 | 134.2 | 131.8 |
| 2. 副食品 | 110.4 | 112.8 | 118.0 | 118.8 | 122.1 |
| (1) 食用植物油 | 99.5 | 100.1 | 120.8 | 123.6 | 121.4 |
| (2) 鲜菜 | | | | | |
| (3) 干菜 | 107.8 | 109.0 | 110.7 | 112.6 | 114.0 |
| (4) 肉禽蛋 | 123.6 | 128.0 | 121.5 | 121.2 | 122.2 |
| (5) 水产品 | 104.3 | 105.1 | 106.1 | 107.9 | 105.8 |
| (6) 调味品 | 118.4 | 118.2 | 126.2 | 121.9 | 124.1 |
| (7) 食糖 | 100.4 | 106.5 | 111.4 | 117.3 | 125.9 |
| 3. 烟酒茶 | 102.2 | 101.8 | 102.0 | 103.1 | 105.1 |
| (1) 烟 | 102.5 | 101.8 | 101.7 | 103.3 | 104.3 |
| (2) 酒 | 101.7 | 101.7 | 102.3 | 102.8 | 106.1 |
| (3) 茶叶 | 101.9 | 101.9 | 104.3 | 104.3 | 105.8 |
| 4. 其他食品 | 100.0 | 102.7 | 103.4 | 105.0 | 105.0 |
| (1) 鲜果 | 89.5 | 99.1 | 101.7 | 168.0 | 107.7 |
| (2) 干果 | 106.7 | 103.9 | 102.2 | 103.7 | 105.6 |
| (3) 糖果 | 100.9 | 100.9 | 101.5 | 102.4 | 102.8 |
| (4) 糕点 | 97.8 | 104.3 | 105.8 | 105.6 | 106.6 |
| (5) 奶及奶制品 | 101.5 | 102.8 | 102.2 | 103.0 | 104.4 |
| (6) 罐头 | 102.8 | 103.2 | 103.0 | 103.2 | 105.6 |
| (7) 其他饮料 | 101.9 | 101.9 | 101.8 | 102.8 | 105.5 |
| （二）衣着类 | 102.3 | 102.0 | 103.4 | 104.5 | 107.2 |
| (1) 棉布 | 100.6 | 101.1 | 101.6 | 101.9 | 102.2 |
| (2) 棉花化纤混纺布 | 101.1 | 101.9 | 101.9 | 101.9 | 102.3 |
| (3) 化纤布 | 100.4 | 100.4 | 100.4 | 103.0 | 103.8 |
| (4) 呢绒 | 103.4 | 100.2 | 99.5 | 102.3 | 104.0 |
| (5) 绸缎 | 104.6 | 102.1 | 102.1 | 101.6 | 102.9 |
| (6) 针纺织品 | 101.6 | 101.4 | 104.9 | 105.3 | 107.5 |
| (7) 服装 | 103.1 | 102.9 | 105.3 | 106.8 | 114.6 |
| (8) 鞋 | 106.3 | 104.3 | 104.9 | 106.7 | 108.5 |
| (9) 其他衣着 | 100.1 | 100.3 | 100.9 | 100.7 | 101.3 |

| 6月 | 7月 | 8月 | 9月 | 10月 | 11月 | 12月 |
|---|---|---|---|---|---|---|
| **121.9** | **121.9** | **122.8** | **121.6** | **119.8** | **120.0** | **120.9** |
| **117.7** | **118.2** | **117.9** | **117.4** | **116.2** | **115.8** | **116.8** |
| **120.4** | **120.3** | **119.7** | **118.5** | **116.5** | **116.7** | **118.2** |
| 122.1 | 123.3 | 122.3 | 123.8 | 123.9 | 124.4 | 126.2 |
| 141.2 | 136.9 | 136.9 | 148.2 | 149.2 | 158.2 | 171.3 |
| 141.1 | 135.8 | 135.7 | 147.9 | 148.9 | 159.8 | 173.6 |
| 142.4 | 153.5 | 155.1 | 153.5 | 153.1 | 133.1 | 135.8 |
| 127.3 | 130.7 | 127.5 | 125.4 | 125.0 | 123.0 | 121.4 |
| 122.3 | 121.2 | 116.1 | 122.8 | 120.5 | 120.2 | 132.4 |
| | | | | | | |
| 117.2 | 118.2 | 118.5 | 114.6 | 115.5 | 116.9 | 116.7 |
| 127.6 | 127.1 | 126.3 | 125.7 | 120.9 | 127.3 | 124.7 |
| 107.7 | 111.2 | 109.1 | 109.5 | 115.0 | 117.1 | 117.1 |
| 125.8 | 126.2 | 123.8 | 124.4 | 124.3 | 115.8 | 110.5 |
| 137.9 | 149.2 | 142.6 | 135.0 | 135.2 | 134.5 | 134.7 |
| 105.5 | 107.1 | 108.1 | 106.8 | 106.8 | 106.0 | 105.1 |
| 104.1 | 105.4 | 105.7 | 104.9 | 105.5 | 104.5 | 104.1 |
| 107.4 | 109.6 | 111.5 | 109.5 | 108.6 | 108.2 | 106.9 |
| 104.6 | 104.6 | 104.6 | 106.1 | 106.1 | 105.4 | 111.6 |
| 105.5 | 106.7 | 108.1 | 112.1 | 112.5 | 111.1 | 112.5 |
| 0.0 | 0.0 | 144.4 | 116.7 | 113.0 | 88.0 | 107.4 |
| 105.3 | 110.8 | 116.8 | 118.4 | 117.3 | 108.4 | 109.9 |
| 103.7 | 104.3 | 106.2 | 106.2 | 106.5 | 105.7 | 109.3 |
| 106.8 | 108.2 | 107.5 | 118.0 | 119.3 | 119.1 | 118.6 |
| 104.3 | 104.2 | 104.4 | 104.4 | 103.5 | 103.5 | 103.4 |
| 106.9 | 106.2 | 107.2 | 107.2 | 107.4 | 106.2 | 104.2 |
| 106.8 | 108.6 | 108.6 | 109.4 | 109.4 | 109.3 | 109.5 |
| 108.7 | 108.6 | 110.1 | 111.8 | 110.5 | 111.2 | 112.6 |
| 102.5 | 102.5 | 103.6 | 104.2 | 104.3 | 104.4 | 105.2 |
| 102.5 | 101.5 | 102.9 | 102.9 | 103.5 | 103.2 | 103.2 |
| 103.8 | 103.9 | 107.8 | 115.8 | 108.4 | 108.4 | 117.0 |
| 104.0 | 104.2 | 106.4 | 106.4 | 106.3 | 107.3 | 108.5 |
| 103.0 | 104.8 | 107.5 | 107.5 | 107.5 | 107.5 | 106.0 |
| 109.0 | 109.4 | 110.0 | 111.2 | 111.2 | 111.9 | 111.9 |
| 119.5 | 118.6 | 119.5 | 119.5 | 119.0 | 120.2 | 120.7 |
| 108.9 | 109.1 | 110.8 | 111.1 | 110.7 | 111.9 | 112.4 |
| 101.5 | 101.7 | 102.6 | 102.7 | 103.2 | 105.1 | 105.9 |

# 1993 年广西农村国营生活费用价格和零售物价各月同比指数（续表）

以上年同月价格为 100

| 类　别 | 1 月 | 2 月 | 3 月 | 4 月 | 5 月 |
|---|---|---|---|---|---|
| （三）日用品类 | 102.4 | 103.1 | 105.0 | 106.4 | 110.4 |
| (1) 一般日用品 | 102.8 | 102.5 | 104.9 | 107.1 | 110.0 |
| (2) 日用机电消费品 | 101.2 | 102.2 | 103.6 | 103.8 | 107.2 |
| (3) 家　　具 | 101.0 | 101.6 | 101.7 | 102.7 | 104.0 |
| (4) 日用杂品 | 105.3 | 107.9 | 110.7 | 113.8 | 123.4 |
| （四）文化娱乐用品类 | 97.8 | 98.5 | 99.3 | 99.2 | 100.5 |
| (1) 纸张文具 | 101.2 | 101.4 | 102.7 | 102.1 | 103.6 |
| (2) 文娱用机电消费品 | 94.9 | 96.4 | 97.2 | 97.5 | 98.5 |
| (3) 其他文娱用品 | 105.2 | 103.5 | 103.6 | 102.5 | 104.4 |
| （五）书报杂志类 | 108.4 | 111.0 | 108.0 | 107.4 | 107.4 |
| （六）药及医疗用品类 | 113.7 | 114.5 | 114.4 | 113.0 | 110.6 |
| (1) 中　　药 | 123.5 | 124.9 | 125.0 | 121.9 | 115.7 |
| (2) 西药及医疗用品 | 104.4 | 104.6 | 104.3 | 104.5 | 105.7 |
| （七）建筑装潢材料类 | 139.7 | 134.2 | 141.8 | 153.2 | 153.5 |
| （八）燃 料 类 | 130.3 | 137.4 | 157.6 | 170.4 | 164.7 |
| **二、农业生产资料指数** | **102.9** | **104.4** | **108.1** | **108.4** | **110.4** |
| 1. 小 农 具 | 102.8 | 105.6 | 111.2 | 109.3 | 114.5 |
| (1) 铁制小农具 | 104.0 | 104.7 | 112.4 | 110.4 | 117.8 |
| (2) 竹木制小农具 | 100.2 | 107.7 | 108.5 | 106.7 | 107.1 |
| 2. 半机械化农具 | 110.1 | 112.0 | 113.2 | 122.4 | 123.3 |
| 3. 机械化农具 | 103.8 | 107.0 | 116.1 | 120.7 | 120.6 |
| 4. 化学肥料 | 100.9 | 102.2 | 104.6 | 103.0 | 105.9 |
| 5. 农药及农药械 | 99.2 | 100.1 | 99.8 | 99.7 | 99.6 |
| (1) 化学农药 | 99.4 | 100.2 | 99.5 | 99.0 | 99.1 |
| (2) 农 药 械 | 98.2 | 99.2 | 101.5 | 104.0 | 102.7 |
| 6. 农用机油 | 124.5 | 123.9 | 130.2 | 131.1 | 132.1 |
| 7. 其　　他 | 101.3 | 101.8 | 101.7 | 103.0 | 105.2 |
| **三、服务项目价格指数** | **129.0** | **136.9** | **131.4** | **132.3** | **131.7** |
| 1. 房　　租 | 110.6 | 110.6 | 110.6 | 110.6 | 114.0 |
| 2. 水 电 费 | 109.0 | 115.7 | 127.7 | 132.0 | 133.3 |
| 3. 交 通 费 | 179.8 | 157.9 | 124.3 | 131.3 | 124.7 |
| 4. 邮 电 费 | 104.4 | 104.4 | 104.4 | 104.4 | 104.4 |
| 5. 医疗保健费 | 127.8 | 123.0 | 108.7 | 101.7 | 101.7 |
| 6. 学杂保育费 | 126.3 | 147.8 | 145.8 | 145.6 | 145.7 |
| 7. 文 娱 费 | 118.3 | 114.5 | 122.1 | 122.1 | 124.9 |
| 8. 修理及其他服务费 | 105.0 | 104.3 | 104.8 | 106.1 | 106.6 |

注：生活费用价格统计一和三 2 大类商品价格，零售物价统计一和二 2 大类商品价格

| 6月 | 7月 | 8月 | 9月 | 10月 | 11月 | 12月 |
|---|---|---|---|---|---|---|
| 111.7 | 112.8 | 112.8 | 112.7 | 112.7 | 113.4 | 114.3 |
| 111.1 | 111.9 | 111.6 | 112.3 | 112.5 | 113.2 | 114.6 |
| 109.2 | 110.9 | 110.9 | 111.2 | 111.0 | 111.8 | 112.8 |
| 104.5 | 105.5 | 105.9 | 105.8 | 105.2 | 105.4 | 105.6 |
| 124.1 | 124.1 | 124.5 | 121.2 | 121.6 | 122.6 | 120.9 |
| 101.7 | 102.5 | 103.3 | 103.7 | 104.0 | 104.0 | 104.7 |
| 103.7 | 105.2 | 106.0 | 106.8 | 106.2 | 108.0 | 110.0 |
| 100.2 | 100.7 | 101.5 | 101.7 | 102.4 | 101.8 | 102.0 |
| 105.6 | 106.6 | 107.0 | 107.6 | 107.6 | 107.6 | 108.6 |
| 107.5 | 107.4 | 108.3 | 106.7 | 109.8 | 109.8 | 108.8 |
| 110.6 | 110.7 | 112.7 | 110.6 | 107.9 | 107.2 | 106.1 |
| 115.1 | 114.3 | 116.0 | 111.6 | 106.9 | 105.1 | 103.1 |
| 106.4 | 107.2 | 109.5 | 109.6 | 108.8 | 109.2 | 108.7 |
| 155.0 | 149.0 | 145.2 | 130.0 | 117.9 | 116.3 | 117.8 |
| 166.3 | 170.6 | 155.8 | 176.7 | 172.1 | 169.4 | 170.2 |
| **110.8** | **112.8** | **113.4** | **114.5** | **115.6** | **113.7** | **113.9** |
| 114.8 | 117.1 | 118.5 | 118.9 | 119.4 | 119.3 | 120.9 |
| 116.5 | 118.1 | 118.3 | 122.1 | 119.8 | 120.2 | 123.0 |
| 110.9 | 114.7 | 119.1 | 111.8 | 118.4 | 117.2 | 115.9 |
| 117.9 | 129.9 | 129.9 | 128.8 | 127.1 | 124.2 | 123.3 |
| 122.1 | 122.0 | 121.2 | 120.1 | 121.7 | 121.6 | 120.9 |
| 106.2 | 108.8 | 110.2 | 113.4 | 114.6 | 111.7 | 112.2 |
| 101.2 | 100.1 | 101.3 | 101.6 | 101.7 | 102.0 | 102.4 |
| 101.0 | 99.4 | 100.8 | 101.2 | 101.4 | 101.8 | 101.8 |
| 102.6 | 104.1 | 104.1 | 103.8 | 103.4 | 103.4 | 104.6 |
| 133.1 | 133.9 | 130.0 | 119.4 | 121.3 | 119.1 | 112.1 |
| 105.4 | 105.7 | 106.6 | 105.7 | 105.5 | 105.7 | 106.5 |
| **132.2** | **132.2** | **143.2** | **141.8** | **141.8** | **142.1** | **138.4** |
| 114.0 | 118.8 | 123.3 | 123.3 | 117.3 | 117.3 | 131.9 |
| 136.0 | 135.2 | 133.2 | 133.0 | 131.4 | 131.5 | 129.3 |
| 124.5 | 123.0 | 123.0 | 123.0 | 124.0 | 124.9 | 116.6 |
| 104.4 | 104.4 | 104.4 | 104.4 | 104.4 | 104.4 | 104.6 |
| 101.7 | 101.7 | 107.9 | 107.9 | 107.1 | 107.9 | 107.7 |
| 145.9 | 145.9 | 166.0 | 162.9 | 163.1 | 163.2 | 162.8 |
| 124.2 | 123.2 | 123.2 | 133.9 | 127.6 | 126.0 | 133.7 |
| 107.7 | 110.2 | 113.5 | 113.5 | 115.6 | 115.8 | 113.0 |

# 1994年广西全区居民消费价格各月同比指数

以上年同月价格为100

| 类 别 | 1月 | 2月 | 3月 | 4月 | 5月 |
|---|---|---|---|---|---|
| **居民消费价格总指数** | **123.3** | **125.3** | **122.1** | **122.2** | **121.6** |
| **一、食 品** | **123.9** | **127.9** | **122.7** | **123.4** | **123.0** |
| 1. 粮 食 | 174.6 | 167.0 | 146.6 | 146.7 | 153.4 |
| (1) 细 粮 | 175.2 | 167.5 | 146.9 | 147.0 | 154.0 |
| (2) 粗 粮 | 121.6 | 120.0 | 117.5 | 120.9 | 102.0 |
| 2. 淀粉及薯类 | 124.7 | 119.9 | 124.3 | 123.2 | 125.5 |
| 3. 干豆类及豆制品 | 122.5 | 121.0 | 116.1 | 110.6 | 110.6 |
| 4. 油 脂 类 | 147.5 | 151.4 | 137.1 | 133.5 | 139.2 |
| 5. 肉禽及其制品 | 119.6 | 127.5 | 119.8 | 119.6 | 119.6 |
| 6. 蛋 类 | 109.4 | 114.6 | 116.4 | 114.2 | 108.4 |
| 7. 水产品类 | 121.5 | 130.3 | 121.2 | 115.2 | 111.0 |
| 8. 菜 类 | 100.0 | 100.6 | 106.3 | 118.2 | 117.6 |
| (1) 鲜 菜 | 98.3 | 98.8 | 105.8 | 120.3 | 119.7 |
| (2) 干 菜 | 102.2 | 101.8 | 104.6 | 105.1 | 103.6 |
| (3) 菜 制 品 | 113.7 | 116.1 | 112.2 | 113.5 | 113.5 |
| 9. 调 味 品 | 113.0 | 113.8 | 114.3 | 110.2 | 108.7 |
| 10. 糖 类 | 131.5 | 133.0 | 135.4 | 135.6 | 128.6 |
| (1) 食 糖 | 142.9 | 145.4 | 148.3 | 148.2 | 135.5 |
| (2) 糖 果 | 120.3 | 120.9 | 122.7 | 123.3 | 121.9 |
| 11. 烟 草 类 | 108.0 | 109.4 | 109.7 | 108.8 | 109.9 |
| 12. 酒和饮料 | 117.2 | 117.2 | 118.1 | 120.8 | 118.8 |
| 13. 干鲜瓜果类 | 107.5 | 127.3 | 132.9 | 124.2 | 112.7 |
| (1) 鲜 果 | 104.9 | 127.3 | 134.6 | 125.1 | 111.8 |
| (2) 干 果 | 123.1 | 127.6 | 122.6 | 118.7 | 118.3 |
| 14. 糕 点 类 | 123.8 | 124.1 | 116.6 | 119.5 | 123.0 |
| 15. 奶及奶制品 | 113.4 | 113.2 | 114.6 | 119.4 | 124.2 |
| 16. 其他食品 | 117.7 | 117.2 | 114.2 | 114.0 | 117.4 |
| 17. 饮 食 业 | 126.4 | 125.0 | 123.8 | 130.1 | 129.4 |
| (1) 主 食 | 126.7 | 129.7 | 126.0 | 125.0 | 126.4 |
| (2) 炒 菜 | 127.3 | 125.2 | 124.3 | 132.5 | 130.7 |
| (3) 地方小吃 | 122.9 | 119.0 | 119.7 | 127.5 | 128.2 |
| **二、衣 着 类** | **127.5** | **127.0** | **128.5** | **126.4** | **125.3** |
| 1. 服 装 | 135.4 | 135.1 | 137.0 | 132.9 | 131.3 |
| 2. 衣着材料 | 109.8 | 108.1 | 108.7 | 109.3 | 108.8 |
| (1) 棉 布 | 109.0 | 109.2 | 116.3 | 121.9 | 122.9 |
| (2) 棉花化纤混纺布 | 108.9 | 109.6 | 113.0 | 115.6 | 114.2 |
| (3) 化 纤 布 | 108.0 | 104.8 | 104.8 | 105.8 | 105.2 |
| (4) 呢 绒 | 115.0 | 114.5 | 114.9 | 114.9 | 115.3 |
| (5) 绸 缎 | 113.3 | 113.8 | 112.9 | 111.8 | 114.4 |
| (6) 毛 线 | 113.7 | 114.2 | 113.8 | 111.2 | 110.0 |

| 6月 | 7月 | 8月 | 9月 | 10月 | 11月 | 12月 |
|---|---|---|---|---|---|---|
| **124.3** | **122.9** | **126.3** | **128.3** | **133.5** | **134.1** | **132.4** |
| **129.0** | **127.0** | **133.7** | **135.5** | **143.9** | **145.6** | **143.0** |
| 166.3 | 171.2 | 177.0 | 173.2 | 179.8 | 178.9 | 153.3 |
| 167.1 | 172.1 | 177.7 | 173.8 | 180.4 | 179.0 | 153.5 |
| 97.0 | 91.5 | 115.3 | 130.1 | 130.4 | 166.9 | 130.8 |
| 133.7 | 130.2 | 128.8 | 126.2 | 132.5 | 129.0 | 129.1 |
| 111.1 | 106.2 | 112.2 | 115.8 | 115.5 | 118.5 | 118.4 |
| 143.5 | 144.6 | 147.9 | 151.9 | 159.6 | 165.4 | 154.8 |
| 122.3 | 119.4 | 123.4 | 128.9 | 147.2 | 151.9 | 153.8 |
| 110.5 | 106.3 | 109.6 | 114.3 | 113.4 | 114.0 | 116.5 |
| 110.3 | 117.3 | 118.1 | 119.6 | 126.9 | 126.2 | 126.1 |
| 155.4 | 131.5 | 167.0 | 156.3 | 153.2 | 135.3 | 126.9 |
| 166.4 | 136.8 | 180.4 | 166.5 | 163.1 | 140.5 | 129.2 |
| 103.4 | 104.2 | 106.3 | 106.1 | 104.6 | 107.7 | 114.0 |
| 111.5 | 112.1 | 109.4 | 117.3 | 116.2 | 117.8 | 120.0 |
| 109.3 | 111.8 | 109.8 | 120.6 | 122.4 | 122.7 | 122.5 |
| 127.1 | 125.7 | 127.4 | 132.3 | 137.0 | 148.5 | 147.2 |
| 130.2 | 129.4 | 131.8 | 138.2 | 142.1 | 158.9 | 156.4 |
| 124.1 | 122.1 | 123.1 | 126.5 | 132.0 | 138.4 | 138.2 |
| 109.5 | 108.8 | 111.2 | 113.6 | 115.6 | 117.1 | 118.3 |
| 118.6 | 113.3 | 111.7 | 111.8 | 113.7 | 119.5 | 120.0 |
| 105.5 | 110.4 | 110.8 | 111.1 | 114.3 | 129.5 | 143.3 |
| 103.5 | 108.9 | 109.4 | 109.5 | 112.6 | 130.3 | 145.8 |
| 117.5 | 119.3 | 119.1 | 120.8 | 124.0 | 125.0 | 128.9 |
| 119.4 | 118.4 | 117.2 | 120.9 | 122.8 | 129.5 | 130.6 |
| 118.0 | 133.4 | 139.9 | 140.8 | 144.7 | 144.7 | 143.2 |
| 117.5 | 117.9 | 117.0 | 116.5 | 121.1 | 122.6 | 126.4 |
| 131.8 | 134.8 | 140.7 | 145.6 | 148.4 | 150.5 | 147.8 |
| 135.4 | 138.1 | 139.7 | 141.5 | 145.4 | 149.5 | 148.7 |
| 131.7 | 134.1 | 141.5 | 146.7 | 148.8 | 148.7 | 146.7 |
| 127.8 | 133.5 | 139.3 | 146.5 | 150.3 | 157.9 | 150.2 |
| **124.5** | **123.5** | **122.4** | **123.1** | **124.5** | **122.4** | **122.8** |
| 129.7 | 127.4 | 125.3 | 125.3 | 126.5 | 123.9 | 123.9 |
| 109.3 | 108.7 | 110.2 | 111.2 | 110.5 | 110.0 | 112.8 |
| 123.6 | 125.3 | 126.9 | 140.4 | 144.2 | 144.3 | 152.1 |
| 116.1 | 116.7 | 117.0 | 122.7 | 123.2 | 124.9 | 134.7 |
| 106.2 | 105.2 | 106.0 | 104.4 | 104.5 | 104.6 | 104.7 |
| 112.0 | 112.1 | 111.9 | 113.7 | 114.3 | 108.7 | 108.1 |
| 115.3 | 114.3 | 115.5 | 111.9 | 115.7 | 113.1 | 112.7 |
| 109.7 | 109.3 | 114.3 | 118.5 | 111.7 | 110.7 | 120.5 |

# 1994年广西全区居民消费价格各月同比指数（续表）

以上年同月价格为100

| 类　别 | 1月 | 2月 | 3月 | 4月 | 5月 |
|---|---|---|---|---|---|
| 3. 鞋袜帽及其他衣着 | 118.8 | 118.5 | 119.8 | 121.2 | 120.8 |
| (1) 鞋　　类 | 119.8 | 119.7 | 121.5 | 123.0 | 121.6 |
| (2) 袜　　子 | 110.9 | 109.2 | 109.2 | 111.2 | 115.0 |
| (3) 帽　　子 | 100.3 | 100.4 | 100.4 | 100.2 | 103.4 |
| (4) 其他衣着 | 120.9 | 118.9 | 117.7 | 117.3 | 122.6 |
| **三、家庭设备及用品** | **114.7** | **115.0** | **114.5** | **113.3** | **112.4** |
| 1. 耐用消费品 | 113.0 | 113.0 | 112.7 | 110.7 | 110.0 |
| (1) 家　　具 | 111.0 | 110.9 | 109.5 | 109.6 | 108.4 |
| (2) 家庭设备 | 113.9 | 114.0 | 114.2 | 111.2 | 110.7 |
| 2. 室内装饰品 | 108.8 | 107.3 | 106.5 | 106.9 | 108.8 |
| 3. 床上用品 | 112.1 | 112.4 | 111.6 | 110.8 | 111.6 |
| 4. 家庭日用杂品 | 119.3 | 118.7 | 120.8 | 120.4 | 117.7 |
| 5. 其他日用品 | 116.2 | 118.9 | 114.8 | 113.8 | 113.5 |
| **四、医疗保健** | **108.7** | **110.1** | **107.4** | **108.9** | **109.3** |
| 1. 医疗器具及保健用品 | 105.1 | 104.9 | 105.1 | 109.1 | 115.6 |
| 2. 中　　药 | 107.8 | 112.2 | 104.8 | 105.0 | 104.3 |
| 3. 西　　药 | 109.8 | 108.9 | 109.7 | 112.1 | 112.7 |
| **五、交通和通讯工具** | **117.0** | **115.9** | **115.6** | **112.7** | **108.1** |
| 1. 交通工具 | 119.2 | 117.6 | 117.5 | 114.0 | 108.9 |
| 2. 通讯工具 | 102.2 | 104.3 | 103.1 | 104.0 | 102.6 |
| **六、娱乐教育文化用品** | **118.2** | **119.7** | **120.1** | **119.7** | **118.6** |
| 1. 文娱用耐用消费品 | 110.7 | 110.8 | 111.7 | 110.6 | 108.9 |
| 2. 教材及参考书 | 122.2 | 124.6 | 123.2 | 123.5 | 124.2 |
| 3. 文化娱乐用品 | 127.3 | 130.4 | 130.9 | 131.1 | 130.3 |
| (1) 文娱用品 | 110.0 | 110.2 | 110.8 | 111.3 | 109.9 |
| (2) 报纸杂志 | 149.4 | 156.2 | 156.4 | 156.2 | 156.2 |
| **七、居　　住** | **137.4** | **132.7** | **126.6** | **125.9** | **126.5** |
| 1. 住　　房 | 141.3 | 142.0 | 139.6 | 131.9 | 133.8 |
| (1) 建筑材料 | 117.3 | 116.2 | 112.0 | 110.8 | 110.4 |
| (2) 房　　租 | 161.6 | 163.8 | 163.0 | 149.7 | 153.5 |
| 2. 水、电、燃料 | 136.3 | 130.0 | 122.8 | 124.2 | 124.3 |
| **八、服务项目** | **124.7** | **124.7** | **123.8** | **125.7** | **126.5** |
| 1. 电 讯 费 | 110.5 | 109.6 | 108.8 | 109.2 | 109.2 |
| 2. 邮　　费 | 100.0 | 100.0 | 100.0 | 100.0 | 100.0 |
| 3. 交 通 费 | 115.9 | 123.5 | 112.9 | 114.2 | 114.5 |
| 4. 洗理美容费 | 133.5 | 134.9 | 131.4 | 136.5 | 133.9 |
| 5. 文 娱 费 | 139.3 | 141.3 | 142.3 | 137.3 | 136.9 |
| 6. 学杂保育费 | 127.6 | 126.8 | 127.3 | 131.1 | 132.8 |
| 7. 修理及其他服务费 | 120.9 | 116.4 | 117.4 | 116.4 | 116.0 |
| 8. 医疗保健服务 | 104.2 | 103.5 | 103.5 | 103.5 | 104.9 |

| 6月 | 7月 | 8月 | 9月 | 10月 | 11月 | 12月 |
|---|---|---|---|---|---|---|
| 121.5 | 123.8 | 123.7 | 126.2 | 130.0 | 128.1 | 127.6 |
| 122.2 | 125.2 | 124.8 | 127.2 | 131.2 | 128.6 | 127.9 |
| 113.4 | 113.6 | 109.7 | 114.6 | 119.3 | 122.7 | 121.8 |
| 103.4 | 103.4 | 102.8 | 103.2 | 106.8 | 111.4 | 111.4 |
| 126.2 | 124.2 | 130.7 | 131.8 | 132.8 | 131.3 | 133.5 |
| **111.3** | **111.8** | **111.2** | **111.6** | **113.0** | **113.0** | **112.2** |
| 108.0 | 108.8 | 108.2 | 107.7 | 108.6 | 108.5 | 108.2 |
| 107.9 | 110.9 | 111.5 | 111.1 | 111.4 | 111.4 | 110.4 |
| 108.1 | 107.8 | 106.7 | 106.1 | 107.3 | 107.2 | 107.2 |
| 108.9 | 108.2 | 106.7 | 106.7 | 106.7 | 106.2 | 106.0 |
| 111.8 | 110.9 | 110.3 | 112.4 | 114.7 | 115.8 | 115.7 |
| 117.8 | 118.4 | 117.4 | 118.4 | 122.0 | 122.0 | 119.9 |
| 112.1 | 112.6 | 113.0 | 114.1 | 113.9 | 114.3 | 112.9 |
| **108.2** | **109.1** | **110.6** | **110.5** | **111.5** | **112.5** | **112.0** |
| 116.3 | 116.9 | 117.8 | 119.7 | 122.6 | 123.0 | 122.6 |
| 104.0 | 103.3 | 105.1 | 104.6 | 105.9 | 107.8 | 106.9 |
| 110.9 | 113.1 | 114.4 | 114.4 | 114.9 | 115.3 | 115.1 |
| **107.1** | **106.1** | **105.5** | **103.8** | **104.0** | **103.6** | **102.5** |
| 107.7 | 106.7 | 106.0 | 104.5 | 104.9 | 104.5 | 103.2 |
| 103.0 | 101.8 | 102.4 | 98.9 | 98.2 | 98.0 | 98.0 |
| **118.3** | **117.9** | **117.5** | **117.9** | **118.2** | **117.8** | **117.6** |
| 108.1 | 107.8 | 107.4 | 107.1 | 108.2 | 107.4 | 107.3 |
| 123.8 | 122.9 | 121.6 | 123.0 | 123.4 | 123.4 | 123.3 |
| 130.8 | 130.3 | 130.4 | 131.3 | 130.4 | 130.4 | 130.2 |
| 110.9 | 109.9 | 110.8 | 111.7 | 111.0 | 111.0 | 111.4 |
| 156.2 | 156.2 | 155.4 | 156.2 | 155.1 | 155.1 | 154.2 |
| **121.9** | **120.2** | **119.5** | **119.9** | **121.2** | **119.2** | **116.8** |
| 130.4 | 126.5 | 126.0 | 125.9 | 124.9 | 117.5 | 117.9 |
| 106.4 | 106.2 | 104.0 | 103.4 | 103.7 | 103.5 | 103.0 |
| 150.6 | 143.7 | 144.6 | 145.0 | 142.8 | 129.3 | 130.4 |
| 119.4 | 118.3 | 117.6 | 118.1 | 120.1 | 119.7 | 116.5 |
| **125.0** | **124.3** | **122.8** | **135.9** | **139.9** | **140.0** | **139.8** |
| 109.0 | 109.4 | 109.0 | 107.5 | 108.4 | 108.4 | 106.4 |
| 100.0 | 100.0 | 100.0 | 100.0 | 100.0 | 100.0 | 100.0 |
| 115.1 | 116.0 | 116.4 | 116.5 | 116.4 | 115.9 | 114.9 |
| 133.9 | 126.9 | 126.5 | 126.3 | 137.1 | 138.1 | 137.8 |
| 132.8 | 131.0 | 141.4 | 137.1 | 138.3 | 137.4 | 134.9 |
| 130.6 | 130.5 | 126.2 | 150.9 | 155.7 | 156.2 | 156.2 |
| 115.2 | 113.4 | 114.1 | 114.2 | 117.7 | 118.6 | 119.5 |
| 104.9 | 103.8 | 103.7 | 104.0 | 109.3 | 104.8 | 104.6 |

# 1995年广西全区居民消费价格各月同比指数

以上年同月价格为100

| 类别 | 1月 | 2月 | 3月 | 4月 | 5月 |
|---|---|---|---|---|---|
| **居民消费价格总指数** | **129.5** | **126.4** | **124.2** | **123.4** | **123.1** |
| **一、食　　品** | **147.9** | **141.5** | **138.0** | **136.4** | **136.2** |
| 1. 粮　　食 | 157.0 | 158.7 | 155.9 | 151.2 | 148.0 |
| (1) 细　　粮 | 157.0 | 158.7 | 155.9 | 151.2 | 148.0 |
| (2) 粗　　粮 | | | | | |
| 2. 淀粉及薯类 | 131.3 | 136.6 | 132.8 | 134.9 | 133.0 |
| 3. 干豆类及豆制品 | 120.4 | 125.0 | 125.6 | 120.9 | 117.0 |
| 4. 油 脂 类 | 148.3 | 138.5 | 132.6 | 127.8 | 121.5 |
| 5. 肉禽及其制品 | 153.0 | 143.1 | 141.9 | 141.4 | 139.8 |
| 6. 蛋　　类 | 115.2 | 113.3 | 111.7 | 110.3 | 112.5 |
| 7. 水产品类 | 126.8 | 118.6 | 117.5 | 121.9 | 123.6 |
| 8. 菜　　类 | 186.4 | 173.6 | 152.3 | 151.7 | 146.2 |
| (1) 鲜　　菜 | 195.8 | 180.6 | 155.9 | 154.8 | 148.9 |
| (2) 干　　菜 | 118.4 | 116.3 | 115.7 | 116.4 | 119.8 |
| (3) 菜 制 品 | 147.9 | 152.2 | 148.6 | 152.3 | 142.6 |
| 9. 调 味 品 | 124.3 | 126.3 | 127.9 | 128.2 | 128.6 |
| 10. 糖　　类 | 140.3 | 138.1 | 137.7 | 134.2 | 134.8 |
| (1) 食　　糖 | 150.8 | 147.8 | 143.1 | 137.6 | 138.7 |
| (2) 糖　　果 | 130.7 | 129.1 | 132.8 | 131.1 | 131.3 |
| 11. 烟 草 类 | 119.2 | 116.5 | 115.0 | 114.7 | 111.7 |
| 12. 酒和饮料 | 117.1 | 116.9 | 117.9 | 115.0 | 112.2 |
| 13. 干鲜瓜果类 | 144.9 | 125.8 | 116.0 | 116.0 | 144.7 |
| (1) 鲜　　果 | 146.8 | 124.7 | 112.9 | 111.6 | 146.9 |
| (2) 干　　果 | 134.5 | 131.7 | 133.1 | 140.4 | 133.1 |
| 14. 糕 点 类 | 133.1 | 135.2 | 134.0 | 131.7 | 129.9 |
| 15. 奶及奶制品 | 142.0 | 142.2 | 149.1 | 145.2 | 139.5 |
| 16. 其他食品 | 127.7 | 124.9 | 123.2 | 126.5 | 121.0 |
| 17. 饮 食 业 | 137.4 | 140.1 | 141.7 | 136.2 | 136.2 |
| (1) 主　　食 | 131.5 | 138.0 | 140.5 | 138.5 | 136.6 |
| (2) 炒　　菜 | 137.2 | 140.4 | 142.0 | 135.8 | 135.1 |
| (3) 地方小吃 | 147.2 | 142.1 | 142.1 | 134.3 | 140.3 |
| **二、衣 着 类** | **119.7** | **119.1** | **118.0** | **118.2** | **117.9** |
| 1. 服　　装 | 120.0 | 119.1 | 117.9 | 118.7 | 117.2 |
| 2. 衣着材料 | 112.0 | 113.5 | 112.7 | 110.6 | 111.0 |
| (1) 棉　　布 | 155.0 | 151.4 | 144.9 | 137.2 | 137.7 |
| (2) 棉花化纤混纺布 | 128.6 | 125.1 | 124.0 | 122.6 | 127.6 |
| (3) 化 纤 布 | 104.5 | 108.3 | 108.1 | 105.2 | 105.4 |
| (4) 呢　　绒 | 105.3 | 105.9 | 105.6 | 105.4 | 104.3 |
| (5) 绸　　缎 | 117.6 | 113.8 | 114.7 | 114.2 | 114.9 |
| (6) 毛　　线 | 110.8 | 111.0 | 110.1 | 111.9 | 111.7 |

| 6月 | 7月 | 8月 | 9月 | 10月 | 11月 | 12月 |
|---|---|---|---|---|---|---|
| **119.5** | **117.0** | **115.4** | **114.1** | **110.0** | **109.8** | **108.0** |
| **128.7** | **123.6** | **121.1** | **119.4** | **111.5** | **111.3** | **107.8** |
| 137.7 | 133.0 | 126.0 | 123.6 | 116.4 | 107.9 | 105.0 |
| 137.7 | 133.0 | 126.0 | 123.6 | 116.4 | 107.9 | 105.0 |
| | | | | | | |
| 130.5 | 125.7 | 132.4 | 130.3 | 124.3 | 126.0 | 118.7 |
| 113.1 | 112.5 | 107.4 | 104.9 | 106.8 | 107.1 | 106.0 |
| 117.3 | 115.3 | 111.9 | 108.5 | 101.0 | 94.5 | 89.0 |
| 133.7 | 132.3 | 131.1 | 123.3 | 106.1 | 100.9 | 99.3 |
| 106.4 | 106.4 | 106.2 | 108.5 | 108.5 | 107.2 | 106.6 |
| 121.0 | 119.0 | 118.7 | 115.2 | 111.1 | 109.0 | 104.7 |
| 101.4 | 93.2 | 91.5 | 109.3 | 117.6 | 162.2 | 147.5 |
| 95.8 | 87.8 | 84.1 | 105.7 | 116.1 | 169.1 | 153.0 |
| 115.9 | 113.8 | 116.9 | 115.5 | 113.6 | 113.0 | 109.5 |
| 151.1 | 134.7 | 150.9 | 143.4 | 139.0 | 134.1 | 123.4 |
| 128.4 | 127.4 | 125.5 | 115.9 | 113.9 | 111.7 | 109.9 |
| 134.3 | 131.2 | 127.5 | 123.2 | 119.5 | 110.8 | 109.1 |
| 137.7 | 134.9 | 128.0 | 122.2 | 116.3 | 103.3 | 104.2 |
| 131.2 | 127.8 | 127.1 | 124.2 | 122.5 | 117.8 | 113.7 |
| 112.2 | 110.8 | 107.6 | 106.0 | 103.3 | 102.6 | 99.9 |
| 111.3 | 111.7 | 112.8 | 113.5 | 113.1 | 111.2 | 109.4 |
| 155.8 | 119.3 | 114.7 | 125.4 | 113.2 | 106.5 | 100.7 |
| 159.7 | 117.1 | 112.9 | 126.2 | 112.0 | 103.9 | 97.1 |
| 134.8 | 131.1 | 124.6 | 121.5 | 119.6 | 120.6 | 120.8 |
| 129.5 | 131.4 | 136.9 | 127.5 | 129.4 | 121.6 | 118.4 |
| 132.7 | 124.0 | 117.4 | 118.2 | 117.0 | 117.1 | 116.6 |
| 120.3 | 119.0 | 121.5 | 120.6 | 116.1 | 114.9 | 110.0 |
| 137.2 | 131.1 | 125.8 | 123.4 | 120.8 | 116.9 | 117.1 |
| 133.3 | 128.5 | 128.3 | 127.6 | 124.4 | 120.0 | 119.3 |
| 136.8 | 130.2 | 123.9 | 119.7 | 118.1 | 114.5 | 114.9 |
| 145.1 | 139.5 | 130.4 | 132.9 | 127.4 | 122.8 | 123.6 |
| **117.8** | **117.5** | **116.8** | **115.7** | **112.2** | **111.1** | **109.8** |
| 117.8 | 117.2 | 116.9 | 115.7 | 111.4 | 109.7 | 108.3 |
| 110.5 | 112.3 | 111.8 | 111.1 | 110.8 | 110.6 | 109.2 |
| 135.0 | 135.4 | 136.1 | 128.4 | 125.4 | 126.6 | 118.9 |
| 127.0 | 129.1 | 129.0 | 124.0 | 123.9 | 123.6 | 117.8 |
| 105.1 | 107.8 | 107.0 | 108.6 | 108.5 | 108.4 | 108.4 |
| 103.8 | 102.9 | 102.8 | 102.7 | 102.8 | 104.2 | 103.4 |
| 114.6 | 114.0 | 112.3 | 113.2 | 109.3 | 109.3 | 109.6 |
| 111.6 | 112.7 | 112.5 | 108.8 | 109.2 | 107.8 | 105.9 |

## 1995年广西全区居民消费价格各月同比指数（续表）

以上年同月价格为100

| 类　别 | 1月 | 2月 | 3月 | 4月 | 5月 |
|---|---|---|---|---|---|
| 3. 鞋袜帽及其他衣着 | 124.3 | 123.0 | 122.4 | 122.3 | 125.0 |
| (1) 鞋　类 | 123.2 | 121.8 | 121.1 | 121.4 | 125.6 |
| (2) 袜　子 | 126.1 | 123.3 | 123.3 | 121.0 | 121.9 |
| (3) 帽　子 | 119.7 | 114.5 | 114.0 | 114.6 | 110.0 |
| (4) 其他衣着 | 133.9 | 135.0 | 134.8 | 132.7 | 124.1 |
| **三、家庭设备及用品** | **109.3** | **109.8** | **109.0** | **108.8** | **108.3** |
| 1. 耐用消费品 | 103.9 | 103.6 | 103.9 | 103.8 | 103.9 |
| (1) 家　具 | 106.0 | 105.9 | 106.5 | 106.7 | 108.4 |
| (2) 家庭设备 | 102.8 | 102.3 | 102.4 | 102.2 | 101.4 |
| 2. 室内装饰品 | 103.3 | 103.5 | 102.1 | 101.3 | 102.1 |
| 3. 床上用品 | 119.0 | 117.1 | 116.2 | 116.5 | 116.5 |
| 4. 家庭日用杂品 | 119.9 | 119.7 | 119.0 | 117.7 | 115.6 |
| 5. 其他日用品 | 109.5 | 115.4 | 110.8 | 111.5 | 110.8 |
| **四、医疗保健** | **116.5** | **116.0** | **115.2** | **114.8** | **114.3** |
| 1. 医疗器具及保健用品 | 119.2 | 119.7 | 120.7 | 118.7 | 117.6 |
| 2. 中　药 | | | | | |
| 3. 中药材及中成药 | 108.2 | 108.1 | 109.0 | 108.8 | 108.9 |
| 4. 西　药 | 122.9 | 121.9 | 119.6 | 119.1 | 118.2 |
| **五、交通和通讯工具** | **97.4** | **97.8** | **97.4** | **96.8** | **97.0** |
| 1. 交通工具 | 98.3 | 98.8 | 98.1 | 98.0 | 98.1 |
| 2. 通讯工具 | 94.6 | 94.4 | 94.9 | 92.8 | 93.4 |
| **六、娱乐教育文化用品** | **106.1** | **105.9** | **104.8** | **105.3** | **105.0** |
| 1. 文娱用耐用消费品 | 102.5 | 100.8 | 99.1 | 99.6 | 99.2 |
| 2. 教材及参考书 | 119.2 | 121.4 | 122.1 | 121.1 | 121.7 |
| 3. 文化娱乐用品 | 105.4 | 106.1 | 105.3 | 106.0 | 105.8 |
| (1) 文娱用品 | 108.3 | 108.7 | 107.8 | 109.1 | 108.7 |
| (2) 报纸杂志 | 101.9 | 103.0 | 102.3 | 102.3 | 102.3 |
| **七、居　住** | **111.6** | **112.3** | **111.2** | **112.9** | **113.3** |
| 1. 住　房 | 108.4 | 108.0 | 106.3 | 112.7 | 114.3 |
| (1) 建筑材料 | 100.3 | 97.5 | 97.2 | 95.5 | 96.0 |
| (2) 房　租 | 120.1 | 123.2 | 119.5 | 137.7 | 140.9 |
| 2. 水、电、燃料 | 113.8 | 115.2 | 114.5 | 113.0 | 112.7 |
| **八、服务项目** | **124.5** | **123.3** | **121.2** | **119.4** | **118.7** |
| 1. 电讯费 | 99.5 | 99.8 | 100.8 | 100.5 | 101.0 |
| 2. 邮　费 | 100.0 | 100.0 | 100.0 | 100.0 | 100.0 |
| 3. 交通费 | 124.7 | 122.5 | 111.9 | 104.9 | 106.0 |
| 4. 洗理美容费 | 131.1 | 130.9 | 133.6 | 129.3 | 128.0 |
| 5. 文娱费 | 136.6 | 136.3 | 132.4 | 127.8 | 129.9 |
| 6. 学杂保育费 | 128.4 | 125.3 | 124.7 | 123.8 | 122.2 |
| 7. 修理及其他服务费 | 116.9 | 121.9 | 119.3 | 119.3 | 118.7 |
| 8. 医疗保健服务 | 104.4 | 104.5 | 104.5 | 104.5 | 104.5 |

| 6月 | 7月 | 8月 | 9月 | 10月 | 11月 | 12月 |
|---|---|---|---|---|---|---|
| 123.2 | 122.1 | 120.4 | 119.0 | 115.5 | 115.3 | 114.7 |
| 123.3 | 122.6 | 120.6 | 119.6 | 114.8 | 115.1 | 114.7 |
| 128.7 | 124.7 | 124.6 | 117.1 | 123.5 | 119.1 | 119.3 |
| 111.7 | 115.8 | 115.8 | 114.9 | 113.5 | 110.5 | 110.5 |
| 119.5 | 116.5 | 116.2 | 115.9 | 116.0 | 114.3 | 111.7 |
| **108.1** | **107.3** | **107.3** | **106.8** | **106.1** | **105.9** | **105.9** |
| 103.5 | 102.1 | 101.8 | 101.9 | 101.8 | 102.1 | 102.1 |
| 108.1 | 104.7 | 104.1 | 104.2 | 104.1 | 104.7 | 104.6 |
| 100.9 | 100.6 | 100.5 | 100.6 | 100.5 | 100.6 | 100.7 |
| 102.0 | 103.0 | 102.8 | 103.6 | 103.9 | 104.2 | 104.0 |
| 116.7 | 116.4 | 116.7 | 111.9 | 109.6 | 109.3 | 110.3 |
| 115.9 | 115.6 | 116.2 | 116.0 | 114.9 | 114.4 | 114.5 |
| 110.3 | 110.4 | 110.2 | 108.9 | 107.2 | 105.6 | 105.2 |
| **113.7** | **114.1** | **113.6** | **113.4** | **113.2** | **113.9** | **113.7** |
| 118.7 | 117.7 | 119.2 | 116.5 | 113.0 | 114.7 | 112.8 |
| | | | | | | |
| 109.3 | 110.5 | 112.4 | 112.7 | 114.2 | 114.3 | 114.4 |
| 116.7 | 116.5 | 113.7 | 113.6 | 112.5 | 113.5 | 113.3 |
| **96.3** | **96.3** | **96.4** | **96.8** | **97.3** | **96.3** | **96.4** |
| 97.3 | 96.9 | 97.2 | 97.3 | 97.8 | 98.0 | 98.0 |
| 93.1 | 94.1 | 93.6 | 95.2 | 95.7 | 90.7 | 90.9 |
| **104.8** | **104.8** | **104.6** | **104.6** | **104.3** | **103.9** | **104.0** |
| 98.9 | 99.0 | 99.3 | 99.1 | 98.3 | 98.3 | 98.4 |
| 121.7 | 121.7 | 118.6 | 121.3 | 120.7 | 120.3 | 120.3 |
| 105.6 | 105.4 | 105.9 | 105.0 | 105.5 | 104.6 | 104.8 |
| 108.4 | 108.5 | 107.9 | 107.8 | 108.8 | 107.1 | 107.8 |
| 102.3 | 101.6 | 103.6 | 101.6 | 101.6 | 101.6 | 101.2 |
| **112.9** | **112.0** | **110.5** | **110.4** | **110.2** | **110.1** | **110.0** |
| 114.6 | 114.0 | 114.2 | 116.3 | 116.0 | 116.5 | 116.6 |
| 96.6 | 94.8 | 95.2 | 98.0 | 98.1 | 97.7 | 97.7 |
| 140.6 | 141.7 | 141.7 | 142.8 | 141.9 | 143.8 | 143.9 |
| 111.8 | 110.7 | 108.1 | 106.4 | 106.3 | 105.8 | 105.6 |
| **118.4** | **118.4** | **116.8** | **113.4** | **113.3** | **113.2** | **112.6** |
| 102.0 | 102.0 | 102.6 | 102.4 | 101.3 | 101.3 | 101.9 |
| 100.0 | 100.0 | 100.0 | 100.0 | 100.0 | 100.0 | 100.0 |
| 105.5 | 104.8 | 104.7 | 104.5 | 116.5 | 116.4 | 116.3 |
| 130.5 | 130.5 | 125.1 | 129.2 | 123.3 | 122.8 | 122.5 |
| 127.1 | 124.8 | 118.4 | 115.1 | 114.6 | 113.9 | 113.1 |
| 121.9 | 122.2 | 120.6 | 114.6 | 113.3 | 113.2 | 113.4 |
| 118.3 | 118.7 | 117.9 | 117.8 | 114.5 | 113.6 | 110.8 |
| 105.2 | 105.2 | 104.1 | 105.5 | 103.8 | 106.6 | 103.3 |

# 1996年广西全区居民消费价格各月同比指数

以上年同月价格为100

| 类　别 | 1月 | 2月 | 3月 | 4月 | 5月 |
|---|---|---|---|---|---|
| **居民消费价格总指数** | **106.4** | **105.7** | **106.3** | **106.5** | **106.4** |
| **一、食　　品** | **102.8** | **103.1** | **103.4** | **105.0** | **105.9** |
| 1. 粮　　食 | 103.3 | 100.5 | 96.5 | 95.1 | 95.9 |
| (1) 细　　粮 | 103.3 | 100.4 | 96.5 | 95.1 | 95.9 |
| 大　　米 | 95.7 | 94.7 | 93.0 | 92.8 | |
| (2) 粗　　粮 | 117.2 | 121.0 | 91.7 | 95.9 | 97.2 |
| 2. 淀粉及薯类 | 113.8 | 109.2 | 108.3 | 108.6 | 106.6 |
| 3. 干豆类及豆制品 | 103.2 | 102.2 | 103.3 | 110.5 | 117.3 |
| 4. 油 脂 类 | 86.9 | 89.2 | 86.6 | 87.8 | 88.9 |
| 5. 肉禽及其制品 | 98.3 | 101.2 | 103.1 | 103.4 | 103.4 |
| 猪　　肉 | 95.1 | 95.8 | 97.0 | 99.5 | |
| 牛　　肉 | 109.3 | 109.3 | 112.1 | 108.7 | |
| 羊　　肉 | 106.3 | 104.5 | 102.3 | 108.9 | |
| 鸡 | 95.0 | 107.9 | 111.8 | 108.5 | |
| 鸭 | 112.0 | 116.0 | 120.8 | 118.8 | |
| 6. 蛋　　类 | 110.8 | 118.1 | 122.5 | 121.0 | 122.3 |
| 鲜　　蛋 | 110.7 | 118.6 | 123.1 | 121.6 | |
| 7. 水产品类 | 101.9 | 103.5 | 105.6 | 106.8 | 105.5 |
| 8. 菜　　类 | 104.3 | 102.1 | 103.3 | 118.7 | 126.2 |
| (1) 鲜　　菜 | 102.2 | 99.6 | 101.2 | 120.0 | 129.3 |
| (2) 干　　菜 | 107.0 | 112.5 | 109.8 | 112.6 | 111.4 |
| (3) 菜 制 品 | 120.4 | 113.9 | 115.5 | 113.9 | 113.8 |
| 9. 调 味 品 | 108.3 | 108.0 | 106.9 | 106.8 | 108.2 |
| 盐 | 106.9 | 109.0 | 109.7 | 109.6 | |
| 酱　　油 | 109.6 | 109.6 | 106.6 | 107.8 | |
| 10. 糖　　类 | 105.5 | 106.1 | 103.3 | 102.5 | 100.3 |
| (1) 食　　糖 | 101.1 | 100.7 | 99.0 | 98.2 | 95.7 |
| (2) 糖　　果 | 110.2 | 111.8 | 107.9 | 107.1 | 105.1 |
| 11. 烟 草 类 | 105.2 | 107.5 | 109.4 | 109.2 | 109.3 |
| 12. 酒和饮料 | 106.8 | 105.8 | 103.8 | 103.7 | 102.7 |
| 13. 干鲜瓜果类 | 103.9 | 96.4 | 99.8 | 105.7 | 108.6 |
| (1) 鲜　　果 | 99.5 | 90.7 | 95.7 | 103.2 | 106.4 |
| (2) 干　　果 | 127.1 | 126.0 | 121.2 | 118.4 | 119.8 |
| 14. 糕 点 类 | 118.0 | 114.2 | 111.6 | 109.9 | 108.2 |
| 15. 奶及奶制品 | 114.8 | 113.6 | 107.2 | 106.7 | 107.0 |
| 16. 其他食品 | 106.7 | 107.7 | 107.0 | 105.7 | 106.1 |
| 17. 饮 食 业 | 113.9 | 112.9 | 111.5 | 110.4 | 110.2 |

| 6 月 | 7 月 | 8 月 | 9 月 | 10 月 | 11 月 | 12 月 |
|---|---|---|---|---|---|---|
| **106.3** | **107.2** | **107.5** | **106.6** | **106.6** | **106.1** | **106.8** |
| **105.5** | **107.4** | **107.8** | **106.3** | **106.6** | **105.5** | **106.0** |
| 97.1 | 100.0 | 101.1 | 102.0 | 101.3 | 102.7 | 101.9 |
| 97.1 | 100.0 | 101.1 | 102.0 | 101.3 | 102.7 | 101.8 |
| 95.5 | | 100.2 | 100.3 | 99.1 | 101.5 | 100.3 |
| 90.3 | 85.2 | 85.0 | 100.1 | 108.4 | 116.3 | 121.5 |
| 107.4 | 108.8 | 107.3 | 106.0 | 103.6 | 104.5 | 106.8 |
| 121.3 | 124.1 | 124.0 | 128.3 | 123.4 | 123.9 | 126.6 |
| 90.4 | 96.3 | 99.0 | 99.3 | 99.1 | 99.8 | 102.2 |
| 104.0 | 106.2 | 104.5 | 105.9 | 106.7 | 107.9 | 107.5 |
| 101.9 | | 103.2 | 106.2 | 107.7 | 108.9 | 109.0 |
| 109.2 | | 104.4 | 105.9 | 106.1 | 104.2 | 102.6 |
| 111.3 | | 112.9 | 91.8 | 94.4 | 91.3 | 94.3 |
| 102.2 | | 103.9 | 101.4 | 101.7 | 107.1 | 104.1 |
| 118.7 | | 115.2 | 115.7 | 110.1 | 107.8 | 110.4 |
| 124.4 | 123.1 | 116.5 | 111.0 | 108.6 | 107.1 | 102.6 |
| 124.6 | | 116.8 | 111.4 | 108.9 | 107.4 | 102.8 |
| 104.8 | 102.0 | 101.3 | 102.1 | 100.6 | 99.2 | 97.9 |
| 122.8 | 134.7 | 132.9 | 114.6 | 109.5 | 91.4 | 101.1 |
| 126.6 | 140.1 | 137.5 | 115.4 | 109.4 | 88.6 | 100.1 |
| 111.7 | 114.0 | 114.0 | 114.8 | 113.7 | 112.7 | 111.5 |
| 100.8 | 107.5 | 111.6 | 107.0 | 105.4 | 94.1 | 99.2 |
| 108.7 | 108.8 | 108.4 | 107.9 | 109.3 | 109.4 | 110.2 |
| 113.6 | | 114.4 | 112.9 | 116.5 | 116.5 | 116.5 |
| 108.3 | | 105.8 | 105.8 | 105.5 | 104.6 | 104.6 |
| 99.3 | 99.3 | 99.8 | 100.6 | 101.3 | 102.7 | 102.4 |
| 91.5 | 90.9 | 92.0 | 94.5 | 96.9 | 99.1 | 98.6 |
| 107.4 | 108.2 | 107.9 | 106.9 | 106.0 | 106.4 | 106.3 |
| 107.8 | 110.5 | 112.4 | 112.5 | 114.3 | 115.0 | 115.5 |
| 102.8 | 102.6 | 102.1 | 102.3 | 102.1 | 102.9 | 103.0 |
| 99.5 | 92.7 | 114.2 | 106.5 | 117.6 | 117.4 | 114.9 |
| 95.5 | 87.7 | 113.0 | 103.7 | 116.9 | 117.2 | 115.3 |
| 119.9 | 118.6 | 120.6 | 121.0 | 121.0 | 118.1 | 113.0 |
| 108.3 | 108.0 | 106.0 | 105.3 | 103.5 | 103.2 | 103.3 |
| 106.9 | 106.4 | 105.7 | 105.6 | 105.0 | 102.3 | 106.3 |
| 106.1 | 106.4 | 103.0 | 104.1 | 104.2 | 104.1 | 103.9 |
| 109.6 | 108.5 | 108.7 | 107.6 | 109.1 | 108.4 | 108.2 |

# 1996年广西全区居民消费价格各月同比指数（续表1）

以上年同月价格为100

| 类　别 | 1月 | 2月 | 3月 | 4月 | 5月 |
|---|---|---|---|---|---|
| (1) 主　食 | 117.6 | 109.0 | 107.5 | 108.7 | 106.6 |
| (2) 炒　菜 | 113.6 | 114.9 | 112.8 | 110.5 | 110.7 |
| (3) 地方小吃 | 109.4 | 110.1 | 112.6 | 113.2 | 114.2 |
| **二、衣着类** | **110.8** | **109.4** | **108.4** | **106.2** | **104.6** |
| 1. 服　装 | 109.4 | 108.3 | 106.8 | 104.7 | 103.9 |
| 2. 衣着材料 | 109.1 | 106.0 | 105.3 | 105.2 | 104.3 |
| (1) 棉　布 | 114.2 | 112.6 | 111.0 | 110.6 | 109.0 |
| (2) 棉花化纤混纺布 | 122.0 | 120.6 | 117.0 | 116.5 | 110.7 |
| (3) 化纤布 | 108.1 | 103.0 | 102.8 | 102.8 | 102.7 |
| (4) 呢　绒 | 102.9 | 103.0 | 102.5 | 102.9 | 103.8 |
| (5) 绸　缎 | 113.6 | 114.0 | 111.4 | 111.9 | 104.0 |
| (6) 毛　线 | 105.8 | 105.7 | 105.7 | 105.2 | 104.6 |
| 3. 鞋袜帽及其他衣着 | 115.6 | 114.3 | 114.5 | 110.5 | 106.7 |
| (1) 鞋　类 | 116.0 | 114.4 | 114.6 | 110.1 | 105.7 |
| (2) 袜　子 | 122.6 | 122.6 | 122.6 | 118.2 | 116.6 |
| (3) 帽　子 | 115.4 | 116.0 | 115.6 | 114.7 | 114.7 |
| (4) 其他衣着 | 106.8 | 106.9 | 107.2 | 107.6 | 107.1 |
| **三、家庭设备及用品** | **105.5** | **104.7** | **104.3** | **103.5** | **102.8** |
| 1. 耐用消费品 | 102.4 | 101.7 | 101.1 | 100.6 | 99.8 |
| (1) 家　具 | 103.2 | 103.0 | 102.9 | 102.4 | 100.6 |
| (2) 家庭设备 | 101.9 | 101.0 | 100.0 | 99.6 | 99.4 |
| 2. 室内装饰品 | 103.3 | 103.2 | 104.1 | 104.2 | 103.5 |
| 3. 床上用品 | 107.2 | 107.2 | 109.2 | 108.3 | 106.5 |
| 4. 家庭日用杂品 | 112.4 | 111.0 | 109.6 | 108.3 | 107.5 |
| 5. 其他日用品 | 104.2 | 103.2 | 103.0 | 102.3 | 102.4 |
| **四、医疗保健** | **118.0** | **109.4** | **109.1** | **109.1** | **108.9** |
| 1. 医疗器具及保健用品 | 113.2 | 112.2 | 111.9 | 109.8 | 106.5 |
| 2. 中药材及中成药 | 112.7 | 110.8 | 111.2 | 111.7 | 110.8 |
| 3. 西　药 | 108.6 | 107.7 | 106.6 | 106.4 | 107.4 |
| **五、交通和通讯工具** | **95.9** | **95.1** | **94.4** | **94.3** | **95.0** |
| 1. 交通工具 | 96.8 | 96.0 | 95.8 | 95.6 | 96.2 |
| 2. 通讯工具 | 92.2 | 91.4 | 88.5 | 88.7 | 89.9 |
| **六、娱乐教育文化用品** | **110.5** | **109.7** | **113.1** | **112.6** | **111.7** |
| 1. 文娱用耐用消费品 | 98.7 | 98.3 | 97.8 | 97.3 | 96.1 |
| 2. 教材及参考书 | 119.2 | 116.3 | 139.5 | 140.0 | 140.0 |
| 3. 文化娱乐用品 | 123.7 | 123.1 | 123.0 | 121.9 | 121.0 |
| (1) 文娱用品 | 107.7 | 106.5 | 106.4 | 104.3 | 102.7 |
| (2) 报纸杂志 | 143.6 | 143.6 | 143.6 | 143.6 | 143.6 |

| 6月 | 7月 | 8月 | 9月 | 10月 | 11月 | 12月 |
|---|---|---|---|---|---|---|
| 107.2 | 107.7 | 107.9 | 106.1 | 105.9 | 105.7 | 105.7 |
| 109.6 | 107.5 | 107.9 | 106.9 | 108.9 | 107.9 | 107.9 |
| 113.7 | 114.6 | 113.8 | 114.2 | 115.8 | 115.5 | 114.2 |
| **104.9** | **104.5** | **104.4** | **104.3** | **104.9** | **105.0** | **105.8** |
| 104.2 | 104.0 | 104.0 | 103.5 | 105.1 | 105.7 | 106.9 |
| 104.6 | 102.5 | 102.2 | 103.3 | 103.1 | 103.2 | 103.6 |
| 109.5 | 109.0 | 108.0 | 117.2 | 117.1 | 116.1 | 116.2 |
| 109.4 | 104.7 | 105.0 | 108.9 | 108.7 | 108.5 | 107.7 |
| 103.3 | 100.5 | 100.5 | 100.6 | 100.5 | 100.5 | 101.2 |
| 104.6 | 104.9 | 103.2 | 104.4 | 104.0 | 103.5 | 103.8 |
| 103.2 | 102.4 | 102.1 | 102.0 | 100.8 | 99.8 | 99.8 |
| 104.6 | 103.9 | 103.5 | 103.2 | 102.7 | 104.5 | 104.7 |
| 106.9 | 107.1 | 106.9 | 106.9 | 105.7 | 104.5 | 104.5 |
| 106.3 | 106.6 | 106.5 | 106.6 | 105.8 | 104.3 | 104.3 |
| 112.5 | 112.5 | 112.5 | 112.5 | 102.6 | 102.8 | 102.7 |
| 112.7 | 108.5 | 108.5 | 108.5 | 105.2 | 103.4 | 100.8 |
| 107.1 | 107.7 | 106.2 | 105.1 | 106.8 | 107.6 | 107.9 |
| **102.5** | **102.2** | **102.2** | **102.0** | **101.8** | **101.9** | **101.8** |
| 99.6 | 99.7 | 99.7 | 99.8 | 99.9 | 99.9 | 99.6 |
| 100.0 | 100.3 | 100.1 | 100.4 | 100.4 | 100.3 | 100.2 |
| 99.4 | 99.3 | 99.5 | 99.4 | 99.6 | 99.6 | 99.2 |
| 103.4 | 102.7 | 101.7 | 100.1 | 100.2 | 100.2 | 100.3 |
| 106.5 | 106.3 | 106.2 | 105.6 | 105.2 | 105.2 | 103.9 |
| 107.1 | 105.7 | 105.5 | 105.1 | 104.4 | 104.5 | 104.9 |
| 102.1 | 102.3 | 102.9 | 102.6 | 102.5 | 102.9 | 103.4 |
| **108.7** | **108.4** | **109.0** | **108.0** | **108.1** | **107.0** | **106.9** |
| 105.3 | 104.8 | 104.0 | 104.1 | 103.7 | 102.7 | 103.1 |
| 111.0 | 111.0 | 110.5 | 110.7 | 110.8 | 109.3 | 108.6 |
| 107.0 | 106.3 | 108.3 | 106.0 | 106.1 | 105.4 | 105.8 |
| **95.8** | **96.2** | **96.0** | **95.2** | **95.1** | **95.6** | **96.1** |
| 97.5 | 97.8 | 97.6 | 96.7 | 96.6 | 96.9 | 96.3 |
| 88.7 | 89.5 | 89.2 | 88.7 | 88.6 | 90.0 | 95.0 |
| **111.5** | **111.6** | **111.5** | **112.7** | **112.1** | **111.8** | **111.7** |
| 95.5 | 96.0 | 94.8 | 94.9 | 94.7 | 93.8 | 93.7 |
| 140.2 | 140.3 | 142.3 | 150.8 | 149.4 | 149.9 | 149.8 |
| 121.3 | 120.8 | 121.1 | 120.6 | 119.8 | 119.9 | 119.9 |
| 103.2 | 102.7 | 103.4 | 102.5 | 101.0 | 101.2 | 101.1 |
| 143.6 | 143.1 | 143.1 | 143.1 | 143.1 | 143.1 | 143.1 |

# 1996 年广西全区居民消费价格各月同比指数（续表 2）

以上年同月价格为 100

| 类　别 | 1 月 | 2 月 | 3 月 | 4 月 | 5 月 |
|---|---|---|---|---|---|
| **七、居　　住** | **111.3** | **110.9** | **110.1** | **108.5** | **105.6** |
| 1. 住　　房 | 113.5 | 113.2 | 112.6 | 109.4 | 103.5 |
| (1) 建筑材料 | 98.8 | 100.7 | 99.8 | 101.0 | 101.3 |
| (2) 房　　租 | 141.2 | 136.7 | 136.7 | 125.1 | 107.7 |
| 2. 水、电、燃料 | 109.2 | 108.6 | 107.6 | 107.7 | 107.7 |
| 水 | 114.3 | 113.0 | 111.7 | 108.4 | |
| 电 | 110.1 | 111.0 | 110.7 | 117.4 | |
| 液化石油气 | 106.8 | 104.0 | 102.2 | 96.3 | |
| 管道煤气 | 100.0 | 100.0 | 100.0 | 100.0 | |
| **八、服务项目** | **113.4** | **109.5** | **112.7** | **112.2** | **113.0** |
| 1. 电 讯 费 | 101.8 | 101.7 | 101.7 | 101.7 | 101.6 |
| 2. 邮　　费 | 100.0 | 100.0 | 100.0 | 100.0 | 100.0 |
| 3. 交 通 费 | 97.2 | 111.4 | 124.6 | 123.7 | 117.6 |
| 4. 洗理美容费 | 112.6 | 116.9 | 114.3 | 118.0 | 120.0 |
| 5. 文 娱 费 | 112.4 | 110.2 | 110.4 | 111.2 | 109.9 |
| 6. 学杂保育费 | 121.2 | 111.9 | 115.3 | 114.0 | 116.7 |
| 7. 修理及其他服务费 | 107.4 | 103.9 | 104.2 | 105.2 | 105.5 |
| 8. 医疗保健服务 | 104.2 | 102.5 | 102.5 | 102.5 | 102.5 |

| 6月 | 7月 | 8月 | 9月 | 10月 | 11月 | 12月 |
|---|---|---|---|---|---|---|
| **105.0** | **106.1** | **106.3** | **105.9** | **106.0** | **106.6** | **110.3** |
| 103.4 | 105.0 | 104.8 | 103.2 | 103.2 | 103.0 | 102.4 |
| 101.1 | 100.5 | 100.3 | 98.7 | 98.6 | 99.3 | 98.4 |
| 107.7 | 113.4 | 113.4 | 111.8 | 111.8 | 109.9 | 109.9 |
| 106.6 | 107.1 | 107.8 | 108.5 | 108.8 | 110.1 | 117.9 |
| 115.3 |  | 117.2 | 119.0 | 118.5 | 118.2 | 119.0 |
| 112.3 |  | 113.2 | 116.0 | 113.2 | 115.8 | 122.8 |
| 96.5 |  | 98.5 | 96.4 | 100.9 | 101.5 | 116.2 |
| 100.0 |  | 120.0 | 120.0 | 120.0 | 120.0 | 120.0 |
| **113.5** | **114.3** | **115.3** | **113.0** | **111.7** | **111.4** | **112.0** |
| 101.0 | 101.0 | 101.0 | 101.2 | 101.2 | 101.2 | 99.0 |
| 100.0 | 100.0 | 100.0 | 100.0 | 100.0 | 100.0 | 215.8 |
| 117.8 | 117.9 | 116.3 | 117.2 | 104.0 | 102.6 | 103.1 |
| 122.3 | 123.2 | 120.8 | 118.6 | 117.7 | 117.6 | 118.7 |
| 117.4 | 118.0 | 117.5 | 115.9 | 115.3 | 113.3 | 111.5 |
| 116.8 | 118.0 | 118.4 | 114.0 | 113.7 | 113.7 | 113.7 |
| 105.5 | 106.1 | 106.4 | 106.1 | 105.6 | 105.7 | 105.5 |
| 101.2 | 101.2 | 115.5 | 118.2 | 123.6 | 123.6 | 123.6 |

# 1997年广西全区居民消费价格各月同比指数

以上年同月价格为100

| 类　别 | 1月 | 2月 | 3月 | 4月 | 5月 |
|---|---|---|---|---|---|
| **居民消费价格总指数** | **106.1** | **105.2** | **103.5** | **102.3** | **101.7** |
| **一、食　　品** | **104.9** | **104.0** | **102.0** | **100.1** | **100.1** |
| 1. 粮　　食 | 100.6 | 99.0 | 98.2 | 98.0 | 95.8 |
| (1) 细　　粮 | 100.6 | 99.0 | 98.2 | 98.0 | 95.8 |
| 大　　米 | 99.4 | 96.9 | 95.8 | 95.8 | 92.9 |
| (2) 粗　　粮 | 100.2 | 100.0 | 100.0 | 96.2 | 94.7 |
| 2. 淀粉及薯类 | 102.4 | 102.9 | 99.7 | 93.5 | 97.5 |
| 3. 干豆类及豆制品 | 121.8 | 121.1 | 116.2 | 110.8 | 107.9 |
| 4. 油 脂 类 | 103.3 | 101.1 | 105.6 | 107.0 | 107.5 |
| 5. 肉禽及其制品 | 106.1 | 103.7 | 101.8 | 102.0 | 103.9 |
| 猪　　肉 | 111.2 | 110.8 | 109.6 | 109.9 | 110.2 |
| 牛　　肉 | 101.6 | 98.8 | 95.3 | 94.8 | 93.7 |
| 羊　　肉 | 91.2 | 98.3 | 93.2 | 95.1 | 92.5 |
| 鸡 | 95.0 | 87.2 | 84.5 | 84.5 | 92.9 |
| 鸭 | 103.6 | 97.6 | 93.0 | 91.7 | 94.2 |
| 6. 蛋　　类 | 96.7 | 89.3 | 81.2 | 83.5 | 78.3 |
| 鲜　　蛋 | 95.9 | 88.3 | 79.8 | 82.3 | 77.0 |
| 7. 水产品类 | 98.9 | 97.5 | 93.4 | 90.5 | 91.5 |
| 8. 菜　　类 | 103.2 | 110.9 | 107.6 | 90.8 | 89.8 |
| (1) 鲜　　菜 | 102.5 | 112.6 | 108.2 | 88.8 | 87.6 |
| (2) 干　　菜 | 112.6 | 106.7 | 103.0 | 100.1 | 98.2 |
| (3) 菜 制 品 | 98.4 | 99.0 | 107.3 | 98.7 | 100.8 |
| 9. 调 味 品 | 108.3 | 107.8 | 106.6 | 106.1 | 105.4 |
| 盐 | 111.3 | 109.8 | 108.9 | 108.8 | 106.9 |
| 酱　　油 | 106.1 | 106.6 | 106.6 | 104.4 | 105.9 |
| 10. 糖　　类 | 102.5 | 102.9 | 102.5 | 102.8 | 102.0 |
| (1) 食　　糖 | 100.0 | 99.9 | 99.3 | 99.8 | 99.9 |
| (2) 糖　　果 | 104.7 | 105.6 | 105.3 | 105.5 | 103.8 |
| 11. 烟 草 类 | 111.8 | 107.3 | 105.7 | 105.0 | 103.7 |
| 12. 酒和饮料 | 103.9 | 103.9 | 103.2 | 102.6 | 101.3 |
| 13. 干鲜瓜果类 | 105.1 | 106.4 | 99.3 | 93.1 | 96.5 |
| (1) 鲜　　果 | 104.3 | 106.7 | 97.8 | 90.3 | 94.5 |
| (2) 干　　果 | 109.1 | 105.2 | 106.7 | 107.0 | 106.6 |
| 14. 糕 点 类 | 102.6 | 104.5 | 104.1 | 103.2 | 104.0 |
| 15. 奶及奶制品 | 110.3 | 109.4 | 109.4 | 106.0 | 104.0 |
| 16. 其他食品 | 101.9 | 100.3 | 100.7 | 100.4 | 100.8 |
| 17. 饮 食 业 | 109.0 | 107.7 | 106.6 | 107.2 | 104.6 |

| 6月 | 7月 | 8月 | 9月 | 10月 | 11月 | 12月 |
|---|---|---|---|---|---|---|
| **101.5** | **100.2** | **98.6** | **98.1** | **97.5** | **97.9** | **96.6** |
| **99.8** | **97.5** | **94.9** | **94.9** | **93.5** | **94.5** | **92.8** |
| 91.1 | 88.9 | 88.4 | 86.8 | 86.4 | 86.7 | 87.7 |
| 91.1 | 88.9 | 88.4 | 86.8 | 86.4 | 86.7 | 87.7 |
| 87.4 | 84.8 | 84.3 | 82.7 | 82.1 | 82.2 | 84.0 |
| 101.0 | 100.8 | 100.5 | 96.3 | 90.3 | 83.8 | 82.5 |
| 95.4 | 97.2 | 100.2 | 96.2 | 96.0 | 96.7 | 93.7 |
| 104.6 | 100.8 | 100.2 | 97.3 | 101.0 | 99.8 | 98.4 |
| 107.0 | 101.3 | 98.9 | 96.1 | 96.2 | 97.7 | 96.9 |
| 102.2 | 95.8 | 92.7 | 92.9 | 91.8 | 91.5 | 90.1 |
| 105.6 | 98.5 | 97.4 | 95.0 | 92.2 | 91.4 | 90.4 |
| 90.4 | 90.1 | 90.5 | 88.6 | 85.4 | 84.9 | 83.6 |
| 103.3 | 94.6 | 87.3 | 112.2 | 88.5 | 82.6 | 81.4 |
| 97.2 | 89.2 | 80.8 | 87.9 | 92.1 | 90.9 | 88.6 |
| 99.2 | 89.2 | 78.7 | 83.0 | 85.7 | 92.7 | 87.2 |
| 75.4 | 73.2 | 73.0 | 73.4 | 74.0 | 73.5 | 76.6 |
| 74.2 | 72.2 | 72.2 | 72.5 | 73.3 | 72.7 | 75.8 |
| 93.0 | 92.6 | 89.9 | 88.2 | 86.6 | 87.6 | 88.1 |
| 100.0 | 96.0 | 95.7 | 98.8 | 97.6 | 111.0 | 97.4 |
| 99.0 | 95.9 | 96.4 | 99.4 | 98.1 | 113.5 | 96.8 |
| 97.4 | 96.1 | 96.5 | 95.8 | 93.9 | 94.6 | 93.7 |
| 112.6 | 97.3 | 87.9 | 96.2 | 96.1 | 106.5 | 108.0 |
| 104.3 | 103.5 | 102.7 | 102.6 | 101.7 | 101.3 | 100.6 |
| 104.8 | 104.7 | 104.5 | 104.5 | 101.5 | 101.5 | 101.5 |
| 104.7 | 101.7 | 101.7 | 101.7 | 102.2 | 102.2 | 101.3 |
| 102.7 | 103.8 | 103.0 | 102.6 | 101.7 | 99.9 | 98.2 |
| 103.8 | 105.5 | 103.6 | 102.6 | 100.9 | 98.6 | 96.5 |
| 101.7 | 102.2 | 102.5 | 102.6 | 102.5 | 101.1 | 99.8 |
| 103.5 | 101.6 | 100.7 | 100.1 | 99.1 | 98.5 | 97.3 |
| 100.6 | 100.8 | 99.6 | 99.3 | 98.8 | 98.8 | 99.0 |
| 96.7 | 118.6 | 98.6 | 101.9 | 89.6 | 84.5 | 83.1 |
| 95.2 | 122.0 | 98.7 | 102.9 | 88.4 | 83.0 | 81.9 |
| 103.7 | 101.4 | 98.5 | 97.9 | 95.6 | 92.1 | 89.3 |
| 103.6 | 103.0 | 101.8 | 100.8 | 100.9 | 100.9 | 100.6 |
| 103.7 | 103.7 | 103.9 | 104.4 | 104.5 | 104.3 | 104.5 |
| 100.8 | 101.2 | 101.6 | 101.7 | 101.7 | 100.7 | 101.1 |
| 104.9 | 104.5 | 103.8 | 103.9 | 102.6 | 103.1 | 103.0 |

# 1997 年广西全区居民消费价格各月同比指数（续表 1）

以上年同月价格为 100

| 类 别 | 1月 | 2月 | 3月 | 4月 | 5月 |
|---|---|---|---|---|---|
| (1) 主 食 | 106.8 | 106.9 | 106.4 | 104.8 | 105.0 |
| (2) 炒 菜 | 108.7 | 107.1 | 106.1 | 107.8 | 104.2 |
| (3) 地方小吃 | 115.3 | 112.9 | 109.4 | 108.5 | 106.2 |
| **二、衣 着 类** | **105.5** | **103.3** | **102.7** | **103.2** | **101.0** |
| 1. 服 装 | 106.9 | 103.4 | 102.5 | 103.1 | 99.9 |
| 2. 衣着材料 | 104.5 | 104.7 | 104.3 | 103.9 | 103.6 |
| (1) 棉 布 | 114.8 | 113.2 | 113.6 | 111.2 | 111.2 |
| (2) 棉花化纤混纺布 | 106.3 | 106.4 | 106.2 | 105.8 | 104.4 |
| (3) 化 纤 布 | 103.6 | 104.1 | 103.7 | 103.7 | 103.3 |
| (4) 呢 绒 | 104.0 | 103.4 | 103.4 | 101.7 | 101.7 |
| (5) 绸 缎 | 99.4 | 98.7 | 98.7 | 98.1 | 99.1 |
| (6) 毛 线 | 102.7 | 103.1 | 102.1 | 102.0 | 102.0 |
| 3. 鞋袜帽及其他衣着 | 102.9 | 102.2 | 102.1 | 103.0 | 102.3 |
| (1) 鞋 类 | 102.5 | 101.8 | 101.7 | 102.7 | 102.1 |
| (2) 袜 子 | 102.3 | 102.9 | 102.3 | 102.9 | 100.6 |
| (3) 帽 子 | 100.9 | 100.9 | 100.9 | 101.2 | 101.3 |
| (4) 其他衣着 | 106.8 | 105.5 | 106.2 | 105.7 | 105.8 |
| **三、家庭设备及用品** | **101.7** | **101.7** | **101.5** | **101.1** | **100.8** |
| 1. 耐用消费品 | 99.7 | 100.0 | 99.8 | 99.4 | 98.9 |
| (1) 家 具 | 100.1 | 100.2 | 100.1 | 99.3 | 99.2 |
| (2) 家庭设备 | 99.5 | 99.9 | 99.6 | 99.5 | 98.8 |
| 2. 室内装饰品 | 100.7 | 100.6 | 100.4 | 100.3 | 100.1 |
| 3. 床上用品 | 101.0 | 100.5 | 100.3 | 100.4 | 100.8 |
| 4. 家庭日用杂品 | 105.3 | 105.2 | 104.8 | 104.2 | 103.9 |
| 5. 其他日用品 | 103.8 | 103.3 | 103.0 | 102.9 | 102.6 |
| **四、医疗保健** | **109.8** | **110.5** | **110.7** | **110.6** | **108.9** |
| 1. 医疗器具及保健用品 | 103.4 | 103.4 | 103.4 | 103.2 | 103.8 |
| 2. 中药材及中成药 | 112.7 | 113.8 | 113.9 | 113.6 | 112.4 |
| 3. 西 药 | 107.8 | 108.1 | 108.4 | 108.6 | 106.2 |
| **五、交通和通讯工具** | **96.5** | **96.5** | **96.6** | **96.3** | **95.0** |
| 1. 交通工具 | 97.0 | 97.0 | 97.1 | 96.5 | 95.7 |
| 2. 通讯工具 | 95.1 | 95.0 | 95.2 | 95.6 | 93.1 |
| **六、娱乐教育文化用品** | **108.8** | **108.2** | **103.0** | **103.0** | **103.1** |
| 1. 文娱用耐用消费品 | 93.2 | 92.3 | 92.3 | 92.2 | 92.4 |
| 2. 教材及参考书 | 143.1 | 143.4 | 118.4 | 118.4 | 118.4 |
| 3. 文化娱乐用品 | 108.0 | 107.2 | 108.2 | 108.2 | 108.3 |

| 6月 | 7月 | 8月 | 9月 | 10月 | 11月 | 12月 |
|---|---|---|---|---|---|---|
| 104.2 | 103.6 | 103.1 | 103.3 | 103.4 | 103.0 | 102.3 |
| 104.8 | 104.8 | 103.9 | 104.3 | 102.5 | 103.3 | 103.4 |
| 106.7 | 104.6 | 104.6 | 102.7 | 101.0 | 102.4 | 102.6 |
| **100.6** | **99.6** | **98.6** | **97.8** | **98.0** | **97.7** | **96.9** |
| 99.3 | 98.0 | 96.8 | 96.2 | 97.2 | 97.0 | 95.8 |
| 102.9 | 102.6 | 102.7 | 101.3 | 100.1 | 99.7 | 100.3 |
| 113.0 | 111.4 | 109.3 | 102.8 | 100.9 | 100.2 | 99.9 |
| 102.1 | 101.3 | 101.9 | 98.8 | 98.3 | 98.3 | 98.3 |
| 102.2 | 102.2 | 102.2 | 101.3 | 99.9 | 100.3 | 101.5 |
| 101.7 | 101.5 | 101.5 | 101.2 | 100.0 | 97.7 | 97.7 |
| 99.1 | 98.0 | 98.0 | 99.7 | 98.3 | 98.0 | 97.9 |
| 102.0 | 101.7 | 102.8 | 101.9 | 101.2 | 99.6 | 99.2 |
| 102.5 | 101.6 | 100.7 | 99.5 | 98.6 | 98.3 | 97.7 |
| 102.3 | 101.3 | 100.4 | 98.7 | 97.8 | 97.7 | 97.1 |
| 101.1 | 100.7 | 98.9 | 100.9 | 101.0 | 99.5 | 98.7 |
| 101.1 | 101.1 | 101.1 | 101.6 | 101.6 | 100.6 | 100.6 |
| 105.5 | 104.5 | 104.4 | 104.8 | 103.3 | 102.5 | 101.6 |
| **100.6** | **100.3** | **99.7** | **99.3** | **99.4** | **99.2** | **99.0** |
| 98.7 | 98.3 | 98.0 | 97.9 | 98.0 | 97.8 | 97.8 |
| 99.4 | 99.0 | 98.8 | 98.6 | 99.2 | 99.2 | 99.5 |
| 98.3 | 98.0 | 97.5 | 97.5 | 97.4 | 97.0 | 96.9 |
| 100.1 | 100.1 | 99.9 | 99.8 | 99.8 | 99.8 | 99.8 |
| 101.0 | 100.7 | 100.5 | 100.1 | 100.0 | 99.3 | 99.4 |
| 103.5 | 103.5 | 102.3 | 101.5 | 101.1 | 101.2 | 100.4 |
| 102.3 | 101.9 | 100.7 | 100.1 | 100.8 | 100.4 | 100.2 |
| **110.8** | **110.1** | **106.9** | **105.4** | **105.1** | **104.4** | **104.1** |
| 103.4 | 103.4 | 102.7 | 101.8 | 100.9 | 102.4 | 102.0 |
| 114.9 | 113.9 | 109.6 | 108.6 | 106.9 | 106.5 | 106.2 |
| 107.8 | 107.3 | 104.8 | 102.8 | 103.8 | 102.5 | 102.3 |
| **94.8** | **95.5** | **94.8** | **95.2** | **95.8** | **95.3** | **94.4** |
| 96.4 | 97.3 | 96.4 | 97.2 | 98.2 | 98.2 | 97.5 |
| 90.2 | 90.4 | 90.1 | 89.5 | 89.0 | 87.0 | 85.4 |
| **102.3** | **102.0** | **101.1** | **98.2** | **98.5** | **98.9** | **98.2** |
| 91.0 | 90.1 | 89.9 | 88.9 | 89.9 | 90.6 | 89.6 |
| 118.2 | 118.2 | 115.8 | 105.0 | 105.1 | 105.1 | 105.1 |
| 108.0 | 108.3 | 107.6 | 107.3 | 106.9 | 107.1 | 106.2 |

# 1997年广西全区居民消费价格各月同比指数（续表2）

以上年同月价格为100

| 类 别 | 1月 | 2月 | 3月 | 4月 | 5月 |
|---|---|---|---|---|---|
| (1) 文娱用品 | 100.8 | 100.2 | 100.0 | 99.8 | 100.1 |
| (2) 报纸杂志 | 116.4 | 115.3 | 117.6 | 117.8 | 117.8 |
| **七、居 住** | **110.4** | **110.3** | **110.1** | **106.1** | **104.0** |
| 1. 住 房 | 102.4 | 103.7 | 104.3 | 102.5 | 101.9 |
| (1) 建筑材料 | 97.9 | 98.7 | 98.6 | 96.8 | 95.8 |
| (2) 房 租 | 110.8 | 113.1 | 114.9 | 113.2 | 113.4 |
| 2. 水、电、燃料 | 119.1 | 117.5 | 116.5 | 110.0 | 106.3 |
| 水 | 116.0 | 117.0 | 117.6 | 117.1 | 114.6 |
| 电 | 120.5 | 118.5 | 118.5 | 109.0 | 105.9 |
| 液化石油气 | 121.9 | 119.6 | 116.4 | 108.8 | 103.7 |
| 管道煤气 | 120.0 | 120.0 | 120.0 | 120.0 | 120.0 |
| **八、服务项目** | **112.6** | **110.2** | **108.1** | **108.6** | **107.3** |
| 1. 电 讯 费 | 100.9 | 100.5 | 100.5 | 100.5 | 99.9 |
| 2. 邮 费 | 212.1 | 211.8 | 211.8 | 211.8 | 211.8 |
| 3. 交 通 费 | 110.5 | 94.4 | 96.4 | 102.4 | 103.8 |
| 4. 洗理美容费 | 122.0 | 122.0 | 123.4 | 118.5 | 117.0 |
| 5. 文 娱 费 | 111.5 | 111.2 | 112.8 | 112.2 | 110.3 |
| 6. 学杂保育费 | 112.9 | 111.7 | 107.0 | 106.9 | 104.7 |
| 7. 修理及其他服务费 | 105.5 | 105.6 | 105.1 | 106.7 | 105.7 |
| 8. 医疗保健服务 | 120.7 | 120.9 | 121.5 | 120.9 | 121.1 |

| 6月 | 7月 | 8月 | 9月 | 10月 | 11月 | 12月 |
|---|---|---|---|---|---|---|
| 99.5 | 100.0 | 98.8 | 98.2 | 97.5 | 97.9 | 97.7 |
| 117.8 | 117.8 | 117.8 | 117.8 | 117.8 | 117.8 | 116.0 |
| **105.2** | **103.8** | **103.9** | **104.5** | **103.9** | **104.1** | **102.2** |
| 105.4 | 103.0 | 103.5 | 104.4 | 103.8 | 103.9 | 104.3 |
| 95.8 | 96.5 | 96.7 | 96.7 | 95.9 | 95.7 | 96.4 |
| 123.4 | 115.1 | 116.3 | 118.7 | 118.7 | 119.2 | 119.2 |
| 105.0 | 104.7 | 104.4 | 104.7 | 104.1 | 104.3 | 99.9 |
| 107.9 | 108.8 | 108.5 | 109.3 | 112.9 | 114.8 | 115.7 |
| 108.7 | 108.1 | 110.8 | 109.4 | 109.4 | 109.5 | 109.0 |
| 99.4 | 99.3 | 95.6 | 97.9 | 94.6 | 94.2 | 82.0 |
| 120.0 | 100.0 | 100.0 | 100.0 | 100.0 | 100.0 | 100.0 |
| **106.7** | **106.7** | **106.4** | **105.3** | **105.1** | **105.0** | **103.8** |
| 99.9 | 99.9 | 99.9 | 99.9 | 99.9 | 99.9 | 99.8 |
| 212.2 | 212.2 | 212.2 | 212.2 | 212.2 | 212.2 | 99.8 |
| 106.0 | 106.5 | 110.3 | 109.1 | 106.5 | 106.6 | 106.8 |
| 109.4 | 113.9 | 112.8 | 112.8 | 112.7 | 110.5 | 106.5 |
| 104.3 | 103.2 | 103.6 | 103.5 | 108.6 | 109.2 | 110.1 |
| 104.4 | 104.2 | 104.7 | 103.0 | 103.2 | 103.3 | 103.3 |
| 105.2 | 104.5 | 103.0 | 103.5 | 104.4 | 103.8 | 103.2 |
| 121.1 | 122.1 | 109.6 | 107.9 | 101.8 | 101.0 | 100.7 |

# 1988年广西全区居民消费价格各月同比指数

以上年同月价格为100

| 类　别 | 1月 | 2月 | 3月 | 4月 | 5月 |
|---|---|---|---|---|---|
| **居民消费价格总指数** | **96.5** | **96.9** | **97.4** | **97.2** | **96.6** |
| **一、食　品** | **93.2** | **93.5** | **94.8** | **94.0** | **92.8** |
| 1. 粮　食 | 89.0 | 89.1 | 89.7 | 88.3 | 89.7 |
| (1) 细　粮 | 88.9 | 88.9 | 89.6 | 88.2 | 89.6 |
| 大　米 | 85.4 | 85.5 | 86.7 | 84.7 | 86.7 |
| (2) 粗　粮 | 107.1 | 121.9 | 113.6 | 105.2 | 99.6 |
| 2. 淀粉及薯类 | 97.6 | 97.7 | 99.5 | 102.2 | 101.9 |
| 3. 干豆类及豆制品 | 97.1 | 95.1 | 96.7 | 95.1 | 95.6 |
| 4. 油 脂 类 | 97.8 | 98.3 | 96.3 | 94.5 | 93.8 |
| 5. 肉禽及其制品 | 88.0 | 89.6 | 91.3 | 89.8 | 89.0 |
| 猪　肉 | 89.1 | 88.2 | 88.9 | 86.7 | 84.7 |
| 牛　肉 | 83.7 | 83.4 | 81.9 | 83.2 | 85.7 |
| 羊　肉 | 84.4 | 81.0 | 82.5 | 81.6 | 78.5 |
| 鸡 | 83.0 | 92.4 | 97.5 | 97.5 | 98.4 |
| 鸭 | 83.9 | 90.8 | 97.9 | 92.8 | 93.6 |
| 6. 蛋　类 | 80.9 | 84.6 | 89.2 | 92.3 | 94.9 |
| 鲜　蛋 | 80.4 | 84.1 | 89.3 | 92.7 | 95.4 |
| 7. 水产品类 | 88.9 | 88.9 | 87.0 | 86.1 | 87.8 |
| 8. 菜　类 | 107.0 | 104.7 | 105.1 | 96.9 | 86.8 |
| (1) 鲜　菜 | 109.1 | 105.8 | 107.2 | 96.7 | 84.4 |
| (2) 干　菜 | 92.2 | 90.3 | 92.9 | 91.9 | 95.3 |
| (3) 菜 制 品 | 108.0 | 113.6 | 102.6 | 104.9 | 96.4 |
| 9. 调 味 品 | 99.8 | 99.0 | 100.2 | 100.1 | 99.9 |
| 盐 | 101.6 | 100.9 | 102.2 | 102.2 | 100.9 |
| 酱　油 | 99.6 | 99.3 | 101.5 | 101.5 | 102.8 |
| 10. 糖　类 | 99.0 | 99.1 | 98.7 | 98.0 | 98.2 |
| (1) 食　糖 | 96.3 | 96.1 | 94.6 | 95.5 | 95.3 |
| (2) 糖　果 | 101.3 | 101.7 | 102.3 | 100.1 | 100.7 |
| 11. 烟 草 类 | 98.7 | 98.4 | 98.3 | 98.4 | 98.8 |
| 12. 酒和饮料 | 99.7 | 99.8 | 99.6 | 99.1 | 99.7 |
| 13. 干鲜瓜果类 | 84.9 | 84.4 | 94.3 | 108.6 | 102.2 |
| (1) 鲜　果 | 84.5 | 83.7 | 95.9 | 113.3 | 106.1 |
| (2) 干　果 | 86.6 | 88.0 | 85.7 | 83.5 | 81.2 |
| 14. 糕 点 类 | 100.1 | 100.4 | 102.3 | 101.1 | 99.3 |
| 15. 奶及奶制品 | 102.2 | 101.3 | 101.6 | 103.3 | 103.5 |
| 16. 其他食品 | 101.8 | 101.6 | 101.6 | 102.1 | 101.0 |
| 17. 饮 食 业 | 102.0 | 101.2 | 101.6 | 101.6 | 101.6 |

| 6月 | 7月 | 8月 | 9月 | 10月 | 11月 | 12月 |
|---|---|---|---|---|---|---|
| **96.7** | **97.9** | **96.7** | **96.1** | **97.0** | **97.0** | **97.8** |
| **93.7** | **96.4** | **93.4** | **93.2** | **94.8** | **94.7** | **96.1** |
| 95.2 | 98.3 | 96.0 | 100.2 | 103.5 | 101.8 | 99.4 |
| 95.2 | 98.3 | 96.0 | 100.2 | 103.5 | 101.9 | 99.5 |
| 94.1 | 98.2 | 95.4 | 101.0 | 105.6 | 103.5 | 100.2 |
| 100.1 | 99.6 | 99.6 | 99.6 | 99.6 | 91.7 | 84.0 |
| 103.6 | 100.8 | 96.0 | 96.1 | 97.7 | 97.5 | 97.8 |
| 95.0 | 94.9 | 94.1 | 94.5 | 92.9 | 93.0 | 91.4 |
| 93.0 | 94.4 | 93.3 | 97.0 | 99.3 | 98.7 | 97.0 |
| 87.7 | 88.0 | 89.1 | 89.6 | 90.9 | 89.6 | 92.2 |
| 85.8 | 85.8 | 83.2 | 84.4 | 86.3 | 86.8 | 88.6 |
| 83.5 | 82.9 | 82.1 | 82.6 | 84.3 | 86.9 | 89.6 |
| 87.3 | 90.2 | 89.0 | 88.6 | 82.3 | 88.1 | 90.9 |
| 91.0 | 91.8 | 101.2 | 100.5 | 101.0 | 95.6 | 100.3 |
| 88.4 | 92.4 | 104.2 | 105.2 | 106.4 | 92.6 | 99.2 |
| 101.9 | 102.1 | 106.6 | 105.6 | 106.2 | 105.6 | 107.9 |
| 103.0 | 103.0 | 107.7 | 106.5 | 107.1 | 106.4 | 108.9 |
| 88.1 | 88.7 | 86.2 | 88.2 | 90.0 | 88.6 | 90.4 |
| 97.1 | 112.2 | 92.3 | 82.1 | 82.7 | 83.0 | 89.5 |
| 96.7 | 114.3 | 89.8 | 77.8 | 78.4 | 79.5 | 87.1 |
| 97.9 | 99.0 | 96.8 | 97.1 | 98.7 | 97.5 | 98.6 |
| 99.6 | 110.1 | 109.4 | 100.6 | 99.8 | 95.9 | 99.7 |
| 100.0 | 99.8 | 98.6 | 98.4 | 97.8 | 98.4 | 99.1 |
| 100.9 | 100.9 | 100.9 | 100.9 | 100.2 | 100.2 | 100.2 |
| 103.6 | 103.6 | 100.1 | 99.4 | 98.5 | 98.5 | 99.5 |
| 95.8 | 93.6 | 94.2 | 93.2 | 92.8 | 93.5 | 94.3 |
| 92.9 | 89.2 | 90.6 | 88.2 | 87.1 | 87.0 | 87.0 |
| 98.4 | 97.5 | 97.3 | 97.5 | 97.8 | 99.1 | 100.7 |
| 98.9 | 99.8 | 99.6 | 99.3 | 99.1 | 98.9 | 100.1 |
| 100.7 | 100.5 | 99.8 | 99.6 | 99.7 | 99.6 | 100.3 |
| 97.3 | 113.0 | 89.9 | 87.6 | 97.7 | 111.5 | 113.1 |
| 100.4 | 119.0 | 91.4 | 88.5 | 100.4 | 116.5 | 117.8 |
| 80.9 | 81.0 | 81.9 | 82.9 | 83.1 | 84.9 | 88.2 |
| 98.9 | 99.1 | 99.2 | 98.7 | 98.7 | 98.7 | 98.6 |
| 103.5 | 103.9 | 103.4 | 102.5 | 102.5 | 102.5 | 100.9 |
| 101.1 | 101.6 | 101.9 | 100.9 | 100.9 | 100.8 | 101.6 |
| 101.0 | 101.0 | 101.0 | 100.9 | 100.9 | 100.3 | 100.4 |

# 1988 年广西全区居民消费价格各月同比指数（续表 1）

以上年同月价格为 100

| 类　别 | 1 月 | 2 月 | 3 月 | 4 月 | 5 月 |
|---|---|---|---|---|---|
| (1) 主　　食 | 100.9 | 100.7 | 100.9 | 101.3 | 101.3 |
| (2) 炒　　菜 | 102.3 | 101.2 | 101.6 | 101.6 | 101.5 |
| (3) 地方小吃 | 102.5 | 102.9 | 102.9 | 102.2 | 102.7 |
| **二、衣 着 类** | **96.5** | **97.1** | **97.3** | **97.6** | **98.3** |
| 1. 服　　装 | 94.9 | 95.5 | 95.7 | 96.3 | 97.6 |
| 2. 衣着材料 | 99.9 | 99.8 | 100.4 | 100.6 | 99.9 |
| (1) 棉　　布 | 100.8 | 99.9 | 100.6 | 101.8 | 100.4 |
| (2) 棉花化纤混纺布 | 97.5 | 97.7 | 98.1 | 97.2 | 100.4 |
| (3) 化 纤 布 | 101.0 | 101.0 | 101.6 | 101.6 | 100.4 |
| (4) 呢　　绒 | 98.3 | 98.2 | 98.2 | 97.9 | 96.5 |
| (5) 绸　　缎 | 99.5 | 99.4 | 99.2 | 99.0 | 97.9 |
| (6) 毛　　线 | 98.2 | 97.8 | 99.0 | 99.8 | 99.5 |
| 3. 鞋袜帽及其他衣着 | 98.6 | 99.6 | 99.4 | 99.3 | 99.3 |
| (1) 鞋　　类 | 98.1 | 99.3 | 98.6 | 98.5 | 98.5 |
| (2) 袜　　子 | 100.8 | 100.3 | 100.3 | 99.8 | 101.3 |
| (3) 帽　　子 | 101.0 | 101.0 | 98.7 | 98.7 | 98.1 |
| (4) 其他衣着 | 101.0 | 101.5 | 105.9 | 105.8 | 105.4 |
| **三、家庭设备及用品** | **98.4** | **98.2** | **98.3** | **98.2** | **98.2** |
| 1. 耐用消费品 | 97.1 | 97.0 | 97.0 | 97.2 | 97.1 |
| (1) 家　　具 | 98.1 | 98.1 | 98.0 | 98.9 | 99.1 |
| (2) 家庭设备 | 96.5 | 96.4 | 96.4 | 96.2 | 96.0 |
| 2. 室内装饰品 | 99.7 | 99.5 | 99.9 | 99.9 | 100.4 |
| 3. 床上用品 | 99.2 | 99.4 | 99.5 | 99.3 | 99.3 |
| 4. 家庭日用杂品 | 99.9 | 99.2 | 99.7 | 99.5 | 99.2 |
| 5. 其他日用品 | 99.9 | 99.7 | 99.0 | 98.4 | 98.9 |
| **四、医疗保健** | **102.0** | **103.0** | **102.6** | **103.9** | **104.4** |
| 1. 医疗器具及保健用品 | 99.9 | 99.2 | 99.9 | 99.4 | 100.7 |
| 2. 中药材及中成药 | 105.8 | 109.2 | 109.0 | 110.9 | 112.3 |
| 3. 西　　药 | 98.3 | 97.2 | 96.5 | 97.4 | 96.9 |
| **五、交通和通讯工具** | **94.3** | **94.1** | **93.6** | **93.8** | **94.7** |
| 1. 交通工具 | 96.7 | 96.5 | 96.0 | 96.3 | 96.8 |
| 2. 通讯工具 | 88.7 | 88.5 | 88.1 | 88.0 | 89.7 |
| **六、娱乐教育文化用品** | **95.7** | **97.1** | **96.6** | **96.6** | **96.7** |
| 1. 文娱用耐用消费品 | 90.6 | 91.2 | 90.8 | 91.0 | 90.8 |
| 2. 教材及参考书 | 102.4 | 106.9 | 105.8 | 105.8 | 105.8 |
| 3. 文化娱乐用品 | 98.5 | 98.6 | 98.5 | 98.3 | 98.7 |
| (1) 文娱用品 | 97.3 | 97.6 | 97.4 | 97.0 | 97.7 |

| 6月 | 7月 | 8月 | 9月 | 10月 | 11月 | 12月 |
|---|---|---|---|---|---|---|
| 101.3 | 101.3 | 101.3 | 101.2 | 101.0 | 101.3 | 101.3 |
| 100.6 | 100.6 | 100.6 | 100.5 | 100.5 | 99.9 | 100.0 |
| 102.7 | 102.7 | 102.7 | 102.7 | 102.7 | 101.4 | 101.0 |
| **98.5** | **99.2** | **101.4** | **99.7** | **99.8** | **99.7** | **100.5** |
| 98.1 | 99.1 | 100.6 | 98.8 | 98.9 | 98.6 | 99.9 |
| 98.9 | 98.8 | 99.0 | 98.9 | 99.0 | 99.7 | 98.8 |
| 98.8 | 99.8 | 101.6 | 100.1 | 99.9 | 101.1 | 101.1 |
| 103.4 | 100.9 | 102.8 | 102.6 | 102.5 | 101.3 | 101.2 |
| 98.4 | 98.4 | 98.3 | 98.7 | 98.6 | 99.3 | 97.7 |
| 96.5 | 96.5 | 96.5 | 98.9 | 99.0 | 101.2 | 101.2 |
| 97.9 | 99.0 | 99.0 | 98.2 | 98.2 | 98.4 | 98.4 |
| 99.5 | 99.5 | 99.0 | 97.7 | 98.6 | 99.0 | 98.8 |
| 99.2 | 99.6 | 104.7 | 102.5 | 102.3 | 102.4 | 102.9 |
| 98.4 | 98.9 | 104.9 | 102.5 | 102.3 | 102.4 | 102.9 |
| 100.1 | 100.6 | 101.6 | 100.5 | 99.8 | 100.6 | 101.6 |
| 97.4 | 99.1 | 99.1 | 98.6 | 98.6 | 98.6 | 98.6 |
| 105.4 | 105.5 | 105.5 | 104.4 | 104.5 | 104.2 | 104.2 |
| **98.0** | **98.1** | **98.2** | **98.0** | **97.7** | **97.8** | **98.0** |
| 96.7 | 97.0 | 97.2 | 97.1 | 96.5 | 96.7 | 96.9 |
| 98.7 | 98.8 | 99.1 | 99.0 | 98.7 | 98.7 | 98.4 |
| 95.6 | 96.0 | 96.1 | 96.1 | 95.3 | 95.5 | 96.0 |
| 100.2 | 100.2 | 100.3 | 100.2 | 100.2 | 100.3 | 100.4 |
| 99.0 | 99.2 | 98.9 | 98.5 | 98.8 | 99.0 | 99.0 |
| 99.5 | 99.6 | 99.5 | 99.3 | 99.4 | 98.9 | 99.0 |
| 98.3 | 98.0 | 98.2 | 98.0 | 97.4 | 98.3 | 98.4 |
| **103.3** | **103.9** | **104.3** | **105.1** | **105.0** | **104.8** | **105.4** |
| 100.9 | 100.8 | 100.3 | 100.5 | 102.4 | 102.4 | 104.6 |
| 109.7 | 109.9 | 111.0 | 111.2 | 110.7 | 110.0 | 110.1 |
| 97.1 | 98.2 | 98.0 | 99.6 | 99.5 | 99.9 | 100.7 |
| **94.8** | **93.6** | **93.2** | **92.8** | **92.7** | **92.5** | **93.5** |
| 96.3 | 94.6 | 95.0 | 94.2 | 93.7 | 93.0 | 94.1 |
| 91.2 | 91.1 | 88.9 | 89.6 | 90.2 | 91.2 | 92.2 |
| **97.2** | **97.2** | **97.5** | **96.6** | **96.8** | **97.0** | **97.7** |
| 91.9 | 92.0 | 92.5 | 93.4 | 93.4 | 93.8 | 95.1 |
| 105.8 | 105.8 | 105.7 | 99.6 | 99.5 | 99.5 | 99.5 |
| 98.7 | 98.6 | 98.9 | 99.4 | 100.1 | 100.1 | 100.2 |
| 97.7 | 97.5 | 98.1 | 99.0 | 100.0 | 100.1 | 100.2 |

# 1988年广西全区居民消费价格各月同比指数（续表2）

以上年同月价格为100

| 类　别 | 1月 | 2月 | 3月 | 4月 | 5月 |
|---|---|---|---|---|---|
| (2) 报纸杂志 | 100.0 | 100.0 | 100.0 | 100.0 | 100.0 |
| **七、居　　住** | **102.4** | **101.5** | **102.1** | **102.7** | **101.3** |
| 1. 住　　房 | 106.0 | 104.9 | 105.4 | 105.5 | 104.9 |
| (1) 建筑材料 | 96.0 | 95.5 | 96.3 | 97.1 | 96.4 |
| (2) 房　　租 | 121.6 | 119.5 | 119.5 | 118.5 | 118.2 |
| 2. 水、电、燃料 | 98.4 | 97.7 | 98.4 | 99.6 | 97.2 |
| 水 | 116.9 | 116.1 | 116.0 | 117.5 | 120.2 |
| 电 | 108.1 | 106.8 | 107.9 | 108.6 | 104.1 |
| 液化石油气 | 80.1 | 79.9 | 80.3 | 82.2 | 79.8 |
| 管道煤气 | 100.0 | 100.0 | 100.0 | 100.0 | 100.0 |
| **八、服务项目** | **104.3** | **106.4** | **105.0** | **105.1** | **105.1** |
| 1. 电 讯 费 | 100.0 | 100.3 | 100.3 | 100.3 | 100.0 |
| 2. 邮　　费 | 99.8 | 100.0 | 100.0 | 100.0 | 100.0 |
| 3. 交 通 费 | 114.3 | 114.7 | 103.5 | 106.4 | 105.7 |
| 4. 洗理美容费 | 105.4 | 102.6 | 101.6 | 102.4 | 101.8 |
| 5. 文 娱 费 | 108.8 | 109.7 | 107.9 | 107.9 | 108.7 |
| 6. 学杂保育费 | 102.9 | 107.2 | 107.3 | 107.2 | 107.2 |
| 7. 修理及其他服务费 | 102.5 | 101.8 | 102.0 | 99.9 | 100.6 |
| 8. 医疗保健服务 | 101.2 | 100.0 | 100.0 | 100.0 | 100.7 |

| 6月 | 7月 | 8月 | 9月 | 10月 | 11月 | 12月 |
|---|---|---|---|---|---|---|
| 100.0 | 100.0 | 100.0 | 100.0 | 100.2 | 100.2 | 100.2 |
| **98.1** | **97.2** | **97.0** | **95.9** | **97.8** | **97.9** | **98.0** |
| 99.8 | 98.8 | 98.7 | 97.4 | 97.5 | 97.3 | 97.3 |
| 96.0 | 95.5 | 95.9 | 94.5 | 94.8 | 94.9 | 94.9 |
| 105.7 | 103.9 | 103.0 | 101.8 | 101.8 | 101.0 | 101.0 |
| 96.1 | 95.4 | 95.0 | 94.3 | 98.2 | 98.5 | 98.8 |
| 119.6 | 118.0 | 115.9 | 113.4 | 110.9 | 109.0 | 108.1 |
| 103.3 | 102.1 | 102.9 | 102.4 | 102.1 | 99.8 | 101.4 |
| 77.2 | 77.7 | 76.8 | 76.1 | 88.1 | 92.5 | 92.1 |
| 122.2 | 122.2 | 122.2 | 122.2 | 122.2 | 122.2 | 100.0 |
| **105.1** | **105.3** | **105.1** | **103.2** | **102.7** | **103.3** | **102.6** |
| 100.0 | 100.0 | 100.0 | 100.0 | 100.0 | 100.0 | 99.8 |
| 100.0 | 100.0 | 100.0 | 100.0 | 100.0 | 100.0 | 100.0 |
| 106.0 | 106.1 | 103.2 | 103.1 | 103.5 | 103.4 | 103.2 |
| 101.8 | 100.4 | 100.4 | 100.3 | 100.1 | 100.1 | 100.1 |
| 108.3 | 111.7 | 113.3 | 114.0 | 106.5 | 117.0 | 106.0 |
| 107.2 | 107.3 | 107.3 | 103.8 | 103.8 | 103.7 | 103.7 |
| 100.5 | 100.5 | 100.8 | 99.1 | 98.9 | 99.0 | 98.9 |
| 100.7 | 100.7 | 100.7 | 100.7 | 100.9 | 100.9 | 100.9 |

# 1999年广西全区居民消费价格各月同比指数

以上年同月价格为100

| 类别 | 1月 | 2月 | 3月 | 4月 | 5月 |
|---|---|---|---|---|---|
| **居民消费价格总指数** | **98.9** | **98.3** | **98.3** | **97.6** | **97.0** |
| **一、食　品** | **98.3** | **96.7** | **96.5** | **95.5** | **94.5** |
| 1. 粮　食 | 99.0 | 99.6 | 99.7 | 102.5 | 103.0 |
| (1) 细　粮 | 99.0 | 99.6 | 99.7 | 102.5 | 103.0 |
| 大　米 | 99.4 | 99.9 | 100.3 | 104.2 | 104.8 |
| (2) 粗　粮 | 96.6 | 98.7 | 94.9 | 97.3 | 99.0 |
| 2. 淀粉及薯类 | 98.7 | 97.9 | 98.7 | 99.1 | 96.0 |
| 3. 干豆类及豆制品 | 92.9 | 91.2 | 90.8 | 91.0 | 88.8 |
| 4. 油脂类 | 95.0 | 94.9 | 94.0 | 93.7 | 94.5 |
| 5. 肉禽及其制品 | 97.9 | 93.7 | 92.1 | 90.5 | 88.6 |
| 猪　肉 | 90.8 | 88.9 | 89.7 | 88.6 | 85.8 |
| 牛　肉 | 94.5 | 95.3 | 97.0 | 95.6 | 91.2 |
| 羊　肉 | 91.1 | 90.7 | 91.1 | 87.0 | 89.7 |
| 鸡 | 118.3 | 104.9 | 95.5 | 91.0 | 91.9 |
| 鸭 | 105.3 | 97.3 | 92.0 | 93.3 | 89.4 |
| 6. 蛋　类 | 108.8 | 108.0 | 103.8 | 98.4 | 96.9 |
| 鲜　蛋 | 109.6 | 108.6 | 104.0 | 98.3 | 96.7 |
| 7. 水产品类 | 93.9 | 95.4 | 96.4 | 93.1 | 95.9 |
| 8. 菜　类 | 89.6 | 85.5 | 93.5 | 99.4 | 101.0 |
| (1) 鲜　菜 | 87.6 | 81.4 | 92.2 | 98.2 | 100.3 |
| (2) 干　菜 | 98.3 | 103.8 | 99.1 | 102.3 | 102.2 |
| (3) 菜制品 | 95.3 | 96.3 | 97.7 | 105.1 | 105.4 |
| 9. 调味品 | 99.4 | 99.7 | 98.8 | 99.3 | 99.2 |
| 盐 | 100.2 | 100.2 | 99.0 | 100.2 | 100.2 |
| 酱　油 | 99.9 | 100.7 | 100.7 | 100.2 | 99.2 |
| 10. 糖　类 | 93.4 | 91.9 | 91.8 | 91.8 | 90.9 |
| (1) 食　糖 | 85.8 | 84.1 | 84.7 | 84.5 | 83.0 |
| (2) 糖　果 | 100.2 | 98.9 | 98.1 | 98.3 | 97.9 |
| 11. 烟草类 | 99.1 | 99.1 | 99.1 | 97.7 | 96.9 |
| 12. 酒和饮料 | 100.1 | 99.8 | 99.8 | 99.7 | 99.0 |
| 13. 干鲜瓜果类 | 112.3 | 115.2 | 110.2 | 95.4 | 84.8 |
| (1) 鲜　果 | 117.7 | 121.2 | 114.9 | 97.1 | 84.2 |
| (2) 干　果 | 82.9 | 83.2 | 84.8 | 86.0 | 87.8 |
| 14. 糕点类 | 99.4 | 99.2 | 98.0 | 99.1 | 100.0 |
| 15. 奶及奶制品 | 100.7 | 101.2 | 101.5 | 100.1 | 100.0 |
| 16. 其他食品 | 100.1 | 100.7 | 100.7 | 100.0 | 100.5 |
| 17. 饮食业 | 100.4 | 100.5 | 100.7 | 100.4 | 100.5 |

| 6月 | 7月 | 8月 | 9月 | 10月 | 11月 | 12月 |
|---|---|---|---|---|---|---|
| **97.1** | **95.9** | **97.0** | **98.4** | **97.8** | **97.9** | **97.9** |
| **95.0** | **92.5** | **94.2** | **97.1** | **96.8** | **97.2** | **96.7** |
| 99.7 | 96.0 | 97.0 | 96.0 | 94.3 | 95.4 | 97.0 |
| 99.7 | 96.0 | 97.0 | 96.0 | 94.3 | 95.4 | 97.0 |
| 100.2 | 95.3 | 96.6 | 95.1 | 92.9 | 94.5 | 96.8 |
| 98.0 | 96.2 | 93.8 | 91.5 | 92.0 | 92.4 | 95.1 |
| 94.7 | 92.5 | 93.0 | 93.6 | 95.2 | 94.5 | 94.6 |
| 87.5 | 86.6 | 86.5 | 86.3 | 87.0 | 88.4 | 90.2 |
| 96.2 | 95.8 | 97.0 | 94.7 | 92.8 | 92.8 | 94.0 |
| 91.9 | 91.2 | 92.0 | 94.5 | 94.1 | 94.6 | 94.4 |
| 88.1 | 87.1 | 89.6 | 94.1 | 94.1 | 94.6 | 94.1 |
| 95.0 | 96.4 | 95.8 | 100.3 | 100.9 | 98.1 | 100.2 |
| 86.5 | 79.7 | 85.4 | 85.7 | 90.5 | 95.7 | 94.7 |
| 98.8 | 98.0 | 97.1 | 95.1 | 93.2 | 93.6 | 93.6 |
| 94.9 | 95.5 | 89.9 | 87.0 | 84.9 | 88.0 | 89.1 |
| 90.7 | 90.7 | 87.0 | 86.4 | 86.7 | 87.5 | 82.7 |
| 89.9 | 90.1 | 86.3 | 85.5 | 85.9 | 86.8 | 81.8 |
| 98.6 | 96.2 | 95.5 | 94.8 | 96.0 | 96.6 | 95.5 |
| 93.6 | 78.9 | 89.1 | 109.0 | 111.4 | 116.2 | 112.7 |
| 91.3 | 74.1 | 86.7 | 110.9 | 113.6 | 119.4 | 115.3 |
| 101.3 | 101.4 | 103.5 | 102.8 | 103.4 | 103.7 | 103.3 |
| 102.6 | 90.4 | 91.1 | 101.3 | 103.8 | 105.1 | 102.4 |
| 99.0 | 99.0 | 99.1 | 99.6 | 99.7 | 99.6 | 100.0 |
| 100.2 | 100.2 | 101.0 | 101.7 | 100.8 | 102.9 | 104.1 |
| 99.2 | 99.2 | 99.2 | 100.0 | 101.0 | 101.0 | 101.0 |
| 91.8 | 92.6 | 92.5 | 92.8 | 90.9 | 90.0 | 89.7 |
| 84.7 | 85.4 | 85.2 | 86.6 | 81.9 | 80.8 | 80.5 |
| 98.1 | 99.0 | 99.0 | 98.3 | 98.9 | 98.2 | 97.9 |
| 97.1 | 97.1 | 97.1 | 97.1 | 98.0 | 95.8 | 95.4 |
| 98.2 | 98.2 | 99.0 | 99.2 | 98.9 | 98.6 | 98.4 |
| 90.3 | 84.2 | 92.0 | 98.8 | 97.3 | 92.4 | 89.6 |
| 90.6 | 83.2 | 92.3 | 100.1 | 98.5 | 92.5 | 89.1 |
| 88.7 | 90.0 | 90.4 | 92.2 | 90.5 | 92.2 | 92.7 |
| 100.2 | 100.4 | 100.3 | 100.5 | 99.4 | 99.2 | 99.4 |
| 99.6 | 99.9 | 99.6 | 100.2 | 99.3 | 99.3 | 98.0 |
| 100.8 | 100.2 | 100.0 | 100.0 | 99.7 | 97.9 | 97.7 |
| 100.4 | 100.3 | 100.3 | 100.3 | 99.9 | 99.8 | 99.8 |

# 1999年广西全区居民消费价格各月同比指数（续表1）

以上年同月价格为100

| 类　别 | 1月 | 2月 | 3月 | 4月 | 5月 |
|---|---|---|---|---|---|
| (1) 主　食 | 101.3 | 101.3 | 101.3 | 100.3 | 100.0 |
| (2) 炒　菜 | 100.1 | 100.3 | 100.5 | 100.5 | 100.7 |
| (3) 地方小吃 | 101.0 | 100.5 | 100.5 | 100.5 | 100.0 |
| **二、衣着类** | **100.3** | **100.0** | **100.2** | **99.7** | **98.4** |
| 1. 服　装 | 100.7 | 100.4 | 100.7 | 100.4 | 99.0 |
| 2. 衣着材料 | 99.0 | 99.0 | 99.0 | 98.7 | 98.0 |
| (1) 棉　布 | 101.6 | 102.0 | 101.3 | 100.3 | 100.1 |
| (2) 棉花化纤混纺布 | 103.1 | 102.2 | 99.0 | 100.2 | 95.7 |
| (3) 化纤布 | 98.1 | 98.1 | 98.1 | 98.1 | 97.4 |
| (4) 呢　绒 | 98.1 | 98.1 | 98.2 | 98.2 | 97.8 |
| (5) 绸　缎 | 98.8 | 98.9 | 100.4 | 100.3 | 99.7 |
| (6) 毛　线 | 99.0 | 99.2 | 100.5 | 98.9 | 99.3 |
| 3. 鞋袜帽及其他衣着 | 100.0 | 99.6 | 99.7 | 98.4 | 97.3 |
| (1) 鞋　类 | 99.4 | 98.9 | 99.3 | 97.8 | 96.5 |
| (2) 袜　子 | 101.4 | 102.1 | 102.9 | 102.9 | 102.9 |
| (3) 帽　子 | 98.9 | 98.5 | 100.7 | 97.1 | 97.5 |
| (4) 其他衣着 | 104.5 | 104.4 | 100.5 | 100.8 | 100.6 |
| **三、家庭设备及用品** | **98.4** | **98.3** | **98.5** | **98.6** | **98.4** |
| 1. 耐用消费品 | 97.3 | 97.1 | 97.5 | 97.8 | 98.1 |
| (1) 家　具 | 98.3 | 98.3 | 98.7 | 98.4 | 98.7 |
| (2) 家庭设备 | 96.8 | 96.4 | 96.8 | 97.5 | 97.7 |
| 2. 室内装饰品 | 100.3 | 100.7 | 100.2 | 100.2 | 99.7 |
| 3. 床上用品 | 99.7 | 99.6 | 98.6 | 98.5 | 98.2 |
| 4. 家庭日用杂品 | 99.0 | 98.8 | 98.8 | 98.8 | 98.4 |
| 5. 其他日用品 | 100.0 | 100.2 | 100.6 | 100.6 | 99.0 |
| **四、医疗保健** | **106.2** | **104.3** | **104.0** | **102.8** | **101.1** |
| 1. 医疗器具及保健用品 | 104.1 | 104.1 | 103.9 | 104.3 | 104.0 |
| 2. 中药材及中成药 | 111.0 | 106.8 | 106.0 | 103.6 | 100.9 |
| 3. 西　药 | 101.5 | 101.7 | 102.0 | 101.7 | 100.9 |
| **五、交通和通讯工具** | **91.9** | **91.7** | **91.2** | **90.6** | **89.4** |
| 1. 交通工具 | 92.0 | 92.4 | 92.1 | 91.9 | 91.4 |
| 2. 通讯工具 | 91.6 | 90.4 | 89.4 | 88.0 | 85.4 |
| **六、娱乐教育文化用品** | **98.9** | **98.6** | **99.7** | **98.9** | **98.0** |
| 1. 文娱用耐用消费品 | 95.7 | 95.7 | 96.4 | 94.4 | 92.5 |
| 2. 教材及参考书 | 102.9 | 101.2 | 104.4 | 104.8 | 105.2 |
| 3. 文化娱乐用品 | 101.0 | 101.4 | 101.5 | 101.7 | 101.6 |
| (1) 文娱用品 | 100.1 | 100.5 | 100.7 | 101.2 | 100.9 |

| 6月 | 7月 | 8月 | 9月 | 10月 | 11月 | 12月 |
|---|---|---|---|---|---|---|
| 100.0 | 100.2 | 100.2 | 100.2 | 99.9 | 99.9 | 99.9 |
| 100.5 | 100.2 | 100.2 | 100.2 | 99.8 | 99.6 | 99.7 |
| 100.8 | 101.2 | 101.2 | 101.2 | 100.7 | 100.7 | 100.7 |
| **98.1** | **98.0** | **98.1** | **98.2** | **97.5** | **98.4** | **98.1** |
| 98.5 | 98.2 | 98.3 | 98.5 | 97.8 | 99.5 | 99.1 |
| 97.5 | 97.7 | 97.8 | 97.7 | 97.5 | 97.1 | 97.2 |
| 100.0 | 99.7 | 99.8 | 99.5 | 99.8 | 98.8 | 98.8 |
| 95.7 | 95.7 | 95.8 | 96.2 | 94.9 | 94.9 | 95.1 |
| 96.6 | 96.9 | 96.9 | 96.9 | 96.9 | 97.0 | 97.0 |
| 97.8 | 98.4 | 98.5 | 96.0 | 94.7 | 94.5 | 94.8 |
| 99.7 | 99.7 | 99.6 | 99.0 | 99.0 | 99.0 | 99.0 |
| 99.3 | 99.3 | 99.7 | 100.1 | 100.0 | 98.3 | 98.3 |
| 97.6 | 97.6 | 97.6 | 97.7 | 96.9 | 96.2 | 96.3 |
| 96.9 | 97.0 | 97.1 | 97.1 | 96.3 | 95.5 | 95.6 |
| 101.6 | 101.6 | 101.6 | 101.6 | 101.6 | 101.6 | 101.6 |
| 98.3 | 96.4 | 98.1 | 100.0 | 100.0 | 100.0 | 100.0 |
| 100.6 | 100.5 | 99.5 | 99.5 | 98.5 | 98.1 | 98.1 |
| **98.1** | **98.2** | **98.0** | **98.3** | **98.6** | **98.5** | **98.4** |
| 97.7 | 97.6 | 97.7 | 97.8 | 98.2 | 97.9 | 97.8 |
| 98.1 | 98.0 | 98.1 | 97.5 | 97.2 | 97.1 | 97.7 |
| 97.4 | 97.4 | 97.5 | 97.9 | 98.7 | 98.4 | 97.9 |
| 99.7 | 99.7 | 99.7 | 99.1 | 98.9 | 98.8 | 98.8 |
| 97.9 | 97.9 | 97.6 | 98.2 | 97.9 | 97.1 | 97.1 |
| 98.0 | 98.5 | 98.5 | 99.2 | 99.2 | 99.3 | 99.4 |
| 99.5 | 99.7 | 98.2 | 98.1 | 99.1 | 99.8 | 99.8 |
| **100.8** | **99.0** | **97.9** | **97.5** | **96.8** | **97.0** | **96.7** |
| 103.7 | 103.4 | 103.5 | 103.4 | 101.9 | 101.5 | 99.5 |
| 100.6 | 99.2 | 98.0 | 97.5 | 97.1 | 97.8 | 97.8 |
| 100.7 | 98.2 | 97.1 | 96.8 | 95.8 | 95.6 | 95.2 |
| **88.4** | **88.6** | **89.4** | **89.3** | **88.4** | **88.5** | **88.4** |
| 91.5 | 92.4 | 92.0 | 92.5 | 91.1 | 91.4 | 91.4 |
| 82.2 | 81.0 | 84.1 | 82.9 | 82.8 | 82.5 | 82.3 |
| **97.8** | **97.3** | **96.7** | **96.8** | **97.3** | **97.3** | **97.5** |
| 92.4 | 91.6 | 90.2 | 90.3 | 91.3 | 91.2 | 91.6 |
| 104.4 | 104.4 | 104.7 | 104.9 | 104.9 | 104.9 | 105.2 |
| 101.6 | 101.3 | 101.2 | 101.2 | 101.3 | 101.4 | 101.2 |
| 101.0 | 100.6 | 100.4 | 100.3 | 100.6 | 100.8 | 100.4 |

# 1999年广西全区居民消费价格各月同比指数（续表2）

以上年同月价格为100

| 类　别 | 1月 | 2月 | 3月 | 4月 | 5月 |
|---|---|---|---|---|---|
| (2) 报纸杂志 | 101.9 | 102.3 | 102.3 | 102.3 | 102.3 |
| **七、居　　住** | **98.9** | **99.3** | **98.3** | **97.7** | **99.1** |
| 1. 住　　房 | 98.5 | 99.6 | 99.9 | 99.7 | 100.1 |
| (1) 建筑材料 | 95.6 | 96.2 | 96.6 | 96.3 | 96.8 |
| (2) 房　　租 | 102.8 | 104.6 | 104.6 | 104.7 | 104.8 |
| 2. 水、电、燃料 | 99.3 | 98.9 | 96.6 | 95.5 | 98.1 |
| 水 | 106.9 | 106.9 | 106.3 | 104.4 | 102.9 |
| 电 | 101.1 | 101.1 | 100.7 | 100.5 | 102.9 |
| 液化石油气 | 93.6 | 92.3 | 86.5 | 84.3 | 89.6 |
| 管道煤气 | 122.0 | 122.0 | 122.0 | 122.0 | 122.0 |
| **八、服务项目** | **101.2** | **103.3** | **104.3** | **103.9** | **104.4** |
| 1. 电 讯 费 | 100.0 | 100.0 | 99.9 | 100.9 | 100.9 |
| 2. 邮　　费 | 100.0 | 100.0 | 144.6 | 144.6 | 144.6 |
| 3. 交 通 费 | 91.6 | 108.7 | 109.4 | 104.0 | 105.1 |
| 4. 洗理美容费 | 100.2 | 101.0 | 101.0 | 104.0 | 103.6 |
| 5. 文 娱 费 | 107.1 | 105.4 | 104.7 | 103.8 | 108.2 |
| 6. 学杂保育费 | 103.3 | 104.3 | 105.4 | 105.4 | 105.4 |
| 7. 修理及其他服务费 | 99.1 | 98.5 | 98.7 | 98.9 | 98.6 |
| 8. 医疗保健服务 | 100.9 | 100.8 | 100.8 | 100.8 | 102.4 |

| 6月 | 7月 | 8月 | 9月 | 10月 | 11月 | 12月 |
|---|---|---|---|---|---|---|
| 102.3 | 102.1 | 102.1 | 102.1 | 102.1 | 102.1 | 102.1 |
| **99.3** | **100.3** | **104.2** | **106.1** | **102.5** | **101.3** | **103.1** |
| 99.9 | 99.5 | 99.0 | 99.2 | 99.9 | 99.9 | 99.8 |
| 96.6 | 95.8 | 95.1 | 95.9 | 97.1 | 97.1 | 97.0 |
| 104.8 | 104.8 | 104.8 | 103.9 | 103.9 | 103.9 | 104.0 |
| 98.7 | 101.2 | 109.9 | 113.6 | 105.4 | 102.8 | 106.7 |
| 103.1 | 104.6 | 104.8 | 104.8 | 104.8 | 104.8 | 104.8 |
| 99.0 | 97.0 | 96.9 | 96.8 | 97.3 | 98.9 | 98.2 |
| 96.3 | 104.9 | 129.4 | 140.3 | 116.4 | 107.0 | 118.9 |
| 100.3 | 100.3 | 100.3 | 100.0 | 100.0 | 100.0 | 100.0 |
| **104.2** | **103.3** | **103.0** | **101.7** | **101.7** | **101.4** | **102.0** |
| 100.9 | 100.9 | 100.9 | 100.9 | 100.9 | 100.9 | 100.9 |
| 144.6 | 144.6 | 144.6 | 144.6 | 144.6 | 144.6 | 144.6 |
| 104.9 | 104.7 | 104.1 | 104.1 | 103.4 | 103.0 | 103.0 |
| 103.6 | 104.6 | 104.6 | 104.6 | 104.4 | 104.4 | 104.4 |
| 106.5 | 99.5 | 97.7 | 99.3 | 99.7 | 95.8 | 101.3 |
| 105.4 | 104.5 | 104.2 | 101.0 | 101.1 | 101.1 | 101.2 |
| 98.6 | 98.2 | 98.2 | 99.6 | 100.0 | 99.9 | 99.9 |
| 102.4 | 102.9 | 102.9 | 102.9 | 102.9 | 102.9 | 105.6 |

# 2000年广西全区居民消费价格各月同比指数

以上年同月价格为100

| 类别 | 1月 | 2月 | 3月 | 4月 | 5月 |
|---|---|---|---|---|---|
| **居民消费价格总指数** | **97.4** | **98.5** | **97.6** | **98.0** | **99.2** |
| **一、食　品** | **95.3** | **97.7** | **95.4** | **95.6** | **97.9** |
| 1. 粮　食 | 94.5 | 94.3 | 94.0 | 92.5 | 91.3 |
| (1) 细　粮 | 94.7 | 94.6 | 94.2 | 92.7 | 91.5 |
| 大　米 | 93.5 | 93.5 | 92.8 | 90.7 | 88.9 |
| (2) 粗　粮 | 86.2 | 80.6 | 85.7 | 82.8 | 83.4 |
| 2. 淀粉及薯类 | 95.8 | 97.5 | 100.0 | 96.3 | 95.6 |
| 3. 干豆类及豆制品 | 94.2 | 97.0 | 96.2 | 98.4 | 101.2 |
| 4. 油脂类 | 96.6 | 96.4 | 98.1 | 98.6 | 98.7 |
| 5. 肉禽及其制品 | 92.6 | 93.8 | 93.3 | 95.6 | 99.1 |
| 猪　肉 | 93.3 | 95.1 | 93.3 | 97.3 | 103.2 |
| 牛　肉 | 98.5 | 100.0 | 100.6 | 98.9 | 99.8 |
| 羊　肉 | 99.5 | 106.8 | 105.6 | 107.9 | 106.0 |
| 鸡 | 89.6 | 88.9 | 92.3 | 92.8 | 92.1 |
| 鸭 | 83.1 | 84.0 | 82.6 | 82.9 | 89.1 |
| 6. 蛋　类 | 80.9 | 79.9 | 80.3 | 81.3 | 81.8 |
| 鲜　蛋 | 80.0 | 79.0 | 79.6 | 80.4 | 81.0 |
| 7. 水产品类 | 100.2 | 102.6 | 95.5 | 96.9 | 95.5 |
| 8. 菜　类 | 99.8 | 122.3 | 109.5 | 99.6 | 98.0 |
| (1) 鲜　菜 | 100.1 | 129.8 | 113.3 | 100.6 | 98.9 |
| (2) 干　菜 | 100.9 | 97.4 | 99.6 | 99.5 | 99.1 |
| (3) 菜制品 | 96.2 | 92.1 | 91.1 | 91.5 | 89.0 |
| 9. 调味品 | 102.6 | 102.8 | 103.3 | 103.5 | 103.1 |
| 盐 | 111.5 | 111.5 | 111.5 | 111.5 | 111.5 |
| 酱　油 | 100.3 | 101.6 | 101.6 | 102.3 | 102.3 |
| 10. 糖　类 | 93.1 | 93.0 | 97.0 | 98.8 | 101.7 |
| (1) 食　糖 | 85.6 | 86.3 | 93.8 | 97.7 | 103.3 |
| (2) 糖　果 | 99.7 | 98.9 | 99.8 | 99.8 | 100.3 |
| 11. 烟草类 | 99.0 | 98.7 | 98.7 | 98.1 | 98.6 |
| 12. 酒和饮料 | 99.8 | 99.5 | 100.2 | 100.5 | 101.1 |
| 13. 干鲜瓜果类 | 91.1 | 87.7 | 76.6 | 80.4 | 101.0 |
| (1) 鲜　果 | 90.3 | 86.4 | 73.6 | 77.6 | 101.8 |
| (2) 干　果 | 95.4 | 95.3 | 92.6 | 95.4 | 96.8 |
| 14. 糕点类 | 99.1 | 99.1 | 99.0 | 99.1 | 99.8 |
| 15. 奶及奶制品 | 98.6 | 100.2 | 100.8 | 101.4 | 102.0 |
| 16. 其他食品 | 99.0 | 99.2 | 98.7 | 99.4 | 98.0 |
| 17. 饮食业 | 99.2 | 99.4 | 99.2 | 99.1 | 99.2 |

| 6月 | 7月 | 8月 | 9月 | 10月 | 11月 | 12月 |
|---|---|---|---|---|---|---|
| **98.7** | **98.6** | **98.9** | **101.6** | **102.7** | **103.3** | **102.5** |
| **96.9** | **96.7** | **97.7** | **94.9** | **96.1** | **98.2** | **97.2** |
| 91.5 | 91.2 | 90.6 | 90.5 | 89.6 | 89.7 | 89.4 |
| 91.6 | 91.3 | 90.6 | 90.5 | 89.5 | 89.5 | 89.4 |
| 89.2 | 88.7 | 87.8 | 88.0 | 87.0 | 87.4 | 87.1 |
| 87.9 | 86.9 | 90.8 | 91.2 | 95.7 | 99.8 | 91.6 |
| 96.1 | 95.5 | 94.6 | 95.6 | 96.4 | 96.2 | 95.1 |
| 102.6 | 105.1 | 104.4 | 106.2 | 105.7 | 106.4 | 102.9 |
| 97.2 | 95.2 | 96.0 | 95.6 | 94.4 | 93.6 | 91.7 |
| 96.6 | 96.3 | 97.9 | 93.7 | 94.4 | 96.0 | 96.9 |
| 99.3 | 99.5 | 101.5 | 96.4 | 96.6 | 96.7 | 97.9 |
| 99.7 | 97.8 | 100.9 | 97.5 | 99.8 | 100.0 | 98.0 |
| 107.1 | 108.3 | 103.3 | 107.8 | 108.8 | 108.1 | 103.6 |
| 90.7 | 91.7 | 92.0 | 86.7 | 88.9 | 93.8 | 95.0 |
| 87.2 | 80.1 | 81.5 | 81.0 | 80.4 | 89.8 | 90.3 |
| 83.2 | 83.2 | 90.8 | 88.7 | 88.6 | 88.8 | 90.4 |
| 82.7 | 82.8 | 91.0 | 88.7 | 88.6 | 88.8 | 90.5 |
| 92.5 | 95.3 | 95.3 | 95.5 | 95.3 | 94.2 | 96.9 |
| 97.8 | 95.5 | 96.3 | 83.9 | 94.0 | 100.2 | 90.2 |
| 98.8 | 95.3 | 96.1 | 81.7 | 94.5 | 101.9 | 89.3 |
| 97.1 | 96.3 | 95.4 | 95.2 | 93.6 | 92.9 | 91.2 |
| 90.2 | 96.4 | 99.4 | 88.2 | 89.7 | 95.3 | 96.3 |
| 103.4 | 103.6 | 103.4 | 103.1 | 102.9 | 102.7 | 102.2 |
| 111.5 | 111.5 | 110.8 | 110.0 | 110.7 | 109.3 | 107.7 |
| 102.3 | 102.3 | 102.3 | 102.3 | 101.3 | 101.3 | 101.3 |
| 103.2 | 107.7 | 114.2 | 114.4 | 115.0 | 116.7 | 113.1 |
| 106.1 | 115.6 | 129.3 | 129.2 | 131.0 | 133.9 | 126.3 |
| 100.6 | 100.6 | 100.7 | 101.3 | 100.8 | 101.3 | 101.3 |
| 98.3 | 98.3 | 97.8 | 97.8 | 97.8 | 98.6 | 99.1 |
| 101.0 | 101.0 | 101.2 | 101.4 | 101.2 | 101.0 | 101.1 |
| 102.9 | 101.3 | 103.3 | 101.1 | 104.0 | 119.4 | 112.3 |
| 104.0 | 101.9 | 104.1 | 101.7 | 105.3 | 123.9 | 115.2 |
| 96.9 | 98.1 | 99.0 | 97.6 | 96.4 | 95.0 | 96.3 |
| 100.2 | 100.0 | 100.2 | 100.2 | 101.1 | 101.1 | 101.1 |
| 102.2 | 101.5 | 101.8 | 101.6 | 101.7 | 101.7 | 103.2 |
| 97.6 | 98.1 | 98.6 | 100.5 | 100.1 | 100.8 | 101.2 |
| 99.2 | 99.3 | 99.3 | 99.2 | 99.6 | 99.6 | 99.6 |

# 2000年广西全区居民消费价格各月同比指数（续表1）

以上年同月价格为100

| 类　别 | 1月 | 2月 | 3月 | 4月 | 5月 |
|---|---|---|---|---|---|
| (1) 主　　食 | 99.0 | 99.8 | 99.8 | 99.8 | 99.8 |
| (2) 炒　　菜 | 99.1 | 99.1 | 98.7 | 98.7 | 98.9 |
| (3) 地方小吃 | 100.5 | 100.5 | 100.5 | 100.5 | 99.7 |
| **二、衣 着 类** | **98.2** | **99.3** | **98.9** | **98.9** | **99.8** |
| 1. 服　　装 | 98.4 | 99.6 | 99.5 | 99.0 | 100.1 |
| 2. 衣着材料 | 97.1 | 97.1 | 97.3 | 97.5 | 97.8 |
| (1) 棉　　布 | 98.4 | 97.8 | 98.2 | 98.3 | 99.6 |
| (2) 棉花化纤混纺布 | 96.7 | 97.0 | 98.0 | 97.9 | 99.2 |
| (3) 化 纤 布 | 97.0 | 97.0 | 97.6 | 97.6 | 98.0 |
| (4) 呢　　绒 | 97.5 | 97.7 | 98.3 | 98.3 | 96.0 |
| (5) 绸　　缎 | 98.4 | 98.3 | 97.9 | 97.9 | 99.9 |
| (6) 毛　　线 | 96.6 | 96.8 | 95.3 | 96.2 | 96.1 |
| 3. 鞋袜帽及其他衣着 | 98.2 | 99.4 | 98.1 | 99.1 | 99.8 |
| (1) 鞋　　类 | 98.0 | 99.4 | 98.1 | 99.3 | 100.1 |
| (2) 袜　　子 | 99.6 | 99.6 | 95.7 | 95.7 | 95.7 |
| (3) 帽　　子 | 100.0 | 100.0 | 100.0 | 105.4 | 105.5 |
| (4) 其他衣着 | 99.1 | 98.8 | 100.0 | 99.5 | 99.7 |
| **三、家庭设备及用品** | **98.3** | **98.5** | **98.6** | **98.7** | **98.9** |
| 1. 耐用消费品 | 97.9 | 98.2 | 98.3 | 98.3 | 98.5 |
| (1) 家　　具 | 98.1 | 97.9 | 98.4 | 99.1 | 99.3 |
| (2) 家庭设备 | 97.8 | 98.3 | 98.2 | 97.9 | 98.1 |
| 2. 室内装饰品 | 98.7 | 98.5 | 98.7 | 98.7 | 98.3 |
| 3. 床上用品 | 96.8 | 96.7 | 97.1 | 96.6 | 97.2 |
| 4. 家庭日用杂品 | 99.2 | 99.4 | 99.5 | 99.8 | 99.8 |
| 5. 其他日用品 | 99.1 | 99.1 | 99.3 | 99.7 | 99.8 |
| **四、医疗保健** | **98.4** | **97.1** | **96.6** | **96.7** | **96.1** |
| 1. 医疗器具及保健用品 | 102.7 | 100.5 | 101.5 | 101.8 | 98.5 |
| 2. 中药材及中成药 | 98.8 | 98.3 | 97.0 | 96.8 | 96.0 |
| 3. 西　　药 | 97.3 | 95.3 | 95.6 | 95.9 | 95.9 |
| **五、交通和通讯工具** | **91.0** | **91.0** | **91.6** | **91.3** | **89.4** |
| 1. 交通工具 | 94.4 | 94.2 | 94.7 | 94.3 | 94.0 |
| 2. 通讯工具 | 84.6 | 85.0 | 85.7 | 85.7 | 80.8 |
| **六、娱乐教育文化用品** | **96.9** | **96.5** | **95.8** | **96.3** | **97.4** |
| 1. 文娱用耐用消费品 | 92.6 | 91.1 | 90.8 | 91.9 | 94.1 |
| 2. 教材及参考书 | 101.2 | 103.4 | 100.7 | 100.7 | 100.7 |
| 3. 文化娱乐用品 | 100.5 | 100.1 | 100.1 | 100.2 | 100.2 |

| 6月 | 7月 | 8月 | 9月 | 10月 | 11月 | 12月 |
|---|---|---|---|---|---|---|
| 99.8 | 99.6 | 99.5 | 100.3 | 99.9 | 99.9 | 99.9 |
| 99.0 | 99.5 | 99.5 | 98.9 | 99.4 | 99.4 | 99.4 |
| 99.0 | 97.7 | 97.7 | 98.8 | 100.2 | 100.2 | 100.2 |
| **99.9** | **100.2** | **99.8** | **99.6** | **101.7** | **99.4** | **99.9** |
| 100.6 | 100.9 | 100.4 | 100.2 | 103.5 | 99.3 | 100.2 |
| 97.7 | 98.5 | 98.4 | 98.8 | 98.9 | 99.1 | 99.1 |
| 100.6 | 100.6 | 99.4 | 99.2 | 100.3 | 99.5 | 99.5 |
| 99.2 | 99.2 | 98.7 | 99.1 | 99.5 | 99.5 | 99.5 |
| 97.7 | 99.2 | 99.2 | 99.8 | 99.8 | 99.8 | 99.8 |
| 96.0 | 96.0 | 95.1 | 94.6 | 94.3 | 94.4 | 94.3 |
| 100.0 | 99.5 | 99.0 | 100.8 | 100.9 | 100.9 | 100.9 |
| 96.1 | 96.4 | 96.7 | 96.8 | 96.9 | 98.4 | 98.4 |
| 99.3 | 99.3 | 98.9 | 98.6 | 98.7 | 99.8 | 99.7 |
| 99.5 | 99.5 | 99.1 | 98.8 | 98.6 | 99.6 | 99.5 |
| 95.7 | 95.7 | 95.7 | 95.7 | 96.2 | 99.3 | 99.3 |
| 105.5 | 105.5 | 102.3 | 100.1 | 100.1 | 100.1 | 100.1 |
| 99.6 | 99.6 | 99.5 | 99.4 | 101.1 | 101.7 | 101.7 |
| **98.9** | **98.8** | **98.8** | **98.5** | **98.3** | **98.1** | **98.1** |
| 98.6 | 98.3 | 98.2 | 97.8 | 98.0 | 97.7 | 98.0 |
| 100.0 | 99.9 | 99.9 | 100.6 | 100.7 | 100.7 | 100.1 |
| 97.9 | 97.4 | 97.2 | 96.3 | 96.5 | 96.1 | 96.9 |
| 98.7 | 99.1 | 99.1 | 99.1 | 99.1 | 99.1 | 99.1 |
| 97.6 | 97.9 | 98.5 | 98.4 | 98.1 | 98.3 | 98.3 |
| 99.5 | 99.6 | 99.5 | 99.0 | 98.8 | 99.1 | 98.9 |
| 99.6 | 99.6 | 100.2 | 100.0 | 98.1 | 97.1 | 96.9 |
| **96.6** | **97.5** | **97.9** | **98.4** | **99.0** | **98.1** | **97.6** |
| 98.3 | 99.0 | 99.0 | 98.4 | 98.6 | 97.5 | 96.7 |
| 97.7 | 98.5 | 99.2 | 100.4 | 100.9 | 98.3 | 98.0 |
| 95.3 | 96.2 | 96.3 | 96.4 | 97.0 | 97.9 | 97.4 |
| **89.2** | **90.4** | **91.5** | **92.3** | **93.5** | **92.9** | **92.3** |
| 93.9 | 94.7 | 94.8 | 95.6 | 97.2 | 96.3 | 96.0 |
| 80.5 | 82.5 | 85.3 | 86.2 | 86.7 | 86.6 | 85.5 |
| **97.5** | **98.4** | **97.1** | **103.5** | **102.6** | **100.4** | **100.5** |
| 94.4 | 95.8 | 93.1 | 93.1 | 92.1 | 92.3 | 92.2 |
| 100.7 | 101.2 | 101.3 | 129.8 | 128.0 | 118.3 | 118.7 |
| 100.0 | 100.3 | 100.2 | 100.1 | 99.9 | 99.8 | 99.8 |

# 2000年广西全区居民消费价格各月同比指数（续表2）

以上年同月价格为100

| 类　别 | 1月 | 2月 | 3月 | 4月 | 5月 |
|---|---|---|---|---|---|
| (1) 文娱用品 | 100.8 | 100.1 | 100.1 | 100.3 | 100.3 |
| (2) 报纸杂志 | 100.1 | 100.1 | 100.1 | 100.1 | 100.0 |
| **七、居　住** | **103.1** | **104.1** | **106.2** | **108.0** | **109.5** |
| 1. 住　房 | 98.8 | 99.0 | 99.3 | 99.6 | 99.7 |
| (1) 建筑材料 | 97.6 | 97.7 | 98.0 | 98.5 | 98.7 |
| (2) 房　租 | 100.6 | 100.9 | 101.1 | 101.1 | 101.1 |
| 2. 水、电、燃料 | 107.7 | 109.5 | 113.4 | 116.9 | 119.8 |
| 水 | 102.0 | 102.8 | 108.0 | 108.0 | 108.0 |
| 电 | 97.5 | 97.8 | 97.5 | 98.8 | 98.8 |
| 液化石油气 | 124.2 | 128.5 | 137.9 | 146.5 | 154.7 |
| 管道煤气 | 100.0 | 100.0 | 100.0 | 100.0 | 100.0 |
| **八、服务项目** | **102.2** | **101.1** | **100.8** | **101.3** | **100.9** |
| 1. 电讯费 | 101.1 | 101.1 | 100.0 | 100.0 | 100.0 |
| 2. 邮　费 | 142.2 | 143.5 | 100.0 | 100.0 | 100.0 |
| 3. 交通费 | 109.8 | 100.2 | 98.9 | 101.8 | 99.9 |
| 4. 洗理美容费 | 104.9 | 104.9 | 104.4 | 103.8 | 105.4 |
| 5. 文娱费 | 96.7 | 98.7 | 98.0 | 99.1 | 98.5 |
| 6. 学杂保育费 | 101.1 | 100.6 | 101.3 | 101.3 | 101.3 |
| 7. 修理及其他服务费 | 100.2 | 100.1 | 99.9 | 99.7 | 99.7 |
| 8. 医疗保健服务 | 103.8 | 103.8 | 103.8 | 105.4 | 103.1 |

| 6月 | 7月 | 8月 | 9月 | 10月 | 11月 | 12月 |
| --- | --- | --- | --- | --- | --- | --- |
| 100.0 | 100.6 | 100.4 | 100.1 | 99.9 | 99.6 | 99.7 |
| 100.0 | 100.0 | 100.0 | 100.0 | 100.0 | 100.0 | 100.0 |
| **108.8** | **106.7** | **104.1** | **104.1** | **105.6** | **106.5** | **104.1** |
| 100.0 | 100.1 | 101.5 | 101.6 | 101.1 | 100.9 | 100.9 |
| 98.9 | 99.4 | 101.8 | 101.9 | 101.1 | 100.7 | 100.8 |
| 101.6 | 101.1 | 101.1 | 101.1 | 101.1 | 101.1 | 101.0 |
| 118.2 | 113.7 | 106.8 | 106.7 | 110.4 | 112.5 | 107.5 |
| 107.7 | 106.5 | 106.5 | 106.5 | 106.5 | 107.4 | 107.6 |
| 99.5 | 99.5 | 103.5 | 103.5 | 105.5 | 103.7 | 103.8 |
| 149.4 | 136.6 | 111.3 | 110.7 | 118.6 | 126.4 | 111.9 |
| 100.0 | 100.0 | 100.0 | 100.0 | 100.0 | 100.0 | 100.0 |
| **101.0** | **101.4** | **103.2** | **136.3** | **138.6** | **138.6** | **138.1** |
| 100.0 | 100.0 | 100.0 | 100.0 | 100.0 | 100.0 | 100.0 |
| 100.0 | 100.0 | 100.0 | 100.0 | 100.0 | 100.0 | 100.0 |
| 99.8 | 100.1 | 100.2 | 100.1 | 100.0 | 100.8 | 100.5 |
| 105.3 | 104.5 | 105.0 | 105.0 | 105.0 | 104.1 | 104.1 |
| 99.5 | 106.6 | 108.9 | 112.0 | 112.0 | 108.1 | 105.4 |
| 101.3 | 101.3 | 104.0 | 169.6 | 174.1 | 174.6 | 174.4 |
| 99.6 | 100.0 | 100.0 | 100.0 | 99.8 | 99.3 | 99.4 |
| 103.5 | 103.0 | 103.3 | 103.3 | 103.3 | 103.9 | 101.3 |

# 2001年广西全区居民消费价格各月同比指数

以上年同月价格为100

| 类　别 | 1月 | 2月 | 3月 | 4月 | 5月 |
|---|---|---|---|---|---|
| **居民消费价格总指数** | **101.4** | **100.0** | **101.1** | **102.1** | **101.8** |
| **一、食　　品** | **96.7** | **94.4** | **97.9** | **100.0** | **99.5** |
| 1. 粮　　食 | 90.9 | 91.2 | 90.9 | 92.0 | 91.0 |
| 大　　米 | 88.4 | 88.7 | 88.2 | 89.4 | 87.8 |
| 2. 淀粉及薯类 | 99.5 | 96.6 | 95.2 | 94.4 | 96.9 |
| 3. 干豆类及豆制品 | 100.3 | 98.1 | 100.3 | 97.5 | 97.1 |
| 4. 油　　脂 | 89.6 | 89.7 | 88.1 | 88.1 | 87.7 |
| 5. 肉禽及其制品 | 98.7 | 94.9 | 99.2 | 99.6 | 98.7 |
| (1) 食用畜肉及副产品 | 99.6 | 95.3 | 97.5 | 96.8 | 95.3 |
| 猪　　肉 | 100.1 | 96.2 | 98.5 | 98.2 | 99.0 |
| 牛　　肉 | 105.1 | 101.4 | 100.6 | 100.5 | 104.1 |
| 羊　　肉 | 95.9 | 105.0 | 101.4 | 98.6 | 98.0 |
| (2) 禽 | 97.5 | 93.0 | 103.1 | 105.6 | 105.4 |
| 鸡 | 99.3 | 92.8 | 102.6 | 104.6 | 106.7 |
| 鸭 | 91.0 | 89.8 | 108.7 | 116.1 | 107.9 |
| (3) 肉禽加工制品 | 97.7 | 96.3 | 99.2 | 100.2 | 100.3 |
| 6. 蛋 | 91.8 | 90.9 | 91.6 | 97.6 | 100.1 |
| 鲜　　蛋 | 91.7 | 91.0 | 91.8 | 98.7 | 101.1 |
| 7. 水 产 品 | 97.4 | 96.5 | 97.1 | 97.7 | 95.8 |
| (1) 鱼 | 95.7 | 95.0 | 94.4 | 95.3 | 96.0 |
| 淡 水 鱼 | 92.0 | 90.5 | 91.1 | 93.2 | 94.1 |
| 海 水 鱼 | 102.7 | 104.1 | 100.9 | 99.3 | 99.6 |
| (2) 其它水产品 | 101.7 | 100.0 | 104.0 | 104.1 | 95.2 |
| 8. 菜 | 86.9 | 81.9 | 94.1 | 103.1 | 112.3 |
| 鲜　　菜 | 84.3 | 78.6 | 93.2 | 104.6 | 114.9 |
| 9. 调 味 品 | 104.6 | 106.5 | 106.9 | 107.0 | 107.4 |
| 盐 | 120.6 | 126.7 | 126.7 | 126.7 | 126.3 |
| 酱　　油 | 98.9 | 98.9 | 99.3 | 99.6 | 99.6 |
| 10. 糖 | 109.8 | 111.4 | 108.9 | 112.7 | 112.7 |
| 食　　糖 | 127.4 | 130.8 | 124.4 | 130.9 | 131.6 |
| 11. 茶及饮料 | 101.8 | 101.2 | 101.1 | 101.1 | 100.8 |
| (1) 茶　　叶 | 105.0 | 102.9 | 102.4 | 102.4 | 102.4 |
| (2) 饮　　料 | 100.1 | 100.3 | 100.5 | 100.3 | 100.0 |
| 12. 干鲜瓜果 | 100.9 | 92.0 | 106.9 | 116.5 | 102.3 |
| 鲜　　果 | 102.6 | 91.6 | 111.1 | 122.2 | 104.4 |
| 13. 糕点饼干面包 | 99.6 | 99.4 | 99.7 | 99.6 | 99.8 |
| 14. 奶及奶制品 | 95.5 | 100.5 | 100.4 | 100.4 | 100.3 |
| 15. 在外用膳食品 | 100.0 | 100.2 | 100.3 | 100.1 | 100.1 |
| 16. 其它食品及食品加工服务 | 98.1 | 98.4 | 99.3 | 99.2 | 99.2 |

| 6月 | 7月 | 8月 | 9月 | 10月 | 11月 | 12月 |
|---|---|---|---|---|---|---|
| **101.8** | **102.0** | **101.4** | **98.9** | **99.0** | **98.9** | **99.3** |
| **99.2** | **100.3** | **99.0** | **99.4** | **99.0** | **97.8** | **99.3** |
| 90.3 | 91.2 | 92.4 | 94.3 | 95.4 | 95.5 | 96.1 |
| 86.8 | 88.1 | 89.8 | 92.0 | 93.6 | 93.2 | 94.5 |
| 93.5 | 94.7 | 92.5 | 96.2 | 99.9 | 100.2 | 105.9 |
| 96.8 | 98.6 | 96.9 | 96.7 | 97.4 | 97.1 | 98.1 |
| 87.1 | 87.1 | 86.2 | 87.0 | 86.5 | 87.3 | 88.7 |
| 98.8 | 99.2 | 98.8 | 100.2 | 100.2 | 98.8 | 99.2 |
| 96.3 | 96.9 | 95.3 | 97.5 | 96.2 | 96.4 | 97.8 |
| 97.8 | 97.4 | 95.9 | 96.4 | 95.6 | 95.2 | 95.0 |
| 102.2 | 107.6 | 106.2 | 107.7 | 105.6 | 107.7 | 112.1 |
| 97.8 | 94.3 | 90.1 | 91.6 | 92.7 | 105.0 | 106.8 |
| 103.3 | 105.1 | 106.3 | 105.3 | 106.8 | 102.5 | 102.5 |
| 106.6 | 105.9 | 105.8 | 104.5 | 105.5 | 103.7 | 103.0 |
| 96.6 | 106.4 | 115.5 | 118.5 | 127.0 | 109.3 | 105.0 |
| 100.2 | 98.4 | 99.8 | 101.5 | 103.0 | 100.7 | 99.2 |
| 100.7 | 108.1 | 104.2 | 112.0 | 110.5 | 109.7 | 105.6 |
| 101.7 | 109.4 | 104.7 | 112.8 | 111.5 | 110.3 | 106.2 |
| 94.9 | 94.8 | 95.8 | 95.3 | 96.0 | 95.4 | 95.7 |
| 94.7 | 94.2 | 94.6 | 94.6 | 94.9 | 94.4 | 95.1 |
| 93.6 | 93.0 | 92.9 | 93.2 | 92.0 | 94.0 | 94.6 |
| 96.8 | 96.5 | 97.6 | 97.2 | 100.2 | 95.1 | 96.0 |
| 95.4 | 96.5 | 99.2 | 97.0 | 98.7 | 97.9 | 97.2 |
| 121.4 | 123.9 | 116.1 | 110.4 | 101.7 | 97.8 | 111.1 |
| 127.1 | 130.2 | 119.6 | 111.7 | 101.0 | 97.1 | 113.2 |
| 107.6 | 106.8 | 107.1 | 107.1 | 107.6 | 107.5 | 107.7 |
| 126.3 | 124.6 | 124.6 | 124.6 | 125.4 | 125.4 | 125.9 |
| 99.6 | 99.6 | 100.8 | 101.0 | 101.5 | 101.4 | 101.7 |
| 112.6 | 107.7 | 106.1 | 104.7 | 105.2 | 103.9 | 102.9 |
| 130.8 | 118.8 | 113.9 | 111.1 | 111.9 | 108.3 | 106.3 |
| 100.4 | 100.5 | 100.1 | 100.4 | 101.2 | 101.2 | 101.2 |
| 101.0 | 101.0 | 101.0 | 101.0 | 103.1 | 103.1 | 103.1 |
| 100.0 | 100.1 | 99.6 | 100.0 | 100.1 | 100.2 | 100.2 |
| 91.8 | 96.7 | 89.4 | 90.9 | 94.2 | 90.2 | 91.1 |
| 91.7 | 98.0 | 89.3 | 91.8 | 94.8 | 88.8 | 90.2 |
| 100.2 | 100.2 | 100.0 | 99.9 | 100.0 | 99.4 | 99.4 |
| 100.3 | 100.4 | 100.3 | 100.8 | 100.4 | 100.7 | 100.5 |
| 99.9 | 100.1 | 100.1 | 100.0 | 99.8 | 99.8 | 100.0 |
| 99.0 | 99.0 | 99.5 | 99.6 | 99.8 | 99.9 | 99.9 |

## 2001 年广西全区居民消费价格各月同比指数（续表 1）

以上年同月价格为 100

| 类　别 | 1 月 | 2 月 | 3 月 | 4 月 | 5 月 |
|---|---|---|---|---|---|
| **二、烟酒及用品** | **98.5** | **99.3** | **99.0** | **99.4** | **99.4** |
| 1. 烟　　草 | 97.4 | 98.8 | 98.2 | 99.2 | 99.3 |
| 2. 酒 | 99.7 | 99.7 | 99.8 | 99.9 | 100.0 |
| 3. 吸烟饮酒用品 | 100.5 | 100.5 | 100.5 | 98.2 | 98.2 |
| **三、衣　　着** | **97.4** | **94.8** | **94.8** | **96.7** | **96.5** |
| 1. 服　　装 | 96.7 | 93.1 | 93.6 | 95.8 | 95.1 |
| (1) 男式服装 | 95.4 | 92.4 | 93.5 | 94.4 | 93.7 |
| (2) 女式服装 | 98.2 | 92.5 | 92.8 | 97.4 | 96.5 |
| (3) 儿童服装 | 95.2 | 96.1 | 95.9 | 94.1 | 94.3 |
| 2. 衣着材料 | 100.5 | 100.6 | 100.3 | 100.3 | 100.1 |
| 3. 鞋 袜 帽 | 98.4 | 97.6 | 96.2 | 98.0 | 98.7 |
| (1) 鞋 | 97.9 | 97.1 | 95.5 | 97.5 | 98.2 |
| (2) 袜　　子 | 101.5 | 100.4 | 100.4 | 100.7 | 103.2 |
| (3) 帽　　子 | 99.6 | 99.6 | 99.6 | 99.6 | 93.3 |
| 4. 衣着加工服务 | 100.0 | 98.7 | 100.6 | 100.8 | 100.0 |
| **四、家庭设备用品及维修服务** | **98.5** | **98.1** | **96.8** | **96.8** | **96.4** |
| 1. 耐用消费品 | 97.2 | 96.9 | 94.6 | 94.7 | 94.1 |
| (1) 家　　具 | 98.2 | 98.2 | 95.5 | 95.6 | 94.6 |
| (2) 家庭设备 | 96.4 | 95.9 | 94.0 | 94.0 | 93.7 |
| 2. 室内装饰品 | 102.1 | 99.8 | 99.6 | 99.7 | 99.2 |
| 3. 床上用品 | 98.4 | 98.6 | 98.9 | 98.8 | 98.4 |
| 4. 家庭日用杂品 | 99.3 | 98.9 | 98.2 | 97.9 | 97.8 |
| 5. 家庭服务及加工维修服务 | 100.0 | 100.0 | 100.0 | 100.0 | 100.0 |
| **五、医疗保健和个人用品** | **96.3** | **96.4** | **96.8** | **97.6** | **97.3** |
| 1. 医疗保健 | 94.9 | 95.3 | 95.9 | 97.3 | 96.8 |
| (1) 医疗器具及用品 | 98.6 | 98.6 | 98.7 | 99.7 | 99.0 |
| (2) 中药材及中成药 | 92.5 | 93.3 | 92.1 | 92.7 | 92.2 |
| (3) 西　　药 | 92.5 | 92.7 | 92.4 | 93.0 | 92.3 |
| (4) 保健器具及用品 | 98.2 | 100.1 | 99.2 | 98.7 | 98.5 |
| (5) 医疗保健服务 | 101.4 | 101.4 | 106.4 | 110.6 | 110.4 |
| 2. 个人用品及服务 | 98.9 | 98.5 | 98.4 | 98.2 | 98.2 |
| (1) 化妆美容用品 | 102.0 | 101.7 | 101.2 | 100.5 | 99.9 |
| (2) 卫生用品 | 97.3 | 97.7 | 97.6 | 97.2 | 96.8 |
| (3) 个人饰品 | 97.5 | 97.1 | 96.7 | 97.0 | 96.8 |
| (4) 个人服务 | 100.3 | 99.0 | 99.5 | 99.3 | 100.2 |
| **六、交通和通讯** | **101.3** | **97.5** | **98.4** | **100.2** | **100.2** |
| 1. 交　　通 | 104.6 | 98.1 | 98.7 | 100.1 | 100.1 |
| (1) 交通工具 | 95.4 | 94.6 | 94.5 | 94.9 | 94.7 |
| (2) 车用燃料及零配件 | 112.7 | 109.0 | 110.0 | 107.5 | 104.8 |

| 6月 | 7月 | 8月 | 9月 | 10月 | 11月 | 12月 |
|---|---|---|---|---|---|---|
| **99.4** | **99.3** | **99.2** | **99.4** | **99.3** | **99.3** | **98.9** |
| 99.3 | 99.3 | 99.1 | 99.4 | 98.8 | 98.7 | 98.1 |
| 99.8 | 99.7 | 99.4 | 99.7 | 100.3 | 100.3 | 100.2 |
| 98.2 | 97.7 | 98.7 | 98.2 | 98.3 | 98.5 | 98.2 |
| **96.3** | **96.7** | **95.6** | **94.6** | **96.7** | **97.1** | **98.4** |
| 95.1 | 95.5 | 94.4 | 93.1 | 95.7 | 96.3 | 98.0 |
| 94.0 | 94.9 | 94.5 | 92.9 | 96.7 | 98.2 | 98.7 |
| 96.5 | 97.0 | 95.1 | 93.7 | 95.8 | 96.0 | 98.1 |
| 93.6 | 92.7 | 92.8 | 91.9 | 93.7 | 93.4 | 96.3 |
| 99.9 | 99.9 | 99.8 | 99.8 | 99.9 | 99.5 | 100.1 |
| 98.3 | 98.5 | 97.4 | 96.6 | 98.2 | 98.2 | 99.0 |
| 97.6 | 97.9 | 96.5 | 95.6 | 96.8 | 97.1 | 98.2 |
| 103.2 | 103.2 | 103.3 | 103.0 | 105.2 | 103.3 | 103.0 |
| 96.8 | 96.8 | 96.8 | 96.9 | 107.6 | 107.6 | 105.7 |
| 100.0 | 100.0 | 100.0 | 100.2 | 100.2 | 99.1 | 98.9 |
| **96.8** | **96.7** | **96.5** | **96.4** | **96.4** | **96.9** | **97.0** |
| 94.0 | 93.7 | 93.6 | 93.7 | 93.6 | 94.5 | 94.6 |
| 94.1 | 94.2 | 94.0 | 94.0 | 94.1 | 94.3 | 94.4 |
| 93.9 | 93.4 | 93.3 | 93.4 | 93.2 | 94.7 | 94.8 |
| 99.4 | 99.5 | 99.4 | 99.4 | 98.4 | 98.4 | 98.4 |
| 98.4 | 98.3 | 98.3 | 98.1 | 98.3 | 99.0 | 98.4 |
| 98.5 | 98.1 | 97.9 | 97.5 | 97.9 | 97.8 | 97.9 |
| 102.4 | 102.8 | 102.8 | 102.8 | 102.8 | 102.8 | 102.8 |
| **96.9** | **96.8** | **98.1** | **98.4** | **99.1** | **99.2** | **99.1** |
| 96.4 | 96.4 | 98.1 | 98.3 | 99.2 | 99.1 | 98.4 |
| 98.9 | 99.1 | 99.1 | 98.1 | 97.6 | 97.6 | 97.4 |
| 91.0 | 90.1 | 90.0 | 90.6 | 94.1 | 93.7 | 91.1 |
| 92.1 | 92.7 | 93.8 | 93.9 | 93.7 | 93.8 | 93.6 |
| 98.7 | 98.3 | 98.2 | 98.1 | 96.9 | 96.7 | 96.8 |
| 110.4 | 110.4 | 115.9 | 115.9 | 115.9 | 115.9 | 115.9 |
| 97.9 | 97.7 | 98.0 | 98.4 | 98.9 | 99.3 | 100.3 |
| 99.9 | 99.9 | 100.2 | 101.1 | 101.8 | 102.2 | 102.2 |
| 96.9 | 96.7 | 96.7 | 97.3 | 96.7 | 96.6 | 96.2 |
| 95.7 | 95.5 | 95.9 | 96.1 | 96.3 | 97.3 | 98.2 |
| 100.2 | 100.0 | 100.3 | 100.6 | 102.3 | 102.9 | 106.0 |
| **99.6** | **98.6** | **98.1** | **97.9** | **98.0** | **97.8** | **96.9** |
| 100.2 | 99.6 | 98.6 | 98.1 | 98.2 | 98.1 | 97.2 |
| 94.9 | 95.3 | 94.7 | 94.1 | 93.8 | 93.3 | 92.8 |
| 102.9 | 93.3 | 90.3 | 87.8 | 89.1 | 91.6 | 87.2 |

# 2001 年广西全区居民消费价格各月同比指数（续表 2）

以上年同月价格为 100

| 类　别 | 1 月 | 2 月 | 3 月 | 4 月 | 5 月 |
|---|---|---|---|---|---|
| 汽　　油 | 123.8 | 118.2 | 122.5 | 119.0 | 111.5 |
| 柴　　油 | 120.5 | 114.5 | 111.0 | 104.5 | 104.1 |
| (3) 车辆使用及维修 | 98.8 | 99.8 | 96.7 | 97.7 | 96.7 |
| (4) 市区公共交通 | 106.7 | 105.5 | 106.5 | 106.6 | 108.8 |
| (5) 城市间交通 | 116.4 | 94.3 | 96.6 | 102.0 | 102.0 |
| 2. 通　　信 | 97.2 | 96.6 | 97.9 | 100.2 | 100.3 |
| (1) 通信工具 | 82.7 | 82.4 | 81.5 | 81.0 | 81.7 |
| (2) 通信服务 | 101.5 | 100.7 | 102.7 | 105.7 | 105.5 |
| **七、娱乐教育文化用品及服务** | **119.2** | **119.6** | **119.4** | **119.7** | **119.2** |
| 1. 文娱用耐用消费品及服务 | 93.2 | 92.6 | 90.9 | 90.7 | 89.2 |
| 2. 教　　育 | 135.4 | 137.1 | 137.0 | 137.0 | 137.0 |
| (1) 教材及参考书 | 108.2 | 110.6 | 110.6 | 110.6 | 110.6 |
| (2) 学杂托幼费 | 137.7 | 139.4 | 139.3 | 139.3 | 139.3 |
| 3. 文化娱乐用品 | 100.1 | 100.6 | 100.8 | 101.7 | 101.9 |
| (1) 文化娱乐 | 100.6 | 100.3 | 100.1 | 100.1 | 99.7 |
| (2) 书报杂志 | 100.7 | 100.8 | 100.8 | 100.8 | 100.8 |
| (3) 文 娱 费 | 99.2 | 100.9 | 101.6 | 104.0 | 105.2 |
| 4. 旅游及外出 | 102.9 | 97.0 | 99.8 | 102.4 | 98.3 |
| **八、居　　住** | **103.0** | **102.4** | **100.8** | **99.8** | **99.5** |
| 1. 建房及装修材料 | 99.7 | 98.2 | 96.3 | 95.0 | 94.8 |
| 2. 租　　房 | 102.4 | 102.4 | 102.2 | 102.2 | 102.3 |
| 3. 自有住房 | 100.0 | 100.0 | 100.0 | 100.0 | 100.0 |
| 4. 水、电、燃料 | 108.0 | 108.1 | 105.6 | 104.4 | 104.0 |
| 水 | 111.3 | 111.3 | 101.6 | 101.6 | 101.6 |
| 电 | 107.9 | 107.9 | 107.9 | 109.6 | 110.5 |
| 液化石油气 | 113.1 | 110.2 | 100.8 | 90.9 | 89.8 |
| 管道燃气 | 102.4 | 102.4 | 102.4 | 102.4 | 102.4 |

| 6月 | 7月 | 8月 | 9月 | 10月 | 11月 | 12月 |
|---|---|---|---|---|---|---|
| 107.4 | 89.9 | 83.4 | 79.4 | 85.5 | 90.4 | 81.0 |
| 101.9 | 91.2 | 91.4 | 86.6 | 81.1 | 82.1 | 78.6 |
| 97.7 | 97.8 | 97.9 | 97.9 | 97.9 | 97.9 | 97.9 |
| 108.8 | 108.8 | 108.3 | 108.3 | 108.4 | 108.4 | 106.3 |
| 101.7 | 102.2 | 100.4 | 100.4 | 100.7 | 99.9 | 99.8 |
| 98.9 | 97.4 | 97.6 | 97.7 | 97.8 | 97.4 | 96.6 |
| 82.6 | 83.6 | 84.2 | 84.6 | 85.2 | 83.3 | 82.0 |
| 103.2 | 101.0 | 101.0 | 101.0 | 101.0 | 100.9 | 100.2 |
| **119.4** | **119.5** | **119.5** | **101.3** | **101.2** | **101.2** | **101.1** |
| 88.9 | 89.0 | 87.9 | 86.6 | 87.2 | 87.2 | 86.6 |
| 137.0 | 137.0 | 137.0 | 105.2 | 104.8 | 104.8 | 104.8 |
| 110.6 | 110.4 | 109.6 | 99.7 | 99.7 | 99.7 | 99.7 |
| 139.3 | 139.3 | 139.3 | 105.6 | 105.2 | 105.2 | 105.2 |
| 102.5 | 103.5 | 103.8 | 102.8 | 102.8 | 102.8 | 102.7 |
| 100.0 | 99.7 | 100.0 | 100.3 | 100.0 | 100.2 | 99.8 |
| 100.8 | 100.8 | 100.8 | 99.9 | 100.1 | 100.1 | 100.1 |
| 106.6 | 109.5 | 110.1 | 107.7 | 107.6 | 107.6 | 107.8 |
| 100.3 | 99.2 | 100.7 | 98.8 | 99.1 | 98.7 | 99.8 |
| **100.6** | **99.7** | **99.1** | **99.5** | **99.4** | **100.9** | **100.2** |
| 96.4 | 96.3 | 96.4 | 96.8 | 96.4 | 96.8 | 96.0 |
| 107.6 | 107.6 | 107.6 | 109.9 | 109.9 | 109.9 | 109.9 |
| 100.0 | 100.1 | 100.1 | 100.1 | 100.5 | 100.5 | 100.5 |
| 104.3 | 101.8 | 100.1 | 100.1 | 100.2 | 103.7 | 102.8 |
| 101.6 | 101.6 | 101.6 | 101.6 | 107.0 | 105.9 | 105.9 |
| 110.5 | 105.1 | 101.9 | 101.9 | 102.2 | 109.0 | 109.0 |
| 90.8 | 89.3 | 87.7 | 88.5 | 85.5 | 80.3 | 78.7 |
| 102.4 | 102.4 | 102.4 | 102.4 | 102.4 | 145.6 | 102.4 |

# 2002年广西全区居民消费价格各月同比指数

以上年同月价格为100

| 类　别 | 1月 | 2月 | 3月 | 4月 | 5月 |
|---|---|---|---|---|---|
| **居民消费价格总指数** | **99.0** | **99.8** | **99.2** | **98.4** | **97.9** |
| **一、食　品** | **99.3** | **101.2** | **100.4** | **98.4** | **97.1** |
| 1. 粮　食 | 97.5 | 98.6 | 98.7 | 97.9 | 99.3 |
| 大　米 | 96.8 | 98.0 | 98.3 | 97.6 | 99.9 |
| 2. 淀粉及薯类 | 103.9 | 108.8 | 105.9 | 102.1 | 103.2 |
| 3. 干豆类及豆制品 | 95.4 | 96.8 | 94.5 | 95.9 | 94.1 |
| 4. 油　脂 | 90.1 | 90.5 | 90.2 | 90.7 | 94.3 |
| 5. 肉禽及其制品 | 98.4 | 102.4 | 100.4 | 100.2 | 99.8 |
| (1) 食用畜肉及副产品 | 96.3 | 100.3 | 99.1 | 100.3 | 99.3 |
| 猪　肉 | 94.1 | 98.7 | 96.5 | 97.9 | 97.5 |
| 牛　肉 | 108.1 | 117.0 | 117.5 | 116.5 | 111.9 |
| 羊　肉 | 115.9 | 96.0 | 101.9 | 105.4 | 102.0 |
| (2) 禽 | 102.1 | 108.0 | 103.5 | 100.3 | 100.9 |
| 鸡 | 102.6 | 109.1 | 105.4 | 102.7 | 100.6 |
| 鸭 | 104.1 | 111.8 | 101.7 | 93.7 | 101.4 |
| (3) 肉禽加工制品 | 99.8 | 101.1 | 99.9 | 100.0 | 100.3 |
| 6. 蛋 | 111.9 | 116.5 | 114.1 | 111.3 | 110.8 |
| 鲜　蛋 | 113.1 | 117.6 | 114.7 | 111.6 | 111.2 |
| 7. 水产品 | 95.6 | 97.9 | 95.0 | 95.2 | 97.8 |
| (1) 鱼 | 95.8 | 97.3 | 95.2 | 95.7 | 95.9 |
| 淡水鱼 | 94.6 | 95.9 | 92.5 | 92.0 | 90.8 |
| 海水鱼 | 98.0 | 99.8 | 100.1 | 102.6 | 105.2 |
| (2) 其它水产品 | 95.2 | 99.4 | 94.5 | 94.0 | 102.8 |
| 8. 菜 | 111.8 | 104.0 | 100.0 | 90.2 | 82.5 |
| 鲜　菜 | 114.5 | 104.2 | 99.9 | 88.0 | 79.1 |
| 9. 调味品 | 101.6 | 99.8 | 99.7 | 99.9 | 100.3 |
| 盐 | 104.1 | 99.0 | 99.5 | 99.5 | 99.8 |
| 酱　油 | 102.0 | 102.1 | 101.9 | 102.4 | 103.0 |
| 10. 糖 | 101.2 | 98.9 | 99.4 | 94.7 | 93.5 |
| 食　糖 | 99.7 | 93.8 | 92.2 | 84.8 | 83.2 |
| 11. 茶及饮料 | 99.8 | 100.0 | 99.2 | 99.4 | 99.0 |
| (1) 茶　叶 | 101.4 | 101.4 | 100.1 | 100.1 | 99.0 |
| (2) 饮　料 | 98.9 | 99.2 | 98.7 | 99.0 | 98.9 |
| 12. 干鲜瓜果 | 92.2 | 105.5 | 112.9 | 103.4 | 93.1 |
| 鲜　果 | 90.3 | 106.1 | 114.6 | 103.6 | 91.4 |
| 13. 糕点饼干面包 | 98.7 | 98.8 | 98.7 | 98.7 | 98.2 |
| 14. 奶及奶制品 | 99.4 | 99.4 | 99.3 | 99.5 | 99.5 |
| 15. 在外用膳食品 | 99.8 | 99.9 | 99.7 | 99.9 | 100.0 |
| 16. 其它食品及食品加工服务 | 99.9 | 100.0 | 99.3 | 99.3 | 98.9 |

| 6月 | 7月 | 8月 | 9月 | 10月 | 11月 | 12月 |
|---|---|---|---|---|---|---|
| **98.6** | **98.3** | **98.8** | **99.8** | **99.5** | **99.5** | **99.8** |
| **99.8** | **98.9** | **100.0** | **101.2** | **100.3** | **100.3** | **101.4** |
| 100.5 | 100.9 | 101.2 | 101.5 | 101.1 | 102.0 | 102.7 |
| 101.3 | 101.5 | 102.3 | 103.2 | 102.9 | 103.9 | 103.9 |
| 108.0 | 108.0 | 113.7 | 107.5 | 100.9 | 100.5 | 100.5 |
| 94.6 | 93.3 | 95.0 | 96.1 | 96.1 | 96.5 | 95.2 |
| 100.2 | 101.4 | 102.8 | 106.6 | 106.0 | 106.5 | 107.1 |
| 101.0 | 100.2 | 100.0 | 99.8 | 99.1 | 99.6 | 99.8 |
| 100.0 | 99.9 | 100.5 | 100.8 | 100.8 | 101.1 | 100.3 |
| 98.0 | 97.3 | 97.8 | 98.5 | 98.3 | 99.4 | 98.9 |
| 113.8 | 111.8 | 114.7 | 115.5 | 116.3 | 115.3 | 114.2 |
| 102.3 | 104.8 | 109.3 | 111.0 | 106.3 | 100.1 | 98.5 |
| 102.6 | 99.9 | 97.8 | 97.4 | 95.6 | 96.8 | 98.1 |
| 100.5 | 99.0 | 98.3 | 98.0 | 96.8 | 97.7 | 98.6 |
| 111.7 | 105.5 | 97.0 | 95.3 | 91.3 | 93.0 | 96.5 |
| 101.8 | 101.8 | 101.6 | 100.1 | 99.1 | 99.2 | 100.6 |
| 110.8 | 104.3 | 105.0 | 101.4 | 103.2 | 101.8 | 102.5 |
| 111.4 | 104.0 | 105.1 | 101.6 | 103.8 | 102.1 | 102.7 |
| 97.7 | 98.5 | 101.2 | 100.6 | 101.5 | 101.0 | 101.4 |
| 95.0 | 96.6 | 99.6 | 99.2 | 100.7 | 100.2 | 100.3 |
| 89.7 | 91.4 | 95.9 | 96.4 | 99.2 | 99.2 | 99.7 |
| 105.2 | 106.3 | 106.3 | 104.1 | 103.3 | 102.0 | 101.5 |
| 104.6 | 103.4 | 105.2 | 104.3 | 103.5 | 102.7 | 104.0 |
| 89.9 | 91.6 | 99.0 | 102.4 | 99.4 | 93.3 | 96.9 |
| 88.0 | 90.0 | 98.9 | 103.6 | 100.2 | 92.5 | 96.6 |
| 100.4 | 100.6 | 100.4 | 100.0 | 99.6 | 99.7 | 99.5 |
| 99.8 | 101.2 | 101.2 | 101.2 | 100.5 | 100.9 | 100.9 |
| 103.1 | 101.7 | 101.2 | 100.6 | 100.1 | 100.2 | 99.8 |
| 91.6 | 92.3 | 91.2 | 91.6 | 91.6 | 92.2 | 94.7 |
| 79.2 | 79.6 | 77.8 | 76.7 | 76.4 | 77.8 | 80.7 |
| 98.6 | 98.9 | 98.9 | 98.9 | 98.6 | 98.5 | 98.5 |
| 100.4 | 101.6 | 101.6 | 101.6 | 100.6 | 100.6 | 100.6 |
| 97.6 | 97.5 | 97.4 | 97.3 | 97.5 | 97.4 | 97.3 |
| 110.0 | 97.2 | 97.7 | 110.7 | 105.6 | 113.6 | 118.6 |
| 110.3 | 94.4 | 94.9 | 111.3 | 104.8 | 114.9 | 120.2 |
| 97.9 | 97.9 | 97.7 | 97.7 | 97.6 | 98.2 | 98.5 |
| 99.7 | 99.7 | 99.4 | 99.3 | 100.3 | 100.2 | 100.2 |
| 100.0 | 100.0 | 100.1 | 100.1 | 99.9 | 99.9 | 100.1 |
| 99.1 | 99.5 | 99.5 | 99.4 | 98.9 | 99.0 | 99.0 |

# 2002 年广西全区居民消费价格各月同比指数（续表 1）

以上年同月价格为 100

| 类　别 | 1 月 | 2 月 | 3 月 | 4 月 | 5 月 |
|---|---|---|---|---|---|
| **二、烟酒及用品** | **99.1** | **99.2** | **99.2** | **99.7** | **99.9** |
| 1. 烟　　草 | 98.3 | 98.0 | 98.3 | 98.8 | 99.0 |
| 2. 酒 | 100.6 | 101.4 | 101.0 | 101.1 | 101.3 |
| 3. 吸烟饮酒用品 | 97.5 | 97.4 | 97.5 | 99.5 | 99.5 |
| **三、衣　　着** | **99.6** | **97.9** | **95.0** | **93.9** | **94.3** |
| 1. 服　　装 | 99.4 | 98.1 | 94.4 | 93.7 | 94.6 |
| (1) 男式服装 | 98.7 | 95.4 | 92.3 | 91.3 | 93.4 |
| (2) 女式服装 | 100.7 | 101.2 | 95.9 | 94.6 | 94.8 |
| (3) 儿童服装 | 97.1 | 95.4 | 94.9 | 95.9 | 96.6 |
| 2. 衣着材料 | 99.6 | 97.9 | 97.8 | 98.2 | 97.8 |
| 3. 鞋 袜 帽 | 100.3 | 97.1 | 95.4 | 93.2 | 92.4 |
| (1) 鞋 | 99.7 | 95.7 | 93.1 | 90.4 | 89.9 |
| (2) 袜　　子 | 103.6 | 104.7 | 108.2 | 107.9 | 105.3 |
| (3) 帽　　子 | 106.1 | 106.1 | 106.1 | 112.3 | 112.6 |
| 4. 衣着加工服务 | 99.1 | 101.8 | 99.8 | 100.5 | 100.0 |
| **四、家庭设备用品及维修服务** | **96.4** | **96.7** | **97.9** | **97.7** | **97.6** |
| 1. 耐用消费品 | 94.5 | 94.5 | 96.4 | 96.2 | 96.3 |
| (1) 家　　具 | 93.9 | 93.9 | 96.9 | 96.8 | 96.1 |
| (2) 家庭设备 | 95.0 | 95.0 | 96.1 | 95.7 | 96.4 |
| 2. 室内装饰品 | 96.4 | 98.5 | 98.6 | 98.6 | 99.0 |
| 3. 床上用品 | 97.5 | 97.9 | 98.0 | 98.1 | 97.3 |
| 4. 家庭日用杂品 | 96.6 | 96.7 | 97.6 | 97.9 | 97.5 |
| 5. 家庭服务及加工维修服务 | 102.8 | 104.5 | 104.5 | 102.8 | 102.8 |
| **五、医疗保健和个人用品** | **99.8** | **100.1** | **99.7** | **99.1** | **98.9** |
| 1. 医疗保健 | 100.1 | 100.1 | 99.7 | 98.7 | 98.2 |
| (1) 医疗器具及用品 | 97.6 | 97.4 | 97.5 | 97.2 | 97.2 |
| (2) 中药材及中成药 | 92.6 | 93.0 | 94.3 | 93.9 | 93.9 |
| (3) 西　　药 | 97.1 | 97.0 | 97.6 | 97.9 | 96.7 |
| (4) 保健器具及用品 | 97.5 | 95.2 | 97.6 | 97.9 | 97.6 |
| (5) 医疗保健服务 | 114.8 | 114.8 | 109.4 | 105.2 | 105.5 |
| 2. 个人用品及服务 | 99.1 | 100.2 | 99.9 | 99.9 | 100.1 |
| (1) 化妆美容用品 | 96.5 | 95.8 | 97.5 | 97.8 | 98.4 |
| (2) 卫生用品 | 98.7 | 98.0 | 98.5 | 98.2 | 98.7 |
| (3) 个人饰品 | 98.6 | 99.4 | 100.0 | 99.8 | 99.8 |
| (4) 个人服务 | 101.4 | 105.9 | 102.5 | 102.8 | 102.8 |
| **六、交通和通讯** | **93.0** | **98.0** | **96.7** | **95.7** | **95.1** |
| 1. 交　　通 | 91.1 | 99.2 | 98.1 | 97.8 | 96.5 |
| (1) 交通工具 | 91.4 | 92.4 | 92.5 | 91.7 | 90.4 |
| (2) 车用燃料及零配件 | 85.1 | 88.3 | 89.7 | 96.4 | 98.7 |

| 6月 | 7月 | 8月 | 9月 | 10月 | 11月 | 12月 |
|---|---|---|---|---|---|---|
| **100.2** | **100.1** | **100.2** | **100.1** | **100.4** | **100.5** | **101.0** |
| 99.0 | 98.3 | 98.4 | 98.5 | 99.2 | 99.6 | 99.9 |
| 102.1 | 102.7 | 102.9 | 102.6 | 102.2 | 102.1 | 102.8 |
| 99.5 | 100.0 | 100.0 | 99.9 | 99.9 | 99.7 | 100.5 |
| **94.1** | **93.3** | **93.9** | **96.1** | **96.0** | **97.7** | **96.0** |
| 95.0 | 94.2 | 94.1 | 96.5 | 94.9 | 96.8 | 95.3 |
| 94.7 | 94.2 | 92.9 | 95.6 | 90.4 | 92.5 | 91.5 |
| 94.4 | 93.1 | 94.0 | 97.0 | 96.8 | 98.7 | 96.9 |
| 97.0 | 96.9 | 96.6 | 96.6 | 99.2 | 100.5 | 98.7 |
| 98.0 | 98.0 | 97.7 | 97.0 | 97.6 | 98.5 | 97.7 |
| 90.9 | 90.0 | 92.3 | 95.0 | 98.2 | 99.6 | 97.2 |
| 88.2 | 87.1 | 89.8 | 93.0 | 97.2 | 98.3 | 95.3 |
| 105.3 | 105.3 | 105.3 | 105.5 | 102.5 | 106.6 | 106.6 |
| 108.5 | 108.5 | 108.5 | 108.5 | 108.5 | 108.5 | 110.4 |
| 100.0 | 100.0 | 100.0 | 100.0 | 100.0 | 100.0 | 100.2 |
| **96.8** | **96.7** | **96.5** | **96.2** | **96.1** | **95.2** | **95.4** |
| 95.7 | 95.9 | 94.9 | 94.9 | 94.3 | 93.4 | 93.3 |
| 95.1 | 94.2 | 92.9 | 92.9 | 92.7 | 93.7 | 93.7 |
| 96.2 | 97.1 | 96.4 | 96.4 | 95.5 | 93.1 | 92.9 |
| 99.0 | 97.0 | 97.1 | 96.6 | 96.9 | 94.9 | 96.4 |
| 97.2 | 97.5 | 98.0 | 98.0 | 99.1 | 98.3 | 98.9 |
| 96.7 | 96.5 | 97.1 | 96.1 | 96.6 | 95.6 | 96.0 |
| 100.4 | 100.0 | 100.0 | 100.0 | 100.0 | 100.0 | 100.0 |
| **99.1** | **99.0** | **98.1** | **97.7** | **97.6** | **97.1** | **97.6** |
| 98.6 | 98.5 | 97.4 | 97.1 | 97.4 | 96.7 | 97.5 |
| 97.1 | 97.3 | 97.3 | 98.9 | 98.9 | 98.9 | 99.2 |
| 93.8 | 94.3 | 94.9 | 93.2 | 94.1 | 92.6 | 95.3 |
| 97.7 | 97.3 | 97.3 | 97.6 | 97.7 | 96.9 | 97.2 |
| 97.6 | 96.6 | 96.9 | 97.2 | 98.4 | 98.2 | 98.2 |
| 105.5 | 105.5 | 100.3 | 100.3 | 100.3 | 100.3 | 100.3 |
| 100.0 | 100.0 | 99.5 | 98.7 | 98.1 | 97.8 | 97.9 |
| 98.4 | 98.2 | 98.2 | 97.0 | 96.8 | 96.1 | 96.2 |
| 98.2 | 97.7 | 98.3 | 96.1 | 96.4 | 95.4 | 95.8 |
| 100.0 | 100.1 | 100.9 | 101.2 | 100.4 | 100.6 | 101.1 |
| 102.8 | 103.0 | 100.0 | 99.7 | 98.1 | 98.1 | 97.6 |
| **95.5** | **96.6** | **96.8** | **96.9** | **97.2** | **97.2** | **97.5** |
| 95.9 | 96.6 | 97.3 | 97.5 | 98.0 | 98.2 | 98.5 |
| 89.1 | 89.5 | 90.4 | 90.1 | 91.3 | 92.2 | 91.7 |
| 96.6 | 102.2 | 102.7 | 103.8 | 105.1 | 103.2 | 110.7 |

# 2002 年广西全区居民消费价格各月同比指数（续表 2）

以上年同月价格为 100

| 类　别 | 1月 | 2月 | 3月 | 4月 | 5月 |
|---|---|---|---|---|---|
| 汽　油 | 77.4 | 81.8 | 82.6 | 92.8 | 97.8 |
| 柴　油 | 76.7 | 83.0 | 88.9 | 103.1 | 104.6 |
| (3) 车辆使用及维修 | 97.6 | 98.2 | 99.7 | 99.7 | 99.7 |
| (4) 市区公共交通 | 103.7 | 104.3 | 103.9 | 103.9 | 101.5 |
| (5) 城市间交通 | 82.0 | 108.6 | 103.8 | 101.1 | 99.1 |
| 2. 通　信 | 95.7 | 96.4 | 95.0 | 93.1 | 93.3 |
| (1) 通信工具 | 81.3 | 82.1 | 81.9 | 83.3 | 84.1 |
| (2) 通信服务 | 99.2 | 100.0 | 98.2 | 95.4 | 95.6 |
| **七、娱乐教育文化用品及服务** | **101.2** | **100.8** | **100.7** | **100.3** | **100.9** |
| 1. 文娱用耐用消费品及服务 | 87.6 | 87.8 | 88.4 | 87.6 | 89.1 |
| 2. 教　育 | 104.8 | 103.7 | 103.7 | 103.7 | 103.7 |
| (1) 教材及参考书 | 99.8 | 97.4 | 97.2 | 97.2 | 97.2 |
| (2) 学杂托幼费 | 105.2 | 104.1 | 104.1 | 104.1 | 104.1 |
| 3. 文化娱乐用品 | 103.3 | 103.3 | 102.9 | 102.2 | 102.5 |
| (1) 文化娱乐 | 98.6 | 98.7 | 98.9 | 99.4 | 100.0 |
| (2) 书报杂志 | 100.2 | 100.2 | 100.2 | 100.1 | 100.1 |
| (3) 文 娱 费 | 110.6 | 110.6 | 109.2 | 106.7 | 106.9 |
| 4. 旅游及外出 | 96.2 | 101.1 | 99.6 | 96.5 | 101.4 |
| **八、居　住** | **99.0** | **98.7** | **98.6** | **99.6** | **98.7** |
| 1. 建房及装修材料 | 96.3 | 97.1 | 98.2 | 99.4 | 98.2 |
| 2. 租　房 | 105.8 | 105.8 | 105.8 | 105.8 | 105.8 |
| 3. 自有住房 | 101.1 | 98.7 | 96.3 | 96.3 | 96.3 |
| 4. 水、电、燃料 | 99.6 | 99.1 | 98.9 | 100.4 | 99.0 |
| 水 | 105.4 | 105.4 | 105.4 | 105.4 | 105.4 |
| 电 | 102.1 | 102.1 | 102.1 | 100.6 | 98.3 |
| 液化石油气 | 78.8 | 77.6 | 76.0 | 87.0 | 84.5 |
| 管道燃气 | 100.0 | 100.4 | 100.4 | 100.4 | 100.4 |

| 6月 | 7月 | 8月 | 9月 | 10月 | 11月 | 12月 |
|---|---|---|---|---|---|---|
| 94.4 | 105.5 | 109.3 | 112.6 | 112.0 | 108.3 | 122.3 |
| 101.5 | 105.9 | 101.8 | 100.6 | 108.0 | 109.4 | 123.9 |
| 99.2 | 99.7 | 99.7 | 99.7 | 99.7 | 99.7 | 99.7 |
| 101.5 | 101.5 | 101.5 | 101.5 | 101.4 | 101.4 | 101.4 |
| 99.4 | 99.5 | 100.7 | 101.7 | 101.5 | 101.9 | 101.1 |
| 95.0 | 96.6 | 96.2 | 96.1 | 96.1 | 96.0 | 96.2 |
| 84.1 | 83.7 | 82.2 | 81.3 | 81.6 | 82.2 | 83.6 |
| 97.7 | 99.9 | 99.9 | 99.9 | 99.9 | 99.6 | 99.6 |
| **100.6** | **100.5** | **100.6** | **102.7** | **102.7** | **102.3** | **102.1** |
| 89.1 | 87.9 | 88.6 | 89.5 | 88.9 | 87.7 | 88.7 |
| 103.7 | 103.7 | 103.7 | 107.2 | 107.3 | 107.3 | 106.5 |
| 97.2 | 97.1 | 97.5 | 91.6 | 92.8 | 92.8 | 92.8 |
| 104.1 | 104.1 | 104.1 | 108.4 | 108.4 | 108.4 | 107.5 |
| 101.6 | 101.8 | 102.3 | 102.0 | 101.8 | 101.8 | 102.7 |
| 99.4 | 99.3 | 98.8 | 98.7 | 98.3 | 98.3 | 98.6 |
| 100.1 | 100.2 | 100.2 | 100.4 | 100.2 | 100.5 | 100.5 |
| 104.8 | 105.6 | 107.2 | 106.6 | 106.6 | 106.4 | 108.4 |
| 100.0 | 101.0 | 100.8 | 100.8 | 101.1 | 98.8 | 99.2 |
| **97.7** | **98.3** | **99.0** | **99.4** | **100.0** | **100.0** | **100.3** |
| 96.3 | 96.4 | 96.8 | 96.9 | 96.8 | 96.3 | 96.8 |
| 100.6 | 100.6 | 100.6 | 98.5 | 98.5 | 98.5 | 98.5 |
| 96.3 | 96.1 | 96.1 | 96.1 | 96.1 | 96.1 | 96.1 |
| 99.3 | 100.8 | 102.4 | 103.8 | 105.5 | 105.7 | 106.0 |
| 105.4 | 106.9 | 111.5 | 114.6 | 108.8 | 108.8 | 108.8 |
| 98.3 | 99.9 | 99.9 | 99.4 | 99.3 | 100.3 | 100.3 |
| 85.9 | 89.7 | 94.6 | 101.2 | 112.5 | 120.3 | 127.0 |
| 100.4 | 100.4 | 100.4 | 100.4 | 100.4 | 100.4 | 100.4 |

# 2003年广西全区居民消费价格各月同比指数

以上年同月价格为100

| 类　别 | 1月 | 2月 | 3月 | 4月 | 5月 |
|---|---|---|---|---|---|
| **居民消费价格总指数** | **101.0** | **99.8** | **100.3** | **101.1** | **101.0** |
| **一、食　　品** | **104.2** | **100.4** | **101.0** | **102.2** | **101.5** |
| 1. 粮　　食 | 105.0 | 103.3 | 104.4 | 106.1 | 106.9 |
| 大　　米 | 106.0 | 103.4 | 105.1 | 107.3 | 108.3 |
| 2. 淀粉及薯类 | 106.6 | 96.2 | 99.6 | 100.0 | 97.6 |
| 3. 干豆类及豆制品 | 102.5 | 100.9 | 100.6 | 101.4 | 104.5 |
| 4. 油　　脂 | 111.8 | 110.1 | 111.7 | 116.0 | 112.9 |
| 5. 肉禽及其制品 | 100.6 | 97.8 | 97.2 | 97.8 | 96.2 |
| (1) 食用畜肉及副产品 | 101.9 | 97.4 | 97.7 | 98.9 | 98.8 |
| 猪　　肉 | 99.4 | 97.0 | 97.5 | 97.5 | 96.4 |
| 牛　　肉 | 119.0 | 104.7 | 103.2 | 108.1 | 112.2 |
| 羊　　肉 | 96.3 | 90.6 | 97.5 | 96.2 | 96.6 |
| (2) 禽 | 98.4 | 96.5 | 94.7 | 94.8 | 89.4 |
| 鸡 | 98.5 | 94.2 | 92.7 | 93.4 | 88.3 |
| 鸭 | 99.7 | 107.1 | 100.6 | 99.0 | 92.2 |
| (3) 肉禽加工制品 | 99.7 | 100.4 | 99.0 | 98.7 | 97.8 |
| 6. 蛋 | 98.5 | 94.6 | 95.7 | 96.4 | 94.2 |
| 鲜　　蛋 | 98.2 | 94.0 | 95.0 | 95.9 | 93.3 |
| 7. 水 产 品 | 99.7 | 97.4 | 97.6 | 98.7 | 96.5 |
| (1) 鱼 | 99.9 | 98.0 | 98.3 | 99.5 | 98.3 |
| 淡 水 鱼 | 97.4 | 96.1 | 96.9 | 99.4 | 99.6 |
| 海 水 鱼 | 104.3 | 101.4 | 101.0 | 99.7 | 96.1 |
| (2) 其它水产品 | 99.2 | 95.9 | 95.8 | 96.6 | 91.8 |
| 8. 菜 | 123.8 | 109.0 | 120.4 | 121.4 | 113.4 |
| 鲜　　菜 | 129.3 | 111.6 | 124.6 | 125.2 | 116.3 |
| 9. 调 味 品 | 100.2 | 100.7 | 100.6 | 100.5 | 100.3 |
| 盐 | 100.8 | 100.9 | 100.4 | 100.4 | 100.6 |
| 酱　　油 | 100.2 | 100.2 | 98.6 | 98.6 | 98.1 |
| 10. 糖 | 96.4 | 96.6 | 96.1 | 96.2 | 98.0 |
| 食　　糖 | 84.1 | 85.2 | 86.7 | 87.0 | 89.6 |
| 11. 茶及饮料 | 97.6 | 97.6 | 97.5 | 97.5 | 97.8 |
| (1) 茶　　叶 | 101.7 | 101.7 | 101.7 | 101.7 | 102.2 |
| (2) 饮　　料 | 95.1 | 95.2 | 95.0 | 94.9 | 95.2 |
| 12. 干鲜瓜果 | 115.0 | 101.9 | 94.0 | 98.4 | 109.1 |
| 鲜　　果 | 115.9 | 100.1 | 91.3 | 96.7 | 109.3 |
| 13. 糕点饼干面包 | 98.2 | 98.8 | 98.9 | 98.9 | 99.5 |
| 14. 奶及奶制品 | 95.1 | 95.4 | 94.6 | 95.3 | 95.1 |
| 15. 在外用膳食品 | 99.4 | 99.2 | 99.3 | 99.3 | 99.3 |
| 16. 其它食品及食品加工服务 | 99.8 | 99.9 | 100.7 | 100.7 | 100.7 |

| 6月 | 7月 | 8月 | 9月 | 10月 | 11月 | 12月 |
|---|---|---|---|---|---|---|
| **100.7** | **100.8** | **100.8** | **100.8** | **101.2** | **102.2** | **102.9** |
| **100.5** | **101.4** | **102.2** | **103.3** | **103.8** | **106.1** | **107.8** |
| 107.1 | 106.5 | 106.2 | 105.6 | 107.3 | 111.3 | 111.3 |
| 108.8 | 107.9 | 107.4 | 106.6 | 108.1 | 111.5 | 111.1 |
| 94.8 | 90.1 | 89.9 | 96.5 | 101.3 | 100.9 | 104.4 |
| 104.0 | 103.7 | 105.2 | 104.5 | 106.4 | 113.5 | 119.3 |
| 109.2 | 108.2 | 107.7 | 104.5 | 112.4 | 122.1 | 129.4 |
| 98.2 | 100.8 | 102.9 | 106.3 | 106.5 | 109.2 | 109.3 |
| 100.0 | 101.6 | 103.6 | 107.9 | 109.6 | 113.1 | 112.0 |
| 98.1 | 101.4 | 103.2 | 107.9 | 110.6 | 114.9 | 114.4 |
| 111.2 | 110.6 | 111.2 | 112.5 | 111.9 | 112.3 | 111.9 |
| 97.7 | 98.3 | 96.1 | 93.4 | 94.8 | 98.4 | 97.4 |
| 94.2 | 99.2 | 102.2 | 105.2 | 102.6 | 104.0 | 107.9 |
| 92.6 | 95.6 | 97.9 | 101.6 | 102.6 | 103.4 | 104.9 |
| 97.8 | 110.2 | 117.2 | 117.7 | 102.0 | 106.4 | 117.6 |
| 98.1 | 100.4 | 101.9 | 103.0 | 102.5 | 104.4 | 103.1 |
| 92.5 | 93.5 | 97.3 | 102.3 | 101.2 | 110.8 | 113.8 |
| 91.6 | 92.8 | 97.1 | 102.5 | 101.1 | 111.4 | 114.1 |
| 96.2 | 97.5 | 97.2 | 98.3 | 97.7 | 99.8 | 98.2 |
| 98.1 | 98.9 | 99.2 | 99.9 | 99.2 | 101.1 | 100.3 |
| 97.7 | 98.8 | 99.1 | 98.7 | 98.8 | 100.2 | 99.7 |
| 98.9 | 99.1 | 99.6 | 102.1 | 100.0 | 102.7 | 101.3 |
| 91.2 | 93.8 | 92.0 | 94.0 | 93.7 | 96.6 | 93.1 |
| 101.8 | 96.1 | 96.5 | 107.2 | 105.1 | 105.7 | 116.9 |
| 101.4 | 94.3 | 95.8 | 108.8 | 105.9 | 106.5 | 119.5 |
| 100.4 | 100.7 | 100.8 | 101.2 | 101.2 | 102.2 | 101.6 |
| 100.6 | 100.6 | 100.6 | 100.6 | 100.6 | 100.2 | 100.2 |
| 98.0 | 99.3 | 98.7 | 99.3 | 99.2 | 99.4 | 98.3 |
| 98.0 | 98.0 | 98.4 | 98.0 | 98.5 | 100.2 | 101.0 |
| 89.4 | 90.4 | 91.6 | 92.5 | 93.7 | 96.9 | 100.2 |
| 98.4 | 98.0 | 98.1 | 97.9 | 98.0 | 98.2 | 97.2 |
| 102.2 | 101.0 | 101.0 | 101.0 | 101.0 | 101.0 | 98.8 |
| 96.2 | 96.1 | 96.3 | 96.0 | 96.2 | 96.5 | 96.2 |
| 105.2 | 118.5 | 119.4 | 103.0 | 103.0 | 100.6 | 101.4 |
| 105.2 | 123.1 | 124.7 | 103.8 | 103.5 | 98.7 | 99.8 |
| 99.9 | 100.2 | 100.4 | 100.5 | 100.6 | 100.8 | 101.0 |
| 95.1 | 95.1 | 95.2 | 94.8 | 94.6 | 94.8 | 94.5 |
| 99.3 | 99.3 | 99.4 | 99.4 | 99.7 | 100.1 | 100.4 |
| 99.9 | 99.3 | 98.9 | 99.7 | 100.2 | 99.5 | 100.6 |

# 2003年广西全区居民消费价格各月同比指数（续表1）

以上年同月价格为100

| 类　别 | 1月 | 2月 | 3月 | 4月 | 5月 |
|---|---|---|---|---|---|
| 二、烟酒及用品 | 100.4 | 100.4 | 100.6 | 100.4 | 99.6 |
| 1. 烟　　草 | 99.5 | 99.4 | 99.4 | 98.6 | 97.6 |
| 2. 酒 | 101.6 | 101.8 | 102.2 | 102.9 | 102.5 |
| 3. 吸烟饮酒用品 | 101.1 | 101.1 | 101.1 | 101.0 | 98.9 |
| 三、衣　　着 | 95.1 | 95.3 | 98.4 | 100.0 | 99.9 |
| 1. 服　　装 | 94.1 | 93.3 | 96.1 | 98.2 | 98.4 |
| (1) 男式服装 | 91.2 | 90.9 | 93.4 | 96.7 | 97.5 |
| (2) 女式服装 | 94.2 | 92.6 | 96.1 | 98.0 | 98.0 |
| (3) 儿童服装 | 99.6 | 100.0 | 101.4 | 101.4 | 101.0 |
| 2. 衣着材料 | 97.2 | 98.5 | 98.4 | 98.0 | 98.3 |
| 3. 鞋 袜 帽 | 96.9 | 99.3 | 104.0 | 105.0 | 104.2 |
| (1) 鞋 | 95.2 | 97.9 | 104.0 | 105.1 | 104.2 |
| (2) 袜　　子 | 105.0 | 105.4 | 102.5 | 102.5 | 102.5 |
| (3) 帽　　子 | 110.4 | 110.4 | 110.4 | 113.7 | 109.1 |
| 4. 衣着加工服务 | 100.0 | 100.0 | 100.0 | 100.0 | 100.0 |
| 四、家庭设备用品及维修服务 | 96.3 | 96.0 | 96.3 | 96.5 | 97.1 |
| 1. 耐用消费品 | 93.4 | 93.7 | 93.8 | 93.2 | 94.0 |
| (1) 家　　具 | 94.9 | 95.1 | 95.1 | 94.9 | 97.2 |
| (2) 家庭设备 | 92.2 | 92.6 | 92.8 | 91.9 | 91.6 |
| 2. 室内装饰品 | 96.4 | 96.3 | 95.8 | 95.8 | 96.0 |
| 3. 床上用品 | 100.0 | 95.2 | 99.8 | 99.7 | 101.1 |
| 4. 家庭日用杂品 | 96.6 | 97.1 | 96.8 | 96.9 | 97.2 |
| 5. 家庭服务及加工维修服务 | 105.5 | 103.8 | 103.7 | 108.0 | 108.0 |
| 五、医疗保健和个人用品 | 98.5 | 99.2 | 99.2 | 102.6 | 104.8 |
| 1. 医疗保健 | 97.9 | 98.8 | 98.7 | 103.6 | 107.0 |
| (1) 医疗器具及用品 | 99.5 | 99.8 | 99.1 | 99.3 | 101.2 |
| (2) 中药材及中成药 | 94.7 | 96.9 | 97.1 | 108.6 | 115.9 |
| (3) 西　　药 | 97.4 | 97.7 | 97.3 | 97.1 | 97.8 |
| (4) 保健器具及用品 | 98.4 | 101.0 | 98.9 | 99.0 | 100.6 |
| (5) 医疗保健服务 | 102.5 | 102.5 | 103.0 | 110.5 | 114.6 |
| 2. 个人用品及服务 | 99.6 | 99.9 | 100.1 | 100.8 | 100.7 |
| (1) 化妆美容用品 | 101.5 | 102.7 | 101.6 | 101.9 | 101.9 |
| (2) 卫生用品 | 95.1 | 96.0 | 96.6 | 97.2 | 97.0 |
| (3) 个人饰品 | 102.0 | 102.2 | 102.1 | 101.3 | 101.7 |
| (4) 个人服务 | 100.9 | 100.1 | 100.7 | 103.5 | 103.0 |
| 六、交通和通讯 | 98.0 | 97.7 | 96.6 | 96.7 | 96.7 |
| 1. 交　　通 | 100.2 | 99.7 | 97.7 | 98.3 | 98.2 |
| (1) 交通工具 | 92.1 | 93.4 | 92.8 | 92.2 | 92.9 |
| (2) 车用燃料及零配件 | 115.3 | 119.0 | 116.7 | 110.8 | 101.9 |

| 6月 | 7月 | 8月 | 9月 | 10月 | 11月 | 12月 |
|---|---|---|---|---|---|---|
| **99.2** | **98.8** | **99.8** | **100.1** | **100.2** | **99.6** | **101.5** |
| 97.1 | 97.8 | 98.6 | 98.6 | 98.6 | 98.2 | 98.6 |
| 102.3 | 100.1 | 102.0 | 102.8 | 102.7 | 101.8 | 105.3 |
| 98.9 | 98.9 | 97.3 | 97.5 | 98.8 | 98.8 | 101.9 |
| **100.0** | **100.9** | **99.4** | **99.1** | **99.2** | **97.5** | **97.5** |
| 97.8 | 97.9 | 97.7 | 97.3 | 96.9 | 94.7 | 94.3 |
| 95.5 | 96.3 | 97.7 | 96.8 | 97.9 | 95.4 | 94.9 |
| 98.2 | 98.8 | 97.7 | 97.0 | 96.5 | 94.1 | 93.0 |
| 101.0 | 98.3 | 97.8 | 98.9 | 96.0 | 95.0 | 96.7 |
| 98.4 | 96.9 | 97.2 | 98.0 | 98.6 | 98.1 | 98.3 |
| 106.2 | 109.7 | 104.1 | 103.9 | 105.1 | 104.3 | 105.5 |
| 106.7 | 110.9 | 104.2 | 103.9 | 105.8 | 105.2 | 106.6 |
| 102.5 | 102.5 | 102.5 | 102.3 | 101.2 | 99.1 | 99.5 |
| 109.1 | 109.1 | 109.1 | 108.7 | 101.5 | 101.5 | 101.5 |
| 98.8 | 98.8 | 98.8 | 98.8 | 98.8 | 98.8 | 99.9 |
| **97.2** | **97.2** | **97.3** | **97.7** | **98.3** | **99.4** | **98.9** |
| 94.3 | 93.8 | 94.6 | 95.0 | 96.3 | 97.0 | 96.7 |
| 98.4 | 98.5 | 100.1 | 101.0 | 101.1 | 98.9 | 98.5 |
| 91.1 | 90.3 | 90.5 | 90.6 | 92.7 | 95.4 | 95.3 |
| 96.0 | 98.0 | 98.0 | 98.4 | 99.0 | 100.6 | 96.4 |
| 102.2 | 100.5 | 100.2 | 100.4 | 100.1 | 99.8 | 102.9 |
| 97.4 | 98.3 | 97.3 | 97.9 | 97.6 | 100.3 | 99.0 |
| 106.5 | 106.5 | 106.5 | 106.5 | 106.5 | 106.5 | 106.5 |
| **105.2** | **102.8** | **103.4** | **103.7** | **104.2** | **104.9** | **105.4** |
| 107.9 | 104.0 | 104.7 | 105.0 | 105.5 | 106.3 | 107.2 |
| 99.7 | 103.1 | 103.6 | 102.8 | 104.4 | 104.0 | 107.6 |
| 118.3 | 108.5 | 107.1 | 108.4 | 107.3 | 108.4 | 109.2 |
| 98.5 | 96.1 | 96.3 | 96.4 | 95.8 | 96.5 | 97.9 |
| 101.0 | 95.6 | 95.6 | 95.5 | 95.1 | 97.2 | 98.0 |
| 114.6 | 114.6 | 118.8 | 118.6 | 123.2 | 123.6 | 123.6 |
| 100.1 | 100.6 | 100.8 | 101.4 | 101.7 | 102.3 | 102.0 |
| 101.0 | 102.0 | 102.0 | 102.0 | 102.3 | 102.5 | 102.6 |
| 95.5 | 96.3 | 95.4 | 96.7 | 97.1 | 98.5 | 98.1 |
| 101.6 | 102.0 | 100.3 | 100.9 | 101.4 | 101.8 | 104.0 |
| 103.0 | 102.6 | 106.7 | 106.7 | 106.7 | 106.7 | 103.5 |
| **96.6** | **96.6** | **95.8** | **95.9** | **95.4** | **95.3** | **95.4** |
| 98.9 | 98.6 | 97.2 | 97.2 | 96.5 | 95.8 | 96.4 |
| 95.1 | 94.2 | 93.0 | 93.3 | 92.5 | 90.5 | 90.8 |
| 100.2 | 102.2 | 101.8 | 101.6 | 97.8 | 98.7 | 101.7 |

# 2003年广西全区居民消费价格各月同比指数（续表2）

以上年同月价格为100

| 类　别 | 1月 | 2月 | 3月 | 4月 | 5月 |
|---|---|---|---|---|---|
| 汽　　油 | 131.1 | 136.9 | 130.8 | 119.7 | 104.1 |
| 柴　　油 | 134.3 | 139.2 | 133.5 | 121.5 | 107.8 |
| (3) 车辆使用及维修 | 99.0 | 98.7 | 97.9 | 98.2 | 98.2 |
| (4) 市区公共交通 | 100.0 | 99.8 | 100.1 | 100.1 | 100.1 |
| (5) 城市间交通 | 107.7 | 102.7 | 96.5 | 101.2 | 103.0 |
| 2. 通　　信 | 95.2 | 95.0 | 95.1 | 94.7 | 94.8 |
| (1) 通信工具 | 83.1 | 82.5 | 82.6 | 80.9 | 81.3 |
| (2) 通信服务 | 98.3 | 98.3 | 98.3 | 98.3 | 98.3 |
| **七、娱乐教育文化用品及服务** | **102.1** | **102.0** | **101.9** | **102.0** | **101.7** |
| 1. 文娱用耐用消费品及服务 | 88.3 | 88.5 | 88.1 | 88.4 | 88.3 |
| 2. 教　　育 | 106.5 | 106.6 | 106.6 | 106.6 | 106.6 |
| (1) 教材及参考书 | 92.7 | 93.4 | 93.4 | 93.4 | 93.4 |
| (2) 学杂托幼费 | 107.5 | 107.6 | 107.6 | 107.6 | 107.6 |
| 3. 文化娱乐用品 | 102.9 | 101.9 | 101.5 | 101.3 | 100.7 |
| (1) 文化娱乐 | 98.7 | 98.8 | 98.8 | 98.3 | 98.1 |
| (2) 书报杂志 | 103.4 | 103.4 | 103.4 | 103.4 | 103.4 |
| (3) 文 娱 费 | 106.9 | 103.6 | 102.7 | 102.7 | 101.2 |
| 4. 旅游及外出 | 100.7 | 99.3 | 99.0 | 99.9 | 96.5 |
| **八、居　　住** | **101.6** | **101.7** | **102.6** | **102.0** | **101.8** |
| 1. 建房及装修材料 | 97.1 | 97.0 | 97.3 | 97.3 | 99.1 |
| 2. 租　　房 | 104.4 | 104.4 | 104.4 | 104.4 | 104.4 |
| 3. 自有住房 | 95.2 | 97.5 | 100.0 | 100.0 | 100.0 |
| 4. 水、电、燃料 | 108.8 | 108.0 | 109.0 | 107.2 | 105.0 |
| 水 | 108.8 | 108.8 | 114.2 | 115.2 | 115.2 |
| 电 | 100.3 | 100.3 | 100.3 | 100.3 | 96.9 |
| 液化石油气 | 138.1 | 136.5 | 141.4 | 130.1 | 124.0 |
| 管道燃气 | 100.5 | 100.1 | 106.8 | 106.8 | 106.8 |

| 6月 | 7月 | 8月 | 9月 | 10月 | 11月 | 12月 |
|---|---|---|---|---|---|---|
| 101.9 | 104.9 | 104.4 | 104.4 | 99.3 | 99.8 | 105.5 |
| 105.7 | 108.0 | 108.6 | 108.1 | 99.6 | 99.2 | 103.1 |
| 98.7 | 98.4 | 98.4 | 98.4 | 98.4 | 99.0 | 99.0 |
| 100.1 | 100.1 | 100.1 | 100.1 | 100.1 | 100.1 | 100.1 |
| 102.8 | 102.5 | 98.7 | 98.3 | 98.1 | 97.4 | 98.2 |
| 93.7 | 93.9 | 94.0 | 94.2 | 94.1 | 94.6 | 94.1 |
| 80.1 | 80.7 | 81.0 | 81.8 | 81.3 | 82.2 | 82.1 |
| 97.3 | 97.3 | 97.3 | 97.3 | 97.2 | 97.6 | 97.1 |
| **102.0** | **101.8** | **101.3** | **98.0** | **98.2** | **98.5** | **98.3** |
| 88.4 | 88.9 | 86.9 | 86.5 | 86.8 | 88.4 | 85.7 |
| 106.6 | 106.6 | 106.7 | 101.3 | 101.2 | 101.2 | 102.0 |
| 93.4 | 93.4 | 94.7 | 100.1 | 98.7 | 98.7 | 98.7 |
| 107.6 | 107.6 | 107.6 | 101.3 | 101.3 | 101.3 | 102.2 |
| 101.4 | 99.8 | 98.9 | 99.4 | 101.6 | 101.1 | 100.3 |
| 99.0 | 99.1 | 99.2 | 99.1 | 99.7 | 99.6 | 99.5 |
| 103.7 | 103.6 | 103.5 | 103.8 | 104.2 | 103.8 | 103.8 |
| 102.0 | 97.6 | 95.3 | 96.5 | 101.8 | 100.6 | 98.7 |
| 99.7 | 97.4 | 97.0 | 97.9 | 95.9 | 97.5 | 96.0 |
| **102.1** | **101.8** | **101.2** | **101.8** | **102.8** | **104.2** | **104.1** |
| 99.3 | 99.4 | 99.0 | 99.1 | 103.9 | 105.0 | 105.3 |
| 104.4 | 104.4 | 104.4 | 117.2 | 117.2 | 117.2 | 117.6 |
| 100.0 | 100.0 | 100.0 | 100.0 | 100.0 | 100.0 | 100.0 |
| 105.5 | 104.6 | 103.4 | 102.5 | 100.3 | 103.2 | 102.6 |
| 115.2 | 113.6 | 108.9 | 105.9 | 105.9 | 105.9 | 105.9 |
| 96.1 | 97.0 | 97.0 | 97.5 | 97.6 | 101.8 | 101.8 |
| 129.4 | 121.7 | 116.1 | 110.7 | 99.2 | 103.5 | 100.6 |
| 106.8 | 106.8 | 105.9 | 105.9 | 105.9 | 105.9 | 105.9 |

# 2004年广西全区居民消费价格各月同比指数

以上年同月价格为100

| 类 别 | 1月 | 2月 | 3月 | 4月 | 5月 |
|---|---|---|---|---|---|
| **居民消费价格总指数** | **102.3** | **102.2** | **103.7** | **104.0** | **104.9** |
| **一、食 品** | **106.1** | **107.0** | **110.4** | **111.7** | **114.3** |
| 1. 粮 食 | 110.7 | 113.1 | 130.7 | 134.0 | 129.9 |
| 大 米 | 110.1 | 113.4 | 133.4 | 136.4 | 131.3 |
| 2. 淀粉及薯类 | 102.3 | 111.1 | 112.4 | 119.3 | 118.9 |
| 3. 干豆类及豆制品 | 123.2 | 124.2 | 126.6 | 128.5 | 129.2 |
| 4. 油 脂 | 122.8 | 121.7 | 127.3 | 126.5 | 125.4 |
| 5. 肉禽及其制品 | 111.0 | 108.0 | 114.7 | 114.5 | 119.5 |
| (1) 食用畜肉及副产品 | 113.2 | 116.1 | 120.7 | 120.1 | 121.9 |
| 猪 肉 | 115.3 | 114.8 | 122.3 | 123.1 | 124.1 |
| 牛 肉 | 113.8 | 121.6 | 121.7 | 119.4 | 117.5 |
| 羊 肉 | 106.3 | 116.4 | 108.8 | 108.2 | 108.6 |
| (2) 禽 | 108.4 | 92.8 | 105.5 | 105.9 | 118.6 |
| 鸡 | 107.2 | 98.0 | 101.2 | 103.4 | 113.6 |
| 鸭 | 111.8 | 80.0 | 111.9 | 110.3 | 130.2 |
| (3) 肉禽加工制品 | 107.6 | 103.3 | 108.6 | 108.8 | 112.6 |
| 6. 蛋 | 114.4 | 114.2 | 116.2 | 118.6 | 120.1 |
| 鲜 蛋 | 114.7 | 114.3 | 115.7 | 118.3 | 119.8 |
| 7. 水 产 品 | 101.7 | 102.4 | 107.8 | 110.6 | 115.8 |
| (1) 鱼 | 102.2 | 103.1 | 107.7 | 110.6 | 115.8 |
| 淡 水 鱼 | 104.7 | 107.3 | 114.3 | 116.9 | 122.9 |
| 海 水 鱼 | 98.0 | 96.1 | 96.7 | 99.9 | 103.8 |
| (2) 其它水产品 | 101.2 | 101.0 | 108.3 | 110.2 | 114.7 |
| 8. 菜 | 90.9 | 106.0 | 95.8 | 101.6 | 109.6 |
| 鲜 菜 | 86.7 | 104.6 | 93.3 | 102.9 | 110.1 |
| 9. 调 味 品 | 100.5 | 100.4 | 100.9 | 100.9 | 100.9 |
| 盐 | 100.2 | 100.2 | 100.2 | 100.2 | 100.0 |
| 酱 油 | 96.5 | 97.5 | 99.8 | 99.9 | 99.8 |
| 10. 糖 | 99.9 | 100.3 | 102.4 | 101.9 | 102.5 |
| 食 糖 | 97.8 | 99.0 | 99.6 | 99.9 | 100.5 |
| 11. 茶及饮料 | 97.7 | 97.4 | 98.1 | 98.3 | 98.6 |
| (1) 茶 叶 | 96.9 | 96.9 | 96.9 | 96.9 | 97.5 |
| (2) 饮 料 | 98.2 | 97.8 | 98.9 | 99.2 | 99.3 |
| 12. 干鲜瓜果 | 103.3 | 103.6 | 108.7 | 114.4 | 115.2 |
| 鲜 果 | 102.0 | 103.4 | 108.9 | 115.2 | 116.3 |
| 13. 糕点饼干面包 | 102.0 | 103.5 | 103.9 | 103.9 | 103.8 |
| 14. 奶及奶制品 | 99.9 | 101.7 | 103.0 | 102.7 | 102.1 |
| 15. 在外用膳食品 | 100.7 | 100.9 | 103.0 | 103.3 | 103.7 |
| 16. 其它食品及食品加工服务 | 105.4 | 100.1 | 99.9 | 99.8 | 100.5 |

| 6月 | 7月 | 8月 | 9月 | 10月 | 11月 | 12月 |
|---|---|---|---|---|---|---|
| **105.3** | **106.5** | **106.2** | **105.8** | **105.0** | **103.8** | **103.2** |
| **115.1** | **117.3** | **116.0** | **115.4** | **113.8** | **110.7** | **109.1** |
| 128.6 | 128.3 | 128.8 | 129.7 | 128.9 | 123.1 | 120.0 |
| 129.9 | 129.7 | 130.3 | 131.6 | 131.3 | 125.7 | 122.3 |
| 114.3 | 121.7 | 117.8 | 114.4 | 111.4 | 113.2 | 108.3 |
| 131.3 | 131.9 | 130.3 | 131.2 | 129.2 | 122.2 | 116.5 |
| 127.3 | 134.2 | 135.7 | 136.2 | 128.0 | 115.4 | 107.9 |
| 124.7 | 128.0 | 124.9 | 122.7 | 120.8 | 116.6 | 117.1 |
| 128.4 | 132.9 | 130.3 | 128.2 | 124.8 | 117.5 | 117.6 |
| 132.7 | 136.4 | 135.7 | 135.3 | 130.9 | 121.4 | 121.0 |
| 118.7 | 122.5 | 116.0 | 114.7 | 115.9 | 114.1 | 112.9 |
| 109.2 | 110.6 | 109.1 | 106.8 | 110.8 | 104.2 | 107.0 |
| 123.5 | 125.1 | 118.6 | 113.7 | 112.3 | 113.7 | 114.8 |
| 118.2 | 121.2 | 120.2 | 117.2 | 115.8 | 115.7 | 115.4 |
| 137.2 | 132.8 | 114.0 | 104.7 | 107.7 | 112.7 | 114.4 |
| 116.3 | 118.6 | 117.6 | 118.2 | 118.8 | 116.7 | 118.2 |
| 128.7 | 131.5 | 126.7 | 123.9 | 123.9 | 113.0 | 112.6 |
| 129.7 | 132.7 | 126.4 | 121.5 | 121.7 | 110.6 | 110.8 |
| 118.5 | 117.8 | 115.6 | 115.2 | 115.1 | 113.3 | 114.6 |
| 120.6 | 119.9 | 117.3 | 116.8 | 113.5 | 111.8 | 112.4 |
| 129.2 | 127.1 | 124.1 | 121.9 | 117.6 | 114.1 | 114.6 |
| 106.2 | 107.7 | 105.9 | 108.1 | 106.7 | 107.9 | 108.7 |
| 110.5 | 110.0 | 108.8 | 109.2 | 119.7 | 118.1 | 121.7 |
| 105.6 | 117.8 | 108.8 | 103.3 | 98.0 | 97.5 | 95.0 |
| 103.4 | 122.1 | 109.3 | 103.7 | 96.0 | 95.0 | 93.1 |
| 100.3 | 100.2 | 100.0 | 101.2 | 101.3 | 100.3 | 100.6 |
| 100.0 | 100.0 | 100.0 | 100.0 | 100.0 | 100.0 | 100.0 |
| 97.9 | 97.8 | 97.8 | 98.6 | 98.8 | 98.5 | 99.1 |
| 103.1 | 103.1 | 104.4 | 104.7 | 104.3 | 102.0 | 100.4 |
| 102.2 | 102.2 | 105.1 | 105.7 | 105.0 | 99.5 | 94.4 |
| 98.9 | 99.0 | 99.1 | 98.5 | 98.0 | 98.2 | 99.9 |
| 97.5 | 96.4 | 96.4 | 96.7 | 96.7 | 96.7 | 98.4 |
| 99.9 | 100.7 | 100.9 | 99.8 | 98.9 | 99.3 | 100.9 |
| 93.1 | 87.0 | 97.4 | 104.1 | 104.5 | 103.4 | 96.4 |
| 89.4 | 81.9 | 95.1 | 102.6 | 103.7 | 104.0 | 95.3 |
| 104.2 | 103.8 | 103.9 | 106.1 | 106.4 | 106.7 | 105.7 |
| 100.8 | 102.5 | 101.5 | 102.7 | 103.7 | 103.1 | 102.4 |
| 103.6 | 103.6 | 103.5 | 105.4 | 105.5 | 105.0 | 103.5 |
| 101.6 | 101.4 | 102.2 | 102.2 | 102.2 | 101.6 | 100.1 |

# 2004 年广西全区居民消费价格各月同比指数（续表 1）

以上年同月价格为 100

| 类　别 | 1 月 | 2 月 | 3 月 | 4 月 | 5 月 |
|---|---|---|---|---|---|
| **二、烟酒及用品** | **101.3** | **101.1** | **100.6** | **100.0** | **100.4** |
| 1. 烟　　草 | 98.9 | 98.7 | 98.5 | 99.0 | 99.7 |
| 2. 酒 | 104.7 | 104.4 | 103.4 | 101.3 | 100.5 |
| 3. 吸烟饮酒用品 | 101.2 | 101.2 | 101.2 | 100.8 | 103.2 |
| **三、衣　　着** | **97.3** | **98.4** | **97.5** | **97.7** | **99.4** |
| 1. 服　　装 | 93.8 | 94.8 | 95.5 | 95.4 | 97.5 |
| (1) 男式服装 | 93.5 | 95.5 | 93.3 | 93.1 | 92.2 |
| (2) 女式服装 | 93.0 | 93.6 | 96.4 | 94.8 | 97.4 |
| (3) 儿童服装 | 95.8 | 94.7 | 95.6 | 98.4 | 103.6 |
| 2. 衣着材料 | 99.0 | 98.0 | 98.8 | 98.7 | 98.8 |
| 3. 鞋 袜 帽 | 105.8 | 106.3 | 100.7 | 102.0 | 103.4 |
| (1) 鞋 | 107.0 | 107.5 | 100.8 | 103.0 | 104.7 |
| (2) 袜　　子 | 99.5 | 99.1 | 98.6 | 98.6 | 98.6 |
| (3) 帽　　子 | 100.4 | 100.4 | 100.4 | 92.1 | 92.1 |
| 4. 衣着加工服务 | 98.2 | 105.1 | 108.4 | 106.6 | 106.6 |
| **四、家庭设备用品及维修服务** | **98.4** | **99.5** | **99.5** | **99.5** | **99.2** |
| 1. 耐用消费品 | 96.9 | 96.8 | 97.2 | 98.2 | 97.7 |
| (1) 家　　具 | 98.1 | 98.1 | 98.1 | 98.2 | 97.7 |
| (2) 家庭设备 | 95.9 | 95.6 | 96.4 | 98.2 | 97.6 |
| 2. 室内装饰品 | 96.6 | 102.4 | 103.2 | 103.3 | 102.2 |
| 3. 床上用品 | 101.1 | 105.3 | 100.7 | 100.8 | 100.8 |
| 4. 家庭日用杂品 | 98.8 | 100.4 | 100.5 | 99.9 | 100.1 |
| 5. 家庭服务及加工维修服务 | 103.3 | 103.3 | 103.4 | 100.9 | 100.9 |
| **五、医疗保健和个人用品** | **105.2** | **103.8** | **104.1** | **100.3** | **98.8** |
| 1. 医疗保健 | 106.7 | 106.1 | 106.3 | 100.7 | 98.6 |
| (1) 医疗器具及用品 | 109.2 | 109.4 | 110.2 | 110.6 | 108.6 |
| (2) 中药材及中成药 | 109.1 | 106.5 | 107.8 | 94.6 | 90.4 |
| (3) 西　　药 | 97.8 | 97.9 | 97.7 | 97.6 | 98.1 |
| (4) 保健器具及用品 | 97.9 | 98.0 | 98.3 | 98.3 | 96.7 |
| (5) 医疗保健服务 | 121.0 | 121.1 | 120.7 | 112.5 | 108.5 |
| 2. 个人用品及服务 | 102.1 | 99.5 | 100.0 | 99.5 | 99.4 |
| (1) 化妆美容用品 | 100.1 | 100.0 | 100.0 | 100.0 | 99.9 |
| (2) 卫生用品 | 96.4 | 96.2 | 94.8 | 95.1 | 95.5 |
| (3) 个人饰品 | 104.8 | 103.3 | 103.8 | 104.2 | 103.9 |
| (4) 个人服务 | 105.7 | 98.7 | 101.4 | 98.6 | 98.4 |
| **六、交通和通讯** | **97.9** | **92.5** | **96.3** | **97.0** | **97.5** |
| 1. 交　　通 | 99.3 | 90.5 | 96.8 | 97.6 | 98.5 |
| (1) 交通工具 | 91.8 | 90.9 | 91.5 | 93.7 | 95.1 |
| (2) 车用燃料及零配件 | 101.5 | 98.5 | 97.4 | 100.0 | 105.8 |

| 6月 | 7月 | 8月 | 9月 | 10月 | 11月 | 12月 |
|---|---|---|---|---|---|---|
| **100.5** | **101.3** | **100.0** | **99.6** | **99.5** | **99.7** | **97.8** |
| 100.2 | 100.2 | 99.5 | 99.5 | 99.6 | 99.5 | 99.5 |
| 100.2 | 102.4 | 99.6 | 98.7 | 98.6 | 99.2 | 95.3 |
| 102.9 | 102.9 | 104.6 | 104.6 | 103.2 | 103.2 | 98.8 |
| **99.8** | **99.0** | **98.2** | **97.2** | **96.5** | **97.2** | **97.5** |
| 98.1 | 98.4 | 96.3 | 96.1 | 96.3 | 97.8 | 97.5 |
| 93.5 | 92.6 | 93.1 | 93.2 | 92.3 | 94.4 | 94.2 |
| 97.8 | 98.7 | 96.3 | 96.7 | 97.0 | 98.6 | 98.9 |
| 103.7 | 105.0 | 99.9 | 98.5 | 101.0 | 101.7 | 99.5 |
| 98.7 | 100.3 | 100.1 | 100.1 | 98.9 | 99.3 | 99.6 |
| 103.4 | 99.3 | 101.5 | 98.1 | 95.7 | 94.9 | 96.6 |
| 104.7 | 99.5 | 102.1 | 97.8 | 94.6 | 93.8 | 96.2 |
| 98.2 | 98.6 | 98.4 | 98.5 | 100.4 | 99.7 | 98.0 |
| 92.1 | 92.1 | 92.1 | 92.4 | 98.9 | 98.9 | 98.9 |
| 107.9 | 107.9 | 107.3 | 107.3 | 106.2 | 106.2 | 105.0 |
| **99.5** | **100.0** | **100.1** | **100.1** | **99.4** | **99.7** | **99.7** |
| 97.7 | 98.6 | 98.6 | 98.3 | 97.8 | 98.0 | 98.6 |
| 97.6 | 98.3 | 98.2 | 97.6 | 97.8 | 99.0 | 99.8 |
| 97.8 | 98.9 | 98.9 | 98.7 | 97.8 | 97.1 | 97.4 |
| 101.9 | 102.5 | 102.0 | 101.9 | 102.4 | 102.9 | 99.8 |
| 99.6 | 100.8 | 100.5 | 100.6 | 100.7 | 101.1 | 97.9 |
| 100.7 | 100.5 | 101.1 | 101.5 | 100.1 | 100.2 | 100.8 |
| 102.4 | 102.4 | 102.4 | 102.4 | 102.4 | 102.4 | 103.2 |
| **98.3** | **100.2** | **100.0** | **101.3** | **101.4** | **100.9** | **99.9** |
| 97.5 | 100.9 | 100.4 | 102.4 | 102.2 | 101.7 | 100.3 |
| 109.3 | 105.6 | 106.2 | 106.4 | 105.1 | 104.1 | 97.9 |
| 88.0 | 95.5 | 96.6 | 98.9 | 101.3 | 100.7 | 98.6 |
| 97.1 | 99.3 | 99.4 | 99.1 | 99.7 | 99.3 | 97.9 |
| 96.5 | 103.4 | 103.4 | 102.5 | 102.5 | 100.2 | 98.3 |
| 108.8 | 108.2 | 104.3 | 109.6 | 105.5 | 105.2 | 105.2 |
| 99.8 | 98.7 | 99.4 | 99.4 | 100.1 | 99.6 | 99.2 |
| 100.8 | 100.0 | 100.0 | 100.0 | 100.0 | 100.0 | 98.9 |
| 96.9 | 94.1 | 94.6 | 95.6 | 97.8 | 96.7 | 96.1 |
| 103.5 | 102.8 | 104.5 | 103.4 | 103.7 | 103.1 | 102.1 |
| 98.4 | 98.6 | 98.6 | 98.8 | 98.8 | 98.7 | 99.2 |
| **98.3** | **98.3** | **99.2** | **99.1** | **98.9** | **99.2** | **98.9** |
| 98.7 | 98.6 | 99.9 | 99.7 | 99.8 | 100.3 | 100.0 |
| 94.7 | 94.8 | 95.6 | 95.1 | 95.2 | 96.6 | 96.8 |
| 108.3 | 106.7 | 108.1 | 111.3 | 111.4 | 111.1 | 107.9 |

## 2004 年广西全区居民消费价格各月同比指数（续表 2）

以上年同月价格为 100

| 类　别 | 1 月 | 2 月 | 3 月 | 4 月 | 5 月 |
|---|---|---|---|---|---|
| 汽　　油 | 105.0 | 99.7 | 99.2 | 106.5 | 114.0 |
| 柴　　油 | 101.5 | 97.2 | 96.5 | 96.8 | 107.1 |
| (3) 车辆使用及维修 | 99.1 | 99.4 | 100.1 | 100.1 | 100.5 |
| (4) 市区公共交通 | 100.1 | 99.9 | 100.0 | 100.0 | 100.0 |
| (5) 城市间交通 | 106.3 | 78.3 | 99.7 | 98.6 | 98.1 |
| 2. 通　　信 | 95.0 | 95.2 | 95.5 | 95.8 | 95.8 |
| (1) 通信工具 | 82.0 | 82.9 | 84.3 | 86.1 | 86.2 |
| (2) 通信服务 | 98.3 | 98.3 | 98.3 | 98.3 | 98.3 |
| **七、娱乐教育文化用品及服务** | **98.6** | **97.7** | **98.1** | **98.8** | **98.6** |
| 1. 文娱用耐用消费品及服务 | 86.6 | 86.1 | 86.7 | 87.8 | 86.7 |
| 2. 教　　育 | 102.0 | 101.6 | 101.6 | 101.6 | 101.6 |
| (1) 教材及参考书 | 98.7 | 103.4 | 103.4 | 103.4 | 103.4 |
| (2) 学杂托幼费 | 102.2 | 101.4 | 101.4 | 101.4 | 101.4 |
| 3. 文化娱乐用品 | 100.8 | 101.1 | 102.9 | 103.4 | 101.2 |
| (1) 文化娱乐 | 99.2 | 99.2 | 99.3 | 99.5 | 100.1 |
| (2) 书报杂志 | 102.9 | 102.9 | 102.9 | 102.9 | 102.9 |
| (3) 文 娱 费 | 101.2 | 102.0 | 108.2 | 109.5 | 100.3 |
| 4. 旅游及外出 | 100.3 | 78.0 | 79.0 | 98.5 | 103.3 |
| **八、居　　住** | **102.8** | **103.3** | **103.8** | **104.6** | **105.4** |
| 1. 建房及装修材料 | 106.2 | 106.6 | 107.1 | 106.7 | 105.8 |
| 2. 租　　房 | 112.7 | 112.7 | 112.7 | 112.7 | 112.7 |
| 3. 自有住房 | 100.0 | 100.0 | 100.0 | 100.0 | 100.0 |
| 4. 水、电、燃料 | 99.0 | 100.0 | 100.6 | 103.0 | 104.4 |
| 水 | 105.9 | 105.9 | 100.9 | 100.0 | 105.3 |
| 电 | 101.8 | 101.8 | 101.8 | 102.4 | 101.6 |
| 液化石油气 | 89.0 | 92.3 | 98.3 | 110.5 | 119.2 |
| 管道燃气 | 105.9 | 105.9 | 99.0 | 99.2 | 99.0 |

| 6月 | 7月 | 8月 | 9月 | 10月 | 11月 | 12月 |
|---|---|---|---|---|---|---|
| 116.0 | 113.0 | 115.1 | 121.0 | 121.0 | 120.2 | 113.8 |
| 113.6 | 113.1 | 113.3 | 118.7 | 118.4 | 118.1 | 113.2 |
| 100.5 | 100.3 | 100.3 | 100.3 | 100.5 | 99.9 | 99.9 |
| 100.0 | 100.0 | 100.0 | 100.0 | 100.0 | 100.0 | 100.0 |
| 98.6 | 99.0 | 102.6 | 101.6 | 102.0 | 102.6 | 102.6 |
| 97.2 | 97.5 | 97.8 | 97.8 | 97.1 | 97.1 | 96.6 |
| 89.0 | 90.4 | 91.9 | 92.5 | 89.5 | 89.6 | 85.7 |
| 99.4 | 99.4 | 99.4 | 99.4 | 99.4 | 99.4 | 99.9 |
| **98.3** | **98.9** | **99.4** | **98.9** | **98.7** | **98.4** | **99.3** |
| 87.4 | 88.1 | 90.7 | 91.4 | 92.0 | 90.9 | 94.0 |
| 101.6 | 101.6 | 101.4 | 100.5 | 100.5 | 100.5 | 100.5 |
| 103.4 | 103.4 | 100.5 | 98.6 | 98.6 | 98.5 | 98.5 |
| 101.4 | 101.4 | 101.4 | 100.6 | 100.6 | 100.6 | 100.6 |
| 102.8 | 104.6 | 104.3 | 105.2 | 102.2 | 101.7 | 102.9 |
| 99.9 | 99.8 | 100.0 | 100.2 | 100.2 | 100.1 | 99.7 |
| 102.7 | 102.7 | 101.6 | 101.3 | 100.8 | 100.8 | 100.8 |
| 107.1 | 113.7 | 113.2 | 116.7 | 107.3 | 105.3 | 110.5 |
| 83.0 | 90.3 | 92.6 | 87.1 | 89.1 | 86.1 | 88.9 |
| **106.0** | **107.2** | **108.1** | **107.0** | **105.8** | **104.7** | **104.6** |
| 107.2 | 107.6 | 108.3 | 108.5 | 104.7 | 103.9 | 103.8 |
| 112.7 | 112.7 | 112.7 | 100.3 | 100.3 | 100.3 | 98.4 |
| 100.0 | 100.0 | 100.0 | 100.0 | 100.0 | 100.8 | 100.8 |
| 104.4 | 107.3 | 109.3 | 108.1 | 108.9 | 108.3 | 108.3 |
| 105.3 | 105.3 | 105.3 | 105.3 | 105.3 | 105.3 | 105.3 |
| 102.4 | 103.9 | 103.9 | 103.9 | 104.0 | 100.6 | 100.6 |
| 114.6 | 117.4 | 131.6 | 123.9 | 126.2 | 117.1 | 110.4 |
| 99.2 | 99.1 | 110.8 | 111.0 | 111.1 | 113.8 | 116.5 |

# 2005 年广西全区居民消费价格各月同比指数

以上年同月价格为 100

| 类　别 | 1月 | 2月 | 3月 | 4月 | 5月 |
|---|---|---|---|---|---|
| **居民消费价格总指数** | **104.2** | **105.7** | **103.5** | **102.8** | **102.7** |
| **一、食　品** | **108.5** | **111.1** | **106.0** | **104.5** | **103.6** |
| 1. 粮　食 | 118.3 | 116.3 | 100.7 | 97.0 | 98.7 |
| 大　米 | 120.6 | 118.1 | 100.1 | 96.5 | 98.6 |
| 2. 淀粉及薯类 | 110.1 | 106.3 | 104.0 | 96.1 | 95.3 |
| 3. 干豆类及豆制品 | 108.8 | 111.9 | 109.1 | 106.2 | 104.5 |
| 4. 油　脂 | 105.7 | 104.7 | 100.6 | 96.5 | 95.8 |
| 5. 肉禽及其制品 | 114.4 | 119.4 | 115.0 | 115.0 | 111.0 |
| (1) 食用畜肉及副产品 | 115.6 | 115.0 | 110.6 | 108.8 | 106.6 |
| 猪　肉 | 116.6 | 115.5 | 108.6 | 106.8 | 104.4 |
| 牛　肉 | 111.5 | 111.0 | 114.3 | 112.0 | 113.6 |
| 羊　肉 | 106.9 | 110.1 | 111.1 | 110.6 | 108.2 |
| (2) 禽 | 111.5 | 133.8 | 126.5 | 129.4 | 119.2 |
| 鸡 | 116.5 | 132.8 | 133.1 | 130.4 | 122.5 |
| 鸭 | 104.0 | 140.7 | 118.6 | 131.9 | 116.0 |
| (3) 肉禽加工制品 | 114.7 | 118.6 | 114.7 | 115.8 | 112.8 |
| 6. 蛋 | 113.6 | 115.3 | 110.9 | 107.1 | 108.4 |
| 鲜　蛋 | 112.4 | 114.4 | 109.9 | 105.7 | 107.4 |
| 7. 水产品 | 113.6 | 117.4 | 115.2 | 112.3 | 107.4 |
| (1) 鱼 | 112.5 | 116.8 | 114.2 | 111.1 | 106.3 |
| 淡水鱼 | 115.3 | 118.7 | 112.8 | 108.7 | 104.9 |
| 海水鱼 | 108.0 | 113.9 | 117.4 | 116.1 | 109.8 |
| (2) 其它水产品 | 117.0 | 119.3 | 118.4 | 116.4 | 110.9 |
| 8. 菜 | 103.6 | 105.6 | 98.3 | 99.3 | 102.9 |
| 鲜　菜 | 105.9 | 107.7 | 97.1 | 98.4 | 104.1 |
| 9. 调味品 | 100.9 | 100.8 | 100.7 | 100.7 | 101.4 |
| 盐 | 99.6 | 100.0 | 100.0 | 100.0 | 101.7 |
| 酱　油 | 100.8 | 100.1 | 100.0 | 100.0 | 100.3 |
| 10. 糖 | 100.3 | 101.4 | 101.6 | 101.4 | 101.0 |
| 食　糖 | 95.2 | 97.4 | 99.8 | 102.1 | 99.1 |
| 11. 茶及饮料 | 101.0 | 101.2 | 100.5 | 99.8 | 100.1 |
| (1) 茶　叶 | 99.6 | 99.6 | 99.6 | 98.4 | 98.9 |
| (2) 饮　料 | 101.8 | 102.1 | 101.1 | 100.6 | 100.9 |
| 12. 干鲜瓜果 | 93.2 | 99.5 | 91.3 | 84.5 | 85.2 |
| 鲜　果 | 91.7 | 98.4 | 89.2 | 81.8 | 82.5 |
| 13. 糕点饼干面包 | 105.5 | 103.4 | 103.2 | 102.9 | 103.1 |
| 14. 奶及奶制品 | 103.8 | 101.8 | 103.2 | 102.5 | 103.7 |
| 15. 在外用膳食品 | 104.0 | 104.1 | 101.8 | 101.7 | 101.4 |
| 16. 其它食品及食品加工服务 | 95.5 | 107.7 | 100.2 | 100.4 | 100.3 |

| 6月 | 7月 | 8月 | 9月 | 10月 | 11月 | 12月 |
|---|---|---|---|---|---|---|
| **102.5** | **101.8** | **101.0** | **100.6** | **101.2** | **101.3** | **102.3** |
| **103.3** | **101.5** | **99.1** | **97.8** | **99.4** | **99.5** | **99.7** |
| 99.7 | 99.9 | 99.6 | 98.8 | 98.2 | 98.1 | 99.0 |
| 99.7 | 99.8 | 99.4 | 98.4 | 97.7 | 97.7 | 98.8 |
| 104.6 | 100.9 | 105.5 | 102.6 | 104.8 | 104.6 | 106.3 |
| 103.4 | 103.2 | 103.2 | 103.2 | 102.2 | 100.2 | 101.3 |
| 92.7 | 87.0 | 85.4 | 86.0 | 85.0 | 85.4 | 85.9 |
| 102.6 | 97.4 | 97.2 | 93.9 | 94.1 | 92.9 | 90.8 |
| 99.2 | 94.7 | 94.3 | 90.9 | 91.7 | 91.2 | 93.2 |
| 95.5 | 90.6 | 89.6 | 84.9 | 84.9 | 84.5 | 85.2 |
| 111.4 | 107.7 | 108.8 | 109.8 | 109.6 | 110.1 | 111.7 |
| 106.7 | 107.2 | 108.0 | 109.1 | 106.0 | 107.4 | 114.4 |
| 103.9 | 95.6 | 96.8 | 93.1 | 93.1 | 88.7 | 77.9 |
| 111.4 | 102.9 | 100.0 | 97.2 | 93.7 | 87.3 | 81.0 |
| 91.2 | 81.8 | 89.5 | 83.8 | 89.8 | 89.5 | 69.3 |
| 108.4 | 104.4 | 103.8 | 101.0 | 100.4 | 99.9 | 97.2 |
| 106.5 | 102.9 | 100.7 | 97.0 | 96.1 | 97.2 | 93.7 |
| 104.7 | 100.9 | 99.2 | 96.8 | 96.1 | 96.8 | 92.9 |
| 104.4 | 105.4 | 105.4 | 105.6 | 104.1 | 103.5 | 103.8 |
| 101.8 | 103.2 | 102.4 | 103.1 | 102.2 | 103.3 | 104.4 |
| 99.9 | 99.7 | 98.2 | 100.5 | 98.4 | 100.7 | 101.9 |
| 106.1 | 110.1 | 110.5 | 107.9 | 108.9 | 107.5 | 108.7 |
| 114.2 | 113.5 | 116.6 | 114.6 | 110.2 | 104.2 | 101.9 |
| 118.6 | 114.2 | 98.5 | 94.2 | 109.6 | 113.6 | 120.2 |
| 127.3 | 118.8 | 97.3 | 91.4 | 112.8 | 117.8 | 126.5 |
| 101.9 | 102.2 | 102.4 | 101.4 | 101.9 | 100.9 | 101.8 |
| 101.7 | 101.9 | 101.9 | 101.9 | 101.9 | 101.9 | 101.9 |
| 101.7 | 102.1 | 102.1 | 101.8 | 103.0 | 100.1 | 101.2 |
| 103.1 | 104.0 | 105.2 | 107.3 | 111.2 | 111.3 | 113.6 |
| 100.4 | 102.8 | 106.4 | 110.7 | 121.1 | 123.9 | 130.2 |
| 101.7 | 101.9 | 102.1 | 103.0 | 103.1 | 102.6 | 102.1 |
| 101.6 | 103.3 | 103.3 | 103.0 | 103.0 | 103.0 | 103.4 |
| 101.9 | 101.0 | 101.3 | 103.0 | 103.2 | 102.4 | 101.3 |
| 104.8 | 114.9 | 98.0 | 107.7 | 111.8 | 113.2 | 113.6 |
| 106.0 | 118.2 | 96.1 | 108.2 | 113.3 | 114.9 | 114.8 |
| 102.7 | 102.9 | 103.0 | 101.2 | 100.6 | 99.9 | 102.7 |
| 105.7 | 104.5 | 107.3 | 105.6 | 102.6 | 104.2 | 104.2 |
| 101.5 | 101.5 | 101.6 | 99.8 | 99.5 | 99.7 | 101.1 |
| 100.4 | 100.7 | 101.6 | 99.5 | 103.6 | 105.1 | 105.8 |

# 2005 年广西全区居民消费价格各月同比指数（续表 1）

以上年同月价格为 100

| 类　别 | 1 月 | 2 月 | 3 月 | 4 月 | 5 月 |
|---|---|---|---|---|---|
| **二、烟酒及用品** | **98.4** | **98.6** | **99.1** | **99.6** | **99.8** |
| 1. 烟　草 | 99.6 | 100.0 | 100.4 | 100.3 | 100.0 |
| 2. 酒 | 96.7 | 96.3 | 97.2 | 98.7 | 99.7 |
| 3. 吸烟饮酒用品 | 99.4 | 100.5 | 100.5 | 99.2 | 99.0 |
| **三、衣　着** | **99.4** | **99.8** | **96.4** | **95.4** | **95.2** |
| 1. 服　装 | 100.2 | 101.0 | 96.1 | 94.3 | 94.9 |
| (1) 男式服装 | 97.8 | 97.5 | 94.9 | 92.1 | 92.4 |
| (2) 女式服装 | 101.0 | 101.5 | 96.9 | 96.8 | 97.9 |
| (3) 儿童服装 | 102.0 | 105.0 | 96.4 | 93.2 | 93.3 |
| 2. 衣着材料 | 99.8 | 101.0 | 100.6 | 100.4 | 100.4 |
| 3. 鞋 袜 帽 | 97.4 | 97.3 | 96.1 | 96.4 | 94.3 |
| (1) 鞋 | 97.1 | 97.0 | 95.5 | 95.9 | 93.3 |
| (2) 袜　子 | 98.1 | 98.1 | 97.9 | 97.9 | 97.9 |
| (3) 帽　子 | 99.3 | 99.3 | 99.3 | 99.3 | 99.3 |
| 4. 衣着加工服务 | 106.8 | 101.1 | 97.8 | 103.5 | 103.4 |
| **四、家庭设备用品及维修服务** | **100.0** | **99.9** | **99.7** | **99.1** | **99.5** |
| 1. 耐用消费品 | 99.4 | 99.9 | 100.1 | 98.6 | 99.7 |
| (1) 家　具 | 100.5 | 100.5 | 100.3 | 98.8 | 100.4 |
| (2) 家庭设备 | 98.3 | 99.3 | 99.9 | 98.4 | 99.1 |
| 2. 室内装饰品 | 99.7 | 93.9 | 93.7 | 93.6 | 94.6 |
| 3. 床上用品 | 101.0 | 101.6 | 99.5 | 99.3 | 98.7 |
| 4. 家庭日用杂品 | 99.4 | 98.4 | 98.5 | 98.6 | 98.3 |
| 5. 家庭服务及加工维修服务 | 104.3 | 107.9 | 106.8 | 106.8 | 107.1 |
| **五、医疗保健和个人用品** | **99.1** | **100.0** | **99.8** | **99.9** | **99.8** |
| 1. 医疗保健 | 99.2 | 99.1 | 99.2 | 99.4 | 98.9 |
| (1) 医疗器具及用品 | 95.6 | 95.4 | 95.2 | 94.2 | 96.1 |
| (2) 中药材及中成药 | 95.9 | 95.7 | 94.8 | 93.8 | 90.6 |
| (3) 西　药 | 96.7 | 96.8 | 96.6 | 98.0 | 98.5 |
| (4) 保健器具及用品 | 98.4 | 98.4 | 96.7 | 96.5 | 98.3 |
| (5) 医疗保健服务 | 105.3 | 105.2 | 106.6 | 106.6 | 106.6 |
| 2. 个人用品及服务 | 99.0 | 101.3 | 100.9 | 100.6 | 101.2 |
| (1) 化妆美容用品 | 99.8 | 99.8 | 99.8 | 98.0 | 98.1 |
| (2) 卫生用品 | 100.0 | 99.8 | 99.8 | 99.2 | 99.0 |
| (3) 个人饰品 | 101.1 | 101.1 | 101.5 | 101.4 | 101.6 |
| (4) 个人服务 | 95.7 | 103.3 | 101.6 | 101.7 | 103.5 |
| **六、交通和通讯** | **97.1** | **102.6** | **100.1** | **100.3** | **100.2** |
| 1. 交　通 | 97.0 | 105.3 | 101.6 | 101.9 | 101.9 |
| (1) 交通工具 | 96.2 | 95.7 | 96.8 | 97.1 | 97.3 |
| (2) 车用燃料及零配件 | 108.4 | 108.4 | 109.7 | 108.1 | 107.0 |

| 6月 | 7月 | 8月 | 9月 | 10月 | 11月 | 12月 |
|---|---|---|---|---|---|---|
| **100.2** | **100.1** | **100.6** | **100.6** | **100.3** | **100.5** | **100.9** |
| 100.0 | 100.0 | 100.0 | 100.0 | 100.0 | 100.0 | 100.7 |
| 100.6 | 100.2 | 101.7 | 101.8 | 100.9 | 101.3 | 101.2 |
| 100.3 | 99.9 | 99.9 | 99.9 | 99.9 | 99.9 | 100.6 |
| **95.5** | **95.4** | **96.4** | **98.1** | **97.1** | **97.7** | **99.1** |
| 94.5 | 94.2 | 95.6 | 97.3 | 96.3 | 96.7 | 98.5 |
| 91.3 | 90.5 | 89.4 | 91.6 | 92.8 | 92.4 | 93.5 |
| 98.0 | 97.2 | 98.8 | 98.8 | 96.6 | 97.2 | 99.8 |
| 93.1 | 93.9 | 98.6 | 102.3 | 100.5 | 101.5 | 102.7 |
| 100.8 | 100.8 | 101.1 | 100.9 | 102.0 | 101.5 | 101.2 |
| 96.0 | 96.6 | 96.6 | 99.1 | 97.3 | 98.7 | 99.5 |
| 95.1 | 95.6 | 95.5 | 98.7 | 96.4 | 98.0 | 99.0 |
| 98.9 | 100.2 | 100.4 | 100.5 | 100.5 | 100.9 | 101.4 |
| 100.5 | 100.5 | 100.5 | 100.5 | 100.5 | 100.5 | 100.8 |
| 103.4 | 103.4 | 104.9 | 105.8 | 106.9 | 106.9 | 106.9 |
| **99.8** | **99.8** | **100.0** | **100.0** | **100.5** | **100.0** | **100.2** |
| 99.7 | 99.5 | 100.0 | 100.0 | 99.9 | 100.3 | 99.9 |
| 99.9 | 99.6 | 99.9 | 99.7 | 100.2 | 100.1 | 99.6 |
| 99.6 | 99.4 | 100.1 | 100.3 | 99.6 | 100.6 | 100.2 |
| 94.8 | 94.4 | 94.5 | 94.5 | 93.1 | 92.7 | 98.1 |
| 97.3 | 97.5 | 98.0 | 97.2 | 97.3 | 97.2 | 97.4 |
| 99.5 | 99.7 | 99.5 | 99.6 | 101.5 | 99.5 | 100.0 |
| 107.1 | 107.2 | 107.2 | 107.7 | 107.7 | 107.7 | 107.0 |
| **100.0** | **100.8** | **100.4** | **99.3** | **98.5** | **98.4** | **106.5** |
| 99.2 | 99.9 | 99.3 | 97.3 | 96.4 | 96.2 | 109.3 |
| 97.1 | 96.6 | 95.0 | 95.0 | 94.9 | 96.2 | 98.9 |
| 91.9 | 93.1 | 91.6 | 89.2 | 88.5 | 89.2 | 90.6 |
| 98.4 | 99.0 | 98.8 | 99.2 | 97.4 | 96.1 | 95.9 |
| 98.7 | 98.3 | 98.3 | 99.2 | 97.9 | 98.1 | 99.3 |
| 106.2 | 106.9 | 106.7 | 101.7 | 101.7 | 101.7 | 143.7 |
| 101.3 | 102.2 | 102.0 | 102.5 | 101.9 | 102.0 | 102.2 |
| 98.6 | 98.2 | 98.6 | 98.6 | 98.6 | 98.6 | 99.5 |
| 100.5 | 103.1 | 103.1 | 104.0 | 101.2 | 102.0 | 103.3 |
| 100.6 | 101.1 | 100.5 | 101.3 | 101.7 | 101.4 | 100.7 |
| 103.5 | 103.6 | 103.6 | 103.4 | 103.4 | 103.5 | 103.5 |
| **99.9** | **100.3** | **101.2** | **102.3** | **102.6** | **103.0** | **103.6** |
| 101.7 | 102.4 | 103.8 | 105.5 | 105.6 | 106.1 | 106.4 |
| 97.1 | 97.6 | 98.2 | 98.5 | 98.5 | 99.9 | 100.0 |
| 107.7 | 111.4 | 113.0 | 110.0 | 110.2 | 110.2 | 110.2 |

# 2005年广西全区居民消费价格各月同比指数（续表2）

以上年同月价格为100

| 类　别 | 1月 | 2月 | 3月 | 4月 | 5月 |
|---|---|---|---|---|---|
| 汽　　油 | 114.4 | 114.4 | 117.5 | 113.2 | 111.8 |
| 柴　　油 | 114.5 | 114.5 | 114.9 | 114.5 | 112.9 |
| (3) 车辆使用及维修 | 101.3 | 101.3 | 101.5 | 103.4 | 103.7 |
| (4) 市区公共交通 | 109.1 | 109.4 | 109.1 | 109.1 | 109.1 |
| (5) 城市间交通 | 89.1 | 117.6 | 103.0 | 103.3 | 103.1 |
| 2. 通　　信 | 97.2 | 97.2 | 97.0 | 97.1 | 96.6 |
| (1) 通信工具 | 88.0 | 87.7 | 86.9 | 87.2 | 85.2 |
| (2) 通信服务 | 99.9 | 100.0 | 100.0 | 100.0 | 100.0 |
| **七、娱乐教育文化用品及服务** | **105.6** | **106.8** | **106.7** | **106.2** | **107.2** |
| 1. 文娱用耐用消费品及服务 | 94.1 | 94.1 | 94.1 | 94.0 | 93.8 |
| 2. 教　　育 | 110.0 | 110.6 | 110.8 | 110.8 | 112.0 |
| (1) 教材及参考书 | 98.6 | 99.1 | 100.8 | 100.9 | 100.9 |
| (2) 学杂托幼费 | 110.8 | 111.5 | 111.5 | 111.5 | 112.8 |
| 3. 文化娱乐用品 | 102.1 | 103.1 | 102.4 | 102.0 | 104.4 |
| (1) 文化娱乐 | 100.4 | 100.3 | 100.3 | 100.4 | 100.0 |
| (2) 书报杂志 | 99.9 | 101.0 | 101.0 | 101.0 | 101.0 |
| (3) 文 娱 费 | 107.1 | 109.9 | 107.0 | 105.5 | 115.6 |
| 4. 旅游及外出 | 82.0 | 111.3 | 106.7 | 85.6 | 86.9 |
| **八、居　　住** | **104.7** | **104.8** | **104.7** | **104.8** | **104.6** |
| 1. 建房及装修材料 | 102.8 | 102.7 | 102.3 | 102.7 | 103.0 |
| 2. 租　　房 | 98.4 | 98.4 | 98.4 | 98.4 | 98.4 |
| 3. 自有住房 | 101.5 | 102.1 | 103.5 | 103.8 | 103.8 |
| 4. 水、电、燃料 | 110.1 | 110.3 | 110.1 | 109.5 | 108.7 |
| 水 | 105.4 | 105.4 | 105.3 | 105.3 | 100.1 |
| 电 | 100.6 | 100.1 | 100.1 | 99.5 | 100.3 |
| 液化石油气 | 116.7 | 114.4 | 112.2 | 109.7 | 109.4 |
| 管道燃气 | 116.5 | 116.5 | 116.6 | 116.4 | 116.6 |

| 6月 | 7月 | 8月 | 9月 | 10月 | 11月 | 12月 |
|---|---|---|---|---|---|---|
| 111.4 | 117.2 | 120.3 | 115.0 | 115.4 | 115.4 | 115.4 |
| 112.3 | 118.5 | 121.7 | 116.2 | 116.6 | 116.6 | 116.6 |
| 103.7 | 103.7 | 103.9 | 103.9 | 106.0 | 106.0 | 106.0 |
| 109.1 | 109.1 | 109.1 | 120.4 | 120.9 | 121.8 | 121.8 |
| 102.6 | 103.0 | 106.6 | 108.1 | 107.2 | 106.6 | 107.5 |
| 96.2 | 95.9 | 95.8 | 95.8 | 96.6 | 96.6 | 97.7 |
| 83.5 | 82.6 | 82.0 | 81.9 | 84.9 | 85.0 | 90.0 |
| 100.0 | 100.0 | 100.0 | 100.0 | 100.0 | 100.0 | 100.0 |
| **107.5** | **107.0** | **106.8** | **106.4** | **106.3** | **106.5** | **106.3** |
| 92.9 | 92.5 | 91.2 | 91.1 | 90.7 | 90.9 | 90.5 |
| 112.3 | 112.1 | 112.3 | 111.8 | 111.8 | 111.8 | 111.8 |
| 100.9 | 99.2 | 101.1 | 99.4 | 99.5 | 99.5 | 99.6 |
| 113.1 | 113.1 | 113.1 | 112.6 | 112.6 | 112.6 | 112.6 |
| 102.3 | 99.6 | 100.7 | 99.9 | 101.1 | 102.0 | 101.8 |
| 99.9 | 99.3 | 100.0 | 100.0 | 99.9 | 100.1 | 100.6 |
| 100.8 | 100.0 | 101.2 | 101.2 | 101.4 | 101.4 | 101.4 |
| 107.6 | 99.6 | 101.2 | 98.5 | 102.7 | 105.5 | 104.2 |
| 102.5 | 98.3 | 94.0 | 94.2 | 88.7 | 89.9 | 83.5 |
| **103.1** | **103.0** | **102.7** | **103.4** | **103.7** | **103.6** | **104.3** |
| 101.8 | 102.2 | 102.5 | 103.4 | 103.6 | 103.3 | 104.0 |
| 98.4 | 98.4 | 98.4 | 98.4 | 98.4 | 98.4 | 103.1 |
| 103.8 | 103.8 | 103.8 | 103.8 | 103.8 | 103.0 | 103.2 |
| 105.8 | 104.9 | 103.2 | 104.1 | 104.6 | 105.1 | 105.5 |
| 100.1 | 100.1 | 100.1 | 100.6 | 100.6 | 103.9 | 108.0 |
| 95.5 | 96.5 | 96.5 | 96.5 | 95.8 | 98.3 | 98.3 |
| 110.0 | 111.8 | 102.6 | 110.8 | 117.6 | 120.2 | 128.3 |
| 116.4 | 116.6 | 108.1 | 107.9 | 116.7 | 114.0 | 111.4 |

# 2006年广西全区居民消费价格各月同比指数

以上年同月价格为100

| 类　别 | 1月 | 2月 | 3月 | 4月 | 5月 |
|---|---|---|---|---|---|
| **居民消费价格总指数** | **100.9** | **100.3** | **100.5** | **100.4** | **100.9** |
| **食　品** | **100.7** | **100.2** | **101.0** | **100.1** | **100.7** |
| 粮　食 | 100.1 | 100.3 | 99.7 | 99.3 | 99.1 |
| 大　米 | 100.2 | 100.5 | 99.9 | 99.2 | 98.8 |
| 淀　粉 | 115.1 | 109.7 | 109.3 | 112.8 | 117.3 |
| 干豆类及豆制品 | 98.9 | 99.6 | 101.3 | 100.5 | 101.6 |
| 油　脂 | 97.8 | 97.2 | 99.1 | 98.4 | 100.9 |
| 食用植物油 | 97.8 | 96.9 | 99.7 | 98.9 | 102.5 |
| 肉禽及其制品 | 92.2 | 93.1 | 90.7 | 87.3 | 88.6 |
| 食用畜肉及副产品 | 93.7 | 93.5 | 93.0 | 89.5 | 91.6 |
| 猪　肉 | 88.9 | 90.5 | 89.2 | 84.6 | 86.3 |
| 牛　肉 | 107.3 | 102.1 | 101.0 | 101.9 | 102.2 |
| 羊　肉 | 111.3 | 109.4 | 115.8 | 110.2 | 114.0 |
| 禽 | 85.6 | 89.4 | 82.5 | 78.6 | 78.5 |
| 鸡 | 83.3 | 86.8 | 81.3 | 77.3 | 79.9 |
| 鸭 | 90.6 | 95.2 | 84.8 | 81.3 | 75.7 |
| 加工肉禽 | 98.8 | 99.3 | 98.9 | 97.5 | 98.5 |
| 蛋 | 95.9 | 93.2 | 93.8 | 95.6 | 94.7 |
| 鲜　蛋 | 96.1 | 93.2 | 93.9 | 95.8 | 94.9 |
| 水产品 | 104.6 | 102.6 | 97.3 | 98.2 | 101.2 |
| 鱼 | 105.8 | 100.2 | 96.0 | 95.6 | 93.5 |
| 淡水鱼 | 102.1 | 97.7 | 94.3 | 95.6 | 92.5 |
| 海水鱼 | 114.4 | 106.0 | 99.7 | 95.5 | 95.9 |
| 其他水产品 | 102.1 | 107.4 | 100.1 | 103.5 | 118.5 |
| 虾蟹类 | 102.7 | 107.0 | 99.2 | 103.4 | 118.2 |
| 菜 | 112.1 | 107.2 | 116.7 | 110.1 | 111.0 |
| 鲜　菜 | 112.5 | 106.3 | 118.8 | 110.6 | 111.4 |
| 调味品 | 102.6 | 101.3 | 101.3 | 103.2 | 102.0 |
| 盐 | 101.7 | 101.2 | 101.2 | 101.2 | 100.2 |
| 酱　油 | 102.1 | 101.1 | 100.6 | 103.4 | 101.7 |
| 糖 | 114.1 | 115.8 | 120.1 | 124.3 | 124.2 |
| 食　糖 | 133.8 | 144.3 | 154.2 | 158.8 | 159.4 |
| 茶及饮料 | 100.2 | 98.7 | 100.8 | 102.8 | 102.7 |
| 茶　叶 | 101.7 | 98.4 | 99.6 | 103.2 | 104.7 |
| 饮　料 | 99.6 | 98.8 | 101.3 | 102.6 | 101.8 |
| 干鲜瓜果 | 121.2 | 119.7 | 131.3 | 134.4 | 130.3 |
| 鲜瓜果 | 125.2 | 123.0 | 137.1 | 140.1 | 135.0 |
| 糕点饼干面包 | 103.8 | 102.8 | 103.4 | 104.6 | 104.6 |
| 液体乳及乳制品 | 100.7 | 100.5 | 99.9 | 103.6 | 102.8 |

| 6 月 | 7 月 | 8 月 | 9 月 | 10 月 | 11 月 | 12 月 |
|---|---|---|---|---|---|---|
| **101.2** | **100.6** | **101.9** | **102.1** | **102.0** | **102.3** | **103.0** |
| **101.3** | **99.8** | **102.7** | **103.4** | **102.9** | **104.0** | **106.7** |
| 99.5 | 100.6 | 101.1 | 102.7 | 103.2 | 102.9 | 104.0 |
| 99.3 | 100.9 | 101.8 | 103.6 | 104.1 | 103.4 | 104.0 |
| 113.0 | 117.0 | 117.7 | 114.2 | 111.5 | 111.7 | 107.9 |
| 101.5 | 100.7 | 100.8 | 100.4 | 100.5 | 100.8 | 101.4 |
| 100.4 | 101.0 | 102.0 | 103.0 | 102.0 | 102.2 | 110.1 |
| 103.2 | 104.5 | 105.7 | 106.1 | 105.1 | 104.1 | 112.2 |
| 90.8 | 92.2 | 94.9 | 99.5 | 103.5 | 106.3 | 113.5 |
| 92.9 | 93.1 | 94.4 | 99.3 | 102.6 | 104.7 | 109.9 |
| 87.9 | 88.5 | 90.2 | 97.1 | 101.8 | 103.8 | 112.5 |
| 101.2 | 103.6 | 105.4 | 104.0 | 104.2 | 103.9 | 101.8 |
| 113.1 | 111.4 | 110.2 | 109.2 | 113.9 | 118.2 | 120.1 |
| 82.7 | 87.0 | 94.0 | 99.7 | 106.7 | 112.5 | 127.5 |
| 81.5 | 82.3 | 89.8 | 94.6 | 98.8 | 107.4 | 122.3 |
| 85.3 | 97.1 | 102.6 | 111.2 | 124.9 | 123.5 | 139.5 |
| 99.3 | 99.1 | 98.2 | 99.9 | 101.5 | 102.2 | 105.0 |
| 91.0 | 91.8 | 99.6 | 101.3 | 104.0 | 107.6 | 117.5 |
| 91.1 | 91.8 | 100.3 | 102.0 | 105.1 | 108.6 | 119.1 |
| 104.1 | 101.9 | 101.8 | 100.2 | 100.9 | 102.8 | 102.1 |
| 99.1 | 98.1 | 98.7 | 96.6 | 99.1 | 99.4 | 98.0 |
| 94.8 | 97.2 | 99.1 | 96.4 | 101.4 | 102.5 | 101.7 |
| 109.0 | 99.9 | 97.9 | 97.1 | 94.6 | 93.4 | 90.7 |
| 116.1 | 111.0 | 109.4 | 108.8 | 104.9 | 110.7 | 111.1 |
| 115.8 | 113.0 | 109.6 | 108.5 | 105.4 | 110.6 | 111.6 |
| 104.3 | 93.8 | 120.6 | 114.9 | 97.9 | 101.4 | 101.5 |
| 103.7 | 91.4 | 123.2 | 116.2 | 96.0 | 100.5 | 100.3 |
| 102.6 | 103.2 | 104.0 | 108.9 | 108.8 | 109.4 | 107.6 |
| 100.2 | 101.4 | 104.4 | 121.6 | 124.1 | 124.1 | 125.1 |
| 102.9 | 102.6 | 102.6 | 102.3 | 101.4 | 102.7 | 101.3 |
| 122.0 | 119.1 | 113.8 | 111.8 | 110.6 | 109.8 | 106.6 |
| 161.9 | 153.1 | 138.3 | 131.9 | 127.0 | 125.0 | 118.7 |
| 101.4 | 100.5 | 100.7 | 100.6 | 101.1 | 101.3 | 101.4 |
| 102.9 | 100.5 | 100.5 | 100.5 | 100.5 | 100.5 | 100.5 |
| 100.7 | 100.5 | 100.8 | 100.7 | 101.3 | 101.7 | 101.7 |
| 139.6 | 126.7 | 114.5 | 110.0 | 106.9 | 102.8 | 103.9 |
| 147.4 | 130.4 | 115.0 | 108.9 | 104.9 | 100.4 | 102.3 |
| 104.8 | 104.9 | 104.4 | 103.9 | 104.3 | 104.5 | 102.0 |
| 103.7 | 102.9 | 102.2 | 102.9 | 103.4 | 102.6 | 103.2 |

# 2006 年广西全区居民消费价格各月同比指数（续表 1）

以上年同月价格为 100

| 类　别 | 1 月 | 2 月 | 3 月 | 4 月 | 5 月 |
|---|---|---|---|---|---|
| 在外用膳食品 | 100.8 | 100.7 | 100.9 | 100.7 | 101.5 |
| 其他食品 | 102.6 | 101.4 | 101.6 | 102.9 | 102.9 |
| **烟酒及用品** | **99.6** | **99.2** | **99.1** | **100.1** | **98.8** |
| 烟　草 | 99.9 | 99.9 | 99.6 | 99.8 | 98.2 |
| 酒 | 98.7 | 98.5 | 98.4 | 99.7 | 98.7 |
| 吸烟、饮酒用品 | 101.0 | 98.1 | 98.6 | 102.8 | 102.7 |
| **衣　着** | **95.4** | **94.6** | **94.6** | **97.3** | **97.9** |
| 服　装 | 95.1 | 93.0 | 92.6 | 95.8 | 95.7 |
| 男式服装 | 93.4 | 94.0 | 96.1 | 99.1 | 99.2 |
| 女式服装 | 96.5 | 92.3 | 89.6 | 92.8 | 93.7 |
| 儿童服装 | 95.1 | 93.3 | 93.9 | 97.4 | 94.2 |
| 衣着材料 | 100.4 | 100.1 | 98.0 | 97.4 | 97.0 |
| 鞋 袜 帽 | 95.6 | 97.6 | 99.1 | 100.8 | 103.6 |
| 鞋 | 94.7 | 96.4 | 98.4 | 100.0 | 103.2 |
| 袜　子 | 102.0 | 104.7 | 103.4 | 106.0 | 106.0 |
| 帽　子 | 96.2 | 105.1 | 103.4 | 103.4 | 103.8 |
| 衣着加工服务费 | 99.3 | 103.9 | 104.6 | 107.7 | 108.3 |
| **家庭设备用品及维修服务** | **100.3** | **99.7** | **99.4** | **100.5** | **101.0** |
| 耐用消费品 | 99.3 | 99.4 | 99.6 | 99.2 | 99.4 |
| 家　具 | 100.6 | 100.7 | 100.8 | 101.4 | 101.3 |
| 家庭设备 | 98.5 | 98.6 | 98.9 | 97.9 | 98.3 |
| 室内装饰品 | 98.0 | 98.0 | 95.8 | 96.1 | 96.3 |
| 床上用品 | 97.2 | 96.8 | 94.6 | 99.2 | 100.4 |
| 家庭日用杂品 | 102.1 | 100.8 | 100.2 | 103.5 | 103.8 |
| 家庭服务及加工维修服务 | 105.7 | 102.0 | 102.7 | 102.7 | 104.0 |
| **医疗保健和个人用品** | **104.9** | **105.2** | **106.6** | **105.5** | **106.2** |
| 医疗保健 | 106.9 | 107.3 | 108.6 | 106.7 | 107.3 |
| 医疗器具及用品 | 96.0 | 96.0 | 100.2 | 100.9 | 100.3 |
| 中药材及中成药 | 99.0 | 100.7 | 102.1 | 99.9 | 101.4 |
| 西　药 | 98.2 | 98.2 | 98.5 | 98.4 | 99.0 |
| 保健器具及用品 | 100.5 | 98.9 | 100.3 | 100.2 | 98.7 |
| 医疗保健服务 | 132.3 | 132.3 | 135.9 | 129.6 | 129.6 |
| 个人用品及服务 | 101.1 | 101.2 | 102.6 | 103.2 | 104.0 |
| 化妆美容用品 | 101.4 | 102.3 | 101.6 | 101.5 | 101.6 |
| 清洁化妆用品 | 98.9 | 99.0 | 101.0 | 101.4 | 101.3 |
| 个人饰品 | 99.8 | 102.6 | 104.2 | 106.5 | 110.0 |
| 个人服务 | 105.4 | 102.3 | 104.1 | 104.0 | 104.0 |
| **交通和通信** | **98.4** | **98.1** | **98.0** | **97.7** | **98.1** |
| 交　通 | 102.4 | 101.3 | 102.1 | 101.4 | 101.5 |

| 6 月 | 7 月 | 8 月 | 9 月 | 10 月 | 11 月 | 12 月 |
|---|---|---|---|---|---|---|
| 101.5 | 101.5 | 101.9 | 101.9 | 102.5 | 102.7 | 103.4 |
| 99.6 | 100.5 | 101.0 | 102.1 | 104.8 | 104.3 | 103.5 |
| **98.7** | **98.6** | **98.5** | **98.4** | **98.8** | **97.0** | **99.0** |
| 98.1 | 98.1 | 98.1 | 98.1 | 98.1 | 95.0 | 98.3 |
| 98.9 | 98.5 | 98.1 | 97.7 | 99.0 | 98.8 | 99.3 |
| 101.4 | 101.9 | 101.9 | 102.0 | 102.0 | 102.0 | 102.0 |
| **96.3** | **95.1** | **97.1** | **98.3** | **101.4** | **101.9** | **101.7** |
| 95.1 | 93.8 | 95.1 | 97.1 | 100.4 | 100.6 | 101.2 |
| 99.5 | 98.0 | 99.4 | 99.9 | 101.6 | 101.6 | 100.1 |
| 93.7 | 92.5 | 94.0 | 95.8 | 100.9 | 101.2 | 103.9 |
| 89.6 | 88.3 | 88.8 | 94.5 | 96.2 | 96.7 | 95.4 |
| 96.7 | 96.2 | 97.5 | 98.0 | 95.9 | 96.3 | 98.3 |
| 99.0 | 97.8 | 102.1 | 101.0 | 104.2 | 105.7 | 103.0 |
| 98.0 | 96.8 | 101.4 | 100.2 | 104.2 | 105.7 | 102.3 |
| 105.1 | 103.1 | 106.0 | 106.0 | 104.4 | 106.5 | 107.9 |
| 102.3 | 102.3 | 103.3 | 101.9 | 101.9 | 101.9 | 103.3 |
| 108.3 | 107.9 | 107.1 | 108.0 | 108.0 | 108.8 | 108.8 |
| **100.9** | **101.0** | **101.3** | **101.4** | **101.1** | **102.1** | **101.8** |
| 99.2 | 99.7 | 99.7 | 100.3 | 100.8 | 101.0 | 100.9 |
| 99.5 | 99.9 | 100.1 | 100.9 | 101.1 | 101.5 | 101.0 |
| 99.1 | 99.6 | 99.5 | 99.9 | 100.6 | 100.7 | 100.8 |
| 96.5 | 95.9 | 95.1 | 95.5 | 95.5 | 96.5 | 97.2 |
| 99.4 | 97.4 | 100.3 | 100.5 | 99.8 | 100.9 | 100.9 |
| 103.8 | 103.9 | 103.6 | 103.4 | 101.5 | 104.4 | 103.4 |
| 105.5 | 105.2 | 106.5 | 105.5 | 105.5 | 105.5 | 105.2 |
| **106.1** | **106.1** | **106.0** | **105.8** | **106.0** | **106.6** | **102.1** |
| 107.6 | 107.7 | 107.8 | 107.6 | 107.7 | 108.2 | 101.3 |
| 99.9 | 98.9 | 102.4 | 102.4 | 105.3 | 105.3 | 105.3 |
| 102.8 | 102.6 | 103.8 | 103.9 | 103.9 | 104.9 | 105.9 |
| 98.9 | 99.3 | 98.6 | 97.9 | 97.9 | 98.5 | 99.2 |
| 97.9 | 98.2 | 97.9 | 98.1 | 99.4 | 99.0 | 100.1 |
| 129.6 | 129.6 | 129.6 | 129.6 | 129.6 | 129.2 | 99.7 |
| 103.2 | 103.1 | 102.4 | 102.3 | 102.7 | 103.5 | 103.7 |
| 100.9 | 100.1 | 99.5 | 98.8 | 99.6 | 99.9 | 103.5 |
| 100.2 | 100.2 | 99.8 | 99.9 | 100.6 | 100.2 | 100.3 |
| 108.7 | 109.0 | 107.2 | 107.3 | 106.7 | 110.5 | 110.6 |
| 104.0 | 104.1 | 104.0 | 104.0 | 104.5 | 104.7 | 102.1 |
| **99.3** | **100.0** | **99.7** | **99.8** | **99.9** | **100.4** | **100.1** |
| 102.7 | 104.3 | 103.3 | 103.3 | 103.1 | 103.0 | 102.4 |

## 2006 年广西全区居民消费价格各月同比指数（续表 2）

以上年同月价格为 100

| 类　别 | 1 月 | 2 月 | 3 月 | 4 月 | 5 月 |
|---|---|---|---|---|---|
| 交通工具 | 94.3 | 94.3 | 94.2 | 93.2 | 92.9 |
| 车用燃料及零配件 | 110.8 | 110.8 | 110.6 | 110.5 | 111.9 |
| 汽　油 | 116.1 | 116.1 | 114.8 | 113.1 | 118.9 |
| 柴　油 | 116.7 | 116.7 | 117.6 | 119.5 | 120.4 |
| 车辆使用及维修费 | 102.8 | 102.9 | 102.8 | 101.4 | 100.9 |
| 市区公共交通费 | 102.6 | 103.1 | 103.5 | 104.0 | 104.0 |
| 城市间交通费 | 107.7 | 101.9 | 105.9 | 104.6 | 104.6 |
| 通　信 | 94.3 | 94.6 | 93.7 | 93.7 | 94.4 |
| 通信工具 | 78.5 | 79.2 | 76.2 | 76.1 | 78.2 |
| 通信服务 | 100.0 | 100.0 | 100.0 | 100.0 | 100.0 |
| **娱乐教育文化用品及服务** | **98.5** | **97.4** | **97.7** | **97.9** | **98.7** |
| 文娱用耐用消费品及服务 | 92.1 | 91.4 | 91.8 | 90.8 | 93.4 |
| 教　育 | 101.3 | 101.2 | 101.0 | 101.6 | 101.8 |
| 教材及参考书 | 99.1 | 97.4 | 97.2 | 97.1 | 97.1 |
| 学杂托幼费 | 101.6 | 101.7 | 101.6 | 102.3 | 102.5 |
| 文化娱乐类 | 100.6 | 101.0 | 99.9 | 99.9 | 99.9 |
| 文化娱乐用品 | 96.5 | 96.4 | 95.5 | 95.8 | 95.6 |
| 书报杂志 | 100.4 | 99.9 | 99.9 | 99.9 | 99.9 |
| 文 娱 费 | 104.9 | 106.5 | 104.6 | 104.1 | 104.2 |
| 旅　游 | 95.8 | 88.2 | 91.2 | 92.9 | 94.0 |
| **居　住** | **107.3** | **106.2** | **104.8** | **104.7** | **105.2** |
| 建房及装修材料 | 103.6 | 101.3 | 101.0 | 100.7 | 101.1 |
| 租　房 | 102.5 | 102.5 | 102.5 | 107.7 | 107.7 |
| 自有住房 | 103.7 | 103.7 | 103.0 | 101.8 | 105.1 |
| 水、电、燃料 | 112.3 | 111.5 | 108.8 | 107.9 | 108.0 |
| 水 | 111.1 | 111.1 | 111.3 | 111.3 | 111.8 |
| 电 | 99.8 | 100.0 | 100.0 | 100.0 | 98.6 |
| 液化石油气 | 129.4 | 127.4 | 120.1 | 117.6 | 116.8 |
| 管道燃气 | 109.2 | 109.8 | 109.0 | 109.0 | 108.7 |

| 6 月 | 7 月 | 8 月 | 9 月 | 10 月 | 11 月 | 12 月 |
|---|---|---|---|---|---|---|
| 92.5 | 92.5 | 92.3 | 92.4 | 92.2 | 91.8 | 91.9 |
| 116.2 | 113.4 | 110.1 | 109.8 | 109.8 | 109.8 | 109.6 |
| 126.3 | 119.9 | 115.0 | 114.5 | 114.0 | 114.0 | 113.8 |
| 124.6 | 118.5 | 113.6 | 112.9 | 112.6 | 112.6 | 112.5 |
| 100.9 | 110.4 | 110.4 | 111.4 | 111.1 | 111.1 | 109.6 |
| 107.2 | 109.0 | 109.0 | 106.9 | 106.2 | 104.6 | 104.6 |
| 105.4 | 105.7 | 103.8 | 104.6 | 104.6 | 106.0 | 103.8 |
| 95.6 | 95.2 | 95.5 | 95.8 | 96.3 | 97.4 | 97.6 |
| 81.7 | 80.0 | 80.5 | 81.8 | 83.5 | 83.8 | 82.2 |
| 100.0 | 100.0 | 100.0 | 100.0 | 100.0 | 101.3 | 102.0 |
| **99.5** | **99.5** | **99.8** | **100.3** | **100.3** | **99.7** | **100.3** |
| 92.1 | 92.1 | 92.4 | 92.1 | 91.6 | 91.2 | 92.7 |
| 101.8 | 101.8 | 101.7 | 102.3 | 102.3 | 102.4 | 102.3 |
| 97.1 | 97.6 | 97.0 | 98.4 | 98.7 | 98.7 | 98.7 |
| 102.5 | 102.5 | 102.5 | 102.8 | 102.8 | 103.0 | 102.8 |
| 106.0 | 106.1 | 106.0 | 105.4 | 106.0 | 105.7 | 106.3 |
| 94.9 | 94.9 | 94.7 | 94.7 | 94.5 | 94.3 | 97.3 |
| 100.0 | 100.3 | 100.3 | 100.3 | 100.1 | 100.0 | 100.0 |
| 122.0 | 121.8 | 121.8 | 119.8 | 122.2 | 121.6 | 119.7 |
| 93.6 | 93.9 | 95.8 | 99.4 | 98.8 | 94.4 | 95.9 |
| **105.2** | **104.7** | **105.1** | **103.9** | **102.1** | **101.3** | **102.1** |
| 102.1 | 100.9 | 100.5 | 99.1 | 99.5 | 100.6 | 100.6 |
| 106.7 | 106.7 | 106.8 | 106.8 | 107.0 | 107.3 | 106.2 |
| 105.1 | 105.1 | 106.5 | 105.1 | 105.1 | 105.1 | 104.6 |
| 107.3 | 107.2 | 108.1 | 106.5 | 101.7 | 99.3 | 101.5 |
| 111.8 | 111.8 | 111.8 | 109.4 | 109.4 | 104.9 | 100.7 |
| 100.0 | 102.2 | 102.2 | 102.2 | 102.2 | 101.1 | 101.1 |
| 113.4 | 110.7 | 113.0 | 109.8 | 98.8 | 95.3 | 102.2 |
| 108.1 | 107.2 | 106.5 | 106.6 | 101.4 | 100.6 | 101.1 |

# 2007年广西全区居民消费价格各月同比指数

以上年同月价格为100

| 类 别 | 1月 | 2月 | 3月 | 4月 | 5月 |
|---|---|---|---|---|---|
| **居民消费价格总指数** | **102.8** | **103.6** | **104.3** | **104.5** | **104.6** |
| **食 品** | **106.9** | **106.9** | **108.6** | **109.9** | **109.9** |
| 粮 食 | 105.8 | 105.3 | 105.7 | 105.7 | 106.0 |
| 大 米 | 105.5 | 104.5 | 104.5 | 104.7 | 105.2 |
| 淀 粉 | 101.8 | 104.9 | 106.0 | 101.4 | 99.5 |
| 干豆类及豆制品 | 102.1 | 100.9 | 102.2 | 104.2 | 104.7 |
| 油 脂 | 111.8 | 112.9 | 112.0 | 116.7 | 117.6 |
| 食用植物油 | 113.3 | 115.2 | 113.6 | 118.2 | 117.7 |
| 肉禽及其制品 | 114.5 | 115.0 | 116.1 | 119.8 | 128.1 |
| 食用畜肉及副产品 | 113.2 | 116.4 | 116.3 | 120.0 | 126.8 |
| 猪 肉 | 117.7 | 122.6 | 121.0 | 125.4 | 136.7 |
| 牛 肉 | 101.5 | 100.8 | 103.1 | 102.9 | 100.4 |
| 羊 肉 | 117.0 | 112.5 | 105.8 | 113.7 | 111.4 |
| 禽 | 121.5 | 115.7 | 120.1 | 125.0 | 137.6 |
| 鸡 | 121.3 | 115.4 | 122.2 | 128.2 | 135.9 |
| 鸭 | 121.8 | 116.1 | 115.7 | 118.9 | 141.3 |
| 加工肉禽 | 107.6 | 108.2 | 108.7 | 110.1 | 115.9 |
| 蛋 | 114.2 | 116.6 | 120.0 | 122.7 | 128.1 |
| 鲜 蛋 | 115.0 | 117.5 | 121.1 | 124.0 | 129.5 |
| 水产品 | 99.7 | 102.3 | 107.5 | 105.2 | 104.9 |
| 鱼 | 96.3 | 98.8 | 103.0 | 103.5 | 106.3 |
| 淡水鱼 | 98.0 | 97.3 | 101.0 | 102.3 | 104.9 |
| 海水鱼 | 92.9 | 102.6 | 107.8 | 106.5 | 109.5 |
| 其他水产品 | 107.2 | 110.2 | 117.7 | 109.2 | 102.9 |
| 虾蟹类 | 106.7 | 109.6 | 117.6 | 109.0 | 102.5 |
| 菜 | 99.7 | 93.1 | 108.1 | 122.7 | 100.8 |
| 鲜 菜 | 98.5 | 90.0 | 108.0 | 125.4 | 99.4 |
| 调味品 | 109.8 | 110.8 | 110.6 | 108.9 | 109.4 |
| 盐 | 126.5 | 126.6 | 126.6 | 126.6 | 126.6 |
| 酱 油 | 103.6 | 104.5 | 104.4 | 101.7 | 103.0 |
| 糖 | 104.1 | 101.4 | 98.4 | 94.7 | 95.2 |
| 食 糖 | 111.7 | 99.7 | 92.8 | 87.8 | 89.6 |
| 茶及饮料 | 102.2 | 104.3 | 103.3 | 102.4 | 103.1 |
| 茶 叶 | 102.0 | 106.2 | 105.7 | 104.5 | 102.5 |
| 饮 料 | 102.3 | 103.5 | 102.2 | 101.5 | 103.3 |
| 干鲜瓜果 | 105.8 | 105.2 | 100.2 | 88.6 | 87.5 |
| 鲜瓜果 | 104.5 | 104.0 | 98.5 | 85.1 | 83.5 |
| 糕点饼干面包 | 101.5 | 103.2 | 102.7 | 101.8 | 101.7 |
| 液体乳及乳制品 | 102.8 | 102.3 | 102.5 | 100.5 | 101.6 |

| 6 月 | 7 月 | 8 月 | 9 月 | 10 月 | 11 月 | 12 月 |
|---|---|---|---|---|---|---|
| **104.9** | **107.5** | **107.9** | **108.1** | **108.1** | **108.4** | **108.2** |
| **110.8** | **117.4** | **119.7** | **120.3** | **119.6** | **119.1** | **119.2** |
| 105.6 | 105.6 | 106.5 | 106.6 | 107.4 | 108.8 | 107.8 |
| 105.1 | 104.2 | 104.8 | 104.1 | 105.3 | 107.4 | 106.4 |
| 97.6 | 96.7 | 95.1 | 104.1 | 110.7 | 114.2 | 123.7 |
| 105.0 | 107.7 | 109.5 | 113.0 | 114.6 | 120.2 | 125.9 |
| 121.6 | 122.9 | 125.3 | 125.5 | 130.7 | 134.0 | 134.8 |
| 120.4 | 121.0 | 123.2 | 124.9 | 131.8 | 135.4 | 134.2 |
| 132.1 | 152.0 | 152.8 | 144.6 | 137.9 | 138.3 | 140.8 |
| 133.4 | 161.6 | 167.1 | 155.0 | 144.8 | 147.5 | 153.3 |
| 145.0 | 183.1 | 189.6 | 170.6 | 156.4 | 159.0 | 164.4 |
| 106.4 | 110.1 | 109.6 | 111.8 | 110.1 | 113.1 | 128.1 |
| 116.8 | 121.0 | 123.3 | 129.5 | 130.5 | 129.0 | 118.2 |
| 137.7 | 146.4 | 136.9 | 131.6 | 127.9 | 123.8 | 120.5 |
| 136.8 | 150.9 | 141.3 | 135.1 | 133.6 | 125.4 | 119.9 |
| 139.6 | 138.4 | 128.9 | 124.4 | 117.2 | 120.9 | 121.9 |
| 117.4 | 127.8 | 131.4 | 130.5 | 130.5 | 130.7 | 131.4 |
| 134.7 | 141.2 | 133.8 | 127.6 | 121.8 | 116.9 | 111.5 |
| 136.1 | 142.6 | 134.0 | 127.1 | 120.7 | 115.9 | 110.0 |
| 104.8 | 105.2 | 106.9 | 109.6 | 109.4 | 106.8 | 107.2 |
| 103.3 | 106.2 | 109.6 | 113.4 | 113.2 | 110.8 | 112.4 |
| 105.3 | 110.6 | 113.5 | 117.2 | 115.6 | 111.7 | 112.3 |
| 99.6 | 96.9 | 101.1 | 105.4 | 107.9 | 108.9 | 112.8 |
| 107.4 | 101.6 | 98.1 | 98.3 | 98.7 | 96.4 | 95.3 |
| 106.5 | 100.8 | 97.4 | 98.5 | 98.7 | 96.5 | 95.3 |
| 98.1 | 98.7 | 99.7 | 115.2 | 122.8 | 114.3 | 101.2 |
| 96.4 | 97.1 | 98.0 | 115.0 | 123.5 | 112.7 | 97.0 |
| 109.7 | 108.0 | 108.0 | 103.0 | 102.6 | 104.1 | 105.1 |
| 126.6 | 124.8 | 121.2 | 104.1 | 102.0 | 102.0 | 101.2 |
| 103.1 | 101.9 | 103.2 | 103.0 | 103.1 | 106.2 | 105.9 |
| 95.3 | 96.6 | 100.9 | 101.6 | 100.3 | 101.5 | 103.7 |
| 88.4 | 90.4 | 97.7 | 98.4 | 95.7 | 96.1 | 97.0 |
| 104.2 | 105.2 | 105.0 | 105.3 | 105.3 | 104.9 | 105.2 |
| 101.5 | 104.6 | 104.6 | 104.7 | 104.7 | 104.6 | 104.6 |
| 105.4 | 105.5 | 105.2 | 105.5 | 105.6 | 105.1 | 105.5 |
| 83.7 | 88.2 | 102.4 | 108.0 | 112.4 | 111.2 | 110.3 |
| 78.8 | 84.2 | 101.4 | 108.8 | 114.0 | 111.1 | 109.3 |
| 102.3 | 102.0 | 103.5 | 105.3 | 105.6 | 105.7 | 110.2 |
| 101.0 | 100.2 | 102.2 | 102.6 | 102.3 | 104.9 | 107.6 |

# 2007年广西全区居民消费价格各月同比指数（续表1）

以上年同月价格为100

| 类　别 | 1月 | 2月 | 3月 | 4月 | 5月 |
|---|---|---|---|---|---|
| 在外用膳食品 | 103.4 | 103.6 | 103.3 | 104.5 | 104.1 |
| 其他食品 | 103.5 | 104.9 | 105.2 | 105.2 | 104.7 |
| **烟酒及用品** | **100.2** | **100.4** | **100.6** | **100.4** | **101.5** |
| 烟　草 | 98.8 | 98.5 | 98.8 | 98.6 | 100.2 |
| 酒 | 101.7 | 102.1 | 102.4 | 102.3 | 103.1 |
| 吸烟、饮酒用品 | 101.6 | 103.6 | 103.1 | 101.6 | 101.6 |
| **衣　着** | **102.0** | **103.7** | **103.6** | **103.7** | **103.5** |
| 服　装 | 101.4 | 103.9 | 102.9 | 102.1 | 101.7 |
| 男式服装 | 99.6 | 100.9 | 100.3 | 99.4 | 98.9 |
| 女式服装 | 103.5 | 107.0 | 106.0 | 105.8 | 105.0 |
| 儿童服装 | 99.3 | 101.4 | 100.0 | 97.4 | 98.5 |
| 衣着材料 | 99.6 | 98.6 | 101.3 | 100.8 | 101.0 |
| 鞋袜帽 | 103.3 | 104.1 | 106.1 | 108.7 | 109.1 |
| 鞋 | 102.8 | 104.1 | 106.1 | 109.5 | 110.1 |
| 袜　子 | 107.0 | 104.7 | 107.2 | 104.6 | 105.0 |
| 帽　子 | 103.0 | 101.5 | 101.2 | 101.9 | 100.9 |
| 衣着加工服务费 | 109.4 | 104.0 | 104.5 | 101.5 | 101.5 |
| **家庭设备用品及维修服务** | **101.3** | **102.0** | **103.0** | **101.8** | **101.6** |
| 耐用消费品 | 101.5 | 101.5 | 101.6 | 101.8 | 101.4 |
| 家　具 | 100.5 | 100.6 | 100.8 | 100.6 | 100.0 |
| 家庭设备 | 102.1 | 102.1 | 102.2 | 102.6 | 102.2 |
| 室内装饰品 | 97.5 | 97.9 | 98.7 | 99.5 | 99.3 |
| 床上用品 | 97.1 | 97.8 | 100.4 | 95.7 | 96.2 |
| 家庭日用杂品 | 101.2 | 103.0 | 105.3 | 102.3 | 102.9 |
| 家庭服务及加工维修服务 | 106.7 | 108.1 | 108.1 | 107.7 | 106.2 |
| **医疗保健和个人用品** | **101.3** | **101.2** | **100.4** | **101.4** | **102.7** |
| 医疗保健 | 100.7 | 100.3 | 99.7 | 101.5 | 103.8 |
| 医疗器具及用品 | 104.6 | 104.6 | 100.4 | 100.4 | 100.2 |
| 中药材及中成药 | 105.9 | 104.2 | 103.4 | 110.1 | 117.1 |
| 西　药 | 97.9 | 97.8 | 97.1 | 96.9 | 95.9 |
| 保健器具及用品 | 99.5 | 100.9 | 99.1 | 99.3 | 98.4 |
| 医疗保健服务 | 99.7 | 99.7 | 99.7 | 99.7 | 102.6 |
| 个人用品及服务 | 102.5 | 103.1 | 102.0 | 101.2 | 100.3 |
| 化妆美容用品 | 100.4 | 100.5 | 99.7 | 100.5 | 100.3 |
| 清洁化妆用品 | 100.5 | 100.6 | 99.9 | 99.3 | 99.2 |
| 个人饰品 | 109.4 | 105.1 | 104.1 | 103.5 | 100.8 |
| 个人服务 | 101.0 | 107.6 | 105.7 | 102.7 | 102.4 |
| **交通和通信** | **100.9** | **101.2** | **102.1** | **100.7** | **100.1** |
| 交　通 | 103.3 | 104.0 | 105.4 | 103.0 | 102.3 |

| 6 月 | 7 月 | 8 月 | 9 月 | 10 月 | 11 月 | 12 月 |
|---|---|---|---|---|---|---|
| 104.3 | 105.8 | 106.2 | 106.8 | 106.8 | 107.5 | 108.4 |
| 104.9 | 105.1 | 107.7 | 106.7 | 102.8 | 103.4 | 101.5 |
| **101.5** | **101.6** | **101.2** | **101.3** | **101.0** | **101.3** | **101.6** |
| 100.2 | 100.0 | 99.3 | 99.3 | 99.3 | 99.3 | 99.3 |
| 103.0 | 103.5 | 103.3 | 104.0 | 103.0 | 103.7 | 104.8 |
| 101.2 | 100.9 | 100.9 | 100.7 | 100.8 | 100.8 | 98.0 |
| **103.9** | **105.1** | **102.4** | **101.3** | **101.4** | **101.1** | **100.8** |
| 102.0 | 102.9 | 100.9 | 100.3 | 99.9 | 99.7 | 100.3 |
| 98.2 | 100.0 | 99.1 | 98.3 | 99.6 | 99.1 | 99.3 |
| 104.9 | 105.4 | 103.4 | 101.7 | 100.1 | 99.7 | 98.5 |
| 102.3 | 102.4 | 97.5 | 100.9 | 99.7 | 100.9 | 108.4 |
| 100.9 | 99.8 | 99.0 | 100.4 | 101.4 | 100.1 | 98.8 |
| 110.1 | 112.2 | 107.4 | 104.5 | 105.8 | 105.4 | 102.2 |
| 111.1 | 113.2 | 108.0 | 104.4 | 105.8 | 105.6 | 102.4 |
| 106.0 | 108.6 | 105.6 | 105.6 | 107.3 | 105.1 | 102.3 |
| 100.9 | 100.9 | 99.7 | 101.1 | 101.1 | 101.1 | 98.4 |
| 101.0 | 101.3 | 102.1 | 101.2 | 101.2 | 100.5 | 100.5 |
| **101.4** | **101.4** | **101.1** | **101.1** | **101.6** | **100.6** | **100.6** |
| 101.5 | 101.5 | 101.7 | 101.0 | 100.8 | 100.4 | 100.3 |
| 101.3 | 100.6 | 100.7 | 100.2 | 100.4 | 100.0 | 100.3 |
| 101.6 | 102.0 | 102.3 | 101.4 | 101.1 | 100.6 | 100.3 |
| 99.0 | 97.8 | 98.7 | 99.3 | 99.3 | 99.3 | 99.0 |
| 99.2 | 99.4 | 94.8 | 97.7 | 98.1 | 97.8 | 94.4 |
| 101.3 | 101.2 | 101.6 | 101.8 | 103.7 | 100.5 | 102.1 |
| 104.7 | 105.2 | 104.1 | 104.1 | 104.1 | 105.3 | 105.3 |
| **103.2** | **104.7** | **103.9** | **104.4** | **104.5** | **104.2** | **104.0** |
| 104.3 | 106.1 | 104.8 | 105.3 | 105.6 | 105.1 | 104.9 |
| 100.7 | 101.8 | 101.8 | 101.8 | 99.2 | 99.2 | 99.4 |
| 118.7 | 123.8 | 117.9 | 117.3 | 117.4 | 116.5 | 115.1 |
| 95.9 | 96.4 | 97.2 | 99.0 | 99.4 | 98.8 | 99.3 |
| 99.1 | 99.4 | 99.7 | 99.7 | 99.8 | 101.0 | 100.5 |
| 102.6 | 102.6 | 102.6 | 102.6 | 102.8 | 102.8 | 102.8 |
| 100.8 | 101.4 | 101.6 | 102.1 | 102.1 | 102.2 | 101.9 |
| 100.9 | 101.8 | 101.5 | 102.3 | 101.3 | 99.5 | 99.7 |
| 99.6 | 101.1 | 101.0 | 101.6 | 101.7 | 102.4 | 102.3 |
| 101.9 | 101.3 | 102.6 | 103.9 | 105.7 | 108.3 | 106.8 |
| 102.4 | 102.4 | 102.4 | 102.4 | 101.8 | 101.6 | 101.4 |
| **99.5** | **98.3** | **98.4** | **99.6** | **99.3** | **99.5** | **99.4** |
| 101.2 | 98.9 | 98.8 | 98.9 | 98.6 | 100.0 | 100.2 |

# 2007年广西全区居民消费价格各月同比指数（续表2）

以上年同月价格为100

| 类　别 | 1月 | 2月 | 3月 | 4月 | 5月 |
|---|---|---|---|---|---|
| 交通工具 | 96.9 | 97.3 | 97.2 | 96.8 | 96.5 |
| 车用燃料及零配件 | 108.5 | 107.5 | 106.6 | 104.3 | 102.9 |
| 汽　油 | 111.3 | 109.2 | 107.9 | 104.8 | 100.8 |
| 柴　油 | 112.5 | 112.5 | 111.6 | 109.8 | 106.0 |
| 车辆使用及维修费 | 109.5 | 110.0 | 109.2 | 110.2 | 110.4 |
| 市区公共交通费 | 104.6 | 103.9 | 104.1 | 103.3 | 102.6 |
| 城市间交通费 | 101.7 | 105.3 | 113.7 | 104.7 | 103.1 |
| 通　信 | 98.2 | 98.0 | 98.3 | 98.1 | 97.5 |
| 通信工具 | 82.1 | 81.6 | 81.6 | 81.0 | 78.9 |
| 通信服务 | 102.8 | 102.8 | 103.2 | 103.2 | 103.2 |
| **娱乐教育文化用品及服务** | **93.1** | **91.7** | **91.2** | **91.2** | **91.4** |
| 文娱用耐用消费品及服务 | 89.8 | 89.9 | 89.9 | 89.3 | 90.3 |
| 教　育 | 98.6 | 96.6 | 95.2 | 95.1 | 95.3 |
| 教材及参考书 | 100.5 | 100.6 | 100.6 | 100.6 | 100.6 |
| 学杂托幼费 | 100.0 | 100.0 | 100.0 | 100.0 | 100.0 |
| 文化娱乐类 | 98.2 | 98.7 | 99.4 | 98.8 | 98.9 |
| 文化娱乐用品 | 100.0 | 100.0 | 99.8 | 99.1 | 99.0 |
| 书报杂志 | 100.5 | 100.5 | 100.8 | 100.8 | 100.8 |
| 文娱费 | 118.0 | 117.1 | 120.8 | 122.9 | 123.4 |
| 旅　游 | 92.4 | 111.0 | 104.5 | 103.3 | 101.8 |
| **居　住** | **100.8** | **102.5** | **104.0** | **104.0** | **103.7** |
| 建房及装修材料 | 101.7 | 103.7 | 104.9 | 105.3 | 105.5 |
| 租　房 | 106.8 | 115.4 | 115.5 | 110.2 | 110.2 |
| 自有住房 | 104.6 | 104.6 | 106.9 | 106.9 | 105.0 |
| 水、电、燃料 | 103.2 | 104.9 | 104.9 | 104.9 | 104.3 |
| 水 | 101.1 | 101.1 | 101.1 | 101.1 | 102.2 |
| 电 | 92.9 | 90.9 | 94.6 | 97.3 | 100.8 |
| 液化石油气 | 100.6 | 98.7 | 99.4 | 99.4 | 99.4 |
| 管道燃气 | 98.7 | 102.3 | 102.3 | 102.8 | 102.9 |

| 6 月 | 7 月 | 8 月 | 9 月 | 10 月 | 11 月 | 12 月 |
|---|---|---|---|---|---|---|
| 96.7 | 96.7 | 96.0 | 95.7 | 95.3 | 95.0 | 95.1 |
| 99.4 | 98.4 | 98.7 | 98.8 | 98.7 | 105.2 | 105.7 |
| 95.9 | 96.0 | 96.0 | 96.0 | 96.2 | 104.4 | 105.1 |
| 99.7 | 99.7 | 99.8 | 99.8 | 100.0 | 108.8 | 109.6 |
| 111.4 | 102.0 | 102.0 | 102.0 | 101.6 | 101.7 | 102.5 |
| 99.6 | 97.9 | 97.9 | 99.4 | 99.4 | 99.4 | 99.6 |
| 102.2 | 101.1 | 101.3 | 100.9 | 100.4 | 102.1 | 101.8 |
| 97.6 | 97.7 | 97.8 | 100.4 | 100.1 | 98.9 | 98.5 |
| 79.2 | 79.3 | 80.1 | 79.6 | 78.6 | 77.9 | 78.3 |
| 103.2 | 103.2 | 103.2 | 106.7 | 106.7 | 105.2 | 104.6 |
| **91.3** | **91.6** | **91.3** | **91.4** | **90.7** | **90.0** | **88.7** |
| 90.9 | 92.3 | 91.8 | 91.4 | 88.5 | 88.2 | 86.7 |
| 95.1 | 95.2 | 95.4 | 93.3 | 92.8 | 92.8 | 92.8 |
| 99.8 | 99.3 | 99.3 | 99.3 | 99.3 | 99.3 | 99.3 |
| 100.0 | 100.0 | 100.0 | 100.0 | 100.0 | 100.0 | 100.0 |
| 99.6 | 100.3 | 100.5 | 100.5 | 100.7 | 100.8 | 100.1 |
| 98.9 | 100.0 | 100.2 | 100.2 | 100.3 | 100.0 | 100.1 |
| 100.8 | 100.8 | 100.8 | 100.8 | 100.8 | 100.8 | 100.8 |
| 105.7 | 106.0 | 106.1 | 104.9 | 105.4 | 106.1 | 106.7 |
| 101.1 | 104.0 | 104.3 | 102.6 | 103.0 | 106.3 | 104.9 |
| **105.0** | **106.0** | **105.5** | **105.8** | **107.9** | **111.5** | **110.3** |
| 105.5 | 107.1 | 107.6 | 109.8 | 111.1 | 111.4 | 112.0 |
| 109.6 | 109.6 | 110.2 | 110.2 | 109.9 | 109.7 | 109.7 |
| 105.1 | 106.6 | 106.7 | 108.6 | 108.6 | 108.6 | 108.7 |
| 111.0 | 111.0 | 111.0 | 111.0 | 111.0 | 111.0 | 110.7 |
| 102.2 | 100.0 | 100.0 | 100.0 | 100.0 | 100.0 | 100.0 |
| 106.6 | 110.7 | 107.2 | 104.5 | 115.1 | 133.4 | 124.6 |
| 101.7 | 102.5 | 101.7 | 101.4 | 101.4 | 102.7 | 103.5 |
| 103.8 | 103.3 | 98.5 | 98.8 | 104.6 | 106.1 | 109.1 |

# 2008年广西全区居民消费价格各月同比指数

以上年同月价格为100

| 类　别 | 1月 | 2月 | 3月 | 4月 | 5月 |
|---|---|---|---|---|---|
| **居民消费价格总指数** | **109.4** | **112.2** | **110.7** | **111.2** | **110.4** |
| **食品** | **123.1** | **132.6** | **126.7** | **129.1** | **127.2** |
| 粮食 | 105.7 | 107.1 | 107.8 | 109.8 | 116.7 |
| 大米 | 104.2 | 105.9 | 106.9 | 109.3 | 117.8 |
| 淀粉 | 126.4 | 130.2 | 129.8 | 134.9 | 133.4 |
| 干豆类及豆制品 | 132.1 | 151.3 | 151.9 | 151.6 | 150.5 |
| 油脂 | 136.2 | 139.1 | 141.7 | 135.0 | 131.4 |
| 食用植物油 | 137.3 | 140.0 | 143.9 | 137.3 | 133.2 |
| 肉禽及其制品 | 141.1 | 143.1 | 144.4 | 148.5 | 137.9 |
| 食用畜肉及副产品 | 152.5 | 154.1 | 158.9 | 164.1 | 153.3 |
| 猪肉 | 158.5 | 153.4 | 161.1 | 167.1 | 151.4 |
| 牛肉 | 140.4 | 163.0 | 159.6 | 162.7 | 164.1 |
| 羊肉 | 120.1 | 140.0 | 132.9 | 130.1 | 132.9 |
| 禽 | 122.1 | 125.3 | 120.9 | 125.1 | 114.1 |
| 鸡 | 119.9 | 125.7 | 116.1 | 120.8 | 111.1 |
| 鸭 | 127.0 | 124.3 | 131.7 | 134.7 | 118.8 |
| 加工肉禽 | 132.6 | 134.0 | 134.6 | 135.1 | 127.8 |
| 蛋 | 111.0 | 113.9 | 111.0 | 107.9 | 106.7 |
| 鲜蛋 | 109.8 | 113.1 | 110.0 | 106.7 | 105.8 |
| 水产品 | 111.0 | 116.7 | 119.7 | 123.4 | 122.3 |
| 鱼 | 113.9 | 120.9 | 124.8 | 134.2 | 136.8 |
| 淡水鱼 | 115.4 | 127.5 | 135.0 | 143.1 | 146.7 |
| 海水鱼 | 110.7 | 108.1 | 105.9 | 117.7 | 117.5 |
| 其他水产品 | 103.1 | 105.9 | 107.4 | 101.2 | 93.5 |
| 虾蟹类 | 103.1 | 105.9 | 107.4 | 101.2 | 93.5 |
| 菜 | 125.9 | 202.9 | 131.6 | 130.5 | 135.5 |
| 鲜菜 | 126.9 | 221.6 | 132.1 | 129.7 | 135.7 |
| 调味品 | 103.0 | 103.2 | 105.8 | 107.5 | 108.3 |
| 盐 | 100.1 | 100.1 | 100.1 | 100.1 | 100.1 |
| 酱油 | 103.7 | 103.8 | 108.0 | 110.8 | 112.1 |
| 糖 | 104.6 | 107.1 | 107.6 | 107.4 | 105.6 |
| 食糖 | 97.2 | 100.8 | 101.8 | 101.6 | 99.1 |
| 茶及饮料 | 105.9 | 104.7 | 104.6 | 104.8 | 103.7 |
| 茶叶 | 104.5 | 101.6 | 100.4 | 101.2 | 100.8 |
| 饮料 | 106.5 | 106.0 | 106.5 | 106.4 | 105.9 |
| 干鲜瓜果 | 110.2 | 115.0 | 107.3 | 118.5 | 116.1 |
| 鲜瓜果 | 108.8 | 113.7 | 104.2 | 117.8 | 115.2 |
| 糕点饼干面包 | 111.9 | 112.2 | 113.1 | 113.2 | 111.5 |
| 液体乳及乳制品 | 115.1 | 117.8 | 118.2 | 117.3 | 119.5 |

| 6 月 | 7 月 | 8 月 | 9 月 | 10 月 | 11 月 | 12 月 |
|---|---|---|---|---|---|---|
| **110.0** | **107.9** | **106.4** | **105.8** | **105.5** | **103.4** | **101.4** |
| **125.3** | **119.0** | **114.3** | **113.6** | **113.9** | **112.1** | **107.6** |
| 117.0 | 115.9 | 115.0 | 113.4 | 112.2 | 111.4 | 111.1 |
| 117.6 | 117.2 | 116.4 | 115.2 | 113.7 | 112.8 | 112.8 |
| 131.8 | 130.1 | 128.5 | 118.3 | 116.8 | 112.3 | 101.8 |
| 147.9 | 144.2 | 140.0 | 135.6 | 133.0 | 125.1 | 117.7 |
| 126.0 | 124.2 | 119.8 | 116.9 | 112.1 | 102.6 | 89.8 |
| 127.2 | 125.4 | 121.1 | 117.4 | 111.5 | 103.0 | 92.0 |
| 130.9 | 112.4 | 108.6 | 109.7 | 108.5 | 104.2 | 98.4 |
| 143.8 | 117.5 | 111.6 | 112.1 | 109.7 | 102.1 | 94.4 |
| 140.1 | 108.7 | 101.6 | 101.6 | 98.2 | 89.7 | 83.4 |
| 159.6 | 153.9 | 155.1 | 154.0 | 155.0 | 149.7 | 131.9 |
| 128.0 | 126.7 | 125.9 | 122.2 | 115.6 | 109.1 | 109.3 |
| 109.0 | 99.9 | 100.0 | 102.3 | 103.7 | 104.9 | 102.9 |
| 107.5 | 98.3 | 97.7 | 98.3 | 99.1 | 102.6 | 101.5 |
| 112.3 | 103.4 | 105.1 | 111.6 | 114.3 | 109.9 | 105.8 |
| 125.0 | 115.4 | 112.1 | 112.6 | 110.5 | 108.7 | 106.3 |
| 101.3 | 97.4 | 95.2 | 96.4 | 98.8 | 100.5 | 99.9 |
| 100.4 | 96.8 | 94.8 | 96.4 | 98.9 | 100.7 | 100.1 |
| 120.4 | 121.1 | 119.7 | 116.9 | 115.5 | 112.7 | 110.8 |
| 134.7 | 129.7 | 123.9 | 119.9 | 117.4 | 114.5 | 111.4 |
| 143.8 | 133.9 | 128.0 | 125.8 | 122.3 | 119.9 | 114.2 |
| 117.6 | 122.7 | 117.2 | 109.2 | 108.8 | 104.4 | 106.4 |
| 91.0 | 101.9 | 110.7 | 111.0 | 112.1 | 109.1 | 109.3 |
| 91.0 | 101.9 | 110.7 | 111.0 | 112.1 | 109.1 | 109.3 |
| 137.4 | 148.5 | 126.4 | 119.7 | 132.2 | 137.8 | 136.0 |
| 137.7 | 150.6 | 125.1 | 118.2 | 134.6 | 142.5 | 141.6 |
| 109.1 | 109.8 | 109.8 | 109.6 | 109.6 | 107.7 | 107.5 |
| 100.1 | 100.1 | 100.1 | 100.0 | 100.0 | 100.0 | 100.0 |
| 112.4 | 113.3 | 112.1 | 112.3 | 112.3 | 108.8 | 109.8 |
| 106.8 | 107.2 | 106.1 | 105.4 | 106.9 | 106.9 | 104.7 |
| 99.1 | 98.6 | 95.5 | 94.6 | 96.5 | 97.7 | 96.6 |
| 102.4 | 102.0 | 102.8 | 102.5 | 101.9 | 102.7 | 102.4 |
| 100.8 | 101.4 | 101.4 | 101.3 | 101.3 | 102.7 | 102.7 |
| 103.1 | 102.3 | 103.4 | 103.1 | 102.2 | 102.7 | 102.2 |
| 119.2 | 112.5 | 105.7 | 108.0 | 104.6 | 104.6 | 101.4 |
| 119.3 | 111.0 | 102.2 | 105.4 | 102.2 | 103.5 | 100.2 |
| 112.9 | 113.5 | 111.7 | 110.3 | 110.4 | 110.2 | 106.5 |
| 125.6 | 126.9 | 123.6 | 121.0 | 119.5 | 119.4 | 116.9 |

## 2008 年广西全区居民消费价格各月同比指数（续表 1）

以上年同月价格为 100

| 类　别 | 1 月 | 2 月 | 3 月 | 4 月 | 5 月 |
|---|---|---|---|---|---|
| 在外用膳食品 | 111.5 | 112.7 | 113.9 | 114.5 | 118.4 |
| 其他食品 | 104.7 | 107.4 | 105.8 | 107.4 | 108.1 |
| **烟酒及用品** | **101.9** | **102.2** | **102.6** | **102.8** | **102.7** |
| 烟草 | 98.4 | 98.6 | 98.4 | 98.5 | 98.6 |
| 酒 | 106.4 | 107.0 | 108.3 | 108.5 | 108.5 |
| 吸烟、饮酒用品 | 98.0 | 97.4 | 97.4 | 97.2 | 96.7 |
| **衣着** | **100.5** | **99.0** | **100.3** | **97.6** | **99.0** |
| 服装 | 99.4 | 98.6 | 100.2 | 97.3 | 99.6 |
| 男式服装 | 100.4 | 97.6 | 101.8 | 100.3 | 99.9 |
| 女式服装 | 96.2 | 97.6 | 97.3 | 93.3 | 97.5 |
| 儿童服装 | 107.0 | 103.7 | 105.2 | 102.8 | 105.0 |
| 衣着材料 | 97.6 | 99.6 | 98.3 | 99.7 | 100.6 |
| 鞋袜帽 | 104.0 | 100.7 | 101.3 | 98.7 | 98.1 |
| 鞋 | 104.3 | 100.8 | 101.6 | 98.6 | 97.5 |
| 袜子 | 103.4 | 100.7 | 99.5 | 99.4 | 99.0 |
| 帽子 | 98.3 | 98.3 | 100.2 | 99.4 | 100.1 |
| 衣着加工服务费 | 100.0 | 100.3 | 103.2 | 104.8 | 105.1 |
| **家庭设备用品及维修服务** | **101.7** | **102.2** | **102.5** | **102.8** | **103.5** |
| 耐用消费品 | 100.2 | 101.2 | 101.4 | 101.7 | 101.3 |
| 家具 | 100.0 | 99.8 | 99.3 | 99.1 | 99.5 |
| 家庭设备 | 100.3 | 102.1 | 102.6 | 103.2 | 102.3 |
| 室内装饰品 | 101.2 | 102.2 | 101.4 | 100.7 | 100.8 |
| 床上用品 | 97.8 | 93.9 | 99.6 | 98.5 | 101.9 |
| 家庭日用杂品 | 104.5 | 106.1 | 104.1 | 105.0 | 107.1 |
| 家庭服务及加工维修服务 | 105.6 | 104.9 | 107.2 | 107.7 | 107.5 |
| **医疗保健和个人用品** | **104.6** | **105.6** | **106.0** | **104.6** | **103.5** |
| 医疗保健 | 105.8 | 106.8 | 106.9 | 105.0 | 102.8 |
| 医疗器具及用品 | 100.1 | 100.0 | 99.8 | 100.1 | 100.3 |
| 中药材及中成药 | 115.4 | 117.8 | 117.6 | 111.8 | 105.8 |
| 西药 | 101.1 | 101.9 | 102.3 | 101.8 | 102.5 |
| 保健器具及用品 | 100.5 | 100.6 | 100.7 | 100.8 | 101.5 |
| 医疗保健服务 | 102.8 | 102.6 | 102.6 | 102.6 | 99.7 |
| 个人用品及服务 | 101.9 | 103.0 | 104.0 | 103.7 | 103.7 |
| 化妆美容用品 | 98.3 | 99.1 | 99.8 | 99.5 | 100.1 |
| 清洁化妆用品 | 103.8 | 104.7 | 104.1 | 103.8 | 103.8 |
| 个人饰品 | 107.8 | 114.4 | 116.2 | 110.9 | 110.1 |
| 个人服务 | 100.5 | 99.2 | 102.5 | 105.5 | 105.8 |
| **交通和通信** | **98.5** | **98.2** | **97.2** | **98.3** | **99.0** |
| 交通 | 100.4 | 99.6 | 97.9 | 99.8 | 100.8 |

| 6 月 | 7 月 | 8 月 | 9 月 | 10 月 | 11 月 | 12 月 |
|---|---|---|---|---|---|---|
| 119.8 | 118.4 | 117.4 | 116.6 | 116.6 | 115.6 | 113.6 |
| 107.6 | 106.4 | 102.2 | 104.3 | 105.2 | 113.3 | 115.4 |
| **103.3** | **103.4** | **103.9** | **104.2** | **104.3** | **104.1** | **103.5** |
| 98.6 | 98.7 | 99.3 | 99.4 | 99.3 | 99.3 | 99.3 |
| 110.0 | 110.2 | 110.5 | 110.8 | 111.1 | 110.6 | 108.7 |
| 96.1 | 96.2 | 97.1 | 97.9 | 97.7 | 97.7 | 100.5 |
| **100.9** | **101.0** | **101.3** | **100.4** | **98.4** | **97.1** | **95.3** |
| 101.1 | 101.7 | 102.8 | 100.6 | 98.6 | 97.5 | 94.7 |
| 101.7 | 102.1 | 102.1 | 100.7 | 98.6 | 97.4 | 96.3 |
| 98.3 | 98.9 | 100.1 | 99.7 | 96.6 | 96.9 | 93.6 |
| 108.4 | 109.6 | 112.9 | 103.2 | 104.5 | 99.5 | 94.1 |
| 100.6 | 103.4 | 104.1 | 103.9 | 104.0 | 101.9 | 101.3 |
| 100.5 | 99.3 | 97.7 | 99.8 | 97.6 | 95.4 | 96.4 |
| 100.7 | 99.5 | 97.5 | 100.1 | 97.4 | 94.9 | 95.8 |
| 99.1 | 97.2 | 97.7 | 97.7 | 97.3 | 97.3 | 99.5 |
| 100.1 | 100.1 | 100.2 | 100.2 | 101.5 | 102.7 | 102.1 |
| 108.3 | 108.5 | 108.0 | 108.5 | 108.6 | 108.8 | 109.0 |
| **103.0** | **103.7** | **103.6** | **103.7** | **103.7** | **103.5** | **103.2** |
| 100.8 | 100.3 | 100.0 | 99.9 | 99.7 | 99.2 | 98.8 |
| 99.8 | 99.6 | 99.4 | 98.8 | 98.4 | 98.2 | 98.0 |
| 101.4 | 100.7 | 100.3 | 100.6 | 100.4 | 99.8 | 99.2 |
| 100.8 | 102.1 | 102.1 | 102.1 | 102.3 | 101.8 | 102.6 |
| 99.2 | 106.7 | 105.9 | 103.5 | 103.5 | 103.6 | 107.3 |
| 106.8 | 107.8 | 108.4 | 109.4 | 109.9 | 110.2 | 108.2 |
| 107.5 | 107.0 | 106.7 | 107.0 | 107.0 | 106.8 | 106.8 |
| **102.5** | **101.7** | **102.5** | **102.2** | **102.0** | **101.7** | **101.7** |
| 101.8 | 100.0 | 101.6 | 101.1 | 101.0 | 101.1 | 101.3 |
| 100.3 | 100.3 | 100.3 | 100.3 | 100.1 | 100.0 | 99.9 |
| 102.4 | 98.3 | 102.5 | 101.7 | 101.5 | 101.3 | 101.6 |
| 102.5 | 101.4 | 101.4 | 100.7 | 100.4 | 100.7 | 101.0 |
| 103.5 | 107.1 | 113.0 | 112.7 | 115.2 | 115.4 | 115.4 |
| 99.7 | 99.7 | 99.6 | 99.6 | 99.6 | 99.5 | 99.5 |
| 104.0 | 105.2 | 104.3 | 104.5 | 104.1 | 103.0 | 102.7 |
| 99.9 | 100.2 | 98.9 | 99.7 | 99.4 | 99.3 | 99.5 |
| 104.0 | 104.4 | 104.6 | 104.5 | 105.5 | 105.6 | 104.1 |
| 109.3 | 113.5 | 109.4 | 106.8 | 102.7 | 95.8 | 95.9 |
| 107.8 | 109.8 | 110.1 | 111.7 | 111.7 | 110.9 | 111.8 |
| **99.5** | **100.8** | **101.0** | **100.0** | **100.0** | **99.4** | **98.6** |
| 101.6 | 103.5 | 103.9 | 104.3 | 104.3 | 102.7 | 101.2 |

# 2008 年广西全区居民消费价格各月同比指数（续表 2）

以上年同月价格为 100

| 类　别 | 1 月 | 2 月 | 3 月 | 4 月 | 5 月 |
|---|---|---|---|---|---|
| 交通工具 | 95.1 | 95.2 | 95.2 | 96.3 | 98.2 |
| 车用燃料及零配件 | 106.7 | 107.7 | 107.8 | 108.1 | 107.9 |
| 汽油 | 107.5 | 109.5 | 109.5 | 109.6 | 109.6 |
| 柴油 | 109.6 | 109.6 | 109.6 | 109.6 | 109.6 |
| 车辆使用及维修费 | 102.3 | 100.5 | 97.3 | 96.5 | 98.0 |
| 市区公共交通费 | 99.6 | 99.1 | 99.3 | 99.6 | 100.2 |
| 城市间交通费 | 102.4 | 99.9 | 93.5 | 101.0 | 103.0 |
| 通信 | 96.2 | 96.6 | 96.3 | 96.5 | 97.0 |
| 通信工具 | 76.3 | 77.2 | 77.0 | 77.5 | 79.2 |
| 通信服务 | 102.2 | 102.3 | 101.9 | 101.9 | 101.9 |
| **娱乐教育文化用品及服务** | **99.7** | **98.4** | **99.3** | **99.5** | **98.4** |
| 文娱用耐用消费品及服务 | 88.5 | 89.9 | 90.2 | 91.3 | 89.7 |
| 教育 | 100.8 | 100.8 | 101.8 | 101.8 | 101.1 |
| 教材及参考书 | 93.1 | 93.1 | 99.2 | 99.0 | 98.8 |
| 学杂托幼费 | 102.0 | 101.9 | 102.1 | 102.1 | 101.4 |
| 文化娱乐类 | 102.7 | 102.3 | 101.6 | 101.2 | 100.9 |
| 文化娱乐用品 | 99.6 | 99.4 | 99.8 | 100.0 | 99.7 |
| 书报杂志 | 101.3 | 101.0 | 101.0 | 101.0 | 100.9 |
| 文娱费 | 106.6 | 105.9 | 103.7 | 102.6 | 102.0 |
| 旅游 | 108.4 | 96.8 | 99.8 | 100.5 | 99.6 |
| **居住** | **109.5** | **109.5** | **109.8** | **109.2** | **109.4** |
| 建房及装修材料 | 110.6 | 111.0 | 110.5 | 110.5 | 110.5 |
| 租房 | 109.2 | 101.1 | 101.2 | 100.9 | 101.1 |
| 自有住房 | 108.7 | 108.7 | 106.3 | 106.4 | 105.0 |
| 水、电、燃料 | 109.5 | 112.1 | 113.8 | 112.7 | 113.2 |
| 水 | 108.1 | 106.4 | 106.4 | 106.4 | 106.4 |
| 电 | 100.0 | 100.0 | 100.0 | 100.0 | 100.0 |
| 液化石油气 | 122.7 | 131.7 | 137.6 | 133.4 | 130.9 |
| 管道燃气 | 103.5 | 104.9 | 105.3 | 105.3 | 105.3 |

| 6 月 | 7 月 | 8 月 | 9 月 | 10 月 | 11 月 | 12 月 |
|---|---|---|---|---|---|---|
| 97.4 | 97.9 | 98.4 | 99.4 | 99.8 | 100.2 | 100.0 |
| 113.3 | 119.6 | 119.1 | 119.1 | 119.5 | 112.0 | 105.2 |
| 118.0 | 126.9 | 126.9 | 126.8 | 126.7 | 116.7 | 107.4 |
| 119.3 | 129.0 | 128.9 | 128.9 | 128.9 | 118.2 | 107.8 |
| 97.5 | 97.5 | 97.6 | 98.1 | 97.9 | 97.9 | 97.3 |
| 100.2 | 101.3 | 101.3 | 101.3 | 100.2 | 100.2 | 100.0 |
| 102.2 | 105.3 | 107.0 | 107.2 | 107.1 | 104.7 | 104.0 |
| 97.2 | 97.8 | 97.8 | 95.2 | 95.3 | 95.6 | 95.7 |
| 79.9 | 82.5 | 82.2 | 82.1 | 82.4 | 83.8 | 84.3 |
| 101.9 | 101.9 | 101.9 | 98.6 | 98.6 | 98.6 | 98.6 |
| **98.8** | **98.2** | **98.3** | **97.8** | **98.3** | **98.1** | **97.9** |
| 89.3 | 89.5 | 89.7 | 89.2 | 89.4 | 89.1 | 89.8 |
| 101.1 | 101.2 | 101.3 | 100.5 | 100.5 | 100.5 | 100.5 |
| 98.9 | 98.9 | 99.6 | 101.1 | 101.1 | 101.1 | 101.1 |
| 101.4 | 101.4 | 101.4 | 100.4 | 100.4 | 100.4 | 100.4 |
| 100.9 | 100.8 | 101.1 | 101.3 | 101.3 | 101.1 | 100.8 |
| 99.6 | 99.6 | 100.1 | 100.0 | 100.0 | 99.5 | 99.8 |
| 100.9 | 100.9 | 102.0 | 102.4 | 102.8 | 102.8 | 102.8 |
| 102.1 | 101.9 | 101.4 | 101.6 | 101.3 | 101.2 | 100.2 |
| 101.0 | 96.2 | 96.5 | 95.8 | 99.1 | 98.4 | 96.7 |
| **109.2** | **108.7** | **107.9** | **107.2** | **104.7** | **95.8** | **94.3** |
| 110.6 | 110.8 | 110.5 | 108.6 | 106.5 | 105.2 | 103.8 |
| 101.1 | 101.1 | 102.0 | 102.0 | 104.4 | 104.4 | 104.3 |
| 105.1 | 103.6 | 102.3 | 99.5 | 96.5 | 79.1 | 77.1 |
| 112.5 | 111.9 | 110.6 | 111.1 | 106.9 | 96.9 | 95.1 |
| 101.1 | 101.1 | 101.1 | 106.4 | 121.5 | 121.5 | 121.5 |
| 100.0 | 100.0 | 100.1 | 100.0 | 100.0 | 100.0 | 100.0 |
| 130.9 | 129.1 | 124.8 | 123.6 | 107.4 | 83.5 | 79.3 |
| 103.3 | 103.3 | 103.3 | 103.4 | 103.4 | 102.1 | 100.2 |

# 2009年广西全区居民消费价格各月同比指数

以上年同月价格为100

| 类别 | 1月 | 2月 | 3月 | 4月 | 5月 |
| --- | --- | --- | --- | --- | --- |
| **居民消费价格总指数** | **100.2** | **96.2** | **97.6** | **96.8** | **96.5** |
| **食　　品** | **104.6** | **94.3** | **98.6** | **96.0** | **96.3** |
| 粮　　食 | 111.6 | 110.7 | 111.4 | 110.1 | 104.6 |
| 大　　米 | 113.6 | 112.6 | 113.7 | 112.1 | 104.7 |
| 淀　　粉 | 97.9 | 95.0 | 92.7 | 92.5 | 94.3 |
| 干豆类及豆制品 | 113.7 | 97.0 | 94.8 | 93.7 | 93.7 |
| 油　　脂 | 84.5 | 80.7 | 77.8 | 76.9 | 76.5 |
| 食用植物油 | 84.2 | 79.5 | 75.5 | 75.1 | 75.5 |
| 肉禽及其制品 | 100.0 | 92.0 | 91.2 | 88.7 | 85.4 |
| 食用畜肉及副产品 | 96.3 | 87.7 | 85.6 | 83.1 | 77.8 |
| 猪　　肉 | 88.1 | 81.8 | 78.1 | 74.9 | 68.8 |
| 牛　　肉 | 120.9 | 103.3 | 104.3 | 104.1 | 101.4 |
| 羊　　肉 | 105.6 | 88.8 | 95.8 | 98.2 | 96.7 |
| 禽 | 104.8 | 95.9 | 98.7 | 95.0 | 93.9 |
| 鸡 | 106.3 | 93.5 | 99.8 | 96.7 | 94.4 |
| 鸭 | 101.5 | 101.4 | 96.6 | 91.4 | 92.8 |
| 加工肉禽 | 105.8 | 102.3 | 100.3 | 98.5 | 98.2 |
| 蛋 | 99.1 | 96.6 | 99.0 | 100.7 | 101.1 |
| 鲜　　蛋 | 99.0 | 96.2 | 98.9 | 100.8 | 101.2 |
| 水 产 品 | 112.3 | 100.7 | 95.4 | 93.6 | 95.3 |
| 鱼 | 110.4 | 100.7 | 97.3 | 90.2 | 89.5 |
| 淡 水 鱼 | 109.5 | 97.8 | 92.7 | 85.0 | 82.6 |
| 海 水 鱼 | 111.4 | 106.1 | 107.1 | 101.0 | 104.1 |
| 其他水产品 | 118.0 | 102.7 | 92.5 | 102.3 | 111.2 |
| 虾 蟹 类 | 118.0 | 102.7 | 92.5 | 102.3 | 111.2 |
| 菜 | 114.6 | 72.1 | 108.3 | 94.9 | 106.9 |
| 鲜　　菜 | 115.5 | 67.9 | 109.8 | 94.3 | 108.7 |
| 调 味 品 | 105.7 | 105.1 | 103.9 | 102.0 | 101.7 |
| 盐 | 100.0 | 99.9 | 99.9 | 100.3 | 100.6 |
| 酱　　油 | 107.1 | 106.5 | 103.7 | 100.6 | 99.6 |
| 糖 | 104.2 | 102.6 | 102.4 | 103.0 | 105.4 |
| 食　　糖 | 98.1 | 98.2 | 98.1 | 99.9 | 103.4 |
| 茶及饮料 | 100.1 | 100.8 | 100.2 | 100.1 | 100.3 |
| 茶　　叶 | 99.4 | 103.4 | 103.3 | 102.2 | 102.8 |
| 饮　　料 | 100.3 | 99.7 | 99.0 | 99.2 | 99.3 |
| 干鲜瓜果 | 97.6 | 89.3 | 98.1 | 97.7 | 107.5 |
| 鲜 瓜 果 | 96.7 | 87.6 | 98.0 | 97.2 | 108.4 |
| 糕点饼干面包 | 103.9 | 102.0 | 101.2 | 101.2 | 102.7 |
| 液体乳及乳制品 | 108.2 | 108.8 | 109.1 | 108.0 | 105.9 |

| 6 月 | 7 月 | 8 月 | 9 月 | 10 月 | 11 月 | 12 月 |
|---|---|---|---|---|---|---|
| **96.3** | **96.3** | **97.4** | **97.9** | **98.1** | **99.8** | **101.2** |
| **96.2** | **96.3** | **98.9** | **99.1** | **99.3** | **100.8** | **102.8** |
| 104.6 | 104.5 | 104.3 | 103.6 | 103.4 | 103.3 | 104.1 |
| 104.5 | 104.4 | 103.9 | 103.3 | 103.5 | 103.2 | 104.1 |
| 95.0 | 94.6 | 95.8 | 98.8 | 96.9 | 98.3 | 100.1 |
| 94.0 | 93.8 | 94.7 | 95.5 | 97.3 | 100.2 | 103.6 |
| 77.8 | 78.3 | 78.1 | 77.7 | 78.9 | 83.4 | 91.0 |
| 76.3 | 76.5 | 76.5 | 75.5 | 76.8 | 82.2 | 90.7 |
| 84.8 | 85.4 | 88.6 | 91.4 | 94.2 | 97.2 | 96.8 |
| 77.0 | 76.8 | 80.9 | 84.6 | 89.1 | 93.4 | 93.2 |
| 67.9 | 67.8 | 73.2 | 78.7 | 84.9 | 90.4 | 89.7 |
| 101.0 | 100.3 | 99.6 | 98.2 | 98.8 | 100.1 | 99.5 |
| 94.7 | 95.0 | 94.9 | 94.0 | 92.4 | 95.2 | 99.3 |
| 94.0 | 96.7 | 99.5 | 101.1 | 101.2 | 102.5 | 102.1 |
| 94.1 | 96.7 | 99.1 | 100.2 | 100.2 | 102.8 | 101.1 |
| 93.7 | 96.9 | 100.2 | 102.9 | 103.3 | 102.0 | 104.2 |
| 96.9 | 96.2 | 97.1 | 97.5 | 97.9 | 98.8 | 98.6 |
| 100.1 | 99.4 | 100.7 | 103.0 | 103.5 | 104.5 | 105.1 |
| 100.1 | 99.2 | 100.6 | 102.9 | 103.4 | 104.3 | 105.1 |
| 95.2 | 95.4 | 94.3 | 94.2 | 96.4 | 100.3 | 103.2 |
| 89.4 | 89.8 | 90.3 | 91.0 | 92.6 | 96.8 | 99.5 |
| 81.9 | 82.4 | 83.5 | 83.7 | 86.3 | 91.0 | 94.6 |
| 104.4 | 104.2 | 104.0 | 106.3 | 104.7 | 107.6 | 107.7 |
| 111.3 | 110.7 | 104.6 | 101.9 | 106.1 | 109.3 | 112.9 |
| 111.3 | 110.7 | 104.6 | 101.9 | 106.1 | 109.3 | 112.9 |
| 104.5 | 99.3 | 111.4 | 108.0 | 102.5 | 106.2 | 117.7 |
| 105.7 | 99.5 | 114.1 | 110.0 | 103.0 | 107.2 | 120.2 |
| 100.8 | 100.4 | 99.8 | 100.3 | 100.4 | 100.7 | 100.6 |
| 100.5 | 97.8 | 98.1 | 98.2 | 98.1 | 98.7 | 98.4 |
| 99.0 | 99.3 | 99.5 | 99.9 | 100.1 | 100.6 | 99.9 |
| 104.3 | 104.2 | 104.4 | 104.9 | 104.4 | 103.8 | 104.6 |
| 103.2 | 106.6 | 108.0 | 109.2 | 109.4 | 109.1 | 112.1 |
| 99.9 | 100.2 | 100.1 | 99.9 | 99.7 | 99.6 | 99.5 |
| 102.7 | 100.9 | 101.3 | 101.4 | 101.1 | 100.2 | 100.2 |
| 98.8 | 99.9 | 99.6 | 99.3 | 99.2 | 99.3 | 99.3 |
| 113.4 | 122.0 | 123.7 | 115.1 | 110.7 | 106.4 | 108.7 |
| 115.7 | 126.6 | 129.0 | 118.2 | 112.2 | 106.3 | 108.3 |
| 101.0 | 100.6 | 100.7 | 100.7 | 100.7 | 100.7 | 99.7 |
| 101.3 | 101.2 | 101.0 | 103.2 | 104.2 | 101.0 | 101.5 |

# 2009年广西全区居民消费价格各月同比指数（续表1）

以上年同月价格为100

| 类　别 | 1月 | 2月 | 3月 | 4月 | 5月 |
|---|---|---|---|---|---|
| 在外用膳食品 | 109.7 | 108.0 | 106.9 | 106.4 | 101.7 |
| 其他食品 | 105.3 | 100.9 | 101.5 | 100.5 | 101.0 |
| **烟酒及用品** | **101.6** | **101.3** | **101.5** | **100.5** | **100.2** |
| 烟　草 | 98.1 | 97.6 | 98.9 | 98.9 | 98.9 |
| 酒 | 106.0 | 106.1 | 105.1 | 103.0 | 102.7 |
| 吸烟、饮酒用品 | 98.3 | 97.5 | 97.1 | 96.5 | 95.6 |
| **衣　着** | **93.3** | **95.9** | **97.3** | **98.8** | **97.7** |
| 服　装 | 93.2 | 96.0 | 98.9 | 100.3 | 98.8 |
| 男式服装 | 94.5 | 98.9 | 99.3 | 99.8 | 100.6 |
| 女式服装 | 93.5 | 94.7 | 99.7 | 102.2 | 98.9 |
| 儿童服装 | 89.3 | 92.6 | 95.2 | 95.1 | 93.6 |
| 衣着材料 | 101.8 | 101.4 | 102.7 | 103.2 | 102.7 |
| 鞋袜帽 | 92.1 | 94.4 | 91.9 | 94.0 | 93.7 |
| 鞋 | 90.7 | 93.0 | 90.1 | 92.6 | 92.1 |
| 袜　子 | 99.7 | 102.1 | 102.2 | 101.9 | 102.5 |
| 帽　子 | 100.0 | 100.8 | 99.6 | 100.6 | 100.9 |
| 衣着加工服务费 | 109.6 | 109.1 | 106.1 | 104.3 | 104.0 |
| **家庭设备用品及维修服务** | **101.6** | **100.4** | **100.0** | **99.0** | **98.1** |
| 耐用消费品 | 97.9 | 96.7 | 96.3 | 95.2 | 94.8 |
| 家　具 | 95.6 | 96.1 | 96.1 | 95.9 | 96.3 |
| 家庭设备 | 99.2 | 97.0 | 96.4 | 94.8 | 93.9 |
| 室内装饰品 | 100.9 | 97.3 | 97.0 | 96.4 | 95.8 |
| 床上用品 | 102.0 | 104.6 | 102.3 | 103.0 | 97.6 |
| 家庭日用杂品 | 106.7 | 104.9 | 105.5 | 103.8 | 103.6 |
| 家庭服务及加工维修服务 | 105.5 | 104.1 | 102.2 | 102.2 | 102.0 |
| **医疗保健和个人用品** | **101.7** | **100.6** | **100.2** | **100.4** | **100.4** |
| 医疗保健 | 101.0 | 99.9 | 99.7 | 99.9 | 99.9 |
| 医疗器具及用品 | 100.7 | 101.2 | 101.1 | 101.1 | 101.5 |
| 中药材及中成药 | 102.0 | 98.9 | 98.5 | 98.4 | 98.3 |
| 西　药 | 100.1 | 99.8 | 99.6 | 100.2 | 100.1 |
| 保健器具及用品 | 114.4 | 113.6 | 113.5 | 113.2 | 113.3 |
| 医疗保健服务 | 99.3 | 99.5 | 99.4 | 99.4 | 99.5 |
| 个人用品及服务 | 103.2 | 101.9 | 101.3 | 101.4 | 101.4 |
| 化妆美容用品 | 101.4 | 102.3 | 102.3 | 101.9 | 101.2 |
| 清洁化妆用品 | 103.3 | 102.6 | 102.9 | 103.4 | 103.2 |
| 个人饰品 | 95.0 | 93.2 | 90.3 | 91.5 | 93.3 |
| 个人服务 | 114.8 | 107.5 | 106.4 | 105.9 | 105.6 |
| **交通和通信** | **98.9** | **98.1** | **98.4** | **98.3** | **97.9** |
| 交　通 | 100.3 | 98.9 | 99.5 | 99.2 | 98.6 |
| 交通工具 | 99.5 | 99.1 | 98.9 | 98.9 | 98.4 |

| 6 月 | 7 月 | 8 月 | 9 月 | 10 月 | 11 月 | 12 月 |
|---|---|---|---|---|---|---|
| 101.7 | 101.4 | 102.7 | 103.4 | 103.3 | 103.2 | 103.9 |
| 100.9 | 101.8 | 104.9 | 104.1 | 104.8 | 101.3 | 101.6 |
| **100.4** | **100.3** | **100.2** | **100.5** | **100.7** | **100.9** | **101.2** |
| 99.2 | 99.3 | 99.4 | 99.6 | 99.7 | 100.0 | 100.0 |
| 102.5 | 101.7 | 102.0 | 102.0 | 102.4 | 102.3 | 102.7 |
| 96.0 | 98.9 | 95.9 | 97.9 | 97.9 | 99.1 | 99.3 |
| **96.4** | **96.1** | **98.1** | **99.2** | **99.0** | **100.9** | **101.4** |
| 97.2 | 96.9 | 98.9 | 100.2 | 99.8 | 101.7 | 102.1 |
| 98.9 | 98.7 | 100.1 | 101.4 | 100.0 | 102.7 | 103.6 |
| 97.5 | 97.4 | 99.2 | 100.3 | 100.8 | 101.1 | 101.3 |
| 92.5 | 90.7 | 95.0 | 97.3 | 96.3 | 101.1 | 100.3 |
| 104.4 | 103.1 | 103.3 | 102.1 | 101.1 | 102.1 | 102.6 |
| 93.0 | 92.6 | 95.1 | 95.7 | 96.3 | 98.4 | 99.5 |
| 91.2 | 91.1 | 94.1 | 94.9 | 95.5 | 98.0 | 99.3 |
| 102.8 | 100.5 | 99.9 | 100.2 | 100.3 | 100.4 | 100.4 |
| 100.9 | 100.9 | 100.8 | 100.0 | 100.0 | 100.6 | 101.2 |
| 101.8 | 102.0 | 102.4 | 102.2 | 101.9 | 101.7 | 101.1 |
| **98.3** | **97.6** | **97.3** | **97.4** | **97.6** | **97.7** | **97.9** |
| 95.0 | 94.7 | 94.5 | 94.8 | 95.5 | 95.8 | 96.3 |
| 96.2 | 95.5 | 95.9 | 96.1 | 97.4 | 97.9 | 98.1 |
| 94.3 | 94.4 | 93.8 | 94.2 | 94.4 | 94.7 | 95.3 |
| 96.6 | 97.4 | 97.5 | 97.5 | 97.3 | 98.5 | 97.8 |
| 98.8 | 95.1 | 97.3 | 97.9 | 97.9 | 98.2 | 98.3 |
| 103.5 | 102.2 | 101.1 | 100.4 | 100.2 | 100.2 | 100.0 |
| 101.8 | 102.7 | 102.7 | 102.7 | 102.6 | 101.5 | 101.4 |
| **100.5** | **100.1** | **100.2** | **100.5** | **100.3** | **100.4** | **100.5** |
| 100.1 | 100.0 | 99.7 | 100.2 | 99.5 | 99.3 | 99.4 |
| 101.8 | 101.8 | 101.8 | 101.9 | 101.7 | 102.3 | 102.7 |
| 98.8 | 98.6 | 98.2 | 99.1 | 97.3 | 97.5 | 98.1 |
| 100.4 | 100.5 | 100.5 | 101.1 | 100.7 | 99.9 | 99.9 |
| 111.2 | 107.2 | 101.9 | 101.7 | 100.0 | 99.2 | 99.3 |
| 99.5 | 99.7 | 99.7 | 99.7 | 99.9 | 100.0 | 100.0 |
| 101.5 | 100.2 | 101.1 | 101.2 | 101.9 | 102.8 | 102.7 |
| 101.1 | 100.3 | 101.8 | 101.1 | 101.8 | 102.3 | 101.9 |
| 103.3 | 102.6 | 102.4 | 102.7 | 101.6 | 101.3 | 101.4 |
| 95.0 | 92.2 | 95.5 | 97.7 | 101.3 | 106.1 | 106.0 |
| 104.3 | 102.8 | 102.5 | 101.5 | 102.9 | 103.3 | 103.4 |
| **97.7** | **97.2** | **97.0** | **97.4** | **97.5** | **98.0** | **98.9** |
| 98.3 | 97.5 | 96.8 | 97.5 | 97.5 | 98.4 | 99.9 |
| 98.1 | 97.7 | 97.8 | 97.8 | 98.0 | 98.2 | 98.3 |

# 2009 年广西全区居民消费价格各月同比指数（续表 2）

以上年同月价格为 100

| 类　别 | 1 月 | 2 月 | 3 月 | 4 月 | 5 月 |
|---|---|---|---|---|---|
| 车用燃料及零配件 | 96.4 | 95.2 | 97.3 | 98.5 | 98.7 |
| 汽　油 | 94.9 | 93.4 | 96.6 | 98.4 | 98.3 |
| 柴　油 | 93.8 | 91.2 | 93.3 | 94.8 | 94.9 |
| 车辆使用及维修费 | 98.5 | 98.9 | 102.5 | 102.5 | 101.1 |
| 市区公共交通费 | 100.5 | 99.0 | 97.4 | 96.4 | 96.4 |
| 城市间交通费 | 106.8 | 101.7 | 101.9 | 100.4 | 98.8 |
| 通　信 | 97.3 | 97.1 | 97.1 | 97.1 | 96.9 |
| 通信工具 | 86.7 | 85.7 | 86.0 | 85.8 | 85.0 |
| 通信服务 | 99.9 | 99.9 | 99.9 | 99.9 | 99.9 |
| **娱乐教育文化用品及服务** | **98.9** | **98.7** | **98.7** | **99.1** | **99.0** |
| 文娱用耐用消费品及服务 | 89.9 | 89.2 | 88.4 | 87.9 | 88.4 |
| 教　育 | 100.1 | 100.1 | 100.6 | 100.6 | 100.6 |
| 教材及参考书 | 101.9 | 101.9 | 100.7 | 100.9 | 100.5 |
| 学杂托幼费 | 99.8 | 99.9 | 100.6 | 100.6 | 100.6 |
| 文化娱乐类 | 104.9 | 104.8 | 104.3 | 104.2 | 104.2 |
| 文化娱乐用品 | 100.3 | 99.8 | 99.3 | 99.0 | 99.2 |
| 书报杂志 | 110.2 | 110.9 | 109.9 | 109.9 | 109.8 |
| 文 娱 费 | 105.2 | 104.8 | 104.8 | 104.8 | 104.6 |
| 旅　游 | 100.6 | 100.4 | 100.8 | 104.2 | 102.9 |
| **居　住** | **94.0** | **92.2** | **91.2** | **91.0** | **89.1** |
| 建房及装修材料 | 104.0 | 102.8 | 101.2 | 100.6 | 99.4 |
| 租　房 | 104.0 | 103.5 | 103.7 | 103.7 | 103.5 |
| 自有住房 | 74.5 | 70.8 | 69.8 | 69.8 | 69.8 |
| 水、电、燃料 | 95.6 | 93.8 | 92.4 | 92.2 | 89.0 |
| 水 | 129.6 | 130.7 | 131.1 | 131.4 | 131.4 |
| 电 | 100.1 | 100.1 | 100.1 | 100.1 | 98.7 |
| 液化石油气 | 77.2 | 72.2 | 67.9 | 67.1 | 64.6 |
| 管道燃气 | 109.3 | 109.2 | 109.2 | 108.0 | 108.0 |

| 6 月 | 7 月 | 8 月 | 9 月 | 10 月 | 11 月 | 12 月 |
|---|---|---|---|---|---|---|
| 97.5 | 98.8 | 96.8 | 99.4 | 97.6 | 101.7 | 109.0 |
| 96.8 | 99.1 | 96.1 | 99.9 | 97.6 | 103.5 | 112.8 |
| 93.6 | 96.2 | 93.3 | 97.2 | 94.7 | 100.7 | 111.7 |
| 100.6 | 100.5 | 100.4 | 100.1 | 100.2 | 100.7 | 100.5 |
| 96.3 | 95.4 | 95.3 | 95.3 | 95.8 | 95.9 | 96.8 |
| 99.6 | 95.5 | 93.4 | 94.8 | 96.1 | 95.4 | 96.0 |
| 97.0 | 96.9 | 97.2 | 97.4 | 97.6 | 97.6 | 97.8 |
| 85.2 | 84.9 | 86.5 | 87.1 | 88.1 | 88.2 | 89.4 |
| 100.0 | 100.0 | 100.0 | 100.0 | 100.0 | 100.1 | 100.1 |
| **99.2** | **100.3** | **100.1** | **101.0** | **101.2** | **100.6** | **101.0** |
| 89.3 | 89.5 | 89.7 | 90.5 | 91.0 | 92.1 | 93.1 |
| 100.5 | 100.5 | 100.5 | 101.1 | 101.0 | 101.0 | 101.0 |
| 100.5 | 100.5 | 100.5 | 101.3 | 101.2 | 101.2 | 101.2 |
| 100.6 | 100.5 | 100.5 | 101.0 | 101.0 | 101.0 | 101.0 |
| 104.2 | 104.8 | 105.3 | 105.5 | 105.3 | 104.0 | 104.0 |
| 99.6 | 99.5 | 99.5 | 99.4 | 99.6 | 99.8 | 99.9 |
| 109.8 | 110.3 | 109.0 | 109.4 | 108.0 | 108.0 | 107.9 |
| 104.3 | 105.6 | 107.8 | 108.3 | 108.6 | 104.7 | 104.8 |
| 103.1 | 109.8 | 107.6 | 110.5 | 110.7 | 107.0 | 108.9 |
| **88.4** | **87.9** | **89.2** | **90.3** | **90.9** | **98.3** | **101.1** |
| 98.7 | 97.1 | 97.8 | 98.8 | 98.5 | 99.3 | 100.2 |
| 103.7 | 103.7 | 102.3 | 102.3 | 100.3 | 100.3 | 100.4 |
| 69.8 | 69.6 | 69.8 | 70.4 | 71.9 | 88.1 | 92.3 |
| 87.6 | 87.3 | 90.2 | 91.9 | 93.0 | 100.5 | 104.5 |
| 130.6 | 131.7 | 132.2 | 125.4 | 110.5 | 103.9 | 103.9 |
| 98.7 | 98.7 | 98.7 | 98.7 | 98.7 | 99.7 | 99.7 |
| 62.3 | 61.4 | 68.3 | 74.4 | 81.0 | 100.0 | 112.8 |
| 108.0 | 108.0 | 108.0 | 107.9 | 107.9 | 107.9 | 108.7 |

# 2010年广西全区居民消费价格各月同比指数

以上年同月价格为100

| 类　别 | 1月 | 2月 | 3月 | 4月 | 5月 |
|---|---|---|---|---|---|
| **居民消费价格总指数** | **101.3** | **103.3** | **101.8** | **102.3** | **102.8** |
| **食　　品** | **102.5** | **107.8** | **104.5** | **105.6** | **106.3** |
| 粮　　食 | 105.0 | 105.0 | 104.4 | 105.7 | 106.5 |
| 大　　米 | 105.0 | 104.9 | 104.2 | 106.1 | 107.3 |
| 淀　　粉 | 102.2 | 103.2 | 102.4 | 103.3 | 104.2 |
| 干豆类及豆制品 | 103.0 | 107.9 | 106.6 | 108.6 | 113.2 |
| 油　　脂 | 96.3 | 99.0 | 101.4 | 102.8 | 103.6 |
| 食用植物油 | 97.6 | 101.2 | 104.4 | 105.7 | 106.0 |
| 肉禽及其制品 | 94.0 | 98.6 | 96.7 | 97.2 | 99.1 |
| 食用畜肉及副产品 | 90.2 | 95.3 | 92.9 | 93.7 | 96.8 |
| 猪　　肉 | 86.0 | 92.2 | 90.0 | 91.1 | 95.6 |
| 牛　　肉 | 98.4 | 101.3 | 100.4 | 100.1 | 100.0 |
| 羊　　肉 | 99.8 | 104.5 | 107.0 | 106.4 | 107.0 |
| 禽 | 98.9 | 103.7 | 102.0 | 102.3 | 103.0 |
| 鸡 | 96.8 | 102.2 | 101.4 | 100.5 | 100.8 |
| 鸭 | 103.5 | 106.7 | 103.1 | 106.2 | 107.8 |
| 加工肉禽 | 97.9 | 100.0 | 99.5 | 99.8 | 100.2 |
| 蛋 | 105.5 | 106.3 | 104.9 | 102.9 | 102.0 |
| 鲜　　蛋 | 105.5 | 106.4 | 104.8 | 102.7 | 101.7 |
| 水 产 品 | 100.5 | 108.1 | 107.2 | 107.2 | 104.7 |
| 鱼 | 98.7 | 104.4 | 102.9 | 105.4 | 104.2 |
| 淡 水 鱼 | 95.4 | 101.4 | 98.8 | 102.1 | 102.3 |
| 海 水 鱼 | 104.0 | 109.1 | 109.5 | 110.5 | 107.2 |
| 其他水产品 | 105.6 | 118.5 | 119.2 | 112.2 | 105.4 |
| 虾 蟹 类 | 105.6 | 118.5 | 119.2 | 112.2 | 105.4 |
| 菜 | 120.2 | 144.0 | 116.0 | 125.3 | 130.9 |
| 鲜　　菜 | 122.3 | 150.3 | 115.9 | 126.5 | 133.0 |
| 调 味 品 | 101.2 | 102.0 | 101.9 | 102.3 | 102.7 |
| 盐 | 98.9 | 99.0 | 99.8 | 99.3 | 98.6 |
| 酱　　油 | 100.5 | 101.6 | 101.5 | 102.5 | 103.3 |
| 糖 | 107.1 | 108.4 | 108.4 | 108.3 | 108.1 |
| 食　　糖 | 118.3 | 120.7 | 120.6 | 120.7 | 120.4 |
| 茶及饮料 | 100.5 | 99.9 | 100.1 | 100.7 | 101.1 |
| 茶　　叶 | 102.3 | 100.3 | 100.7 | 100.8 | 100.6 |
| 饮　　料 | 99.9 | 99.7 | 99.9 | 100.6 | 101.2 |
| 干鲜瓜果 | 110.2 | 121.2 | 119.0 | 117.9 | 115.0 |
| 鲜 瓜 果 | 109.2 | 121.8 | 119.5 | 118.8 | 115.8 |
| 糕点饼干面包 | 100.4 | 100.4 | 100.4 | 100.4 | 100.2 |
| 液体乳及乳制品 | 101.0 | 100.2 | 99.9 | 100.9 | 101.1 |

| 6 月 | 7 月 | 8 月 | 9 月 | 10 月 | 11 月 | 12 月 |
|---|---|---|---|---|---|---|
| **102.6** | **103.0** | **102.8** | **102.8** | **104.0** | **104.6** | **104.6** |
| **105.8** | **107.1** | **107.3** | **107.2** | **110.0** | **110.6** | **110.5** |
| 106.2 | 105.8 | 105.8 | 106.4 | 106.8 | 109.9 | 114.2 |
| 106.8 | 106.3 | 106.3 | 106.7 | 107.1 | 110.5 | 115.0 |
| 106.1 | 106.6 | 106.4 | 106.8 | 107.3 | 109.8 | 117.1 |
| 112.5 | 112.1 | 111.5 | 109.4 | 107.7 | 108.3 | 107.3 |
| 102.0 | 101.4 | 103.4 | 107.1 | 108.0 | 112.4 | 112.6 |
| 105.6 | 105.3 | 107.1 | 111.5 | 113.2 | 115.5 | 114.3 |
| 100.6 | 104.9 | 108.1 | 106.3 | 108.9 | 112.0 | 112.7 |
| 97.5 | 103.3 | 107.2 | 105.2 | 109.4 | 113.7 | 113.2 |
| 96.9 | 105.0 | 110.0 | 107.2 | 112.0 | 118.0 | 117.1 |
| 98.9 | 99.2 | 98.5 | 98.7 | 99.7 | 99.6 | 99.2 |
| 109.1 | 108.9 | 107.8 | 107.6 | 110.4 | 111.7 | 114.7 |
| 106.1 | 109.3 | 111.3 | 109.3 | 110.1 | 111.8 | 114.0 |
| 103.4 | 106.3 | 108.9 | 109.5 | 110.7 | 111.0 | 112.3 |
| 111.8 | 115.7 | 116.5 | 108.8 | 109.0 | 113.6 | 117.7 |
| 101.8 | 103.6 | 105.5 | 104.6 | 105.0 | 106.7 | 108.1 |
| 102.5 | 104.3 | 109.6 | 108.5 | 108.0 | 111.1 | 113.2 |
| 102.2 | 104.3 | 110.0 | 108.9 | 108.4 | 111.9 | 113.9 |
| 107.7 | 109.1 | 111.5 | 112.9 | 113.3 | 113.4 | 112.9 |
| 106.5 | 109.4 | 110.9 | 111.0 | 111.3 | 111.9 | 112.8 |
| 105.3 | 108.4 | 110.3 | 111.0 | 111.7 | 111.0 | 112.0 |
| 108.6 | 111.3 | 111.5 | 110.7 | 110.2 | 113.1 | 114.1 |
| 109.6 | 106.4 | 111.3 | 116.5 | 117.9 | 116.9 | 113.3 |
| 109.6 | 106.4 | 111.3 | 116.5 | 117.9 | 116.9 | 113.3 |
| 124.9 | 129.1 | 120.1 | 119.4 | 133.9 | 116.6 | 102.6 |
| 126.2 | 131.1 | 120.4 | 119.4 | 136.1 | 115.6 | 99.7 |
| 102.8 | 103.1 | 103.0 | 102.7 | 102.4 | 102.9 | 103.2 |
| 98.8 | 101.2 | 101.5 | 101.3 | 101.5 | 100.7 | 101.0 |
| 103.4 | 102.9 | 102.9 | 102.7 | 102.0 | 102.6 | 103.0 |
| 107.8 | 107.7 | 107.4 | 107.4 | 108.4 | 113.3 | 114.2 |
| 120.0 | 117.0 | 115.9 | 116.4 | 118.6 | 128.5 | 128.0 |
| 101.6 | 101.9 | 101.8 | 102.0 | 102.2 | 102.3 | 102.6 |
| 100.8 | 101.0 | 100.2 | 100.2 | 100.3 | 100.6 | 100.7 |
| 102.0 | 102.2 | 102.4 | 102.7 | 102.9 | 102.9 | 103.3 |
| 109.6 | 102.6 | 101.4 | 105.5 | 109.8 | 118.8 | 127.4 |
| 109.7 | 101.7 | 100.3 | 104.9 | 110.0 | 120.8 | 131.6 |
| 100.2 | 100.5 | 102.3 | 102.6 | 102.8 | 103.9 | 104.6 |
| 101.0 | 101.3 | 102.3 | 101.4 | 101.6 | 103.4 | 103.1 |

# 2010 年广西全区居民消费价格各月同比指数（续表 1）

以上年同月价格为 100

| 类　别 | 1 月 | 2 月 | 3 月 | 4 月 | 5 月 |
|---|---|---|---|---|---|
| 在外用膳食品 | 104.2 | 105.2 | 105.3 | 104.5 | 104.5 |
| 其他食品 | 101.4 | 102.7 | 102.0 | 101.9 | 100.6 |
| **烟酒及用品** | **101.5** | **101.4** | **101.5** | **101.6** | **101.9** |
| 烟　草 | 100.5 | 100.6 | 100.5 | 100.7 | 100.7 |
| 酒 | 103.0 | 102.6 | 102.7 | 102.8 | 103.4 |
| 吸烟、饮酒用品 | 99.3 | 99.5 | 99.9 | 100.4 | 100.6 |
| **衣　着** | **102.7** | **99.7** | **99.4** | **98.8** | **98.9** |
| 服　装 | 103.7 | 100.5 | 99.8 | 99.5 | 98.8 |
| 男式服装 | 104.1 | 99.7 | 98.2 | 98.0 | 97.6 |
| 女式服装 | 103.3 | 100.9 | 100.9 | 99.9 | 99.1 |
| 儿童服装 | 103.9 | 101.1 | 100.6 | 102.9 | 101.6 |
| 衣着材料 | 102.7 | 103.0 | 102.7 | 101.9 | 102.1 |
| 鞋 袜 帽 | 99.6 | 97.0 | 97.9 | 96.4 | 98.6 |
| 鞋 | 99.4 | 96.5 | 97.6 | 95.7 | 98.3 |
| 袜　子 | 100.3 | 100.0 | 99.8 | 100.6 | 100.1 |
| 帽　子 | 102.3 | 98.4 | 101.1 | 101.3 | 100.9 |
| 衣着加工服务费 | 101.0 | 101.9 | 101.2 | 101.3 | 101.3 |
| **家庭设备用品及维修服务** | **98.3** | **98.4** | **98.1** | **98.7** | **98.7** |
| 耐用消费品 | 96.5 | 96.7 | 96.9 | 97.5 | 97.7 |
| 家　具 | 98.7 | 99.1 | 98.7 | 98.5 | 97.0 |
| 家庭设备 | 95.4 | 95.4 | 96.0 | 97.0 | 98.2 |
| 室内装饰品 | 98.1 | 100.2 | 100.8 | 101.0 | 101.4 |
| 床上用品 | 99.6 | 97.4 | 96.4 | 96.7 | 97.5 |
| 家庭日用杂品 | 100.5 | 100.3 | 99.2 | 100.3 | 99.4 |
| 家庭服务及加工维修服务 | 101.5 | 103.7 | 102.6 | 102.6 | 102.6 |
| **医疗保健和个人用品** | **100.4** | **100.7** | **100.7** | **100.9** | **101.1** |
| 医疗保健 | 99.5 | 100.2 | 100.2 | 100.5 | 100.7 |
| 医疗器具及用品 | 108.3 | 109.1 | 109.3 | 109.3 | 108.8 |
| 中药材及中成药 | 98.0 | 100.5 | 100.4 | 101.2 | 101.3 |
| 西　药 | 100.1 | 99.9 | 99.9 | 100.0 | 100.5 |
| 保健器具及用品 | 99.0 | 99.5 | 99.6 | 100.5 | 101.0 |
| 医疗保健服务 | 100.0 | 100.0 | 100.0 | 100.0 | 100.0 |
| 个人用品及服务 | 102.3 | 101.8 | 101.7 | 101.9 | 101.9 |
| 化妆美容用品 | 101.9 | 100.2 | 100.5 | 100.5 | 100.5 |
| 清洁化妆用品 | 101.1 | 100.3 | 100.8 | 100.0 | 99.5 |
| 个人饰品 | 108.1 | 104.4 | 104.6 | 107.2 | 107.8 |
| 个人服务 | 99.2 | 105.4 | 103.1 | 103.1 | 103.4 |
| **交通和通信** | **99.2** | **100.9** | **100.5** | **100.8** | **101.2** |
| 交　通 | 100.6 | 104.0 | 103.2 | 103.6 | 104.0 |

| 6 月 | 7 月 | 8 月 | 9 月 | 10 月 | 11 月 | 12 月 |
|---|---|---|---|---|---|---|
| 104.3 | 104.8 | 103.4 | 102.7 | 102.8 | 103.8 | 104.7 |
| 101.4 | 101.2 | 100.4 | 101.7 | 102.5 | 102.5 | 103.6 |
| **101.6** | **101.8** | **101.7** | **101.5** | **101.3** | **101.4** | **101.6** |
| 100.4 | 100.4 | 100.2 | 100.0 | 100.0 | 100.0 | 100.0 |
| 103.0 | 103.4 | 103.5 | 103.3 | 103.0 | 103.3 | 103.7 |
| 100.6 | 100.6 | 100.4 | 100.0 | 100.0 | 99.8 | 99.8 |
| **99.2** | **100.5** | **99.2** | **98.2** | **99.1** | **100.3** | **101.8** |
| 99.6 | 101.0 | 99.6 | 98.4 | 99.4 | 101.3 | 102.9 |
| 99.0 | 100.2 | 98.7 | 97.9 | 99.5 | 101.5 | 102.1 |
| 99.8 | 101.3 | 99.7 | 98.8 | 99.0 | 100.8 | 103.2 |
| 100.6 | 102.5 | 101.7 | 98.6 | 100.7 | 102.5 | 104.4 |
| 101.8 | 101.9 | 101.8 | 102.7 | 104.8 | 107.4 | 107.9 |
| 97.6 | 98.8 | 97.9 | 97.1 | 97.4 | 96.8 | 98.3 |
| 97.3 | 98.6 | 97.3 | 96.4 | 96.6 | 96.1 | 97.8 |
| 99.9 | 100.0 | 101.6 | 101.6 | 101.9 | 101.5 | 101.5 |
| 100.9 | 101.0 | 100.9 | 101.4 | 101.3 | 100.1 | 100.2 |
| 101.0 | 100.6 | 100.6 | 100.4 | 100.5 | 100.5 | 100.7 |
| **98.8** | **99.0** | **99.3** | **98.9** | **99.0** | **99.3** | **99.5** |
| 97.9 | 98.4 | 98.9 | 98.3 | 98.0 | 97.9 | 97.9 |
| 97.1 | 98.4 | 98.2 | 98.2 | 98.7 | 98.6 | 99.1 |
| 98.3 | 98.4 | 99.2 | 98.4 | 97.7 | 97.6 | 97.3 |
| 101.2 | 100.7 | 100.5 | 100.6 | 100.7 | 102.4 | 102.7 |
| 96.4 | 96.8 | 97.3 | 96.9 | 98.3 | 100.7 | 101.4 |
| 99.9 | 99.9 | 99.8 | 99.6 | 99.8 | 99.8 | 99.9 |
| 103.3 | 102.6 | 103.0 | 102.9 | 103.3 | 103.4 | 103.5 |
| **101.1** | **101.3** | **101.5** | **101.6** | **102.2** | **103.3** | **103.3** |
| 100.8 | 100.8 | 101.2 | 101.4 | 102.3 | 103.9 | 103.8 |
| 108.5 | 108.3 | 108.9 | 108.6 | 108.5 | 107.4 | 107.1 |
| 101.9 | 102.0 | 102.7 | 103.4 | 105.8 | 110.3 | 110.6 |
| 100.3 | 100.3 | 100.6 | 100.5 | 101.2 | 102.0 | 101.4 |
| 100.7 | 101.0 | 102.4 | 102.4 | 102.6 | 103.4 | 102.7 |
| 100.0 | 100.0 | 100.0 | 100.0 | 100.0 | 100.0 | 100.1 |
| 101.9 | 102.1 | 102.2 | 102.0 | 101.9 | 102.1 | 102.2 |
| 100.9 | 101.3 | 101.1 | 101.1 | 100.9 | 101.1 | 101.4 |
| 99.5 | 99.8 | 99.7 | 99.3 | 99.1 | 99.7 | 99.9 |
| 107.3 | 107.5 | 107.9 | 108.0 | 108.2 | 108.0 | 108.4 |
| 102.8 | 102.9 | 103.0 | 102.8 | 102.1 | 102.1 | 101.5 |
| **100.6** | **100.2** | **100.3** | **100.2** | **100.5** | **100.3** | **100.4** |
| 102.9 | 101.9 | 102.4 | 102.1 | 103.0 | 102.5 | 102.9 |

# 2010年广西全区居民消费价格各月同比指数（续表2）

以上年同月价格为100

| 类　别 | 1月 | 2月 | 3月 | 4月 | 5月 |
|---|---|---|---|---|---|
| 交通工具 | 98.6 | 98.7 | 98.8 | 98.8 | 98.6 |
| 车用燃料及零配件 | 117.0 | 118.2 | 115.7 | 117.1 | 117.3 |
| 汽　油 | 125.2 | 127.2 | 123.0 | 125.0 | 125.4 |
| 柴　油 | 125.1 | 128.5 | 125.7 | 128.3 | 128.5 |
| 车辆使用及维修费 | 99.6 | 102.4 | 102.1 | 102.1 | 102.1 |
| 市区公共交通费 | 96.7 | 99.2 | 100.1 | 100.8 | 100.8 |
| 城市间交通费 | 93.4 | 105.4 | 102.1 | 102.5 | 104.2 |
| 通　信 | 97.8 | 97.6 | 97.8 | 97.9 | 98.3 |
| 通信工具 | 89.1 | 88.6 | 89.0 | 89.4 | 91.3 |
| 通信服务 | 100.1 | 100.1 | 100.2 | 100.2 | 100.2 |
| **娱乐教育文化用品及服务** | **100.3** | **100.8** | **97.4** | **97.2** | **97.6** |
| 文娱用耐用消费品及服务 | 94.2 | 94.6 | 95.2 | 95.7 | 96.3 |
| 教　育 | 101.0 | 100.9 | 94.6 | 94.6 | 94.6 |
| 教材及参考书 | 100.6 | 99.9 | 99.0 | 99.0 | 99.4 |
| 学杂托幼费 | 101.0 | 101.0 | 93.9 | 93.9 | 93.9 |
| 文化娱乐类 | 101.8 | 102.0 | 102.3 | 102.4 | 102.5 |
| 文化娱乐用品 | 99.9 | 99.9 | 100.4 | 100.7 | 100.4 |
| 书报杂志 | 100.0 | 100.2 | 100.5 | 100.7 | 100.7 |
| 文娱费 | 105.0 | 105.2 | 105.4 | 105.4 | 105.9 |
| 旅　游 | 105.0 | 108.1 | 104.1 | 102.2 | 103.2 |
| **居　住** | **102.3** | **104.0** | **105.2** | **106.5** | **108.0** |
| 建房及装修材料 | 100.8 | 101.5 | 102.6 | 103.5 | 105.0 |
| 租　房 | 100.2 | 100.7 | 100.2 | 100.2 | 100.1 |
| 自有住房 | 92.6 | 97.7 | 101.2 | 104.0 | 104.0 |
| 水、电、燃料 | 106.6 | 108.0 | 109.2 | 110.4 | 113.6 |
| 水 | 107.9 | 107.0 | 106.7 | 106.4 | 106.4 |
| 电 | 99.7 | 99.7 | 99.7 | 99.7 | 99.9 |
| 液化石油气 | 120.0 | 126.6 | 133.1 | 138.3 | 142.4 |
| 管道燃气 | 99.6 | 99.6 | 99.6 | 100.4 | 100.0 |

| 6 月 | 7 月 | 8 月 | 9 月 | 10 月 | 11 月 | 12 月 |
|---|---|---|---|---|---|---|
| 99.0 | 99.4 | 99.2 | 99.2 | 99.3 | 99.7 | 99.9 |
| 110.5 | 104.1 | 106.4 | 103.8 | 107.5 | 103.7 | 105.8 |
| 115.0 | 105.7 | 109.0 | 105.0 | 110.4 | 104.3 | 107.7 |
| 116.3 | 106.1 | 109.8 | 105.7 | 111.2 | 105.4 | 108.2 |
| 102.2 | 102.9 | 102.9 | 102.8 | 102.8 | 102.9 | 103.2 |
| 100.9 | 100.9 | 100.9 | 100.9 | 101.0 | 100.9 | 100.1 |
| 103.9 | 103.7 | 104.2 | 105.7 | 106.2 | 106.9 | 106.8 |
| 98.4 | 98.4 | 98.3 | 98.1 | 98.0 | 98.0 | 98.0 |
| 92.0 | 92.3 | 91.9 | 91.1 | 90.5 | 90.3 | 90.1 |
| 100.1 | 100.0 | 100.0 | 100.1 | 100.1 | 100.1 | 100.1 |
| **97.7** | **97.5** | **97.4** | **98.9** | **98.3** | **98.9** | **98.7** |
| 96.3 | 96.3 | 96.8 | 96.3 | 96.2 | 96.0 | 95.5 |
| 94.7 | 94.6 | 94.7 | 98.5 | 98.5 | 98.5 | 98.5 |
| 99.4 | 99.4 | 99.1 | 100.8 | 100.7 | 100.7 | 100.7 |
| 93.9 | 93.9 | 94.0 | 98.2 | 98.2 | 98.2 | 98.2 |
| 102.5 | 102.1 | 101.0 | 100.7 | 100.2 | 100.0 | 100.0 |
| 100.7 | 100.5 | 99.6 | 99.4 | 99.2 | 99.2 | 99.4 |
| 100.7 | 100.6 | 100.6 | 100.4 | 100.4 | 100.4 | 100.4 |
| 105.6 | 104.8 | 102.6 | 102.2 | 100.9 | 100.4 | 100.3 |
| 104.6 | 103.4 | 103.2 | 102.0 | 99.0 | 103.1 | 102.8 |
| **107.8** | **107.0** | **105.1** | **104.4** | **106.2** | **106.2** | **105.7** |
| 105.7 | 106.1 | 105.7 | 106.7 | 107.3 | 107.2 | 107.2 |
| 100.0 | 100.0 | 100.0 | 99.7 | 99.5 | 99.5 | 99.5 |
| 103.9 | 103.9 | 103.9 | 104.0 | 110.5 | 110.7 | 113.1 |
| 113.0 | 111.2 | 107.1 | 105.1 | 106.1 | 106.2 | 104.4 |
| 107.6 | 106.8 | 107.6 | 107.7 | 107.7 | 107.7 | 107.7 |
| 99.9 | 99.9 | 99.9 | 99.9 | 100.7 | 100.0 | 100.0 |
| 140.1 | 136.0 | 120.1 | 112.4 | 113.1 | 115.6 | 108.6 |
| 100.0 | 100.0 | 100.0 | 100.0 | 100.0 | 100.0 | 99.4 |

# 2011年广西全区居民消费价格各月同比指数

以上年同月价格为100

| 类　别 | 1月 | 2月 | 3月 | 4月 | 5月 |
|---|---|---|---|---|---|
| **居民消费价格总指数** | **105.8** | **106.0** | **106.8** | **107.6** | **107.7** |
| **一、食　品** | **114.2** | **114.6** | **116.1** | **117.4** | **116.8** |
| 1. 粮　　食 | 115.9 | 116.8 | 119.5 | 119.9 | 119.9 |
| 大　　米 | 117.2 | 118.1 | 121.5 | 121.6 | 121.3 |
| 2. 淀粉及制品 | 115.7 | 116.0 | 116.5 | 115.9 | 115.1 |
| 3. 干豆类及豆制品 | 108.1 | 108.4 | 109.6 | 109.3 | 105.4 |
| 4. 油　　脂 | 111.7 | 111.5 | 111.1 | 112.6 | 113.8 |
| 食用植物油 | 113.8 | 113.8 | 113.3 | 114.7 | 116.3 |
| 5. 肉禽及其制品 | 114.8 | 116.7 | 120.7 | 124.0 | 128.0 |
| (1) 食用畜肉及副产品 | 115.4 | 119.6 | 125.3 | 129.6 | 135.6 |
| 猪　　肉 | 118.9 | 123.7 | 131.4 | 137.0 | 144.8 |
| 牛　　肉 | 99.7 | 100.7 | 99.6 | 100.1 | 100.8 |
| 羊　　肉 | 117.4 | 122.4 | 119.4 | 118.3 | 116.8 |
| (2) 禽 | 115.9 | 114.5 | 116.5 | 118.7 | 120.7 |
| 鸡 | 115.4 | 116.4 | 116.7 | 117.9 | 120.4 |
| 鸭 | 117.2 | 110.4 | 116.2 | 121.0 | 121.7 |
| (3) 加工肉禽 | 109.5 | 108.5 | 109.6 | 111.7 | 112.9 |
| 6. 蛋 | 115.0 | 116.6 | 114.8 | 114.5 | 116.4 |
| 鲜　　蛋 | 115.4 | 117.0 | 115.1 | 114.8 | 116.7 |
| 7. 水 产 品 | 115.8 | 117.8 | 120.7 | 122.4 | 121.9 |
| (1) 鱼 | 115.5 | 115.5 | 118.3 | 121.0 | 121.9 |
| 淡 水 鱼 | 114.8 | 115.0 | 120.1 | 123.3 | 124.8 |
| 海 水 鱼 | 116.8 | 116.5 | 115.3 | 117.0 | 116.9 |
| (2) 其他水产品 | 116.7 | 123.7 | 127.0 | 126.7 | 121.8 |
| 虾 蟹 类 | 117.0 | 124.0 | 127.7 | 127.3 | 122.1 |
| 8. 菜 | 120.3 | 114.3 | 113.8 | 111.5 | 101.7 |
| 鲜　　菜 | 121.2 | 114.4 | 114.2 | 111.7 | 100.7 |
| 9. 调 味 品 | 103.0 | 103.3 | 103.1 | 103.2 | 103.9 |
| 食 用 盐 | 101.4 | 101.4 | 99.9 | 99.9 | 100.6 |
| 酱　　油 | 103.3 | 104.3 | 104.3 | 104.6 | 105.8 |
| 10. 糖 | 113.2 | 112.6 | 113.4 | 114.3 | 114.6 |
| 食　　糖 | 124.3 | 122.6 | 122.8 | 124.0 | 123.9 |
| 11. 茶及饮料 | 102.0 | 102.6 | 102.8 | 103.4 | 104.0 |
| (1) 茶　　叶 | 100.9 | 100.9 | 101.0 | 100.8 | 100.3 |
| (2) 饮　　料 | 102.4 | 103.2 | 103.4 | 104.3 | 105.1 |
| 12. 干鲜瓜果 | 137.9 | 134.6 | 130.7 | 130.4 | 120.8 |
| 鲜 瓜 果 | 145.1 | 140.5 | 135.4 | 134.0 | 121.9 |
| 13. 糕点饼干面包 | 104.5 | 105.3 | 105.5 | 107.5 | 108.5 |
| 14. 液体乳及乳制品 | 102.9 | 104.5 | 104.5 | 105.4 | 104.4 |

| 6 月 | 7 月 | 8 月 | 9 月 | 10 月 | 11 月 | 12 月 |
|---|---|---|---|---|---|---|
| **107.7** | **107.4** | **106.6** | **105.8** | **105.2** | **102.7** | **101.9** |
| **117.7** | **117.6** | **114.9** | **114.1** | **112.4** | **109.7** | **108.4** |
| 120.2 | 120.9 | 119.5 | 117.4 | 116.2 | 112.5 | 108.3 |
| 121.8 | 122.6 | 121.0 | 118.5 | 117.3 | 113.1 | 108.5 |
| 114.0 | 114.0 | 113.7 | 113.8 | 113.5 | 110.1 | 103.4 |
| 105.5 | 105.6 | 104.6 | 104.9 | 105.9 | 103.9 | 102.7 |
| 115.7 | 118.1 | 118.2 | 113.6 | 112.6 | 105.4 | 102.0 |
| 118.7 | 122.4 | 122.2 | 115.5 | 113.6 | 106.9 | 103.1 |
| 133.8 | 134.8 | 126.1 | 121.7 | 117.6 | 110.5 | 106.4 |
| 146.2 | 149.5 | 136.2 | 129.1 | 121.8 | 110.4 | 105.2 |
| 158.2 | 161.1 | 142.5 | 133.6 | 124.2 | 110.0 | 102.7 |
| 102.3 | 104.4 | 106.7 | 107.0 | 108.5 | 109.2 | 113.1 |
| 118.3 | 119.9 | 120.9 | 122.7 | 127.4 | 128.5 | 127.6 |
| 120.0 | 115.7 | 111.3 | 110.3 | 109.9 | 108.6 | 105.7 |
| 120.8 | 117.6 | 113.0 | 111.1 | 109.6 | 108.5 | 106.1 |
| 118.5 | 111.8 | 107.8 | 108.7 | 110.7 | 109.1 | 104.9 |
| 114.5 | 117.1 | 115.7 | 115.5 | 116.4 | 115.1 | 113.8 |
| 119.1 | 119.8 | 114.0 | 111.9 | 112.8 | 108.2 | 104.4 |
| 119.6 | 120.2 | 113.7 | 111.5 | 112.5 | 107.6 | 103.9 |
| 120.0 | 117.0 | 116.3 | 117.3 | 115.3 | 114.4 | 113.1 |
| 119.9 | 117.1 | 117.3 | 118.5 | 117.7 | 115.6 | 113.2 |
| 122.7 | 119.4 | 117.6 | 118.0 | 116.2 | 114.1 | 111.5 |
| 115.2 | 113.1 | 116.7 | 119.5 | 120.4 | 118.1 | 116.0 |
| 120.2 | 116.9 | 112.9 | 113.4 | 107.8 | 110.8 | 112.8 |
| 120.5 | 117.0 | 112.9 | 113.4 | 107.7 | 110.9 | 112.9 |
| 101.1 | 101.4 | 101.6 | 106.0 | 101.0 | 104.1 | 118.3 |
| 100.1 | 100.4 | 100.7 | 106.0 | 100.5 | 104.3 | 121.4 |
| 104.4 | 104.9 | 104.8 | 104.8 | 104.8 | 104.2 | 103.9 |
| 100.6 | 100.8 | 100.1 | 100.1 | 100.1 | 100.1 | 100.1 |
| 107.0 | 107.9 | 108.2 | 108.0 | 108.0 | 107.2 | 106.7 |
| 116.0 | 116.2 | 117.2 | 118.0 | 117.0 | 111.5 | 110.1 |
| 125.4 | 126.3 | 128.1 | 129.2 | 125.6 | 114.8 | 113.7 |
| 104.1 | 104.7 | 104.2 | 104.4 | 104.2 | 104.2 | 104.1 |
| 99.9 | 100.8 | 101.1 | 101.6 | 101.0 | 100.9 | 100.9 |
| 105.4 | 106.0 | 105.2 | 105.3 | 105.2 | 105.3 | 105.2 |
| 111.3 | 104.8 | 101.3 | 103.0 | 107.5 | 108.9 | 103.0 |
| 109.8 | 101.6 | 97.8 | 100.4 | 106.0 | 108.6 | 102.1 |
| 108.9 | 108.5 | 108.2 | 108.2 | 108.2 | 107.5 | 106.8 |
| 106.0 | 105.8 | 104.6 | 104.4 | 105.5 | 104.5 | 104.4 |

# 2011年广西全区居民消费价格各月同比指数（续表1）

以上年同月价格为100

| 类　别 | 1月 | 2月 | 3月 | 4月 | 5月 |
|---|---|---|---|---|---|
| 15. 在外用膳食品 | 104.6 | 105.4 | 106.9 | 108.8 | 109.9 |
| 16. 其他食品 | 103.9 | 104.5 | 107.3 | 106.9 | 107.2 |
| **二、烟　酒** | **102.1** | **102.5** | **102.5** | **102.8** | **103.3** |
| 1. 烟　草 | 100.2 | 100.2 | 100.1 | 100.2 | 100.3 |
| 2. 酒 | 103.8 | 104.6 | 104.8 | 105.3 | 106.1 |
| **三、衣　着** | **101.7** | **102.9** | **102.6** | **103.6** | **104.4** |
| 1. 服　装 | 102.5 | 104.0 | 103.4 | 104.3 | 105.2 |
| (1) 男式服装 | 102.1 | 103.7 | 103.6 | 105.1 | 105.6 |
| (2) 女式服装 | 102.9 | 104.5 | 103.2 | 103.9 | 105.1 |
| (3) 儿童服装 | 102.5 | 103.5 | 103.3 | 103.4 | 104.7 |
| 2. 衣着材料 | 108.3 | 108.6 | 110.5 | 113.0 | 114.0 |
| 3. 鞋 袜 帽 | 98.6 | 99.1 | 99.7 | 100.8 | 101.2 |
| (1) 鞋 | 98.3 | 98.7 | 99.4 | 100.8 | 101.3 |
| (2) 袜　子 | 101.0 | 101.1 | 101.3 | 100.6 | 100.3 |
| (3) 帽　子 | 101.3 | 104.0 | 102.0 | 101.3 | 101.5 |
| 4. 衣着加工服务费 | 103.8 | 103.5 | 105.0 | 107.4 | 109.1 |
| **四、家庭设备用品及维修服务** | **100.2** | **100.6** | **101.1** | **101.5** | **102.0** |
| 1. 耐用消费品 | 98.6 | 98.7 | 99.0 | 99.3 | 99.8 |
| (1) 家　具 | 101.0 | 100.9 | 101.3 | 102.1 | 102.8 |
| (2) 家庭设备 | 97.4 | 97.5 | 97.7 | 97.8 | 98.2 |
| 2. 室内装饰品 | 102.7 | 103.1 | 103.6 | 104.4 | 105.9 |
| 3. 床上用品 | 103.4 | 106.6 | 108.6 | 109.2 | 108.6 |
| 4. 家庭日用杂品 | 100.4 | 100.7 | 100.9 | 101.2 | 101.8 |
| 5. 家庭服务及加工维修服务 | 104.5 | 104.0 | 104.8 | 105.5 | 106.2 |
| **五、医疗保健和个人用品** | **103.0** | **102.8** | **103.2** | **103.4** | **103.9** |
| 1. 医疗保健 | 103.4 | 103.1 | 103.6 | 103.6 | 104.3 |
| (1) 医疗器具及用品 | 100.9 | 99.9 | 99.7 | 99.7 | 100.8 |
| (2) 中药材及中成药 | 112.1 | 111.3 | 113.4 | 113.8 | 117.0 |
| (3) 西　药 | 100.7 | 100.4 | 100.5 | 100.1 | 100.0 |
| (4) 保健器具及用品 | 102.5 | 102.5 | 101.4 | 101.4 | 101.0 |
| (5) 医疗保健服务 | 100.1 | 100.1 | 100.1 | 100.2 | 100.2 |
| 2. 个人用品及服务 | 102.1 | 102.2 | 102.4 | 103.0 | 103.1 |
| (1) 化妆美容用品 | 101.2 | 101.5 | 101.2 | 101.0 | 101.1 |
| (2) 清洁类化妆品 | 100.1 | 100.6 | 100.5 | 101.4 | 101.6 |
| (3) 个人饰品 | 105.1 | 106.1 | 107.5 | 107.6 | 107.1 |
| (4) 个人服务 | 104.5 | 102.2 | 102.9 | 104.7 | 105.0 |
| **六、交通和通信** | **101.7** | **101.4** | **101.3** | **102.0** | **102.1** |
| 1. 交　通 | 104.6 | 104.0 | 104.0 | 105.2 | 105.4 |
| (1) 交通工具 | 100.3 | 100.3 | 100.9 | 101.5 | 102.3 |

| 6 月 | 7 月 | 8 月 | 9 月 | 10 月 | 11月 | 12月 |
|---|---|---|---|---|---|---|
| 110.4 | 111.5 | 112.5 | 113.6 | 113.6 | 112.4 | 111.7 |
| 108.4 | 108.3 | 108.0 | 106.8 | 106.8 | 106.8 | 105.5 |
| **103.6** | **104.0** | **103.9** | **104.3** | **105.2** | **105.3** | **104.9** |
| 100.3 | 100.3 | 100.3 | 100.3 | 100.3 | 100.3 | 100.2 |
| 106.7 | 107.5 | 107.1 | 108.0 | 109.8 | 110.0 | 109.2 |
| **103.4** | **102.4** | **101.2** | **100.7** | **102.2** | **100.0** | **98.4** |
| 103.9 | 102.7 | 101.4 | 101.1 | 103.0 | 100.0 | 98.1 |
| 104.3 | 103.2 | 103.0 | 101.9 | 103.8 | 100.5 | 99.2 |
| 104.4 | 102.9 | 101.4 | 101.3 | 103.7 | 100.9 | 98.7 |
| 101.5 | 100.5 | 97.6 | 98.8 | 98.8 | 95.9 | 93.4 |
| 114.2 | 114.2 | 114.5 | 113.8 | 113.9 | 111.8 | 110.6 |
| 100.7 | 100.6 | 99.1 | 98.0 | 98.3 | 98.8 | 97.8 |
| 100.7 | 100.6 | 99.2 | 98.0 | 98.5 | 99.0 | 97.8 |
| 100.5 | 100.2 | 98.2 | 98.1 | 97.3 | 97.4 | 97.6 |
| 101.6 | 101.2 | 97.4 | 97.6 | 98.1 | 98.1 | 98.2 |
| 109.0 | 109.9 | 109.9 | 110.0 | 111.0 | 111.0 | 111.3 |
| **102.3** | **102.4** | **102.3** | **102.6** | **102.4** | **101.9** | **101.4** |
| 100.4 | 100.5 | 100.4 | 100.8 | 100.8 | 100.3 | 99.8 |
| 103.6 | 103.8 | 104.2 | 104.7 | 104.2 | 103.4 | 102.2 |
| 98.6 | 98.7 | 98.3 | 98.6 | 98.9 | 98.6 | 98.5 |
| 106.5 | 106.7 | 106.9 | 106.9 | 107.0 | 105.0 | 104.4 |
| 108.8 | 108.2 | 107.7 | 107.7 | 106.5 | 104.4 | 101.9 |
| 102.0 | 102.1 | 102.4 | 102.6 | 102.3 | 102.2 | 102.3 |
| 105.6 | 105.6 | 105.6 | 106.4 | 106.1 | 107.3 | 107.6 |
| **104.0** | **104.2** | **104.4** | **104.4** | **104.1** | **102.8** | **102.4** |
| 104.4 | 104.7 | 104.7 | 104.7 | 104.5 | 102.5 | 102.2 |
| 102.1 | 102.9 | 102.3 | 102.8 | 103.1 | 103.0 | 103.3 |
| 117.5 | 118.6 | 118.8 | 118.9 | 118.0 | 113.6 | 111.3 |
| 99.9 | 100.0 | 99.8 | 99.7 | 99.6 | 99.5 | 100.1 |
| 101.0 | 101.0 | 100.1 | 99.9 | 99.8 | 99.5 | 99.7 |
| 100.2 | 100.2 | 100.3 | 100.3 | 100.3 | 97.1 | 96.7 |
| 103.0 | 103.1 | 103.7 | 103.8 | 103.3 | 103.3 | 103.0 |
| 100.5 | 100.4 | 100.5 | 100.7 | 101.1 | 101.1 | 100.9 |
| 102.1 | 102.3 | 102.5 | 102.9 | 103.5 | 103.3 | 103.6 |
| 106.5 | 106.8 | 109.5 | 109.0 | 104.5 | 105.0 | 102.6 |
| 105.3 | 105.2 | 105.0 | 105.3 | 105.1 | 105.1 | 106.1 |
| **102.3** | **102.3** | **102.5** | **102.4** | **101.9** | **101.6** | **101.1** |
| 106.0 | 105.9 | 106.2 | 106.1 | 105.3 | 104.9 | 104.1 |
| 102.5 | 102.7 | 103.5 | 103.6 | 103.8 | 103.1 | 102.7 |

## 2011 年广西全区居民消费价格各月同比指数（续表 2）

以上年同月价格为 100

| 类　别 | 1 月 | 2 月 | 3 月 | 4 月 | 5 月 |
|---|---|---|---|---|---|
| (2) 车用燃料及零配件 | 105.9 | 109.2 | 109.4 | 111.2 | 111.1 |
| 汽　油 | 107.6 | 111.9 | 111.9 | 114.3 | 113.7 |
| 柴　油 | 108.7 | 112.8 | 112.7 | 114.2 | 113.9 |
| (3) 车辆使用及维修费 | 101.9 | 100.6 | 102.7 | 102.8 | 104.1 |
| (4) 市区公共交通费 | 100.4 | 98.6 | 99.0 | 100.2 | 100.6 |
| (5) 城市间交通费 | 116.3 | 110.8 | 107.8 | 110.1 | 108.9 |
| 2. 通　信 | 98.7 | 98.7 | 98.7 | 98.7 | 98.6 |
| (1) 通信工具 | 93.9 | 93.9 | 93.8 | 93.6 | 93.3 |
| (2) 通信服务 | 100.0 | 100.0 | 100.0 | 100.1 | 100.1 |
| **七、娱乐教育文化用品及服务** | **101.0** | **101.3** | **102.6** | **102.3** | **102.3** |
| 1. 文娱用耐用消费品及服务 | 96.2 | 96.1 | 96.4 | 96.1 | 95.6 |
| 2. 教　育 | 102.2 | 103.7 | 105.2 | 105.2 | 105.2 |
| (1) 教材及参考书 | 101.0 | 102.1 | 99.7 | 99.7 | 99.9 |
| (2) 教育服务 | 102.4 | 103.9 | 106.0 | 106.0 | 106.0 |
| 3. 文化娱乐类 | 100.4 | 100.4 | 100.5 | 100.6 | 100.7 |
| (1) 文化娱乐用品 | 99.9 | 100.0 | 100.3 | 100.5 | 100.9 |
| (2) 书报杂志 | 100.6 | 100.4 | 100.4 | 100.4 | 100.4 |
| (3) 文 娱 费 | 100.6 | 100.8 | 100.8 | 100.8 | 100.8 |
| 4. 旅　游 | 104.9 | 102.0 | 105.4 | 103.5 | 104.3 |
| **八、居　住** | **103.4** | **102.8** | **103.3** | **104.2** | **104.9** |
| 1. 建房及装修材料 | 106.8 | 106.9 | 107.0 | 107.6 | 107.6 |
| 2. 住房租金 | 99.7 | 99.9 | 99.9 | 101.8 | 101.9 |
| 3. 自有住房 | 102.8 | 101.4 | 102.3 | 102.3 | 103.3 |
| 4. 水、电、燃料 | 103.5 | 103.2 | 103.7 | 105.4 | 106.8 |
| 水 | 101.8 | 101.8 | 102.6 | 102.6 | 102.6 |
| 电 | 100.0 | 100.0 | 100.0 | 100.0 | 100.0 |
| 液化石油气 | 109.5 | 108.7 | 109.8 | 115.0 | 117.0 |
| 管道燃气 | 99.7 | 99.7 | 99.7 | 99.9 | 100.2 |

| 6 月 | 7 月 | 8 月 | 9 月 | 10 月 | 11 月 | 12 月 |
|---|---|---|---|---|---|---|
| 113.3 | 113.6 | 113.4 | 113.2 | 108.8 | 108.0 | 105.4 |
| 116.9 | 117.1 | 116.9 | 116.8 | 110.4 | 109.9 | 106.4 |
| 117.3 | 117.1 | 116.8 | 116.4 | 110.2 | 109.1 | 105.8 |
| 104.0 | 104.4 | 104.2 | 104.3 | 104.2 | 104.0 | 103.6 |
| 100.5 | 100.5 | 100.5 | 100.5 | 101.3 | 101.6 | 101.6 |
| 109.0 | 107.9 | 108.4 | 108.0 | 107.5 | 107.2 | 107.3 |
| 98.6 | 98.5 | 98.6 | 98.6 | 98.5 | 98.2 | 98.0 |
| 93.0 | 92.3 | 92.7 | 92.8 | 92.2 | 91.0 | 89.9 |
| 100.1 | 100.2 | 100.2 | 100.1 | 100.1 | 100.1 | 100.1 |
| **101.8** | **100.5** | **100.6** | **97.0** | **97.8** | **97.2** | **97.2** |
| 95.2 | 95.0 | 94.2 | 93.3 | 93.4 | 93.2 | 93.4 |
| 105.3 | 105.5 | 105.5 | 99.0 | 99.1 | 99.3 | 99.2 |
| 99.9 | 99.9 | 100.1 | 100.6 | 100.2 | 100.2 | 100.2 |
| 106.1 | 106.2 | 106.3 | 98.8 | 98.9 | 99.1 | 99.1 |
| 100.9 | 95.4 | 94.8 | 94.6 | 99.0 | 93.2 | 93.1 |
| 100.8 | 100.9 | 100.4 | 100.5 | 100.6 | 100.4 | 100.5 |
| 100.4 | 100.4 | 100.4 | 100.4 | 100.4 | 100.4 | 100.4 |
| 101.3 | 88.6 | 87.6 | 86.9 | 96.9 | 83.7 | 83.3 |
| 101.0 | 97.6 | 99.7 | 97.7 | 98.7 | 99.9 | 99.9 |
| **103.9** | **103.7** | **104.1** | **103.6** | **102.3** | **95.8** | **95.1** |
| 106.9 | 107.0 | 106.8 | 105.1 | 103.7 | 102.9 | 102.5 |
| 102.2 | 100.2 | 99.6 | 99.9 | 99.9 | 99.3 | 99.3 |
| 103.5 | 103.3 | 103.9 | 103.4 | 102.3 | 101.8 | 101.4 |
| 103.1 | 103.4 | 104.4 | 104.4 | 102.5 | 81.1 | 79.3 |
| 99.7 | 99.7 | 99.0 | 98.8 | 98.8 | 62.5 | 62.5 |
| 100.0 | 100.0 | 100.0 | 100.0 | 99.4 | 76.8 | 76.8 |
| 108.5 | 109.5 | 112.9 | 112.9 | 108.0 | 93.1 | 87.9 |
| 98.7 | 98.6 | 98.5 | 98.5 | 98.5 | 98.5 | 98.3 |

# 2012年广西全区居民消费价格各月同比指数

以上年同月价格为100

| 类　别 | 1月 | 2月 | 3月 | 4月 | 5月 |
|---|---|---|---|---|---|
| **居民消费价格总指数** | **103.7** | **102.6** | **103.4** | **102.6** | **103.0** |
| **一、食　品** | **110.0** | **105.7** | **106.8** | **105.0** | **105.0** |
| 1. 粮　食 | 108.2 | 107.2 | 104.3 | 102.7 | 102.0 |
| 大　米 | 108.8 | 107.9 | 104.4 | 102.7 | 101.8 |
| 2. 淀粉及制品 | 102.6 | 102.0 | 101.4 | 101.6 | 102.1 |
| 3. 干豆类及豆制品 | 104.3 | 98.8 | 99.5 | 98.7 | 99.6 |
| 4. 油　脂 | 104.4 | 105.0 | 105.0 | 106.3 | 108.0 |
| 食用植物油 | 105.0 | 105.7 | 105.8 | 107.7 | 109.9 |
| 5. 肉禽及其制品 | 113.4 | 108.7 | 108.9 | 105.3 | 102.5 |
| (1) 食用畜肉及副产品 | 116.5 | 110.6 | 109.4 | 104.1 | 100.9 |
| 猪　肉 | 113.4 | 106.3 | 104.4 | 97.9 | 93.8 |
| 牛　肉 | 129.4 | 131.2 | 134.2 | 136.1 | 138.6 |
| 羊　肉 | 134.2 | 127.0 | 129.1 | 128.2 | 129.9 |
| (2) 禽 | 106.9 | 103.1 | 105.9 | 105.3 | 102.7 |
| 鸡 | 107.6 | 103.2 | 106.1 | 105.4 | 103.3 |
| 鸭 | 105.2 | 102.6 | 105.5 | 105.1 | 101.4 |
| (3) 加工肉禽 | 114.0 | 112.0 | 112.9 | 111.5 | 109.9 |
| 6. 蛋 | 101.5 | 94.6 | 96.0 | 96.6 | 94.1 |
| 鲜　蛋 | 100.9 | 93.7 | 95.2 | 95.9 | 93.2 |
| 7. 水产品 | 116.4 | 106.5 | 107.3 | 103.5 | 103.3 |
| (1) 鱼 | 113.2 | 106.8 | 107.0 | 103.3 | 102.0 |
| 淡水鱼 | 112.6 | 104.0 | 104.2 | 101.0 | 99.4 |
| 海水鱼 | 114.4 | 111.5 | 112.0 | 107.6 | 106.8 |
| (2) 其他水产品 | 124.9 | 105.8 | 108.1 | 103.8 | 107.2 |
| 虾蟹类 | 125.3 | 106.0 | 108.2 | 103.8 | 107.4 |
| 8. 菜 | 113.1 | 103.2 | 116.1 | 117.9 | 128.6 |
| 鲜　菜 | 114.7 | 103.5 | 118.5 | 120.5 | 133.1 |
| 9. 调味品 | 102.8 | 102.1 | 101.9 | 102.0 | 101.8 |
| 食用盐 | 99.8 | 99.8 | 99.7 | 99.9 | 99.9 |
| 酱　油 | 105.0 | 103.5 | 103.4 | 103.2 | 102.4 |
| 10. 糖 | 109.0 | 107.8 | 107.3 | 105.9 | 105.6 |
| 食　糖 | 111.7 | 109.9 | 110.4 | 108.0 | 106.6 |
| 11. 茶及饮料 | 104.1 | 103.8 | 103.9 | 103.5 | 103.7 |
| (1) 茶　叶 | 100.8 | 100.9 | 101.4 | 101.8 | 101.7 |
| (2) 饮　料 | 105.2 | 104.7 | 104.7 | 104.0 | 104.4 |
| 12. 干鲜瓜果 | 97.9 | 91.8 | 93.5 | 91.4 | 91.5 |
| 鲜瓜果 | 96.1 | 89.4 | 91.1 | 89.3 | 89.7 |
| 13. 糕点饼干面包 | 106.3 | 106.2 | 106.3 | 104.9 | 104.4 |
| 14. 液体乳及乳制品 | 104.4 | 104.6 | 102.9 | 102.5 | 104.1 |

| 6 月 | 7 月 | 8 月 | 9 月 | 10 月 | 11 月 | 12 月 |
|---|---|---|---|---|---|---|
| **103.0** | **102.6** | **103.4** | **103.9** | **102.8** | **103.9** | **104.1** |
| **104.5** | **102.4** | **104.2** | **104.6** | **102.8** | **105.1** | **106.3** |
| 101.7 | 101.3 | 102.6 | 103.7 | 103.8 | 104.5 | 104.1 |
| 101.5 | 101.0 | 102.5 | 104.0 | 104.1 | 105.0 | 104.5 |
| 102.4 | 102.4 | 102.5 | 102.0 | 101.8 | 101.9 | 102.1 |
| 100.1 | 100.8 | 102.5 | 103.7 | 103.5 | 103.8 | 104.3 |
| 106.7 | 105.3 | 107.3 | 111.2 | 112.2 | 113.6 | 113.7 |
| 107.9 | 105.9 | 108.5 | 113.5 | 115.4 | 116.8 | 116.9 |
| 98.6 | 94.5 | 95.7 | 99.1 | 100.1 | 103.8 | 107.7 |
| 95.9 | 90.1 | 91.6 | 96.6 | 98.8 | 104.4 | 110.2 |
| 88.0 | 81.7 | 83.3 | 88.7 | 90.8 | 97.2 | 104.7 |
| 141.5 | 140.2 | 139.7 | 140.4 | 141.4 | 141.5 | 139.2 |
| 129.5 | 128.7 | 128.1 | 126.0 | 121.2 | 118.6 | 115.4 |
| 100.7 | 100.8 | 101.8 | 103.2 | 102.6 | 103.9 | 105.8 |
| 100.8 | 100.1 | 101.1 | 102.0 | 102.1 | 103.7 | 105.6 |
| 100.3 | 102.3 | 103.6 | 105.9 | 103.7 | 104.2 | 106.3 |
| 107.5 | 104.0 | 103.1 | 102.5 | 101.2 | 101.0 | 100.8 |
| 96.0 | 93.3 | 94.2 | 99.0 | 98.0 | 100.3 | 104.0 |
| 95.4 | 92.6 | 93.9 | 99.0 | 98.0 | 100.5 | 104.4 |
| 102.4 | 102.1 | 103.2 | 103.5 | 102.8 | 103.8 | 104.5 |
| 101.8 | 101.5 | 101.5 | 101.5 | 101.2 | 102.5 | 103.8 |
| 99.9 | 99.3 | 99.4 | 98.8 | 99.3 | 101.2 | 103.0 |
| 105.1 | 105.4 | 105.1 | 106.1 | 104.5 | 104.6 | 105.2 |
| 104.2 | 104.2 | 109.2 | 110.6 | 108.3 | 108.0 | 106.8 |
| 104.3 | 104.3 | 109.4 | 110.9 | 108.5 | 108.2 | 107.0 |
| 126.6 | 118.3 | 129.8 | 118.9 | 101.7 | 114.2 | 115.9 |
| 130.8 | 120.8 | 134.3 | 121.4 | 101.6 | 116.1 | 117.9 |
| 101.7 | 101.4 | 101.3 | 101.4 | 101.6 | 102.0 | 102.1 |
| 99.9 | 99.9 | 99.9 | 99.9 | 99.9 | 99.9 | 99.9 |
| 102.2 | 101.5 | 101.1 | 101.6 | 102.2 | 102.9 | 103.0 |
| 104.3 | 103.8 | 102.1 | 101.1 | 100.7 | 100.5 | 100.2 |
| 104.5 | 103.4 | 100.8 | 98.1 | 97.3 | 97.5 | 97.2 |
| 103.8 | 103.6 | 103.9 | 103.8 | 104.1 | 104.1 | 103.7 |
| 102.0 | 101.5 | 101.5 | 100.9 | 101.4 | 101.2 | 101.2 |
| 104.4 | 104.3 | 104.6 | 104.7 | 104.9 | 105.0 | 104.4 |
| 103.0 | 105.4 | 107.4 | 107.1 | 104.0 | 100.3 | 98.1 |
| 103.8 | 107.3 | 109.7 | 108.9 | 104.9 | 100.0 | 97.2 |
| 103.8 | 103.9 | 103.1 | 102.9 | 102.7 | 102.6 | 102.8 |
| 103.1 | 103.0 | 103.1 | 103.4 | 102.6 | 102.5 | 103.0 |

# 2012年广西全区居民消费价格各月同比指数（续表1）

以上年同月价格为100

| 类　别 | 1月 | 2月 | 3月 | 4月 | 5月 |
|---|---|---|---|---|---|
| 15. 在外用膳食品 | 112.3 | 111.7 | 110.3 | 108.6 | 108.3 |
| 16. 其他食品 | 105.4 | 105.5 | 103.4 | 105.4 | 106.4 |
| **二、烟　酒** | **104.8** | **104.8** | **104.5** | **104.1** | **103.6** |
| 1. 烟　草 | 100.4 | 100.3 | 100.4 | 100.2 | 100.2 |
| 2. 酒 | 108.8 | 108.8 | 108.2 | 107.5 | 106.6 |
| **三、衣　着** | **99.5** | **100.8** | **103.4** | **103.7** | **103.8** |
| 1. 服　装 | 99.4 | 100.8 | 103.8 | 104.8 | 105.1 |
| (1) 男式服装 | 100.0 | 101.9 | 105.3 | 106.2 | 106.3 |
| (2) 女式服装 | 100.0 | 100.8 | 104.1 | 105.5 | 105.8 |
| (3) 儿童服装 | 95.8 | 97.6 | 99.1 | 99.0 | 99.8 |
| 2. 衣着材料 | 110.1 | 111.5 | 110.0 | 108.0 | 107.1 |
| 3. 鞋 袜 帽 | 98.5 | 99.7 | 101.2 | 99.6 | 99.6 |
| (1) 鞋 | 98.5 | 99.9 | 101.7 | 99.8 | 99.6 |
| (2) 袜　子 | 98.2 | 98.3 | 97.9 | 99.0 | 99.7 |
| (3) 帽　子 | 97.5 | 98.2 | 97.6 | 97.0 | 98.7 |
| 4. 衣着加工服务费 | 112.4 | 111.6 | 111.3 | 108.6 | 107.0 |
| **四、家庭设备用品及维修服务** | **101.4** | **101.4** | **101.4** | **101.3** | **101.1** |
| 1. 耐用消费品 | 99.6 | 100.0 | 99.9 | 100.5 | 100.5 |
| (1) 家　具 | 101.8 | 102.0 | 102.1 | 103.3 | 103.2 |
| (2) 家庭设备 | 98.4 | 98.8 | 98.6 | 98.8 | 99.0 |
| 2. 室内装饰品 | 104.3 | 103.6 | 102.8 | 102.0 | 100.7 |
| 3. 床上用品 | 101.7 | 101.0 | 101.4 | 99.9 | 99.7 |
| 4. 家庭日用杂品 | 102.5 | 102.3 | 102.6 | 102.1 | 101.6 |
| 5. 家庭服务及加工维修服务 | 108.1 | 107.7 | 107.7 | 107.0 | 106.4 |
| **五、医疗保健和个人用品** | **103.4** | **103.2** | **102.8** | **102.5** | **101.9** |
| 1. 医疗保健 | 103.1 | 103.1 | 102.6 | 102.4 | 101.6 |
| (1) 医疗器具及用品 | 102.6 | 102.4 | 102.6 | 104.3 | 103.0 |
| (2) 中药材及中成药 | 111.2 | 110.7 | 108.7 | 107.4 | 104.5 |
| (3) 西　药 | 100.2 | 100.4 | 100.3 | 100.7 | 100.7 |
| (4) 保健器具及用品 | 99.5 | 99.6 | 100.7 | 100.4 | 100.7 |
| (5) 医疗保健服务 | 100.3 | 100.3 | 100.4 | 100.2 | 100.2 |
| 2. 个人用品及服务 | 104.1 | 103.4 | 103.1 | 102.7 | 102.4 |
| (1) 化妆美容用品 | 100.8 | 100.8 | 100.7 | 100.9 | 100.9 |
| (2) 清洁类化妆品 | 103.7 | 104.1 | 103.8 | 104.0 | 104.1 |
| (3) 个人饰品 | 102.1 | 104.6 | 103.1 | 101.8 | 100.3 |
| (4) 个人服务 | 112.8 | 105.0 | 105.5 | 104.1 | 103.9 |
| **六、交通和通信** | **101.2** | **100.1** | **100.9** | **100.5** | **100.0** |
| 1. 交　通 | 104.3 | 102.0 | 103.6 | 102.7 | 101.8 |
| (1) 交通工具 | 102.1 | 101.9 | 101.3 | 100.7 | 100.1 |

| 6 月 | 7 月 | 8 月 | 9 月 | 10 月 | 11 月 | 12 月 |
|---|---|---|---|---|---|---|
| 108.9 | 108.4 | 107.6 | 106.8 | 106.5 | 106.0 | 105.2 |
| 104.3 | 104.4 | 105.3 | 105.5 | 104.2 | 104.5 | 104.4 |
| **103.3** | **103.1** | **103.3** | **102.4** | **101.3** | **101.0** | **100.7** |
| 100.2 | 100.2 | 100.2 | 100.2 | 100.1 | 100.1 | 100.2 |
| 106.1 | 105.7 | 106.0 | 104.4 | 102.3 | 101.8 | 101.1 |
| **104.6** | **104.9** | **106.6** | **107.5** | **104.0** | **102.6** | **101.5** |
| 105.9 | 106.4 | 108.4 | 109.4 | 105.6 | 104.2 | 102.9 |
| 106.8 | 106.8 | 107.9 | 109.4 | 106.0 | 104.8 | 102.8 |
| 106.3 | 107.0 | 109.5 | 110.2 | 105.9 | 104.3 | 103.2 |
| 102.3 | 103.7 | 106.3 | 106.8 | 103.4 | 102.1 | 102.7 |
| 106.1 | 106.0 | 105.8 | 105.4 | 103.3 | 102.2 | 102.2 |
| 100.4 | 100.0 | 100.9 | 101.9 | 98.7 | 97.4 | 96.7 |
| 100.6 | 100.1 | 100.9 | 102.1 | 98.3 | 96.9 | 96.2 |
| 99.8 | 100.0 | 100.9 | 101.1 | 101.9 | 101.3 | 100.9 |
| 98.7 | 97.6 | 99.9 | 99.3 | 98.1 | 96.7 | 96.4 |
| 108.6 | 109.4 | 109.6 | 109.5 | 108.5 | 108.6 | 108.9 |
| **101.0** | **101.2** | **101.1** | **101.0** | **100.9** | **100.9** | **100.8** |
| 100.6 | 101.0 | 100.8 | 100.9 | 100.5 | 100.8 | 100.4 |
| 102.8 | 102.7 | 102.3 | 102.2 | 102.1 | 102.4 | 102.0 |
| 99.3 | 100.1 | 100.0 | 100.1 | 99.6 | 99.9 | 99.5 |
| 100.0 | 99.8 | 99.5 | 99.3 | 99.3 | 99.3 | 99.4 |
| 99.0 | 99.0 | 99.2 | 98.6 | 98.5 | 97.9 | 98.8 |
| 101.4 | 101.2 | 101.0 | 101.2 | 101.4 | 101.5 | 101.4 |
| 106.2 | 106.6 | 107.1 | 106.3 | 106.6 | 105.3 | 105.0 |
| **101.7** | **101.7** | **101.4** | **101.2** | **101.1** | **101.5** | **101.4** |
| 101.4 | 101.2 | 100.9 | 100.5 | 100.3 | 101.0 | 101.1 |
| 102.0 | 101.8 | 101.6 | 101.8 | 102.1 | 102.2 | 102.2 |
| 102.9 | 101.9 | 100.9 | 99.6 | 98.3 | 98.3 | 98.4 |
| 101.1 | 101.4 | 101.3 | 101.3 | 101.5 | 101.4 | 101.3 |
| 100.8 | 100.8 | 100.6 | 100.6 | 100.9 | 100.7 | 100.8 |
| 100.2 | 100.3 | 100.3 | 100.3 | 100.3 | 103.6 | 103.8 |
| 102.4 | 102.8 | 102.3 | 102.5 | 103.0 | 102.3 | 102.1 |
| 101.5 | 101.6 | 101.6 | 101.3 | 101.0 | 100.8 | 100.8 |
| 104.2 | 104.2 | 104.0 | 104.2 | 104.0 | 103.5 | 103.1 |
| 99.6 | 99.9 | 97.8 | 98.7 | 101.9 | 99.7 | 100.2 |
| 103.7 | 105.3 | 105.6 | 105.6 | 105.5 | 105.5 | 104.5 |
| **99.7** | **99.4** | **99.6** | **100.2** | **100.4** | **100.2** | **99.9** |
| 101.0 | 100.3 | 100.7 | 101.7 | 102.1 | 101.6 | 101.2 |
| 100.0 | 99.9 | 99.3 | 98.9 | 98.6 | 98.7 | 98.0 |

# 2012年广西全区居民消费价格各月同比指数（续表2）

以上年同月价格为100

| 类　别 | 1月 | 2月 | 3月 | 4月 | 5月 |
|---|---|---|---|---|---|
| (2) 车用燃料及零配件 | 105.4 | 104.8 | 109.3 | 105.4 | 102.9 |
| 汽　油 | 106.3 | 105.4 | 111.6 | 106.3 | 103.1 |
| 柴　油 | 105.8 | 104.7 | 111.7 | 107.0 | 103.5 |
| (3) 车辆使用及维修费 | 103.9 | 103.6 | 102.0 | 102.0 | 100.8 |
| (4) 市区公共交通费 | 101.3 | 101.6 | 101.7 | 102.7 | 102.2 |
| (5) 城市间交通费 | 108.5 | 98.3 | 103.3 | 103.5 | 104.0 |
| 2. 通　信 | 97.8 | 98.0 | 98.0 | 98.1 | 98.0 |
| (1) 通信工具 | 89.3 | 89.6 | 89.9 | 90.6 | 90.1 |
| (2) 通信服务 | 100.1 | 100.2 | 100.1 | 100.0 | 100.0 |
| **七、娱乐教育文化用品及服务** | **98.8** | **99.8** | **100.2** | **100.5** | **100.6** |
| 1. 文娱用耐用消费品及服务 | 93.5 | 93.8 | 93.8 | 94.0 | 94.3 |
| 2. 教　育 | 99.3 | 102.3 | 102.3 | 102.3 | 102.4 |
| (1) 教材及参考书 | 100.2 | 100.3 | 100.6 | 100.5 | 100.3 |
| (2) 教育服务 | 99.1 | 102.6 | 102.5 | 102.6 | 102.7 |
| 3. 文化娱乐类 | 100.8 | 101.0 | 101.0 | 101.0 | 100.7 |
| (1) 文化娱乐用品 | 100.5 | 101.0 | 100.9 | 100.7 | 100.3 |
| (2) 书报杂志 | 100.0 | 100.2 | 100.2 | 100.2 | 100.2 |
| (3) 文 娱 费 | 101.5 | 101.5 | 101.4 | 101.5 | 101.2 |
| 4. 旅　游 | 102.5 | 98.4 | 100.8 | 102.4 | 102.9 |
| **八、居　住** | **99.2** | **100.3** | **101.2** | **100.1** | **103.1** |
| 1. 建房及装修材料 | 102.1 | 102.4 | 102.2 | 101.5 | 101.0 |
| 2. 住房租金 | 103.3 | 103.4 | 103.8 | 101.9 | 101.7 |
| 3. 自有住房 | 101.5 | 101.4 | 101.6 | 101.0 | 101.7 |
| 4. 水、电、燃料 | 92.2 | 96.1 | 98.8 | 97.2 | 107.6 |
| 水 | 97.9 | 107.7 | 107.7 | 107.8 | 107.8 |
| 电 | 88.1 | 88.1 | 88.1 | 88.1 | 114.7 |
| 液化石油气 | 94.8 | 102.0 | 110.1 | 104.9 | 100.9 |
| 管道燃气 | 100.0 | 100.0 | 100.0 | 100.0 | 100.1 |

| 6 月 | 7 月 | 8 月 | 9 月 | 10 月 | 11 月 | 12 月 |
|---|---|---|---|---|---|---|
| 98.6 | 95.4 | 98.2 | 102.5 | 105.2 | 102.8 | 102.4 |
| 97.4 | 93.3 | 96.6 | 102.3 | 106.1 | 103.0 | 102.7 |
| 97.6 | 93.1 | 97.0 | 103.1 | 107.0 | 103.7 | 103.5 |
| 100.8 | 100.8 | 101.3 | 102.3 | 102.6 | 102.6 | 102.6 |
| 102.1 | 101.8 | 101.8 | 101.8 | 100.7 | 100.7 | 100.7 |
| 104.9 | 105.6 | 104.9 | 105.0 | 104.8 | 104.7 | 104.3 |
| 98.2 | 98.4 | 98.4 | 98.5 | 98.7 | 98.7 | 98.5 |
| 90.7 | 91.5 | 91.6 | 91.3 | 92.1 | 92.2 | 91.1 |
| 100.1 | 100.1 | 100.0 | 100.2 | 100.2 | 100.2 | 100.2 |
| **100.7** | **102.3** | **102.3** | **104.5** | **102.6** | **102.9** | **102.4** |
| 94.6 | 94.7 | 95.1 | 95.8 | 95.4 | 95.3 | 94.0 |
| 102.4 | 102.4 | 102.3 | 105.5 | 105.4 | 105.3 | 105.4 |
| 100.3 | 100.3 | 100.2 | 100.1 | 100.5 | 100.5 | 100.5 |
| 102.7 | 102.7 | 102.6 | 106.2 | 106.1 | 106.0 | 106.0 |
| 100.8 | 106.5 | 107.1 | 107.9 | 102.5 | 108.0 | 107.9 |
| 99.9 | 99.7 | 99.8 | 99.8 | 99.5 | 99.6 | 99.0 |
| 100.2 | 100.2 | 100.2 | 100.3 | 100.3 | 100.3 | 100.3 |
| 102.0 | 116.2 | 117.9 | 119.9 | 106.1 | 120.7 | 121.0 |
| 102.9 | 107.8 | 106.6 | 109.1 | 102.5 | 99.6 | 97.8 |
| **104.2** | **104.9** | **105.2** | **105.4** | **105.6** | **107.8** | **108.1** |
| 101.3 | 101.1 | 100.7 | 99.9 | 101.2 | 101.9 | 101.9 |
| 101.4 | 103.2 | 103.7 | 104.0 | 103.1 | 103.7 | 103.5 |
| 102.9 | 103.0 | 102.9 | 103.0 | 102.4 | 102.2 | 102.2 |
| 109.8 | 112.1 | 113.3 | 114.5 | 115.8 | 124.7 | 126.3 |
| 114.0 | 114.0 | 114.1 | 114.1 | 114.1 | 180.5 | 180.5 |
| 114.7 | 120.3 | 120.3 | 120.3 | 122.1 | 122.1 | 122.1 |
| 103.4 | 102.6 | 106.0 | 109.3 | 110.5 | 114.1 | 118.1 |
| 102.7 | 102.9 | 103.0 | 103.0 | 103.0 | 103.0 | 103.0 |

# 2013年广西全区居民消费价格各月同比指数

以上年同月价格为100

| 类　别 | 1月 | 2月 | 3月 | 4月 | 5月 |
|---|---|---|---|---|---|
| **居民消费价格总指数** | **101.8** | **102.3** | **101.2** | **101.2** | **101.1** |
| **一、食　　品** | **102.9** | **104.8** | **102.2** | **102.7** | **101.7** |
| 1. 粮　　食 | 102.1 | 101.9 | 101.7 | 101.2 | 101.3 |
| 大　　米 | 101.7 | 101.1 | 100.7 | 100.0 | 100.1 |
| 2. 淀粉及制品 | 102.0 | 102.1 | 102.5 | 103.4 | 102.6 |
| 3. 干豆类及豆制品 | 102.3 | 107.0 | 105.8 | 105.4 | 105.2 |
| 4. 油　　脂 | 110.6 | 109.5 | 109.7 | 107.6 | 103.9 |
| 食用植物油 | 114.0 | 112.9 | 113.1 | 110.0 | 105.7 |
| 5. 肉禽及其制品 | 102.7 | 105.5 | 101.6 | 99.3 | 98.8 |
| (1) 食用畜肉及副产品 | 102.7 | 104.5 | 100.0 | 100.6 | 101.7 |
| 猪　　肉 | 98.7 | 100.2 | 94.7 | 95.4 | 96.6 |
| 牛　　肉 | 124.4 | 126.4 | 122.5 | 121.0 | 120.6 |
| 羊　　肉 | 108.9 | 110.6 | 108.2 | 110.7 | 111.9 |
| (2) 禽 | 103.8 | 109.4 | 105.3 | 96.0 | 92.3 |
| 鸡 | 103.5 | 107.0 | 103.9 | 96.0 | 92.4 |
| 鸭 | 104.8 | 115.3 | 108.7 | 95.9 | 92.1 |
| (3) 加工肉禽 | 100.1 | 102.4 | 101.3 | 100.1 | 99.7 |
| 6. 蛋 | 107.2 | 112.2 | 111.0 | 111.1 | 112.5 |
| 鲜　　蛋 | 107.7 | 113.1 | 111.7 | 111.7 | 113.3 |
| 7. 水 产 品 | 98.8 | 104.6 | 98.1 | 100.1 | 102.4 |
| (1) 鱼 | 101.5 | 105.0 | 101.1 | 101.4 | 101.9 |
| 淡 水 鱼 | 99.9 | 105.3 | 100.4 | 100.4 | 100.7 |
| 海 水 鱼 | 104.2 | 104.6 | 102.2 | 103.0 | 103.8 |
| (2) 其他水产品 | 91.9 | 103.4 | 90.7 | 96.8 | 103.9 |
| 虾 蟹 类 | 91.8 | 103.5 | 90.6 | 96.7 | 104.1 |
| 8. 菜 | 106.6 | 103.6 | 94.5 | 107.3 | 99.9 |
| 鲜　　菜 | 107.1 | 103.6 | 93.2 | 107.6 | 99.3 |
| 9. 调 味 品 | 102.6 | 102.8 | 102.7 | 102.5 | 102.1 |
| 食 用 盐 | 100.0 | 100.0 | 100.0 | 99.8 | 100.0 |
| 酱　　油 | 103.4 | 103.7 | 103.6 | 103.4 | 103.2 |
| 10. 糖 | 100.3 | 100.0 | 100.0 | 99.2 | 98.5 |
| 食　　糖 | 97.3 | 97.1 | 96.1 | 95.7 | 95.7 |
| 11. 茶及饮料 | 103.3 | 103.5 | 103.5 | 103.0 | 101.9 |
| (1) 茶　　叶 | 101.2 | 101.4 | 101.0 | 101.0 | 101.6 |
| (2) 饮　　料 | 104.0 | 104.2 | 104.3 | 103.6 | 101.9 |
| 12. 干鲜瓜果 | 97.7 | 105.8 | 108.2 | 104.9 | 104.6 |
| 鲜 瓜 果 | 96.9 | 106.6 | 109.8 | 105.9 | 105.6 |
| 13. 糕点饼干面包 | 102.5 | 102.0 | 101.8 | 101.4 | 101.4 |
| 14. 液体乳及乳制品 | 101.8 | 101.8 | 102.9 | 103.2 | 103.4 |

| 6 月 | 7 月 | 8 月 | 9 月 | 10 月 | 11 月 | 12 月 |
|---|---|---|---|---|---|---|
| **101.7** | **101.8** | **102.4** | **103.2** | **103.4** | **103.2** | **103.2** |
| **102.6** | **102.7** | **104.1** | **106.4** | **106.4** | **105.1** | **104.5** |
| 101.3 | 101.2 | 101.0 | 100.9 | 101.1 | 101.3 | 101.4 |
| 100.1 | 99.9 | 99.6 | 99.4 | 99.7 | 99.8 | 99.9 |
| 101.9 | 102.0 | 101.8 | 101.7 | 101.6 | 101.6 | 101.3 |
| 105.4 | 105.3 | 105.1 | 104.5 | 104.7 | 105.2 | 105.0 |
| 102.6 | 101.7 | 98.4 | 95.5 | 94.4 | 93.7 | 92.9 |
| 103.9 | 102.6 | 98.7 | 95.5 | 94.1 | 93.3 | 91.6 |
| 100.4 | 101.2 | 104.1 | 103.7 | 104.1 | 104.4 | 103.3 |
| 101.8 | 101.9 | 105.7 | 105.8 | 105.9 | 106.4 | 105.1 |
| 96.8 | 97.3 | 102.5 | 102.4 | 103.0 | 104.1 | 102.6 |
| 119.2 | 118.3 | 118.1 | 119.0 | 116.7 | 115.7 | 114.7 |
| 112.0 | 111.6 | 112.3 | 114.1 | 113.4 | 112.8 | 112.0 |
| 97.4 | 99.8 | 102.0 | 100.6 | 101.6 | 101.6 | 100.6 |
| 96.9 | 98.9 | 100.8 | 99.3 | 100.1 | 100.4 | 100.0 |
| 98.5 | 101.8 | 104.8 | 103.7 | 105.3 | 104.3 | 102.2 |
| 100.5 | 100.7 | 101.0 | 101.0 | 101.1 | 101.2 | 101.0 |
| 107.7 | 108.2 | 107.5 | 104.6 | 105.0 | 104.4 | 102.5 |
| 107.9 | 108.4 | 107.6 | 104.6 | 105.0 | 104.4 | 102.3 |
| 104.2 | 104.8 | 105.1 | 106.6 | 107.7 | 107.8 | 107.6 |
| 101.6 | 101.3 | 101.4 | 102.1 | 103.0 | 103.2 | 103.5 |
| 99.6 | 99.9 | 100.5 | 101.8 | 102.4 | 102.9 | 103.8 |
| 104.9 | 103.6 | 103.1 | 102.7 | 104.1 | 103.5 | 102.9 |
| 112.5 | 116.3 | 117.0 | 120.6 | 122.3 | 121.8 | 119.4 |
| 112.8 | 116.7 | 117.4 | 120.9 | 122.6 | 122.1 | 119.6 |
| 103.8 | 101.5 | 106.5 | 125.4 | 125.7 | 111.5 | 105.9 |
| 103.8 | 101.1 | 106.8 | 128.2 | 128.9 | 112.3 | 105.9 |
| 101.7 | 101.7 | 101.4 | 102.2 | 102.4 | 102.0 | 101.9 |
| 100.0 | 100.0 | 99.9 | 100.0 | 100.0 | 100.0 | 100.0 |
| 102.4 | 102.3 | 102.1 | 103.2 | 103.4 | 103.0 | 102.8 |
| 98.2 | 98.3 | 98.3 | 97.9 | 97.3 | 97.5 | 97.8 |
| 95.2 | 95.4 | 95.7 | 95.7 | 96.1 | 95.8 | 95.9 |
| 101.5 | 101.3 | 101.1 | 101.0 | 100.9 | 100.4 | 100.9 |
| 101.6 | 101.4 | 101.4 | 101.5 | 101.5 | 101.2 | 101.3 |
| 101.5 | 101.3 | 101.1 | 100.9 | 100.8 | 100.2 | 100.8 |
| 105.6 | 107.5 | 108.9 | 112.9 | 111.5 | 110.2 | 113.6 |
| 106.9 | 109.4 | 111.1 | 115.9 | 114.2 | 112.7 | 116.7 |
| 101.4 | 101.5 | 101.7 | 102.3 | 102.3 | 102.3 | 102.4 |
| 104.5 | 105.0 | 105.8 | 107.2 | 107.5 | 108.1 | 108.6 |

# 2013年广西全区居民消费价格各月同比指数（续表1）

以上年同月价格为100

| 类　别 | 1月 | 2月 | 3月 | 4月 | 5月 |
|---|---|---|---|---|---|
| 15. 在外用膳食品 | 104.3 | 104.6 | 104.6 | 104.4 | 104.3 |
| 16. 其他食品 | 104.6 | 104.5 | 106.8 | 104.4 | 103.9 |
| **二、烟　酒** | **100.5** | **100.2** | **100.4** | **100.4** | **100.1** |
| 1. 烟　草 | 100.0 | 100.1 | 100.0 | 100.0 | 99.7 |
| 2. 酒 | 100.9 | 100.3 | 100.7 | 100.7 | 100.4 |
| **三、衣　着** | **101.4** | **101.0** | **99.7** | **99.3** | **100.2** |
| 1. 服　装 | 102.5 | 102.2 | 100.8 | 99.7 | 100.9 |
| (1) 男式服装 | 102.6 | 102.5 | 100.5 | 99.3 | 100.5 |
| (2) 女式服装 | 102.8 | 102.4 | 101.2 | 99.4 | 100.3 |
| (3) 儿童服装 | 101.3 | 101.0 | 100.7 | 101.9 | 103.8 |
| 2. 衣着材料 | 102.2 | 101.1 | 101.6 | 100.9 | 100.7 |
| 3. 鞋 袜 帽 | 97.5 | 96.8 | 95.6 | 97.6 | 97.7 |
| (1) 鞋 | 97.2 | 96.4 | 95.0 | 97.4 | 97.5 |
| (2) 袜　子 | 100.3 | 100.0 | 100.3 | 99.7 | 99.2 |
| (3) 帽　子 | 96.3 | 95.8 | 95.6 | 96.3 | 97.7 |
| 4. 衣着加工服务费 | 105.7 | 108.8 | 104.5 | 104.7 | 104.9 |
| **四、家庭设备用品及维修服务** | **100.7** | **100.9** | **101.0** | **100.9** | **100.9** |
| 1. 耐用消费品 | 100.6 | 100.4 | 100.6 | 99.9 | 99.8 |
| (1) 家　具 | 101.8 | 101.6 | 101.7 | 99.9 | 99.8 |
| (2) 家庭设备 | 99.9 | 99.8 | 100.0 | 99.9 | 99.8 |
| 2. 室内装饰品 | 99.5 | 100.1 | 100.8 | 101.2 | 101.0 |
| 3. 床上用品 | 99.2 | 100.6 | 100.5 | 102.4 | 102.8 |
| 4. 家庭日用杂品 | 101.2 | 101.3 | 101.1 | 101.2 | 101.1 |
| 5. 家庭服务及加工维修服务 | 103.0 | 103.1 | 103.8 | 104.4 | 104.4 |
| **五、医疗保健和个人用品** | **100.4** | **101.1** | **100.8** | **100.7** | **100.7** |
| 1. 医疗保健 | 100.1 | 100.1 | 100.4 | 100.6 | 100.8 |
| (1) 医疗器具及用品 | 102.5 | 102.5 | 102.4 | 100.8 | 100.8 |
| (2) 中药材及中成药 | 98.3 | 98.2 | 98.2 | 99.1 | 99.5 |
| (3) 西　药 | 101.2 | 101.1 | 101.0 | 101.0 | 101.0 |
| (4) 保健器具及用品 | 100.8 | 101.0 | 101.1 | 101.1 | 100.7 |
| (5) 医疗保健服务 | 100.2 | 100.2 | 101.6 | 101.6 | 101.9 |
| 2. 个人用品及服务 | 101.0 | 103.1 | 101.6 | 100.9 | 100.6 |
| (1) 化妆美容用品 | 100.7 | 100.9 | 100.9 | 100.4 | 100.3 |
| (2) 清洁类化妆品 | 102.9 | 102.6 | 102.4 | 102.2 | 101.9 |
| (3) 个人饰品 | 101.8 | 98.5 | 98.7 | 96.8 | 96.0 |
| (4) 个人服务 | 96.9 | 112.7 | 104.4 | 103.3 | 103.6 |
| **六、交通和通信** | **98.6** | **100.3** | **99.5** | **99.1** | **99.3** |
| 1. 交　通 | 98.8 | 101.7 | 100.3 | 99.6 | 99.7 |
| (1) 交通工具 | 98.0 | 98.1 | 98.0 | 98.2 | 98.6 |

| 6 月 | 7 月 | 8 月 | 9 月 | 10 月 | 11 月 | 12 月 |
|---|---|---|---|---|---|---|
| 103.5 | 102.9 | 103.0 | 102.7 | 103.5 | 104.1 | 104.7 |
| 104.6 | 104.0 | 103.1 | 103.4 | 104.0 | 104.2 | 104.8 |
| **99.9** | **99.9** | **99.6** | **99.3** | **99.1** | **99.1** | **99.4** |
| 99.7 | 99.8 | 99.8 | 99.8 | 99.8 | 99.8 | 99.7 |
| 100.0 | 99.9 | 99.4 | 98.9 | 98.5 | 98.6 | 99.1 |
| **101.8** | **102.7** | **103.1** | **103.4** | **104.0** | **105.0** | **105.5** |
| 102.7 | 103.4 | 103.5 | 103.5 | 103.7 | 104.8 | 105.4 |
| 102.1 | 103.0 | 103.0 | 103.0 | 102.6 | 103.5 | 104.4 |
| 102.2 | 102.6 | 103.0 | 103.1 | 103.5 | 104.9 | 105.8 |
| 105.6 | 107.0 | 106.9 | 106.7 | 107.3 | 107.7 | 106.8 |
| 100.4 | 100.4 | 100.3 | 100.1 | 100.0 | 99.9 | 99.8 |
| 99.1 | 100.8 | 101.8 | 103.2 | 105.4 | 106.1 | 106.4 |
| 98.9 | 100.9 | 102.1 | 103.6 | 106.1 | 106.8 | 107.1 |
| 99.2 | 99.4 | 99.3 | 99.5 | 99.7 | 100.4 | 100.7 |
| 102.4 | 104.0 | 105.8 | 106.2 | 106.4 | 107.3 | 107.6 |
| 104.1 | 102.5 | 102.5 | 102.5 | 102.6 | 102.7 | 102.5 |
| **101.1** | **101.1** | **101.2** | **101.0** | **101.4** | **101.1** | **101.5** |
| 100.5 | 100.2 | 100.6 | 100.2 | 101.0 | 100.4 | 101.1 |
| 99.6 | 99.6 | 99.6 | 99.3 | 99.9 | 98.9 | 99.8 |
| 100.9 | 100.6 | 101.2 | 100.7 | 101.6 | 101.3 | 101.9 |
| 101.2 | 101.4 | 101.4 | 101.4 | 101.5 | 101.5 | 101.4 |
| 102.7 | 102.6 | 102.7 | 103.1 | 103.3 | 103.8 | 104.0 |
| 100.9 | 101.1 | 100.9 | 100.7 | 100.6 | 100.5 | 100.4 |
| 104.2 | 104.5 | 103.7 | 104.0 | 103.4 | 103.5 | 103.5 |
| **100.6** | **100.5** | **100.5** | **100.7** | **100.7** | **100.8** | **100.8** |
| 100.8 | 101.0 | 101.1 | 101.4 | 101.6 | 101.6 | 101.8 |
| 100.7 | 100.7 | 100.8 | 100.5 | 100.2 | 100.2 | 100.3 |
| 100.4 | 100.9 | 101.1 | 102.3 | 103.6 | 103.9 | 104.4 |
| 100.5 | 100.3 | 100.3 | 100.3 | 99.9 | 99.7 | 99.7 |
| 100.6 | 100.4 | 100.6 | 100.7 | 100.4 | 100.8 | 100.6 |
| 101.9 | 102.3 | 102.4 | 102.4 | 102.4 | 102.4 | 102.4 |
| 100.2 | 99.6 | 99.4 | 99.3 | 98.8 | 99.1 | 98.9 |
| 100.1 | 100.0 | 100.0 | 100.1 | 99.6 | 99.8 | 99.6 |
| 101.4 | 100.9 | 100.7 | 100.9 | 100.6 | 100.7 | 100.8 |
| 95.4 | 92.9 | 92.3 | 91.4 | 90.2 | 90.5 | 89.8 |
| 103.4 | 103.6 | 103.4 | 103.4 | 103.5 | 103.9 | 103.9 |
| **99.9** | **100.4** | **100.4** | **100.2** | **100.0** | **100.2** | **100.8** |
| 100.6 | 101.5 | 101.5 | 101.0 | 100.8 | 101.0 | 101.7 |
| 98.4 | 98.3 | 99.1 | 99.1 | 99.2 | 99.3 | 100.1 |

# 2013 年广西全区居民消费价格各月同比指数（续表 2）

以上年同月价格为 100

| 类　别 | 1 月 | 2 月 | 3 月 | 4 月 | 5 月 |
|---|---|---|---|---|---|
| (2) 车用燃料及零配件 | 102.3 | 100.2 | 97.5 | 94.4 | 94.6 |
| 汽　油 | 102.7 | 100.1 | 96.7 | 92.7 | 93.2 |
| 柴　油 | 103.5 | 100.6 | 96.4 | 92.6 | 92.8 |
| (3) 车辆使用及维修费 | 102.1 | 104.2 | 103.4 | 104.6 | 105.5 |
| (4) 市区公共交通费 | 101.0 | 101.0 | 101.3 | 99.9 | 99.9 |
| (5) 城市间交通费 | 92.7 | 107.5 | 104.3 | 104.3 | 103.1 |
| 2. 通　信 | 98.5 | 98.6 | 98.6 | 98.5 | 98.7 |
| (1) 通信工具 | 91.1 | 91.8 | 91.8 | 91.5 | 92.7 |
| (2) 通信服务 | 100.2 | 100.2 | 100.1 | 100.1 | 100.1 |
| **七、娱乐教育文化用品及服务** | **100.8** | **99.7** | **99.9** | **99.8** | **100.0** |
| 1. 文娱用耐用消费品及服务 | 94.0 | 93.8 | 94.0 | 93.8 | 94.6 |
| 2. 教　育 | 105.4 | 101.8 | 102.4 | 102.6 | 102.6 |
| (1) 教材及参考书 | 100.5 | 99.4 | 99.2 | 99.4 | 99.4 |
| (2) 教育服务 | 106.0 | 102.1 | 102.9 | 103.1 | 103.0 |
| 3. 文化娱乐类 | 100.7 | 100.6 | 101.2 | 101.3 | 101.4 |
| (1) 文化娱乐用品 | 99.1 | 98.5 | 98.5 | 98.3 | 98.7 |
| (2) 书报杂志 | 100.3 | 100.2 | 99.9 | 100.1 | 100.1 |
| (3) 文 娱 费 | 102.2 | 102.4 | 104.0 | 104.2 | 104.1 |
| 4. 旅　游 | 94.3 | 98.9 | 97.2 | 95.8 | 96.5 |
| **八、居　住** | **103.3** | **102.4** | **102.0** | **102.0** | **102.8** |
| 1. 建房及装修材料 | 102.4 | 102.2 | 102.0 | 102.0 | 101.4 |
| 2. 住房租金 | 99.5 | 99.2 | 98.9 | 99.5 | 101.3 |
| 3. 自有住房 | 102.1 | 102.3 | 102.1 | 102.5 | 103.4 |
| 4. 水、电、燃料 | 107.7 | 104.1 | 103.2 | 102.4 | 103.5 |
| 水 | 115.2 | 104.7 | 108.5 | 109.2 | 110.0 |
| 电 | 103.5 | 103.5 | 106.4 | 106.4 | 106.4 |
| 液化石油气 | 110.7 | 104.7 | 97.5 | 95.4 | 97.5 |
| 管道燃气 | 101.3 | 101.3 | 101.9 | 101.9 | 101.7 |

| 6 月 | 7 月 | 8 月 | 9 月 | 10 月 | 11 月 | 12 月 |
|---|---|---|---|---|---|---|
| 98.5 | 102.6 | 101.0 | 98.8 | 97.0 | 98.3 | 100.0 |
| 98.5 | 104.1 | 102.4 | 99.3 | 97.3 | 98.9 | 101.2 |
| 98.2 | 104.5 | 102.3 | 99.0 | 96.9 | 98.3 | 99.7 |
| 106.3 | 105.7 | 105.4 | 104.4 | 104.4 | 104.4 | 104.5 |
| 100.4 | 101.0 | 101.0 | 102.0 | 102.0 | 101.6 | 101.6 |
| 102.4 | 102.8 | 103.2 | 103.6 | 104.1 | 103.8 | 104.4 |
| 99.1 | 99.2 | 99.2 | 99.2 | 99.1 | 99.3 | 99.6 |
| 94.8 | 95.3 | 95.4 | 95.5 | 95.5 | 96.2 | 98.2 |
| 100.0 | 100.0 | 100.1 | 100.0 | 99.9 | 100.0 | 99.9 |
| **100.6** | **100.3** | **100.4** | **100.5** | **102.0** | **102.7** | **103.3** |
| 95.2 | 95.3 | 95.4 | 95.3 | 96.0 | 96.2 | 97.3 |
| 102.6 | 102.4 | 102.4 | 103.3 | 103.3 | 103.3 | 103.2 |
| 99.5 | 99.5 | 99.5 | 100.4 | 100.4 | 100.4 | 100.4 |
| 103.0 | 102.7 | 102.8 | 103.6 | 103.6 | 103.6 | 103.6 |
| 101.0 | 101.5 | 101.6 | 101.1 | 101.8 | 102.7 | 102.8 |
| 99.0 | 99.2 | 99.6 | 99.4 | 99.5 | 99.4 | 99.7 |
| 100.1 | 100.1 | 100.1 | 100.0 | 99.9 | 99.9 | 99.9 |
| 102.9 | 104.0 | 103.9 | 103.1 | 104.5 | 106.6 | 106.7 |
| 100.0 | 98.1 | 98.7 | 96.8 | 105.3 | 108.9 | 111.5 |
| **102.7** | **102.8** | **102.9** | **102.8** | **103.0** | **103.2** | **103.2** |
| 101.3 | 101.4 | 101.8 | 102.4 | 101.9 | 101.9 | 102.1 |
| 102.6 | 104.2 | 104.7 | 104.5 | 105.4 | 105.5 | 104.1 |
| 102.5 | 102.7 | 103.2 | 103.3 | 103.9 | 104.0 | 103.4 |
| 104.0 | 103.2 | 102.2 | 101.6 | 101.6 | 102.0 | 103.5 |
| 106.3 | 110.1 | 110.3 | 110.7 | 111.3 | 111.3 | 111.3 |
| 104.9 | 100.0 | 100.0 | 100.0 | 100.0 | 100.0 | 100.0 |
| 102.3 | 104.7 | 101.9 | 99.9 | 99.7 | 100.7 | 105.1 |
| 96.2 | 96.1 | 96.1 | 96.1 | 96.1 | 96.1 | 96.1 |

# 1994 年广西城市居民消费价格各月同比指数

以上年同月价格为 100

| 类　别 | 1 月 | 2 月 | 3 月 | 4 月 | 5 月 |
|---|---|---|---|---|---|
| **居民消费价格总指数** | **125.5** | **126.5** | **122.9** | **121.4** | **120.6** |
| **一、食　　品** | **125.5** | **128.7** | **123.2** | **122.8** | **121.5** |
| 1. 粮　　食 | 179.5 | 160.7 | 146.4 | 142.8 | 143.4 |
| (1) 细　　粮 | 179.9 | 161.0 | 146.6 | 143.0 | 143.7 |
| (2) 粗　　粮 | 124.4 | 122.7 | 118.2 | 122.7 | 100.6 |
| 2. 淀粉及薯类 | 129.3 | 115.3 | 122.0 | 124.2 | 132.0 |
| 3. 干豆类及豆制品 | 114.4 | 117.9 | 116.8 | 109.6 | 107.1 |
| 4. 油 脂 类 | 154.6 | 155.3 | 137.0 | 131.8 | 139.0 |
| 5. 肉禽及其制品 | 120.5 | 128.0 | 118.3 | 120.3 | 120.3 |
| 6. 蛋　　类 | 112.2 | 116.9 | 116.9 | 113.4 | 111.4 |
| 7. 水产品类 | 128.1 | 137.0 | 129.1 | 119.1 | 112.1 |
| 8. 菜　　类 | 98.8 | 103.0 | 106.8 | 112.9 | 109.9 |
| (1) 鲜　　菜 | 97.4 | 102.1 | 106.3 | 113.6 | 109.9 |
| (2) 干　　菜 | 100.2 | 101.3 | 106.9 | 105.8 | 104.5 |
| (3) 菜 制 品 | 115.5 | 118.2 | 112.7 | 114.2 | 117.0 |
| 9. 调 味 品 | 121.5 | 121.6 | 117.4 | 116.4 | 112.8 |
| 10. 糖　　类 | 131.9 | 133.7 | 139.9 | 134.4 | 125.8 |
| (1) 食　　糖 | 143.2 | 147.7 | 156.1 | 143.5 | 127.9 |
| (2) 糖　　果 | 122.1 | 121.7 | 125.9 | 126.6 | 123.9 |
| 11. 烟 草 类 | 109.7 | 108.8 | 110.2 | 108.3 | 113.4 |
| 12. 酒和饮料 | 121.7 | 120.4 | 121.0 | 124.7 | 121.5 |
| 13. 干鲜瓜果类 | 105.8 | 128.0 | 132.7 | 121.3 | 105.7 |
| (1) 鲜　　果 | 103.0 | 127.9 | 133.7 | 121.5 | 104.0 |
| (2) 干　　果 | 125.8 | 128.5 | 125.5 | 119.7 | 118.3 |
| 14. 糕 点 类 | 134.8 | 134.2 | 121.3 | 123.5 | 129.5 |
| 15. 奶及奶制品 | 114.0 | 113.3 | 115.8 | 127.4 | 131.9 |
| 16. 其他食品 | 118.6 | 117.8 | 113.1 | 113.0 | 118.5 |
| 17. 饮 食 业 | 129.9 | 128.0 | 127.4 | 130.3 | 130.9 |
| (1) 主　　食 | 132.8 | 133.0 | 130.0 | 132.9 | 135.8 |
| (2) 炒　　菜 | 127.1 | 126.6 | 126.6 | 128.9 | 129.6 |
| (3) 地方小吃 | 136.9 | 127.5 | 127.5 | 132.4 | 130.2 |
| **二、衣 着 类** | **142.5** | **141.0** | **142.8** | **136.9** | **137.0** |
| 1. 服　　装 | 157.2 | 156.3 | 158.3 | 149.2 | 148.9 |
| 2. 衣着材料 | 113.4 | 110.2 | 110.7 | 110.3 | 109.6 |
| (1) 棉　　布 | 109.7 | 109.6 | 117.8 | 118.7 | 118.2 |
| (2) 棉花化纤混纺布 | 104.3 | 104.1 | 109.2 | 110.6 | 111.4 |
| (3) 化 纤 布 | 111.6 | 105.8 | 105.8 | 106.9 | 105.6 |
| (4) 呢　　绒 | 119.4 | 118.7 | 118.9 | 118.9 | 119.9 |
| (5) 绸　　缎 | 117.1 | 116.2 | 114.2 | 112.2 | 117.5 |
| (6) 毛　　线 | 119.0 | 120.4 | 119.5 | 112.8 | 110.8 |

| 6月 | 7月 | 8月 | 9月 | 10月 | 11月 | 12月 |
|---|---|---|---|---|---|---|
| **124.4** | **122.2** | **125.2** | **128.4** | **133.1** | **132.5** | **131.0** |
| **129.5** | **126.7** | **131.7** | **134.2** | **142.9** | **143.1** | **140.5** |
| 161.0 | 165.6 | 172.0 | 170.1 | 175.8 | 171.2 | 143.1 |
| 161.6 | 166.2 | 172.5 | 170.4 | 176.2 | 171.2 | 143.2 |
| 92.3 | 91.5 | 114.6 | 130.1 | 130.4 | 166.9 | 130.8 |
| 145.3 | 125.4 | 126.7 | 130.2 | 133.8 | 122.4 | 119.4 |
| 111.4 | 105.2 | 108.2 | 113.4 | 115.0 | 116.5 | 118.8 |
| 143.9 | 144.3 | 146.9 | 151.9 | 152.5 | 160.9 | 141.5 |
| 125.6 | 119.5 | 122.6 | 129.6 | 147.3 | 150.7 | 154.0 |
| 115.3 | 107.8 | 111.3 | 115.5 | 112.2 | 112.0 | 113.7 |
| 112.6 | 121.4 | 120.7 | 118.5 | 126.3 | 122.9 | 124.8 |
| 152.5 | 136.5 | 158.9 | 154.7 | 157.8 | 133.3 | 122.5 |
| 160.7 | 142.5 | 169.2 | 164.2 | 167.4 | 138.1 | 124.7 |
| 102.3 | 101.7 | 102.8 | 101.9 | 103.8 | 104.5 | 111.2 |
| 112.8 | 104.8 | 98.8 | 101.5 | 104.3 | 105.9 | 108.7 |
| 113.5 | 108.6 | 113.6 | 118.8 | 119.5 | 119.2 | 118.9 |
| 125.9 | 124.4 | 129.7 | 133.2 | 133.8 | 145.6 | 145.8 |
| 120.5 | 121.9 | 130.9 | 135.7 | 135.9 | 153.3 | 150.8 |
| 130.5 | 126.5 | 128.6 | 131.1 | 131.9 | 138.9 | 141.4 |
| 113.2 | 111.8 | 115.4 | 116.5 | 116.0 | 118.0 | 120.4 |
| 120.7 | 113.3 | 111.8 | 112.7 | 114.1 | 116.0 | 116.6 |
| 99.6 | 108.6 | 110.7 | 106.1 | 114.3 | 129.7 | 146.4 |
| 97.2 | 106.5 | 109.2 | 103.7 | 112.4 | 129.5 | 148.2 |
| 116.7 | 123.5 | 121.8 | 123.2 | 127.7 | 131.3 | 133.1 |
| 124.4 | 121.9 | 121.2 | 126.3 | 129.2 | 138.2 | 140.9 |
| 118.4 | 133.7 | 137.6 | 137.3 | 137.4 | 137.2 | 133.8 |
| 120.6 | 121.7 | 121.8 | 120.2 | 121.3 | 119.1 | 127.0 |
| 135.0 | 133.9 | 138.6 | 142.6 | 146.3 | 150.6 | 144.2 |
| 144.5 | 142.6 | 142.6 | 144.7 | 147.3 | 150.6 | 147.1 |
| 133.5 | 131.3 | 136.4 | 141.3 | 145.7 | 147.4 | 140.7 |
| 130.2 | 133.8 | 141.9 | 144.8 | 147.6 | 162.4 | 153.9 |
| **136.9** | **132.3** | **130.9** | **132.7** | **131.1** | **125.9** | **126.6** |
| 148.7 | 142.5 | 139.4 | 140.6 | 137.8 | 131.2 | 131.3 |
| 109.2 | 107.8 | 108.8 | 110.6 | 110.5 | 109.0 | 111.6 |
| 118.1 | 118.9 | 119.9 | 138.8 | 139.3 | 138.8 | 152.9 |
| 113.4 | 113.9 | 115.2 | 122.4 | 122.5 | 125.2 | 144.3 |
| 105.6 | 103.4 | 105.1 | 103.9 | 103.9 | 103.9 | 103.9 |
| 115.8 | 115.8 | 115.7 | 117.3 | 117.5 | 109.8 | 108.4 |
| 117.1 | 117.1 | 118.2 | 111.3 | 115.1 | 112.3 | 111.4 |
| 110.7 | 109.8 | 108.5 | 116.5 | 114.5 | 110.8 | 115.7 |

# 1994 年广西城市居民消费价格各月同比指数（续表）

以上年同月价格为 100

| 类　别 | 1 月 | 2 月 | 3 月 | 4 月 | 5 月 |
|---|---|---|---|---|---|
| 3. 鞋袜帽及其他衣着 | 121.2 | 119.2 | 121.3 | 120.7 | 122.8 |
| (1) 鞋　　类 | 122.9 | 120.8 | 123.7 | 123.1 | 124.7 |
| (2) 袜　　子 | 107.7 | 103.8 | 103.8 | 103.8 | 108.5 |
| (3) 帽　　子 | 97.4 | 97.4 | 97.4 | 97.2 | 106.4 |
| (4) 其他衣着 | 120.2 | 120.2 | 116.9 | 116.5 | 120.1 |
| **三、家庭设备及用品** | **115.2** | **116.0** | **114.6** | **112.5** | **112.0** |
| 1. 耐用消费品 | 112.3 | 112.5 | 111.9 | 109.6 | 109.1 |
| (1)家　　具 | 109.0 | 108.8 | 106.9 | 107.7 | 105.0 |
| (2)家庭设备 | 113.8 | 114.1 | 114.1 | 110.5 | 110.9 |
| 2. 室内装饰品 | 109.3 | 109.0 | 107.6 | 107.5 | 110.9 |
| 3. 床上用品 | 116.5 | 116.7 | 114.7 | 112.8 | 115.3 |
| 4. 家庭日用杂品 | 120.0 | 119.0 | 121.3 | 119.2 | 115.7 |
| 5. 其他日用品 | 118.3 | 123.0 | 116.1 | 114.0 | 114.3 |
| **四、医疗保健** | **109.5** | **107.7** | **105.5** | **107.9** | **107.5** |
| 1. 医疗器具及保健用品 | 106.3 | 105.3 | 103.7 | 108.5 | 115.0 |
| 2. 中　　药 | 111.5 | 108.7 | 104.4 | 104.5 | 102.3 |
| 3. 西　　药 | 108.5 | 107.2 | 106.3 | 110.0 | 110.3 |
| **五、交通和通讯工具** | **116.6** | **115.8** | **114.6** | **111.4** | **106.6** |
| 1. 交通工具 | 118.8 | 117.9 | 117.2 | 113.0 | 107.5 |
| 2. 通讯工具 | 101.7 | 101.7 | 97.0 | 100.5 | 100.6 |
| **六、娱乐教育文化用品** | **117.8** | **117.9** | **117.8** | **116.9** | **114.9** |
| 1. 文娱用耐用消费品 | 110.9 | 109.9 | 109.2 | 107.7 | 105.6 |
| 2. 教材及参考书 | 126.0 | 126.3 | 126.7 | 126.7 | 127.9 |
| 3. 文化娱乐用品 | 125.5 | 127.2 | 127.7 | 127.5 | 125.2 |
| (1) 文娱用品 | 115.1 | 114.1 | 114.9 | 114.7 | 111.0 |
| (2) 报纸杂志 | 142.4 | 148.4 | 148.4 | 148.4 | 148.4 |
| **七、居　　住** | **139.0** | **129.8** | **122.7** | **118.1** | **118.7** |
| 1. 住　　房 | 145.3 | 144.5 | 139.5 | 122.8 | 122.7 |
| (1) 建筑材料 | 116.7 | 114.8 | 109.3 | 107.3 | 107.9 |
| (2) 房　　租 | 167.6 | 167.6 | 163.1 | 134.9 | 134.2 |
| 2. 水、电、燃料 | 136.6 | 124.0 | 116.1 | 116.2 | 117.1 |
| **八、服务项目** | **120.3** | **118.9** | **116.1** | **115.1** | **117.0** |
| 1. 电 讯 费 | 116.5 | 114.3 | 111.3 | 112.4 | 112.4 |
| 2. 邮　　费 | 100.0 | 100.0 | 100.0 | 100.0 | 100.0 |
| 3. 交 通 费 | 113.7 | 114.5 | 106.5 | 107.5 | 108.1 |
| 4. 洗理美容费 | 145.7 | 142.1 | 136.8 | 138.4 | 134.3 |
| 5. 文 娱 费 | 152.5 | 154.5 | 162.1 | 152.0 | 152.3 |
| 6. 学杂保育费 | 113.6 | 112.9 | 108.0 | 108.0 | 111.9 |
| 7. 修理及其他服务费 | 126.1 | 119.6 | 121.3 | 119.8 | 119.2 |
| 8. 医疗保健服务 | 109.7 | 109.7 | 109.7 | 109.7 | 114.0 |

| 6月 | 7月 | 8月 | 9月 | 10月 | 11月 | 12月 |
|---|---|---|---|---|---|---|
| 123.0 | 120.8 | 122.4 | 126.0 | 127.1 | 123.3 | 124.2 |
| 124.7 | 122.2 | 123.4 | 126.7 | 127.6 | 123.0 | 123.8 |
| 106.9 | 106.3 | 106.4 | 119.0 | 123.0 | 127.6 | 127.6 |
| 106.4 | 106.4 | 106.4 | 107.6 | 107.6 | 107.6 | 107.6 |
| 123.3 | 121.3 | 127.6 | 127.8 | 127.8 | 124.8 | 127.3 |
| **110.1** | **110.6** | **111.0** | **111.8** | **112.5** | **112.4** | **111.8** |
| 105.8 | 107.3 | 108.1 | 107.2 | 107.8 | 108.1 | 108.4 |
| 104.6 | 110.2 | 112.8 | 112.6 | 112.4 | 112.4 | 112.4 |
| 106.3 | 106.0 | 106.0 | 104.8 | 105.7 | 106.2 | 106.6 |
| 110.9 | 110.0 | 108.0 | 108.0 | 108.0 | 108.0 | 108.0 |
| 115.8 | 113.4 | 114.0 | 117.7 | 116.8 | 116.3 | 116.8 |
| 115.5 | 115.9 | 115.9 | 118.6 | 121.1 | 119.9 | 119.5 |
| 113.0 | 112.8 | 112.8 | 114.9 | 115.1 | 115.2 | 111.5 |
| **107.8** | **109.2** | **109.5** | **105.7** | **105.7** | **107.1** | **105.5** |
| 118.0 | 118.9 | 121.9 | 121.7 | 126.7 | 125.8 | 126.5 |
| 100.5 | 103.0 | 104.7 | 99.1 | 98.8 | 101.8 | 97.8 |
| 111.6 | 112.5 | 111.7 | 108.7 | 108.5 | 109.0 | 108.8 |
| **106.2** | **105.6** | **105.3** | **102.6** | **102.1** | **101.6** | **102.2** |
| 107.0 | 106.5 | 106.1 | 104.0 | 103.4 | 102.8 | 103.5 |
| 101.0 | 100.0 | 99.7 | 93.3 | 93.3 | 93.5 | 93.5 |
| **114.5** | **114.0** | **113.8** | **113.7** | **113.6** | **113.6** | **113.7** |
| 104.4 | 104.0 | 103.9 | 103.5 | 104.4 | 104.2 | 104.8 |
| 127.9 | 127.9 | 127.7 | 123.3 | 123.3 | 123.3 | 123.0 |
| 125.7 | 125.0 | 124.6 | 125.6 | 124.2 | 124.5 | 124.0 |
| 111.7 | 110.6 | 111.0 | 111.5 | 110.9 | 111.3 | 110.6 |
| 148.4 | 148.4 | 146.7 | 148.4 | 145.9 | 145.9 | 145.9 |
| **114.0** | **111.6** | **113.4** | **113.8** | **113.8** | **111.5** | **111.0** |
| 120.8 | 118.3 | 118.1 | 118.7 | 119.0 | 105.0 | 105.6 |
| 103.7 | 102.2 | 101.8 | 102.4 | 101.6 | 102.0 | 101.6 |
| 134.2 | 130.8 | 130.8 | 131.4 | 132.5 | 107.4 | 108.7 |
| 111.3 | 109.0 | 111.6 | 111.9 | 111.7 | 114.0 | 113.1 |
| **115.4** | **114.5** | **118.7** | **142.1** | **143.7** | **143.4** | **142.5** |
| 112.6 | 113.5 | 112.6 | 108.7 | 109.8 | 109.8 | 105.1 |
| 100.0 | 100.0 | 100.0 | 100.0 | 100.0 | 100.0 | 100.0 |
| 107.2 | 108.5 | 111.6 | 112.1 | 111.9 | 111.9 | 112.0 |
| 131.6 | 118.6 | 118.6 | 118.6 | 126.3 | 126.3 | 113.2 |
| 142.0 | 141.5 | 158.1 | 146.8 | 147.3 | 143.6 | 136.6 |
| 111.4 | 111.2 | 115.9 | 165.9 | 165.6 | 165.7 | 165.7 |
| 118.0 | 115.8 | 115.3 | 115.3 | 123.0 | 123.1 | 124.1 |
| 114.0 | 110.5 | 110.5 | 109.0 | 110.5 | 110.5 | 110.5 |

# 1995年广西城市居民消费价格各月同比指数

以上年同月价格为100

| 类 别 | 1月 | 2月 | 3月 | 4月 | 5月 |
|---|---|---|---|---|---|
| **居民消费价格总指数** | **128.3** | **125.3** | **123.8** | **123.6** | **123.2** |
| **一、食 品** | **144.5** | **137.3** | **135.8** | **134.6** | **133.7** |
| 1. 粮 食 | 147.5 | 150.0 | 148.7 | 146.4 | 144.9 |
| (1) 细 粮 | 147.5 | 150.0 | 148.7 | 146.4 | 144.9 |
| (2) 粗 粮 | | | | | |
| 2. 淀粉及薯类 | 128.7 | 137.3 | 127.9 | 128.5 | 126.6 |
| 3. 干豆类及豆制品 | 118.9 | 125.8 | 131.1 | 121.7 | 117.4 |
| 4. 油 脂 类 | 136.6 | 128.3 | 123.9 | 119.6 | 113.8 |
| 5. 肉禽及其制品 | 152.7 | 141.2 | 141.9 | 140.9 | 138.6 |
| 6. 蛋 类 | 116.6 | 116.0 | 113.7 | 110.9 | 110.0 |
| 7. 水产品类 | 121.3 | 114.7 | 114.0 | 118.0 | 123.0 |
| 8. 菜 类 | 179.9 | 159.6 | 150.1 | 149.7 | 145.2 |
| (1) 鲜 菜 | 189.5 | 166.4 | 155.1 | 153.7 | 147.4 |
| (2) 干 菜 | 116.7 | 116.5 | 113.4 | 113.7 | 119.7 |
| (3) 菜 制 品 | 122.2 | 117.7 | 124.1 | 134.2 | 142.2 |
| 9. 调 味 品 | 125.8 | 129.5 | 132.8 | 133.5 | 133.1 |
| 10. 糖 类 | 136.7 | 135.6 | 135.5 | 132.0 | 126.8 |
| (1) 食 糖 | 151.9 | 150.4 | 143.4 | 137.9 | 138.0 |
| (2) 糖 果 | 126.2 | 125.4 | 130.0 | 127.9 | 119.1 |
| 11. 烟 草 类 | 119.2 | 119.9 | 115.0 | 114.8 | 108.7 |
| 12. 酒和饮料 | 122.3 | 123.4 | 126.0 | 120.6 | 116.2 |
| 13. 干鲜瓜果类 | 139.8 | 125.6 | 116.1 | 120.7 | 138.6 |
| (1) 鲜 果 | 140.9 | 124.0 | 112.2 | 116.0 | 139.8 |
| (2) 干 果 | 134.7 | 133.5 | 134.5 | 143.0 | 132.9 |
| 14. 糕 点 类 | 138.9 | 140.5 | 140.9 | 136.5 | 132.7 |
| 15. 奶及奶制品 | 128.6 | 128.6 | 138.0 | 130.8 | 124.6 |
| 16. 其他食品 | 133.3 | 128.8 | 125.8 | 131.3 | 121.8 |
| 17. 饮 食 业 | 133.0 | 134.3 | 134.9 | 130.7 | 129.6 |
| (1) 主 食 | 124.5 | 134.2 | 134.5 | 131.6 | 131.2 |
| (2) 炒 菜 | 134.6 | 132.3 | 133.2 | 128.7 | 126.0 |
| (3) 地方小吃 | 139.4 | 141.8 | 141.8 | 136.7 | 141.0 |
| **二、衣 着 类** | **119.8** | **119.8** | **118.4** | **118.2** | **117.4** |
| 1. 服 装 | 121.5 | 120.9 | 119.7 | 119.7 | 117.9 |
| 2. 衣着材料 | 111.2 | 113.3 | 111.3 | 108.9 | 109.5 |
| (1) 棉 布 | 148.2 | 152.3 | 146.2 | 144.6 | 144.1 |
| (2) 棉花化纤混纺布 | 141.6 | 138.0 | 134.5 | 134.7 | 141.0 |
| (3) 化 纤 布 | 105.6 | 108.6 | 106.9 | 102.1 | 102.7 |
| (4) 呢 绒 | 104.4 | 106.9 | 106.6 | 106.6 | 104.5 |
| (5) 绸 缎 | 116.2 | 116.9 | 116.1 | 116.9 | 112.4 |
| (6) 毛 线 | 112.9 | 112.8 | 110.4 | 115.4 | 116.1 |

| 6月 | 7月 | 8月 | 9月 | 10月 | 11月 | 12月 |
|---|---|---|---|---|---|---|
| **117.8** | **115.9** | **116.0** | **114.8** | **110.0** | **109.7** | **107.6** |
| **123.4** | **119.9** | **121.1** | **120.4** | **111.7** | **112.0** | **108.0** |
| 131.1 | 128.3 | 126.7 | 124.1 | 115.6 | 111.5 | 107.8 |
| 131.1 | 128.3 | 126.7 | 124.1 | 115.6 | 111.5 | 107.8 |
| | | | | | | |
| 126.1 | 116.9 | 127.1 | 123.6 | 126.3 | 130.1 | 119.3 |
| 111.2 | 110.8 | 107.4 | 107.5 | 108.5 | 105.4 | 103.1 |
| 112.1 | 110.5 | 109.3 | 106.0 | 101.2 | 95.4 | 87.6 |
| 128.4 | 129.6 | 132.3 | 125.5 | 106.5 | 101.9 | 100.1 |
| 101.5 | 100.3 | 107.3 | 107.3 | 110.6 | 108.3 | 107.2 |
| 115.8 | 113.1 | 114.7 | 113.0 | 107.3 | 106.7 | 102.9 |
| 93.4 | 84.5 | 90.0 | 110.5 | 121.0 | 159.9 | 143.4 |
| 85.8 | 78.2 | 82.9 | 107.5 | 119.6 | 165.5 | 147.6 |
| 118.3 | 113.5 | 118.8 | 118.9 | 113.7 | 116.9 | 113.3 |
| 161.9 | 133.2 | 149.1 | 138.1 | 143.8 | 132.5 | 120.0 |
| 132.5 | 132.5 | 127.8 | 122.8 | 121.1 | 117.8 | 114.9 |
| 126.3 | 124.1 | 121.0 | 118.2 | 115.0 | 107.4 | 105.4 |
| 137.0 | 132.9 | 124.6 | 121.0 | 115.1 | 101.4 | 102.4 |
| 119.0 | 118.1 | 118.6 | 116.2 | 114.9 | 111.5 | 107.4 |
| 110.0 | 109.3 | 106.2 | 103.8 | 102.9 | 100.8 | 97.6 |
| 115.7 | 115.5 | 115.7 | 117.9 | 118.6 | 114.5 | 111.5 |
| 155.9 | 116.7 | 117.8 | 129.8 | 114.4 | 109.2 | 101.8 |
| 160.8 | 114.7 | 117.7 | 132.2 | 113.9 | 107.5 | 98.2 |
| 132.7 | 126.0 | 118.3 | 118.3 | 116.9 | 117.5 | 119.3 |
| 132.3 | 134.3 | 141.4 | 129.6 | 128.6 | 120.1 | 116.4 |
| 117.8 | 117.8 | 112.8 | 118.2 | 120.0 | 120.6 | 120.2 |
| 120.5 | 118.5 | 122.9 | 123.0 | 120.8 | 122.1 | 114.5 |
| 127.5 | 128.5 | 124.4 | 121.7 | 116.5 | 114.2 | 115.9 |
| 123.4 | 121.2 | 123.0 | 121.3 | 119.2 | 117.3 | 117.3 |
| 125.5 | 128.4 | 121.8 | 118.2 | 111.5 | 110.8 | 113.6 |
| 141.0 | 139.1 | 136.2 | 135.3 | 131.5 | 122.4 | 122.4 |
| **116.9** | **116.8** | **116.2** | **114.1** | **110.3** | **108.4** | **107.8** |
| 117.7 | 117.2 | 117.2 | 114.7 | 110.1 | 107.5 | 106.8 |
| 109.1 | 110.0 | 109.1 | 108.9 | 108.8 | 108.2 | 107.1 |
| 141.1 | 139.5 | 144.8 | 130.0 | 129.1 | 125.9 | 119.6 |
| 138.8 | 133.9 | 133.9 | 126.9 | 127.3 | 124.5 | 117.8 |
| 102.7 | 104.5 | 102.8 | 105.7 | 105.7 | 105.7 | 105.7 |
| 103.6 | 102.9 | 102.8 | 103.3 | 103.9 | 102.4 | 101.5 |
| 112.2 | 112.2 | 111.1 | 111.7 | 105.7 | 105.6 | 105.6 |
| 116.1 | 117.3 | 117.3 | 110.5 | 110.0 | 109.6 | 107.6 |

## 1995年广西城市居民消费价格各月同比指数（续表）

以上年同月价格为100

| 类　别 | 1月 | 2月 | 3月 | 4月 | 5月 |
|---|---|---|---|---|---|
| 3. 鞋袜帽及其他衣着 | 119.9 | 120.4 | 118.9 | 119.5 | 121.1 |
| (1) 鞋　类 | 118.8 | 119.7 | 118.0 | 118.9 | 121.7 |
| (2) 袜　子 | 132.9 | 127.0 | 127.0 | 126.6 | 124.0 |
| (3) 帽　子 | 116.2 | 112.4 | 112.4 | 113.6 | 103.0 |
| (4) 其他衣着 | 121.6 | 122.9 | 122.8 | 121.4 | 114.4 |
| **三、家庭设备及用品** | **109.0** | **108.7** | **108.5** | **108.3** | **108.4** |
| 1. 耐用消费品 | 105.9 | 105.7 | 105.6 | 105.4 | 106.1 |
| (1) 家　具 | 112.1 | 112.2 | 112.3 | 112.3 | 116.1 |
| (2) 家庭设备 | 102.8 | 102.4 | 102.2 | 101.9 | 101.0 |
| 2. 室内装饰品 | 104.8 | 104.2 | 101.9 | 101.6 | 102.2 |
| 3. 床上用品 | 118.5 | 119.7 | 117.6 | 118.0 | 115.3 |
| 4. 家庭日用杂品 | 118.5 | 117.1 | 116.4 | 115.9 | 116.0 |
| 5. 其他日用品 | 109.6 | 109.8 | 110.5 | 110.9 | 109.0 |
| **四、医疗保健** | **117.2** | **117.4** | **116.9** | **114.3** | **113.0** |
| 1. 医疗器具及保健用品 | 119.6 | 121.2 | 123.0 | 119.4 | 119.6 |
| 2. 中　药 | | | | | |
| 3. 中药材及中成药 | 101.5 | 102.3 | 105.0 | 103.3 | 102.0 |
| 4. 西　药 | 127.6 | 127.2 | 124.3 | 121.2 | 119.8 |
| **五、交通和通讯工具** | **94.7** | **95.2** | **95.6** | **94.7** | **94.8** |
| 1. 交通工具 | 96.6 | 97.5 | 97.8 | 98.0 | 97.6 |
| 2. 通讯工具 | 90.6 | 90.2 | 90.8 | 87.4 | 88.7 |
| **六、娱乐教育文化用品** | **105.0** | **104.5** | **102.8** | **103.5** | **102.9** |
| 1. 文娱用耐用消费品 | 101.5 | 100.3 | 97.9 | 99.1 | 98.6 |
| 2. 教材及参考书 | 123.0 | 122.6 | 123.7 | 123.7 | 122.0 |
| 3. 文化娱乐用品 | 106.1 | 106.7 | 105.5 | 105.4 | 105.0 |
| (1) 文娱用品 | 107.2 | 107.0 | 106.3 | 106.1 | 105.3 |
| (2) 报纸杂志 | 104.6 | 106.2 | 104.5 | 104.5 | 104.5 |
| **七、居　住** | **106.9** | **107.8** | **106.2** | **116.8** | **121.0** |
| 1. 住　房 | 101.6 | 103.7 | 103.5 | 124.3 | 136.2 |
| (1) 建筑材料 | 99.5 | 97.7 | 97.9 | 98.0 | 99.4 |
| (2) 房　租 | 103.8 | 109.8 | 109.2 | 151.2 | 173.8 |
| 2. 水、电、燃料 | 111.6 | 111.4 | 108.6 | 110.2 | 107.7 |
| **八、服务项目** | **124.1** | **130.1** | **126.0** | **123.7** | **122.2** |
| 1. 电讯费 | 98.1 | 98.6 | 100.7 | 100.3 | 101.1 |
| 2. 邮　费 | 100.0 | 100.0 | 100.0 | 100.0 | 100.0 |
| 3. 交通费 | 126.9 | 125.9 | 110.0 | 105.4 | 105.6 |
| 4. 洗理美容费 | 122.9 | 124.6 | 124.6 | 122.5 | 123.9 |
| 5. 文娱费 | 139.1 | 136.6 | 128.9 | 121.0 | 122.9 |
| 6. 学杂保育费 | 125.2 | 137.9 | 138.1 | 136.7 | 133.2 |
| 7. 修理及其他服务费 | 122.4 | 126.7 | 122.2 | 121.6 | 120.5 |
| 8. 医疗保健服务 | 101.2 | 105.9 | 105.9 | 105.9 | 104.2 |

| 6月 | 7月 | 8月 | 9月 | 10月 | 11月 | 12月 |
|---|---|---|---|---|---|---|
| 119.6 | 119.8 | 117.9 | 115.6 | 112.1 | 111.6 | 111.6 |
| 119.5 | 119.7 | 117.7 | 116.1 | 111.8 | 111.9 | 111.9 |
| 132.2 | 132.2 | 132.1 | 117.0 | 113.5 | 110.0 | 110.4 |
| 106.8 | 110.5 | 110.5 | 108.3 | 116.9 | 116.9 | 116.9 |
| 111.8 | 111.8 | 108.7 | 109.8 | 113.4 | 109.4 | 108.7 |
| **108.0** | **106.7** | **106.1** | **105.5** | **104.7** | **104.6** | **104.5** |
| 105.9 | 103.4 | 102.3 | 102.3 | 102.0 | 102.2 | 102.1 |
| 116.0 | 109.4 | 106.7 | 106.7 | 106.5 | 107.0 | 107.1 |
| 100.7 | 100.4 | 100.0 | 100.1 | 99.7 | 99.8 | 99.5 |
| 102.2 | 104.1 | 103.7 | 104.9 | 105.0 | 105.0 | 104.6 |
| 114.6 | 114.7 | 115.5 | 109.9 | 109.1 | 109.8 | 110.6 |
| 115.5 | 116.0 | 115.6 | 114.6 | 112.6 | 113.1 | 112.9 |
| 108.3 | 108.5 | 108.9 | 107.2 | 105.5 | 103.6 | 103.2 |
| **110.9** | **112.3** | **114.8** | **116.7** | **118.5** | **117.5** | **115.9** |
| 117.2 | 113.1 | 111.2 | 106.8 | 105.1 | 105.1 | 104.8 |
| | | | | | | |
| 102.5 | 106.7 | 113.5 | 116.7 | 123.4 | 121.4 | 122.6 |
| 115.9 | 116.0 | 116.1 | 117.9 | 116.7 | 116.3 | 112.6 |
| **93.3** | **94.1** | **94.6** | **95.3** | **95.2** | **93.9** | **94.0** |
| 95.7 | 96.0 | 96.7 | 96.4 | 96.2 | 97.4 | 97.4 |
| 88.2 | 89.9 | 89.9 | 93.0 | 93.0 | 86.2 | 86.5 |
| **102.7** | **102.4** | **103.2** | **102.0** | **101.7** | **101.3** | **101.9** |
| 98.3 | 98.3 | 98.5 | 97.8 | 97.0 | 96.6 | 97.1 |
| 122.0 | 122.0 | 121.6 | 121.3 | 123.4 | 123.4 | 123.4 |
| 104.8 | 104.0 | 106.1 | 104.0 | 103.9 | 103.2 | 104.1 |
| 105.0 | 105.0 | 105.0 | 104.8 | 104.7 | 103.5 | 104.9 |
| 104.5 | 102.7 | 107.6 | 102.9 | 102.9 | 102.9 | 102.9 |
| **121.3** | **120.1** | **118.9** | **119.3** | **119.5** | **118.5** | **118.7** |
| 136.1 | 133.4 | 133.0 | 135.3 | 135.8 | 135.3 | 136.0 |
| 99.5 | 94.5 | 93.7 | 98.7 | 99.1 | 98.2 | 99.4 |
| 173.5 | 173.3 | 173.3 | 172.8 | 173.3 | 173.4 | 173.5 |
| 108.3 | 108.4 | 106.6 | 105.3 | 105.3 | 103.9 | 103.5 |
| **121.8** | **121.5** | **117.5** | **110.5** | **109.9** | **109.9** | **109.2** |
| 101.0 | 101.0 | 102.0 | 102.0 | 100.8 | 100.8 | 101.8 |
| 100.0 | 100.0 | 100.0 | 100.0 | 100.0 | 100.0 | 100.0 |
| 105.6 | 103.1 | 101.6 | 101.6 | 109.2 | 108.8 | 108.7 |
| 126.4 | 126.4 | 126.4 | 135.0 | 126.5 | 126.5 | 124.2 |
| 122.9 | 121.7 | 111.2 | 111.2 | 112.8 | 113.4 | 113.4 |
| 131.8 | 132.0 | 125.0 | 107.1 | 107.1 | 107.0 | 107.8 |
| 120.6 | 121.1 | 121.5 | 121.7 | 114.5 | 114.4 | 110.0 |
| 106.2 | 106.2 | 106.2 | 106.2 | 106.2 | 106.2 | 106.2 |

# 1996年广西城市居民消费价格各月同比指数

以上年同月价格为100

| 类 别 | 1月 | 2月 | 3月 | 4月 | 5月 |
|---|---|---|---|---|---|
| **居民消费价格总指数** | **105.2** | **104.7** | **104.9** | **105.5** | **104.9** |
| **一、食 品** | **102.4** | **102.3** | **102.7** | **104.5** | **105.0** |
| 1. 粮 食 | 101.9 | 100.8 | 95.6 | 94.1 | 95.2 |
| (1) 细 粮 | 101.8 | 100.7 | 95.6 | 94.1 | 95.2 |
| 大 米 | 95.5 | 96.1 | 92.6 | 92.1 | |
| (2) 粗 粮 | 121.2 | 125.0 | 90.1 | 95.1 | 96.7 |
| 2. 淀粉及薯类 | 113.8 | 109.6 | 112.6 | 112.4 | 108.9 |
| 3. 干豆类及豆制品 | 103.8 | 101.2 | 103.4 | 107.5 | 112.8 |
| 4. 油 脂 类 | 88.2 | 89.7 | 87.1 | 89.6 | 91.2 |
| 5. 肉禽及其制品 | 98.9 | 102.9 | 103.6 | 103.2 | 103.5 |
| 猪 肉 | 96.9 | 96.2 | 96.5 | 98.3 | |
| 牛 肉 | 114.7 | 118.2 | 116.0 | 111.2 | |
| 羊 肉 | 110.3 | 107.7 | 96.1 | 108.7 | |
| 鸡 | 94.9 | 110.6 | 111.4 | 108.7 | |
| 鸭 | 108.2 | 113.8 | 120.7 | 118.4 | |
| 6. 蛋 类 | 107.7 | 116.6 | 123.3 | 120.8 | 120.1 |
| 鲜 蛋 | 107.1 | 117.3 | 124.3 | 121.4 | |
| 7. 水产品类 | 99.6 | 101.6 | 104.4 | 105.2 | 104.5 |
| 8. 菜 类 | 99.7 | 95.0 | 98.3 | 118.2 | 121.1 |
| (1) 鲜 菜 | 97.6 | 93.3 | 96.3 | 120.3 | 124.0 |
| (2) 干 菜 | 108.2 | 109.5 | 108.9 | 109.8 | 104.5 |
| (3) 菜 制 品 | 115.3 | 101.4 | 110.8 | 102.5 | 103.3 |
| 9. 调 味 品 | 110.6 | 108.7 | 105.7 | 105.3 | 108.6 |
| 盐 | 110.1 | 114.2 | 113.7 | 113.7 | |
| 酱 油 | 110.8 | 110.8 | 105.6 | 106.1 | |
| 10. 糖 类 | 102.6 | 103.2 | 99.1 | 99.5 | 100.3 |
| (1) 食 糖 | 99.6 | 99.2 | 96.2 | 97.1 | 96.8 |
| (2) 糖 果 | 104.6 | 106.0 | 101.1 | 101.1 | 102.7 |
| 11. 烟 草 类 | 101.0 | 100.7 | 103.9 | 103.7 | 105.5 |
| 12. 酒和饮料 | 107.2 | 105.8 | 101.7 | 102.7 | 101.3 |
| 13. 干鲜瓜果类 | 108.5 | 95.6 | 99.5 | 104.9 | 103.6 |
| (1) 鲜 果 | 103.2 | 89.0 | 94.5 | 101.9 | 100.1 |
| (2) 干 果 | 134.6 | 127.8 | 124.2 | 119.6 | 120.8 |
| 14. 糕 点 类 | 114.3 | 108.9 | 108.6 | 107.8 | 105.9 |
| 15. 奶及奶制品 | 118.6 | 114.4 | 105.0 | 105.1 | 105.5 |
| 16. 其他食品 | 106.8 | 108.6 | 107.5 | 105.6 | 105.6 |
| 17. 饮 食 业 | 111.6 | 109.7 | 111.7 | 108.8 | 109.5 |
| (1) 主 食 | 114.8 | 104.0 | 103.9 | 105.4 | 102.9 |

| 6月 | 7月 | 8月 | 9月 | 10月 | 11月 | 12月 |
|---|---|---|---|---|---|---|
| **105.5** | **106.3** | **106.4** | **105.3** | **105.5** | **105.5** | **106.3** |
| **105.7** | **107.0** | **106.6** | **104.6** | **104.7** | **104.0** | **105.2** |
| 97.8 | 100.1 | 99.4 | 100.0 | 100.3 | 103.3 | 102.5 |
| 97.8 | 100.2 | 99.5 | 100.0 | 100.3 | 103.2 | 102.4 |
| 96.7 | | 98.8 | 99.5 | 99.7 | 103.5 | 102.4 |
| 90.2 | 83.8 | 81.6 | 95.8 | 108.0 | 119.4 | 125.0 |
| 110.8 | 112.6 | 112.2 | 108.1 | 103.9 | 103.8 | 111.0 |
| 120.0 | 124.5 | 124.6 | 126.4 | 124.6 | 122.4 | 122.0 |
| 91.1 | 93.0 | 92.9 | 94.6 | 93.9 | 97.3 | 102.4 |
| 104.7 | 107.0 | 105.7 | 106.3 | 105.8 | 107.6 | 107.2 |
| 104.1 | | 104.2 | 106.7 | 106.5 | 108.2 | 108.0 |
| 110.1 | | 106.7 | 108.7 | 107.3 | 104.0 | 100.8 |
| 115.5 | | 118.9 | 82.3 | 100.8 | 96.1 | 92.4 |
| 104.4 | | 106.0 | 104.7 | 104.7 | 110.8 | 108.5 |
| 111.1 | | 119.0 | 116.8 | 109.2 | 105.4 | 111.4 |
| 122.2 | 120.3 | 112.8 | 108.2 | 105.3 | 104.0 | 100.1 |
| 123.0 | | 112.9 | 108.8 | 105.5 | 104.0 | 100.2 |
| 104.1 | 100.3 | 97.7 | 100.2 | 98.4 | 99.4 | 99.0 |
| 121.1 | 135.9 | 126.1 | 105.6 | 102.1 | 84.9 | 99.2 |
| 124.5 | 141.0 | 129.9 | 106.2 | 102.0 | 82.7 | 98.6 |
| 106.6 | 113.0 | 109.4 | 110.4 | 111.7 | 110.7 | 109.1 |
| 96.5 | 99.9 | 99.3 | 95.5 | 95.9 | 88.6 | 98.2 |
| 108.2 | 108.6 | 108.5 | 106.7 | 107.0 | 107.9 | 109.6 |
| 116.6 | | 119.2 | 113.0 | 113.0 | 113.0 | 113.0 |
| 110.8 | | 108.1 | 107.1 | 106.4 | 106.9 | 106.9 |
| 101.6 | 101.3 | 101.7 | 102.7 | 104.0 | 106.1 | 106.1 |
| 91.2 | 91.3 | 92.8 | 95.7 | 98.9 | 100.3 | 100.3 |
| 108.8 | 108.3 | 107.8 | 107.6 | 107.6 | 110.2 | 110.2 |
| 102.5 | 103.4 | 105.5 | 106.6 | 109.7 | 108.5 | 107.8 |
| 101.2 | 101.3 | 102.4 | 102.0 | 101.4 | 103.9 | 103.8 |
| 101.2 | 89.9 | 112.2 | 104.0 | 115.0 | 114.0 | 112.7 |
| 98.0 | 84.3 | 110.1 | 100.4 | 113.7 | 112.9 | 113.2 |
| 116.9 | 117.3 | 122.8 | 121.9 | 121.4 | 119.4 | 110.5 |
| 106.3 | 106.4 | 103.6 | 104.7 | 102.2 | 102.0 | 102.2 |
| 105.4 | 105.2 | 105.2 | 104.6 | 106.8 | 103.2 | 104.9 |
| 105.6 | 105.6 | 99.5 | 99.5 | 100.0 | 99.8 | 99.4 |
| 110.1 | 107.3 | 107.9 | 107.9 | 109.2 | 107.9 | 107.6 |
| 104.9 | 106.0 | 106.2 | 106.2 | 106.8 | 106.3 | 105.2 |

# 1996年广西城市居民消费价格各月同比指数（续表1）

以上年同月价格为100

| 类 别 | 1月 | 2月 | 3月 | 4月 | 5月 |
|---|---|---|---|---|---|
| (2) 炒　菜 | 111.6 | 112.8 | 114.6 | 109.4 | 111.9 |
| (3) 地方小吃 | 106.1 | 105.8 | 111.9 | 111.9 | 109.7 |
| **二、衣着类** | **108.5** | **106.7** | **104.7** | **104.3** | **102.0** |
| 1. 服　装 | 107.5 | 105.9 | 102.8 | 102.7 | 101.3 |
| 2. 衣着材料 | 108.0 | 104.1 | 104.5 | 104.2 | 100.6 |
| (1) 棉　布 | 118.3 | 118.0 | 117.3 | 116.0 | 113.4 |
| (2) 棉花化纤混纺布 | 128.2 | 127.7 | 119.6 | 117.1 | 103.5 |
| (3) 化纤布 | 105.5 | 100.0 | 101.3 | 101.3 | 98.3 |
| (4) 呢　绒 | 103.2 | 104.1 | 104.1 | 104.3 | 106.3 |
| (5) 绸　缎 | 114.8 | 116.9 | 118.7 | 118.7 | 97.0 |
| (6) 毛　线 | 109.4 | 106.4 | 106.4 | 105.7 | 103.2 |
| 3. 鞋袜帽及其他衣着 | 111.8 | 110.4 | 110.4 | 109.1 | 104.9 |
| (1) 鞋　类 | 112.3 | 110.7 | 110.6 | 109.1 | 104.3 |
| (2) 袜　子 | 109.4 | 109.4 | 109.4 | 109.4 | 107.9 |
| (3) 帽　子 | 125.4 | 125.4 | 125.4 | 122.8 | 122.8 |
| (4) 其他衣着 | 105.7 | 106.1 | 107.1 | 106.2 | 106.2 |
| **三、家庭设备及用品** | **104.6** | **104.0** | **103.2** | **102.7** | **101.8** |
| 1. 耐用消费品 | 102.0 | 101.3 | 100.4 | 100.4 | 99.1 |
| (1) 家　具 | 104.5 | 104.0 | 103.9 | 103.9 | 100.6 |
| (2) 家庭设备 | 100.4 | 99.5 | 98.2 | 98.2 | 98.1 |
| 2. 室内装饰品 | 103.1 | 103.2 | 104.6 | 104.6 | 104.3 |
| 3. 床上用品 | 109.6 | 107.0 | 107.2 | 106.3 | 104.5 |
| 4. 家庭日用杂品 | 111.7 | 111.4 | 109.4 | 108.0 | 107.2 |
| 5. 其他日用品 | 103.0 | 102.8 | 102.5 | 101.5 | 102.0 |
| **四、医疗保健** | **109.6** | **107.9** | **108.8** | **108.2** | **109.6** |
| 1. 医疗器具及保健用品 | 107.2 | 105.8 | 106.3 | 105.3 | 101.3 |
| 2. 中药材及中成药 | 115.4 | 112.7 | 114.2 | 113.9 | 114.7 |
| 3. 西　药 | 104.4 | 103.5 | 103.9 | 103.2 | 105.6 |
| **五、交通和通讯工具** | **93.5** | **93.1** | **91.5** | **91.4** | **91.9** |
| 1. 交通工具 | 95.4 | 94.9 | 94.3 | 94.3 | 94.2 |
| 2. 通讯工具 | 87.7 | 87.7 | 82.9 | 82.7 | 84.8 |
| **六、娱乐教育文化用品** | **111.3** | **110.6** | **111.8** | **111.8** | **111.2** |
| 1. 文娱用耐用消费品 | 100.2 | 99.4 | 98.2 | 97.7 | 96.7 |
| 2. 教材及参考书 | 118.3 | 116.5 | 131.5 | 134.4 | 134.4 |
| 3. 文化娱乐用品 | 123.4 | 123.0 | 122.9 | 122.7 | 122.4 |
| (1) 文娱用品 | 103.2 | 102.4 | 102.3 | 101.9 | 101.3 |
| (2) 报纸杂志 | 148.0 | 148.0 | 148.0 | 148.0 | 148.0 |
| **七、居　住** | **120.2** | **117.9** | **118.0** | **112.6** | **104.6** |
| 1. 住　房 | 135.0 | 131.4 | 131.4 | 119.4 | 102.1 |

| 6月 | 7月 | 8月 | 9月 | 10月 | 11月 | 12月 |
|---|---|---|---|---|---|---|
| 112.0 | 107.7 | 108.5 | 108.5 | 109.7 | 107.9 | 107.9 |
| 110.1 | 108.0 | 108.0 | 108.0 | 111.1 | 110.6 | 110.6 |
| **103.2** | **103.3** | **103.4** | **101.6** | **104.3** | **105.4** | **105.1** |
| 102.9 | 103.0 | 103.3 | 101.4 | 104.7 | 106.2 | 105.7 |
| 102.3 | 101.2 | 100.5 | 99.9 | 100.2 | 100.6 | 100.4 |
| 113.6 | 113.4 | 110.6 | 107.4 | 110.0 | 113.5 | 113.5 |
| 103.5 | 102.9 | 102.9 | 105.0 | 106.6 | 106.4 | 106.4 |
| 100.5 | 98.5 | 98.5 | 98.8 | 98.8 | 98.8 | 98.7 |
| 108.5 | 109.5 | 105.0 | 103.0 | 104.0 | 104.7 | 104.6 |
| 98.8 | 98.8 | 98.8 | 98.3 | 99.4 | 99.4 | 99.4 |
| 103.2 | 104.0 | 103.0 | 98.8 | 98.3 | 100.1 | 98.7 |
| 104.4 | 105.2 | 105.1 | 103.1 | 105.2 | 105.5 | 105.8 |
| 104.1 | 104.9 | 104.7 | 102.5 | 104.6 | 104.8 | 105.3 |
| 102.5 | 102.5 | 102.5 | 102.5 | 103.4 | 105.4 | 105.1 |
| 117.4 | 111.0 | 111.0 | 111.0 | 101.9 | 101.9 | 101.9 |
| 107.9 | 110.1 | 110.6 | 109.1 | 114.2 | 113.6 | 113.3 |
| **101.8** | **101.6** | **102.2** | **101.9** | **102.0** | **102.1** | **101.9** |
| 99.1 | 99.4 | 99.8 | 99.8 | 99.9 | 99.8 | 99.7 |
| 100.5 | 101.3 | 101.3 | 101.3 | 101.1 | 100.8 | 100.7 |
| 98.2 | 98.2 | 98.9 | 98.8 | 99.2 | 99.2 | 99.0 |
| 103.9 | 103.0 | 102.0 | 99.3 | 99.4 | 99.4 | 99.4 |
| 105.1 | 105.0 | 104.7 | 103.5 | 103.0 | 104.8 | 103.2 |
| 106.8 | 105.0 | 106.6 | 106.1 | 106.6 | 106.9 | 106.7 |
| 102.4 | 102.8 | 104.2 | 104.0 | 104.0 | 104.0 | 103.7 |
| **111.0** | **109.1** | **110.9** | **112.5** | **112.1** | **110.6** | **110.9** |
| 102.0 | 103.6 | 105.1 | 106.3 | 106.9 | 105.8 | 106.1 |
| 114.9 | 112.1 | 114.3 | 118.3 | 116.9 | 115.2 | 113.2 |
| 108.4 | 106.8 | 108.4 | 107.6 | 108.2 | 106.7 | 109.3 |
| **93.8** | **93.9** | **93.7** | **92.1** | **92.1** | **93.1** | **94.3** |
| 97.0 | 96.9 | 96.9 | 94.7 | 94.7 | 95.3 | 94.3 |
| 84.0 | 84.7 | 83.9 | 84.2 | 84.2 | 86.5 | 94.4 |
| **110.6** | **111.2** | **111.0** | **112.2** | **112.9** | **113.1** | **112.5** |
| 94.9 | 96.3 | 95.4 | 95.8 | 97.4 | 97.8 | 97.1 |
| 135.0 | 135.6 | 135.6 | 145.1 | 144.6 | 144.5 | 144.2 |
| 122.9 | 122.4 | 123.0 | 122.6 | 122.7 | 122.5 | 122.1 |
| 102.3 | 102.4 | 103.6 | 102.8 | 103.0 | 102.6 | 101.9 |
| 148.0 | 146.7 | 146.7 | 146.7 | 146.7 | 146.7 | 146.7 |
| **104.0** | **106.4** | **109.2** | **109.1** | **109.3** | **112.8** | **115.6** |
| 102.1 | 105.1 | 106.3 | 105.2 | 105.2 | 105.7 | 105.7 |

# 1996年广西城市居民消费价格各月同比指数（续表2）

以上年同月价格为100

| 类　别 | 1月 | 2月 | 3月 | 4月 | 5月 |
|---|---|---|---|---|---|
| (1) 建筑材料 | 99.1 | 100.7 | 100.7 | 99.8 | 99.8 |
| (2) 房　　租 | 169.9 | 161.2 | 161.2 | 138.5 | 104.3 |
| 2. 水、电、燃料 | 108.0 | 106.9 | 107.0 | 107.1 | 106.6 |
| 水 | 117.7 | 116.2 | 112.1 | 113.1 | |
| 电 | 109.5 | 109.5 | 109.5 | 118.2 | |
| 液化石油气 | 104.2 | 102.1 | 103.7 | 95.9 | |
| 管道煤气 | 100.0 | 100.0 | 100.0 | 100.0 | |
| **八、服务项目** | **106.1** | **106.2** | **108.2** | **109.8** | **109.3** |
| 1. 电 讯 费 | 100.7 | 100.7 | 100.7 | 100.7 | 100.0 |
| 2. 邮　　费 | 100.0 | 100.0 | 100.0 | 100.0 | 100.0 |
| 3. 交 通 费 | 101.2 | 107.9 | 115.5 | 118.7 | 116.2 |
| 4. 洗理美容费 | 108.8 | 112.5 | 113.7 | 120.1 | 120.1 |
| 5. 文 娱 费 | 107.6 | 106.0 | 106.5 | 110.2 | 109.6 |
| 6. 学杂保育费 | 108.9 | 108.7 | 109.8 | 110.3 | 110.4 |
| 7. 修理及其他服务费 | 104.9 | 101.8 | 103.6 | 105.4 | 105.0 |
| 8. 医疗保健服务 | 106.8 | 103.7 | 103.7 | 103.7 | 103.7 |

| 6 月 | 7 月 | 8 月 | 9 月 | 10 月 | 11 月 | 12 月 |
|---|---|---|---|---|---|---|
| 99.8 | 99.1 | 101.4 | 99.3 | 99.3 | 101.0 | 101.0 |
| 104.3 | 111.0 | 111.0 | 111.0 | 111.0 | 110.2 | 110.2 |
| 105.5 | 107.5 | 111.6 | 112.3 | 112.6 | 118.7 | 123.8 |
| 135.2 | | 137.8 | 137.8 | 136.1 | 136.1 | 136.7 |
| 105.2 | | 110.3 | 112.7 | 112.7 | 128.0 | 128.4 |
| 96.7 | | 105.5 | 104.9 | 106.1 | 107.1 | 119.0 |
| 100.0 | | 120.0 | 120.0 | 120.0 | 120.0 | 120.0 |
| **110.4** | **110.5** | **111.3** | **111.0** | **109.5** | **109.3** | **109.6** |
| 100.0 | 100.0 | 100.0 | 100.0 | 100.0 | 100.0 | 96.6 |
| 100.0 | 100.0 | 100.0 | 100.0 | 100.0 | 100.0 | 217.2 |
| 116.4 | 116.8 | 114.3 | 114.5 | 105.2 | 105.2 | 106.0 |
| 122.7 | 122.7 | 122.7 | 118.6 | 119.4 | 119.4 | 119.7 |
| 124.4 | 124.4 | 124.3 | 121.5 | 120.5 | 118.4 | 116.1 |
| 110.3 | 110.6 | 110.6 | 110.7 | 110.1 | 110.1 | 110.1 |
| 104.4 | 104.4 | 105.2 | 105.2 | 104.8 | 104.8 | 104.5 |
| 101.3 | 101.3 | 124.9 | 125.8 | 128.2 | 128.2 | 128.2 |

# 1997年广西城市居民消费价格各月同比指数

以上年同月价格为100

| 类　别 | 1月 | 2月 | 3月 | 4月 | 5月 |
|---|---|---|---|---|---|
| **居民消费价格总指数** | **105.9** | **105.5** | **103.4** | **102.4** | **101.8** |
| **一、食　品** | **104.6** | **104.0** | **100.8** | **99.4** | **99.5** |
| 1. 粮　食 | 102.2 | 100.3 | 100.5 | 100.8 | 97.4 |
| (1) 细　粮 | 102.2 | 100.3 | 100.5 | 100.8 | 97.4 |
| 大　米 | 102.2 | 99.6 | 99.8 | 100.2 | 96.0 |
| (2) 粗　粮 | 100.0 | 100.0 | 100.0 | 93.7 | 92.0 |
| 2. 淀粉及薯类 | 103.9 | 104.1 | 98.9 | 90.6 | 97.5 |
| 3. 干豆类及豆制品 | 120.8 | 115.3 | 111.2 | 108.8 | 106.9 |
| 4. 油脂类 | 101.4 | 100.2 | 102.0 | 102.3 | 103.7 |
| 5. 肉禽及其制品 | 104.6 | 100.4 | 98.8 | 100.1 | 101.8 |
| 猪　肉 | 110.1 | 110.3 | 108.3 | 110.3 | 110.4 |
| 牛　肉 | 98.9 | 93.8 | 92.7 | 91.2 | 91.7 |
| 羊　肉 | 90.6 | 97.6 | 99.5 | 97.4 | 86.8 |
| 鸡 | 97.3 | 85.6 | 83.7 | 84.3 | 89.7 |
| 鸭 | 104.4 | 90.2 | 89.3 | 90.3 | 93.3 |
| 6. 蛋　类 | 95.6 | 87.3 | 77.8 | 80.8 | 78.4 |
| 鲜　蛋 | 94.5 | 85.7 | 75.7 | 79.3 | 76.7 |
| 7. 水产品类 | 98.9 | 97.2 | 92.6 | 91.5 | 93.8 |
| 8. 菜　类 | 102.6 | 117.2 | 105.3 | 88.6 | 92.3 |
| (1) 鲜　菜 | 102.7 | 118.5 | 104.4 | 85.9 | 89.9 |
| (2) 干　菜 | 107.2 | 106.8 | 104.1 | 104.2 | 105.8 |
| (3) 菜制品 | 96.8 | 108.8 | 117.8 | 111.0 | 111.6 |
| 9. 调味品 | 108.8 | 107.4 | 105.9 | 106.3 | 105.5 |
| 盐 | 110.1 | 104.5 | 105.2 | 105.6 | 102.6 |
| 酱　油 | 109.2 | 109.2 | 109.2 | 106.9 | 106.9 |
| 10. 糖　类 | 106.5 | 106.8 | 106.3 | 105.8 | 103.7 |
| (1) 食　糖 | 101.7 | 103.8 | 103.6 | 102.0 | 101.9 |
| (2) 糖　果 | 109.3 | 108.5 | 107.9 | 107.9 | 104.7 |
| 11. 烟草类 | 110.2 | 107.8 | 106.0 | 106.5 | 104.2 |
| 12. 酒和饮料 | 104.8 | 105.3 | 105.9 | 106.4 | 103.4 |
| 13. 干鲜瓜果类 | 106.8 | 110.2 | 101.6 | 97.6 | 101.7 |
| (1) 鲜　果 | 106.3 | 110.8 | 100.7 | 95.7 | 100.4 |
| (2) 干　果 | 109.3 | 107.3 | 105.8 | 106.3 | 107.9 |
| 14. 糕点类 | 101.5 | 105.1 | 104.1 | 103.8 | 105.1 |
| 15. 奶及奶制品 | 113.9 | 113.0 | 113.1 | 106.6 | 105.5 |
| 16. 其他食品 | 101.1 | 100.6 | 101.1 | 100.7 | 101.5 |
| 17. 饮食业 | 110.5 | 108.2 | 105.7 | 107.8 | 102.5 |

| 6月 | 7月 | 8月 | 9月 | 10月 | 11月 | 12月 |
|---|---|---|---|---|---|---|
| **101.9** | **100.5** | **98.1** | **98.0** | **97.2** | **97.5** | **96.4** |
| **100.2** | **98.3** | **94.7** | **95.3** | **93.4** | **94.1** | **92.4** |
| 94.2 | 91.7 | 90.6 | 89.6 | 87.4 | 87.2 | 88.7 |
| 94.2 | 91.6 | 90.5 | 89.6 | 87.4 | 87.2 | 88.8 |
| 92.5 | 89.3 | 87.9 | 86.9 | 84.2 | 84.1 | 86.4 |
| 100.0 | 100.0 | 100.0 | 95.2 | 88.2 | 81.3 | 80.0 |
| 93.6 | 95.8 | 101.3 | 99.1 | 99.1 | 100.6 | 97.1 |
| 101.9 | 98.7 | 98.4 | 97.2 | 98.5 | 98.4 | 98.6 |
| 105.6 | 104.2 | 104.1 | 102.6 | 102.7 | 101.7 | 100.7 |
| 102.4 | 94.1 | 89.6 | 91.3 | 91.2 | 90.0 | 88.2 |
| 106.3 | 97.6 | 96.8 | 94.7 | 91.9 | 90.8 | 91.1 |
| 89.9 | 85.5 | 83.8 | 83.3 | 79.9 | 80.0 | 80.0 |
| 99.8 | 92.3 | 78.6 | 120.8 | 93.3 | 77.5 | 78.2 |
| 97.0 | 87.8 | 78.0 | 85.1 | 90.4 | 86.6 | 83.0 |
| 104.5 | 87.3 | 72.5 | 79.9 | 86.1 | 91.2 | 78.3 |
| 75.4 | 72.9 | 71.7 | 72.2 | 72.1 | 70.9 | 73.6 |
| 73.7 | 71.4 | 70.4 | 70.8 | 71.0 | 69.7 | 72.1 |
| 96.0 | 95.0 | 91.7 | 90.4 | 87.3 | 86.2 | 87.2 |
| 101.1 | 98.0 | 97.0 | 100.3 | 96.8 | 112.3 | 98.6 |
| 99.5 | 97.2 | 96.8 | 100.2 | 96.6 | 113.9 | 98.2 |
| 103.9 | 101.5 | 99.9 | 99.3 | 98.1 | 96.8 | 94.6 |
| 119.6 | 105.9 | 97.7 | 103.1 | 98.4 | 104.3 | 106.9 |
| 105.2 | 103.1 | 101.2 | 101.2 | 101.8 | 101.0 | 99.5 |
| 102.2 | 102.2 | 101.5 | 101.5 | 102.4 | 102.4 | 102.4 |
| 106.6 | 99.9 | 99.9 | 99.9 | 101.1 | 101.1 | 99.1 |
| 104.5 | 104.5 | 103.6 | 103.1 | 101.9 | 99.5 | 97.3 |
| 108.3 | 108.3 | 104.8 | 103.4 | 100.1 | 98.3 | 96.5 |
| 102.3 | 102.3 | 102.9 | 102.9 | 102.9 | 100.2 | 97.8 |
| 104.2 | 103.4 | 100.8 | 98.2 | 96.9 | 97.6 | 96.8 |
| 102.4 | 102.7 | 99.7 | 99.9 | 99.5 | 99.0 | 99.7 |
| 98.8 | 124.0 | 102.6 | 105.0 | 91.4 | 87.9 | 87.4 |
| 97.2 | 128.3 | 103.5 | 106.0 | 90.3 | 87.3 | 87.0 |
| 106.1 | 104.0 | 98.4 | 100.0 | 96.7 | 90.6 | 89.0 |
| 104.5 | 104.3 | 103.0 | 101.0 | 101.4 | 101.4 | 101.4 |
| 105.5 | 105.7 | 105.7 | 105.6 | 104.9 | 103.8 | 108.2 |
| 101.1 | 102.0 | 102.7 | 103.4 | 103.4 | 101.7 | 102.4 |
| 103.5 | 103.3 | 102.3 | 102.3 | 101.4 | 101.1 | 101.0 |

## 1997年广西城市居民消费价格各月同比指数（续表1）

以上年同月价格为100

| 类　别 | 1月 | 2月 | 3月 | 4月 | 5月 |
|---|---|---|---|---|---|
| (1) 主　　食 | 105.9 | 105.1 | 104.8 | 103.9 | 104.4 |
| (2) 炒　　菜 | 112.0 | 108.9 | 106.0 | 109.5 | 101.3 |
| (3) 地方小吃 | 112.0 | 110.6 | 105.7 | 106.6 | 105.5 |
| **二、衣 着 类** | **105.8** | **104.9** | **104.1** | **105.0** | **101.4** |
| 1. 服　　装 | 107.6 | 105.8 | 104.8 | 106.1 | 100.6 |
| 2. 衣着材料 | 100.0 | 101.9 | 101.3 | 101.2 | 101.6 |
| (1) 棉　　布 | 108.4 | 106.3 | 106.3 | 108.5 | 107.3 |
| (2) 棉花化纤混纺布 | 104.5 | 104.2 | 104.2 | 105.7 | 102.3 |
| (3) 化 纤 布 | 98.5 | 101.8 | 101.8 | 101.8 | 102.8 |
| (4) 呢　　绒 | 107.5 | 106.0 | 106.0 | 101.9 | 101.9 |
| (5) 绸　　缎 | 99.9 | 98.9 | 98.9 | 98.9 | 102.1 |
| (6) 毛　　线 | 96.5 | 97.8 | 94.5 | 94.5 | 95.0 |
| 3. 鞋袜帽及其他衣着 | 103.6 | 103.9 | 103.7 | 103.9 | 103.8 |
| (1) 鞋　　类 | 102.7 | 103.2 | 103.0 | 103.1 | 102.9 |
| (2) 袜　　子 | 106.1 | 106.1 | 106.1 | 106.1 | 106.1 |
| (3) 帽　　子 | 102.3 | 102.3 | 102.7 | 103.2 | 103.6 |
| (4) 其他衣着 | 110.7 | 109.8 | 109.8 | 110.8 | 110.8 |
| **三、家庭设备及用品** | **102.4** | **102.5** | **101.9** | **101.5** | **101.4** |
| 1. 耐用消费品 | 100.2 | 100.4 | 99.9 | 99.2 | 99.2 |
| (1) 家　　具 | 100.5 | 100.5 | 100.5 | 99.7 | 99.7 |
| (2) 家庭设备 | 100.1 | 100.3 | 99.6 | 99.0 | 99.0 |
| 2. 室内装饰品 | 100.4 | 100.4 | 100.4 | 100.4 | 100.3 |
| 3. 床上用品 | 102.4 | 103.1 | 102.8 | 102.9 | 103.2 |
| 4. 家庭日用杂品 | 107.2 | 107.5 | 106.1 | 105.5 | 105.1 |
| 5. 其他日用品 | 104.7 | 104.5 | 103.9 | 104.3 | 103.8 |
| **四、医疗保健** | **118.2** | **118.4** | **118.0** | **118.5** | **114.6** |
| 1. 医疗器具及保健用品 | 106.0 | 106.5 | 107.0 | 106.2 | 106.2 |
| 2. 中药材及中成药 | 127.6 | 127.9 | 127.1 | 129.2 | 123.7 |
| 3. 西　　药 | 109.3 | 109.3 | 109.3 | 108.2 | 105.5 |
| **五、交通和通讯工具** | **95.5** | **95.6** | **95.8** | **95.0** | **93.7** |
| 1. 交通工具 | 95.8 | 96.0 | 96.0 | 94.7 | 94.8 |
| 2. 通讯工具 | 94.9 | 94.8 | 95.2 | 95.8 | 91.3 |
| **六、娱乐教育文化用品** | **107.5** | **109.1** | **104.2** | **104.0** | **103.9** |
| 1. 文娱用耐用消费品 | 92.9 | 94.5 | 94.7 | 94.0 | 93.9 |
| 2. 教材及参考书 | 139.5 | 143.6 | 120.1 | 120.1 | 120.1 |
| 3. 文化娱乐用品 | 108.2 | 108.2 | 107.6 | 108.1 | 108.1 |
| (1) 文娱用品 | 101.9 | 101.9 | 101.8 | 101.9 | 102.0 |

| 6月 | 7月 | 8月 | 9月 | 10月 | 11月 | 12月 |
|---|---|---|---|---|---|---|
| 103.7 | 103.0 | 102.2 | 102.5 | 102.7 | 101.7 | 101.2 |
| 103.0 | 103.0 | 101.7 | 101.7 | 100.8 | 100.8 | 100.9 |
| 105.5 | 105.5 | 105.5 | 105.5 | 102.0 | 101.4 | 101.4 |
| **100.4** | **99.3** | **97.1** | **97.1** | **97.9** | **97.4** | **97.7** |
| 99.3 | 98.0 | 95.8 | 96.3 | 98.5 | 97.6 | 98.0 |
| 100.5 | 100.3 | 100.5 | 99.2 | 98.0 | 99.4 | 99.4 |
| 107.3 | 107.3 | 107.3 | 106.3 | 101.2 | 100.6 | 100.6 |
| 102.3 | 102.3 | 102.3 | 99.8 | 98.3 | 97.1 | 97.1 |
| 100.9 | 100.9 | 101.0 | 98.4 | 98.4 | 102.1 | 102.1 |
| 101.9 | 101.6 | 101.6 | 100.6 | 98.2 | 93.7 | 93.6 |
| 102.1 | 102.1 | 102.1 | 101.8 | 100.2 | 100.2 | 100.2 |
| 95.0 | 94.1 | 94.8 | 98.2 | 94.8 | 93.8 | 93.8 |
| 103.7 | 102.4 | 99.2 | 98.4 | 96.1 | 96.0 | 95.9 |
| 103.1 | 101.8 | 98.1 | 97.3 | 95.1 | 95.2 | 95.1 |
| 103.3 | 103.7 | 103.3 | 102.7 | 102.1 | 100.0 | 100.0 |
| 103.1 | 103.1 | 103.1 | 104.3 | 104.3 | 101.9 | 101.9 |
| 109.6 | 107.1 | 107.1 | 105.7 | 100.6 | 100.6 | 100.5 |
| **101.0** | **100.5** | **99.5** | **99.5** | **99.1** | **98.1** | **98.6** |
| 98.7 | 97.8 | 97.2 | 97.3 | 97.3 | 97.2 | 97.1 |
| 99.7 | 99.1 | 99.1 | 99.1 | 99.1 | 99.1 | 99.1 |
| 98.2 | 97.1 | 96.1 | 96.3 | 96.3 | 96.2 | 96.0 |
| 100.3 | 100.4 | 100.0 | 100.0 | 100.1 | 100.1 | 100.1 |
| 102.9 | 102.9 | 102.5 | 101.3 | 100.9 | 99.0 | 98.9 |
| 104.8 | 104.9 | 103.6 | 103.7 | 102.0 | 101.6 | 101.6 |
| 103.5 | 102.9 | 100.7 | 100.6 | 100.4 | 99.2 | 99.1 |
| **115.1** | **114.6** | **107.6** | **102.6** | **101.0** | **100.6** | **100.5** |
| 106.1 | 106.0 | 104.7 | 101.3 | 99.6 | 100.6 | 100.6 |
| 124.9 | 124.1 | 111.8 | 108.9 | 104.9 | 105.3 | 105.2 |
| 105.4 | 105.1 | 103.4 | 95.8 | 96.8 | 95.5 | 95.3 |
| **92.7** | **92.7** | **92.9** | **94.1** | **94.9** | **94.0** | **93.1** |
| 95.1 | 95.1 | 95.0 | 96.9 | 97.8 | 97.8 | 97.1 |
| 87.3 | 87.4 | 88.2 | 87.8 | 88.5 | 85.4 | 84.2 |
| **101.8** | **101.2** | **100.9** | **98.2** | **98.5** | **98.8** | **98.8** |
| 90.3 | 89.0 | 88.6 | 88.7 | 89.2 | 89.2 | 89.1 |
| 119.2 | 119.2 | 119.2 | 107.4 | 107.6 | 107.6 | 107.6 |
| 107.3 | 107.3 | 106.8 | 106.1 | 106.1 | 107.0 | 107.0 |
| 100.5 | 100.5 | 99.6 | 98.3 | 98.3 | 99.9 | 100.0 |

## 1997年广西城市居民消费价格各月同比指数（续表2）

以上年同月价格为100

| 类 别 | 1月 | 2月 | 3月 | 4月 | 5月 |
|---|---|---|---|---|---|
| (2) 报纸杂志 | 115.4 | 115.4 | 114.4 | 115.2 | 115.2 |
| **七、居　住** | **116.2** | **115.6** | **115.5** | **112.0** | **110.3** |
| 1. 住　房 | 108.1 | 108.0 | 107.8 | 106.3 | 106.5 |
| (1) 建筑材料 | 100.8 | 100.7 | 100.3 | 100.8 | 100.9 |
| (2) 房　租 | 114.3 | 114.3 | 114.3 | 111.0 | 111.2 |
| 2. 水、电、燃料 | 123.2 | 122.2 | 122.1 | 116.9 | 113.5 |
| 水 | 127.1 | 127.1 | 127.1 | 125.8 | 125.8 |
| 电 | 122.6 | 122.6 | 122.6 | 114.2 | 110.5 |
| 液化石油气 | 124.7 | 122.4 | 122.0 | 117.7 | 113.3 |
| 管道煤气 | 120.0 | 120.0 | 120.0 | 120.0 | 120.0 |
| **八、服务项目** | **109.5** | **108.3** | **107.6** | **107.9** | **107.6** |
| 1. 电讯费 | 99.5 | 99.6 | 99.6 | 99.6 | 99.6 |
| 2. 邮　费 | 215.1 | 215.1 | 215.1 | 215.1 | 215.1 |
| 3. 交通费 | 106.1 | 98.9 | 103.2 | 106.7 | 107.3 |
| 4. 洗理美容费 | 126.0 | 122.8 | 121.1 | 112.4 | 112.4 |
| 5. 文娱费 | 117.0 | 117.0 | 116.8 | 115.8 | 112.9 |
| 6. 学杂保育费 | 108.2 | 108.2 | 105.9 | 105.6 | 105.7 |
| 7. 修理及其他服务费 | 105.0 | 104.7 | 102.9 | 105.6 | 104.6 |
| 8. 医疗保健服务 | 122.0 | 122.4 | 123.9 | 122.4 | 123.0 |

| 6月 | 7月 | 8月 | 9月 | 10月 | 11月 | 12月 |
|---|---|---|---|---|---|---|
| 115.2 | 115.2 | 115.2 | 115.2 | 115.2 | 115.2 | 115.2 |
| **113.5** | **110.2** | **108.0** | **109.1** | **109.7** | **110.1** | **107.8** |
| 116.9 | 111.9 | 110.0 | 113.8 | 113.9 | 115.1 | 114.8 |
| 99.8 | 100.3 | 97.9 | 98.7 | 98.9 | 98.9 | 98.4 |
| 131.6 | 121.8 | 122.0 | 126.8 | 126.8 | 128.9 | 128.9 |
| 110.6 | 108.8 | 105.4 | 105.1 | 106.1 | 105.8 | 101.7 |
| 108.8 | 106.8 | 108.2 | 110.1 | 120.6 | 125.8 | 126.7 |
| 113.0 | 111.4 | 111.4 | 111.4 | 111.4 | 110.2 | 109.6 |
| 109.4 | 108.3 | 99.9 | 98.8 | 98.0 | 96.9 | 87.5 |
| 120.0 | 100.0 | 100.0 | 100.0 | 100.0 | 100.0 | 100.0 |
| **106.1** | **106.0** | **105.9** | **104.3** | **104.9** | **104.7** | **103.8** |
| 99.6 | 99.6 | 99.6 | 99.6 | 99.6 | 99.6 | 100.2 |
| 216.3 | 216.3 | 216.3 | 216.3 | 216.3 | 216.3 | 100.0 |
| 106.9 | 106.8 | 114.9 | 114.8 | 114.2 | 112.9 | 113.2 |
| 104.4 | 104.4 | 104.4 | 104.4 | 104.2 | 100.4 | 97.4 |
| 99.7 | 98.6 | 100.3 | 100.2 | 110.0 | 110.8 | 112.7 |
| 105.4 | 105.1 | 105.1 | 101.0 | 101.0 | 101.5 | 101.5 |
| 104.6 | 104.3 | 102.3 | 103.2 | 104.7 | 104.4 | 103.1 |
| 123.0 | 125.6 | 107.8 | 107.8 | 103.6 | 101.6 | 100.8 |

# 1998年广西城市居民消费价格各月同比指数

以上年同月价格为100

| 类　别 | 1月 | 2月 | 3月 | 4月 | 5月 |
|---|---|---|---|---|---|
| **居民消费价格总指数** | **96.9** | **97.1** | **98.3** | **97.7** | **97.0** |
| **一、食　　品** | **93.4** | **93.3** | **95.6** | **94.8** | **93.4** |
| 1. 粮　　食 | 89.0 | 88.5 | 88.9 | 87.9 | 90.2 |
| (1) 细　　粮 | 88.8 | 88.2 | 88.7 | 87.8 | 90.1 |
| 大　　米 | 86.2 | 85.2 | 86.1 | 84.6 | 87.3 |
| (2) 粗　　粮 | 108.3 | 125.0 | 115.9 | 106.3 | 100.0 |
| 2. 淀粉及薯类 | 101.5 | 100.4 | 101.9 | 105.2 | 104.6 |
| 3. 干豆类及豆制品 | 94.6 | 95.0 | 96.0 | 94.8 | 95.6 |
| 4. 油 脂 类 | 101.1 | 101.4 | 100.9 | 99.8 | 99.7 |
| 5. 肉禽及其制品 | 86.6 | 89.8 | 92.6 | 91.2 | 90.4 |
| 猪　　肉 | 88.9 | 88.0 | 89.8 | 88.1 | 85.1 |
| 牛　　肉 | 80.5 | 80.4 | 80.6 | 82.1 | 86.0 |
| 羊　　肉 | 83.8 | 78.8 | 79.1 | 78.6 | 74.5 |
| 鸡 | 79.7 | 91.7 | 97.4 | 97.4 | 98.8 |
| 鸭 | 80.9 | 93.3 | 101.6 | 90.8 | 94.1 |
| 6. 蛋　　类 | 77.5 | 81.7 | 86.1 | 90.6 | 92.9 |
| 鲜　　蛋 | 76.5 | 80.7 | 85.7 | 90.6 | 93.4 |
| 7. 水产品类 | 92.5 | 91.4 | 88.2 | 85.3 | 89.0 |
| 8. 菜　　类 | 106.6 | 96.6 | 105.5 | 97.8 | 84.0 |
| (1) 鲜　　菜 | 107.8 | 96.8 | 106.8 | 98.2 | 82.9 |
| (2) 干　　菜 | 96.1 | 91.9 | 93.9 | 93.6 | 93.0 |
| (3) 菜 制 品 | 99.8 | 98.2 | 97.0 | 95.7 | 91.4 |
| 9. 调 味 品 | 99.3 | 98.9 | 98.9 | 98.4 | 98.5 |
| 盐 | 102.5 | 102.6 | 102.6 | 102.6 | 102.6 |
| 酱　　油 | 99.7 | 98.7 | 98.7 | 98.7 | 98.8 |
| 10. 糖　　类 | 98.8 | 99.0 | 99.3 | 98.2 | 98.2 |
| (1) 食　　糖 | 95.7 | 94.5 | 94.7 | 96.4 | 93.7 |
| (2) 糖　　果 | 100.5 | 101.5 | 101.9 | 99.2 | 100.7 |
| 11. 烟 草 类 | 98.4 | 98.4 | 98.7 | 98.0 | 99.6 |
| 12. 酒和饮料 | 101.3 | 100.9 | 100.0 | 98.6 | 99.5 |
| 13. 干鲜瓜果类 | 90.5 | 87.6 | 95.9 | 106.4 | 99.5 |
| (1) 鲜　　果 | 91.4 | 87.5 | 97.7 | 110.6 | 102.9 |
| (2) 干　　果 | 85.7 | 88.0 | 85.8 | 83.2 | 80.3 |
| 14. 糕 点 类 | 101.6 | 101.1 | 104.2 | 102.5 | 99.7 |
| 15. 奶及奶制品 | 104.3 | 104.3 | 104.3 | 107.7 | 108.0 |
| 16. 其他食品 | 101.9 | 101.9 | 101.9 | 102.4 | 100.8 |
| 17. 饮 食 业 | 101.2 | 101.2 | 101.7 | 101.7 | 101.9 |

| 6月 | 7月 | 8月 | 9月 | 10月 | 11月 | 12月 |
|---|---|---|---|---|---|---|
| **96.4** | **98.0** | **96.9** | **96.1** | **96.9** | **96.8** | **97.5** |
| **93.1** | **96.2** | **93.5** | **92.9** | **94.7** | **94.5** | **95.7** |
| 91.2 | 94.4 | 95.3 | 97.2 | 102.2 | 101.1 | 98.5 |
| 91.1 | 94.4 | 95.3 | 97.2 | 102.2 | 101.2 | 98.6 |
| 88.7 | 92.8 | 94.1 | 96.4 | 103.0 | 102.0 | 98.4 |
| 100.6 | 100.0 | 100.0 | 100.0 | 100.0 | 91.3 | 82.5 |
| 106.6 | 102.8 | 94.7 | 94.4 | 97.8 | 98.0 | 96.4 |
| 94.7 | 93.5 | 92.0 | 92.6 | 91.2 | 91.6 | 90.6 |
| 97.7 | 98.1 | 98.2 | 99.5 | 100.6 | 99.4 | 96.4 |
| 87.5 | 86.8 | 89.4 | 90.4 | 91.1 | 89.0 | 92.3 |
| 85.0 | 83.9 | 82.2 | 84.5 | 86.0 | 85.3 | 86.7 |
| 82.6 | 82.2 | 81.5 | 81.0 | 84.0 | 85.1 | 89.5 |
| 88.4 | 91.5 | 91.5 | 92.5 | 84.0 | 86.4 | 90.1 |
| 90.4 | 89.5 | 99.3 | 99.2 | 98.8 | 95.0 | 100.8 |
| 87.0 | 89.8 | 106.0 | 104.8 | 105.9 | 88.0 | 100.0 |
| 97.5 | 100.5 | 105.1 | 105.0 | 104.6 | 103.8 | 105.7 |
| 98.5 | 101.5 | 106.4 | 106.4 | 105.7 | 104.8 | 106.7 |
| 87.8 | 91.2 | 89.6 | 89.9 | 93.3 | 90.6 | 90.6 |
| 94.0 | 110.0 | 90.0 | 78.3 | 80.0 | 79.7 | 85.6 |
| 94.4 | 111.8 | 88.9 | 76.2 | 78.2 | 78.1 | 84.5 |
| 94.7 | 95.1 | 95.0 | 95.3 | 96.1 | 95.5 | 98.5 |
| 88.2 | 98.6 | 100.6 | 92.9 | 91.0 | 88.6 | 90.3 |
| 98.5 | 98.3 | 98.1 | 98.2 | 97.1 | 97.1 | 98.6 |
| 102.6 | 102.6 | 102.6 | 102.6 | 100.6 | 100.6 | 100.6 |
| 98.8 | 98.8 | 98.8 | 98.8 | 97.3 | 97.3 | 99.1 |
| 95.0 | 94.4 | 94.8 | 93.2 | 92.2 | 92.7 | 94.5 |
| 91.4 | 89.9 | 92.0 | 87.5 | 84.9 | 84.3 | 84.8 |
| 97.0 | 97.0 | 96.4 | 96.4 | 96.4 | 97.5 | 100.0 |
| 99.6 | 99.6 | 99.3 | 100.6 | 100.9 | 100.9 | 102.1 |
| 100.2 | 99.7 | 99.3 | 98.8 | 98.9 | 98.7 | 99.8 |
| 96.8 | 113.3 | 89.3 | 88.5 | 96.7 | 109.8 | 109.1 |
| 99.7 | 119.2 | 90.7 | 89.9 | 99.4 | 114.3 | 113.2 |
| 80.9 | 80.6 | 81.7 | 80.4 | 81.7 | 84.7 | 86.1 |
| 99.0 | 99.0 | 99.0 | 99.0 | 98.6 | 98.6 | 98.6 |
| 108.0 | 108.6 | 108.2 | 107.3 | 107.3 | 107.3 | 103.5 |
| 101.2 | 101.0 | 101.5 | 100.0 | 100.0 | 100.0 | 100.8 |
| 100.8 | 101.0 | 101.0 | 101.0 | 100.9 | 101.1 | 101.3 |

## 1998年广西城市居民消费价格各月同比指数（续表1）

以上年同月价格为100

| 类　别 | 1月 | 2月 | 3月 | 4月 | 5月 |
|---|---|---|---|---|---|
| (1) 主　　食 | 101.3 | 101.3 | 101.3 | 101.9 | 101.8 |
| (2) 炒　　菜 | 101.2 | 101.2 | 102.0 | 102.0 | 102.2 |
| (3) 地方小吃 | 100.7 | 100.7 | 100.7 | 99.2 | 100.4 |
| **二、衣着类** | **97.0** | **97.8** | **99.0** | **98.9** | **99.1** |
| 1. 服　　装 | 96.4 | 96.6 | 98.2 | 98.3 | 99.0 |
| 2. 衣着材料 | 99.9 | 100.3 | 101.0 | 100.9 | 100.6 |
| (1) 棉　　布 | 98.9 | 98.9 | 98.9 | 98.9 | 99.4 |
| (2) 棉花化纤混纺布 | 96.4 | 96.4 | 96.4 | 96.2 | 97.8 |
| (3) 化纤布 | 103.0 | 103.0 | 103.0 | 103.0 | 103.0 |
| (4) 呢　　绒 | 96.1 | 96.1 | 96.1 | 95.4 | 92.3 |
| (5) 绸　　缎 | 100.5 | 100.6 | 100.6 | 100.1 | 99.1 |
| (6) 毛　　线 | 93.9 | 96.2 | 99.8 | 99.8 | 99.3 |
| 3. 鞋袜帽及其他衣着 | 97.3 | 100.2 | 100.2 | 99.8 | 98.9 |
| (1) 鞋　　类 | 96.7 | 100.1 | 100.1 | 99.7 | 98.6 |
| (2) 袜　　子 | 100.0 | 100.0 | 99.1 | 99.1 | 99.1 |
| (3) 帽　　子 | 102.8 | 102.8 | 102.0 | 102.0 | 101.4 |
| (4) 其他衣着 | 101.4 | 101.4 | 101.4 | 101.1 | 101.1 |
| **三、家庭设备及用品** | **98.5** | **98.6** | **98.8** | **98.8** | **98.9** |
| 1. 耐用消费品 | 97.1 | 97.4 | 97.7 | 97.8 | 97.9 |
| (1) 家　　具 | 98.7 | 98.6 | 98.5 | 99.7 | 99.7 |
| (2) 家庭设备 | 96.3 | 96.7 | 97.3 | 96.8 | 96.9 |
| 2. 室内装饰品 | 100.2 | 100.2 | 100.2 | 100.2 | 100.8 |
| 3. 床上用品 | 98.6 | 98.8 | 98.8 | 98.8 | 99.2 |
| 4. 家庭日用杂品 | 100.9 | 100.5 | 101.0 | 100.9 | 99.9 |
| 5. 其他日用品 | 99.1 | 99.0 | 98.9 | 98.7 | 99.6 |
| **四、医疗保健** | **101.4** | **102.5** | **103.3** | **103.8** | **104.4** |
| 1. 医疗器具及保健用品 | 102.4 | 100.3 | 101.4 | 100.9 | 103.4 |
| 2. 中药材及中成药 | 105.6 | 109.6 | 110.3 | 111.2 | 112.5 |
| 3. 西　　药 | 96.2 | 94.3 | 95.2 | 95.4 | 95.0 |
| **五、交通和通讯工具** | **93.5** | **93.3** | **93.3** | **93.1** | **94.2** |
| 1. 交通工具 | 97.0 | 96.7 | 96.7 | 96.4 | 96.4 |
| 2. 通讯工具 | 88.3 | 88.3 | 88.3 | 88.2 | 91.0 |
| **六、娱乐教育文化用品** | **97.1** | **97.2** | **96.9** | **96.8** | **96.9** |
| 1. 文娱用耐用消费品 | 92.4 | 92.3 | 92.2 | 92.4 | 92.5 |
| 2. 教材及参考书 | 103.7 | 104.3 | 103.7 | 103.7 | 103.7 |
| 3. 文化娱乐用品 | 99.9 | 99.8 | 99.5 | 98.9 | 98.9 |
| (1) 文娱用品 | 99.2 | 99.1 | 98.6 | 97.6 | 97.6 |

| 6月 | 7月 | 8月 | 9月 | 10月 | 11月 | 12月 |
|---|---|---|---|---|---|---|
| 101.8 | 101.8 | 101.8 | 101.7 | 101.3 | 101.9 | 101.9 |
| 100.5 | 100.9 | 100.9 | 100.9 | 100.9 | 100.9 | 101.1 |
| 100.4 | 100.4 | 100.4 | 100.4 | 100.4 | 101.2 | 101.2 |
| **99.8** | **100.8** | **105.5** | **101.3** | **100.1** | **100.4** | **100.3** |
| 99.9 | 101.4 | 104.2 | 100.3 | 98.4 | 99.1 | 99.0 |
| 100.6 | 100.6 | 100.7 | 96.7 | 97.0 | 96.3 | 96.4 |
| 99.3 | 99.3 | 99.3 | 100.0 | 100.1 | 100.1 | 100.1 |
| 97.8 | 97.8 | 97.8 | 97.8 | 97.6 | 100.0 | 100.0 |
| 103.0 | 103.0 | 102.8 | 96.4 | 96.1 | 93.6 | 93.6 |
| 92.3 | 92.3 | 92.3 | 98.5 | 98.4 | 102.6 | 102.6 |
| 99.1 | 99.1 | 99.1 | 99.1 | 99.1 | 99.1 | 99.1 |
| 99.3 | 99.3 | 100.3 | 95.1 | 97.5 | 98.5 | 98.6 |
| 99.0 | 99.1 | 111.7 | 106.5 | 106.3 | 106.0 | 106.0 |
| 98.7 | 98.8 | 113.7 | 107.5 | 107.3 | 107.0 | 107.0 |
| 100.0 | 100.0 | 100.0 | 101.0 | 100.0 | 100.0 | 100.0 |
| 101.4 | 101.4 | 101.4 | 100.0 | 100.0 | 100.0 | 100.0 |
| 101.1 | 101.2 | 101.2 | 100.8 | 101.5 | 100.6 | 100.7 |
| **98.5** | **98.7** | **98.7** | **98.8** | **98.3** | **98.5** | **98.7** |
| 97.2 | 97.7 | 97.7 | 97.7 | 96.8 | 96.8 | 96.9 |
| 99.7 | 99.7 | 99.7 | 99.7 | 100.3 | 100.3 | 100.3 |
| 95.8 | 96.6 | 96.6 | 96.6 | 95.0 | 95.0 | 95.1 |
| 100.8 | 100.6 | 100.6 | 100.6 | 100.6 | 100.6 | 100.6 |
| 99.2 | 99.3 | 98.4 | 98.1 | 99.1 | 99.1 | 99.1 |
| 100.5 | 100.2 | 100.5 | 100.9 | 100.7 | 100.8 | 101.3 |
| 98.8 | 98.6 | 98.6 | 98.9 | 98.7 | 100.0 | 100.3 |
| **102.1** | **102.4** | **102.9** | **105.3** | **105.0** | **104.7** | **106.1** |
| 101.0 | 101.2 | 101.2 | 101.8 | 102.7 | 102.4 | 107.3 |
| 109.1 | 109.5 | 110.7 | 110.6 | 109.2 | 108.5 | 109.3 |
| 93.9 | 94.1 | 93.9 | 99.5 | 100.3 | 100.5 | 102.1 |
| **94.9** | **92.8** | **91.7** | **90.8** | **90.4** | **91.0** | **92.0** |
| 96.5 | 93.2 | 93.1 | 91.6 | 90.4 | 90.4 | 91.6 |
| 92.6 | 92.2 | 89.6 | 89.6 | 90.5 | 92.0 | 92.7 |
| **98.4** | **99.1** | **99.4** | **99.1** | **99.1** | **98.7** | **98.8** |
| 95.9 | 97.3 | 97.9 | 98.0 | 98.1 | 97.5 | 97.7 |
| 103.7 | 103.7 | 103.7 | 100.5 | 100.3 | 100.3 | 100.3 |
| 98.8 | 98.8 | 98.8 | 99.9 | 99.9 | 99.4 | 99.6 |
| 97.4 | 97.4 | 97.4 | 99.2 | 99.2 | 98.4 | 98.8 |

## 1998 年广西城市居民消费价格各月同比指数（续表 2）

以上年同月价格为 100

| 类　别 | 1 月 | 2 月 | 3 月 | 4 月 | 5 月 |
|---|---|---|---|---|---|
| (2) 报纸杂志 | 100.9 | 100.9 | 100.9 | 100.9 | 100.9 |
| **七、居　住** | **108.8** | **108.6** | **108.6** | **108.2** | **106.5** |
| 1. 住　房 | 118.0 | 117.3 | 117.3 | 116.4 | 116.1 |
| (1) 建筑材料 | 99.0 | 97.4 | 97.4 | 97.1 | 96.9 |
| (2) 房　租 | 130.2 | 130.2 | 130.2 | 128.9 | 128.5 |
| 2. 水、电、燃料 | 100.2 | 100.4 | 100.4 | 100.4 | 97.5 |
| 水 | 122.8 | 122.8 | 122.8 | 120.4 | 128.1 |
| 电 | 108.3 | 108.3 | 110.2 | 110.2 | 103.5 |
| 液化石油气 | 86.5 | 86.9 | 85.1 | 86.0 | 83.0 |
| 管道煤气 | 100.0 | 100.0 | 100.0 | 100.0 | 100.0 |
| **八、服务项目** | **104.1** | **105.6** | **104.5** | **103.8** | **104.0** |
| 1. 电 讯 费 | 100.0 | 100.0 | 100.0 | 100.0 | 100.0 |
| 2. 邮　费 | 100.0 | 100.0 | 100.0 | 100.0 | 100.0 |
| 3. 交 通 费 | 118.7 | 119.3 | 112.5 | 110.5 | 110.8 |
| 4. 洗理美容费 | 97.4 | 99.6 | 99.6 | 101.1 | 101.6 |
| 5. 文 娱 费 | 109.8 | 110.0 | 109.3 | 109.3 | 109.4 |
| 6. 学杂保育费 | 100.8 | 103.9 | 103.9 | 103.8 | 103.8 |
| 7. 修理及其他服务费 | 102.4 | 102.4 | 102.4 | 99.6 | 100.4 |
| 8. 医疗保健服务 | 100.1 | 100.1 | 100.1 | 100.1 | 99.6 |

| 6月 | 7月 | 8月 | 9月 | 10月 | 11月 | 12月 |
|---|---|---|---|---|---|---|
| 100.9 | 100.9 | 100.9 | 100.9 | 100.9 | 100.9 | 100.9 |
| **99.7** | **98.8** | **98.5** | **97.6** | **99.1** | **98.6** | **99.4** |
| 103.4 | 101.6 | 102.0 | 100.5 | 100.2 | 99.4 | 99.6 |
| 97.0 | 97.0 | 98.2 | 97.4 | 96.7 | 96.7 | 97.0 |
| 107.6 | 104.6 | 104.4 | 102.5 | 102.5 | 101.2 | 101.2 |
| 96.3 | 96.1 | 95.2 | 94.9 | 98.0 | 97.8 | 99.3 |
| 128.1 | 126.9 | 122.1 | 119.9 | 113.4 | 110.0 | 109.2 |
| 103.5 | 102.6 | 102.6 | 102.6 | 101.9 | 98.6 | 103.5 |
| 79.0 | 79.7 | 78.9 | 78.8 | 88.6 | 92.1 | 92.5 |
| 122.2 | 122.2 | 122.2 | 122.2 | 122.2 | 122.2 | 100.0 |
| **104.2** | **104.8** | **104.0** | **103.3** | **102.1** | **103.0** | **101.8** |
| 100.0 | 100.0 | 100.0 | 100.0 | 100.0 | 100.0 | 99.7 |
| 100.0 | 100.0 | 100.0 | 100.0 | 100.0 | 100.0 | 100.0 |
| 112.5 | 112.8 | 106.3 | 106.2 | 105.2 | 105.3 | 104.9 |
| 101.6 | 101.6 | 101.6 | 101.6 | 101.1 | 101.1 | 101.1 |
| 110.2 | 117.7 | 118.6 | 119.6 | 106.2 | 119.9 | 104.7 |
| 103.7 | 103.7 | 103.7 | 102.9 | 102.9 | 102.5 | 102.5 |
| 100.3 | 100.3 | 100.5 | 97.8 | 97.5 | 97.5 | 97.5 |
| 99.6 | 99.6 | 99.6 | 99.6 | 100.0 | 100.0 | 100.0 |

# 1999年广西城市居民消费价格各月同比指数

以上年同月价格为100

| 类　别 | 1月 | 2月 | 3月 | 4月 | 5月 |
|---|---|---|---|---|---|
| **居民消费价格总指数** | **98.9** | **97.9** | **97.7** | **96.7** | **96.4** |
| **一、食　　品** | **98.2** | **96.3** | **96.3** | **94.8** | **94.2** |
| 1. 粮　　食 | 99.7 | 99.5 | 98.7 | 102.0 | 102.1 |
| (1) 细　　粮 | 99.7 | 99.5 | 98.8 | 102.1 | 102.1 |
| 大　　米 | 99.7 | 99.4 | 98.9 | 103.5 | 103.7 |
| (2) 粗　　粮 | 95.3 | 98.7 | 89.9 | 94.5 | 97.4 |
| 2. 淀粉及薯类 | 96.5 | 97.2 | 97.0 | 98.3 | 93.7 |
| 3. 干豆类及豆制品 | 91.3 | 89.8 | 88.5 | 89.6 | 87.3 |
| 4. 油 脂 类 | 95.0 | 94.9 | 91.9 | 91.6 | 89.5 |
| 5. 肉禽及其制品 | 99.0 | 93.3 | 90.6 | 89.3 | 88.8 |
| 猪　　肉 | 89.1 | 87.1 | 88.0 | 87.1 | 85.7 |
| 牛　　肉 | 94.4 | 94.3 | 94.7 | 93.3 | 89.5 |
| 羊　　肉 | 89.1 | 85.8 | 85.6 | 83.3 | 87.8 |
| 鸡 | 119.6 | 104.0 | 93.4 | 88.5 | 90.7 |
| 鸭 | 102.2 | 93.2 | 87.4 | 95.3 | 91.1 |
| 6. 蛋　　类 | 109.4 | 106.5 | 105.9 | 99.8 | 96.0 |
| 鲜　　蛋 | 110.4 | 107.2 | 106.5 | 99.9 | 95.7 |
| 7. 水产品类 | 93.7 | 94.9 | 97.6 | 92.4 | 97.5 |
| 8. 菜　　类 | 86.4 | 81.3 | 92.1 | 96.2 | 98.5 |
| (1) 鲜　　菜 | 85.2 | 79.1 | 91.3 | 95.7 | 98.1 |
| (2) 干　　菜 | 98.1 | 100.4 | 98.2 | 99.3 | 99.9 |
| (3) 菜 制 品 | 92.6 | 93.3 | 97.3 | 99.8 | 102.0 |
| 9. 调 味 品 | 99.2 | 99.7 | 99.3 | 99.4 | 99.4 |
| 盐 | 100.5 | 100.5 | 100.5 | 100.5 | 100.5 |
| 酱　　油 | 99.1 | 100.4 | 100.4 | 98.8 | 98.8 |
| 10. 糖　　类 | 93.8 | 93.6 | 93.4 | 93.5 | 92.7 |
| (1) 食　　糖 | 82.7 | 82.4 | 83.2 | 83.5 | 82.5 |
| (2) 糖　　果 | 100.8 | 100.7 | 99.8 | 99.8 | 99.2 |
| 11. 烟 草 类 | 100.9 | 100.6 | 100.4 | 97.6 | 96.1 |
| 12. 酒和饮料 | 98.8 | 98.2 | 98.9 | 98.5 | 97.4 |
| 13. 干鲜瓜果类 | 105.6 | 113.0 | 110.4 | 96.1 | 84.4 |
| (1) 鲜　　果 | 110.8 | 119.4 | 115.9 | 98.6 | 84.2 |
| (2) 干　　果 | 78.4 | 79.1 | 81.1 | 82.9 | 85.7 |
| 14. 糕 点 类 | 99.9 | 99.8 | 97.6 | 99.2 | 100.5 |
| 15. 奶及奶制品 | 104.6 | 104.6 | 104.6 | 101.1 | 100.9 |
| 16. 其他食品 | 100.2 | 100.3 | 100.3 | 99.3 | 100.5 |
| 17. 饮 食 业 | 101.1 | 101.1 | 101.1 | 100.8 | 100.5 |

| 6月 | 7月 | 8月 | 9月 | 10月 | 11月 | 12月 |
|---|---|---|---|---|---|---|
| **96.3** | **94.8** | **96.0** | **97.8** | **97.8** | **98.4** | **98.0** |
| **94.3** | **91.8** | **93.5** | **96.4** | **97.0** | **98.2** | **97.0** |
| 100.5 | 96.8 | 96.7 | 96.2 | 95.4 | 96.3 | 97.1 |
| 100.5 | 96.8 | 96.7 | 96.3 | 95.4 | 96.3 | 97.1 |
| 101.5 | 96.3 | 96.4 | 95.8 | 94.7 | 95.8 | 97.1 |
| 96.1 | 95.3 | 93.6 | 88.9 | 89.9 | 90.3 | 95.7 |
| 92.0 | 88.5 | 90.6 | 91.7 | 93.4 | 93.0 | 93.0 |
| 85.4 | 84.3 | 85.1 | 83.9 | 84.5 | 86.9 | 87.7 |
| 90.2 | 89.8 | 89.2 | 89.5 | 89.3 | 91.5 | 91.7 |
| 90.8 | 91.3 | 91.9 | 93.4 | 94.2 | 95.4 | 94.7 |
| 86.0 | 87.2 | 89.0 | 93.0 | 94.5 | 95.5 | 94.8 |
| 93.7 | 97.3 | 97.4 | 99.4 | 99.4 | 99.0 | 97.0 |
| 83.2 | 72.7 | 80.0 | 78.3 | 83.3 | 90.8 | 92.0 |
| 96.5 | 96.1 | 96.2 | 93.3 | 93.1 | 94.5 | 93.7 |
| 94.2 | 93.4 | 84.6 | 87.0 | 87.0 | 91.7 | 93.6 |
| 90.9 | 90.1 | 86.7 | 85.3 | 86.6 | 88.1 | 84.2 |
| 90.2 | 89.4 | 85.9 | 84.1 | 85.6 | 87.3 | 83.4 |
| 100.8 | 97.4 | 95.2 | 94.0 | 97.9 | 98.3 | 97.8 |
| 90.9 | 76.3 | 87.5 | 109.0 | 111.8 | 119.4 | 115.1 |
| 89.7 | 73.7 | 86.4 | 110.7 | 113.4 | 122.0 | 117.2 |
| 98.9 | 98.3 | 98.2 | 96.9 | 98.3 | 97.1 | 96.2 |
| 99.6 | 90.8 | 92.8 | 97.2 | 103.1 | 104.1 | 104.5 |
| 99.4 | 99.0 | 99.3 | 99.8 | 99.1 | 99.4 | 99.6 |
| 100.5 | 100.5 | 102.9 | 105.2 | 102.3 | 104.7 | 106.1 |
| 98.8 | 98.8 | 98.8 | 98.8 | 98.8 | 98.8 | 98.8 |
| 93.9 | 94.5 | 94.1 | 95.0 | 92.9 | 93.2 | 93.3 |
| 85.5 | 85.7 | 84.1 | 86.5 | 81.1 | 82.2 | 82.4 |
| 99.2 | 100.1 | 100.4 | 100.4 | 100.4 | 100.1 | 100.1 |
| 96.6 | 96.6 | 96.6 | 96.2 | 98.3 | 92.8 | 91.9 |
| 97.0 | 97.0 | 97.7 | 98.4 | 97.6 | 97.1 | 97.1 |
| 88.0 | 81.7 | 91.6 | 98.6 | 98.8 | 97.2 | 90.8 |
| 88.4 | 80.5 | 92.4 | 100.1 | 100.6 | 98.3 | 90.6 |
| 86.0 | 88.0 | 87.5 | 90.5 | 89.3 | 91.4 | 91.9 |
| 101.1 | 101.1 | 101.1 | 101.1 | 99.6 | 99.6 | 99.6 |
| 100.4 | 99.6 | 99.2 | 99.8 | 99.2 | 99.2 | 98.1 |
| 100.5 | 99.7 | 99.4 | 99.4 | 99.0 | 98.0 | 98.0 |
| 100.2 | 99.1 | 99.1 | 99.1 | 98.4 | 98.1 | 98.2 |

# 1999 年广西城市居民消费价格各月同比指数（续表 1）

以上年同月价格为 100

| 类别 | 1 月 | 2 月 | 3 月 | 4 月 | 5 月 |
|---|---|---|---|---|---|
| (1) 主　　食 | 101.8 | 101.8 | 101.8 | 100.5 | 100.0 |
| (2) 炒　　菜 | 100.9 | 100.9 | 100.9 | 100.9 | 100.7 |
| (3) 地方小吃 | 101.0 | 101.0 | 101.0 | 101.0 | 100.0 |
| **二、衣 着 类** | **100.6** | **98.8** | **96.6** | **96.4** | **96.8** |
| 1. 服　　装 | 101.4 | 98.9 | 95.5 | 95.6 | 95.8 |
| 2. 衣着材料 | 96.2 | 95.6 | 96.3 | 96.0 | 96.2 |
| (1) 棉　　布 | 101.5 | 102.1 | 102.2 | 102.1 | 102.1 |
| (2) 棉花化纤混纺布 | 100.0 | 100.5 | 100.5 | 100.5 | 100.5 |
| (3) 化 纤 布 | 94.1 | 94.1 | 94.1 | 94.1 | 94.1 |
| (4) 呢　　绒 | 96.2 | 96.2 | 96.4 | 96.4 | 98.8 |
| (5) 绸　　缎 | 99.7 | 99.9 | 101.0 | 100.5 | 101.4 |
| (6) 毛　　线 | 99.0 | 95.7 | 98.9 | 97.2 | 97.2 |
| 3. 鞋袜帽及其他衣着 | 99.8 | 99.6 | 99.8 | 98.9 | 99.6 |
| (1) 鞋　　类 | 99.3 | 99.1 | 99.2 | 98.1 | 99.1 |
| (2) 袜　　子 | 103.7 | 103.7 | 105.1 | 105.1 | 105.1 |
| (3) 帽　　子 | 101.5 | 100.0 | 100.0 | 94.9 | 94.9 |
| (4) 其他衣着 | 101.2 | 102.3 | 102.3 | 102.8 | 101.3 |
| **三、家庭设备及用品** | **99.3** | **98.9** | **98.9** | **99.3** | **98.8** |
| 1. 耐用消费品 | 97.5 | 96.9 | 97.2 | 98.2 | 98.4 |
| (1) 家　　具 | 99.9 | 99.9 | 100.5 | 100.5 | 100.8 |
| (2) 家庭设备 | 96.1 | 95.1 | 95.3 | 96.9 | 97.0 |
| 2. 室内装饰品 | 100.9 | 100.9 | 100.5 | 100.5 | 99.6 |
| 3. 床上用品 | 100.4 | 101.1 | 100.1 | 100.1 | 99.8 |
| 4. 家庭日用杂品 | 100.3 | 99.8 | 99.9 | 99.5 | 99.0 |
| 5. 其他日用品 | 102.1 | 101.9 | 101.8 | 101.8 | 99.3 |
| **四、医疗保健** | **107.7** | **105.9** | **106.0** | **104.4** | **102.1** |
| 1. 医疗器具及保健用品 | 107.9 | 107.6 | 106.4 | 107.8 | 106.8 |
| 2. 中药材及中成药 | 112.0 | 107.4 | 107.6 | 104.5 | 101.1 |
| 3. 西　　药 | 102.6 | 104.0 | 104.1 | 104.0 | 102.7 |
| **五、交通和通讯工具** | **88.9** | **88.7** | **88.2** | **87.0** | **85.9** |
| 1. 交通工具 | 87.1 | 87.9 | 87.9 | 87.8 | 87.7 |
| 2. 通讯工具 | 91.3 | 89.9 | 88.6 | 85.9 | 83.4 |
| **六、娱乐教育文化用品** | **100.3** | **100.1** | **100.9** | **99.6** | **97.6** |
| 1. 文娱用耐用消费品 | 97.7 | 97.8 | 99.0 | 96.2 | 92.2 |
| 2. 教材及参考书 | 105.7 | 105.0 | 105.3 | 105.3 | 105.3 |
| 3. 文化娱乐用品 | 101.0 | 100.8 | 101.1 | 101.5 | 101.5 |
| (1) 文娱用品 | 99.3 | 99.0 | 99.5 | 100.3 | 100.3 |

| 6月 | 7月 | 8月 | 9月 | 10月 | 11月 | 12月 |
|---|---|---|---|---|---|---|
| 100.0 | 100.0 | 100.0 | 100.0 | 99.5 | 99.5 | 99.5 |
| 100.3 | 98.9 | 98.9 | 98.9 | 98.2 | 97.8 | 98.0 |
| 100.0 | 98.5 | 98.5 | 98.5 | 97.6 | 97.6 | 97.6 |
| **96.4** | **96.3** | **96.1** | **96.5** | **97.1** | **98.3** | **99.1** |
| 95.0 | 94.4 | 94.1 | 94.7 | 96.5 | 98.6 | 99.5 |
| 96.2 | 99.5 | 99.5 | 99.1 | 98.6 | 98.5 | 98.5 |
| 102.1 | 100.5 | 100.6 | 100.6 | 100.2 | 100.2 | 99.3 |
| 99.6 | 99.6 | 99.6 | 99.6 | 96.6 | 96.6 | 96.6 |
| 94.1 | 100.0 | 100.0 | 100.0 | 100.0 | 100.1 | 100.1 |
| 98.8 | 100.1 | 100.1 | 94.0 | 91.3 | 90.8 | 90.8 |
| 101.3 | 101.3 | 101.3 | 100.0 | 100.0 | 100.0 | 100.0 |
| 97.2 | 97.2 | 97.2 | 98.4 | 98.0 | 97.8 | 97.8 |
| 100.4 | 100.4 | 100.4 | 100.6 | 98.4 | 97.6 | 98.1 |
| 100.1 | 100.1 | 100.3 | 100.5 | 98.2 | 97.3 | 97.8 |
| 103.7 | 103.7 | 103.7 | 103.7 | 103.7 | 103.7 | 103.7 |
| 94.9 | 94.9 | 100.0 | 100.0 | 100.0 | 100.0 | 100.0 |
| 101.3 | 101.0 | 98.3 | 98.3 | 95.5 | 95.5 | 95.5 |
| **98.9** | **99.0** | **98.7** | **98.7** | **99.3** | **99.2** | **99.0** |
| 98.5 | 98.5 | 98.5 | 98.7 | 99.7 | 99.3 | 99.0 |
| 100.8 | 100.5 | 100.5 | 100.5 | 100.1 | 100.1 | 100.1 |
| 97.2 | 97.4 | 97.4 | 97.6 | 99.4 | 98.8 | 98.3 |
| 99.4 | 99.4 | 99.4 | 99.4 | 99.3 | 99.3 | 99.3 |
| 99.7 | 99.8 | 99.7 | 100.6 | 99.5 | 97.9 | 97.9 |
| 98.6 | 99.0 | 99.0 | 98.9 | 99.0 | 99.0 | 99.0 |
| 99.9 | 99.9 | 98.1 | 97.7 | 98.5 | 99.6 | 99.6 |
| **102.3** | **99.7** | **98.5** | **98.3** | **95.9** | **95.8** | **95.2** |
| 106.9 | 106.3 | 106.4 | 106.2 | 105.9 | 105.9 | 99.9 |
| 101.0 | 97.7 | 97.3 | 96.8 | 94.5 | 94.5 | 95.0 |
| 103.2 | 101.2 | 98.9 | 99.1 | 96.3 | 96.1 | 94.8 |
| **84.3** | **85.4** | **87.1** | **87.1** | **86.6** | **86.6** | **86.6** |
| 87.7 | 90.6 | 90.6 | 91.4 | 90.7 | 90.3 | 90.3 |
| 79.7 | 78.2 | 82.3 | 81.3 | 80.9 | 81.6 | 81.6 |
| **97.7** | **96.3** | **96.2** | **95.9** | **96.9** | **96.9** | **96.7** |
| 92.2 | 89.4 | 89.4 | 89.3 | 91.2 | 91.2 | 91.2 |
| 105.3 | 105.3 | 104.9 | 103.8 | 103.8 | 103.8 | 103.8 |
| 101.6 | 101.7 | 101.6 | 101.5 | 101.6 | 101.6 | 101.1 |
| 100.5 | 101.3 | 101.1 | 100.8 | 101.1 | 101.1 | 100.1 |

# 1999 年广西城市居民消费价格各月同比指数（续表 2）

以上年同月价格为 100

| 类　别 | 1 月 | 2 月 | 3 月 | 4 月 | 5 月 |
|---|---|---|---|---|---|
| (2) 报纸杂志 | 102.8 | 102.8 | 102.8 | 102.8 | 102.8 |
| **七、居　　住** | **99.6** | **100.6** | **100.0** | **99.3** | **101.3** |
| 1. 住　　房 | 99.8 | 102.1 | 102.5 | 102.4 | 102.8 |
| (1) 建筑材料 | 95.2 | 96.7 | 97.9 | 97.3 | 98.1 |
| (2) 房　　租 | 102.8 | 105.5 | 105.5 | 105.7 | 105.8 |
| 2. 水、电、燃料 | 99.5 | 99.2 | 97.7 | 96.4 | 100.0 |
| 水 | 108.1 | 108.1 | 107.7 | 107.7 | 104.1 |
| 电 | 101.6 | 102.0 | 102.0 | 101.0 | 105.8 |
| 液化石油气 | 93.3 | 92.0 | 88.3 | 86.0 | 91.6 |
| 管道煤气 | 122.0 | 122.0 | 122.0 | 122.0 | 122.0 |
| **八、服务项目** | **101.8** | **101.7** | **102.2** | **102.2** | **103.0** |
| 1. 电 讯 费 | 100.0 | 100.0 | 99.9 | 101.2 | 101.2 |
| 2. 邮　　费 | 100.0 | 100.0 | 147.8 | 147.9 | 147.9 |
| 3. 交 通 费 | 97.2 | 108.4 | 108.3 | 106.0 | 107.6 |
| 4. 洗理美容费 | 101.2 | 101.7 | 101.7 | 105.7 | 105.1 |
| 5. 文 娱 费 | 109.8 | 105.2 | 106.2 | 104.9 | 113.3 |
| 6. 学杂保育费 | 103.9 | 101.7 | 102.1 | 102.1 | 102.1 |
| 7. 修理及其他服务费 | 97.8 | 97.1 | 97.2 | 97.2 | 97.2 |
| 8. 医疗保健服务 | 100.0 | 99.8 | 99.8 | 99.8 | 99.8 |

| 6月 | 7月 | 8月 | 9月 | 10月 | 11月 | 12月 |
|---|---|---|---|---|---|---|
| 102.8 | 102.2 | 102.2 | 102.2 | 102.2 | 102.2 | 102.2 |
| **100.6** | **99.9** | **104.3** | **107.0** | **103.5** | **102.7** | **104.3** |
| 102.4 | 101.9 | 101.1 | 100.5 | 101.2 | 101.2 | 101.2 |
| 97.1 | 95.7 | 93.7 | 94.3 | 96.0 | 96.0 | 96.0 |
| 105.8 | 105.8 | 105.8 | 104.5 | 104.5 | 104.5 | 104.5 |
| 99.0 | 98.1 | 107.3 | 113.0 | 105.7 | 104.1 | 107.1 |
| 104.1 | 106.3 | 106.8 | 106.8 | 106.8 | 106.8 | 106.8 |
| 99.9 | 96.0 | 96.0 | 96.0 | 96.0 | 98.7 | 97.4 |
| 96.5 | 97.8 | 121.4 | 136.2 | 117.3 | 110.3 | 119.4 |
| 100.3 | 100.3 | 100.3 | 100.0 | 100.0 | 100.0 | 100.0 |
| **102.6** | **101.6** | **101.5** | **101.8** | **102.1** | **101.6** | **102.2** |
| 101.2 | 101.2 | 101.2 | 101.2 | 101.2 | 101.2 | 101.2 |
| 147.9 | 147.9 | 147.9 | 147.9 | 147.9 | 147.9 | 147.9 |
| 106.3 | 105.9 | 106.1 | 106.1 | 106.0 | 105.4 | 105.4 |
| 105.1 | 105.7 | 105.7 | 105.7 | 105.3 | 105.3 | 105.3 |
| 110.0 | 96.6 | 93.7 | 96.1 | 96.9 | 91.6 | 99.4 |
| 102.1 | 102.1 | 102.5 | 102.0 | 102.2 | 102.2 | 102.2 |
| 97.2 | 96.8 | 96.7 | 98.9 | 99.8 | 99.8 | 99.8 |
| 99.8 | 100.8 | 100.8 | 100.8 | 100.9 | 100.9 | 100.9 |

# 2000年广西城市居民消费价格各月同比指数

以上年同月价格为100

| 类　别 | 1月 | 2月 | 3月 | 4月 | 5月 |
|---|---|---|---|---|---|
| **居民消费价格总指数** | **97.6** | **99.4** | **98.0** | **97.8** | **99.1** |
| **一、食　　品** | **96.1** | **99.4** | **96.2** | **95.4** | **98.0** |
| 1. 粮　　食 | 94.2 | 95.3 | 96.3 | 93.5 | 93.4 |
| (1) 细　　粮 | 94.6 | 95.9 | 96.8 | 94.0 | 93.8 |
| 大　　米 | 93.7 | 95.5 | 96.4 | 92.7 | 92.3 |
| (2) 粗　　粮 | 82.5 | 76.0 | 81.4 | 77.5 | 80.7 |
| 2. 淀粉及薯类 | 96.1 | 97.2 | 100.2 | 95.3 | 95.9 |
| 3. 干豆类及豆制品 | 93.4 | 96.7 | 97.6 | 97.5 | 100.2 |
| 4. 油 脂 类 | 95.9 | 95.6 | 99.4 | 99.2 | 99.6 |
| 5. 肉禽及其制品 | 93.1 | 93.6 | 94.0 | 95.4 | 98.8 |
| 猪　　肉 | 95.5 | 96.3 | 95.1 | 98.4 | 104.9 |
| 牛　　肉 | 97.2 | 99.5 | 98.5 | 98.3 | 97.3 |
| 羊　　肉 | 97.0 | 105.9 | 105.4 | 107.6 | 107.0 |
| 鸡 | 88.8 | 87.1 | 92.3 | 92.4 | 92.5 |
| 鸭 | 81.0 | 81.4 | 82.4 | 78.3 | 86.9 |
| 6. 蛋　　类 | 82.0 | 82.2 | 80.1 | 82.3 | 85.2 |
| 鲜　　蛋 | 81.1 | 81.5 | 79.3 | 81.4 | 84.6 |
| 7. 水产品类 | 106.5 | 111.2 | 97.6 | 100.1 | 96.8 |
| 8. 菜　　类 | 101.9 | 131.5 | 114.5 | 99.6 | 98.1 |
| (1) 鲜　　菜 | 102.0 | 136.3 | 117.4 | 100.5 | 98.9 |
| (2) 干　　菜 | 95.5 | 94.9 | 96.7 | 95.1 | 95.6 |
| (3) 菜 制 品 | 106.5 | 99.9 | 91.9 | 91.5 | 90.2 |
| 9. 调 味 品 | 101.5 | 101.0 | 101.3 | 101.8 | 101.8 |
| 盐 | 113.1 | 113.1 | 113.1 | 113.1 | 113.1 |
| 酱　　油 | 99.0 | 98.7 | 98.7 | 100.0 | 100.0 |
| 10. 糖　　类 | 95.7 | 95.3 | 96.6 | 97.4 | 100.9 |
| (1) 食　　糖 | 88.8 | 88.7 | 91.4 | 93.6 | 102.3 |
| (2) 糖　　果 | 100.0 | 99.5 | 99.8 | 99.8 | 100.0 |
| 11. 烟 草 类 | 98.8 | 98.4 | 98.2 | 97.0 | 98.0 |
| 12. 酒和饮料 | 98.3 | 98.9 | 100.4 | 101.1 | 102.4 |
| 13. 干鲜瓜果类 | 90.4 | 87.0 | 74.6 | 77.3 | 100.4 |
| (1) 鲜　　果 | 89.6 | 85.8 | 71.6 | 74.0 | 101.1 |
| (2) 干　　果 | 94.6 | 93.2 | 90.8 | 95.1 | 96.8 |
| 14. 糕 点 类 | 98.3 | 98.3 | 98.3 | 98.3 | 99.4 |
| 15. 奶及奶制品 | 98.3 | 99.3 | 100.3 | 100.8 | 101.4 |
| 16. 其他食品 | 98.4 | 98.6 | 98.6 | 99.6 | 97.9 |
| 17. 饮 食 业 | 97.9 | 98.1 | 98.1 | 98.1 | 98.3 |

| 6月 | 7月 | 8月 | 9月 | 10月 | 11月 | 12月 |
|---|---|---|---|---|---|---|
| **99.0** | **98.8** | **98.9** | **102.2** | **103.4** | **103.4** | **103.0** |
| **97.5** | **96.9** | **97.4** | **95.2** | **95.7** | **97.3** | **97.0** |
| 92.6 | 92.8 | 91.3 | 91.5 | 89.7 | 88.9 | 89.1 |
| 92.9 | 93.1 | 91.4 | 91.6 | 89.5 | 88.5 | 89.1 |
| 91.3 | 91.4 | 89.4 | 89.9 | 87.3 | 86.5 | 87.3 |
| 84.0 | 83.9 | 87.5 | 89.0 | 94.5 | 100.5 | 88.7 |
| 95.1 | 94.4 | 92.7 | 95.1 | 95.3 | 94.7 | 93.8 |
| 104.3 | 106.2 | 107.4 | 108.1 | 108.0 | 106.6 | 104.7 |
| 97.8 | 95.9 | 97.0 | 96.8 | 96.2 | 95.0 | 92.4 |
| 97.6 | 95.9 | 96.5 | 93.8 | 93.6 | 95.0 | 95.8 |
| 103.1 | 99.8 | 101.1 | 96.6 | 97.0 | 96.2 | 96.9 |
| 98.1 | 95.6 | 97.7 | 97.6 | 100.4 | 97.5 | 96.9 |
| 107.0 | 107.0 | 99.3 | 105.1 | 109.1 | 110.8 | 102.4 |
| 90.4 | 92.5 | 91.1 | 89.8 | 87.8 | 92.2 | 94.3 |
| 86.3 | 76.9 | 80.5 | 75.9 | 74.1 | 87.9 | 88.6 |
| 86.2 | 86.2 | 92.7 | 92.0 | 91.8 | 91.1 | 92.5 |
| 85.7 | 85.8 | 93.0 | 92.3 | 92.2 | 91.3 | 92.8 |
| 92.6 | 97.9 | 98.6 | 100.0 | 97.0 | 94.9 | 98.4 |
| 97.6 | 95.5 | 95.9 | 83.5 | 92.9 | 98.2 | 89.6 |
| 98.2 | 95.8 | 96.1 | 82.3 | 93.2 | 98.9 | 88.6 |
| 94.9 | 93.2 | 93.8 | 95.4 | 91.9 | 91.9 | 93.5 |
| 91.7 | 93.2 | 94.4 | 89.0 | 89.7 | 95.2 | 99.0 |
| 101.8 | 102.3 | 101.8 | 101.3 | 101.3 | 101.6 | 101.0 |
| 113.1 | 113.1 | 111.0 | 108.6 | 108.6 | 108.5 | 105.8 |
| 100.0 | 100.0 | 100.0 | 100.0 | 100.0 | 100.0 | 100.0 |
| 99.9 | 101.3 | 107.7 | 107.6 | 109.4 | 109.9 | 108.9 |
| 99.7 | 103.4 | 119.9 | 119.7 | 123.7 | 125.0 | 122.1 |
| 100.0 | 100.0 | 100.0 | 100.0 | 100.4 | 100.4 | 100.6 |
| 97.5 | 97.5 | 96.2 | 96.3 | 96.0 | 97.6 | 98.5 |
| 102.4 | 102.4 | 102.2 | 102.1 | 101.8 | 102.0 | 102.1 |
| 105.9 | 100.0 | 101.7 | 97.6 | 98.1 | 111.0 | 110.4 |
| 107.6 | 100.5 | 102.0 | 97.4 | 98.6 | 114.3 | 113.1 |
| 96.9 | 97.6 | 100.0 | 98.5 | 95.5 | 93.4 | 96.0 |
| 99.9 | 99.9 | 99.9 | 99.9 | 101.3 | 101.3 | 101.3 |
| 101.7 | 101.7 | 102.0 | 101.7 | 101.5 | 101.5 | 102.8 |
| 97.9 | 97.9 | 98.6 | 101.0 | 100.4 | 101.1 | 101.7 |
| 98.5 | 99.1 | 99.1 | 98.9 | 99.6 | 99.6 | 100.0 |

## 2000年广西城市居民消费价格各月同比指数（续表1）

以上年同月价格为100

| 类　别 | 1月 | 2月 | 3月 | 4月 | 5月 |
|---|---|---|---|---|---|
| (1)主　　食 | 97.9 | 99.3 | 99.3 | 99.3 | 99.3 |
| (2)炒　　菜 | 97.9 | 97.9 | 97.9 | 97.8 | 98.2 |
| (3)地方小吃 | 97.7 | 97.7 | 97.7 | 97.7 | 97.7 |
| **二、衣 着 类** | **99.6** | **102.2** | **102.4** | **101.3** | **102.0** |
| 1.服　　装 | 98.9 | 102.4 | 103.1 | 101.4 | 102.4 |
| 2.衣着材料 | 98.7 | 99.4 | 100.4 | 100.9 | 100.2 |
| (1)棉　　布 | 97.5 | 96.7 | 99.2 | 98.6 | 98.6 |
| (2)棉花化纤混纺布 | 92.9 | 94.1 | 97.4 | 96.9 | 96.9 |
| (3)化 纤 布 | 100.1 | 100.1 | 102.1 | 102.0 | 102.0 |
| (4)呢　　绒 | 97.5 | 98.5 | 100.0 | 100.0 | 91.8 |
| (5)绸　　缎 | 98.5 | 98.3 | 99.6 | 99.4 | 99.7 |
| (6)毛　　线 | 97.2 | 100.4 | 97.2 | 100.2 | 100.2 |
| 3.鞋袜帽及其他衣着 | 101.8 | 102.6 | 100.8 | 101.2 | 101.5 |
| (1)鞋　　类 | 102.3 | 103.4 | 100.9 | 101.4 | 101.6 |
| (2)袜　　子 | 100.0 | 100.0 | 100.0 | 100.0 | 100.0 |
| (3)帽　　子 | 100.0 | 100.0 | 100.0 | 108.3 | 108.5 |
| (4)其他衣着 | 97.3 | 96.1 | 100.3 | 99.6 | 101.1 |
| **三、家庭设备及用品** | **98.5** | **98.9** | **99.3** | **99.2** | **99.2** |
| 1.耐用消费品 | 97.7 | 98.3 | 98.6 | 98.2 | 98.2 |
| (1)家　　具 | 98.9 | 98.8 | 99.8 | 99.8 | 100.2 |
| (2)家庭设备 | 97.1 | 98.1 | 98.0 | 97.4 | 97.1 |
| 2.室内装饰品 | 97.9 | 97.9 | 99.1 | 99.1 | 99.1 |
| 3.床上用品 | 99.5 | 99.1 | 99.6 | 99.5 | 99.4 |
| 4.家庭日用杂品 | 99.7 | 100.3 | 100.6 | 100.7 | 100.8 |
| 5.其他日用品 | 99.6 | 99.5 | 99.8 | 100.3 | 100.4 |
| **四、医疗保健** | **96.8** | **93.9** | **92.8** | **92.7** | **91.2** |
| 1.医疗器具及保健用品 | 107.6 | 103.2 | 106.3 | 105.9 | 97.0 |
| 2.中药材及中成药 | 95.3 | 92.8 | 91.7 | 91.9 | 89.8 |
| 3.西　　药 | 97.2 | 94.2 | 92.5 | 92.1 | 92.1 |
| **五、交通和通讯工具** | **90.9** | **91.0** | **91.3** | **92.1** | **88.0** |
| 1.交通工具 | 96.1 | 95.7 | 95.5 | 95.3 | 94.0 |
| 2.通讯工具 | 84.4 | 85.2 | 86.1 | 88.2 | 80.5 |
| **六、娱乐教育文化用品** | **96.2** | **95.2** | **94.4** | **95.4** | **96.9** |
| 1.文娱用耐用消费品 | 92.3 | 90.1 | 88.7 | 90.5 | 93.5 |
| 2.教材及参考书 | 99.4 | 100.1 | 99.8 | 99.8 | 99.8 |
| 3.文化娱乐用品 | 100.9 | 100.8 | 100.7 | 100.8 | 100.7 |
| (1)文娱用品 | 101.4 | 101.3 | 101.1 | 101.3 | 101.3 |

| 6月 | 7月 | 8月 | 9月 | 10月 | 11月 | 12月 |
|---|---|---|---|---|---|---|
| 99.3 | 99.3 | 99.1 | 100.6 | 99.8 | 99.8 | 99.8 |
| 98.4 | 99.1 | 99.1 | 98.1 | 99.0 | 99.0 | 99.5 |
| 97.7 | 99.1 | 99.1 | 100.5 | 102.9 | 102.9 | 102.9 |
| **102.6** | **102.5** | **101.6** | **100.6** | **103.9** | **99.0** | **99.2** |
| 103.7 | 103.5 | 102.5 | 101.0 | 106.1 | 98.6 | 98.9 |
| 99.8 | 99.8 | 99.6 | 99.7 | 99.6 | 99.7 | 99.7 |
| 98.8 | 99.2 | 99.2 | 99.9 | 100.0 | 100.0 | 100.5 |
| 100.0 | 100.0 | 100.0 | 100.0 | 98.8 | 98.8 | 98.8 |
| 101.0 | 101.0 | 101.0 | 101.0 | 101.0 | 101.0 | 101.0 |
| 91.8 | 91.8 | 89.9 | 88.9 | 87.9 | 88.2 | 88.0 |
| 99.8 | 99.4 | 98.3 | 102.1 | 102.3 | 102.3 | 102.3 |
| 100.2 | 100.2 | 100.2 | 100.2 | 100.6 | 101.0 | 101.0 |
| 100.4 | 100.4 | 99.5 | 99.6 | 99.0 | 100.1 | 100.1 |
| 100.3 | 100.3 | 99.3 | 99.4 | 98.4 | 99.6 | 99.6 |
| 100.0 | 100.0 | 100.0 | 100.0 | 101.0 | 102.0 | 102.0 |
| 108.5 | 108.5 | 100.2 | 100.2 | 100.2 | 100.2 | 100.2 |
| 100.9 | 100.9 | 100.9 | 100.9 | 104.5 | 104.5 | 104.6 |
| **99.3** | **98.9** | **98.9** | **98.3** | **98.1** | **97.7** | **98.2** |
| 98.3 | 97.4 | 97.3 | 96.7 | 96.8 | 96.5 | 97.6 |
| 100.1 | 100.1 | 100.1 | 100.4 | 100.2 | 100.2 | 100.2 |
| 97.3 | 96.0 | 95.8 | 94.7 | 94.9 | 94.5 | 96.2 |
| 99.9 | 99.9 | 99.9 | 99.9 | 99.7 | 99.6 | 99.6 |
| 99.9 | 100.4 | 100.7 | 101.1 | 99.8 | 99.9 | 99.7 |
| 100.6 | 100.6 | 100.6 | 99.6 | 99.7 | 99.6 | 99.6 |
| 100.4 | 100.3 | 100.9 | 100.1 | 98.8 | 97.6 | 97.3 |
| **92.7** | **94.9** | **93.6** | **94.4** | **97.8** | **95.5** | **94.9** |
| 97.5 | 97.7 | 97.6 | 96.9 | 97.4 | 97.5 | 97.5 |
| 92.7 | 95.0 | 91.5 | 93.9 | 99.2 | 93.1 | 92.3 |
| 92.2 | 94.4 | 95.5 | 94.6 | 96.3 | 98.1 | 97.6 |
| **87.8** | **89.1** | **90.4** | **91.9** | **93.1** | **93.2** | **92.4** |
| 93.7 | 93.9 | 94.4 | 96.0 | 98.1 | 98.2 | 98.1 |
| 80.4 | 83.2 | 85.4 | 86.8 | 87.0 | 87.0 | 85.4 |
| **96.8** | **97.8** | **97.0** | **102.2** | **99.9** | **98.1** | **98.3** |
| 93.5 | 95.5 | 93.9 | 95.0 | 92.9 | 92.9 | 92.8 |
| 99.7 | 99.7 | 100.1 | 125.5 | 119.5 | 109.6 | 110.9 |
| 100.6 | 100.6 | 100.4 | 100.3 | 100.1 | 100.0 | 100.0 |
| 101.1 | 101.1 | 100.8 | 100.6 | 100.1 | 100.0 | 100.0 |

# 2000 年广西城市居民消费价格各月同比指数（续表 2）

以上年同月价格为 100

| 类　别 | 1 月 | 2 月 | 3 月 | 4 月 | 5 月 |
|---|---|---|---|---|---|
| (2) 报纸杂志 | 100.3 | 100.3 | 100.3 | 100.3 | 100.0 |
| **七、居　　住** | **103.6** | **104.1** | **106.4** | **107.7** | **109.7** |
| 1. 住　　房 | 98.8 | 98.5 | 97.3 | 97.9 | 97.7 |
| (1) 建筑材料 | 96.8 | 95.7 | 92.7 | 94.2 | 93.7 |
| (2) 房　　租 | 100.0 | 100.3 | 100.3 | 100.3 | 100.3 |
| 2. 水、电、燃料 | 107.7 | 108.9 | 114.3 | 116.2 | 120.1 |
| 水 | 102.7 | 104.5 | 115.4 | 115.4 | 115.4 |
| 电 | 96.6 | 96.7 | 96.7 | 99.2 | 100.5 |
| 液化石油气 | 123.9 | 126.3 | 136.4 | 138.5 | 147.0 |
| 管道煤气 | 100.0 | 100.0 | 100.0 | 100.0 | 100.0 |
| **八、服务项目** | **101.7** | **101.6** | **101.6** | **101.6** | **101.3** |
| 1. 电 讯 费 | 101.6 | 101.6 | 100.0 | 100.0 | 100.0 |
| 2. 邮　　费 | 147.1 | 150.9 | 100.0 | 100.0 | 100.0 |
| 3. 交 通 费 | 107.4 | 101.7 | 102.7 | 102.1 | 99.7 |
| 4. 洗理美容费 | 101.2 | 101.2 | 101.2 | 101.5 | 101.5 |
| 5. 文 娱 费 | 93.8 | 99.3 | 96.7 | 98.2 | 97.4 |
| 6. 学杂保育费 | 102.1 | 102.2 | 103.4 | 103.4 | 103.4 |
| 7. 修理及其他服务费 | 100.0 | 100.0 | 99.9 | 99.9 | 99.9 |
| 8. 医疗保健服务 | 101.0 | 101.0 | 101.0 | 101.0 | 101.0 |

| 6月 | 7月 | 8月 | 9月 | 10月 | 11月 | 12月 |
|---|---|---|---|---|---|---|
| 100.0 | 100.0 | 100.0 | 100.0 | 100.0 | 100.0 | 100.0 |
| **109.8** | **108.7** | **105.4** | **105.7** | **107.9** | **107.6** | **105.2** |
| 98.4 | 98.7 | 100.0 | 100.4 | 100.6 | 100.6 | 100.8 |
| 95.4 | 96.1 | 99.6 | 100.5 | 101.1 | 101.0 | 101.5 |
| 100.3 | 100.3 | 100.3 | 100.3 | 100.3 | 100.3 | 100.3 |
| 119.7 | 117.5 | 110.1 | 110.3 | 114.3 | 113.8 | 109.1 |
| 115.4 | 113.8 | 113.5 | 113.8 | 113.8 | 115.7 | 115.8 |
| 100.5 | 100.5 | 106.1 | 107.7 | 111.8 | 105.4 | 105.2 |
| 146.0 | 140.6 | 113.8 | 112.8 | 118.7 | 124.2 | 111.7 |
| 100.0 | 100.0 | 100.0 | 100.0 | 100.0 | 100.0 | 100.0 |
| **101.4** | **102.3** | **105.0** | **141.1** | **145.2** | **144.5** | **144.1** |
| 100.0 | 100.0 | 100.0 | 100.0 | 100.0 | 100.0 | 100.0 |
| 100.0 | 100.0 | 100.0 | 100.0 | 100.0 | 100.0 | 100.0 |
| 99.7 | 100.2 | 99.7 | 100.3 | 100.5 | 101.4 | 100.8 |
| 101.2 | 99.6 | 100.0 | 100.0 | 100.0 | 98.4 | 98.4 |
| 99.2 | 110.6 | 112.9 | 119.0 | 119.2 | 109.5 | 106.2 |
| 103.4 | 103.4 | 109.6 | 195.1 | 205.0 | 205.0 | 204.9 |
| 99.7 | 100.4 | 100.4 | 100.4 | 99.9 | 99.9 | 99.9 |
| 101.0 | 100.0 | 100.0 | 100.0 | 100.0 | 100.0 | 100.0 |

# 2001年广西城市居民消费价格各月同比指数

以上年同月价格为100

| 类　别 | 1月 | 2月 | 3月 | 4月 | 5月 |
|---|---|---|---|---|---|
| **居民消费价格总指数** | **102.7** | **101.0** | **102.0** | **103.5** | **102.9** |
| **一、食　品** | **96.8** | **93.7** | **97.6** | **100.5** | **99.7** |
| 1. 粮　食 | 89.7 | 89.9 | 89.4 | 90.7 | 89.4 |
| 大　米 | 88.1 | 88.5 | 87.8 | 89.1 | 87.4 |
| 2. 淀粉及薯类 | 99.6 | 96.6 | 95.8 | 94.3 | 96.0 |
| 3. 干豆类及豆制品 | 103.4 | 100.1 | 98.6 | 99.1 | 97.7 |
| 4. 油　脂 | 91.5 | 91.0 | 89.2 | 88.5 | 87.3 |
| 5. 肉禽及其制品 | 99.9 | 94.4 | 99.7 | 101.0 | 99.2 |
| (1) 食用畜肉及副产品 | 101.0 | 94.8 | 98.3 | 98.3 | 95.6 |
| 猪　肉 | 99.8 | 95.3 | 98.2 | 97.6 | 98.3 |
| 牛　肉 | 107.9 | 106.7 | 104.0 | 101.9 | 105.7 |
| 羊　肉 | 118.1 | 110.4 | 116.8 | 117.8 | 116.4 |
| (2) 禽 | 98.7 | 93.2 | 102.7 | 106.6 | 105.8 |
| 鸡 | 99.3 | 93.0 | 103.1 | 106.2 | 106.0 |
| 鸭 | 91.8 | 92.3 | 104.7 | 117.3 | 110.0 |
| (3) 肉禽加工制品 | 97.6 | 95.7 | 100.1 | 101.9 | 102.1 |
| 6. 蛋 | 92.9 | 90.8 | 88.6 | 97.3 | 99.7 |
| 鲜　蛋 | 92.9 | 90.9 | 88.8 | 98.0 | 100.5 |
| 7. 水产品 | 98.6 | 96.5 | 97.6 | 97.4 | 94.3 |
| (1) 鱼 | 96.1 | 92.9 | 93.9 | 93.7 | 94.5 |
| 淡水鱼 | 93.9 | 88.7 | 90.3 | 92.2 | 92.9 |
| 海水鱼 | 101.1 | 102.6 | 102.0 | 97.1 | 98.0 |
| (2) 其它水产品 | 103.0 | 103.1 | 104.6 | 104.6 | 93.7 |
| 8. 菜 | 86.8 | 79.6 | 92.4 | 103.6 | 112.6 |
| 鲜　菜 | 86.0 | 78.3 | 92.1 | 104.1 | 113.5 |
| 9. 调味品 | 106.3 | 106.6 | 106.5 | 106.6 | 106.1 |
| 盐 | 127.5 | 129.1 | 129.1 | 129.1 | 128.0 |
| 酱　油 | 99.7 | 99.6 | 99.4 | 99.4 | 99.4 |
| 10. 糖 | 107.0 | 107.3 | 104.8 | 107.8 | 108.9 |
| 食　糖 | 122.5 | 122.9 | 119.7 | 122.8 | 126.1 |
| 11. 茶及饮料 | 100.1 | 100.7 | 100.9 | 100.9 | 100.6 |
| (1) 茶　叶 | 101.8 | 101.8 | 101.8 | 101.8 | 101.8 |
| (2) 饮　料 | 99.3 | 100.1 | 100.4 | 100.4 | 100.0 |
| 12. 干鲜瓜果 | 99.5 | 92.2 | 107.2 | 116.7 | 104.2 |
| 鲜　果 | 101.0 | 92.0 | 111.4 | 123.0 | 107.2 |
| 13. 糕点饼干面包 | 100.5 | 100.5 | 100.5 | 100.5 | 100.5 |
| 14. 奶及奶制品 | 95.2 | 100.6 | 100.6 | 100.5 | 100.5 |
| 15. 在外用膳食品 | 100.5 | 100.8 | 100.8 | 100.5 | 100.6 |

| 6月 | 7月 | 8月 | 9月 | 10月 | 11月 | 12月 |
|---|---|---|---|---|---|---|
| **102.7** | **103.2** | **102.3** | **98.7** | **98.8** | **98.8** | **99.3** |
| **98.8** | **100.8** | **99.2** | **99.7** | **99.2** | **98.1** | **99.6** |
| 88.3 | 89.5 | 90.9 | 92.6 | 94.4 | 94.3 | 95.2 |
| 86.4 | 87.8 | 89.4 | 91.6 | 93.4 | 92.9 | 94.4 |
| 93.7 | 94.3 | 92.4 | 97.2 | 101.1 | 101.3 | 106.7 |
| 96.4 | 98.2 | 97.9 | 97.7 | 97.9 | 98.7 | 100.4 |
| 87.7 | 88.4 | 89.8 | 88.7 | 88.8 | 89.8 | 93.6 |
| 99.3 | 100.8 | 99.8 | 101.7 | 101.2 | 99.2 | 99.1 |
| 96.9 | 98.1 | 96.5 | 98.8 | 97.0 | 95.7 | 96.5 |
| 96.9 | 97.7 | 96.3 | 97.4 | 96.3 | 94.8 | 94.2 |
| 100.5 | 106.4 | 108.0 | 109.1 | 105.7 | 109.5 | 114.6 |
| 118.0 | 104.2 | 99.8 | 116.8 | 112.3 | 116.4 | 117.5 |
| 104.2 | 107.4 | 107.9 | 107.5 | 108.8 | 104.5 | 103.4 |
| 106.2 | 107.6 | 107.8 | 106.0 | 106.8 | 105.6 | 104.5 |
| 95.9 | 112.6 | 120.6 | 129.9 | 136.9 | 107.6 | 104.9 |
| 99.1 | 99.0 | 97.7 | 101.8 | 103.9 | 104.0 | 102.1 |
| 99.5 | 106.6 | 102.3 | 110.1 | 109.0 | 109.2 | 104.5 |
| 100.0 | 107.2 | 102.3 | 110.4 | 109.2 | 109.6 | 104.1 |
| 93.2 | 92.6 | 94.3 | 94.2 | 94.3 | 95.2 | 94.3 |
| 93.7 | 91.7 | 93.5 | 94.0 | 94.3 | 94.5 | 94.3 |
| 93.5 | 91.4 | 93.2 | 94.1 | 93.5 | 96.3 | 95.7 |
| 94.2 | 92.3 | 94.1 | 93.8 | 95.7 | 91.1 | 91.5 |
| 92.1 | 94.4 | 95.8 | 94.5 | 94.3 | 96.2 | 94.5 |
| 123.4 | 127.3 | 119.5 | 110.9 | 102.1 | 99.4 | 113.2 |
| 125.6 | 129.6 | 120.9 | 111.3 | 101.8 | 99.2 | 114.4 |
| 106.1 | 105.0 | 105.0 | 105.1 | 105.8 | 105.7 | 106.0 |
| 128.0 | 124.0 | 124.0 | 124.0 | 126.0 | 126.0 | 127.3 |
| 99.4 | 99.4 | 99.5 | 99.8 | 99.8 | 99.5 | 100.1 |
| 109.2 | 106.4 | 105.3 | 102.6 | 102.8 | 102.2 | 101.3 |
| 126.8 | 119.1 | 114.0 | 108.1 | 108.0 | 106.5 | 105.2 |
| 100.5 | 100.5 | 100.5 | 100.6 | 101.7 | 101.7 | 102.0 |
| 101.8 | 101.8 | 101.8 | 101.8 | 105.0 | 105.0 | 105.0 |
| 99.8 | 99.9 | 99.9 | 100.0 | 100.1 | 100.2 | 100.6 |
| 88.2 | 95.8 | 87.2 | 91.4 | 94.3 | 90.7 | 92.0 |
| 87.9 | 97.4 | 87.1 | 92.5 | 95.7 | 90.1 | 91.6 |
| 100.5 | 100.5 | 100.3 | 100.2 | 100.2 | 99.4 | 99.4 |
| 100.5 | 100.5 | 100.4 | 100.9 | 100.5 | 100.9 | 100.6 |
| 100.2 | 100.1 | 100.0 | 99.9 | 99.8 | 99.9 | 99.9 |

# 2001 年广西城市居民消费价格各月同比指数（续表 1）

以上年同月价格为 100

| 类 别 | 1 月 | 2 月 | 3 月 | 4 月 | 5 月 |
|---|---|---|---|---|---|
| 16. 其它食品及食品加工服务 | 98.3 | 98.2 | 99.2 | 98.7 | 98.9 |
| **二、烟酒及用品** | **98.4** | **99.8** | **98.9** | **98.4** | **98.4** |
| 1. 烟 草 | 96.8 | 99.6 | 98.1 | 98.3 | 98.3 |
| 2. 酒 | 100.5 | 100.3 | 99.9 | 99.2 | 99.4 |
| 3. 吸烟饮酒用品 | 99.7 | 99.6 | 99.6 | 95.9 | 95.9 |
| **三、衣 着** | **98.1** | **94.2** | **93.3** | **96.2** | **95.7** |
| 1. 服 装 | 98.3 | 92.9 | 92.0 | 95.3 | 94.4 |
| (1) 男式服装 | 98.0 | 93.6 | 92.7 | 94.5 | 93.3 |
| (2) 女式服装 | 98.3 | 91.1 | 90.2 | 95.5 | 94.4 |
| (3) 儿童服装 | 99.4 | 98.8 | 98.1 | 97.1 | 98.0 |
| 2. 衣着材料 | 100.5 | 100.7 | 100.2 | 100.2 | 100.2 |
| 3. 鞋 袜 帽 | 97.0 | 96.4 | 95.2 | 97.7 | 98.1 |
| (1) 鞋 | 96.7 | 96.0 | 94.8 | 97.5 | 97.9 |
| (2) 袜 子 | 99.7 | 99.7 | 99.7 | 99.7 | 99.7 |
| (3) 帽 子 | 98.7 | 98.7 | 98.7 | 98.7 | 98.7 |
| 4. 衣着加工服务 | 98.2 | 96.2 | 99.5 | 98.6 | 97.5 |
| **四、家庭设备用品及维修服务** | **98.9** | **98.4** | **96.6** | **96.2** | **96.0** |
| 1. 耐用消费品 | 97.2 | 96.8 | 93.8 | 93.7 | 93.4 |
| (1) 家 具 | 98.3 | 98.3 | 94.4 | 94.2 | 93.8 |
| (2) 家庭设备 | 96.5 | 95.7 | 93.4 | 93.4 | 93.1 |
| 2. 室内装饰品 | 103.7 | 102.5 | 102.2 | 102.1 | 101.4 |
| 3. 床上用品 | 99.5 | 99.4 | 99.4 | 99.3 | 99.3 |
| 4. 家庭日用杂品 | 100.3 | 99.6 | 98.3 | 96.9 | 96.8 |
| 5. 家庭服务及加工维修服务 | 100.0 | 100.0 | 100.0 | 100.0 | 100.0 |
| **五、医疗保健和个人用品** | **94.3** | **94.7** | **95.1** | **96.4** | **95.8** |
| 1. 医疗保健 | 92.6 | 93.1 | 93.9 | 95.8 | 95.1 |
| (1) 医疗器具及用品 | 96.7 | 96.7 | 97.0 | 97.1 | 97.1 |
| (2) 中药材及中成药 | 89.1 | 89.8 | 88.0 | 89.1 | 88.2 |
| (3) 西 药 | 90.8 | 91.0 | 90.7 | 91.6 | 90.8 |
| (4) 保健器具及用品 | 97.8 | 100.5 | 99.1 | 98.8 | 97.9 |
| (5) 医疗保健服务 | 102.7 | 102.7 | 112.4 | 119.2 | 119.2 |
| 2. 个人用品及服务 | 98.6 | 98.6 | 98.1 | 97.8 | 97.4 |
| (1) 化妆美容用品 | 103.2 | 102.8 | 102.2 | 101.5 | 101.1 |
| (2) 卫生用品 | 95.9 | 96.4 | 96.2 | 96.1 | 95.0 |
| (3) 个人饰品 | 95.7 | 95.4 | 94.2 | 94.4 | 94.5 |
| (4) 个人服务 | 100.2 | 100.3 | 100.3 | 99.8 | 99.8 |
| **六、交通和通讯** | **100.5** | **99.4** | **99.3** | **101.5** | **101.6** |
| 1. 交 通 | 103.7 | 101.7 | 99.8 | 101.9 | 101.7 |

| 6月 | 7月 | 8月 | 9月 | 10月 | 11月 | 12月 |
|---|---|---|---|---|---|---|
| 98.0 | 98.0 | 98.2 | 98.6 | 99.4 | 99.8 | 99.5 |
| **98.3** | **98.3** | **98.2** | **98.8** | **99.0** | **98.8** | **98.6** |
| 98.3 | 98.5 | 98.1 | 98.6 | 98.1 | 97.9 | 97.5 |
| 99.1 | 99.0 | 98.9 | 100.0 | 101.3 | 100.9 | 100.8 |
| 95.9 | 94.9 | 96.7 | 95.9 | 96.6 | 97.1 | 97.1 |
| **95.5** | **96.0** | **94.5** | **94.0** | **96.8** | **96.9** | **98.0** |
| 94.5 | 95.0 | 93.7 | 93.0 | 96.4 | 96.6 | 97.5 |
| 93.4 | 94.1 | 93.7 | 93.3 | 98.2 | 98.9 | 98.8 |
| 94.5 | 95.1 | 93.2 | 92.7 | 95.5 | 95.3 | 96.8 |
| 98.0 | 97.8 | 95.9 | 93.5 | 94.6 | 94.6 | 96.1 |
| 99.8 | 99.8 | 99.5 | 99.6 | 100.1 | 98.6 | 99.8 |
| 97.3 | 97.7 | 95.5 | 95.4 | 97.3 | 97.5 | 99.1 |
| 97.1 | 97.5 | 95.1 | 95.0 | 97.0 | 97.3 | 98.8 |
| 99.7 | 99.7 | 100.1 | 99.4 | 99.4 | 99.5 | 99.5 |
| 98.7 | 98.7 | 98.7 | 98.9 | 99.3 | 99.3 | 117.7 |
| 97.5 | 97.5 | 97.5 | 97.5 | 97.5 | 97.5 | 97.5 |
| **96.3** | **95.9** | **95.8** | **95.7** | **95.7** | **96.4** | **96.5** |
| 93.3 | 93.0 | 93.0 | 93.0 | 92.9 | 94.1 | 94.3 |
| 93.3 | 93.3 | 93.5 | 93.5 | 93.5 | 93.8 | 94.0 |
| 93.4 | 92.7 | 92.6 | 92.7 | 92.5 | 94.4 | 94.5 |
| 101.4 | 101.4 | 101.2 | 101.2 | 99.9 | 99.9 | 99.9 |
| 98.9 | 98.9 | 98.7 | 98.2 | 98.7 | 98.6 | 97.9 |
| 96.9 | 96.0 | 95.8 | 95.3 | 95.9 | 96.2 | 96.4 |
| 102.9 | 102.9 | 102.9 | 102.9 | 102.9 | 102.9 | 102.9 |
| **95.6** | **96.1** | **96.5** | **96.8** | **98.0** | **98.1** | **97.9** |
| 94.8 | 95.5 | 96.2 | 96.4 | 97.7 | 97.5 | 96.6 |
| 96.9 | 96.9 | 96.9 | 92.7 | 92.2 | 92.4 | 91.5 |
| 87.0 | 88.3 | 88.3 | 89.3 | 93.8 | 93.6 | 91.0 |
| 90.9 | 91.7 | 93.2 | 93.0 | 92.8 | 92.6 | 92.3 |
| 98.0 | 97.5 | 97.4 | 97.2 | 95.6 | 95.3 | 95.4 |
| 119.2 | 119.2 | 118.5 | 118.5 | 118.5 | 118.5 | 118.5 |
| 97.6 | 97.3 | 97.3 | 97.9 | 98.8 | 99.4 | 100.9 |
| 101.1 | 101.1 | 100.8 | 102.3 | 102.3 | 102.8 | 102.8 |
| 95.5 | 95.0 | 95.0 | 95.8 | 95.1 | 94.9 | 94.2 |
| 94.7 | 94.2 | 94.1 | 94.2 | 95.0 | 96.0 | 96.3 |
| 99.8 | 99.8 | 99.8 | 99.8 | 103.8 | 105.3 | 112.8 |
| **100.7** | **99.6** | **99.2** | **98.9** | **99.0** | **98.5** | **97.5** |
| 101.8 | 101.4 | 100.2 | 99.6 | 99.6 | 99.1 | 97.6 |

# 2001 年广西城市居民消费价格各月同比指数（续表 2）

以上年同月价格为 100

| 类　别 | 1 月 | 2 月 | 3 月 | 4 月 | 5 月 |
|---|---|---|---|---|---|
| (1) 交通工具 | 95.7 | 94.1 | 94.8 | 94.9 | 93.4 |
| (2) 车用燃料及零配件 | 115.2 | 110.8 | 112.1 | 109.4 | 105.9 |
| 汽　油 | 124.9 | 118.9 | 123.5 | 119.5 | 111.4 |
| 柴　油 | 120.9 | 111.3 | 108.3 | 101.7 | 101.4 |
| (3) 车辆使用及维修 | 98.7 | 100.2 | 95.6 | 96.7 | 95.3 |
| (4) 市区公共交通 | 108.8 | 108.8 | 108.8 | 108.8 | 111.8 |
| (5) 城市间交通 | 107.0 | 101.1 | 94.1 | 103.9 | 103.9 |
| 2. 通　信 | 97.8 | 97.4 | 98.9 | 101.1 | 101.5 |
| (1) 通信工具 | 82.2 | 81.3 | 79.0 | 77.3 | 78.8 |
| (2) 通信服务 | 102.0 | 101.7 | 104.2 | 107.5 | 107.2 |
| **七、娱乐教育文化用品及服务** | **131.0** | **131.0** | **130.6** | **131.2** | **130.4** |
| 1. 文娱用耐用消费品及服务 | 93.9 | 93.5 | 90.8 | 91.0 | 89.3 |
| 2. 教　育 | 172.6 | 174.1 | 173.9 | 173.9 | 173.9 |
| (1) 教材及参考书 | 110.3 | 111.8 | 112.2 | 112.2 | 112.2 |
| (2) 学杂托幼费 | 179.3 | 180.9 | 180.7 | 180.7 | 180.7 |
| 3. 文化娱乐用品 | 100.2 | 100.9 | 100.9 | 101.9 | 102.1 |
| (1) 文化娱乐 | 101.3 | 101.2 | 100.7 | 100.6 | 99.8 |
| (2) 书报杂志 | 101.0 | 101.0 | 101.0 | 101.1 | 101.1 |
| (3) 文 娱 费 | 98.7 | 100.7 | 100.9 | 103.6 | 104.8 |
| 4. 旅游及外出 | 103.0 | 97.0 | 99.8 | 102.5 | 98.3 |
| **八、居　住** | **104.8** | **104.2** | **102.4** | **101.3** | **100.6** |
| 1. 建房及装修材料 | 99.8 | 96.7 | 96.4 | 94.7 | 94.4 |
| 2. 租　房 | 102.6 | 102.6 | 102.6 | 102.6 | 102.6 |
| 3. 自有住房 | 100.0 | 100.0 | 100.0 | 100.0 | 100.0 |
| 4. 水、电、燃料 | 110.4 | 110.6 | 106.7 | 105.1 | 104.1 |
| 水 | 112.7 | 112.7 | 101.7 | 101.7 | 101.7 |
| 电 | 109.8 | 109.8 | 109.8 | 112.4 | 112.5 |
| 液化石油气 | 113.1 | 110.5 | 100.8 | 90.8 | 89.8 |
| 管道燃气 | 102.5 | 102.5 | 102.5 | 102.5 | 102.5 |

| 6月 | 7月 | 8月 | 9月 | 10月 | 11月 | 12月 |
|---|---|---|---|---|---|---|
| 93.2 | 95.3 | 95.2 | 94.2 | 93.3 | 91.4 | 90.5 |
| 105.0 | 93.0 | 89.7 | 87.2 | 89.2 | 91.4 | 86.0 |
| 108.6 | 89.5 | 83.5 | 80.0 | 85.8 | 90.2 | 79.7 |
| 102.9 | 90.1 | 90.5 | 84.4 | 81.0 | 80.8 | 78.1 |
| 96.7 | 96.7 | 96.7 | 96.7 | 96.7 | 96.7 | 96.7 |
| 111.8 | 111.8 | 111.1 | 111.1 | 111.3 | 111.3 | 108.5 |
| 103.9 | 104.5 | 101.4 | 101.4 | 101.5 | 100.3 | 100.1 |
| 99.7 | 98.1 | 98.3 | 98.3 | 98.5 | 98.0 | 97.3 |
| 79.4 | 80.7 | 81.4 | 81.6 | 82.3 | 79.9 | 79.0 |
| 104.6 | 102.2 | 102.2 | 102.2 | 102.2 | 102.1 | 101.3 |
| **130.9** | **131.0** | **130.7** | **100.9** | **100.6** | **100.5** | **100.6** |
| 88.6 | 88.6 | 86.2 | 85.3 | 85.7 | 85.6 | 85.5 |
| 173.9 | 173.9 | 173.8 | 105.3 | 104.6 | 104.6 | 104.6 |
| 112.2 | 112.2 | 110.6 | 98.2 | 98.4 | 98.4 | 98.4 |
| 180.7 | 180.7 | 180.7 | 105.8 | 105.0 | 105.0 | 105.0 |
| 103.2 | 104.3 | 104.7 | 103.7 | 103.6 | 103.6 | 103.5 |
| 100.4 | 99.8 | 100.1 | 100.1 | 99.9 | 99.9 | 99.5 |
| 101.1 | 101.1 | 101.1 | 99.9 | 100.1 | 100.1 | 100.1 |
| 106.9 | 110.0 | 110.7 | 109.0 | 108.8 | 108.9 | 109.0 |
| 100.3 | 99.2 | 100.7 | 98.8 | 99.2 | 98.7 | 99.9 |
| **101.2** | **99.6** | **99.0** | **99.1** | **99.0** | **101.8** | **101.2** |
| 93.8 | 93.3 | 93.5 | 93.7 | 92.9 | 93.4 | 93.3 |
| 108.8 | 108.8 | 108.8 | 108.8 | 108.8 | 108.8 | 108.8 |
| 100.0 | 100.2 | 100.2 | 100.2 | 100.7 | 100.7 | 100.7 |
| 104.4 | 100.8 | 99.3 | 99.4 | 99.3 | 105.4 | 104.0 |
| 101.7 | 101.7 | 101.7 | 101.7 | 107.9 | 106.6 | 106.6 |
| 112.5 | 103.6 | 100.7 | 100.7 | 100.7 | 113.8 | 113.8 |
| 90.8 | 89.2 | 87.8 | 88.4 | 85.5 | 80.6 | 78.9 |
| 102.5 | 102.5 | 102.5 | 102.5 | 102.5 | 146.2 | 102.5 |

# 2002年广西城市居民消费价格各月同比指数

以上年同月价格为100

| 类　别 | 1月 | 2月 | 3月 | 4月 | 5月 |
|---|---|---|---|---|---|
| **居民消费价格总指数** | **98.8** | **99.7** | **99.2** | **98.0** | **97.4** |
| **一、食　　品** | **99.4** | **101.9** | **101.2** | **98.4** | **96.5** |
| 1. 粮　　食 | 95.9 | 97.8 | 98.2 | 97.3 | 99.0 |
| 大　　米 | 95.7 | 98.1 | 98.5 | 97.5 | 99.9 |
| 2. 淀粉及薯类 | 104.4 | 109.1 | 106.2 | 102.2 | 103.7 |
| 3. 干豆类及豆制品 | 95.5 | 97.6 | 91.8 | 91.3 | 91.8 |
| 4. 油　　脂 | 94.4 | 93.8 | 92.1 | 93.8 | 96.8 |
| 5. 肉禽及其制品 | 98.1 | 103.5 | 100.5 | 99.4 | 98.8 |
| (1) 食用畜肉及副产品 | 95.0 | 100.0 | 97.8 | 98.0 | 97.1 |
| 猪　　肉 | 94.1 | 98.7 | 96.6 | 97.5 | 96.7 |
| 牛　　肉 | 107.3 | 114.6 | 115.6 | 114.0 | 113.7 |
| 羊　　肉 | 105.3 | 98.3 | 100.7 | 98.0 | 93.9 |
| (2) 禽 | 103.0 | 110.9 | 106.2 | 102.0 | 102.0 |
| 鸡 | 103.3 | 111.2 | 107.5 | 103.7 | 102.6 |
| 鸭 | 109.2 | 118.7 | 105.2 | 96.1 | 103.8 |
| (3) 肉禽加工制品 | 102.3 | 104.4 | 101.0 | 99.8 | 99.4 |
| 6. 蛋 | 110.8 | 117.2 | 116.5 | 111.0 | 109.8 |
| 鲜　　蛋 | 111.1 | 117.5 | 116.7 | 110.9 | 109.5 |
| 7. 水 产 品 | 93.7 | 97.7 | 95.5 | 94.5 | 97.6 |
| (1) 鱼 | 93.2 | 97.1 | 96.1 | 95.0 | 96.3 |
| 淡 水 鱼 | 93.1 | 97.2 | 95.7 | 92.3 | 92.8 |
| 海 水 鱼 | 93.2 | 96.9 | 96.9 | 100.7 | 103.6 |
| (2) 其它水产品 | 94.8 | 98.8 | 94.4 | 93.6 | 99.8 |
| 8. 菜 | 112.6 | 104.2 | 102.0 | 89.4 | 81.8 |
| 鲜　　菜 | 113.3 | 104.1 | 101.6 | 88.4 | 80.3 |
| 9. 调 味 品 | 99.5 | 99.1 | 99.3 | 99.2 | 100.2 |
| 盐 | 99.1 | 97.6 | 98.9 | 98.9 | 99.7 |
| 酱　　油 | 101.1 | 101.2 | 102.0 | 102.0 | 103.7 |
| 10. 糖 | 101.7 | 100.2 | 102.5 | 98.3 | 94.8 |
| 食　　糖 | 102.9 | 97.3 | 97.2 | 90.2 | 85.0 |
| 11. 茶及饮料 | 100.8 | 100.8 | 100.2 | 100.3 | 99.6 |
| (1) 茶　　叶 | 101.9 | 101.9 | 101.9 | 101.9 | 100.1 |
| (2) 饮　　料 | 100.3 | 100.2 | 99.3 | 99.5 | 99.4 |
| 12. 干鲜瓜果 | 93.4 | 106.1 | 113.0 | 104.4 | 91.3 |
| 鲜　　果 | 92.1 | 106.7 | 114.7 | 104.5 | 89.2 |
| 13. 糕点饼干面包 | 98.4 | 98.4 | 98.2 | 98.2 | 97.8 |
| 14. 奶及奶制品 | 99.7 | 99.8 | 100.1 | 100.2 | 100.2 |
| 15. 在外用膳食品 | 99.7 | 99.7 | 99.7 | 99.9 | 100.0 |

| 6月 | 7月 | 8月 | 9月 | 10月 | 11月 | 12月 |
|---|---|---|---|---|---|---|
| **98.5** | **98.0** | **98.6** | **99.9** | **99.7** | **99.6** | **99.8** |
| **100.0** | **98.6** | **99.7** | **101.1** | **100.0** | **100.0** | **100.9** |
| 100.3 | 100.4 | 100.8 | 102.0 | 101.5 | 101.9 | 101.3 |
| 101.1 | 101.1 | 101.9 | 103.5 | 103.3 | 103.6 | 102.3 |
| 108.4 | 108.5 | 114.4 | 107.3 | 100.3 | 100.5 | 100.5 |
| 90.7 | 91.5 | 91.4 | 93.2 | 93.5 | 93.8 | 92.8 |
| 95.5 | 96.0 | 97.3 | 98.1 | 98.0 | 97.9 | 98.0 |
| 99.8 | 98.5 | 98.4 | 98.2 | 97.6 | 99.2 | 99.0 |
| 98.1 | 97.6 | 98.1 | 98.5 | 98.6 | 100.7 | 99.5 |
| 97.3 | 95.9 | 96.6 | 97.4 | 97.2 | 99.5 | 99.2 |
| 115.7 | 112.9 | 115.2 | 115.7 | 117.4 | 117.2 | 115.9 |
| 95.7 | 102.6 | 110.4 | 109.7 | 98.0 | 93.4 | 88.8 |
| 102.1 | 98.5 | 97.2 | 96.9 | 94.8 | 96.4 | 97.9 |
| 101.1 | 98.5 | 97.7 | 97.4 | 96.1 | 97.5 | 98.1 |
| 116.1 | 103.0 | 94.9 | 94.3 | 86.9 | 89.1 | 97.6 |
| 103.0 | 103.1 | 103.8 | 100.2 | 99.6 | 98.7 | 99.0 |
| 110.2 | 104.1 | 105.0 | 100.5 | 103.1 | 100.3 | 101.0 |
| 110.0 | 103.7 | 105.0 | 100.5 | 103.2 | 100.2 | 100.9 |
| 96.6 | 99.5 | 101.2 | 99.6 | 102.2 | 100.7 | 100.5 |
| 93.9 | 98.2 | 99.1 | 97.6 | 100.9 | 100.3 | 100.1 |
| 91.2 | 95.6 | 97.0 | 97.4 | 99.5 | 99.3 | 99.6 |
| 99.8 | 103.4 | 103.4 | 98.0 | 103.8 | 102.3 | 101.1 |
| 101.8 | 101.8 | 105.0 | 103.4 | 104.5 | 101.4 | 101.2 |
| 90.5 | 92.9 | 99.6 | 104.2 | 100.2 | 93.5 | 97.7 |
| 89.7 | 92.4 | 99.6 | 104.9 | 100.5 | 93.2 | 97.5 |
| 100.2 | 100.4 | 100.7 | 100.0 | 99.2 | 99.7 | 99.5 |
| 99.7 | 102.9 | 102.9 | 102.9 | 101.3 | 102.2 | 102.2 |
| 104.0 | 99.9 | 101.8 | 100.0 | 100.0 | 100.3 | 99.5 |
| 93.6 | 95.2 | 93.5 | 94.3 | 94.6 | 94.6 | 95.4 |
| 82.3 | 84.1 | 81.3 | 79.0 | 80.1 | 79.9 | 81.6 |
| 98.1 | 98.8 | 98.5 | 98.5 | 98.2 | 98.1 | 98.0 |
| 100.1 | 102.1 | 102.1 | 102.1 | 101.0 | 101.0 | 101.0 |
| 97.1 | 97.1 | 96.7 | 96.6 | 96.7 | 96.6 | 96.4 |
| 117.3 | 100.1 | 100.7 | 113.8 | 107.6 | 114.0 | 119.4 |
| 118.9 | 97.7 | 98.1 | 114.9 | 107.2 | 115.3 | 121.6 |
| 97.4 | 97.4 | 97.6 | 97.7 | 97.5 | 98.4 | 98.2 |
| 100.4 | 100.4 | 100.1 | 100.2 | 100.9 | 100.8 | 100.8 |
| 100.0 | 100.0 | 100.2 | 100.3 | 100.0 | 100.0 | 100.0 |

# 2002 年广西城市居民消费价格各月同比指数（续表 1）

以上年同月价格为 100

| 类　别 | 1 月 | 2 月 | 3 月 | 4 月 | 5 月 |
|---|---|---|---|---|---|
| 16. 其它食品及食品加工服务 | 100.5 | 100.7 | 99.4 | 99.5 | 99.4 |
| **二、烟酒及用品** | **99.0** | **99.1** | **99.5** | **100.9** | **101.1** |
| 1. 烟　　草 | 98.0 | 97.3 | 97.9 | 99.4 | 99.9 |
| 2. 酒 | 101.7 | 102.9 | 102.8 | 103.3 | 103.2 |
| 3. 吸烟饮酒用品 | 95.7 | 96.2 | 96.8 | 100.5 | 100.5 |
| **三、衣　　着** | **97.9** | **96.5** | **94.2** | **93.1** | **93.6** |
| 1. 服　　装 | 96.6 | 96.8 | 94.9 | 94.4 | 95.5 |
| (1) 男式服装 | 96.5 | 93.6 | 92.8 | 92.0 | 94.6 |
| (2) 女式服装 | 97.0 | 100.0 | 96.6 | 95.8 | 95.9 |
| (3) 儿童服装 | 95.4 | 93.6 | 94.3 | 96.4 | 96.5 |
| 2. 衣着材料 | 99.4 | 96.0 | 95.8 | 98.1 | 97.4 |
| 3. 鞋 袜 帽 | 101.3 | 95.4 | 91.6 | 87.9 | 87.4 |
| (1) 鞋 | 101.1 | 94.7 | 90.5 | 86.4 | 85.8 |
| (2) 袜　　子 | 99.3 | 99.3 | 99.3 | 99.3 | 99.3 |
| (3) 帽　　子 | 119.0 | 119.0 | 119.0 | 123.4 | 123.4 |
| 4. 衣着加工服务 | 99.6 | 103.5 | 100.1 | 101.0 | 100.2 |
| **四、家庭设备用品及维修服务** | **95.7** | **96.2** | **97.7** | **97.7** | **97.7** |
| 1. 耐用消费品 | 94.0 | 94.0 | 96.4 | 96.1 | 96.1 |
| (1) 家　　具 | 93.1 | 93.1 | 97.0 | 97.0 | 95.6 |
| (2) 家庭设备 | 94.6 | 94.6 | 96.0 | 95.5 | 96.3 |
| 2. 室内装饰品 | 97.8 | 98.9 | 99.0 | 99.1 | 99.8 |
| 3. 床上用品 | 96.5 | 97.1 | 97.2 | 97.3 | 96.9 |
| 4. 家庭日用杂品 | 94.8 | 95.0 | 96.4 | 97.8 | 97.9 |
| 5. 家庭服务及加工维修服务 | 102.9 | 105.0 | 105.0 | 102.9 | 102.9 |
| **五、医疗保健和个人用品** | **99.5** | **100.1** | **99.6** | **98.9** | **99.3** |
| 1. 医疗保健 | 99.1 | 99.7 | 98.9 | 97.8 | 98.3 |
| (1) 医疗器具及用品 | 92.2 | 92.9 | 93.3 | 93.3 | 93.1 |
| (2) 中药材及中成药 | 92.9 | 94.1 | 95.3 | 95.4 | 96.8 |
| (3) 西　　药 | 97.1 | 97.8 | 98.5 | 98.7 | 98.7 |
| (4) 保健器具及用品 | 96.4 | 93.3 | 96.4 | 96.6 | 97.2 |
| (5) 医疗保健服务 | 116.0 | 116.0 | 106.1 | 100.0 | 100.0 |
| 2. 个人用品及服务 | 100.5 | 101.1 | 101.3 | 101.4 | 101.6 |
| (1) 化妆美容用品 | 96.0 | 95.2 | 97.2 | 97.8 | 98.3 |
| (2) 卫生用品 | 98.9 | 98.0 | 98.7 | 97.4 | 98.6 |
| (3) 个人饰品 | 97.2 | 98.1 | 99.9 | 100.4 | 99.5 |
| (4) 个人服务 | 111.4 | 115.0 | 110.6 | 111.4 | 111.4 |
| **六、交通和通讯** | **94.5** | **96.7** | **95.8** | **94.8** | **94.3** |
| 1. 交　　通 | 92.7 | 97.1 | 97.3 | 97.8 | 96.5 |

| 6月 | 7月 | 8月 | 9月 | 10月 | 11月 | 12月 |
|---|---|---|---|---|---|---|
| 100.3 | 100.2 | 99.9 | 99.3 | 97.6 | 98.0 | 98.0 |
| **101.6** | **102.0** | **102.1** | **102.1** | **102.2** | **102.6** | **102.5** |
| 99.9 | 100.1 | 100.3 | 100.4 | 101.3 | 102.1 | 101.9 |
| 104.7 | 105.1 | 105.3 | 104.9 | 104.0 | 103.8 | 103.8 |
| 100.5 | 101.6 | 101.6 | 101.6 | 101.6 | 101.2 | 101.3 |
| **93.2** | **92.1** | **92.7** | **95.1** | **94.2** | **96.5** | **94.7** |
| 95.8 | 94.4 | 94.0 | 96.3 | 93.0 | 95.6 | 94.7 |
| 96.2 | 95.6 | 93.3 | 96.0 | 89.5 | 92.2 | 91.1 |
| 95.3 | 93.1 | 93.7 | 96.4 | 94.9 | 97.4 | 96.4 |
| 96.5 | 96.2 | 97.0 | 96.9 | 96.0 | 99.0 | 98.4 |
| 97.7 | 97.6 | 97.1 | 95.7 | 95.7 | 98.1 | 96.5 |
| 85.0 | 84.4 | 88.2 | 91.5 | 97.0 | 98.6 | 94.3 |
| 83.2 | 82.5 | 86.6 | 90.3 | 96.3 | 98.0 | 93.6 |
| 99.3 | 99.3 | 99.3 | 100.0 | 100.0 | 100.0 | 100.0 |
| 123.4 | 123.4 | 123.4 | 123.4 | 123.4 | 123.4 | 103.7 |
| 100.2 | 100.2 | 100.2 | 100.2 | 100.2 | 100.2 | 100.2 |
| **96.6** | **96.6** | **96.1** | **95.7** | **95.4** | **94.1** | **94.4** |
| 95.3 | 95.5 | 94.1 | 94.0 | 93.4 | 91.6 | 91.5 |
| 94.0 | 92.8 | 90.3 | 90.3 | 90.3 | 90.3 | 90.3 |
| 96.0 | 97.3 | 96.5 | 96.4 | 95.4 | 92.5 | 92.2 |
| 99.8 | 97.1 | 97.3 | 97.3 | 97.3 | 94.6 | 96.5 |
| 96.9 | 97.3 | 98.1 | 98.1 | 98.1 | 98.1 | 98.3 |
| 96.5 | 96.4 | 97.1 | 95.6 | 95.6 | 94.8 | 95.5 |
| 100.0 | 100.0 | 100.0 | 100.0 | 100.0 | 100.0 | 100.0 |
| **99.3** | **99.1** | **99.0** | **98.9** | **99.0** | **98.2** | **98.5** |
| 98.5 | 98.2 | 98.6 | 99.0 | 99.5 | 98.7 | 99.6 |
| 92.6 | 92.6 | 92.7 | 99.6 | 98.0 | 98.0 | 99.0 |
| 96.6 | 95.9 | 96.7 | 96.6 | 97.8 | 96.8 | 99.8 |
| 99.4 | 99.2 | 99.5 | 100.1 | 100.3 | 99.3 | 99.5 |
| 97.2 | 96.9 | 97.2 | 97.6 | 99.2 | 99.0 | 98.9 |
| 100.0 | 100.0 | 100.0 | 100.0 | 100.0 | 100.0 | 100.0 |
| 101.3 | 101.0 | 99.7 | 98.7 | 97.9 | 97.1 | 96.0 |
| 98.3 | 98.1 | 98.3 | 97.0 | 96.7 | 95.9 | 96.0 |
| 97.7 | 96.8 | 97.7 | 94.6 | 95.9 | 94.5 | 95.1 |
| 99.2 | 99.3 | 101.0 | 101.9 | 100.9 | 100.1 | 101.4 |
| 111.4 | 111.4 | 101.9 | 101.9 | 98.0 | 98.0 | 91.4 |
| **94.7** | **95.9** | **96.2** | **96.0** | **96.7** | **96.9** | **97.2** |
| 94.9 | 95.6 | 96.5 | 96.5 | 97.8 | 98.4 | 98.8 |

# 2002年广西城市居民消费价格各月同比指数（续表2）

以上年同月价格为100

| 类　别 | 1月 | 2月 | 3月 | 4月 | 5月 |
|---|---|---|---|---|---|
| (1) 交通工具 | 90.1 | 90.7 | 90.5 | 89.7 | 88.2 |
| (2) 车用燃料及零配件 | 84.1 | 88.1 | 89.5 | 97.0 | 99.9 |
| 汽　　油 | 76.5 | 81.7 | 82.4 | 93.1 | 98.4 |
| 柴　　油 | 76.5 | 83.9 | 89.5 | 104.4 | 106.0 |
| (3) 车辆使用及维修 | 96.5 | 97.3 | 99.6 | 99.6 | 99.6 |
| (4) 市区公共交通 | 103.3 | 103.7 | 103.3 | 103.3 | 100.2 |
| (5) 城市间交通 | 85.5 | 100.6 | 100.4 | 100.2 | 98.4 |
| 2. 通　　信 | 96.0 | 96.5 | 94.5 | 92.3 | 92.5 |
| (1) 通信工具 | 77.8 | 78.9 | 78.7 | 80.1 | 80.3 |
| (2) 通信服务 | 100.1 | 100.4 | 98.0 | 95.0 | 95.2 |
| **七、娱乐教育文化用品及服务** | **100.7** | **100.7** | **100.6** | **99.7** | **100.6** |
| 1. 文娱用耐用消费品及服务 | 87.3 | 87.4 | 88.2 | 86.4 | 88.4 |
| 2. 教　　育 | 104.6 | 103.6 | 103.6 | 103.6 | 103.6 |
| (1) 教材及参考书 | 98.6 | 96.7 | 96.3 | 96.3 | 96.3 |
| (2) 学杂托幼费 | 105.0 | 104.1 | 104.1 | 104.1 | 104.1 |
| 3. 文化娱乐用品 | 104.2 | 103.9 | 104.0 | 103.0 | 103.4 |
| (1) 文化娱乐 | 97.8 | 97.5 | 98.0 | 98.4 | 99.2 |
| (2) 书报杂志 | 100.3 | 100.2 | 100.2 | 100.2 | 100.2 |
| (3) 文 娱 费 | 112.1 | 111.6 | 111.4 | 108.6 | 108.8 |
| 4. 旅游及外出 | 96.3 | 101.2 | 99.7 | 96.6 | 101.5 |
| **八、居　　住** | **99.1** | **98.5** | **97.8** | **98.9** | **98.3** |
| 1. 建房及装修材料 | 94.8 | 97.5 | 98.0 | 99.2 | 98.0 |
| 2. 租　　房 | 104.1 | 104.1 | 104.1 | 104.1 | 104.1 |
| 3. 自有住房 | 101.5 | 98.3 | 95.0 | 95.0 | 95.0 |
| 4. 水、电、燃料 | 99.0 | 97.9 | 97.6 | 99.6 | 98.6 |
| 水 | 106.0 | 106.0 | 106.0 | 106.0 | 106.0 |
| 电 | 102.4 | 102.4 | 102.4 | 100.0 | 98.9 |
| 液化石油气 | 78.9 | 77.6 | 75.8 | 86.9 | 84.2 |
| 管道燃气 | 100.0 | 100.4 | 100.4 | 100.4 | 100.4 |

| 6月 | 7月 | 8月 | 9月 | 10月 | 11月 | 12月 |
|---|---|---|---|---|---|---|
| 84.1 | 84.1 | 84.8 | 84.4 | 88.6 | 90.7 | 90.8 |
| 96.8 | 103.7 | 104.6 | 105.8 | 107.0 | 106.0 | 114.9 |
| 94.3 | 106.0 | 109.5 | 112.3 | 111.6 | 108.8 | 124.5 |
| 100.5 | 106.5 | 102.5 | 102.0 | 109.7 | 112.0 | 124.7 |
| 98.9 | 99.6 | 99.6 | 99.6 | 99.6 | 99.6 | 99.6 |
| 100.2 | 100.2 | 100.2 | 100.2 | 100.0 | 100.0 | 100.0 |
| 98.4 | 97.8 | 100.8 | 100.8 | 101.1 | 101.3 | 99.6 |
| 94.5 | 96.3 | 95.9 | 95.7 | 95.7 | 95.6 | 95.9 |
| 81.1 | 80.5 | 79.0 | 78.0 | 78.4 | 79.8 | 81.3 |
| 97.6 | 99.9 | 99.9 | 99.9 | 99.9 | 99.5 | 99.5 |
| **100.2** | **100.0** | **100.2** | **104.5** | **104.5** | **103.9** | **103.3** |
| 88.4 | 86.9 | 87.6 | 88.2 | 87.7 | 86.2 | 86.9 |
| 103.6 | 103.6 | 103.7 | 112.9 | 113.0 | 113.0 | 111.2 |
| 96.3 | 96.3 | 97.6 | 95.4 | 97.8 | 97.8 | 97.8 |
| 104.1 | 104.1 | 104.1 | 114.3 | 114.3 | 114.3 | 112.3 |
| 102.0 | 102.5 | 103.0 | 102.5 | 102.6 | 102.4 | 103.4 |
| 98.5 | 98.5 | 98.3 | 98.1 | 98.3 | 98.3 | 98.6 |
| 100.2 | 100.2 | 100.2 | 100.4 | 100.2 | 100.6 | 100.6 |
| 105.9 | 106.9 | 108.3 | 107.1 | 107.3 | 106.6 | 108.8 |
| 100.1 | 101.1 | 100.9 | 100.9 | 101.2 | 98.9 | 99.1 |
| **97.8** | **98.4** | **99.3** | **100.1** | **101.3** | **101.2** | **101.4** |
| 97.4 | 97.3 | 97.3 | 97.1 | 97.7 | 97.8 | 98.1 |
| 98.2 | 98.2 | 98.2 | 98.2 | 98.2 | 98.2 | 98.2 |
| 95.0 | 94.9 | 94.9 | 94.9 | 94.9 | 94.9 | 94.9 |
| 99.0 | 100.6 | 102.8 | 104.8 | 107.2 | 106.7 | 107.1 |
| 106.0 | 107.6 | 112.8 | 116.3 | 109.7 | 109.7 | 109.7 |
| 98.9 | 100.0 | 100.0 | 99.3 | 99.3 | 99.5 | 99.5 |
| 85.8 | 89.5 | 94.3 | 100.9 | 112.6 | 120.1 | 127.1 |
| 100.4 | 100.4 | 100.4 | 100.4 | 100.4 | 100.4 | 100.4 |

# 2003年广西城市居民消费价格各月同比指数

以上年同月价格为100

| 类　别 | 1月 | 2月 | 3月 | 4月 | 5月 |
|---|---|---|---|---|---|
| **居民消费价格总指数** | **101.1** | **99.7** | **100.4** | **101.1** | **100.8** |
| **一、食　　品** | **104.2** | **99.7** | **100.2** | **101.2** | **100.4** |
| 1. 粮　　食 | 103.5 | 101.5 | 101.6 | 103.7 | 104.6 |
| 大　　米 | 103.9 | 100.9 | 101.5 | 104.0 | 105.2 |
| 2. 淀粉及薯类 | 106.7 | 96.3 | 99.5 | 99.4 | 96.9 |
| 3. 干豆类及豆制品 | 101.3 | 97.8 | 102.1 | 103.7 | 106.6 |
| 4. 油　　脂 | 100.1 | 101.1 | 104.7 | 106.0 | 105.4 |
| 5. 肉禽及其制品 | 100.0 | 97.5 | 96.6 | 97.1 | 94.2 |
| (1) 食用畜肉及副产品 | 100.7 | 97.8 | 97.4 | 98.6 | 97.8 |
| 猪　　肉 | 99.0 | 96.7 | 97.3 | 97.4 | 95.9 |
| 牛　　肉 | 118.8 | 114.2 | 107.4 | 112.3 | 112.7 |
| 羊　　肉 | 92.6 | 92.2 | 90.9 | 95.7 | 101.1 |
| (2) 禽 | 99.0 | 95.8 | 93.7 | 93.2 | 85.9 |
| 鸡 | 99.4 | 94.4 | 92.6 | 92.9 | 86.1 |
| 鸭 | 100.8 | 109.7 | 97.1 | 91.8 | 79.2 |
| (3) 肉禽加工制品 | 98.8 | 99.7 | 99.0 | 98.8 | 96.9 |
| 6. 蛋 | 98.0 | 94.0 | 93.7 | 94.2 | 92.3 |
| 鲜　　蛋 | 97.9 | 93.6 | 93.3 | 93.8 | 91.9 |
| 7. 水 产 品 | 101.5 | 98.0 | 96.9 | 98.5 | 95.5 |
| (1) 鱼 | 102.4 | 100.2 | 98.6 | 100.4 | 97.1 |
| 淡 水 鱼 | 99.6 | 99.2 | 98.5 | 101.7 | 99.5 |
| 海 水 鱼 | 108.1 | 102.3 | 98.9 | 97.8 | 92.6 |
| (2) 其它水产品 | 99.9 | 94.1 | 94.0 | 94.9 | 92.5 |
| 8. 菜 | 128.5 | 110.5 | 121.7 | 123.0 | 113.3 |
| 鲜　　菜 | 131.1 | 112.1 | 123.9 | 125.4 | 115.0 |
| 9. 调 味 品 | 100.9 | 101.4 | 101.3 | 101.1 | 100.8 |
| 盐 | 102.0 | 102.2 | 101.0 | 101.0 | 101.5 |
| 酱　　油 | 100.2 | 100.2 | 99.6 | 99.5 | 97.9 |
| 10. 糖 | 96.7 | 97.5 | 96.4 | 95.8 | 100.0 |
| 食　　糖 | 82.2 | 85.7 | 86.0 | 85.8 | 92.8 |
| 11. 茶及饮料 | 96.0 | 96.0 | 95.8 | 95.8 | 96.3 |
| (1) 茶　　叶 | 103.5 | 103.5 | 103.5 | 103.5 | 104.1 |
| (2) 饮　　料 | 92.3 | 92.4 | 92.1 | 92.0 | 92.5 |
| 12. 干鲜瓜果 | 116.0 | 100.3 | 93.8 | 97.1 | 109.3 |
| 鲜　　果 | 117.0 | 98.4 | 91.5 | 95.6 | 109.9 |
| 13. 糕点饼干面包 | 98.6 | 98.7 | 98.9 | 98.9 | 99.3 |
| 14. 奶及奶制品 | 94.0 | 93.9 | 92.6 | 93.4 | 93.3 |
| 15. 在外用膳食品 | 99.0 | 99.1 | 99.0 | 99.0 | 99.0 |

| 6月 | 7月 | 8月 | 9月 | 10月 | 11月 | 12月 |
|---|---|---|---|---|---|---|
| **100.5** | **100.6** | **100.9** | **100.8** | **100.8** | **101.6** | **102.3** |
| **99.0** | **100.3** | **101.3** | **103.2** | **103.4** | **105.2** | **107.3** |
| 105.2 | 104.8 | 105.0 | 103.9 | 105.4 | 110.3 | 111.2 |
| 106.3 | 105.7 | 105.8 | 104.3 | 105.5 | 110.0 | 110.8 |
| 94.0 | 89.1 | 88.9 | 95.9 | 101.1 | 100.2 | 104.1 |
| 108.1 | 107.6 | 107.4 | 106.6 | 106.6 | 115.0 | 119.0 |
| 106.9 | 106.0 | 105.3 | 105.7 | 111.3 | 120.6 | 121.3 |
| 97.4 | 100.4 | 102.1 | 106.5 | 106.8 | 109.1 | 109.5 |
| 99.5 | 101.6 | 103.5 | 109.1 | 109.7 | 112.1 | 111.9 |
| 98.5 | 102.0 | 103.9 | 109.8 | 111.0 | 113.1 | 114.0 |
| 110.6 | 113.4 | 109.8 | 113.3 | 112.6 | 110.8 | 107.7 |
| 100.5 | 104.0 | 101.8 | 94.9 | 95.2 | 95.3 | 99.7 |
| 92.9 | 97.5 | 99.1 | 102.0 | 102.0 | 103.8 | 105.3 |
| 92.3 | 95.8 | 97.2 | 100.6 | 102.1 | 102.9 | 103.5 |
| 96.2 | 111.7 | 114.1 | 112.7 | 100.7 | 111.7 | 119.1 |
| 97.8 | 101.3 | 102.1 | 104.3 | 103.4 | 106.3 | 107.3 |
| 90.6 | 91.2 | 96.3 | 101.5 | 100.1 | 110.2 | 112.5 |
| 90.0 | 90.7 | 96.1 | 101.5 | 100.1 | 110.8 | 113.1 |
| 95.9 | 98.2 | 97.5 | 99.9 | 98.4 | 101.1 | 102.0 |
| 97.8 | 98.8 | 99.6 | 102.1 | 100.6 | 102.5 | 103.8 |
| 98.0 | 100.1 | 100.9 | 100.3 | 101.6 | 101.7 | 101.9 |
| 97.3 | 96.6 | 97.1 | 105.8 | 98.5 | 104.2 | 107.7 |
| 92.4 | 97.1 | 93.7 | 95.8 | 94.5 | 98.6 | 98.8 |
| 99.5 | 91.2 | 93.8 | 109.0 | 105.6 | 104.2 | 119.6 |
| 99.6 | 90.9 | 93.8 | 110.0 | 106.4 | 104.6 | 121.5 |
| 100.9 | 101.7 | 101.7 | 102.5 | 102.6 | 102.4 | 103.6 |
| 101.5 | 101.5 | 101.5 | 101.5 | 101.5 | 100.6 | 100.6 |
| 97.6 | 101.7 | 99.7 | 101.6 | 101.3 | 101.8 | 101.9 |
| 100.3 | 99.6 | 101.2 | 100.1 | 99.8 | 100.7 | 101.3 |
| 93.4 | 93.5 | 98.1 | 99.4 | 98.8 | 101.0 | 101.3 |
| 97.3 | 96.5 | 96.7 | 96.4 | 96.6 | 97.0 | 96.7 |
| 104.1 | 102.1 | 102.1 | 102.1 | 102.1 | 102.1 | 102.1 |
| 93.9 | 93.8 | 94.1 | 93.6 | 94.0 | 94.5 | 94.2 |
| 97.0 | 115.8 | 117.9 | 100.3 | 101.1 | 98.8 | 98.0 |
| 95.4 | 119.7 | 123.0 | 101.1 | 101.7 | 96.6 | 95.7 |
| 100.1 | 100.5 | 100.3 | 100.4 | 100.5 | 100.5 | 101.0 |
| 93.2 | 93.2 | 93.5 | 93.3 | 93.1 | 93.1 | 92.8 |
| 99.0 | 99.0 | 99.1 | 99.1 | 99.4 | 99.7 | 100.0 |

# 2003 年广西城市居民消费价格各月同比指数（续表 1）

以上年同月价格为 100

| 类　别 | 1 月 | 2 月 | 3 月 | 4 月 | 5 月 |
|---|---|---|---|---|---|
| 16. 其它食品及食品加工服务 | 99.0 | 99.0 | 99.4 | 99.5 | 99.6 |
| **二、烟酒及用品** | **100.9** | **100.5** | **100.7** | **100.0** | **99.1** |
| 1. 烟　　草 | 100.7 | 100.6 | 100.6 | 98.3 | 97.4 |
| 2. 酒 | 101.2 | 100.4 | 100.9 | 102.8 | 102.6 |
| 3. 吸烟饮酒用品 | 101.2 | 100.9 | 100.2 | 100.2 | 96.3 |
| **三、衣　　着** | **93.8** | **95.9** | **99.4** | **100.8** | **100.6** |
| 1. 服　　装 | 93.4 | 94.8 | 97.5 | 99.1 | 99.1 |
| (1) 男式服装 | 90.4 | 92.6 | 95.8 | 99.2 | 100.1 |
| (2) 女式服装 | 94.3 | 94.7 | 97.8 | 99.0 | 98.5 |
| (3) 儿童服装 | 99.2 | 101.9 | 101.5 | 99.1 | 99.2 |
| 2. 衣着材料 | 95.2 | 98.3 | 98.6 | 96.4 | 96.9 |
| 3. 鞋 袜 帽 | 94.2 | 98.3 | 105.0 | 106.6 | 105.6 |
| (1) 鞋 | 93.5 | 98.0 | 105.4 | 107.3 | 106.2 |
| (2) 袜　　子 | 100.0 | 100.0 | 100.0 | 100.0 | 100.0 |
| (3) 帽　　子 | 103.7 | 103.7 | 103.7 | 100.0 | 100.0 |
| 4. 衣着加工服务 | 100.0 | 100.0 | 100.0 | 100.0 | 100.0 |
| **四、家庭设备用品及维修服务** | **95.4** | **94.9** | **95.4** | **95.7** | **96.0** |
| 1. 耐用消费品 | 91.5 | 91.9 | 92.1 | 91.4 | 91.9 |
| (1) 家　　具 | 92.0 | 92.3 | 92.3 | 92.3 | 94.4 |
| (2) 家庭设备 | 91.2 | 91.6 | 91.8 | 90.7 | 90.2 |
| 2. 室内装饰品 | 96.1 | 95.9 | 95.0 | 95.0 | 95.1 |
| 3. 床上用品 | 99.4 | 92.2 | 99.9 | 99.8 | 100.2 |
| 4. 家庭日用杂品 | 96.0 | 96.5 | 96.3 | 96.3 | 96.3 |
| 5. 家庭服务及加工维修服务 | 106.9 | 104.7 | 104.7 | 110.1 | 110.1 |
| **五、医疗保健和个人用品** | **99.4** | **99.8** | **99.6** | **103.6** | **105.6** |
| 1. 医疗保健 | 100.2 | 100.5 | 100.2 | 106.1 | 108.8 |
| (1) 医疗器具及用品 | 100.8 | 100.0 | 100.1 | 100.1 | 100.7 |
| (2) 中药材及中成药 | 98.8 | 99.8 | 100.1 | 113.0 | 117.4 |
| (3) 西　　药 | 99.8 | 99.4 | 99.0 | 98.6 | 98.0 |
| (4) 保健器具及用品 | 99.2 | 102.7 | 99.5 | 99.4 | 101.4 |
| (5) 医疗保健服务 | 104.1 | 104.1 | 104.1 | 116.4 | 125.1 |
| 2. 个人用品及服务 | 97.8 | 98.2 | 98.0 | 97.8 | 98.0 |
| (1) 化妆美容用品 | 102.0 | 103.2 | 101.9 | 101.7 | 101.7 |
| (2) 卫生用品 | 93.7 | 95.1 | 94.0 | 94.9 | 95.0 |
| (3) 个人饰品 | 101.9 | 102.6 | 102.4 | 100.8 | 101.3 |
| (4) 个人服务 | 94.4 | 92.6 | 94.4 | 94.4 | 94.4 |
| **六、交通和通讯** | **97.1** | **97.2** | **96.7** | **96.2** | **96.0** |
| 1. 交　　通 | 99.5 | 99.7 | 98.8 | 98.1 | 97.5 |

| 6月 | 7月 | 8月 | 9月 | 10月 | 11月 | 12月 |
|---|---|---|---|---|---|---|
| 99.2 | 98.8 | 97.5 | 98.1 | 99.3 | 95.9 | 98.7 |
| **98.2** | **97.8** | **97.9** | **97.9** | **97.7** | **96.3** | **99.6** |
| 96.4 | 96.2 | 96.4 | 96.5 | 96.4 | 95.7 | 96.5 |
| 101.7 | 100.8 | 100.7 | 100.4 | 100.1 | 97.2 | 105.4 |
| 96.3 | 96.3 | 96.3 | 96.3 | 96.3 | 96.3 | 96.2 |
| **101.0** | **102.5** | **101.8** | **101.2** | **101.5** | **99.1** | **98.1** |
| 98.5 | 99.0 | 99.4 | 98.6 | 99.0 | 95.9 | 93.9 |
| 97.3 | 98.4 | 100.7 | 99.2 | 99.3 | 95.1 | 94.0 |
| 99.3 | 100.3 | 99.2 | 98.0 | 97.8 | 95.5 | 92.7 |
| 98.9 | 94.9 | 96.4 | 99.1 | 102.5 | 100.1 | 99.0 |
| 97.0 | 97.6 | 98.3 | 99.9 | 100.7 | 99.3 | 99.8 |
| 109.2 | 114.0 | 109.5 | 109.0 | 108.7 | 108.0 | 109.9 |
| 110.3 | 115.7 | 110.6 | 110.0 | 109.5 | 108.8 | 110.9 |
| 100.0 | 100.0 | 100.0 | 100.0 | 100.0 | 100.0 | 100.0 |
| 100.0 | 100.0 | 100.0 | 100.0 | 100.0 | 100.0 | 100.0 |
| 98.3 | 98.3 | 98.3 | 98.3 | 98.3 | 98.3 | 98.3 |
| **96.2** | **96.3** | **96.7** | **97.1** | **97.6** | **98.9** | **98.3** |
| 92.3 | 92.0 | 93.3 | 93.4 | 94.4 | 96.0 | 96.5 |
| 96.1 | 97.4 | 99.8 | 99.6 | 98.2 | 96.8 | 98.4 |
| 89.8 | 88.5 | 89.2 | 89.5 | 92.0 | 95.4 | 95.3 |
| 95.1 | 97.7 | 97.7 | 97.6 | 97.7 | 100.2 | 92.6 |
| 101.9 | 99.2 | 98.8 | 98.8 | 99.1 | 98.6 | 99.5 |
| 96.9 | 97.9 | 96.7 | 98.3 | 98.0 | 99.7 | 98.2 |
| 108.2 | 108.2 | 108.2 | 108.2 | 108.2 | 108.2 | 108.2 |
| **105.9** | **101.7** | **102.7** | **103.0** | **102.8** | **103.7** | **103.7** |
| 109.7 | 103.3 | 104.1 | 104.1 | 103.7 | 104.7 | 104.8 |
| 101.7 | 102.1 | 104.2 | 101.6 | 103.8 | 103.8 | 103.7 |
| 119.7 | 106.3 | 104.3 | 104.2 | 103.3 | 103.6 | 103.5 |
| 98.5 | 94.5 | 94.5 | 94.5 | 94.4 | 95.6 | 95.9 |
| 101.9 | 94.0 | 94.0 | 93.8 | 93.4 | 96.3 | 96.3 |
| 125.1 | 125.1 | 133.8 | 133.8 | 133.8 | 134.5 | 134.5 |
| 96.9 | 97.9 | 99.2 | 100.2 | 100.4 | 101.2 | 101.1 |
| 100.7 | 101.8 | 101.8 | 101.8 | 102.2 | 102.4 | 102.4 |
| 92.1 | 93.6 | 92.0 | 94.4 | 93.7 | 95.3 | 94.9 |
| 101.5 | 102.6 | 101.7 | 103.1 | 104.2 | 105.3 | 105.2 |
| 94.4 | 94.4 | 103.2 | 103.2 | 103.2 | 103.2 | 103.2 |
| **95.9** | **96.1** | **96.3** | **96.5** | **95.7** | **95.4** | **95.6** |
| 98.9 | 99.0 | 98.9 | 99.1 | 97.6 | 96.2 | 97.2 |

# 2003年广西城市居民消费价格各月同比指数（续表2）

以上年同月价格为100

| 类　别 | 1月 | 2月 | 3月 | 4月 | 5月 |
|---|---|---|---|---|---|
| (1) 交通工具 | 89.5 | 92.5 | 92.9 | 91.1 | 90.8 |
| (2) 车用燃料及零配件 | 119.1 | 122.3 | 118.5 | 112.0 | 100.0 |
| 汽　油 | 132.8 | 137.9 | 130.5 | 119.5 | 102.4 |
| 柴　油 | 134.9 | 139.4 | 133.1 | 121.5 | 105.5 |
| (3) 车辆使用及维修 | 98.5 | 98.1 | 97.9 | 98.3 | 98.3 |
| (4) 市区公共交通 | 100.0 | 99.7 | 100.0 | 100.0 | 100.0 |
| (5) 城市间交通 | 103.9 | 100.5 | 96.6 | 98.0 | 100.9 |
| 2. 通　信 | 95.0 | 95.0 | 95.0 | 94.6 | 94.8 |
| (1) 通信工具 | 80.7 | 80.4 | 80.5 | 78.3 | 79.2 |
| (2) 通信服务 | 98.5 | 98.5 | 98.5 | 98.6 | 98.6 |
| **七、娱乐教育文化用品及服务** | **103.3** | **102.9** | **102.8** | **103.1** | **102.6** |
| 1. 文娱用耐用消费品及服务 | 85.9 | 85.9 | 86.0 | 86.9 | 86.8 |
| 2. 教　育 | 111.2 | 111.2 | 111.2 | 111.2 | 111.2 |
| (1) 教材及参考书 | 97.6 | 97.8 | 97.9 | 97.9 | 97.9 |
| (2) 学杂托幼费 | 112.3 | 112.3 | 112.3 | 112.3 | 112.3 |
| 3. 文化娱乐用品 | 103.5 | 102.3 | 101.7 | 101.6 | 101.0 |
| (1) 文化娱乐 | 98.6 | 98.9 | 98.9 | 98.6 | 98.5 |
| (2) 书报杂志 | 103.5 | 103.5 | 103.5 | 103.5 | 103.5 |
| (3) 文 娱 费 | 107.2 | 103.9 | 102.5 | 102.5 | 101.0 |
| 4. 旅游及外出 | 100.7 | 99.3 | 99.0 | 99.9 | 96.4 |
| **八、居　住** | **103.1** | **103.3** | **104.8** | **103.7** | **103.2** |
| 1. 建房及装修材料 | 97.4 | 96.7 | 97.2 | 97.1 | 99.0 |
| 2. 租　房 | 105.1 | 105.1 | 105.1 | 105.1 | 105.1 |
| 3. 自有住房 | 93.6 | 96.7 | 100.0 | 100.0 | 100.0 |
| 4. 水、电、燃料 | 110.5 | 109.8 | 111.3 | 108.8 | 106.7 |
| 水 | 109.7 | 109.7 | 115.7 | 116.8 | 116.8 |
| 电 | 99.5 | 99.5 | 99.5 | 99.5 | 96.2 |
| 液化石油气 | 138.3 | 136.3 | 141.4 | 130.1 | 124.2 |
| 管道燃气 | 100.5 | 100.1 | 106.8 | 106.8 | 106.9 |

| 6月 | 7月 | 8月 | 9月 | 10月 | 11月 | 12月 |
|---|---|---|---|---|---|---|
| 96.3 | 96.1 | 96.3 | 96.5 | 92.4 | 87.8 | 88.9 |
| 99.9 | 101.9 | 101.2 | 100.8 | 96.7 | 97.2 | 100.9 |
| 101.8 | 105.1 | 104.2 | 104.2 | 99.0 | 99.9 | 106.1 |
| 105.9 | 108.4 | 108.4 | 107.7 | 98.4 | 98.6 | 103.3 |
| 99.0 | 98.3 | 98.3 | 98.3 | 98.3 | 99.3 | 99.3 |
| 100.0 | 100.0 | 100.0 | 100.0 | 100.0 | 100.0 | 100.0 |
| 100.5 | 100.6 | 100.5 | 101.5 | 101.0 | 99.5 | 101.4 |
| 93.3 | 93.6 | 94.0 | 94.2 | 94.1 | 94.8 | 94.2 |
| 76.8 | 78.0 | 80.0 | 81.0 | 80.5 | 81.8 | 81.2 |
| 97.3 | 97.3 | 97.2 | 97.2 | 97.2 | 97.7 | 97.1 |
| **103.2** | **102.7** | **102.6** | **96.4** | **96.6** | **96.9** | **97.0** |
| 86.8 | 87.5 | 87.7 | 87.9 | 88.5 | 89.5 | 87.2 |
| 111.2 | 111.2 | 111.2 | 98.2 | 98.0 | 98.0 | 99.7 |
| 97.9 | 97.9 | 97.9 | 97.0 | 94.4 | 94.5 | 94.5 |
| 112.3 | 112.3 | 112.3 | 98.3 | 98.3 | 98.3 | 100.1 |
| 101.8 | 99.7 | 98.8 | 99.3 | 102.0 | 101.6 | 100.7 |
| 99.6 | 99.7 | 99.8 | 99.9 | 100.1 | 100.1 | 99.9 |
| 103.8 | 103.8 | 103.8 | 104.2 | 104.7 | 104.2 | 104.2 |
| 102.0 | 97.1 | 95.0 | 95.8 | 101.7 | 101.0 | 99.1 |
| 99.7 | 97.4 | 97.1 | 98.0 | 95.9 | 97.6 | 96.1 |
| **103.8** | **103.5** | **102.5** | **103.5** | **103.0** | **103.8** | **103.6** |
| 99.0 | 99.2 | 99.1 | 99.4 | 102.9 | 104.7 | 105.4 |
| 105.1 | 105.1 | 105.1 | 120.1 | 120.1 | 120.1 | 120.1 |
| 100.0 | 100.0 | 100.0 | 100.0 | 100.0 | 100.0 | 100.0 |
| 108.0 | 107.4 | 105.1 | 103.9 | 100.8 | 102.0 | 101.2 |
| 116.8 | 115.1 | 109.8 | 106.5 | 106.5 | 106.5 | 106.5 |
| 96.2 | 99.0 | 99.0 | 99.8 | 100.5 | 100.0 | 100.0 |
| 129.6 | 121.9 | 116.2 | 111.0 | 99.1 | 103.3 | 100.2 |
| 106.9 | 106.9 | 106.9 | 106.9 | 106.9 | 106.9 | 106.9 |

# 2004年广西城市居民消费价格各月同比指数

以上年同月价格为100

| 类　别 | 1月 | 2月 | 3月 | 4月 | 5月 |
|---|---|---|---|---|---|
| **居民消费价格总指数** | **101.4** | **101.9** | **103.1** | **103.1** | **104.5** |
| **一、食　　品** | **105.1** | **106.2** | **109.0** | **109.7** | **113.6** |
| 1. 粮　　食 | 112.2 | 114.6 | 136.1 | 140.2 | 137.0 |
| 大　　米 | 111.7 | 114.9 | 139.0 | 142.9 | 138.7 |
| 2. 淀粉及薯类 | 101.9 | 109.0 | 117.3 | 121.2 | 136.3 |
| 3. 干豆类及豆制品 | 123.1 | 126.2 | 127.6 | 129.3 | 128.2 |
| 4. 油　　脂 | 118.3 | 116.1 | 117.7 | 118.3 | 116.5 |
| 5. 肉禽及其制品 | 110.6 | 106.0 | 113.8 | 113.8 | 121.0 |
| (1) 食用畜肉及副产品 | 114.2 | 115.7 | 119.0 | 119.0 | 123.3 |
| 猪　　肉 | 116.1 | 115.1 | 119.6 | 120.3 | 124.6 |
| 牛　　肉 | 113.5 | 114.3 | 116.6 | 114.6 | 113.7 |
| 羊　　肉 | 105.7 | 119.3 | 114.0 | 106.2 | 106.3 |
| (2) 禽 | 103.4 | 85.2 | 104.3 | 102.5 | 116.9 |
| 鸡 | 104.7 | 95.5 | 98.4 | 100.4 | 109.6 |
| 鸭 | 108.2 | 70.3 | 115.5 | 114.9 | 144.3 |
| (3) 肉禽加工制品 | 109.3 | 103.9 | 109.6 | 110.2 | 115.4 |
| 6. 蛋 | 112.5 | 111.3 | 114.3 | 118.1 | 119.8 |
| 鲜　　蛋 | 113.1 | 111.4 | 113.1 | 116.9 | 118.5 |
| 7. 水 产 品 | 101.7 | 102.1 | 106.8 | 110.1 | 117.5 |
| (1) 鱼 | 102.4 | 101.0 | 105.8 | 108.7 | 115.1 |
| 淡 水 鱼 | 103.8 | 103.7 | 109.6 | 111.0 | 118.8 |
| 海 水 鱼 | 99.9 | 96.9 | 100.0 | 105.6 | 109.6 |
| (2) 其它水产品 | 102.7 | 106.7 | 108.9 | 110.4 | 118.8 |
| 8. 菜 | 89.1 | 111.6 | 97.2 | 98.4 | 110.9 |
| 鲜　　菜 | 83.8 | 109.2 | 96.6 | 100.4 | 109.8 |
| 9. 调 味 品 | 101.4 | 101.0 | 101.2 | 101.7 | 101.6 |
| 盐 | 100.6 | 100.6 | 100.6 | 100.6 | 100.0 |
| 酱　　油 | 98.8 | 98.8 | 98.8 | 98.9 | 98.7 |
| 10. 糖 | 98.9 | 98.8 | 100.5 | 101.0 | 100.5 |
| 食　　糖 | 97.7 | 97.4 | 97.3 | 100.2 | 97.6 |
| 11. 茶及饮料 | 97.8 | 97.3 | 98.5 | 98.7 | 98.8 |
| (1) 茶　　叶 | 98.8 | 98.8 | 98.8 | 98.8 | 100.0 |
| (2) 饮　　料 | 97.2 | 96.5 | 98.3 | 98.7 | 98.2 |
| 12. 干鲜瓜果 | 98.9 | 99.6 | 108.0 | 112.1 | 112.8 |
| 鲜　　果 | 95.6 | 97.3 | 107.7 | 112.7 | 113.6 |
| 13. 糕点饼干面包 | 101.7 | 101.7 | 101.6 | 101.7 | 101.4 |
| 14. 奶及奶制品 | 101.9 | 103.2 | 105.8 | 105.3 | 105.9 |
| 15. 在外用膳食品 | 100.8 | 100.7 | 102.2 | 102.6 | 102.6 |

| 6月 | 7月 | 8月 | 9月 | 10月 | 11月 | 12月 |
|---|---|---|---|---|---|---|
| **105.5** | **107.1** | **106.3** | **105.1** | **104.3** | **103.5** | **103.3** |
| **116.2** | **118.6** | **116.6** | **114.0** | **112.4** | **110.3** | **109.3** |
| 134.3 | 133.6 | 133.2 | 134.4 | 133.9 | 127.5 | 124.3 |
| 135.6 | 135.0 | 134.5 | 136.1 | 136.3 | 130.2 | 126.7 |
| 125.9 | 129.6 | 114.7 | 116.9 | 112.1 | 112.0 | 112.2 |
| 129.5 | 129.0 | 129.8 | 130.1 | 129.9 | 121.4 | 116.2 |
| 118.0 | 124.2 | 126.2 | 126.3 | 121.4 | 111.7 | 110.3 |
| 126.3 | 129.9 | 126.8 | 122.3 | 119.1 | 115.7 | 116.2 |
| 131.3 | 135.4 | 133.1 | 127.5 | 123.8 | 118.6 | 117.2 |
| 134.9 | 139.3 | 138.9 | 133.8 | 129.1 | 123.8 | 120.3 |
| 117.8 | 119.1 | 116.3 | 112.6 | 113.2 | 111.9 | 113.3 |
| 109.5 | 110.9 | 109.3 | 109.7 | 110.7 | 111.1 | 111.3 |
| 121.0 | 124.2 | 116.3 | 110.8 | 104.8 | 105.5 | 110.5 |
| 111.7 | 115.0 | 114.7 | 113.5 | 111.5 | 108.1 | 108.8 |
| 134.7 | 132.9 | 117.4 | 105.4 | 104.4 | 110.2 | 112.1 |
| 118.8 | 121.6 | 121.1 | 120.9 | 120.7 | 117.7 | 118.5 |
| 128.6 | 132.4 | 126.5 | 123.7 | 121.3 | 111.7 | 113.2 |
| 129.2 | 133.5 | 126.1 | 121.1 | 118.4 | 108.2 | 110.3 |
| 119.4 | 116.1 | 115.1 | 114.5 | 115.1 | 113.8 | 112.1 |
| 119.0 | 117.4 | 115.9 | 115.2 | 112.3 | 112.0 | 109.6 |
| 124.4 | 121.7 | 119.8 | 118.1 | 114.5 | 113.1 | 112.0 |
| 110.3 | 110.4 | 109.9 | 110.7 | 109.2 | 110.6 | 105.8 |
| 112.5 | 105.1 | 105.5 | 106.1 | 121.2 | 119.8 | 121.5 |
| 113.0 | 126.9 | 115.4 | 103.8 | 99.1 | 100.3 | 95.6 |
| 109.8 | 133.4 | 118.6 | 107.9 | 98.1 | 97.5 | 92.9 |
| 101.5 | 101.5 | 101.2 | 102.4 | 102.6 | 102.4 | 100.7 |
| 100.0 | 100.0 | 100.0 | 100.0 | 100.0 | 100.0 | 100.0 |
| 98.8 | 98.8 | 98.8 | 98.6 | 98.9 | 98.4 | 96.4 |
| 99.5 | 99.4 | 99.6 | 99.8 | 99.9 | 99.3 | 101.1 |
| 95.4 | 95.2 | 95.3 | 95.6 | 95.1 | 94.4 | 94.1 |
| 99.4 | 100.0 | 100.4 | 99.0 | 98.1 | 98.0 | 100.3 |
| 100.0 | 100.0 | 100.0 | 100.0 | 100.0 | 100.0 | 100.0 |
| 99.1 | 100.1 | 100.7 | 98.3 | 96.8 | 96.7 | 100.6 |
| 95.1 | 95.8 | 99.0 | 105.1 | 102.1 | 102.9 | 100.5 |
| 89.4 | 91.0 | 95.6 | 101.9 | 98.3 | 102.0 | 99.2 |
| 101.9 | 101.5 | 101.6 | 101.6 | 101.6 | 101.6 | 101.2 |
| 104.3 | 107.9 | 108.2 | 108.2 | 107.9 | 107.6 | 107.9 |
| 102.6 | 102.6 | 102.5 | 102.5 | 102.6 | 102.3 | 101.9 |

# 2004年广西城市居民消费价格各月同比指数（续表1）

以上年同月价格为100

| 类　别 | 1月 | 2月 | 3月 | 4月 | 5月 |
|---|---|---|---|---|---|
| 16. 其它食品及食品加工服务 | 103.2 | 98.0 | 98.2 | 98.1 | 98.3 |
| **二、烟酒及用品** | **99.8** | **99.9** | **99.4** | **98.7** | **99.0** |
| 1. 烟　草 | 97.2 | 97.2 | 97.1 | 98.3 | 98.7 |
| 2. 酒 | 105.1 | 105.3 | 104.1 | 100.4 | 99.7 |
| 3. 吸烟饮酒用品 | 96.0 | 96.0 | 96.0 | 95.4 | 99.2 |
| **三、衣　着** | **97.8** | **100.7** | **99.4** | **99.6** | **101.8** |
| 1. 服　装 | 92.6 | 95.5 | 96.1 | 95.9 | 98.5 |
| (1) 男式服装 | 91.3 | 93.1 | 89.2 | 89.4 | 88.5 |
| (2) 女式服装 | 91.2 | 95.1 | 98.6 | 97.5 | 100.7 |
| (3) 儿童服装 | 97.2 | 96.8 | 97.9 | 100.4 | 106.1 |
| 2. 衣着材料 | 101.1 | 101.1 | 101.7 | 101.7 | 101.9 |
| 3. 鞋 袜 帽 | 110.6 | 113.5 | 106.1 | 107.6 | 110.0 |
| (1) 鞋 | 111.8 | 115.1 | 106.8 | 108.7 | 111.7 |
| (2) 袜　子 | 100.0 | 100.0 | 100.0 | 100.0 | 100.0 |
| (3) 帽　子 | 98.6 | 98.6 | 98.6 | 98.6 | 98.6 |
| 4. 衣着加工服务 | 98.2 | 98.2 | 98.1 | 98.1 | 98.1 |
| **四、家庭设备用品及维修服务** | **97.9** | **99.1** | **99.0** | **99.1** | **98.8** |
| 1. 耐用消费品 | 96.8 | 96.2 | 97.2 | 99.0 | 98.2 |
| (1) 家　具 | 97.8 | 97.8 | 97.9 | 98.2 | 98.0 |
| (2) 家庭设备 | 95.9 | 94.8 | 96.5 | 99.7 | 98.2 |
| 2. 室内装饰品 | 91.9 | 101.8 | 102.2 | 102.1 | 102.0 |
| 3. 床上用品 | 99.3 | 106.5 | 98.5 | 98.6 | 98.6 |
| 4. 家庭日用杂品 | 98.0 | 99.2 | 99.0 | 98.2 | 98.3 |
| 5. 家庭服务及加工维修服务 | 106.6 | 106.6 | 106.6 | 103.5 | 103.5 |
| **五、医疗保健和个人用品** | **102.9** | **102.0** | **102.6** | **98.4** | **97.0** |
| 1. 医疗保健 | 104.0 | 103.7 | 104.2 | 98.3 | 96.4 |
| (1) 医疗器具及用品 | 105.8 | 105.8 | 105.8 | 106.3 | 106.3 |
| (2) 中药材及中成药 | 102.2 | 100.8 | 103.4 | 90.8 | 88.7 |
| (3) 西　药 | 96.0 | 96.1 | 95.8 | 96.3 | 97.2 |
| (4) 保健器具及用品 | 96.3 | 96.3 | 97.3 | 97.3 | 95.6 |
| (5) 医疗保健服务 | 129.2 | 129.4 | 129.4 | 115.8 | 107.7 |
| 2. 个人用品及服务 | 100.0 | 98.3 | 99.1 | 99.2 | 99.4 |
| (1) 化妆美容用品 | 99.7 | 99.8 | 99.8 | 99.8 | 99.6 |
| (2) 卫生用品 | 93.0 | 92.2 | 92.4 | 92.5 | 92.8 |
| (3) 个人饰品 | 106.2 | 103.9 | 104.8 | 105.3 | 105.9 |
| (4) 个人服务 | 101.3 | 98.0 | 100.0 | 100.0 | 99.8 |
| **六、交通和通讯** | **99.2** | **94.4** | **96.7** | **97.7** | **98.3** |
| 1. 交　通 | 101.4 | 94.0 | 97.7 | 98.9 | 100.1 |

| 6月 | 7月 | 8月 | 9月 | 10月 | 11月 | 12月 |
|---|---|---|---|---|---|---|
| 98.9 | 99.0 | 100.9 | 99.4 | 99.6 | 102.8 | 100.0 |
| **99.4** | **100.0** | **99.4** | **99.4** | **99.4** | **100.3** | **97.7** |
| 99.7 | 99.8 | 99.7 | 99.8 | 99.8 | 99.7 | 99.6 |
| 99.3 | 100.9 | 99.5 | 99.3 | 99.2 | 102.0 | 94.9 |
| 99.2 | 99.2 | 99.2 | 99.2 | 99.2 | 99.2 | 99.2 |
| **102.2** | **100.8** | **99.2** | **97.3** | **95.5** | **95.9** | **97.1** |
| 99.1 | 99.8 | 97.0 | 96.4 | 94.7 | 96.0 | 96.2 |
| 91.0 | 90.3 | 91.9 | 91.6 | 90.5 | 94.8 | 93.7 |
| 100.0 | 101.4 | 97.9 | 97.1 | 95.8 | 95.8 | 96.2 |
| 106.4 | 109.8 | 102.5 | 101.7 | 98.2 | 97.7 | 98.8 |
| 101.8 | 101.3 | 101.6 | 101.5 | 100.2 | 100.4 | 100.6 |
| 110.0 | 103.2 | 103.3 | 97.6 | 95.4 | 94.1 | 97.6 |
| 111.7 | 103.1 | 102.7 | 95.8 | 94.1 | 92.7 | 97.1 |
| 100.0 | 100.1 | 99.8 | 99.6 | 99.6 | 99.6 | 99.5 |
| 98.6 | 98.5 | 98.5 | 98.5 | 98.5 | 98.5 | 98.5 |
| 99.8 | 99.8 | 99.8 | 99.8 | 99.8 | 99.8 | 99.8 |
| **99.1** | **99.9** | **99.8** | **99.7** | **98.5** | **99.3** | **99.2** |
| 98.2 | 99.6 | 99.0 | 98.7 | 98.7 | 98.7 | 98.4 |
| 98.0 | 98.5 | 98.4 | 98.5 | 99.9 | 101.3 | 99.7 |
| 98.0 | 100.1 | 99.1 | 98.3 | 97.2 | 96.3 | 96.8 |
| 102.0 | 102.0 | 102.0 | 102.1 | 102.0 | 102.3 | 100.1 |
| 96.7 | 98.9 | 98.5 | 98.5 | 98.2 | 98.7 | 97.9 |
| 99.0 | 98.9 | 99.6 | 99.6 | 97.0 | 98.3 | 99.2 |
| 105.4 | 105.4 | 105.4 | 105.4 | 105.4 | 105.4 | 105.4 |
| **96.4** | **100.0** | **99.6** | **101.5** | **102.4** | **101.8** | **101.3** |
| 95.3 | 101.1 | 100.4 | 103.8 | 104.6 | 103.8 | 102.7 |
| 106.0 | 105.6 | 104.9 | 104.9 | 104.5 | 102.6 | 99.0 |
| 86.0 | 96.8 | 99.2 | 102.6 | 106.1 | 104.7 | 100.2 |
| 96.3 | 100.0 | 100.0 | 100.2 | 100.2 | 99.8 | 99.8 |
| 95.5 | 104.7 | 104.6 | 102.7 | 102.7 | 99.6 | 99.6 |
| 107.7 | 107.7 | 100.7 | 108.1 | 108.1 | 107.5 | 107.5 |
| 100.2 | 98.4 | 99.0 | 98.6 | 99.6 | 99.2 | 99.3 |
| 100.7 | 99.7 | 99.7 | 99.7 | 99.7 | 99.7 | 99.7 |
| 95.5 | 91.0 | 92.6 | 93.3 | 97.0 | 96.5 | 95.9 |
| 105.2 | 104.2 | 104.6 | 102.4 | 102.0 | 101.1 | 101.6 |
| 99.8 | 99.8 | 99.8 | 99.8 | 99.8 | 99.7 | 99.7 |
| **99.4** | **99.5** | **99.6** | **99.5** | **99.4** | **99.8** | **99.2** |
| 100.2 | 100.2 | 100.2 | 100.0 | 100.4 | 101.5 | 100.7 |

## 2004 年广西城市居民消费价格各月同比指数（续表 2）

以上年同月价格为 100

| 类　别 | 1 月 | 2 月 | 3 月 | 4 月 | 5 月 |
|---|---|---|---|---|---|
| (1) 交通工具 | 90.9 | 88.7 | 88.7 | 91.2 | 94.6 |
| (2) 车用燃料及零配件 | 100.5 | 96.9 | 96.8 | 99.1 | 106.6 |
| 汽　油 | 104.6 | 98.9 | 98.9 | 106.4 | 114.8 |
| 柴　油 | 100.9 | 96.2 | 96.2 | 96.2 | 108.3 |
| (3) 车辆使用及维修 | 100.6 | 101.1 | 101.3 | 101.3 | 101.4 |
| (4) 市区公共交通 | 100.0 | 99.9 | 100.0 | 100.0 | 100.0 |
| (5) 城市间交通 | 111.6 | 88.5 | 103.5 | 104.5 | 102.3 |
| 2. 通　信 | 94.5 | 94.6 | 95.0 | 95.5 | 95.6 |
| (1) 通信工具 | 80.8 | 81.7 | 83.5 | 86.3 | 86.9 |
| (2) 通信服务 | 98.1 | 97.9 | 97.9 | 97.9 | 97.9 |
| **七、娱乐教育文化用品及服务** | **97.0** | **97.4** | **98.0** | **98.1** | **97.7** |
| 1. 文娱用耐用消费品及服务 | 87.5 | 87.4 | 87.6 | 88.9 | 87.4 |
| 2. 教　育 | 99.7 | 100.2 | 100.2 | 100.2 | 100.2 |
| (1) 教材及参考书 | 94.4 | 101.6 | 101.6 | 101.6 | 101.6 |
| (2) 学杂托幼费 | 100.1 | 100.2 | 100.2 | 100.2 | 100.2 |
| 3. 文化娱乐用品 | 101.7 | 102.3 | 105.7 | 105.1 | 100.0 |
| (1) 文化娱乐 | 100.0 | 100.4 | 100.7 | 100.7 | 100.9 |
| (2) 书报杂志 | 103.0 | 103.2 | 103.2 | 103.2 | 103.2 |
| (3) 文 娱 费 | 104.8 | 104.7 | 119.9 | 116.8 | 89.1 |
| 4. 旅游及外出 | 97.5 | 96.8 | 93.2 | 91.5 | 92.7 |
| **八、居　住** | **101.7** | **102.4** | **103.2** | **104.1** | **105.4** |
| 1. 建房及装修材料 | 106.5 | 107.1 | 107.7 | 107.4 | 106.7 |
| 2. 租　房 | 114.3 | 114.3 | 114.3 | 114.3 | 114.3 |
| 3. 自有住房 | 100.0 | 100.0 | 100.0 | 100.0 | 100.0 |
| 4. 水、电、燃料 | 96.9 | 98.4 | 99.1 | 101.5 | 99.7 |
| 水 | 106.5 | 106.5 | 101.0 | 100.0 | 118.7 |
| 电 | 100.0 | 100.0 | 100.0 | 100.1 | 95.7 |
| 液化石油气 | 88.6 | 93.1 | 98.9 | 111.3 | 119.7 |
| 管道燃气 | 106.8 | 106.8 | 99.9 | 100.0 | 99.8 |

| 6月 | 7月 | 8月 | 9月 | 10月 | 11月 | 12月 |
|---|---|---|---|---|---|---|
| 93.8 | 93.9 | 93.9 | 94.0 | 94.3 | 98.4 | 97.5 |
| 107.9 | 106.1 | 107.4 | 110.7 | 110.8 | 110.5 | 106.5 |
| 115.7 | 112.6 | 115.2 | 121.1 | 121.1 | 120.0 | 113.0 |
| 112.8 | 110.9 | 111.7 | 117.5 | 117.4 | 117.3 | 112.2 |
| 101.4 | 101.4 | 101.4 | 101.4 | 101.8 | 100.8 | 100.8 |
| 100.0 | 100.0 | 100.0 | 100.0 | 100.0 | 100.0 | 100.0 |
| 103.2 | 103.7 | 103.6 | 101.8 | 102.6 | 104.2 | 104.2 |
| 97.4 | 97.6 | 97.7 | 97.8 | 96.1 | 96.1 | 94.6 |
| 91.0 | 92.4 | 92.7 | 93.7 | 87.6 | 87.3 | 80.4 |
| 99.2 | 99.2 | 99.2 | 99.2 | 99.2 | 99.2 | 99.9 |
| **98.1** | **98.8** | **99.0** | **98.6** | **98.1** | **98.1** | **99.0** |
| 88.9 | 89.6 | 90.3 | 90.8 | 92.0 | 91.2 | 93.7 |
| 100.2 | 100.2 | 100.2 | 99.6 | 99.6 | 99.6 | 99.6 |
| 101.6 | 101.6 | 101.7 | 101.0 | 101.0 | 101.0 | 101.0 |
| 100.2 | 100.2 | 100.2 | 99.5 | 99.5 | 99.5 | 99.5 |
| 103.6 | 107.1 | 106.8 | 108.6 | 103.9 | 102.6 | 105.4 |
| 100.5 | 100.5 | 100.5 | 100.6 | 100.5 | 100.4 | 100.6 |
| 102.9 | 102.9 | 102.9 | 102.4 | 102.0 | 102.0 | 102.0 |
| 109.8 | 127.3 | 125.1 | 135.6 | 117.7 | 109.5 | 123.8 |
| 91.4 | 95.5 | 96.9 | 96.2 | 97.4 | 100.4 | 96.7 |
| **105.6** | **108.0** | **108.6** | **106.6** | **106.1** | **104.9** | **105.4** |
| 107.8 | 108.6 | 109.3 | 109.3 | 106.1 | 104.2 | 104.4 |
| 114.3 | 114.3 | 114.3 | 100.0 | 100.0 | 100.0 | 100.0 |
| 100.0 | 100.0 | 100.0 | 100.0 | 100.0 | 100.0 | 100.0 |
| 99.1 | 104.4 | 105.2 | 103.9 | 104.3 | 109.4 | 110.4 |
| 118.7 | 118.7 | 118.7 | 118.7 | 118.7 | 118.7 | 118.7 |
| 95.7 | 99.8 | 99.8 | 99.8 | 99.1 | 100.1 | 100.1 |
| 115.8 | 119.5 | 133.5 | 124.5 | 140.4 | 135.4 | 126.1 |
| 100.0 | 99.9 | 110.8 | 111.0 | 111.1 | 113.8 | 116.5 |

# 2005 年广西城市居民消费价格各月同比指数

以上年同月价格为 100

| 类　别 | 1 月 | 2 月 | 3 月 | 4 月 | 5 月 |
|---|---|---|---|---|---|
| **居民消费价格总指数** | **105.2** | **106.4** | **104.1** | **103.8** | **103.4** |
| **一、食　　品** | **108.9** | **112.4** | **106.9** | **105.8** | **104.1** |
| 1. 粮　　食 | 121.7 | 118.8 | 101.1 | 96.9 | 98.6 |
| 大　　米 | 124.4 | 121.0 | 100.7 | 96.5 | 98.6 |
| 2. 淀粉及薯类 | 114.1 | 112.7 | 99.4 | 93.2 | 81.5 |
| 3. 干豆类及豆制品 | 107.6 | 109.9 | 107.3 | 104.0 | 102.9 |
| 4. 油　　脂 | 107.0 | 105.9 | 102.0 | 97.5 | 97.5 |
| 5. 肉禽及其制品 | 113.0 | 119.8 | 114.3 | 115.3 | 111.4 |
| (1) 食用畜肉及副产品 | 114.3 | 113.6 | 111.0 | 108.8 | 106.7 |
| 猪　　肉 | 114.5 | 114.2 | 110.2 | 107.9 | 105.3 |
| 牛　　肉 | 110.5 | 109.4 | 113.4 | 111.4 | 111.9 |
| 羊　　肉 | 110.2 | 108.0 | 109.5 | 108.1 | 104.7 |
| (2) 禽 | 106.2 | 137.1 | 119.8 | 128.2 | 119.0 |
| 鸡 | 109.7 | 129.2 | 124.6 | 126.3 | 122.1 |
| 鸭 | 101.9 | 151.6 | 115.6 | 132.1 | 116.7 |
| (3) 肉禽加工制品 | 115.8 | 121.6 | 116.3 | 117.7 | 114.1 |
| 6. 蛋 | 115.5 | 117.8 | 111.3 | 106.4 | 109.5 |
| 鲜　　蛋 | 113.4 | 116.5 | 109.7 | 104.2 | 108.0 |
| 7. 水 产 品 | 111.8 | 116.8 | 117.1 | 115.2 | 107.4 |
| (1) 鱼 | 111.0 | 116.4 | 115.9 | 113.6 | 106.3 |
| 淡 水 鱼 | 112.4 | 116.4 | 112.8 | 110.7 | 103.6 |
| 海 水 鱼 | 108.7 | 116.7 | 121.8 | 119.0 | 111.6 |
| (2) 其它水产品 | 114.5 | 117.9 | 121.4 | 121.2 | 111.2 |
| 8. 菜 | 107.0 | 106.6 | 97.9 | 98.9 | 102.9 |
| 鲜　　菜 | 113.5 | 111.0 | 96.0 | 97.8 | 105.7 |
| 9. 调 味 品 | 100.4 | 100.4 | 100.3 | 100.1 | 100.0 |
| 盐 | 100.0 | 100.0 | 100.0 | 100.0 | 100.0 |
| 酱　　油 | 96.7 | 96.7 | 96.8 | 96.8 | 96.9 |
| 10. 糖 | 101.6 | 102.4 | 102.5 | 101.1 | 101.6 |
| 食　　糖 | 97.3 | 98.3 | 99.2 | 100.2 | 99.2 |
| 11. 茶及饮料 | 100.7 | 101.0 | 100.5 | 100.4 | 100.7 |
| (1) 茶　　叶 | 100.0 | 100.0 | 100.0 | 100.5 | 100.5 |
| (2) 饮　　料 | 101.2 | 101.7 | 100.9 | 100.4 | 100.8 |
| 12. 干鲜瓜果 | 106.8 | 119.3 | 104.6 | 97.0 | 88.5 |
| 鲜　　果 | 109.2 | 124.3 | 104.9 | 95.7 | 85.6 |
| 13. 糕点饼干面包 | 100.1 | 100.1 | 100.3 | 100.2 | 100.5 |
| 14. 奶及奶制品 | 105.3 | 104.6 | 104.1 | 104.9 | 104.2 |
| 15. 在外用膳食品 | 102.6 | 102.9 | 101.2 | 101.1 | 101.1 |

| 6月 | 7月 | 8月 | 9月 | 10月 | 11月 | 12月 |
|---|---|---|---|---|---|---|
| **102.7** | **101.6** | **101.3** | **101.2** | **102.0** | **102.1** | **102.6** |
| **102.5** | **100.0** | **98.7** | **98.5** | **100.5** | **100.2** | **99.7** |
| 100.6 | 100.7 | 100.6 | 99.7 | 99.1 | 98.9 | 99.6 |
| 100.7 | 100.8 | 100.5 | 99.4 | 98.8 | 98.7 | 99.5 |
| 91.8 | 91.8 | 103.7 | 98.1 | 102.2 | 103.3 | 103.3 |
| 101.3 | 101.2 | 101.2 | 100.8 | 101.0 | 98.9 | 100.6 |
| 92.8 | 86.5 | 84.3 | 85.6 | 83.3 | 82.8 | 84.0 |
| 101.4 | 95.6 | 95.8 | 93.4 | 94.5 | 93.1 | 90.2 |
| 97.6 | 92.9 | 92.7 | 91.5 | 92.8 | 92.2 | 93.8 |
| 93.4 | 87.9 | 86.5 | 84.6 | 85.4 | 83.6 | 84.7 |
| 109.4 | 105.5 | 108.5 | 110.8 | 112.3 | 113.2 | 115.5 |
| 102.9 | 103.7 | 104.4 | 105.9 | 108.7 | 111.0 | 117.2 |
| 100.4 | 91.7 | 94.9 | 90.6 | 93.2 | 87.9 | 74.8 |
| 112.6 | 103.2 | 99.3 | 96.8 | 94.2 | 84.1 | 78.1 |
| 88.0 | 79.5 | 88.6 | 80.9 | 89.4 | 90.1 | 67.9 |
| 108.4 | 102.9 | 101.8 | 98.8 | 98.4 | 98.1 | 94.6 |
| 107.4 | 103.0 | 101.3 | 97.7 | 98.4 | 98.3 | 93.9 |
| 104.9 | 100.1 | 99.4 | 97.3 | 98.7 | 98.1 | 93.2 |
| 104.1 | 106.6 | 106.9 | 106.6 | 106.7 | 105.9 | 107.0 |
| 101.8 | 104.7 | 104.4 | 104.4 | 105.3 | 106.6 | 109.1 |
| 98.4 | 99.1 | 98.1 | 99.8 | 99.5 | 101.5 | 104.8 |
| 108.5 | 114.8 | 115.5 | 112.7 | 115.6 | 115.1 | 116.2 |
| 113.9 | 114.9 | 117.7 | 115.6 | 111.8 | 102.9 | 99.5 |
| 117.4 | 109.3 | 98.0 | 98.3 | 111.4 | 115.5 | 118.8 |
| 129.9 | 113.6 | 95.4 | 95.8 | 118.5 | 124.3 | 129.3 |
| 99.9 | 100.3 | 100.3 | 99.5 | 100.2 | 98.7 | 100.7 |
| 100.0 | 100.3 | 100.3 | 100.3 | 100.3 | 100.3 | 100.3 |
| 96.8 | 96.8 | 96.8 | 97.7 | 99.4 | 95.1 | 99.3 |
| 103.9 | 104.7 | 106.0 | 109.1 | 114.1 | 113.9 | 113.5 |
| 101.2 | 102.9 | 107.1 | 113.6 | 126.4 | 126.7 | 128.9 |
| 102.1 | 101.4 | 101.4 | 103.5 | 103.6 | 103.3 | 101.3 |
| 103.1 | 103.1 | 103.1 | 103.1 | 103.1 | 103.1 | 103.1 |
| 101.5 | 100.3 | 100.4 | 103.8 | 104.0 | 103.4 | 100.2 |
| 102.4 | 110.9 | 107.7 | 117.6 | 127.4 | 126.8 | 126.9 |
| 104.1 | 113.4 | 108.4 | 120.7 | 133.4 | 131.6 | 130.2 |
| 99.7 | 99.7 | 100.0 | 100.7 | 100.7 | 99.5 | 104.1 |
| 106.0 | 101.9 | 105.5 | 103.0 | 100.9 | 102.6 | 100.7 |
| 101.1 | 101.1 | 101.1 | 101.0 | 101.0 | 101.4 | 101.4 |

## 2005 年广西城市居民消费价格各月同比指数（续表 1）

以上年同月价格为 100

| 类　别 | 1 月 | 2 月 | 3 月 | 4 月 | 5 月 |
|---|---|---|---|---|---|
| 16. 其它食品及食品加工服务 | 94.8 | 107.6 | 99.5 | 100.8 | 100.1 |
| **二、烟酒及用品** | **98.0** | **97.7** | **98.4** | **99.3** | **100.0** |
| 1. 烟　　草 | 100.1 | 100.2 | 100.7 | 100.7 | 100.7 |
| 2. 酒 | 95.0 | 94.1 | 95.2 | 97.3 | 98.9 |
| 3. 吸烟饮酒用品 | 99.6 | 99.6 | 99.6 | 100.3 | 100.3 |
| **三、衣　　着** | **100.7** | **97.5** | **94.6** | **93.7** | **94.5** |
| 1. 服　　装 | 101.3 | 97.0 | 92.2 | 89.7 | 91.9 |
| (1) 男式服装 | 98.9 | 95.4 | 92.0 | 87.6 | 88.6 |
| (2) 女式服装 | 102.2 | 94.5 | 88.6 | 88.8 | 92.8 |
| (3) 儿童服装 | 102.5 | 102.1 | 97.3 | 93.3 | 94.4 |
| 2. 衣着材料 | 100.9 | 101.4 | 101.2 | 101.2 | 101.1 |
| 3. 鞋 袜 帽 | 99.7 | 97.5 | 97.5 | 99.6 | 97.9 |
| (1) 鞋 | 99.8 | 96.9 | 96.9 | 99.6 | 97.4 |
| (2) 袜　　子 | 99.5 | 99.5 | 99.5 | 99.5 | 99.5 |
| (3) 帽　　子 | 99.1 | 99.1 | 99.1 | 99.1 | 99.1 |
| 4. 衣着加工服务 | 99.9 | 100.4 | 100.0 | 100.0 | 99.9 |
| **四、家庭设备用品及维修服务** | **99.0** | **98.7** | **98.7** | **98.6** | **98.7** |
| 1. 耐用消费品 | 99.1 | 100.4 | 100.5 | 99.5 | 100.0 |
| (1) 家　　具 | 99.8 | 99.8 | 99.7 | 99.6 | 99.3 |
| (2) 家庭设备 | 98.4 | 101.1 | 101.5 | 99.4 | 101.0 |
| 2. 室内装饰品 | 101.4 | 91.7 | 92.4 | 92.4 | 92.4 |
| 3. 床上用品 | 100.8 | 100.7 | 100.5 | 100.4 | 99.9 |
| 4. 家庭日用杂品 | 97.5 | 96.3 | 96.4 | 97.2 | 97.1 |
| 5. 家庭服务及加工维修服务 | 102.3 | 104.8 | 102.3 | 102.3 | 102.3 |
| **五、医疗保健和个人用品** | **101.3** | **101.6** | **101.3** | **101.3** | **101.5** |
| 1. 医疗保健 | 102.2 | 102.1 | 101.8 | 101.3 | 101.5 |
| (1) 医疗器具及用品 | 96.7 | 96.6 | 97.0 | 95.7 | 98.0 |
| (2) 中药材及中成药 | 102.5 | 102.6 | 99.9 | 95.2 | 94.0 |
| (3) 西　　药 | 97.4 | 97.1 | 97.8 | 99.4 | 100.3 |
| (4) 保健器具及用品 | 99.5 | 99.6 | 98.9 | 98.6 | 101.4 |
| (5) 医疗保健服务 | 107.7 | 107.6 | 107.6 | 107.6 | 107.5 |
| 2. 个人用品及服务 | 100.0 | 100.9 | 100.6 | 101.3 | 101.4 |
| (1) 化妆美容用品 | 99.8 | 99.8 | 99.8 | 99.9 | 100.0 |
| (2) 卫生用品 | 99.8 | 99.5 | 99.1 | 100.4 | 100.0 |
| (3) 个人饰品 | 100.7 | 100.5 | 100.5 | 101.2 | 101.4 |
| (4) 个人服务 | 99.5 | 102.7 | 102.2 | 102.5 | 102.7 |
| **六、交通和通讯** | **96.0** | **102.3** | **99.7** | **100.0** | **100.0** |
| 1. 交　　通 | 96.2 | 104.5 | 101.0 | 101.5 | 101.8 |

| 6月 | 7月 | 8月 | 9月 | 10月 | 11月 | 12月 |
|---|---|---|---|---|---|---|
| 99.9 | 100.3 | 99.6 | 100.8 | 106.4 | 106.6 | 106.7 |
| **100.2** | **99.8** | **100.7** | **100.7** | **100.2** | **100.5** | **100.7** |
| 100.7 | 100.7 | 100.8 | 100.7 | 100.7 | 100.7 | 101.8 |
| 99.2 | 98.4 | 100.5 | 100.7 | 99.5 | 99.9 | 99.0 |
| 101.4 | 101.4 | 101.4 | 101.4 | 101.4 | 101.4 | 101.4 |
| **94.7** | **94.6** | **95.0** | **96.1** | **96.5** | **98.9** | **101.1** |
| 91.2 | 90.3 | 91.0 | 92.2 | 94.0 | 97.0 | 100.3 |
| 85.3 | 84.8 | 82.0 | 84.4 | 89.2 | 89.8 | 92.1 |
| 93.5 | 91.8 | 92.2 | 92.4 | 93.2 | 98.6 | 105.1 |
| 94.1 | 94.0 | 98.8 | 100.1 | 100.1 | 102.4 | 102.3 |
| 102.5 | 102.5 | 102.3 | 102.1 | 102.1 | 102.1 | 102.0 |
| 99.6 | 101.1 | 100.9 | 102.4 | 99.7 | 102.0 | 102.6 |
| 99.3 | 100.7 | 100.4 | 102.2 | 98.7 | 101.8 | 102.9 |
| 100.4 | 102.7 | 103.0 | 103.1 | 103.1 | 103.1 | 102.1 |
| 100.7 | 100.7 | 100.7 | 100.7 | 100.7 | 100.7 | 100.7 |
| 99.9 | 99.9 | 99.9 | 99.9 | 99.9 | 99.9 | 99.9 |
| **99.3** | **99.1** | **99.3** | **99.5** | **100.9** | **100.3** | **100.7** |
| 100.6 | 99.8 | 100.9 | 101.1 | 101.0 | 101.8 | 101.5 |
| 99.5 | 98.9 | 99.5 | 99.5 | 100.5 | 100.5 | 100.5 |
| 102.0 | 100.8 | 102.7 | 103.1 | 101.7 | 103.4 | 102.8 |
| 92.4 | 92.4 | 92.4 | 92.4 | 92.4 | 91.8 | 99.4 |
| 100.6 | 100.7 | 100.9 | 100.2 | 102.2 | 102.1 | 102.4 |
| 97.9 | 98.1 | 97.6 | 97.9 | 101.2 | 98.9 | 98.9 |
| 102.3 | 102.6 | 102.6 | 103.7 | 103.7 | 103.7 | 104.0 |
| **101.9** | **102.6** | **102.0** | **100.3** | **99.0** | **98.7** | **104.7** |
| 101.9 | 102.1 | 101.7 | 98.2 | 96.6 | 95.9 | 106.2 |
| 98.0 | 97.3 | 95.9 | 95.9 | 95.9 | 97.7 | 101.3 |
| 95.3 | 95.8 | 94.1 | 90.5 | 88.1 | 89.5 | 93.9 |
| 100.8 | 101.1 | 101.2 | 101.0 | 98.0 | 94.8 | 94.6 |
| 101.9 | 101.1 | 101.1 | 103.1 | 100.7 | 100.7 | 100.8 |
| 107.5 | 107.5 | 107.5 | 100.2 | 100.2 | 100.2 | 126.3 |
| 101.9 | 103.2 | 102.5 | 103.5 | 102.4 | 102.6 | 102.7 |
| 100.1 | 100.1 | 100.1 | 100.1 | 100.1 | 100.1 | 100.0 |
| 100.9 | 105.6 | 104.0 | 105.6 | 101.1 | 101.6 | 102.6 |
| 102.1 | 102.4 | 101.7 | 103.0 | 103.5 | 103.5 | 103.0 |
| 102.7 | 102.7 | 102.7 | 102.7 | 102.7 | 102.8 | 102.8 |
| **99.6** | **99.9** | **100.8** | **100.9** | **101.3** | **101.9** | **102.8** |
| 101.5 | 102.0 | 103.3 | 103.5 | 103.4 | 104.2 | 104.6 |

# 2005 年广西城市居民消费价格各月同比指数（续表 2）

以上年同月价格为 100

| 类 别 | 1 月 | 2 月 | 3 月 | 4 月 | 5 月 |
|---|---|---|---|---|---|
| (1) 交通工具 | 96.6 | 96.0 | 97.7 | 99.0 | 99.0 |
| (2) 车用燃料及零配件 | 107.5 | 107.5 | 108.6 | 106.9 | 106.3 |
| 汽 油 | 114.6 | 114.6 | 117.7 | 112.3 | 111.4 |
| 柴 油 | 114.5 | 114.5 | 114.5 | 114.5 | 111.9 |
| (3) 车辆使用及维修 | 100.9 | 100.9 | 100.9 | 104.2 | 105.3 |
| (4) 市区公共交通 | 100.0 | 100.0 | 100.0 | 100.0 | 100.0 |
| (5) 城市间交通 | 90.7 | 119.8 | 104.4 | 103.5 | 104.3 |
| 2. 通 信 | 95.6 | 95.7 | 95.6 | 95.5 | 94.4 |
| (1) 通信工具 | 83.6 | 83.6 | 83.4 | 83.0 | 79.1 |
| (2) 通信服务 | 99.9 | 100.0 | 100.0 | 100.0 | 100.0 |
| **七、娱乐教育文化用品及服务** | **109.2** | **108.9** | **108.8** | **108.7** | **109.3** |
| 1. 文娱用耐用消费品及服务 | 94.1 | 93.3 | 93.5 | 93.1 | 93.9 |
| 2. 教 育 | 113.4 | 113.2 | 113.2 | 113.2 | 113.2 |
| (1) 教材及参考书 | 101.1 | 99.1 | 99.1 | 99.3 | 99.3 |
| (2) 学杂托幼费 | 114.2 | 114.2 | 114.2 | 114.2 | 114.2 |
| 3. 文化娱乐用品 | 103.7 | 103.7 | 101.3 | 101.9 | 107.2 |
| (1) 文化娱乐 | 101.1 | 100.6 | 100.6 | 100.8 | 100.7 |
| (2) 书报杂志 | 101.4 | 101.2 | 101.2 | 101.2 | 101.2 |
| (3) 文 娱 费 | 112.8 | 114.6 | 102.2 | 104.4 | 137.6 |
| 4. 旅游及外出 | 97.4 | 98.9 | 101.8 | 102.0 | 102.6 |
| **八、居 住** | **105.1** | **105.4** | **105.0** | **105.3** | **104.8** |
| 1. 建房及装修材料 | 103.1 | 103.0 | 102.5 | 103.1 | 103.0 |
| 2. 租 房 | 100.0 | 100.0 | 100.0 | 100.0 | 100.0 |
| 3. 自有住房 | 101.3 | 101.3 | 101.3 | 101.3 | 101.3 |
| 4. 水、电、燃料 | 111.3 | 112.4 | 112.3 | 112.2 | 111.5 |
| 水 | 119.2 | 119.2 | 119.0 | 119.0 | 100.2 |
| 电 | 100.1 | 100.1 | 100.1 | 100.0 | 103.4 |
| 液化石油气 | 124.8 | 124.8 | 120.2 | 115.8 | 111.1 |
| 管道燃气 | 116.5 | 116.5 | 116.6 | 116.4 | 116.6 |

| 6月 | 7月 | 8月 | 9月 | 10月 | 11月 | 12月 |
|---|---|---|---|---|---|---|
| 98.8 | 98.7 | 98.7 | 98.4 | 98.4 | 100.4 | 100.5 |
| 107.2 | 110.9 | 112.3 | 109.4 | 109.8 | 109.6 | 109.6 |
| 111.4 | 117.0 | 119.3 | 113.7 | 114.4 | 114.4 | 114.4 |
| 112.3 | 118.7 | 121.7 | 115.9 | 116.5 | 116.5 | 116.5 |
| 105.3 | 105.3 | 105.7 | 105.7 | 108.9 | 108.9 | 108.9 |
| 100.0 | 100.0 | 100.0 | 100.0 | 100.0 | 102.8 | 102.8 |
| 103.4 | 104.2 | 108.2 | 110.0 | 108.5 | 107.2 | 108.7 |
| 93.9 | 93.4 | 93.0 | 93.1 | 94.8 | 94.8 | 97.1 |
| 77.4 | 75.7 | 74.5 | 74.5 | 80.3 | 80.1 | 88.6 |
| 100.0 | 100.0 | 100.0 | 100.0 | 100.0 | 100.0 | 100.0 |
| **108.8** | **108.4** | **108.1** | **108.4** | **108.3** | **108.4** | **108.2** |
| 92.8 | 92.5 | 90.5 | 90.1 | 88.8 | 88.8 | 88.5 |
| 113.2 | 113.2 | 113.2 | 113.9 | 113.9 | 113.9 | 113.9 |
| 99.3 | 99.3 | 99.3 | 98.7 | 99.0 | 99.0 | 99.0 |
| 114.2 | 114.2 | 114.2 | 114.9 | 114.9 | 114.9 | 114.9 |
| 102.9 | 98.9 | 99.8 | 98.2 | 99.8 | 101.5 | 99.3 |
| 100.7 | 100.6 | 100.6 | 100.6 | 100.6 | 100.8 | 100.7 |
| 101.2 | 101.2 | 101.2 | 101.2 | 101.4 | 101.4 | 101.4 |
| 110.1 | 90.0 | 94.5 | 88.2 | 94.3 | 101.3 | 92.3 |
| 97.8 | 96.8 | 96.9 | 95.5 | 99.4 | 94.1 | 98.3 |
| **104.0** | **102.8** | **103.1** | **103.7** | **104.2** | **103.9** | **103.6** |
| 102.0 | 101.1 | 101.7 | 102.7 | 103.2 | 103.0 | 102.9 |
| 100.0 | 100.0 | 100.0 | 100.0 | 100.0 | 100.0 | 100.0 |
| 101.3 | 101.3 | 101.3 | 101.3 | 101.3 | 101.3 | 101.8 |
| 111.0 | 108.2 | 107.9 | 108.0 | 108.4 | 107.0 | 105.8 |
| 100.2 | 100.2 | 100.2 | 102.2 | 102.2 | 113.6 | 115.8 |
| 103.4 | 103.4 | 103.4 | 103.4 | 103.4 | 103.4 | 103.4 |
| 112.2 | 116.0 | 108.0 | 120.1 | 113.8 | 110.7 | 117.4 |
| 116.4 | 116.6 | 108.1 | 107.9 | 116.7 | 114.0 | 111.4 |

# 2006年广西城市居民消费价格各月同比指数

以上年同月价格为100

| 类　别 | 1月 | 2月 | 3月 | 4月 | 5月 |
|---|---|---|---|---|---|
| **居民消费价格总指数** | **100.5** | **100.3** | **100.5** | **100.5** | **101.0** |
| **一、食　品** | **100.9** | **101.1** | **101.5** | **100.4** | **101.2** |
| 1. 粮　食 | 100.3 | 100.7 | 100.2 | 99.5 | 99.4 |
| 大　米 | 100.4 | 100.9 | 100.6 | 99.7 | 99.5 |
| 2. 淀　粉 | 102.9 | 114.8 | 113.0 | 117.1 | 120.7 |
| 3. 干豆类及豆制品 | 99.7 | 102.1 | 103.2 | 101.0 | 102.0 |
| 4. 油　脂 | 96.9 | 96.7 | 98.5 | 98.0 | 98.2 |
| 食用植物油 | 96.6 | 96.3 | 99.3 | 99.1 | 99.0 |
| 5. 肉禽及其制品 | 92.1 | 94.1 | 91.4 | 88.5 | 89.4 |
| (1) 食用畜肉及副产品 | 92.8 | 94.0 | 93.2 | 91.5 | 91.7 |
| 猪　肉 | 86.0 | 88.8 | 86.7 | 84.1 | 83.6 |
| 牛　肉 | 109.2 | 100.8 | 104.4 | 103.2 | 102.7 |
| 羊　肉 | 112.1 | 111.2 | 114.4 | 114.0 | 119.8 |
| (2) 禽 | 86.2 | 91.0 | 84.0 | 79.5 | 81.9 |
| 鸡 | 83.8 | 89.0 | 82.9 | 80.5 | 85.7 |
| 鸭 | 90.8 | 94.9 | 85.8 | 77.9 | 75.5 |
| (3) 加工肉禽 | 100.5 | 100.8 | 99.7 | 96.8 | 97.2 |
| 6. 蛋 | 96.7 | 94.5 | 97.2 | 99.8 | 97.8 |
| 鲜　蛋 | 97.1 | 94.8 | 97.8 | 100.8 | 98.6 |
| 7. 水产品 | 104.8 | 104.8 | 97.3 | 98.4 | 101.8 |
| (1) 鱼 | 105.4 | 101.2 | 95.0 | 95.0 | 94.1 |
| 淡水鱼 | 100.7 | 97.9 | 93.7 | 94.6 | 93.9 |
| 海水鱼 | 113.5 | 107.2 | 97.4 | 95.7 | 94.6 |
| (2) 其他水产品 | 103.7 | 112.1 | 101.8 | 105.3 | 118.2 |
| 虾蟹类 | 103.7 | 112.1 | 101.8 | 105.3 | 118.2 |
| 8. 菜 | 112.2 | 106.5 | 114.0 | 108.6 | 109.9 |
| 鲜　菜 | 113.0 | 106.6 | 116.5 | 109.5 | 110.7 |
| 9. 调味品 | 103.0 | 103.1 | 103.0 | 103.0 | 103.1 |
| 盐 | 100.3 | 100.3 | 100.3 | 100.3 | 100.3 |
| 酱　油 | 103.3 | 103.3 | 103.1 | 103.7 | 103.7 |
| 10. 糖 | 113.8 | 119.1 | 119.3 | 119.9 | 120.1 |
| 食　糖 | 137.6 | 155.1 | 158.2 | 156.0 | 159.8 |
| 11. 茶及饮料 | 100.2 | 100.6 | 101.0 | 101.3 | 101.4 |
| (1) 茶　叶 | 102.4 | 102.4 | 102.4 | 102.4 | 102.4 |
| (2) 饮　料 | 99.2 | 99.7 | 100.3 | 100.8 | 100.9 |
| 12. 干鲜瓜果 | 120.9 | 119.0 | 132.5 | 134.4 | 135.3 |
| 鲜瓜果 | 123.6 | 121.1 | 137.5 | 139.5 | 140.6 |
| 13. 糕点饼干 | 103.0 | 103.8 | 104.0 | 104.1 | 104.4 |

| 6 月 | 7 月 | 8 月 | 9 月 | 10 月 | 11 月 | 12 月 |
|---|---|---|---|---|---|---|
| **101.2** | **100.6** | **101.9** | **102.2** | **101.9** | **102.2** | **102.9** |
| **102.0** | **100.3** | **102.9** | **103.3** | **102.5** | **103.7** | **106.7** |
| 99.7 | 100.8 | 100.4 | 102.3 | 102.8 | 103.8 | 105.9 |
| 100.0 | 101.4 | 101.3 | 103.3 | 103.9 | 104.7 | 106.9 |
| 119.3 | 127.3 | 122.6 | 122.1 | 117.9 | 117.5 | 113.0 |
| 102.8 | 102.8 | 102.9 | 102.9 | 102.2 | 102.7 | 103.0 |
| 98.3 | 98.4 | 99.6 | 101.1 | 101.0 | 102.5 | 108.8 |
| 98.8 | 100.0 | 101.0 | 101.8 | 101.1 | 102.4 | 108.6 |
| 91.7 | 93.6 | 97.5 | 100.4 | 105.1 | 108.0 | 116.6 |
| 92.3 | 93.4 | 96.0 | 99.2 | 103.7 | 104.8 | 111.2 |
| 85.3 | 86.9 | 90.2 | 95.4 | 101.9 | 104.6 | 115.5 |
| 100.8 | 102.8 | 103.8 | 101.0 | 101.4 | 101.4 | 98.6 |
| 119.7 | 118.1 | 116.6 | 117.0 | 118.7 | 118.2 | 114.0 |
| 87.6 | 91.1 | 99.2 | 102.6 | 109.7 | 117.6 | 135.3 |
| 87.2 | 87.9 | 97.4 | 97.9 | 101.7 | 116.1 | 132.3 |
| 88.5 | 97.2 | 102.6 | 111.9 | 126.4 | 120.2 | 141.3 |
| 98.2 | 99.0 | 99.3 | 100.4 | 102.2 | 103.3 | 106.8 |
| 93.3 | 94.5 | 101.6 | 104.4 | 105.6 | 109.8 | 116.7 |
| 93.8 | 94.9 | 103.0 | 106.0 | 107.2 | 111.7 | 118.7 |
| 105.4 | 101.8 | 100.2 | 99.7 | 98.4 | 101.0 | 99.4 |
| 99.4 | 96.6 | 95.5 | 95.0 | 95.2 | 96.7 | 94.8 |
| 93.9 | 95.4 | 96.3 | 96.1 | 98.0 | 99.9 | 98.9 |
| 108.8 | 98.4 | 94.4 | 93.3 | 91.2 | 92.1 | 88.7 |
| 119.4 | 114.3 | 111.4 | 110.9 | 105.5 | 110.8 | 109.0 |
| 119.4 | 114.3 | 111.4 | 110.9 | 105.5 | 110.8 | 109.0 |
| 102.5 | 93.7 | 118.2 | 114.7 | 98.6 | 99.2 | 102.0 |
| 102.3 | 91.7 | 121.3 | 117.0 | 97.5 | 98.1 | 100.8 |
| 103.2 | 103.5 | 103.2 | 107.2 | 106.9 | 107.8 | 105.7 |
| 100.3 | 100.0 | 100.0 | 115.0 | 119.5 | 119.5 | 121.2 |
| 104.0 | 103.6 | 103.6 | 103.0 | 101.6 | 103.7 | 100.8 |
| 119.9 | 118.5 | 113.2 | 110.7 | 107.7 | 108.2 | 105.8 |
| 162.9 | 157.9 | 143.2 | 134.2 | 123.1 | 123.1 | 117.1 |
| 100.0 | 99.7 | 100.3 | 100.2 | 101.0 | 101.0 | 100.9 |
| 100.8 | 100.8 | 100.8 | 100.8 | 100.8 | 100.8 | 100.8 |
| 99.6 | 99.2 | 100.0 | 99.8 | 101.0 | 101.0 | 101.0 |
| 147.3 | 129.4 | 112.7 | 107.8 | 103.7 | 101.3 | 100.1 |
| 156.0 | 133.5 | 112.8 | 106.3 | 100.6 | 98.1 | 97.8 |
| 104.8 | 105.0 | 104.1 | 103.3 | 103.7 | 104.9 | 101.2 |

## 2006 年广西城市居民消费价格各月同比指数（续表 1）

以上年同月价格为 100

| 类　别 | 1 月 | 2 月 | 3 月 | 4 月 | 5 月 |
|---|---|---|---|---|---|
| 14. 液体乳及乳制品 | 98.8 | 99.2 | 99.6 | 100.5 | 100.5 |
| 15. 在外用膳食品 | 101.4 | 101.5 | 101.5 | 101.4 | 101.8 |
| 16. 其他食品 | 97.9 | 98.0 | 97.9 | 94.4 | 95.8 |
| **二、烟酒及用品** | **99.5** | **100.2** | **100.1** | **100.0** | **100.0** |
| 1. 烟　　草 | 100.2 | 100.2 | 99.8 | 99.8 | 99.8 |
| 2. 酒 | 97.6 | 99.2 | 99.5 | 99.3 | 99.3 |
| 3. 吸烟、饮酒用品 | 101.9 | 103.0 | 103.0 | 103.0 | 103.0 |
| **三、衣　　着** | **97.1** | **94.9** | **95.3** | **98.6** | **98.1** |
| 1. 服　　装 | 95.9 | 92.1 | 93.3 | 98.8 | 97.1 |
| (1) 男式服装 | 91.8 | 92.3 | 93.4 | 99.2 | 98.9 |
| (2) 女式服装 | 100.8 | 94.2 | 95.9 | 100.4 | 98.3 |
| (3) 儿童服装 | 90.9 | 85.0 | 85.4 | 92.4 | 89.1 |
| 2. 衣着材料 | 100.8 | 101.7 | 100.9 | 100.9 | 100.9 |
| 3. 鞋 袜 帽 | 100.0 | 101.9 | 99.9 | 98.1 | 100.2 |
| (1) 鞋 | 99.4 | 101.4 | 99.1 | 96.8 | 99.2 |
| (2) 袜　　子 | 103.1 | 103.7 | 103.7 | 105.5 | 105.5 |
| (3) 帽　　子 | 103.7 | 106.2 | 103.5 | 103.5 | 104.7 |
| 4. 衣着加工服务费 | 99.2 | 98.5 | 99.6 | 99.6 | 100.5 |
| **四、家庭设备用品及维修服务** | **100.4** | **100.1** | **100.2** | **100.1** | **99.7** |
| 1. 耐用消费品 | 100.3 | 100.1 | 99.5 | 99.1 | 98.0 |
| (1) 家　　具 | 100.9 | 100.9 | 100.9 | 101.2 | 101.2 |
| (2) 家庭设备 | 99.9 | 99.5 | 98.5 | 97.9 | 96.0 |
| 2. 室内装饰品 | 95.1 | 95.1 | 94.7 | 94.9 | 94.9 |
| 3. 床上用品 | 94.0 | 93.6 | 96.5 | 97.4 | 99.6 |
| 4. 家庭日用杂品 | 103.0 | 103.0 | 103.0 | 102.7 | 102.6 |
| 5. 家庭服务及加工维修服务 | 104.1 | 102.4 | 103.5 | 103.5 | 103.5 |
| **五、医疗保健和个人用品** | **102.0** | **102.4** | **103.3** | **103.3** | **103.6** |
| 1. 医疗保健 | 102.1 | 102.8 | 103.3 | 103.2 | 103.0 |
| (1) 医疗器具及用品 | 99.8 | 99.8 | 105.0 | 106.4 | 105.6 |
| (2) 中药材及中成药 | 97.3 | 100.0 | 100.7 | 100.3 | 100.1 |
| (3) 西　　药 | 97.6 | 97.8 | 98.1 | 98.1 | 98.0 |
| (4) 保健器具及用品 | 103.5 | 101.1 | 100.9 | 100.7 | 98.6 |
| (5) 医疗保健服务 | 114.1 | 114.1 | 114.4 | 114.4 | 114.5 |
| 2. 个人用品及服务 | 101.7 | 101.7 | 103.3 | 103.5 | 104.7 |
| (1) 化妆美容用品 | 104.5 | 103.5 | 104.6 | 104.3 | 104.4 |
| (2) 清洁化妆用品 | 96.8 | 97.2 | 100.5 | 99.8 | 100.4 |
| (3) 个人饰品 | 105.8 | 107.7 | 107.4 | 110.8 | 115.5 |
| (4) 个人服务 | 102.7 | 101.4 | 102.2 | 101.2 | 101.2 |

| 6 月 | 7 月 | 8 月 | 9 月 | 10 月 | 11 月 | 12 月 |
|---|---|---|---|---|---|---|
| 101.1 | 100.8 | 99.8 | 100.9 | 100.8 | 100.4 | 100.9 |
| 101.8 | 101.8 | 101.7 | 101.9 | 101.9 | 101.9 | 103.1 |
| 94.9 | 97.0 | 96.8 | 96.3 | 96.6 | 99.2 | 99.2 |
| **99.8** | **100.0** | **100.0** | **100.0** | **100.4** | **100.4** | **100.6** |
| 99.8 | 99.8 | 99.8 | 99.9 | 99.9 | 99.9 | 99.8 |
| 99.3 | 99.7 | 99.6 | 99.5 | 100.6 | 100.4 | 101.2 |
| 101.6 | 102.0 | 102.0 | 102.2 | 102.2 | 102.1 | 102.2 |
| **96.2** | **95.4** | **98.2** | **100.7** | **103.2** | **101.3** | **100.0** |
| 96.6 | 96.1 | 97.2 | 98.9 | 102.2 | 99.7 | 100.2 |
| 99.5 | 99.1 | 99.9 | 99.0 | 101.1 | 98.6 | 97.7 |
| 97.7 | 96.3 | 97.9 | 100.7 | 105.6 | 101.7 | 104.1 |
| 86.4 | 88.8 | 88.4 | 93.2 | 94.1 | 95.3 | 93.3 |
| 99.8 | 101.5 | 101.5 | 102.4 | 101.7 | 99.6 | 99.6 |
| 94.6 | 92.9 | 100.7 | 105.6 | 106.3 | 106.1 | 99.6 |
| 92.9 | 91.1 | 99.6 | 105.6 | 106.7 | 106.5 | 98.3 |
| 104.3 | 101.7 | 106.6 | 106.6 | 104.7 | 104.7 | 106.7 |
| 102.2 | 102.2 | 102.0 | 102.0 | 102.0 | 102.0 | 105.8 |
| 100.5 | 99.9 | 98.6 | 98.6 | 98.6 | 98.6 | 98.6 |
| **99.7** | **99.9** | **100.4** | **100.5** | **100.4** | **101.1** | **101.4** |
| 98.4 | 99.5 | 99.5 | 100.1 | 100.2 | 100.6 | 101.1 |
| 100.4 | 100.5 | 100.5 | 100.7 | 99.9 | 100.2 | 100.2 |
| 97.2 | 99.0 | 98.9 | 99.7 | 100.5 | 100.8 | 101.7 |
| 94.9 | 95.3 | 94.2 | 94.7 | 94.7 | 95.7 | 95.7 |
| 98.5 | 95.1 | 101.1 | 101.3 | 99.6 | 99.6 | 100.7 |
| 102.2 | 102.3 | 102.0 | 101.7 | 101.7 | 103.6 | 103.6 |
| 103.5 | 103.1 | 103.1 | 101.8 | 101.4 | 101.4 | 101.1 |
| **103.4** | **103.2** | **103.4** | **103.1** | **103.8** | **104.8** | **102.3** |
| 103.1 | 103.3 | 103.6 | 103.3 | 104.3 | 105.6 | 101.7 |
| 104.9 | 104.4 | 104.4 | 104.4 | 108.3 | 108.3 | 108.3 |
| 101.2 | 100.8 | 102.5 | 104.2 | 104.0 | 105.6 | 105.8 |
| 97.8 | 98.5 | 98.4 | 96.4 | 98.0 | 100.5 | 100.0 |
| 97.2 | 97.3 | 96.9 | 96.9 | 99.6 | 98.7 | 98.6 |
| 114.4 | 114.4 | 114.4 | 114.4 | 114.4 | 114.4 | 100.0 |
| 104.0 | 103.2 | 103.0 | 102.8 | 102.8 | 103.4 | 103.5 |
| 103.5 | 102.0 | 102.8 | 101.5 | 103.0 | 105.9 | 105.1 |
| 100.3 | 97.8 | 98.4 | 98.5 | 98.5 | 98.1 | 98.6 |
| 113.0 | 114.5 | 112.4 | 112.2 | 111.0 | 110.9 | 110.8 |
| 101.2 | 101.4 | 101.2 | 101.2 | 101.2 | 101.5 | 102.0 |

# 2006年广西城市居民消费价格各月同比指数（续表2）

以上年同月价格为100

| 类别 | 1月 | 2月 | 3月 | 4月 | 5月 |
|---|---|---|---|---|---|
| **六、交通和通信** | **98.1** | **97.4** | **98.5** | **98.4** | **99.0** |
| 1. 交　通 | 104.2 | 102.3 | 104.1 | 103.2 | 103.3 |
| (1) 交通工具 | 98.2 | 98.1 | 98.7 | 98.5 | 98.3 |
| (2) 车用燃料及零配件 | 110.1 | 110.1 | 109.9 | 109.8 | 113.9 |
| 汽　油 | 115.8 | 115.8 | 114.4 | 112.9 | 119.9 |
| 柴　油 | 114.4 | 114.4 | 115.4 | 117.1 | 120.3 |
| (3) 车辆使用及维修费 | 103.3 | 103.3 | 103.3 | 101.1 | 100.5 |
| (4) 市区公共交通费 | 103.4 | 104.1 | 104.9 | 104.8 | 102.3 |
| (5) 城市间交通费 | 110.2 | 100.0 | 107.9 | 105.3 | 105.9 |
| 2. 通　信 | 92.5 | 92.8 | 93.3 | 93.9 | 95.0 |
| (1) 通信工具 | 73.2 | 73.7 | 74.9 | 76.6 | 79.8 |
| (2) 通信服务 | 100.0 | 100.0 | 100.0 | 100.0 | 100.0 |
| **七、娱乐教育文化用品及服务** | **97.8** | **97.4** | **97.6** | **97.6** | **98.2** |
| 1. 文娱用耐用消费品及服务 | 90.3 | 90.8 | 90.6 | 90.3 | 91.3 |
| 2. 教　育 | 100.3 | 100.3 | 100.3 | 100.3 | 100.3 |
| (1) 教材及参考书 | 99.0 | 99.0 | 98.8 | 98.8 | 98.8 |
| (2) 学杂托幼费 | 100.5 | 100.5 | 100.5 | 100.5 | 100.5 |
| 3. 文化娱乐类 | 100.9 | 101.6 | 100.8 | 100.8 | 100.6 |
| (1) 文化娱乐用品 | 99.1 | 98.6 | 98.5 | 98.3 | 97.9 |
| (2) 书报杂志 | 100.2 | 100.2 | 100.2 | 100.2 | 100.2 |
| (3) 文 娱 费 | 103.3 | 105.7 | 103.6 | 103.7 | 103.6 |
| 4. 旅　游 | 97.1 | 90.6 | 93.9 | 94.5 | 98.5 |
| **八、居　住** | **106.1** | **105.6** | **104.5** | **105.1** | **106.3** |
| 1. 建房及装修材料 | 102.1 | 101.5 | 101.2 | 102.1 | 102.6 |
| 2. 租　房 | 100.0 | 100.0 | 100.0 | 104.8 | 104.8 |
| 3. 自有住房 | 101.8 | 101.8 | 100.9 | 100.0 | 102.6 |
| 4. 水、电、燃料 | 111.4 | 110.7 | 108.9 | 108.6 | 110.6 |
| 水 | 114.0 | 114.0 | 114.0 | 114.0 | 114.8 |
| 电 | 100.0 | 100.0 | 100.0 | 100.0 | 100.0 |
| 液化石油气 | 126.5 | 124.4 | 119.7 | 118.9 | 121.6 |
| 管道燃气 | 109.2 | 109.8 | 109.0 | 109.0 | 108.7 |

| 6 月 | 7 月 | 8 月 | 9 月 | 10 月 | 11 月 | 12 月 |
|---|---|---|---|---|---|---|
| **99.8** | **100.9** | **100.5** | **100.9** | **101.0** | **101.0** | **100.6** |
| 104.7 | 106.8 | 105.8 | 106.0 | 106.1 | 105.6 | 104.7 |
| 97.9 | 97.5 | 97.6 | 98.2 | 98.1 | 97.8 | 97.8 |
| 117.0 | 113.0 | 110.5 | 110.3 | 109.9 | 109.9 | 109.7 |
| 125.5 | 119.1 | 115.1 | 114.9 | 114.3 | 114.2 | 113.9 |
| 121.9 | 115.9 | 112.7 | 112.4 | 112.0 | 111.9 | 111.7 |
| 100.5 | 113.0 | 113.0 | 113.0 | 112.4 | 112.4 | 112.3 |
| 106.3 | 108.6 | 108.6 | 108.6 | 108.6 | 105.1 | 105.1 |
| 107.2 | 108.2 | 104.3 | 105.1 | 105.9 | 107.4 | 102.9 |
| 95.1 | 95.0 | 95.2 | 95.7 | 95.8 | 96.4 | 96.4 |
| 79.7 | 78.8 | 79.4 | 80.9 | 81.3 | 81.7 | 80.6 |
| 100.0 | 100.0 | 100.0 | 100.0 | 100.0 | 100.6 | 101.0 |
| **99.1** | **99.2** | **99.0** | **99.9** | **99.8** | **99.7** | **99.8** |
| 91.3 | 91.6 | 91.7 | 91.7 | 92.1 | 92.7 | 92.7 |
| 100.3 | 100.3 | 100.2 | 101.3 | 101.4 | 101.4 | 101.2 |
| 98.8 | 98.7 | 97.7 | 96.9 | 97.6 | 97.6 | 97.6 |
| 100.5 | 100.5 | 100.5 | 102.0 | 102.0 | 102.0 | 101.8 |
| 106.8 | 106.8 | 106.3 | 106.6 | 106.4 | 106.0 | 106.5 |
| 97.7 | 97.1 | 96.3 | 96.2 | 96.2 | 95.7 | 96.5 |
| 100.2 | 100.2 | 100.2 | 100.2 | 100.0 | 100.0 | 100.0 |
| 121.1 | 121.6 | 121.1 | 121.8 | 121.6 | 121.1 | 121.6 |
| 96.2 | 96.3 | 96.3 | 98.3 | 96.3 | 94.9 | 95.1 |
| **105.6** | **105.1** | **106.1** | **105.1** | **103.0** | **102.1** | **102.8** |
| 102.6 | 102.0 | 102.1 | 101.4 | 102.4 | 102.7 | 102.4 |
| 105.6 | 105.6 | 105.6 | 105.6 | 106.1 | 106.5 | 106.5 |
| 102.6 | 102.6 | 103.3 | 103.4 | 103.4 | 103.4 | 103.4 |
| 108.8 | 107.9 | 110.0 | 108.0 | 102.4 | 100.3 | 102.0 |
| 114.8 | 114.8 | 114.8 | 111.1 | 111.1 | 104.1 | 101.1 |
| 100.0 | 102.2 | 102.2 | 102.2 | 99.1 | 101.0 | 101.0 |
| 116.5 | 111.6 | 117.1 | 112.9 | 102.7 | 98.1 | 103.6 |
| 108.1 | 107.2 | 106.5 | 106.6 | 101.4 | 100.6 | 101.1 |

# 2007年广西城市居民消费价格各月同比指数

以上年同月价格为100

| 类　别 | 1月 | 2月 | 3月 | 4月 | 5月 |
|---|---|---|---|---|---|
| **居民消费价格总指数** | **103.1** | **103.2** | **103.8** | **104.0** | **104.0** |
| **一、食　　品** | **107.4** | **106.4** | **108.1** | **109.3** | **109.1** |
| 1. 粮　　食 | 107.9 | 106.6 | 107.1 | 107.3 | 107.0 |
| 大　　米 | 108.4 | 106.7 | 106.6 | 106.9 | 106.6 |
| 2. 淀　　粉 | 100.4 | 100.3 | 105.0 | 102.8 | 99.3 |
| 3. 干豆类及豆制品 | 102.8 | 98.5 | 99.7 | 102.7 | 101.0 |
| 4. 油　　脂 | 111.4 | 111.7 | 110.9 | 114.7 | 116.2 |
| 食用植物油 | 110.3 | 111.1 | 109.5 | 111.4 | 114.1 |
| 5. 肉禽及其制品 | 116.7 | 115.1 | 117.0 | 118.7 | 126.1 |
| (1) 食用畜肉及副产品 | 114.1 | 115.2 | 115.6 | 117.1 | 126.7 |
| 猪　　肉 | 122.4 | 126.1 | 123.8 | 124.7 | 140.2 |
| 牛　　肉 | 97.7 | 97.1 | 98.9 | 101.2 | 100.2 |
| 羊　　肉 | 106.7 | 103.3 | 103.5 | 111.5 | 111.9 |
| (2) 禽 | 127.7 | 119.1 | 125.7 | 126.9 | 131.7 |
| 鸡 | 128.9 | 119.7 | 130.3 | 130.1 | 127.0 |
| 鸭 | 125.6 | 117.7 | 117.8 | 121.3 | 140.9 |
| (3) 加工肉禽 | 107.6 | 107.6 | 107.1 | 109.5 | 114.1 |
| 6. 蛋 | 113.4 | 115.0 | 117.6 | 119.5 | 124.9 |
| 鲜　　蛋 | 114.4 | 116.0 | 118.7 | 120.8 | 126.2 |
| 7. 水 产 品 | 98.6 | 102.2 | 107.8 | 105.3 | 104.8 |
| (1) 鱼 | 95.4 | 99.3 | 103.5 | 103.9 | 106.3 |
| 淡 水 鱼 | 97.0 | 96.7 | 100.7 | 102.8 | 104.9 |
| 海 水 鱼 | 92.8 | 103.6 | 108.2 | 105.8 | 108.8 |
| (2) 其他水产品 | 105.3 | 108.3 | 116.9 | 108.1 | 102.5 |
| 虾 蟹 类 | 105.3 | 108.3 | 116.9 | 108.1 | 102.5 |
| 8. 菜 | 102.4 | 92.4 | 108.0 | 123.9 | 102.6 |
| 鲜　　菜 | 101.9 | 88.7 | 107.5 | 126.9 | 101.3 |
| 9. 调 味 品 | 109.2 | 108.7 | 108.5 | 108.5 | 108.6 |
| 盐 | 123.6 | 123.8 | 123.8 | 123.8 | 123.8 |
| 酱　　油 | 105.1 | 104.9 | 104.8 | 104.1 | 104.3 |
| 10. 糖 | 104.1 | 98.3 | 96.2 | 95.2 | 96.3 |
| 食　　糖 | 111.8 | 94.9 | 90.0 | 88.0 | 90.1 |
| 11. 茶及饮料 | 102.3 | 103.0 | 103.1 | 101.9 | 103.7 |
| (1) 茶　　叶 | 102.8 | 103.9 | 105.1 | 104.6 | 104.9 |
| (2) 饮　　料 | 102.0 | 102.5 | 102.2 | 100.6 | 103.2 |
| 12. 干鲜瓜果 | 106.4 | 106.8 | 99.1 | 89.5 | 88.3 |
| 鲜 瓜 果 | 105.4 | 106.0 | 97.3 | 86.3 | 84.1 |
| 13. 糕点饼干 | 101.8 | 101.5 | 100.9 | 101.0 | 100.7 |

| 6 月 | 7 月 | 8 月 | 9 月 | 10 月 | 11 月 | 12 月 |
|---|---|---|---|---|---|---|
| **104.1** | **106.4** | **107.1** | **107.5** | **107.8** | **108.4** | **108.0** |
| **109.2** | **115.2** | **118.1** | **119.5** | **119.2** | **118.7** | **118.1** |
| 106.8 | 107.7 | 109.2 | 108.1 | 109.4 | 109.4 | 108.0 |
| 107.0 | 106.7 | 108.2 | 105.9 | 107.7 | 108.0 | 106.3 |
| 96.4 | 95.2 | 96.1 | 104.6 | 113.2 | 116.3 | 122.6 |
| 102.0 | 105.9 | 107.8 | 111.1 | 113.1 | 118.1 | 122.9 |
| 120.4 | 122.9 | 125.5 | 126.6 | 129.1 | 133.0 | 136.5 |
| 118.2 | 119.8 | 122.0 | 124.8 | 128.6 | 133.1 | 135.2 |
| 129.8 | 146.3 | 147.5 | 143.8 | 136.2 | 136.5 | 138.5 |
| 134.0 | 157.2 | 164.4 | 158.1 | 146.9 | 149.8 | 153.0 |
| 150.1 | 184.4 | 193.2 | 180.7 | 163.3 | 165.2 | 165.3 |
| 103.2 | 103.2 | 103.6 | 106.2 | 105.6 | 109.5 | 125.7 |
| 113.6 | 117.3 | 122.1 | 128.3 | 130.1 | 128.8 | 122.3 |
| 130.0 | 139.3 | 129.5 | 126.8 | 121.1 | 117.0 | 116.5 |
| 126.1 | 139.5 | 128.3 | 125.8 | 123.5 | 114.5 | 113.1 |
| 137.3 | 139.2 | 131.7 | 128.8 | 117.3 | 121.5 | 122.8 |
| 116.1 | 123.8 | 126.8 | 127.2 | 128.0 | 128.1 | 128.6 |
| 131.6 | 138.0 | 132.7 | 127.7 | 121.0 | 118.6 | 114.9 |
| 132.9 | 139.4 | 133.0 | 127.1 | 119.8 | 117.5 | 113.2 |
| 104.0 | 103.9 | 105.3 | 107.9 | 110.1 | 107.7 | 108.9 |
| 103.0 | 105.0 | 108.6 | 112.0 | 114.1 | 111.9 | 114.8 |
| 106.8 | 111.6 | 114.4 | 116.5 | 117.7 | 114.2 | 115.8 |
| 97.7 | 95.3 | 99.7 | 104.9 | 108.4 | 108.3 | 113.2 |
| 105.5 | 100.5 | 96.3 | 97.3 | 99.8 | 97.5 | 96.4 |
| 105.5 | 100.5 | 96.3 | 97.3 | 99.8 | 97.5 | 96.4 |
| 99.0 | 101.2 | 101.5 | 114.6 | 120.3 | 115.1 | 99.6 |
| 97.0 | 99.6 | 99.8 | 113.9 | 120.1 | 114.2 | 95.4 |
| 108.9 | 107.4 | 107.8 | 103.5 | 102.9 | 103.8 | 104.1 |
| 123.8 | 123.8 | 123.8 | 107.6 | 103.6 | 103.6 | 102.2 |
| 104.3 | 103.3 | 103.3 | 103.0 | 103.6 | 105.7 | 105.2 |
| 96.6 | 96.4 | 102.5 | 103.7 | 103.3 | 102.7 | 103.8 |
| 90.3 | 89.2 | 99.6 | 101.0 | 99.9 | 97.4 | 99.4 |
| 106.6 | 107.5 | 106.5 | 107.0 | 107.1 | 106.8 | 106.8 |
| 104.9 | 106.4 | 106.4 | 106.4 | 106.4 | 106.1 | 106.1 |
| 107.5 | 108.1 | 106.5 | 107.3 | 107.4 | 107.2 | 107.2 |
| 80.3 | 86.8 | 103.2 | 109.0 | 118.2 | 115.8 | 114.8 |
| 74.5 | 81.9 | 101.2 | 108.8 | 121.3 | 116.5 | 114.0 |
| 100.5 | 100.1 | 102.6 | 105.3 | 105.6 | 105.7 | 106.4 |

# 2007 年广西城市居民消费价格各月同比指数（续表 1）

以上年同月价格为 100

| 类　别 | 1 月 | 2 月 | 3 月 | 4 月 | 5 月 |
|---|---|---|---|---|---|
| 14. 液体乳及乳制品 | 100.9 | 100.4 | 99.6 | 100.8 | 101.2 |
| 15. 在外用膳食品 | 102.8 | 103.1 | 102.7 | 103.9 | 103.8 |
| 16. 其他食品 | 99.2 | 100.3 | 100.9 | 102.9 | 102.1 |
| **二、烟酒及用品** | **102.3** | **101.9** | **102.3** | **102.2** | **102.0** |
| 1. 烟　　草 | 100.8 | 100.2 | 100.6 | 100.4 | 100.3 |
| 2. 酒 | 104.3 | 104.1 | 104.6 | 104.6 | 104.1 |
| 3. 吸烟、饮酒用品 | 101.6 | 101.5 | 101.5 | 101.8 | 101.8 |
| **三、衣　　着** | **100.8** | **103.1** | **103.1** | **100.2** | **100.4** |
| 1. 服　　装 | 100.3 | 103.5 | 102.2 | 98.1 | 98.2 |
| (1) 男式服装 | 98.2 | 99.2 | 97.9 | 96.6 | 96.8 |
| (2) 女式服装 | 102.0 | 107.4 | 105.5 | 97.7 | 97.9 |
| (3) 儿童服装 | 100.1 | 102.4 | 102.0 | 103.0 | 102.2 |
| 2. 衣着材料 | 102.0 | 101.1 | 102.0 | 102.9 | 102.6 |
| 3. 鞋 袜 帽 | 102.0 | 102.5 | 106.1 | 105.7 | 106.3 |
| (1) 鞋 | 101.1 | 101.9 | 106.1 | 106.0 | 106.7 |
| (2) 袜　　子 | 106.7 | 106.1 | 105.4 | 103.5 | 104.0 |
| (3) 帽　　子 | 105.6 | 103.1 | 105.8 | 107.0 | 104.8 |
| 4. 衣着加工服务费 | 99.4 | 98.9 | 99.8 | 100.2 | 100.2 |
| **四、家庭设备用品及维修服务** | **101.8** | **101.8** | **102.3** | **102.6** | **102.3** |
| 1. 耐用消费品 | 102.3 | 102.2 | 102.4 | 102.7 | 102.8 |
| (1) 家　　具 | 100.0 | 99.4 | 99.8 | 99.7 | 99.3 |
| (2) 家庭设备 | 103.8 | 104.0 | 104.1 | 104.7 | 105.0 |
| 2. 室内装饰品 | 97.4 | 97.4 | 97.8 | 98.8 | 98.8 |
| 3. 床上用品 | 97.9 | 97.0 | 98.6 | 100.2 | 96.5 |
| 4. 家庭日用杂品 | 102.9 | 102.9 | 103.7 | 103.8 | 103.6 |
| 5. 家庭服务及加工维修服务 | 102.2 | 104.5 | 104.5 | 103.6 | 104.1 |
| **五、医疗保健和个人用品** | **101.1** | **101.0** | **100.3** | **100.8** | **101.4** |
| 1. 医疗保健 | 100.5 | 99.9 | 99.6 | 100.4 | 101.8 |
| (1) 医疗器具及用品 | 107.0 | 107.0 | 101.1 | 100.9 | 100.6 |
| (2) 中药材及中成药 | 105.5 | 103.0 | 102.8 | 106.6 | 112.4 |
| (3) 西　　药 | 97.5 | 97.3 | 97.2 | 96.3 | 95.9 |
| (4) 保健器具及用品 | 97.6 | 99.6 | 99.6 | 99.7 | 98.1 |
| (5) 医疗保健服务 | 100.0 | 100.0 | 100.0 | 100.0 | 100.0 |
| 2. 个人用品及服务 | 102.2 | 103.4 | 101.8 | 101.7 | 100.7 |
| (1) 化妆美容用品 | 100.2 | 100.4 | 99.0 | 100.4 | 100.1 |
| (2) 清洁化妆用品 | 98.9 | 98.7 | 97.1 | 97.2 | 97.2 |
| (3) 个人饰品 | 109.9 | 107.1 | 106.8 | 105.3 | 102.4 |
| (4) 个人服务 | 102.3 | 111.2 | 108.1 | 108.3 | 107.8 |

| 6 月 | 7 月 | 8 月 | 9 月 | 10 月 | 11 月 | 12 月 |
|---|---|---|---|---|---|---|
| 101.0 | 100.8 | 103.8 | 104.0 | 103.7 | 105.3 | 108.5 |
| 103.8 | 104.6 | 105.9 | 106.1 | 106.3 | 106.8 | 106.0 |
| 102.5 | 102.7 | 106.0 | 106.5 | 102.2 | 103.6 | 103.3 |
| **101.9** | **102.0** | **101.2** | **101.3** | **101.0** | **101.5** | **101.1** |
| 100.3 | 100.5 | 99.3 | 99.1 | 99.1 | 99.1 | 99.1 |
| 103.9 | 104.0 | 103.3 | 103.7 | 103.0 | 104.1 | 103.2 |
| 101.8 | 101.5 | 101.5 | 101.3 | 101.3 | 101.3 | 101.3 |
| **100.2** | **101.6** | **99.3** | **98.4** | **101.2** | **103.6** | **103.9** |
| 97.6 | 98.2 | 97.8 | 97.3 | 99.9 | 102.4 | 103.6 |
| 96.1 | 98.5 | 98.4 | 97.3 | 100.8 | 101.4 | 102.9 |
| 97.1 | 97.5 | 97.2 | 96.1 | 98.0 | 103.1 | 102.9 |
| 102.9 | 99.7 | 98.1 | 100.6 | 104.0 | 102.0 | 107.6 |
| 102.6 | 103.3 | 103.3 | 103.1 | 103.2 | 103.2 | 103.2 |
| 107.5 | 111.2 | 103.1 | 101.1 | 104.8 | 106.9 | 104.9 |
| 108.1 | 111.9 | 102.9 | 100.4 | 104.5 | 107.1 | 105.2 |
| 104.0 | 109.2 | 104.2 | 104.2 | 106.1 | 106.1 | 104.3 |
| 104.8 | 104.8 | 105.0 | 105.0 | 105.0 | 105.0 | 100.7 |
| 99.3 | 99.9 | 101.3 | 101.3 | 101.3 | 101.3 | 101.3 |
| **102.2** | **101.9** | **101.5** | **101.4** | **101.7** | **100.9** | **100.8** |
| 102.0 | 101.9 | 102.3 | 101.5 | 101.3 | 100.7 | 100.7 |
| 99.9 | 100.3 | 100.4 | 100.1 | 100.1 | 99.7 | 100.2 |
| 103.3 | 102.8 | 103.4 | 102.3 | 102.1 | 101.2 | 100.9 |
| 98.8 | 96.4 | 97.6 | 98.4 | 98.4 | 98.4 | 98.4 |
| 101.6 | 101.5 | 93.3 | 96.6 | 100.2 | 101.1 | 99.3 |
| 102.9 | 102.4 | 102.5 | 102.4 | 102.4 | 100.1 | 100.5 |
| 104.1 | 105.0 | 105.4 | 105.4 | 105.4 | 105.9 | 105.9 |
| **102.2** | **102.6** | **102.7** | **104.0** | **104.0** | **103.8** | **103.4** |
| 102.5 | 102.6 | 102.6 | 104.2 | 104.0 | 103.6 | 103.6 |
| 101.2 | 101.9 | 101.9 | 101.9 | 98.6 | 98.6 | 98.9 |
| 114.4 | 114.8 | 113.4 | 115.6 | 115.3 | 114.6 | 114.2 |
| 95.7 | 95.5 | 96.2 | 98.5 | 98.8 | 98.2 | 98.3 |
| 99.2 | 98.8 | 99.3 | 99.3 | 98.6 | 99.6 | 99.4 |
| 100.0 | 100.0 | 100.0 | 100.0 | 100.0 | 100.0 | 100.0 |
| 101.6 | 102.6 | 103.0 | 103.6 | 103.8 | 103.9 | 103.2 |
| 100.8 | 102.4 | 101.6 | 102.8 | 101.5 | 99.6 | 99.7 |
| 98.1 | 101.0 | 101.0 | 101.7 | 102.2 | 102.9 | 102.2 |
| 104.2 | 102.1 | 104.5 | 105.6 | 108.3 | 111.0 | 109.0 |
| 107.8 | 107.8 | 107.8 | 107.8 | 107.8 | 107.4 | 106.9 |

# 2007年广西城市居民消费价格各月同比指数（续表2）

以上年同月价格为100

| 类别 | 1月 | 2月 | 3月 | 4月 | 5月 |
|---|---|---|---|---|---|
| **六、交通和通信** | **100.6** | **100.9** | **100.7** | **100.6** | **99.9** |
| 1. 交　通 | 103.8 | 104.5 | 103.8 | 103.4 | 102.4 |
| (1) 交通工具 | 97.7 | 98.4 | 97.5 | 96.4 | 95.8 |
| (2) 车用燃料及零配件 | 108.4 | 107.2 | 106.1 | 103.4 | 100.1 |
| 汽　油 | 111.4 | 108.9 | 107.6 | 104.4 | 99.5 |
| 柴　油 | 111.8 | 111.8 | 110.7 | 109.0 | 104.1 |
| (3) 车辆使用及维修费 | 112.2 | 112.1 | 111.8 | 113.4 | 113.6 |
| (4) 市区公共交通费 | 104.8 | 105.1 | 104.5 | 104.1 | 103.5 |
| (5) 城市间交通费 | 100.3 | 103.8 | 103.1 | 103.7 | 102.4 |
| 2. 通　信 | 97.4 | 97.1 | 97.5 | 97.7 | 97.3 |
| (1) 通信工具 | 80.5 | 79.6 | 79.1 | 80.1 | 78.1 |
| (2) 通信服务 | 102.3 | 102.3 | 102.8 | 102.8 | 102.9 |
| **七、娱乐教育文化用品及服务** | **99.3** | **101.4** | **101.0** | **101.1** | **101.4** |
| 1. 文娱用耐用消费品及服务 | 92.8 | 92.7 | 92.4 | 92.5 | 92.3 |
| 2. 教　育 | 101.2 | 100.8 | 100.8 | 100.8 | 101.8 |
| (1) 教材及参考书 | 97.6 | 95.1 | 93.1 | 93.1 | 93.1 |
| (2) 学杂托幼费 | 101.8 | 101.7 | 102.0 | 102.0 | 103.1 |
| 3. 文化娱乐类 | 106.3 | 106.0 | 108.0 | 108.7 | 109.0 |
| (1) 文化娱乐用品 | 97.7 | 98.3 | 98.2 | 97.9 | 98.3 |
| (2) 书报杂志 | 100.7 | 100.7 | 100.7 | 100.7 | 100.7 |
| (3) 文 娱 费 | 118.9 | 117.3 | 123.2 | 125.8 | 125.9 |
| 4. 旅　游 | 91.9 | 110.5 | 105.3 | 104.8 | 101.8 |
| **八、居　住** | **101.8** | **101.3** | **102.5** | **102.3** | **102.1** |
| 1. 建房及装修材料 | 104.1 | 105.4 | 107.1 | 106.5 | 107.0 |
| 2. 租　房 | 107.5 | 107.5 | 107.8 | 102.9 | 102.9 |
| 3. 自有住房 | 103.3 | 103.3 | 105.3 | 105.3 | 103.9 |
| 4. 水、电、燃料 | 99.1 | 97.5 | 98.7 | 99.8 | 100.4 |
| 水 | 104.8 | 104.8 | 104.8 | 104.8 | 104.0 |
| 电 | 101.0 | 101.0 | 101.0 | 101.0 | 102.1 |
| 液化石油气 | 94.9 | 90.8 | 93.0 | 96.2 | 99.6 |
| 管道燃气 | 100.6 | 98.7 | 99.4 | 99.4 | 99.4 |

| 6 月 | 7 月 | 8 月 | 9 月 | 10 月 | 11 月 | 12 月 |
|---|---|---|---|---|---|---|
| **100.0** | **98.4** | **98.5** | **98.5** | **98.5** | **99.3** | **99.2** |
| 102.0 | 98.8 | 99.1 | 99.0 | 98.8 | 100.7 | 100.9 |
| 96.4 | 96.2 | 95.8 | 95.9 | 95.9 | 95.9 | 96.2 |
| 97.9 | 97.9 | 98.0 | 98.1 | 98.2 | 105.0 | 105.2 |
| 95.8 | 95.8 | 95.8 | 96.0 | 96.2 | 104.8 | 105.2 |
| 99.7 | 99.7 | 99.9 | 99.9 | 99.9 | 108.8 | 109.0 |
| 115.4 | 102.7 | 102.7 | 102.7 | 102.7 | 102.7 | 104.0 |
| 102.2 | 100.0 | 100.0 | 100.0 | 100.0 | 100.0 | 100.0 |
| 101.7 | 98.1 | 100.5 | 99.7 | 98.6 | 102.6 | 102.1 |
| 97.8 | 98.1 | 98.0 | 97.9 | 98.1 | 97.8 | 97.4 |
| 80.4 | 81.2 | 80.7 | 80.4 | 81.3 | 81.4 | 80.8 |
| 102.8 | 102.8 | 102.8 | 102.8 | 102.8 | 102.3 | 101.9 |
| **100.3** | **101.2** | **101.4** | **100.3** | **100.3** | **100.5** | **100.3** |
| 92.7 | 92.7 | 92.6 | 92.6 | 92.9 | 92.7 | 92.3 |
| 101.8 | 101.8 | 101.9 | 100.5 | 100.4 | 100.4 | 100.4 |
| 93.1 | 93.1 | 93.9 | 93.7 | 92.8 | 92.8 | 92.8 |
| 103.2 | 103.2 | 103.2 | 101.5 | 101.5 | 101.5 | 101.5 |
| 103.1 | 103.6 | 103.8 | 103.0 | 103.3 | 103.7 | 103.7 |
| 98.8 | 99.9 | 100.3 | 100.1 | 100.3 | 100.4 | 99.4 |
| 101.1 | 101.1 | 101.1 | 101.1 | 101.1 | 100.7 | 100.7 |
| 108.4 | 108.8 | 108.9 | 107.1 | 107.8 | 109.0 | 109.8 |
| 102.0 | 107.1 | 107.9 | 106.1 | 105.2 | 107.6 | 106.5 |
| **103.5** | **104.6** | **103.6** | **103.7** | **105.7** | **109.9** | **108.5** |
| 108.3 | 110.0 | 109.8 | 112.2 | 113.7 | 116.0 | 115.2 |
| 102.0 | 102.0 | 103.0 | 103.0 | 102.5 | 102.1 | 102.1 |
| 103.9 | 105.2 | 105.9 | 107.7 | 107.7 | 107.7 | 107.8 |
| 103.1 | 104.2 | 101.5 | 100.1 | 104.1 | 111.2 | 108.6 |
| 104.0 | 104.0 | 104.0 | 104.0 | 104.0 | 104.0 | 103.7 |
| 102.2 | 99.9 | 99.9 | 99.9 | 99.9 | 100.0 | 100.0 |
| 106.5 | 111.6 | 104.5 | 101.1 | 111.4 | 130.6 | 122.4 |
| 101.7 | 102.5 | 101.7 | 101.4 | 101.4 | 102.7 | 103.5 |

# 2008年广西城市居民消费价格各月同比指数

以上年同月价格为100

| 类　别 | 1月 | 2月 | 3月 | 4月 | 5月 |
|---|---|---|---|---|---|
| **居民消费价格总指数** | **108.9** | **112.0** | **110.4** | **111.1** | **110.3** |
| **一、食　　品** | **121.4** | **130.9** | **125.5** | **128.3** | **126.3** |
| 1. 粮　　食 | 105.9 | 107.6 | 108.0 | 110.4 | 118.1 |
| 大　　米 | 104.0 | 105.8 | 106.6 | 109.4 | 119.0 |
| 2. 淀　　粉 | 128.8 | 135.2 | 132.8 | 136.3 | 138.4 |
| 3. 干豆类及豆制品 | 129.9 | 149.5 | 149.6 | 150.4 | 150.7 |
| 4. 油　　脂 | 133.9 | 136.7 | 139.8 | 134.0 | 131.5 |
| 食用植物油 | 133.0 | 135.4 | 140.0 | 136.5 | 132.1 |
| 5. 肉禽及其制品 | 139.0 | 141.3 | 143.6 | 148.0 | 138.1 |
| (1) 食用畜肉及副产品 | 153.2 | 155.9 | 162.1 | 167.5 | 154.9 |
| 猪　　肉 | 159.2 | 154.0 | 163.9 | 172.5 | 154.1 |
| 牛　　肉 | 139.6 | 162.5 | 160.8 | 162.5 | 164.1 |
| 羊　　肉 | 128.1 | 149.6 | 138.5 | 131.3 | 127.8 |
| (2) 禽 | 117.3 | 119.4 | 116.0 | 121.2 | 114.2 |
| 鸡 | 113.2 | 117.2 | 108.5 | 114.1 | 111.1 |
| 鸭 | 125.2 | 122.7 | 131.4 | 135.5 | 120.2 |
| (3) 加工肉禽 | 129.1 | 131.1 | 132.9 | 133.3 | 126.6 |
| 6. 蛋 | 112.8 | 113.7 | 111.4 | 108.5 | 106.1 |
| 鲜　　蛋 | 111.5 | 112.8 | 110.2 | 107.0 | 105.0 |
| 7. 水 产 品 | 112.0 | 115.5 | 118.4 | 122.9 | 121.3 |
| (1) 鱼 | 114.6 | 118.3 | 123.2 | 133.4 | 136.1 |
| 淡 水 鱼 | 117.4 | 126.3 | 136.0 | 143.8 | 147.6 |
| 海 水 鱼 | 110.2 | 106.0 | 104.2 | 116.9 | 117.9 |
| (2) 其他水产品 | 105.3 | 108.0 | 107.4 | 102.3 | 93.4 |
| 虾 蟹 类 | 105.3 | 108.0 | 107.4 | 102.3 | 93.4 |
| 8. 菜 | 121.8 | 201.6 | 131.1 | 133.0 | 131.7 |
| 鲜　　菜 | 122.0 | 220.0 | 131.7 | 132.6 | 131.5 |
| 9. 调 味 品 | 100.7 | 101.2 | 103.7 | 105.3 | 106.2 |
| 盐 | 100.1 | 100.0 | 100.0 | 100.0 | 100.0 |
| 酱　　油 | 100.5 | 100.7 | 104.6 | 108.0 | 109.5 |
| 10. 糖 | 104.5 | 107.1 | 108.2 | 108.0 | 105.3 |
| 食　　糖 | 99.6 | 103.8 | 106.1 | 105.8 | 101.5 |
| 11. 茶及饮料 | 106.8 | 105.8 | 105.4 | 105.9 | 103.7 |
| (1) 茶　　叶 | 104.1 | 103.0 | 101.8 | 101.5 | 101.2 |
| (2) 饮　　料 | 108.1 | 107.2 | 107.2 | 108.0 | 104.9 |
| 12. 干鲜瓜果 | 111.9 | 114.4 | 108.9 | 119.4 | 116.1 |
| 鲜 瓜 果 | 110.4 | 112.4 | 105.6 | 118.2 | 115.2 |
| 13. 糕点饼干 | 108.4 | 108.6 | 109.6 | 109.6 | 107.9 |

| 6 月 | 7 月 | 8 月 | 9 月 | 10 月 | 11 月 | 12 月 |
|---|---|---|---|---|---|---|
| **110.0** | **108.4** | **106.4** | **105.7** | **105.2** | **102.9** | **101.1** |
| **125.3** | **120.0** | **114.8** | **113.1** | **113.5** | **111.5** | **107.5** |
| 118.2 | 116.2 | 115.6 | 114.9 | 113.0 | 112.2 | 111.7 |
| 118.2 | 117.3 | 116.7 | 117.2 | 114.8 | 114.0 | 113.8 |
| 136.3 | 133.3 | 131.6 | 118.7 | 116.8 | 112.5 | 104.5 |
| 148.6 | 141.6 | 137.9 | 133.2 | 130.5 | 124.1 | 117.9 |
| 125.5 | 124.2 | 119.8 | 116.9 | 113.0 | 103.0 | 89.7 |
| 126.6 | 125.4 | 121.1 | 117.4 | 111.5 | 103.0 | 92.7 |
| 132.1 | 115.5 | 109.9 | 109.2 | 108.6 | 104.4 | 98.7 |
| 146.6 | 122.7 | 113.5 | 110.8 | 108.9 | 101.5 | 94.5 |
| 143.0 | 113.0 | 102.5 | 99.0 | 96.4 | 88.2 | 82.8 |
| 163.5 | 161.9 | 161.3 | 160.0 | 159.0 | 151.5 | 131.9 |
| 126.4 | 126.7 | 122.3 | 117.7 | 111.6 | 107.5 | 107.7 |
| 110.1 | 100.7 | 100.4 | 103.2 | 105.8 | 107.4 | 103.4 |
| 108.1 | 98.6 | 98.3 | 99.4 | 101.0 | 105.5 | 101.9 |
| 113.9 | 104.9 | 105.1 | 110.7 | 115.4 | 111.3 | 106.6 |
| 124.1 | 115.4 | 112.1 | 112.6 | 110.5 | 108.6 | 106.0 |
| 101.2 | 97.4 | 95.1 | 95.2 | 98.7 | 99.2 | 98.0 |
| 100.4 | 96.8 | 94.4 | 95.0 | 98.7 | 99.2 | 98.0 |
| 120.4 | 122.2 | 121.3 | 116.9 | 115.0 | 111.7 | 110.3 |
| 134.6 | 131.6 | 125.7 | 119.9 | 116.8 | 113.5 | 110.6 |
| 146.6 | 137.4 | 131.0 | 128.0 | 122.3 | 119.9 | 113.5 |
| 116.9 | 122.1 | 117.2 | 108.3 | 107.5 | 103.2 | 106.0 |
| 92.2 | 102.3 | 112.2 | 111.0 | 111.8 | 108.0 | 109.6 |
| 92.2 | 102.3 | 112.2 | 111.0 | 111.8 | 108.0 | 109.6 |
| 135.6 | 146.2 | 126.3 | 118.1 | 130.4 | 134.7 | 133.7 |
| 135.9 | 148.4 | 124.9 | 116.5 | 132.7 | 138.4 | 139.1 |
| 107.0 | 108.2 | 109.8 | 109.6 | 109.6 | 107.8 | 108.5 |
| 100.0 | 100.0 | 100.0 | 100.0 | 100.0 | 100.0 | 100.0 |
| 109.7 | 111.3 | 112.5 | 112.3 | 112.6 | 109.9 | 111.2 |
| 106.1 | 106.1 | 104.6 | 103.1 | 103.8 | 104.7 | 103.9 |
| 100.7 | 100.4 | 95.9 | 94.6 | 96.6 | 98.9 | 97.1 |
| 101.7 | 100.6 | 101.9 | 101.6 | 101.0 | 102.1 | 102.1 |
| 101.2 | 99.7 | 99.7 | 99.7 | 99.7 | 101.5 | 101.5 |
| 101.9 | 101.0 | 102.9 | 102.4 | 101.6 | 102.4 | 102.3 |
| 119.1 | 112.5 | 105.7 | 107.8 | 103.0 | 102.6 | 98.8 |
| 119.2 | 111.0 | 102.2 | 105.3 | 100.6 | 101.5 | 97.3 |
| 110.5 | 111.3 | 108.7 | 106.5 | 106.5 | 106.4 | 106.9 |

# 2008 年广西城市居民消费价格各月同比指数（续表 1）

以上年同月价格为 100

| 类　别 | 1 月 | 2 月 | 3 月 | 4 月 | 5 月 |
|---|---|---|---|---|---|
| 14. 液体乳及乳制品 | 114.9 | 117.4 | 118.3 | 116.7 | 119.1 |
| 15. 在外用膳食品 | 109.3 | 110.4 | 111.4 | 112.1 | 118.0 |
| 16. 其他食品 | 106.8 | 106.9 | 105.9 | 105.7 | 106.2 |
| **二、烟酒及用品** | **101.5** | **101.7** | **101.8** | **102.5** | **102.7** |
| 1. 烟　　草 | 97.8 | 98.1 | 97.8 | 98.0 | 98.1 |
| 2. 酒 | 105.5 | 106.0 | 106.7 | 108.0 | 108.5 |
| 3. 吸烟、饮酒用品 | 101.3 | 100.3 | 100.3 | 100.0 | 100.0 |
| **三、衣　　着** | **103.2** | **101.6** | **102.4** | **101.2** | **101.8** |
| 1. 服　　装 | 102.5 | 101.6 | 103.2 | 102.5 | 103.6 |
| (1) 男式服装 | 104.0 | 100.6 | 107.1 | 105.1 | 103.3 |
| (2) 女式服装 | 100.3 | 101.7 | 99.8 | 101.3 | 104.7 |
| (3) 儿童服装 | 106.2 | 103.8 | 104.2 | 99.3 | 100.8 |
| 2. 衣着材料 | 100.8 | 101.0 | 99.4 | 98.5 | 99.6 |
| 3. 鞋 袜 帽 | 105.6 | 102.3 | 101.7 | 98.9 | 98.1 |
| (1) 鞋 | 106.0 | 102.5 | 101.7 | 98.4 | 97.5 |
| (2) 袜　　子 | 104.3 | 101.6 | 102.3 | 102.3 | 101.8 |
| (3) 帽　　子 | 99.7 | 99.7 | 99.7 | 98.6 | 99.5 |
| 4. 衣着加工服务费 | 100.4 | 100.9 | 104.4 | 106.1 | 106.5 |
| **四、家庭设备用品及维修服务** | **101.0** | **101.9** | **102.2** | **102.1** | **102.9** |
| 1. 耐用消费品 | 100.5 | 102.0 | 102.0 | 102.4 | 101.8 |
| (1) 家　　具 | 99.9 | 100.3 | 99.6 | 99.0 | 99.3 |
| (2) 家庭设备 | 100.9 | 103.0 | 103.5 | 104.5 | 103.2 |
| 2. 室内装饰品 | 100.2 | 100.1 | 100.1 | 99.2 | 99.2 |
| 3. 床上用品 | 98.7 | 94.8 | 99.0 | 93.6 | 99.8 |
| 4. 家庭日用杂品 | 101.1 | 103.3 | 102.0 | 102.9 | 104.7 |
| 5. 家庭服务及加工维修服务 | 106.4 | 104.9 | 107.8 | 108.7 | 108.1 |
| **五、医疗保健和个人用品** | **104.0** | **105.2** | **105.4** | **104.2** | **103.3** |
| 1. 医疗保健 | 104.6 | 105.8 | 105.9 | 104.8 | 103.5 |
| (1) 医疗器具及用品 | 100.1 | 99.9 | 99.9 | 100.1 | 100.5 |
| (2) 中药材及中成药 | 114.5 | 117.2 | 117.6 | 114.0 | 108.8 |
| (3) 西　　药 | 100.5 | 101.7 | 101.6 | 101.5 | 101.9 |
| (4) 保健器具及用品 | 99.5 | 99.5 | 99.2 | 99.5 | 100.7 |
| (5) 医疗保健服务 | 100.0 | 99.6 | 99.6 | 99.6 | 99.6 |
| 2. 个人用品及服务 | 102.8 | 103.8 | 104.5 | 103.0 | 103.0 |
| (1) 化妆美容用品 | 98.2 | 99.1 | 100.2 | 99.5 | 100.3 |
| (2) 清洁化妆用品 | 103.1 | 104.2 | 103.5 | 103.1 | 102.6 |
| (3) 个人饰品 | 109.1 | 116.5 | 119.0 | 111.5 | 110.1 |
| (4) 个人服务 | 105.4 | 102.5 | 102.8 | 102.7 | 103.1 |

| 6 月 | 7 月 | 8 月 | 9 月 | 10 月 | 11 月 | 12 月 |
|---|---|---|---|---|---|---|
| 125.8 | 127.4 | 122.7 | 120.9 | 120.6 | 121.5 | 118.5 |
| 120.2 | 118.4 | 116.5 | 116.6 | 116.6 | 115.6 | 114.7 |
| 105.4 | 102.8 | 101.6 | 100.7 | 105.2 | 103.8 | 104.0 |
| **102.9** | **102.9** | **103.8** | **104.0** | **104.3** | **103.7** | **103.6** |
| 98.1 | 98.2 | 99.3 | 99.4 | 99.3 | 99.3 | 99.3 |
| 109.0 | 108.8 | 109.3 | 109.7 | 110.1 | 109.1 | 108.9 |
| 99.9 | 100.2 | 101.1 | 101.3 | 101.3 | 101.3 | 101.3 |
| **104.2** | **104.3** | **104.3** | **103.6** | **98.4** | **96.4** | **95.2** |
| 105.6 | 106.0 | 106.6 | 104.9 | 98.6 | 97.0 | 94.8 |
| 105.5 | 105.4 | 105.6 | 105.2 | 99.9 | 97.7 | 97.7 |
| 105.3 | 105.9 | 106.8 | 106.0 | 96.6 | 96.8 | 93.0 |
| 106.4 | 107.6 | 108.0 | 100.4 | 99.3 | 95.6 | 93.4 |
| 99.6 | 100.4 | 100.0 | 101.8 | 103.4 | 103.4 | 103.4 |
| 101.7 | 100.8 | 99.5 | 99.8 | 97.2 | 94.1 | 95.3 |
| 101.7 | 101.4 | 99.8 | 100.1 | 97.0 | 93.3 | 94.4 |
| 101.8 | 97.2 | 97.7 | 97.7 | 98.1 | 98.1 | 99.5 |
| 99.5 | 99.5 | 99.5 | 99.5 | 99.5 | 100.9 | 101.0 |
| 107.4 | 107.7 | 107.2 | 107.4 | 107.4 | 107.6 | 107.8 |
| **101.8** | **102.8** | **102.9** | **102.8** | **102.8** | **102.8** | **102.5** |
| 101.0 | 100.1 | 99.7 | 100.1 | 100.1 | 100.0 | 99.4 |
| 99.2 | 98.1 | 97.9 | 98.1 | 98.1 | 97.9 | 97.4 |
| 102.0 | 101.3 | 100.8 | 101.4 | 101.3 | 101.2 | 100.6 |
| 99.2 | 101.3 | 101.2 | 101.2 | 101.2 | 100.6 | 101.6 |
| 94.7 | 105.6 | 105.9 | 102.0 | 100.7 | 99.6 | 100.5 |
| 104.2 | 105.4 | 106.2 | 106.5 | 107.2 | 107.7 | 107.0 |
| 108.1 | 107.2 | 106.8 | 107.0 | 107.0 | 107.2 | 107.2 |
| **102.1** | **102.8** | **102.5** | **101.5** | **101.5** | **101.0** | **101.1** |
| 102.3 | 102.0 | 102.2 | 100.6 | 100.8 | 100.7 | 100.9 |
| 100.5 | 100.5 | 100.5 | 100.5 | 100.1 | 100.1 | 99.8 |
| 104.7 | 104.3 | 104.7 | 101.0 | 101.5 | 101.0 | 101.1 |
| 101.9 | 101.2 | 101.0 | 100.2 | 99.9 | 100.1 | 100.6 |
| 102.2 | 107.1 | 110.9 | 110.6 | 113.7 | 113.0 | 113.2 |
| 99.6 | 99.6 | 99.6 | 99.6 | 99.6 | 99.5 | 99.5 |
| 103.2 | 104.5 | 103.3 | 103.2 | 102.8 | 101.7 | 101.5 |
| 100.3 | 100.5 | 98.7 | 99.6 | 99.3 | 99.1 | 99.3 |
| 102.6 | 103.0 | 103.2 | 103.1 | 104.4 | 104.9 | 103.7 |
| 109.2 | 113.5 | 109.4 | 106.8 | 101.9 | 94.9 | 95.2 |
| 104.7 | 107.3 | 107.3 | 107.6 | 107.6 | 106.6 | 107.8 |

# 2008年广西城市居民消费价格各月同比指数（续表2）

以上年同月价格为100

| 类 别 | 1月 | 2月 | 3月 | 4月 | 5月 |
|---|---|---|---|---|---|
| **六、交通和通信** | **97.7** | **98.1** | **97.5** | **97.4** | **98.2** |
| 1. 交　　通 | 101.0 | 101.2 | 100.3 | 100.4 | 101.4 |
| (1) 交通工具 | 95.9 | 96.1 | 96.1 | 97.3 | 98.4 |
| (2) 车用燃料及零配件 | 106.4 | 107.6 | 107.6 | 108.2 | 108.2 |
| 汽　　油 | 107.6 | 109.9 | 109.9 | 110.1 | 110.1 |
| 柴　　油 | 108.9 | 108.8 | 109.1 | 109.1 | 109.1 |
| (3) 车辆使用及维修费 | 103.8 | 103.5 | 99.0 | 97.6 | 99.3 |
| (4) 市区公共交通费 | 100.0 | 99.2 | 99.2 | 99.6 | 100.0 |
| (5) 城市间交通费 | 102.4 | 103.7 | 102.3 | 101.4 | 103.2 |
| 2. 通　　信 | 94.2 | 94.8 | 94.7 | 94.4 | 95.0 |
| (1) 通信工具 | 77.7 | 79.6 | 80.5 | 79.2 | 81.9 |
| (2) 通信服务 | 98.7 | 98.9 | 98.3 | 98.3 | 98.3 |
| **七、娱乐教育文化用品及服务** | **101.1** | **99.5** | **100.0** | **100.2** | **98.9** |
| 1. 文娱用耐用消费品及服务 | 92.7 | 92.9 | 93.7 | 93.7 | 92.9 |
| 2. 教　　育 | 101.0 | 101.0 | 101.6 | 101.6 | 100.6 |
| (1) 教材及参考书 | 93.1 | 93.1 | 99.6 | 99.6 | 99.6 |
| (2) 学杂托幼费 | 102.2 | 102.2 | 101.8 | 101.8 | 100.7 |
| 3. 文化娱乐类 | 103.7 | 103.3 | 102.2 | 101.7 | 101.4 |
| (1) 文化娱乐用品 | 98.8 | 98.9 | 99.5 | 100.0 | 99.7 |
| (2) 书报杂志 | 101.6 | 101.1 | 101.1 | 101.1 | 101.1 |
| (3) 文 娱 费 | 109.9 | 108.9 | 105.3 | 103.6 | 103.2 |
| 4. 旅　　游 | 110.6 | 98.2 | 100.2 | 102.3 | 97.8 |
| **八、居　　住** | **107.6** | **109.1** | **109.4** | **108.7** | **109.1** |
| 1. 建房及装修材料 | 113.5 | 113.1 | 111.9 | 111.8 | 111.4 |
| 2. 租　　房 | 101.4 | 101.4 | 101.4 | 101.4 | 101.4 |
| 3. 自有住房 | 107.8 | 107.8 | 105.8 | 105.8 | 104.6 |
| 4. 水、电、燃料 | 107.5 | 110.8 | 112.4 | 111.0 | 111.4 |
| 水 | 100.0 | 100.0 | 100.0 | 100.0 | 100.0 |
| 电 | 100.0 | 100.0 | 100.0 | 100.0 | 100.0 |
| 液化石油气 | 120.5 | 130.9 | 136.6 | 131.6 | 129.5 |
| 管道燃气 | 103.5 | 104.9 | 105.3 | 105.3 | 105.3 |

| 6月 | 7月 | 8月 | 9月 | 10月 | 11月 | 12月 |
|---|---|---|---|---|---|---|
| **98.5** | **99.7** | **99.9** | **99.9** | **99.7** | **98.7** | **98.0** |
| 101.4 | 103.5 | 103.9 | 104.2 | 104.1 | 102.1 | 100.5 |
| 97.4 | 97.9 | 98.4 | 99.1 | 98.8 | 98.7 | 98.5 |
| 113.6 | 119.6 | 119.3 | 119.2 | 119.1 | 111.3 | 104.7 |
| 118.1 | 127.0 | 127.0 | 126.8 | 126.7 | 116.2 | 106.9 |
| 118.7 | 128.3 | 128.1 | 128.1 | 128.1 | 117.3 | 106.8 |
| 98.1 | 98.0 | 98.2 | 98.8 | 98.6 | 98.6 | 97.5 |
| 100.0 | 100.0 | 100.0 | 100.0 | 100.0 | 100.0 | 100.0 |
| 102.2 | 106.7 | 108.6 | 108.7 | 108.6 | 104.3 | 103.6 |
| 95.0 | 95.4 | 95.4 | 95.2 | 95.1 | 95.1 | 95.4 |
| 81.9 | 83.6 | 83.6 | 83.1 | 81.8 | 82.0 | 83.2 |
| 98.3 | 98.3 | 98.3 | 98.3 | 98.3 | 98.3 | 98.3 |
| **99.4** | **98.4** | **98.3** | **98.2** | **98.5** | **98.1** | **97.8** |
| 92.4 | 92.4 | 92.6 | 92.3 | 91.6 | 91.0 | 91.2 |
| 100.6 | 100.6 | 100.6 | 100.3 | 100.3 | 100.3 | 100.3 |
| 99.6 | 99.6 | 99.6 | 100.9 | 100.9 | 100.9 | 100.9 |
| 100.7 | 100.7 | 100.7 | 100.2 | 100.2 | 100.2 | 100.2 |
| 101.2 | 101.0 | 101.3 | 101.6 | 101.4 | 101.4 | 100.9 |
| 99.5 | 99.1 | 99.6 | 99.8 | 99.8 | 99.8 | 100.2 |
| 101.1 | 101.1 | 102.3 | 102.8 | 102.8 | 102.8 | 102.8 |
| 102.9 | 102.6 | 101.9 | 102.1 | 101.8 | 101.7 | 100.1 |
| 101.0 | 96.0 | 95.9 | 95.3 | 98.7 | 96.6 | 94.3 |
| **108.8** | **108.5** | **108.0** | **107.2** | **104.4** | **95.0** | **94.0** |
| 111.0 | 111.2 | 111.5 | 109.1 | 106.0 | 103.5 | 103.5 |
| 101.4 | 101.4 | 102.2 | 102.2 | 105.3 | 105.3 | 105.1 |
| 104.5 | 103.2 | 101.6 | 98.9 | 95.9 | 78.0 | 75.9 |
| 111.1 | 110.8 | 110.6 | 111.1 | 106.3 | 96.6 | 95.4 |
| 100.0 | 100.0 | 100.0 | 106.5 | 121.3 | 121.3 | 121.3 |
| 100.0 | 100.0 | 100.0 | 100.0 | 100.0 | 100.0 | 100.0 |
| 128.3 | 126.9 | 124.9 | 122.7 | 106.2 | 82.8 | 80.2 |
| 103.3 | 103.3 | 103.3 | 103.4 | 103.4 | 102.1 | 100.2 |

# 2009年广西城市居民消费价格各月同比指数

以上年同月价格为100

| 类　别 | 1月 | 2月 | 3月 | 4月 | 5月 |
|---|---|---|---|---|---|
| **居民消费价格总指数** | **100.1** | **96.2** | **97.8** | **96.8** | **96.6** |
| **一、食　　品** | **104.8** | **94.6** | **99.2** | **96.1** | **96.8** |
| 1. 粮　　食 | 111.3 | 110.7 | 111.7 | 110.2 | 104.3 |
| 大　　米 | 113.6 | 112.9 | 114.5 | 112.6 | 104.6 |
| 2. 淀　　粉 | 99.7 | 94.7 | 93.4 | 91.9 | 91.1 |
| 3. 干豆类及豆制品 | 112.0 | 96.2 | 95.7 | 94.3 | 94.2 |
| 4. 油　　脂 | 86.5 | 82.9 | 80.2 | 79.2 | 78.2 |
| 食用植物油 | 87.9 | 82.9 | 79.2 | 78.4 | 78.1 |
| 5. 肉禽及其制品 | 100.4 | 92.0 | 91.2 | 88.7 | 86.1 |
| (1) 食用畜肉及副产品 | 96.4 | 87.5 | 85.4 | 82.9 | 78.4 |
| 猪　　肉 | 87.5 | 81.0 | 77.2 | 73.8 | 68.6 |
| 牛　　肉 | 120.8 | 103.3 | 104.0 | 103.5 | 101.0 |
| 羊　　肉 | 105.5 | 88.0 | 95.0 | 96.9 | 96.7 |
| (2) 禽 | 106.1 | 96.2 | 99.2 | 95.1 | 94.4 |
| 鸡 | 108.3 | 93.8 | 100.9 | 97.3 | 95.4 |
| 鸭 | 101.6 | 101.4 | 96.0 | 91.0 | 92.4 |
| (3) 加工肉禽 | 105.2 | 101.5 | 99.4 | 98.2 | 98.5 |
| 6. 蛋 | 97.6 | 96.4 | 98.8 | 100.0 | 100.2 |
| 鲜　　蛋 | 97.3 | 96.1 | 98.7 | 100.0 | 100.2 |
| 7. 水 产 品 | 112.8 | 101.8 | 96.7 | 94.5 | 96.6 |
| (1) 鱼 | 110.2 | 101.6 | 98.4 | 90.5 | 90.0 |
| 淡 水 鱼 | 108.9 | 98.7 | 93.7 | 85.0 | 82.6 |
| 海 水 鱼 | 112.1 | 106.7 | 107.2 | 100.9 | 104.3 |
| (2) 其他水产品 | 119.3 | 103.6 | 94.0 | 104.0 | 113.3 |
| 虾 蟹 类 | 119.3 | 103.6 | 94.0 | 104.0 | 113.3 |
| 8. 菜 | 113.2 | 71.3 | 109.4 | 93.0 | 107.2 |
| 鲜　　菜 | 114.1 | 67.3 | 111.5 | 92.4 | 109.3 |
| 9. 调 味 品 | 106.2 | 105.5 | 104.6 | 102.6 | 102.1 |
| 盐 | 100.0 | 100.0 | 100.0 | 100.6 | 100.9 |
| 酱　　油 | 108.3 | 107.5 | 105.3 | 101.4 | 100.1 |
| 10. 糖 | 104.2 | 102.6 | 102.3 | 103.2 | 104.9 |
| 食　　糖 | 99.6 | 99.8 | 99.2 | 100.4 | 103.5 |
| 11. 茶及饮料 | 100.0 | 100.3 | 99.6 | 100.0 | 100.4 |
| (1) 茶　　叶 | 99.5 | 101.6 | 101.0 | 101.0 | 101.6 |
| (2) 饮　　料 | 100.2 | 99.7 | 99.0 | 99.5 | 99.9 |
| 12. 干鲜瓜果 | 96.7 | 90.3 | 98.6 | 97.4 | 108.3 |
| 鲜 瓜 果 | 95.4 | 88.6 | 98.5 | 96.6 | 109.1 |
| 13. 糕点饼干 | 103.9 | 102.7 | 102.5 | 102.3 | 103.8 |

| 6 月 | 7 月 | 8 月 | 9 月 | 10 月 | 11 月 | 12 月 |
|---|---|---|---|---|---|---|
| **96.3** | **96.3** | **97.6** | **98.1** | **98.2** | **100.0** | **101.3** |
| **96.3** | **96.5** | **99.2** | **99.3** | **99.6** | **101.2** | **103.3** |
| 104.3 | 104.3 | 104.2 | 103.3 | 103.2 | 103.3 | 103.9 |
| 104.4 | 104.4 | 104.1 | 102.9 | 103.2 | 103.2 | 103.8 |
| 91.9 | 91.6 | 93.1 | 96.8 | 94.8 | 96.5 | 98.4 |
| 94.2 | 94.4 | 95.6 | 96.4 | 97.9 | 101.0 | 104.0 |
| 79.3 | 79.7 | 79.3 | 78.6 | 79.1 | 83.2 | 90.4 |
| 78.9 | 78.7 | 78.5 | 77.2 | 77.6 | 82.3 | 89.6 |
| 85.0 | 85.6 | 88.7 | 91.6 | 94.4 | 97.5 | 97.3 |
| 77.0 | 76.9 | 80.9 | 84.9 | 89.5 | 93.7 | 93.8 |
| 66.8 | 66.7 | 72.2 | 78.2 | 84.7 | 90.2 | 89.8 |
| 100.6 | 100.6 | 100.2 | 98.7 | 99.4 | 100.3 | 100.0 |
| 94.3 | 92.7 | 92.9 | 91.8 | 91.0 | 94.6 | 99.1 |
| 93.9 | 96.8 | 99.4 | 100.9 | 101.3 | 103.0 | 102.3 |
| 94.4 | 97.2 | 99.4 | 100.1 | 100.2 | 103.2 | 101.1 |
| 92.9 | 96.1 | 99.7 | 102.5 | 103.4 | 102.6 | 104.8 |
| 97.0 | 96.2 | 97.1 | 97.3 | 97.6 | 98.7 | 98.8 |
| 99.5 | 99.1 | 100.5 | 102.7 | 103.9 | 104.9 | 105.3 |
| 99.5 | 98.9 | 100.4 | 102.6 | 103.8 | 104.9 | 105.4 |
| 95.7 | 96.0 | 95.3 | 95.1 | 97.4 | 101.1 | 103.9 |
| 89.6 | 90.4 | 91.2 | 91.8 | 93.6 | 97.5 | 100.1 |
| 81.4 | 82.5 | 84.1 | 84.0 | 87.2 | 91.1 | 95.1 |
| 104.8 | 104.8 | 104.1 | 106.7 | 105.0 | 108.5 | 108.2 |
| 111.8 | 110.4 | 105.1 | 102.8 | 106.6 | 109.8 | 113.1 |
| 111.8 | 110.4 | 105.1 | 102.8 | 106.6 | 109.8 | 113.1 |
| 104.1 | 99.0 | 111.0 | 107.6 | 101.8 | 106.0 | 118.7 |
| 105.3 | 99.4 | 113.8 | 109.9 | 102.3 | 107.1 | 121.6 |
| 101.2 | 100.7 | 99.6 | 99.7 | 100.0 | 100.4 | 100.0 |
| 100.8 | 97.1 | 97.5 | 97.7 | 97.5 | 98.3 | 98.0 |
| 99.5 | 99.8 | 99.2 | 99.4 | 100.1 | 100.6 | 99.5 |
| 103.7 | 104.0 | 104.3 | 104.8 | 104.6 | 104.0 | 104.4 |
| 102.5 | 106.6 | 107.8 | 109.3 | 109.0 | 108.6 | 110.7 |
| 99.9 | 100.7 | 100.5 | 100.2 | 100.0 | 99.5 | 99.6 |
| 101.5 | 101.2 | 101.7 | 101.8 | 101.6 | 100.4 | 100.4 |
| 99.3 | 100.5 | 100.1 | 99.6 | 99.4 | 99.2 | 99.3 |
| 114.8 | 123.0 | 125.8 | 115.8 | 112.3 | 107.9 | 110.7 |
| 116.8 | 127.3 | 131.6 | 119.0 | 114.0 | 108.1 | 110.7 |
| 101.5 | 101.0 | 101.0 | 100.9 | 100.9 | 101.0 | 99.8 |

# 2009 年广西城市居民消费价格各月同比指数（续表 1）

以上年同月价格为 100

| 类　别 | 1 月 | 2 月 | 3 月 | 4 月 | 5 月 |
|---|---|---|---|---|---|
| 14. 液体乳及乳制品 | 109.4 | 110.1 | 110.1 | 108.8 | 107.0 |
| 15. 在外用膳食品 | 110.0 | 108.3 | 107.5 | 107.1 | 101.6 |
| 16. 其他食品 | 101.7 | 99.2 | 99.5 | 99.5 | 99.9 |
| **二、烟酒及用品** | **101.2** | **100.4** | **101.0** | **100.4** | **100.0** |
| 1. 烟　　草 | 98.1 | 97.4 | 99.4 | 99.4 | 99.3 |
| 2. 酒 | 105.2 | 104.1 | 103.6 | 102.4 | 101.9 |
| 3. 吸烟、饮酒用品 | 98.8 | 98.1 | 97.7 | 97.0 | 95.6 |
| **三、衣　　着** | **92.8** | **96.4** | **98.5** | **100.5** | **99.0** |
| 1. 服　　装 | 93.1 | 97.0 | 101.0 | 102.4 | 100.8 |
| (1) 男式服装 | 95.2 | 100.8 | 101.4 | 101.9 | 102.7 |
| (2) 女式服装 | 92.5 | 94.4 | 101.3 | 104.1 | 100.2 |
| (3) 儿童服装 | 90.0 | 95.5 | 98.4 | 98.1 | 97.4 |
| 2. 衣着材料 | 102.9 | 102.7 | 104.7 | 105.7 | 104.9 |
| 3. 鞋 袜 帽 | 90.2 | 93.7 | 90.8 | 94.5 | 93.4 |
| (1) 鞋 | 88.4 | 92.2 | 88.7 | 93.0 | 91.7 |
| (2) 袜　　子 | 99.5 | 102.1 | 102.3 | 102.3 | 102.5 |
| (3) 帽　　子 | 101.2 | 100.9 | 99.8 | 100.6 | 100.9 |
| 4. 衣着加工服务费 | 108.4 | 107.7 | 104.0 | 101.9 | 101.6 |
| **四、家庭设备用品及维修服务** | **101.2** | **99.9** | **99.6** | **98.6** | **97.9** |
| 1. 耐用消费品 | 98.7 | 97.1 | 96.8 | 95.4 | 95.1 |
| (1) 家　　具 | 95.5 | 96.0 | 96.1 | 96.0 | 96.7 |
| (2) 家庭设备 | 100.6 | 97.7 | 97.2 | 95.0 | 94.1 |
| 2. 室内装饰品 | 99.7 | 97.9 | 97.0 | 96.4 | 95.8 |
| 3. 床上用品 | 98.5 | 101.7 | 99.9 | 102.4 | 98.8 |
| 4. 家庭日用杂品 | 105.6 | 103.6 | 104.6 | 102.8 | 102.5 |
| 5. 家庭服务及加工维修服务 | 104.9 | 103.4 | 101.2 | 101.2 | 101.2 |
| **五、医疗保健和个人用品** | **101.4** | **100.0** | **99.9** | **100.2** | **100.3** |
| 1. 医疗保健 | 100.9 | 99.6 | 99.4 | 99.7 | 99.8 |
| (1) 医疗器具及用品 | 100.5 | 101.1 | 101.0 | 101.0 | 101.6 |
| (2) 中药材及中成药 | 101.8 | 97.8 | 97.3 | 97.6 | 97.8 |
| (3) 西　　药 | 100.3 | 99.9 | 99.9 | 100.5 | 100.5 |
| (4) 保健器具及用品 | 112.8 | 112.1 | 111.7 | 111.4 | 111.5 |
| (5) 医疗保健服务 | 99.2 | 99.3 | 99.3 | 99.3 | 99.4 |
| 2. 个人用品及服务 | 102.2 | 100.9 | 100.9 | 101.3 | 101.3 |
| (1) 化妆美容用品 | 101.6 | 102.6 | 102.6 | 102.2 | 101.4 |
| (2) 清洁化妆用品 | 103.1 | 102.6 | 102.9 | 103.5 | 103.8 |
| (3) 个人饰品 | 94.3 | 92.3 | 90.2 | 92.3 | 93.4 |
| (4) 个人服务 | 109.7 | 101.9 | 104.0 | 103.5 | 103.4 |

| 6 月 | 7 月 | 8 月 | 9 月 | 10 月 | 11 月 | 12 月 |
|---|---|---|---|---|---|---|
| 101.8 | 101.8 | 101.7 | 104.0 | 104.5 | 101.5 | 101.5 |
| 101.6 | 101.3 | 102.9 | 103.7 | 103.6 | 103.5 | 104.2 |
| 99.9 | 101.4 | 102.4 | 102.6 | 102.8 | 101.2 | 101.5 |
| **100.3** | **100.4** | **100.2** | **100.6** | **100.5** | **100.8** | **101.1** |
| 99.7 | 99.6 | 99.8 | 99.8 | 99.9 | 100.1 | 100.1 |
| 102.1 | 101.6 | 101.9 | 102.0 | 101.8 | 101.9 | 102.5 |
| 95.6 | 98.8 | 95.6 | 98.2 | 98.1 | 99.5 | 99.6 |
| **97.5** | **97.3** | **100.1** | **101.4** | **100.1** | **101.7** | **101.5** |
| 99.0 | 98.8 | 101.6 | 102.8 | 100.9 | 102.7 | 102.1 |
| 100.7 | 100.6 | 102.5 | 104.0 | 101.3 | 103.9 | 103.8 |
| 98.6 | 99.0 | 102.1 | 102.8 | 101.7 | 101.7 | 101.0 |
| 96.1 | 93.2 | 97.6 | 100.0 | 97.6 | 102.3 | 101.0 |
| 107.0 | 106.0 | 106.5 | 104.9 | 103.5 | 103.0 | 103.0 |
| 92.4 | 91.8 | 95.0 | 96.6 | 96.9 | 98.6 | 99.5 |
| 90.5 | 90.1 | 94.0 | 95.8 | 96.2 | 98.2 | 99.3 |
| 102.9 | 101.4 | 100.7 | 100.6 | 100.6 | 100.5 | 100.3 |
| 100.9 | 100.9 | 100.9 | 100.9 | 100.9 | 101.3 | 101.7 |
| 102.0 | 102.3 | 102.6 | 102.4 | 101.9 | 101.7 | 101.0 |
| **98.4** | **97.5** | **97.2** | **97.4** | **97.5** | **97.6** | **97.8** |
| 95.2 | 95.0 | 94.6 | 94.9 | 95.6 | 95.7 | 96.2 |
| 96.6 | 96.0 | 96.2 | 96.3 | 97.9 | 98.3 | 98.4 |
| 94.5 | 94.4 | 93.7 | 94.1 | 94.2 | 94.2 | 94.9 |
| 96.8 | 97.2 | 97.2 | 97.2 | 97.1 | 98.5 | 97.7 |
| 101.8 | 96.4 | 97.4 | 98.5 | 96.6 | 97.1 | 97.5 |
| 102.8 | 101.5 | 101.0 | 100.9 | 100.5 | 100.5 | 100.3 |
| 101.0 | 101.8 | 101.8 | 101.8 | 101.8 | 101.1 | 101.0 |
| **100.5** | **100.0** | **100.2** | **100.6** | **100.1** | **100.2** | **100.3** |
| 100.1 | 100.0 | 99.7 | 100.2 | 99.2 | 99.0 | 99.2 |
| 101.9 | 101.9 | 101.8 | 102.2 | 101.9 | 102.6 | 102.6 |
| 98.7 | 98.3 | 97.8 | 98.8 | 96.3 | 96.7 | 97.3 |
| 100.7 | 100.8 | 100.7 | 101.3 | 100.8 | 99.9 | 99.9 |
| 109.9 | 105.3 | 101.8 | 101.4 | 99.4 | 98.9 | 99.1 |
| 99.4 | 99.6 | 99.6 | 99.7 | 99.9 | 100.0 | 100.0 |
| 101.5 | 100.0 | 101.3 | 101.5 | 101.8 | 102.8 | 102.7 |
| 101.2 | 100.3 | 102.1 | 101.3 | 101.7 | 102.2 | 102.0 |
| 103.9 | 103.1 | 103.3 | 103.6 | 102.2 | 101.7 | 102.0 |
| 95.2 | 92.4 | 95.9 | 98.2 | 102.2 | 107.6 | 107.5 |
| 102.6 | 100.3 | 100.3 | 100.1 | 100.1 | 100.8 | 100.2 |

# 2009年广西城市居民消费价格各月同比指数（续表2）

以上年同月价格为100

| 类 别 | 1月 | 2月 | 3月 | 4月 | 5月 |
|---|---|---|---|---|---|
| **六、交通和通信** | **99.0** | **98.0** | **98.2** | **98.0** | **97.5** |
| 1. 交　　通 | 100.1 | 98.5 | 99.1 | 98.9 | 98.2 |
| (1) 交通工具 | 99.1 | 98.6 | 98.5 | 98.4 | 98.2 |
| (2) 车用燃料及零配件 | 96.5 | 95.2 | 97.4 | 98.5 | 98.5 |
| 汽　　油 | 94.4 | 92.8 | 96.2 | 97.9 | 97.9 |
| 柴　　油 | 93.3 | 90.3 | 93.0 | 94.0 | 94.0 |
| (3) 车辆使用及维修费 | 98.6 | 98.1 | 102.4 | 102.4 | 100.6 |
| (4) 市区公共交通费 | 100.0 | 98.4 | 96.7 | 95.6 | 95.6 |
| (5) 城市间交通费 | 107.7 | 102.5 | 101.2 | 100.5 | 98.6 |
| 2. 通　　信 | 97.6 | 97.3 | 97.1 | 97.0 | 96.7 |
| (1) 通信工具 | 87.5 | 85.9 | 85.3 | 84.8 | 83.6 |
| (2) 通信服务 | 99.9 | 99.9 | 99.9 | 99.9 | 99.9 |
| **七、娱乐教育文化用品及服务** | **98.9** | **98.8** | **98.6** | **99.1** | **98.8** |
| 1. 文娱用耐用消费品及服务 | 90.7 | 89.8 | 88.9 | 88.5 | 88.6 |
| 2. 教　　育 | 100.0 | 100.0 | 99.7 | 99.7 | 99.7 |
| (1) 教材及参考书 | 101.5 | 101.5 | 100.3 | 100.3 | 99.8 |
| (2) 学杂托幼费 | 99.8 | 99.8 | 99.6 | 99.6 | 99.6 |
| 3. 文化娱乐类 | 105.2 | 105.2 | 104.8 | 104.7 | 104.7 |
| (1) 文化娱乐用品 | 100.6 | 100.2 | 99.6 | 99.3 | 99.5 |
| (2) 书报杂志 | 110.3 | 111.1 | 110.6 | 110.6 | 110.5 |
| (3) 文 娱 费 | 105.6 | 105.2 | 105.2 | 105.2 | 104.9 |
| 4. 旅　　游 | 98.9 | 99.6 | 101.4 | 105.5 | 103.9 |
| **八、居　　住** | **93.7** | **92.3** | **91.0** | **90.7** | **88.5** |
| 1. 建房及装修材料 | 103.8 | 103.2 | 101.5 | 100.6 | 99.1 |
| 2. 租　　房 | 104.2 | 104.7 | 104.9 | 104.9 | 104.8 |
| 3. 自有住房 | 74.3 | 71.4 | 69.3 | 69.4 | 69.4 |
| 4. 水、电、燃料 | 95.7 | 94.0 | 92.3 | 91.8 | 88.3 |
| 水 | 122.3 | 122.3 | 122.3 | 122.3 | 122.3 |
| 电 | 100.1 | 100.1 | 100.1 | 100.1 | 98.8 |
| 液化石油气 | 78.9 | 74.7 | 69.4 | 67.9 | 64.7 |
| 管道燃气 | 109.3 | 109.2 | 109.2 | 108.0 | 108.0 |

| 6 月 | 7 月 | 8 月 | 9 月 | 10 月 | 11 月 | 12 月 |
|---|---|---|---|---|---|---|
| **97.5** | **97.2** | **97.1** | **97.3** | **97.5** | **98.0** | **98.8** |
| 98.0 | 97.7 | 97.0 | 97.3 | 97.5 | 98.3 | 99.8 |
| 97.9 | 97.4 | 97.8 | 97.9 | 98.2 | 98.4 | 98.4 |
| 97.1 | 98.6 | 96.6 | 99.1 | 97.5 | 101.8 | 108.6 |
| 96.6 | 99.0 | 96.0 | 99.8 | 97.4 | 103.7 | 112.9 |
| 93.2 | 96.4 | 93.3 | 97.4 | 94.8 | 101.6 | 111.8 |
| 100.3 | 100.2 | 100.0 | 99.5 | 99.7 | 100.2 | 100.0 |
| 95.6 | 95.6 | 95.6 | 95.6 | 95.6 | 95.6 | 96.5 |
| 99.9 | 97.4 | 94.7 | 93.9 | 96.0 | 95.1 | 96.0 |
| 96.8 | 96.7 | 97.2 | 97.4 | 97.7 | 97.8 | 97.9 |
| 84.0 | 83.8 | 86.2 | 87.1 | 88.5 | 89.0 | 89.7 |
| 99.9 | 99.9 | 99.9 | 99.9 | 99.9 | 100.0 | 100.0 |
| **99.1** | **100.3** | **100.4** | **101.3** | **101.4** | **100.7** | **100.9** |
| 89.5 | 89.7 | 90.1 | 90.7 | 91.0 | 92.1 | 93.0 |
| 99.7 | 99.7 | 99.7 | 100.3 | 100.2 | 100.2 | 100.2 |
| 99.8 | 99.8 | 99.9 | 100.7 | 100.8 | 100.8 | 100.8 |
| 99.6 | 99.6 | 99.6 | 100.2 | 100.1 | 100.1 | 100.1 |
| 104.8 | 105.4 | 106.2 | 106.3 | 106.2 | 104.5 | 104.6 |
| 99.8 | 99.8 | 100.1 | 99.9 | 100.1 | 100.1 | 100.2 |
| 110.5 | 111.0 | 109.7 | 109.8 | 108.5 | 108.5 | 108.5 |
| 104.9 | 106.4 | 109.0 | 109.6 | 110.1 | 105.4 | 105.6 |
| 104.0 | 111.4 | 110.7 | 113.3 | 113.1 | 109.9 | 110.6 |
| **87.9** | **87.3** | **88.4** | **89.6** | **90.5** | **98.2** | **100.9** |
| 98.5 | 97.1 | 97.6 | 98.9 | 99.3 | 100.0 | 100.3 |
| 105.0 | 105.0 | 103.4 | 103.4 | 100.8 | 100.8 | 101.0 |
| 69.4 | 69.1 | 69.5 | 69.7 | 71.4 | 87.0 | 91.3 |
| 87.0 | 86.5 | 88.8 | 90.7 | 92.4 | 100.0 | 103.8 |
| 122.3 | 122.5 | 123.1 | 116.6 | 104.8 | 101.0 | 101.0 |
| 98.8 | 98.8 | 98.8 | 98.8 | 98.8 | 99.7 | 99.7 |
| 62.5 | 61.3 | 67.4 | 73.8 | 81.1 | 99.8 | 112.4 |
| 108.0 | 108.0 | 108.0 | 107.9 | 107.9 | 107.9 | 108.7 |

# 2010年广西城市居民消费价格各月同比指数

以上年同月价格为100

| 类别 | 1月 | 2月 | 3月 | 4月 | 5月 |
| --- | --- | --- | --- | --- | --- |
| **居民消费价格总指数** | **101.3** | **103.1** | **101.7** | **102.3** | **102.8** |
| **一、食品** | **102.8** | **108.1** | **104.9** | **105.9** | **106.6** |
| 1. 粮食 | 104.8 | 104.5 | 103.9 | 105.5 | 106.2 |
| 大米 | 104.7 | 104.1 | 103.5 | 105.8 | 107.0 |
| 2. 淀粉 | 100.2 | 101.1 | 101.3 | 102.3 | 103.8 |
| 3. 干豆类及豆制品 | 103.4 | 108.5 | 106.8 | 108.8 | 113.2 |
| 4. 油脂 | 94.6 | 97.2 | 99.0 | 100.5 | 101.9 |
| 食用植物油 | 94.9 | 98.6 | 100.8 | 102.5 | 103.7 |
| 5. 肉禽及其制品 | 94.3 | 99.3 | 97.3 | 97.7 | 99.6 |
| (1) 食用畜肉及副产品 | 90.5 | 95.9 | 93.5 | 94.3 | 97.5 |
| 猪肉 | 85.6 | 92.4 | 90.2 | 91.5 | 96.2 |
| 牛肉 | 98.5 | 101.6 | 100.7 | 100.3 | 100.3 |
| 羊肉 | 99.8 | 104.4 | 107.7 | 107.1 | 107.8 |
| (2) 禽 | 98.8 | 104.2 | 102.4 | 102.4 | 103.1 |
| 鸡 | 96.4 | 102.8 | 102.1 | 100.8 | 101.0 |
| 鸭 | 103.8 | 106.8 | 103.0 | 105.7 | 107.6 |
| (3) 加工肉禽 | 98.2 | 100.4 | 99.6 | 99.9 | 100.2 |
| 6. 蛋 | 105.5 | 106.1 | 104.7 | 102.9 | 102.1 |
| 鲜蛋 | 105.6 | 106.2 | 104.7 | 102.7 | 101.8 |
| 7. 水产品 | 101.1 | 109.0 | 108.0 | 107.8 | 104.8 |
| (1) 鱼 | 99.5 | 104.9 | 103.2 | 105.8 | 104.4 |
| 淡水鱼 | 96.5 | 101.9 | 98.8 | 102.4 | 102.5 |
| 海水鱼 | 104.1 | 109.4 | 110.1 | 111.3 | 107.3 |
| (2) 其他水产品 | 105.6 | 119.7 | 120.4 | 112.6 | 105.2 |
| 虾蟹类 | 105.6 | 119.7 | 120.4 | 112.6 | 105.2 |
| 8. 菜 | 121.2 | 145.1 | 116.8 | 126.8 | 131.5 |
| 鲜菜 | 123.6 | 151.8 | 116.8 | 128.2 | 133.9 |
| 9. 调味品 | 100.8 | 101.8 | 101.5 | 102.1 | 102.8 |
| 盐 | 98.1 | 98.1 | 98.1 | 97.5 | 97.2 |
| 酱油 | 100.5 | 101.9 | 101.8 | 103.0 | 104.0 |
| 10. 糖 | 106.8 | 107.8 | 107.4 | 106.9 | 107.9 |
| 食糖 | 117.0 | 119.0 | 118.8 | 119.7 | 120.3 |
| 11. 茶及饮料 | 100.7 | 99.9 | 100.1 | 100.7 | 101.1 |
| (1) 茶叶 | 102.7 | 100.2 | 100.7 | 100.8 | 100.6 |
| (2) 饮料 | 100.0 | 99.8 | 99.9 | 100.6 | 101.3 |
| 12. 干鲜瓜果 | 111.4 | 121.3 | 119.7 | 118.2 | 116.1 |
| 鲜瓜果 | 110.7 | 122.0 | 120.4 | 119.3 | 117.3 |
| 13. 糕点饼干 | 100.5 | 100.5 | 100.1 | 100.1 | 100.3 |

| 6月 | 7月 | 8月 | 9月 | 10月 | 11月 | 12月 |
|---|---|---|---|---|---|---|
| **102.6** | **102.9** | **102.7** | **102.6** | **103.9** | **104.4** | **104.4** |
| **106.2** | **107.2** | **107.3** | **107.1** | **109.9** | **110.4** | **110.3** |
| 105.9 | 105.6 | 105.6 | 106.4 | 106.8 | 109.9 | 114.0 |
| 106.5 | 106.2 | 106.0 | 106.7 | 107.0 | 110.6 | 114.9 |
| 105.8 | 106.1 | 106.1 | 106.5 | 107.0 | 109.3 | 117.5 |
| 112.6 | 111.9 | 111.4 | 109.3 | 107.5 | 108.2 | 107.2 |
| 100.5 | 100.0 | 102.0 | 105.6 | 106.9 | 111.9 | 112.2 |
| 103.2 | 103.3 | 104.9 | 109.4 | 111.6 | 115.1 | 113.5 |
| 101.2 | 104.7 | 107.9 | 106.0 | 108.6 | 111.6 | 112.1 |
| 98.4 | 103.2 | 107.2 | 105.0 | 109.2 | 113.2 | 112.6 |
| 97.8 | 104.8 | 110.1 | 107.0 | 111.9 | 117.9 | 116.7 |
| 99.1 | 99.2 | 98.4 | 98.5 | 99.5 | 99.4 | 99.0 |
| 110.1 | 110.0 | 108.8 | 108.6 | 111.6 | 112.7 | 115.7 |
| 106.1 | 108.5 | 110.7 | 108.8 | 109.7 | 111.1 | 113.3 |
| 103.4 | 105.6 | 108.3 | 109.0 | 110.1 | 110.2 | 111.5 |
| 111.6 | 114.6 | 115.7 | 108.4 | 109.0 | 113.1 | 117.0 |
| 102.0 | 103.6 | 105.5 | 104.4 | 105.0 | 106.8 | 108.1 |
| 102.5 | 104.2 | 109.2 | 108.2 | 107.8 | 111.0 | 113.1 |
| 102.2 | 104.2 | 109.6 | 108.7 | 108.3 | 111.9 | 114.0 |
| 108.0 | 109.1 | 111.3 | 112.8 | 113.1 | 113.3 | 112.9 |
| 106.7 | 109.3 | 110.7 | 110.8 | 111.0 | 111.7 | 113.0 |
| 105.4 | 107.8 | 109.8 | 110.6 | 111.3 | 110.8 | 111.9 |
| 109.0 | 112.0 | 112.1 | 110.9 | 110.1 | 113.2 | 114.7 |
| 109.8 | 106.5 | 110.6 | 115.9 | 117.5 | 116.3 | 112.7 |
| 109.8 | 106.5 | 110.6 | 115.9 | 117.5 | 116.3 | 112.7 |
| 125.0 | 128.6 | 120.4 | 119.7 | 134.3 | 116.4 | 102.6 |
| 126.4 | 130.7 | 120.8 | 119.6 | 136.6 | 115.3 | 99.4 |
| 103.0 | 103.2 | 103.1 | 102.9 | 102.5 | 103.1 | 103.4 |
| 97.4 | 100.6 | 100.6 | 100.4 | 100.6 | 99.6 | 100.0 |
| 104.1 | 103.5 | 103.5 | 103.3 | 102.5 | 103.2 | 103.5 |
| 107.5 | 107.3 | 106.6 | 106.6 | 107.3 | 111.0 | 112.4 |
| 119.9 | 115.9 | 114.8 | 114.8 | 116.0 | 123.6 | 124.6 |
| 101.8 | 101.9 | 102.0 | 102.2 | 102.3 | 102.4 | 102.7 |
| 100.6 | 100.9 | 100.0 | 99.9 | 99.7 | 100.1 | 100.1 |
| 102.2 | 102.3 | 102.7 | 103.0 | 103.3 | 103.3 | 103.6 |
| 111.3 | 104.6 | 102.9 | 106.4 | 110.6 | 119.8 | 127.9 |
| 112.0 | 104.3 | 102.3 | 106.3 | 111.2 | 122.0 | 132.3 |
| 100.3 | 100.5 | 102.6 | 102.9 | 103.1 | 104.3 | 104.9 |

# 2010年广西城市居民消费价格各月同比指数（续表1）

以上年同月价格为100

| 类　别 | 1月 | 2月 | 3月 | 4月 | 5月 |
|---|---|---|---|---|---|
| 14. 液体乳及乳制品 | 100.3 | 99.5 | 99.5 | 101.0 | 101.0 |
| 15. 在外用膳食品 | 104.7 | 105.8 | 105.8 | 104.9 | 104.8 |
| 16. 其他食品 | 101.4 | 103.1 | 101.4 | 102.0 | 101.7 |
| **二、烟酒及用品** | **101.3** | **101.2** | **101.2** | **101.5** | **101.8** |
| 1. 烟　　草 | 100.6 | 100.8 | 100.5 | 100.8 | 100.8 |
| 2. 酒 | 102.4 | 102.1 | 102.2 | 102.4 | 103.0 |
| 3. 吸烟、饮酒用品 | 99.6 | 99.6 | 100.1 | 100.8 | 100.9 |
| **三、衣　　着** | **102.8** | **99.2** | **99.0** | **98.2** | **98.4** |
| 1. 服　　装 | 103.8 | 100.0 | 99.1 | 98.7 | 97.8 |
| (1) 男式服装 | 104.7 | 99.3 | 97.5 | 96.8 | 96.6 |
| (2) 女式服装 | 103.0 | 100.5 | 100.4 | 99.3 | 98.0 |
| (3) 儿童服装 | 104.5 | 100.5 | 99.2 | 102.5 | 100.7 |
| 2. 衣着材料 | 102.9 | 103.0 | 102.6 | 101.8 | 101.8 |
| 3. 鞋 袜 帽 | 99.8 | 96.4 | 98.3 | 96.4 | 99.5 |
| (1) 鞋 | 99.8 | 95.8 | 98.1 | 95.8 | 99.5 |
| (2) 袜　　子 | 100.3 | 99.9 | 99.6 | 100.1 | 99.9 |
| (3) 帽　　子 | 101.0 | 98.2 | 101.2 | 101.9 | 101.5 |
| 4. 衣着加工服务费 | 100.9 | 101.1 | 100.6 | 100.6 | 100.6 |
| **四、家庭设备用品及维修服务** | **98.0** | **98.1** | **97.9** | **98.6** | **98.5** |
| 1. 耐用消费品 | 96.1 | 96.5 | 96.7 | 97.4 | 97.6 |
| (1) 家　　具 | 98.7 | 99.1 | 98.7 | 98.3 | 96.5 |
| (2) 家庭设备 | 94.7 | 95.0 | 95.7 | 96.9 | 98.3 |
| 2. 室内装饰品 | 97.5 | 99.3 | 100.2 | 100.4 | 101.1 |
| 3. 床上用品 | 98.4 | 96.5 | 95.8 | 96.3 | 97.1 |
| 4. 家庭日用杂品 | 101.0 | 100.6 | 99.5 | 100.7 | 99.7 |
| 5. 家庭服务及加工维修服务 | 100.5 | 102.9 | 101.7 | 101.7 | 101.7 |
| **五、医疗保健和个人用品** | **100.3** | **100.5** | **100.5** | **100.8** | **101.0** |
| 1. 医疗保健 | 99.2 | 100.0 | 99.9 | 100.3 | 100.6 |
| (1) 医疗器具及用品 | 108.9 | 109.8 | 110.0 | 110.0 | 109.4 |
| (2) 中药材及中成药 | 97.1 | 99.9 | 99.7 | 100.4 | 100.6 |
| (3) 西　　药 | 99.9 | 99.8 | 99.7 | 100.0 | 100.6 |
| (4) 保健器具及用品 | 98.9 | 99.5 | 99.6 | 100.7 | 101.2 |
| (5) 医疗保健服务 | 100.0 | 100.0 | 100.0 | 100.1 | 100.1 |
| 2. 个人用品及服务 | 102.5 | 101.7 | 101.7 | 102.0 | 101.8 |
| (1) 化妆美容用品 | 101.9 | 100.0 | 100.3 | 100.3 | 100.1 |
| (2) 清洁化妆用品 | 101.6 | 100.6 | 101.2 | 100.4 | 99.5 |
| (3) 个人饰品 | 109.5 | 105.4 | 105.5 | 108.5 | 109.4 |
| (4) 个人服务 | 97.8 | 103.0 | 101.3 | 101.3 | 101.4 |

| 6 月 | 7 月 | 8 月 | 9 月 | 10 月 | 11 月 | 12 月 |
|---|---|---|---|---|---|---|
| 101.2 | 101.3 | 102.4 | 101.2 | 101.8 | 103.1 | 103.1 |
| 104.5 | 105.1 | 103.4 | 102.6 | 102.7 | 103.8 | 104.6 |
| 102.1 | 101.9 | 100.5 | 102.0 | 103.1 | 103.2 | 104.1 |
| **101.4** | **101.5** | **101.4** | **101.2** | **101.2** | **101.4** | **101.6** |
| 100.4 | 100.4 | 100.2 | 100.0 | 100.0 | 100.0 | 100.0 |
| 102.5 | 102.8 | 102.9 | 102.7 | 102.8 | 103.2 | 103.6 |
| 101.0 | 100.8 | 100.4 | 100.0 | 100.0 | 99.8 | 99.8 |
| **98.5** | **100.0** | **98.6** | **97.7** | **98.9** | **100.1** | **102.0** |
| 98.4 | 100.0 | 98.3 | 97.4 | 99.1 | 100.8 | 102.9 |
| 98.1 | 99.3 | 97.6 | 96.8 | 99.1 | 101.4 | 102.2 |
| 98.4 | 99.9 | 97.8 | 97.2 | 98.9 | 100.4 | 103.5 |
| 98.9 | 102.5 | 102.4 | 99.8 | 100.2 | 100.8 | 102.6 |
| 101.3 | 101.3 | 101.2 | 101.2 | 103.1 | 104.5 | 104.8 |
| 98.5 | 99.9 | 99.4 | 98.0 | 97.9 | 97.7 | 99.6 |
| 98.2 | 99.9 | 99.1 | 97.5 | 97.2 | 97.1 | 99.3 |
| 99.7 | 99.9 | 101.8 | 101.8 | 102.0 | 101.7 | 101.7 |
| 101.4 | 101.5 | 101.4 | 101.4 | 102.0 | 101.0 | 101.1 |
| 100.3 | 99.8 | 99.8 | 99.8 | 100.0 | 100.0 | 100.0 |
| **98.6** | **98.8** | **99.1** | **98.8** | **98.8** | **99.0** | **99.0** |
| 97.8 | 98.5 | 99.1 | 98.5 | 98.0 | 97.9 | 97.8 |
| 96.6 | 98.0 | 98.3 | 98.3 | 98.7 | 98.6 | 98.9 |
| 98.5 | 98.7 | 99.6 | 98.6 | 97.7 | 97.5 | 97.2 |
| 100.7 | 100.2 | 100.2 | 100.2 | 100.3 | 101.4 | 101.6 |
| 95.9 | 96.1 | 96.4 | 96.8 | 98.1 | 100.4 | 100.8 |
| 100.1 | 100.1 | 99.6 | 99.3 | 99.5 | 99.5 | 99.5 |
| 101.7 | 100.8 | 101.4 | 101.4 | 101.4 | 101.4 | 101.4 |
| **101.0** | **101.1** | **101.4** | **101.3** | **102.0** | **103.2** | **103.2** |
| 100.6 | 100.7 | 101.1 | 101.1 | 102.1 | 103.8 | 103.5 |
| 109.0 | 109.0 | 109.5 | 109.2 | 109.1 | 108.0 | 108.0 |
| 100.9 | 101.0 | 101.7 | 101.8 | 104.4 | 108.8 | 109.2 |
| 100.5 | 100.6 | 100.9 | 100.7 | 101.4 | 102.4 | 101.6 |
| 100.9 | 101.2 | 102.8 | 102.8 | 103.0 | 103.9 | 103.1 |
| 100.1 | 100.1 | 100.1 | 100.1 | 100.1 | 100.1 | 100.1 |
| 101.9 | 102.0 | 102.0 | 101.9 | 101.9 | 102.2 | 102.3 |
| 100.6 | 100.9 | 100.7 | 100.7 | 100.8 | 101.0 | 101.3 |
| 99.7 | 99.9 | 99.6 | 99.3 | 99.0 | 99.7 | 99.8 |
| 109.0 | 108.8 | 109.3 | 109.3 | 109.3 | 109.1 | 109.4 |
| 100.7 | 100.9 | 101.1 | 101.1 | 101.1 | 101.1 | 101.1 |

# 2010年广西城市居民消费价格各月同比指数（续表2）

以上年同月价格为100

| 类　别 | 1月 | 2月 | 3月 | 4月 | 5月 |
|---|---|---|---|---|---|
| **六、交通和通信** | **99.2** | **100.4** | **100.3** | **100.7** | **101.1** |
| 1. 交　　通 | 100.5 | 103.1 | 102.9 | 103.6 | 103.9 |
| (1) 交通工具 | 98.7 | 98.8 | 98.7 | 98.8 | 98.5 |
| (2) 车用燃料及零配件 | 116.3 | 117.5 | 114.8 | 116.5 | 116.6 |
| 汽　　油 | 125.3 | 127.4 | 122.9 | 125.3 | 125.5 |
| 柴　　油 | 125.7 | 129.2 | 125.4 | 129.3 | 129.6 |
| (3) 车辆使用及维修费 | 99.5 | 102.5 | 102.3 | 102.3 | 102.4 |
| (4) 市区公共交通费 | 96.5 | 98.9 | 99.8 | 101.0 | 101.0 |
| (5) 城市间交通费 | 93.7 | 101.6 | 101.9 | 102.6 | 104.8 |
| 2. 通　　信 | 97.8 | 97.7 | 97.8 | 98.0 | 98.4 |
| (1) 通信工具 | 89.3 | 88.8 | 88.9 | 89.6 | 91.5 |
| (2) 通信服务 | 100.0 | 100.0 | 100.2 | 100.2 | 100.2 |
| **七、娱乐教育文化用品及服务** | **100.1** | **100.5** | **97.4** | **97.2** | **97.5** |
| 1. 文娱用耐用消费品及服务 | 94.1 | 94.4 | 95.2 | 95.6 | 96.3 |
| 2. 教　　育 | 100.1 | 100.0 | 94.2 | 94.2 | 94.3 |
| (1) 教材及参考书 | 100.0 | 99.5 | 98.7 | 98.7 | 99.2 |
| (2) 学杂托幼费 | 100.1 | 100.0 | 93.5 | 93.5 | 93.5 |
| 3. 文化娱乐类 | 102.3 | 102.4 | 102.6 | 102.8 | 102.8 |
| (1) 文化娱乐用品 | 100.2 | 99.9 | 100.3 | 100.8 | 100.4 |
| (2) 书报杂志 | 100.4 | 100.6 | 100.6 | 100.8 | 100.9 |
| (3) 文 娱 费 | 105.9 | 106.2 | 106.3 | 106.3 | 106.6 |
| 4. 旅　　游 | 106.3 | 108.8 | 104.2 | 102.1 | 103.5 |
| **八、居　　住** | **102.1** | **103.2** | **104.8** | **106.2** | **107.8** |
| 1. 建房及装修材料 | 100.5 | 100.8 | 101.6 | 102.9 | 104.7 |
| 2. 租　　房 | 101.0 | 100.5 | 100.0 | 100.0 | 99.9 |
| 3. 自有住房 | 91.7 | 95.5 | 100.7 | 103.5 | 103.5 |
| 4. 水、电、燃料 | 106.0 | 107.1 | 108.8 | 110.3 | 113.6 |
| 水 | 106.4 | 106.4 | 106.4 | 106.4 | 106.5 |
| 电 | 99.7 | 99.7 | 99.7 | 99.7 | 99.9 |
| 液化石油气 | 119.2 | 123.7 | 132.3 | 138.4 | 143.0 |
| 管道燃气 | 99.6 | 99.6 | 99.6 | 100.4 | 100.0 |

| 6 月 | 7 月 | 8 月 | 9 月 | 10 月 | 11 月 | 12 月 |
|---|---|---|---|---|---|---|
| **100.7** | **100.3** | **100.4** | **100.3** | **100.6** | **100.3** | **100.5** |
| 102.9 | 102.0 | 102.4 | 102.2 | 103.0 | 102.6 | 102.9 |
| 99.0 | 99.4 | 99.1 | 98.8 | 98.8 | 99.3 | 99.5 |
| 109.9 | 103.9 | 106.1 | 103.7 | 107.4 | 103.4 | 105.8 |
| 114.8 | 105.6 | 108.9 | 105.0 | 110.7 | 104.1 | 107.9 |
| 115.8 | 105.6 | 109.3 | 105.5 | 111.8 | 104.6 | 108.7 |
| 102.4 | 103.2 | 103.2 | 103.3 | 103.3 | 103.3 | 103.5 |
| 101.0 | 101.0 | 101.0 | 101.0 | 101.0 | 101.0 | 100.0 |
| 104.8 | 104.1 | 104.8 | 106.8 | 107.1 | 108.3 | 108.3 |
| 98.5 | 98.6 | 98.5 | 98.3 | 98.1 | 98.1 | 98.1 |
| 92.2 | 92.6 | 92.2 | 91.3 | 90.5 | 90.2 | 90.1 |
| 100.2 | 100.2 | 100.2 | 100.2 | 100.2 | 100.2 | 100.2 |
| **97.7** | **97.4** | **97.2** | **98.6** | **97.9** | **98.6** | **98.5** |
| 96.2 | 96.1 | 96.6 | 96.1 | 96.0 | 95.7 | 95.0 |
| 94.3 | 94.3 | 94.3 | 98.2 | 98.2 | 98.2 | 98.2 |
| 99.2 | 99.2 | 99.1 | 100.8 | 100.7 | 100.7 | 100.7 |
| 93.5 | 93.5 | 93.5 | 97.8 | 97.8 | 97.8 | 97.8 |
| 102.8 | 102.2 | 101.0 | 100.7 | 100.0 | 99.8 | 99.8 |
| 100.7 | 100.6 | 99.6 | 99.4 | 99.2 | 99.3 | 99.4 |
| 100.9 | 100.6 | 100.6 | 100.4 | 100.4 | 100.4 | 100.4 |
| 106.3 | 105.1 | 102.5 | 102.0 | 100.5 | 99.9 | 99.8 |
| 104.8 | 103.5 | 102.7 | 101.0 | 98.0 | 102.6 | 102.6 |
| **107.7** | **107.1** | **105.2** | **104.4** | **106.4** | **106.2** | **105.6** |
| 105.6 | 106.0 | 105.8 | 106.5 | 107.2 | 106.6 | 106.8 |
| 99.8 | 99.8 | 99.8 | 99.3 | 99.2 | 99.2 | 99.2 |
| 103.5 | 103.5 | 103.5 | 103.5 | 111.3 | 111.3 | 113.5 |
| 113.1 | 111.7 | 107.6 | 105.8 | 106.8 | 106.5 | 104.7 |
| 108.1 | 107.9 | 108.8 | 109.0 | 109.0 | 109.0 | 109.0 |
| 99.9 | 99.9 | 99.9 | 99.9 | 100.9 | 100.0 | 100.0 |
| 140.8 | 137.4 | 121.1 | 113.8 | 114.5 | 116.3 | 109.1 |
| 100.0 | 100.0 | 100.0 | 100.0 | 100.0 | 100.0 | 99.4 |

# 2011年广西城市居民消费价格各月同比指数

以上年同月价格为100

| 类　别 | 1月 | 2月 | 3月 | 4月 | 5月 |
|---|---|---|---|---|---|
| **居民消费价格总指数** | **105.6** | **105.7** | **106.5** | **107.2** | **107.2** |
| **一、食　品** | **113.8** | **113.6** | **115.0** | **116.4** | **115.3** |
| 1. 粮　食 | 115.7 | 116.8 | 119.3 | 119.8 | 119.6 |
| 大　米 | 117.2 | 118.5 | 121.8 | 121.7 | 121.3 |
| 2. 淀粉及制品 | 116.7 | 116.9 | 117.4 | 117.0 | 116.0 |
| 3. 干豆类及豆制品 | 107.7 | 106.6 | 108.3 | 107.1 | 103.7 |
| 4. 油　脂 | 111.4 | 111.2 | 110.8 | 112.0 | 112.5 |
| 食用植物油 | 113.5 | 113.3 | 113.2 | 114.0 | 114.5 |
| 5. 肉禽及其制品 | 114.1 | 114.8 | 118.5 | 121.8 | 125.4 |
| (1) 食用畜肉及副产品 | 115.0 | 117.1 | 122.1 | 126.8 | 132.3 |
| 猪　肉 | 119.2 | 121.3 | 128.3 | 134.7 | 142.3 |
| 牛　肉 | 99.0 | 100.2 | 98.9 | 99.6 | 100.2 |
| 羊　肉 | 118.5 | 122.7 | 118.5 | 117.4 | 115.8 |
| (2) 禽 | 114.8 | 113.8 | 116.2 | 117.9 | 119.8 |
| 鸡 | 114.7 | 115.9 | 116.6 | 117.5 | 120.0 |
| 鸭 | 115.4 | 109.6 | 115.7 | 119.2 | 119.5 |
| (3) 加工肉禽 | 109.2 | 107.9 | 109.2 | 110.8 | 112.2 |
| 6. 蛋 | 114.7 | 116.4 | 114.4 | 114.3 | 116.2 |
| 鲜　蛋 | 115.3 | 116.9 | 114.8 | 114.8 | 116.8 |
| 7. 水产品 | 115.8 | 117.7 | 119.3 | 121.3 | 120.1 |
| (1) 鱼 | 115.0 | 114.7 | 116.1 | 119.0 | 119.2 |
| 淡水鱼 | 113.6 | 113.6 | 118.0 | 121.4 | 122.6 |
| 海水鱼 | 117.1 | 116.3 | 113.5 | 115.5 | 114.3 |
| (2) 其他水产品 | 117.8 | 124.6 | 126.8 | 127.2 | 122.5 |
| 虾蟹类 | 118.2 | 125.0 | 127.6 | 127.9 | 122.8 |
| 8. 菜 | 119.3 | 113.1 | 112.6 | 110.3 | 100.0 |
| 鲜　菜 | 119.9 | 113.1 | 112.9 | 110.4 | 98.7 |
| 9. 调味品 | 103.1 | 102.9 | 103.1 | 102.9 | 103.6 |
| 食用盐 | 100.0 | 100.0 | 100.0 | 99.8 | 99.8 |
| 酱　油 | 103.3 | 103.6 | 103.7 | 103.5 | 105.2 |
| 10. 糖 | 110.2 | 109.6 | 110.6 | 112.6 | 111.9 |
| 食　糖 | 117.7 | 116.0 | 116.4 | 118.6 | 116.8 |
| 11. 茶及饮料 | 102.0 | 102.3 | 102.7 | 103.8 | 104.7 |
| (1) 茶　叶 | 99.7 | 100.0 | 100.0 | 99.9 | 99.7 |
| (2) 饮　料 | 102.8 | 103.1 | 103.7 | 105.2 | 106.4 |
| 12. 干鲜瓜果 | 139.2 | 134.4 | 131.7 | 131.1 | 120.0 |
| 鲜瓜果 | 146.6 | 140.3 | 136.6 | 134.9 | 121.1 |
| 13. 糕点饼干面包 | 104.9 | 105.8 | 105.9 | 108.5 | 110.3 |

| 6 月 | 7 月 | 8 月 | 9 月 | 10 月 | 11 月 | 12 月 |
|---|---|---|---|---|---|---|
| **107.3** | **107.0** | **106.3** | **105.6** | **105.0** | **102.7** | **101.9** |
| **116.2** | **116.3** | **113.9** | **113.8** | **112.1** | **110.1** | **109.0** |
| 120.0 | 120.7 | 119.7 | 117.6 | 117.0 | 113.6 | 109.2 |
| 122.0 | 122.9 | 121.8 | 119.4 | 118.9 | 114.9 | 110.1 |
| 114.8 | 115.0 | 114.3 | 114.0 | 113.8 | 111.2 | 103.4 |
| 103.9 | 104.4 | 103.7 | 104.8 | 105.6 | 103.1 | 101.9 |
| 114.4 | 116.1 | 117.3 | 113.6 | 112.6 | 105.5 | 102.3 |
| 116.7 | 119.8 | 121.3 | 115.8 | 113.5 | 106.9 | 103.5 |
| 130.6 | 132.4 | 124.0 | 121.1 | 117.3 | 111.6 | 108.0 |
| 142.0 | 146.6 | 133.3 | 128.5 | 121.6 | 112.1 | 107.5 |
| 155.3 | 160.2 | 140.4 | 133.5 | 124.0 | 111.0 | 104.2 |
| 101.1 | 102.8 | 104.2 | 104.8 | 106.1 | 108.0 | 112.2 |
| 117.8 | 119.9 | 121.3 | 123.5 | 128.0 | 129.2 | 128.0 |
| 119.4 | 115.8 | 111.9 | 110.7 | 110.1 | 109.3 | 106.6 |
| 120.6 | 117.9 | 113.7 | 112.1 | 111.0 | 109.7 | 107.8 |
| 117.1 | 111.6 | 108.1 | 107.8 | 108.5 | 108.6 | 104.1 |
| 113.8 | 116.5 | 115.0 | 115.1 | 115.8 | 114.7 | 113.3 |
| 118.5 | 119.4 | 114.5 | 112.1 | 113.3 | 108.8 | 105.9 |
| 119.2 | 120.1 | 114.6 | 112.1 | 113.2 | 108.5 | 105.5 |
| 118.5 | 115.5 | 114.8 | 116.6 | 113.5 | 112.9 | 111.5 |
| 117.9 | 114.9 | 115.3 | 117.3 | 115.7 | 113.6 | 110.9 |
| 122.1 | 119.1 | 117.3 | 118.1 | 115.5 | 113.8 | 110.7 |
| 112.1 | 109.0 | 112.4 | 116.0 | 116.0 | 113.5 | 111.3 |
| 120.0 | 117.2 | 113.4 | 114.5 | 107.5 | 110.7 | 113.0 |
| 120.3 | 117.4 | 113.4 | 114.6 | 107.5 | 110.8 | 113.2 |
| 101.0 | 102.5 | 103.3 | 107.7 | 101.2 | 105.4 | 118.6 |
| 99.8 | 101.6 | 102.6 | 107.9 | 100.7 | 105.9 | 121.8 |
| 104.3 | 104.8 | 104.8 | 104.7 | 105.0 | 104.1 | 103.8 |
| 99.8 | 100.1 | 99.8 | 99.8 | 99.8 | 99.8 | 99.8 |
| 106.9 | 107.8 | 108.0 | 107.7 | 108.1 | 106.8 | 106.4 |
| 113.4 | 114.3 | 115.6 | 116.4 | 115.8 | 112.0 | 110.6 |
| 118.9 | 121.5 | 123.2 | 124.5 | 123.5 | 115.6 | 114.1 |
| 104.7 | 105.2 | 104.6 | 104.7 | 104.6 | 104.8 | 104.7 |
| 99.4 | 100.2 | 100.6 | 100.6 | 100.4 | 100.5 | 100.5 |
| 106.5 | 106.8 | 105.9 | 106.0 | 105.9 | 106.2 | 106.1 |
| 111.7 | 104.5 | 102.5 | 105.7 | 110.7 | 112.6 | 105.9 |
| 110.6 | 101.4 | 99.3 | 103.3 | 109.6 | 112.6 | 105.1 |
| 110.4 | 110.1 | 109.5 | 109.5 | 109.5 | 108.3 | 107.8 |

# 2011 年广西城市居民消费价格各月同比指数（续表 1）

以上年同月价格为 100

| 类　别 | 1 月 | 2 月 | 3 月 | 4 月 | 5 月 |
|---|---|---|---|---|---|
| 14. 液体乳及乳制品 | 103.0 | 104.7 | 104.5 | 105.3 | 104.3 |
| 15. 在外用膳食品 | 104.4 | 104.5 | 105.9 | 108.1 | 108.9 |
| 16. 其他食品 | 104.5 | 105.5 | 109.5 | 108.7 | 108.5 |
| **二、烟　　酒** | **102.1** | **102.7** | **102.8** | **103.1** | **103.6** |
| 1. 烟　　草 | 100.2 | 100.2 | 100.2 | 100.1 | 100.2 |
| 2. 酒 | 103.8 | 104.9 | 105.2 | 105.8 | 106.7 |
| **三、衣　　着** | **102.1** | **103.7** | **103.8** | **105.3** | **106.4** |
| 1. 服　　装 | 102.9 | 104.8 | 104.5 | 106.0 | 107.3 |
| (1) 男式服装 | 102.4 | 104.6 | 105.3 | 107.9 | 108.3 |
| (2) 女式服装 | 103.6 | 105.7 | 104.5 | 105.7 | 107.3 |
| (3) 儿童服装 | 101.7 | 102.1 | 102.5 | 102.5 | 104.4 |
| 2. 衣着材料 | 105.2 | 105.2 | 107.5 | 110.1 | 111.1 |
| 3. 鞋 袜 帽 | 99.7 | 100.8 | 101.3 | 102.7 | 103.3 |
| (1) 鞋 | 99.5 | 100.6 | 101.2 | 102.9 | 103.6 |
| (2) 袜　　子 | 101.0 | 101.2 | 101.7 | 101.1 | 101.1 |
| (3) 帽　　子 | 102.7 | 105.9 | 102.2 | 100.9 | 101.1 |
| 4. 衣着加工服务费 | 101.0 | 102.0 | 104.9 | 108.4 | 109.5 |
| **四、家庭设备用品及维修服务** | **99.9** | **100.4** | **101.0** | **101.2** | **101.7** |
| 1. 耐用消费品 | 98.5 | 98.6 | 99.1 | 99.4 | 99.9 |
| (1) 家　　具 | 101.0 | 101.1 | 101.7 | 102.5 | 103.1 |
| (2) 家庭设备 | 97.0 | 97.1 | 97.6 | 97.6 | 98.0 |
| 2. 室内装饰品 | 101.3 | 101.6 | 101.8 | 102.1 | 103.5 |
| 3. 床上用品 | 103.3 | 107.2 | 108.3 | 108.5 | 107.8 |
| 4. 家庭日用杂品 | 100.1 | 100.4 | 100.9 | 100.9 | 101.7 |
| 5. 家庭服务及加工维修服务 | 103.9 | 103.0 | 103.9 | 104.7 | 105.3 |
| **五、医疗保健和个人用品** | **102.9** | **102.8** | **103.3** | **103.3** | **103.7** |
| 1. 医疗保健 | 103.2 | 102.9 | 103.5 | 103.4 | 104.0 |
| (1) 医疗器具及用品 | 102.5 | 101.2 | 101.0 | 101.1 | 102.5 |
| (2) 中药材及中成药 | 110.3 | 109.5 | 112.5 | 112.1 | 115.0 |
| (3) 西　　药 | 100.9 | 100.7 | 100.7 | 100.4 | 100.1 |
| (4) 保健器具及用品 | 103.2 | 103.2 | 101.9 | 101.6 | 101.2 |
| (5) 医疗保健服务 | 100.1 | 100.1 | 100.0 | 100.2 | 100.2 |
| 2. 个人用品及服务 | 102.5 | 102.6 | 102.9 | 103.0 | 103.2 |
| (1) 化妆美容用品 | 101.2 | 101.2 | 101.1 | 100.9 | 101.1 |
| (2) 清洁类化妆品 | 100.3 | 100.9 | 101.0 | 101.7 | 102.5 |
| (3) 个人饰品 | 106.8 | 107.8 | 108.7 | 108.4 | 107.3 |
| (4) 个人服务 | 104.5 | 103.0 | 103.8 | 103.8 | 103.9 |
| **六、交通和通信** | **101.8** | **101.6** | **101.5** | **102.0** | **102.0** |
| 1. 交　　通 | 104.4 | 104.0 | 103.8 | 104.7 | 104.9 |

| 6 月 | 7 月 | 8 月 | 9 月 | 10 月 | 11 月 | 12 月 |
|---|---|---|---|---|---|---|
| 105.9 | 105.5 | 104.5 | 104.4 | 105.5 | 104.3 | 104.6 |
| 109.0 | 109.9 | 110.4 | 111.5 | 111.6 | 110.4 | 109.8 |
| 109.6 | 109.2 | 109.4 | 107.4 | 106.9 | 107.0 | 105.9 |
| **103.9** | **104.5** | **104.2** | **104.9** | **105.6** | **105.5** | **104.9** |
| 100.2 | 100.2 | 100.2 | 100.2 | 100.2 | 100.2 | 100.1 |
| 107.2 | 108.2 | 107.6 | 109.0 | 110.3 | 110.1 | 109.0 |
| **105.7** | **104.2** | **102.7** | **101.9** | **103.7** | **101.4** | **99.4** |
| 106.5 | 104.7 | 103.3 | 102.8 | 105.2 | 102.0 | 99.8 |
| 107.1 | 105.8 | 105.6 | 105.0 | 106.8 | 102.4 | 100.9 |
| 107.0 | 105.2 | 103.8 | 103.5 | 106.0 | 103.0 | 100.3 |
| 103.2 | 99.9 | 95.6 | 94.8 | 98.5 | 97.5 | 94.9 |
| 110.5 | 110.6 | 110.8 | 111.0 | 110.8 | 111.6 | 111.0 |
| 103.1 | 102.1 | 99.9 | 98.4 | 98.6 | 98.4 | 96.9 |
| 103.3 | 102.3 | 100.3 | 98.5 | 98.9 | 98.7 | 96.9 |
| 101.3 | 100.7 | 97.9 | 97.7 | 96.7 | 96.8 | 97.1 |
| 101.5 | 100.7 | 96.3 | 96.7 | 96.4 | 96.1 | 97.1 |
| 109.7 | 111.0 | 111.0 | 111.0 | 111.3 | 111.3 | 111.3 |
| **102.2** | **102.3** | **102.1** | **102.4** | **102.5** | **102.1** | **101.7** |
| 100.5 | 100.8 | 100.4 | 100.8 | 101.0 | 100.5 | 100.1 |
| 104.2 | 104.5 | 104.3 | 104.8 | 104.5 | 103.7 | 102.7 |
| 98.4 | 98.6 | 98.1 | 98.5 | 99.0 | 98.6 | 98.5 |
| 104.4 | 104.5 | 104.8 | 105.0 | 105.1 | 104.0 | 103.8 |
| 108.3 | 107.9 | 107.2 | 106.3 | 105.8 | 104.4 | 102.3 |
| 102.1 | 102.0 | 102.2 | 102.5 | 102.6 | 102.4 | 102.6 |
| 105.3 | 105.5 | 105.3 | 106.5 | 106.7 | 108.7 | 109.2 |
| **103.7** | **103.9** | **104.2** | **104.3** | **104.1** | **102.7** | **102.3** |
| 104.1 | 104.3 | 104.3 | 104.6 | 104.4 | 102.4 | 102.1 |
| 104.1 | 104.3 | 103.8 | 103.8 | 103.8 | 103.9 | 103.9 |
| 115.7 | 116.3 | 117.2 | 118.0 | 117.6 | 113.4 | 110.8 |
| 99.9 | 100.0 | 99.7 | 99.8 | 99.7 | 99.3 | 100.2 |
| 101.1 | 101.0 | 99.9 | 99.7 | 99.6 | 99.1 | 99.4 |
| 100.2 | 100.2 | 100.2 | 100.2 | 100.2 | 96.7 | 96.4 |
| 103.0 | 103.3 | 103.9 | 103.9 | 103.3 | 103.4 | 102.9 |
| 100.8 | 100.8 | 100.9 | 101.2 | 101.2 | 101.2 | 101.2 |
| 102.5 | 103.0 | 103.1 | 103.3 | 104.6 | 104.1 | 104.2 |
| 106.5 | 107.4 | 110.5 | 109.1 | 103.9 | 105.0 | 102.3 |
| 104.0 | 103.9 | 103.7 | 103.7 | 103.8 | 103.8 | 104.2 |
| **102.2** | **102.1** | **102.3** | **102.3** | **101.8** | **101.5** | **101.0** |
| 105.3 | 105.1 | 105.6 | 105.6 | 104.6 | 104.2 | 103.6 |

# 2011 年广西城市居民消费价格各月同比指数（续表 2）

以上年同月价格为 100

| 类 别 | 1 月 | 2 月 | 3 月 | 4 月 | 5 月 |
|---|---|---|---|---|---|
| (1) 交通工具 | 99.7 | 99.4 | 99.9 | 100.3 | 100.9 |
| (2) 车用燃料及零配件 | 105.7 | 108.9 | 109.0 | 110.5 | 110.7 |
| 汽 油 | 107.9 | 112.3 | 112.3 | 114.1 | 114.1 |
| 柴 油 | 108.9 | 113.4 | 113.4 | 114.0 | 113.8 |
| (3) 车辆使用及维修费 | 101.9 | 100.5 | 101.4 | 101.4 | 102.4 |
| (4) 市区公共交通费 | 100.0 | 98.5 | 99.2 | 99.4 | 100.0 |
| (5) 城市间交通费 | 116.7 | 113.6 | 110.4 | 112.7 | 111.2 |
| 2. 通 信 | 99.2 | 99.3 | 99.3 | 99.3 | 99.2 |
| (1) 通信工具 | 95.7 | 95.8 | 96.0 | 95.6 | 95.1 |
| (2) 通信服务 | 100.1 | 100.1 | 100.1 | 100.2 | 100.2 |
| **七、娱乐教育文化用品及服务** | **101.0** | **100.9** | **102.5** | **101.9** | **102.2** |
| 1. 文娱用耐用消费品及服务 | 95.1 | 95.0 | 95.4 | 95.0 | 94.4 |
| 2. 教 育 | 103.2 | 103.3 | 105.7 | 105.7 | 105.8 |
| (1) 教材及参考书 | 101.1 | 101.5 | 99.1 | 99.1 | 99.1 |
| (2) 教育服务 | 103.5 | 103.6 | 106.8 | 106.8 | 106.8 |
| 3. 文化娱乐类 | 100.2 | 100.2 | 100.3 | 100.3 | 100.6 |
| (1) 文化娱乐用品 | 100.3 | 100.3 | 100.4 | 100.4 | 100.6 |
| (2) 书报杂志 | 100.5 | 100.3 | 100.3 | 100.3 | 100.3 |
| (3) 文 娱 费 | 99.9 | 100.1 | 100.2 | 100.2 | 100.7 |
| 4. 旅 游 | 103.4 | 102.2 | 105.0 | 101.7 | 104.0 |
| **八、居 住** | **103.0** | **102.5** | **103.2** | **103.8** | **104.6** |
| 1. 建房及装修材料 | 106.1 | 106.7 | 107.1 | 107.4 | 107.5 |
| 2. 住房租金 | 99.5 | 99.8 | 99.8 | 100.2 | 100.3 |
| 3. 自有住房 | 102.3 | 101.0 | 102.3 | 102.1 | 103.1 |
| 4. 水、电、燃料 | 103.7 | 103.5 | 103.9 | 105.7 | 107.2 |
| 水 | 102.2 | 102.2 | 103.7 | 103.7 | 103.7 |
| 电 | 100.0 | 100.0 | 100.0 | 100.0 | 100.0 |
| 液化石油气 | 110.0 | 109.6 | 110.0 | 115.4 | 117.6 |
| 管道燃气 | 99.7 | 99.7 | 99.7 | 99.9 | 100.2 |

| 6 月 | 7 月 | 8 月 | 9 月 | 10 月 | 11 月 | 12 月 |
|---|---|---|---|---|---|---|
| 100.7 | 100.8 | 102.0 | 102.5 | 102.8 | 102.0 | 102.0 |
| 112.9 | 113.1 | 112.6 | 112.2 | 107.8 | 107.3 | 104.7 |
| 117.4 | 117.6 | 117.4 | 117.2 | 110.3 | 110.2 | 106.3 |
| 118.6 | 118.5 | 118.3 | 117.5 | 110.0 | 109.9 | 105.8 |
| 102.4 | 103.2 | 103.2 | 103.2 | 103.2 | 103.2 | 102.8 |
| 100.0 | 100.0 | 100.0 | 100.0 | 100.0 | 100.0 | 100.0 |
| 110.9 | 109.2 | 110.3 | 109.8 | 109.0 | 108.4 | 108.5 |
| 99.2 | 99.0 | 99.1 | 99.0 | 98.9 | 98.8 | 98.5 |
| 95.2 | 94.5 | 94.8 | 94.7 | 94.2 | 93.6 | 92.2 |
| 100.2 | 100.2 | 100.2 | 100.0 | 100.0 | 100.0 | 100.0 |
| **101.7** | **100.0** | **100.0** | **96.2** | **97.0** | **96.5** | **96.7** |
| 93.8 | 93.6 | 92.8 | 91.7 | 91.8 | 91.6 | 91.8 |
| 105.9 | 106.1 | 106.1 | 98.5 | 98.6 | 98.8 | 98.7 |
| 99.1 | 99.2 | 99.3 | 100.0 | 100.0 | 100.1 | 100.1 |
| 106.9 | 107.1 | 107.2 | 98.3 | 98.4 | 98.6 | 98.5 |
| 100.8 | 96.2 | 95.4 | 95.1 | 98.8 | 93.6 | 93.4 |
| 100.6 | 100.8 | 100.7 | 100.5 | 100.5 | 100.6 | 100.8 |
| 100.3 | 100.3 | 100.3 | 100.3 | 100.3 | 100.3 | 100.3 |
| 101.3 | 90.8 | 89.1 | 88.6 | 96.9 | 85.1 | 84.3 |
| 101.0 | 95.1 | 96.7 | 95.9 | 97.4 | 99.1 | 100.3 |
| **103.8** | **103.4** | **103.9** | **103.3** | **101.9** | **95.2** | **94.4** |
| 107.0 | 107.3 | 107.0 | 105.3 | 104.5 | 104.1 | 103.3 |
| 100.4 | 98.6 | 97.9 | 98.3 | 98.3 | 97.5 | 97.5 |
| 103.6 | 103.2 | 104.1 | 103.5 | 102.0 | 101.2 | 100.9 |
| 103.7 | 103.6 | 104.7 | 104.4 | 102.1 | 81.4 | 79.5 |
| 100.5 | 100.5 | 99.5 | 99.2 | 99.2 | 62.7 | 62.7 |
| 100.0 | 100.0 | 100.0 | 100.0 | 99.1 | 76.8 | 76.8 |
| 109.8 | 109.7 | 113.6 | 112.6 | 107.1 | 93.7 | 87.9 |
| 98.9 | 98.8 | 98.7 | 98.7 | 98.7 | 98.7 | 98.5 |

# 2012年广西城市居民消费价格各月同比指数

以上年同月价格为100

| 类　别 | 1月 | 2月 | 3月 | 4月 | 5月 |
|---|---|---|---|---|---|
| **居民消费价格总指数** | **103.4** | **102.4** | **103.3** | **102.5** | **103.1** |
| **一、食　品** | **109.8** | **105.7** | **106.8** | **105.1** | **105.5** |
| 1. 粮　食 | 108.4 | 107.7 | 104.8 | 102.6 | 102.1 |
| 大　米 | 109.5 | 108.6 | 105.0 | 102.6 | 101.9 |
| 2. 淀粉及制品 | 102.5 | 101.9 | 101.4 | 101.2 | 101.9 |
| 3. 干豆类及豆制品 | 102.6 | 99.0 | 99.7 | 99.7 | 100.1 |
| 4. 油　脂 | 104.7 | 105.0 | 105.1 | 106.7 | 108.5 |
| 食用植物油 | 105.3 | 106.1 | 106.4 | 109.0 | 111.3 |
| 5. 肉禽及其制品 | 113.1 | 108.3 | 109.0 | 106.1 | 103.4 |
| (1) 食用畜肉及副产品 | 116.6 | 110.5 | 110.2 | 105.1 | 102.0 |
| 猪　肉 | 112.6 | 105.4 | 104.4 | 97.7 | 93.6 |
| 牛　肉 | 128.8 | 130.0 | 132.9 | 135.2 | 138.3 |
| 羊　肉 | 134.8 | 126.8 | 128.3 | 128.1 | 129.6 |
| (2) 禽 | 106.5 | 103.0 | 105.4 | 105.9 | 103.3 |
| 鸡 | 107.2 | 103.1 | 105.1 | 105.6 | 103.2 |
| 鸭 | 105.2 | 102.7 | 106.0 | 106.7 | 103.5 |
| (3) 加工肉禽 | 113.1 | 111.1 | 112.1 | 111.3 | 109.6 |
| 6. 蛋 | 102.5 | 94.8 | 96.0 | 96.7 | 93.8 |
| 鲜　蛋 | 102.1 | 94.1 | 95.4 | 96.1 | 93.1 |
| 7. 水产品 | 115.0 | 105.0 | 106.8 | 103.0 | 103.6 |
| (1) 鱼 | 111.2 | 105.0 | 106.0 | 102.3 | 101.9 |
| 淡水鱼 | 112.0 | 103.8 | 103.9 | 100.5 | 99.7 |
| 海水鱼 | 110.0 | 106.8 | 109.3 | 105.1 | 105.4 |
| (2) 其他水产品 | 124.2 | 105.0 | 108.5 | 104.8 | 107.9 |
| 虾蟹类 | 124.6 | 105.1 | 108.6 | 104.8 | 108.1 |
| 8. 菜 | 112.7 | 103.8 | 115.5 | 118.8 | 130.8 |
| 鲜　菜 | 114.4 | 104.1 | 117.9 | 121.7 | 136.1 |
| 9. 调味品 | 102.9 | 102.4 | 101.9 | 102.5 | 102.0 |
| 食用盐 | 99.5 | 99.5 | 99.5 | 99.8 | 99.8 |
| 酱　油 | 105.1 | 104.1 | 103.7 | 104.0 | 103.0 |
| 10. 糖 | 110.2 | 109.9 | 109.8 | 108.2 | 108.2 |
| 食　糖 | 113.4 | 113.2 | 115.4 | 112.1 | 111.5 |
| 11. 茶及饮料 | 104.8 | 104.8 | 104.9 | 104.2 | 104.7 |
| (1) 茶　叶 | 100.7 | 100.6 | 101.3 | 101.6 | 101.5 |
| (2) 饮　料 | 106.2 | 106.2 | 106.1 | 105.0 | 105.7 |
| 12. 干鲜瓜果 | 99.7 | 94.5 | 94.2 | 92.1 | 93.0 |
| 鲜瓜果 | 98.2 | 92.4 | 91.9 | 89.9 | 91.2 |

| 6 月 | 7 月 | 8 月 | 9 月 | 10 月 | 11 月 | 12 月 |
|---|---|---|---|---|---|---|
| **103.0** | **102.7** | **103.5** | **103.9** | **102.8** | **103.7** | **104.1** |
| **104.9** | **102.9** | **104.6** | **104.5** | **102.7** | **104.6** | **106.1** |
| 101.7 | 101.1 | 102.0 | 103.0 | 102.8 | 103.1 | 103.1 |
| 101.3 | 100.6 | 101.8 | 103.1 | 102.6 | 103.0 | 103.0 |
| 102.2 | 102.0 | 102.2 | 102.0 | 101.8 | 101.9 | 102.0 |
| 100.4 | 101.2 | 102.0 | 102.4 | 102.7 | 103.5 | 103.8 |
| 107.9 | 107.5 | 108.5 | 111.9 | 113.0 | 113.9 | 114.0 |
| 110.2 | 109.1 | 110.5 | 115.0 | 117.4 | 118.2 | 118.4 |
| 99.5 | 96.0 | 97.6 | 100.1 | 100.9 | 103.9 | 107.5 |
| 97.0 | 91.9 | 94.3 | 98.2 | 99.9 | 104.6 | 110.1 |
| 87.4 | 81.8 | 84.5 | 89.1 | 91.0 | 96.9 | 104.4 |
| 141.6 | 141.5 | 142.3 | 142.5 | 143.0 | 142.7 | 140.1 |
| 129.1 | 128.1 | 127.7 | 125.5 | 120.7 | 117.6 | 115.0 |
| 101.4 | 101.1 | 101.9 | 102.8 | 102.6 | 104.0 | 105.9 |
| 101.2 | 100.2 | 101.1 | 101.3 | 101.8 | 103.9 | 105.3 |
| 101.6 | 103.3 | 103.7 | 106.4 | 104.4 | 104.1 | 107.2 |
| 107.0 | 103.6 | 103.0 | 102.4 | 101.4 | 100.9 | 100.9 |
| 96.1 | 93.3 | 94.0 | 98.9 | 97.8 | 100.0 | 103.2 |
| 95.6 | 92.8 | 93.6 | 98.7 | 97.6 | 100.0 | 103.4 |
| 102.8 | 102.6 | 103.6 | 103.3 | 103.5 | 104.3 | 105.3 |
| 101.8 | 101.9 | 101.7 | 101.0 | 101.6 | 102.8 | 104.4 |
| 99.9 | 99.1 | 98.8 | 97.1 | 98.9 | 100.6 | 103.0 |
| 104.8 | 106.3 | 106.2 | 106.9 | 105.8 | 105.9 | 106.4 |
| 105.3 | 104.8 | 109.3 | 110.4 | 108.9 | 108.6 | 107.6 |
| 105.5 | 104.9 | 109.6 | 110.8 | 109.2 | 108.8 | 107.8 |
| 126.7 | 116.0 | 126.2 | 116.1 | 99.8 | 111.9 | 116.3 |
| 131.3 | 118.4 | 130.5 | 118.5 | 99.4 | 113.7 | 119.0 |
| 101.5 | 101.3 | 101.2 | 101.4 | 101.5 | 102.3 | 102.5 |
| 99.8 | 99.8 | 99.8 | 99.8 | 99.8 | 99.8 | 99.8 |
| 102.1 | 101.4 | 100.9 | 101.5 | 102.1 | 103.4 | 103.5 |
| 107.0 | 106.3 | 104.4 | 103.5 | 103.0 | 102.8 | 102.4 |
| 109.1 | 106.9 | 104.7 | 102.8 | 101.3 | 100.9 | 100.2 |
| 104.9 | 104.9 | 105.1 | 105.3 | 105.7 | 105.4 | 105.0 |
| 101.8 | 101.2 | 101.1 | 101.0 | 101.5 | 101.2 | 101.1 |
| 105.8 | 106.0 | 106.4 | 106.7 | 107.0 | 106.7 | 106.2 |
| 103.8 | 107.9 | 108.2 | 106.9 | 103.7 | 98.6 | 98.3 |
| 104.4 | 110.1 | 110.5 | 108.7 | 104.7 | 98.2 | 97.8 |

# 2012 年广西城市居民消费价格各月同比指数（续表 1）

以上年同月价格为 100

| 类　别 | 1 月 | 2 月 | 3 月 | 4 月 | 5 月 |
|---|---|---|---|---|---|
| 13. 糕点饼干面包 | 107.6 | 107.6 | 107.9 | 106.1 | 105.2 |
| 14. 液体乳及乳制品 | 104.5 | 105.1 | 103.0 | 102.3 | 104.3 |
| 15. 在外用膳食品 | 110.7 | 110.3 | 109.2 | 106.9 | 106.7 |
| 16. 其他食品 | 106.4 | 106.2 | 102.8 | 102.1 | 103.8 |
| **二、烟　　酒** | **105.0** | **105.1** | **104.7** | **104.5** | **103.9** |
| 1. 烟　　草 | 100.2 | 100.2 | 100.4 | 100.4 | 100.2 |
| 2. 酒 | 109.2 | 109.2 | 108.4 | 107.9 | 107.0 |
| **三、衣　　着** | **100.2** | **101.0** | **103.5** | **102.7** | **102.8** |
| 1. 服　　装 | 100.4 | 101.1 | 104.2 | 103.8 | 104.1 |
| (1) 男式服装 | 101.2 | 102.2 | 105.0 | 104.7 | 104.9 |
| (2) 女式服装 | 101.0 | 101.3 | 104.9 | 104.6 | 105.0 |
| (3) 儿童服装 | 96.0 | 97.5 | 99.2 | 98.5 | 98.6 |
| 2. 衣着材料 | 110.6 | 111.0 | 108.6 | 106.1 | 105.4 |
| 3. 鞋 袜 帽 | 98.6 | 99.8 | 100.9 | 99.2 | 98.7 |
| (1) 鞋 | 98.7 | 100.0 | 101.4 | 99.3 | 98.6 |
| (2) 袜　　子 | 98.2 | 98.3 | 97.7 | 99.0 | 99.6 |
| (3) 帽　　子 | 96.9 | 96.6 | 96.7 | 96.1 | 96.3 |
| 4. 衣着加工服务费 | 111.9 | 112.2 | 109.0 | 105.6 | 104.5 |
| **四、家庭设备用品及维修服务** | **101.7** | **101.7** | **101.7** | **101.7** | **101.5** |
| 1. 耐用消费品 | 99.9 | 100.2 | 100.0 | 100.7 | 100.6 |
| (1) 家　　具 | 102.2 | 102.5 | 102.3 | 103.8 | 103.4 |
| (2) 家庭设备 | 98.4 | 98.8 | 98.6 | 98.7 | 98.9 |
| 2. 室内装饰品 | 103.9 | 103.1 | 102.5 | 102.1 | 100.7 |
| 3. 床上用品 | 102.6 | 101.5 | 102.3 | 100.6 | 100.4 |
| 4. 家庭日用杂品 | 102.8 | 102.5 | 102.8 | 102.4 | 101.9 |
| 5. 家庭服务及加工维修服务 | 109.0 | 109.4 | 109.8 | 109.0 | 108.6 |
| **五、医疗保健和个人用品** | **103.0** | **103.0** | **102.5** | **102.3** | **101.7** |
| 1. 医疗保健 | 103.0 | 103.0 | 102.5 | 102.3 | 101.5 |
| (1) 医疗器具及用品 | 103.4 | 103.2 | 103.4 | 105.4 | 104.0 |
| (2) 中药材及中成药 | 110.6 | 110.7 | 108.2 | 107.6 | 104.5 |
| (3) 西　　药 | 100.2 | 100.1 | 100.2 | 100.3 | 100.3 |
| (4) 保健器具及用品 | 99.2 | 99.2 | 100.5 | 100.3 | 100.8 |
| (5) 医疗保健服务 | 100.5 | 100.5 | 100.5 | 100.3 | 100.2 |
| 2. 个人用品及服务 | 103.0 | 102.9 | 102.5 | 102.3 | 101.9 |
| (1) 化妆美容用品 | 101.0 | 101.0 | 101.0 | 101.2 | 101.2 |
| (2) 清洁类化妆品 | 104.1 | 104.4 | 104.1 | 104.1 | 104.0 |
| (3) 个人饰品 | 101.8 | 104.9 | 102.7 | 101.3 | 99.9 |

| 6 月 | 7 月 | 8 月 | 9 月 | 10 月 | 11 月 | 12 月 |
|---|---|---|---|---|---|---|
| 104.7 | 105.0 | 103.9 | 103.7 | 103.5 | 103.7 | 103.8 |
| 103.2 | 102.8 | 103.8 | 104.1 | 102.5 | 102.5 | 102.3 |
| 107.8 | 106.9 | 106.5 | 105.7 | 105.5 | 104.9 | 103.9 |
| 101.8 | 102.0 | 103.7 | 104.0 | 102.6 | 102.2 | 102.1 |
| **103.7** | **103.4** | **103.5** | **102.5** | **101.5** | **101.3** | **100.9** |
| 100.2 | 100.3 | 100.3 | 100.3 | 100.3 | 100.3 | 100.3 |
| 106.6 | 105.9 | 106.2 | 104.4 | 102.5 | 102.2 | 101.3 |
| **103.1** | **103.5** | **105.2** | **106.3** | **102.3** | **101.3** | **100.3** |
| 104.4 | 104.9 | 107.1 | 108.2 | 103.5 | 102.5 | 101.3 |
| 105.3 | 104.9 | 106.2 | 107.5 | 103.1 | 102.9 | 100.9 |
| 105.2 | 105.8 | 108.4 | 109.3 | 104.5 | 103.0 | 102.0 |
| 99.0 | 101.5 | 104.9 | 105.7 | 100.9 | 99.4 | 100.3 |
| 104.9 | 104.8 | 104.8 | 104.6 | 102.9 | 101.2 | 101.1 |
| 98.9 | 99.2 | 99.7 | 101.1 | 98.8 | 97.5 | 96.9 |
| 98.9 | 99.2 | 99.5 | 101.1 | 98.2 | 96.9 | 96.4 |
| 99.7 | 100.0 | 101.4 | 101.6 | 102.7 | 102.0 | 101.3 |
| 96.0 | 96.3 | 100.1 | 100.0 | 99.0 | 96.9 | 95.8 |
| 105.3 | 104.7 | 104.8 | 104.8 | 104.4 | 104.6 | 105.9 |
| **101.3** | **101.5** | **101.5** | **101.5** | **101.3** | **101.1** | **100.9** |
| 100.7 | 101.2 | 101.2 | 101.4 | 101.1 | 101.3 | 101.0 |
| 102.9 | 102.7 | 102.4 | 102.3 | 102.2 | 102.5 | 102.4 |
| 99.4 | 100.2 | 100.5 | 100.9 | 100.4 | 100.5 | 100.1 |
| 99.9 | 99.9 | 99.2 | 98.9 | 98.9 | 98.9 | 99.1 |
| 99.5 | 99.4 | 99.7 | 99.2 | 98.8 | 97.7 | 98.3 |
| 101.5 | 101.3 | 101.3 | 101.2 | 101.2 | 101.2 | 101.0 |
| 108.6 | 108.4 | 108.8 | 107.6 | 108.0 | 106.0 | 105.6 |
| **101.5** | **101.5** | **101.0** | **100.9** | **101.0** | **101.3** | **101.4** |
| 101.2 | 101.2 | 100.7 | 100.3 | 100.2 | 101.1 | 101.2 |
| 102.5 | 102.3 | 102.2 | 102.5 | 103.0 | 102.8 | 102.8 |
| 103.1 | 102.8 | 101.2 | 99.8 | 98.7 | 98.6 | 98.7 |
| 100.5 | 100.7 | 100.7 | 100.6 | 101.1 | 101.1 | 101.2 |
| 100.8 | 100.9 | 100.6 | 100.6 | 100.9 | 100.6 | 100.6 |
| 100.2 | 100.2 | 100.2 | 100.2 | 100.2 | 103.9 | 104.1 |
| 102.0 | 102.0 | 101.6 | 102.1 | 102.6 | 101.8 | 101.7 |
| 101.7 | 101.8 | 101.7 | 101.4 | 101.4 | 101.1 | 100.9 |
| 104.3 | 103.8 | 104.1 | 104.3 | 103.7 | 103.5 | 103.0 |
| 99.1 | 99.4 | 97.0 | 99.1 | 103.1 | 99.8 | 100.7 |

# 2012年广西城市居民消费价格各月同比指数（续表2）

以上年同月价格为100

| 类　别 | 1月 | 2月 | 3月 | 4月 | 5月 |
|---|---|---|---|---|---|
| (4) 个人服务 | 105.6 | 100.7 | 101.5 | 101.5 | 101.5 |
| **六、交通和通信** | **101.1** | **100.0** | **100.8** | **100.5** | **100.2** |
| 1. 交　通 | 103.6 | 101.4 | 103.0 | 102.5 | 101.7 |
| (1) 交通工具 | 101.4 | 101.3 | 100.9 | 100.6 | 100.3 |
| (2) 车用燃料及零配件 | 104.6 | 103.8 | 107.8 | 104.5 | 102.3 |
| 汽　油 | 106.3 | 105.3 | 111.2 | 106.3 | 103.2 |
| 柴　油 | 105.8 | 104.6 | 110.9 | 106.9 | 103.8 |
| (3) 车辆使用及维修费 | 103.1 | 102.9 | 102.3 | 102.3 | 101.5 |
| (4) 市区公共交通费 | 100.0 | 100.8 | 100.8 | 102.0 | 101.4 |
| (5) 城市间交通费 | 109.0 | 98.1 | 102.8 | 103.5 | 103.5 |
| 2. 通　信 | 98.5 | 98.6 | 98.5 | 98.5 | 98.6 |
| (1) 通信工具 | 92.1 | 92.1 | 92.1 | 92.5 | 92.8 |
| (2) 通信服务 | 100.0 | 100.2 | 100.1 | 100.0 | 100.0 |
| **七、娱乐教育文化用品及服务** | **98.2** | **99.5** | **100.2** | **100.7** | **100.5** |
| 1. 文娱用耐用消费品及服务 | 92.4 | 92.8 | 92.6 | 93.0 | 93.1 |
| 2. 教　育 | 98.7 | 102.5 | 102.5 | 102.5 | 102.4 |
| (1) 教材及参考书 | 100.1 | 101.1 | 101.2 | 101.2 | 101.2 |
| (2) 教育服务 | 98.5 | 102.7 | 102.6 | 102.6 | 102.6 |
| 3. 文化娱乐类 | 100.9 | 101.3 | 101.3 | 101.4 | 101.1 |
| (1) 文化娱乐用品 | 100.7 | 101.6 | 101.9 | 101.8 | 101.6 |
| (2) 书报杂志 | 100.1 | 100.3 | 100.3 | 100.3 | 100.3 |
| (3) 文 娱 费 | 101.6 | 101.5 | 101.3 | 101.6 | 101.2 |
| 4. 旅　游 | 101.8 | 97.0 | 101.9 | 104.6 | 103.6 |
| **八、居　住** | **98.6** | **99.9** | **100.8** | **100.1** | **103.3** |
| 1. 建房及装修材料 | 103.0 | 103.3 | 103.0 | 102.5 | 101.9 |
| 2. 住房租金 | 100.8 | 100.9 | 101.2 | 100.7 | 100.7 |
| 3. 自有住房 | 101.0 | 100.9 | 101.1 | 100.9 | 101.8 |
| 4. 水、电、燃料 | 92.0 | 96.2 | 98.9 | 97.4 | 107.6 |
| 水 | 97.2 | 109.4 | 109.0 | 109.2 | 109.2 |
| 电 | 88.1 | 88.1 | 88.1 | 88.1 | 114.6 |
| 液化石油气 | 94.4 | 101.4 | 109.5 | 104.4 | 100.5 |
| 管道燃气 | 100.0 | 100.0 | 100.0 | 100.0 | 100.1 |

| 6 月 | 7 月 | 8 月 | 9 月 | 10 月 | 11 月 | 12 月 |
|---|---|---|---|---|---|---|
| 101.4 | 101.6 | 102.1 | 102.2 | 102.1 | 102.0 | 101.6 |
| **99.7** | **99.7** | **99.7** | **100.3** | **100.6** | **100.3** | **99.8** |
| 100.8 | 100.7 | 100.9 | 101.8 | 102.2 | 101.8 | 101.2 |
| 100.6 | 100.6 | 99.8 | 99.3 | 98.8 | 99.0 | 97.9 |
| 98.4 | 95.6 | 98.2 | 102.2 | 105.0 | 103.0 | 102.4 |
| 97.6 | 93.5 | 96.4 | 102.1 | 106.0 | 103.1 | 102.7 |
| 97.9 | 93.6 | 96.8 | 102.7 | 107.0 | 103.9 | 103.4 |
| 101.5 | 101.2 | 101.9 | 102.7 | 103.0 | 103.0 | 103.0 |
| 101.2 | 100.9 | 100.9 | 100.9 | 100.9 | 100.9 | 100.9 |
| 103.2 | 106.4 | 104.9 | 105.1 | 104.7 | 104.4 | 103.8 |
| 98.6 | 98.6 | 98.5 | 98.8 | 98.8 | 98.7 | 98.4 |
| 92.6 | 92.8 | 92.4 | 92.5 | 92.6 | 91.6 | 89.9 |
| 100.0 | 100.0 | 100.0 | 100.3 | 100.3 | 100.3 | 100.3 |
| **100.6** | **102.2** | **102.5** | **104.8** | **102.9** | **103.3** | **102.6** |
| 93.5 | 93.8 | 94.1 | 94.8 | 94.9 | 94.8 | 93.3 |
| 102.5 | 102.5 | 102.5 | 105.5 | 105.5 | 105.4 | 105.4 |
| 101.2 | 101.1 | 101.0 | 100.3 | 100.3 | 100.3 | 100.2 |
| 102.7 | 102.7 | 102.7 | 106.3 | 106.2 | 106.1 | 106.2 |
| 101.5 | 106.1 | 107.1 | 108.0 | 103.4 | 108.3 | 108.3 |
| 101.0 | 100.9 | 100.7 | 100.7 | 100.6 | 100.5 | 99.8 |
| 100.2 | 100.2 | 100.2 | 100.2 | 100.2 | 100.2 | 100.2 |
| 102.4 | 113.6 | 116.4 | 118.6 | 107.1 | 119.9 | 120.8 |
| 102.9 | 107.9 | 108.4 | 112.0 | 104.3 | 102.9 | 100.2 |
| **104.2** | **105.1** | **105.4** | **105.6** | **106.0** | **108.1** | **108.6** |
| 101.9 | 101.6 | 101.3 | 100.9 | 101.4 | 101.8 | 102.0 |
| 100.6 | 102.2 | 102.7 | 103.1 | 103.0 | 103.7 | 103.5 |
| 102.6 | 102.7 | 102.6 | 102.7 | 102.6 | 102.4 | 102.4 |
| 110.0 | 112.5 | 113.6 | 114.5 | 115.8 | 124.4 | 126.4 |
| 116.8 | 116.8 | 117.0 | 117.0 | 117.0 | 185.1 | 185.1 |
| 114.6 | 120.4 | 120.4 | 120.4 | 122.4 | 122.4 | 122.4 |
| 102.8 | 102.7 | 105.6 | 108.0 | 109.3 | 112.0 | 116.7 |
| 102.6 | 102.8 | 102.9 | 102.9 | 102.9 | 102.9 | 102.9 |

# 2013年广西城市居民消费价格各月同比指数

以上年同月价格为100

| 类　别 | 1月 | 2月 | 3月 | 4月 | 5月 |
|---|---|---|---|---|---|
| **居民消费价格总指数** | **101.9** | **102.4** | **101.1** | **101.2** | **101.1** |
| **一、食　　品** | **103.0** | **105.2** | **102.4** | **103.0** | **102.1** |
| 1. 粮　　食 | 101.7 | 101.4 | 101.2 | 101.0 | 101.1 |
| 大　　米 | 101.0 | 100.5 | 100.2 | 99.9 | 99.8 |
| 2. 淀粉及制品 | 101.9 | 102.1 | 102.8 | 104.1 | 103.2 |
| 3. 干豆类及豆制品 | 102.1 | 106.9 | 106.2 | 105.7 | 105.7 |
| 4. 油　　脂 | 110.8 | 109.8 | 109.9 | 107.7 | 104.3 |
| 食用植物油 | 115.3 | 113.9 | 113.9 | 110.4 | 106.3 |
| 5. 肉禽及其制品 | 103.4 | 107.5 | 102.9 | 100.0 | 99.7 |
| (1) 食用畜肉及副产品 | 103.5 | 106.7 | 101.6 | 102.2 | 103.6 |
| 猪　　肉 | 98.9 | 102.1 | 95.8 | 96.6 | 98.3 |
| 牛　　肉 | 125.6 | 127.5 | 123.4 | 122.0 | 121.1 |
| 羊　　肉 | 108.6 | 110.0 | 107.8 | 109.6 | 110.9 |
| (2) 禽 | 104.3 | 111.4 | 106.2 | 95.8 | 92.6 |
| 鸡 | 103.9 | 108.4 | 104.7 | 96.0 | 93.3 |
| 鸭 | 105.1 | 118.7 | 109.5 | 95.1 | 91.0 |
| (3) 加工肉禽 | 100.6 | 102.9 | 101.6 | 99.9 | 99.2 |
| 6. 蛋 | 106.5 | 112.2 | 111.4 | 111.6 | 113.1 |
| 鲜　　蛋 | 106.9 | 112.9 | 112.0 | 112.1 | 113.6 |
| 7. 水 产 品 | 99.2 | 106.0 | 98.6 | 100.6 | 103.0 |
| (1) 鱼 | 102.6 | 106.9 | 102.3 | 102.8 | 102.8 |
| 淡 水 鱼 | 100.4 | 106.9 | 101.5 | 101.7 | 101.1 |
| 海 水 鱼 | 105.6 | 107.0 | 103.5 | 104.2 | 105.2 |
| (2) 其他水产品 | 91.8 | 104.1 | 90.7 | 95.7 | 103.7 |
| 虾 蟹 类 | 91.7 | 104.1 | 90.6 | 95.6 | 103.9 |
| 8. 菜 | 107.9 | 102.8 | 93.9 | 106.7 | 99.6 |
| 鲜　　菜 | 108.8 | 102.9 | 92.4 | 107.1 | 98.9 |
| 9. 调 味 品 | 102.7 | 102.6 | 102.7 | 102.1 | 102.0 |
| 食 用 盐 | 100.0 | 100.0 | 100.0 | 99.7 | 100.0 |
| 酱　　油 | 103.7 | 103.5 | 103.6 | 103.1 | 103.1 |
| 10. 糖 | 102.2 | 102.2 | 101.1 | 99.8 | 99.1 |
| 食　　糖 | 100.1 | 100.1 | 97.8 | 97.0 | 97.1 |
| 11. 茶及饮料 | 104.7 | 104.8 | 104.7 | 103.9 | 102.3 |
| (1) 茶　　叶 | 101.0 | 101.3 | 100.7 | 100.4 | 100.7 |
| (2) 饮　　料 | 105.8 | 105.8 | 105.9 | 105.1 | 102.8 |
| 12. 干鲜瓜果 | 97.9 | 106.0 | 109.5 | 108.2 | 108.0 |
| 鲜 瓜 果 | 97.5 | 106.9 | 111.3 | 109.7 | 109.5 |

| 6 月 | 7 月 | 8 月 | 9 月 | 10 月 | 11 月 | 12 月 |
|---|---|---|---|---|---|---|
| **101.7** | **101.7** | **102.1** | **102.9** | **103.3** | **103.0** | **103.0** |
| **103.1** | **103.1** | **104.2** | **106.5** | **106.7** | **105.3** | **104.3** |
| 101.0 | 100.9 | 100.8 | 100.9 | 101.4 | 101.5 | 101.6 |
| 99.7 | 99.5 | 99.4 | 99.3 | 100.1 | 100.1 | 100.1 |
| 102.4 | 102.3 | 102.1 | 102.0 | 101.8 | 101.8 | 101.3 |
| 105.9 | 105.7 | 105.6 | 105.5 | 105.3 | 105.6 | 105.3 |
| 102.8 | 101.6 | 98.2 | 94.9 | 93.8 | 93.9 | 92.7 |
| 104.2 | 102.9 | 98.8 | 95.1 | 93.5 | 93.5 | 91.6 |
| 101.6 | 102.1 | 104.4 | 104.1 | 104.3 | 104.4 | 103.0 |
| 103.8 | 103.5 | 106.4 | 106.4 | 106.3 | 106.8 | 105.2 |
| 98.8 | 98.8 | 102.8 | 102.2 | 102.8 | 103.7 | 101.9 |
| 119.9 | 118.8 | 118.6 | 119.9 | 117.8 | 116.4 | 115.5 |
| 111.0 | 110.7 | 111.3 | 113.6 | 112.7 | 112.4 | 111.1 |
| 98.1 | 100.2 | 102.1 | 101.0 | 102.0 | 101.2 | 99.9 |
| 98.2 | 99.9 | 101.0 | 99.7 | 100.4 | 99.8 | 99.3 |
| 98.1 | 100.9 | 104.5 | 104.1 | 105.6 | 104.1 | 101.2 |
| 100.1 | 100.5 | 100.9 | 101.2 | 100.9 | 101.1 | 100.8 |
| 108.3 | 108.8 | 107.9 | 105.3 | 105.8 | 105.1 | 103.0 |
| 108.4 | 108.9 | 107.8 | 105.2 | 105.8 | 105.1 | 102.8 |
| 105.2 | 106.0 | 106.2 | 108.4 | 109.2 | 109.3 | 108.8 |
| 102.5 | 102.1 | 102.2 | 103.6 | 104.0 | 104.1 | 104.3 |
| 100.1 | 100.6 | 101.2 | 103.8 | 103.4 | 104.0 | 104.6 |
| 106.0 | 104.4 | 103.5 | 103.3 | 104.7 | 104.4 | 103.8 |
| 112.7 | 117.2 | 117.9 | 121.6 | 123.7 | 122.9 | 120.3 |
| 112.9 | 117.5 | 118.3 | 121.9 | 124.0 | 123.2 | 120.5 |
| 104.3 | 102.7 | 107.0 | 124.8 | 126.3 | 110.1 | 102.7 |
| 104.3 | 102.3 | 107.2 | 127.6 | 129.7 | 110.7 | 102.1 |
| 101.9 | 101.9 | 101.8 | 102.8 | 103.1 | 102.7 | 102.4 |
| 100.0 | 100.0 | 99.8 | 100.0 | 100.0 | 100.0 | 100.0 |
| 102.7 | 102.8 | 103.2 | 104.3 | 104.8 | 104.3 | 103.9 |
| 98.5 | 98.5 | 98.5 | 98.2 | 98.5 | 98.9 | 98.9 |
| 96.3 | 96.5 | 96.7 | 96.5 | 98.0 | 98.9 | 98.8 |
| 101.8 | 101.5 | 101.0 | 100.7 | 100.5 | 100.2 | 100.7 |
| 100.8 | 100.6 | 100.7 | 100.8 | 100.8 | 100.8 | 100.8 |
| 102.1 | 101.8 | 101.2 | 100.7 | 100.4 | 100.0 | 100.6 |
| 107.2 | 107.8 | 109.4 | 113.5 | 112.0 | 112.4 | 114.8 |
| 108.7 | 109.6 | 111.4 | 116.3 | 114.4 | 114.9 | 117.7 |

# 2013 年广西城市居民消费价格各月同比指数（续表 1）

以上年同月价格为 100

| 类　别 | 1 月 | 2 月 | 3 月 | 4 月 | 5 月 |
|---|---|---|---|---|---|
| 13. 糕点饼干面包 | 103.4 | 103.0 | 102.6 | 101.9 | 101.9 |
| 14. 液体乳及乳制品 | 101.7 | 101.5 | 103.0 | 103.0 | 102.1 |
| 15. 在外用膳食品 | 102.8 | 102.9 | 103.0 | 103.2 | 103.3 |
| 16. 其他食品 | 102.3 | 102.6 | 102.7 | 103.1 | 102.2 |
| **二、烟　酒** | **100.6** | **100.2** | **100.2** | **100.1** | **99.7** |
| 1. 烟　草 | 100.2 | 100.2 | 100.0 | 100.0 | 100.0 |
| 2. 酒 | 100.9 | 100.2 | 100.4 | 100.1 | 99.5 |
| **三、衣　着** | **100.7** | **100.7** | **98.7** | **98.7** | **100.0** |
| 1. 服　装 | 101.8 | 102.0 | 99.7 | 99.2 | 100.9 |
| (1) 男式服装 | 101.4 | 101.7 | 99.3 | 98.4 | 100.0 |
| (2) 女式服装 | 102.6 | 102.7 | 100.0 | 99.0 | 100.6 |
| (3) 儿童服装 | 100.2 | 100.5 | 99.9 | 102.4 | 104.6 |
| 2. 衣着材料 | 101.1 | 100.9 | 100.8 | 99.6 | 99.2 |
| 3. 鞋 袜 帽 | 97.1 | 96.4 | 95.3 | 96.8 | 97.2 |
| (1) 鞋 | 96.7 | 95.9 | 94.6 | 96.4 | 96.9 |
| (2) 袜　子 | 100.5 | 100.1 | 100.6 | 99.6 | 98.8 |
| (3) 帽　子 | 96.0 | 96.4 | 97.0 | 97.6 | 101.3 |
| 4. 衣着加工服务费 | 104.6 | 107.0 | 103.4 | 103.8 | 104.0 |
| **四、家庭设备用品及维修服务** | **100.8** | **100.9** | **100.9** | **100.8** | **100.7** |
| 1. 耐用消费品 | 101.2 | 101.1 | 100.9 | 100.1 | 99.9 |
| (1) 家　具 | 102.3 | 102.0 | 101.9 | 99.6 | 99.6 |
| (2) 家庭设备 | 100.5 | 100.4 | 100.3 | 100.4 | 100.0 |
| 2. 室内装饰品 | 99.3 | 99.6 | 100.4 | 100.7 | 100.7 |
| 3. 床上用品 | 98.2 | 98.9 | 99.1 | 101.6 | 102.1 |
| 4. 家庭日用杂品 | 100.8 | 101.1 | 101.0 | 101.0 | 100.8 |
| 5. 家庭服务及加工维修服务 | 103.4 | 102.9 | 103.5 | 104.2 | 104.2 |
| **五、医疗保健和个人用品** | **100.5** | **100.7** | **100.4** | **100.3** | **100.2** |
| 1. 医疗保健 | 100.0 | 99.9 | 99.9 | 100.0 | 100.0 |
| (1) 医疗器具及用品 | 102.9 | 102.9 | 102.9 | 100.8 | 100.8 |
| (2) 中药材及中成药 | 98.4 | 98.0 | 98.1 | 98.4 | 98.2 |
| (3) 西　药 | 101.1 | 101.1 | 101.0 | 101.1 | 101.0 |
| (4) 保健器具及用品 | 100.6 | 100.8 | 100.9 | 100.8 | 100.3 |
| (5) 医疗保健服务 | 99.9 | 99.9 | 99.9 | 99.9 | 100.3 |
| 2. 个人用品及服务 | 101.4 | 102.3 | 101.5 | 100.8 | 100.6 |
| (1) 化妆美容用品 | 100.8 | 101.0 | 101.0 | 100.3 | 100.2 |
| (2) 清洁类化妆品 | 102.9 | 102.6 | 102.5 | 102.2 | 102.0 |
| (3) 个人饰品 | 102.4 | 98.6 | 98.9 | 97.0 | 96.3 |
| (4) 个人服务 | 98.0 | 108.9 | 103.1 | 103.2 | 103.2 |

| 6 月 | 7 月 | 8 月 | 9 月 | 10 月 | 11 月 | 12 月 |
|---|---|---|---|---|---|---|
| 102.1 | 102.3 | 102.6 | 102.8 | 102.9 | 102.8 | 103.0 |
| 103.2 | 103.8 | 103.7 | 105.2 | 106.0 | 106.9 | 108.0 |
| 102.3 | 102.0 | 102.2 | 102.0 | 103.0 | 103.9 | 104.6 |
| 103.3 | 102.4 | 100.8 | 101.4 | 102.1 | 102.6 | 103.0 |
| **99.5** | **99.5** | **99.4** | **98.9** | **98.9** | **99.1** | **99.5** |
| 100.0 | 99.9 | 99.9 | 99.9 | 99.9 | 99.9 | 99.9 |
| 99.2 | 99.2 | 99.0 | 98.2 | 98.2 | 98.5 | 99.3 |
| **101.8** | **102.5** | **102.9** | **103.2** | **104.1** | **105.3** | **105.9** |
| 102.8 | 103.6 | 103.7 | 103.7 | 104.2 | 105.2 | 105.9 |
| 101.8 | 103.1 | 103.2 | 103.2 | 103.4 | 104.2 | 105.1 |
| 102.6 | 102.9 | 103.1 | 102.9 | 103.5 | 104.8 | 105.9 |
| 106.7 | 107.4 | 107.7 | 108.2 | 109.1 | 109.5 | 108.4 |
| 98.9 | 98.8 | 98.6 | 98.6 | 98.5 | 98.5 | 98.4 |
| 98.6 | 99.3 | 100.4 | 102.1 | 104.2 | 106.1 | 106.6 |
| 98.3 | 99.1 | 100.4 | 102.3 | 104.7 | 106.8 | 107.2 |
| 98.9 | 99.1 | 99.0 | 99.2 | 99.5 | 100.4 | 100.8 |
| 107.0 | 107.4 | 108.3 | 108.0 | 108.4 | 110.1 | 110.4 |
| 103.2 | 102.6 | 102.8 | 102.8 | 102.8 | 103.0 | 102.7 |
| **100.7** | **100.7** | **100.9** | **100.8** | **101.0** | **100.7** | **101.0** |
| 100.0 | 99.8 | 100.2 | 99.9 | 100.4 | 99.8 | 100.4 |
| 99.5 | 99.3 | 99.4 | 99.4 | 99.7 | 98.4 | 99.0 |
| 100.4 | 100.2 | 100.7 | 100.3 | 100.8 | 100.7 | 101.2 |
| 100.6 | 100.8 | 101.0 | 101.0 | 101.1 | 101.1 | 101.0 |
| 101.9 | 101.9 | 102.1 | 102.5 | 102.6 | 103.3 | 103.5 |
| 100.7 | 100.6 | 100.6 | 100.4 | 100.4 | 100.3 | 100.1 |
| 103.9 | 105.3 | 104.5 | 104.9 | 104.1 | 104.1 | 104.2 |
| **100.1** | **100.0** | **100.0** | **100.2** | **100.2** | **100.2** | **100.3** |
| 100.2 | 100.1 | 100.2 | 100.7 | 100.8 | 100.8 | 100.9 |
| 100.7 | 100.7 | 100.7 | 100.4 | 99.9 | 100.0 | 100.1 |
| 99.1 | 99.1 | 99.6 | 101.1 | 102.1 | 102.2 | 102.9 |
| 100.8 | 100.6 | 100.5 | 100.5 | 100.1 | 100.0 | 99.9 |
| 100.3 | 100.2 | 100.5 | 100.6 | 100.4 | 100.8 | 100.7 |
| 100.3 | 100.4 | 100.4 | 100.4 | 100.4 | 100.4 | 100.4 |
| 100.0 | 99.8 | 99.5 | 99.4 | 98.9 | 99.2 | 99.0 |
| 99.8 | 99.8 | 99.9 | 100.1 | 99.5 | 99.9 | 99.5 |
| 101.4 | 101.1 | 100.5 | 101.2 | 100.8 | 100.8 | 101.0 |
| 95.2 | 92.2 | 92.2 | 90.4 | 89.3 | 89.9 | 88.8 |
| 103.2 | 105.9 | 105.7 | 105.6 | 105.8 | 106.1 | 106.2 |

# 2013年广西城市居民消费价格各月同比指数（续表2）

以上年同月价格为100

| 类　别 | 1月 | 2月 | 3月 | 4月 | 5月 |
|---|---|---|---|---|---|
| **六、交通和通信** | **98.6** | **100.5** | **99.5** | **99.0** | **99.1** |
| 1. 交　通 | 98.8 | 102.5 | 100.7 | 99.7 | 99.7 |
| (1) 交通工具 | 98.2 | 98.4 | 98.3 | 98.3 | 98.4 |
| (2) 车用燃料及零配件 | 102.4 | 100.6 | 98.3 | 95.2 | 95.3 |
| 汽　油 | 102.7 | 100.2 | 97.0 | 92.7 | 93.1 |
| 柴　油 | 103.4 | 100.7 | 97.2 | 92.6 | 92.6 |
| (3) 车辆使用及维修费 | 102.6 | 105.3 | 104.2 | 105.7 | 107.0 |
| (4) 市区公共交通费 | 100.9 | 100.9 | 101.2 | 99.5 | 99.5 |
| (5) 城市间交通费 | 92.1 | 109.9 | 103.9 | 102.5 | 101.6 |
| 2. 通　信 | 98.3 | 98.3 | 98.3 | 98.3 | 98.4 |
| (1) 通信工具 | 89.9 | 90.2 | 90.1 | 90.1 | 90.8 |
| (2) 通信服务 | 100.3 | 100.1 | 100.1 | 100.1 | 100.1 |
| **七、娱乐教育文化用品及服务** | **101.2** | **99.8** | **99.6** | **99.3** | **99.5** |
| 1. 文娱用耐用消费品及服务 | 93.0 | 92.5 | 92.9 | 93.1 | 93.9 |
| 2. 教　育 | 105.4 | 101.7 | 102.0 | 102.0 | 102.0 |
| (1) 教材及参考书 | 100.3 | 99.0 | 98.8 | 99.1 | 99.1 |
| (2) 教育服务 | 106.1 | 102.0 | 102.4 | 102.4 | 102.4 |
| 3. 文化娱乐类 | 101.3 | 101.0 | 101.8 | 102.0 | 101.9 |
| (1) 文化娱乐用品 | 100.0 | 99.0 | 98.7 | 98.5 | 98.8 |
| (2) 书报杂志 | 100.3 | 100.0 | 99.6 | 99.9 | 99.9 |
| (3) 文 娱 费 | 102.7 | 103.0 | 105.1 | 105.6 | 105.3 |
| 4. 旅　游 | 98.3 | 101.8 | 97.8 | 95.6 | 95.9 |
| **八、居　住** | **103.6** | **102.3** | **102.0** | **102.0** | **102.7** |
| 1. 建房及装修材料 | 102.1 | 101.9 | 101.7 | 101.4 | 101.3 |
| 2. 住房租金 | 100.1 | 99.7 | 99.5 | 100.2 | 101.3 |
| 3. 自有住房 | 102.3 | 102.2 | 102.2 | 102.6 | 103.3 |
| 4. 水、电、燃料 | 108.1 | 103.9 | 103.0 | 102.4 | 103.5 |
| 水 | 119.5 | 106.1 | 108.9 | 109.5 | 110.6 |
| 电 | 103.4 | 103.4 | 106.8 | 106.8 | 106.8 |
| 液化石油气 | 109.9 | 103.8 | 96.6 | 94.7 | 97.0 |
| 管道燃气 | 101.4 | 101.4 | 102.0 | 102.0 | 101.8 |

| 6 月 | 7 月 | 8 月 | 9 月 | 10 月 | 11 月 | 12 月 |
|---|---|---|---|---|---|---|
| **99.7** | **100.0** | **100.1** | **99.8** | **99.8** | **100.0** | **100.7** |
| 100.7 | 101.3 | 101.4 | 101.0 | 100.8 | 100.9 | 101.8 |
| 98.2 | 98.4 | 99.5 | 99.6 | 99.7 | 99.8 | 101.0 |
| 98.9 | 102.5 | 101.2 | 98.9 | 97.3 | 98.2 | 99.6 |
| 98.3 | 103.9 | 102.7 | 99.4 | 97.4 | 98.5 | 100.6 |
| 97.9 | 103.8 | 102.4 | 99.1 | 96.8 | 98.0 | 99.6 |
| 107.0 | 106.2 | 105.7 | 104.8 | 105.1 | 105.1 | 105.1 |
| 100.1 | 100.9 | 100.9 | 101.5 | 101.5 | 100.9 | 100.9 |
| 102.1 | 101.1 | 101.7 | 102.0 | 102.7 | 102.5 | 103.7 |
| 98.5 | 98.6 | 98.7 | 98.6 | 98.6 | 98.9 | 99.4 |
| 91.4 | 91.9 | 92.4 | 92.1 | 92.7 | 94.1 | 97.0 |
| 100.1 | 100.1 | 100.1 | 100.0 | 99.9 | 99.9 | 99.9 |
| **100.2** | **99.9** | **99.8** | **99.9** | **101.6** | **102.2** | **103.0** |
| 94.7 | 94.5 | 94.9 | 95.3 | 95.5 | 95.7 | 97.1 |
| 101.9 | 101.8 | 101.8 | 103.4 | 103.4 | 103.4 | 103.4 |
| 99.2 | 99.2 | 99.2 | 100.3 | 100.2 | 100.3 | 100.3 |
| 102.3 | 102.1 | 102.1 | 103.8 | 103.8 | 103.9 | 103.8 |
| 101.4 | 102.1 | 102.1 | 101.5 | 102.1 | 103.0 | 103.2 |
| 99.2 | 99.2 | 99.4 | 99.3 | 99.4 | 99.2 | 99.5 |
| 99.9 | 99.9 | 99.9 | 99.9 | 99.9 | 99.9 | 99.9 |
| 103.6 | 105.2 | 105.1 | 103.9 | 105.2 | 107.3 | 107.6 |
| 100.0 | 98.1 | 97.3 | 93.5 | 102.4 | 104.9 | 108.5 |
| **102.4** | **102.2** | **102.1** | **102.1** | **102.2** | **102.4** | **102.7** |
| 101.2 | 101.2 | 101.3 | 102.0 | 101.6 | 101.6 | 101.3 |
| 101.5 | 101.8 | 102.2 | 101.9 | 102.0 | 102.1 | 102.3 |
| 102.3 | 102.6 | 102.9 | 103.0 | 103.2 | 103.4 | 103.3 |
| 103.6 | 102.5 | 101.4 | 101.3 | 101.4 | 101.6 | 102.9 |
| 105.7 | 105.7 | 106.0 | 106.5 | 106.5 | 106.5 | 106.5 |
| 105.0 | 100.0 | 100.0 | 100.0 | 100.0 | 100.0 | 100.0 |
| 101.6 | 104.8 | 101.5 | 100.9 | 101.4 | 101.9 | 105.4 |
| 96.8 | 96.7 | 96.7 | 96.7 | 96.7 | 96.7 | 96.7 |

# 1994年广西农村居民消费价格各月同比指数

以上年同月价格为100

| 类　别 | 1月 | 2月 | 3月 | 4月 | 5月 |
|---|---|---|---|---|---|
| **居民消费价格总指数** | **121.2** | **124.1** | **121.4** | **122.8** | **122.6** |
| **一、食　　品** | **122.3** | **127.1** | **122.1** | **123.8** | **124.4** |
| 1. 粮　　食 | 170.6 | 172.1 | 146.9 | 149.9 | 162.0 |
| (1) 细　　粮 | 171.6 | 173.1 | 147.4 | 150.5 | 162.7 |
| (2) 粗　　粮 | 102.6 | 101.7 | 112.5 | 108.9 | 111.1 |
| 2. 淀粉及薯类 | 121.7 | 122.9 | 125.6 | 122.3 | 121.5 |
| 3. 干豆类及豆制品 | 130.6 | 124.2 | 115.5 | 111.6 | 114.0 |
| 4. 油 脂 类 | 140.7 | 147.8 | 137.3 | 135.2 | 139.5 |
| 5. 肉禽及其制品 | 118.8 | 127.1 | 121.1 | 118.9 | 119.0 |
| 6. 蛋　　类 | 106.6 | 112.3 | 115.9 | 115.1 | 105.3 |
| 7. 水产品类 | 115.1 | 123.8 | 113.6 | 111.4 | 110.1 |
| 8. 菜　　类 | 101.1 | 98.2 | 105.7 | 123.0 | 124.5 |
| (1) 鲜　　菜 | 99.2 | 95.6 | 105.4 | 127.0 | 129.5 |
| (2) 干　　菜 | 104.1 | 102.2 | 102.2 | 104.4 | 102.7 |
| (3) 菜 制 品 | 111.9 | 114.0 | 111.7 | 112.9 | 110.0 |
| 9. 调 味 品 | 106.0 | 107.4 | 111.9 | 105.4 | 105.4 |
| 10. 糖　　类 | 131.2 | 132.5 | 131.5 | 136.9 | 131.2 |
| (1) 食　　糖 | 142.6 | 143.7 | 142.2 | 151.9 | 141.4 |
| (2) 糖　　果 | 118.5 | 120.1 | 119.6 | 120.2 | 119.8 |
| 11. 烟 草 类 | 106.4 | 109.8 | 109.3 | 109.1 | 106.8 |
| 12. 酒和饮料 | 112.8 | 114.1 | 115.3 | 117.0 | 116.3 |
| 13. 干鲜瓜果类 | 109.4 | 126.6 | 133.1 | 127.4 | 120.2 |
| (1) 鲜　　果 | 107.1 | 126.6 | 135.6 | 129.3 | 120.6 |
| (2) 干　　果 | 120.9 | 126.9 | 120.3 | 117.9 | 118.3 |
| 14. 糕 点 类 | 109.4 | 110.7 | 110.7 | 114.4 | 114.4 |
| 15. 奶及奶制品 | 112.4 | 112.9 | 112.2 | 109.3 | 113.1 |
| 16. 其他食品 | 116.6 | 116.6 | 116.0 | 115.7 | 116.4 |
| 17. 饮 食 业 | 122.5 | 121.9 | 120.2 | 129.4 | 127.6 |
| (1) 主　　食 | 120.5 | 126.4 | 121.9 | 117.2 | 117.0 |
| (2) 炒　　菜 | 127.5 | 123.9 | 122.1 | 136.1 | 131.9 |
| (3) 地方小吃 | 108.9 | 110.4 | 112.0 | 122.6 | 126.3 |
| **二、衣 着 类** | **112.7** | **113.1** | **114.5** | **116.0** | **113.7** |
| 1. 服　　装 | 113.1 | 113.4 | 115.2 | 116.2 | 113.3 |
| 2. 衣着材料 | 106.6 | 106.3 | 106.9 | 108.5 | 108.2 |
| (1) 棉　　布 | 108.4 | 108.9 | 115.4 | 123.9 | 126.1 |
| (2) 棉花化纤混纺布 | 112.2 | 113.4 | 115.6 | 119.3 | 116.2 |
| (3) 化 纤 布 | 104.8 | 104.0 | 104.0 | 104.8 | 104.8 |
| (4) 呢　　绒 | 107.2 | 106.9 | 107.7 | 107.7 | 107.0 |
| (5) 绸　　缎 | 107.7 | 109.9 | 110.1 | 110.9 | 109.7 |
| (6) 毛　　线 | 109.1 | 108.9 | 108.9 | 109.8 | 109.2 |

| 6月 | 7月 | 8月 | 9月 | 10月 | 11月 | 12月 |
|---|---|---|---|---|---|---|
| **124.1** | **123.6** | **127.2** | **128.2** | **133.9** | **135.4** | **133.7** |
| **128.4** | **127.3** | **135.5** | **136.7** | **145.0** | **147.9** | **145.4** |
| 171.3 | 177.2 | 181.4 | 176.6 | 184.2 | 185.8 | 162.1 |
| 171.9 | 177.2 | 182.3 | 176.6 | 184.2 | 185.8 | 162.1 |
| 128.2 | | 120.0 | | | | |
| 126.8 | 132.8 | 129.9 | 123.9 | 131.8 | 133.0 | 135.2 |
| 110.9 | 107.1 | 116.2 | 118.1 | 115.9 | 120.4 | 118.0 |
| 143.2 | 144.8 | 148.8 | 151.9 | 166.2 | 169.7 | 167.3 |
| 119.2 | 119.2 | 124.2 | 128.2 | 147.2 | 153.1 | 153.7 |
| 105.5 | 104.9 | 107.8 | 113.1 | 114.6 | 116.1 | 119.4 |
| 108.2 | 113.5 | 115.7 | 120.8 | 127.6 | 129.3 | 127.4 |
| 158.1 | 127.2 | 175.1 | 158.6 | 149.6 | 137.8 | 131.6 |
| 172.1 | 131.2 | 191.6 | 168.8 | 158.8 | 142.7 | 133.7 |
| 104.4 | 106.6 | 109.8 | 110.3 | 105.3 | 110.8 | 116.9 |
| 110.2 | 119.4 | 120.1 | 133.1 | 128.1 | 129.9 | 131.4 |
| 105.8 | 114.0 | 106.7 | 122.2 | 124.8 | 125.5 | 125.5 |
| 128.4 | 127.1 | 125.7 | 131.7 | 140.0 | 151.4 | 148.9 |
| 137.9 | 125.4 | 132.8 | 140.5 | 147.2 | 163.5 | 161.2 |
| 117.9 | 117.9 | 117.8 | 121.9 | 131.9 | 137.9 | 135.1 |
| 106.3 | 106.2 | 107.5 | 111.2 | 115.3 | 116.4 | 116.5 |
| 116.5 | 113.4 | 111.6 | 110.9 | 113.3 | 122.8 | 123.2 |
| 111.9 | 112.3 | 110.8 | 116.5 | 114.2 | 129.4 | 140.1 |
| 110.6 | 111.6 | 109.6 | 116.1 | 112.9 | 131.2 | 143.0 |
| 118.2 | 116.0 | 116.9 | 118.8 | 121.0 | 120.0 | 125.5 |
| 112.7 | 113.4 | 111.6 | 113.7 | 114.4 | 118.4 | 117.4 |
| 113.6 | 130.9 | 138.9 | 141.4 | 149.5 | 149.7 | 150.8 |
| 113.5 | 113.3 | 110.7 | 111.9 | 121.3 | 127.7 | 126.0 |
| 128.3 | 135.4 | 142.6 | 148.4 | 150.4 | 150.2 | 151.0 |
| 126.4 | 133.6 | 136.7 | 138.3 | 143.6 | 148.4 | 150.2 |
| 129.9 | 136.8 | 146.6 | 152.1 | 152.0 | 149.9 | 152.8 |
| 125.4 | 133.2 | 136.7 | 148.2 | 153.1 | 153.5 | 146.4 |
| **112.3** | **114.7** | **114.1** | **113.7** | **118.0** | **119.0** | **119.1** |
| 110.3 | 111.8 | 110.9 | 109.8 | 114.9 | 116.4 | 116.3 |
| 109.5 | 109.7 | 111.6 | 111.8 | 110.6 | 110.9 | 114.0 |
| 127.3 | 129.4 | 131.4 | 141.9 | 148.0 | 148.3 | 150.9 |
| 118.1 | 118.8 | 118.3 | 123.2 | 124.1 | 124.9 | 127.6 |
| 106.7 | 106.7 | 106.7 | 104.8 | 105.0 | 105.3 | 105.5 |
| 106.2 | 106.7 | 106.3 | 107.1 | 108.1 | 105.7 | 106.4 |
| 112.3 | 110.1 | 111.4 | 112.4 | 116.1 | 113.7 | 114.2 |
| 108.8 | 108.8 | 119.3 | 120.1 | 109.2 | 110.4 | 124.5 |

# 1994年广西农村居民消费价格各月同比指数（续表）

以上年同月价格为100

| 类　别 | 1月 | 2月 | 3月 | 4月 | 5月 |
|---|---|---|---|---|---|
| 3. 鞋袜帽及其他衣着 | 116.6 | 117.8 | 118.5 | 121.6 | 119.0 |
| (1) 鞋　　类 | 116.9 | 118.7 | 119.5 | 122.9 | 118.7 |
| (2) 袜　　子 | 113.4 | 113.4 | 113.4 | 117.0 | 120.0 |
| (3) 帽　　子 | 101.8 | 101.9 | 101.9 | 101.8 | 101.8 |
| (4) 其他衣着 | 121.4 | 117.0 | 118.4 | 118.0 | 125.2 |
| **三、家庭设备及用品** | **114.2** | **113.8** | **114.5** | **114.0** | **112.9** |
| 1. 耐用消费品 | 113.7 | 113.5 | 113.6 | 111.7 | 110.9 |
| (1) 家　　具 | 113.2 | 113.3 | 112.4 | 111.7 | 112.3 |
| (2) 家庭设备 | 113.9 | 113.6 | 114.2 | 111.7 | 110.2 |
| 2. 室内装饰品 | 108.0 | 105.0 | 105.0 | 106.0 | 106.0 |
| 3. 床上用品 | 109.1 | 109.6 | 109.6 | 109.6 | 109.3 |
| 4. 家庭日用杂品 | 118.7 | 118.4 | 120.5 | 121.6 | 119.5 |
| 5. 其他日用品 | 113.6 | 112.5 | 113.1 | 113.9 | 112.6 |
| **四、医疗保健** | **108.0** | **112.0** | **108.8** | **109.8** | **110.6** |
| 1. 医疗器具及保健用品 | 104.5 | 104.7 | 105.8 | 109.5 | 116.0 |
| 2. 中　　药 | 105.5 | 114.3 | 105.3 | 105.7 | 105.8 |
| 3. 西　　药 | 111.0 | 110.5 | 112.7 | 114.0 | 114.8 |
| **五、交通和通讯工具** | **117.2** | **116.1** | **116.3** | **113.5** | **109.0** |
| 1. 交通工具 | 119.4 | 117.6 | 117.7 | 114.6 | 109.7 |
| 2. 通讯工具 | 102.6 | 106.2 | 107.1 | 106.4 | 104.3 |
| **六、娱乐教育文化用品** | **118.6** | **121.2** | **122.0** | **121.9** | **121.5** |
| 1. 文娱用耐用消费品 | 110.5 | 111.7 | 114.0 | 113.3 | 111.9 |
| 2. 教材及参考书 | 120.6 | 123.8 | 121.7 | 122.1 | 122.8 |
| 3. 文化娱乐用品 | 129.4 | 133.8 | 134.2 | 134.6 | 135.2 |
| (1) 文娱用品 | 104.1 | 105.6 | 106.0 | 107.2 | 108.4 |
| (2) 报纸杂志 | 155.3 | 162.6 | 163.0 | 162.6 | 162.6 |
| **七、居　　住** | **136.1** | **135.2** | **130.1** | **132.6** | **133.2** |
| 1. 住　　房 | 136.7 | 139.6 | 141.0 | 144.5 | 149.7 |
| (1) 建筑材料 | 117.5 | 117.4 | 114.9 | 114.7 | 113.0 |
| (2) 房　　租 | 154.3 | 159.9 | 164.8 | 171.6 | 183.1 |
| 2. 水、电、燃料 | 136.0 | 134.3 | 127.7 | 130.1 | 129.6 |
| **八、服务项目** | **129.2** | **129.9** | **131.3** | **135.9** | **135.8** |
| 1. 电 讯 费 | 106.1 | 106.1 | 106.9 | 106.9 | 106.9 |
| 2. 邮　　费 | 100.0 | 100.0 | 100.0 | 100.0 | 100.0 |
| 3. 交 通 费 | 120.4 | 133.1 | 121.0 | 123.1 | 123.1 |
| 4. 洗理美容费 | 125.2 | 129.8 | 127.6 | 135.0 | 133.3 |
| 5. 文 娱 费 | 118.0 | 119.8 | 112.7 | 115.3 | 114.1 |
| 6. 学杂保育费 | 138.9 | 138.0 | 143.0 | 149.7 | 149.8 |
| 7. 修理及其他服务费 | 113.0 | 111.5 | 111.5 | 111.2 | 111.0 |
| 8. 医疗保健服务 | 101.7 | 100.5 | 100.5 | 100.5 | 100.5 |

| 6月 | 7月 | 8月 | 9月 | 10月 | 11月 | 12月 |
|---|---|---|---|---|---|---|
| 120.0 | 126.7 | 124.9 | 126.2 | 132.6 | 132.5 | 130.7 |
| 119.8 | 128.1 | 126.2 | 127.6 | 134.6 | 133.9 | 131.8 |
| 118.5 | 119.2 | 112.3 | 111.2 | 116.4 | 119.0 | 117.3 |
| 101.8 | 101.8 | 100.9 | 100.9 | 106.4 | 113.4 | 113.4 |
| 129.1 | 127.2 | 133.3 | 135.6 | 137.8 | 138.3 | 140.2 |
| **112.6** | **112.9** | **111.5** | **111.3** | **113.4** | **113.8** | **112.6** |
| 110.6 | 110.3 | 108.4 | 108.1 | 109.5 | 108.9 | 107.9 |
| 111.6 | 111.6 | 110.1 | 109.5 | 110.4 | 110.4 | 108.2 |
| 110.1 | 109.7 | 107.5 | 107.4 | 109.0 | 108.1 | 107.7 |
| 106.3 | 105.7 | 104.9 | 105.0 | 104.9 | 103.9 | 103.5 |
| 109.2 | 109.3 | 107.9 | 108.8 | 113.5 | 115.7 | 115.2 |
| 119.9 | 120.6 | 118.7 | 118.3 | 122.8 | 123.9 | 120.3 |
| 111.1 | 112.5 | 113.5 | 113.0 | 112.4 | 113.3 | 114.9 |
| **108.8** | **109.1** | **111.5** | **114.1** | **115.7** | **116.5** | **116.8** |
| 115.7 | 116.1 | 116.1 | 119.0 | 120.9 | 121.9 | 120.9 |
| 106.5 | 103.8 | 105.7 | 108.3 | 110.5 | 111.7 | 112.6 |
| 110.4 | 113.7 | 116.8 | 119.5 | 120.5 | 120.8 | 120.6 |
| **107.7** | **106.4** | **105.8** | **104.6** | **105.3** | **105.0** | **102.9** |
| 108.1 | 106.9 | 106.0 | 104.8 | 105.8 | 105.5 | 103.0 |
| 104.7 | 103.4 | 104.6 | 103.2 | 102.2 | 101.9 | 101.9 |
| **121.4** | **120.9** | **120.5** | **121.3** | **121.8** | **121.1** | **120.8** |
| 111.5 | 111.2 | 110.6 | 110.4 | 110.6 | 110.3 | 109.6 |
| 122.1 | 121.0 | 119.2 | 122.4 | 122.9 | 122.9 | 122.9 |
| 135.8 | 135.4 | 136.1 | 136.8 | 136.4 | 136.2 | 136.4 |
| 109.7 | 108.9 | 110.3 | 111.7 | 110.9 | 110.5 | 112.2 |
| 162.6 | 162.6 | 162.6 | 162.6 | 162.6 | 162.6 | 161.2 |
| **128.5** | **127.4** | **124.7** | **125.1** | **127.5** | **125.5** | **121.7** |
| 144.1 | 138.6 | 137.6 | 136.6 | 133.7 | 134.0 | 134.0 |
| 109.6 | 110.9 | 106.6 | 104.5 | 106.1 | 105.2 | 104.6 |
| 175.6 | 163.9 | 165.8 | 165.8 | 158.8 | 160.2 | 160.9 |
| 125.2 | 125.0 | 121.9 | 122.6 | 126.2 | 123.7 | 160.9 |
| **134.2** | **133.8** | **126.9** | **129.9** | **136.1** | **136.7** | **137.1** |
| 106.4 | 106.4 | 106.4 | 106.4 | 107.1 | 107.1 | 107.1 |
| 100.0 | 100.0 | 100.0 | 100.0 | 100.0 | 100.0 | 100.0 |
| 125.6 | 126.2 | 123.5 | 123.3 | 123.3 | 122.4 | 119.7 |
| 135.2 | 135.1 | 131.5 | 131.1 | 143.9 | 145.5 | 153.6 |
| 120.0 | 116.1 | 116.6 | 123.7 | 125.6 | 129.6 | 133.4 |
| 146.1 | 146.1 | 134.5 | 138.8 | 147.7 | 148.6 | 148.5 |
| 110.8 | 109.6 | 112.2 | 112.5 | 109.5 | 111.7 | 112.5 |
| 100.5 | 100.5 | 100.3 | 101.5 | 108.5 | 101.9 | 101.6 |

# 1995 年广西农村居民消费价格各月同比指数

以上年同月价格为 100

| 类　别 | 1 月 | 2 月 | 3 月 | 4 月 | 5 月 |
|---|---|---|---|---|---|
| **居民消费价格总指数** | **130.5** | **127.4** | **124.5** | **123.2** | **123.1** |
| **一、食　　品** | **151.2** | **145.6** | **140.1** | **138.1** | **138.6** |
| 1. 粮　　食 | 165.5 | 166.7 | 162.3 | 155.6 | 150.8 |
| (1) 细　　粮 | 165.5 | 166.7 | 162.3 | 155.6 | 150.8 |
| (2) 粗　　粮 | | | | | |
| 2. 淀粉及薯类 | 132.8 | 135.6 | 135.8 | 138.8 | 136.9 |
| 3. 干豆类及豆制品 | 121.5 | 124.4 | 121.3 | 120.3 | 116.7 |
| 4. 油 脂 类 | 159.0 | 147.8 | 140.4 | 135.3 | 128.4 |
| 5. 肉禽及其制品 | 153.2 | 144.7 | 141.8 | 141.7 | 140.8 |
| 6. 蛋　　类 | 113.9 | 110.6 | 109.8 | 109.8 | 115.1 |
| 7. 水产品类 | 134.2 | 124.0 | 122.2 | 126.8 | 123.3 |
| 8. 菜　　类 | 193.2 | 188.1 | 154.7 | 153.9 | 147.3 |
| (1) 鲜　　菜 | 202.3 | 195.4 | 156.8 | 156.0 | 150.5 |
| (2) 干　　菜 | 120.0 | 116.2 | 117.8 | 119.0 | 119.7 |
| (3) 菜 制 品 | 173.2 | 186.5 | 172.9 | 170.0 | 142.7 |
| 9. 调 味 品 | 123.0 | 123.8 | 123.9 | 123.9 | 125.0 |
| 10. 糖　　类 | 143.8 | 140.3 | 139.9 | 136.3 | 142.7 |
| (1) 食　　糖 | 150.2 | 145.9 | 143.0 | 137.4 | 139.4 |
| (2) 糖　　果 | 136.2 | 133.7 | 136.3 | 135.0 | 146.6 |
| 11. 烟 草 类 | 119.4 | 114.5 | 115.1 | 114.7 | 113.7 |
| 12. 酒和饮料 | 112.6 | 111.3 | 110.8 | 110.1 | 108.7 |
| 13. 干鲜瓜果类 | 150.5 | 126.0 | 116.0 | 110.9 | 151.5 |
| (1) 鲜　　果 | 153.2 | 125.5 | 113.6 | 106.8 | 154.5 |
| (2) 干　　果 | 134.0 | 129.1 | 130.9 | 136.2 | 132.8 |
| 14. 糕 点 类 | 124.1 | 127.0 | 123.1 | 124.3 | 126.2 |
| 15. 奶及奶制品 | 156.5 | 157.1 | 162.5 | 163.5 | 160.6 |
| 16. 其他食品 | 120.9 | 120.1 | 120.2 | 120.8 | 120.3 |
| 17. 饮 食 业 | 141.5 | 146.2 | 148.7 | 141.9 | 143.0 |
| (1) 主　　食 | 138.4 | 141.7 | 146.5 | 145.4 | 142.0 |
| (2) 炒　　菜 | 139.8 | 148.5 | 150.8 | 142.8 | 144.1 |
| (3) 地方小吃 | 155.0 | 142.3 | 142.3 | 131.9 | 139.5 |
| **二、衣 着 类** | **119.5** | **118.0** | **117.3** | **118.0** | **118.2** |
| 1. 服　　装 | 117.9 | 116.3 | 115.0 | 117.1 | 115.8 |
| 2. 衣着材料 | 112.6 | 113.7 | 114.0 | 112.1 | 112.2 |
| (1) 棉　　布 | 158.5 | 151.4 | 144.6 | 134.0 | 135.1 |
| (2) 棉花化纤混纺布 | 118.8 | 115.3 | 116.1 | 113.3 | 117.5 |
| (3) 化 纤 布 | 103.4 | 108.2 | 110.0 | 109.1 | 108.7 |
| (4) 呢　　绒 | 106.4 | 104.6 | 104.5 | 103.9 | 103.9 |
| (5) 绸　　缎 | 118.6 | 112.6 | 114.2 | 113.3 | 116.2 |
| (6) 毛　　线 | 109.1 | 109.6 | 109.6 | 109.5 | 108.6 |
| 3. 鞋袜帽及其他衣着 | 129.1 | 125.9 | 126.1 | 125.2 | 129.2 |

| 6月 | 7月 | 8月 | 9月 | 10月 | 11月 | 12月 |
|---|---|---|---|---|---|---|
| **120.8** | **117.8** | **114.8** | **113.5** | **110.0** | **109.7** | **108.2** |
| **133.6** | **127.1** | **120.9** | **118.4** | **111.3** | **110.6** | **107.6** |
| 143.6 | 137.2 | 125.3 | 123.2 | 117.2 | 104.6 | 102.4 |
| 143.6 | 137.2 | 125.3 | 123.2 | 117.2 | 104.6 | 102.4 |
| | | | | | | |
| 133.0 | 131.5 | 135.8 | 134.6 | 122.7 | 123.0 | 118.3 |
| 114.6 | 114.0 | 107.4 | 102.9 | 105.6 | 108.4 | 108.3 |
| 121.9 | 119.4 | 114.0 | 110.6 | 100.7 | 93.7 | 90.2 |
| 138.7 | 134.7 | 129.8 | 121.1 | 105.6 | 99.9 | 98.4 |
| 111.3 | 112.4 | 105.0 | 109.7 | 106.3 | 106.1 | 106.0 |
| 126.6 | 125.5 | 123.1 | 117.4 | 115.8 | 111.2 | 106.3 |
| 109.3 | 102.0 | 92.8 | 107.9 | 114.2 | 164.7 | 151.9 |
| 106.2 | 97.8 | 85.3 | 103.9 | 112.5 | 172.8 | 158.7 |
| 113.4 | 114.0 | 114.9 | 111.9 | 113.4 | 109.0 | 105.6 |
| 140.1 | 136.3 | 152.5 | 148.5 | 134.1 | 135.7 | 126.8 |
| 125.1 | 123.3 | 123.6 | 110.2 | 108.0 | 106.7 | 105.7 |
| 142.0 | 138.1 | 134.0 | 128.2 | 123.9 | 114.3 | 112.9 |
| 138.2 | 136.5 | 130.7 | 123.1 | 117.2 | 104.7 | 105.5 |
| 146.6 | 139.9 | 137.8 | 134.2 | 131.9 | 125.7 | 121.6 |
| 113.8 | 111.8 | 108.7 | 107.6 | 103.6 | 103.9 | 101.4 |
| 107.5 | 108.4 | 110.3 | 109.8 | 108.3 | 108.4 | 107.6 |
| 155.4 | 122.2 | 111.1 | 120.4 | 111.7 | 103.4 | 99.5 |
| 158.4 | 119.7 | 107.6 | 119.6 | 109.9 | 100.0 | 95.8 |
| 137.1 | 137.4 | 132.8 | 125.5 | 123.0 | 124.6 | 122.5 |
| 125.9 | 127.6 | 129.2 | 123.7 | 130.3 | 122.4 | 120.4 |
| 154.5 | 133.2 | 126.2 | 121.4 | 116.2 | 115.5 | 114.9 |
| 120.3 | 119.9 | 119.9 | 117.7 | 110.2 | 105.9 | 104.4 |
| 147.1 | 133.8 | 127.5 | 125.2 | 125.5 | 119.0 | 118.4 |
| 143.1 | 135.8 | 133.6 | 133.8 | 129.5 | 122.7 | 121.2 |
| 148.0 | 131.9 | 126.0 | 121.2 | 124.6 | 118.2 | 116.1 |
| 149.1 | 139.8 | 124.6 | 130.5 | 123.3 | 123.1 | 124.8 |
| **118.6** | **118.1** | **117.3** | **117.4** | **114.2** | **114.2** | **121.1** |
| 117.5 | 116.8 | 116.0 | 116.7 | 112.8 | 112.6 | 110.1 |
| 111.7 | 114.6 | 114.3 | 113.2 | 112.6 | 112.9 | 111.3 |
| 132.3 | 133.6 | 132.3 | 127.2 | 123.1 | 126.2 | 118.7 |
| 118.0 | 125.6 | 125.4 | 121.9 | 121.4 | 122.9 | 117.8 |
| 108.3 | 112.2 | 112.2 | 112.3 | 112.0 | 119.9 | 119.9 |
| 103.9 | 103.0 | 102.7 | 101.9 | 101.6 | 106.5 | 105.9 |
| 115.9 | 115.0 | 113.0 | 114.0 | 110.9 | 110.9 | 111.4 |
| 108.4 | 109.5 | 109.1 | 107.6 | 108.6 | 106.5 | 104.8 |
| 127.1 | 124.4 | 123.2 | 122.6 | 119.3 | 119.2 | 118.0 |

# 1995年广西农村居民消费价格各月同比指数（续表）

以上年同月价格为100

| 类　别 | 1月 | 2月 | 3月 | 4月 | 5月 |
|---|---|---|---|---|---|
| (1) 鞋　　类 | 128.2 | 124.2 | 124.5 | 124.1 | 130.0 |
| (2) 袜　　子 | 119.6 | 119.6 | 119.6 | 115.5 | 119.8 |
| (3) 帽　　子 | 122.4 | 116.1 | 115.3 | 115.3 | 115.3 |
| (4) 其他衣着 | 144.3 | 145.0 | 144.9 | 142.1 | 132.2 |
| **三、家庭设备及用品** | **109.5** | **110.7** | **109.4** | **109.2** | **108.2** |
| 1. 耐用消费品 | 101.6 | 101.1 | 101.8 | 102.0 | 101.4 |
| (1) 家　　具 | 99.8 | 99.5 | 100.5 | 101.1 | 100.6 |
| (2) 家庭设备 | 102.6 | 102.1 | 102.5 | 102.5 | 101.8 |
| 2. 室内装饰品 | 101.6 | 102.5 | 102.2 | 100.7 | 101.9 |
| 3. 床上用品 | 119.5 | 116.3 | 115.9 | 116.2 | 117.2 |
| 4. 家庭日用杂品 | 120.5 | 121.1 | 120.3 | 118.6 | 115.2 |
| 5. 其他日用品 | 109.4 | 121.3 | 111.2 | 112.3 | 112.7 |
| **四、医疗保健** | **116.8** | **115.8** | **114.7** | **115.0** | **114.8** |
| 1. 医疗器具及保健用品 | 120.5 | 120.8 | 121.0 | 119.4 | 117.8 |
| 2. 中　　药 | | | | | |
| 3. 中药材及中成药 | 111.8 | 111.0 | 111.1 | 111.3 | 111.8 |
| 4. 西　　药 | 121.0 | 119.5 | 117.0 | 117.8 | 117.1 |
| **五、交通和通讯工具** | **99.8** | **100.0** | **98.7** | **98.3** | **98.7** |
| 1. 交通工具 | 99.8 | 99.9 | 98.4 | 97.9 | 98.5 |
| 2. 通讯工具 | 100.1 | 100.3 | 100.5 | 100.5 | 99.8 |
| **六、娱乐教育文化用品** | **107.0** | **107.0** | **106.4** | **106.8** | **106.7** |
| 1. 文娱用耐用消费品 | 103.3 | 101.3 | 100.1 | 100.0 | 99.8 |
| 2. 教材及参考书 | 117.6 | 120.7 | 121.5 | 121.5 | 121.5 |
| 3. 文化娱乐用品 | 104.8 | 105.8 | 105.1 | 106.5 | 106.5 |
| (1) 文娱用品 | 109.3 | 110.2 | 109.2 | 111.9 | 111.9 |
| (2) 报纸杂志 | 100.0 | 100.7 | 100.7 | 100.7 | 100.7 |
| **七、居　　住** | **114.2** | **114.8** | **114.1** | **110.7** | **109.1** |
| 1. 住　　房 | 113.2 | 110.9 | 108.4 | 104.1 | 98.0 |
| (1) 建筑材料 | 100.7 | 97.3 | 96.9 | 94.1 | 94.1 |
| (2) 房　　租 | 137.9 | 137.9 | 131.1 | 123.8 | 105.7 |
| 2. 水、电、燃料 | 114.7 | 116.9 | 117.1 | 114.2 | 114.9 |
| **八、服务项目** | **125.0** | **119.2** | **118.4** | **117.1** | **116.7** |
| 1. 电 讯 费 | 101.3 | 101.3 | 100.9 | 100.9 | 100.9 |
| 2. 邮　　费 | 100.0 | 100.0 | 100.0 | 100.0 | 100.0 |
| 3. 交 通 费 | 120.6 | 117.9 | 115.0 | 105.6 | 107.6 |
| 4. 洗理美容费 | 138.5 | 136.5 | 141.7 | 135.3 | 131.6 |
| 5. 文 娱 费 | 134.5 | 137.0 | 137.0 | 136.5 | 139.3 |
| 6. 学杂保育费 | 130.0 | 120.6 | 119.7 | 118.9 | 117.9 |
| 7. 修理及其他服务费 | 109.6 | 115.4 | 115.2 | 116.2 | 116.2 |
| 8. 医疗保健服务 | 105.3 | 104.0 | 104.0 | 104.0 | 104.5 |

| 6月 | 7月 | 8月 | 9月 | 10月 | 11月 | 12月 |
|---|---|---|---|---|---|---|
| 127.6 | 125.7 | 123.9 | 123.4 | 118.3 | 118.7 | 117.8 |
| 125.3 | 117.3 | 117.3 | 117.3 | 133.3 | 128.0 | 128.0 |
| 115.3 | 119.8 | 119.8 | 119.8 | 110.9 | 105.7 | 105.7 |
| 125.9 | 120.5 | 122.3 | 121.0 | 118.1 | 118.3 | 114.1 |
| **108.2** | **107.8** | **108.3** | **107.9** | **107.3** | **107.0** | **107.1** |
| 100.8 | 100.4 | 101.1 | 101.4 | 101.6 | 101.9 | 101.9 |
| 100.2 | 100.0 | 101.4 | 101.7 | 101.8 | 102.5 | 102.0 |
| 101.2 | 100.7 | 101.0 | 101.2 | 101.5 | 101.5 | 101.9 |
| 101.5 | 101.5 | 101.5 | 101.7 | 102.2 | 102.8 | 102.8 |
| 117.8 | 117.4 | 117.5 | 113.0 | 110.0 | 109.3 | 110.5 |
| 116.0 | 115.4 | 116.4 | 116.8 | 116.1 | 115.1 | 115.3 |
| 112.5 | 112.5 | 111.6 | 110.7 | 109.0 | 107.7 | 107.3 |
| **114.9** | **114.9** | **113.0** | **112.1** | **111.0** | **112.5** | **112.8** |
| 120.0 | 119.9 | 122.6 | 120.4 | 116.3 | 118.6 | 116.2 |
| | | | | | | |
| 112.2 | 112.4 | 112.3 | 111.6 | 111.0 | 111.9 | 111.5 |
| 116.6 | 116.4 | 111.9 | 111.1 | 110.1 | 111.9 | 113.4 |
| **99.0** | **97.9** | **97.6** | **97.9** | **99.3** | **98.5** | **98.5** |
| 98.8 | 97.6 | 97.5 | 98.0 | 99.3 | 98.5 | 98.5 |
| 99.8 | 99.8 | 98.3 | 97.2 | 99.3 | 98.7 | 98.7 |
| **106.5** | **106.6** | **105.8** | **106.6** | **106.2** | **105.9** | **105.8** |
| 99.5 | 99.7 | 100.1 | 100.2 | 99.4 | 99.7 | 99.6 |
| 121.5 | 121.5 | 117.4 | 120.9 | 119.6 | 119.1 | 119.1 |
| 106.3 | 106.4 | 105.9 | 105.8 | 106.8 | 105.8 | 105.4 |
| 111.6 | 111.8 | 110.7 | 110.6 | 112.6 | 110.5 | 110.4 |
| 100.7 | 100.7 | 100.7 | 100.7 | 100.7 | 100.7 | 100.0 |
| **108.2** | **107.3** | **105.6** | **105.0** | **104.7** | **105.2** | **104.9** |
| 98.5 | 99.3 | 100.1 | 102.1 | 101.2 | 102.5 | 102.0 |
| 95.0 | 95.0 | 96.1 | 97.6 | 97.5 | 97.4 | 96.7 |
| 105.4 | 107.9 | 107.9 | 110.9 | 108.4 | 112.5 | 112.5 |
| 113.4 | 111.5 | 108.5 | 106.5 | 106.5 | 106.6 | 106.4 |
| **116.4** | **116.7** | **116.5** | **115.2** | **115.0** | **114.9** | **114.5** |
| 103.8 | 103.8 | 103.8 | 103.2 | 102.3 | 102.3 | 102.3 |
| 100.0 | 100.0 | 100.0 | 99.9 | 99.9 | 99.9 | 99.9 |
| 106.4 | 107.6 | 108.7 | 108.1 | 124.6 | 124.6 | 124.6 |
| 134.2 | 134.2 | 124.1 | 124.1 | 120.4 | 119.5 | 120.9 |
| 132.4 | 128.8 | 128.2 | 120.6 | 117.4 | 114.5 | 112.6 |
| 118.0 | 118.5 | 119.0 | 117.4 | 115.6 | 115.5 | 115.5 |
| 115.2 | 115.4 | 112.9 | 112.6 | 114.4 | 112.4 | 111.8 |
| 104.8 | 104.8 | 103.4 | 105.6 | 102.9 | 106.7 | 102.6 |

# 1996年广西农村居民消费价格各月同比指数

以上年同月价格为100

| 类别及品名 | 1月 | 2月 | 3月 | 4月 | 5月 |
|---|---|---|---|---|---|
| **居民消费价格总指数** | **107.2** | **106.4** | **107.3** | **107.3** | **107.8** |
| **一、食　品** | **103.2** | **103.8** | **104.0** | **105.6** | **106.9** |
| 1. 粮　食 | 104.4 | 99.8 | 97.2 | 96.1 | 96.5 |
| (1) 细　粮 | 104.4 | 99.8 | 97.2 | 96.1 | 96.5 |
| 大　米 | 95.9 | 92.9 | 93.4 | 93.7 | |
| (2) 粗　粮 | 96.6 | 100.0 | 100.0 | 100.0 | 100.0 |
| 2. 淀粉及薯类 | 113.9 | 108.9 | 104.8 | 105.5 | 104.7 |
| 3. 干豆类及豆制品 | 102.7 | 102.9 | 103.2 | 112.7 | 120.9 |
| 4. 油 脂 类 | 85.9 | 88.8 | 86.1 | 86.4 | 87.1 |
| 5. 肉禽及其制品 | 97.7 | 99.8 | 102.6 | 103.6 | 103.3 |
| 猪　肉 | 93.9 | 95.6 | 97.3 | 100.3 | |
| 牛　肉 | 104.9 | 101.9 | 108.8 | 106.6 | |
| 羊　肉 | 102.8 | 101.7 | 107.7 | 109.1 | |
| 鸡 | 95.2 | 103.3 | 112.4 | 108.2 | |
| 鸭 | 115.5 | 118.0 | 120.9 | 119.1 | |
| 6. 蛋　类 | 113.7 | 119.5 | 121.6 | 121.2 | 124.2 |
| 鲜　蛋 | 113.8 | 119.7 | 122.0 | 121.7 | |
| 7. 水产品类 | 104.9 | 104.9 | 106.1 | 108.9 | 108.0 |
| 8. 菜　类 | 109.6 | 110.3 | 109.0 | 119.5 | 132.4 |
| (1) 鲜　菜 | 108.1 | 107.7 | 107.4 | 119.6 | 136.0 |
| (2) 干　菜 | 106.4 | 114.4 | 110.5 | 114.4 | 115.6 |
| (3) 菜 制 品 | 125.6 | 126.4 | 120.3 | 125.2 | 124.2 |
| 9. 调 味 品 | 106.7 | 107.6 | 107.9 | 108.0 | 108.0 |
| 盐 | 105.8 | 107.2 | 108.4 | 108.2 | |
| 酱　油 | 108.4 | 108.4 | 107.6 | 109.5 | |
| 10. 糖　类 | 107.7 | 108.2 | 106.5 | 104.8 | 100.2 |
| (1) 食　糖 | 101.9 | 101.5 | 100.5 | 98.8 | 95.2 |
| (2) 糖　果 | 116.2 | 117.9 | 115.2 | 113.5 | 107.5 |
| 11. 烟 草 类 | 107.4 | 111.3 | 112.8 | 112.5 | 111.8 |
| 12. 酒和饮料 | 106.4 | 105.8 | 105.0 | 104.4 | 103.6 |
| 13. 干鲜瓜果类 | 97.5 | 97.7 | 100.4 | 106.9 | 115.8 |
| (1) 鲜　果 | 94.2 | 93.0 | 97.4 | 105.1 | 115.3 |
| (2) 干　果 | 115.1 | 122.9 | 116.5 | 116.6 | 118.3 |
| 14. 糕 点 类 | 122.1 | 120.5 | 115.1 | 112.4 | 110.9 |
| 15. 奶及奶制品 | 115.4 | 116.2 | 112.6 | 112.2 | 112.6 |
| 16. 其他食品 | 106.8 | 106.5 | 106.4 | 106.1 | 107.1 |
| 17. 饮 食 业 | 116.2 | 115.8 | 111.4 | 111.9 | 111.0 |

| 6月 | 7月 | 8月 | 9月 | 10月 | 11月 | 12月 |
|---|---|---|---|---|---|---|
| **106.9** | **108.0** | **108.4** | **107.8** | **107.5** | **106.6** | **107.2** |
| **105.3** | **107.8** | **109.0** | **108.0** | **108.4** | **107.0** | **106.8** |
| 96.3 | 99.7 | 102.8 | 103.9 | 102.3 | 102.2 | 101.1 |
| 96.3 | 99.7 | 102.8 | 103.9 | 102.3 | 102.2 | 101.1 |
| 94.0 | | 101.9 | 101.4 | 98.4 | 99.1 | 97.7 |
| 90.9 | 92.6 | 102.6 | 122.4 | 110.6 | 100.0 | 103.5 |
| 104.5 | 105.7 | 103.3 | 104.3 | 103.3 | 105.1 | 103.4 |
| 122.1 | 123.6 | 123.4 | 129.6 | 122.2 | 125.1 | 130.0 |
| 89.8 | 98.7 | 103.5 | 102.7 | 103.1 | 101.7 | 102.1 |
| 103.4 | 105.5 | 103.6 | 105.6 | 107.5 | 108.2 | 107.7 |
| 100.4 | | 102.6 | 105.9 | 108.5 | 109.4 | 109.6 |
| 108.5 | | 102.5 | 103.5 | 105.1 | 104.4 | 104.0 |
| 107.7 | | 107.7 | 100.0 | 88.9 | 87.1 | 95.9 |
| 98.3 | | 100.3 | 95.8 | 96.6 | 100.6 | 96.6 |
| 125.7 | | 111.6 | 114.8 | 110.9 | 110.0 | 109.4 |
| 126.5 | 125.8 | 119.9 | 113.5 | 111.7 | 110.0 | 104.9 |
| 126.0 | | 120.2 | 113.6 | 111.9 | 110.3 | 105.1 |
| 106.0 | 105.2 | 107.2 | 105.7 | 103.6 | 99.9 | 98.4 |
| 125.1 | 133.7 | 141.1 | 125.2 | 118.1 | 98.7 | 103.3 |
| 129.2 | 138.9 | 147.1 | 127.2 | 118.9 | 96.2 | 102.1 |
| 114.9 | 114.8 | 116.8 | 117.4 | 115.1 | 113.9 | 113.0 |
| 105.3 | 115.1 | 123.7 | 118.4 | 115.0 | 99.7 | 100.3 |
| 109.2 | 109.1 | 108.5 | 108.8 | 111.1 | 110.7 | 110.7 |
| 112.6 | | 112.8 | 112.8 | 117.7 | 117.7 | 117.7 |
| 105.8 | | 103.5 | 104.5 | 104.5 | 102.3 | 102.3 |
| 97.4 | 97.8 | 98.3 | 98.7 | 99.2 | 100.0 | 99.5 |
| 91.7 | 90.8 | 91.6 | 93.8 | 95.9 | 98.3 | 97.7 |
| 105.7 | 108.0 | 108.0 | 105.9 | 104.0 | 102.4 | 102.1 |
| 110.5 | 114.4 | 116.1 | 115.9 | 117.2 | 118.9 | 120.1 |
| 103.8 | 103.5 | 101.9 | 102.5 | 102.5 | 102.3 | 102.3 |
| 97.1 | 96.8 | 117.1 | 110.2 | 121.2 | 122.2 | 118.0 |
| 92.0 | 92.4 | 117.0 | 108.4 | 121.4 | 123.3 | 118.3 |
| 124.5 | 120.7 | 117.4 | 119.9 | 120.4 | 116.0 | 116.6 |
| 110.4 | 109.7 | 109.2 | 106.0 | 105.6 | 104.9 | 104.9 |
| 112.5 | 111.5 | 109.8 | 110.7 | 106.7 | 104.2 | 111.4 |
| 107.3 | 107.8 | 108.1 | 110.7 | 110.3 | 110.5 | 110.5 |
| 109.1 | 109.5 | 109.4 | 107.4 | 109.0 | 108.9 | 108.8 |

# 1996 年广西农村居民消费价格各月同比指数（续表 1）

以上年同月价格为 100

| 类别及品名 | 1 月 | 2 月 | 3 月 | 4 月 | 5 月 |
|---|---|---|---|---|---|
| (1) 主　食 | 120.3 | 113.8 | 110.9 | 111.8 | 110.2 |
| (2) 炒　菜 | 115.3 | 116.7 | 111.2 | 111.5 | 109.7 |
| (3) 地方小吃 | 113.0 | 114.8 | 113.3 | 114.6 | 119.2 |
| **二、衣 着 类** | **112.6** | **111.4** | **111.2** | **107.7** | **106.6** |
| 1. 服　装 | 111.1 | 110.5 | 110.3 | 106.5 | 106.2 |
| 2. 衣着材料 | 109.7 | 107.1 | 105.9 | 105.9 | 106.0 |
| (1) 棉　布 | 113.3 | 111.3 | 109.5 | 109.5 | 107.8 |
| (2) 棉花化纤混纺布 | 120.4 | 118.8 | 116.3 | 116.3 | 112.6 |
| (3) 化 纤 布 | 109.5 | 104.6 | 103.6 | 103.6 | 105.2 |
| (4) 呢　绒 | 102.6 | 102.3 | 101.4 | 102.1 | 102.1 |
| (5) 绸　缎 | 113.0 | 112.6 | 108.9 | 109.4 | 105.5 |
| (6) 毛　线 | 104.9 | 105.7 | 105.7 | 105.2 | 105.2 |
| 3. 鞋袜帽及其他衣着 | 118.1 | 116.9 | 117.2 | 111.6 | 107.9 |
| (1) 鞋　类 | 118.5 | 117.0 | 117.3 | 110.9 | 106.6 |
| (2) 袜　子 | 129.6 | 129.6 | 129.6 | 122.9 | 121.2 |
| (3) 帽　子 | 109.8 | 110.8 | 110.1 | 110.1 | 110.1 |
| (4) 其他衣着 | 107.3 | 107.4 | 107.4 | 108.4 | 107.6 |
| **三、家庭设备及用品** | **106.2** | **105.3** | **105.1** | **104.2** | **103.6** |
| 1. 耐用消费品 | 102.7 | 102.1 | 101.6 | 100.8 | 100.5 |
| (1) 家　具 | 101.9 | 101.9 | 101.8 | 100.9 | 100.6 |
| (2) 家庭设备 | 103.2 | 102.2 | 101.5 | 100.8 | 100.5 |
| 2. 室内装饰品 | 102.8 | 102.5 | 103.0 | 103.2 | 101.9 |
| 3. 床上用品 | 106.4 | 107.3 | 110.1 | 109.3 | 107.3 |
| 4. 家庭日用杂品 | 112.9 | 110.8 | 109.7 | 108.4 | 107.7 |
| 5. 其他日用品 | 105.3 | 103.6 | 103.5 | 103.1 | 102.8 |
| **四、医疗保健** | **111.5** | **110.2** | **109.4** | **109.6** | **108.6** |
| 1. 医疗器具及保健用品 | 115.5 | 114.7 | 114.2 | 111.7 | 108.4 |
| 2. 中药材及中成药 | 111.4 | 110.0 | 109.9 | 110.7 | 109.2 |
| 3. 西　药 | 110.8 | 109.7 | 108.0 | 108.0 | 108.1 |
| **五、交通和通讯工具** | **98.2** | **97.0** | **97.1** | **96.9** | **98.0** |
| 1. 交通工具 | 98.0 | 97.0 | 97.0 | 96.6 | 97.9 |
| 2. 通讯工具 | 99.2 | 96.9 | 97.9 | 98.9 | 98.8 |
| **六、娱乐教育文化用品** | **109.8** | **108.8** | **114.1** | **113.2** | **112.2** |
| 1. 文娱用耐用消费品 | 97.7 | 97.6 | 97.5 | 96.9 | 95.6 |
| 2. 教材及参考书 | 119.3 | 115.5 | 143.6 | 143.4 | 143.4 |
| 3. 文化娱乐用品 | 123.6 | 122.9 | 122.8 | 121.0 | 119.7 |
| (1) 文娱用品 | 110.8 | 109.4 | 109.2 | 106.0 | 103.8 |

| 6月 | 7月 | 8月 | 9月 | 10月 | 11月 | 12月 |
|---|---|---|---|---|---|---|
| 109.5 | 109.3 | 109.5 | 105.9 | 105.1 | 105.2 | 106.2 |
| 107.4 | 107.3 | 107.4 | 105.4 | 108.1 | 107.9 | 107.9 |
| 117.8 | 121.9 | 120.3 | 121.0 | 121.0 | 121.0 | 118.2 |
| **106.2** | **105.4** | **105.2** | **106.4** | **105.4** | **104.9** | **106.3** |
| 105.3 | 104.8 | 104.6 | 105.4 | 105.4 | 105.3 | 107.9 |
| 105.7 | 103.2 | 103.1 | 105.2 | 104.7 | 104.7 | 105.3 |
| 108.6 | 107.9 | 107.1 | 119.9 | 119.2 | 117.3 | 117.4 |
| 111.1 | 105.1 | 105.6 | 110.0 | 109.2 | 109.0 | 108.1 |
| 104.9 | 101.7 | 101.7 | 101.7 | 101.5 | 101.5 | 102.6 |
| 102.1 | 102.0 | 102.0 | 105.5 | 104.1 | 102.8 | 103.4 |
| 104.3 | 103.2 | 102.9 | 102.8 | 101.2 | 99.8 | 99.8 |
| 105.1 | 104.1 | 103.8 | 104.6 | 104.1 | 105.7 | 106.3 |
| 108.6 | 108.5 | 108.1 | 109.4 | 105.9 | 104.0 | 103.6 |
| 107.9 | 107.8 | 107.7 | 109.4 | 106.6 | 104.1 | 103.7 |
| 117.8 | 117.8 | 117.8 | 117.8 | 102.2 | 101.4 | 101.4 |
| 110.1 | 107.1 | 107.1 | 107.1 | 107.1 | 104.3 | 100.2 |
| 106.9 | 106.7 | 104.3 | 103.4 | 103.4 | 104.8 | 105.4 |
| **103.1** | **102.8** | **102.1** | **102.0** | **101.7** | **101.6** | **101.7** |
| 100.1 | 100.0 | 99.6 | 99.7 | 99.9 | 99.8 | 99.5 |
| 99.4 | 99.4 | 98.9 | 99.4 | 99.7 | 99.7 | 99.8 |
| 100.4 | 100.3 | 100.0 | 99.8 | 100.0 | 99.9 | 99.4 |
| 102.4 | 102.2 | 101.0 | 101.4 | 101.4 | 101.4 | 101.9 |
| 107.2 | 107.0 | 106.9 | 106.5 | 106.2 | 105.4 | 104.2 |
| 107.2 | 106.2 | 104.9 | 104.6 | 103.1 | 103.0 | 103.8 |
| 101.8 | 101.7 | 101.5 | 101.1 | 101.1 | 101.9 | 103.1 |
| **107.7** | **108.0** | **108.1** | **106.0** | **106.1** | **105.3** | **105.0** |
| 106.5 | 105.4 | 103.8 | 103.6 | 103.0 | 102.1 | 102.4 |
| 109.3 | 110.4 | 108.9 | 107.5 | 108.2 | 106.8 | 106.7 |
| 106.3 | 106.1 | 108.0 | 104.9 | 104.6 | 104.3 | 103.7 |
| **97.8** | **98.5** | **98.2** | **98.1** | **97.8** | **97.9** | **97.7** |
| 97.9 | 98.6 | 98.2 | 98.4 | 98.1 | 98.2 | 97.9 |
| 96.9 | 97.8 | 98.5 | 96.6 | 96.0 | 96.2 | 96.2 |
| **112.2** | **112.1** | **112.0** | **113.5** | **112.1** | **111.5** | **111.7** |
| 95.7 | 95.7 | 94.3 | 94.3 | 93.0 | 91.3 | 91.6 |
| 143.4 | 143.4 | 146.1 | 154.9 | 153.2 | 154.1 | 154.0 |
| 119.7 | 119.2 | 119.5 | 118.9 | 117.5 | 117.7 | 117.9 |
| 103.8 | 102.8 | 103.3 | 102.3 | 99.7 | 100.2 | 100.5 |

# 1996 年广西农村居民消费价格各月同比指数（续表 2）

以上年同月价格为 100

| 类别及品名 | 1 月 | 2 月 | 3 月 | 4 月 | 5 月 |
|---|---|---|---|---|---|
| (2) 报纸杂志 | 139.8 | 139.8 | 139.8 | 139.8 | 139.8 |
| **七、居　住** | **105.6** | **106.3** | **105.0** | **105.8** | **106.1** |
| 1. 住　房 | 101.6 | 103.1 | 102.1 | 103.5 | 103.8 |
| (1) 建筑材料 | 98.8 | 100.6 | 99.4 | 101.2 | 101.5 |
| (2) 房　租 | 111.9 | 111.9 | 111.9 | 111.9 | 111.9 |
| 2. 水、电、燃料 | 110.0 | 109.9 | 108.2 | 108.3 | 108.6 |
| 水 | 112.7 | 111.5 | 111.5 | 106.1 | |
| 电 | 110.5 | 111.8 | 111.4 | 117.0 | |
| 液化石油气 | 109.5 | 106.0 | 100.7 | 96.7 | |
| 管道煤气 | | | | | |
| **八、服务项目** | **119.7** | **112.2** | **116.1** | **114.1** | **116.1** |
| 1. 电 讯 费 | 104.6 | 104.6 | 104.6 | 104.6 | 106.4 |
| 2. 邮　费 | 99.9 | 99.9 | 99.9 | 99.9 | 99.9 |
| 3. 交 通 费 | 94.3 | 115.2 | 133.5 | 128.2 | 118.9 |
| 4. 洗理美容费 | 117.4 | 122.3 | 115.2 | 115.6 | 119.9 |
| 5. 文 娱 费 | 118.3 | 115.4 | 115.4 | 112.3 | 110.6 |
| 6. 学杂保育费 | 127.9 | 113.7 | 118.3 | 116.1 | 120.2 |
| 7. 修理及其他服务费 | 111.6 | 107.3 | 105.3 | 105.0 | 106.3 |
| 8. 医疗保健服务 | 103.2 | 102.0 | 102.0 | 102.0 | 102.0 |

| 6月 | 7月 | 8月 | 9月 | 10月 | 11月 | 12月 |
|---|---|---|---|---|---|---|
| 139.8 | 139.8 | 139.8 | 139.8 | 139.8 | 139.8 | 139.8 |
| **105.4** | **105.5** | **104.3** | **103.8** | **103.8** | **102.7** | **106.7** |
| 103.5 | 104.1 | 103.3 | 101.6 | 101.5 | 101.2 | 100.2 |
| 101.2 | 100.7 | 99.7 | 98.4 | 98.2 | 98.7 | 97.5 |
| 111.9 | 116.5 | 116.5 | 113.3 | 113.3 | 110.1 | 110.1 |
| 107.5 | 107.0 | 105.4 | 106.2 | 106.4 | 104.4 | 113.9 |
| 105.8 |  | 107.4 | 110.0 | 110.0 | 109.7 | 110.5 |
| 116.2 |  | 114.8 | 117.8 | 113.5 | 109.0 | 119.7 |
| 96.3 |  | 91.1 | 87.5 | 95.5 | 95.7 | 113.3 |
|  |  |  |  |  |  |  |
| **116.2** | **117.5** | **118.5** | **114.7** | **113.5** | **113.2** | **114.3** |
| 103.6 | 103.6 | 103.6 | 104.3 | 104.3 | 104.3 | 107.7 |
| 99.9 | 99.9 | 99.9 | 100.0 | 100.0 | 100.0 | 215.1 |
| 118.9 | 118.9 | 118.9 | 120.4 | 102.9 | 100.0 | 100.0 |
| 121.5 | 123.5 | 118.2 | 118.2 | 115.3 | 115.3 | 117.3 |
| 110.6 | 111.8 | 110.6 | 110.6 | 110.6 | 108.8 | 107.8 |
| 120.3 | 122.0 | 122.6 | 115.8 | 115.7 | 115.7 | 115.7 |
| 107.3 | 108.9 | 108.3 | 107.6 | 106.8 | 107.0 | 107.1 |
| 101.1 | 101.1 | 111.3 | 114.6 | 121.0 | 121.0 | 121.0 |

# 1997年广西农村居民消费价格各月同比指数

以上年同月价格为100

| 类别 | 1月 | 2月 | 3月 | 4月 | 5月 |
|---|---|---|---|---|---|
| **居民消费价格总指数** | **106.3** | **105.0** | **103.7** | **102.2** | **101.5** |
| **一、食　品** | **105.3** | **104.1** | **103.4** | **100.8** | **100.6** |
| 1. 粮　食 | 98.9 | 97.5 | 95.5 | 95.1 | 94.6 |
| (1) 细　粮 | 98.9 | 97.5 | 95.5 | 95.0 | 93.9 |
| 大　米 | 96.0 | 93.7 | 90.9 | 90.5 | 89.2 |
| (2) 粗　粮 | 103.5 | 100.0 | 100.0 | 118.3 | 118.1 |
| 2. 淀粉及薯类 | 100.9 | 101.7 | 100.3 | 96.0 | 97.3 |
| 3. 干豆类及豆制品 | 122.7 | 126.6 | 120.8 | 112.6 | 108.9 |
| 4. 油脂类 | 104.8 | 101.8 | 108.4 | 110.6 | 110.4 |
| 5. 肉禽及其制品 | 107.3 | 106.4 | 104.3 | 103.7 | 105.5 |
| 猪　肉 | 111.9 | 111.1 | 110.4 | 109.6 | 110.0 |
| 牛　肉 | 103.5 | 102.3 | 97.1 | 97.3 | 95.1 |
| 羊　肉 | 91.8 | 99.1 | 86.6 | 92.6 | 98.5 |
| 鸡 | 91.0 | 89.9 | 85.9 | 84.9 | 98.3 |
| 鸭 | 102.9 | 103.6 | 96.0 | 92.8 | 95.0 |
| 6. 蛋　类 | 97.9 | 91.5 | 85.2 | 86.5 | 78.2 |
| 鲜　蛋 | 97.4 | 91.0 | 84.2 | 85.6 | 77.4 |
| 7. 水产品类 | 99.4 | 98.2 | 95.4 | 90.1 | 88.7 |
| 8. 菜　类 | 103.8 | 103.7 | 110.5 | 93.1 | 86.6 |
| (1) 鲜　菜 | 102.3 | 104.7 | 113.3 | 92.8 | 84.5 |
| (2) 干　菜 | 115.7 | 106.8 | 102.6 | 98.0 | 94.4 |
| (3) 菜制品 | 99.6 | 91.5 | 99.2 | 89.3 | 92.5 |
| 9. 调味品 | 107.9 | 108.1 | 107.2 | 106.0 | 105.4 |
| 盐 | 111.8 | 111.8 | 110.3 | 110.0 | 108.5 |
| 酱　油 | 103.1 | 104.1 | 104.1 | 102.0 | 104.9 |
| 10. 糖　类 | 98.6 | 99.2 | 98.7 | 100.0 | 99.9 |
| (1) 食　糖 | 98.8 | 97.3 | 96.4 | 98.2 | 98.5 |
| (2) 糖　果 | 98.4 | 101.7 | 101.7 | 102.4 | 101.8 |
| 11. 烟草类 | 113.7 | 107.6 | 105.9 | 104.6 | 103.9 |
| 12. 酒和饮料 | 103.3 | 103.0 | 101.4 | 100.2 | 100.1 |
| 13. 干鲜瓜果类 | 101.9 | 99.8 | 95.1 | 85.4 | 87.4 |
| (1) 鲜　果 | 100.7 | 99.5 | 92.6 | 81.0 | 84.2 |
| (2) 干　果 | 108.4 | 101.5 | 108.0 | 108.1 | 104.1 |
| 14. 糕点类 | 104.3 | 103.7 | 104.3 | 102.3 | 102.3 |
| 15. 奶及奶制品 | 109.4 | 109.1 | 108.9 | 107.7 | 103.0 |
| 16. 其他食品 | 103.2 | 100.0 | 100.3 | 100.1 | 100.0 |
| 17. 饮食业 | 107.6 | 107.3 | 107.5 | 106.6 | 106.8 |

| 6月 | 7月 | 8月 | 9月 | 10月 | 11月 | 12月 |
|---|---|---|---|---|---|---|
| **101.1** | **99.9** | **99.0** | **98.2** | **97.6** | **98.2** | **96.8** |
| **99.5** | **96.9** | **95.1** | **94.6** | **93.6** | **95.0** | **93.3** |
| 87.7 | 86.1 | 86.1 | 83.7 | 85.3 | 85.9 | 86.4 |
| 87.7 | 86.0 | 86.0 | 83.6 | 85.2 | 85.9 | 86.4 |
| 81.2 | 79.3 | 80.0 | 77.7 | 79.5 | 79.9 | 81.1 |
| 111.4 | 110.7 | 105.4 | 105.4 | 105.4 | 100.0 | 98.3 |
| 97.1 | 98.6 | 99.1 | 93.2 | 93.0 | 92.9 | 90.4 |
| 106.9 | 102.7 | 101.7 | 97.3 | 103.1 | 101.0 | 98.2 |
| 108.1 | 99.1 | 94.9 | 91.3 | 91.3 | 94.5 | 94.0 |
| 102.1 | 97.2 | 95.1 | 94.3 | 92.2 | 92.7 | 91.6 |
| 105.1 | 99.0 | 97.8 | 95.1 | 92.4 | 91.8 | 90.0 |
| 90.8 | 93.4 | 95.2 | 92.3 | 89.3 | 88.3 | 86.1 |
| 106.9 | 97.0 | 96.4 | 103.3 | 93.9 | 88.0 | 84.8 |
| 97.6 | 91.5 | 85.6 | 92.7 | 94.8 | 98.0 | 98.1 |
| 94.9 | 90.8 | 83.7 | 85.5 | 85.4 | 94.0 | 94.5 |
| 75.4 | 73.5 | 74.6 | 74.7 | 76.1 | 76.3 | 80.0 |
| 74.8 | 73.0 | 74.2 | 74.4 | 75.8 | 75.9 | 79.7 |
| 89.6 | 89.8 | 87.5 | 85.8 | 86.3 | 90.7 | 91.5 |
| 98.7 | 93.7 | 94.2 | 97.0 | 98.5 | 109.9 | 96.1 |
| 98.4 | 94.1 | 95.9 | 98.3 | 100.2 | 112.8 | 94.9 |
| 94.0 | 93.4 | 94.7 | 94.1 | 91.7 | 93.4 | 93.2 |
| 107.2 | 90.7 | 80.3 | 90.9 | 94.4 | 108.3 | 108.9 |
| 103.7 | 103.7 | 103.8 | 103.7 | 101.7 | 101.4 | 101.4 |
| 105.8 | 105.6 | 105.6 | 105.6 | 101.1 | 101.1 | 101.1 |
| 103.0 | 103.3 | 103.3 | 103.3 | 103.3 | 103.3 | 103.3 |
| 101.0 | 103.0 | 102.6 | 102.3 | 101.7 | 100.3 | 98.9 |
| 100.9 | 103.5 | 102.7 | 102.1 | 101.3 | 98.9 | 96.5 |
| 101.1 | 102.4 | 102.4 | 102.5 | 102.2 | 102.2 | 102.1 |
| 103.7 | 101.3 | 101.4 | 101.6 | 100.7 | 99.3 | 97.8 |
| 99.5 | 99.6 | 99.5 | 98.9 | 98.5 | 98.7 | 98.5 |
| 93.1 | 108.8 | 91.6 | 96.4 | 86.5 | 78.7 | 75.9 |
| 91.8 | 111.0 | 90.2 | 96.9 | 85.1 | 75.4 | 73.0 |
| 99.7 | 97.1 | 98.8 | 93.9 | 93.7 | 95.9 | 90.9 |
| 102.3 | 101.1 | 99.0 | 100.5 | 100.1 | 100.1 | 99.5 |
| 101.9 | 101.5 | 102.0 | 104.0 | 105.2 | 107.6 | 101.6 |
| 100.5 | 100.2 | 100.1 | 99.4 | 99.4 | 99.4 | 99.5 |
| 106.4 | 105.7 | 105.4 | 105.5 | 103.7 | 105.2 | 105.0 |

# 1997 年广西农村居民消费价格各月同比指数（续表 1）

以上年同月价格为 100

| 类　别 | 1 月 | 2 月 | 3 月 | 4 月 | 5 月 |
|---|---|---|---|---|---|
| (1) 主　　食 | 107.7 | 108.9 | 108.2 | 105.7 | 105.7 |
| (2) 炒　　菜 | 105.5 | 105.3 | 106.2 | 106.2 | 107.1 |
| (3) 地方小吃 | 118.5 | 115.0 | 113.0 | 110.3 | 106.9 |
| **二、衣 着 类** | **105.4** | **102.1** | **101.6** | **101.9** | **100.8** |
| 1. 服　　装 | 106.3 | 101.2 | 100.5 | 100.5 | 99.3 |
| 2. 衣着材料 | 107.0 | 106.3 | 106.0 | 105.5 | 104.7 |
| (1) 棉　　布 | 116.7 | 115.4 | 115.8 | 112.1 | 112.7 |
| (2) 棉花化纤混纺布 | 107.1 | 107.3 | 107.0 | 105.8 | 105.2 |
| (3) 化 纤 布 | 106.8 | 105.7 | 105.0 | 105.0 | 103.7 |
| (4) 呢　　绒 | 101.5 | 101.5 | 101.5 | 101.5 | 101.5 |
| (5) 绸　　缎 | 98.7 | 98.4 | 98.4 | 97.6 | 97.6 |
| (6) 毛　　线 | 105.3 | 105.3 | 105.3 | 105.2 | 104.9 |
| 3. 鞋袜帽及其他衣着 | 102.7 | 101.3 | 101.2 | 102.5 | 101.5 |
| (1) 鞋　　类 | 102.6 | 101.0 | 100.9 | 102.5 | 101.6 |
| (2) 袜　　子 | 100.5 | 101.4 | 100.5 | 101.4 | 98.0 |
| (3) 帽　　子 | 99.8 | 99.8 | 99.6 | 99.6 | 99.6 |
| (4) 其他衣着 | 105.0 | 103.5 | 104.5 | 103.2 | 103.4 |
| **三、家庭设备及用品** | **101.1** | **101.1** | **101.1** | **100.8** | **100.3** |
| 1. 耐用消费品 | 99.2 | 99.7 | 99.7 | 99.6 | 98.7 |
| (1) 家　　具 | 99.8 | 100.0 | 99.8 | 98.9 | 98.8 |
| (2) 家庭设备 | 98.9 | 99.5 | 99.6 | 100.0 | 98.7 |
| 2. 室内装饰品 | 101.4 | 101.0 | 100.5 | 100.2 | 99.6 |
| 3. 床上用品 | 100.4 | 99.3 | 99.2 | 99.3 | 99.7 |
| 4. 家庭日用杂品 | 104.1 | 103.8 | 104.0 | 103.3 | 103.2 |
| 5. 其他日用品 | 102.8 | 102.0 | 101.9 | 101.4 | 101.2 |
| **四、医疗保健** | **105.0** | **105.9** | **106.5** | **106.3** | **105.7** |
| 1. 医疗器具及保健用品 | 102.6 | 102.5 | 102.3 | 102.3 | 103.2 |
| 2. 中药材及中成药 | 104.1 | 105.7 | 106.3 | 104.7 | 105.9 |
| 3. 西　　药 | 106.1 | 106.5 | 107.2 | 108.3 | 105.8 |
| **五、交通和通讯工具** | **97.3** | **97.1** | **97.3** | **97.5** | **96.2** |
| 1. 交通工具 | 97.9 | 97.7 | 98.0 | 98.2 | 96.3 |
| 2. 通讯工具 | 95.3 | 95.1 | 94.8 | 94.9 | 96.0 |
| **六、娱乐教育文化用品** | **110.1** | **108.3** | **102.4** | **102.5** | **102.8** |
| 1. 文娱用耐用消费品 | 93.1 | 90.7 | 90.6 | 90.9 | 91.4 |
| 2. 教材及参考书 | 147.1 | 145.7 | 118.2 | 118.2 | 118.2 |
| 3. 文化娱乐用品 | 108.2 | 106.9 | 108.8 | 108.6 | 108.8 |
| (1) 文娱用品 | 100.1 | 99.1 | 98.8 | 98.5 | 98.9 |

| 6月 | 7月 | 8月 | 9月 | 10月 | 11月 | 12月 |
|---|---|---|---|---|---|---|
| 101.8 | 104.2 | 104.2 | 104.2 | 104.2 | 104.5 | 103.5 |
| 106.6 | 106.6 | 106.1 | 106.9 | 104.2 | 105.8 | 105.8 |
| 107.9 | 103.7 | 103.7 | 100.1 | 100.1 | 103.3 | 103.8 |
| **100.9** | **99.8** | **99.9** | **98.2** | **98.1** | **98.0** | **96.4** |
| 99.4 | 97.9 | 97.8 | 96.0 | 96.1 | 96.6 | 93.9 |
| 104.4 | 104.1 | 104.2 | 102.4 | 101.2 | 99.9 | 100.6 |
| 114.8 | 112.9 | 110.3 | 101.7 | 100.7 | 100.0 | 99.6 |
| 101.9 | 100.7 | 101.7 | 98.3 | 98.3 | 98.7 | 98.7 |
| 103.2 | 103.2 | 103.2 | 103.2 | 100.9 | 99.2 | 101.0 |
| 101.5 | 101.5 | 101.5 | 101.8 | 101.4 | 101.0 | 101.0 |
| 97.6 | 95.8 | 95.8 | 98.6 | 97.2 | 96.8 | 96.6 |
| 105.0 | 105.0 | 106.3 | 103.2 | 103.7 | 102.0 | 101.6 |
| 101.9 | 101.1 | 101.6 | 100.1 | 100.2 | 99.7 | 98.8 |
| 101.9 | 101.0 | 101.9 | 99.6 | 99.6 | 99.3 | 98.4 |
| 100.0 | 99.3 | 96.8 | 100.0 | 100.5 | 99.3 | 98.0 |
| 99.6 | 99.6 | 99.6 | 99.6 | 99.6 | 99.6 | 99.6 |
| 103.4 | 103.2 | 103.1 | 104.4 | 104.8 | 103.6 | 102.2 |
| **100.2** | **100.1** | **99.8** | **99.2** | **99.5** | **99.4** | **99.2** |
| 98.6 | 98.8 | 98.7 | 98.4 | 98.6 | 98.1 | 98.4 |
| 99.2 | 98.9 | 98.5 | 98.2 | 99.2 | 99.2 | 99.8 |
| 98.3 | 98.8 | 98.8 | 98.5 | 98.3 | 97.6 | 97.6 |
| 99.7 | 99.4 | 99.6 | 99.1 | 99.0 | 99.0 | 99.2 |
| 100.2 | 99.8 | 99.7 | 99.6 | 99.6 | 99.4 | 99.7 |
| 102.7 | 102.5 | 101.5 | 100.1 | 100.5 | 100.9 | 99.7 |
| 101.1 | 100.8 | 100.5 | 99.7 | 101.0 | 101.5 | 101.1 |
| **108.3** | **107.6** | **106.4** | **106.6** | **106.9** | **106.0** | **105.7** |
| 102.6 | 102.7 | 102.2 | 102.2 | 101.6 | 103.0 | 102.4 |
| 109.2 | 108.1 | 108.5 | 108.5 | 108.2 | 107.3 | 106.8 |
| 108.4 | 107.8 | 105.1 | 105.6 | 106.6 | 105.3 | 102.1 |
| **97.1** | **98.7** | **96.7** | **96.3** | **96.8** | **98.6** | **95.6** |
| 97.5 | 99.6 | 97.7 | 97.4 | 98.8 | 98.6 | 98.0 |
| 95.5 | 95.7 | 93.3 | 92.4 | 89.5 | 89.4 | 87.1 |
| **102.7** | **102.5** | **101.4** | **98.0** | **98.3** | **98.9** | **97.8** |
| 91.1 | 90.5 | 90.3 | 88.7 | 89.7 | 91.1 | 89.7 |
| 118.2 | 118.2 | 114.5 | 103.5 | 103.5 | 103.5 | 103.5 |
| 108.8 | 109.2 | 108.5 | 108.4 | 107.8 | 107.6 | 106.0 |
| 98.9 | 99.7 | 98.3 | 98.1 | 97.0 | 96.7 | 96.3 |

# 1997年广西农村居民消费价格各月同比指数（续表2）

以上年同月价格为100

| 类　别 | 1月 | 2月 | 3月 | 4月 | 5月 |
|---|---|---|---|---|---|
| (2) 报纸杂志 | 117.6 | 115.9 | 120.2 | 120.2 | 120.2 |
| **七、居　　住** | **106.4** | **106.8** | **106.5** | **102.4** | **100.0** |
| 1. 住　　房 | 99.1 | 101.3 | 101.9 | 100.2 | 99.0 |
| (1) 建筑材料 | 97.2 | 98.5 | 98.5 | 96.3 | 94.9 |
| (2) 房　　租 | 107.3 | 112.9 | 116.5 | 116.5 | 116.5 |
| 2. 水、电、燃料 | 116.2 | 114.2 | 112.6 | 105.3 | 101.3 |
| 水 | 110.0 | 111.5 | 112.4 | 112.4 | 108.5 |
| 电 | 119.3 | 116.1 | 116.1 | 106.0 | 103.2 |
| 液化石油气 | 119.1 | 116.8 | 110.7 | 99.8 | 94.0 |
| 管道煤气 | | | | | |
| **八、服务项目** | **115.5** | **112.2** | **108.7** | **109.5** | **107.3** |
| 1. 电 讯 费 | 104.6 | 103.1 | 103.1 | 103.1 | 101.3 |
| 2. 邮　　费 | 210.7 | 210.3 | 210.3 | 210.3 | 210.3 |
| 3. 交 通 费 | 115.1 | 91.4 | 89.8 | 98.7 | 100.6 |
| 4. 洗理美容费 | 116.7 | 120.8 | 125.7 | 125.7 | 122.2 |
| 5. 文 娱 费 | 105.8 | 105.0 | 109.6 | 109.6 | 108.8 |
| 6. 学杂保育费 | 115.8 | 113.8 | 107.6 | 107.6 | 104.1 |
| 7. 修理及其他服务费 | 106.0 | 106.8 | 108.3 | 108.3 | 107.2 |
| 8. 医疗保健服务 | 119.9 | 119.9 | 119.9 | 119.9 | 119.9 |

| 6月 | 7月 | 8月 | 9月 | 10月 | 11月 | 12月 |
|---|---|---|---|---|---|---|
| 120.2 | 120.2 | 120.2 | 120.2 | 120.2 | 120.2 | 117.1 |
| **100.1** | **100.0** | **101.4** | **101.6** | **100.5** | **100.4** | **98.9** |
| 99.2 | 98.5 | 99.6 | 99.4 | 98.6 | 98.1 | 98.9 |
| 95.3 | 96.1 | 96.9 | 96.6 | 95.6 | 95.3 | 96.3 |
| 115.5 | 108.9 | 111.2 | 111.2 | 111.2 | 109.9 | 109.9 |
| 101.2 | 101.9 | 103.9 | 104.6 | 103.0 | 103.5 | 99.0 |
| 107.4 | 109.8 | 108.7 | 108.8 | 108.8 | 108.8 | 109.7 |
| 106.3 | 106.2 | 110.4 | 108.2 | 108.2 | 109.1 | 108.6 |
| 89.3 | 90.1 | 91.2 | 96.9 | 91.2 | 91.5 | 76.4 |
| | | | | | | |
| **107.3** | **107.5** | **107.1** | **106.5** | **105.6** | **105.7** | **104.1** |
| 101.3 | 101.4 | 101.4 | 101.4 | 101.4 | 101.4 | 98.9 |
| 210.3 | 210.3 | 210.3 | 210.3 | 210.3 | 210.3 | 99.7 |
| 105.6 | 106.6 | 106.6 | 104.5 | 99.8 | 101.2 | 101.2 |
| 115.2 | 125.2 | 122.9 | 122.9 | 122.9 | 122.9 | 117.7 |
| 111.2 | 110.0 | 108.6 | 108.6 | 108.6 | 108.6 | 108.5 |
| 103.8 | 103.8 | 104.5 | 104.2 | 104.5 | 104.5 | 104.5 |
| 106.0 | 104.3 | 103.9 | 103.9 | 103.6 | 102.6 | 103.0 |
| 119.9 | 119.9 | 110.8 | 108.0 | 100.8 | 100.8 | 100.8 |

# 1998年广西农村居民消费价格各月同比指数

以上年同月价格为100

| 类别 | 1月 | 2月 | 3月 | 4月 | 5月 |
|---|---|---|---|---|---|
| **居民消费价格总指数** | **96.1** | **96.8** | **96.5** | **96.6** | **96.3** |
| **一、食　品** | **93.3** | **94.0** | **94.0** | **93.3** | **92.3** |
| 1. 粮　食 | 88.9 | 89.6 | 90.7 | 88.5 | 89.0 |
| (1) 细　粮 | 88.9 | 89.6 | 90.7 | 88.5 | 89.0 |
| 大　米 | 84.3 | 85.9 | 87.5 | 84.9 | 85.8 |
| (2) 粗　粮 | 96.9 | 96.9 | 93.7 | 94.9 | 95.1 |
| 2. 淀粉及薯类 | 93.3 | 94.4 | 96.9 | 98.9 | 99.0 |
| 3. 干豆类及豆制品 | 99.8 | 95.1 | 97.4 | 95.4 | 95.6 |
| 4. 油脂类 | 94.8 | 95.5 | 92.4 | 90.1 | 88.9 |
| 5. 肉禽及其制品 | 89.3 | 89.3 | 90.0 | 88.4 | 87.7 |
| 猪　肉 | 89.3 | 88.3 | 88.1 | 85.6 | 84.3 |
| 牛　肉 | 86.6 | 86.2 | 83.0 | 84.1 | 85.4 |
| 羊　肉 | 85.1 | 83.3 | 86.1 | 84.9 | 82.7 |
| 鸡 | 89.5 | 93.8 | 97.6 | 97.6 | 97.7 |
| 鸭 | 86.4 | 88.7 | 94.7 | 94.4 | 93.1 |
| 6. 蛋　类 | 84.7 | 87.9 | 92.8 | 94.3 | 97.2 |
| 鲜　蛋 | 84.6 | 87.9 | 93.3 | 95.0 | 97.6 |
| 7. 水产品类 | 86.3 | 87.7 | 86.3 | 88.2 | 87.2 |
| 8. 菜　类 | 107.9 | 115.4 | 105.1 | 95.7 | 90.0 |
| (1) 鲜　菜 | 111.2 | 120.1 | 107.9 | 94.3 | 86.9 |
| (2) 干　菜 | 90.5 | 89.5 | 92.4 | 91.1 | 96.2 |
| (3) 菜制品 | 114.1 | 124.9 | 106.8 | 111.7 | 100.0 |
| 9. 调味品 | 100.2 | 99.0 | 101.3 | 101.5 | 101.2 |
| 盐 | 101.1 | 100.0 | 102.0 | 102.0 | 100.0 |
| 酱　油 | 99.4 | 100.0 | 104.8 | 104.8 | 107.6 |
| 10. 糖　类 | 99.2 | 99.2 | 98.2 | 97.8 | 98.6 |
| (1) 食　糖 | 96.7 | 97.2 | 94.6 | 94.9 | 96.4 |
| (2) 糖　果 | 102.5 | 101.8 | 102.7 | 101.6 | 101.4 |
| 11. 烟草类 | 99.2 | 98.6 | 98.4 | 98.9 | 98.6 |
| 12. 酒和饮料 | 98.3 | 98.8 | 99.2 | 99.5 | 99.8 |
| 13. 干鲜瓜果类 | 74.4 | 78.6 | 91.6 | 112.9 | 107.5 |
| (1) 鲜　果 | 71.6 | 76.6 | 92.6 | 118.4 | 112.2 |
| (2) 干　果 | 88.6 | 88.8 | 86.3 | 84.9 | 83.4 |
| 14. 糕点类 | 97.4 | 99.0 | 99.0 | 98.7 | 98.7 |
| 15. 奶及奶制品 | 100.5 | 97.2 | 98.4 | 96.9 | 96.9 |
| 16. 其他食品 | 101.6 | 100.9 | 101.0 | 101.5 | 101.5 |
| 17. 饮食业 | 102.9 | 101.3 | 101.4 | 101.5 | 101.2 |

| 6月 | 7月 | 8月 | 9月 | 10月 | 11月 | 12月 |
|---|---|---|---|---|---|---|
| **97.0** | **97.9** | **96.5** | **96.0** | **97.1** | **97.2** | **98.1** |
| **94.5** | **96.9** | **93.3** | **93.5** | **95.0** | **95.2** | **96.7** |
| 99.9 | 102.9 | 96.8 | 103.8 | 105.1 | 102.7 | 100.7 |
| 99.9 | 102.9 | 96.8 | 103.8 | 105.1 | 102.7 | 100.7 |
| 101.2 | 105.2 | 97.0 | 106.9 | 109.0 | 105.5 | 102.6 |
| 94.9 | 95.5 | 94.9 | 94.9 | 94.9 | 93.2 | 94.9 |
| 100.5 | 98.5 | 97.3 | 98.0 | 97.7 | 97.1 | 99.5 |
| 95.3 | 96.3 | 96.3 | 96.5 | 94.6 | 94.5 | 92.2 |
| 89.1 | 91.3 | 89.2 | 94.8 | 98.1 | 98.0 | 97.6 |
| 88.0 | 89.2 | 88.8 | 88.9 | 90.8 | 90.3 | 92.1 |
| 86.5 | 87.2 | 83.9 | 84.3 | 86.5 | 87.9 | 90.0 |
| 84.4 | 83.5 | 82.6 | 84.1 | 84.6 | 88.5 | 89.7 |
| 86.1 | 88.8 | 86.3 | 84.4 | 80.4 | 90.0 | 91.8 |
| 92.2 | 96.3 | 104.9 | 103.0 | 105.2 | 96.8 | 99.3 |
| 89.6 | 94.6 | 102.7 | 105.5 | 106.9 | 96.4 | 98.5 |
| 106.9 | 104.0 | 108.3 | 106.2 | 108.0 | 107.7 | 110.5 |
| 108.0 | 104.7 | 109.1 | 106.6 | 108.6 | 108.2 | 111.2 |
| 89.7 | 86.0 | 82.3 | 86.3 | 85.5 | 86.3 | 90.2 |
| 101.0 | 115.2 | 95.0 | 86.3 | 85.5 | 86.8 | 94.2 |
| 100.3 | 118.3 | 91.1 | 80.4 | 78.8 | 81.7 | 91.2 |
| 99.3 | 100.6 | 97.5 | 97.8 | 99.9 | 98.7 | 99.0 |
| 107.7 | 118.3 | 115.7 | 106.0 | 105.9 | 100.9 | 106.1 |
| 101.4 | 101.1 | 99.1 | 98.7 | 98.4 | 99.5 | 99.5 |
| 100.0 | 100.0 | 100.0 | 100.0 | 100.0 | 100.0 | 100.0 |
| 109.2 | 109.2 | 101.6 | 100.0 | 100.0 | 100.0 | 100.0 |
| 97.0 | 93.0 | 93.6 | 93.5 | 93.7 | 94.6 | 94.7 |
| 94.0 | 88.7 | 89.6 | 88.8 | 88.7 | 88.9 | 88.6 |
| 100.8 | 98.5 | 98.8 | 99.4 | 100.2 | 101.8 | 102.4 |
| 98.7 | 100.0 | 99.9 | 98.7 | 98.2 | 97.8 | 99.2 |
| 101.1 | 101.0 | 100.1 | 100.2 | 100.3 | 100.3 | 100.7 |
| 98.5 | 112.8 | 91.0 | 86.2 | 99.6 | 114.9 | 120.7 |
| 101.8 | 118.7 | 92.6 | 85.9 | 102.3 | 120.7 | 126.4 |
| 81.4 | 82.5 | 82.7 | 87.6 | 85.9 | 85.1 | 91.6 |
| 98.8 | 99.1 | 99.4 | 98.2 | 99.1 | 99.1 | 98.8 |
| 97.3 | 97.5 | 97.4 | 97.1 | 97.1 | 97.2 | 97.0 |
| 100.8 | 102.7 | 102.7 | 102.7 | 102.7 | 102.4 | 103.2 |
| 101.2 | 100.9 | 100.9 | 100.8 | 100.8 | 99.4 | 99.3 |

# 1998年广西农村居民消费价格各月同比指数（续表1）

以上年同月价格为100

| 类　别 | 1月 | 2月 | 3月 | 4月 | 5月 |
|---|---|---|---|---|---|
| (1) 主　　食 | 100.4 | 100.0 | 100.4 | 100.7 | 100.7 |
| (2) 炒　　菜 | 103.6 | 101.1 | 101.1 | 101.1 | 100.7 |
| (3) 地方小吃 | 104.0 | 104.8 | 104.8 | 104.8 | 104.8 |
| **二、衣 着 类** | **96.1** | **96.6** | **95.9** | **96.6** | **97.8** |
| 1. 服　　装 | 93.3 | 94.5 | 93.3 | 94.4 | 96.4 |
| 2. 衣着材料 | 100.0 | 99.5 | 100.2 | 100.4 | 99.5 |
| (1) 棉　　布 | 101.1 | 100.1 | 101.1 | 102.5 | 100.8 |
| (2) 棉花化纤混纺布 | 98.0 | 98.2 | 98.8 | 97.5 | 101.6 |
| (3) 化 纤 布 | 99.9 | 99.9 | 100.9 | 100.9 | 98.9 |
| (4) 呢　　绒 | 100.3 | 100.2 | 100.2 | 100.2 | 100.2 |
| (5) 绸　　缎 | 99.0 | 98.7 | 98.4 | 98.4 | 97.2 |
| (6) 毛　　线 | 100.4 | 98.7 | 98.7 | 99.7 | 99.6 |
| 3. 鞋袜帽及其他衣着 | 99.5 | 99.2 | 98.9 | 98.8 | 99.6 |
| (1) 鞋　　类 | 99.2 | 98.8 | 97.5 | 97.5 | 98.3 |
| (2) 袜　　子 | 101.3 | 100.5 | 101.0 | 100.2 | 102.6 |
| (3) 帽　　子 | 100.0 | 100.0 | 96.7 | 96.7 | 96.1 |
| (4) 其他衣着 | 100.7 | 101.5 | 108.5 | 108.5 | 107.8 |
| **三、家庭设备及用品** | **98.3** | **97.9** | **97.8** | **97.6** | **97.6** |
| 1. 耐用消费品 | 97.0 | 96.7 | 96.3 | 96.5 | 96.4 |
| (1) 家　　具 | 97.6 | 97.7 | 97.6 | 98.3 | 98.6 |
| (2) 家庭设备 | 96.7 | 96.1 | 95.5 | 95.5 | 95.1 |
| 2. 室内装饰品 | 98.8 | 98.3 | 99.2 | 99.2 | 99.5 |
| 3. 床上用品 | 99.5 | 99.6 | 99.8 | 99.5 | 99.3 |
| 4. 家庭日用杂品 | 99.1 | 98.3 | 98.9 | 98.5 | 98.7 |
| 5. 其他日用品 | 100.7 | 100.3 | 99.0 | 97.7 | 97.9 |
| **四、医疗保健** | **102.2** | **103.3** | **102.2** | **103.7** | **104.2** |
| 1. 医疗器具及保健用品 | 98.5 | 98.6 | 99.0 | 98.6 | 99.2 |
| 2. 中药材及中成药 | 106.1 | 109.1 | 108.1 | 110.6 | 112.1 |
| 3. 西　　药 | 99.3 | 98.9 | 97.3 | 98.3 | 97.8 |
| **五、交通和通讯工具** | **94.7** | **94.5** | **93.3** | **94.2** | **94.8** |
| 1. 交通工具 | 96.3 | 96.3 | 95.1 | 96.2 | 97.3 |
| 2. 通讯工具 | 88.5 | 87.5 | 86.3 | 86.4 | 85.1 |
| **六、娱乐教育文化用品** | **94.7** | **97.1** | **96.3** | **96.5** | **96.4** |
| 1. 文娱用耐用消费品 | 89.2 | 90.4 | 89.5 | 89.8 | 89.3 |
| 2. 教材及参考书 | 101.6 | 108.4 | 107.0 | 107.0 | 107.0 |
| 3. 文化娱乐用品 | 97.5 | 97.8 | 97.9 | 97.9 | 98.5 |
| (1) 文娱用品 | 95.8 | 96.4 | 96.5 | 96.6 | 97.7 |

| 6月 | 7月 | 8月 | 9月 | 10月 | 11月 | 12月 |
|---|---|---|---|---|---|---|
| 100.7 | 100.7 | 100.7 | 100.7 | 100.7 | 100.7 | 100.7 |
| 100.7 | 100.3 | 100.3 | 100.1 | 100.1 | 98.6 | 98.6 |
| 104.8 | 104.8 | 104.8 | 104.8 | 104.7 | 101.5 | 100.8 |
| **97.4** | **97.9** | **98.0** | **98.5** | **99.5** | **99.1** | **100.6** |
| 96.4 | 96.9 | 97.2 | 97.4 | 99.3 | 98.1 | 100.7 |
| 98.0 | 97.9 | 98.2 | 100.1 | 100.2 | 101.5 | 100.1 |
| 98.8 | 100.1 | 102.2 | 100.1 | 99.9 | 101.4 | 101.4 |
| 105.8 | 102.2 | 105.1 | 104.7 | 104.7 | 101.9 | 101.8 |
| 95.7 | 95.7 | 95.7 | 100.0 | 100.0 | 102.6 | 100.0 |
| 100.2 | 100.2 | 100.2 | 99.4 | 99.6 | 100.0 | 99.9 |
| 97.2 | 98.8 | 98.8 | 97.7 | 97.7 | 98.1 | 98.1 |
| 99.6 | 99.6 | 98.4 | 99.0 | 99.3 | 99.3 | 99.0 |
| 99.2 | 100.0 | 99.6 | 99.8 | 99.5 | 99.9 | 100.6 |
| 98.1 | 98.9 | 98.3 | 98.9 | 98.6 | 99.0 | 99.8 |
| 100.2 | 101.0 | 102.6 | 100.2 | 99.7 | 101.0 | 102.6 |
| 95.1 | 97.7 | 97.7 | 97.7 | 97.7 | 97.7 | 97.7 |
| 107.8 | 107.8 | 107.8 | 106.4 | 106.1 | 106.1 | 106.1 |
| **97.5** | **97.7** | **97.8** | **97.4** | **97.2** | **97.1** | **97.3** |
| 96.3 | 96.5 | 96.8 | 96.6 | 96.2 | 96.4 | 96.8 |
| 97.8 | 98.1 | 98.6 | 98.4 | 97.3 | 97.3 | 96.7 |
| 95.4 | 95.5 | 95.7 | 95.6 | 95.6 | 95.9 | 96.9 |
| 98.9 | 99.2 | 99.4 | 99.3 | 99.3 | 99.7 | 99.7 |
| 98.9 | 99.2 | 99.1 | 98.7 | 98.7 | 99.0 | 99.0 |
| 98.9 | 99.1 | 98.9 | 98.2 | 98.5 | 97.6 | 97.5 |
| 97.5 | 97.1 | 97.5 | 96.7 | 95.6 | 96.0 | 95.8 |
| **103.9** | **104.6** | **105.0** | **104.8** | **104.8** | **104.7** | **104.8** |
| 100.9 | 100.6 | 99.9 | 100.0 | 102.5 | 102.6 | 103.4 |
| 110.2 | 110.2 | 111.1 | 111.6 | 111.8 | 111.0 | 110.6 |
| 98.7 | 100.3 | 100.3 | 99.4 | 98.8 | 99.3 | 99.7 |
| **94.0** | **94.1** | **94.7** | **95.2** | **95.5** | **94.2** | **95.5** |
| 96.1 | 96.0 | 97.1 | 97.1 | 97.4 | 95.9 | 96.9 |
| 85.7 | 86.5 | 85.3 | 88.0 | 88.1 | 87.6 | 89.8 |
| **96.4** | **95.9** | **96.3** | **95.0** | **95.3** | **95.8** | **96.7** |
| 89.1 | 88.2 | 88.7 | 90.3 | 90.2 | 91.1 | 93.1 |
| 107.0 | 107.0 | 106.9 | 99.0 | 99.0 | 99.0 | 99.0 |
| 98.7 | 98.4 | 99.0 | 99.2 | 100.2 | 100.6 | 100.6 |
| 98.0 | 97.5 | 98.6 | 98.9 | 100.6 | 101.4 | 101.3 |

# 1998 年广西农村居民消费价格各月同比指数（续表 2）

以上年同月价格为 100

| 类　别 | 1 月 | 2 月 | 3 月 | 4 月 | 5 月 |
|---|---|---|---|---|---|
| (2) 报纸杂志 | 99.5 | 99.5 | 99.5 | 99.5 | 99.5 |
| **七、居　　住** | **97.6** | **96.2** | **97.1** | **98.6** | **97.4** |
| 1. 住　　房 | 98.0 | 96.6 | 97.3 | 98.3 | 97.7 |
| (1) 建筑材料 | 95.3 | 95.0 | 95.9 | 97.1 | 96.3 |
| (2) 房　　租 | 109.9 | 103.6 | 103.6 | 103.6 | 103.6 |
| 2. 水、电、燃料 | 97.1 | 95.7 | 96.9 | 99.0 | 97.1 |
| 水 | 113.2 | 111.8 | 111.7 | 115.7 | 115.1 |
| 电 | 107.9 | 105.7 | 106.3 | 107.5 | 104.5 |
| 液化石油气 | 72.7 | 71.9 | 74.9 | 77.8 | 76.2 |
| 管道煤气 | | | | | |
| **八、服务项目** | **104.9** | **107.6** | **106.0** | **106.7** | **106.7** |
| 1. 电 讯 费 | 100.1 | 100.9 | 100.9 | 100.9 | 100.1 |
| 2. 邮　　费 | 99.7 | 100.0 | 100.0 | 100.0 | 100.0 |
| 3. 交 通 费 | 108.5 | 108.8 | 94.1 | 102.4 | 100.6 |
| 4. 洗理美容费 | 115.0 | 106.1 | 103.9 | 103.9 | 102.0 |
| 5. 文 娱 费 | 109.8 | 112.1 | 107.5 | 107.5 | 109.4 |
| 6. 学杂保育费 | 104.5 | 109.6 | 109.7 | 109.7 | 109.7 |
| 7. 修理及其他服务费 | 102.2 | 100.3 | 100.8 | 100.0 | 100.6 |
| 8. 医疗保健服务 | 102.0 | 100.0 | 100.0 | 100.0 | 101.6 |

| 6月 | 7月 | 8月 | 9月 | 10月 | 11月 | 12月 |
|---|---|---|---|---|---|---|
| 99.5 | 99.5 | 99.5 | 99.5 | 99.7 | 99.7 | 99.7 |
| **96.7** | **96.0** | **95.8** | **94.8** | **96.9** | **97.3** | **97.0** |
| 97.2 | 96.8 | 96.5 | 95.4 | 95.8 | 95.9 | 95.9 |
| 95.7 | 95.2 | 95.4 | 94.1 | 94.6 | 94.7 | 94.7 |
| 103.6 | 103.6 | 101.3 | 101.3 | 101.3 | 101.3 | 101.3 |
| 96.0 | 94.9 | 94.9 | 93.9 | 98.4 | 99.1 | 98.4 |
| 114.1 | 112.3 | 111.9 | 109.3 | 109.3 | 108.3 | 107.4 |
| 103.2 | 101.8 | 103.1 | 102.3 | 102.3 | 100.6 | 99.9 |
| 75.2 | 75.4 | 74.4 | 73.0 | 87.5 | 93.0 | 91.7 |
| | | | | | | |
| **106.5** | **106.3** | **106.4** | **103.2** | **103.5** | **103.7** | **103.5** |
| 100.1 | 100.0 | 100.0 | 100.0 | 100.0 | 100.0 | 100.0 |
| 100.0 | 100.0 | 100.0 | 100.0 | 100.0 | 100.0 | 100.0 |
| 99.2 | 98.5 | 99.2 | 99.2 | 101.8 | 101.2 | 101.2 |
| 102.0 | 98.9 | 98.9 | 98.7 | 98.9 | 98.9 | 98.9 |
| 107.4 | 105.2 | 108.4 | 108.4 | 108.1 | 114.1 | 109.7 |
| 109.7 | 109.9 | 109.7 | 104.4 | 104.4 | 104.4 | 104.4 |
| 100.6 | 100.7 | 101.2 | 101.2 | 101.4 | 101.6 | 101.3 |
| 101.6 | 101.6 | 101.6 | 101.6 | 101.6 | 101.6 | 101.6 |

# 1999 年广西农村居民消费价格各月同比指数

以上年同月价格为 100

| 类　别 | 1 月 | 2 月 | 3 月 | 4 月 | 5 月 |
|---|---|---|---|---|---|
| **居民消费价格总指数** | **98.9** | **98.8** | **99.0** | **98.4** | **97.6** |
| **一、食　　品** | **98.5** | **97.3** | **97.1** | **96.3** | **95.0** |
| 1. 粮　　食 | 98.0 | 99.7 | 101.0 | 103.0 | 104.1 |
| (1) 细　　粮 | 98.0 | 99.7 | 101.0 | 103.0 | 104.1 |
| 大　　米 | 98.9 | 100.7 | 102.4 | 105.3 | 106.5 |
| (2) 粗　　粮 | 97.9 | 98.9 | 99.8 | 100.0 | 100.5 |
| 2. 淀粉及薯类 | 101.6 | 98.9 | 100.8 | 100.2 | 98.9 |
| 3. 干豆类及豆制品 | 94.6 | 92.8 | 93.3 | 92.6 | 90.5 |
| 4. 油 脂 类 | 95.0 | 94.9 | 95.8 | 95.6 | 99.1 |
| 5. 肉禽及其制品 | 96.7 | 94.2 | 93.8 | 91.8 | 88.3 |
| 猪　　肉 | 92.2 | 90.4 | 91.2 | 89.9 | 85.8 |
| 牛　　肉 | 94.5 | 96.3 | 99.6 | 98.2 | 93.0 |
| 羊　　肉 | 94.5 | 98.8 | 100.1 | 93.1 | 92.9 |
| 鸡 | 115.4 | 106.9 | 100.5 | 96.7 | 94.8 |
| 鸭 | 107.6 | 100.5 | 95.6 | 91.7 | 88.0 |
| 6. 蛋　　类 | 108.0 | 109.8 | 101.2 | 96.6 | 97.9 |
| 鲜　　蛋 | 108.6 | 110.2 | 101.0 | 96.3 | 97.9 |
| 7. 水产品类 | 94.5 | 97.5 | 96.8 | 94.8 | 95.9 |
| 8. 菜　　类 | 93.7 | 90.7 | 95.3 | 103.7 | 104.5 |
| (1) 鲜　　菜 | 91.8 | 85.4 | 93.7 | 102.7 | 104.1 |
| (2) 干　　菜 | 98.6 | 105.5 | 99.6 | 104.0 | 103.5 |
| (3) 菜 制 品 | 97.1 | 98.0 | 97.5 | 108.9 | 107.8 |
| 9. 调 味 品 | 99.7 | 99.8 | 98.3 | 99.1 | 99.0 |
| 盐 | 100.0 | 100.0 | 98.2 | 100.0 | 100.0 |
| 酱　　油 | 101.0 | 101.0 | 101.0 | 102.1 | 99.7 |
| 10. 糖　　类 | 93.2 | 90.1 | 90.1 | 90.0 | 88.8 |
| (1) 食　　糖 | 88.6 | 85.7 | 86.1 | 85.5 | 83.5 |
| (2) 糖　　果 | 99.1 | 95.9 | 95.3 | 95.9 | 95.7 |
| 11. 烟 草 类 | 97.9 | 98.2 | 98.4 | 98.0 | 97.6 |
| 12. 酒和饮料 | 101.1 | 101.1 | 100.5 | 100.6 | 100.3 |
| 13. 干鲜瓜果类 | 125.6 | 119.6 | 109.8 | 93.8 | 85.5 |
| (1) 鲜　　果 | 131.7 | 124.7 | 113.0 | 94.1 | 84.3 |
| (2) 干　　果 | 92.2 | 91.8 | 92.5 | 92.4 | 92.3 |
| 14. 糕 点 类 | 98.6 | 98.3 | 98.6 | 98.9 | 98.9 |
| 15. 奶及奶制品 | 93.6 | 95.4 | 96.0 | 98.3 | 98.7 |
| 16. 其他食品 | 99.6 | 101.4 | 101.5 | 101.5 | 100.5 |
| 17. 饮 食 业 | 99.6 | 99.8 | 100.1 | 99.9 | 100.5 |

| 6月 | 7月 | 8月 | 9月 | 10月 | 11月 | 12月 |
|---|---|---|---|---|---|---|
| **98.0** | **97.2** | **98.0** | **99.0** | **97.9** | **97.5** | **97.9** |
| **96.0** | **93.6** | **95.3** | **98.1** | **96.8** | **96.2** | **96.5** |
| 98.6 | 95.0 | 97.4 | 95.7 | 92.7 | 94.2 | 96.9 |
| 98.6 | 95.0 | 97.4 | 95.7 | 92.7 | 94.2 | 96.9 |
| 98.4 | 93.9 | 96.9 | 94.1 | 90.2 | 92.5 | 96.3 |
| 99.8 | 97.2 | 94.1 | 94.1 | 94.1 | 94.6 | 94.6 |
| 98.1 | 97.6 | 96.1 | 96.0 | 97.6 | 96.6 | 96.7 |
| 89.8 | 89.2 | 87.9 | 88.8 | 89.7 | 90.0 | 92.9 |
| 101.6 | 101.3 | 104.1 | 99.5 | 96.1 | 94.0 | 96.0 |
| 93.0 | 91.1 | 92.3 | 95.8 | 94.1 | 93.7 | 94.1 |
| 89.9 | 87.0 | 90.1 | 95.1 | 93.8 | 93.9 | 93.5 |
| 96.4 | 95.3 | 94.0 | 101.2 | 102.5 | 97.0 | 103.6 |
| 91.9 | 91.3 | 94.4 | 97.8 | 102.2 | 103.8 | 99.0 |
| 104.3 | 102.4 | 99.2 | 99.3 | 93.4 | 91.4 | 93.5 |
| 95.4 | 97.1 | 93.9 | 87.0 | 83.2 | 85.2 | 85.6 |
| 90.4 | 91.5 | 87.4 | 87.8 | 86.8 | 86.8 | 80.8 |
| 89.6 | 90.9 | 86.7 | 87.2 | 86.2 | 86.3 | 80.0 |
| 97.3 | 97.0 | 98.4 | 97.9 | 95.1 | 95.3 | 92.7 |
| 97.1 | 82.0 | 90.9 | 109.4 | 111.2 | 112.2 | 109.6 |
| 94.2 | 74.9 | 87.1 | 111.3 | 113.9 | 114.8 | 112.0 |
| 102.8 | 103.0 | 106.1 | 105.7 | 105.9 | 106.7 | 106.5 |
| 104.6 | 89.6 | 89.5 | 104.2 | 104.5 | 105.9 | 101.0 |
| 98.7 | 99.0 | 99.0 | 99.4 | 100.3 | 99.9 | 100.4 |
| 100.0 | 100.0 | 100.0 | 100.0 | 100.0 | 102.0 | 103.1 |
| 99.7 | 99.7 | 99.7 | 101.5 | 103.9 | 103.9 | 103.9 |
| 89.4 | 90.4 | 90.8 | 90.3 | 88.6 | 86.3 | 85.6 |
| 84.0 | 85.1 | 86.2 | 86.6 | 82.6 | 79.7 | 78.9 |
| 96.3 | 97.3 | 96.8 | 95.0 | 96.4 | 94.8 | 94.2 |
| 97.7 | 97.6 | 97.6 | 98.0 | 98.0 | 98.3 | 98.2 |
| 99.1 | 99.2 | 99.9 | 99.8 | 99.9 | 99.8 | 99.5 |
| 94.8 | 89.3 | 92.8 | 99.3 | 94.1 | 82.8 | 87.3 |
| 94.9 | 88.5 | 92.2 | 100.0 | 94.3 | 80.8 | 86.0 |
| 94.0 | 93.9 | 96.0 | 95.3 | 93.1 | 93.9 | 94.5 |
| 98.5 | 99.1 | 98.9 | 99.4 | 98.9 | 98.4 | 98.8 |
| 98.4 | 101.0 | 101.0 | 101.0 | 100.0 | 99.8 | 99.2 |
| 101.5 | 101.5 | 101.5 | 101.5 | 101.1 | 97.8 | 97.0 |
| 100.7 | 101.9 | 101.9 | 101.9 | 101.9 | 101.9 | 101.9 |

# 1999年广西农村居民消费价格各月同比指数（续表1）

以上年同月价格为100

| 类 别 | 1月 | 2月 | 3月 | 4月 | 5月 |
|---|---|---|---|---|---|
| (1) 主 食 | 100.8 | 100.8 | 100.8 | 100.0 | 100.0 |
| (2) 炒 菜 | 99.0 | 99.5 | 99.9 | 99.9 | 100.7 |
| (3) 地方小吃 | 100.9 | 100.0 | 100.0 | 100.0 | 100.0 |
| **二、衣着类** | **100.0** | **101.1** | **103.5** | **102.6** | **99.9** |
| 1. 服 装 | 99.9 | 102.0 | 106.4 | 105.5 | 102.3 |
| 2. 衣着材料 | 100.3 | 100.5 | 100.2 | 99.9 | 98.7 |
| (1) 棉 布 | 101.6 | 102.0 | 101.1 | 99.8 | 99.3 |
| (2) 棉花化纤混纺布 | 104.1 | 102.8 | 98.6 | 100.1 | 94.0 |
| (3) 化纤布 | 100.0 | 100.0 | 100.0 | 100.0 | 98.9 |
| (4) 呢 绒 | 99.2 | 99.2 | 99.2 | 99.2 | 97.1 |
| (5) 绸 缎 | 98.4 | 98.4 | 99.9 | 99.9 | 98.7 |
| (6) 毛 线 | 99.1 | 100.7 | 101.1 | 99.7 | 100.2 |
| 3. 鞋袜帽及其他衣着 | 100.2 | 99.5 | 99.6 | 98.1 | 95.5 |
| (1) 鞋 类 | 99.4 | 98.6 | 99.4 | 97.6 | 94.3 |
| (2) 袜 子 | 99.7 | 100.9 | 101.2 | 101.2 | 101.2 |
| (3) 帽 子 | 97.7 | 97.7 | 101.0 | 98.1 | 98.8 |
| (4) 其他衣着 | 106.6 | 105.8 | 99.5 | 99.5 | 100.1 |
| **三、家庭设备及用品** | **97.7** | **97.9** | **97.9** | **97.9** | **97.9** |
| 1. 耐用消费品 | 97.2 | 97.4 | 97.8 | 97.5 | 97.8 |
| (1) 家 具 | 96.8 | 96.8 | 97.1 | 96.4 | 96.7 |
| (2) 家庭设备 | 97.5 | 97.8 | 98.2 | 98.1 | 98.4 |
| 2. 室内装饰品 | 99.4 | 100.2 | 99.4 | 99.4 | 99.7 |
| 3. 床上用品 | 99.3 | 98.9 | 97.8 | 97.8 | 97.5 |
| 4. 家庭日用杂品 | 98.0 | 98.1 | 97.9 | 98.2 | 97.9 |
| 5. 其他日用品 | 96.6 | 97.5 | 98.4 | 98.6 | 98.5 |
| **四、医疗保健** | **105.0** | **103.0** | **102.7** | **101.6** | **100.5** |
| 1. 医疗器具及保健用品 | 102.4 | 102.4 | 102.8 | 102.7 | 102.6 |
| 2. 中药材及中成药 | 110.1 | 106.2 | 104.8 | 102.9 | 100.8 |
| 3. 西 药 | 100.9 | 100.3 | 100.8 | 100.2 | 99.8 |
| **五、交通和通讯工具** | **96.3** | **95.9** | **95.2** | **95.5** | **94.2** |
| 1. 交通工具 | 97.7 | 97.5 | 96.7 | 96.5 | 95.6 |
| 2. 通讯工具 | 91.5 | 90.5 | 90.3 | 92.2 | 89.4 |
| **六、娱乐教育文化用品** | **97.7** | **97.2** | **98.7** | **98.3** | **98.2** |
| 1. 文娱用耐用消费品 | 94.0 | 93.9 | 94.3 | 92.9 | 92.6 |
| 2. 教材及参考书 | 100.8 | 98.4 | 103.4 | 104.1 | 104.8 |
| 3. 文化娱乐用品 | 100.8 | 101.7 | 101.6 | 101.8 | 101.5 |
| (1) 文娱用品 | 100.7 | 101.6 | 101.5 | 101.8 | 101.2 |

| 6月 | 7月 | 8月 | 9月 | 10月 | 11月 | 12月 |
|---|---|---|---|---|---|---|
| 100.0 | 100.3 | 100.3 | 100.3 | 100.3 | 100.3 | 100.3 |
| 100.7 | 102.0 | 102.0 | 102.0 | 102.0 | 102.0 | 102.0 |
| 101.7 | 104.3 | 104.3 | 104.3 | 104.3 | 104.3 | 104.3 |
| **99.8** | **99.6** | **99.9** | **99.8** | **97.9** | **98.4** | **97.3** |
| 102.4 | 102.4 | 102.8 | 102.7 | 99.1 | 100.6 | 98.7 |
| 98.2 | 96.9 | 97.1 | 97.1 | 97.1 | 96.5 | 96.6 |
| 99.3 | 99.3 | 99.3 | 99.0 | 99.3 | 98.2 | 98.7 |
| 94.4 | 94.4 | 94.5 | 95.0 | 94.4 | 94.4 | 94.6 |
| 97.8 | 95.4 | 95.4 | 95.4 | 95.4 | 95.4 | 95.4 |
| 97.1 | 97.1 | 97.3 | 97.3 | 97.3 | 97.3 | 97.8 |
| 98.7 | 98.6 | 98.5 | 98.6 | 98.6 | 98.6 | 98.6 |
| 100.2 | 100.2 | 100.8 | 100.7 | 100.7 | 98.6 | 98.6 |
| 95.3 | 95.4 | 95.5 | 95.3 | 95.8 | 95.1 | 94.9 |
| 94.2 | 94.4 | 94.4 | 94.2 | 94.8 | 94.0 | 93.7 |
| 100.0 | 100.0 | 100.0 | 100.0 | 100.0 | 100.0 | 100.0 |
| 100.0 | 97.1 | 97.1 | 100.0 | 100.0 | 100.0 | 100.0 |
| 100.1 | 100.1 | 100.2 | 100.2 | 100.2 | 99.6 | 99.6 |
| **97.4** | **97.6** | **97.5** | **97.8** | **97.8** | **97.8** | **97.9** |
| 96.8 | 96.8 | 97.0 | 96.9 | 96.7 | 96.7 | 96.7 |
| 95.5 | 95.7 | 95.8 | 94.7 | 94.4 | 94.2 | 95.4 |
| 97.6 | 97.5 | 97.7 | 98.2 | 98.0 | 98.1 | 97.5 |
| 100.2 | 100.2 | 100.2 | 98.5 | 98.2 | 97.8 | 97.8 |
| 97.0 | 97.0 | 96.5 | 97.0 | 97.0 | 96.7 | 96.6 |
| 97.6 | 98.2 | 98.2 | 99.5 | 99.4 | 99.5 | 99.7 |
| 98.9 | 99.3 | 97.9 | 98.4 | 99.9 | 99.9 | 100.1 |
| **99.9** | **98.7** | **97.6** | **97.1** | **97.4** | **97.8** | **97.7** |
| 102.0 | 101.9 | 101.8 | 101.8 | 99.8 | 99.2 | 99.3 |
| 100.4 | 100.7 | 98.8 | 98.3 | 99.3 | 100.6 | 100.1 |
| 99.1 | 96.4 | 95.8 | 95.2 | 95.4 | 95.1 | 95.3 |
| **94.0** | **92.9** | **92.3** | **92.1** | **90.7** | **90.7** | **90.4** |
| 95.7 | 94.3 | 93.4 | 93.7 | 91.6 | 92.5 | 92.5 |
| 88.4 | 88.0 | 88.5 | 86.9 | 87.8 | 84.7 | 83.5 |
| **97.8** | **98.1** | **97.0** | **97.4** | **97.6** | **97.6** | **98.1** |
| 92.6 | 93.5 | 90.9 | 91.2 | 91.5 | 91.3 | 92.1 |
| 103.3 | 103.3 | 104.1 | 105.1 | 105.1 | 105.1 | 105.5 |
| 101.5 | 100.8 | 100.7 | 100.7 | 100.9 | 101.1 | 101.1 |
| 101.2 | 100.0 | 99.8 | 99.8 | 100.1 | 100.4 | 100.4 |

# 1999年广西农村居民消费价格各月同比指数（续表2）

以上年同月价格为100

| 类　别 | 1月 | 2月 | 3月 | 4月 | 5月 |
|---|---|---|---|---|---|
| (2) 报纸杂志 | 101.0 | 101.8 | 101.8 | 101.8 | 101.8 |
| **七、居　住** | **98.2** | **98.1** | **96.8** | **96.3** | **97.3** |
| 1. 住　房 | 97.5 | 97.7 | 97.8 | 97.7 | 98.2 |
| (1) 建筑材料 | 95.9 | 96.2 | 96.3 | 96.2 | 96.8 |
| (2) 房　租 | 104.1 | 104.1 | 104.1 | 104.1 | 104.1 |
| 2. 水、电、燃料 | 99.1 | 98.6 | 95.4 | 94.5 | 96.0 |
| 水 | 105.8 | 105.8 | 104.9 | 101.3 | 101.7 |
| 电 | 100.6 | 100.1 | 99.2 | 100.0 | 99.8 |
| 液化石油气 | 93.9 | 92.7 | 84.1 | 81.9 | 86.7 |
| 管道煤气 | | | | | |
| **八、服务项目** | **100.7** | **105.3** | **106.7** | **106.0** | **106.1** |
| 1. 电讯费 | 100.0 | 100.0 | 100.0 | 100.0 | 100.0 |
| 2. 邮　费 | 100.0 | 100.0 | 142.2 | 142.2 | 142.2 |
| 3. 交通费 | 85.5 | 109.2 | 110.8 | 102.0 | 102.6 |
| 4. 洗理美容费 | 98.9 | 100.0 | 100.0 | 101.5 | 101.5 |
| 5. 文娱费 | 102.6 | 106.4 | 102.3 | 102.3 | 101.1 |
| 6. 学杂保育费 | 102.8 | 106.5 | 108.1 | 108.1 | 108.1 |
| 7. 修理及其他服务费 | 101.9 | 101.4 | 101.5 | 102.3 | 101.5 |
| 8. 医疗保健服务 | 101.7 | 101.7 | 101.7 | 101.7 | 104.7 |

| 6月 | 7月 | 8月 | 9月 | 10月 | 11月 | 12月 |
|---|---|---|---|---|---|---|
| 101.8 | 101.8 | 101.8 | 101.8 | 101.8 | 101.8 | 101.8 |
| **98.3** | **100.6** | **104.0** | **105.0** | **101.6** | **100.0** | **102.1** |
| 98.3 | 97.6 | 97.5 | 98.1 | 99.0 | 99.0 | 98.9 |
| 96.9 | 96.1 | 96.0 | 96.7 | 97.8 | 97.8 | 97.6 |
| 104.1 | 104.1 | 104.1 | 104.1 | 104.1 | 104.1 | 104.4 |
| 98.4 | 104.6 | 112.8 | 114.3 | 105.0 | 101.3 | 106.4 |
| 102.2 | 103.0 | 103.0 | 103.0 | 103.0 | 103.0 | 103.0 |
| 98.1 | 98.1 | 97.9 | 97.7 | 98.6 | 99.1 | 99.1 |
| 96.1 | 114.7 | 140.6 | 145.9 | 115.1 | 102.5 | 118.3 |
| | | | | | | |
| **106.3** | **105.5** | **104.8** | **101.5** | **101.3** | **101.2** | **101.8** |
| 100.0 | 100.0 | 100.0 | 100.0 | 100.0 | 100.0 | 100.0 |
| 142.2 | 142.2 | 142.2 | 142.2 | 142.2 | 142.2 | 142.2 |
| 103.7 | 103.6 | 101.8 | 101.8 | 100.2 | 100.0 | 100.0 |
| 101.5 | 103.0 | 103.0 | 103.0 | 103.0 | 103.0 | 103.0 |
| 102.4 | 105.3 | 105.3 | 105.3 | 105.3 | 103.8 | 104.7 |
| 108.1 | 106.6 | 105.7 | 100.1 | 100.1 | 100.1 | 100.3 |
| 101.5 | 100.8 | 100.8 | 100.8 | 100.4 | 100.2 | 100.2 |
| 104.7 | 104.7 | 104.7 | 104.7 | 104.7 | 104.7 | 109.9 |

# 2000年广西农村居民消费价格各月同比指数

以上年同月价格为100

| 类　别 | 1月 | 2月 | 3月 | 4月 | 5月 |
|---|---|---|---|---|---|
| **居民消费价格总指数** | **97.3** | **97.8** | **97.1** | **98.2** | **99.3** |
| **一、食　　品** | **94.6** | **96.1** | **94.4** | **95.9** | **97.8** |
| 1. 粮　　食 | 94.9 | 93.0 | 91.1 | 91.2 | 88.7 |
| (1) 细　　粮 | 94.9 | 93.0 | 91.0 | 91.1 | 88.7 |
| 大　　米 | 93.3 | 90.8 | 87.9 | 87.9 | 84.4 |
| (2) 粗　　粮 | 95.1 | 94.6 | 97.5 | 98.4 | 91.2 |
| 2. 淀粉及薯类 | 95.6 | 97.9 | 100.0 | 97.6 | 95.3 |
| 3. 干豆类及豆制品 | 95.1 | 97.4 | 94.7 | 99.4 | 102.3 |
| 4. 油 脂 类 | 97.2 | 96.9 | 96.9 | 98.0 | 97.8 |
| 5. 肉禽及其制品 | 92.0 | 94.1 | 92.5 | 95.8 | 99.5 |
| 猪　　肉 | 91.4 | 94.0 | 91.8 | 96.3 | 101.8 |
| 牛　　肉 | 100.1 | 100.5 | 103.1 | 99.6 | 102.8 |
| 羊　　肉 | 103.9 | 108.3 | 105.9 | 108.5 | 104.2 |
| 鸡 | 91.4 | 92.9 | 92.4 | 93.8 | 91.2 |
| 鸭 | 84.5 | 85.8 | 82.7 | 86.1 | 90.6 |
| 6. 蛋　　类 | 79.5 | 76.9 | 80.6 | 80.1 | 77.4 |
| 鲜　　蛋 | 78.5 | 75.9 | 79.9 | 79.2 | 76.4 |
| 7. 水产品类 | 90.4 | 89.1 | 91.6 | 91.7 | 93.2 |
| 8. 菜　　类 | 96.7 | 109.7 | 102.6 | 99.7 | 97.8 |
| (1) 鲜　　菜 | 96.4 | 117.2 | 105.3 | 100.7 | 98.8 |
| (2) 干　　菜 | 103.5 | 98.7 | 101.1 | 101.5 | 100.7 |
| (3) 菜 制 品 | 88.3 | 86.1 | 90.4 | 91.4 | 87.9 |
| 9. 调 味 品 | 103.8 | 104.8 | 105.3 | 105.3 | 104.6 |
| 盐 | 110.7 | 110.7 | 110.7 | 110.7 | 110.7 |
| 酱　　油 | 102.1 | 105.5 | 105.5 | 105.5 | 105.5 |
| 10. 糖　　类 | 89.8 | 90.1 | 97.5 | 100.6 | 102.7 |
| (1) 食　　糖 | 82.7 | 84.2 | 95.8 | 101.2 | 104.2 |
| (2) 糖　　果 | 99.1 | 97.8 | 99.8 | 99.8 | 100.8 |
| 11. 烟 草 类 | 99.2 | 99.1 | 99.3 | 99.2 | 99.2 |
| 12. 酒和饮料 | 101.3 | 100.0 | 100.1 | 100.0 | 100.0 |
| 13. 干鲜瓜果类 | 92.5 | 89.2 | 80.2 | 86.2 | 102.1 |
| (1) 鲜　　果 | 91.6 | 87.4 | 77.4 | 84.4 | 103.1 |
| (2) 干　　果 | 97.4 | 99.4 | 96.2 | 96.1 | 96.8 |
| 14. 糕 点 类 | 100.5 | 100.4 | 100.0 | 100.4 | 100.4 |
| 15. 奶及奶制品 | 101.0 | 103.0 | 101.4 | 101.4 | 101.4 |
| 16. 其他食品 | 100.8 | 100.8 | 98.8 | 98.8 | 98.3 |
| 17. 饮 食 业 | 101.1 | 101.1 | 100.6 | 100.6 | 100.4 |

| 6月 | 7月 | 8月 | 9月 | 10月 | 11月 | 12月 |
|---|---|---|---|---|---|---|
| **98.4** | **98.5** | **98.8** | **101.2** | **102.1** | **103.2** | **102.1** |
| **96.1** | **96.6** | **98.1** | **94.7** | **96.8** | **99.4** | **97.5** |
| 90.0 | 89.2 | 89.7 | 89.2 | 89.6 | 90.8 | 89.9 |
| 89.9 | 89.1 | 89.6 | 89.1 | 89.5 | 90.7 | 89.8 |
| 86.3 | 85.0 | 85.7 | 85.5 | 86.7 | 88.7 | 86.9 |
| 97.6 | 96.1 | 99.8 | 96.7 | 100.8 | 100.4 | 101.2 |
| 97.5 | 97.1 | 97.1 | 96.1 | 97.9 | 98.3 | 97.0 |
| 100.6 | 103.9 | 101.1 | 104.0 | 103.1 | 106.2 | 101.0 |
| 96.5 | 94.5 | 95.2 | 94.4 | 92.7 | 92.3 | 90.9 |
| 95.5 | 96.8 | 99.4 | 93.6 | 95.2 | 97.1 | 98.1 |
| 96.0 | 99.2 | 101.9 | 96.2 | 96.3 | 97.1 | 98.7 |
| 101.6 | 100.4 | 104.8 | 97.3 | 99.0 | 103.0 | 99.4 |
| 107.2 | 110.6 | 110.5 | 112.6 | 108.2 | 103.3 | 105.8 |
| 91.4 | 90.0 | 94.2 | 79.7 | 91.5 | 97.4 | 96.5 |
| 87.8 | 82.2 | 82.1 | 84.4 | 84.7 | 91.1 | 91.5 |
| 79.3 | 79.4 | 88.3 | 84.3 | 84.3 | 85.7 | 87.5 |
| 78.8 | 79.0 | 88.3 | 84.1 | 84.1 | 85.7 | 87.4 |
| 92.8 | 91.7 | 89.9 | 88.6 | 92.8 | 93.6 | 95.0 |
| 98.3 | 95.6 | 97.0 | 84.1 | 95.6 | 103.5 | 91.0 |
| 100.1 | 94.4 | 96.1 | 80.4 | 97.1 | 107.8 | 90.6 |
| 98.2 | 97.8 | 96.2 | 95.3 | 94.5 | 93.7 | 90.3 |
| 89.0 | 98.9 | 103.3 | 87.4 | 89.5 | 95.3 | 94.2 |
| 105.1 | 105.0 | 105.1 | 105.1 | 104.6 | 103.9 | 103.4 |
| 110.7 | 110.7 | 110.7 | 110.7 | 111.7 | 109.7 | 108.6 |
| 105.5 | 105.5 | 105.5 | 105.5 | 103.1 | 103.1 | 103.1 |
| 107.4 | 115.6 | 122.1 | 122.7 | 121.7 | 124.8 | 118.1 |
| 111.7 | 126.3 | 137.5 | 137.5 | 137.3 | 141.5 | 129.9 |
| 101.7 | 101.7 | 102.0 | 103.5 | 101.4 | 103.0 | 102.6 |
| 99.2 | 99.2 | 99.2 | 99.2 | 99.5 | 99.5 | 99.7 |
| 99.8 | 99.8 | 100.4 | 100.8 | 100.7 | 100.1 | 100.2 |
| 97.2 | 103.7 | 106.5 | 107.8 | 114.9 | 135.1 | 116.0 |
| 97.2 | 104.5 | 108.1 | 109.8 | 117.8 | 141.6 | 119.3 |
| 97.1 | 99.3 | 97.7 | 96.4 | 98.3 | 98.5 | 97.6 |
| 100.7 | 100.3 | 100.8 | 100.8 | 100.8 | 100.8 | 100.8 |
| 101.4 | 99.0 | 99.0 | 99.3 | 100.3 | 100.3 | 101.0 |
| 96.4 | 98.6 | 98.6 | 98.6 | 98.9 | 99.6 | 99.6 |
| 100.2 | 99.5 | 99.5 | 99.6 | 99.6 | 99.6 | 99.1 |

# 2000年广西农村居民消费价格各月同比指数（续表1）

以上年同月价格为100

| 类　别 | 1月 | 2月 | 3月 | 4月 | 5月 |
|---|---|---|---|---|---|
| (1) 主　　食 | 100.3 | 100.3 | 100.3 | 100.3 | 100.3 |
| (2) 炒　　菜 | 100.8 | 100.8 | 100.0 | 100.0 | 100.0 |
| (3) 地方小吃 | 104.3 | 104.3 | 104.3 | 104.3 | 102.4 |
| **二、衣着类** | **96.8** | **96.4** | **95.5** | **96.4** | **97.5** |
| 1. 服　　装 | 97.8 | 96.4 | 95.3 | 96.2 | 97.4 |
| 2. 衣着材料 | 96.4 | 96.1 | 95.9 | 96.0 | 96.8 |
| (1) 棉　　布 | 98.6 | 98.0 | 98.0 | 98.5 | 100.2 |
| (2) 棉花化纤混纺布 | 97.9 | 97.9 | 98.2 | 98.2 | 99.9 |
| (3) 化 纤 布 | 95.4 | 95.4 | 95.4 | 95.4 | 96.0 |
| (4) 呢　　绒 | 97.9 | 97.9 | 97.9 | 97.9 | 100.0 |
| (5) 绸　　缎 | 98.6 | 98.6 | 97.1 | 97.1 | 99.8 |
| (6) 毛　　线 | 96.4 | 95.4 | 94.5 | 94.5 | 94.3 |
| 3. 鞋袜帽及其他衣着 | 95.1 | 96.6 | 95.8 | 97.2 | 98.3 |
| (1) 鞋　　类 | 94.1 | 95.8 | 95.6 | 97.3 | 98.7 |
| (2) 袜　　子 | 99.2 | 99.2 | 92.4 | 92.4 | 92.4 |
| (3) 帽　　子 | 100.0 | 100.0 | 100.0 | 103.6 | 103.6 |
| (4) 其他衣着 | 100.1 | 100.3 | 99.8 | 99.5 | 98.9 |
| **三、家庭设备及用品** | **98.0** | **97.9** | **97.9** | **98.2** | **98.4** |
| 1. 耐用消费品 | 98.0 | 98.0 | 97.9 | 98.5 | 98.8 |
| (1) 家　　具 | 97.1 | 96.9 | 97.0 | 98.4 | 98.4 |
| (2) 家庭设备 | 98.5 | 98.6 | 98.4 | 98.5 | 99.1 |
| 2. 室内装饰品 | 100.3 | 99.7 | 98.1 | 98.1 | 97.1 |
| 3. 床上用品 | 95.1 | 95.3 | 95.6 | 95.0 | 95.9 |
| 4. 家庭日用杂品 | 98.9 | 98.6 | 98.6 | 99.0 | 98.9 |
| 5. 其他日用品 | 98.3 | 98.4 | 98.4 | 98.7 | 98.8 |
| **四、医疗保健** | **99.5** | **99.2** | **99.3** | **99.6** | **99.7** |
| 1. 医疗器具及保健用品 | 99.7 | 98.8 | 98.5 | 99.1 | 99.1 |
| 2. 中药材及中成药 | 101.9 | 102.9 | 101.5 | 101.0 | 101.4 |
| 3. 西　　药 | 97.3 | 95.9 | 97.5 | 98.4 | 98.3 |
| **五、交通和通讯工具** | **90.7** | **90.5** | **91.5** | **89.8** | **91.0** |
| 1. 交通工具 | 92.5 | 92.5 | 93.8 | 93.3 | 94.1 |
| 2. 通讯工具 | 85.2 | 84.4 | 84.2 | 78.7 | 81.5 |
| **六、娱乐教育文化用品** | **97.5** | **97.9** | **97.0** | **97.2** | **97.8** |
| 1. 文娱用耐用消费品 | 92.9 | 92.0 | 92.7 | 93.2 | 94.6 |
| 2. 教材及参考书 | 102.2 | 105.4 | 101.1 | 101.1 | 101.1 |
| 3. 文化娱乐用品 | 100.2 | 99.6 | 99.6 | 99.7 | 99.7 |
| (1) 文娱用品 | 100.3 | 99.2 | 99.3 | 99.5 | 99.5 |

| 6月 | 7月 | 8月 | 9月 | 10月 | 11月 | 12月 |
|---|---|---|---|---|---|---|
| 100.3 | 100.0 | 100.0 | 100.0 | 100.0 | 100.0 | 100.0 |
| 100.0 | 100.0 | 100.0 | 100.0 | 100.0 | 100.0 | 99.3 |
| 100.7 | 95.8 | 95.8 | 96.6 | 96.6 | 96.6 | 96.6 |
| **97.4** | **98.0** | **98.0** | **98.8** | **99.5** | **99.7** | **100.6** |
| 97.1 | 97.8 | 97.9 | 99.4 | 100.4 | 100.1 | 101.7 |
| 96.8 | 98.1 | 97.9 | 98.4 | 98.6 | 98.9 | 98.9 |
| 101.2 | 101.1 | 99.6 | 99.0 | 100.4 | 99.5 | 99.2 |
| 99.0 | 99.0 | 98.4 | 98.9 | 99.7 | 99.7 | 99.7 |
| 96.0 | 98.3 | 98.3 | 99.2 | 99.2 | 99.2 | 99.2 |
| 100.0 | 100.0 | 100.0 | 100.0 | 100.0 | 100.0 | 100.0 |
| 99.8 | 99.4 | 99.5 | 99.4 | 99.4 | 99.4 | 99.4 |
| 94.3 | 94.7 | 95.0 | 95.2 | 95.2 | 97.2 | 97.2 |
| 98.3 | 98.3 | 98.4 | 97.9 | 98.3 | 99.5 | 99.3 |
| 98.7 | 98.7 | 98.9 | 98.3 | 98.7 | 99.6 | 99.4 |
| 92.4 | 92.4 | 92.4 | 92.4 | 92.4 | 97.2 | 97.2 |
| 103.6 | 103.6 | 103.6 | 100.0 | 100.0 | 100.0 | 100.0 |
| 98.8 | 98.8 | 98.6 | 98.5 | 99.2 | 99.9 | 99.9 |
| **98.4** | **98.6** | **98.7** | **98.7** | **98.4** | **98.5** | **98.1** |
| 99.0 | 99.1 | 99.0 | 99.1 | 99.2 | 99.1 | 98.6 |
| 100.0 | 99.6 | 99.6 | 100.9 | 101.1 | 101.3 | 100.1 |
| 98.5 | 98.8 | 98.6 | 98.0 | 98.1 | 97.8 | 97.7 |
| 96.4 | 97.7 | 97.7 | 97.7 | 98.0 | 98.0 | 98.0 |
| 96.3 | 96.5 | 97.3 | 96.9 | 97.1 | 97.4 | 97.4 |
| 98.6 | 98.8 | 98.6 | 98.5 | 98.1 | 98.7 | 98.3 |
| 98.3 | 98.5 | 99.4 | 99.8 | 97.1 | 96.2 | 96.1 |
| **99.4** | **99.2** | **100.8** | **101.2** | **99.7** | **99.9** | **99.7** |
| 98.5 | 99.4 | 99.5 | 99.0 | 99.0 | 97.2 | 96.2 |
| 102.1 | 101.6 | 105.8 | 105.9 | 102.6 | 102.9 | 103.1 |
| 97.2 | 97.1 | 96.5 | 97.4 | 97.2 | 97.7 | 97.2 |
| **90.7** | **92.0** | **92.9** | **92.6** | **93.6** | **92.2** | **91.9** |
| 94.0 | 95.6 | 95.4 | 95.1 | 96.2 | 94.2 | 93.8 |
| 80.5 | 80.6 | 85.2 | 84.7 | 85.7 | 85.8 | 85.8 |
| **98.0** | **98.9** | **97.2** | **106.3** | **106.3** | **103.3** | **103.3** |
| 95.2 | 96.2 | 92.4 | 91.5 | 91.5 | 91.9 | 91.9 |
| 101.1 | 101.9 | 101.9 | 135.6 | 135.6 | 124.6 | 124.6 |
| 99.5 | 100.1 | 100.0 | 99.8 | 99.8 | 99.6 | 99.7 |
| 99.1 | 100.1 | 100.0 | 99.7 | 99.7 | 99.2 | 99.5 |

# 2000年广西农村居民消费价格各月同比指数（续表2）

以上年同月价格为100

| 类　别 | 1月 | 2月 | 3月 | 4月 | 5月 |
|---|---|---|---|---|---|
| (2) 报纸杂志 | 100.0 | 100.0 | 100.0 | 100.0 | 100.0 |
| **七、居　住** | **102.8** | **104.0** | **105.7** | **108.0** | **109.0** |
| 1. 住　房 | 98.9 | 99.4 | 100.6 | 100.6 | 101.0 |
| (1) 建筑材料 | 98.2 | 98.8 | 100.1 | 100.1 | 100.6 |
| (2) 房　租 | 102.1 | 102.1 | 102.9 | 102.9 | 102.9 |
| 2. 水、电、燃料 | 107.8 | 110.1 | 112.3 | 117.7 | 119.5 |
| 水 | 101.3 | 101.3 | 101.3 | 101.3 | 101.3 |
| 电 | 98.5 | 99.0 | 98.3 | 98.3 | 96.9 |
| 液化石油气 | 124.5 | 131.4 | 139.9 | 156.9 | 164.7 |
| 管道煤气 | | | | | |
| **八、服务项目** | **102.8** | **100.5** | **100.0** | **100.8** | **100.4** |
| 1. 电讯费 | 100.0 | 100.0 | 100.0 | 100.0 | 100.0 |
| 2. 邮　费 | 139.5 | 139.5 | 100.0 | 100.0 | 100.0 |
| 3. 交通费 | 112.7 | 98.7 | 94.2 | 101.6 | 100.1 |
| 4. 洗理美容费 | 110.1 | 110.1 | 109.0 | 107.2 | 110.9 |
| 5. 文娱费 | 103.1 | 97.4 | 100.7 | 100.7 | 100.7 |
| 6. 学杂保育费 | 100.2 | 99.2 | 99.4 | 99.4 | 99.4 |
| 7. 修理及其他服务费 | 100.2 | 99.9 | 99.9 | 99.1 | 99.1 |
| 8. 医疗保健服务 | 106.7 | 106.7 | 106.7 | 109.8 | 105.1 |

| 6月 | 7月 | 8月 | 9月 | 10月 | 11月 | 12月 |
|---|---|---|---|---|---|---|
| 100.0 | 100.0 | 100.0 | 100.0 | 100.0 | 100.0 | 100.0 |
| **107.9** | **104.7** | **103.1** | **102.9** | **103.7** | **105.6** | **103.2** |
| 101.2 | 101.1 | 102.9 | 102.9 | 101.8 | 101.4 | 101.2 |
| 100.3 | 100.7 | 102.9 | 102.9 | 101.5 | 101.0 | 100.9 |
| 104.8 | 103.0 | 103.0 | 103.0 | 103.0 | 103.0 | 102.7 |
| 116.6 | 109.5 | 103.3 | 102.8 | 106.1 | 111.1 | 105.7 |
| 100.7 | 100.0 | 100.0 | 100.0 | 100.0 | 100.0 | 100.0 |
| 98.3 | 98.4 | 100.4 | 98.9 | 98.5 | 101.9 | 102.1 |
| 153.9 | 131.3 | 108.0 | 108.0 | 118.5 | 129.2 | 112.2 |
| | | | | | | |
| **100.4** | **100.5** | **100.7** | **129.0** | **128.8** | **129.7** | **129.0** |
| 100.0 | 100.0 | 100.0 | 100.0 | 100.0 | 100.0 | 100.0 |
| 100.0 | 100.0 | 100.0 | 100.0 | 100.0 | 100.0 | 100.0 |
| 99.9 | 100.3 | 100.3 | 100.1 | 99.6 | 100.3 | 100.3 |
| 111.1 | 111.3 | 112.0 | 112.0 | 112.0 | 112.0 | 112.0 |
| 100.3 | 100.3 | 102.6 | 102.6 | 102.6 | 107.9 | 105.6 |
| 99.4 | 99.4 | 99.5 | 146.2 | 146.0 | 146.9 | 146.7 |
| 99.1 | 99.3 | 99.3 | 99.3 | 99.5 | 98.2 | 98.2 |
| 106.0 | 106.0 | 106.5 | 106.5 | 106.5 | 107.8 | 102.7 |

# 2001年广西农村居民消费价格各月同比指数

以上年同月价格为100

| 类　别 | 1月 | 2月 | 3月 | 4月 | 5月 |
|---|---|---|---|---|---|
| **居民消费价格总指数** | **99.3** | **98.5** | **99.6** | **100.0** | **100.0** |
| **一、食　　品** | **96.4** | **95.6** | **98.3** | **99.1** | **99.1** |
| 1. 粮　　食 | 94.6 | 95.0 | 95.3 | 95.9 | 95.8 |
| 大　　米 | 93.7 | 94.7 | 95.0 | 96.4 | 95.8 |
| 2. 淀粉及薯类 | 98.7 | 96.6 | 87.4 | 95.5 | 114.4 |
| 3. 干豆类及豆制品 | 97.5 | 96.3 | 102.0 | 96.0 | 96.6 |
| 4. 油　　脂 | 88.1 | 88.8 | 87.3 | 87.8 | 88.1 |
| 5. 肉禽及其制品 | 97.0 | 95.6 | 98.4 | 97.5 | 98.0 |
| (1) 食用畜肉及副产品 | 97.0 | 96.3 | 96.2 | 94.0 | 94.8 |
| 猪　　肉 | 100.8 | 98.5 | 99.5 | 99.7 | 100.7 |
| 牛　　肉 | 102.2 | 96.2 | 97.0 | 98.8 | 102.4 |
| 羊　　肉 | 91.5 | 103.9 | 98.4 | 94.7 | 94.4 |
| (2) 禽 | 95.0 | 92.5 | 104.0 | 103.6 | 104.4 |
| 鸡 | 99.1 | 92.3 | 101.0 | 99.3 | 109.1 |
| 鸭 | 90.5 | 88.4 | 111.6 | 115.3 | 106.6 |
| (3) 肉禽加工制品 | 97.8 | 96.6 | 98.6 | 99.2 | 99.1 |
| 6. 蛋 | 89.5 | 91.1 | 98.0 | 98.4 | 100.9 |
| 鲜　　蛋 | 88.9 | 91.3 | 99.8 | 100.5 | 102.6 |
| 7. 水 产 品 | 96.1 | 96.4 | 96.5 | 98.0 | 97.5 |
| (1) 鱼 | 95.3 | 97.1 | 94.9 | 96.8 | 97.3 |
| 淡 水 鱼 | 90.1 | 92.4 | 91.9 | 94.2 | 95.2 |
| 海 水 鱼 | 104.0 | 105.3 | 100.1 | 101.1 | 100.8 |
| (2) 其它水产品 | 99.2 | 94.0 | 102.9 | 103.1 | 98.3 |
| 8. 菜 | 87.2 | 87.2 | 98.0 | 102.0 | 111.6 |
| 鲜　　菜 | 78.7 | 80.1 | 97.2 | 106.5 | 119.9 |
| 9. 调 味 品 | 103.1 | 106.4 | 107.1 | 107.4 | 108.5 |
| 盐 | 115.7 | 125.0 | 125.0 | 125.0 | 125.0 |
| 酱　　油 | 98.2 | 98.2 | 99.2 | 99.9 | 99.9 |
| 10. 糖 | 112.8 | 115.8 | 113.4 | 118.0 | 116.9 |
| 食　　糖 | 132.3 | 138.8 | 129.1 | 138.8 | 136.9 |
| 11. 茶及饮料 | 104.5 | 102.0 | 101.6 | 101.4 | 101.2 |
| (1) 茶　　叶 | 109.4 | 104.3 | 103.1 | 103.1 | 103.1 |
| (2) 饮　　料 | 101.5 | 100.5 | 100.5 | 100.2 | 99.9 |
| 12. 干鲜瓜果 | 104.8 | 91.3 | 105.9 | 116.2 | 96.8 |
| 鲜　　果 | 107.2 | 90.7 | 110.1 | 120.0 | 96.2 |
| 13. 糕点饼干面包 | 97.6 | 97.1 | 97.8 | 97.5 | 98.1 |
| 14. 奶及奶制品 | 98.5 | 99.4 | 99.0 | 99.2 | 99.0 |
| 15. 在外用膳食品 | 99.1 | 99.1 | 99.4 | 99.4 | 99.2 |

| 6月 | 7月 | 8月 | 9月 | 10月 | 11月 | 12月 |
|---|---|---|---|---|---|---|
| **100.4** | **100.2** | **100.0** | **99.4** | **99.4** | **99.0** | **99.4** |
| **99.7** | **99.4** | **98.6** | **98.9** | **98.6** | **97.3** | **98.8** |
| 96.3 | 96.2 | 96.7 | 99.0 | 97.9 | 99.1 | 98.7 |
| 95.3 | 95.2 | 97.1 | 99.2 | 98.4 | 99.0 | 97.8 |
| 90.6 | 100.0 | 93.2 | 82.3 | 83.8 | 84.8 | 95.0 |
| 97.2 | 99.0 | 96.0 | 95.7 | 96.9 | 95.6 | 96.0 |
| 86.6 | 85.9 | 83.3 | 85.6 | 84.6 | 85.1 | 84.9 |
| 98.1 | 96.8 | 97.3 | 98.0 | 98.6 | 98.1 | 99.4 |
| 95.2 | 94.8 | 93.1 | 95.0 | 94.8 | 97.8 | 100.2 |
| 100.0 | 96.7 | 95.2 | 94.1 | 94.0 | 96.0 | 96.9 |
| 104.2 | 109.0 | 104.4 | 106.2 | 105.5 | 105.7 | 109.5 |
| 94.0 | 92.5 | 88.4 | 87.5 | 89.1 | 102.7 | 104.5 |
| 101.1 | 99.9 | 102.6 | 100.7 | 102.4 | 98.1 | 100.5 |
| 108.1 | 99.7 | 98.4 | 99.2 | 100.6 | 97.2 | 97.6 |
| 97.2 | 102.3 | 112.1 | 111.2 | 120.2 | 110.5 | 105.0 |
| 100.9 | 98.1 | 101.1 | 101.3 | 102.4 | 98.7 | 97.5 |
| 103.5 | 111.1 | 108.1 | 116.1 | 113.8 | 110.7 | 108.0 |
| 105.9 | 114.7 | 110.7 | 118.8 | 117.5 | 112.2 | 111.5 |
| 96.9 | 97.4 | 97.6 | 96.5 | 97.9 | 95.7 | 97.3 |
| 95.6 | 96.6 | 95.6 | 95.1 | 95.5 | 94.3 | 95.9 |
| 93.7 | 94.7 | 92.6 | 92.2 | 90.5 | 91.7 | 93.5 |
| 99.0 | 100.1 | 100.6 | 99.9 | 103.7 | 98.1 | 99.4 |
| 102.2 | 100.7 | 106.1 | 102.1 | 108.1 | 101.4 | 102.9 |
| 117.0 | 116.5 | 108.8 | 109.4 | 101.0 | 94.3 | 106.9 |
| 133.3 | 132.7 | 115.0 | 113.4 | 98.3 | 90.4 | 109.3 |
| 108.9 | 108.3 | 108.9 | 108.9 | 109.1 | 109.0 | 109.2 |
| 125.0 | 125.0 | 125.0 | 125.0 | 125.0 | 125.0 | 125.0 |
| 99.9 | 99.9 | 102.2 | 102.2 | 103.2 | 103.2 | 103.2 |
| 116.2 | 109.0 | 106.9 | 106.9 | 107.8 | 105.8 | 104.5 |
| 134.6 | 118.7 | 113.9 | 113.9 | 115.6 | 110.0 | 107.3 |
| 100.2 | 100.3 | 99.5 | 100.1 | 100.4 | 100.4 | 100.0 |
| 100.0 | 100.0 | 100.0 | 100.0 | 100.8 | 100.8 | 100.8 |
| 100.4 | 100.5 | 99.2 | 100.2 | 100.0 | 100.0 | 99.5 |
| 103.1 | 99.5 | 96.3 | 89.6 | 93.7 | 88.6 | 88.8 |
| 104.0 | 99.9 | 96.8 | 89.6 | 92.3 | 84.7 | 86.1 |
| 99.4 | 99.4 | 99.4 | 99.4 | 99.4 | 99.3 | 99.3 |
| 99.0 | 99.5 | 99.6 | 99.6 | 99.4 | 99.2 | 99.2 |
| 99.2 | 100.2 | 100.4 | 100.0 | 99.8 | 99.7 | 100.0 |

# 2001年广西农村居民消费价格各月同比指数（续表1）

以上年同月价格为100

| 类 别 | 1月 | 2月 | 3月 | 4月 | 5月 |
|---|---|---|---|---|---|
| 16. 其它食品及食品加工服务 | 98.1 | 98.4 | 99.3 | 99.3 | 99.3 |
| **二、烟酒及用品** | **98.6** | **98.8** | **99.0** | **100.2** | **100.2** |
| 1. 烟 草 | 97.9 | 98.2 | 98.2 | 99.9 | 100.0 |
| 2. 酒 | 99.1 | 99.2 | 99.7 | 100.4 | 100.4 |
| 3. 吸烟饮酒用品 | 101.5 | 101.7 | 101.7 | 101.0 | 101.0 |
| **三、衣 着** | **96.2** | **95.9** | **97.5** | **97.7** | **97.9** |
| 1. 服 装 | 93.3 | 93.5 | 96.8 | 96.7 | 96.7 |
| (1) 男式服装 | 88.7 | 89.3 | 95.4 | 94.3 | 95.0 |
| (2) 女式服装 | 97.9 | 96.2 | 99.8 | 102.3 | 102.0 |
| (3) 儿童服装 | 92.0 | 94.0 | 94.1 | 91.8 | 91.4 |
| 2. 衣着材料 | 100.5 | 100.5 | 100.5 | 100.5 | 100.0 |
| 3. 鞋 袜 帽 | 100.5 | 99.3 | 97.8 | 98.4 | 99.5 |
| (1) 鞋 | 100.0 | 98.8 | 96.9 | 97.6 | 98.6 |
| (2) 袜 子 | 102.6 | 100.8 | 100.8 | 101.3 | 105.3 |
| (3) 帽 子 | 100.0 | 100.0 | 100.0 | 100.0 | 91.0 |
| 4. 衣着加工服务 | 104.4 | 104.4 | 103.1 | 106.1 | 106.1 |
| **四、家庭设备用品及维修服务** | **97.6** | **97.4** | **97.4** | **98.2** | **97.6** |
| 1. 耐用消费品 | 97.3 | 97.3 | 97.2 | 97.6 | 96.3 |
| (1) 家 具 | 98.2 | 98.1 | 97.9 | 98.6 | 96.5 |
| (2) 家庭设备 | 96.2 | 96.3 | 96.3 | 96.4 | 96.0 |
| 2. 室内装饰品 | 97.1 | 91.0 | 91.1 | 91.8 | 92.1 |
| 3. 床上用品 | 96.6 | 97.1 | 97.9 | 98.0 | 96.9 |
| 4. 家庭日用杂品 | 97.8 | 97.8 | 97.8 | 99.4 | 99.3 |
| 5. 家庭服务及加工维修服务 | 100.0 | 100.0 | 100.0 | 100.0 | 100.0 |
| **五、医疗保健和个人用品** | **99.2** | **99.0** | **99.4** | **99.6** | **99.6** |
| 1. 医疗保健 | 99.2 | 99.5 | 99.8 | 100.3 | 100.1 |
| (1) 医疗器具及用品 | 99.2 | 99.2 | 99.2 | 100.6 | 99.6 |
| (2) 中药材及中成药 | 101.8 | 102.7 | 103.5 | 102.2 | 102.7 |
| (3) 西 药 | 96.7 | 96.8 | 96.5 | 96.6 | 96.2 |
| (4) 保健器具及用品 | 99.4 | 99.2 | 99.4 | 98.5 | 100.4 |
| (5) 医疗保健服务 | 100.2 | 100.2 | 101.0 | 102.9 | 102.5 |
| 2. 个人用品及服务 | 99.2 | 98.3 | 98.8 | 98.6 | 99.0 |
| (1) 化妆美容用品 | 95.4 | 95.4 | 95.8 | 94.7 | 93.3 |
| (2) 卫生用品 | 98.8 | 99.1 | 99.1 | 98.4 | 98.7 |
| (3) 个人饰品 | 98.9 | 98.4 | 98.7 | 99.0 | 98.6 |
| (4) 个人服务 | 100.4 | 98.1 | 99.0 | 99.0 | 100.5 |
| **六、交通和通讯** | **102.9** | **93.9** | **96.6** | **97.6** | **97.6** |
| 1. 交 通 | 105.7 | 94.1 | 97.5 | 98.0 | 98.3 |

| 6月 | 7月 | 8月 | 9月 | 10月 | 11月 | 12月 |
|---|---|---|---|---|---|---|
| 99.3 | 99.4 | 100.0 | 100.0 | 100.0 | 100.0 | 100.0 |
| **100.2** | **100.2** | **100.0** | **99.9** | **99.5** | **99.6** | **99.1** |
| 100.0 | 100.0 | 100.0 | 100.0 | 99.3 | 99.3 | 98.6 |
| 100.3 | 100.3 | 99.7 | 99.5 | 99.6 | 99.8 | 99.8 |
| 101.0 | 101.0 | 101.0 | 101.0 | 100.2 | 100.2 | 99.6 |
| **97.7** | **97.9** | **97.7** | **95.5** | **96.5** | **97.3** | **99.1** |
| 96.2 | 96.5 | 95.9 | 93.2 | 94.3 | 95.8 | 99.0 |
| 95.5 | 97.0 | 96.5 | 92.1 | 93.1 | 96.4 | 98.4 |
| 101.4 | 102.1 | 99.9 | 96.1 | 96.3 | 97.7 | 101.3 |
| 90.1 | 88.8 | 90.3 | 90.7 | 93.0 | 92.5 | 96.4 |
| 100.0 | 100.0 | 100.1 | 100.0 | 99.8 | 100.3 | 100.3 |
| 99.6 | 99.8 | 100.1 | 98.4 | 99.6 | 99.3 | 98.9 |
| 98.4 | 98.6 | 99.0 | 96.7 | 96.3 | 96.9 | 97.2 |
| 105.3 | 105.3 | 105.3 | 105.3 | 108.8 | 105.7 | 105.1 |
| 96.0 | 96.0 | 96.0 | 96.0 | 111.6 | 111.6 | 100.0 |
| 106.1 | 106.1 | 106.1 | 107.1 | 107.1 | 103.2 | 102.4 |
| **98.2** | **98.6** | **98.2** | **98.3** | **98.2** | **98.2** | **98.2** |
| 96.0 | 96.2 | 95.6 | 95.7 | 95.6 | 95.7 | 95.8 |
| 96.1 | 96.5 | 95.2 | 95.3 | 95.3 | 95.3 | 95.4 |
| 96.0 | 95.9 | 96.0 | 96.2 | 95.9 | 96.2 | 96.3 |
| 92.9 | 93.1 | 93.3 | 93.3 | 93.3 | 93.3 | 93.3 |
| 97.6 | 97.4 | 97.6 | 97.9 | 97.6 | 99.6 | 99.4 |
| 101.0 | 101.5 | 101.1 | 101.1 | 101.0 | 100.4 | 100.4 |
| 100.0 | 102.3 | 102.3 | 102.3 | 102.3 | 102.3 | 102.3 |
| **99.0** | **98.0** | **100.5** | **100.7** | **100.8** | **100.9** | **100.9** |
| 99.5 | 98.0 | 101.7 | 102.0 | 102.1 | 102.1 | 101.7 |
| 99.6 | 99.8 | 99.8 | 99.8 | 99.2 | 99.2 | 99.2 |
| 101.8 | 94.7 | 94.3 | 93.9 | 94.7 | 93.8 | 91.4 |
| 95.0 | 95.0 | 95.1 | 96.1 | 95.9 | 96.5 | 96.8 |
| 100.4 | 100.4 | 100.4 | 100.6 | 100.6 | 100.7 | 100.7 |
| 102.5 | 102.5 | 113.7 | 113.7 | 113.7 | 113.7 | 113.7 |
| 98.2 | 98.1 | 98.7 | 99.0 | 99.0 | 99.3 | 99.7 |
| 93.3 | 93.3 | 96.7 | 94.8 | 99.0 | 98.9 | 98.9 |
| 98.5 | 98.5 | 98.6 | 98.9 | 98.5 | 98.4 | 98.4 |
| 96.5 | 96.5 | 97.4 | 97.6 | 97.2 | 98.3 | 99.6 |
| 100.5 | 100.1 | 100.6 | 101.2 | 101.2 | 101.2 | 101.2 |
| **97.5** | **96.8** | **96.2** | **96.0** | **96.1** | **96.3** | **96.0** |
| 98.2 | 97.4 | 96.7 | 96.3 | 96.5 | 96.8 | 96.6 |

## 2001 年广西农村居民消费价格各月同比指数（续表 2）

以上年同月价格为 100

| 类　别 | 1 月 | 2 月 | 3 月 | 4 月 | 5 月 |
|---|---|---|---|---|---|
| (1) 交通工具 | 95.2 | 95.0 | 94.3 | 94.9 | 95.6 |
| (2) 车用燃料及零配件 | 108.8 | 106.3 | 106.6 | 104.6 | 103.0 |
| 汽　油 | 121.3 | 116.4 | 120.1 | 117.7 | 111.7 |
| 柴　油 | 119.9 | 119.0 | 114.8 | 108.5 | 107.8 |
| (3) 车辆使用及维修 | 99.0 | 99.0 | 99.0 | 99.6 | 99.6 |
| (4) 市区公共交通 | 100.3 | 95.7 | 99.6 | 99.7 | 99.7 |
| (5) 城市间交通 | 125.5 | 89.2 | 99.1 | 100.3 | 100.3 |
| 2. 通　信 | 94.5 | 93.2 | 93.9 | 96.3 | 95.7 |
| (1) 通信工具 | 84.1 | 85.6 | 89.2 | 93.2 | 90.7 |
| (2) 通信服务 | 99.0 | 96.5 | 95.9 | 97.5 | 97.5 |
| **七、娱乐教育文化用品及服务** | **105.2** | **106.2** | **106.2** | **106.0** | **105.9** |
| 1. 文娱用耐用消费品及服务 | 92.3 | 91.2 | 90.9 | 90.2 | 89.2 |
| 2. 教　育 | 109.0 | 110.7 | 110.7 | 110.7 | 110.7 |
| (1) 教材及参考书 | 106.0 | 109.3 | 108.9 | 108.9 | 108.9 |
| (2) 学杂托幼费 | 109.2 | 110.8 | 110.8 | 110.8 | 110.8 |
| 3. 文化娱乐用品 | 100.1 | 99.6 | 100.6 | 100.8 | 101.1 |
| (1) 文化娱乐 | 99.1 | 98.4 | 98.8 | 98.8 | 99.4 |
| (2) 书报杂志 | 100.0 | 100.0 | 100.0 | 100.1 | 100.1 |
| (3) 文 娱 费 | 103.5 | 102.5 | 107.0 | 107.8 | 108.2 |
| 4. 旅游及外出 | 95.6 | 92.4 | 94.4 | 93.9 | 93.6 |
| **八、居　住** | **100.6** | **100.1** | **98.6** | **97.8** | **98.1** |
| 1. 建房及装修材料 | 99.7 | 98.9 | 96.3 | 95.1 | 95.1 |
| 2. 租　房 | 100.8 | 100.8 | 100.0 | 100.0 | 100.4 |
| 3. 自有住房 | 100.0 | 100.0 | 100.0 | 100.0 | 100.0 |
| 4. 水、电、燃料 | 102.8 | 102.6 | 103.0 | 102.6 | 103.9 |
| 水 | 100.0 | 100.0 | 100.0 | 100.0 | 100.0 |
| 电 | 104.8 | 104.8 | 104.8 | 104.8 | 107.5 |
| 液化石油气 | 113.3 | 105.4 | 101.5 | 92.0 | 88.8 |
| 管道燃气 | 100.0 | 100.0 | 100.0 | 100.0 | 100.0 |

| 6月 | 7月 | 8月 | 9月 | 10月 | 11月 | 12月 |
|---|---|---|---|---|---|---|
| 96.2 | 95.3 | 94.3 | 94.0 | 94.1 | 94.6 | 94.6 |
| 99.7 | 93.8 | 91.3 | 88.7 | 88.9 | 91.8 | 89.3 |
| 104.3 | 90.8 | 83.2 | 78.1 | 84.5 | 90.9 | 84.1 |
| 100.5 | 92.7 | 92.6 | 89.9 | 81.3 | 83.8 | 79.3 |
| 99.6 | 99.9 | 100.2 | 100.2 | 100.2 | 100.2 | 100.2 |
| 99.6 | 99.6 | 99.6 | 99.6 | 99.6 | 99.6 | 99.6 |
| 99.7 | 100.1 | 99.5 | 99.5 | 100.0 | 99.5 | 99.5 |
| 95.6 | 94.7 | 94.6 | 94.8 | 94.9 | 94.5 | 93.9 |
| 92.5 | 92.5 | 92.3 | 93.5 | 93.6 | 92.9 | 90.6 |
| 96.7 | 95.5 | 95.5 | 95.3 | 95.3 | 95.1 | 95.1 |
| **105.9** | **106.0** | **106.2** | **102.0** | **102.1** | **102.1** | **101.9** |
| 89.4 | 89.5 | 90.4 | 88.7 | 89.5 | 89.5 | 88.1 |
| 110.7 | 110.6 | 110.6 | 105.1 | 105.1 | 105.1 | 105.1 |
| 108.9 | 108.5 | 108.5 | 101.4 | 101.2 | 101.2 | 101.2 |
| 110.8 | 110.8 | 110.8 | 105.4 | 105.4 | 105.4 | 105.4 |
| 100.4 | 100.8 | 100.8 | 99.9 | 99.9 | 100.2 | 99.9 |
| 99.1 | 99.5 | 99.9 | 100.6 | 100.3 | 100.9 | 100.4 |
| 100.1 | 100.1 | 100.1 | 100.1 | 100.1 | 100.1 | 100.1 |
| 104.8 | 105.9 | 104.9 | 97.9 | 98.2 | 98.2 | 98.2 |
| 98.1 | 98.8 | 98.6 | 98.7 | 98.2 | 98.2 | 92.4 |
| **99.8** | **99.8** | **99.3** | **99.9** | **100.0** | **99.6** | **98.9** |
| 97.8 | 98.0 | 98.0 | 98.4 | 98.4 | 98.6 | 97.4 |
| 100.4 | 100.4 | 100.4 | 116.8 | 116.8 | 116.8 | 116.8 |
| 100.0 | 100.0 | 100.0 | 100.0 | 100.0 | 100.0 | 100.0 |
| 104.1 | 104.1 | 101.9 | 101.9 | 102.1 | 100.1 | 100.0 |
| 100.0 | 100.0 | 100.0 | 100.0 | 100.0 | 100.0 | 100.0 |
| 107.5 | 107.5 | 103.8 | 103.8 | 104.5 | 101.5 | 101.5 |
| 91.6 | 90.8 | 86.9 | 89.5 | 85.5 | 76.3 | 75.2 |
| 100.0 | 100.0 | 100.0 | 100.0 | 100.0 | 100.0 | 100.0 |

# 2002年广西农村居民消费价格各月同比指数

以上年同月价格为100

| 类　别 | 1月 | 2月 | 3月 | 4月 | 5月 |
|---|---|---|---|---|---|
| **居民消费价格总指数** | **99.4** | **99.9** | **99.2** | **99.0** | **98.6** |
| **一、食　品** | **99.1** | **99.9** | **98.9** | **98.4** | **98.1** |
| 1. 粮　食 | 102.5 | 100.9 | 100.3 | 99.8 | 100.1 |
| 大　米 | 102.1 | 100.7 | 100.2 | 98.4 | 99.0 |
| 2. 淀粉及薯类 | 96.5 | 105.3 | 101.8 | 100.6 | 96.2 |
| 3. 干豆类及豆制品 | 95.3 | 95.9 | 96.7 | 99.8 | 95.9 |
| 4. 油　脂 | 86.7 | 87.9 | 88.6 | 88.2 | 92.2 |
| 5. 肉禽及其制品 | 98.9 | 100.6 | 100.1 | 101.6 | 101.6 |
| (1) 食用畜肉及副产品 | 98.8 | 100.9 | 101.5 | 104.8 | 103.5 |
| 猪　肉 | 94.3 | 99.0 | 96.6 | 98.9 | 99.2 |
| 牛　肉 | 108.3 | 118.0 | 118.5 | 118.2 | 110.6 |
| 羊　肉 | 118.5 | 98.6 | 102.8 | 108.0 | 106.8 |
| (2) 禽 | 100.1 | 101.9 | 98.0 | 96.5 | 98.4 |
| 鸡 | 99.7 | 101.9 | 97.9 | 98.8 | 93.7 |
| 鸭 | 101.2 | 107.9 | 99.6 | 92.3 | 100.3 |
| (3) 肉禽加工制品 | 98.2 | 99.1 | 99.2 | 100.2 | 101.0 |
| 6. 蛋 | 114.2 | 115.1 | 109.2 | 112.0 | 112.9 |
| 鲜　蛋 | 117.9 | 117.9 | 110.2 | 113.2 | 115.2 |
| 7. 水 产 品 | 97.9 | 98.1 | 94.4 | 96.1 | 98.1 |
| (1) 鱼 | 98.4 | 97.5 | 94.3 | 96.4 | 95.5 |
| 淡 水 鱼 | 96.2 | 94.6 | 89.3 | 91.6 | 88.9 |
| 海 水 鱼 | 101.7 | 101.8 | 102.3 | 103.9 | 106.2 |
| (2) 其它水产品 | 96.1 | 100.5 | 94.7 | 94.7 | 108.8 |
| 8. 菜 | 110.1 | 103.7 | 95.7 | 91.8 | 84.1 |
| 鲜　菜 | 119.0 | 104.9 | 94.2 | 86.9 | 75.4 |
| 9. 调 味 品 | 103.6 | 100.4 | 100.2 | 100.4 | 100.6 |
| 盐 | 108.1 | 100.0 | 100.0 | 100.0 | 100.0 |
| 酱　油 | 103.2 | 103.2 | 102.2 | 103.3 | 103.3 |
| 10. 糖 | 100.7 | 97.6 | 96.2 | 91.2 | 92.1 |
| 食　糖 | 96.7 | 90.6 | 87.7 | 80.2 | 81.5 |
| 11. 茶及饮料 | 98.3 | 98.8 | 97.6 | 98.0 | 98.0 |
| (1) 茶　叶 | 100.8 | 100.8 | 97.8 | 97.8 | 97.8 |
| (2) 饮　料 | 96.6 | 97.5 | 97.5 | 98.1 | 98.1 |
| 12. 干鲜瓜果 | 89.2 | 103.8 | 112.9 | 99.8 | 99.0 |
| 鲜　果 | 85.8 | 104.5 | 115.1 | 100.2 | 98.8 |
| 13. 糕点饼干面包 | 99.4 | 99.9 | 99.9 | 100.0 | 99.1 |
| 14. 奶及奶制品 | 97.2 | 97.0 | 95.0 | 95.8 | 96.0 |
| 15. 在外用膳食品 | 100.0 | 100.4 | 99.8 | 99.8 | 100.0 |

| 6月 | 7月 | 8月 | 9月 | 10月 | 11月 | 12月 |
|---|---|---|---|---|---|---|
| **98.9** | **98.9** | **99.3** | **99.5** | **99.3** | **99.4** | **99.9** |
| **99.6** | **99.4** | **100.6** | **101.4** | **100.8** | **101.0** | **102.2** |
| 100.9 | 102.2 | 102.5 | 100.3 | 100.0 | 102.5 | 107.1 |
| 100.2 | 103.2 | 102.9 | 101.3 | 100.1 | 102.7 | 108.4 |
| 101.0 | 100.8 | 103.2 | 110.2 | 110.5 | 101.3 | 99.5 |
| 97.9 | 94.6 | 98.0 | 98.5 | 98.2 | 98.8 | 97.4 |
| 104.3 | 106.0 | 107.6 | 114.0 | 113.1 | 114.0 | 114.9 |
| 102.8 | 103.0 | 102.5 | 102.2 | 101.5 | 100.4 | 101.1 |
| 103.4 | 104.2 | 105.1 | 105.2 | 105.0 | 102.0 | 101.8 |
| 99.3 | 100.3 | 100.3 | 101.0 | 100.7 | 99.3 | 98.4 |
| 112.0 | 110.6 | 114.1 | 115.0 | 114.9 | 113.4 | 113.0 |
| 107.0 | 110.7 | 114.8 | 116.3 | 113.5 | 107.9 | 107.7 |
| 103.7 | 103.3 | 99.4 | 98.4 | 97.3 | 97.6 | 98.4 |
| 98.2 | 101.1 | 100.5 | 100.0 | 99.2 | 98.5 | 100.5 |
| 109.7 | 107.5 | 98.5 | 96.6 | 95.1 | 95.2 | 96.0 |
| 101.1 | 101.0 | 100.3 | 100.1 | 98.8 | 99.6 | 101.6 |
| 112.1 | 104.7 | 105.0 | 103.0 | 103.2 | 104.9 | 105.4 |
| 114.7 | 104.7 | 105.4 | 104.2 | 105.0 | 106.5 | 106.9 |
| 98.8 | 97.3 | 101.1 | 101.8 | 100.7 | 101.3 | 102.4 |
| 96.1 | 95.0 | 100.0 | 100.7 | 100.5 | 100.2 | 100.5 |
| 88.2 | 87.2 | 94.7 | 95.5 | 98.8 | 99.1 | 99.7 |
| 109.3 | 108.2 | 108.3 | 108.9 | 102.9 | 101.9 | 101.8 |
| 109.7 | 106.6 | 105.5 | 106.1 | 101.7 | 105.4 | 109.6 |
| 88.8 | 88.4 | 98.0 | 98.6 | 97.6 | 92.8 | 95.2 |
| 82.3 | 81.7 | 96.3 | 99.1 | 98.9 | 90.0 | 93.7 |
| 100.6 | 100.7 | 100.1 | 100.1 | 99.9 | 99.7 | 99.5 |
| 100.0 | 100.0 | 100.0 | 100.0 | 100.0 | 100.0 | 100.0 |
| 103.3 | 103.3 | 101.0 | 101.0 | 100.0 | 100.0 | 100.0 |
| 89.5 | 89.3 | 88.9 | 88.9 | 88.5 | 89.7 | 94.0 |
| 76.4 | 75.7 | 74.8 | 74.8 | 73.1 | 75.8 | 79.9 |
| 99.3 | 99.2 | 99.4 | 99.4 | 99.3 | 99.3 | 99.3 |
| 100.8 | 100.8 | 100.8 | 100.8 | 100.0 | 100.0 | 100.0 |
| 98.3 | 98.2 | 98.5 | 98.5 | 98.8 | 98.8 | 98.8 |
| 89.4 | 88.5 | 88.7 | 101.9 | 99.8 | 111.7 | 115.8 |
| 85.4 | 83.8 | 84.7 | 100.8 | 97.8 | 113.0 | 115.4 |
| 99.1 | 99.1 | 97.9 | 97.8 | 97.8 | 97.8 | 99.1 |
| 96.0 | 95.6 | 95.5 | 94.2 | 96.8 | 96.9 | 96.9 |
| 100.0 | 100.0 | 99.8 | 99.8 | 99.8 | 99.8 | 100.2 |

## 2002 年广西农村居民消费价格各月同比指数（续表 1）

以上年同月价格为 100

| 类　别 | 1 月 | 2 月 | 3 月 | 4 月 | 5 月 |
|---|---|---|---|---|---|
| 16. 其它食品及食品加工服务 | 99.7 | 99.7 | 99.2 | 99.2 | 98.6 |
| **二、烟酒及用品** | **99.0** | **99.3** | **99.0** | **98.8** | **98.9** |
| 1. 烟　　草 | 98.4 | 98.6 | 98.6 | 98.3 | 98.2 |
| 2. 酒 | 99.8 | 100.4 | 99.7 | 99.6 | 99.9 |
| 3. 吸烟饮酒用品 | 99.6 | 98.8 | 98.2 | 98.2 | 98.2 |
| **三、衣　　着** | **102.8** | **100.3** | **96.3** | **95.4** | **95.5** |
| 1. 服　　装 | 105.2 | 100.7 | 93.5 | 92.2 | 92.9 |
| (1) 男式服装 | 104.7 | 99.9 | 90.6 | 89.4 | 90.2 |
| (2) 女式服装 | 110.6 | 104.1 | 94.2 | 91.9 | 92.1 |
| (3) 儿童服装 | 98.5 | 96.9 | 95.5 | 95.6 | 96.8 |
| 2. 衣着材料 | 99.9 | 99.9 | 99.9 | 98.3 | 98.3 |
| 3. 鞋 袜 帽 | 99.1 | 99.9 | 101.4 | 101.7 | 100.6 |
| (1) 鞋 | 97.2 | 97.7 | 98.2 | 98.4 | 97.8 |
| (2) 袜　　子 | 106.2 | 108.0 | 113.6 | 113.1 | 108.8 |
| (3) 帽　　子 | 100.0 | 100.0 | 100.0 | 107.2 | 108.2 |
| 4. 衣着加工服务 | 98.1 | 98.1 | 99.3 | 99.3 | 99.3 |
| **四、家庭设备用品及维修服务** | **97.9** | **98.1** | **98.4** | **97.8** | **97.4** |
| 1. 耐用消费品 | 96.0 | 96.0 | 96.5 | 96.5 | 96.9 |
| (1) 家　　具 | 95.4 | 95.5 | 96.5 | 96.3 | 97.0 |
| (2) 家庭设备 | 96.6 | 96.6 | 96.6 | 96.7 | 96.8 |
| 2. 室内装饰品 | 91.7 | 97.4 | 97.2 | 97.2 | 96.5 |
| 3. 床上用品 | 99.2 | 99.2 | 99.5 | 99.5 | 98.0 |
| 4. 家庭日用杂品 | 99.5 | 99.4 | 99.4 | 97.9 | 96.9 |
| 5. 家庭服务及加工维修服务 | 102.3 | 102.3 | 102.3 | 102.3 | 102.3 |
| **五、医疗保健和个人用品** | **100.1** | **100.2** | **99.9** | **99.4** | **98.2** |
| 1. 医疗保健 | 101.9 | 100.8 | 101.0 | 100.2 | 97.9 |
| (1) 医疗器具及用品 | 99.0 | 98.8 | 98.8 | 98.4 | 98.4 |
| (2) 中药材及中成药 | 91.7 | 90.5 | 91.7 | 90.4 | 86.7 |
| (3) 西　　药 | 97.2 | 95.1 | 95.5 | 95.9 | 91.9 |
| (4) 保健器具及用品 | 100.7 | 101.0 | 101.0 | 101.5 | 98.6 |
| (5) 医疗保健服务 | 113.7 | 113.7 | 112.8 | 110.7 | 111.2 |
| 2. 个人用品及服务 | 97.6 | 99.3 | 98.4 | 98.3 | 98.5 |
| (1) 化妆美容用品 | 98.9 | 98.9 | 98.9 | 97.3 | 98.8 |
| (2) 卫生用品 | 98.5 | 98.0 | 98.3 | 99.1 | 98.8 |
| (3) 个人饰品 | 99.6 | 100.3 | 100.0 | 99.3 | 100.1 |
| (4) 个人服务 | 94.5 | 99.4 | 96.7 | 96.7 | 96.7 |
| **六、交通和通讯** | **90.3** | **100.2** | **98.6** | **97.4** | **96.8** |
| 1. 交　　通 | 89.2 | 101.6 | 99.1 | 97.8 | 96.7 |

| 6月 | 7月 | 8月 | 9月 | 10月 | 11月 | 12月 |
|---|---|---|---|---|---|---|
| 98.6 | 99.3 | 99.4 | 99.4 | 99.4 | 99.4 | 99.4 |
| **99.0** | **98.5** | **98.7** | **98.6** | **98.9** | **98.9** | **99.8** |
| 98.2 | 96.8 | 96.9 | 96.9 | 97.5 | 97.5 | 98.2 |
| 100.3 | 101.0 | 101.3 | 101.0 | 101.0 | 101.0 | 102.1 |
| 98.2 | 98.2 | 98.2 | 97.8 | 97.8 | 97.8 | 99.4 |
| **95.8** | **95.5** | **95.9** | **97.8** | **99.2** | **99.7** | **98.2** |
| 93.4 | 93.6 | 94.4 | 96.7 | 98.8 | 99.2 | 96.6 |
| 90.9 | 90.6 | 91.6 | 94.5 | 92.5 | 93.2 | 92.3 |
| 92.4 | 93.1 | 94.9 | 98.4 | 101.5 | 102.1 | 98.1 |
| 97.6 | 97.6 | 96.4 | 96.4 | 101.8 | 101.8 | 99.0 |
| 98.3 | 98.3 | 98.3 | 98.3 | 99.4 | 98.9 | 98.9 |
| 100.4 | 98.9 | 98.9 | 100.6 | 100.2 | 101.4 | 101.7 |
| 98.0 | 95.9 | 95.9 | 98.2 | 99.0 | 98.8 | 98.5 |
| 108.8 | 108.8 | 108.8 | 108.8 | 103.9 | 110.4 | 110.4 |
| 102.6 | 102.6 | 102.6 | 102.6 | 102.6 | 102.6 | 114.4 |
| 99.3 | 99.3 | 99.3 | 99.3 | 99.3 | 99.3 | 100.0 |
| **97.4** | **97.0** | **97.3** | **97.2** | **97.8** | **97.7** | **97.8** |
| 97.0 | 96.7 | 97.3 | 97.3 | 96.6 | 98.3 | 98.4 |
| 97.2 | 97.2 | 98.2 | 98.2 | 97.5 | 100.9 | 100.9 |
| 96.9 | 96.2 | 96.1 | 96.2 | 95.5 | 95.2 | 95.5 |
| 96.5 | 96.5 | 96.5 | 94.5 | 95.8 | 95.8 | 95.8 |
| 97.8 | 97.8 | 97.8 | 97.8 | 100.9 | 98.6 | 99.9 |
| 97.0 | 96.6 | 96.9 | 96.9 | 98.0 | 96.6 | 96.6 |
| 102.3 | 100.0 | 100.0 | 100.0 | 100.0 | 100.0 | 100.0 |
| **98.6** | **98.9** | **96.9** | **95.8** | **95.6** | **95.3** | **96.3** |
| 98.5 | 98.8 | 95.0 | 93.6 | 93.6 | 93.0 | 93.6 |
| 98.4 | 98.7 | 98.7 | 98.7 | 99.2 | 99.2 | 99.2 |
| 87.0 | 89.9 | 89.8 | 83.9 | 83.8 | 81.3 | 83.4 |
| 93.4 | 92.4 | 91.9 | 91.4 | 91.3 | 91.1 | 91.5 |
| 98.6 | 95.7 | 95.8 | 95.8 | 95.8 | 95.8 | 95.8 |
| 111.2 | 111.2 | 100.5 | 100.5 | 100.5 | 100.5 | 100.5 |
| 98.7 | 98.9 | 99.4 | 98.8 | 98.4 | 98.6 | 99.9 |
| 98.8 | 98.8 | 97.2 | 97.2 | 97.2 | 97.3 | 97.3 |
| 98.8 | 98.8 | 98.9 | 97.7 | 96.9 | 96.4 | 96.4 |
| 100.7 | 100.8 | 100.9 | 100.8 | 100.0 | 101.0 | 100.9 |
| 96.7 | 97.1 | 98.6 | 98.1 | 98.1 | 98.1 | 102.4 |
| **97.1** | **97.9** | **98.1** | **98.5** | **98.1** | **97.9** | **98.0** |
| 97.1 | 97.9 | 98.3 | 98.8 | 98.2 | 98.1 | 98.1 |

# 2002年广西农村居民消费价格各月同比指数（续表2）

以上年同月价格为100

| 类　别 | 1月 | 2月 | 3月 | 4月 | 5月 |
|---|---|---|---|---|---|
| (1) 交通工具 | 92.4 | 93.6 | 94.1 | 93.2 | 92.0 |
| (2) 车用燃料及零配件 | 86.7 | 88.6 | 90.0 | 95.6 | 96.9 |
| 汽　　油 | 79.5 | 82.4 | 83.2 | 92.2 | 96.4 |
| 柴　　油 | 77.0 | 81.9 | 88.2 | 101.3 | 102.7 |
| (3) 车辆使用及维修 | 100.0 | 100.0 | 100.0 | 100.0 | 100.0 |
| (4) 市区公共交通 | 104.7 | 105.6 | 105.5 | 105.5 | 105.4 |
| (5) 城市间交通 | 79.1 | 115.0 | 106.9 | 102.0 | 99.7 |
| 2. 通　　信 | 94.1 | 96.0 | 97.2 | 96.3 | 97.1 |
| (1) 通信工具 | 91.3 | 91.6 | 91.8 | 93.0 | 95.7 |
| (2) 通信服务 | 95.1 | 97.6 | 99.2 | 97.5 | 97.5 |
| **七、娱乐教育文化用品及服务** | **101.9** | **101.0** | **100.9** | **101.1** | **101.2** |
| 1. 文娱用耐用消费品及服务 | 88.0 | 88.4 | 88.5 | 89.4 | 90.2 |
| 2. 教　　育 | 105.1 | 103.8 | 103.8 | 103.8 | 103.8 |
| (1) 教材及参考书 | 101.2 | 98.1 | 98.1 | 98.1 | 98.1 |
| (2) 学杂托幼费 | 105.4 | 104.1 | 104.1 | 104.1 | 104.1 |
| 3. 文化娱乐用品 | 100.2 | 101.1 | 99.0 | 99.4 | 99.4 |
| (1) 文化娱乐 | 100.5 | 101.1 | 100.7 | 101.4 | 101.4 |
| (2) 书报杂志 | 100.1 | 100.1 | 100.1 | 100.0 | 100.0 |
| (3) 文 娱 费 | 99.3 | 102.7 | 92.9 | 92.8 | 92.8 |
| 4. 旅游及外出 | 90.8 | 93.6 | 92.8 | 93.8 | 93.4 |
| **八、居　　住** | **98.8** | **99.0** | **99.9** | **100.7** | **99.3** |
| 1. 建房及装修材料 | 97.0 | 96.9 | 98.3 | 99.4 | 98.2 |
| 2. 租　　房 | 116.8 | 116.8 | 116.8 | 116.8 | 116.4 |
| 3. 自有住房 | 100.0 | 100.0 | 100.0 | 100.0 | 100.0 |
| 4. 水、电、燃料 | 100.9 | 101.8 | 101.9 | 102.3 | 99.9 |
| 水 | 100.0 | 100.0 | 100.0 | 100.0 | 100.0 |
| 电 | 101.5 | 101.5 | 101.5 | 101.5 | 97.3 |
| 液化石油气 | 77.4 | 77.7 | 79.9 | 88.9 | 89.5 |
| 管道燃气 | 100.0 | 100.0 | 100.0 | 100.0 | 100.0 |

| 6月 | 7月 | 8月 | 9月 | 10月 | 11月 | 12月 |
|---|---|---|---|---|---|---|
| 92.7 | 93.5 | 94.5 | 94.3 | 93.2 | 93.2 | 92.3 |
| 96.3 | 99.9 | 99.8 | 100.7 | 102.3 | 98.7 | 104.3 |
| 94.6 | 104.3 | 109.1 | 113.4 | 113.0 | 107.3 | 117.2 |
| 102.8 | 105.0 | 100.9 | 98.7 | 105.8 | 105.9 | 122.9 |
| 100.0 | 100.0 | 100.0 | 100.0 | 100.0 | 100.0 | 100.0 |
| 105.5 | 105.5 | 105.5 | 105.5 | 105.5 | 105.5 | 105.5 |
| 100.3 | 101.0 | 100.7 | 102.4 | 101.9 | 102.4 | 102.4 |
| 97.0 | 97.9 | 97.6 | 97.6 | 97.6 | 97.4 | 97.7 |
| 93.2 | 93.4 | 92.1 | 91.8 | 91.7 | 90.2 | 91.2 |
| 98.4 | 99.6 | 99.6 | 99.7 | 99.7 | 100.0 | 100.0 |
| **101.2** | **101.1** | **101.2** | **100.5** | **100.4** | **100.3** | **100.5** |
| 90.1 | 89.3 | 90.2 | 91.4 | 90.8 | 89.9 | 91.4 |
| 103.8 | 103.8 | 103.7 | 102.6 | 102.6 | 102.6 | 102.6 |
| 98.1 | 98.0 | 97.4 | 87.7 | 87.7 | 87.7 | 87.7 |
| 104.1 | 104.1 | 104.1 | 103.6 | 103.6 | 103.6 | 103.6 |
| 99.9 | 99.7 | 99.8 | 100.3 | 99.3 | 99.9 | 100.2 |
| 101.3 | 101.0 | 99.9 | 99.9 | 98.4 | 98.1 | 98.6 |
| 100.0 | 100.4 | 100.4 | 100.4 | 100.4 | 100.4 | 100.4 |
| 95.8 | 94.8 | 98.8 | 101.4 | 100.6 | 105.0 | 105.0 |
| 93.3 | 92.7 | 94.1 | 93.9 | 94.2 | 94.2 | 99.9 |
| **97.8** | **98.2** | **98.7** | **98.5** | **98.2** | **98.3** | **98.7** |
| 95.7 | 95.9 | 96.5 | 96.8 | 96.2 | 95.5 | 96.1 |
| 116.4 | 116.4 | 116.4 | 100.0 | 100.0 | 100.0 | 100.0 |
| 100.0 | 100.0 | 100.0 | 100.0 | 100.0 | 100.0 | 100.0 |
| 99.9 | 101.2 | 101.4 | 101.6 | 101.7 | 103.5 | 103.5 |
| 100.0 | 100.0 | 100.0 | 100.0 | 100.0 | 100.0 | 100.0 |
| 97.3 | 99.3 | 99.3 | 99.3 | 99.1 | 101.8 | 101.8 |
| 88.6 | 93.8 | 100.4 | 105.4 | 111.9 | 124.7 | 126.7 |
| 100.0 | 100.0 | 100.0 | 100.0 | 100.0 | 100.0 | 100.0 |

# 2003年广西农村居民消费价格各月同比指数

以上年同月价格为100

| 类　别 | 1月 | 2月 | 3月 | 4月 | 5月 |
|---|---|---|---|---|---|
| **居民消费价格总指数** | **100.8** | **99.8** | **100.2** | **101.1** | **101.2** |
| **一、食　品** | **104.1** | **101.6** | **102.5** | **103.9** | **103.4** |
| 1. 粮　食 | 109.6 | 108.7 | 112.9 | 113.6 | 114.1 |
| 大　米 | 111.6 | 110.2 | 115.3 | 116.3 | 116.9 |
| 2. 淀粉及薯类 | 105.5 | 94.3 | 102.3 | 110.2 | 109.3 |
| 3. 干豆类及豆制品 | 103.5 | 103.6 | 99.4 | 99.6 | 102.8 |
| 4. 油　脂 | 122.0 | 117.7 | 117.5 | 124.7 | 119.3 |
| 5. 肉禽及其制品 | 101.5 | 98.2 | 98.2 | 99.0 | 99.3 |
| (1) 食用畜肉及副产品 | 104.1 | 96.7 | 98.2 | 99.4 | 100.7 |
| 猪　肉 | 100.1 | 97.5 | 97.8 | 97.6 | 97.2 |
| 牛　肉 | 119.1 | 98.6 | 100.4 | 105.3 | 111.9 |
| 羊　肉 | 99.4 | 88.7 | 103.5 | 96.0 | 91.7 |
| (2) 禽 | 97.0 | 98.2 | 96.8 | 98.2 | 97.0 |
| 鸡 | 95.4 | 93.5 | 93.0 | 95.2 | 96.2 |
| 鸭 | 99.2 | 105.7 | 102.3 | 102.7 | 99.0 |
| (3) 肉禽加工制品 | 100.2 | 100.9 | 99.0 | 98.7 | 98.3 |
| 6. 蛋 | 99.2 | 95.7 | 99.7 | 101.0 | 97.8 |
| 鲜　蛋 | 98.9 | 94.6 | 99.2 | 101.1 | 96.8 |
| 7. 水 产 品 | 97.5 | 96.5 | 98.4 | 98.9 | 97.5 |
| (1) 鱼 | 97.5 | 95.8 | 98.1 | 98.6 | 99.3 |
| 淡 水 鱼 | 95.3 | 92.9 | 95.4 | 97.0 | 99.7 |
| 海 水 鱼 | 101.2 | 100.4 | 102.5 | 101.1 | 99.0 |
| (2) 其它水产品 | 97.1 | 99.3 | 99.2 | 99.8 | 90.6 |
| 8. 菜 | 113.9 | 105.8 | 117.5 | 118.0 | 113.7 |
| 鲜　菜 | 123.1 | 110.1 | 127.1 | 124.5 | 120.8 |
| 9. 调 味 品 | 99.6 | 100.1 | 100.0 | 100.0 | 99.9 |
| 盐 | 100.0 | 100.0 | 100.0 | 100.0 | 100.0 |
| 酱　油 | 100.0 | 100.0 | 97.7 | 97.7 | 97.7 |
| 10. 糖 | 96.0 | 95.8 | 95.8 | 96.6 | 95.9 |
| 食　糖 | 85.9 | 84.7 | 87.4 | 88.2 | 86.6 |
| 11. 茶及饮料 | 100.1 | 100.1 | 100.1 | 100.0 | 100.0 |
| (1) 茶　叶 | 100.0 | 100.0 | 100.0 | 100.0 | 100.0 |
| (2) 饮　料 | 100.1 | 100.1 | 100.1 | 100.0 | 100.0 |
| 12. 干鲜瓜果 | 111.6 | 106.8 | 94.4 | 103.0 | 108.2 |
| 鲜　果 | 112.0 | 105.1 | 90.4 | 100.4 | 107.1 |
| 13. 糕点饼干面包 | 97.6 | 99.1 | 99.1 | 99.1 | 100.0 |
| 14. 奶及奶制品 | 100.7 | 103.4 | 105.6 | 105.7 | 105.0 |
| 15. 在外用膳食品 | 100.2 | 99.6 | 99.9 | 99.9 | 99.9 |

| 6月 | 7月 | 8月 | 9月 | 10月 | 11月 | 12月 |
|---|---|---|---|---|---|---|
| **101.1** | **101.1** | **100.7** | **100.8** | **101.8** | **103.2** | **103.7** |
| **103.0** | **103.3** | **103.6** | **103.4** | **104.5** | **107.5** | **108.5** |
| 112.9 | 111.5 | 109.8 | 111.0 | 113.0 | 114.3 | 111.4 |
| 115.4 | 113.7 | 111.6 | 113.0 | 115.5 | 115.7 | 112.1 |
| 106.8 | 105.7 | 106.4 | 105.5 | 103.8 | 111.9 | 108.6 |
| 100.5 | 100.5 | 103.4 | 102.7 | 106.2 | 112.1 | 119.6 |
| 111.0 | 109.9 | 109.5 | 103.6 | 113.3 | 123.3 | 135.8 |
| 99.4 | 101.4 | 104.3 | 105.9 | 106.1 | 109.3 | 108.9 |
| 101.0 | 101.7 | 103.9 | 105.7 | 109.5 | 114.8 | 112.2 |
| 97.3 | 100.1 | 101.9 | 104.2 | 109.8 | 118.4 | 115.2 |
| 111.6 | 108.7 | 112.2 | 111.9 | 111.5 | 113.4 | 114.9 |
| 94.5 | 92.8 | 90.7 | 91.7 | 94.1 | 101.0 | 95.4 |
| 97.0 | 102.9 | 108.9 | 112.1 | 103.7 | 104.4 | 113.6 |
| 94.0 | 95.2 | 100.3 | 104.9 | 104.3 | 105.2 | 109.9 |
| 98.7 | 109.4 | 118.8 | 120.4 | 102.7 | 103.9 | 116.9 |
| 98.4 | 99.9 | 101.8 | 102.1 | 101.9 | 103.2 | 100.5 |
| 96.5 | 98.2 | 99.3 | 103.9 | 103.2 | 112.1 | 116.4 |
| 95.3 | 97.9 | 99.4 | 104.6 | 103.4 | 112.9 | 116.5 |
| 96.4 | 96.5 | 96.7 | 96.4 | 96.8 | 98.2 | 93.9 |
| 98.4 | 98.9 | 98.8 | 97.8 | 97.9 | 99.7 | 97.0 |
| 97.5 | 97.7 | 97.2 | 97.0 | 96.0 | 98.6 | 97.6 |
| 100.1 | 101.0 | 101.6 | 99.2 | 101.2 | 101.5 | 96.1 |
| 89.2 | 87.7 | 88.4 | 90.5 | 91.9 | 92.0 | 81.8 |
| 107.3 | 108.0 | 102.9 | 103.1 | 104.1 | 109.5 | 111.2 |
| 108.5 | 107.8 | 103.1 | 104.8 | 104.4 | 113.5 | 112.8 |
| 99.9 | 99.9 | 100.0 | 100.1 | 100.0 | 102.0 | 100.0 |
| 100.0 | 100.0 | 100.0 | 100.0 | 100.0 | 100.0 | 100.0 |
| 97.7 | 97.7 | 97.7 | 97.7 | 97.7 | 97.7 | 95.9 |
| 95.6 | 96.3 | 95.4 | 95.8 | 97.1 | 99.7 | 100.8 |
| 85.8 | 87.6 | 85.6 | 86.4 | 89.1 | 93.1 | 99.2 |
| 100.0 | 100.0 | 100.0 | 100.0 | 100.0 | 99.9 | 97.9 |
| 100.0 | 100.0 | 100.0 | 100.0 | 100.0 | 100.0 | 95.6 |
| 100.0 | 100.0 | 100.0 | 100.0 | 99.9 | 99.8 | 99.8 |
| 136.1 | 128.1 | 125.0 | 111.8 | 109.2 | 106.8 | 112.4 |
| 145.3 | 135.9 | 130.9 | 112.9 | 109.7 | 105.9 | 113.8 |
| 99.5 | 99.5 | 100.8 | 101.0 | 101.0 | 101.5 | 101.1 |
| 105.7 | 106.0 | 105.0 | 103.4 | 102.7 | 104.0 | 103.9 |
| 99.9 | 100.1 | 100.1 | 100.1 | 100.3 | 100.9 | 101.0 |

# 2003年广西农村居民消费价格各月同比指数（续表1）

以上年同月价格为100

| 类　别 | 1月 | 2月 | 3月 | 4月 | 5月 |
|---|---|---|---|---|---|
| 16. 其它食品及食品加工服务 | 100.2 | 100.2 | 101.2 | 101.2 | 101.1 |
| **二、烟酒及用品** | **100.0** | **100.3** | **100.5** | **100.7** | **99.9** |
| 1. 烟　　草 | 98.5 | 98.3 | 98.3 | 98.8 | 97.7 |
| 2. 酒 | 101.8 | 102.9 | 103.0 | 103.0 | 102.5 |
| 3. 吸烟饮酒用品 | 100.9 | 101.5 | 102.1 | 102.1 | 102.1 |
| **三、衣　　着** | **97.4** | **94.2** | **96.5** | **98.6** | **98.6** |
| 1. 服　　装 | 95.5 | 90.5 | 93.4 | 96.4 | 96.8 |
| (1) 男式服装 | 93.2 | 86.9 | 87.7 | 90.6 | 91.2 |
| (2) 女式服装 | 94.0 | 87.6 | 91.9 | 95.7 | 96.9 |
| (3) 儿童服装 | 99.9 | 98.5 | 101.3 | 103.3 | 102.4 |
| 2. 衣着材料 | 99.2 | 98.7 | 98.1 | 99.7 | 99.7 |
| 3. 鞋 袜 帽 | 101.2 | 100.7 | 102.5 | 102.8 | 102.1 |
| (1) 鞋 | 98.5 | 97.6 | 101.3 | 101.2 | 100.6 |
| (2) 袜　　子 | 107.8 | 108.5 | 103.9 | 103.9 | 103.9 |
| (3) 帽　　子 | 114.4 | 114.4 | 114.4 | 119.5 | 112.0 |
| 4. 衣着加工服务 | 100.0 | 100.0 | 100.0 | 100.0 | 100.0 |
| **四、家庭设备用品及维修服务** | **98.5** | **98.6** | **98.4** | **98.4** | **99.7** |
| 1. 耐用消费品 | 98.7 | 98.6 | 98.7 | 98.4 | 100.0 |
| (1) 家　　具 | 100.9 | 100.8 | 100.5 | 100.1 | 102.9 |
| (2) 家庭设备 | 96.1 | 96.2 | 96.6 | 96.5 | 96.7 |
| 2. 室内装饰品 | 97.3 | 97.7 | 98.2 | 98.2 | 98.9 |
| 3. 床上用品 | 101.0 | 100.2 | 99.5 | 99.5 | 102.6 |
| 4. 家庭日用杂品 | 97.6 | 97.9 | 97.5 | 97.9 | 98.7 |
| 5. 家庭服务及加工维修服务 | 100.0 | 100.0 | 99.7 | 99.7 | 99.7 |
| **五、医疗保健和个人用品** | **97.1** | **98.3** | **98.6** | **101.2** | **103.7** |
| 1. 医疗保健 | 93.8 | 95.7 | 95.9 | 99.0 | 103.7 |
| (1) 医疗器具及用品 | 99.2 | 99.7 | 98.7 | 99.1 | 101.3 |
| (2) 中药材及中成药 | 83.6 | 88.6 | 88.6 | 96.6 | 110.7 |
| (3) 西　　药 | 91.5 | 93.4 | 92.9 | 93.4 | 97.2 |
| (4) 保健器具及用品 | 95.8 | 95.8 | 96.8 | 97.3 | 98.3 |
| (5) 医疗保健服务 | 101.0 | 101.0 | 102.0 | 105.3 | 105.3 |
| 2. 个人用品及服务 | 101.6 | 101.9 | 102.3 | 104.1 | 103.7 |
| (1) 化妆美容用品 | 99.4 | 100.2 | 100.2 | 103.0 | 103.0 |
| (2) 卫生用品 | 96.6 | 96.9 | 99.6 | 99.6 | 99.2 |
| (3) 个人饰品 | 102.0 | 102.0 | 101.8 | 101.7 | 102.0 |
| (4) 个人服务 | 106.1 | 106.2 | 105.8 | 110.7 | 109.7 |
| **六、交通和通讯** | **99.8** | **98.6** | **96.2** | **97.7** | **98.1** |
| 1. 交　　通 | 101.1 | 99.7 | 96.5 | 98.5 | 99.2 |

| 6月 | 7月 | 8月 | 9月 | 10月 | 11月 | 12月 |
|---|---|---|---|---|---|---|
| 100.2 | 99.5 | 99.5 | 100.4 | 100.5 | 100.8 | 101.3 |
| **100.0** | **99.5** | **101.3** | **102.0** | **102.2** | **102.3** | **103.0** |
| 97.7 | 99.1 | 100.4 | 100.4 | 100.4 | 100.4 | 100.4 |
| 102.7 | 99.6 | 103.0 | 104.4 | 104.5 | 104.9 | 105.2 |
| 102.1 | 102.1 | 98.5 | 98.9 | 101.8 | 101.8 | 109.0 |
| **98.4** | **98.1** | **95.3** | **95.3** | **95.3** | **94.7** | **96.4** |
| 96.3 | 95.7 | 94.5 | 94.6 | 93.0 | 92.5 | 95.1 |
| 91.2 | 91.3 | 90.9 | 90.9 | 94.6 | 95.9 | 97.0 |
| 95.6 | 95.2 | 94.1 | 94.3 | 93.1 | 90.8 | 93.7 |
| 102.6 | 100.9 | 98.8 | 98.8 | 91.2 | 91.2 | 95.0 |
| 99.7 | 96.2 | 96.2 | 96.2 | 96.4 | 96.9 | 96.8 |
| 102.1 | 103.7 | 96.6 | 96.5 | 99.8 | 98.7 | 98.9 |
| 100.6 | 102.8 | 93.2 | 93.1 | 98.9 | 98.5 | 98.6 |
| 103.9 | 103.9 | 103.9 | 103.6 | 101.8 | 98.5 | 99.3 |
| 112.0 | 112.0 | 112.0 | 111.5 | 102.0 | 102.0 | 102.0 |
| 100.0 | 100.0 | 100.0 | 100.0 | 100.0 | 100.0 | 103.8 |
| **99.5** | **99.3** | **98.7** | **99.1** | **99.8** | **100.6** | **100.2** |
| 99.8 | 98.9 | 98.2 | 99.5 | 101.7 | 99.7 | 97.3 |
| 102.9 | 100.5 | 100.7 | 103.6 | 106.8 | 102.9 | 98.7 |
| 96.3 | 97.0 | 95.3 | 94.5 | 95.5 | 95.5 | 95.5 |
| 98.9 | 98.8 | 98.8 | 100.9 | 103.0 | 102.1 | 108.6 |
| 102.6 | 102.6 | 102.6 | 103.2 | 101.8 | 101.8 | 108.4 |
| 98.3 | 98.9 | 98.1 | 97.3 | 97.0 | 101.2 | 100.1 |
| 99.7 | 99.7 | 99.7 | 99.8 | 99.8 | 99.8 | 99.8 |
| **104.3** | **104.4** | **104.4** | **105.0** | **106.4** | **106.7** | **107.9** |
| 104.7 | 105.2 | 105.6 | 106.7 | 108.8 | 109.2 | 111.6 |
| 99.1 | 103.5 | 103.5 | 103.1 | 104.6 | 104.0 | 108.8 |
| 113.6 | 112.8 | 113.3 | 119.4 | 117.9 | 121.7 | 124.8 |
| 98.6 | 100.1 | 100.9 | 101.3 | 99.4 | 98.7 | 102.8 |
| 98.3 | 99.5 | 99.5 | 99.5 | 99.5 | 99.5 | 102.2 |
| 105.3 | 105.3 | 105.6 | 105.2 | 113.9 | 113.9 | 113.9 |
| 103.6 | 103.4 | 102.6 | 102.6 | 103.1 | 103.4 | 102.9 |
| 103.0 | 103.0 | 103.0 | 103.0 | 103.0 | 103.0 | 104.0 |
| 99.2 | 99.1 | 99.1 | 99.2 | 100.8 | 102.0 | 101.5 |
| 101.7 | 101.6 | 99.3 | 99.3 | 99.4 | 99.3 | 103.2 |
| 109.7 | 109.2 | 109.2 | 109.2 | 109.2 | 109.2 | 103.6 |
| **98.0** | **97.5** | **94.9** | **94.7** | **94.9** | **95.0** | **95.0** |
| 98.8 | 98.3 | 95.3 | 95.0 | 95.3 | 95.4 | 95.4 |

# 2003年广西农村居民消费价格各月同比指数（续表2）

以上年同月价格为100

| 类 别 | 1月 | 2月 | 3月 | 4月 | 5月 |
|---|---|---|---|---|---|
| (1) 交通工具 | 94.0 | 94.0 | 92.7 | 93.0 | 94.5 |
| (2) 车用燃料及零配件 | 109.4 | 113.6 | 113.9 | 108.8 | 104.8 |
| 汽 油 | 127.0 | 134.5 | 131.5 | 120.2 | 108.5 |
| 柴 油 | 133.5 | 138.9 | 133.9 | 121.6 | 110.8 |
| (3) 车辆使用及维修 | 100.0 | 100.0 | 98.0 | 98.0 | 98.0 |
| (4) 市区公共交通 | 100.0 | 100.1 | 100.5 | 100.4 | 100.5 |
| (5) 城市间交通 | 111.0 | 104.7 | 96.3 | 104.0 | 104.8 |
| 2. 通 信 | 95.8 | 95.2 | 95.3 | 95.2 | 94.8 |
| (1) 通信工具 | 90.7 | 89.1 | 89.2 | 89.0 | 87.5 |
| (2) 通信服务 | 97.6 | 97.4 | 97.4 | 97.4 | 97.4 |
| **七、娱乐教育文化用品及服务** | **100.7** | **101.0** | **100.8** | **100.6** | **100.5** |
| 1. 文娱用耐用消费品及服务 | 92.1 | 92.6 | 91.6 | 90.7 | 90.5 |
| 2. 教 育 | 102.6 | 102.9 | 102.9 | 102.9 | 102.9 |
| (1) 教材及参考书 | 87.7 | 88.9 | 88.9 | 88.9 | 88.9 |
| (2) 学杂托幼费 | 103.6 | 103.8 | 103.8 | 103.8 | 103.8 |
| 3. 文化娱乐用品 | 100.8 | 100.4 | 100.7 | 100.3 | 99.8 |
| (1) 文化娱乐 | 98.7 | 98.6 | 98.6 | 97.9 | 97.5 |
| (2) 书报杂志 | 103.1 | 103.4 | 103.4 | 103.4 | 103.4 |
| (3) 文 娱 费 | 104.1 | 101.3 | 103.3 | 103.3 | 102.0 |
| 4. 旅游及外出 | 99.9 | 101.5 | 100.4 | 101.3 | 99.8 |
| **八、居 住** | **99.5** | **99.4** | **99.5** | **99.5** | **99.8** |
| 1. 建房及装修材料 | 96.9 | 97.2 | 97.3 | 97.5 | 99.2 |
| 2. 租 房 | 100.0 | 100.0 | 100.0 | 100.0 | 100.0 |
| 3. 自有住房 | 100.0 | 100.0 | 100.0 | 100.0 | 100.0 |
| 4. 水、电、燃料 | 104.9 | 104.0 | 103.9 | 103.6 | 101.0 |
| 水 | 100.0 | 100.0 | 100.0 | 100.0 | 100.0 |
| 电 | 101.8 | 101.8 | 101.8 | 101.8 | 97.9 |
| 液化石油气 | 135.7 | 140.3 | 141.7 | 131.0 | 120.8 |
| 管道燃气 | 100.0 | 100.0 | 100.0 | 100.0 | 100.0 |

| 6月 | 7月 | 8月 | 9月 | 10月 | 11月 | 12月 |
|---|---|---|---|---|---|---|
| 94.4 | 93.1 | 90.9 | 91.3 | 92.5 | 92.5 | 92.2 |
| 100.6 | 102.4 | 102.8 | 102.8 | 99.6 | 101.2 | 103.0 |
| 102.3 | 104.4 | 104.8 | 104.8 | 99.9 | 99.4 | 104.1 |
| 105.4 | 107.4 | 109.0 | 108.7 | 101.1 | 100.1 | 102.7 |
| 98.0 | 98.5 | 98.5 | 98.5 | 98.5 | 98.5 | 98.5 |
| 100.5 | 100.5 | 100.5 | 100.5 | 100.5 | 100.5 | 100.5 |
| 104.8 | 104.1 | 97.1 | 95.4 | 95.4 | 95.4 | 95.4 |
| 95.5 | 95.1 | 93.9 | 93.9 | 93.9 | 93.8 | 94.0 |
| 90.0 | 88.6 | 83.9 | 84.0 | 83.8 | 83.4 | 84.5 |
| 97.4 | 97.4 | 97.4 | 97.4 | 97.4 | 97.4 | 97.3 |
| **100.5** | **100.5** | **99.6** | **100.1** | **100.2** | **100.5** | **99.9** |
| 90.7 | 90.9 | 85.8 | 84.4 | 84.6 | 87.0 | 83.6 |
| 102.9 | 102.9 | 103.1 | 103.9 | 103.9 | 104.0 | 104.0 |
| 88.9 | 88.9 | 91.4 | 103.6 | 103.6 | 103.8 | 103.8 |
| 103.8 | 103.8 | 103.8 | 104.0 | 104.0 | 104.0 | 104.0 |
| 100.0 | 99.9 | 99.2 | 99.7 | 100.6 | 99.6 | 99.2 |
| 97.8 | 97.8 | 97.9 | 97.5 | 99.0 | 98.7 | 98.6 |
| 103.4 | 103.1 | 102.6 | 102.6 | 102.6 | 102.6 | 102.6 |
| 102.1 | 102.0 | 98.0 | 102.3 | 102.7 | 97.8 | 95.8 |
| 98.5 | 96.1 | 90.4 | 92.0 | 93.1 | 91.2 | 92.3 |
| **99.7** | **99.4** | **99.3** | **99.3** | **102.5** | **104.7** | **104.8** |
| 99.4 | 99.4 | 98.9 | 98.9 | 104.5 | 105.2 | 105.3 |
| 100.0 | 100.0 | 100.0 | 100.0 | 100.0 | 100.0 | 102.7 |
| 100.0 | 100.0 | 100.0 | 100.0 | 100.0 | 100.0 | 100.0 |
| 100.0 | 98.7 | 99.8 | 99.6 | 99.0 | 105.9 | 106.0 |
| 100.0 | 100.0 | 100.0 | 100.0 | 100.0 | 100.0 | 100.0 |
| 96.0 | 94.1 | 94.1 | 94.1 | 93.5 | 104.7 | 104.7 |
| 126.3 | 118.4 | 114.5 | 106.3 | 101.3 | 106.0 | 108.9 |
| 100.0 | 100.0 | | | | | |

# 2004年广西农村居民消费价格各月同比指数

以上年同月价格为100

| 类 别 | 1月 | 2月 | 3月 | 4月 | 5月 |
| --- | --- | --- | --- | --- | --- |
| **居民消费价格总指数** | **103.6** | **102.6** | **104.6** | **105.5** | **105.6** |
| **一、食 品** | **107.6** | **108.1** | **112.6** | **114.9** | **115.3** |
| 1. 粮 食 | 107.4 | 111.0 | 122.7 | 125.5 | 120.6 |
| 大 米 | 106.8 | 111.5 | 125.1 | 127.4 | 121.7 |
| 2. 淀粉及薯类 | 103.3 | 108.1 | 108.0 | 111.8 | 112.1 |
| 3. 干豆类及豆制品 | 121.5 | 121.4 | 124.5 | 126.7 | 129.2 |
| 4. 油 脂 | 127.0 | 125.2 | 135.9 | 133.6 | 132.5 |
| 5. 肉禽及其制品 | 111.7 | 111.2 | 116.0 | 115.6 | 117.2 |
| (1) 食用畜肉及副产品 | 111.7 | 117.1 | 123.1 | 121.3 | 119.5 |
| 猪 肉 | 114.3 | 114.5 | 126.2 | 126.5 | 122.8 |
| 牛 肉 | 113.4 | 123.5 | 126.0 | 123.0 | 117.7 |
| 羊 肉 | 103.0 | 104.7 | 99.3 | 105.3 | 103.9 |
| (2) 禽 | 117.8 | 104.3 | 108.1 | 110.7 | 119.9 |
| 鸡 | 114.4 | 103.7 | 107.2 | 108.4 | 115.2 |
| 鸭 | 119.3 | 103.2 | 112.5 | 119.0 | 135.2 |
| (3) 肉禽加工制品 | 109.4 | 108.1 | 110.9 | 111.0 | 112.8 |
| 6. 蛋 | 118.1 | 119.9 | 119.6 | 120.0 | 120.9 |
| 鲜 蛋 | 118.5 | 120.8 | 120.9 | 121.2 | 122.2 |
| 7. 水 产 品 | 101.8 | 102.7 | 110.5 | 113.3 | 115.6 |
| (1) 鱼 | 102.3 | 105.9 | 111.8 | 115.4 | 119.2 |
| 淡 水 鱼 | 105.8 | 112.1 | 122.2 | 127.5 | 130.9 |
| 海 水 鱼 | 96.4 | 95.3 | 94.3 | 94.4 | 98.5 |
| (2) 其它水产品 | 98.1 | 91.0 | 104.3 | 105.3 | 103.8 |
| 8. 菜 | 94.7 | 98.1 | 94.8 | 104.1 | 105.3 |
| 鲜 菜 | 90.4 | 99.5 | 89.0 | 98.4 | 102.9 |
| 9. 调 味 品 | 100.0 | 100.5 | 101.7 | 100.8 | 100.8 |
| 盐 | 100.0 | 100.0 | 100.0 | 100.0 | 100.0 |
| 酱 油 | 95.6 | 99.0 | 104.6 | 104.6 | 104.6 |
| 10. 糖 | 101.7 | 102.7 | 105.0 | 103.0 | 105.3 |
| 食 糖 | 99.2 | 102.1 | 103.5 | 100.1 | 105.4 |
| 11. 茶及饮料 | 97.6 | 97.6 | 97.7 | 97.7 | 98.3 |
| (1) 茶 叶 | 94.8 | 94.8 | 94.8 | 94.8 | 94.8 |
| (2) 饮 料 | 99.8 | 99.8 | 100.0 | 100.1 | 101.0 |
| 12. 干鲜瓜果 | 113.0 | 109.4 | 113.4 | 122.9 | 124.5 |
| 鲜 果 | 114.3 | 110.5 | 114.8 | 125.7 | 127.8 |
| 13. 糕点饼干面包 | 102.9 | 105.8 | 106.6 | 106.6 | 106.7 |
| 14. 奶及奶制品 | 100.5 | 100.7 | 100.4 | 100.7 | 99.9 |
| 15. 在外用膳食品 | 100.7 | 101.3 | 104.3 | 104.3 | 105.4 |

| 6月 | 7月 | 8月 | 9月 | 10月 | 11月 | 12月 |
|---|---|---|---|---|---|---|
| **104.9** | **105.6** | **106.0** | **106.9** | **106.1** | **104.2** | **103.0** |
| **113.4** | **115.3** | **115.1** | **117.6** | **116.1** | **111.2** | **108.8** |
| 121.4 | 121.7 | 123.8 | 124.5 | 123.3 | 118.8 | 115.8 |
| 122.7 | 123.2 | 125.7 | 126.8 | 125.4 | 121.2 | 117.6 |
| 105.5 | 106.9 | 107.7 | 107.0 | 106.5 | 105.3 | 107.2 |
| 132.0 | 134.3 | 130.9 | 131.5 | 127.8 | 122.1 | 117.3 |
| 133.8 | 141.2 | 141.2 | 142.6 | 129.5 | 114.0 | 102.8 |
| 122.2 | 125.1 | 122.0 | 123.3 | 123.4 | 118.0 | 118.5 |
| 124.0 | 129.3 | 125.9 | 129.6 | 126.0 | 115.8 | 118.1 |
| 129.6 | 132.5 | 131.2 | 138.5 | 133.2 | 117.4 | 121.8 |
| 115.9 | 120.6 | 113.5 | 114.9 | 117.8 | 116.1 | 112.1 |
| 101.7 | 103.4 | 102.2 | 98.1 | 109.5 | 96.2 | 99.2 |
| 128.0 | 127.1 | 121.4 | 117.1 | 123.9 | 126.8 | 120.4 |
| 126.9 | 131.5 | 127.9 | 121.4 | 121.1 | 126.3 | 121.2 |
| 140.6 | 132.0 | 117.3 | 109.3 | 121.0 | 121.6 | 121.0 |
| 115.6 | 115.9 | 115.4 | 116.1 | 117.4 | 116.1 | 117.2 |
| 129.3 | 130.2 | 127.6 | 124.6 | 127.9 | 114.8 | 111.8 |
| 131.2 | 131.9 | 127.7 | 121.7 | 126.1 | 113.2 | 111.4 |
| 119.6 | 121.9 | 118.0 | 117.7 | 116.6 | 113.7 | 119.4 |
| 125.4 | 124.6 | 120.8 | 120.0 | 117.1 | 113.3 | 118.3 |
| 137.6 | 135.8 | 131.4 | 127.5 | 122.2 | 116.3 | 120.0 |
| 104.6 | 105.5 | 103.0 | 107.6 | 108.5 | 108.3 | 115.2 |
| 101.9 | 112.9 | 109.2 | 109.5 | 113.7 | 113.4 | 122.1 |
| 95.1 | 103.9 | 98.9 | 104.3 | 97.8 | 92.9 | 94.3 |
| 95.3 | 105.8 | 95.7 | 100.8 | 94.4 | 88.4 | 93.4 |
| 98.8 | 98.8 | 98.4 | 99.6 | 99.6 | 97.9 | 100.3 |
| 100.0 | 100.0 | 100.0 | 100.0 | 100.0 | 100.0 | 100.0 |
| 97.9 | 97.6 | 97.6 | 100.7 | 100.7 | 100.4 | 105.6 |
| 108.2 | 108.3 | 111.2 | 111.9 | 110.6 | 105.9 | 99.0 |
| 112.8 | 113.0 | 120.1 | 121.8 | 120.7 | 106.7 | 94.9 |
| 98.3 | 97.6 | 97.3 | 98.1 | 98.1 | 98.8 | 99.3 |
| 94.8 | 91.7 | 91.7 | 92.6 | 92.6 | 92.6 | 95.6 |
| 101.0 | 101.6 | 101.1 | 101.9 | 101.9 | 103.1 | 101.4 |
| 88.3 | 83.3 | 102.8 | 105.5 | 109.7 | 107.7 | 93.0 |
| 85.3 | 79.2 | 103.8 | 106.6 | 113.2 | 110.7 | 92.3 |
| 107.2 | 107.0 | 107.0 | 111.9 | 112.7 | 113.0 | 111.2 |
| 98.3 | 98.5 | 97.5 | 101.5 | 102.1 | 100.4 | 99.1 |
| 105.2 | 105.0 | 105.1 | 109.5 | 109.5 | 108.8 | 105.6 |

# 2004 年广西农村居民消费价格各月同比指数（续表 1）

以上年同月价格为 100

| 类　别 | 1 月 | 2 月 | 3 月 | 4 月 | 5 月 |
|---|---|---|---|---|---|
| 16. 其它食品及食品加工服务 | 105.8 | 100.6 | 100.1 | 100.7 | 101.4 |
| **二、烟酒及用品** | **102.6** | **101.8** | **101.8** | **101.7** | **101.9** |
| 1. 烟　草 | 100.4 | 99.5 | 99.5 | 99.3 | 100.4 |
| 2. 酒 | 104.5 | 103.7 | 103.5 | 103.5 | 102.5 |
| 3. 吸烟饮酒用品 | 107.5 | 107.5 | 107.5 | 107.5 | 108.4 |
| **三、衣　着** | **96.2** | **95.0** | **94.8** | **95.1** | **96.0** |
| 1. 服　装 | 94.8 | 94.8 | 96.1 | 95.9 | 97.2 |
| (1) 男式服装 | 95.8 | 101.0 | 102.1 | 102.2 | 101.2 |
| (2) 女式服装 | 93.7 | 95.0 | 97.1 | 94.3 | 96.1 |
| (3) 儿童服装 | 95.4 | 88.7 | 89.5 | 95.6 | 99.5 |
| 2. 衣着材料 | 96.9 | 94.1 | 94.8 | 94.6 | 94.6 |
| 3. 鞋 袜 帽 | 98.7 | 95.7 | 92.5 | 93.7 | 93.7 |
| (1) 鞋 | 98.3 | 95.1 | 91.1 | 93.4 | 93.4 |
| (2) 袜　子 | 99.3 | 98.6 | 97.8 | 97.8 | 97.8 |
| (3) 帽　子 | 102.0 | 102.0 | 102.0 | 91.1 | 91.1 |
| 4. 衣着加工服务 | 100.3 | 115.1 | 122.4 | 118.5 | 118.5 |
| **四、家庭设备用品及维修服务** | **99.8** | **100.6** | **100.8** | **100.8** | **100.5** |
| 1. 耐用消费品 | 97.2 | 97.5 | 97.1 | 97.2 | 96.6 |
| (1) 家　具 | 98.7 | 98.8 | 98.8 | 98.7 | 97.4 |
| (2) 家庭设备 | 95.4 | 95.8 | 95.0 | 95.4 | 95.6 |
| 2. 室内装饰品 | 109.7 | 111.4 | 112.1 | 112.5 | 110.2 |
| 3. 床上用品 | 104.0 | 103.5 | 104.4 | 104.4 | 104.4 |
| 4. 家庭日用杂品 | 100.0 | 102.3 | 102.7 | 102.6 | 103.0 |
| 5. 家庭服务及加工维修服务 | 99.8 | 99.8 | 100.1 | 100.1 | 100.1 |
| **五、医疗保健和个人用品** | **108.7** | **106.5** | **106.4** | **103.2** | **101.5** |
| 1. 医疗保健 | 111.6 | 110.5 | 110.3 | 105.7 | 103.1 |
| (1) 医疗器具及用品 | 107.9 | 108.8 | 109.8 | 109.8 | 106.5 |
| (2) 中药材及中成药 | 125.9 | 119.6 | 119.4 | 107.0 | 97.2 |
| (3) 西　药 | 102.6 | 102.7 | 102.9 | 101.7 | 101.7 |
| (4) 保健器具及用品 | 102.1 | 102.1 | 101.3 | 101.1 | 100.6 |
| (5) 医疗保健服务 | 113.5 | 113.5 | 113.0 | 109.4 | 109.4 |
| 2. 个人用品及服务 | 105.5 | 101.2 | 101.2 | 100.1 | 99.5 |
| (1) 化妆美容用品 | 101.8 | 100.9 | 101.0 | 101.0 | 101.0 |
| (2) 卫生用品 | 100.8 | 101.4 | 98.1 | 98.9 | 99.2 |
| (3) 个人饰品 | 104.1 | 103.4 | 102.6 | 103.5 | 102.4 |
| (4) 个人服务 | 114.1 | 99.1 | 102.3 | 97.8 | 96.4 |
| **六、交通和通讯** | **95.8** | **88.8** | **95.7** | **95.8** | **96.2** |
| 1. 交　通 | 96.8 | 86.9 | 95.6 | 96.0 | 96.7 |

| 6月 | 7月 | 8月 | 9月 | 10月 | 11月 | 12月 |
|---|---|---|---|---|---|---|
| 102.8 | 102.7 | 102.8 | 108.1 | 108.0 | 102.5 | 100.4 |
| **101.8** | **102.6** | **101.0** | **100.4** | **100.2** | **100.0** | **98.0** |
| 100.4 | 100.4 | 99.1 | 99.1 | 99.2 | 99.2 | 99.2 |
| 102.3 | 104.3 | 101.3 | 100.0 | 99.9 | 99.4 | 96.3 |
| 107.5 | 107.5 | 111.4 | 111.4 | 108.2 | 108.2 | 98.2 |
| **96.4** | **96.4** | **97.2** | **97.5** | **98.5** | **99.6** | **98.1** |
| 98.1 | 97.7 | 96.5 | 96.9 | 99.7 | 101.1 | 99.2 |
| 100.7 | 99.5 | 98.8 | 99.4 | 97.1 | 95.0 | 94.7 |
| 98.5 | 98.5 | 97.5 | 98.9 | 100.3 | 103.5 | 101.8 |
| 99.7 | 99.0 | 95.2 | 92.5 | 103.3 | 106.1 | 101.1 |
| 94.6 | 98.1 | 97.0 | 97.0 | 95.9 | 97.0 | 97.6 |
| 93.5 | 93.3 | 98.7 | 99.0 | 96.3 | 96.3 | 94.9 |
| 93.4 | 92.9 | 100.8 | 101.0 | 95.3 | 95.8 | 94.8 |
| 96.3 | 97.7 | 97.6 | 97.9 | 101.0 | 99.0 | 94.2 |
| 91.1 | 91.1 | 91.1 | 91.5 | 100.0 | 100.0 | 100.0 |
| 118.5 | 118.5 | 117.2 | 117.2 | 114.9 | 114.9 | 110.7 |
| **100.6** | **100.7** | **101.2** | **101.0** | **100.8** | **100.2** | **100.3** |
| 96.6 | 97.3 | 98.2 | 97.0 | 95.7 | 96.1 | 98.8 |
| 97.1 | 98.6 | 98.6 | 96.3 | 94.2 | 94.8 | 99.8 |
| 95.9 | 95.4 | 97.4 | 97.9 | 97.9 | 98.0 | 97.9 |
| 109.7 | 110.8 | 109.9 | 109.4 | 108.8 | 109.7 | 99.5 |
| 104.4 | 104.0 | 104.0 | 103.9 | 104.8 | 104.9 | 97.8 |
| 103.4 | 102.9 | 103.4 | 104.3 | 105.1 | 103.3 | 103.1 |
| 100.1 | 100.1 | 100.1 | 100.0 | 100.0 | 100.0 | 101.5 |
| **101.0** | **100.3** | **100.5** | **100.8** | **99.7** | **99.4** | **97.8** |
| 102.2 | 101.1 | 101.0 | 101.2 | 99.3 | 99.2 | 97.2 |
| 104.4 | 100.0 | 100.0 | 99.8 | 98.4 | 99.0 | 94.6 |
| 94.6 | 95.3 | 94.6 | 96.3 | 97.7 | 97.6 | 96.9 |
| 100.3 | 98.9 | 99.2 | 98.2 | 100.3 | 100.2 | 95.7 |
| 100.3 | 102.0 | 102.0 | 102.2 | 102.2 | 102.0 | 96.9 |
| 110.5 | 108.4 | 108.2 | 108.6 | 100.3 | 100.3 | 100.3 |
| 99.6 | 99.6 | 100.2 | 100.7 | 100.8 | 100.3 | 99.1 |
| 101.0 | 101.0 | 101.0 | 101.0 | 101.0 | 101.0 | 98.4 |
| 99.6 | 99.8 | 98.7 | 99.9 | 99.4 | 97.5 | 96.3 |
| 102.4 | 101.7 | 104.5 | 104.5 | 105.2 | 105.4 | 103.2 |
| 96.4 | 96.7 | 96.7 | 97.3 | 97.3 | 97.3 | 98.1 |
| **96.3** | **96.3** | **98.7** | **98.5** | **98.4** | **98.4** | **98.6** |
| 96.8 | 96.4 | 99.1 | 98.8 | 98.6 | 98.5 | 98.9 |

# 2004 年广西农村居民消费价格各月同比指数（续表 2）

以上年同月价格为 100

| 类　别 | 1 月 | 2 月 | 3 月 | 4 月 | 5 月 |
|---|---|---|---|---|---|
| (1) 交通工具 | 92.5 | 92.7 | 93.5 | 96.7 | 96.4 |
| (2) 车用燃料及零配件 | 103.1 | 101.0 | 98.4 | 101.5 | 104.5 |
| 汽　　油 | 104.6 | 100.5 | 98.7 | 105.7 | 110.7 |
| 柴　　油 | 102.5 | 99.0 | 97.2 | 98.0 | 105.9 |
| (3) 车辆使用及维修 | 96.7 | 96.7 | 98.3 | 98.3 | 99.2 |
| (4) 市区公共交通 | 100.5 | 100.0 | 100.0 | 100.0 | 100.0 |
| (5) 城市间交通 | 102.2 | 72.7 | 95.7 | 92.3 | 93.6 |
| 2. 通　　信 | 95.7 | 96.2 | 96.2 | 96.1 | 96.3 |
| (1) 通信工具 | 84.0 | 85.1 | 85.1 | 84.6 | 84.8 |
| (2) 通信服务 | 99.6 | 99.9 | 99.9 | 99.9 | 99.9 |
| **七、娱乐教育文化用品及服务** | **100.7** | **97.5** | **97.7** | **99.4** | **99.6** |
| 1. 文娱用耐用消费品及服务 | 85.4 | 84.4 | 85.5 | 86.4 | 85.7 |
| 2. 教　　育 | 103.9 | 101.6 | 101.6 | 101.6 | 101.6 |
| (1) 教材及参考书 | 103.8 | 103.8 | 103.8 | 103.8 | 103.8 |
| (2) 学杂托幼费 | 104.0 | 101.5 | 101.5 | 101.5 | 101.5 |
| 3. 文化娱乐用品 | 98.7 | 98.3 | 98.5 | 99.9 | 100.5 |
| (1) 文化娱乐 | 97.8 | 97.1 | 97.1 | 97.6 | 98.7 |
| (2) 书报杂志 | 102.0 | 101.7 | 101.7 | 101.7 | 101.7 |
| (3) 文 娱 费 | 95.8 | 95.6 | 96.6 | 100.1 | 101.0 |
| 4. 旅游及外出 | 97.8 | 74.4 | 75.6 | 95.3 | 100.6 |
| **八、居　　住** | **104.4** | **104.8** | **104.7** | **105.2** | **105.5** |
| 1. 建房及装修材料 | 105.5 | 106.4 | 106.1 | 105.8 | 104.0 |
| 2. 租　　房 | 102.7 | 102.7 | 102.7 | 102.7 | 102.7 |
| 3. 自有住房 | 100.0 | 100.0 | 100.0 | 100.0 | 100.0 |
| 4. 水、电、燃料 | 104.0 | 103.9 | 104.1 | 105.9 | 111.1 |
| 水 | 100.0 | 100.0 | 100.0 | 100.0 | 100.0 |
| 电 | 104.7 | 104.7 | 104.7 | 106.0 | 111.1 |
| 液化石油气 | 95.9 | 96.5 | 100.1 | 111.1 | 122.8 |
| 管道燃气 | | | | | |

| 6月 | 7月 | 8月 | 9月 | 10月 | 11月 | 12月 |
|---|---|---|---|---|---|---|
| 95.9 | 94.8 | 95.6 | 94.1 | 93.9 | 94.0 | 95.1 |
| 108.8 | 107.5 | 109.0 | 112.2 | 112.2 | 112.1 | 109.9 |
| 115.1 | 112.8 | 113.9 | 119.6 | 119.6 | 119.6 | 114.7 |
| 115.0 | 116.5 | 116.0 | 120.8 | 120.3 | 119.6 | 114.9 |
| 99.2 | 98.6 | 98.6 | 98.6 | 98.6 | 98.6 | 98.6 |
| 100.0 | 100.0 | 100.0 | 100.0 | 100.0 | 100.0 | 100.0 |
| 93.6 | 93.6 | 100.4 | 100.4 | 100.0 | 99.3 | 99.3 |
| 96.2 | 96.6 | 98.0 | 97.9 | 98.0 | 98.4 | 98.2 |
| 84.5 | 85.9 | 91.2 | 90.8 | 91.0 | 92.7 | 91.4 |
| 99.9 | 99.9 | 99.9 | 99.9 | 99.9 | 99.9 | 100.0 |
| **98.2** | **98.7** | **99.4** | **99.6** | **99.6** | **99.1** | **99.8** |
| 85.4 | 86.3 | 91.5 | 92.5 | 91.9 | 90.4 | 94.5 |
| 101.6 | 101.6 | 101.1 | 102.4 | 102.4 | 102.4 | 102.4 |
| 103.8 | 103.8 | 95.9 | 94.1 | 94.1 | 94.0 | 94.0 |
| 101.5 | 101.5 | 101.5 | 103.1 | 103.1 | 103.1 | 103.1 |
| 100.5 | 100.5 | 100.3 | 100.5 | 100.4 | 100.6 | 100.6 |
| 98.7 | 98.7 | 99.1 | 99.6 | 99.6 | 99.7 | 98.5 |
| 101.7 | 101.7 | 99.9 | 99.9 | 99.6 | 99.6 | 99.6 |
| 100.9 | 101.0 | 100.9 | 100.9 | 100.8 | 101.5 | 103.6 |
| 81.7 | 88.9 | 95.4 | 88.7 | 90.5 | 87.7 | 88.5 |
| **106.8** | **106.1** | **107.5** | **107.6** | **105.7** | **104.3** | **103.1** |
| 106.1 | 105.4 | 106.0 | 107.1 | 103.7 | 103.4 | 102.3 |
| 102.7 | 102.7 | 102.7 | 102.7 | 102.7 | 102.7 | 97.3 |
| 100.0 | 100.0 | 100.0 | 100.0 | 100.0 | 101.6 | 101.6 |
| 112.7 | 111.6 | 114.4 | 113.7 | 114.9 | 106.9 | 105.8 |
| 100.0 | 100.0 | 100.0 | 100.0 | 100.0 | 100.0 | 100.0 |
| 113.3 | 110.6 | 110.6 | 110.6 | 111.9 | 101.4 | 101.4 |
| 118.2 | 121.6 | 136.5 | 127.6 | 125.4 | 115.6 | 107.4 |

# 2005年广西农村居民消费价格各月同比指数

以上年同月价格为100

| 类　别 | 1月 | 2月 | 3月 | 4月 | 5月 |
|---|---|---|---|---|---|
| **居民消费价格总指数** | **102.6** | **104.6** | **102.6** | **101.3** | **101.5** |
| **一、食　品** | **107.8** | **109.1** | **104.7** | **102.7** | **102.7** |
| 1. 粮　食 | 115.0 | 113.7 | 100.3 | 97.2 | 99.0 |
| 大　米 | 116.6 | 115.0 | 99.4 | 96.5 | 98.7 |
| 2. 淀粉及薯类 | 109.0 | 104.6 | 105.2 | 96.7 | 99.6 |
| 3. 干豆类及豆制品 | 111.5 | 116.2 | 113.2 | 111.0 | 108.1 |
| 4. 油　脂 | 102.8 | 102.2 | 97.5 | 94.3 | 92.2 |
| 5. 肉禽及其制品 | 116.6 | 118.9 | 116.0 | 114.5 | 110.4 |
| (1) 食用畜肉及副产品 | 117.4 | 116.8 | 110.0 | 108.8 | 106.5 |
| 猪　肉 | 119.4 | 117.1 | 106.7 | 105.5 | 103.3 |
| 牛　肉 | 113.7 | 115.0 | 116.2 | 113.4 | 117.6 |
| 羊　肉 | 100.4 | 115.0 | 114.3 | 115.8 | 115.7 |
| (2) 禽 | 118.3 | 130.1 | 135.4 | 130.7 | 119.3 |
| 鸡 | 122.4 | 135.7 | 140.4 | 133.7 | 122.6 |
| 鸭 | 109.6 | 118.4 | 126.8 | 131.3 | 114.1 |
| (3) 肉禽加工制品 | 112.0 | 111.9 | 111.1 | 111.2 | 109.6 |
| 6. 蛋 | 111.2 | 111.9 | 110.5 | 108.1 | 107.0 |
| 鲜　蛋 | 111.2 | 112.0 | 110.1 | 107.6 | 106.6 |
| 7. 水产品 | 117.1 | 118.6 | 111.7 | 107.1 | 107.4 |
| (1) 鱼 | 115.7 | 117.5 | 110.7 | 105.9 | 106.4 |
| 淡水鱼 | 121.0 | 123.3 | 113.0 | 105.1 | 107.6 |
| 海水鱼 | 106.8 | 107.9 | 108.0 | 109.9 | 106.0 |
| (2) 其它水产品 | 120.5 | 121.6 | 114.3 | 110.2 | 110.3 |
| 8. 菜 | 99.6 | 104.1 | 98.7 | 99.8 | 102.9 |
| 鲜　菜 | 99.6 | 104.5 | 98.1 | 99.0 | 102.9 |
| 9. 调味品 | 101.9 | 101.6 | 101.7 | 102.1 | 104.5 |
| 盐 | 98.7 | 100.0 | 100.0 | 100.0 | 105.9 |
| 酱　油 | 110.9 | 108.2 | 107.7 | 107.7 | 108.4 |
| 10. 糖 | 97.8 | 99.7 | 100.1 | 102.2 | 100.2 |
| 食　糖 | 91.2 | 96.0 | 101.6 | 106.3 | 99.6 |
| 11. 茶及饮料 | 101.4 | 101.4 | 100.5 | 98.7 | 99.3 |
| (1) 茶　叶 | 98.9 | 98.9 | 98.9 | 94.5 | 95.9 |
| (2) 饮　料 | 102.8 | 102.8 | 101.4 | 101.0 | 101.1 |
| 12. 干鲜瓜果 | 82.5 | 84.1 | 80.3 | 74.3 | 82.5 |
| 鲜　果 | 78.9 | 79.9 | 76.8 | 70.9 | 80.0 |
| 13. 糕点饼干面包 | 112.1 | 107.4 | 106.5 | 106.1 | 106.2 |
| 14. 奶及奶制品 | 102.7 | 100.0 | 102.6 | 101.0 | 103.3 |
| 15. 在外用膳食品 | 105.9 | 105.7 | 102.5 | 102.5 | 101.8 |

| 6月 | 7月 | 8月 | 9月 | 10月 | 11月 | 12月 |
|---|---|---|---|---|---|---|
| **102.2** | **102.1** | **100.6** | **99.7** | **99.9** | **100.1** | **101.9** |
| **104.5** | **103.7** | **99.6** | **96.7** | **97.8** | **98.3** | **99.7** |
| 98.9 | 99.1 | 98.6 | 97.9 | 97.4 | 97.4 | 98.4 |
| 98.6 | 98.7 | 98.1 | 97.2 | 96.6 | 96.5 | 98.0 |
| 108.3 | 103.4 | 105.6 | 103.6 | 105.4 | 104.7 | 107.0 |
| 108.0 | 107.3 | 107.5 | 108.5 | 105.0 | 103.3 | 102.7 |
| 92.4 | 88.0 | 87.7 | 86.7 | 88.9 | 91.3 | 90.1 |
| 104.6 | 100.2 | 99.4 | 94.7 | 93.6 | 92.5 | 91.8 |
| 101.5 | 97.2 | 96.4 | 90.2 | 90.1 | 89.8 | 92.2 |
| 98.4 | 94.3 | 93.8 | 85.4 | 84.4 | 85.7 | 85.7 |
| 116.4 | 113.1 | 109.6 | 107.3 | 103.3 | 102.9 | 102.6 |
| 114.9 | 115.0 | 115.7 | 116.0 | 100.8 | 100.6 | 108.7 |
| 108.3 | 100.7 | 99.2 | 96.4 | 93.0 | 89.7 | 81.8 |
| 110.3 | 102.5 | 100.4 | 97.4 | 93.1 | 90.0 | 83.5 |
| 100.1 | 88.4 | 91.9 | 91.5 | 90.8 | 87.8 | 72.8 |
| 108.4 | 108.3 | 108.7 | 106.4 | 105.5 | 104.4 | 103.8 |
| 105.3 | 102.8 | 99.9 | 96.0 | 93.2 | 95.8 | 93.4 |
| 104.5 | 101.9 | 98.9 | 96.2 | 93.1 | 95.4 | 92.5 |
| 105.0 | 103.3 | 102.8 | 103.6 | 99.2 | 99.0 | 97.9 |
| 101.7 | 100.2 | 98.4 | 100.2 | 95.7 | 96.1 | 95.0 |
| 102.8 | 101.1 | 98.3 | 101.8 | 96.0 | 98.8 | 95.9 |
| 101.4 | 100.0 | 99.8 | 98.0 | 95.4 | 91.7 | 93.6 |
| 114.4 | 111.6 | 114.9 | 112.9 | 107.9 | 105.9 | 105.1 |
| 120.2 | 120.6 | 99.2 | 89.1 | 107.2 | 111.2 | 121.8 |
| 124.8 | 123.8 | 99.1 | 87.1 | 107.5 | 111.9 | 124.1 |
| 106.1 | 106.5 | 107.0 | 105.7 | 105.7 | 105.8 | 104.4 |
| 105.9 | 105.9 | 105.9 | 105.9 | 105.9 | 105.9 | 105.9 |
| 114.0 | 115.3 | 115.3 | 111.8 | 111.8 | 112.2 | 105.8 |
| 101.9 | 102.8 | 103.9 | 104.1 | 106.0 | 106.7 | 113.7 |
| 99.6 | 103.5 | 106.1 | 106.4 | 112.1 | 118.6 | 133.2 |
| 101.2 | 102.6 | 103.1 | 102.2 | 102.4 | 101.7 | 103.3 |
| 98.9 | 103.7 | 103.7 | 102.8 | 102.8 | 102.8 | 104.1 |
| 102.5 | 102.0 | 102.7 | 101.9 | 102.1 | 101.1 | 102.8 |
| 106.7 | 119.1 | 89.5 | 99.4 | 99.2 | 102.0 | 102.0 |
| 107.3 | 123.1 | 85.6 | 98.4 | 98.4 | 101.8 | 102.1 |
| 106.4 | 106.6 | 106.6 | 101.8 | 100.6 | 100.3 | 101.0 |
| 105.5 | 106.2 | 108.5 | 107.3 | 103.5 | 105.2 | 106.4 |
| 102.1 | 102.1 | 102.3 | 98.2 | 97.6 | 97.5 | 100.6 |

# 2005年广西农村居民消费价格各月同比指数（续表1）

以上年同月价格为100

| 类　别 | 1月 | 2月 | 3月 | 4月 | 5月 |
|---|---|---|---|---|---|
| 16. 其它食品及食品加工服务 | 97.5 | 108.0 | 102.0 | 99.4 | 100.8 |
| **二、烟酒及用品** | **99.3** | **100.4** | **100.6** | **100.1** | **99.5** |
| 1. 烟　　草 | 98.6 | 99.6 | 99.8 | 99.5 | 98.6 |
| 2. 酒 | 100.8 | 101.5 | 101.7 | 101.9 | 101.7 |
| 3. 吸烟饮酒用品 | 99.1 | 102.2 | 102.2 | 97.1 | 96.6 |
| **三、衣　　着** | **97.7** | **103.3** | **99.2** | **98.0** | **96.3** |
| 1. 服　　装 | 98.9 | 106.4 | 101.5 | 100.6 | 99.0 |
| (1) 男式服装 | 96.7 | 99.8 | 98.1 | 97.1 | 96.7 |
| (2) 女式服装 | 99.8 | 109.4 | 106.5 | 106.1 | 104.0 |
| (3) 儿童服装 | 101.0 | 112.3 | 94.8 | 93.3 | 91.0 |
| 2. 衣着材料 | 97.7 | 100.4 | 99.5 | 99.0 | 99.0 |
| 3. 鞋 袜 帽 | 93.6 | 97.0 | 93.8 | 91.4 | 88.6 |
| (1) 鞋 | 93.3 | 97.3 | 93.6 | 90.7 | 87.5 |
| (2) 袜　　子 | 94.5 | 94.5 | 93.8 | 93.8 | 93.8 |
| (3) 帽　　子 | 100.0 | 100.0 | 100.0 | 100.0 | 100.0 |
| 4. 衣着加工服务 | 114.6 | 101.9 | 95.8 | 107.7 | 107.7 |
| **四、家庭设备用品及维修服务** | **101.2** | **101.3** | **101.0** | **99.7** | **100.5** |
| 1. 耐用消费品 | 99.7 | 99.4 | 99.6 | 97.8 | 99.4 |
| (1) 家　　具 | 101.4 | 101.3 | 101.0 | 97.9 | 101.7 |
| (2) 家庭设备 | 98.3 | 97.9 | 98.5 | 97.6 | 97.6 |
| 2. 室内装饰品 | 98.2 | 96.1 | 95.0 | 94.7 | 96.7 |
| 3. 床上用品 | 101.4 | 103.0 | 97.9 | 97.4 | 96.8 |
| 4. 家庭日用杂品 | 102.6 | 101.8 | 101.8 | 100.8 | 100.2 |
| 5. 家庭服务及加工维修服务 | 105.9 | 110.4 | 110.4 | 110.4 | 110.9 |
| **五、医疗保健和个人用品** | **95.8** | **97.5** | **97.5** | **97.6** | **97.2** |
| 1. 医疗保健 | 95.1 | 95.1 | 95.5 | 96.8 | 95.4 |
| (1) 医疗器具及用品 | 92.6 | 91.9 | 89.8 | 89.8 | 90.5 |
| (2) 中药材及中成药 | 89.3 | 88.8 | 89.3 | 92.3 | 86.8 |
| (3) 西　　药 | 96.0 | 96.4 | 95.3 | 96.3 | 96.4 |
| (4) 保健器具及用品 | 97.2 | 97.1 | 94.4 | 94.3 | 95.1 |
| (5) 医疗保健服务 | 100.2 | 100.2 | 104.5 | 104.5 | 104.5 |
| 2. 个人用品及服务 | 97.1 | 102.1 | 101.5 | 99.1 | 100.7 |
| (1) 化妆美容用品 | 99.8 | 99.8 | 99.8 | 96.9 | 97.0 |
| (2) 卫生用品 | 100.3 | 100.6 | 101.2 | 97.2 | 97.1 |
| (3) 个人饰品 | 102.1 | 102.6 | 103.7 | 101.8 | 102.0 |
| (4) 个人服务 | 87.7 | 104.5 | 100.3 | 99.6 | 105.4 |
| **六、交通和通讯** | **98.5** | **103.0** | **100.7** | **100.7** | **100.4** |
| 1. 交　　通 | 98.4 | 106.4 | 102.6 | 102.5 | 101.9 |

| 6月 | 7月 | 8月 | 9月 | 10月 | 11月 | 12月 |
|---|---|---|---|---|---|---|
| 102.1 | 102.0 | 107.3 | 95.9 | 96.0 | 100.8 | 102.9 |
| **100.4** | **100.6** | **100.5** | **100.4** | **100.4** | **100.5** | **101.3** |
| 98.6 | 98.6 | 98.6 | 98.6 | 98.6 | 98.6 | 98.6 |
| 103.8 | 104.7 | 104.4 | 104.4 | 104.4 | 104.5 | 106.4 |
| 98.5 | 97.3 | 97.3 | 97.3 | 97.3 | 97.3 | 99.1 |
| **96.8** | **96.7** | **98.5** | **101.0** | **98.1** | **96.1** | **96.3** |
| 99.2 | 99.5 | 102.0 | 104.1 | 99.3 | 96.4 | 96.3 |
| 98.1 | 97.0 | 98.0 | 99.9 | 96.9 | 95.5 | 95.2 |
| 103.2 | 103.5 | 106.3 | 105.9 | 100.2 | 95.8 | 94.5 |
| 91.2 | 93.8 | 98.5 | 107.9 | 101.6 | 99.7 | 103.6 |
| 97.6 | 97.6 | 98.7 | 98.7 | 101.7 | 100.2 | 99.5 |
| 90.3 | 89.5 | 89.7 | 93.9 | 93.4 | 93.4 | 94.6 |
| 89.2 | 88.5 | 88.7 | 93.6 | 93.1 | 92.9 | 93.6 |
| 95.3 | 94.0 | 94.0 | 94.0 | 94.0 | 95.5 | 99.6 |
| 100.0 | 100.0 | 100.0 | 100.0 | 100.0 | 100.0 | 101.2 |
| 107.7 | 107.7 | 110.8 | 112.7 | 114.9 | 114.9 | 114.9 |
| **100.4** | **100.6** | **100.7** | **100.6** | **99.9** | **99.6** | **99.7** |
| 98.8 | 99.2 | 99.1 | 99.0 | 98.8 | 98.8 | 98.3 |
| 100.3 | 100.4 | 100.4 | 100.0 | 99.8 | 99.5 | 98.5 |
| 97.6 | 98.2 | 98.1 | 98.1 | 97.9 | 98.3 | 98.1 |
| 97.3 | 96.3 | 96.6 | 96.5 | 93.7 | 93.6 | 97.0 |
| 92.3 | 92.7 | 93.6 | 92.5 | 90.0 | 89.8 | 90.0 |
| 102.0 | 102.1 | 102.4 | 102.4 | 102.0 | 100.6 | 101.8 |
| 110.9 | 110.9 | 110.9 | 110.9 | 110.9 | 110.9 | 109.3 |
| **97.1** | **97.9** | **97.7** | **97.7** | **97.8** | **98.1** | **109.5** |
| 95.4 | 96.8 | 95.9 | 96.1 | 96.2 | 96.6 | 113.8 |
| 94.4 | 94.4 | 92.1 | 92.1 | 91.7 | 91.7 | 91.7 |
| 88.3 | 90.1 | 88.7 | 87.6 | 88.7 | 88.7 | 87.1 |
| 95.7 | 96.6 | 96.0 | 97.2 | 96.7 | 97.7 | 97.5 |
| 95.3 | 95.3 | 95.3 | 95.1 | 95.1 | 95.3 | 97.7 |
| 103.5 | 105.4 | 104.8 | 104.8 | 104.8 | 104.8 | 181.4 |
| 100.2 | 100.2 | 101.0 | 100.7 | 100.8 | 100.9 | 101.2 |
| 97.7 | 97.0 | 97.7 | 97.7 | 97.7 | 97.7 | 99.3 |
| 99.9 | 98.8 | 101.6 | 101.5 | 101.6 | 102.9 | 104.7 |
| 97.3 | 98.2 | 98.1 | 97.6 | 97.7 | 97.0 | 95.7 |
| 105.4 | 105.6 | 105.6 | 105.0 | 105.0 | 105.0 | 105.0 |
| **100.3** | **100.8** | **101.8** | **104.3** | **104.5** | **104.6** | **104.7** |
| 102.0 | 102.9 | 104.6 | 109.0 | 109.4 | 109.4 | 109.5 |

## 2005 年广西农村居民消费价格各月同比指数（续表 2）

以上年同月价格为 100

| 类 别 | 1 月 | 2 月 | 3 月 | 4 月 | 5 月 |
|---|---|---|---|---|---|
| (1) 交通工具 | 95.0 | 94.8 | 94.6 | 92.6 | 93.3 |
| (2) 车用燃料及零配件 | 109.9 | 109.9 | 111.4 | 110.0 | 108.1 |
| 汽　　油 | 114.1 | 114.1 | 117.2 | 114.2 | 112.2 |
| 柴　　油 | 114.5 | 114.5 | 115.5 | 114.5 | 114.7 |
| (3) 车辆使用及维修 | 101.8 | 101.9 | 102.4 | 102.4 | 101.5 |
| (4) 市区公共交通 | 118.2 | 118.7 | 118.2 | 118.2 | 118.2 |
| (5) 城市间交通 | 85.6 | 112.3 | 100.0 | 102.8 | 100.8 |
| 2. 通　　信 | 98.5 | 98.4 | 98.0 | 98.3 | 98.3 |
| (1) 通信工具 | 92.5 | 92.1 | 90.5 | 91.7 | 91.8 |
| (2) 通信服务 | 100.0 | 100.0 | 100.0 | 100.0 | 100.0 |
| **七、娱乐教育文化用品及服务** | **99.2** | **103.1** | **103.1** | **101.7** | **103.6** |
| 1. 文娱用耐用消费品及服务 | 94.1 | 95.4 | 95.2 | 95.6 | 93.8 |
| 2. 教　　育 | 102.4 | 104.8 | 105.3 | 105.3 | 109.2 |
| (1) 教材及参考书 | 94.1 | 99.0 | 103.9 | 103.9 | 103.9 |
| (2) 学杂托幼费 | 103.1 | 105.3 | 105.4 | 105.4 | 109.6 |
| 3. 文化娱乐用品 | 100.6 | 102.6 | 103.4 | 102.1 | 101.8 |
| (1) 文化娱乐 | 99.4 | 99.9 | 99.9 | 99.9 | 99.1 |
| (2) 书报杂志 | 98.4 | 100.8 | 100.8 | 100.8 | 100.8 |
| (3) 文 娱 费 | 103.6 | 106.8 | 109.1 | 105.4 | 105.4 |
| 4. 旅游及外出 | 81.2 | 112.2 | 107.1 | 84.7 | 86.0 |
| **八、居　　住** | **104.1** | **103.9** | **104.2** | **103.9** | **104.2** |
| 1. 建房及装修材料 | 101.9 | 101.8 | 101.8 | 101.6 | 103.0 |
| 2. 租　　房 | 97.3 | 97.3 | 97.3 | 97.3 | 97.3 |
| 3. 自有住房 | 101.6 | 102.8 | 105.6 | 106.3 | 106.3 |
| 4. 水、电、燃料 | 108.7 | 107.7 | 107.3 | 106.3 | 105.5 |
| 水 | 100.0 | 100.0 | 100.0 | 100.0 | 100.0 |
| 电 | 101.4 | 99.9 | 99.9 | 98.7 | 96.2 |
| 液化石油气 | 115.1 | 112.3 | 110.6 | 108.5 | 108.9 |
| 管道燃气 | | | | | |

| 6月 | 7月 | 8月 | 9月 | 10月 | 11月 | 12月 |
|---|---|---|---|---|---|---|
| 93.3 | 95.1 | 96.9 | 98.7 | 98.7 | 98.7 | 98.9 |
| 108.4 | 112.1 | 114.1 | 111.0 | 110.9 | 111.1 | 111.1 |
| 111.3 | 117.5 | 121.4 | 116.4 | 116.4 | 116.4 | 116.4 |
| 112.3 | 118.1 | 121.8 | 116.9 | 116.9 | 116.9 | 116.9 |
| 101.5 | 101.5 | 101.5 | 101.5 | 102.1 | 102.1 | 102.1 |
| 118.2 | 118.2 | 118.2 | 140.8 | 141.7 | 140.8 | 140.8 |
| 100.8 | 100.8 | 103.6 | 104.3 | 104.7 | 105.4 | 105.4 |
| 98.0 | 98.0 | 98.0 | 98.0 | 97.9 | 98.0 | 98.2 |
| 90.1 | 90.1 | 90.2 | 89.9 | 89.7 | 90.1 | 91.3 |
| 100.0 | 100.0 | 100.0 | 100.0 | 100.0 | 100.0 | 100.0 |
| **105.1** | **104.4** | **104.5** | **103.0** | **103.0** | **103.2** | **102.9** |
| 93.0 | 92.5 | 92.2 | 92.6 | 93.9 | 94.3 | 93.7 |
| 110.1 | 109.7 | 110.2 | 107.4 | 107.4 | 107.4 | 107.4 |
| 103.9 | 98.9 | 104.8 | 100.6 | 100.6 | 100.6 | 100.7 |
| 110.6 | 110.6 | 110.6 | 107.9 | 107.9 | 107.9 | 107.9 |
| 101.6 | 100.3 | 101.5 | 101.5 | 102.3 | 102.4 | 104.2 |
| 98.9 | 97.6 | 99.2 | 99.1 | 99.0 | 99.1 | 100.5 |
| 100.4 | 98.8 | 101.1 | 101.1 | 101.4 | 101.4 | 101.4 |
| 105.4 | 104.2 | 104.2 | 104.2 | 106.5 | 106.5 | 110.2 |
| 102.8 | 98.4 | 93.8 | 94.2 | 88.1 | 89.7 | 82.6 |
| **101.5** | **103.4** | **102.0** | **102.8** | **102.9** | **103.1** | **105.6** |
| 101.3 | 105.0 | 104.8 | 105.1 | 104.5 | 103.9 | 106.7 |
| 97.3 | 97.3 | 97.3 | 97.3 | 97.3 | 97.3 | 104.8 |
| 106.3 | 106.3 | 106.3 | 106.3 | 106.3 | 104.6 | 104.6 |
| 99.9 | 101.1 | 97.7 | 99.6 | 100.3 | 102.6 | 105.0 |
| 100.0 | 100.0 | 100.0 | 100.0 | 100.0 | 100.0 | 104.9 |
| 84.6 | 86.7 | 86.7 | 86.7 | 85.1 | 89.9 | 89.9 |
| 109.4 | 110.8 | 101.5 | 109.0 | 118.3 | 122.2 | 130.6 |

# 2006年广西农村居民消费价格各月同比指数

以上年同月价格为100

| 类　别 | 1月 | 2月 | 3月 | 4月 | 5月 |
|---|---|---|---|---|---|
| **居民消费价格总指数** | **101.5** | **100.3** | **100.6** | **100.7** | **100.9** |
| **一、食　　品** | **100.0** | **98.6** | **100.3** | **99.4** | **100.0** |
| 1. 粮　　食 | 99.4 | 99.4 | 99.2 | 98.9 | 98.6 |
| 大　　米 | 99.2 | 99.1 | 99.1 | 98.3 | 97.5 |
| 2. 淀　　粉 | 94.2 | 85.2 | 93.9 | 93.9 | 104.2 |
| 3. 干豆类及豆制品 | 97.7 | 95.7 | 98.2 | 99.7 | 100.9 |
| 4. 油　　脂 | 98.8 | 97.8 | 99.7 | 98.8 | 104.0 |
| 食用植物油 | 98.9 | 97.5 | 100.0 | 98.8 | 105.6 |
| 5. 肉禽及其制品 | 92.9 | 92.0 | 91.2 | 86.1 | 88.2 |
| (1) 食用畜肉及副产品 | 94.4 | 91.8 | 93.0 | 86.9 | 91.6 |
| 猪　　肉 | 92.6 | 92.6 | 92.3 | 85.1 | 89.8 |
| 牛　　肉 | 95.0 | 93.4 | 93.1 | 97.7 | 101.1 |
| 羊　　肉 | 108.4 | 104.7 | 118.0 | 102.1 | 100.4 |
| (2) 禽 | 87.9 | 89.9 | 84.5 | 78.9 | 75.9 |
| 鸡 | 84.5 | 85.3 | 81.0 | 74.2 | 73.0 |
| 鸭 | 97.6 | 103.4 | 94.1 | 90.9 | 83.3 |
| (3) 加工肉禽 | 96.2 | 97.3 | 97.6 | 98.5 | 100.3 |
| 6. 蛋 | 96.0 | 92.4 | 89.9 | 90.6 | 91.3 |
| 鲜　　蛋 | 95.9 | 92.3 | 89.7 | 90.3 | 91.0 |
| 7. 水 产 品 | 101.7 | 96.3 | 94.4 | 96.5 | 98.7 |
| (1) 鱼 | 103.2 | 95.6 | 93.5 | 94.9 | 90.3 |
| 淡 水 鱼 | 102.5 | 94.2 | 92.4 | 94.9 | 89.0 |
| 海 水 鱼 | 106.0 | 102.3 | 98.9 | 95.0 | 96.6 |
| (2) 其他水产品 | 98.5 | 97.8 | 96.5 | 99.9 | 119.1 |
| 虾 蟹 类 | 99.9 | 95.0 | 92.7 | 98.7 | 118.2 |
| 8. 菜 | 111.7 | 108.3 | 122.1 | 112.7 | 113.4 |
| 鲜　　菜 | 111.6 | 105.5 | 123.5 | 112.7 | 112.8 |
| 9. 调 味 品 | 99.7 | 96.8 | 96.8 | 101.1 | 98.7 |
| 盐 | 103.5 | 102.3 | 102.3 | 102.3 | 100.0 |
| 酱　　油 | 95.6 | 93.4 | 92.6 | 98.1 | 95.3 |
| 10. 糖 | 111.3 | 107.9 | 121.2 | 126.9 | 126.9 |
| 食　　糖 | 130.2 | 126.1 | 150.0 | 161.9 | 159.1 |
| 11. 茶及饮料 | 103.4 | 99.1 | 104.3 | 109.4 | 108.5 |
| (1) 茶　　叶 | 108.5 | 98.3 | 102.1 | 113.1 | 117.9 |
| (2) 饮　　料 | 101.5 | 99.4 | 105.2 | 108.0 | 105.1 |
| 12. 干鲜瓜果 | 122.8 | 121.8 | 130.5 | 135.9 | 124.5 |
| 鲜 瓜 果 | 128.0 | 126.3 | 136.2 | 141.1 | 126.5 |
| 13. 糕点饼干 | 105.7 | 101.8 | 103.2 | 106.7 | 106.1 |

| 6 月 | 7 月 | 8 月 | 9 月 | 10 月 | 11 月 | 12 月 |
|---|---|---|---|---|---|---|
| **101.3** | **100.8** | **102.0** | **102.2** | **102.0** | **102.7** | **103.2** |
| **100.1** | **98.8** | **102.1** | **103.2** | **103.1** | **104.1** | **106.5** |
| 99.0 | 100.3 | 102.0 | 102.8 | 103.6 | 101.5 | 101.1 |
| 98.1 | 99.8 | 102.2 | 103.3 | 104.2 | 101.2 | 99.7 |
| 97.1 | 93.1 | 100.1 | 92.6 | 92.2 | 93.1 | 100.2 |
| 99.3 | 96.0 | 97.5 | 96.4 | 97.8 | 97.6 | 98.4 |
| 102.8 | 104.0 | 104.7 | 105.1 | 103.1 | 101.4 | 111.1 |
| 107.1 | 108.4 | 109.7 | 109.7 | 108.7 | 105.0 | 114.6 |
| 90.4 | 91.0 | 91.8 | 99.2 | 101.8 | 104.0 | 108.7 |
| 93.8 | 92.4 | 92.2 | 99.5 | 101.0 | 104.2 | 107.7 |
| 91.2 | 90.4 | 90.1 | 99.1 | 101.7 | 102.2 | 108.2 |
| 101.3 | 102.4 | 107.6 | 109.2 | 109.9 | 110.3 | 110.5 |
| 97.8 | 95.4 | 95.0 | 91.1 | 102.1 | 117.5 | 135.2 |
| 78.2 | 83.3 | 88.4 | 98.8 | 104.3 | 105.1 | 115.6 |
| 74.6 | 75.6 | 80.4 | 91.4 | 96.4 | 97.5 | 108.7 |
| 87.9 | 104.1 | 109.6 | 118.6 | 125.9 | 126.0 | 135.3 |
| 100.8 | 100.2 | 96.6 | 99.1 | 101.1 | 101.2 | 101.3 |
| 88.6 | 88.9 | 97.9 | 98.0 | 103.0 | 105.7 | 118.6 |
| 88.2 | 88.5 | 98.0 | 98.0 | 103.5 | 105.8 | 119.6 |
| 98.5 | 99.6 | 101.5 | 98.2 | 104.3 | 106.8 | 107.0 |
| 94.5 | 97.9 | 100.2 | 95.8 | 104.7 | 106.2 | 104.3 |
| 94.8 | 97.9 | 100.6 | 95.2 | 105.8 | 106.5 | 106.2 |
| 92.9 | 97.9 | 98.6 | 98.6 | 99.8 | 104.6 | 96.5 |
| 108.9 | 104.1 | 104.9 | 104.1 | 103.5 | 108.2 | 113.2 |
| 106.8 | 110.1 | 105.0 | 101.9 | 105.0 | 107.3 | 115.6 |
| 108.1 | 94.0 | 125.3 | 115.2 | 96.4 | 105.7 | 100.5 |
| 106.6 | 90.8 | 127.0 | 114.5 | 93.0 | 105.1 | 99.1 |
| 99.5 | 100.7 | 102.9 | 108.9 | 108.9 | 108.9 | 110.5 |
| 100.0 | 103.3 | 110.0 | 130.0 | 130.0 | 130.0 | 130.0 |
| 96.5 | 96.5 | 96.5 | 96.5 | 96.5 | 96.5 | 102.1 |
| 122.1 | 117.3 | 112.2 | 110.7 | 111.9 | 110.7 | 108.7 |
| 160.9 | 148.0 | 133.5 | 129.4 | 131.3 | 128.9 | 120.5 |
| 107.1 | 105.1 | 104.9 | 104.8 | 104.7 | 105.4 | 102.0 |
| 115.1 | 108.0 | 108.0 | 108.0 | 108.0 | 108.0 | 100.0 |
| 104.1 | 104.0 | 103.7 | 103.6 | 103.5 | 104.4 | 102.7 |
| 129.8 | 124.4 | 118.6 | 114.9 | 113.3 | 106.2 | 110.2 |
| 133.6 | 125.3 | 118.9 | 113.7 | 112.4 | 104.2 | 110.3 |
| 105.8 | 105.8 | 106.2 | 106.2 | 106.9 | 106.4 | 103.7 |

## 2006年广西农村居民消费价格各月同比指数（续表1）

以上年同月价格为100

| 类　别 | 1月 | 2月 | 3月 | 4月 | 5月 |
|---|---|---|---|---|---|
| 14. 液体乳及乳制品 | 100.5 | 101.5 | 98.8 | 109.5 | 107.0 |
| 15. 在外用膳食品 | 98.6 | 98.4 | 98.8 | 98.8 | 99.7 |
| 16. 其他食品 | 103.8 | 102.0 | 101.8 | 108.4 | 105.9 |
| **二、烟酒及用品** | **100.5** | **98.5** | **98.6** | **100.6** | **97.6** |
| 1. 烟　　草 | 100.3 | 100.3 | 100.1 | 100.3 | 96.8 |
| 2. 酒 | 99.7 | 96.8 | 96.3 | 99.7 | 96.9 |
| 3. 吸烟、饮酒用品 | 106.6 | 92.0 | 98.1 | 110.8 | 110.7 |
| **三、衣　　着** | **98.3** | **97.8** | **97.4** | **97.3** | **97.9** |
| 1. 服　　装 | 99.6 | 98.2 | 94.9 | 95.1 | 94.6 |
| (1) 男式服装 | 96.4 | 95.0 | 97.8 | 97.9 | 98.5 |
| (2) 女式服装 | 101.1 | 97.8 | 89.1 | 89.8 | 89.8 |
| (3) 儿童服装 | 102.3 | 106.9 | 106.4 | 104.6 | 100.3 |
| 2. 衣着材料 | 100.2 | 98.8 | 95.5 | 94.4 | 93.2 |
| 3. 鞋 袜 帽 | 94.4 | 95.6 | 104.2 | 103.5 | 108.3 |
| (1) 鞋 | 93.5 | 94.1 | 104.4 | 103.1 | 108.8 |
| (2) 袜　　子 | 100.0 | 106.6 | 103.1 | 106.9 | 106.9 |
| (3) 帽　　子 | 101.2 | 101.2 | 101.2 | 101.2 | 100.4 |
| 4. 衣着加工服务费 | 95.8 | 112.0 | 112.0 | 115.1 | 115.1 |
| **四、家庭设备用品及维修服务** | **101.2** | **99.7** | **98.7** | **102.2** | **103.3** |
| 1. 耐用消费品 | 99.3 | 99.6 | 100.3 | 99.9 | 101.0 |
| (1) 家　　具 | 99.8 | 100.0 | 100.3 | 100.0 | 100.0 |
| (2) 家庭设备 | 99.1 | 99.3 | 100.3 | 99.9 | 101.6 |
| 2. 室内装饰品 | 100.1 | 100.1 | 100.1 | 100.1 | 101.0 |
| 3. 床上用品 | 102.1 | 101.6 | 91.9 | 101.7 | 101.6 |
| 4. 家庭日用杂品 | 100.0 | 97.1 | 95.8 | 104.7 | 105.5 |
| 5. 家庭服务及加工维修服务 | 115.1 | 107.3 | 107.3 | 107.3 | 111.6 |
| **五、医疗保健和个人用品** | **105.1** | **105.2** | **105.7** | **104.9** | **106.0** |
| 1. 医疗保健 | 107.1 | 107.2 | 107.0 | 105.3 | 106.9 |
| (1) 医疗器具及用品 | 86.7 | 86.7 | 88.2 | 87.4 | 87.4 |
| (2) 中药材及中成药 | 91.6 | 91.6 | 94.3 | 89.4 | 93.0 |
| (3) 西　　药 | 96.1 | 96.3 | 96.8 | 96.4 | 97.6 |
| (4) 保健器具及用品 | 95.6 | 95.4 | 99.9 | 99.9 | 99.6 |
| (5) 医疗保健服务 | 150.3 | 150.3 | 141.9 | 141.9 | 141.9 |
| 2. 个人用品及服务 | 101.1 | 101.2 | 103.1 | 104.2 | 104.2 |
| (1) 化妆美容用品 | 101.7 | 101.8 | 102.2 | 102.3 | 102.6 |
| (2) 清洁化妆用品 | 103.5 | 102.8 | 102.9 | 104.9 | 103.4 |
| (3) 个人饰品 | 91.3 | 96.3 | 100.2 | 100.8 | 102.3 |
| (4) 个人服务 | 107.6 | 103.5 | 106.8 | 107.9 | 107.9 |

| 6 月 | 7 月 | 8 月 | 9 月 | 10 月 | 11 月 | 12 月 |
|---|---|---|---|---|---|---|
| 108.5 | 108.9 | 108.2 | 108.1 | 109.8 | 108.0 | 108.7 |
| 99.7 | 99.7 | 100.5 | 100.5 | 100.8 | 101.5 | 104.1 |
| 101.1 | 100.7 | 101.9 | 104.2 | 109.0 | 109.0 | 107.5 |
| **97.7** | **97.3** | **97.2** | **96.7** | **97.2** | **97.2** | **96.9** |
| 96.5 | 96.5 | 96.5 | 96.5 | 96.5 | 96.5 | 96.5 |
| 97.7 | 96.4 | 96.3 | 95.0 | 96.3 | 96.3 | 96.7 |
| 109.3 | 110.1 | 110.1 | 110.1 | 110.1 | 110.1 | 101.4 |
| **96.0** | **93.9** | **95.0** | **95.7** | **98.9** | **101.7** | **104.7** |
| 93.3 | 90.2 | 92.1 | 94.9 | 98.2 | 100.6 | 103.5 |
| 97.2 | 95.5 | 96.9 | 99.9 | 101.1 | 102.0 | 103.8 |
| 90.4 | 88.2 | 90.3 | 91.3 | 96.3 | 101.2 | 105.1 |
| 93.7 | 85.1 | 87.1 | 94.8 | 97.4 | 96.1 | 98.3 |
| 94.0 | 93.6 | 93.6 | 93.6 | 90.6 | 93.7 | 97.2 |
| 103.5 | 104.5 | 103.0 | 96.8 | 100.8 | 105.0 | 108.3 |
| 103.6 | 104.4 | 102.7 | 95.7 | 100.5 | 104.5 | 108.3 |
| 103.5 | 106.0 | 104.8 | 104.8 | 103.7 | 110.2 | 110.3 |
| 100.4 | 100.4 | 103.7 | 99.9 | 99.9 | 99.9 | 99.2 |
| 115.1 | 115.1 | 115.1 | 117.0 | 117.0 | 118.9 | 123.5 |
| **103.1** | **102.6** | **102.8** | **103.2** | **102.1** | **103.8** | **102.7** |
| 99.4 | 98.5 | 98.7 | 99.6 | 100.0 | 100.3 | 100.7 |
| 97.5 | 98.7 | 99.2 | 101.0 | 101.6 | 102.1 | 102.3 |
| 100.5 | 98.4 | 98.4 | 98.8 | 99.1 | 99.2 | 99.8 |
| 101.8 | 99.1 | 99.1 | 99.1 | 99.1 | 99.9 | 100.9 |
| 100.6 | 100.6 | 99.3 | 99.3 | 100.0 | 102.8 | 101.1 |
| 106.1 | 106.3 | 105.7 | 105.7 | 101.1 | 105.4 | 103.3 |
| 116.2 | 116.2 | 120.3 | 120.3 | 120.3 | 120.3 | 113.5 |
| **106.2** | **106.5** | **105.8** | **105.9** | **106.1** | **107.0** | **102.0** |
| 107.5 | 107.5 | 107.2 | 107.4 | 107.1 | 107.3 | 101.0 |
| 87.4 | 85.5 | 97.0 | 97.0 | 97.0 | 97.0 | 97.0 |
| 94.9 | 94.9 | 95.1 | 93.3 | 93.7 | 93.7 | 106.6 |
| 97.7 | 97.6 | 96.2 | 97.8 | 97.6 | 98.1 | 98.7 |
| 100.0 | 100.9 | 100.9 | 101.5 | 99.7 | 99.7 | 103.3 |
| 141.9 | 141.9 | 141.9 | 141.9 | 140.9 | 140.9 | 99.3 |
| 103.6 | 104.5 | 103.1 | 103.0 | 104.0 | 106.4 | 104.3 |
| 101.9 | 102.7 | 99.3 | 99.4 | 99.5 | 100.9 | 100.9 |
| 101.4 | 105.3 | 102.8 | 102.6 | 104.6 | 104.4 | 103.9 |
| 102.9 | 101.4 | 101.3 | 101.0 | 100.9 | 110.3 | 110.2 |
| 107.9 | 107.9 | 107.9 | 107.9 | 109.3 | 109.3 | 102.1 |

# 2006 年广西农村居民消费价格各月同比指数（续表 2）

以上年同月价格为 100

| 类　别 | 1 月 | 2 月 | 3 月 | 4 月 | 5 月 |
|---|---|---|---|---|---|
| **六、交通和通信** | **99.7** | **99.6** | **99.7** | **99.6** | **99.7** |
| 1. 交　　通 | 104.9 | 104.2 | 103.8 | 103.6 | 103.0 |
| (1) 交通工具 | 100.1 | 100.0 | 99.3 | 97.7 | 97.3 |
| (2) 车用燃料及零配件 | 113.1 | 113.1 | 113.2 | 112.7 | 110.7 |
| 汽　　油 | 116.4 | 116.4 | 115.9 | 113.3 | 117.1 |
| 柴　　油 | 116.9 | 116.9 | 117.7 | 119.7 | 119.2 |
| (3) 车辆使用及维修费 | 107.0 | 107.3 | 107.1 | 107.1 | 106.8 |
| (4) 市区公共交通费 | 102.4 | 102.8 | 102.4 | 104.0 | 104.0 |
| (5) 城市间交通费 | 106.4 | 102.8 | 101.9 | 102.8 | 102.5 |
| 2. 通　　信 | 93.2 | 93.6 | 94.5 | 94.4 | 95.4 |
| (1) 通信工具 | 74.9 | 76.1 | 78.7 | 77.8 | 81.2 |
| (2) 通信服务 | 100.0 | 100.0 | 100.0 | 100.0 | 100.0 |
| **七、娱乐教育文化用品及服务** | 99.9 | 98.4 | 98.8 | 99.8 | 100.2 |
| 1. 文娱用耐用消费品及服务 | 90.9 | 91.3 | 92.4 | 89.7 | 92.6 |
| 2. 教　　育 | 103.2 | 102.6 | 102.3 | 103.9 | 104.3 |
| (1) 教材及参考书 | 100.0 | 95.8 | 95.4 | 95.7 | 95.7 |
| (2) 学杂托幼费 | 103.7 | 103.6 | 103.3 | 105.2 | 105.6 |
| 3. 文化娱乐类 | 102.3 | 101.8 | 100.4 | 100.6 | 100.7 |
| (1) 文化娱乐用品 | 99.0 | 98.7 | 97.0 | 98.6 | 98.7 |
| (2) 书报杂志 | 100.8 | 99.3 | 99.3 | 99.3 | 99.3 |
| (3) 文 娱 费 | 106.9 | 106.9 | 104.8 | 103.7 | 103.7 |
| 4. 旅　　游 | 100.3 | 90.1 | 94.1 | 100.8 | 96.7 |
| **八、居　　住** | **108.0** | **106.2** | **104.5** | **103.8** | **103.4** |
| 1. 建房及装修材料 | 104.0 | 100.2 | 100.8 | 99.3 | 99.1 |
| 2. 租　　房 | 106.4 | 106.4 | 106.4 | 112.4 | 112.4 |
| 3. 自有住房 | 102.2 | 102.2 | 101.1 | 100.0 | 104.4 |
| 4. 水、电、燃料 | 113.9 | 113.1 | 108.7 | 106.9 | 104.7 |
| 水 | 106.7 | 106.7 | 106.7 | 106.7 | 106.7 |
| 电 | 99.6 | 100.0 | 100.0 | 100.0 | 96.3 |
| 液化石油气 | 133.5 | 131.6 | 120.6 | 115.6 | 112.4 |
| 管道燃气 | | | | | |

| 6 月 | 7 月 | 8 月 | 9 月 | 10 月 | 11 月 | 12 月 |
|---|---|---|---|---|---|---|
| **101.3** | **101.7** | **101.1** | **100.5** | **100.9** | **101.8** | **101.5** |
| 105.3 | 106.2 | 105.5 | 104.0 | 103.7 | 103.8 | 102.8 |
| 97.1 | 97.6 | 97.3 | 96.7 | 95.9 | 95.7 | 95.7 |
| 117.6 | 117.0 | 112.7 | 110.8 | 111.2 | 109.4 | 109.4 |
| 127.7 | 121.4 | 114.9 | 114.0 | 113.7 | 113.7 | 113.7 |
| 125.9 | 120.0 | 114.2 | 113.3 | 113.0 | 113.0 | 113.0 |
| 106.8 | 111.4 | 111.4 | 111.4 | 112.4 | 112.4 | 105.2 |
| 110.6 | 111.4 | 111.4 | 104.3 | 102.4 | 104.3 | 104.3 |
| 103.7 | 103.8 | 104.2 | 104.2 | 104.2 | 105.0 | 105.0 |
| 96.0 | 95.6 | 95.2 | 95.7 | 97.0 | 99.1 | 99.7 |
| 83.4 | 81.7 | 79.6 | 81.5 | 86.6 | 87.0 | 84.8 |
| 100.0 | 100.0 | 100.0 | 100.0 | 100.0 | 102.5 | 103.9 |
| 101.6 | 102.4 | 103.3 | 103.2 | 102.9 | 101.8 | 101.2 |
| 92.7 | 93.6 | 95.0 | 95.1 | 93.9 | 92.0 | 93.2 |
| 104.3 | 104.5 | 104.5 | 103.6 | 103.6 | 103.9 | 103.9 |
| 95.7 | 97.2 | 97.2 | 100.5 | 100.5 | 100.5 | 100.4 |
| 105.6 | 105.6 | 105.6 | 104.0 | 104.0 | 104.4 | 104.4 |
| 106.9 | 107.2 | 107.5 | 107.5 | 107.3 | 107.2 | 105.5 |
| 97.3 | 97.7 | 98.5 | 98.4 | 98.0 | 98.0 | 98.2 |
| 99.9 | 100.5 | 100.5 | 100.5 | 100.5 | 100.0 | 100.1 |
| 122.0 | 122.0 | 122.0 | 122.0 | 122.0 | 122.0 | 116.4 |
| 99.9 | 102.8 | 107.4 | 110.3 | 110.6 | 102.9 | 97.5 |
| **103.7** | **103.6** | **103.4** | **102.2** | **100.0** | **100.3** | **101.1** |
| 101.0 | 99.7 | 99.0 | 97.1 | 96.8 | 98.4 | 98.5 |
| 108.4 | 108.4 | 108.5 | 108.5 | 108.5 | 108.5 | 105.7 |
| 104.4 | 104.4 | 106.7 | 106.7 | 106.7 | 106.7 | 106.7 |
| 105.0 | 106.0 | 105.2 | 104.1 | 98.5 | 98.0 | 100.5 |
| 106.7 | 106.7 | 106.7 | 106.7 | 106.7 | 106.7 | 100.0 |
| 100.0 | 102.2 | 102.2 | 102.2 | 102.2 | 101.4 | 101.4 |
| 109.2 | 109.5 | 107.6 | 105.1 | 93.3 | 92.3 | 99.6 |

# 2007年广西农村居民消费价格各月同比指数

以上年同月价格为100

| 类　别 | 1月 | 2月 | 3月 | 4月 | 5月 |
|---|---|---|---|---|---|
| **居民消费价格总指数** | **102.5** | **104.2** | **105.1** | **105.3** | **105.6** |
| **一、食　　品** | **106.1** | **107.8** | **109.2** | **110.6** | **111.0** |
| 1. 粮　　食 | 102.8 | 103.4 | 103.5 | 103.4 | 104.4 |
| 大　　米 | 101.1 | 101.4 | 101.4 | 101.4 | 102.9 |
| 2. 淀　　粉 | 103.8 | 113.5 | 107.3 | 99.2 | 99.8 |
| 3. 干豆类及豆制品 | 101.0 | 104.8 | 106.0 | 106.2 | 110.4 |
| 4. 油　　脂 | 112.2 | 114.2 | 112.8 | 118.5 | 118.7 |
| 食用植物油 | 115.9 | 118.7 | 116.5 | 123.6 | 120.0 |
| 5. 肉禽及其制品 | 111.3 | 114.9 | 114.4 | 121.1 | 130.8 |
| (1) 食用畜肉及副产品 | 112.1 | 118.1 | 116.7 | 123.3 | 126.4 |
| 猪　　肉 | 112.3 | 118.5 | 116.9 | 125.4 | 131.9 |
| 牛　　肉 | 112.3 | 111.3 | 114.0 | 106.7 | 100.4 |
| 羊　　肉 | 144.0 | 136.5 | 110.9 | 118.6 | 108.5 |
| (2) 禽 | 111.6 | 110.2 | 111.0 | 121.8 | 148.1 |
| 鸡 | 110.5 | 109.1 | 110.7 | 125.3 | 149.8 |
| 鸭 | 113.1 | 112.1 | 110.7 | 113.5 | 142.5 |
| (3) 加工肉禽 | 107.5 | 109.4 | 110.9 | 110.6 | 118.5 |
| 6. 蛋 | 115.4 | 119.0 | 123.8 | 127.9 | 134.1 |
| 鲜　　蛋 | 115.8 | 119.8 | 124.6 | 128.9 | 135.1 |
| 7. 水 产 品 | 102.1 | 102.3 | 105.3 | 103.6 | 103.3 |
| (1) 鱼 | 98.3 | 97.9 | 101.3 | 102.1 | 105.3 |
| 淡 水 鱼 | 99.8 | 98.7 | 101.9 | 101.9 | 105.3 |
| 海 水 鱼 | 92.2 | 94.2 | 97.7 | 102.6 | 106.1 |
| (2) 其他水产品 | 111.9 | 114.6 | 116.2 | 109.0 | 100.9 |
| 虾 蟹 类 | 110.7 | 113.2 | 116.2 | 107.9 | 99.5 |
| 8. 菜 | 95.1 | 94.4 | 107.4 | 119.3 | 97.5 |
| 鲜　　菜 | 92.8 | 92.6 | 107.6 | 121.1 | 95.9 |
| 9. 调 味 品 | 110.3 | 113.6 | 113.5 | 109.5 | 110.4 |
| 盐 | 130.0 | 130.0 | 130.0 | 130.0 | 130.0 |
| 酱　　油 | 101.8 | 104.2 | 104.2 | 98.4 | 101.2 |
| 10. 糖 | 104.1 | 105.4 | 101.3 | 94.3 | 94.1 |
| 食　　糖 | 111.6 | 105.4 | 95.9 | 87.7 | 89.1 |
| 11. 茶及饮料 | 102.1 | 106.5 | 103.5 | 103.1 | 101.9 |
| (1) 茶　　叶 | 100.4 | 110.9 | 106.8 | 104.2 | 98.1 |
| (2) 饮　　料 | 102.8 | 104.9 | 102.3 | 102.7 | 103.5 |
| 12. 干鲜瓜果 | 105.0 | 102.9 | 102.4 | 87.6 | 86.5 |
| 鲜 瓜 果 | 103.2 | 101.2 | 100.9 | 83.3 | 82.7 |
| 13. 糕点饼干 | 100.8 | 106.6 | 106.0 | 103.1 | 103.5 |

| 6 月 | 7 月 | 8 月 | 9 月 | 10 月 | 11 月 | 12 月 |
|---|---|---|---|---|---|---|
| **106.2** | **109.2** | **109.2** | **109.1** | **108.7** | **108.3** | **108.5** |
| **113.4** | **121.0** | **122.2** | **121.4** | **120.3** | **119.7** | **120.9** |
| 103.9 | 102.5 | 102.6 | 104.2 | 104.5 | 108.0 | 107.4 |
| 102.1 | 100.4 | 99.8 | 101.4 | 101.8 | 106.6 | 106.6 |
| 100.0 | 100.0 | 93.4 | 103.6 | 106.9 | 110.8 | 125.5 |
| 109.8 | 110.6 | 112.2 | 116.2 | 117.0 | 123.3 | 130.7 |
| 123.1 | 122.8 | 125.0 | 124.3 | 132.6 | 135.7 | 133.4 |
| 122.2 | 122.1 | 124.3 | 125.1 | 134.4 | 137.9 | 134.1 |
| 135.4 | 160.4 | 160.9 | 145.8 | 140.3 | 140.6 | 144.1 |
| 132.5 | 167.3 | 170.7 | 150.9 | 141.9 | 144.5 | 153.5 |
| 139.2 | 181.4 | 185.2 | 158.7 | 148.2 | 151.5 | 163.1 |
| 114.5 | 127.3 | 124.6 | 125.5 | 121.3 | 121.7 | 134.2 |
| 124.7 | 130.5 | 125.4 | 131.6 | 130.5 | 129.0 | 109.0 |
| 151.7 | 159.1 | 150.6 | 139.3 | 139.3 | 135.1 | 127.1 |
| 153.7 | 169.0 | 162.9 | 148.8 | 148.1 | 141.2 | 129.5 |
| 145.2 | 136.5 | 122.1 | 114.9 | 116.9 | 119.8 | 119.6 |
| 119.8 | 134.8 | 139.5 | 136.3 | 135.1 | 134.6 | 136.3 |
| 139.8 | 146.3 | 135.3 | 127.1 | 122.8 | 114.1 | 105.9 |
| 140.9 | 147.3 | 135.3 | 126.7 | 122.0 | 113.4 | 104.9 |
| 106.4 | 108.1 | 110.3 | 113.2 | 107.9 | 104.1 | 103.5 |
| 104.0 | 108.6 | 111.7 | 116.5 | 111.5 | 107.7 | 107.6 |
| 103.3 | 109.1 | 112.2 | 118.3 | 112.8 | 108.3 | 107.3 |
| 107.4 | 103.0 | 106.0 | 105.9 | 103.5 | 104.6 | 109.5 |
| 111.9 | 103.6 | 102.2 | 100.7 | 96.0 | 92.3 | 92.3 |
| 109.3 | 101.7 | 100.4 | 102.0 | 96.0 | 92.9 | 92.3 |
| 96.4 | 94.0 | 95.8 | 116.3 | 127.5 | 112.5 | 103.9 |
| 95.2 | 92.5 | 93.8 | 117.3 | 130.1 | 109.7 | 99.7 |
| 110.5 | 108.7 | 108.2 | 102.4 | 102.1 | 104.6 | 106.5 |
| 130.0 | 125.9 | 118.1 | 100.0 | 100.0 | 100.0 | 100.0 |
| 101.7 | 100.0 | 103.0 | 103.0 | 102.5 | 106.8 | 106.8 |
| 93.8 | 96.8 | 98.7 | 98.7 | 96.4 | 99.8 | 103.8 |
| 86.3 | 91.8 | 95.4 | 95.4 | 91.1 | 94.5 | 94.4 |
| 100.4 | 101.6 | 102.7 | 102.5 | 102.5 | 101.9 | 102.7 |
| 95.3 | 101.1 | 101.1 | 101.5 | 101.5 | 101.5 | 101.5 |
| 102.3 | 101.7 | 103.2 | 102.8 | 102.9 | 102.1 | 103.1 |
| 89.7 | 90.7 | 100.9 | 106.5 | 103.9 | 104.6 | 104.2 |
| 86.6 | 88.5 | 101.7 | 108.8 | 103.4 | 103.1 | 102.7 |
| 105.6 | 105.6 | 105.2 | 105.2 | 105.6 | 105.8 | 116.9 |

## 2007 年广西农村居民消费价格各月同比指数（续表 1）

以上年同月价格为 100

| 类 别 | 1 月 | 2 月 | 3 月 | 4 月 | 5 月 |
|---|---|---|---|---|---|
| 14. 液体乳及乳制品 | 107.5 | 106.8 | 109.6 | 99.8 | 102.4 |
| 15. 在外用膳食品 | 104.4 | 104.4 | 104.5 | 105.5 | 104.5 |
| 16. 其他食品 | 107.5 | 109.4 | 109.4 | 107.5 | 107.2 |
| **二、烟酒及用品** | **97.5** | **98.3** | **98.5** | **98.1** | **100.9** |
| 1. 烟　草 | 96.5 | 96.5 | 96.8 | 96.6 | 100.0 |
| 2. 酒 | 98.2 | 99.4 | 99.5 | 99.2 | 101.7 |
| 3. 吸烟、饮酒用品 | 101.5 | 110.9 | 108.6 | 101.4 | 101.4 |
| **三、衣　着** | **103.8** | **104.7** | **105.1** | **109.6** | **109.0** |
| 1. 服　装 | 103.0 | 104.4 | 105.1 | 109.0 | 108.1 |
| (1) 男式服装 | 101.8 | 103.5 | 103.7 | 103.8 | 102.2 |
| (2) 女式服装 | 105.7 | 106.5 | 109.1 | 120.5 | 118.4 |
| (3) 儿童服装 | 98.2 | 100.5 | 97.8 | 91.1 | 94.2 |
| 2. 衣着材料 | 97.5 | 96.5 | 100.9 | 99.1 | 99.9 |
| 3. 鞋 袜 帽 | 105.5 | 106.5 | 105.7 | 113.3 | 113.5 |
| (1) 鞋 | 105.5 | 107.4 | 105.5 | 114.9 | 115.1 |
| (2) 袜　子 | 107.6 | 101.8 | 110.7 | 106.8 | 106.8 |
| (3) 帽　子 | 98.8 | 98.8 | 93.6 | 93.6 | 94.3 |
| 4. 衣着加工服务费 | 123.1 | 110.3 | 110.3 | 102.7 | 102.7 |
| **四、家庭设备用品及维修服务** | **100.5** | **102.2** | **104.2** | **100.7** | **100.8** |
| 1. 耐用消费品 | 100.3 | 100.4 | 100.5 | 100.5 | 99.3 |
| (1) 家　具 | 101.3 | 102.5 | 102.5 | 102.1 | 101.3 |
| (2) 家庭设备 | 99.7 | 99.3 | 99.3 | 99.6 | 98.2 |
| 2. 室内装饰品 | 97.8 | 99.1 | 100.9 | 101.2 | 100.3 |
| 3. 床上用品 | 95.8 | 99.0 | 102.8 | 89.0 | 95.7 |
| 4. 家庭日用杂品 | 98.9 | 103.1 | 107.5 | 100.3 | 101.9 |
| 5. 家庭服务及加工维修服务 | 114.2 | 114.2 | 115.6 | 116.0 | 110.2 |
| **五、医疗保健和个人用品** | **101.6** | **101.5** | **100.8** | **102.7** | **105.0** |
| 1. 医疗保健 | 101.0 | 101.0 | 100.1 | 103.8 | 107.4 |
| (1) 医疗器具及用品 | 97.0 | 97.0 | 97.3 | 97.9 | 97.9 |
| (2) 中药材及中成药 | 106.6 | 106.6 | 104.9 | 117.0 | 126.2 |
| (3) 西　药 | 98.6 | 98.6 | 97.7 | 98.7 | 96.6 |
| (4) 保健器具及用品 | 103.6 | 103.6 | 98.1 | 98.5 | 98.9 |
| (5) 医疗保健服务 | 99.3 | 99.3 | 99.3 | 99.3 | 106.4 |
| 2. 个人用品及服务 | 103.0 | 102.6 | 102.3 | 100.2 | 99.7 |
| (1) 化妆美容用品 | 100.8 | 100.8 | 101.0 | 100.7 | 100.7 |
| (2) 清洁化妆用品 | 103.9 | 104.6 | 105.8 | 103.6 | 103.3 |
| (3) 个人饰品 | 108.3 | 101.7 | 99.6 | 100.4 | 98.4 |
| (4) 个人服务 | 99.4 | 102.8 | 102.4 | 94.7 | 94.7 |

| 6 月 | 7 月 | 8 月 | 9 月 | 10 月 | 11 月 | 12 月 |
|---|---|---|---|---|---|---|
| 101.1 | 98.9 | 98.8 | 99.6 | 99.3 | 104.2 | 105.5 |
| 105.1 | 107.9 | 106.9 | 108.1 | 107.7 | 108.7 | 112.9 |
| 107.2 | 107.5 | 109.4 | 107.0 | 103.3 | 103.3 | 99.9 |
| **100.8** | **101.0** | **101.2** | **101.4** | **101.0** | **101.0** | **102.2** |
| 100.0 | 99.4 | 99.4 | 99.4 | 99.4 | 99.4 | 99.4 |
| 101.7 | 102.9 | 103.4 | 104.3 | 102.9 | 102.9 | 106.9 |
| 100.0 | 100.0 | 100.0 | 99.6 | 100.0 | 100.0 | 92.4 |
| **109.6** | **110.2** | **107.1** | **105.6** | **101.6** | **98.0** | **96.3** |
| 108.6 | 110.0 | 105.4 | 104.6 | 99.8 | 96.4 | 95.7 |
| 101.3 | 102.2 | 100.2 | 99.6 | 97.9 | 95.9 | 94.3 |
| 117.0 | 117.7 | 112.6 | 109.9 | 103.3 | 95.8 | 92.2 |
| 101.5 | 105.6 | 96.3 | 100.9 | 94.3 | 99.4 | 109.5 |
| 99.7 | 96.9 | 95.3 | 98.3 | 100.0 | 97.4 | 95.1 |
| 114.5 | 113.6 | 114.6 | 110.1 | 107.5 | 102.9 | 98.1 |
| 115.8 | 115.2 | 116.3 | 110.9 | 107.6 | 103.1 | 98.2 |
| 109.9 | 107.3 | 108.6 | 108.6 | 109.7 | 103.2 | 98.3 |
| 94.3 | 94.3 | 91.0 | 94.5 | 94.5 | 94.5 | 94.5 |
| 102.9 | 102.9 | 102.9 | 101.1 | 101.1 | 99.4 | 99.4 |
| **100.1** | **100.5** | **100.4** | **100.5** | **101.4** | **100.0** | **100.2** |
| 100.7 | 100.9 | 100.8 | 100.1 | 100.0 | 100.0 | 99.6 |
| 103.8 | 101.2 | 101.3 | 100.3 | 100.9 | 100.5 | 100.3 |
| 98.9 | 100.7 | 100.6 | 100.0 | 99.6 | 99.7 | 99.2 |
| 99.5 | 101.3 | 101.3 | 101.3 | 101.3 | 101.3 | 100.3 |
| 95.7 | 96.5 | 97.0 | 99.2 | 95.2 | 93.0 | 86.9 |
| 99.1 | 99.6 | 100.4 | 101.0 | 105.5 | 101.1 | 104.2 |
| 105.5 | 105.5 | 102.2 | 102.2 | 102.2 | 104.3 | 104.3 |
| **105.0** | **108.2** | **105.8** | **105.0** | **105.4** | **105.1** | **104.9** |
| 107.5 | 112.1 | 108.6 | 107.4 | 108.2 | 107.7 | 107.3 |
| 97.9 | 100.0 | 100.0 | 100.0 | 100.0 | 100.2 | 100.2 |
| 126.2 | 139.6 | 126.0 | 120.2 | 121.0 | 120.0 | 116.7 |
| 96.4 | 98.0 | 99.0 | 100.0 | 100.6 | 99.9 | 101.0 |
| 98.9 | 100.5 | 100.5 | 100.5 | 102.3 | 103.7 | 102.4 |
| 106.4 | 106.4 | 106.4 | 106.4 | 107.1 | 107.1 | 107.1 |
| 99.4 | 99.4 | 99.3 | 99.7 | 99.2 | 99.3 | 99.7 |
| 101.0 | 100.6 | 101.1 | 101.2 | 101.0 | 99.1 | 99.6 |
| 102.6 | 101.3 | 101.1 | 101.5 | 100.9 | 101.6 | 102.4 |
| 97.8 | 99.8 | 99.3 | 100.7 | 100.8 | 103.7 | 103.2 |
| 94.7 | 94.7 | 94.7 | 94.8 | 93.6 | 93.6 | 93.6 |

# 2007 年广西农村居民消费价格各月同比指数（续表 2）

以上年同月价格为 100

| 类别 | 1月 | 2月 | 3月 | 4月 | 5月 |
|---|---|---|---|---|---|
| **六、交通和通信** | **101.4** | **101.6** | **103.9** | **100.9** | **100.4** |
| 1. 交　通 | 102.6 | 103.0 | 106.9 | 102.3 | 102.0 |
| (1) 交通工具 | 95.9 | 95.9 | 96.4 | 96.8 | 96.7 |
| (2) 车用燃料及零配件 | 108.6 | 107.8 | 107.0 | 105.2 | 106.4 |
| 汽　油 | 111.2 | 109.5 | 108.3 | 105.2 | 102.6 |
| 柴　油 | 113.0 | 113.0 | 112.3 | 110.4 | 107.3 |
| (3) 车辆使用及维修费 | 105.4 | 106.6 | 104.9 | 104.9 | 105.2 |
| (4) 市区公共交通费 | 104.3 | 101.9 | 103.8 | 102.2 | 101.0 |
| (5) 城市间交通费 | 103.5 | 106.2 | 125.5 | 106.0 | 104.2 |
| 2. 通　信 | 99.7 | 99.7 | 99.8 | 98.9 | 98.2 |
| (1) 通信工具 | 85.0 | 84.9 | 85.6 | 82.6 | 80.1 |
| (2) 通信服务 | 103.9 | 103.9 | 103.9 | 103.9 | 103.9 |
| **七、娱乐教育文化用品及服务** | **100.9** | **102.1** | **100.8** | **99.6** | **99.8** |
| 1. 文娱用耐用消费品及服务 | 93.4 | 90.1 | 89.7 | 89.4 | 90.2 |
| 2. 教　育 | 103.9 | 103.7 | 102.9 | 101.2 | 100.9 |
| (1) 教材及参考书 | 100.1 | 99.1 | 98.8 | 98.5 | 99.2 |
| (2) 学杂托幼费 | 104.4 | 104.4 | 103.4 | 101.6 | 101.2 |
| 3. 文化娱乐类 | 106.0 | 106.3 | 106.7 | 106.6 | 106.7 |
| (1) 文化娱乐用品 | 99.1 | 99.5 | 101.6 | 100.2 | 99.9 |
| (2) 书报杂志 | 100.3 | 100.3 | 100.3 | 100.3 | 100.1 |
| (3) 文 娱 费 | 116.4 | 116.6 | 115.9 | 117.1 | 118.1 |
| 4. 旅　游 | 93.3 | 111.7 | 103.9 | 101.4 | 101.9 |
| **八、居　住** | **99.3** | **104.2** | **106.1** | **106.5** | **105.9** |
| 1. 建房及装修材料 | 99.1 | 101.7 | 102.2 | 103.6 | 103.5 |
| 2. 租　房 | 105.7 | 127.3 | 127.3 | 121.2 | 121.2 |
| 3. 自有住房 | 106.7 | 106.7 | 109.6 | 109.6 | 106.8 |
| 4. 水、电、燃料 | 96.0 | 97.5 | 100.5 | 101.3 | 102.3 |
| 水 | 100.0 | 104.9 | 104.9 | 104.9 | 104.9 |
| 电 | 101.4 | 101.4 | 101.4 | 101.4 | 102.2 |
| 液化石油气 | 90.2 | 91.0 | 96.5 | 98.4 | 102.2 |
| 管道燃气 | | | | | |

| 6 月 | 7 月 | 8 月 | 9 月 | 10 月 | 11 月 | 12 月 |
|---|---|---|---|---|---|---|
| **98.9** | **98.3** | **98.2** | **101.2** | **100.5** | **100.0** | **99.9** |
| 100.0 | 99.2 | 98.5 | 98.9 | 98.4 | 99.2 | 99.4 |
| 97.0 | 97.0 | 96.1 | 95.3 | 94.6 | 94.1 | 94.0 |
| 101.2 | 98.9 | 99.5 | 99.5 | 99.2 | 105.4 | 106.3 |
| 96.1 | 96.1 | 96.1 | 96.1 | 96.3 | 103.9 | 104.9 |
| 99.8 | 99.8 | 99.8 | 99.8 | 100.0 | 108.9 | 110.0 |
| 105.4 | 100.9 | 100.9 | 100.9 | 100.0 | 100.0 | 100.0 |
| 94.9 | 94.3 | 94.3 | 98.4 | 98.4 | 98.4 | 98.9 |
| 102.8 | 104.7 | 102.3 | 102.3 | 102.3 | 101.5 | 101.5 |
| 97.4 | 97.1 | 97.8 | 104.6 | 103.6 | 101.1 | 100.5 |
| 77.6 | 76.6 | 79.4 | 78.6 | 74.9 | 73.0 | 75.0 |
| 103.9 | 103.9 | 103.9 | 113.5 | 113.5 | 110.7 | 109.3 |
| **98.4** | **98.5** | **98.3** | **98.0** | **97.9** | **97.7** | **96.9** |
| 89.3 | 89.9 | 89.3 | 89.6 | 87.5 | 85.7 | 83.1 |
| 100.9 | 100.9 | 100.8 | 100.6 | 100.6 | 100.2 | 100.2 |
| 98.7 | 98.7 | 97.9 | 92.7 | 92.7 | 92.6 | 92.6 |
| 101.2 | 101.2 | 101.2 | 101.7 | 101.7 | 101.3 | 101.3 |
| 100.6 | 100.6 | 100.5 | 100.6 | 100.7 | 100.7 | 100.7 |
| 101.2 | 101.1 | 100.7 | 101.1 | 101.4 | 101.4 | 101.4 |
| 100.1 | 100.1 | 100.1 | 100.1 | 100.1 | 100.1 | 100.1 |
| 100.4 | 100.4 | 100.4 | 100.4 | 100.4 | 100.4 | 100.4 |
| 99.8 | 99.1 | 98.9 | 96.9 | 99.2 | 103.6 | 101.8 |
| **107.2** | **108.0** | **108.4** | **109.1** | **111.2** | **113.8** | **113.0** |
| 102.2 | 103.7 | 104.9 | 107.0 | 107.8 | 105.6 | 108.2 |
| 121.2 | 121.2 | 121.2 | 121.2 | 121.2 | 121.2 | 121.2 |
| 106.8 | 108.7 | 107.8 | 110.0 | 110.0 | 110.0 | 110.0 |
| 106.8 | 106.9 | 107.3 | 106.6 | 111.3 | 116.5 | 113.2 |
| 124.3 | 124.3 | 124.3 | 124.3 | 124.3 | 124.3 | 124.3 |
| 102.2 | 100.0 | 100.0 | 100.0 | 100.0 | 100.0 | 100.0 |
| 106.8 | 109.5 | 111.4 | 109.9 | 120.9 | 136.8 | 127.9 |

# 2008年广西农村居民消费价格各月同比指数

以上年同月价格为100

| 类　别 | 1月 | 2月 | 3月 | 4月 | 5月 |
|---|---|---|---|---|---|
| **居民消费价格总指数** | **110.2** | **112.8** | **111.7** | **111.7** | **111.0** |
| **一、食　　品** | **125.8** | **135.6** | **129.9** | **130.5** | **128.9** |
| 1. 粮　　食 | 105.5 | 106.5 | 108.5 | 109.6 | 113.6 |
| 大　　米 | 104.6 | 106.3 | 108.6 | 110.0 | 115.0 |
| 2. 淀　　粉 | 118.5 | 111.6 | 121.8 | 124.0 | 108.4 |
| 3. 干豆类及豆制品 | 133.4 | 154.6 | 158.3 | 155.8 | 150.5 |
| 4. 油　　脂 | 144.3 | 147.6 | 149.5 | 141.2 | 131.4 |
| 食用植物油 | 147.6 | 150.8 | 153.7 | 143.7 | 134.8 |
| 5. 肉禽及其制品 | 144.3 | 144.6 | 144.3 | 147.7 | 136.9 |
| (1) 食用畜肉及副产品 | 151.7 | 150.5 | 153.0 | 158.3 | 150.1 |
| 猪　　肉 | 157.9 | 152.6 | 156.5 | 160.4 | 148.0 |
| 牛　　肉 | 140.9 | 162.9 | 152.6 | 156.2 | 164.9 |
| 羊　　肉 | 106.2 | 119.1 | 120.7 | 125.1 | 143.4 |
| (2) 禽 | 129.5 | 133.6 | 128.1 | 128.4 | 112.4 |
| 鸡 | 128.7 | 134.9 | 126.7 | 127.6 | 111.8 |
| 鸭 | 131.9 | 129.5 | 131.7 | 130.1 | 114.1 |
| (3) 加工肉禽 | 139.4 | 138.2 | 136.5 | 139.4 | 132.9 |
| 6. 蛋 | 111.5 | 121.3 | 116.8 | 112.8 | 107.5 |
| 鲜　　蛋 | 110.6 | 120.9 | 116.2 | 112.3 | 107.0 |
| 7. 水 产 品 | 107.9 | 120.8 | 127.1 | 127.9 | 128.5 |
| (1) 鱼 | 113.2 | 131.4 | 134.0 | 138.3 | 140.2 |
| 淡 水 鱼 | 112.5 | 132.6 | 136.6 | 141.2 | 143.8 |
| 海 水 鱼 | 118.1 | 123.9 | 117.3 | 118.7 | 117.5 |
| (2) 其他水产品 | 94.2 | 97.0 | 110.8 | 103.3 | 99.1 |
| 虾 蟹 类 | 94.2 | 97.0 | 110.8 | 103.3 | 99.0 |
| 8. 菜 | 131.5 | 199.3 | 135.9 | 123.5 | 143.7 |
| 鲜　　菜 | 133.1 | 216.5 | 137.2 | 122.1 | 145.3 |
| 9. 调 味 品 | 106.1 | 105.8 | 109.0 | 110.8 | 110.9 |
| 盐 | 100.0 | 100.5 | 100.5 | 100.5 | 100.5 |
| 酱　　油 | 109.3 | 109.3 | 114.6 | 115.0 | 115.0 |
| 10. 糖 | 104.8 | 107.2 | 105.7 | 105.7 | 105.7 |
| 食　　糖 | 94.6 | 98.6 | 97.4 | 97.4 | 96.9 |
| 11. 茶及饮料 | 105.2 | 102.3 | 102.6 | 103.6 | 104.8 |
| (1) 茶　　叶 | 108.6 | 96.8 | 95.0 | 100.5 | 99.9 |
| (2) 饮　　料 | 103.9 | 104.4 | 105.5 | 104.8 | 106.6 |
| 12. 干鲜瓜果 | 109.4 | 121.3 | 108.4 | 120.7 | 122.4 |
| 鲜 瓜 果 | 108.1 | 122.5 | 106.3 | 120.9 | 122.2 |
| 13. 糕点饼干 | 116.9 | 120.1 | 121.6 | 121.1 | 120.2 |

| 6 月 | 7 月 | 8 月 | 9 月 | 10 月 | 11 月 | 12 月 |
|---|---|---|---|---|---|---|
| **110.1** | **107.5** | **106.7** | **106.7** | **106.7** | **105.2** | **102.5** |
| **125.0** | **117.2** | **113.8** | **114.6** | **114.9** | **113.4** | **108.0** |
| 114.1 | 115.0 | 113.8 | 110.5 | 110.3 | 109.5 | 108.6 |
| 115.2 | 116.4 | 115.3 | 111.0 | 110.7 | 109.4 | 108.5 |
| 108.6 | 109.0 | 108.6 | 105.6 | 106.0 | 102.3 | 90.0 |
| 147.8 | 150.8 | 146.2 | 142.2 | 138.8 | 126.4 | 117.0 |
| 127.8 | 126.6 | 121.0 | 118.9 | 111.3 | 102.5 | 89.8 |
| 130.1 | 128.5 | 122.6 | 119.9 | 112.2 | 103.1 | 90.4 |
| 127.9 | 107.1 | 106.3 | 110.1 | 107.9 | 103.0 | 97.2 |
| 139.2 | 110.2 | 109.0 | 114.2 | 110.7 | 102.6 | 94.0 |
| 136.6 | 103.3 | 100.7 | 106.4 | 101.8 | 93.0 | 85.2 |
| 146.2 | 135.7 | 142.3 | 141.5 | 146.3 | 146.7 | 131.5 |
| 128.5 | 125.3 | 132.1 | 129.3 | 129.8 | 120.1 | 121.8 |
| 104.5 | 95.9 | 97.0 | 99.3 | 99.2 | 99.8 | 100.2 |
| 104.4 | 96.1 | 95.0 | 95.5 | 95.9 | 98.3 | 100.0 |
| 104.9 | 95.3 | 103.7 | 112.8 | 110.4 | 104.5 | 101.1 |
| 129.2 | 115.9 | 112.5 | 112.7 | 112.2 | 110.8 | 108.2 |
| 104.2 | 100.3 | 101.2 | 104.3 | 105.7 | 109.3 | 109.7 |
| 103.7 | 100.0 | 101.2 | 104.5 | 106.0 | 109.8 | 110.1 |
| 121.6 | 119.0 | 119.6 | 120.6 | 120.7 | 118.1 | 114.5 |
| 134.8 | 126.1 | 123.8 | 122.7 | 122.6 | 119.8 | 117.1 |
| 137.2 | 126.4 | 124.9 | 123.1 | 122.6 | 120.0 | 117.7 |
| 119.8 | 124.8 | 116.9 | 119.8 | 122.9 | 118.4 | 113.0 |
| 86.1 | 95.9 | 104.9 | 113.6 | 114.4 | 112.5 | 106.5 |
| 86.1 | 95.9 | 104.9 | 113.6 | 114.4 | 112.5 | 106.5 |
| 138.3 | 149.8 | 126.5 | 121.9 | 137.7 | 148.0 | 146.1 |
| 138.6 | 151.5 | 125.3 | 120.6 | 140.1 | 154.8 | 152.2 |
| 111.4 | 111.5 | 107.9 | 106.5 | 107.9 | 105.3 | 103.2 |
| 100.5 | 100.5 | 100.5 | 100.0 | 100.0 | 100.0 | 100.0 |
| 115.4 | 115.4 | 108.4 | 108.4 | 109.0 | 104.6 | 104.6 |
| 107.2 | 108.7 | 107.7 | 108.3 | 112.4 | 111.3 | 107.5 |
| 96.7 | 95.8 | 94.2 | 94.5 | 95.3 | 94.8 | 95.2 |
| 104.9 | 106.4 | 106.3 | 105.6 | 104.3 | 104.3 | 103.4 |
| 99.9 | 108.1 | 108.1 | 107.6 | 107.6 | 107.6 | 107.6 |
| 106.7 | 105.8 | 105.7 | 104.9 | 103.0 | 103.0 | 101.9 |
| 126.0 | 119.8 | 113.8 | 115.9 | 114.1 | 114.6 | 111.6 |
| 126.4 | 118.6 | 111.1 | 114.5 | 112.5 | 114.1 | 111.7 |
| 117.9 | 117.9 | 116.5 | 116.9 | 117.0 | 116.4 | 104.3 |

# 2008 年广西农村居民消费价格各月同比指数（续表 1）

以上年同月价格为 100

| 类 别 | 1 月 | 2 月 | 3 月 | 4 月 | 5 月 |
|---|---|---|---|---|---|
| 14. 液体乳及乳制品 | 117.4 | 120.8 | 119.9 | 120.8 | 122.0 |
| 15. 在外用膳食品 | 113.9 | 115.2 | 118.2 | 118.4 | 119.1 |
| 16. 其他食品 | 102.7 | 110.7 | 107.2 | 112.2 | 113.7 |
| **二、烟酒及用品** | **102.3** | **102.1** | **103.1** | **102.9** | **102.8** |
| 1. 烟 草 | 99.4 | 99.4 | 99.4 | 99.4 | 99.4 |
| 2. 酒 | 107.0 | 106.5 | 109.0 | 108.3 | 108.5 |
| 3. 吸烟、饮酒用品 | 92.4 | 92.4 | 92.4 | 92.4 | 89.6 |
| **三、衣 着** | **94.9** | **95.5** | **99.5** | **95.6** | **97.2** |
| 1. 服 装 | 93.3 | 94.6 | 99.4 | 93.3 | 96.5 |
| (1) 男式服装 | 94.0 | 93.1 | 94.6 | 93.0 | 94.7 |
| (2) 女式服装 | 88.2 | 91.8 | 99.9 | 88.3 | 92.1 |
| (3) 儿童服装 | 106.8 | 106.0 | 108.7 | 110.8 | 115.3 |
| 2. 衣着材料 | 94.7 | 98.0 | 97.9 | 101.7 | 102.2 |
| 3. 鞋 袜 帽 | 99.8 | 97.8 | 100.2 | 101.5 | 98.7 |
| (1) 鞋 | 99.5 | 97.4 | 100.7 | 102.2 | 99.1 |
| (2) 袜 子 | 102.6 | 101.3 | 96.3 | 96.1 | 95.2 |
| (3) 帽 子 | 97.2 | 97.2 | 102.6 | 102.6 | 102.6 |
| 4. 衣着加工服务费 | 99.4 | 99.4 | 99.4 | 100.0 | 100.0 |
| **四、家庭设备用品及维修服务** | **103.4** | **103.4** | **103.7** | **104.7** | **105.6** |
| 1. 耐用消费品 | 100.0 | 99.5 | 100.0 | 99.5 | 99.8 |
| (1) 家 具 | 101.0 | 99.4 | 99.7 | 100.4 | 101.1 |
| (2) 家庭设备 | 99.3 | 99.5 | 100.2 | 99.0 | 99.1 |
| 2. 室内装饰品 | 103.5 | 110.7 | 107.2 | 107.4 | 108.2 |
| 3. 床上用品 | 102.4 | 100.1 | 109.2 | 119.1 | 119.5 |
| 4. 家庭日用杂品 | 109.3 | 109.7 | 107.3 | 108.3 | 109.7 |
| 5. 家庭服务及加工维修服务 | 102.5 | 103.9 | 103.9 | 103.5 | 104.8 |
| **五、医疗保健和个人用品** | **106.1** | **106.2** | **107.5** | **106.3** | **103.9** |
| 1. 医疗保健 | 108.1 | 108.0 | 108.3 | 105.6 | 102.2 |
| (1) 医疗器具及用品 | 100.2 | 100.2 | 99.8 | 100.1 | 100.1 |
| (2) 中药材及中成药 | 117.0 | 117.0 | 115.6 | 107.5 | 101.3 |
| (3) 西 药 | 102.5 | 102.3 | 104.1 | 103.3 | 104.6 |
| (4) 保健器具及用品 | 102.4 | 102.7 | 102.8 | 102.2 | 102.0 |
| (5) 医疗保健服务 | 107.1 | 107.1 | 107.1 | 107.1 | 100.1 |
| 2. 个人用品及服务 | 101.8 | 102.2 | 105.5 | 107.7 | 107.8 |
| (1) 化妆美容用品 | 99.8 | 99.8 | 99.5 | 99.5 | 99.5 |
| (2) 清洁化妆用品 | 106.8 | 107.2 | 107.1 | 107.1 | 108.7 |
| (3) 个人饰品 | 106.9 | 110.1 | 110.6 | 114.1 | 110.8 |
| (4) 个人服务 | 93.4 | 93.4 | 107.4 | 116.1 | 116.1 |

| 6 月 | 7 月 | 8 月 | 9 月 | 10 月 | 11月 | 12月 |
|---|---|---|---|---|---|---|
| 124.6 | 124.7 | 125.0 | 116.9 | 108.3 | 107.7 | 106.3 |
| 119.0 | 115.9 | 115.0 | 113.7 | 114.1 | 112.2 | 108.2 |
| 113.7 | 114.0 | 104.0 | 112.2 | 108.2 | 135.2 | 139.8 |
| **103.7** | **103.9** | **104.0** | **104.3** | **104.2** | **104.4** | **103.1** |
| 99.4 | 99.1 | 99.1 | 99.2 | 99.2 | 99.2 | 99.2 |
| 111.1 | 111.9 | 112.0 | 112.1 | 111.9 | 112.4 | 108.2 |
| 85.9 | 85.6 | 86.1 | 89.3 | 88.9 | 88.9 | 96.3 |
| **97.5** | **98.1** | **100.1** | **99.4** | **101.1** | **101.2** | **96.1** |
| 96.7 | 98.1 | 101.2 | 98.5 | 100.5 | 101.2 | 94.0 |
| 95.7 | 96.9 | 97.4 | 95.8 | 97.3 | 97.4 | 89.3 |
| 92.3 | 94.0 | 97.7 | 97.3 | 98.3 | 101.8 | 96.5 |
| 113.2 | 114.1 | 122.7 | 108.4 | 115.0 | 108.3 | 96.8 |
| 102.2 | 107.0 | 109.5 | 106.4 | 104.7 | 98.5 | 96.3 |
| 98.7 | 96.4 | 95.4 | 100.7 | 101.5 | 100.9 | 101.7 |
| 99.0 | 95.9 | 94.6 | 100.9 | 101.7 | 101.0 | 101.8 |
| 95.5 | 99.2 | 99.2 | 99.2 | 97.0 | 97.0 | 99.2 |
| 102.6 | 102.6 | 102.9 | 102.9 | 111.1 | 111.2 | 107.5 |
| 110.9 | 110.9 | 110.7 | 111.7 | 112.5 | 112.5 | 112.5 |
| **106.4** | **106.6** | **106.3** | **107.3** | **107.1** | **106.4** | **105.9** |
| 100.1 | 100.5 | 100.3 | 98.8 | 97.8 | 96.2 | 96.1 |
| 102.2 | 103.9 | 103.9 | 101.1 | 99.7 | 99.6 | 100.1 |
| 98.9 | 98.6 | 98.2 | 97.5 | 96.7 | 94.1 | 93.5 |
| 108.2 | 106.6 | 106.7 | 106.7 | 108.0 | 108.0 | 108.0 |
| 123.0 | 122.0 | 116.4 | 120.1 | 122.8 | 125.1 | 134.9 |
| 110.8 | 111.4 | 112.4 | 116.5 | 116.3 | 116.3 | 112.4 |
| 104.8 | 104.8 | 104.8 | 106.0 | 106.0 | 105.0 | 105.0 |
| **103.8** | **101.0** | **103.9** | **105.4** | **104.6** | **104.6** | **104.7** |
| 101.7 | 97.7 | 101.6 | 103.1 | 102.3 | 102.8 | 103.0 |
| 100.1 | 100.1 | 100.0 | 100.0 | 100.1 | 100.0 | 100.0 |
| 100.1 | 90.5 | 99.8 | 104.4 | 102.4 | 103.5 | 104.1 |
| 104.4 | 102.9 | 103.2 | 103.2 | 102.9 | 102.9 | 102.9 |
| 105.5 | 104.1 | 126.7 | 125.6 | 124.2 | 133.6 | 133.1 |
| 99.9 | 99.9 | 99.6 | 99.6 | 99.6 | 99.6 | 99.6 |
| 108.5 | 109.0 | 109.4 | 110.6 | 110.0 | 108.6 | 108.3 |
| 99.2 | 99.1 | 100.2 | 100.5 | 100.4 | 100.0 | 100.7 |
| 109.1 | 109.4 | 109.4 | 109.7 | 108.2 | 106.9 | 105.9 |
| 110.4 | 113.7 | 111.6 | 108.1 | 107.5 | 101.6 | 100.7 |
| 119.4 | 119.4 | 120.7 | 127.5 | 127.5 | 127.5 | 127.5 |

# 2008 年广西农村居民消费价格各月同比指数（续表 2）

以上年同月价格为 100

| 类　别 | 1 月 | 2 月 | 3 月 | 4 月 | 5 月 |
|---|---|---|---|---|---|
| **六、交通和通信** | **100.5** | **99.1** | **97.2** | **100.0** | **100.3** |
| 1. 交　　通 | 100.1 | 98.1 | 95.5 | 99.6 | 100.3 |
| (1) 交通工具 | 95.0 | 95.0 | 95.1 | 96.1 | 97.3 |
| (2) 车用燃料及零配件 | 107.0 | 107.8 | 107.9 | 107.9 | 106.8 |
| 汽　　油 | 107.3 | 109.0 | 109.0 | 109.1 | 109.1 |
| 柴　　油 | 110.0 | 110.0 | 110.0 | 110.0 | 110.0 |
| (3) 车辆使用及维修费 | 100.0 | 93.7 | 94.7 | 94.7 | 94.7 |
| (4) 市区公共交通费 | 98.9 | 99.1 | 99.5 | 99.5 | 100.7 |
| (5) 城市间交通费 | 102.9 | 97.5 | 85.8 | 101.0 | 102.7 |
| 2. 通　　信 | 101.0 | 100.7 | 99.7 | 100.7 | 100.4 |
| (1) 通信工具 | 76.4 | 75.6 | 72.2 | 75.1 | 74.0 |
| (2) 通信服务 | 109.3 | 109.3 | 109.3 | 109.3 | 109.3 |
| **七、娱乐教育文化用品及服务** | **96.9** | **96.5** | **98.2** | **98.4** | **97.6** |
| 1. 文娱用耐用消费品及服务 | 81.7 | 84.9 | 84.7 | 87.3 | 83.4 |
| 2. 教　　育 | 100.3 | 100.2 | 101.8 | 101.7 | 101.6 |
| (1) 教材及参考书 | 93.1 | 93.5 | 99.4 | 98.5 | 97.9 |
| (2) 学杂托幼费 | 101.3 | 101.2 | 102.1 | 102.1 | 102.1 |
| 3. 文化娱乐类 | 100.1 | 99.8 | 99.8 | 99.7 | 99.3 |
| (1) 文化娱乐用品 | 101.1 | 100.1 | 99.8 | 99.7 | 99.4 |
| (2) 书报杂志 | 100.5 | 100.5 | 100.5 | 100.5 | 100.3 |
| (3) 文 娱 费 | 98.8 | 99.0 | 99.2 | 99.2 | 98.4 |
| 4. 旅　　游 | 105.3 | 95.1 | 103.1 | 100.4 | 101.8 |
| **八、居　　住** | **112.7** | **110.1** | **110.3** | **109.9** | **109.4** |
| 1. 建房及装修材料 | 106.5 | 108.4 | 107.8 | 107.5 | 108.1 |
| 2. 租　　房 | 121.2 | 100.7 | 100.7 | 100.0 | 100.9 |
| 3. 自有住房 | 110.0 | 110.2 | 107.3 | 107.6 | 106.4 |
| 4. 水、电、燃料 | 113.4 | 114.5 | 116.2 | 115.7 | 115.6 |
| 水 | 124.3 | 118.5 | 118.5 | 118.5 | 118.5 |
| 电 | 100.0 | 100.0 | 100.0 | 100.0 | 100.0 |
| 液化石油气 | 127.3 | 133.5 | 139.4 | 135.7 | 131.3 |
| 管道燃气 | | | | | |

| 6 月 | 7 月 | 8 月 | 9 月 | 10 月 | 11月 | 12月 |
|---|---|---|---|---|---|---|
| **101.4** | **103.2** | **103.6** | **101.3** | **101.8** | **101.8** | **100.9** |
| 101.9 | 104.0 | 104.6 | 105.7 | 106.0 | 105.0 | 103.7 |
| 97.9 | 98.2 | 99.6 | 102.8 | 104.5 | 105.4 | 105.7 |
| 112.6 | 119.5 | 118.7 | 118.7 | 120.6 | 113.4 | 106.8 |
| 117.9 | 126.7 | 126.7 | 126.7 | 126.7 | 117.4 | 109.3 |
| 119.7 | 129.4 | 129.4 | 129.4 | 129.4 | 118.9 | 109.7 |
| 96.2 | 96.2 | 96.0 | 96.0 | 96.0 | 96.0 | 96.0 |
| 100.7 | 106.8 | 106.8 | 106.8 | 100.7 | 100.7 | 100.2 |
| 103.4 | 103.3 | 104.5 | 104.7 | 105.6 | 105.4 | 105.4 |
| 101.0 | 102.2 | 102.5 | 95.7 | 96.5 | 97.6 | 97.3 |
| 75.9 | 79.9 | 81.0 | 81.4 | 84.8 | 89.7 | 88.4 |
| 109.3 | 109.3 | 109.3 | 100.0 | 100.0 | 100.0 | 100.0 |
| **97.6** | **97.9** | **98.8** | **97.6** | **98.0** | **98.3** | **98.5** |
| 82.9 | 83.5 | 84.4 | 83.2 | 83.0 | 82.5 | 83.3 |
| 101.7 | 102.0 | 102.2 | 101.4 | 101.4 | 101.4 | 101.4 |
| 98.3 | 98.3 | 100.5 | 102.1 | 102.1 | 102.1 | 102.4 |
| 102.1 | 102.5 | 102.4 | 101.3 | 101.3 | 101.3 | 101.3 |
| 99.9 | 100.3 | 100.7 | 100.4 | 100.9 | 100.0 | 100.1 |
| 99.6 | 100.6 | 101.5 | 100.5 | 100.2 | 98.0 | 98.2 |
| 100.3 | 100.3 | 100.3 | 100.3 | 102.5 | 102.5 | 102.5 |
| 99.9 | 99.9 | 100.3 | 100.3 | 100.3 | 100.3 | 100.3 |
| 101.9 | 101.0 | 105.1 | 101.3 | 103.6 | 108.8 | 109.1 |
| **109.7** | **108.8** | **107.1** | **106.7** | **105.1** | **97.9** | **95.5** |
| 109.3 | 110.0 | 109.1 | 107.9 | 107.8 | 107.9 | 105.3 |
| 100.9 | 100.9 | 100.9 | 100.9 | 100.9 | 100.9 | 100.9 |
| 107.4 | 105.5 | 106.2 | 103.1 | 100.2 | 85.8 | 83.9 |
| 115.0 | 113.3 | 109.5 | 110.4 | 107.7 | 97.0 | 93.7 |
| 105.7 | 105.7 | 105.7 | 105.7 | 122.4 | 122.4 | 122.4 |
| 100.0 | 100.0 | 100.0 | 100.0 | 100.0 | 100.0 | 100.0 |
| 133.0 | 129.5 | 118.6 | 120.9 | 108.9 | 83.6 | 76.1 |

# 2009年广西农村居民消费价格各月同比指数

以上年同月价格为100

| 类　别 | 1月 | 2月 | 3月 | 4月 | 5月 |
|---|---|---|---|---|---|
| **居民消费价格总指数** | **100.8** | **96.0** | **97.0** | **96.5** | **96.1** |
| **一、食　　品** | **104.2** | **92.9** | **96.0** | **95.1** | **94.2** |
| 1. 粮　　食 | 112.2 | 110.7 | 110.0 | 109.6 | 105.5 |
| 大　　米 | 112.8 | 110.9 | 110.0 | 109.4 | 104.7 |
| 2. 淀　　粉 | 89.0 | 93.9 | 82.1 | 87.5 | 105.5 |
| 3. 干豆类及豆制品 | 119.4 | 98.1 | 90.9 | 91.1 | 91.4 |
| 4. 油　　脂 | 78.0 | 74.0 | 70.0 | 69.6 | 71.2 |
| 食用植物油 | 75.8 | 71.8 | 66.9 | 67.5 | 69.8 |
| 5. 肉禽及其制品 | 97.8 | 91.8 | 90.9 | 88.4 | 82.7 |
| (1) 食用畜肉及副产品 | 95.7 | 88.0 | 85.9 | 83.6 | 75.8 |
| 猪　　肉 | 90.0 | 84.6 | 81.3 | 78.6 | 69.3 |
| 牛　　肉 | 121.6 | 102.8 | 106.1 | 107.4 | 104.5 |
| 羊　　肉 | 107.9 | 94.0 | 101.1 | 108.8 | 111.2 |
| (2) 禽 | 98.1 | 94.2 | 96.4 | 93.5 | 91.2 |
| 鸡 | 97.1 | 91.5 | 95.4 | 93.4 | 90.0 |
| 鸭 | 101.2 | 102.1 | 99.0 | 93.9 | 94.8 |
| (3) 加工肉禽 | 108.6 | 107.1 | 105.4 | 100.5 | 97.1 |
| 6. 蛋 | 106.2 | 96.8 | 100.7 | 104.4 | 105.0 |
| 鲜　　蛋 | 106.8 | 96.7 | 100.7 | 104.6 | 105.2 |
| 7. 水 产 品 | 109.7 | 95.0 | 85.6 | 87.0 | 87.2 |
| (1) 鱼 | 111.1 | 96.1 | 89.8 | 88.0 | 86.4 |
| 淡 水 鱼 | 111.8 | 95.3 | 86.9 | 84.6 | 82.3 |
| 海 水 鱼 | 107.4 | 101.5 | 108.2 | 107.3 | 108.3 |
| (2) 其他水产品 | 107.4 | 94.3 | 75.7 | 85.5 | 91.3 |
| 虾 蟹 类 | 107.4 | 94.3 | 75.7 | 85.5 | 91.3 |
| 8. 菜 | 121.2 | 73.5 | 103.7 | 102.1 | 105.3 |
| 鲜　　菜 | 121.7 | 68.8 | 103.1 | 100.9 | 105.3 |
| 9. 调 味 品 | 103.5 | 103.4 | 100.8 | 99.5 | 99.7 |
| 盐 | 100.2 | 99.6 | 99.6 | 99.6 | 99.6 |
| 酱　　油 | 103.1 | 103.2 | 98.0 | 98.0 | 97.9 |
| 10. 糖 | 104.1 | 102.2 | 102.7 | 102.3 | 107.3 |
| 食　　糖 | 93.9 | 93.4 | 95.0 | 98.3 | 102.7 |
| 11. 茶及饮料 | 100.5 | 102.7 | 102.8 | 100.7 | 100.0 |
| (1) 茶　　叶 | 99.2 | 110.6 | 113.1 | 106.9 | 107.5 |
| (2) 饮　　料 | 100.9 | 99.9 | 99.3 | 98.5 | 97.4 |
| 12. 干鲜瓜果 | 105.2 | 88.7 | 98.8 | 100.2 | 106.8 |
| 鲜 瓜 果 | 106.6 | 86.7 | 98.7 | 100.5 | 108.1 |
| 13. 糕点饼干 | 104.2 | 98.9 | 95.3 | 96.3 | 98.2 |

| 6 月 | 7 月 | 8 月 | 9 月 | 10 月 | 11 月 | 12 月 |
|---|---|---|---|---|---|---|
| **96.4** | **96.1** | **96.8** | **97.2** | **97.7** | **99.3** | **100.8** |
| **95.7** | **95.5** | **97.6** | **97.7** | **97.9** | **98.9** | **100.8** |
| 105.4 | 104.9 | 104.2 | 104.6 | 104.2 | 103.1 | 104.9 |
| 104.7 | 104.4 | 103.3 | 104.5 | 103.9 | 103.2 | 105.1 |
| 105.9 | 104.7 | 104.5 | 105.3 | 103.6 | 103.6 | 105.7 |
| 92.7 | 91.2 | 91.0 | 92.1 | 94.7 | 97.4 | 102.0 |
| 73.3 | 74.0 | 74.6 | 75.1 | 78.2 | 84.2 | 93.3 |
| 70.6 | 71.7 | 71.9 | 72.1 | 75.4 | 83.3 | 94.5 |
| 84.4 | 84.4 | 87.7 | 90.1 | 92.9 | 95.7 | 94.8 |
| 77.4 | 76.6 | 80.7 | 83.4 | 87.9 | 92.5 | 91.1 |
| 71.5 | 71.3 | 76.7 | 79.9 | 85.8 | 91.0 | 89.5 |
| 102.7 | 97.8 | 95.0 | 94.6 | 94.6 | 98.5 | 96.0 |
| 112.5 | 112.9 | 111.3 | 111.5 | 102.3 | 98.9 | 100.7 |
| 94.1 | 96.0 | 99.2 | 101.3 | 100.3 | 100.2 | 101.0 |
| 92.6 | 93.8 | 97.6 | 100.0 | 99.8 | 100.6 | 100.9 |
| 98.7 | 102.8 | 104.0 | 104.8 | 101.4 | 98.7 | 101.4 |
| 96.6 | 96.0 | 96.9 | 98.2 | 99.3 | 99.1 | 97.7 |
| 102.2 | 100.1 | 100.3 | 103.0 | 101.4 | 102.4 | 104.1 |
| 102.2 | 99.9 | 100.1 | 102.8 | 101.0 | 102.0 | 103.8 |
| 92.1 | 91.8 | 88.1 | 87.3 | 89.8 | 96.2 | 99.5 |
| 88.2 | 87.0 | 85.4 | 86.5 | 87.6 | 94.2 | 97.1 |
| 83.7 | 81.7 | 80.0 | 81.9 | 82.5 | 90.9 | 92.8 |
| 107.9 | 106.2 | 111.4 | 106.6 | 110.4 | 102.4 | 105.4 |
| 109.7 | 114.7 | 99.5 | 90.5 | 99.4 | 104.6 | 110.7 |
| 109.7 | 114.7 | 99.5 | 90.5 | 99.4 | 104.6 | 110.7 |
| 105.0 | 98.0 | 111.2 | 108.4 | 103.1 | 104.0 | 112.1 |
| 105.0 | 96.9 | 112.4 | 109.2 | 102.9 | 104.1 | 113.2 |
| 99.0 | 99.0 | 100.5 | 102.9 | 102.0 | 102.5 | 102.9 |
| 99.6 | 99.6 | 99.6 | 99.9 | 99.7 | 99.7 | 99.7 |
| 97.5 | 97.5 | 101.0 | 102.2 | 100.7 | 101.4 | 101.4 |
| 106.8 | 105.5 | 105.4 | 106.1 | 104.8 | 104.2 | 106.1 |
| 105.1 | 106.6 | 108.4 | 109.3 | 110.3 | 110.4 | 116.2 |
| 100.2 | 98.6 | 98.4 | 98.5 | 98.7 | 99.8 | 99.4 |
| 107.5 | 99.2 | 99.2 | 99.0 | 98.3 | 99.2 | 98.9 |
| 97.6 | 98.3 | 98.1 | 98.4 | 98.7 | 100.0 | 99.5 |
| 113.7 | 123.2 | 120.4 | 114.3 | 107.5 | 102.2 | 102.8 |
| 116.8 | 128.8 | 125.3 | 117.1 | 108.8 | 101.5 | 101.0 |
| 98.3 | 98.4 | 99.6 | 99.5 | 99.3 | 98.9 | 99.3 |

# 2009年广西农村居民消费价格各月同比指数（续表1）

以上年同月价格为100

| 类　别 | 1月 | 2月 | 3月 | 4月 | 5月 |
|---|---|---|---|---|---|
| 14. 液体乳及乳制品 | 98.0 | 96.4 | 99.2 | 99.6 | 98.0 |
| 15. 在外用膳食品 | 108.3 | 107.1 | 104.2 | 103.0 | 102.4 |
| 16. 其他食品 | 113.1 | 104.4 | 105.6 | 102.6 | 103.5 |
| **二、烟酒及用品** | **102.8** | **104.0** | **102.8** | **100.9** | **101.1** |
| 1. 烟　草 | 98.3 | 98.3 | 97.8 | 97.9 | 97.8 |
| 2. 酒 | 108.5 | 111.4 | 109.2 | 105.0 | 104.9 |
| 3. 吸烟、饮酒用品 | 96.0 | 94.9 | 94.5 | 93.9 | 96.3 |
| **三、衣　着** | **96.2** | **94.2** | **92.8** | **92.5** | **92.2** |
| 1. 服　装 | 94.7 | 93.0 | 91.4 | 92.9 | 91.2 |
| (1) 男式服装 | 92.5 | 91.9 | 89.9 | 91.5 | 92.8 |
| (2) 女式服装 | 99.5 | 97.8 | 94.9 | 96.8 | 93.9 |
| (3) 儿童服装 | 87.6 | 82.6 | 84.6 | 85.2 | 81.4 |
| 2. 衣着材料 | 97.4 | 96.0 | 94.9 | 93.9 | 94.1 |
| 3. 鞋袜帽 | 99.5 | 97.0 | 95.7 | 90.3 | 93.9 |
| (1) 鞋 | 99.7 | 96.5 | 95.1 | 89.1 | 92.9 |
| (2) 袜　子 | 98.5 | 98.5 | 98.7 | 96.9 | 99.1 |
| (3) 帽　子 | 97.0 | 101.3 | 99.6 | 101.2 | 101.4 |
| 4. 衣着加工服务费 | 112.0 | 112.1 | 112.2 | 112.2 | 111.8 |
| **四、家庭设备用品及维修服务** | **102.3** | **102.0** | **101.0** | **100.3** | **98.4** |
| 1. 耐用消费品 | 94.5 | 95.3 | 94.3 | 94.5 | 93.6 |
| (1) 家　具 | 96.8 | 96.9 | 96.3 | 95.5 | 94.3 |
| (2) 家庭设备 | 93.0 | 94.1 | 92.9 | 93.6 | 92.8 |
| 2. 室内装饰品 | 107.6 | 94.7 | 96.9 | 96.3 | 95.9 |
| 3. 床上用品 | 112.8 | 115.1 | 111.2 | 106.2 | 94.5 |
| 4. 家庭日用杂品 | 109.0 | 107.5 | 106.8 | 105.8 | 106.0 |
| 5. 家庭服务及加工维修服务 | 107.7 | 106.6 | 107.0 | 107.0 | 105.5 |
| **五、医疗保健和个人用品** | **103.9** | **103.6** | **102.2** | **101.7** | **101.1** |
| 1. 医疗保健 | 101.9 | 102.1 | 101.6 | 101.2 | 100.4 |
| (1) 医疗器具及用品 | 102.1 | 102.0 | 102.0 | 102.3 | 101.3 |
| (2) 中药材及中成药 | 105.1 | 105.3 | 105.5 | 103.4 | 101.2 |
| (3) 西　药 | 99.6 | 99.9 | 98.8 | 99.2 | 98.9 |
| (4) 保健器具及用品 | 126.2 | 125.9 | 127.5 | 127.5 | 127.4 |
| (5) 医疗保健服务 | 100.1 | 100.1 | 100.0 | 100.0 | 100.0 |
| 2. 个人用品及服务 | 108.1 | 107.0 | 103.4 | 102.8 | 102.6 |
| (1) 化妆美容用品 | 100.5 | 100.8 | 101.4 | 101.3 | 100.8 |
| (2) 清洁化妆用品 | 104.7 | 103.5 | 103.7 | 103.7 | 101.7 |
| (3) 个人饰品 | 97.1 | 97.6 | 90.7 | 87.9 | 92.8 |
| (4) 个人服务 | 135.7 | 130.2 | 116.0 | 115.4 | 114.8 |

| 6 月 | 7 月 | 8 月 | 9 月 | 10 月 | 11 月 | 12 月 |
|---|---|---|---|---|---|---|
| 96.5 | 95.4 | 95.9 | 97.6 | 101.2 | 97.0 | 101.6 |
| 101.9 | 101.9 | 101.9 | 101.9 | 101.7 | 101.9 | 102.2 |
| 103.4 | 102.7 | 110.1 | 107.2 | 108.7 | 101.4 | 101.8 |
| **100.7** | **100.2** | **100.2** | **100.3** | **101.3** | **101.3** | **101.4** |
| 97.9 | 98.5 | 98.5 | 98.9 | 99.1 | 99.7 | 99.9 |
| 103.7 | 102.1 | 102.3 | 102.0 | 103.9 | 103.4 | 103.3 |
| 99.2 | 99.6 | 98.2 | 97.0 | 97.1 | 97.2 | 97.7 |
| **91.3** | **91.0** | **90.4** | **91.4** | **95.4** | **98.5** | **101.3** |
| 90.1 | 89.4 | 88.3 | 90.6 | 95.8 | 98.5 | 101.8 |
| 91.9 | 90.9 | 90.2 | 91.4 | 95.0 | 98.4 | 102.8 |
| 92.6 | 91.1 | 87.9 | 91.0 | 97.8 | 99.0 | 102.2 |
| 80.1 | 82.2 | 86.0 | 88.0 | 91.5 | 96.4 | 97.6 |
| 94.5 | 93.6 | 93.4 | 93.3 | 93.8 | 98.6 | 100.8 |
| 94.3 | 95.6 | 96.6 | 93.4 | 93.9 | 98.3 | 99.5 |
| 93.4 | 95.2 | 96.4 | 92.5 | 93.0 | 98.0 | 99.3 |
| 99.0 | 95.7 | 95.7 | 97.9 | 98.6 | 99.8 | 100.8 |
| 101.4 | 101.4 | 101.3 | 97.5 | 96.9 | 98.4 | 99.6 |
| 100.9 | 100.9 | 101.1 | 101.9 | 102.2 | 102.1 | 102.1 |
| **97.8** | **97.6** | **97.6** | **97.0** | **97.9** | **98.2** | **98.2** |
| 93.8 | 93.7 | 93.9 | 94.7 | 95.0 | 96.3 | 96.8 |
| 94.1 | 93.0 | 94.1 | 94.6 | 94.7 | 96.1 | 96.6 |
| 93.3 | 93.6 | 93.6 | 94.4 | 94.9 | 96.3 | 96.8 |
| 96.0 | 98.4 | 99.5 | 99.2 | 98.4 | 98.4 | 98.3 |
| 92.6 | 92.6 | 97.8 | 97.7 | 103.6 | 103.3 | 102.0 |
| 104.6 | 103.4 | 100.4 | 97.8 | 98.1 | 98.2 | 98.1 |
| 105.5 | 106.5 | 106.7 | 106.3 | 106.3 | 103.2 | 103.2 |
| **101.1** | **100.8** | **100.2** | **100.2** | **101.3** | **101.1** | **101.2** |
| 100.5 | 100.5 | 100.0 | 100.2 | 100.9 | 100.3 | 100.6 |
| 101.3 | 101.4 | 101.5 | 99.1 | 99.2 | 99.9 | 103.3 |
| 100.9 | 100.6 | 100.6 | 100.3 | 102.7 | 101.7 | 102.8 |
| 99.5 | 99.5 | 99.3 | 100.1 | 100.2 | 99.6 | 99.8 |
| 122.4 | 122.3 | 102.3 | 103.4 | 104.7 | 101.0 | 100.7 |
| 100.1 | 100.1 | 100.0 | 100.0 | 100.0 | 99.9 | 99.9 |
| 102.2 | 101.4 | 100.7 | 100.1 | 102.2 | 102.7 | 102.6 |
| 101.1 | 101.2 | 100.3 | 100.3 | 102.4 | 102.9 | 101.7 |
| 101.3 | 100.8 | 99.1 | 99.3 | 99.1 | 99.8 | 98.8 |
| 94.5 | 90.0 | 93.2 | 95.2 | 96.3 | 98.5 | 99.2 |
| 111.8 | 112.2 | 110.6 | 106.8 | 113.8 | 112.9 | 115.8 |

# 2009年广西农村居民消费价格各月同比指数（续表2）

以上年同月价格为100

| 类 别 | 1月 | 2月 | 3月 | 4月 | 5月 |
|---|---|---|---|---|---|
| **六、交通和通信** | **98.8** | **98.5** | **99.4** | **99.4** | **99.3** |
| 1. 交　　通 | 101.1 | 100.2 | 101.3 | 100.9 | 100.5 |
| (1) 交通工具 | 101.4 | 101.1 | 100.5 | 100.7 | 99.6 |
| (2) 车用燃料及零配件 | 96.3 | 95.6 | 97.1 | 99.1 | 99.9 |
| 汽　　油 | 97.4 | 96.0 | 98.5 | 100.8 | 100.6 |
| 柴　　油 | 94.8 | 93.1 | 94.3 | 96.5 | 96.8 |
| (3) 车辆使用及维修费 | 99.8 | 103.8 | 104.3 | 104.4 | 104.4 |
| (4) 市区公共交通费 | 102.8 | 102.1 | 101.9 | 101.9 | 101.9 |
| (5) 城市间交通费 | 104.6 | 99.6 | 104.5 | 100.4 | 99.8 |
| 2. 通　　信 | 95.8 | 96.2 | 96.9 | 97.3 | 97.6 |
| (1) 通信工具 | 82.9 | 84.2 | 87.1 | 88.6 | 90.0 |
| (2) 通信服务 | 100.0 | 100.0 | 100.0 | 100.0 | 100.0 |
| **七、娱乐教育文化用品及服务** | **99.1** | **98.7** | **99.5** | **99.3** | **100.0** |
| 1. 文娱用耐用消费品及服务 | 85.9 | 85.9 | 85.9 | 84.7 | 87.5 |
| 2. 教　　育 | 100.8 | 100.8 | 104.2 | 104.4 | 104.3 |
| (1) 教材及参考书 | 103.7 | 104.0 | 101.8 | 102.9 | 103.1 |
| (2) 学杂托幼费 | 100.3 | 100.4 | 104.5 | 104.6 | 104.5 |
| 3. 文化娱乐类 | 103.1 | 102.5 | 102.2 | 102.0 | 102.2 |
| (1) 文化娱乐用品 | 99.5 | 98.2 | 97.7 | 97.5 | 97.8 |
| (2) 书报杂志 | 109.9 | 110.1 | 108.4 | 108.4 | 108.6 |
| (3) 文 娱 费 | 102.3 | 101.7 | 102.1 | 102.1 | 102.1 |
| 4. 旅　　游 | 108.8 | 105.1 | 97.6 | 97.1 | 98.1 |
| **八、居　　住** | **95.1** | **91.0** | **91.2** | **91.9** | **91.4** |
| 1. 建房及装修材料 | 105.7 | 102.2 | 100.8 | 101.7 | 101.4 |
| 2. 租　　房 | 103.5 | 96.8 | 96.8 | 96.8 | 96.1 |
| 3. 自有住房 | 74.3 | 68.3 | 69.8 | 69.7 | 69.4 |
| 4. 水、电、燃料 | 95.1 | 92.4 | 92.8 | 93.9 | 91.9 |
| 水 | 161.6 | 169.4 | 172.5 | 174.9 | 175.1 |
| 电 | 100.0 | 100.0 | 99.9 | 100.0 | 98.6 |
| 液化石油气 | 70.7 | 61.8 | 61.5 | 63.7 | 63.8 |
| 管道燃气 | | | | | |

| 6 月 | 7 月 | 8 月 | 9 月 | 10 月 | 11 月 | 12 月 |
|---|---|---|---|---|---|---|
| **98.9** | **97.3** | **96.7** | **97.9** | **97.6** | **98.0** | **99.2** |
| 99.7 | 97.2 | 96.4 | 98.5 | 98.0 | 99.1 | 100.8 |
| 99.2 | 98.6 | 98.2 | 97.2 | 97.1 | 97.7 | 97.7 |
| 99.0 | 100.1 | 97.7 | 100.8 | 98.2 | 101.9 | 110.7 |
| 98.3 | 99.6 | 96.7 | 100.3 | 98.6 | 102.7 | 112.8 |
| 94.8 | 96.1 | 93.3 | 97.1 | 94.7 | 99.5 | 111.7 |
| 102.4 | 102.5 | 103.0 | 103.4 | 103.3 | 103.0 | 103.1 |
| 101.0 | 95.5 | 94.9 | 94.9 | 97.6 | 98.7 | 98.7 |
| 98.8 | 90.4 | 89.7 | 97.6 | 96.5 | 96.2 | 96.3 |
| 97.7 | 97.6 | 97.2 | 97.3 | 97.2 | 96.7 | 97.3 |
| 88.9 | 88.2 | 86.7 | 87.0 | 86.5 | 85.4 | 87.9 |
| 100.6 | 100.6 | 100.6 | 100.7 | 100.7 | 100.4 | 100.4 |
| **100.1** | **100.4** | **98.9** | **100.0** | **100.5** | **100.3** | **101.5** |
| 88.8 | 88.4 | 87.7 | 89.3 | 91.2 | 92.5 | 93.6 |
| 104.3 | 104.1 | 103.7 | 104.3 | 104.4 | 104.5 | 104.6 |
| 103.2 | 103.2 | 102.3 | 103.8 | 103.2 | 103.2 | 103.0 |
| 104.4 | 104.2 | 103.9 | 104.4 | 104.6 | 104.7 | 104.8 |
| 101.7 | 101.8 | 101.1 | 101.8 | 101.4 | 102.1 | 101.7 |
| 98.1 | 97.6 | 97.0 | 97.3 | 97.4 | 98.6 | 98.7 |
| 108.6 | 108.6 | 106.6 | 109.2 | 107.7 | 107.7 | 106.7 |
| 100.5 | 101.3 | 101.2 | 101.1 | 100.9 | 101.5 | 101.0 |
| 97.2 | 101.3 | 93.6 | 95.9 | 96.7 | 93.0 | 99.2 |
| **90.2** | **90.0** | **92.4** | **93.1** | **92.2** | **98.8** | **102.0** |
| 100.1 | 97.0 | 98.0 | 97.9 | 95.1 | 96.8 | 100.1 |
| 96.1 | 96.2 | 96.2 | 96.2 | 96.2 | 96.2 | 96.2 |
| 69.1 | 69.1 | 68.7 | 70.1 | 71.1 | 92.0 | 95.4 |
| 90.0 | 90.9 | 96.1 | 97.1 | 95.8 | 103.1 | 107.6 |
| 169.4 | 175.4 | 175.4 | 163.9 | 136.0 | 118.1 | 118.1 |
| 98.6 | 98.6 | 98.6 | 98.6 | 98.6 | 100.1 | 100.1 |
| 61.6 | 61.7 | 71.8 | 76.5 | 80.1 | 100.9 | 114.6 |

# 2010 年广西农村居民消费价格各月同比指数

以上年同月价格为 100

| 类　别 | 1 月 | 2 月 | 3 月 | 4 月 | 5 月 |
|---|---|---|---|---|---|
| **居民消费价格总指数** | **101.3** | **104.0** | **101.9** | **102.5** | **102.8** |
| **一、食　　品** | **101.1** | **106.2** | **103.0** | **104.3** | **105.0** |
| 1. 粮　　食 | 105.7 | 106.8 | 105.9 | 106.4 | 107.4 |
| 大　　米 | 106.0 | 107.2 | 106.4 | 107.0 | 108.1 |
| 2. 淀　　粉 | 110.0 | 112.3 | 112.6 | 113.2 | 107.6 |
| 3. 干豆类及豆制品 | 101.5 | 105.5 | 105.9 | 107.7 | 113.0 |
| 4. 油　　脂 | 103.0 | 106.3 | 111.1 | 112.3 | 110.4 |
| 食用植物油 | 106.9 | 110.4 | 117.3 | 117.2 | 114.2 |
| 5. 肉禽及其制品 | 93.1 | 95.9 | 94.3 | 95.4 | 97.0 |
| (1) 食用畜肉及副产品 | 89.1 | 92.8 | 90.6 | 91.5 | 93.9 |
| 猪　　肉 | 87.3 | 91.2 | 89.2 | 89.9 | 93.3 |
| 牛　　肉 | 97.4 | 99.1 | 98.0 | 98.8 | 98.0 |
| 羊　　肉 | 100.1 | 104.5 | 101.8 | 101.4 | 101.3 |
| (2) 禽 | 99.5 | 101.4 | 100.0 | 101.9 | 102.5 |
| 鸡 | 98.4 | 99.3 | 98.4 | 99.1 | 99.9 |
| 鸭 | 102.5 | 106.7 | 104.0 | 109.2 | 109.1 |
| (3) 加工肉禽 | 96.5 | 98.1 | 98.9 | 99.2 | 100.0 |
| 6. 蛋 | 105.4 | 107.4 | 105.7 | 103.3 | 101.5 |
| 鲜　　蛋 | 105.2 | 107.3 | 105.5 | 103.0 | 101.0 |
| 7. 水 产 品 | 97.1 | 103.4 | 103.0 | 104.3 | 104.0 |
| (1) 鱼 | 95.2 | 102.1 | 101.5 | 103.3 | 103.3 |
| 淡 水 鱼 | 90.9 | 99.3 | 98.9 | 101.2 | 101.5 |
| 海 水 鱼 | 103.6 | 107.0 | 105.9 | 106.8 | 106.4 |
| (2) 其他水产品 | 105.5 | 108.8 | 109.7 | 108.5 | 106.9 |
| 虾 蟹 类 | 105.5 | 108.8 | 109.7 | 108.5 | 106.9 |
| 8. 菜 | 115.8 | 139.0 | 112.4 | 119.5 | 128.2 |
| 鲜　　菜 | 117.2 | 144.3 | 112.4 | 119.9 | 129.5 |
| 9. 调 味 品 | 102.9 | 102.9 | 103.3 | 103.0 | 102.5 |
| 盐 | 101.4 | 101.6 | 104.9 | 104.5 | 102.8 |
| 酱　　油 | 100.4 | 99.8 | 100.1 | 99.7 | 100.1 |
| 10. 糖 | 109.0 | 111.5 | 112.5 | 114.2 | 109.4 |
| 食　　糖 | 122.2 | 125.6 | 126.0 | 123.5 | 120.6 |
| 11. 茶及饮料 | 99.4 | 99.9 | 100.4 | 100.7 | 101.1 |
| (1) 茶　　叶 | 99.9 | 100.9 | 100.9 | 100.5 | 101.1 |
| (2) 饮　　料 | 99.3 | 99.7 | 100.2 | 100.7 | 101.0 |
| 12. 干鲜瓜果 | 104.9 | 120.5 | 115.4 | 116.3 | 110.0 |
| 鲜 瓜 果 | 102.5 | 120.5 | 115.0 | 116.3 | 109.3 |
| 13. 糕点饼干 | 99.9 | 100.2 | 102.0 | 101.6 | 100.0 |

| 6 月 | 7 月 | 8 月 | 9 月 | 10 月 | 11 月 | 12 月 |
|---|---|---|---|---|---|---|
| **102.6** | **103.2** | **103.1** | **103.4** | **104.4** | **105.3** | **105.4** |
| **104.3** | **106.8** | **107.1** | **107.4** | **110.4** | **111.5** | **111.7** |
| 107.1 | 106.5 | 106.5 | 106.2 | 107.0 | 110.0 | 114.6 |
| 107.7 | 106.7 | 107.2 | 106.7 | 107.4 | 110.4 | 115.4 |
| 108.6 | 110.4 | 109.6 | 109.2 | 109.3 | 114.0 | 113.8 |
| 112.2 | 112.8 | 112.0 | 109.6 | 108.7 | 108.8 | 107.7 |
| 108.0 | 107.1 | 108.9 | 112.8 | 112.4 | 114.0 | 114.2 |
| 114.0 | 112.3 | 114.8 | 118.7 | 118.7 | 116.8 | 116.9 |
| 98.1 | 105.9 | 108.8 | 107.4 | 110.0 | 114.1 | 115.2 |
| 94.1 | 103.7 | 107.3 | 106.2 | 110.4 | 115.5 | 115.7 |
| 93.9 | 105.6 | 109.9 | 108.1 | 112.4 | 118.4 | 118.5 |
| 98.0 | 99.3 | 99.0 | 100.0 | 101.1 | 100.5 | 100.1 |
| 101.4 | 101.1 | 101.1 | 100.8 | 102.7 | 104.2 | 107.3 |
| 105.9 | 112.9 | 114.3 | 111.5 | 112.1 | 115.3 | 117.6 |
| 103.0 | 109.5 | 111.6 | 111.8 | 113.5 | 114.7 | 115.9 |
| 113.5 | 121.9 | 121.2 | 110.9 | 108.7 | 116.8 | 121.8 |
| 100.7 | 103.4 | 105.6 | 105.2 | 105.2 | 106.2 | 108.1 |
| 102.5 | 104.7 | 111.5 | 109.8 | 108.9 | 111.9 | 114.0 |
| 102.1 | 104.6 | 111.7 | 109.7 | 108.9 | 111.9 | 113.7 |
| 106.1 | 109.4 | 112.3 | 113.4 | 114.3 | 114.3 | 113.1 |
| 105.7 | 110.2 | 111.4 | 111.8 | 112.8 | 112.6 | 112.1 |
| 104.9 | 111.4 | 112.7 | 112.6 | 113.6 | 112.1 | 112.6 |
| 106.7 | 107.5 | 108.2 | 109.4 | 110.4 | 113.0 | 110.9 |
| 107.7 | 105.6 | 115.8 | 120.6 | 120.9 | 121.9 | 117.4 |
| 107.7 | 105.6 | 115.8 | 120.6 | 120.9 | 121.9 | 117.4 |
| 124.5 | 131.4 | 118.7 | 118.1 | 132.0 | 117.4 | 102.8 |
| 125.2 | 133.3 | 118.6 | 118.0 | 133.8 | 117.1 | 101.0 |
| 102.3 | 102.4 | 102.6 | 102.0 | 101.9 | 102.2 | 102.4 |
| 102.8 | 102.8 | 103.8 | 103.8 | 103.8 | 103.8 | 103.8 |
| 100.2 | 100.2 | 100.1 | 99.7 | 100.0 | 100.1 | 100.7 |
| 109.1 | 109.4 | 110.5 | 110.6 | 112.4 | 121.6 | 120.6 |
| 120.3 | 120.3 | 119.0 | 121.0 | 126.1 | 142.5 | 137.4 |
| 101.1 | 101.9 | 101.0 | 101.3 | 101.7 | 101.8 | 102.3 |
| 102.0 | 101.8 | 101.5 | 101.7 | 104.1 | 103.7 | 104.5 |
| 100.9 | 101.9 | 100.8 | 101.2 | 101.0 | 101.2 | 101.7 |
| 102.5 | 94.5 | 95.2 | 101.7 | 106.5 | 114.9 | 125.5 |
| 100.8 | 91.5 | 92.1 | 99.3 | 105.1 | 115.5 | 128.7 |
| 100.0 | 100.3 | 100.5 | 100.8 | 101.5 | 101.9 | 103.3 |

# 2010年广西农村居民消费价格各月同比指数（续表1）

以上年同月价格为100

| 类 别 | 1月 | 2月 | 3月 | 4月 | 5月 |
|---|---|---|---|---|---|
| 14. 液体乳及乳制品 | 105.8 | 105.4 | 102.3 | 100.5 | 101.3 |
| 15. 在外用膳食品 | 101.6 | 101.9 | 102.0 | 102.4 | 102.8 |
| 16. 其他食品 | 101.4 | 101.7 | 103.6 | 101.5 | 98.2 |
| **二、烟酒及用品** | **102.1** | **101.9** | **102.2** | **102.0** | **102.2** |
| 1. 烟　草 | 99.9 | 100.0 | 100.5 | 100.4 | 100.4 |
| 2. 酒 | 104.8 | 104.2 | 104.3 | 103.9 | 104.5 |
| 3. 吸烟、饮酒用品 | 97.7 | 98.9 | 99.3 | 98.9 | 98.9 |
| **三、衣　着** | **102.0** | **102.0** | **101.4** | **101.5** | **101.1** |
| 1. 服　装 | 103.2 | 102.5 | 103.1 | 103.1 | 103.3 |
| (1) 男式服装 | 102.1 | 102.1 | 102.8 | 104.0 | 102.6 |
| (2) 女式服装 | 104.5 | 102.6 | 102.5 | 102.0 | 103.3 |
| (3) 儿童服装 | 101.6 | 103.5 | 105.8 | 104.7 | 104.8 |
| 2. 衣着材料 | 101.2 | 102.7 | 102.8 | 102.4 | 103.4 |
| 3. 鞋 袜 帽 | 98.4 | 100.0 | 95.9 | 96.2 | 94.0 |
| (1) 鞋 | 97.7 | 100.0 | 94.9 | 95.1 | 92.7 |
| (2) 袜　子 | 100.3 | 100.5 | 100.7 | 102.8 | 101.3 |
| (3) 帽　子 | 106.5 | 98.8 | 100.9 | 99.3 | 99.3 |
| 4. 衣着加工服务费 | 102.0 | 106.9 | 105.2 | 105.9 | 105.8 |
| **四、家庭设备用品及维修服务** | **100.0** | **99.4** | **99.1** | **99.2** | **99.5** |
| 1. 耐用消费品 | 98.4 | 97.4 | 97.8 | 98.0 | 98.4 |
| (1) 家　具 | 98.6 | 99.0 | 99.0 | 99.7 | 100.2 |
| (2) 家庭设备 | 98.3 | 96.6 | 97.2 | 97.3 | 97.7 |
| 2. 室内装饰品 | 101.2 | 104.5 | 104.0 | 104.3 | 103.4 |
| 3. 床上用品 | 105.1 | 101.6 | 99.4 | 98.4 | 99.6 |
| 4. 家庭日用杂品 | 98.8 | 99.2 | 98.4 | 98.9 | 98.7 |
| 5. 家庭服务及加工维修服务 | 106.5 | 107.7 | 107.3 | 107.3 | 107.5 |
| **五、医疗保健和个人用品** | **101.2** | **101.6** | **101.5** | **101.4** | **101.6** |
| 1. 医疗保健 | 101.1 | 101.3 | 101.3 | 101.4 | 101.3 |
| (1) 医疗器具及用品 | 101.9 | 102.0 | 102.0 | 102.1 | 103.3 |
| (2) 中药材及中成药 | 102.7 | 104.0 | 104.3 | 105.6 | 105.4 |
| (3) 西　药 | 101.0 | 100.7 | 100.6 | 100.0 | 100.1 |
| (4) 保健器具及用品 | 99.7 | 99.4 | 99.4 | 99.0 | 99.3 |
| (5) 医疗保健服务 | 99.9 | 99.9 | 100.0 | 100.0 | 100.0 |
| 2. 个人用品及服务 | 101.3 | 102.3 | 101.7 | 101.6 | 102.3 |
| (1) 化妆美容用品 | 102.1 | 101.2 | 101.3 | 101.5 | 102.4 |
| (2) 清洁化妆用品 | 99.1 | 98.9 | 99.1 | 98.1 | 99.4 |
| (3) 个人饰品 | 101.6 | 99.6 | 100.3 | 100.7 | 99.7 |
| (4) 个人服务 | 103.9 | 114.1 | 109.5 | 110.0 | 110.5 |

| 6 月 | 7 月 | 8 月 | 9 月 | 10 月 | 11 月 | 12 月 |
|---|---|---|---|---|---|---|
| 99.6 | 101.1 | 101.7 | 102.3 | 100.6 | 105.7 | 102.7 |
| 102.9 | 103.0 | 103.1 | 103.0 | 103.3 | 103.6 | 105.0 |
| 99.7 | 99.5 | 100.4 | 100.8 | 101.0 | 100.8 | 102.3 |
| **102.1** | **102.7** | **102.6** | **102.3** | **101.5** | **101.6** | **101.8** |
| 100.2 | 100.4 | 100.4 | 99.9 | 99.7 | 100.0 | 99.7 |
| 104.4 | 105.2 | 105.1 | 105.0 | 103.4 | 103.5 | 104.0 |
| 98.9 | 99.6 | 100.2 | 99.8 | 100.0 | 99.8 | 99.8 |
| **102.3** | **102.7** | **102.0** | **100.7** | **99.4** | **100.9** | **101.0** |
| 105.0 | 105.6 | 105.8 | 103.1 | 100.5 | 102.9 | 103.2 |
| 103.4 | 104.7 | 104.8 | 103.4 | 101.8 | 102.0 | 101.7 |
| 105.5 | 107.0 | 108.3 | 105.6 | 99.2 | 101.9 | 102.0 |
| 107.2 | 102.8 | 99.4 | 94.1 | 102.1 | 108.5 | 110.7 |
| 104.3 | 104.8 | 104.8 | 109.2 | 112.3 | 119.9 | 121.0 |
| 93.7 | 93.5 | 90.5 | 92.3 | 94.6 | 92.5 | 92.0 |
| 92.3 | 92.1 | 88.5 | 90.6 | 93.4 | 91.1 | 90.5 |
| 101.1 | 100.8 | 100.8 | 100.8 | 101.2 | 100.2 | 100.2 |
| 99.3 | 99.3 | 99.5 | 101.5 | 99.0 | 97.5 | 97.5 |
| 105.5 | 105.5 | 105.5 | 103.9 | 103.9 | 103.9 | 104.9 |
| **99.7** | **99.9** | **100.1** | **99.6** | **100.3** | **100.9** | **101.4** |
| 98.2 | 98.2 | 97.9 | 97.7 | 98.1 | 98.2 | 98.5 |
| 100.3 | 100.9 | 98.2 | 97.9 | 99.1 | 98.9 | 100.0 |
| 97.3 | 97.1 | 97.7 | 97.6 | 97.7 | 98.0 | 97.9 |
| 103.6 | 102.8 | 101.8 | 102.6 | 103.0 | 107.0 | 108.3 |
| 98.6 | 100.1 | 101.5 | 97.0 | 99.2 | 102.2 | 104.3 |
| 99.1 | 99.5 | 100.5 | 100.8 | 101.1 | 101.1 | 101.2 |
| 111.4 | 111.7 | 111.4 | 110.6 | 112.9 | 113.8 | 113.9 |
| **101.7** | **101.8** | **102.1** | **102.7** | **102.7** | **103.7** | **103.8** |
| 101.5 | 101.4 | 101.6 | 102.8 | 103.2 | 104.6 | 104.8 |
| 103.2 | 101.0 | 102.3 | 103.2 | 102.4 | 101.5 | 97.3 |
| 106.9 | 107.3 | 108.5 | 112.1 | 113.5 | 118.3 | 118.1 |
| 99.6 | 99.2 | 99.2 | 99.9 | 100.0 | 100.4 | 100.7 |
| 99.5 | 99.5 | 99.0 | 99.2 | 99.6 | 99.4 | 99.5 |
| 100.0 | 100.0 | 99.8 | 99.7 | 99.7 | 99.8 | 100.2 |
| 102.1 | 102.5 | 103.1 | 102.4 | 101.7 | 101.8 | 101.8 |
| 102.7 | 103.1 | 103.3 | 103.1 | 101.4 | 101.4 | 102.0 |
| 98.9 | 99.4 | 100.2 | 99.0 | 99.6 | 99.8 | 100.3 |
| 99.1 | 100.6 | 101.3 | 101.4 | 102.4 | 102.6 | 103.5 |
| 110.5 | 109.9 | 110.3 | 109.3 | 105.9 | 105.6 | 103.0 |

# 2010年广西农村居民消费价格各月同比指数（续表2）

以上年同月价格为100

| 类　别 | 1月 | 2月 | 3月 | 4月 | 5月 |
|---|---|---|---|---|---|
| **六、交通和通信** | **99.1** | **102.8** | **101.1** | **100.7** | **101.1** |
| 1. 交　　通 | 100.4 | 107.6 | 103.8 | 103.4 | 103.7 |
| (1) 交通工具 | 97.8 | 98.2 | 99.0 | 99.0 | 99.0 |
| (2) 车用燃料及零配件 | 120.2 | 121.4 | 119.5 | 119.7 | 120.5 |
| 汽　　油 | 124.9 | 126.8 | 123.6 | 123.8 | 125.2 |
| 柴　　油 | 124.3 | 127.7 | 126.2 | 126.9 | 127.0 |
| (3) 车辆使用及维修费 | 99.8 | 101.3 | 100.6 | 100.5 | 100.6 |
| (4) 市区公共交通费 | 98.5 | 101.8 | 102.0 | 99.1 | 99.1 |
| (5) 城市间交通费 | 89.9 | 115.0 | 100.5 | 99.8 | 100.2 |
| 2. 通　　信 | 97.5 | 97.3 | 97.8 | 97.6 | 98.1 |
| (1) 通信工具 | 88.3 | 87.7 | 89.7 | 88.5 | 90.4 |
| (2) 通信服务 | 100.5 | 100.5 | 100.5 | 100.6 | 100.6 |
| **七、娱乐教育文化用品及服务** | **101.2** | **102.1** | **97.5** | **97.6** | **97.7** |
| 1. 文娱用耐用消费品及服务 | 94.8 | 95.4 | 95.2 | 96.4 | 96.6 |
| 2. 教　　育 | 104.6 | 104.5 | 95.9 | 95.9 | 96.0 |
| (1) 教材及参考书 | 102.9 | 101.9 | 100.6 | 100.4 | 100.4 |
| (2) 学杂托幼费 | 104.9 | 104.9 | 95.3 | 95.3 | 95.4 |
| 3. 文化娱乐类 | 100.0 | 100.3 | 100.8 | 100.7 | 101.2 |
| (1) 文化娱乐用品 | 98.5 | 99.8 | 100.9 | 100.4 | 100.3 |
| (2) 书报杂志 | 100.1 | 100.0 | 100.0 | 100.0 | 100.0 |
| (3) 文 娱 费 | 101.0 | 100.9 | 101.3 | 101.3 | 102.7 |
| 4. 旅　　游 | 97.2 | 103.4 | 103.6 | 103.3 | 101.7 |
| **八、居　　住** | **103.2** | **107.9** | **107.0** | **107.6** | **108.8** |
| 1. 建房及装修材料 | 101.9 | 103.9 | 106.0 | 105.3 | 106.3 |
| 2. 租　　房 | 95.2 | 101.7 | 101.7 | 101.7 | 101.7 |
| 3. 自有住房 | 95.7 | 105.2 | 102.8 | 105.6 | 105.6 |
| 4. 水、电、燃料 | 109.6 | 113.0 | 110.7 | 111.0 | 113.6 |
| 水 | 113.4 | 108.2 | 106.8 | 105.3 | 105.2 |
| 电 | 100.1 | 100.1 | 100.1 | 100.1 | 99.8 |
| 液化石油气 | 123.4 | 141.5 | 137.0 | 137.8 | 139.8 |
| 管道燃气 | | | | | |

| 6 月 | 7 月 | 8 月 | 9 月 | 10 月 | 11 月 | 12 月 |
|---|---|---|---|---|---|---|
| **100.2** | **99.4** | **99.6** | **99.4** | **100.1** | **99.8** | **100.2** |
| 102.3 | 101.1 | 101.7 | 101.2 | 102.4 | 101.7 | 102.6 |
| 99.2 | 99.3 | 99.7 | 100.7 | 101.3 | 101.5 | 101.7 |
| 112.9 | 105.0 | 107.6 | 104.4 | 107.9 | 104.8 | 106.0 |
| 115.4 | 105.8 | 109.1 | 105.1 | 109.2 | 105.4 | 106.9 |
| 117.0 | 106.9 | 110.5 | 106.0 | 110.5 | 106.4 | 107.6 |
| 100.9 | 100.8 | 100.7 | 100.1 | 100.1 | 101.0 | 101.2 |
| 100.5 | 100.5 | 100.5 | 100.5 | 101.3 | 100.5 | 100.5 |
| 98.9 | 100.2 | 99.9 | 99.9 | 100.8 | 100.0 | 102.2 |
| 97.7 | 97.3 | 97.2 | 97.2 | 97.2 | 97.5 | 97.4 |
| 91.3 | 90.9 | 90.5 | 90.3 | 90.4 | 90.7 | 90.4 |
| 99.9 | 99.4 | 99.4 | 99.5 | 99.5 | 99.7 | 99.7 |
| **98.0** | **98.0** | **98.5** | **100.5** | **100.1** | **100.3** | **100.0** |
| 97.0 | 97.1 | 97.3 | 97.2 | 97.2 | 97.6 | 97.9 |
| 96.1 | 96.1 | 96.3 | 99.6 | 99.6 | 99.6 | 99.6 |
| 100.4 | 100.4 | 99.5 | 100.7 | 100.6 | 100.6 | 100.6 |
| 95.6 | 95.5 | 95.9 | 99.5 | 99.5 | 99.5 | 99.5 |
| 101.2 | 101.4 | 101.2 | 100.8 | 100.8 | 100.8 | 100.9 |
| 100.4 | 100.1 | 99.8 | 99.0 | 98.9 | 98.9 | 99.2 |
| 100.0 | 100.0 | 100.0 | 99.9 | 99.9 | 99.9 | 99.9 |
| 102.7 | 103.3 | 102.9 | 102.9 | 102.9 | 102.9 | 102.9 |
| 103.5 | 102.9 | 106.1 | 109.0 | 106.0 | 106.6 | 104.4 |
| **108.2** | **106.8** | **104.8** | **104.2** | **105.2** | **106.3** | **106.0** |
| 106.1 | 106.6 | 105.5 | 107.3 | 107.7 | 108.9 | 108.2 |
| 101.8 | 101.8 | 101.8 | 101.8 | 101.8 | 101.8 | 101.8 |
| 105.3 | 105.3 | 105.3 | 105.6 | 108.1 | 108.6 | 111.9 |
| 112.2 | 108.5 | 104.3 | 101.5 | 102.3 | 104.7 | 103.0 |
| 104.2 | 100.6 | 100.6 | 100.6 | 100.6 | 100.6 | 100.6 |
| 99.8 | 99.8 | 99.8 | 99.8 | 99.8 | 100.0 | 100.0 |
| 137.2 | 129.7 | 115.5 | 106.5 | 107.4 | 112.7 | 106.5 |

# 2011 年广西农村居民消费价格各月同比指数

以上年同月价格为 100

| 类　别 | 1 月 | 2 月 | 3 月 | 4 月 | 5 月 |
|---|---|---|---|---|---|
| **居民消费价格总指数** | **106.2** | **106.7** | **107.3** | **108.3** | **108.5** |
| **一、食　　品** | **115.0** | **116.6** | **118.4** | **119.6** | **119.8** |
| 1. 粮　　食 | 116.2 | 117.0 | 119.9 | 120.1 | 120.5 |
| 大　　米 | 117.3 | 117.6 | 121.0 | 121.3 | 121.3 |
| 2. 淀粉及制品 | 112.1 | 112.6 | 112.7 | 111.3 | 111.6 |
| 3. 干豆类及豆制品 | 108.6 | 111.3 | 111.9 | 113.0 | 108.1 |
| 4. 油　　脂 | 112.2 | 112.0 | 111.7 | 113.5 | 115.8 |
| 食用植物油 | 114.2 | 114.3 | 113.4 | 115.6 | 118.8 |
| 5. 肉禽及其制品 | 116.0 | 120.1 | 124.7 | 128.1 | 132.8 |
| (1) 食用畜肉及副产品 | 116.1 | 123.7 | 130.6 | 134.3 | 141.1 |
| 猪　　肉 | 118.4 | 127.2 | 135.9 | 140.4 | 148.6 |
| 牛　　肉 | 101.5 | 102.4 | 101.6 | 101.6 | 102.8 |
| 羊　　肉 | 114.5 | 121.6 | 122.0 | 120.9 | 119.8 |
| (2) 禽 | 118.2 | 115.9 | 117.1 | 120.4 | 122.6 |
| 鸡 | 117.0 | 117.4 | 117.0 | 118.5 | 121.0 |
| 鸭 | 121.5 | 112.2 | 117.5 | 125.2 | 126.9 |
| (3) 加工肉禽 | 110.2 | 109.8 | 110.5 | 113.7 | 114.7 |
| 6. 蛋 | 115.6 | 117.1 | 115.8 | 115.1 | 116.6 |
| 鲜　　蛋 | 115.5 | 117.0 | 115.6 | 114.8 | 116.4 |
| 7. 水 产 品 | 115.9 | 118.0 | 124.8 | 125.8 | 127.0 |
| (1) 鱼 | 116.9 | 117.7 | 124.0 | 126.1 | 128.8 |
| 淡 水 鱼 | 117.4 | 117.9 | 124.5 | 127.1 | 129.4 |
| 海 水 鱼 | 115.4 | 117.2 | 122.6 | 123.3 | 127.3 |
| (2) 其他水产品 | 112.0 | 119.2 | 127.9 | 124.4 | 118.9 |
| 虾 蟹 类 | 112.1 | 119.4 | 128.4 | 124.8 | 119.2 |
| 8. 菜 | 122.4 | 116.7 | 116.3 | 113.9 | 105.2 |
| 鲜　　菜 | 123.9 | 117.1 | 116.6 | 114.2 | 104.7 |
| 9. 调 味 品 | 103.0 | 104.1 | 103.1 | 103.7 | 104.4 |
| 食 用 盐 | 103.5 | 103.4 | 99.7 | 100.1 | 101.8 |
| 酱　　油 | 103.1 | 105.8 | 105.6 | 106.8 | 107.1 |
| 10. 糖 | 117.9 | 117.3 | 117.8 | 117.0 | 118.8 |
| 食　　糖 | 133.4 | 131.6 | 131.5 | 131.2 | 133.5 |
| 11. 茶及饮料 | 102.2 | 103.5 | 103.0 | 102.5 | 102.3 |
| (1) 茶　　叶 | 104.3 | 103.5 | 103.6 | 103.3 | 102.0 |
| (2) 饮　　料 | 101.6 | 103.5 | 102.9 | 102.2 | 102.4 |
| 12. 干鲜瓜果 | 135.5 | 134.9 | 128.9 | 129.2 | 122.3 |
| 鲜 瓜 果 | 142.1 | 140.9 | 133.1 | 132.3 | 123.5 |

| 6 月 | 7 月 | 8 月 | 9 月 | 10 月 | 11 月 | 12 月 |
|---|---|---|---|---|---|---|
| **108.4** | **108.3** | **107.3** | **106.2** | **105.6** | **102.6** | **101.8** |
| **120.8** | **120.3** | **116.9** | **114.7** | **113.0** | **108.8** | **107.3** |
| 120.6 | 121.2 | 119.2 | 117.0 | 114.8 | 110.7 | 106.6 |
| 121.5 | 122.2 | 119.8 | 117.0 | 114.7 | 110.0 | 105.8 |
| 110.9 | 110.1 | 111.3 | 113.0 | 112.5 | 105.6 | 103.6 |
| 108.3 | 107.5 | 106.0 | 105.0 | 106.4 | 105.2 | 104.0 |
| 117.8 | 121.3 | 119.6 | 113.5 | 112.7 | 105.3 | 101.5 |
| 121.5 | 126.0 | 123.5 | 115.2 | 113.8 | 106.9 | 102.5 |
| 139.6 | 139.0 | 129.8 | 122.8 | 118.2 | 108.5 | 103.5 |
| 153.4 | 154.2 | 141.0 | 130.0 | 122.1 | 107.7 | 101.5 |
| 162.5 | 162.4 | 145.6 | 133.8 | 124.6 | 108.6 | 100.7 |
| 105.7 | 109.1 | 114.0 | 113.1 | 115.2 | 112.4 | 115.6 |
| 119.7 | 119.8 | 119.8 | 120.7 | 125.7 | 126.3 | 126.4 |
| 121.4 | 115.5 | 110.3 | 109.4 | 109.4 | 107.3 | 103.9 |
| 121.2 | 116.9 | 111.6 | 109.0 | 107.1 | 106.2 | 102.7 |
| 121.8 | 112.3 | 107.2 | 110.7 | 115.8 | 110.3 | 106.8 |
| 116.2 | 118.6 | 117.3 | 116.5 | 117.7 | 116.0 | 115.1 |
| 120.3 | 120.7 | 112.7 | 111.3 | 111.9 | 107.0 | 101.2 |
| 120.3 | 120.5 | 111.6 | 110.1 | 110.8 | 105.6 | 100.4 |
| 124.3 | 121.4 | 120.4 | 119.5 | 120.2 | 118.9 | 117.6 |
| 124.9 | 122.6 | 122.4 | 121.8 | 122.8 | 120.6 | 118.9 |
| 123.9 | 120.1 | 118.3 | 117.8 | 117.4 | 114.9 | 113.1 |
| 127.7 | 129.8 | 134.1 | 133.5 | 138.0 | 136.6 | 134.8 |
| 121.1 | 115.6 | 110.9 | 108.8 | 108.8 | 111.1 | 111.8 |
| 121.5 | 115.8 | 111.0 | 108.8 | 108.8 | 111.2 | 111.9 |
| 101.4 | 99.2 | 97.9 | 102.5 | 100.7 | 101.3 | 117.7 |
| 100.5 | 98.1 | 96.8 | 102.0 | 100.1 | 101.2 | 120.4 |
| 104.7 | 105.0 | 104.8 | 104.9 | 104.5 | 104.4 | 104.1 |
| 101.8 | 101.8 | 100.6 | 100.6 | 100.6 | 100.6 | 100.6 |
| 107.3 | 108.1 | 108.5 | 108.7 | 107.6 | 107.9 | 107.2 |
| 120.0 | 119.2 | 119.8 | 120.4 | 118.9 | 110.8 | 109.4 |
| 134.2 | 132.8 | 134.6 | 135.4 | 128.1 | 113.9 | 113.2 |
| 102.7 | 103.5 | 103.4 | 103.7 | 103.2 | 102.9 | 102.7 |
| 101.4 | 102.2 | 102.4 | 104.1 | 102.4 | 102.2 | 101.9 |
| 103.0 | 103.9 | 103.7 | 103.6 | 103.4 | 103.1 | 103.0 |
| 110.5 | 105.5 | 99.1 | 98.0 | 101.2 | 101.8 | 97.7 |
| 108.3 | 102.1 | 95.0 | 94.7 | 98.8 | 100.5 | 96.2 |

# 2011 年广西农村居民消费价格各月同比指数（续表 1）

以上年同月价格为 100

| 类　别 | 1 月 | 2 月 | 3 月 | 4 月 | 5 月 |
|---|---|---|---|---|---|
| 13. 糕点饼干面包 | 103.6 | 104.2 | 104.7 | 105.3 | 104.8 |
| 14. 液体乳及乳制品 | 102.7 | 104.2 | 104.8 | 105.5 | 104.9 |
| 15. 在外用膳食品 | 105.0 | 107.4 | 109.1 | 110.4 | 112.4 |
| 16. 其他食品 | 103.1 | 103.2 | 104.4 | 104.7 | 105.5 |
| **二、烟　　酒** | **101.9** | **102.0** | **101.9** | **102.4** | **102.7** |
| 1. 烟　　草 | 100.2 | 100.1 | 100.0 | 100.4 | 100.4 |
| 2. 酒 | 103.8 | 103.9 | 103.9 | 104.5 | 105.1 |
| **三、衣　　着** | **100.9** | **101.2** | **100.2** | **100.2** | **100.4** |
| 1. 服　　装 | 101.9 | 102.6 | 101.1 | 100.9 | 101.1 |
| (1) 男式服装 | 101.4 | 101.7 | 100.1 | 99.5 | 99.8 |
| (2) 女式服装 | 101.6 | 102.2 | 100.7 | 100.6 | 100.8 |
| (3) 儿童服装 | 104.1 | 106.1 | 104.6 | 105.0 | 105.1 |
| 2. 衣着材料 | 113.6 | 114.2 | 115.5 | 118.0 | 119.0 |
| 3. 鞋 袜 帽 | 96.4 | 95.6 | 96.2 | 96.8 | 96.7 |
| (1) 鞋 | 95.8 | 94.8 | 95.5 | 96.2 | 96.3 |
| (2) 袜　　子 | 100.8 | 100.8 | 100.5 | 99.5 | 98.5 |
| (3) 帽　　子 | 99.6 | 101.6 | 101.9 | 101.9 | 102.1 |
| 4. 衣着加工服务费 | 110.6 | 107.3 | 105.2 | 105.2 | 108.1 |
| **四、家庭设备用品及维修服务** | **100.8** | **101.1** | **101.5** | **102.1** | **102.5** |
| 1. 耐用消费品 | 99.0 | 99.1 | 98.8 | 99.3 | 99.7 |
| (1) 家　　具 | 100.8 | 100.4 | 100.4 | 101.1 | 102.0 |
| (2) 家庭设备 | 98.2 | 98.4 | 98.1 | 98.4 | 98.6 |
| 2. 室内装饰品 | 106.2 | 106.8 | 107.9 | 110.2 | 111.7 |
| 3. 床上用品 | 103.6 | 105.2 | 109.5 | 110.6 | 110.5 |
| 4. 家庭日用杂品 | 100.9 | 101.2 | 101.0 | 101.8 | 102.0 |
| 5. 家庭服务及加工维修服务 | 105.9 | 106.1 | 106.8 | 107.2 | 108.0 |
| **五、医疗保健和个人用品** | **103.0** | **102.8** | **103.0** | **103.7** | **104.3** |
| 1. 医疗保健 | 103.9 | 103.5 | 103.7 | 104.1 | 105.1 |
| (1) 医疗器具及用品 | 94.8 | 94.8 | 94.8 | 94.1 | 94.3 |
| (2) 中药材及中成药 | 115.9 | 115.0 | 115.4 | 117.6 | 121.2 |
| (3) 西　　药 | 100.4 | 100.0 | 100.2 | 99.7 | 100.0 |
| (4) 保健器具及用品 | 99.4 | 99.7 | 99.4 | 100.2 | 100.5 |
| (5) 医疗保健服务 | 100.2 | 100.2 | 100.2 | 100.2 | 100.2 |
| 2. 个人用品及服务 | 101.3 | 101.2 | 101.4 | 102.9 | 102.8 |
| (1) 化妆美容用品 | 101.1 | 102.1 | 101.6 | 101.4 | 101.0 |
| (2) 清洁类化妆品 | 99.7 | 99.9 | 99.6 | 100.9 | 99.8 |
| (3) 个人饰品 | 101.5 | 102.5 | 104.9 | 105.8 | 106.7 |
| (4) 个人服务 | 104.4 | 101.0 | 101.3 | 106.2 | 106.9 |

| 6月 | 7月 | 8月 | 9月 | 10月 | 11月 | 12月 |
|---|---|---|---|---|---|---|
| 105.7 | 105.3 | 105.4 | 105.6 | 105.4 | 105.8 | 104.6 |
| 106.2 | 106.4 | 104.8 | 104.4 | 105.3 | 105.1 | 104.0 |
| 113.8 | 115.3 | 117.5 | 118.6 | 118.3 | 117.1 | 116.1 |
| 106.9 | 107.1 | 106.3 | 106.1 | 106.6 | 106.6 | 104.9 |
| **102.9** | **103.1** | **103.3** | **103.2** | **104.6** | **105.1** | **104.9** |
| 100.4 | 100.4 | 100.5 | 100.4 | 100.6 | 100.6 | 100.4 |
| 105.6 | 106.0 | 106.2 | 106.2 | 108.9 | 109.9 | 109.5 |
| **98.6** | **98.9** | **98.1** | **98.2** | **99.0** | **97.3** | **96.4** |
| 98.9 | 98.7 | 97.7 | 97.9 | 98.8 | 96.0 | 94.8 |
| 98.5 | 97.8 | 97.5 | 95.6 | 97.8 | 96.6 | 95.7 |
| 99.5 | 98.5 | 96.7 | 97.0 | 99.3 | 96.7 | 95.4 |
| 98.4 | 101.5 | 101.4 | 106.7 | 99.4 | 92.9 | 90.8 |
| 120.6 | 120.4 | 120.7 | 118.5 | 118.8 | 112.1 | 109.9 |
| 95.7 | 97.4 | 97.2 | 97.1 | 97.8 | 99.7 | 99.9 |
| 95.1 | 97.0 | 97.0 | 96.7 | 97.6 | 99.7 | 100.0 |
| 98.9 | 98.9 | 98.9 | 98.9 | 98.7 | 98.7 | 98.7 |
| 101.8 | 101.8 | 98.7 | 98.7 | 100.3 | 100.8 | 99.8 |
| 107.5 | 107.5 | 107.5 | 107.5 | 110.2 | 110.2 | 111.2 |
| **102.5** | **102.5** | **102.7** | **103.2** | **102.2** | **101.5** | **100.7** |
| 100.0 | 99.9 | 100.3 | 100.7 | 100.2 | 99.8 | 99.2 |
| 102.0 | 102.0 | 103.7 | 104.5 | 103.5 | 102.4 | 100.8 |
| 99.0 | 98.9 | 98.7 | 99.0 | 98.6 | 98.5 | 98.4 |
| 111.5 | 112.2 | 112.1 | 111.7 | 111.5 | 107.4 | 105.8 |
| 110.0 | 109.0 | 108.9 | 111.3 | 108.2 | 104.5 | 100.9 |
| 102.0 | 102.4 | 102.8 | 102.6 | 101.7 | 101.7 | 101.7 |
| 106.1 | 105.9 | 106.0 | 106.2 | 104.8 | 104.4 | 104.4 |
| **104.4** | **104.8** | **104.7** | **104.7** | **104.1** | **103.0** | **102.6** |
| 105.0 | 105.7 | 105.5 | 105.1 | 104.6 | 102.9 | 102.3 |
| 94.3 | 97.6 | 96.3 | 98.5 | 100.2 | 99.1 | 100.9 |
| 121.4 | 123.7 | 122.2 | 120.6 | 118.7 | 114.0 | 112.2 |
| 99.8 | 100.0 | 100.0 | 99.7 | 99.5 | 99.7 | 99.8 |
| 100.5 | 101.0 | 101.1 | 100.8 | 101.0 | 100.9 | 100.8 |
| 100.2 | 100.2 | 100.4 | 100.4 | 100.4 | 97.9 | 97.3 |
| 103.0 | 102.7 | 103.1 | 103.8 | 103.1 | 103.2 | 103.3 |
| 99.9 | 99.7 | 99.7 | 99.5 | 100.8 | 100.8 | 100.1 |
| 101.1 | 100.9 | 101.3 | 102.2 | 101.2 | 101.6 | 102.3 |
| 106.5 | 105.6 | 107.1 | 108.7 | 105.9 | 105.1 | 103.4 |
| 107.3 | 107.5 | 107.3 | 107.9 | 107.3 | 107.3 | 109.3 |

# 2011年广西农村居民消费价格各月同比指数（续表2）

以上年同月价格为100

| 类　别 | 1月 | 2月 | 3月 | 4月 | 5月 |
|---|---|---|---|---|---|
| **六、交通和通信** | **101.5** | **101.0** | **101.0** | **101.9** | **102.2** |
| ● 1. 交　　通 | 105.1 | 104.1 | 104.2 | 106.1 | 106.4 |
| (1) 交通工具 | 101.3 | 101.7 | 102.5 | 103.4 | 104.5 |
| (2) 车用燃料及零配件 | 106.3 | 109.8 | 110.0 | 112.7 | 111.8 |
| 汽　　油 | 107.0 | 111.3 | 111.3 | 114.5 | 113.0 |
| 柴　　油 | 108.5 | 112.5 | 112.3 | 114.3 | 114.0 |
| (3) 车辆使用及维修费 | 101.9 | 100.9 | 105.7 | 105.7 | 107.7 |
| (4) 市区公共交通费 | 101.4 | 98.9 | 98.2 | 102.6 | 102.6 |
| (5) 城市间交通费 | 115.6 | 106.6 | 103.3 | 105.7 | 104.9 |
| 2. 通　　信 | 97.5 | 97.5 | 97.4 | 97.5 | 97.5 |
| (1) 通信工具 | 90.7 | 90.5 | 89.9 | 90.0 | 90.2 |
| (2) 通信服务 | 99.7 | 99.7 | 99.7 | 99.8 | 99.8 |
| **七、娱乐教育文化用品及服务** | **101.2** | **102.2** | **102.8** | **103.2** | **102.7** |
| 1. 文娱用耐用消费品及服务 | 98.6 | 98.6 | 98.6 | 98.5 | 98.4 |
| 2. 教　　育 | 100.5 | 104.3 | 104.2 | 104.3 | 104.2 |
| (1) 教材及参考书 | 100.6 | 103.4 | 100.9 | 101.1 | 101.6 |
| (2) 教育服务 | 100.5 | 104.4 | 104.6 | 104.7 | 104.5 |
| 3. 文化娱乐类 | 100.7 | 100.8 | 101.1 | 101.3 | 101.1 |
| (1) 文化娱乐用品 | 99.0 | 99.2 | 100.1 | 100.7 | 101.4 |
| (2) 书报杂志 | 100.7 | 100.7 | 100.7 | 100.7 | 100.7 |
| (3) 文 娱 费 | 102.3 | 102.3 | 102.2 | 102.3 | 101.1 |
| 4. 旅　　游 | 108.9 | 101.4 | 106.3 | 108.2 | 105.0 |
| **八、居　　住** | **104.2** | **103.3** | **103.4** | **104.9** | **105.5** |
| 1. 建房及装修材料 | 107.8 | 107.3 | 107.0 | 108.0 | 107.8 |
| 2. 住房租金 | 100.2 | 100.2 | 100.2 | 105.7 | 106.3 |
| 3. 自有住房 | 103.9 | 102.3 | 102.3 | 102.9 | 103.7 |
| 4. 水、电、燃料 | 102.9 | 102.3 | 103.1 | 104.6 | 105.7 |
| 水 | 100.8 | 100.8 | 100.1 | 100.1 | 100.1 |
| 电 | 100.0 | 100.0 | 100.0 | 100.0 | 100.0 |
| 液化石油气 | 108.3 | 106.2 | 109.4 | 114.0 | 115.3 |
| 管道燃气 | 100.0 | 100.0 | 100.0 | 100.0 | 100.0 |

| 6 月 | 7 月 | 8 月 | 9 月 | 10 月 | 11月 | 12 月 |
|---|---|---|---|---|---|---|
| **102.5** | **102.7** | **102.7** | **102.6** | **102.3** | **101.8** | **101.3** |
| 107.3 | 107.4 | 107.4 | 107.0 | 106.6 | 106.1 | 105.2 |
| 105.3 | 105.7 | 106.0 | 105.2 | 105.4 | 104.8 | 103.8 |
| 114.1 | 114.5 | 114.7 | 114.8 | 110.7 | 109.2 | 106.7 |
| 116.0 | 116.2 | 116.1 | 116.1 | 110.6 | 109.4 | 106.4 |
| 116.3 | 116.1 | 115.8 | 115.8 | 110.3 | 108.6 | 105.9 |
| 107.6 | 106.9 | 106.5 | 106.5 | 106.4 | 105.8 | 105.4 |
| 101.9 | 101.9 | 101.9 | 101.9 | 105.2 | 106.4 | 106.4 |
| 105.7 | 105.7 | 105.2 | 104.9 | 104.9 | 105.2 | 105.2 |
| 97.3 | 97.5 | 97.6 | 97.8 | 97.6 | 97.1 | 96.9 |
| 89.0 | 88.5 | 89.0 | 89.6 | 88.6 | 86.4 | 85.6 |
| 99.8 | 100.2 | 100.2 | 100.2 | 100.2 | 100.2 | 100.2 |
| **102.2** | **101.4** | **101.6** | **98.6** | **99.5** | **98.5** | **98.2** |
| 98.4 | 98.0 | 97.3 | 97.0 | 96.9 | 96.9 | 96.9 |
| 104.2 | 104.3 | 104.3 | 99.8 | 99.9 | 100.1 | 100.3 |
| 101.6 | 101.6 | 101.8 | 102.0 | 100.5 | 100.5 | 100.5 |
| 104.5 | 104.7 | 104.7 | 99.6 | 99.9 | 100.1 | 100.2 |
| 101.2 | 93.8 | 93.6 | 93.5 | 99.3 | 92.2 | 92.5 |
| 101.2 | 101.1 | 99.7 | 100.6 | 100.9 | 100.1 | 100.0 |
| 100.7 | 100.7 | 100.7 | 100.7 | 100.7 | 100.7 | 100.7 |
| 101.4 | 83.5 | 84.2 | 83.2 | 97.1 | 80.5 | 81.1 |
| 101.1 | 104.2 | 107.2 | 102.5 | 102.1 | 102.1 | 98.9 |
| **104.2** | **104.3** | **104.4** | **104.1** | **103.1** | **96.9** | **96.5** |
| 106.6 | 106.6 | 106.5 | 104.9 | 102.6 | 101.3 | 101.3 |
| 106.7 | 104.4 | 104.0 | 104.0 | 104.0 | 104.0 | 104.0 |
| 103.5 | 103.7 | 103.6 | 103.4 | 103.0 | 103.1 | 102.5 |
| 101.6 | 102.9 | 103.6 | 104.4 | 103.4 | 80.1 | 79.0 |
| 97.8 | 97.8 | 97.8 | 97.8 | 97.8 | 61.8 | 61.8 |
| 100.0 | 100.0 | 100.0 | 100.0 | 100.0 | 76.7 | 76.7 |
| 105.0 | 109.0 | 111.2 | 113.8 | 110.6 | 91.6 | 88.1 |
| 95.0 | 95.0 | 95.0 | 95.0 | 95.0 | 95.0 | 95.0 |

# 2012年广西农村居民消费价格各月同比指数

以上年同月价格为100

| 类　别 | 1月 | 2月 | 3月 | 4月 | 5月 |
|---|---|---|---|---|---|
| **居民消费价格总指数** | **104.1** | **102.8** | **103.6** | **102.6** | **102.7** |
| **一、食　　品** | **110.5** | **105.7** | **106.9** | **104.7** | **104.1** |
| 1. 粮　　食 | 107.9 | 106.4 | 103.5 | 102.9 | 101.7 |
| 大　　米 | 107.7 | 106.6 | 103.3 | 103.0 | 101.6 |
| 2. 淀粉及制品 | 103.2 | 102.0 | 101.5 | 103.1 | 103.1 |
| 3. 干豆类及豆制品 | 107.0 | 98.6 | 99.2 | 97.3 | 98.8 |
| 4. 油　　脂 | 104.0 | 104.9 | 104.8 | 105.8 | 107.3 |
| 食用植物油 | 104.7 | 105.2 | 105.0 | 106.0 | 108.0 |
| 5. 肉禽及其制品 | 114.1 | 109.3 | 108.7 | 103.9 | 101.0 |
| (1) 食用畜肉及副产品 | 116.4 | 110.9 | 108.3 | 102.5 | 99.1 |
| 猪　　肉 | 114.6 | 107.6 | 104.3 | 98.2 | 94.0 |
| 牛　　肉 | 131.1 | 134.6 | 138.0 | 138.9 | 139.4 |
| 羊　　肉 | 132.3 | 127.5 | 131.2 | 128.5 | 130.9 |
| (2) 禽 | 107.6 | 103.3 | 107.1 | 104.2 | 101.7 |
| 鸡 | 108.5 | 103.6 | 108.2 | 105.2 | 103.6 |
| 鸭 | 105.2 | 102.6 | 104.5 | 101.5 | 97.0 |
| (3) 加工肉禽 | 116.0 | 114.2 | 114.7 | 112.1 | 110.6 |
| 6. 蛋 | 99.3 | 94.2 | 96.0 | 96.5 | 94.6 |
| 鲜　　蛋 | 98.5 | 93.0 | 94.9 | 95.5 | 93.5 |
| 7. 水 产 品 | 120.4 | 110.8 | 108.6 | 104.6 | 102.6 |
| (1) 鱼 | 118.6 | 111.1 | 109.3 | 105.8 | 102.2 |
| 淡 水 鱼 | 113.7 | 104.4 | 104.8 | 101.9 | 98.7 |
| 海 水 鱼 | 132.2 | 130.3 | 122.1 | 116.9 | 111.9 |
| (2) 其他水产品 | 128.0 | 109.8 | 106.0 | 99.5 | 104.4 |
| 虾 蟹 类 | 128.6 | 110.0 | 106.1 | 99.5 | 104.4 |
| 8. 菜 | 113.9 | 102.0 | 117.3 | 116.2 | 124.2 |
| 鲜　　菜 | 115.3 | 102.4 | 119.5 | 118.3 | 127.4 |
| 9. 调 味 品 | 102.8 | 101.7 | 101.9 | 101.1 | 101.4 |
| 食 用 盐 | 100.1 | 100.1 | 100.0 | 100.0 | 100.0 |
| 酱　　油 | 104.7 | 102.3 | 102.8 | 101.6 | 101.3 |
| 10. 糖 | 107.2 | 104.8 | 103.7 | 102.5 | 101.8 |
| 食　　糖 | 109.6 | 105.9 | 104.4 | 103.0 | 100.8 |
| 11. 茶及饮料 | 102.5 | 101.3 | 101.5 | 101.7 | 101.5 |
| (1) 茶　　叶 | 101.3 | 101.7 | 101.6 | 102.3 | 102.2 |
| (2) 饮　　料 | 102.8 | 101.2 | 101.5 | 101.5 | 101.2 |
| 12. 干鲜瓜果 | 94.3 | 86.8 | 92.0 | 90.3 | 88.8 |
| 鲜 瓜 果 | 92.1 | 83.7 | 89.6 | 88.2 | 86.7 |

| 6 月 | 7 月 | 8 月 | 9 月 | 10 月 | 11 月 | 12 月 |
|---|---|---|---|---|---|---|
| **102.9** | **102.4** | **103.1** | **104.0** | **102.9** | **104.2** | **104.3** |
| **103.6** | **101.4** | **103.3** | **104.8** | **103.0** | **106.3** | **106.8** |
| 101.7 | 101.7 | 103.4 | 104.8 | 105.7 | 107.0 | 106.0 |
| 101.7 | 101.6 | 103.8 | 105.5 | 106.6 | 108.4 | 107.1 |
| 103.4 | 104.2 | 103.6 | 101.7 | 101.7 | 102.3 | 102.3 |
| 99.6 | 100.1 | 103.3 | 105.8 | 104.8 | 104.4 | 105.0 |
| 104.8 | 101.8 | 105.3 | 110.0 | 110.8 | 113.1 | 113.1 |
| 104.8 | 101.5 | 105.8 | 111.4 | 112.4 | 114.9 | 114.8 |
| 96.9 | 92.1 | 92.4 | 97.5 | 98.8 | 103.7 | 107.9 |
| 94.2 | 87.3 | 87.5 | 94.2 | 97.0 | 104.1 | 110.3 |
| 88.8 | 81.6 | 81.7 | 88.1 | 90.6 | 97.7 | 105.2 |
| 141.2 | 136.8 | 132.7 | 134.7 | 137.2 | 138.2 | 136.7 |
| 130.4 | 130.6 | 129.3 | 127.6 | 122.7 | 121.2 | 116.5 |
| 99.3 | 100.1 | 101.7 | 103.8 | 102.7 | 103.7 | 105.7 |
| 100.0 | 100.1 | 101.0 | 103.4 | 102.9 | 103.3 | 106.3 |
| 97.5 | 100.1 | 103.2 | 104.8 | 102.2 | 104.5 | 104.4 |
| 108.4 | 104.9 | 103.2 | 102.8 | 100.8 | 101.4 | 100.7 |
| 95.8 | 93.1 | 94.7 | 99.2 | 98.4 | 101.0 | 106.1 |
| 94.9 | 92.2 | 94.6 | 99.6 | 98.8 | 101.8 | 106.8 |
| 101.3 | 100.7 | 102.1 | 104.0 | 101.1 | 102.5 | 102.4 |
| 101.7 | 100.5 | 100.9 | 102.7 | 100.2 | 101.9 | 102.2 |
| 100.0 | 99.8 | 100.8 | 102.4 | 100.3 | 102.5 | 102.8 |
| 106.3 | 102.4 | 101.3 | 103.5 | 100.0 | 100.3 | 101.0 |
| 99.3 | 101.6 | 108.3 | 111.2 | 105.6 | 105.6 | 103.3 |
| 99.2 | 101.6 | 108.5 | 111.4 | 105.7 | 105.7 | 103.3 |
| 126.4 | 123.1 | 137.6 | 125.1 | 105.7 | 119.2 | 115.0 |
| 129.8 | 125.6 | 142.3 | 127.9 | 105.9 | 120.9 | 115.8 |
| 102.0 | 101.5 | 101.4 | 101.5 | 101.8 | 101.5 | 101.3 |
| 100.0 | 100.0 | 100.0 | 100.0 | 100.0 | 100.0 | 100.0 |
| 102.5 | 101.7 | 101.5 | 101.7 | 102.5 | 101.9 | 101.9 |
| 100.3 | 100.0 | 98.7 | 97.5 | 97.3 | 97.2 | 96.9 |
| 98.9 | 99.1 | 96.1 | 92.5 | 92.4 | 93.4 | 93.3 |
| 101.3 | 100.6 | 100.8 | 100.1 | 100.1 | 100.9 | 100.4 |
| 102.5 | 102.3 | 102.3 | 100.7 | 101.1 | 101.4 | 101.4 |
| 101.0 | 100.1 | 100.3 | 100.0 | 99.8 | 100.7 | 100.1 |
| 101.5 | 100.7 | 105.9 | 107.5 | 104.5 | 104.0 | 97.6 |
| 102.7 | 102.0 | 108.1 | 109.4 | 105.5 | 104.0 | 95.9 |

# 2012年广西农村居民消费价格各月同比指数（续表1）

以上年同月价格为100

| 类　别 | 1月 | 2月 | 3月 | 4月 | 5月 |
|---|---|---|---|---|---|
| 13. 糕点饼干面包 | 103.6 | 103.2 | 102.8 | 102.3 | 102.5 |
| 14. 液体乳及乳制品 | 104.1 | 103.1 | 102.7 | 103.1 | 103.6 |
| 15. 在外用膳食品 | 116.2 | 114.8 | 112.9 | 112.4 | 111.8 |
| 16. 其他食品 | 104.1 | 104.5 | 104.2 | 109.8 | 109.8 |
| **二、烟　酒** | **104.4** | **104.2** | **104.2** | **103.4** | **102.9** |
| 1. 烟　草 | 100.7 | 100.5 | 100.6 | 100.0 | 100.1 |
| 2. 酒 | 108.1 | 108.1 | 107.9 | 106.8 | 105.8 |
| **三、衣　着** | **98.0** | **100.4** | **103.2** | **105.6** | **106.1** |
| 1. 服　装 | 97.4 | 100.2 | 103.2 | 106.9 | 107.3 |
| (1) 男式服装 | 97.6 | 101.5 | 106.0 | 109.5 | 109.5 |
| (2) 女式服装 | 98.0 | 99.9 | 102.5 | 107.3 | 107.5 |
| (3) 儿童服装 | 95.4 | 97.8 | 99.0 | 100.1 | 101.9 |
| 2. 衣着材料 | 109.4 | 112.2 | 112.1 | 111.0 | 109.9 |
| 3. 鞋 袜 帽 | 98.1 | 99.5 | 101.8 | 100.6 | 101.6 |
| (1) 鞋 | 98.1 | 99.7 | 102.4 | 100.9 | 101.8 |
| (2) 袜　子 | 98.3 | 98.3 | 98.1 | 99.1 | 100.1 |
| (3) 帽　子 | 98.4 | 100.4 | 98.8 | 98.2 | 101.8 |
| 4. 衣着加工服务费 | 113.4 | 110.5 | 116.7 | 116.1 | 112.9 |
| **四、家庭设备用品及维修服务** | **100.7** | **100.7** | **100.8** | **100.5** | **100.4** |
| 1. 耐用消费品 | 99.1 | 99.4 | 99.7 | 99.9 | 100.1 |
| (1) 家　具 | 100.5 | 100.8 | 101.7 | 101.8 | 102.4 |
| (2) 家庭设备 | 98.4 | 98.6 | 98.8 | 99.1 | 99.0 |
| 2. 室内装饰品 | 105.3 | 104.8 | 103.6 | 101.5 | 100.6 |
| 3. 床上用品 | 99.5 | 99.7 | 99.4 | 98.4 | 98.2 |
| 4. 家庭日用杂品 | 102.0 | 101.9 | 102.2 | 101.5 | 101.1 |
| 5. 家庭服务及加工维修服务 | 106.3 | 104.1 | 103.5 | 103.1 | 102.0 |
| **五、医疗保健和个人用品** | **104.3** | **103.6** | **103.4** | **102.9** | **102.4** |
| 1. 医疗保健 | 103.3 | 103.2 | 102.9 | 102.6 | 101.9 |
| (1) 医疗器具及用品 | 99.1 | 99.1 | 99.1 | 99.5 | 99.0 |
| (2) 中药材及中成药 | 112.2 | 110.6 | 109.7 | 107.0 | 104.5 |
| (3) 西　药 | 100.1 | 101.0 | 100.7 | 101.7 | 101.5 |
| (4) 保健器具及用品 | 101.2 | 101.1 | 101.5 | 100.8 | 100.3 |
| (5) 医疗保健服务 | 100.1 | 100.1 | 100.2 | 100.1 | 100.1 |
| 2. 个人用品及服务 | 106.6 | 104.5 | 104.4 | 103.6 | 103.4 |
| (1) 化妆美容用品 | 100.5 | 100.2 | 100.0 | 100.2 | 100.3 |
| (2) 清洁类化妆品 | 102.7 | 103.4 | 103.4 | 103.8 | 104.3 |
| (3) 个人饰品 | 102.7 | 103.9 | 104.0 | 102.8 | 101.4 |

| 6 月 | 7 月 | 8 月 | 9 月 | 10 月 | 11 月 | 12 月 |
|---|---|---|---|---|---|---|
| 101.8 | 101.6 | 101.4 | 101.1 | 100.9 | 100.3 | 100.4 |
| 102.9 | 103.6 | 101.4 | 101.6 | 102.9 | 102.7 | 104.7 |
| 111.3 | 111.7 | 110.2 | 109.4 | 108.8 | 108.6 | 108.1 |
| 107.4 | 107.4 | 107.4 | 107.4 | 106.3 | 107.6 | 107.5 |
| **102.6** | **102.7** | **102.8** | **102.3** | **101.0** | **100.4** | **100.3** |
| 100.1 | 100.1 | 100.0 | 100.0 | 100.0 | 100.0 | 100.0 |
| 105.1 | 105.2 | 105.6 | 104.6 | 102.1 | 100.9 | 100.6 |
| **108.0** | **108.0** | **109.5** | **110.1** | **107.4** | **105.4** | **104.1** |
| 109.1 | 109.7 | 111.2 | 112.1 | 110.1 | 107.8 | 106.3 |
| 110.2 | 110.9 | 111.8 | 113.6 | 112.5 | 109.1 | 107.0 |
| 108.4 | 109.4 | 111.7 | 112.0 | 109.0 | 107.0 | 105.6 |
| 108.7 | 107.8 | 108.8 | 108.7 | 107.8 | 107.2 | 107.0 |
| 108.1 | 107.8 | 107.5 | 106.6 | 103.9 | 103.8 | 103.8 |
| 103.9 | 101.9 | 103.7 | 103.6 | 98.5 | 97.2 | 96.4 |
| 104.5 | 102.3 | 104.3 | 104.3 | 98.4 | 96.9 | 95.9 |
| 100.0 | 100.0 | 99.9 | 99.9 | 99.9 | 99.9 | 99.9 |
| 102.1 | 99.4 | 99.7 | 98.5 | 96.9 | 96.4 | 97.3 |
| 116.7 | 120.9 | 121.2 | 121.3 | 118.3 | 118.3 | 116.0 |
| **100.3** | **100.6** | **100.1** | **100.2** | **100.1** | **100.6** | **100.4** |
| 100.2 | 100.7 | 99.9 | 99.7 | 99.2 | 99.8 | 99.1 |
| 102.4 | 102.4 | 101.9 | 102.0 | 101.9 | 102.2 | 100.9 |
| 99.2 | 99.9 | 98.9 | 98.5 | 97.9 | 98.6 | 98.2 |
| 100.3 | 99.7 | 100.1 | 100.2 | 100.2 | 100.2 | 100.2 |
| 97.8 | 98.1 | 98.0 | 97.3 | 97.8 | 98.4 | 100.1 |
| 101.1 | 100.8 | 100.4 | 101.2 | 101.8 | 101.9 | 102.0 |
| 101.5 | 103.2 | 103.9 | 103.7 | 103.7 | 103.7 | 103.7 |
| **102.3** | **102.3** | **102.1** | **101.8** | **101.5** | **101.8** | **101.5** |
| 101.8 | 101.2 | 101.3 | 101.0 | 100.4 | 101.0 | 100.9 |
| 99.8 | 99.7 | 98.6 | 98.6 | 98.6 | 99.6 | 99.6 |
| 102.6 | 99.9 | 100.2 | 99.0 | 97.6 | 97.8 | 97.7 |
| 102.4 | 102.6 | 102.6 | 102.7 | 102.3 | 102.0 | 101.5 |
| 100.8 | 100.4 | 100.4 | 100.3 | 100.6 | 101.1 | 101.5 |
| 100.1 | 100.6 | 100.5 | 100.5 | 100.5 | 103.0 | 103.3 |
| 103.4 | 104.5 | 103.8 | 103.6 | 103.8 | 103.5 | 102.9 |
| 101.0 | 101.1 | 101.2 | 101.2 | 100.0 | 100.2 | 100.5 |
| 104.1 | 105.2 | 103.6 | 104.2 | 104.6 | 103.7 | 103.2 |
| 100.9 | 100.9 | 99.7 | 97.5 | 99.4 | 99.3 | 99.0 |

# 2012年广西农村居民消费价格各月同比指数（续表2）

以上年同月价格为100

| 类别 | 1月 | 2月 | 3月 | 4月 | 5月 |
|---|---|---|---|---|---|
| (4) 个人服务 | 125.1 | 112.2 | 112.4 | 108.5 | 107.8 |
| **六、交通和通信** | **101.3** | **100.1** | **101.2** | **100.4** | **99.6** |
| 1. 交　通 | 105.4 | 103.0 | 104.8 | 103.1 | 102.1 |
| (1) 交通工具 | 103.3 | 102.9 | 102.0 | 100.8 | 99.6 |
| (2) 车用燃料及零配件 | 106.8 | 106.5 | 112.1 | 107.0 | 104.0 |
| 汽　油 | 106.3 | 105.6 | 112.3 | 106.3 | 102.9 |
| 柴　油 | 105.8 | 104.8 | 112.2 | 107.1 | 103.4 |
| (3) 车辆使用及维修费 | 105.7 | 105.1 | 101.4 | 101.4 | 99.5 |
| (4) 市区公共交通费 | 105.0 | 103.9 | 104.6 | 104.6 | 104.6 |
| (5) 城市间交通费 | 107.7 | 98.6 | 104.1 | 103.4 | 104.8 |
| 2. 通　信 | 96.5 | 96.7 | 96.9 | 97.1 | 96.7 |
| (1) 通信工具 | 84.2 | 84.9 | 85.8 | 87.0 | 85.1 |
| (2) 通信服务 | 100.1 | 100.1 | 100.1 | 100.0 | 100.0 |
| **七、娱乐教育文化用品及服务** | **100.0** | **100.6** | **100.2** | **100.1** | **100.7** |
| 1. 文娱用耐用消费品及服务 | 96.1 | 95.9 | 96.2 | 96.4 | 96.8 |
| 2. 教　育 | 100.3 | 102.0 | 102.0 | 102.1 | 102.3 |
| (1) 教材及参考书 | 100.6 | 98.7 | 99.3 | 99.1 | 98.5 |
| (2) 教育服务 | 100.2 | 102.4 | 102.4 | 102.5 | 102.8 |
| 3. 文化娱乐类 | 100.6 | 100.5 | 100.2 | 100.1 | 99.7 |
| (1) 文化娱乐用品 | 100.1 | 99.8 | 98.9 | 98.7 | 97.7 |
| (2) 书报杂志 | 100.0 | 100.0 | 100.0 | 100.0 | 100.0 |
| (3) 文娱费 | 101.5 | 101.5 | 101.5 | 101.3 | 101.3 |
| 4. 旅　游 | 104.1 | 101.9 | 98.3 | 97.1 | 101.0 |
| **八、居　住** | **100.4** | **101.2** | **102.1** | **100.3** | **102.7** |
| 1. 建房及装修材料 | 100.9 | 101.2 | 101.1 | 100.1 | 99.6 |
| 2. 住房租金 | 109.7 | 109.7 | 110.5 | 104.6 | 104.1 |
| 3. 自有住房 | 102.4 | 102.4 | 102.7 | 101.4 | 101.4 |
| 4. 水、电、燃料 | 92.7 | 95.7 | 98.6 | 96.9 | 107.8 |
| 水 | 99.8 | 103.6 | 104.3 | 104.3 | 104.2 |
| 电 | 88.1 | 88.1 | 88.1 | 88.1 | 114.8 |
| 液化石油气 | 96.0 | 103.4 | 111.7 | 106.1 | 102.0 |
| 管道燃气 | 100.0 | 100.0 | 100.0 | 100.0 | 100.0 |

| 6 月 | 7 月 | 8 月 | 9 月 | 10 月 | 11 月 | 12 月 |
|---|---|---|---|---|---|---|
| 107.4 | 111.2 | 111.2 | 111.2 | 111.1 | 111.1 | 109.0 |
| **99.5** | **98.8** | **99.3** | **99.9** | **100.2** | **100.1** | **100.1** |
| 101.3 | 99.7 | 100.4 | 101.6 | 101.8 | 101.2 | 101.1 |
| 99.0 | 99.0 | 98.5 | 98.4 | 98.2 | 98.3 | 98.1 |
| 99.1 | 94.9 | 98.2 | 103.1 | 105.5 | 102.6 | 102.4 |
| 97.2 | 92.9 | 97.0 | 102.8 | 106.2 | 102.7 | 102.7 |
| 97.4 | 92.8 | 97.2 | 103.4 | 107.0 | 103.5 | 103.5 |
| 99.5 | 100.1 | 100.1 | 101.4 | 101.8 | 101.8 | 101.8 |
| 104.6 | 104.6 | 104.6 | 104.6 | 100.1 | 100.1 | 100.1 |
| 107.9 | 104.1 | 104.9 | 104.9 | 105.0 | 105.2 | 105.2 |
| 97.4 | 97.8 | 98.0 | 97.8 | 98.3 | 98.8 | 98.8 |
| 87.2 | 89.0 | 90.0 | 89.1 | 91.2 | 93.4 | 93.6 |
| 100.2 | 100.2 | 100.1 | 100.1 | 100.1 | 100.1 | 100.1 |
| **100.9** | **102.5** | **101.9** | **103.9** | **102.0** | **102.1** | **102.0** |
| 96.8 | 96.4 | 97.2 | 98.0 | 96.6 | 96.4 | 95.6 |
| 102.3 | 102.1 | 102.1 | 105.4 | 105.3 | 105.2 | 105.2 |
| 98.5 | 98.5 | 98.4 | 99.6 | 101.0 | 101.0 | 101.0 |
| 102.7 | 102.6 | 102.5 | 106.1 | 105.8 | 105.7 | 105.8 |
| 99.5 | 107.2 | 107.2 | 107.8 | 100.6 | 107.4 | 106.9 |
| 97.6 | 97.3 | 98.0 | 97.9 | 97.3 | 97.9 | 97.5 |
| 100.0 | 100.0 | 100.0 | 100.5 | 100.5 | 100.5 | 100.5 |
| 101.0 | 122.5 | 121.6 | 123.1 | 103.7 | 122.5 | 121.4 |
| 103.1 | 107.4 | 102.3 | 102.3 | 98.3 | 91.6 | 91.9 |
| **104.1** | **104.7** | **104.9** | **105.0** | **104.9** | **106.9** | **107.0** |
| 100.5 | 100.5 | 99.8 | 98.5 | 100.9 | 102.1 | 101.8 |
| 103.5 | 105.8 | 106.2 | 106.2 | 103.5 | 103.5 | 103.5 |
| 103.7 | 103.7 | 103.7 | 103.7 | 101.9 | 101.7 | 101.7 |
| 109.5 | 110.9 | 112.6 | 114.7 | 115.6 | 125.4 | 126.2 |
| 106.7 | 106.7 | 106.7 | 106.7 | 106.7 | 168.8 | 168.8 |
| 114.8 | 120.1 | 120.1 | 120.1 | 121.4 | 121.4 | 121.4 |
| 104.8 | 102.4 | 106.9 | 112.7 | 113.6 | 119.7 | 121.6 |
| 105.3 | 105.3 | 105.3 | 105.3 | 105.3 | 105.3 | 105.3 |

# 2013 年广西农村居民消费价格各月同比指数

以上年同月价格为 100

| 类　别 | 1 月 | 2 月 | 3 月 | 4 月 | 5 月 |
|---|---|---|---|---|---|
| **居民消费价格总指数** | **101.5** | **102.1** | **101.3** | **101.4** | **101.2** |
| **一、食　　品** | **102.7** | **104.0** | **101.8** | **102.1** | **100.8** |
| 1. 粮　　食 | 102.9 | 102.9 | 102.5 | 101.4 | 101.8 |
| 大　　米 | 102.9 | 102.1 | 101.6 | 100.1 | 100.6 |
| 2. 淀粉及制品 | 102.3 | 102.3 | 101.1 | 100.4 | 100.0 |
| 3. 干豆类及豆制品 | 102.6 | 107.0 | 105.1 | 104.8 | 104.3 |
| 4. 油　　脂 | 110.2 | 109.2 | 109.4 | 107.3 | 103.3 |
| 食用植物油 | 112.2 | 111.6 | 112.0 | 109.5 | 104.8 |
| 5. 肉禽及其制品 | 101.4 | 102.1 | 99.2 | 98.0 | 97.1 |
| (1) 食用畜肉及副产品 | 101.3 | 101.0 | 97.3 | 98.1 | 98.7 |
| 猪　　肉 | 98.3 | 97.6 | 93.2 | 93.8 | 94.1 |
| 牛　　肉 | 121.1 | 123.7 | 120.2 | 118.2 | 119.1 |
| 羊　　肉 | 109.7 | 112.3 | 109.1 | 113.5 | 114.4 |
| (2) 禽 | 102.9 | 105.2 | 103.7 | 96.5 | 91.6 |
| 鸡 | 102.6 | 104.3 | 102.4 | 96.1 | 90.6 |
| 鸭 | 103.9 | 107.7 | 107.0 | 97.8 | 94.4 |
| (3) 加工肉禽 | 99.0 | 101.4 | 100.6 | 100.6 | 100.6 |
| 6. 蛋 | 108.8 | 112.3 | 110.2 | 110.0 | 111.4 |
| 鲜　　蛋 | 109.5 | 113.4 | 111.1 | 110.9 | 112.4 |
| 7. 水 产 品 | 97.7 | 100.6 | 96.8 | 98.8 | 100.7 |
| (1) 鱼 | 99.1 | 100.6 | 98.2 | 98.1 | 99.8 |
| 淡 水 鱼 | 98.9 | 102.1 | 98.3 | 97.8 | 100.0 |
| 海 水 鱼 | 99.4 | 97.0 | 97.8 | 98.9 | 99.3 |
| (2) 其他水产品 | 92.5 | 100.4 | 90.8 | 101.9 | 104.8 |
| 虾 蟹 类 | 92.3 | 100.4 | 90.6 | 101.9 | 104.9 |
| 8. 菜 | 104.0 | 105.1 | 95.8 | 108.4 | 100.4 |
| 鲜　　菜 | 103.9 | 105.2 | 94.8 | 108.6 | 100.1 |
| 9. 调 味 品 | 102.4 | 103.3 | 102.8 | 103.2 | 102.2 |
| 食 用 盐 | 100.0 | 100.0 | 100.0 | 100.0 | 100.0 |
| 酱　　油 | 102.9 | 104.1 | 103.6 | 104.0 | 103.4 |
| 10. 糖 | 97.5 | 96.7 | 98.4 | 98.4 | 97.6 |
| 食　　糖 | 93.8 | 93.3 | 93.9 | 94.1 | 93.8 |
| 11. 茶及饮料 | 100.1 | 100.5 | 100.7 | 100.8 | 100.7 |
| (1) 茶　　叶 | 101.4 | 101.6 | 101.7 | 102.8 | 104.1 |
| (2) 饮　　料 | 99.7 | 100.2 | 100.3 | 100.2 | 99.7 |
| 12. 干鲜瓜果 | 97.0 | 105.3 | 105.7 | 98.6 | 97.8 |
| 鲜 瓜 果 | 95.7 | 106.0 | 106.8 | 98.4 | 97.4 |

| 6 月 | 7 月 | 8 月 | 9 月 | 10 月 | 11 月 | 12 月 |
|---|---|---|---|---|---|---|
| **101.8** | **102.1** | **102.9** | **103.7** | **103.8** | **103.6** | **103.6** |
| **101.7** | **101.9** | **103.8** | **106.1** | **105.8** | **104.7** | **104.7** |
| 102.0 | 101.8 | 101.1 | 101.0 | 100.7 | 100.9 | 101.1 |
| 100.7 | 100.6 | 99.9 | 99.5 | 99.1 | 99.4 | 99.5 |
| 99.8 | 100.8 | 100.8 | 100.8 | 100.8 | 100.8 | 101.2 |
| 104.6 | 104.6 | 104.3 | 103.0 | 103.8 | 104.6 | 104.5 |
| 102.4 | 101.8 | 98.8 | 96.4 | 95.4 | 93.3 | 93.2 |
| 103.5 | 102.2 | 98.7 | 96.0 | 94.9 | 93.0 | 91.8 |
| 98.1 | 99.4 | 103.5 | 103.1 | 103.6 | 104.5 | 103.9 |
| 98.5 | 99.3 | 104.6 | 104.9 | 105.2 | 105.9 | 105.0 |
| 94.1 | 95.3 | 102.2 | 102.6 | 103.4 | 104.7 | 103.7 |
| 117.2 | 117.0 | 116.8 | 116.6 | 113.4 | 113.6 | 112.2 |
| 114.5 | 114.2 | 115.2 | 115.6 | 115.5 | 113.7 | 114.4 |
| 95.9 | 98.9 | 101.8 | 99.8 | 100.8 | 102.4 | 102.2 |
| 94.6 | 97.1 | 100.4 | 98.7 | 99.4 | 101.6 | 101.3 |
| 99.4 | 103.9 | 105.5 | 103.0 | 104.5 | 104.7 | 104.7 |
| 101.4 | 101.2 | 101.3 | 100.7 | 101.5 | 101.5 | 101.5 |
| 106.3 | 106.9 | 106.6 | 103.1 | 103.3 | 102.9 | 101.3 |
| 106.8 | 107.5 | 107.0 | 103.2 | 103.4 | 102.9 | 101.2 |
| 101.5 | 101.4 | 102.0 | 101.7 | 103.4 | 103.6 | 104.0 |
| 99.4 | 99.2 | 99.7 | 98.6 | 100.7 | 100.7 | 101.4 |
| 98.7 | 98.5 | 99.0 | 97.9 | 100.2 | 100.8 | 102.1 |
| 101.3 | 101.0 | 101.3 | 100.6 | 101.9 | 100.7 | 99.9 |
| 111.9 | 112.7 | 113.6 | 116.3 | 116.3 | 117.1 | 115.5 |
| 112.1 | 113.0 | 113.9 | 116.7 | 116.7 | 117.5 | 115.8 |
| 102.8 | 99.1 | 105.5 | 126.7 | 124.7 | 114.3 | 112.7 |
| 102.9 | 98.8 | 105.9 | 129.5 | 127.3 | 115.6 | 113.6 |
| 101.5 | 101.2 | 100.5 | 101.0 | 101.0 | 100.8 | 100.8 |
| 100.0 | 100.0 | 100.0 | 100.0 | 100.0 | 100.0 | 100.0 |
| 101.7 | 101.2 | 99.9 | 100.9 | 100.7 | 100.4 | 100.4 |
| 97.6 | 98.0 | 97.9 | 97.4 | 95.4 | 95.4 | 96.2 |
| 93.7 | 93.8 | 94.4 | 94.7 | 93.5 | 91.7 | 92.0 |
| 100.6 | 100.7 | 101.4 | 101.8 | 102.0 | 101.1 | 101.4 |
| 103.7 | 103.4 | 103.4 | 103.4 | 103.4 | 102.4 | 102.4 |
| 99.7 | 99.9 | 100.8 | 101.4 | 101.6 | 100.7 | 101.1 |
| 102.5 | 106.9 | 108.0 | 111.6 | 110.5 | 105.8 | 110.9 |
| 103.3 | 109.1 | 110.6 | 115.1 | 113.8 | 108.2 | 114.6 |

# 2013年广西农村居民消费价格各月同比指数（续表1）

以上年同月价格为100

| 类　别 | 1月 | 2月 | 3月 | 4月 | 5月 |
|---|---|---|---|---|---|
| 13. 糕点饼干面包 | 100.5 | 99.8 | 100.2 | 100.2 | 100.3 |
| 14. 液体乳及乳制品 | 102.1 | 102.5 | 102.7 | 103.9 | 106.6 |
| 15. 在外用膳食品 | 107.6 | 108.3 | 108.2 | 107.2 | 106.6 |
| 16. 其他食品 | 107.8 | 107.0 | 112.3 | 106.1 | 106.2 |
| **二、烟　酒** | **100.3** | **100.3** | **100.6** | **100.9** | **100.7** |
| 1. 烟　草 | 99.7 | 99.9 | 99.9 | 99.9 | 99.3 |
| 2. 酒 | 100.8 | 100.6 | 101.2 | 101.8 | 102.1 |
| **三、衣　着** | **102.7** | **101.6** | **101.6** | **100.5** | **100.6** |
| 1. 服　装 | 103.9 | 102.7 | 103.2 | 100.7 | 100.9 |
| (1) 男式服装 | 105.3 | 104.3 | 103.2 | 101.4 | 101.7 |
| (2) 女式服装 | 103.0 | 101.8 | 103.5 | 100.1 | 99.9 |
| (3) 儿童服装 | 103.3 | 102.1 | 101.9 | 101.1 | 102.4 |
| 2. 衣着材料 | 103.9 | 101.4 | 102.7 | 103.0 | 103.0 |
| 3. 鞋 袜 帽 | 98.5 | 97.6 | 96.2 | 99.3 | 98.9 |
| (1) 鞋 | 98.4 | 97.4 | 95.9 | 99.4 | 99.1 |
| (2) 袜　子 | 99.9 | 99.9 | 99.5 | 99.9 | 99.9 |
| (3) 帽　子 | 96.6 | 95.0 | 93.9 | 94.7 | 93.2 |
| 4. 衣着加工服务费 | 108.1 | 112.9 | 106.9 | 106.9 | 106.9 |
| **四、家庭设备用品及维修服务** | **100.4** | **100.8** | **101.3** | **101.1** | **101.2** |
| 1. 耐用消费品 | 99.1 | 99.0 | 100.0 | 99.5 | 99.7 |
| (1) 家　具 | 100.3 | 100.3 | 101.3 | 100.9 | 100.2 |
| (2) 家庭设备 | 98.5 | 98.4 | 99.4 | 98.8 | 99.4 |
| 2. 室内装饰品 | 100.2 | 101.3 | 101.9 | 102.2 | 101.7 |
| 3. 床上用品 | 101.7 | 104.5 | 103.8 | 104.3 | 104.5 |
| 4. 家庭日用杂品 | 101.8 | 101.7 | 101.4 | 101.6 | 101.6 |
| 5. 家庭服务及加工维修服务 | 102.1 | 103.6 | 104.4 | 104.9 | 104.9 |
| **五、医疗保健和个人用品** | **100.2** | **101.8** | **101.5** | **101.6** | **101.9** |
| 1. 医疗保健 | 100.2 | 100.4 | 101.2 | 101.9 | 102.5 |
| (1) 医疗器具及用品 | 100.7 | 100.7 | 100.4 | 100.4 | 100.4 |
| (2) 中药材及中成药 | 97.9 | 98.7 | 98.3 | 100.8 | 102.3 |
| (3) 西　药 | 101.4 | 101.1 | 100.9 | 100.7 | 101.1 |
| (4) 保健器具及用品 | 101.5 | 101.7 | 102.3 | 102.3 | 102.3 |
| (5) 医疗保健服务 | 100.8 | 100.8 | 104.6 | 104.7 | 104.8 |
| 2. 个人用品及服务 | 100.1 | 104.8 | 101.9 | 101.0 | 100.8 |
| (1) 化妆美容用品 | 100.4 | 100.4 | 100.6 | 100.7 | 100.5 |
| (2) 清洁类化妆品 | 102.9 | 102.8 | 102.2 | 102.1 | 101.7 |
| (3) 个人饰品 | 100.4 | 98.5 | 98.2 | 96.4 | 95.5 |

| 6 月 | 7 月 | 8 月 | 9 月 | 10 月 | 11 月 | 12 月 |
|---|---|---|---|---|---|---|
| 99.8 | 99.8 | 99.7 | 101.1 | 101.1 | 101.2 | 101.0 |
| 107.9 | 108.1 | 111.1 | 112.4 | 111.3 | 111.3 | 110.0 |
| 106.2 | 104.9 | 104.7 | 104.2 | 104.5 | 104.6 | 104.7 |
| 106.2 | 106.1 | 105.9 | 105.8 | 106.6 | 106.2 | 107.1 |
| **100.5** | **100.5** | **99.9** | **100.0** | **99.3** | **99.2** | **99.2** |
| 99.3 | 99.5 | 99.5 | 99.5 | 99.5 | 99.5 | 99.5 |
| 101.6 | 101.4 | 100.3 | 100.5 | 99.1 | 99.0 | 98.9 |
| **101.9** | **103.2** | **103.5** | **103.7** | **103.8** | **104.3** | **104.8** |
| 102.3 | 102.9 | 103.2 | 103.3 | 102.7 | 103.9 | 104.5 |
| 102.7 | 102.7 | 102.7 | 102.5 | 101.1 | 102.2 | 103.1 |
| 101.5 | 102.1 | 102.7 | 103.5 | 103.5 | 105.1 | 105.7 |
| 103.8 | 106.2 | 105.6 | 104.2 | 104.3 | 104.7 | 104.1 |
| 102.8 | 102.8 | 102.8 | 102.3 | 102.3 | 102.0 | 102.0 |
| 100.1 | 104.0 | 104.9 | 105.5 | 108.0 | 106.0 | 106.1 |
| 100.3 | 104.6 | 105.7 | 106.3 | 109.2 | 106.7 | 106.9 |
| 99.9 | 99.9 | 100.0 | 100.0 | 100.0 | 100.5 | 100.5 |
| 96.7 | 99.7 | 102.6 | 103.8 | 103.8 | 103.8 | 104.0 |
| 106.1 | 102.3 | 102.1 | 102.0 | 102.0 | 102.0 | 102.0 |
| **102.1** | **101.9** | **102.0** | **101.4** | **102.2** | **101.9** | **102.4** |
| 101.5 | 101.1 | 101.7 | 100.7 | 102.3 | 101.8 | 102.8 |
| 100.2 | 100.4 | 100.4 | 99.0 | 100.3 | 100.2 | 102.1 |
| 102.2 | 101.5 | 102.4 | 101.6 | 103.3 | 102.6 | 103.2 |
| 102.7 | 102.7 | 102.4 | 102.2 | 102.3 | 102.3 | 102.3 |
| 104.5 | 104.2 | 104.1 | 104.7 | 104.9 | 105.0 | 105.2 |
| 101.3 | 101.9 | 101.6 | 101.0 | 100.9 | 100.7 | 100.8 |
| 104.9 | 102.9 | 102.1 | 102.1 | 102.1 | 102.1 | 102.1 |
| **101.7** | **101.6** | **101.6** | **101.7** | **101.7** | **101.9** | **102.0** |
| 102.2 | 102.8 | 102.8 | 102.9 | 103.2 | 103.3 | 103.5 |
| 100.8 | 100.8 | 101.2 | 101.2 | 101.2 | 101.2 | 101.2 |
| 103.0 | 104.6 | 104.3 | 104.8 | 106.5 | 107.3 | 107.6 |
| 100.0 | 99.7 | 99.9 | 99.9 | 99.3 | 99.2 | 99.4 |
| 101.7 | 101.5 | 101.3 | 101.2 | 100.7 | 100.5 | 99.9 |
| 104.8 | 105.8 | 105.9 | 105.9 | 105.9 | 105.9 | 105.9 |
| 100.6 | 99.2 | 99.1 | 99.0 | 98.6 | 98.8 | 98.8 |
| 100.6 | 100.4 | 100.1 | 100.2 | 99.9 | 99.8 | 99.8 |
| 101.3 | 100.4 | 101.1 | 100.2 | 100.0 | 100.6 | 100.4 |
| 95.8 | 94.3 | 92.7 | 93.6 | 92.2 | 91.9 | 92.2 |

# 2013年广西农村居民消费价格各月同比指数（续表2）

以上年同月价格为100

| 类　别 | 1月 | 2月 | 3月 | 4月 | 5月 |
|---|---|---|---|---|---|
| (4) 个人服务 | 95.3 | 118.4 | 106.3 | 103.5 | 104.1 |
| **六、交通和通信** | **98.7** | **99.8** | **99.3** | **99.3** | **99.6** |
| 1. 交　通 | 98.7 | 100.2 | 99.5 | 99.6 | 99.7 |
| (1) 交通工具 | 97.8 | 97.8 | 97.6 | 98.1 | 98.8 |
| (2) 车用燃料及零配件 | 102.3 | 99.5 | 96.1 | 93.1 | 93.4 |
| 汽　油 | 102.7 | 100.0 | 96.2 | 92.7 | 93.4 |
| 柴　油 | 103.5 | 100.5 | 96.0 | 92.5 | 93.0 |
| (3) 车辆使用及维修费 | 101.2 | 101.9 | 101.8 | 102.5 | 102.5 |
| (4) 市区公共交通费 | 101.3 | 101.3 | 101.3 | 101.3 | 101.3 |
| (5) 城市间交通费 | 93.7 | 103.5 | 105.0 | 107.5 | 106.0 |
| 2. 通　信 | 98.8 | 99.3 | 99.1 | 99.0 | 99.4 |
| (1) 通信工具 | 93.5 | 95.2 | 95.0 | 94.2 | 96.5 |
| (2) 通信服务 | 100.1 | 100.3 | 100.1 | 100.1 | 100.1 |
| **七、娱乐教育文化用品及服务** | **99.9** | **99.4** | **100.6** | **100.8** | **101.1** |
| 1. 文娱用耐用消费品及服务 | 95.9 | 96.5 | 96.1 | 95.4 | 96.0 |
| 2. 教　育 | 105.4 | 102.1 | 103.3 | 103.9 | 103.7 |
| (1) 教材及参考书 | 101.0 | 100.2 | 99.9 | 99.9 | 99.9 |
| (2) 教育服务 | 105.9 | 102.4 | 103.7 | 104.3 | 104.2 |
| 3. 文化娱乐类 | 99.6 | 99.7 | 100.1 | 99.9 | 100.2 |
| (1) 文化娱乐用品 | 97.5 | 97.6 | 98.1 | 98.1 | 98.6 |
| (2) 书报杂志 | 100.5 | 100.5 | 100.5 | 100.5 | 100.5 |
| (3) 文 娱 费 | 100.9 | 101.0 | 101.5 | 101.0 | 101.2 |
| 4. 旅　游 | 84.7 | 92.1 | 95.9 | 96.6 | 98.3 |
| **八、居　住** | **102.7** | **102.4** | **101.9** | **102.0** | **102.9** |
| 1. 建房及装修材料 | 102.8 | 102.8 | 102.6 | 102.9 | 101.7 |
| 2. 住房租金 | 98.1 | 98.1 | 97.4 | 97.9 | 101.4 |
| 3. 自有住房 | 101.6 | 102.3 | 101.9 | 102.2 | 103.8 |
| 4. 水、电、燃料 | 106.9 | 104.4 | 103.6 | 102.6 | 103.4 |
| 水 | 104.5 | 100.7 | 107.6 | 108.2 | 108.2 |
| 电 | 103.8 | 103.8 | 105.7 | 105.7 | 105.7 |
| 液化石油气 | 112.6 | 107.2 | 99.8 | 97.0 | 99.0 |
| 管道燃气 | 100.0 | 100.0 | 100.0 | 100.0 | 100.0 |

| 6 月 | 7 月 | 8 月 | 9 月 | 10 月 | 11 月 | 12 月 |
|---|---|---|---|---|---|---|
| 103.7 | 100.1 | 100.1 | 100.1 | 100.2 | 100.6 | 100.6 |
| **100.3** | **101.2** | **101.0** | **100.9** | **100.4** | **100.6** | **100.9** |
| 100.4 | 102.0 | 101.6 | 101.2 | 100.6 | 101.1 | 101.6 |
| 98.8 | 98.2 | 98.5 | 98.5 | 98.4 | 98.5 | 98.7 |
| 97.9 | 102.9 | 100.8 | 98.7 | 96.6 | 98.6 | 100.6 |
| 98.7 | 104.4 | 101.8 | 99.1 | 97.2 | 99.5 | 102.2 |
| 98.4 | 104.9 | 102.2 | 99.0 | 96.9 | 98.5 | 99.7 |
| 104.8 | 104.8 | 104.8 | 103.4 | 103.1 | 103.1 | 103.1 |
| 101.3 | 101.3 | 101.3 | 103.5 | 103.5 | 103.5 | 103.5 |
| 102.9 | 106.0 | 106.0 | 106.5 | 106.6 | 106.1 | 105.8 |
| 100.2 | 100.3 | 100.2 | 100.4 | 100.2 | 100.1 | 100.1 |
| 101.5 | 101.9 | 101.2 | 102.3 | 101.0 | 100.3 | 100.6 |
| 99.9 | 99.9 | 100.0 | 100.0 | 100.0 | 100.0 | 100.0 |
| **101.4** | **101.1** | **101.6** | **101.6** | **102.9** | **103.8** | **103.7** |
| 96.3 | 97.0 | 96.4 | 95.4 | 97.0 | 97.2 | 97.7 |
| 103.8 | 103.5 | 103.6 | 103.1 | 103.1 | 103.0 | 102.9 |
| 100.2 | 100.2 | 100.1 | 100.6 | 100.6 | 100.7 | 100.7 |
| 104.2 | 103.9 | 104.0 | 103.3 | 103.3 | 103.2 | 103.2 |
| 100.2 | 100.3 | 100.6 | 100.3 | 101.1 | 102.0 | 101.9 |
| 98.7 | 99.1 | 99.8 | 99.6 | 99.6 | 99.8 | 100.0 |
| 100.5 | 100.5 | 100.5 | 100.0 | 100.0 | 100.0 | 100.0 |
| 101.2 | 101.3 | 101.3 | 101.2 | 102.8 | 105.0 | 104.5 |
| 99.9 | 98.2 | 102.2 | 105.4 | 112.9 | 120.2 | 119.5 |
| **103.3** | **104.0** | **104.5** | **104.2** | **104.8** | **105.0** | **104.4** |
| 101.6 | 101.8 | 102.5 | 103.2 | 102.4 | 102.4 | 103.2 |
| 105.2 | 109.9 | 110.7 | 110.7 | 113.6 | 113.6 | 108.3 |
| 102.9 | 103.0 | 103.9 | 103.9 | 105.5 | 105.5 | 103.5 |
| 104.8 | 105.0 | 104.4 | 102.4 | 102.1 | 102.9 | 105.3 |
| 108.2 | 122.6 | 122.6 | 122.6 | 125.0 | 125.0 | 125.0 |
| 104.6 | 100.0 | 100.0 | 100.0 | 100.0 | 100.0 | 100.0 |
| 104.1 | 104.4 | 102.8 | 97.3 | 95.6 | 97.8 | 104.4 |
| 86.1 | 86.1 | 86.1 | 86.1 | 86.1 | 86.1 | 86.1 |

# 1994年广西全区商品零售价格各月同比指数

以上年同月价格为100

| 类别 | 1月 | 2月 | 3月 | 4月 | 5月 |
|---|---|---|---|---|---|
| **总指数** | **122.0** | **124.3** | **121.2** | **120.7** | **119.9** |
| **零售价格总指数** | | | | **121.0** | **119.9** |
| **一、食品类** | **128.5** | **132.4** | **126.5** | **125.9** | **126.0** |
| 1. 粮食 | 166.6 | 160.9 | 143.9 | 143.2 | 147.6 |
| (1) 细粮 | 174.1 | 166.8 | 147.9 | 146.6 | 153.2 |
| (2) 粗粮 | 110.2 | 117.2 | 113.8 | 117.9 | 106.0 |
| 2. 油脂类 | 146.1 | 149.3 | 137.2 | 131.9 | 137.2 |
| 3. 肉禽蛋 | 118.6 | 126.3 | 120.9 | 119.5 | 119.2 |
| 4. 水产品 | 121.3 | 131.4 | 124.3 | 115.1 | 112.5 |
| 5. 鲜菜 | 98.9 | 98.6 | 108.4 | 123.9 | 123.4 |
| 6. 干菜 | 112.8 | 111.7 | 111.8 | 109.0 | 110.6 |
| 7. 鲜果 | 103.8 | 130.2 | 130.9 | 123.0 | 112.0 |
| 8. 干果 | 127.5 | 131.0 | 126.6 | 118.5 | 117.1 |
| 9. 其他食品类 | 122.1 | 123.2 | 123.0 | 124.0 | 122.5 |
| (1) 调味品 | 110.9 | 111.9 | 108.2 | 108.5 | 108.7 |
| (2) 食糖 | 143.4 | 145.2 | 148.3 | 148.2 | 135.7 |
| (3) 糖果 | 118.5 | 120.6 | 121.7 | 121.8 | 122.8 |
| (4) 糕点 | 118.2 | 118.7 | 114.8 | 117.3 | 119.7 |
| (5) 奶及奶制品 | 113.8 | 113.7 | 115.4 | 118.5 | 123.1 |
| (6) 罐头 | 117.0 | 116.7 | 115.1 | 114.0 | 117.2 |
| 10. 饮食业 | 125.5 | 124.9 | 124.6 | 130.0 | 129.8 |
| (1) 主食 | 125.3 | 129.7 | 126.2 | 124.8 | 126.2 |
| (2) 炒菜 | 126.8 | 124.7 | 125.2 | 132.2 | 131.3 |
| (3) 地方小吃 | 119.7 | 118.9 | 119.8 | 127.6 | 128.3 |
| **二、饮料、烟酒类** | **112.6** | **113.3** | **114.3** | **114.8** | **114.7** |
| 1. 饮料 | 112.3 | 112.0 | 111.9 | 112.7 | 113.7 |
| 2. 烟酒 | 112.6 | 113.5 | 114.7 | 115.1 | 114.8 |
| **三、服装、鞋帽类** | **125.2** | **125.0** | **126.6** | **126.0** | **124.4** |
| 1. 服装 | 130.0 | 130.0 | 131.5 | 129.1 | 127.0 |
| 2. 鞋 | 118.7 | 118.5 | 120.2 | 121.2 | 119.8 |
| 3. 其他衣着 | 117.4 | 116.5 | 118.2 | 122.2 | 122.4 |
| **四、纺织品类** | **109.8** | **109.1** | **110.8** | **112.7** | **113.2** |
| 1. 棉布 | 108.4 | 108.7 | 114.0 | 121.6 | 123.6 |
| 2. 棉花化纤混纺布 | 108.0 | 108.5 | 111.1 | 114.5 | 115.5 |
| 3. 化纤布 | 107.9 | 105.4 | 105.4 | 105.6 | 104.9 |
| 4. 呢绒 | 114.8 | 114.3 | 114.7 | 114.7 | 115.2 |
| 5. 绸缎 | 111.0 | 110.6 | 110.1 | 108.4 | 111.4 |
| 6. 其他纺织品 | 117.2 | 116.9 | 118.2 | 115.3 | 114.5 |

| 6月 | 7月 | 8月 | 9月 | 10月 | 11月 | 12月 |
|---|---|---|---|---|---|---|
| **121.4** | **120.7** | **123.7** | **125.3** | **129.9** | **130.8** | **129.5** |
| **122.2** | **121.2** | **124.3** | **125.8** | **130.6** | **131.4** | **130.0** |
| **130.8** | **130.0** | **135.8** | **138.0** | **146.7** | **148.5** | **145.1** |
| 159.2 | 162.1 | 168.2 | 167.9 | 170.5 | 169.4 | 150.4 |
| 166.6 | 169.9 | 176.8 | 176.6 | 179.3 | 177.1 | 155.0 |
| 104.0 | 104.2 | 103.7 | 103.1 | 105.1 | 111.6 | 115.9 |
| 140.6 | 139.6 | 144.9 | 150.5 | 158.9 | 166.9 | 156.2 |
| 120.9 | 117.5 | 122.0 | 127.5 | 114.9 | 148.9 | 150.9 |
| 110.4 | 118.1 | 119.0 | 120.1 | 127.9 | 127.9 | 126.6 |
| 167.3 | 143.2 | 180.5 | 162.4 | 162.1 | 140.4 | 128.2 |
| 109.9 | 110.3 | 112.4 | 113.9 | 113.0 | 116.1 | 116.5 |
| 104.4 | 109.0 | 105.9 | 106.7 | 111.0 | 130.1 | 141.2 |
| 116.2 | 118.6 | 121.3 | 122.9 | 126.5 | 127.8 | 130.1 |
| 119.3 | 122.3 | 124.3 | 129.7 | 133.3 | 137.2 | 138.7 |
| 109.0 | 113.1 | 110.6 | 119.8 | 121.8 | 122.8 | 122.7 |
| 131.3 | 127.6 | 132.1 | 138.9 | 142.9 | 158.7 | 157.4 |
| 121.5 | 120.2 | 120.7 | 124.4 | 131.7 | 134.4 | 136.8 |
| 117.8 | 117.6 | 116.2 | 121.7 | 122.5 | 124.4 | 128.6 |
| 114.6 | 131.8 | 140.6 | 142.1 | 145.6 | 140.7 | 143.8 |
| 116.9 | 117.4 | 116.0 | 116.5 | 120.9 | 120.8 | 126.8 |
| 132.6 | 134.9 | 140.4 | 144.9 | 147.8 | 146.1 | 146.9 |
| 134.7 | 137.0 | 138.6 | 140.4 | 144.3 | 147.1 | 147.6 |
| 132.7 | 134.4 | 141.2 | 145.9 | 148.2 | 144.3 | 145.9 |
| 129.1 | 133.8 | 139.7 | 146.9 | 150.7 | 152.6 | 150.4 |
| **113.7** | **110.6** | **110.9** | **112.6** | **115.0** | **117.3** | **119.1** |
| 115.0 | 112.6 | 112.2 | 111.4 | 111.0 | 110.2 | 112.6 |
| 113.5 | 110.3 | 110.7 | 112.8 | 115.6 | 118.3 | 120.1 |
| **122.9** | **121.9** | **122.1** | **124.1** | **125.5** | **124.6** | **126.1** |
| 124.3 | 121.6 | 120.7 | 121.3 | 121.8 | 120.9 | 121.9 |
| 119.9 | 120.7 | 121.4 | 125.9 | 128.8 | 126.7 | 127.9 |
| 123.1 | 125.4 | 129.3 | 132.7 | 134.9 | 136.9 | 140.5 |
| **113.5** | **113.8** | **114.5** | **118.5** | **119.6** | **119.9** | **122.9** |
| 124.4 | 126.4 | 128.1 | 141.1 | 145.2 | 151.4 | 128.2 |
| 116.3 | 117.6 | 117.8 | 124.3 | 124.9 | 126.5 | 134.4 |
| 105.7 | 104.5 | 105.4 | 104.0 | 104.1 | 104.2 | 104.2 |
| 110.6 | 110.7 | 110.5 | 112.1 | 112.6 | 107.7 | 107.2 |
| 111.6 | 110.3 | 110.9 | 110.7 | 113.9 | 114.5 | 114.1 |
| 114.7 | 114.8 | 115.0 | 117.9 | 116.8 | 117.7 | 119.6 |

# 1994年广西全区商品零售价格各月同比指数（续表）

以上年同月价格为100

| 类 别 | 1月 | 2月 | 3月 | 4月 | 5月 |
|---|---|---|---|---|---|
| 五、中、西药品类 | 108.7 | 110.5 | 110.7 | 109.1 | 109.7 |
| 1. 中 药 | 108.0 | 113.7 | 111.6 | 105.2 | 104.0 |
| 2. 西 药 | 110.1 | 109.2 | 111.1 | 112.1 | 113.1 |
| 3. 医疗用品 | 103.9 | 104.7 | 104.2 | 108.5 | 114.4 |
| 六、化妆品类 | 112.9 | 116.8 | 114.6 | 114.4 | 116.0 |
| 七、书报、杂志类 | 141.1 | 143.5 | 143.6 | 142.6 | 143.1 |
| 八、文化体育用品类 | 109.4 | 109.7 | 110.4 | 111.0 | 109.9 |
| 1. 文化用品 | 110.8 | 111.2 | 112.1 | 112.4 | 110.3 |
| 2. 体育用品 | 107.0 | 107.1 | 107.7 | 108.6 | 109.3 |
| 九、日用品类 | 116.6 | 117.2 | 116.0 | 114.9 | 112.4 |
| 1. 一般日用品 | 118.6 | 119.3 | 117.8 | 115.8 | 112.4 |
| 2. 家 具 类 | 112.6 | 112.6 | 111.3 | 110.9 | 110.0 |
| 3. 日用杂品 | 117.9 | 119.3 | 119.9 | 121.0 | 118.1 |
| 十、家用电器类 | 113.6 | 114.0 | 114.0 | 112.2 | 109.9 |
| 十一、首 饰 类 | 124.1 | 117.5 | 116.1 | 114.7 | 111.9 |
| 十二、燃 料 类 | 126.2 | 124.8 | 118.2 | 119.2 | 115.6 |
| 十三、建筑装潢材料类 | 123.0 | 121.9 | 122.7 | 119.4 | 115.8 |
| 十四、机电产品类 | 104.1 | 104.7 | 103.3 | 103.3 | 102.4 |
| 十五、农业生产资料类 | 114.7 | 120.0 | 116.5 | 116.8 | 115.9 |
| 1. 小 农 具 | 127.8 | 134.5 | 135.7 | 137.5 | 131.8 |
| 2. 饲 料 | 125.4 | 122.6 | 132.4 | 132.0 | 130.6 |
| 3. 幼禽家畜 | 112.0 | 114.1 | 106.4 | 104.2 | 105.2 |
| 4. 大 牲 畜 | 108.9 | 115.5 | 121.5 | 122.1 | 122.8 |
| 5. 半机械化农具 | 122.8 | 121.5 | 122.0 | 121.4 | 117.9 |
| 6. 机械化农具 | 121.9 | 123.3 | 118.4 | 112.4 | 114.0 |
| 7. 化学肥料 | 116.3 | 127.4 | 123.0 | 124.6 | 121.8 |
| 8. 农药及农药械 | 100.9 | 102.3 | 101.9 | 102.5 | 102.8 |
| (1) 化学农药 | 100.3 | 101.9 | 101.3 | 102.3 | 102.9 |
| (2) 农 药 械 | 104.9 | 104.8 | 105.8 | 103.6 | 102.1 |
| 9. 农用机油 | 118.1 | 114.4 | 106.8 | 110.2 | 110.5 |
| 10. 其 他 | 106.7 | 108.2 | 110.6 | 110.2 | 111.5 |

| 6月 | 7月 | 8月 | 9月 | 10月 | 11月 | 12月 |
|---|---|---|---|---|---|---|
| **108.8** | **109.4** | **111.7** | **111.4** | **111.8** | **111.9** | **112.4** |
| 103.8 | 103.1 | 105.6 | 104.6 | 105.9 | 108.2 | 106.0 |
| 111.4 | 113.0 | 115.1 | 115.0 | 114.5 | 113.5 | 115.4 |
| 115.2 | 115.9 | 117.9 | 119.2 | 121.6 | 118.5 | 121.7 |
| **115.5** | **124.3** | **124.8** | **118.4** | **121.5** | **129.8** | **129.9** |
| **141.3** | **142.2** | **141.9** | **142.6** | **142.7** | **142.8** | **142.7** |
| **110.5** | **109.7** | **110.0** | **111.1** | **111.8** | **111.5** | **111.0** |
| 109.8 | 108.8 | 108.9 | 109.7 | 110.6 | 110.4 | 109.8 |
| 111.7 | 111.1 | 111.8 | 113.4 | 113.7 | 113.2 | 113.0 |
| **111.7** | **111.3** | **111.5** | **111.8** | **112.7** | **112.1** | **111.8** |
| 111.9 | 110.8 | 110.8 | 111.5 | 112.6 | 111.8 | 111.4 |
| 109.3 | 110.4 | 110.3 | 110.2 | 110.4 | 109.8 | 109.7 |
| 116.8 | 115.7 | 117.8 | 116.8 | 118.9 | 118.8 | 118.8 |
| **108.2** | **107.1** | **107.0** | **107.3** | **107.6** | **106.4** | **107.2** |
| **107.7** | **106.0** | **107.1** | **107.4** | **107.3** | **106.7** | **104.2** |
| **113.5** | **109.4** | **108.6** | **109.2** | **109.2** | **107.2** | **106.3** |
| **112.6** | **106.8** | **106.7** | **107.3** | **108.8** | **104.4** | **104.3** |
| **102.0** | **102.1** | **103.6** | **100.9** | **100.6** | **101.4** | **101.6** |
| **112.8** | **114.9** | **116.9** | **119.7** | **121.2** | **124.1** | **124.9** |
| 127.9 | 128.0 | 122.5 | 122.2 | 128.8 | 136.2 | 134.8 |
| 128.1 | 124.9 | 132.6 | 131.9 | 134.6 | 131.3 | 136.3 |
| 105.7 | 102.7 | 106.1 | 118.6 | 120.3 | 133.5 | 143.9 |
| 121.6 | 119.6 | 118.6 | 120.8 | 125.3 | 129.8 | 130.1 |
| 114.9 | 115.0 | 115.6 | 112.7 | 112.6 | 114.3 | 112.5 |
| 116.5 | 114.0 | 114.4 | 112.9 | 115.8 | 118.6 | 119.8 |
| 114.9 | 121.2 | 124.6 | 127.0 | 127.6 | 128.4 | 126.5 |
| 103.9 | 104.3 | 104.0 | 103.9 | 103.9 | 103.7 | 103.7 |
| 104.0 | 104.5 | 104.2 | 104.1 | 104.1 | 103.7 | 103.8 |
| 103.1 | 102.6 | 102.6 | 102.6 | 102.6 | 104.0 | 102.9 |
| 106.7 | 105.6 | 104.4 | 106.9 | 109.9 | 111.6 | 113.4 |
| 115.6 | 124.8 | 128.9 | 129.0 | 129.0 | 131.8 | 131.0 |

# 1995 年广西全区商品零售价格各月同比指数

以上年同月价格为 100

| 类 别 | 1月 | 2月 | 3月 | 4月 | 5月 |
|---|---|---|---|---|---|
| **零售价格总指数** | **126.4** | **123.9** | **121.7** | **120.8** | **120.7** |
| **一、食 品 类** | **149.2** | **143.0** | **139.4** | **137.7** | **138.2** |
| 1. 粮 食 | 152.9 | 154.3 | 152.9 | 148.5 | 145.3 |
| (1) 细 粮 | 157.4 | 159.3 | 157.0 | 152.3 | 149.0 |
| (2) 粗 粮 | 113.8 | 111.0 | 117.2 | 115.3 | 113.1 |
| 2. 油 脂 类 | 149.9 | 140.2 | 133.7 | 128.4 | 122.3 |
| 3. 肉 禽 蛋 | 150.5 | 141.1 | 139.7 | 139.0 | 137.6 |
| 4. 水 产 品 | 127.0 | 118.5 | 117.8 | 122.6 | 123.1 |
| 5. 鲜 菜 | 194.4 | 181.7 | 154.7 | 154.3 | 149.4 |
| 6. 干 菜 | 122.5 | 126.3 | 127.1 | 126.2 | 123.8 |
| 7. 鲜 果 | 145.2 | 123.3 | 114.0 | 112.4 | 149.3 |
| 8. 干 果 | 134.6 | 131.0 | 131.9 | 137.8 | 132.8 |
| 9. 其他食品类 | 135.6 | 134.8 | 135.5 | 133.5 | 133.4 |
| (1) 调 味 品 | 122.8 | 124.2 | 125.1 | 125.3 | 126.1 |
| (2) 食 糖 | 150.1 | 146.9 | 142.4 | 137.1 | 138.6 |
| (3) 糖 果 | 135.1 | 130.4 | 133.4 | 132.2 | 136.1 |
| (4) 糕 点 | 130.7 | 133.1 | 131.4 | 130.0 | 129.1 |
| (5) 奶及奶制品 | 141.4 | 141.6 | 148.9 | 145.2 | 140.0 |
| (6) 罐 头 | 126.2 | 123.9 | 122.5 | 125.4 | 120.7 |
| 10. 饮 食 业 | 137.3 | 140.1 | 141.4 | 136.0 | 136.0 |
| (1) 主 食 | 131.9 | 137.7 | 140.0 | 138.2 | 136.5 |
| (2) 炒 菜 | 137.3 | 140.7 | 141.9 | 135.5 | 134.8 |
| (3) 地方小吃 | 146.9 | 142.2 | 142.3 | 134.5 | 140.5 |
| **二、饮料、烟酒类** | **118.0** | **116.7** | **116.0** | **114.7** | **111.4** |
| 1. 饮 料 | 115.6 | 116.3 | 119.7 | 119.2 | 115.9 |
| 2. 烟 酒 | 118.6 | 116.8 | 115.1 | 113.6 | 110.4 |
| **三、服装、鞋帽类** | **123.8** | **123.3** | **121.7** | **121.3** | **122.2** |
| 1. 服 装 | 120.3 | 119.3 | 117.8 | 118.2 | 118.1 |
| 2. 鞋 | 124.9 | 123.8 | 123.0 | 123.0 | 127.3 |
| 3. 其他衣着 | 137.4 | 140.0 | 136.8 | 131.7 | 130.9 |
| **四、纺织品类** | **122.3** | **121.7** | **119.9** | **116.9** | **117.9** |
| 1. 棉 布 | 154.7 | 150.8 | 144.3 | 136.4 | 136.7 |
| 2. 棉花化纤混纺布 | 127.0 | 123.7 | 122.9 | 121.2 | 125.9 |
| 3. 化 纤 布 | 104.6 | 108.1 | 107.8 | 104.8 | 104.9 |
| 4. 呢 绒 | 105.2 | 105.9 | 105.8 | 105.5 | 104.5 |
| 5. 绸 缎 | 119.6 | 114.3 | 114.9 | 114.4 | 114.5 |
| 6. 其他纺织品 | 118.0 | 117.9 | 116.3 | 116.9 | 117.7 |

| 6月 | 7月 | 8月 | 9月 | 10月 | 11月 | 12月 |
|---|---|---|---|---|---|---|
| **117.5** | **115.2** | **113.7** | **112.8** | **109.1** | **108.4** | **106.6** |
| **130.6** | **125.3** | **121.9** | **120.4** | **112.6** | **111.8** | **108.1** |
| 136.7 | 132.4 | 125.7 | 122.8 | 117.2 | 109.0 | 106.3 |
| 138.8 | 133.9 | 126.5 | 123.9 | 117.5 | 108.7 | 105.9 |
| 118.9 | 119.7 | 119.2 | 113.2 | 114.7 | 111.3 | 109.6 |
| 118.2 | 116.5 | 113.3 | 109.3 | 101.2 | 94.4 | 88.9 |
| 131.6 | 130.7 | 129.6 | 122.8 | 107.0 | 102.1 | 100.4 |
| 121.2 | 119.3 | 118.3 | 115.1 | 110.7 | 108.8 | 104.3 |
| 97.6 | 88.5 | 85.2 | 106.4 | 116.2 | 169.9 | 152.3 |
| 121.9 | 118.5 | 118.8 | 114.8 | 115.4 | 113.5 | 109.6 |
| 156.7 | 119.5 | 110.0 | 124.9 | 109.4 | 104.0 | 96.1 |
| 133.2 | 130.4 | 124.2 | 119.7 | 118.1 | 119.6 | 118.6 |
| 132.0 | 129.0 | 127.2 | 121.9 | 120.3 | 114.8 | 113.1 |
| 126.2 | 124.5 | 123.8 | 114.1 | 112.0 | 110.5 | 108.9 |
| 137.6 | 135.2 | 128.6 | 122.3 | 116.6 | 103.7 | 104.7 |
| 136.0 | 131.6 | 130.5 | 127.4 | 125.9 | 120.4 | 116.1 |
| 128.8 | 130.3 | 134.7 | 126.5 | 129.2 | 121.5 | 118.9 |
| 133.8 | 124.5 | 118.3 | 119.6 | 118.5 | 118.6 | 118.1 |
| 120.2 | 119.0 | 121.0 | 119.8 | 114.8 | 113.1 | 109.0 |
| 136.9 | 131.0 | 125.9 | 123.9 | 121.6 | 117.2 | 117.4 |
| 133.0 | 128.1 | 128.0 | 127.8 | 124.5 | 120.0 | 119.2 |
| 136.6 | 130.2 | 124.0 | 120.3 | 119.1 | 115.1 | 115.3 |
| 145.3 | 139.7 | 130.6 | 133.0 | 127.6 | 121.7 | 123.8 |
| **111.5** | **111.0** | **110.5** | **110.0** | **108.6** | **107.1** | **105.0** |
| 115.2 | 115.0 | 114.4 | 114.5 | 115.2 | 112.6 | 111.1 |
| 110.6 | 110.1 | 109.6 | 108.9 | 107.1 | 105.8 | 103.6 |
| **122.5** | **121.1** | **120.0** | **117.8** | **114.2** | **112.4** | **111.4** |
| 118.9 | 118.2 | 117.7 | 116.0 | 112.0 | 109.9 | 108.8 |
| 125.8 | 124.8 | 123.6 | 121.3 | 116.5 | 116.3 | 115.8 |
| 131.8 | 126.5 | 123.5 | 119.1 | 119.7 | 116.0 | 114.6 |
| **117.2** | **118.7** | **118.3** | **115.8** | **114.8** | **114.8** | **112.2** |
| 134.2 | 134.8 | 135.2 | 127.9 | 125.1 | 126.4 | 118.5 |
| 125.6 | 128.4 | 128.3 | 123.0 | 122.9 | 122.8 | 117.7 |
| 104.7 | 107.4 | 106.5 | 108.2 | 108.1 | 108.0 | 108.1 |
| 103.9 | 103.1 | 103.0 | 102.9 | 103.0 | 103.3 | 102.5 |
| 114.5 | 114.3 | 113.3 | 113.0 | 108.7 | 109.0 | 108.9 |
| 117.5 | 118.0 | 117.4 | 113.1 | 112.4 | 111.4 | 111.5 |

# 1995 年广西全区商品零售价格各月同比指数（续表）

以上年同月价格为 100

| 类　别 | 1 月 | 2 月 | 3 月 | 4 月 | 5 月 |
|---|---|---|---|---|---|
| 五、中、西药品类 | 116.2 | 116.2 | 114.7 | 114.3 | 113.3 |
| 1. 中　　药 | 107.0 | 107.0 | 108.6 | 107.8 | 107.5 |
| 2. 西　　药 | 122.5 | 121.6 | 118.2 | 118.6 | 117.7 |
| 3. 医疗用品 | 121.6 | 126.3 | 121.8 | 118.7 | 114.8 |
| 六、化妆品类 | 117.6 | 115.7 | 115.3 | 115.9 | 112.7 |
| 七、书报、杂志类 | 112.6 | 114.3 | 114.3 | 114.3 | 114.0 |
| 八、文化体育用品类 | 109.1 | 109.4 | 108.6 | 109.3 | 108.2 |
| 1. 文化用品 | 109.0 | 108.2 | 108.1 | 108.2 | 107.2 |
| 2. 体育用品 | 109.2 | 111.6 | 109.5 | 111.2 | 110.0 |
| 九、日用品类 | 110.2 | 111.3 | 110.0 | 109.8 | 109.5 |
| 1. 一般日用品 | 111.7 | 113.6 | 111.5 | 111.3 | 109.9 |
| 2. 家 具 类 | 105.1 | 105.0 | 105.5 | 105.8 | 106.3 |
| 3. 日用杂品 | 115.2 | 115.4 | 113.7 | 112.4 | 114.2 |
| 十、家用电器类 | 102.5 | 101.5 | 100.3 | 100.3 | 99.6 |
| 十一、首 饰 类 | 97.0 | 101.2 | 100.1 | 101.4 | 101.4 |
| 十二、燃 料 类 | 103.0 | 104.9 | 104.5 | 105.8 | 105.0 |
| 十三、建筑装潢材料类 | 106.7 | 105.6 | 103.0 | 102.2 | 101.0 |
| 十四、机电产品类 | 97.9 | 97.2 | 97.4 | 96.8 | 96.7 |

| 6月 | 7月 | 8月 | 9月 | 10月 | 11月 | 12月 |
|---|---|---|---|---|---|---|
| **112.3** | **112.9** | **112.8** | **113.1** | **113.8** | **113.8** | **113.1** |
| 108.0 | 109.9 | 113.0 | 114.1 | 116.7 | 115.9 | 116.2 |
| 115.4 | 115.2 | 112.8 | 112.8 | 112.0 | 112.7 | 111.3 |
| 114.2 | 113.0 | 112.4 | 110.8 | 110.9 | 111.0 | 109.8 |
| **112.0** | **111.7** | **111.2** | **109.3** | **104.7** | **104.5** | **104.4** |
| **114.0** | **114.0** | **112.3** | **113.0** | **112.8** | **112.6** | **112.6** |
| **108.4** | **108.7** | **108.6** | **108.5** | **107.9** | **107.2** | **107.8** |
| 107.8 | 108.2 | 108.0 | 108.2 | 107.1 | 106.7 | 107.5 |
| 109.5 | 109.6 | 109.8 | 109.1 | 109.3 | 108.0 | 108.4 |
| **109.4** | **108.3** | **108.2** | **108.2** | **107.6** | **107.2** | **106.8** |
| 109.8 | 109.5 | 110.0 | 110.3 | 109.6 | 108.5 | 108.2 |
| 106.1 | 103.3 | 103.0 | 103.1 | 103.3 | 103.9 | 103.2 |
| 114.7 | 114.1 | 112.3 | 110.8 | 109.2 | 109.0 | 109.1 |
| **99.2** | **99.0** | **99.2** | **99.0** | **98.5** | **98.6** | **98.7** |
| **101.4** | **101.9** | **101.9** | **101.6** | **101.6** | **101.1** | **100.8** |
| **103.8** | **103.8** | **104.7** | **105.1** | **104.4** | **103.9** | **104.0** |
| **101.3** | **101.5** | **99.9** | **102.1** | **99.4** | **99.1** | **99.7** |
| **96.4** | **96.8** | **96.2** | **96.6** | **97.2** | **96.6** | **96.7** |

# 1996年广西全区商品零售价格各月同比指数

以上年同月价格为100

| 类　别 | 1月 | 2月 | 3月 | 4月 | 5月 |
|---|---|---|---|---|---|
| **商品零售价格总指数** | **105.1** | **104.2** | **104.3** | **104.4** | **104.3** |
| **一、食　　品** | **103.8** | **103.4** | **103.4** | **105.0** | **105.8** |
| 1. 粮　　食 | 103.8 | 102.0 | 98.0 | 97.8 | 98.4 |
| (1) 细　　粮 | 102.8 | 100.3 | 96.2 | 95.0 | 95.6 |
| 大　　米 | 95.3 | 94.4 | 92.8 | 92.8 | 93.8 |
| (2) 粗　　粮 | 112.8 | 116.4 | 113.5 | 122.0 | 122.9 |
| 2. 油 脂 类 | 86.6 | 88.8 | 86.6 | 88.1 | 89.4 |
| 3. 肉 禽 蛋 | 100.3 | 103.1 | 104.8 | 104.8 | 105.1 |
| 猪　　肉 | 95.6 | 96.0 | 96.3 | 98.9 | 101.0 |
| 牛　　肉 | 108.5 | 109.2 | 112.1 | 109.0 | 107.7 |
| 羊　　肉 | 106.5 | 103.3 | 101.4 | 108.6 | 110.3 |
| 鸡 | 95.1 | 107.5 | 110.9 | 108.3 | 102.2 |
| 鸭 | 115.1 | 114.3 | 121.7 | 118.9 | 119.2 |
| 鲜　　蛋 | 112.4 | 119.2 | 123.5 | 121.4 | 122.5 |
| 4. 水产品类 | 104.6 | 104.6 | 106.2 | 108.1 | 106.9 |
| 5. 鲜　　菜 | 109.4 | 100.7 | 102.7 | 118.9 | 127.7 |
| 6. 干　　菜 | 107.6 | 105.5 | 104.7 | 109.0 | 109.5 |
| 7. 鲜　　果 | 97.3 | 92.4 | 97.5 | 103.7 | 105.3 |
| 8. 干　　果 | 120.0 | 119.6 | 114.9 | 113.1 | 114.9 |
| 9. 其他食品类 | 111.5 | 110.1 | 107.3 | 106.5 | 105.3 |
| (1) 调 味 品 | 108.7 | 108.4 | 107.6 | 107.7 | 107.8 |
| 盐 | 107.0 | 108.7 | 109.7 | 109.5 | 111.2 |
| 酱　　油 | 109.4 | 109.4 | 107.4 | 108.7 | 107.1 |
| (2) 食　　糖 | 101.0 | 100.5 | 98.8 | 98.0 | 95.1 |
| (3) 糖　　果 | 111.1 | 113.1 | 109.5 | 108.3 | 106.0 |
| (4) 糕　　点 | 119.1 | 115.9 | 113.0 | 111.4 | 109.5 |
| (5) 奶及奶制品 | 120.3 | 114.0 | 107.5 | 107.1 | 108.2 |
| (6) 罐　　头 | 105.3 | 105.9 | 105.5 | 104.7 | 105.8 |
| 10. 饮 食 业 | 113.0 | 111.6 | 111.0 | 110.3 | 109.9 |
| (1) 主　　食 | 118.4 | 109.5 | 108.0 | 108.8 | 106.7 |
| (2) 炒　　菜 | 111.4 | 112.6 | 111.6 | 110.0 | 110.1 |
| (3) 地方小吃 | 109.9 | 110.7 | 114.1 | 114.8 | 115.6 |
| **二、饮料、烟酒类** | **105.7** | **105.5** | **105.3** | **105.2** | **105.0** |
| 1. 饮　　料 | 110.5 | 109.3 | 105.6 | 104.9 | 103.5 |
| 2. 烟　　酒 | 104.6 | 104.6 | 105.2 | 105.3 | 105.3 |
| **三、服装、鞋帽类** | **111.6** | **110.3** | **108.9** | **107.0** | **104.5** |
| 1. 服　　装 | 109.5 | 108.5 | 106.7 | 105.0 | 103.2 |
| 2. 鞋 | 115.3 | 113.5 | 112.8 | 106.6 | 105.4 |

| 6月 | 7月 | 8月 | 9月 | 10月 | 11月 | 12月 |
|---|---|---|---|---|---|---|
| **104.1** | **104.5** | **105.0** | **104.4** | **104.6** | **104.3** | **104.7** |
| **105.6** | **107.1** | **108.0** | **106.3** | **106.6** | **105.8** | **106.0** |
| 99.9 | 102.7 | 104.3 | 104.7 | 103.6 | 105.1 | 104.7 |
| 96.8 | 99.6 | 101.2 | 101.6 | 100.7 | 102.3 | 101.4 |
| 95.1 |  | 100.3 | 99.9 | 98.4 | 100.9 | 99.8 |
| 126.8 | 129.8 | 131.4 | 131.5 | 128.8 | 129.6 | 133.2 |
| 90.6 | 95.8 | 98.4 | 98.9 | 98.8 | 99.8 | 102.2 |
| 106.1 | 107.4 | 105.4 | 106.0 | 106.3 | 107.3 | 106.4 |
| 102.5 |  | 103.0 | 106.2 | 107.3 | 108.7 | 108.6 |
| 109.4 |  | 104.5 | 105.8 | 105.9 | 104.3 | 102.4 |
| 113.5 |  | 115.3 | 88.0 | 96.3 | 92.3 | 94.0 |
| 101.9 |  | 103.4 | 100.8 | 101.1 | 106.4 | 103.4 |
| 117.6 |  | 115.7 | 115.6 | 109.5 | 107.3 | 110.4 |
| 124.3 |  | 116.4 | 111.5 | 108.4 | 107.1 | 102.6 |
| 107.1 | 103.8 | 103.1 | 103.0 | 102.0 | 100.7 | 99.3 |
| 125.9 | 139.6 | 136.1 | 114.8 | 109.1 | 89.2 | 100.1 |
| 107.9 | 110.9 | 112.1 | 113.7 | 111.1 | 111.3 | 114.0 |
| 93.5 | 87.5 | 113.9 | 106.6 | 119.1 | 121.5 | 117.7 |
| 116.8 | 115.5 | 116.6 | 117.3 | 118.0 | 114.8 | 112.8 |
| 105.0 | 104.9 | 104.5 | 104.5 | 104.7 | 104.5 | 104.9 |
| 108.2 | 108.2 | 107.6 | 107.4 | 108.5 | 108.4 | 108.7 |
| 113.6 |  | 114.3 | 112.7 | 116.9 | 116.9 | 116.9 |
| 106.8 |  | 104.3 | 104.7 | 104.3 | 103.2 | 103.2 |
| 91.3 | 90.5 | 91.7 | 94.4 | 97.1 | 99.7 | 98.8 |
| 108.2 | 109.3 | 109.1 | 107.9 | 106.8 | 106.8 | 106.6 |
| 109.5 | 109.2 | 107.9 | 106.2 | 104.3 | 103.8 | 103.6 |
| 108.0 | 107.4 | 106.7 | 106.5 | 106.8 | 103.0 | 106.8 |
| 105.9 | 106.2 | 105.5 | 106.9 | 106.6 | 106.9 | 107.0 |
| 109.3 | 108.6 | 108.4 | 107.5 | 109.2 | 108.6 | 108.3 |
| 107.6 | 108.1 | 107.9 | 106.1 | 106.6 | 106.5 | 106.2 |
| 108.8 | 107.4 | 107.4 | 106.6 | 108.8 | 107.9 | 108.0 |
| 115.1 | 115.6 | 114.9 | 115.3 | 116.1 | 116.5 | 114.4 |
| **104.4** | **105.0** | **105.6** | **106.2** | **106.7** | **107.3** | **107.5** |
| 103.0 | 102.8 | 103.7 | 104.0 | 103.4 | 103.8 | 103.2 |
| 104.7 | 105.5 | 106.0 | 106.7 | 107.5 | 108.1 | 108.5 |
| **104.4** | **104.5** | **104.5** | **104.4** | **105.3** | **105.5** | **106.0** |
| 103.2 | 103.1 | 103.4 | 103.4 | 104.9 | 105.6 | 106.6 |
| 105.5 | 105.9 | 105.6 | 105.3 | 105.3 | 104.3 | 104.3 |

# 1996 年广西全区商品零售价格各月同比指数（续表）

以上年同月价格为 100

| 类　别 | 1 月 | 2 月 | 3 月 | 4 月 | 5 月 |
|---|---|---|---|---|---|
| 3. 其他衣着 | 113.7 | 112.4 | 111.4 | 111.0 | 108.3 |
| **四、纺织品类** | **112.2** | **109.7** | **109.0** | **108.6** | **106.1** |
| 1. 棉　　布 | 114.4 | 113.4 | 112.0 | 111.4 | 109.9 |
| 2. 棉花化纤混纺布 | 119.7 | 116.5 | 114.0 | 113.2 | 108.2 |
| 3. 化 纤 布 | 108.3 | 103.8 | 103.8 | 103.8 | 102.9 |
| 4. 呢　　绒 | 103.5 | 104.3 | 103.9 | 104.3 | 104.7 |
| 5. 绸　　缎 | 109.4 | 109.9 | 108.8 | 109.1 | 102.4 |
| 6. 其他纺织品 | 112.9 | 110.5 | 111.3 | 110.5 | 107.2 |
| **五、中、西药品类** | **109.8** | **108.7** | **108.6** | **108.6** | **108.4** |
| 1. 中　　药 | 112.2 | 111.1 | 111.7 | 112.2 | 111.7 |
| 2. 西　　药 | 107.1 | 106.3 | 105.2 | 105.1 | 105.6 |
| 3. 医疗用品 | 110.6 | 108.7 | 109.0 | 107.0 | 105.1 |
| **六、化妆品类** | **103.6** | **103.1** | **103.0** | **102.8** | **103.2** |
| **七、书报、杂志类** | **126.9** | **124.9** | **139.5** | **140.2** | **140.2** |
| **八、文化体育用品类** | **107.7** | **107.1** | **107.2** | **105.7** | **104.7** |
| 1. 文化用品 | 107.0 | 106.6 | 106.6 | 105.6 | 104.7 |
| 2. 体育用品 | 108.9 | 107.9 | 108.2 | 105.8 | 104.6 |
| **九、日用品类** | **106.0** | **105.2** | **104.9** | **103.6** | **103.2** |
| 1. 一般日用品 | 107.4 | 106.5 | 104.9 | 104.1 | 104.1 |
| 2. 家 具 类 | 102.1 | 102.0 | 104.4 | 101.6 | 100.9 |
| 3. 日用杂品 | 107.2 | 105.8 | 105.6 | 104.9 | 103.6 |
| **十、家用电器类** | **100.1** | **99.3** | **98.4** | **97.9** | **97.3** |
| **十一、首 饰 类** | **100.0** | **99.9** | **99.8** | **98.5** | **98.2** |
| **十二、燃 料 类** | **104.8** | **103.0** | **102.5** | **100.6** | **100.4** |
| 汽　　油 | 101.5 | 100.2 | 100.8 | 100.5 | 100.8 |
| 液化石油气 | 106.3 | 103.4 | 101.6 | 97.8 | 96.6 |
| **十三、建筑装潢材料类** | **100.2** | **97.2** | **100.4** | **99.8** | **100.6** |
| **十四、机电产品类** | **95.0** | **94.9** | **94.5** | **94.1** | **94.9** |

| 6月 | 7月 | 8月 | 9月 | 10月 | 11月 | 12月 |
|---|---|---|---|---|---|---|
| 107.5 | 108.2 | 107.6 | 107.3 | 106.8 | 107.6 | 106.7 |
| **106.4** | **104.8** | **104.4** | **105.9** | **105.6** | **105.8** | **105.7** |
| 110.3 | 109.7 | 108.3 | 115.4 | 115.3 | 115.6 | 115.6 |
| 107.3 | 103.5 | 103.8 | 106.6 | 106.4 | 106.2 | 105.6 |
| 103.7 | 101.3 | 101.3 | 100.2 | 100.1 | 100.1 | 100.4 |
| 105.4 | 105.7 | 103.7 | 104.1 | 103.8 | 104.1 | 104.2 |
| 102.0 | 101.4 | 101.3 | 101.0 | 99.9 | 100.1 | 100.0 |
| 107.7 | 107.5 | 107.5 | 105.9 | 105.5 | 106.0 | 105.5 |
| **108.7** | **108.2** | **109.9** | **110.5** | **109.8** | **108.3** | **108.9** |
| 111.6 | 111.0 | 112.8 | 115.1 | 114.4 | 112.4 | 111.7 |
| 106.3 | 105.7 | 107.6 | 106.5 | 106.1 | 105.1 | 107.0 |
| 105.1 | 105.9 | 106.4 | 106.1 | 104.7 | 103.3 | 103.8 |
| **104.2** | **103.0** | **102.8** | **103.1** | **102.8** | **103.1** | **102.1** |
| **140.3** | **140.5** | **141.6** | **147.1** | **146.6** | **146.9** | **146.9** |
| **105.2** | **105.1** | **106.5** | **104.9** | **104.2** | **104.4** | **103.9** |
| 105.6 | 105.7 | 107.8 | 106.1 | 105.5 | 105.4 | 105.2 |
| 104.5 | 104.0 | 104.4 | 102.8 | 102.0 | 102.6 | 101.7 |
| **102.8** | **102.8** | **102.6** | **102.5** | **102.1** | **102.4** | **102.4** |
| 103.9 | 103.6 | 103.2 | 103.1 | 102.5 | 102.9 | 102.9 |
| 100.4 | 100.9 | 101.1 | 101.0 | 101.0 | 100.9 | 100.9 |
| 103.1 | 103.0 | 102.9 | 103.0 | 102.6 | 102.8 | 102.8 |
| **96.9** | **97.2** | **96.7** | **96.8** | **96.7** | **96.3** | **96.2** |
| **98.3** | **98.2** | **98.3** | **98.2** | **98.8** | **99.3** | **99.6** |
| **100.1** | **98.6** | **100.1** | **98.7** | **100.7** | **101.2** | **109.5** |
| 99.9 | | 100.2 | 99.0 | 99.2 | 100.1 | 104.3 |
| 96.8 | | 99.1 | 97.1 | 101.7 | 101.9 | 117.9 |
| **99.8** | **98.9** | **99.2** | **97.7** | **98.5** | **98.5** | **97.0** |
| **94.6** | **94.6** | **94.0** | **93.1** | **92.1** | **92.5** | **93.9** |

# 1997年广西全区商品零售价格各月同比指数

以上年同月价格为100

| 类别 | 1月 | 2月 | 3月 | 4月 | 5月 |
|---|---|---|---|---|---|
| **商品零售价格总指数** | **104.0** | **103.5** | **102.2** | **101.2** | **100.5** |
| **一、食　　品** | **104.2** | **103.6** | **101.3** | **99.2** | **99.2** |
| 1. 粮　　食 | 102.7 | 101.1 | 100.0 | 99.1 | 97.3 |
| (1) 细　　粮 | 100.0 | 98.3 | 97.2 | 96.9 | 95.2 |
| 大　　米 | 98.1 | 95.8 | 94.2 | 93.9 | 91.9 |
| (2) 粗　　粮 | 126.5 | 125.1 | 124.8 | 118.7 | 115.3 |
| 2. 油 脂 类 | 103.1 | 101.0 | 105.3 | 106.8 | 107.4 |
| 3. 肉 禽 蛋 | 104.4 | 101.8 | 99.0 | 99.6 | 101.0 |
| 猪　　肉 | 110.9 | 110.5 | 108.8 | 109.4 | 109.9 |
| 牛　　肉 | 102.2 | 99.0 | 95.5 | 94.9 | 93.8 |
| 羊　　肉 | 92.0 | 98.9 | 91.7 | 94.4 | 93.2 |
| 鸡 | 93.5 | 87.9 | 84.6 | 84.5 | 93.6 |
| 鸭 | 103.8 | 97.6 | 92.6 | 92.0 | 94.2 |
| 鲜　　蛋 | 96.4 | 88.4 | 80.5 | 82.5 | 76.9 |
| 4. 水产品类 | 99.3 | 98.1 | 94.1 | 91.2 | 92.1 |
| 5. 鲜　　菜 | 101.9 | 111.2 | 107.4 | 89.1 | 87.1 |
| 6. 干　　菜 | 113.1 | 111.0 | 108.2 | 103.5 | 102.4 |
| 7. 鲜　　果 | 102.0 | 106.5 | 97.7 | 88.9 | 92.1 |
| 8. 干　　果 | 108.7 | 104.7 | 107.8 | 108.4 | 107.0 |
| 9. 其他食品类 | 104.8 | 105.0 | 104.7 | 103.9 | 103.4 |
| (1) 调 味 品 | 107.7 | 107.5 | 106.4 | 105.5 | 105.1 |
| 盐 | 111.4 | 110.6 | 109.4 | 109.3 | 107.6 |
| 酱　　油 | 104.3 | 105.0 | 105.0 | 102.9 | 105.0 |
| (2) 食　　糖 | 100.5 | 100.0 | 99.8 | 100.5 | 100.5 |
| (3) 糖　　果 | 103.2 | 104.7 | 104.4 | 104.9 | 103.4 |
| (4) 糕　　点 | 103.0 | 104.1 | 104.0 | 102.8 | 103.6 |
| (5) 奶及奶制品 | 111.4 | 110.6 | 110.6 | 107.2 | 104.7 |
| (6) 罐　　头 | 103.0 | 100.7 | 101.2 | 100.8 | 101.2 |
| 10. 饮 食 业 | 109.6 | 108.5 | 107.1 | 107.4 | 104.7 |
| (1) 主　　食 | 108.1 | 107.5 | 107.0 | 105.5 | 105.9 |
| (2) 炒　　菜 | 108.9 | 107.0 | 106.8 | 108.0 | 104.1 |
| (3) 地方小吃 | 116.2 | 114.2 | 109.0 | 108.0 | 105.5 |
| **二、饮料、烟酒类** | **106.2** | **104.7** | **104.0** | **103.3** | **102.3** |
| 1. 饮　　料 | 102.7 | 101.6 | 101.6 | 100.7 | 100.5 |
| 2. 烟　　酒 | 106.9 | 105.3 | 104.5 | 103.9 | 102.7 |
| **三、服装、鞋帽类** | **105.2** | **102.7** | **102.1** | **102.5** | **100.3** |
| 1. 服　　装 | 106.1 | 102.6 | 101.6 | 102.2 | 99.4 |
| 2. 鞋 | 102.4 | 101.9 | 101.7 | 102.6 | 101.8 |

| 6月 | 7月 | 8月 | 9月 | 10月 | 11月 | 12月 |
|---|---|---|---|---|---|---|
| **100.3** | **99.4** | **97.7** | **97.3** | **96.7** | **96.9** | **95.8** |
| **99.0** | **97.5** | **94.7** | **94.8** | **93.3** | **94.1** | **92.5** |
| 92.6 | 90.3 | 89.6 | 88.1 | 88.5 | 88.8 | 89.0 |
| 90.4 | 88.2 | 88.0 | 86.3 | 86.5 | 86.9 | 87.7 |
| 86.0 | 83.5 | 83.4 | 81.9 | 82.1 | 82.2 | 83.8 |
| 111.9 | 109.0 | 103.7 | 103.9 | 105.9 | 105.4 | 100.7 |
| 107.2 | 101.9 | 99.6 | 97.0 | 97.0 | 98.0 | 97.0 |
| 99.5 | 93.7 | 90.9 | 91.3 | 90.5 | 90.3 | 89.4 |
| 105.7 | 98.4 | 97.5 | 95.0 | 92.5 | 91.5 | 90.6 |
| 90.9 | 90.9 | 91.1 | 89.0 | 86.2 | 85.6 | 84.3 |
| 103.3 | 93.9 | 90.0 | 108.3 | 89.5 | 84.6 | 82.2 |
| 97.5 | 89.8 | 81.4 | 88.8 | 92.8 | 92.9 | 90.9 |
| 98.6 | 89.2 | 78.3 | 82.4 | 85.0 | 92.0 | 86.9 |
| 74.2 | 72.1 | 72.5 | 73.1 | 74.1 | 73.3 | 76.8 |
| 93.5 | 92.6 | 89.7 | 88.3 | 86.6 | 88.1 | 88.9 |
| 98.6 | 96.7 | 97.7 | 100.1 | 99.3 | 113.1 | 97.7 |
| 103.7 | 99.8 | 98.6 | 98.3 | 99.1 | 99.0 | 97.7 |
| 94.7 | 120.8 | 100.1 | 104.4 | 88.6 | 82.5 | 82.9 |
| 103.7 | 101.1 | 99.6 | 97.8 | 96.2 | 94.2 | 91.6 |
| 103.2 | 103.6 | 102.9 | 102.7 | 102.1 | 101.3 | 100.3 |
| 103.7 | 103.4 | 103.0 | 102.8 | 101.9 | 101.4 | 101.0 |
| 105.3 | 105.1 | 105.0 | 105.0 | 101.5 | 101.5 | 101.5 |
| 103.4 | 102.4 | 102.4 | 102.4 | 102.9 | 102.9 | 102.4 |
| 103.7 | 105.6 | 103.9 | 102.7 | 102.1 | 98.4 | 96.1 |
| 101.5 | 102.3 | 102.4 | 102.5 | 102.4 | 101.4 | 100.5 |
| 103.2 | 102.6 | 101.5 | 101.1 | 101.1 | 101.1 | 100.8 |
| 104.2 | 104.2 | 104.4 | 105.1 | 104.6 | 105.1 | 104.0 |
| 101.5 | 101.5 | 101.5 | 101.2 | 101.2 | 100.4 | 100.5 |
| 105.1 | 104.6 | 104.1 | 104.1 | 102.8 | 103.4 | 103.2 |
| 105.1 | 104.2 | 103.7 | 104.0 | 104.1 | 103.8 | 103.1 |
| 105.0 | 105.0 | 104.3 | 104.5 | 102.6 | 103.4 | 103.5 |
| 106.0 | 104.0 | 104.0 | 102.4 | 101.0 | 102.1 | 102.3 |
| **101.7** | **101.1** | **99.9** | **99.2** | **98.6** | **98.6** | **98.3** |
| 100.6 | 100.0 | 99.0 | 99.0 | 98.9 | 98.9 | 99.2 |
| 101.9 | 101.3 | 100.1 | 99.3 | 98.5 | 98.5 | 98.1 |
| **100.0** | **98.6** | **97.4** | **97.2** | **97.7** | **97.5** | **96.9** |
| 98.8 | 97.5 | 96.1 | 96.1 | 97.3 | 97.1 | 96.3 |
| 102.1 | 101.3 | 99.9 | 98.4 | 97.5 | 97.5 | 97.1 |

# 1997年广西全区商品零售价格各月同比指数（续表）

以上年同月价格为100

| 类　别 | 1月 | 2月 | 3月 | 4月 | 5月 |
|---|---|---|---|---|---|
| 3. 其他衣着 | 107.1 | 105.3 | 105.6 | 103.7 | 101.7 |
| **四、纺织品类** | **105.9** | **105.4** | **105.1** | **104.2** | **104.3** |
| 1. 棉　　布 | 114.5 | 113.1 | 113.5 | 110.8 | 111.0 |
| 2. 棉花化纤混纺布 | 105.4 | 105.3 | 105.1 | 104.4 | 103.4 |
| 3. 化 纤 布 | 104.0 | 104.1 | 103.8 | 103.9 | 104.2 |
| 4. 呢　　绒 | 105.1 | 104.0 | 104.0 | 101.2 | 101.2 |
| 5. 绸　　缎 | 100.1 | 99.6 | 99.5 | 99.1 | 101.1 |
| 6. 其他纺织品 | 103.1 | 102.9 | 101.7 | 101.7 | 101.7 |
| **五、中、西药品类** | **111.0** | **111.7** | **112.0** | **111.8** | **109.9** |
| 1. 中　　药 | 116.1 | 117.0 | 116.7 | 116.3 | 115.0 |
| 2. 西　　药 | 107.3 | 107.7 | 108.3 | 108.4 | 105.7 |
| 3. 医疗用品 | 102.7 | 103.8 | 105.2 | 104.4 | 103.6 |
| **六、化妆品类** | **99.9** | **100.1** | **99.8** | **100.7** | **99.8** |
| **七、书报、杂志类** | **135.8** | **135.9** | **121.8** | **122.2** | **122.2** |
| **八、文化体育用品类** | **103.1** | **103.6** | **104.2** | **103.2** | **103.1** |
| 1. 文化用品 | 103.6 | 104.2 | 105.3 | 103.6 | 103.6 |
| 2. 体育用品 | 102.3 | 102.7 | 102.3 | 102.4 | 102.2 |
| **九、日用品类** | **102.9** | **102.8** | **102.8** | **102.4** | **101.9** |
| 1. 一般日用品 | 103.4 | 103.2 | 103.1 | 102.6 | 102.0 |
| 2. 家 具 类 | 101.0 | 100.9 | 101.1 | 100.8 | 100.6 |
| 3. 日用杂品 | 103.7 | 104.0 | 104.3 | 104.0 | 103.2 |
| **十、家用电器类** | **96.4** | **96.6** | **96.5** | **96.6** | **96.1** |
| **十一、首 饰 类** | **100.4** | **99.8** | **99.8** | **99.6** | **99.5** |
| **十二、燃 料 类** | **112.3** | **111.6** | **109.8** | **106.7** | **103.6** |
| 汽　　油 | 105.1 | 105.9 | 105.3 | 105.9 | 105.1 |
| 液化石油气 | 121.6 | 119.3 | 115.9 | 108.0 | 102.4 |
| **十三、建筑装潢材料类** | **95.8** | **94.7** | **95.2** | **97.4** | **94.8** |
| **十四、机电产品类** | **94.0** | **94.0** | **94.1** | **94.3** | **93.2** |

| 6月 | 7月 | 8月 | 9月 | 10月 | 11月 | 12月 |
|---|---|---|---|---|---|---|
| 101.1 | 98.1 | 97.9 | 100.2 | 100.3 | 99.6 | 99.3 |
| **103.9** | **103.3** | **103.1** | **101.4** | **100.4** | **100.0** | **100.1** |
| 112.7 | 111.1 | 109.0 | 103.0 | 101.6 | 100.2 | 99.9 |
| 101.1 | 100.3 | 101.0 | 98.5 | 98.3 | 98.4 | 98.4 |
| 102.8 | 102.8 | 102.9 | 101.6 | 100.3 | 102.3 | 103.3 |
| 101.2 | 101.1 | 101.1 | 100.9 | 99.8 | 98.5 | 98.5 |
| 101.1 | 100.4 | 100.6 | 101.4 | 100.6 | 98.5 | 98.4 |
| 101.5 | 101.3 | 101.5 | 102.2 | 101.0 | 99.9 | 99.2 |
| **111.4** | **110.8** | **106.9** | **105.0** | **104.1** | **103.6** | **103.6** |
| 117.0 | 116.3 | 110.3 | 108.9 | 106.1 | 106.0 | 105.8 |
| 107.0 | 106.6 | 104.5 | 101.8 | 102.6 | 101.4 | 101.2 |
| 103.5 | 102.3 | 101.2 | 100.3 | 101.5 | 101.8 | 104.4 |
| **99.6** | **100.5** | **99.2** | **98.6** | **99.4** | **99.0** | **100.6** |
| **122.2** | **122.2** | **120.7** | **114.3** | **114.3** | **114.3** | **113.5** |
| **102.1** | **102.3** | **100.6** | **100.9** | **99.7** | **100.1** | **99.5** |
| 102.1 | 102.1 | 100.4 | 100.7 | 99.4 | 100.2 | 99.1 |
| 102.1 | 102.7 | 100.9 | 101.2 | 100.1 | 99.9 | 100.2 |
| **101.9** | **101.8** | **100.9** | **100.3** | **100.3** | **100.5** | **100.2** |
| 102.0 | 102.2 | 100.9 | 100.0 | 100.1 | 100.5 | 100.1 |
| 100.8 | 100.2 | 99.9 | 99.7 | 100.0 | 100.1 | 100.1 |
| 103.2 | 102.8 | 102.4 | 102.1 | 101.3 | 100.8 | 100.9 |
| **95.1** | **94.5** | **93.6** | **93.1** | **93.6** | **93.8** | **93.2** |
| **99.4** | **99.2** | **99.4** | **99.2** | **98.8** | **96.2** | **96.2** |
| **102.1** | **102.2** | **100.3** | **101.5** | **100.0** | **99.3** | **91.1** |
| 105.9 | 105.7 | 105.0 | 105.1 | 105.0 | 103.4 | 98.0 |
| 98.4 | 98.5 | 95.2 | 97.8 | 94.3 | 94.3 | 81.2 |
| **95.0** | **94.3** | **95.3** | **96.0** | **95.9** | **96.5** | **96.6** |
| **92.9** | **93.2** | **93.1** | **93.4** | **94.1** | **93.5** | **92.7** |

# 1998 年广西全区商品零售价格各月同比指数

以上年同月价格为 100

| 类　别 | 1 月 | 2 月 | 3 月 | 4 月 | 5 月 |
|---|---|---|---|---|---|
| **商品零售价格总指数** | **95.3** | **95.7** | **96.2** | **95.8** | **95.5** |
| **一、食　品** | **92.6** | **93.2** | **94.6** | **94.0** | **92.6** |
| 1. 粮　食 | 90.0 | 90.0 | 90.6 | 88.7 | 89.7 |
| (1) 细　粮 | 88.8 | 89.1 | 89.9 | 88.2 | 89.2 |
| 大　米 | 85.3 | 85.9 | 87.1 | 85.0 | 86.3 |
| (2) 粗　粮 | 100.5 | 97.7 | 97.1 | 93.1 | 94.6 |
| 2. 油 脂 类 | 97.1 | 97.2 | 95.6 | 94.0 | 93.2 |
| 3. 肉 禽 蛋 | 87.7 | 89.4 | 91.4 | 90.5 | 90.1 |
| 猪　肉 | 89.4 | 88.2 | 89.1 | 87.0 | 85.1 |
| 牛　肉 | 84.7 | 84.3 | 82.3 | 83.5 | 85.5 |
| 羊　肉 | 81.6 | 79.9 | 82.7 | 80.6 | 79.9 |
| 鸡 | 84.5 | 92.9 | 97.9 | 98.0 | 98.7 |
| 鸭 | 84.1 | 91.0 | 98.0 | 92.7 | 93.1 |
| 鲜　蛋 | 81.2 | 85.1 | 89.7 | 92.7 | 95.9 |
| 4. 水产品类 | 87.3 | 88.5 | 87.0 | 86.6 | 87.6 |
| 5. 鲜　菜 | 108.0 | 108.7 | 108.6 | 97.1 | 84.8 |
| 6. 干　菜 | 98.1 | 96.7 | 96.4 | 96.3 | 96.6 |
| 7. 鲜　果 | 82.8 | 81.8 | 94.1 | 112.4 | 106.5 |
| 8. 干　果 | 90.8 | 91.2 | 88.1 | 85.8 | 84.1 |
| 9. 其他食品类 | 99.8 | 99.6 | 100.0 | 99.9 | 99.6 |
| (1) 调 味 品 | 99.7 | 98.8 | 100.6 | 100.6 | 100.5 |
| 盐 | 101.1 | 100.3 | 101.9 | 101.9 | 100.3 |
| 酱　油 | 99.7 | 99.9 | 103.3 | 103.3 | 105.3 |
| (2) 食　糖 | 95.3 | 95.7 | 93.9 | 94.4 | 94.7 |
| (3) 糖　果 | 102.5 | 102.6 | 103.2 | 101.4 | 101.6 |
| (4) 糕　点 | 100.4 | 100.8 | 101.9 | 101.2 | 99.6 |
| (5) 奶及奶制品 | 101.5 | 100.3 | 100.8 | 102.0 | 101.9 |
| (6) 罐　头 | 101.6 | 101.1 | 101.2 | 101.7 | 101.3 |
| 10. 饮 食 业 | 102.0 | 101.3 | 101.5 | 101.6 | 101.5 |
| (1) 主　食 | 100.8 | 100.6 | 100.8 | 101.1 | 101.0 |
| (2) 炒　菜 | 102.5 | 101.4 | 101.7 | 101.7 | 101.7 |
| (3) 地方小吃 | 101.8 | 102.1 | 102.1 | 101.7 | 102.0 |
| **二、饮料、烟酒类** | **98.4** | **98.9** | **98.9** | **98.9** | **99.6** |
| 1. 饮　料 | 99.1 | 101.8 | 101.2 | 102.2 | 100.7 |
| 2. 烟　酒 | 98.3 | 98.2 | 98.4 | 98.1 | 99.3 |
| **三、服装、鞋帽类** | **96.8** | **97.5** | **98.0** | **98.7** | **99.5** |
| 1. 服　装 | 95.3 | 95.8 | 96.4 | 97.2 | 98.4 |
| 2. 鞋 | 98.2 | 99.4 | 99.2 | 99.1 | 98.9 |

| 6月 | 7月 | 8月 | 9月 | 10月 | 11月 | 12月 |
|---|---|---|---|---|---|---|
| **96.0** | **97.2** | **96.2** | **95.9** | **96.7** | **96.9** | **98.0** |
| **93.9** | **96.8** | **93.1** | **93.1** | **94.9** | **94.9** | **97.2** |
| 96.3 | 99.0 | 96.2 | 100.8 | 103.1 | 101.0 | 98.6 |
| 96.8 | 100.1 | 96.7 | 101.8 | 104.2 | 102.2 | 100.0 |
| 96.6 | 100.9 | 96.5 | 103.3 | 106.6 | 104.1 | 101.1 |
| 91.8 | 89.4 | 91.8 | 91.7 | 93.1 | 90.0 | 86.6 |
| 92.6 | 94.4 | 93.0 | 96.7 | 99.1 | 98.7 | 97.2 |
| 89.7 | 89.9 | 91.5 | 91.7 | 93.2 | 91.6 | 94.4 |
| 86.7 | 86.3 | 83.6 | 84.8 | 86.9 | 87.0 | 89.0 |
| 83.7 | 83.1 | 82.2 | 82.7 | 83.9 | 86.9 | 89.7 |
| 86.7 | 91.4 | 90.1 | 86.7 | 84.1 | 90.2 | 93.7 |
| 91.2 | 92.8 | 102.4 | 101.3 | 102.3 | 96.2 | 100.9 |
| 87.9 | 92.3 | 103.7 | 104.8 | 106.0 | 92.2 | 98.7 |
| 104.1 | 103.3 | 108.0 | 106.6 | 107.9 | 107.1 | 109.5 |
| 88.5 | 89.0 | 85.8 | 87.4 | 89.2 | 88.9 | 91.0 |
| 96.6 | 113.3 | 89.0 | 78.6 | 79.0 | 80.2 | 87.6 |
| 97.6 | 100.0 | 99.2 | 97.7 | 97.5 | 96.5 | 97.6 |
| 99.2 | 117.0 | 90.0 | 88.5 | 98.1 | 113.0 | 128.1 |
| 83.0 | 82.8 | 83.0 | 85.0 | 85.1 | 86.0 | 88.1 |
| 99.0 | 98.0 | 97.7 | 97.0 | 96.9 | 97.3 | 97.6 |
| 100.9 | 100.6 | 98.7 | 98.3 | 97.9 | 98.8 | 99.1 |
| 100.3 | 100.3 | 100.3 | 100.3 | 100.1 | 100.1 | 100.1 |
| 106.4 | 106.4 | 101.1 | 99.9 | 99.4 | 99.4 | 99.8 |
| 92.7 | 88.9 | 89.8 | 87.4 | 87.0 | 86.7 | 87.3 |
| 100.1 | 98.9 | 98.8 | 99.2 | 99.6 | 101.0 | 102.5 |
| 99.4 | 99.5 | 99.7 | 99.1 | 99.3 | 99.3 | 99.2 |
| 102.2 | 102.6 | 102.3 | 101.6 | 101.6 | 101.7 | 100.7 |
| 100.9 | 101.8 | 101.8 | 101.3 | 101.3 | 101.1 | 101.8 |
| 100.9 | 100.9 | 100.9 | 100.9 | 100.8 | 100.3 | 100.4 |
| 101.0 | 101.0 | 101.0 | 101.0 | 100.8 | 101.1 | 101.1 |
| 100.6 | 100.7 | 100.7 | 100.6 | 100.6 | 99.9 | 100.1 |
| 102.0 | 102.0 | 102.0 | 102.0 | 102.0 | 101.0 | 100.7 |
| **100.1** | **100.3** | **100.1** | **99.7** | **99.9** | **99.8** | **100.5** |
| 101.0 | 101.3 | 101.8 | 101.1 | 101.4 | 101.4 | 101.9 |
| 99.9 | 100.1 | 99.7 | 99.4 | 99.6 | 99.4 | 100.2 |
| **99.5** | **100.4** | **104.8** | **100.9** | **100.7** | **100.8** | **101.5** |
| 98.8 | 100.0 | 102.6 | 99.3 | 99.2 | 99.3 | 100.3 |
| 98.9 | 98.9 | 108.8 | 103.1 | 102.8 | 102.7 | 103.0 |

# 1998年广西全区商品零售价格各月同比指数（续表）

以上年同月价格为100

| 类　别 | 1月 | 2月 | 3月 | 4月 | 5月 |
|---|---|---|---|---|---|
| 3. 其他衣着 | 101.1 | 102.0 | 103.4 | 105.1 | 106.2 |
| **四、纺织品类** | **99.7** | **99.8** | **100.1** | **100.1** | **99.9** |
| 1. 棉　　布 | 100.9 | 100.8 | 100.7 | 101.8 | 100.6 |
| 2. 棉花化纤混纺布 | 97.7 | 98.1 | 98.5 | 97.4 | 100.6 |
| 3. 化 纤 布 | 101.5 | 101.5 | 102.0 | 102.0 | 101.1 |
| 4. 呢　　绒 | 99.8 | 99.8 | 99.8 | 99.5 | 97.8 |
| 5. 绸　　缎 | 99.2 | 99.2 | 99.2 | 99.1 | 98.8 |
| 6. 其他纺织品 | 98.0 | 97.9 | 98.6 | 98.8 | 98.8 |
| **五、中、西药品类** | **102.3** | **103.7** | **103.0** | **104.3** | **104.7** |
| 1. 中　　药 | 105.8 | 109.6 | 109.1 | 111.2 | 112.4 |
| 2. 西　　药 | 98.4 | 97.5 | 96.9 | 97.5 | 97.0 |
| 3. 医疗用品 | 103.9 | 103.1 | 101.5 | 102.2 | 102.9 |
| **六、化妆品类** | **101.1** | **100.7** | **99.9** | **98.9** | **101.0** |
| **七、书报、杂志类** | **102.9** | **105.9** | **105.2** | **105.2** | **105.2** |
| **八、文化体育用品类** | **99.7** | **99.7** | **99.4** | **99.2** | **99.7** |
| 1. 文化用品 | 99.8 | 100.1 | 100.0 | 99.8 | 100.1 |
| 2. 体育用品 | 99.4 | 99.1 | 98.3 | 98.2 | 99.0 |
| **九、日用品类** | **99.3** | **98.6** | **98.7** | **98.7** | **98.8** |
| 1. 一般日用品 | 99.1 | 98.3 | 98.6 | 98.4 | 98.4 |
| 2. 家 具 类 | 99.3 | 99.1 | 99.0 | 99.3 | 99.6 |
| 3. 日用杂品 | 100.1 | 98.7 | 98.7 | 99.1 | 99.0 |
| **十、家用电器类** | **93.2** | **93.0** | **92.8** | **92.9** | **92.6** |
| **十一、首 饰 类** | **95.4** | **94.2** | **93.3** | **92.4** | **91.4** |
| **十二、燃 料 类** | **88.6** | **89.0** | **89.5** | **85.6** | **87.9** |
| 汽　　油 | 96.9 | 98.1 | 98.1 | 86.8 | 95.2 |
| 液化石油气 | 78.4 | 78.2 | 79.2 | 81.4 | 78.8 |
| **十三、建筑装潢材料类** | **96.9** | **97.8** | **98.0** | **97.6** | **95.9** |
| **十四、机电产品类** | **92.9** | **92.8** | **91.7** | **91.1** | **92.1** |

| 6月 | 7月 | 8月 | 9月 | 10月 | 11月 | 12月 |
|---|---|---|---|---|---|---|
| 104.8 | 106.4 | 106.7 | 104.1 | 103.6 | 103.7 | 103.7 |
| **99.6** | **99.5** | **99.9** | **99.4** | **99.5** | **99.7** | **99.4** |
| 99.0 | 99.9 | 101.7 | 100.1 | 100.0 | 101.0 | 101.1 |
| 103.6 | 101.0 | 103.1 | 102.8 | 102.8 | 101.4 | 101.3 |
| 99.6 | 99.6 | 99.3 | 99.4 | 99.2 | 99.3 | 98.1 |
| 97.8 | 97.8 | 97.8 | 100.1 | 100.1 | 100.7 | 100.8 |
| 98.8 | 99.5 | 99.5 | 99.1 | 99.4 | 99.5 | 99.5 |
| 98.6 | 98.7 | 97.9 | 96.3 | 97.1 | 97.5 | 97.3 |
| **103.5** | **104.1** | **104.6** | **105.3** | **105.1** | **105.0** | **105.7** |
| 109.8 | 110.2 | 111.4 | 111.5 | 111.1 | 110.6 | 111.0 |
| 97.1 | 98.1 | 98.1 | 99.4 | 99.3 | 99.6 | 100.8 |
| 102.2 | 102.3 | 101.4 | 101.6 | 102.6 | 102.7 | 102.2 |
| **101.1** | **100.7** | **101.5** | **101.3** | **100.6** | **100.6** | **100.3** |
| **105.2** | **105.2** | **105.3** | **101.6** | **101.6** | **101.6** | **101.6** |
| **100.0** | **100.0** | **100.1** | **100.3** | **100.9** | **100.2** | **100.1** |
| 100.5 | 100.4 | 100.4 | 100.6 | 100.6 | 100.4 | 100.0 |
| 99.1 | 99.2 | 99.5 | 99.9 | 101.5 | 99.9 | 100.2 |
| **98.8** | **99.0** | **99.0** | **99.2** | **99.2** | **98.7** | **98.7** |
| 98.3 | 98.3 | 98.3 | 98.7 | 98.8 | 98.2 | 98.4 |
| 99.4 | 99.4 | 99.4 | 99.6 | 99.3 | 98.9 | 98.7 |
| 99.7 | 100.8 | 101.0 | 100.6 | 100.3 | 100.2 | 99.7 |
| **92.9** | **93.2** | **93.7** | **94.1** | **93.8** | **94.1** | **95.4** |
| **89.0** | **88.5** | **88.3** | **88.2** | **88.5** | **90.5** | **91.2** |
| **87.4** | **87.4** | **87.4** | **87.0** | **93.4** | **95.9** | **95.6** |
| 96.3 | 96.1 | 97.4 | 97.1 | 98.2 | 98.7 | 98.4 |
| 76.6 | 77.0 | 76.0 | 75.3 | 88.1 | 92.8 | 92.3 |
| **97.1** | **96.4** | **95.9** | **95.4** | **95.6** | **95.5** | **95.8** |
| **93.1** | **91.7** | **91.0** | **90.8** | **90.6** | **91.0** | **92.0** |

# 1999 年广西全区商品零售价格各月同比指数

以上年同月价格为 100

| 类　别 | 1 月 | 2 月 | 3 月 | 4 月 | 5 月 |
|---|---|---|---|---|---|
| **商品零售价格总指数** | **98.7** | **97.9** | **97.9** | **97.2** | **96.4** |
| **一、食　品** | **98.6** | **96.9** | **96.8** | **95.6** | **94.3** |
| 1. 粮　食 | 97.2 | 98.2 | 98.4 | 101.2 | 101.6 |
| (1) 细　粮 | 98.6 | 99.6 | 100.2 | 102.8 | 103.3 |
| 大　米 | 99.1 | 100.2 | 101.1 | 104.6 | 105.3 |
| (2) 粗　粮 | 85.0 | 86.6 | 82.6 | 87.5 | 87.1 |
| 2. 油脂类 | 94.8 | 95.3 | 94.4 | 94.0 | 94.8 |
| 3. 肉禽蛋 | 99.4 | 95.7 | 93.7 | 91.7 | 89.7 |
| 猪　肉 | 90.8 | 88.9 | 89.7 | 88.6 | 85.7 |
| 牛　肉 | 94.5 | 96.0 | 98.0 | 96.7 | 92.1 |
| 羊　肉 | 92.7 | 92.4 | 92.1 | 89.3 | 89.4 |
| 鸡 | 117.9 | 105.5 | 96.5 | 92.2 | 92.5 |
| 鸭 | 106.1 | 98.2 | 92.1 | 92.5 | 89.0 |
| 鲜　蛋 | 109.5 | 108.6 | 103.3 | 97.4 | 96.5 |
| 4. 水产品类 | 94.5 | 95.5 | 96.9 | 94.0 | 95.5 |
| 5. 鲜　菜 | 88.2 | 81.9 | 92.4 | 98.6 | 100.5 |
| 6. 干　菜 | 98.2 | 98.2 | 98.1 | 99.5 | 99.1 |
| 7. 鲜　果 | 121.2 | 120.3 | 115.9 | 96.9 | 83.7 |
| 8. 干　果 | 84.7 | 85.2 | 87.0 | 87.8 | 88.9 |
| 9. 其他食品类 | 97.0 | 96.5 | 96.1 | 96.1 | 96.0 |
| (1) 调味品 | 99.5 | 99.8 | 98.6 | 99.1 | 99.1 |
| 盐 | 100.1 | 100.1 | 98.6 | 100.1 | 100.1 |
| 酱　油 | 100.4 | 100.8 | 100.8 | 101.1 | 99.4 |
| (2) 食　糖 | 85.8 | 84.5 | 84.9 | 84.4 | 83.5 |
| (3) 糖　果 | 99.7 | 98.0 | 97.3 | 97.6 | 97.3 |
| (4) 糕　点 | 99.3 | 99.1 | 98.2 | 99.0 | 99.7 |
| (5) 奶及奶制品 | 100.3 | 101.0 | 101.1 | 100.0 | 100.0 |
| (6) 罐　头 | 99.9 | 101.0 | 101.0 | 100.5 | 100.6 |
| 10. 饮食业 | 100.3 | 100.5 | 100.5 | 100.3 | 100.3 |
| (1) 主　食 | 101.3 | 101.3 | 101.3 | 100.2 | 100.0 |
| (2) 炒　菜 | 99.9 | 100.2 | 100.3 | 100.3 | 100.5 |
| (3) 地方小吃 | 100.8 | 100.4 | 100.4 | 100.4 | 100.0 |
| **二、饮料、烟酒类** | **100.2** | **99.7** | **99.7** | **99.0** | **98.2** |
| 1. 饮　料 | 102.5 | 99.7 | 100.4 | 99.5 | 99.4 |
| 2. 烟　酒 | 99.7 | 99.7 | 99.5 | 98.9 | 97.9 |
| **三、服装、鞋帽类** | **101.0** | **100.4** | **100.5** | **99.3** | **98.3** |
| 1. 服　装 | 101.1 | 100.3 | 100.5 | 99.7 | 98.3 |
| 2. 鞋 | 99.3 | 98.9 | 99.1 | 97.4 | 96.6 |

| 6月 | 7月 | 8月 | 9月 | 10月 | 11月 | 12月 |
|---|---|---|---|---|---|---|
| **96.5** | **95.6** | **96.6** | **97.9** | **97.2** | **97.2** | **97.3** |
| **94.8** | **92.0** | **94.0** | **96.9** | **96.2** | **96.5** | **96.1** |
| 97.7 | 94.2 | 95.5 | 94.5 | 92.2 | 93.5 | 95.4 |
| 99.1 | 95.5 | 97.0 | 95.7 | 93.5 | 94.9 | 96.9 |
| 99.5 | 94.8 | 96.7 | 94.7 | 92.0 | 93.8 | 96.6 |
| 86.1 | 83.1 | 83.1 | 84.5 | 81.3 | 81.4 | 82.9 |
| 96.5 | 96.2 | 97.2 | 94.9 | 92.9 | 92.6 | 93.7 |
| 92.4 | 91.7 | 91.9 | 94.1 | 93.5 | 93.9 | 93.4 |
| 88.1 | 87.1 | 89.5 | 94.1 | 94.1 | 94.7 | 94.2 |
| 95.6 | 96.0 | 95.5 | 100.7 | 101.5 | 98.1 | 100.7 |
| 85.9 | 82.3 | 87.2 | 88.0 | 93.0 | 95.5 | 97.1 |
| 100.6 | 99.4 | 97.6 | 96.2 | 93.2 | 93.2 | 93.6 |
| 95.1 | 95.8 | 90.9 | 86.7 | 84.3 | 88.4 | 88.6 |
| 89.1 | 89.6 | 85.8 | 85.4 | 85.0 | 85.9 | 80.9 |
| 97.9 | 95.0 | 96.1 | 95.2 | 95.5 | 96.8 | 95.5 |
| 91.5 | 74.6 | 86.9 | 110.4 | 113.0 | 118.0 | 114.3 |
| 97.8 | 96.5 | 96.1 | 97.3 | 97.8 | 98.5 | 98.2 |
| 91.0 | 84.0 | 93.2 | 100.2 | 98.2 | 89.7 | 87.9 |
| 90.1 | 91.3 | 91.9 | 93.0 | 91.1 | 91.5 | 91.5 |
| 96.2 | 96.7 | 96.7 | 97.2 | 96.1 | 95.5 | 95.5 |
| 98.7 | 98.8 | 98.9 | 99.4 | 100.0 | 99.4 | 99.8 |
| 100.1 | 100.1 | 100.4 | 100.8 | 100.4 | 102.5 | 103.7 |
| 99.4 | 99.4 | 99.4 | 100.7 | 102.3 | 102.3 | 102.3 |
| 84.7 | 85.5 | 86.0 | 88.2 | 82.7 | 81.5 | 81.9 |
| 97.7 | 98.5 | 98.3 | 97.3 | 98.2 | 97.3 | 97.0 |
| 99.8 | 100.1 | 100.0 | 100.2 | 99.4 | 99.2 | 99.4 |
| 99.6 | 100.2 | 100.0 | 100.4 | 99.6 | 99.6 | 98.8 |
| 101.0 | 100.7 | 100.3 | 100.3 | 99.9 | 97.4 | 97.0 |
| 100.3 | 100.3 | 100.3 | 100.3 | 100.0 | 99.9 | 99.9 |
| 100.0 | 100.2 | 100.2 | 100.2 | 99.9 | 99.9 | 99.9 |
| 100.3 | 100.2 | 100.2 | 100.2 | 99.8 | 99.6 | 99.7 |
| 100.8 | 101.4 | 101.4 | 101.4 | 101.0 | 101.0 | 101.0 |
| **97.9** | **98.0** | **98.4** | **98.5** | **98.6** | **97.8** | **97.4** |
| 99.3 | 99.1 | 99.5 | 100.2 | 100.1 | 98.7 | 98.0 |
| 97.6 | 97.8 | 98.1 | 98.1 | 98.3 | 97.6 | 97.3 |
| **98.3** | **98.3** | **98.2** | **98.3** | **97.7** | **98.6** | **98.5** |
| 97.8 | 97.7 | 97.4 | 97.8 | 97.2 | 99.1 | 98.8 |
| 97.1 | 97.5 | 97.9 | 97.7 | 97.0 | 96.3 | 96.5 |

# 1999年广西全区商品零售价格各月同比指数（续表）

以上年同月价格为100

| 类　别 | 1月 | 2月 | 3月 | 4月 | 5月 |
|---|---|---|---|---|---|
| 3. 其他衣着 | 104.6 | 104.8 | 104.0 | 101.6 | 102.5 |
| **四、纺织品类** | **99.7** | **99.6** | **99.3** | **99.1** | **98.3** |
| 1. 棉　　布 | 101.9 | 102.7 | 102.1 | 101.2 | 101.0 |
| 2. 棉花化纤混纺布 | 103.3 | 102.9 | 99.5 | 100.7 | 96.0 |
| 3. 化 纤 布 | 98.2 | 98.2 | 98.2 | 98.2 | 97.7 |
| 4. 呢　　绒 | 98.1 | 98.1 | 98.1 | 98.1 | 98.5 |
| 5. 绸　　缎 | 99.7 | 99.8 | 100.5 | 100.5 | 100.1 |
| 6. 其他纺织品 | 98.3 | 97.4 | 98.0 | 97.4 | 97.4 |
| **五、中、西药品类** | **105.9** | **104.0** | **104.1** | **102.8** | **101.0** |
| 1. 中　　药 | 111.2 | 106.8 | 106.4 | 104.0 | 101.0 |
| 2. 西　　药 | 101.0 | 101.4 | 102.1 | 101.7 | 100.8 |
| 3. 医疗用品 | 101.5 | 101.5 | 101.9 | 102.2 | 102.3 |
| **六、化妆品类** | **99.5** | **99.5** | **100.4** | **101.0** | **98.9** |
| **七、书报、杂志类** | **103.2** | **102.2** | **104.4** | **104.6** | **104.9** |
| **八、文化体育用品类** | **99.7** | **100.0** | **100.5** | **100.6** | **100.3** |
| 1. 文化用品 | 100.1 | 100.9 | 101.1 | 101.4 | 100.9 |
| 2. 体育用品 | 99.1 | 98.5 | 99.4 | 99.3 | 99.3 |
| **九、日用品类** | **98.6** | **99.0** | **99.2** | **99.2** | **99.1** |
| 1. 一般日用品 | 98.4 | 98.9 | 99.0 | 99.0 | 98.9 |
| 2. 家 具 类 | 98.3 | 98.5 | 98.9 | 98.8 | 98.9 |
| 3. 日用杂品 | 100.1 | 100.3 | 100.2 | 100.5 | 100.3 |
| **十、家用电器类** | **95.7** | **95.8** | **96.4** | **95.7** | **94.8** |
| **十一、首 饰 类** | **92.3** | **92.9** | **93.7** | **94.6** | **96.0** |
| **十二、燃 料 类** | **97.9** | **97.3** | **94.4** | **94.3** | **96.8** |
| 汽　　油 | 102.0 | 101.6 | 101.8 | 103.8 | 104.3 |
| 液化石油气 | 93.9 | 92.8 | 86.5 | 84.2 | 89.5 |
| **十三、建筑装潢材料类** | **96.7** | **97.9** | **96.6** | **96.1** | **97.5** |
| **十四、机电产品类** | **91.3** | **91.1** | **90.8** | **90.7** | **89.0** |

| 6月 | 7月 | 8月 | 9月 | 10月 | 11月 | 12月 |
|---|---|---|---|---|---|---|
| 103.7 | 103.7 | 103.2 | 102.3 | 102.0 | 101.7 | 101.5 |
| **98.1** | **98.4** | **98.4** | **98.3** | **98.2** | **97.9** | **97.9** |
| 100.8 | 100.6 | 100.6 | 100.3 | 100.6 | 99.7 | 99.6 |
| 96.1 | 96.1 | 96.2 | 96.6 | 95.7 | 95.7 | 95.9 |
| 97.1 | 97.8 | 97.8 | 97.7 | 97.7 | 97.8 | 97.8 |
| 98.5 | 99.1 | 99.1 | 96.9 | 96.2 | 96.0 | 96.2 |
| 100.1 | 100.0 | 100.0 | 99.8 | 99.7 | 99.7 | 99.7 |
| 97.2 | 97.5 | 97.8 | 98.4 | 98.8 | 97.9 | 97.8 |
| **100.9** | **99.1** | **97.9** | **97.6** | **97.0** | **97.0** | **96.8** |
| 100.7 | 99.2 | 98.0 | 97.7 | 97.4 | 97.7 | 97.8 |
| 100.8 | 98.5 | 97.0 | 96.6 | 95.7 | 95.5 | 95.2 |
| 102.6 | 102.2 | 102.5 | 102.5 | 101.4 | 100.6 | 100.3 |
| **99.2** | **100.2** | **100.2** | **100.4** | **100.9** | **100.4** | **100.2** |
| **104.3** | **104.2** | **104.4** | **104.5** | **104.5** | **104.5** | **104.6** |
| **100.5** | **100.4** | **100.4** | **100.4** | **100.5** | **100.3** | **99.9** |
| 101.0 | 101.1 | 101.2 | 101.2 | 101.1 | 100.7 | 100.5 |
| 99.5 | 99.1 | 99.1 | 99.0 | 99.5 | 99.7 | 98.8 |
| **98.7** | **98.7** | **98.4** | **98.6** | **98.2** | **98.4** | **98.4** |
| 98.6 | 98.5 | 98.3 | 98.8 | 98.0 | 98.2 | 98.2 |
| 98.3 | 98.4 | 98.5 | 98.0 | 97.7 | 97.8 | 98.1 |
| 99.6 | 99.6 | 98.6 | 98.6 | 99.7 | 99.8 | 99.8 |
| **94.6** | **94.1** | **93.5** | **93.7** | **94.5** | **94.6** | **94.4** |
| **97.9** | **98.3** | **91.9** | **91.6** | **95.2** | **98.4** | **99.1** |
| **98.7** | **103.5** | **115.2** | **120.6** | **108.8** | **106.2** | **113.4** |
| 101.1 | 100.7 | 101.0 | 103.5 | 104.1 | 107.8 | 110.3 |
| 96.5 | 107.1 | 132.6 | 141.9 | 115.8 | 106.5 | 119.6 |
| **95.3** | **95.5** | **96.0** | **95.6** | **95.2** | **95.0** | **95.1** |
| **88.2** | **89.3** | **90.4** | **89.8** | **90.0** | **89.7** | **89.5** |

# 2000年广西全区商品零售价格各月同比指数

以上年同月价格为100

| 类　别 | 1月 | 2月 | 3月 | 4月 | 5月 |
|---|---|---|---|---|---|
| **商品零售价格总指数** | **97.1** | **98.1** | **97.3** | **97.6** | **99.1** |
| **一、食　　品** | **94.4** | **96.9** | **94.5** | **94.7** | **97.1** |
| 1. 粮　　食 | 94.1 | 93.6 | 92.8 | 91.6 | 90.2 |
| (1) 细　　粮 | 94.6 | 93.9 | 92.9 | 91.6 | 90.0 |
| 大　　米 | 93.5 | 92.5 | 91.0 | 89.3 | 87.0 |
| (2) 粗　　粮 | 90.1 | 90.8 | 92.2 | 91.4 | 92.3 |
| 2. 油 脂 类 | 96.8 | 96.5 | 98.3 | 98.6 | 98.5 |
| 3. 肉 禽 蛋 | 91.2 | 92.3 | 91.9 | 93.9 | 97.3 |
| 猪　　肉 | 92.9 | 95.0 | 92.6 | 97.2 | 103.8 |
| 牛　　肉 | 98.9 | 99.3 | 100.8 | 98.7 | 100.2 |
| 羊　　肉 | 100.4 | 107.2 | 106.0 | 107.6 | 105.9 |
| 鸡 | 89.5 | 89.7 | 93.1 | 92.7 | 92.1 |
| 鸭 | 82.8 | 83.4 | 82.1 | 82.4 | 88.8 |
| 鲜　　蛋 | 78.5 | 77.4 | 78.6 | 79.4 | 79.6 |
| 4. 水产品类 | 96.7 | 97.2 | 93.8 | 93.8 | 94.5 |
| 5. 鲜　　菜 | 99.2 | 127.4 | 111.2 | 99.7 | 98.3 |
| 6. 干　　菜 | 96.1 | 95.8 | 95.2 | 95.9 | 95.8 |
| 7. 鲜　　果 | 90.3 | 87.5 | 74.5 | 80.3 | 101.7 |
| 8. 干　　果 | 95.2 | 95.4 | 92.8 | 96.0 | 97.5 |
| 9. 其他食品类 | 97.0 | 97.2 | 99.5 | 100.6 | 101.6 |
| (1) 调 味 品 | 101.8 | 102.6 | 103.2 | 103.3 | 102.7 |
| 盐 | 111.2 | 111.2 | 111.2 | 111.2 | 111.2 |
| 酱　　油 | 101.1 | 103.4 | 103.4 | 103.9 | 103.9 |
| (2) 食　　糖 | 84.0 | 83.8 | 93.8 | 99.1 | 103.8 |
| (3) 糖　　果 | 99.6 | 98.8 | 99.9 | 99.9 | 100.4 |
| (4) 糕　　点 | 99.2 | 99.2 | 99.0 | 99.2 | 99.8 |
| (5) 奶及奶制品 | 99.1 | 100.6 | 100.9 | 101.4 | 101.8 |
| (6) 罐　　头 | 99.2 | 99.1 | 98.4 | 98.8 | 97.0 |
| 10. 饮 食 业 | 99.4 | 99.5 | 99.3 | 99.3 | 99.3 |
| (1) 主　　食 | 99.2 | 99.8 | 99.8 | 99.8 | 99.8 |
| (2) 炒　　菜 | 99.1 | 99.1 | 98.8 | 98.8 | 99.0 |
| (3) 地方小吃 | 101.0 | 101.0 | 101.0 | 101.0 | 100.2 |
| **二、饮料、烟酒类** | **99.3** | **99.1** | **99.5** | **99.4** | **99.9** |
| 1. 饮　　料 | 97.8 | 98.4 | 98.5 | 98.5 | 98.2 |
| 2. 烟　　酒 | 99.7 | 99.2 | 99.7 | 99.6 | 100.3 |
| **三、服装、鞋帽类** | **98.5** | **100.3** | **99.5** | **99.6** | **100.3** |
| 1. 服　　装 | 98.1 | 100.5 | 100.0 | 99.4 | 100.6 |
| 2. 鞋 | 98.5 | 99.6 | 98.3 | 99.7 | 100.2 |
| 3. 其他衣着 | 101.0 | 100.6 | 100.2 | 100.6 | 99.1 |

| 6月 | 7月 | 8月 | 9月 | 10月 | 11月 | 12月 |
|---|---|---|---|---|---|---|
| **99.1** | **99.0** | **99.0** | **98.4** | **99.2** | **99.9** | **98.9** |
| **96.6** | **96.5** | **97.7** | **94.6** | **96.5** | **99.8** | **97.8** |
| 91.4 | 92.0 | 91.1 | 90.7 | 90.4 | 91.4 | 91.6 |
| 90.6 | 90.2 | 89.6 | 89.4 | 89.0 | 89.7 | 89.1 |
| 88.0 | 87.2 | 86.7 | 86.8 | 86.6 | 87.7 | 86.7 |
| 97.7 | 106.9 | 103.3 | 101.1 | 102.3 | 105.2 | 112.5 |
| 97.0 | 94.6 | 95.6 | 95.2 | 94.1 | 93.2 | 91.3 |
| 95.3 | 95.0 | 97.4 | 92.8 | 94.1 | 96.0 | 96.7 |
| 99.8 | 99.9 | 101.8 | 96.4 | 96.9 | 97.0 | 98.0 |
| 100.1 | 98.5 | 101.8 | 97.7 | 99.8 | 101.1 | 98.8 |
| 108.0 | 109.4 | 104.3 | 108.3 | 109.0 | 108.0 | 103.4 |
| 90.5 | 91.6 | 92.9 | 85.1 | 89.9 | 95.6 | 96.7 |
| 86.8 | 79.5 | 81.0 | 81.2 | 81.0 | 90.3 | 91.0 |
| 81.9 | 82.1 | 91.1 | 88.1 | 88.7 | 89.0 | 90.0 |
| 93.1 | 94.8 | 94.1 | 93.9 | 94.9 | 94.2 | 97.3 |
| 99.6 | 95.3 | 96.1 | 81.3 | 95.1 | 103.6 | 90.4 |
| 94.4 | 95.2 | 96.4 | 96.3 | 95.4 | 96.2 | 94.0 |
| 101.8 | 102.9 | 104.8 | 103.8 | 107.8 | 134.8 | 117.5 |
| 97.2 | 98.6 | 99.3 | 97.7 | 96.4 | 96.3 | 96.9 |
| 102.8 | 104.6 | 107.0 | 107.2 | 107.7 | 108.4 | 106.9 |
| 103.1 | 103.2 | 103.1 | 103.0 | 102.4 | 102.2 | 101.9 |
| 111.2 | 111.2 | 110.8 | 110.2 | 111.0 | 109.3 | 108.0 |
| 103.9 | 103.9 | 103.9 | 103.9 | 102.2 | 102.2 | 102.2 |
| 108.4 | 118.8 | 130.8 | 131.0 | 134.7 | 137.8 | 128.9 |
| 100.9 | 100.9 | 101.0 | 101.8 | 100.8 | 101.7 | 101.6 |
| 100.3 | 100.1 | 100.3 | 100.3 | 101.1 | 101.1 | 101.1 |
| 101.9 | 101.0 | 101.4 | 101.3 | 101.4 | 101.4 | 102.8 |
| 97.8 | 98.7 | 98.0 | 99.8 | 99.5 | 101.0 | 101.2 |
| 99.3 | 99.2 | 99.2 | 99.1 | 99.5 | 99.5 | 99.6 |
| 99.8 | 99.6 | 99.5 | 100.2 | 99.9 | 99.9 | 99.9 |
| 99.1 | 99.4 | 99.4 | 98.8 | 99.3 | 99.3 | 99.4 |
| 99.4 | 97.7 | 97.7 | 98.8 | 99.9 | 99.9 | 99.9 |
| **99.8** | **99.8** | **99.7** | **100.1** | **100.0** | **99.9** | **100.2** |
| 97.9 | 97.8 | 97.7 | 97.7 | 97.8 | 98.1 | 98.2 |
| 100.2 | 100.3 | 100.2 | 100.6 | 100.5 | 100.3 | 100.7 |
| **100.6** | **100.6** | **100.1** | **100.2** | **102.1** | **99.0** | **99.6** |
| 101.5 | 101.6 | 101.1 | 101.6 | 104.7 | 99.2 | 100.1 |
| 99.2 | 99.2 | 98.3 | 98.3 | 97.9 | 98.8 | 98.8 |
| 99.0 | 98.6 | 98.7 | 97.1 | 97.7 | 98.3 | 98.7 |

# 2000 年广西全区商品零售价格各月同比指数（续表）

以上年同月价格为 100

| 类　别 | 1 月 | 2 月 | 3 月 | 4 月 | 5 月 |
|---|---|---|---|---|---|
| **四、纺织品类** | **97.9** | **98.2** | **98.5** | **98.5** | **98.7** |
| 1. 棉　　布 | 98.3 | 97.4 | 98.2 | 98.1 | 99.3 |
| 2. 棉花化纤混纺布 | 97.9 | 97.6 | 98.6 | 98.1 | 99.4 |
| 3. 化 纤 布 | 97.6 | 97.6 | 98.5 | 98.5 | 98.8 |
| 4. 呢　　绒 | 98.9 | 100.8 | 101.7 | 101.7 | 97.9 |
| 5. 绸　　缎 | 99.4 | 99.3 | 98.8 | 98.8 | 99.8 |
| 6. 其他纺织品 | 96.9 | 98.4 | 97.3 | 97.6 | 97.5 |
| **五、中、西药品类** | **98.1** | **96.5** | **95.9** | **95.7** | **95.3** |
| 1. 中　　药 | 98.5 | 98.0 | 96.6 | 95.9 | 95.2 |
| 2. 西　　药 | 97.4 | 94.7 | 94.8 | 95.1 | 95.1 |
| 3. 医疗用品 | 99.9 | 98.1 | 97.5 | 97.7 | 96.6 |
| **六、化妆品类** | **99.0** | **99.3** | **99.0** | **99.4** | **99.5** |
| **七、书报、杂志类** | **100.7** | **102.1** | **100.3** | **100.3** | **100.3** |
| **八、文化体育用品类** | **100.8** | **100.4** | **100.3** | **100.5** | **100.4** |
| 1. 文化用品 | 100.7 | 100.4 | 100.3 | 100.5 | 100.5 |
| 2. 体育用品 | 101.0 | 100.5 | 100.2 | 100.4 | 100.3 |
| **九、日用品类** | **98.6** | **98.4** | **98.7** | **98.9** | **98.9** |
| 1. 一般日用品 | 98.4 | 98.5 | 99.0 | 99.2 | 99.0 |
| 2. 家 具 类 | 98.4 | 98.4 | 98.7 | 99.0 | 99.4 |
| 3. 日用杂品 | 99.4 | 97.9 | 97.7 | 97.4 | 97.5 |
| **十、家用电器类** | **94.8** | **94.5** | **93.9** | **94.3** | **95.6** |
| **十一、首 饰 类** | **99.6** | **99.5** | **99.8** | **99.4** | **99.7** |
| **十二、燃 料 类** | **116.2** | **118.0** | **121.4** | **125.9** | **134.8** |
| 汽　　油 | 111.3 | 110.7 | 109.3 | 108.8 | 118.8 |
| 液化石油气 | 124.5 | 129.2 | 138.3 | 148.4 | 157.4 |
| **十三、建筑装潢材料类** | **94.7** | **95.2** | **96.4** | **97.1** | **97.8** |
| **十四、机电产品类** | **90.7** | **90.7** | **91.0** | **91.2** | **90.2** |

| 6月 | 7月 | 8月 | 9月 | 10月 | 11月 | 12月 |
|---|---|---|---|---|---|---|
| **98.8** | **99.3** | **98.9** | **99.1** | **99.3** | **99.3** | **99.3** |
| 100.2 | 100.2 | 99.1 | 98.9 | 99.9 | 99.2 | 99.4 |
| 99.2 | 99.3 | 98.7 | 99.1 | 99.4 | 99.4 | 99.3 |
| 98.4 | 99.5 | 99.5 | 100.0 | 100.0 | 100.0 | 100.0 |
| 97.9 | 97.9 | 97.5 | 97.0 | 95.9 | 96.0 | 95.8 |
| 99.7 | 99.5 | 99.5 | 99.7 | 99.7 | 99.7 | 99.7 |
| 98.0 | 99.0 | 98.8 | 99.0 | 99.2 | 99.9 | 100.0 |
| **95.8** | **96.5** | **96.7** | **97.4** | **97.3** | **96.7** | **96.3** |
| 96.9 | 97.6 | 97.6 | 99.0 | 98.4 | 96.0 | 95.7 |
| 94.5 | 95.5 | 95.8 | 95.9 | 96.3 | 97.5 | 97.0 |
| 96.1 | 95.9 | 96.2 | 95.6 | 95.8 | 95.9 | 95.7 |
| **98.3** | **97.5** | **97.2** | **97.1** | **96.2** | **97.2** | **97.2** |
| **100.3** | **100.5** | **100.5** | **120.0** | **118.4** | **111.5** | **111.9** |
| **99.8** | **99.8** | **100.0** | **99.6** | **99.6** | **99.7** | **99.8** |
| 100.0 | 99.8 | 99.9 | 99.6 | 99.7 | 99.7 | 99.8 |
| 99.4 | 99.9 | 100.2 | 99.6 | 99.3 | 99.7 | 99.8 |
| **99.1** | **99.4** | **99.6** | **99.5** | **99.7** | **99.6** | **99.4** |
| 98.9 | 99.5 | 99.7 | 99.3 | 99.7 | 99.5 | 99.5 |
| 99.8 | 99.7 | 99.7 | 100.2 | 100.3 | 100.3 | 100.0 |
| 98.4 | 98.4 | 98.9 | 98.8 | 98.7 | 98.8 | 98.3 |
| **95.7** | **96.1** | **94.7** | **94.1** | **94.0** | **93.9** | **94.3** |
| **99.1** | **99.4** | **101.7** | **100.9** | **95.5** | **90.9** | **90.2** |
| **136.8** | **133.1** | **125.4** | **125.8** | **128.2** | **127.6** | **119.7** |
| 129.0 | 135.6 | 142.5 | 144.2 | 140.6 | 131.4 | 128.4 |
| 151.4 | 136.2 | 110.9 | 110.0 | 118.6 | 126.8 | 112.2 |
| **98.9** | **99.2** | **99.9** | **100.1** | **99.9** | **99.7** | **99.9** |
| **90.0** | **90.0** | **90.8** | **91.8** | **92.3** | **92.2** | **92.1** |

# 2001年广西全区商品零售价格各月同比指数

以上年同月价格为100

| 类别 | 1月 | 2月 | 3月 | 4月 | 5月 |
|---|---|---|---|---|---|
| **商品零售价格总指数** | **98.8** | **97.3** | **98.2** | **98.9** | **98.7** |
| **一、食品类** | **98.6** | **95.6** | **98.2** | **100.8** | **101.0** |
| 1. 粮食 | 92.9 | 93.1 | 93.8 | 94.3 | 94.2 |
| (1) 细粮 | 92.2 | 92.4 | 92.8 | 93.7 | 93.9 |
| 大米 | 91.0 | 91.8 | 92.4 | 93.4 | |
| (2) 粗粮 | 99.3 | 99.5 | 102.8 | 99.7 | 96.6 |
| 2. 油脂 | 90.5 | 92.0 | 88.1 | 90.7 | 89.6 |
| 3. 肉禽蛋 | 99.6 | 97.2 | 98.5 | 100.2 | 101.1 |
| 猪肉 | 101.3 | 97.9 | 97.1 | 97.8 | |
| 牛肉 | 103.2 | 101.7 | 98.7 | 99.1 | |
| 羊肉 | 111.2 | 105.0 | 100.9 | 101.5 | |
| 鸡 | 99.0 | 97.6 | 103.3 | 106.5 | |
| 鸭 | 94.2 | 89.0 | 99.9 | 108.1 | |
| 鲜蛋 | 92.7 | 91.8 | 94.8 | 98.6 | |
| 4. 水产品 | 103.5 | 98.2 | 98.0 | 98.5 | 96.8 |
| 5. 鲜菜 | 92.2 | 82.5 | 94.7 | 107.7 | 114.4 |
| 6. 干菜 | 95.6 | 95.3 | 95.8 | 95.0 | 95.9 |
| 7. 鲜果 | 99.9 | 87.4 | 104.5 | 112.6 | 105.8 |
| 8. 干果 | 95.5 | 94.0 | 92.3 | 90.9 | 90.9 |
| 9. 其他食品类 | 105.4 | 106.1 | 105.7 | 106.6 | 106.5 |
| (1) 调味品 | 104.0 | 104.4 | 105.2 | 106.2 | 106.7 |
| 盐 | 118.1 | 121.7 | 123.7 | 126.9 | |
| 酱油 | 101.5 | 100.0 | 100.0 | 100.0 | |
| (2) 食糖 | 124.0 | 128.1 | 126.3 | 130.9 | 130.2 |
| (3) 糖果 | 101.4 | 100.8 | 101.3 | 101.7 | 101.8 |
| (4) 糕点 | 100.3 | 101.0 | 101.4 | 101.4 | 101.5 |
| (5) 奶及奶制品 | 101.5 | 100.7 | 99.1 | 98.5 | 97.8 |
| (6) 罐头 | 98.2 | 98.2 | 98.4 | 98.4 | 98.3 |
| 10. 饮食业 | 100.5 | 100.1 | 100.2 | 100.1 | 99.9 |
| (1) 主食 | 101.6 | 100.1 | 100.1 | 100.1 | 100.1 |
| (2) 炒菜 | 99.7 | 99.7 | 99.8 | 99.7 | 99.4 |
| (3) 地方小吃 | 102.3 | 102.3 | 102.3 | 102.3 | 102.3 |
| **二、饮料、烟酒类** | **99.4** | **99.5** | **98.8** | **98.9** | **98.3** |
| 1. 饮料 | 99.3 | 98.9 | 99.0 | 99.1 | 98.8 |
| 2. 烟酒 | 99.4 | 99.6 | 98.7 | 98.8 | 98.2 |
| **三、服装、鞋帽类** | **99.4** | **95.6** | **99.0** | **99.0** | **96.6** |
| 1. 服装 | 99.8 | 97.2 | 99.0 | 98.8 | 94.8 |
| 2. 鞋 | 98.8 | 90.0 | 99.7 | 100.1 | 100.0 |
| 3. 其它衣着 | 98.2 | 98.1 | 97.2 | 97.0 | 99.0 |

| 6月 | 7月 | 8月 | 9月 | 10月 | 11月 | 12月 |
|---|---|---|---|---|---|---|
| **98.5** | **98.6** | **97.4** | **97.1** | **97.3** | **96.5** | **96.9** |
| **101.3** | **102.3** | **99.5** | **100.1** | **99.3** | **97.2** | **98.6** |
| 94.9 | 94.7 | 96.1 | 95.7 | 95.7 | 95.8 | 96.6 |
| 94.6 | 94.8 | 96.1 | 95.1 | 95.5 | 95.7 | 96.5 |
| 95.3 | | | | | | |
| 94.6 | 93.9 | 96.1 | 100.9 | 97.0 | 96.8 | 97.7 |
| 88.8 | 88.6 | 88.0 | 87.3 | 87.0 | 88.0 | 90.1 |
| 100.1 | 102.6 | 98.5 | 101.0 | 101.3 | 99.3 | 98.0 |
| 97.3 | | | | | | |
| 102.1 | | | | | | |
| 101.8 | | | | | | |
| 105.5 | | | | | | |
| 96.7 | | | | | | |
| 104.2 | | | | | | |
| 94.1 | 92.9 | 95.5 | 93.0 | 93.5 | 93.3 | 91.3 |
| 126.6 | 131.7 | 121.0 | 117.1 | 102.5 | 95.5 | 117.4 |
| 97.4 | 97.6 | 98.4 | 98.3 | 98.3 | 97.0 | 97.6 |
| 104.0 | 101.4 | 95.3 | 99.1 | 101.8 | 92.7 | 91.7 |
| 88.8 | 87.5 | 87.5 | 86.9 | 89.8 | 93.3 | 91.8 |
| 106.1 | 105.1 | 103.3 | 103.3 | 103.5 | 102.9 | 102.7 |
| 106.2 | 106.2 | 106.6 | 106.6 | 106.3 | 106.1 | 106.3 |
| 127.7 | | | | | | |
| 99.8 | | | | | | |
| 128.4 | 122.7 | 109.9 | 109.4 | 110.0 | 108.8 | 109.4 |
| 101.8 | 101.8 | 103.1 | 103.1 | 103.5 | 103.4 | 101.3 |
| 101.5 | 101.5 | 101.0 | 100.9 | 100.9 | 99.3 | 99.3 |
| 97.9 | 97.8 | 98.5 | 98.8 | 99.1 | 99.1 | 99.6 |
| 98.3 | 98.3 | 98.3 | 99.2 | 99.7 | 99.4 | 99.4 |
| 99.9 | 100.0 | 99.3 | 98.8 | 99.4 | 98.6 | 98.7 |
| 100.1 | 100.1 | 100.1 | 100.1 | 100.1 | 100.1 | 100.1 |
| 99.4 | 99.4 | 98.3 | 97.5 | 99.0 | 97.8 | 98.0 |
| 102.3 | 102.9 | 102.9 | 101.1 | 100.0 | 100.0 | 100.0 |
| **98.5** | **98.5** | **98.8** | **99.0** | **99.9** | **100.0** | **99.7** |
| 98.8 | 98.8 | 99.1 | 99.2 | 97.4 | 97.3 | 97.0 |
| 98.4 | 98.4 | 98.7 | 98.9 | 100.5 | 100.6 | 100.4 |
| **96.7** | **96.9** | **96.8** | **95.5** | **97.9** | **98.0** | **99.4** |
| 95.0 | 95.5 | 95.5 | 94.2 | 97.5 | 97.6 | 99.3 |
| 99.8 | 99.5 | 99.6 | 96.7 | 97.9 | 97.9 | 99.3 |
| 99.0 | 98.8 | 97.8 | 100.7 | 101.0 | 100.9 | 100.6 |

# 2001年广西全区商品零售价格各月同比指数（续表）

以上年同月价格为100

| 类　别 | 1月 | 2月 | 3月 | 4月 | 5月 |
|---|---|---|---|---|---|
| **四、纺织品类** | **101.1** | **100.8** | **100.2** | **100.1** | **99.8** |
| 1. 棉　　布 | 100.6 | 99.5 | 99.1 | 99.1 | 99.3 |
| 2. 棉花化纤混纺布 | 99.3 | 98.4 | 98.2 | 98.2 | 98.6 |
| 3. 化 纤 布 | 102.6 | 103.2 | 102.6 | 102.6 | 100.5 |
| 4. 呢　　绒 | 96.9 | 97.3 | 97.1 | 97.3 | 98.8 |
| 5. 绸　　缎 | 100.7 | 100.5 | 97.5 | 97.5 | 97.4 |
| 6. 其他纺织品 | 102.6 | 101.6 | 101.3 | 101.0 | 101.1 |
| **五、中、西药品类** | **94.3** | **95.5** | **95.6** | **96.0** | **96.0** |
| 1. 中　　药 | 92.8 | 94.7 | 94.6 | 95.5 | 95.9 |
| 2. 西　　药 | 95.6 | 96.2 | 96.5 | 96.4 | 95.8 |
| 3. 医疗用品 | 96.5 | 96.9 | 97.3 | 97.3 | 97.8 |
| **六、化妆品类** | **96.9** | **96.9** | **96.5** | **96.4** | **96.0** |
| **七、书报、杂志类** | **108.5** | **112.9** | **112.5** | **112.5** | **112.5** |
| **八、体育娱乐用品** | **99.2** | **99.3** | **99.3** | **99.2** | **98.6** |
| 1. 文化用品 | 99.1 | 99.0 | 99.0 | 98.9 | 98.8 |
| 2. 体育用品 | 99.4 | 99.8 | 99.7 | 99.7 | 98.3 |
| **九、日 用 品** | **98.9** | **99.0** | **98.5** | **98.2** | **97.9** |
| 1. 一般日用品 | 98.7 | 98.8 | 98.5 | 97.9 | 97.5 |
| 2. 家 具 类 | 99.6 | 99.6 | 98.6 | 98.6 | 98.1 |
| 3. 日用杂品 | 98.4 | 98.4 | 98.3 | 98.4 | 98.8 |
| **十、家用电器** | **94.2** | **94.3** | **93.8** | **94.0** | **94.0** |
| **十一、首 饰 类** | **90.1** | **89.0** | **86.6** | **86.5** | **85.3** |
| **十二、燃 料 类** | **117.2** | **113.8** | **112.0** | **105.1** | **101.7** |
| 汽　　油 | 124.9 | 119.9 | 123.3 | 118.6 | |
| 液化石油气 | 111.7 | 109.3 | 102.4 | 92.2 | |
| **十三、建筑装潢材料类** | **99.2** | **99.0** | **98.4** | **98.2** | **97.8** |
| **十四、机电产品类** | **95.0** | **93.6** | **92.6** | **92.5** | **94.6** |

| 6月 | 7月 | 8月 | 9月 | 10月 | 11月 | 12月 |
|---|---|---|---|---|---|---|
| **99.4** | **99.3** | **99.5** | **99.2** | **98.8** | **98.9** | **99.3** |
| 98.5 | 98.5 | 99.0 | 99.4 | 97.9 | 98.4 | 99.0 |
| 98.7 | 99.0 | 99.6 | 99.0 | 99.4 | 99.4 | 99.4 |
| 100.2 | 100.2 | 99.2 | 99.0 | 99.0 | 99.0 | 99.0 |
| 98.9 | 98.9 | 100.0 | 99.3 | 98.3 | 98.3 | 98.5 |
| 97.5 | 97.7 | 98.1 | 98.1 | 98.0 | 98.0 | 98.8 |
| 100.0 | 99.5 | 100.1 | 99.8 | 99.3 | 99.3 | 100.3 |
| **94.5** | **94.3** | **94.5** | **93.1** | **95.9** | **95.8** | **94.8** |
| 93.7 | 93.5 | 93.5 | 91.0 | 95.3 | 95.3 | 93.3 |
| 95.0 | 94.4 | 95.0 | 94.8 | 96.6 | 96.4 | 96.1 |
| 97.7 | 98.8 | 98.4 | 97.2 | 96.2 | 96.2 | 96.4 |
| **96.0** | **95.8** | **96.7** | **96.8** | **93.4** | **97.3** | **97.5** |
| **112.5** | **111.2** | **112.0** | **100.6** | **101.1** | **101.1** | **101.1** |
| **99.0** | **99.0** | **99.2** | **99.4** | **99.2** | **99.2** | **98.8** |
| 98.7 | 98.8 | 99.0 | 99.3 | 99.0 | 99.0 | 98.4 |
| 99.5 | 99.4 | 99.4 | 99.6 | 99.4 | 99.4 | 99.4 |
| **97.9** | **98.1** | **98.1** | **98.1** | **98.2** | **98.0** | **98.0** |
| 97.4 | 97.9 | 97.9 | 97.8 | 98.1 | 97.7 | 97.8 |
| 98.1 | 98.1 | 97.8 | 98.0 | 97.8 | 97.9 | 97.7 |
| 99.2 | 98.9 | 99.1 | 99.1 | 99.0 | 99.0 | 99.3 |
| **93.3** | **92.9** | **92.9** | **92.8** | **93.2** | **93.9** | **94.0** |
| **86.0** | **84.7** | **87.6** | **89.0** | **90.5** | **91.2** | **91.7** |
| 101.0 | **95.7** | **90.1** | **88.1** | **88.5** | **87.7** | **82.9** |
| 109.1 | | | | | | |
| 92.8 | | | | | | |
| **97.6** | **97.3** | **97.8** | **97.4** | **98.8** | **99.7** | **98.7** |
| **93.5** | **93.3** | **92.2** | **92.8** | **92.5** | **91.0** | **90.5** |

# 2002 年广西全区商品零售价格各月同比指数

以上年同月价格为 100

| 类　别 | 1 月 | 2 月 | 3 月 | 4 月 | 5 月 |
|---|---|---|---|---|---|
| **商品零售价格总指数** | **100.5** | **99.8** | **100.2** | **100.2** | **99.8** |
| **一、食 品 类** | **103.6** | **100.4** | **100.8** | **102.0** | **101.6** |
| 1. 粮　　食 | 104.6 | 104.2 | 105.7 | 106.8 | 107.3 |
| 大　　米 | 106.2 | 105.1 | 107.5 | 109.1 | 109.9 |
| 2. 淀粉及薯类 | 104.6 | 95.5 | 100.7 | 105.0 | 103.6 |
| 3. 干豆类及豆制品 | 100.4 | 99.4 | 101.5 | 101.3 | 104.2 |
| 4. 油　　脂 | 108.0 | 108.6 | 109.2 | 113.1 | 110.6 |
| 5. 肉禽及其制品 | 100.2 | 98.3 | 97.8 | 98.1 | 96.8 |
| (1) 食用畜肉及副产品 | 102.0 | 98.5 | 98.4 | 99.1 | 99.1 |
| 猪　　肉 | 101.1 | 98.8 | 98.9 | 98.8 | 97.7 |
| 牛　　肉 | 118.1 | 107.0 | 104.5 | 108.3 | 111.5 |
| 羊　　肉 | 95.9 | 93.1 | 94.2 | 94.0 | 96.9 |
| (2) 禽 | 96.8 | 97.0 | 95.8 | 95.5 | 91.5 |
| 鸡 | 96.2 | 94.3 | 93.0 | 93.8 | 90.8 |
| 鸭 | 100.1 | 107.4 | 102.9 | 99.5 | 92.4 |
| (3) 肉禽加工制品 | 99.9 | 100.4 | 99.4 | 99.5 | 98.4 |
| 6. 蛋 | 98.3 | 94.5 | 95.9 | 96.8 | 94.0 |
| 鲜　　蛋 | 98.0 | 93.9 | 95.5 | 96.5 | 93.4 |
| 7. 水 产 品 | 99.3 | 96.7 | 98.4 | 99.2 | 96.7 |
| (1) 鱼 | 100.3 | 97.7 | 99.3 | 100.3 | 98.3 |
| 淡 水 鱼 | 97.5 | 96.1 | 99.2 | 100.4 | 100.6 |
| 海 水 鱼 | 108.0 | 101.8 | 99.5 | 99.8 | 92.4 |
| (2) 其它水产品 | 96.7 | 94.1 | 96.0 | 96.4 | 92.4 |
| 8. 菜 | 126.8 | 109.7 | 119.8 | 121.0 | 113.6 |
| 鲜　　菜 | 132.0 | 112.4 | 123.7 | 124.6 | 116.4 |
| 9. 调 味 品 | 100.0 | 100.3 | 100.0 | 100.0 | 99.7 |
| 盐 | 100.9 | 100.9 | 100.5 | 100.5 | 100.7 |
| 酱　　油 | 99.7 | 99.5 | 98.2 | 98.2 | 98.1 |
| 10. 糖 | 96.3 | 96.8 | 97.2 | 97.8 | 98.3 |
| 食　　糖 | 86.1 | 87.2 | 90.1 | 91.8 | 91.8 |
| 11. 干鲜瓜果 | 112.4 | 101.9 | 91.1 | 96.3 | 109.2 |
| 鲜　　果 | 112.6 | 100.2 | 87.8 | 93.9 | 109.0 |
| 12. 糕点饼干面包 | 97.5 | 98.3 | 98.4 | 98.3 | 99.2 |
| 13. 奶及奶制品 | 96.3 | 96.7 | 96.1 | 97.0 | 96.6 |
| 14. 在外用膳食品 | 99.7 | 99.2 | 99.5 | 99.5 | 99.5 |
| 15. 其它食品 | 99.3 | 99.3 | 101.6 | 101.5 | 101.9 |

| 6月 | 7月 | 8月 | 9月 | 10月 | 11月 | 12月 |
|---|---|---|---|---|---|---|
| **99.7** | **99.7** | **99.7** | **100.0** | **100.0** | **101.0** | **101.7** |
| **101.3** | **101.9** | **102.7** | **103.7** | **104.2** | **106.5** | **108.0** |
| 107.3 | 106.8 | 106.2 | 106.0 | 107.8 | 111.7 | 110.8 |
| 110.1 | 109.3 | 108.3 | 108.0 | 110.3 | 113.2 | 111.4 |
| 101.3 | 98.2 | 98.7 | 100.5 | 101.3 | 103.9 | 103.7 |
| 103.4 | 103.3 | 104.8 | 104.1 | 106.3 | 113.7 | 118.5 |
| 106.9 | 106.5 | 106.1 | 105.4 | 111.6 | 121.0 | 125.3 |
| 98.4 | 101.3 | 103.5 | 106.2 | 106.8 | 109.3 | 109.6 |
| 100.2 | 102.0 | 103.5 | 106.3 | 109.2 | 112.4 | 111.0 |
| 99.4 | 102.5 | 104.3 | 108.0 | 112.0 | 116.7 | 115.6 |
| 110.3 | 110.7 | 111.0 | 112.2 | 111.2 | 111.8 | 111.6 |
| 95.8 | 95.5 | 94.8 | 91.1 | 94.4 | 95.5 | 95.2 |
| 95.0 | 100.2 | 103.9 | 107.4 | 103.7 | 105.2 | 109.9 |
| 92.8 | 96.2 | 99.6 | 104.2 | 104.0 | 105.0 | 107.3 |
| 98.6 | 109.0 | 116.2 | 116.8 | 102.9 | 106.1 | 116.0 |
| 98.6 | 100.7 | 102.0 | 102.9 | 102.9 | 104.4 | 102.7 |
| 92.9 | 94.7 | 97.2 | 102.2 | 100.8 | 108.8 | 111.6 |
| 92.3 | 94.3 | 97.0 | 102.3 | 100.6 | 109.2 | 111.7 |
| 96.7 | 96.7 | 96.2 | 98.8 | 97.3 | 100.5 | 99.5 |
| 98.5 | 98.3 | 99.4 | 101.8 | 99.2 | 101.7 | 101.2 |
| 98.7 | 99.2 | 99.9 | 100.1 | 99.1 | 101.3 | 99.9 |
| 97.8 | 95.8 | 97.9 | 106.7 | 99.6 | 102.7 | 104.6 |
| 92.0 | 92.4 | 88.3 | 91.2 | 92.2 | 97.4 | 95.3 |
| 102.4 | 96.1 | 97.9 | 106.4 | 105.3 | 106.8 | 115.8 |
| 102.9 | 95.4 | 98.1 | 108.2 | 106.6 | 108.1 | 118.2 |
| 99.8 | 99.9 | 100.2 | 100.6 | 100.4 | 101.4 | 101.0 |
| 100.7 | 100.7 | 100.7 | 100.7 | 100.7 | 100.2 | 100.2 |
| 98.1 | 99.0 | 98.8 | 99.6 | 99.4 | 99.7 | 98.6 |
| 98.1 | 98.0 | 98.7 | 98.2 | 98.6 | 101.1 | 102.0 |
| 91.2 | 91.5 | 93.1 | 93.1 | 94.4 | 98.9 | 103.0 |
| 116.5 | 124.2 | 125.7 | 107.3 | 106.8 | 102.6 | 105.8 |
| 119.0 | 129.7 | 131.9 | 108.4 | 107.4 | 101.1 | 105.1 |
| 99.7 | 99.9 | 100.8 | 101.1 | 101.2 | 101.5 | 101.2 |
| 96.7 | 96.8 | 96.3 | 96.7 | 95.7 | 96.6 | 96.4 |
| 99.5 | 99.6 | 99.7 | 99.7 | 99.9 | 100.3 | 100.5 |
| 100.3 | 98.5 | 98.1 | 99.6 | 100.4 | 99.6 | 101.2 |

## 2002 年广西全区商品零售价格各月同比指数（续表 1）

以上年同月价格为 100

| 类　别 | 1 月 | 2 月 | 3 月 | 4 月 | 5 月 |
|---|---|---|---|---|---|
| **二、饮料、烟酒** | **100.2** | **100.0** | **100.2** | **100.1** | **99.5** |
| 1. 茶及饮料 | 98.1 | 98.1 | 98.1 | 97.7 | 98.0 |
| (1) 茶　　叶 | 100.9 | 100.9 | 101.0 | 101.0 | 101.4 |
| (2) 饮　　料 | 96.9 | 96.9 | 96.8 | 96.3 | 96.5 |
| 2. 烟　　草 | 100.3 | 100.0 | 99.9 | 99.6 | 98.4 |
| 3. 酒 | 101.4 | 101.4 | 101.9 | 102.4 | 101.8 |
| **三、服装、鞋帽类** | **96.8** | **97.5** | **100.6** | **101.3** | **101.0** |
| 1. 服　　装 | 96.5 | 96.5 | 99.4 | 100.7 | 100.8 |
| (1) 男式服装 | 95.5 | 96.9 | 98.7 | 99.4 | 99.1 |
| (2) 女式服装 | 96.4 | 95.0 | 98.9 | 100.8 | 101.4 |
| (3) 儿童服装 | 99.6 | 100.7 | 103.5 | 103.6 | 103.2 |
| 2. 鞋 袜 帽 | 97.3 | 100.0 | 103.7 | 103.3 | 102.0 |
| (1) 鞋 | 96.2 | 99.2 | 103.8 | 103.4 | 101.9 |
| (2) 袜　　子 | 103.5 | 103.7 | 101.7 | 101.7 | 101.7 |
| (3) 帽　　子 | 108.0 | 108.0 | 108.0 | 108.8 | 105.5 |
| 3. 其　　它 | 98.9 | 99.0 | 98.8 | 98.6 | 98.6 |
| **四、纺织品类** | **98.7** | **96.7** | **99.0** | **98.6** | **99.3** |
| 1. 衣着材料 | 97.4 | 97.9 | 98.6 | 97.9 | 97.5 |
| 2. 床上用品 | 99.5 | 95.8 | 99.2 | 99.1 | 100.5 |
| **五、家用电器及音像器材** | **92.1** | **92.4** | **92.6** | **91.9** | **91.7** |
| 1. 家庭设备 | 93.7 | 93.9 | 94.5 | 94.0 | 93.7 |
| 2. 文娱用耐用消费品 | 89.1 | 89.6 | 89.4 | 88.3 | 88.1 |
| 3. 音像器材类 | 98.8 | 98.8 | 98.8 | 99.4 | 99.4 |
| **六、文化办公用品** | **92.7** | **93.0** | **92.4** | **92.4** | **92.4** |
| **七、日 用 品** | **98.1** | **98.3** | **97.9** | **98.0** | **98.0** |
| 1. 日用百货 | 97.5 | 97.2 | 97.2 | 97.3 | 97.1 |
| 2. 日用杂品 | 99.3 | 99.5 | 99.4 | 100.6 | 100.2 |
| 3. 洗涤用品 | 97.6 | 98.4 | 97.0 | 96.8 | 97.4 |
| 4. 其它日用品 | 99.0 | 99.1 | 98.9 | 98.3 | 98.2 |
| **八、体育娱乐用品** | **99.5** | **99.6** | **99.5** | **99.8** | **99.4** |
| 1. 体育用品 | 100.0 | 100.0 | 99.9 | 99.7 | 99.3 |
| 2. 娱乐用品 | 99.1 | 99.3 | 99.2 | 99.9 | 99.4 |
| **九、交通、通信用品** | **89.7** | **89.5** | **90.2** | **89.3** | **89.6** |
| 1. 交通运输机械 | 94.2 | 94.4 | 94.7 | 94.2 | 94.7 |
| 2. 通讯器材类 | 82.6 | 81.8 | 82.8 | 81.4 | 81.2 |
| **十、家　　具** | **97.3** | **97.3** | **97.3** | **97.1** | **98.8** |

| 6月 | 7月 | 8月 | 9月 | 10月 | 11月 | 12月 |
|---|---|---|---|---|---|---|
| **99.2** | **98.3** | **99.5** | **99.6** | **99.5** | **99.4** | **99.6** |
| 97.8 | 97.7 | 97.8 | 97.7 | 97.5 | 97.6 | 97.2 |
| 101.4 | 100.6 | 100.6 | 100.6 | 100.6 | 100.6 | 99.7 |
| 96.2 | 96.5 | 96.5 | 96.4 | 96.1 | 96.2 | 96.1 |
| 98.1 | 98.0 | 98.7 | 98.7 | 98.7 | 98.4 | 98.8 |
| 101.5 | 98.9 | 101.5 | 101.8 | 101.9 | 101.8 | 102.2 |
| **100.9** | **102.5** | **100.1** | **99.9** | **99.6** | **97.7** | **98.3** |
| 100.1 | 100.4 | 99.9 | 99.5 | 98.5 | 96.3 | 96.4 |
| 97.4 | 98.5 | 98.6 | 97.4 | 99.2 | 96.7 | 96.8 |
| 101.3 | 101.6 | 100.8 | 100.5 | 98.4 | 96.1 | 96.0 |
| 103.2 | 101.3 | 100.6 | 102.0 | 96.9 | 95.8 | 96.8 |
| 103.5 | 108.1 | 102.2 | 102.4 | 103.0 | 102.4 | 103.0 |
| 103.6 | 109.2 | 102.1 | 102.3 | 103.3 | 102.9 | 103.7 |
| 101.7 | 101.7 | 101.7 | 101.7 | 100.9 | 99.2 | 99.3 |
| 105.5 | 105.5 | 105.5 | 105.4 | 100.3 | 100.3 | 100.3 |
| 97.4 | 100.2 | 91.6 | 92.8 | 96.1 | 92.8 | 99.8 |
| **99.4** | **98.6** | **98.7** | **99.1** | **99.5** | **99.0** | **100.1** |
| 97.7 | 96.3 | 96.6 | 97.5 | 99.1 | 98.4 | 98.2 |
| 100.7 | 100.2 | 100.1 | 100.2 | 99.7 | 99.4 | 101.4 |
| **91.5** | **91.1** | **90.9** | **90.5** | **91.9** | **93.0** | **92.0** |
| 93.2 | 92.7 | 92.6 | 92.4 | 94.4 | 95.3 | 95.0 |
| 88.3 | 87.9 | 87.4 | 86.7 | 87.6 | 89.2 | 87.2 |
| 99.4 | 99.3 | 99.3 | 99.3 | 98.7 | 98.7 | 98.7 |
| **92.8** | **93.8** | **94.1** | **93.9** | **94.2** | **94.6** | **94.1** |
| **97.4** | **97.9** | **98.0** | **98.0** | **98.2** | **98.7** | **98.3** |
| 96.5 | 96.9 | 96.8 | 97.2 | 97.6 | 98.0 | 98.2 |
| 100.3 | 100.8 | 100.3 | 99.8 | 99.7 | 100.3 | 99.0 |
| 95.9 | 96.6 | 97.4 | 97.3 | 98.0 | 98.2 | 98.1 |
| 98.4 | 98.7 | 98.6 | 98.7 | 98.2 | 99.0 | 98.1 |
| **99.4** | **99.2** | **99.1** | **98.5** | **98.2** | **98.3** | **96.8** |
| 99.3 | 98.9 | 98.9 | 98.4 | 98.3 | 98.6 | 96.4 |
| 99.5 | 99.6 | 99.3 | 98.5 | 98.1 | 98.0 | 97.2 |
| **90.2** | **89.2** | **88.0** | **88.4** | **87.5** | **87.8** | **87.5** |
| 95.8 | 94.7 | 93.6 | 94.3 | 93.3 | 92.7 | 92.5 |
| 81.1 | 80.2 | 78.7 | 78.7 | 77.7 | 79.3 | 78.9 |
| **99.2** | **98.8** | **100.4** | **101.5** | **102.1** | **100.1** | **99.6** |

# 2002 年广西全区商品零售价格各月同比指数（续表 2）

以上年同月价格为 100

| 类　别 | 1 月 | 2 月 | 3 月 | 4 月 | 5 月 |
|---|---|---|---|---|---|
| **十一、化妆品类** | **97.8** | **98.0** | **98.0** | **98.0** | **98.5** |
| **十二、金银珠宝类** | **104.2** | **105.4** | **105.8** | **104.5** | **104.5** |
| **十三、中西药品及医疗保健用品类** | **97.0** | **98.5** | **97.8** | **101.1** | **104.4** |
| 1. 医疗器具及用品 | 99.0 | 98.5 | 98.3 | 98.9 | 100.2 |
| 2. 中药材及中成药 | 95.0 | 98.5 | 97.3 | 105.6 | 113.4 |
| 3. 西　　药 | 98.1 | 98.1 | 97.9 | 97.9 | 98.3 |
| 4. 保健器具及用品 | 98.6 | 100.7 | 99.4 | 99.4 | 100.3 |
| **十四、书报杂志及电子出版物类** | **98.0** | **98.6** | **98.6** | **98.6** | **98.6** |
| 1. 教材及参考书 | 94.4 | 95.4 | 95.4 | 95.4 | 95.4 |
| 2. 书报杂志 | 103.0 | 103.2 | 103.2 | 103.2 | 103.2 |
| 3. 电子音像制品 | 96.7 | 97.3 | 97.3 | 97.4 | 97.4 |
| **十五、燃 料 类** | **125.3** | **128.1** | **128.1** | **119.0** | **110.9** |
| 1. 煤炭及制品类 | 102.9 | 102.0 | 102.0 | 101.6 | 103.2 |
| 2. 石油及制品类 | 128.7 | 132.2 | 132.2 | 121.7 | 112.1 |
| 液化石油气 | 134.3 | 136.6 | 141.3 | 127.8 | 121.5 |
| 管道燃气 | 100.0 | 100.0 | 109.0 | 109.0 | 109.0 |
| 汽　　油 | 127.0 | 132.6 | 128.2 | 118.4 | 105.0 |
| 柴　　油 | 128.5 | 132.8 | 128.7 | 119.4 | 106.7 |
| **十六、建筑材料及五金电料类** | **97.0** | **97.2** | **97.6** | **97.9** | **99.4** |
| 1. 建筑装潢材料 | 96.6 | 96.8 | 97.3 | 97.6 | 99.5 |
| 2. 五金电料类 | 98.7 | 98.8 | 98.8 | 98.8 | 99.1 |

| 6月 | 7月 | 8月 | 9月 | 10月 | 11月 | 12月 |
|---|---|---|---|---|---|---|
| **97.7** | **98.8** | **98.9** | **98.9** | **99.4** | **101.4** | **101.7** |
| **104.2** | **103.9** | **104.7** | **105.5** | **106.6** | **108.0** | **111.6** |
| **105.0** | **102.1** | **101.8** | **102.3** | **101.6** | **102.4** | **103.8** |
| 100.7 | 103.5 | 105.3 | 105.1 | 105.7 | 105.6 | 109.0 |
| 114.2 | 108.7 | 107.3 | 108.4 | 107.3 | 108.8 | 109.8 |
| 98.7 | 97.3 | 97.7 | 98.0 | 97.3 | 97.5 | 99.2 |
| 100.5 | 97.6 | 97.6 | 97.7 | 97.4 | 98.6 | 98.9 |
| **99.4** | **99.4** | **99.5** | **101.2** | **101.0** | **101.0** | **101.5** |
| 95.4 | 95.4 | 96.6 | 100.5 | 99.5 | 99.8 | 99.8 |
| 103.4 | 103.2 | 103.0 | 103.3 | 103.5 | 103.3 | 103.3 |
| 100.7 | 100.7 | 99.1 | 99.1 | 99.6 | 99.6 | 101.7 |
| **111.2** | **110.2** | **108.2** | **106.5** | **101.1** | **102.4** | **104.7** |
| 102.7 | 102.7 | 104.0 | 104.0 | 104.0 | 103.6 | 103.6 |
| 112.4 | 111.3 | 108.9 | 106.8 | 100.7 | 102.2 | 104.9 |
| 126.7 | 119.7 | 113.3 | 107.9 | 99.8 | 103.6 | 103.9 |
| 109.0 | 109.0 | 109.0 | 109.0 | 109.0 | 109.0 | 109.0 |
| 102.1 | 104.8 | 104.8 | 104.8 | 100.3 | 100.2 | 106.2 |
| 103.4 | 105.8 | 106.4 | 106.8 | 100.2 | 100.0 | 103.3 |
| **99.5** | **99.6** | **99.5** | **99.5** | **103.9** | **105.5** | **104.7** |
| 99.5 | 99.6 | 99.3 | 99.4 | 104.8 | 106.5 | 106.0 |
| 99.4 | 99.4 | 100.3 | 100.3 | 100.3 | 101.4 | 99.9 |

# 2003年广西全区商品零售价格各月同比指数

以上年同月价格为100

| 类　别 | 1月 | 2月 | 3月 | 4月 | 5月 |
|---|---|---|---|---|---|
| **商品零售价格总指数** | **100.5** | **99.8** | **100.2** | **100.2** | **99.8** |
| **一、食 品 类** | **103.6** | **100.4** | **100.8** | **102.0** | **101.6** |
| 1. 粮　　食 | 104.6 | 104.2 | 105.7 | 106.8 | 107.3 |
| 大　　米 | 106.2 | 105.1 | 107.5 | 109.1 | 109.9 |
| 2. 淀粉及薯类 | 104.6 | 95.5 | 100.7 | 105.0 | 103.6 |
| 3. 干豆类及豆制品 | 100.4 | 99.4 | 101.5 | 101.3 | 104.2 |
| 4. 油　　脂 | 108.0 | 108.6 | 109.2 | 113.1 | 110.6 |
| 5. 肉禽及其制品 | 100.2 | 98.3 | 97.8 | 98.1 | 96.8 |
| (1) 食用畜肉及副产品 | 102.0 | 98.5 | 98.4 | 99.1 | 99.1 |
| 猪　　肉 | 101.1 | 98.8 | 98.9 | 98.8 | 97.7 |
| 牛　　肉 | 118.1 | 107.0 | 104.5 | 108.3 | 111.5 |
| 羊　　肉 | 95.9 | 93.1 | 94.2 | 94.0 | 96.9 |
| (2) 禽 | 96.8 | 97.0 | 95.8 | 95.5 | 91.5 |
| 鸡 | 96.2 | 94.3 | 93.0 | 93.8 | 90.8 |
| 鸭 | 100.1 | 107.4 | 102.9 | 99.5 | 92.4 |
| (3) 肉禽加工制品 | 99.9 | 100.4 | 99.4 | 99.5 | 98.4 |
| 6. 蛋 | 98.3 | 94.5 | 95.9 | 96.8 | 94.0 |
| 鲜　　蛋 | 98.0 | 93.9 | 95.5 | 96.5 | 93.4 |
| 7. 水 产 品 | 99.3 | 96.7 | 98.4 | 99.2 | 96.7 |
| (1) 鱼 | 100.3 | 97.7 | 99.3 | 100.3 | 98.3 |
| 淡 水 鱼 | 97.5 | 96.1 | 99.2 | 100.4 | 100.6 |
| 海 水 鱼 | 108.0 | 101.8 | 99.5 | 99.8 | 92.4 |
| (2) 其它水产品 | 96.7 | 94.1 | 96.0 | 96.4 | 92.4 |
| 8. 菜 | 126.8 | 109.7 | 119.8 | 121.0 | 113.6 |
| 鲜　　菜 | 132.0 | 112.4 | 123.7 | 124.6 | 116.4 |
| 9. 调 味 品 | 100.0 | 100.3 | 100.0 | 100.0 | 99.7 |
| 盐 | 100.9 | 100.9 | 100.5 | 100.5 | 100.7 |
| 酱　　油 | 99.7 | 99.5 | 98.2 | 98.2 | 98.1 |
| 10. 糖 | 96.3 | 96.8 | 97.2 | 97.8 | 98.3 |
| 食　　糖 | 86.1 | 87.2 | 90.1 | 91.8 | 91.8 |
| 11. 干鲜瓜果 | 112.4 | 101.9 | 91.1 | 96.3 | 109.2 |
| 鲜　　果 | 112.6 | 100.2 | 87.8 | 93.9 | 109.0 |
| 12. 糕点饼干面包 | 97.5 | 98.3 | 98.4 | 98.3 | 99.2 |
| 13. 奶及奶制品 | 96.3 | 96.7 | 96.1 | 97.0 | 96.6 |
| 14. 在外用膳食品 | 99.7 | 99.2 | 99.5 | 99.5 | 99.5 |
| 15. 其它食品 | 99.3 | 99.3 | 101.6 | 101.5 | 101.9 |

| 6月 | 7月 | 8月 | 9月 | 10月 | 11月 | 12月 |
|---|---|---|---|---|---|---|
| **99.7** | **99.7** | **99.7** | **100.0** | **100.0** | **101.0** | **101.7** |
| **101.3** | **101.9** | **102.7** | **103.7** | **104.2** | **106.5** | **108.0** |
| 107.3 | 106.8 | 106.2 | 106.0 | 107.8 | 111.7 | 110.8 |
| 110.1 | 109.3 | 108.3 | 108.0 | 110.3 | 113.2 | 111.4 |
| 101.3 | 98.2 | 98.7 | 100.5 | 101.3 | 103.9 | 103.7 |
| 103.4 | 103.3 | 104.8 | 104.1 | 106.3 | 113.7 | 118.5 |
| 106.9 | 106.5 | 106.1 | 105.4 | 111.6 | 121.0 | 125.3 |
| 98.4 | 101.3 | 103.5 | 106.2 | 106.8 | 109.3 | 109.6 |
| 100.2 | 102.0 | 103.5 | 106.3 | 109.2 | 112.4 | 111.0 |
| 99.4 | 102.5 | 104.3 | 108.0 | 112.0 | 116.7 | 115.6 |
| 110.3 | 110.7 | 111.0 | 112.2 | 111.2 | 111.8 | 111.6 |
| 95.8 | 95.5 | 94.8 | 91.1 | 94.4 | 95.5 | 95.2 |
| 95.0 | 100.2 | 103.9 | 107.4 | 103.7 | 105.2 | 109.9 |
| 92.8 | 96.2 | 99.6 | 104.2 | 104.0 | 105.0 | 107.3 |
| 98.6 | 109.0 | 116.2 | 116.8 | 102.9 | 106.1 | 116.0 |
| 98.6 | 100.7 | 102.0 | 102.9 | 102.9 | 104.4 | 102.7 |
| 92.9 | 94.7 | 97.2 | 102.2 | 100.8 | 108.8 | 111.6 |
| 92.3 | 94.3 | 97.0 | 102.3 | 100.6 | 109.2 | 111.7 |
| 96.7 | 96.7 | 96.2 | 98.8 | 97.3 | 100.5 | 99.5 |
| 98.5 | 98.3 | 99.4 | 101.8 | 99.2 | 101.7 | 101.2 |
| 98.7 | 99.2 | 99.9 | 100.1 | 99.1 | 101.3 | 99.9 |
| 97.8 | 95.8 | 97.9 | 106.7 | 99.6 | 102.7 | 104.6 |
| 92.0 | 92.4 | 88.3 | 91.2 | 92.2 | 97.4 | 95.3 |
| 102.4 | 96.1 | 97.9 | 106.4 | 105.3 | 106.8 | 115.8 |
| 102.9 | 95.4 | 98.1 | 108.2 | 106.6 | 108.1 | 118.2 |
| 99.8 | 99.9 | 100.2 | 100.6 | 100.4 | 101.4 | 101.0 |
| 100.7 | 100.7 | 100.7 | 100.7 | 100.7 | 100.2 | 100.2 |
| 98.1 | 99.0 | 98.8 | 99.6 | 99.4 | 99.7 | 98.6 |
| 98.1 | 98.0 | 98.7 | 98.2 | 98.6 | 101.1 | 102.0 |
| 91.2 | 91.5 | 93.1 | 93.1 | 94.4 | 98.9 | 103.0 |
| 116.5 | 124.2 | 125.7 | 107.3 | 106.8 | 102.6 | 105.8 |
| 119.0 | 129.7 | 131.9 | 108.4 | 107.4 | 101.1 | 105.1 |
| 99.7 | 99.9 | 100.8 | 101.1 | 101.2 | 101.5 | 101.2 |
| 96.7 | 96.8 | 96.3 | 96.7 | 95.7 | 96.6 | 96.4 |
| 99.5 | 99.6 | 99.7 | 99.7 | 99.9 | 100.3 | 100.5 |
| 100.3 | 98.5 | 98.1 | 99.6 | 100.4 | 99.6 | 101.2 |

# 2003年广西全区商品零售价格各月同比指数（续表1）

以上年同月价格为100

| 类　别 | 1月 | 2月 | 3月 | 4月 | 5月 |
|---|---|---|---|---|---|
| **二、饮料、烟酒** | **100.2** | **100.0** | **100.2** | **100.1** | **99.5** |
| 1. 茶及饮料 | 98.1 | 98.1 | 98.1 | 97.7 | 98.0 |
| (1) 茶　叶 | 100.9 | 100.9 | 101.0 | 101.0 | 101.4 |
| (2) 饮　料 | 96.9 | 96.9 | 96.8 | 96.3 | 96.5 |
| 2. 烟　草 | 100.3 | 100.0 | 99.9 | 99.6 | 98.4 |
| 3. 酒 | 101.4 | 101.4 | 101.9 | 102.4 | 101.8 |
| **三、服装、鞋帽类** | **96.8** | **97.5** | **100.6** | **101.3** | **101.0** |
| 1. 服　装 | 96.5 | 96.5 | 99.4 | 100.7 | 100.8 |
| (1) 男式服装 | 95.5 | 96.9 | 98.7 | 99.4 | 99.1 |
| (2) 女式服装 | 96.4 | 95.0 | 98.9 | 100.8 | 101.4 |
| (3) 儿童服装 | 99.6 | 100.7 | 103.5 | 103.6 | 103.2 |
| 2. 鞋 袜 帽 | 97.3 | 100.0 | 103.7 | 103.3 | 102.0 |
| (1) 鞋 | 96.2 | 99.2 | 103.8 | 103.4 | 101.9 |
| (2) 袜　子 | 103.5 | 103.7 | 101.7 | 101.7 | 101.7 |
| (3) 帽　子 | 108.0 | 108.0 | 108.0 | 108.8 | 105.5 |
| 3. 其　它 | 98.9 | 99.0 | 98.8 | 98.6 | 98.6 |
| **四、纺织品类** | **98.7** | **96.7** | **99.0** | **98.6** | **99.3** |
| 1. 衣着材料 | 97.4 | 97.9 | 98.6 | 97.9 | 97.5 |
| 2. 床上用品 | 99.5 | 95.8 | 99.2 | 99.1 | 100.5 |
| **五、家用电器及音像器材** | **92.1** | **92.4** | **92.6** | **91.9** | **91.7** |
| 1. 家庭设备 | 93.7 | 93.9 | 94.5 | 94.0 | 93.7 |
| 2. 文娱用耐用消费品 | 89.1 | 89.6 | 89.4 | 88.3 | 88.1 |
| 3. 音像器材类 | 98.8 | 98.8 | 98.8 | 99.4 | 99.4 |
| **六、文化办公用品** | **92.7** | **93.0** | **92.4** | **92.4** | **92.4** |
| **七、日 用 品** | **98.1** | **98.3** | **97.9** | **98.0** | **98.0** |
| 1. 日用百货 | 97.5 | 97.2 | 97.2 | 97.3 | 97.1 |
| 2. 日用杂品 | 99.3 | 99.5 | 99.4 | 100.6 | 100.2 |
| 3. 洗涤用品 | 97.6 | 98.4 | 97.0 | 96.8 | 97.4 |
| 4. 其它日用品 | 99.0 | 99.1 | 98.9 | 98.3 | 98.2 |
| **八、体育娱乐用品** | **99.5** | **99.6** | **99.5** | **99.8** | **99.4** |
| 1. 体育用品 | 100.0 | 100.0 | 99.9 | 99.7 | 99.3 |
| 2. 娱乐用品 | 99.1 | 99.3 | 99.2 | 99.9 | 99.4 |
| **九、交通、通信用品** | **89.7** | **89.5** | **90.2** | **89.3** | **89.6** |
| 1. 交通运输机械 | 94.2 | 94.4 | 94.7 | 94.2 | 94.7 |
| 2. 通讯器材类 | 82.6 | 81.8 | 82.8 | 81.4 | 81.2 |
| **十、家　具** | **97.3** | **97.3** | **97.3** | **97.1** | **98.8** |

| 6月 | 7月 | 8月 | 9月 | 10月 | 11月 | 12月 |
|---|---|---|---|---|---|---|
| **99.2** | **98.3** | **99.5** | **99.6** | **99.5** | **99.4** | **99.6** |
| 97.8 | 97.7 | 97.8 | 97.7 | 97.5 | 97.6 | 97.2 |
| 101.4 | 100.6 | 100.6 | 100.6 | 100.6 | 100.6 | 99.7 |
| 96.2 | 96.5 | 96.5 | 96.4 | 96.1 | 96.2 | 96.1 |
| 98.1 | 98.0 | 98.7 | 98.7 | 98.7 | 98.4 | 98.8 |
| 101.5 | 98.9 | 101.5 | 101.8 | 101.9 | 101.8 | 102.2 |
| **100.9** | **102.5** | **100.1** | **99.9** | **99.6** | **97.7** | **98.3** |
| 100.1 | 100.4 | 99.9 | 99.5 | 98.5 | 96.3 | 96.4 |
| 97.4 | 98.5 | 98.6 | 97.4 | 99.2 | 96.7 | 96.8 |
| 101.3 | 101.6 | 100.8 | 100.5 | 98.4 | 96.1 | 96.0 |
| 103.2 | 101.3 | 100.6 | 102.0 | 96.9 | 95.8 | 96.8 |
| 103.5 | 108.1 | 102.2 | 102.4 | 103.0 | 102.4 | 103.0 |
| 103.6 | 109.2 | 102.1 | 102.3 | 103.3 | 102.9 | 103.7 |
| 101.7 | 101.7 | 101.7 | 101.7 | 100.9 | 99.2 | 99.3 |
| 105.5 | 105.5 | 105.5 | 105.4 | 100.3 | 100.3 | 100.3 |
| 97.4 | 100.2 | 91.6 | 92.8 | 96.1 | 92.8 | 99.8 |
| **99.4** | **98.6** | **98.7** | **99.1** | **99.5** | **99.0** | **100.1** |
| 97.7 | 96.3 | 96.6 | 97.5 | 99.1 | 98.4 | 98.2 |
| 100.7 | 100.2 | 100.1 | 100.2 | 99.7 | 99.4 | 101.4 |
| **91.5** | **91.1** | **90.9** | **90.5** | **91.9** | **93.0** | **92.0** |
| 93.2 | 92.7 | 92.6 | 92.4 | 94.4 | 95.3 | 95.0 |
| 88.3 | 87.9 | 87.4 | 86.7 | 87.6 | 89.2 | 87.2 |
| 99.4 | 99.3 | 99.3 | 99.3 | 98.7 | 98.7 | 98.7 |
| **92.8** | **93.8** | **94.1** | **93.9** | **94.2** | **94.6** | **94.1** |
| **97.4** | **97.9** | **98.0** | **98.0** | **98.2** | **98.7** | **98.3** |
| 96.5 | 96.9 | 96.8 | 97.2 | 97.6 | 98.0 | 98.2 |
| 100.3 | 100.8 | 100.3 | 99.8 | 99.7 | 100.3 | 99.0 |
| 95.9 | 96.6 | 97.4 | 97.3 | 98.0 | 98.2 | 98.1 |
| 98.4 | 98.7 | 98.6 | 98.7 | 98.2 | 99.0 | 98.1 |
| **99.4** | **99.2** | **99.1** | **98.5** | **98.2** | **98.3** | **96.8** |
| 99.3 | 98.9 | 98.9 | 98.4 | 98.3 | 98.6 | 96.4 |
| 99.5 | 99.6 | 99.3 | 98.5 | 98.1 | 98.0 | 97.2 |
| **90.2** | **89.2** | **88.0** | **88.4** | **87.5** | **87.8** | **87.5** |
| 95.8 | 94.7 | 93.6 | 94.3 | 93.3 | 92.7 | 92.5 |
| 81.1 | 80.2 | 78.7 | 78.7 | 77.7 | 79.3 | 78.9 |
| **99.2** | **98.8** | **100.4** | **101.5** | 102.1 | 100.1 | **99.6** |

# 2003 年广西全区商品零售价格各月同比指数（续表 2）

以上年同月价格为 100

| 类　别 | 1 月 | 2 月 | 3 月 | 4 月 | 5 月 |
|---|---|---|---|---|---|
| **十一、化妆品类** | **97.8** | **98.0** | **98.0** | **98.0** | **98.5** |
| **十二、金银珠宝类** | **104.2** | **105.4** | **105.8** | **104.5** | **104.5** |
| **十三、中西药品及医疗保健用品类** | **97.0** | **98.5** | **97.8** | **101.1** | **104.4** |
| 1. 医疗器具及用品 | 99.0 | 98.5 | 98.3 | 98.9 | 100.2 |
| 2. 中药材及中成药 | 95.0 | 98.5 | 97.3 | 105.6 | 113.4 |
| 3. 西　　药 | 98.1 | 98.1 | 97.9 | 97.9 | 98.3 |
| 4. 保健器具及用品 | 98.6 | 100.7 | 99.4 | 99.4 | 100.3 |
| **十四、书报杂志及电子出版物类** | **98.0** | **98.6** | **98.6** | **98.6** | **98.6** |
| 1. 教材及参考书 | 94.4 | 95.4 | 95.4 | 95.4 | 95.4 |
| 2. 书报杂志 | 103.0 | 103.2 | 103.2 | 103.2 | 103.2 |
| 3. 电子音像制品 | 96.7 | 97.3 | 97.3 | 97.4 | 97.4 |
| **十五、燃 料 类** | **125.3** | **128.1** | **128.1** | **119.0** | **110.9** |
| 1. 煤炭及制品类 | 102.9 | 102.0 | 102.0 | 101.6 | 103.2 |
| 2. 石油及制品类 | 128.7 | 132.2 | 132.2 | 121.7 | 112.1 |
| 液化石油气 | 134.3 | 136.6 | 141.3 | 127.8 | 121.5 |
| 管道燃气 | 100.0 | 100.0 | 109.0 | 109.0 | 109.0 |
| 汽　　油 | 127.0 | 132.6 | 128.2 | 118.4 | 105.0 |
| 柴　　油 | 128.5 | 132.8 | 128.7 | 119.4 | 106.7 |
| **十六、建筑材料及五金电料类** | **97.0** | **97.2** | **97.6** | **97.9** | **99.4** |
| 1. 建筑装潢材料 | 96.6 | 96.8 | 97.3 | 97.6 | 99.5 |
| 2. 五金电料类 | 98.7 | 98.8 | 98.8 | 98.8 | 99.1 |

| 6月 | 7月 | 8月 | 9月 | 10月 | 11月 | 12月 |
|---|---|---|---|---|---|---|
| **97.7** | **98.8** | **98.9** | **98.9** | **99.4** | **101.4** | **101.7** |
| **104.2** | **103.9** | **104.7** | **105.5** | **106.6** | **108.0** | **111.6** |
| **105.0** | **102.1** | **101.8** | **102.3** | **101.6** | **102.4** | **103.8** |
| 100.7 | 103.5 | 105.3 | 105.1 | 105.7 | 105.6 | 109.0 |
| 114.2 | 108.7 | 107.3 | 108.4 | 107.3 | 108.8 | 109.8 |
| 98.7 | 97.3 | 97.7 | 98.0 | 97.3 | 97.5 | 99.2 |
| 100.5 | 97.6 | 97.6 | 97.7 | 97.4 | 98.6 | 98.9 |
| **99.4** | **99.4** | **99.5** | **101.2** | **101.0** | **101.0** | **101.5** |
| 95.4 | 95.4 | 96.6 | 100.5 | 99.5 | 99.8 | 99.8 |
| 103.4 | 103.2 | 103.0 | 103.3 | 103.5 | 103.3 | 103.3 |
| 100.7 | 100.7 | 99.1 | 99.1 | 99.6 | 99.6 | 101.7 |
| **111.2** | **110.2** | **108.2** | **106.5** | **101.1** | **102.4** | **104.7** |
| 102.7 | 102.7 | 104.0 | 104.0 | 104.0 | 103.6 | 103.6 |
| 112.4 | 111.3 | 108.9 | 106.8 | 100.7 | 102.2 | 104.9 |
| 126.7 | 119.7 | 113.3 | 107.9 | 99.8 | 103.6 | 103.9 |
| 109.0 | 109.0 | 109.0 | 109.0 | 109.0 | 109.0 | 109.0 |
| 102.1 | 104.8 | 104.8 | 104.8 | 100.3 | 100.2 | 106.2 |
| 103.4 | 105.8 | 106.4 | 106.8 | 100.2 | 100.0 | 103.3 |
| **99.5** | **99.6** | **99.5** | **99.5** | **103.9** | **105.5** | **104.7** |
| 99.5 | 99.6 | 99.3 | 99.4 | 104.8 | 106.5 | 106.0 |
| 99.4 | 99.4 | 100.3 | 100.3 | 100.3 | 101.4 | 99.9 |

# 2004年广西全区商品零售价格各月同比指数

以上年同月价格为100

| 类　别 | 1月 | 2月 | 3月 | 4月 | 5月 |
|---|---|---|---|---|---|
| **商品零售价格总指数** | **100.9** | **101.1** | **102.4** | **103.7** | **104.6** |
| **一、食 品 类** | **106.5** | **107.8** | **111.4** | **113.4** | **115.3** |
| 1. 粮　食 | 110.3 | 112.7 | 126.8 | 130.5 | 126.8 |
| 大　米 | 109.9 | 113.7 | 131.1 | 134.4 | 129.3 |
| 2. 淀粉及薯类 | 101.4 | 105.8 | 108.3 | 114.1 | 118.2 |
| 3. 干豆类及豆制品 | 122.2 | 122.9 | 124.8 | 129.1 | 130.4 |
| 4. 油　脂 | 121.8 | 120.1 | 124.6 | 121.7 | 120.6 |
| 5. 肉禽及其制品 | 111.7 | 109.1 | 114.8 | 115.5 | 119.3 |
| (1) 食用畜肉及副产品 | 111.9 | 115.2 | 120.4 | 120.2 | 120.9 |
| 猪　肉 | 115.4 | 116.1 | 124.3 | 125.5 | 125.8 |
| 牛　肉 | 114.1 | 118.9 | 121.3 | 119.7 | 116.7 |
| 羊　肉 | 100.4 | 108.7 | 109.9 | 108.3 | 106.4 |
| (2) 禽 | 112.3 | 97.6 | 105.7 | 108.6 | 119.1 |
| 鸡 | 110.4 | 99.6 | 102.9 | 105.9 | 114.6 |
| 鸭 | 114.0 | 85.9 | 110.2 | 113.0 | 132.0 |
| (3) 肉禽加工制品 | 109.5 | 107.2 | 110.4 | 110.2 | 112.9 |
| 6. 蛋 | 114.6 | 115.2 | 116.9 | 118.7 | 119.8 |
| 鲜　蛋 | 114.7 | 115.3 | 117.1 | 119.0 | 120.3 |
| 7. 水 产 品 | 103.6 | 105.2 | 111.2 | 114.1 | 118.0 |
| (1) 鱼 | 103.8 | 106.0 | 111.7 | 115.2 | 119.3 |
| 淡 水 鱼 | 105.5 | 108.5 | 115.7 | 118.9 | 122.7 |
| 海 水 鱼 | 99.2 | 99.3 | 101.0 | 104.8 | 109.8 |
| (2) 其它水产品 | 102.9 | 103.1 | 109.7 | 111.1 | 114.5 |
| 8. 菜 | 89.9 | 105.7 | 96.0 | 102.4 | 108.1 |
| 鲜　菜 | 87.8 | 106.1 | 94.7 | 102.4 | 108.7 |
| 9. 调 味 品 | 100.3 | 100.4 | 101.3 | 100.7 | 100.8 |
| 盐 | 100.2 | 100.2 | 100.2 | 100.2 | 100.0 |
| 酱　油 | 97.1 | 98.9 | 101.7 | 101.7 | 101.7 |
| 10. 糖 | 101.8 | 102.0 | 103.7 | 102.3 | 103.5 |
| 食　糖 | 102.6 | 103.4 | 103.7 | 102.8 | 105.5 |
| 11. 干鲜瓜果 | 107.3 | 106.7 | 112.7 | 120.2 | 120.3 |
| 鲜　果 | 106.3 | 106.4 | 113.3 | 121.7 | 121.9 |
| 12. 糕点饼干面包 | 102.4 | 105.1 | 105.8 | 105.7 | 105.6 |
| 13. 奶及奶制品 | 101.4 | 101.6 | 101.4 | 102.0 | 100.9 |
| 14. 在外用膳食品 | 100.8 | 101.2 | 103.6 | 104.0 | 104.3 |
| 15. 其它食品 | 99.7 | 99.6 | 99.0 | 99.9 | 101.3 |
| **二、饮料、烟酒** | **100.0** | **99.9** | **99.9** | **99.8** | **100.1** |
| 1. 茶及饮料 | 98.2 | 98.1 | 98.7 | 99.3 | 99.6 |

| 6月 | 7月 | 8月 | 9月 | 10月 | 11月 | 12月 |
|---|---|---|---|---|---|---|
| 116.0 | 111.4 | 107.9 | 101.9 | 97.3 | 96.7 | 97.4 |
| 129.9 | 126.1 | 123.8 | 121.0 | 114.5 | 113.0 | 112.7 |
| 109.3 | 103.0 | 98.6 | 90.1 | 87.7 | 87.4 | 87.8 |
| 118.7 | 119.6 | 117.7 | 115.9 | 108.2 | 107.9 | 108.4 |
| 120.6 | 119.8 | 118.1 | 116.5 | 101.9 | 100.7 | 111.3 |
| 110.9 | 107.8 | 105.9 | 100.4 | 99.1 | 99.2 | 99.9 |
| 124.2 | 123.1 | 126.3 | 126.4 | 115.7 | 114.9 | 115.6 |
| 109.2 | 105.3 | 102.8 | 96.0 | 96.1 | 96.2 | 97.2 |
| 115.1 | 115.5 | 115.0 | 114.2 | 109.1 | 109.1 | 108.3 |
| 205.4 | 205.0 | 202.5 | 190.9 | 196.9 | 196.8 | 193.7 |
| 123.2 | 113.1 | 112.3 | 112.3 | 103.0 | 100.6 | 90.2 |
| 124.5 | 109.9 | 107.8 | 107.0 | 94.5 | 90.5 | 85.8 |
| 121.6 | 117.1 | 118.0 | 119.0 | 113.6 | 113.3 | 113.8 |
| 133.1 | 119.4 | 107.4 | 92.4 | 81.0 | 82.5 | 83.0 |
| 139.4 | 113.9 | 113.2 | 110.0 | 109.5 | 109.5 | 106.0 |
| **130.7** | **128.9** | **125.5** | **117.2** | **117.2** | **116.0** | **115.5** |
| 102.5 | 102.2 | 102.2 | 100.1 | 100.1 | 100.1 | 100.2 |
| 100.7 | 100.7 | 100.3 | 100.3 | 100.3 | 100.3 | 100.3 |
| 107.2 | 106.9 | 106.7 | 161.0 | 165.9 | 165.6 | 165.2 |
| 123.1 | 123.1 | 123.1 | 121.8 | 107.0 | 108.5 | 105.5 |
| 139.6 | 142.3 | 119.6 | 111.9 | 111.0 | 111.0 | 113.3 |
| 162.0 | 161.2 | 154.8 | 115.9 | 115.9 | 115.9 | 115.9 |
| 131.1 | 130.6 | 131.1 | 130.6 | 130.6 | 113.5 | 125.2 |
| 123.4 | 123.7 | 123.7 | 122.8 | 121.4 | 120.0 | 113.0 |

# 1989年广西农村国营生活费用价格和零售物价各月同比指数

以上年同月价格为100

| 类　别 | 1月 | 2月 | 3月 | 4月 | 5月 |
|---|---|---|---|---|---|
| **生活费用价格总指数** | **136.3** | **138.0** | **137.1** | **136.7** | **132.2** |
| **零售物价总指数** | **133.4** | **135.9** | **137.8** | **135.0** | **130.7** |
| **一、消费品价格指数** | **134.3** | **136.6** | **136.3** | **136.0** | **131.2** |
| （一）食品类 | 136.3 | 141.2 | 139.8 | 143.0 | 132.3 |
| 1. 粮　食 | 137.1 | 157.7 | 156.8 | 158.2 | 146.3 |
| (1) 细　粮 | 133.1 | 156.0 | 154.0 | 155.8 | 145.1 |
| (2) 粗　粮 | 155.5 | 165.4 | 169.7 | 169.2 | 152.0 |
| 2. 副食品 | 137.3 | 137.2 | 135.5 | 141.8 | 131.0 |
| (1) 食用植物油 | 167.2 | 177.6 | 181.5 | 249.0 | 199.6 |
| (2) 鲜　菜 | | | | | |
| (3) 干　菜 | 120.4 | 120.3 | 116.9 | 120.7 | 118.3 |
| (4) 肉禽蛋 | 133.9 | 128.1 | 127.6 | 136.9 | 135.5 |
| (5) 水产品 | 159.1 | 187.5 | 178.4 | 202.0 | 192.4 |
| (6) 调味品 | 124.9 | 126.5 | 125.6 | 125.5 | 124.3 |
| (7) 食　糖 | 165.0 | 166.6 | 163.4 | 165.4 | 129.4 |
| 3. 烟酒茶 | 121.6 | 124.6 | 124.9 | 125.2 | 118.6 |
| (1) 烟 | 117.3 | 117.2 | 120.3 | 120.7 | 110.9 |
| (2) 酒 | 126.4 | 133.4 | 130.5 | 130.8 | 127.4 |
| (3) 茶　叶 | 122.9 | 123.2 | 123.2 | 121.5 | 120.1 |
| 4. 其他食品 | 151.6 | 155.5 | 152.2 | 152.7 | 138.4 |
| (1) 鲜　果 | 125.6 | 125.6 | 115.3 | 131.5 | 115.4 |
| (2) 干　果 | 120.0 | 120.6 | 125.2 | 123.4 | 121.9 |
| (3) 糖　果 | 150.3 | 152.8 | 147.3 | 147.3 | 131.4 |
| (4) 糕　点 | 174.5 | 181.1 | 180.7 | 180.0 | 161.6 |
| (5) 奶及奶制品 | 116.9 | 122.1 | 116.4 | 120.4 | 114.4 |
| (6) 罐　头 | 116.1 | 127.1 | 127.4 | 127.4 | 120.6 |
| (7) 其他饮料 | 138.1 | 135.1 | 124.8 | 121.4 | 111.1 |
| （二）衣着类 | 120.4 | 122.0 | 123.4 | 123.7 | 121.5 |
| (1) 棉　布 | 126.5 | 128.7 | 128.8 | 134.2 | 132.4 |
| (2) 棉花化纤混纺布 | 116.9 | 120.2 | 120.3 | 118.5 | 118.6 |
| (3) 化纤布 | 111.7 | 109.1 | 113.4 | 112.8 | 116.9 |
| (4) 呢　绒 | 124.2 | 125.5 | 127.3 | 127.7 | 124.2 |
| (5) 绸　缎 | 132.2 | 130.6 | 130.7 | 131.5 | 133.3 |
| (6) 针纺织品 | 125.0 | 124.8 | 125.6 | 124.6 | 121.9 |
| (7) 服　装 | 125.1 | 130.2 | 132.0 | 131.0 | 125.0 |
| (8) 鞋 | 118.7 | 118.8 | 119.1 | 122.7 | 119.2 |
| (9) 其他衣着 | 118.7 | 119.7 | 119.7 | 118.9 | 116.1 |

| 6月 | 7月 | 8月 | 9月 | 10月 | 11月 | 12月 |
|---|---|---|---|---|---|---|
| **129.5** | **126.4** | **120.8** | **118.3** | **114.4** | **113.3** | **112.4** |
| **128.0** | **124.3** | **119.9** | **118.4** | **115.9** | **115.3** | **114.2** |
| **128.1** | **124.5** | **119.3** | **118.1** | **113.9** | **112.4** | **111.5** |
| 124.4 | 121.1 | 116.6 | 114.2 | 107.9 | 107.2 | 106.7 |
| 127.9 | 128.2 | 127.0 | 126.5 | 103.4 | 102.2 | 100.6 |
| 125.9 | 127.8 | 127.8 | 127.5 | 104.7 | 101.5 | 101.1 |
| 136.9 | 130.2 | 123.6 | 122.0 | 97.7 | 105.6 | 98.3 |
| 120.7 | 116.2 | 113.8 | 111.4 | 108.3 | 107.8 | 108.2 |
| 160.6 | 143.6 | 158.1 | 148.1 | 127.3 | 119.9 | 112.7 |
| | | | | | | |
| 120.0 | 114.6 | 118.3 | 121.1 | 114.6 | 120.9 | 115.6 |
| 135.8 | 127.6 | 122.0 | 116.7 | 113.1 | 107.2 | 101.3 |
| 203.4 | 143.0 | 119.9 | 112.0 | 112.7 | 116.1 | 117.6 |
| 109.3 | 108.8 | 108.0 | 104.7 | 103.6 | 104.6 | 116.3 |
| 104.6 | 106.0 | 100.0 | 100.0 | 100.0 | 100.0 | 100.0 |
| 121.0 | 118.3 | 106.9 | 109.5 | 106.9 | 106.2 | 105.9 |
| 116.2 | 112.8 | 102.7 | 104.8 | 102.4 | 102.6 | 102.6 |
| 126.2 | 124.9 | 111.3 | 114.8 | 111.7 | 109.7 | 109.4 |
| 124.1 | 117.5 | 112.0 | 112.0 | 112.7 | 113.0 | 109.2 |
| 134.9 | 130.2 | 125.4 | 114.8 | 112.8 | 112.5 | 110.5 |
| | | 121.5 | 98.0 | 101.1 | 97.6 | 92.9 |
| 109.3 | 107.9 | 110.1 | 110.3 | 106.9 | 109.5 | 101.4 |
| 125.7 | 118.2 | 113.3 | 115.6 | 111.2 | 110.2 | 109.9 |
| 155.8 | 151.4 | 145.5 | 118.7 | 117.2 | 117.2 | 114.2 |
| 112.9 | 115.5 | 108.2 | 104.3 | 104.8 | 106.0 | 105.3 |
| 138.8 | 139.3 | 137.0 | 129.3 | 128.7 | 128.7 | 128.7 |
| 112.5 | 110.9 | 106.2 | 108.2 | 110.1 | 110.1 | 110.1 |
| 121.8 | 122.5 | 119.9 | 121.0 | 119.9 | 118.5 | 118.1 |
| 127.9 | 127.8 | 119.4 | 120.6 | 118.9 | 118.6 | 123.8 |
| 116.9 | 118.5 | 117.2 | 115.8 | 116.1 | 115.3 | 114.7 |
| 116.2 | 120.5 | 123.4 | 123.0 | 125.9 | 124.4 | 124.4 |
| 124.3 | 125.7 | 120.3 | 120.9 | 122.2 | 115.7 | 109.6 |
| 130.9 | 130.5 | 121.9 | 119.1 | 117.3 | 119.3 | 119.9 |
| 127.1 | 129.0 | 126.8 | 123.2 | 122.7 | 121.7 | 120.7 |
| 124.2 | 123.8 | 118.8 | 126.1 | 121.2 | 118.6 | 117.9 |
| 121.6 | 119.0 | 115.0 | 114.1 | 114.2 | 113.5 | 112.1 |
| 120.0 | 123.3 | 124.6 | 119.8 | 117.4 | 118.3 | 116.7 |

# 1989 年广西农村国营生活费用价格和零售物价各月同比指数（续表）

以上年同月价格为 100

| 类　别 | 1 月 | 2 月 | 3 月 | 4 月 | 5 月 |
|---|---|---|---|---|---|
| （三）日用品类 | 126.5 | 126.7 | 125.2 | 124.2 | 122.6 |
| (1) 一般日用品 | 140.6 | 140.6 | 136.9 | 134.5 | 132.6 |
| (2) 日用机电消费品 | 117.0 | 117.3 | 117.1 | 117.0 | 116.7 |
| (3) 家　　具 | 111.6 | 114.4 | 114.3 | 114.7 | 109.8 |
| (4) 日用杂品 | 126.4 | 125.7 | 124.7 | 124.1 | 121.2 |
| （四）文化娱乐用品类 | 121.6 | 120.4 | 120.0 | 117.2 | 115.6 |
| (1) 纸张文具 | 132.1 | 127.7 | 127.1 | 126.8 | 125.2 |
| (2) 文娱用机电消费品 | 119.8 | 119.4 | 118.8 | 114.2 | 112.1 |
| (3) 其他文娱用品 | 112.8 | 113.2 | 114.2 | 113.9 | 114.1 |
| （五）书报杂志类 | 190.2 | 203.7 | 206.8 | 210.8 | 217.4 |
| （六）药及医疗用品类 | 160.5 | 157.5 | 163.3 | 152.9 | 142.7 |
| (1) 中　　药 | 184.2 | 177.8 | 185.8 | 172.0 | 152.1 |
| (2) 西药及医疗用品 | 140.3 | 140.1 | 144.1 | 136.5 | 134.7 |
| （七）建筑材料类 | 148.4 | 149.8 | 149.1 | 142.0 | 143.3 |
| （八）燃 料 类 | 156.0 | 156.0 | 152.2 | 157.7 | 150.7 |
| **二、农业生产资料指数** | **131.5** | **134.4** | **141.0** | **132.7** | **129.6** |
| 1. 小 农 具 | 109.5 | 110.1 | 113.4 | 112.5 | 117.4 |
| (1) 铁制小农具 | 105.0 | 105.9 | 111.8 | 110.6 | 114.0 |
| (2) 竹木制小农具 | 120.4 | 120.4 | 117.2 | 117.2 | 125.7 |
| 2. 半机械化农具 | 118.1 | 126.2 | 126.7 | 121.7 | 117.4 |
| 3. 机械化农具 | 119.7 | 119.2 | 116.8 | 118.5 | 116.5 |
| 4. 化学肥料 | 134.4 | 136.5 | 144.5 | 133.0 | 129.5 |
| 5. 农药及农药械 | 144.2 | 145.0 | 154.1 | 137.8 | 134.4 |
| (1) 化学农药 | 150.3 | 150.9 | 161.1 | 142.2 | 138.9 |
| (2) 农 药 械 | 109.7 | 111.9 | 114.7 | 113.2 | 108.8 |
| 6. 农用机油 | 127.5 | 169.4 | 209.1 | 178.0 | 176.2 |
| 7. 其　　他 | 137.3 | 135.2 | 132.0 | 146.0 | 139.7 |
| **三、服务项目价格指数** | **154.1** | **150.9** | **144.7** | **142.7** | **141.7** |
| 1. 房　　租 | 135.6 | 135.6 | 135.6 | 135.6 | 131.7 |
| 2. 水 电 费 | 101.4 | 102.3 | 101.4 | 101.4 | 101.4 |
| 3. 交 通 费 | 137.8 | 135.5 | 135.5 | 115.8 | 106.9 |
| 4. 邮 电 费 | 114.3 | 115.1 | 118.8 | 117.3 | 116.0 |
| 5. 医疗保健费 | 108.3 | 124.7 | 124.7 | 124.7 | 125.1 |
| 6. 学杂保育费 | 193.3 | 178.3 | 164.5 | 164.5 | 164.1 |
| 7. 文 娱 费 | 174.7 | 180.7 | 177.8 | 176.8 | 186.6 |
| 8. 修理及其他服务费 | 121.7 | 132.1 | 133.1 | 138.6 | 138.7 |

注：生活费用价格统计一和三 2 大类商品价格，零售物价统计一和二 2 大类商品价格

| 6月 | 7月 | 8月 | 9月 | 10月 | 11月 | 12月 |
|---|---|---|---|---|---|---|
| 123.3 | 120.9 | 116.8 | 113.5 | 111.4 | 110.5 | 108.7 |
| 133.0 | 127.7 | 126.1 | 122.0 | 119.3 | 118.8 | 117.7 |
| 117.1 | 117.2 | 110.9 | 106.9 | 104.1 | 102.4 | 100.2 |
| 111.9 | 112.2 | 110.3 | 110.3 | 111.3 | 110.2 | 109.7 |
| 122.8 | 119.1 | 114.4 | 113.6 | 113.4 | 113.5 | 111.0 |
| 113.9 | 113.3 | 110.4 | 109.3 | 108.5 | 105.9 | 105.0 |
| 123.4 | 122.1 | 121.1 | 119.4 | 120.4 | 119.8 | 119.5 |
| 110.2 | 108.4 | 105.5 | 103.2 | 101.0 | 97.4 | 96.6 |
| 113.4 | 118.2 | 112.3 | 116.9 | 118.0 | 116.4 | 114.5 |
| 216.6 | 215.9 | 202.9 | 213.9 | 203.1 | 203.1 | 190.8 |
| 136.4 | 127.6 | 117.4 | 118.0 | 115.1 | 114.0 | 113.2 |
| 145.1 | 126.3 | 111.3 | 111.6 | 110.0 | 108.7 | 107.2 |
| 129.0 | 128.8 | 122.7 | 123.4 | 119.5 | 118.5 | 118.3 |
| 145.5 | 130.2 | 118.1 | 115.9 | 106.9 | 101.3 | 101.9 |
| 104.0 | 108.4 | 108.7 | 107.0 | 116.8 | 116.8 | 117.3 |
| **127.8** | **123.9** | **121.3** | **118.9** | **120.3** | **121.6** | **120.1** |
| 118.8 | 117.1 | 115.5 | 114.8 | 114.7 | 113.4 | 115.4 |
| 114.1 | 114.1 | 114.4 | 115.7 | 114.6 | 113.1 | 115.5 |
| 130.2 | 124.5 | 118.3 | 112.5 | 115.0 | 114.2 | 115.0 |
| 111.7 | 111.3 | 108.7 | 108.4 | 107.0 | 105.6 | 105.4 |
| 115.5 | 117.8 | 118.2 | 112.2 | 112.9 | 111.2 | 111.2 |
| 128.3 | 121.9 | 119.4 | 118.3 | 119.8 | 121.9 | 119.8 |
| 142.6 | 145.3 | 139.1 | 132.0 | 137.3 | 136.6 | 134.6 |
| 148.6 | 152.1 | 145.0 | 135.5 | 141.7 | 141.1 | 138.7 |
| 108.8 | 107.3 | 105.8 | 112.4 | 112.7 | 111.6 | 111.6 |
| 142.9 | 136.3 | 122.6 | 120.6 | 119.7 | 132.2 | 132.2 |
| 134.3 | 128.0 | 128.8 | 126.6 | 126.1 | 126.9 | 124.5 |
| **142.4** | **143.4** | **134.6** | **120.2** | **119.0** | **121.3** | **120.4** |
| 131.1 | 125.9 | 108.7 | 101.0 | 95.6 | 111.4 | 105.4 |
| 101.4 | 101.4 | 101.4 | 98.7 | 105.5 | 105.5 | 105.5 |
| 109.0 | 104.5 | 104.5 | 130.9 | 122.0 | 115.7 | 138.2 |
| 117.0 | 116.3 | 116.3 | 116.3 | 116.3 | 111.1 | 111.1 |
| 125.3 | 122.3 | 123.5 | 122.0 | 123.0 | 123.0 | 123.0 |
| 164.1 | 168.7 | 154.6 | 116.0 | 116.4 | 126.0 | 118.2 |
| 190.0 | 195.0 | 139.7 | 153.2 | 139.2 | 132.2 | 123.9 |
| 141.2 | 140.0 | 137.4 | 133.3 | 130.4 | 121.2 | 121.2 |

# 1990 年广西全区生活费用价格和零售物价各月同比指数

以上年同月价格为 100

| 类　别 | 1 月 | 2 月 | 3 月 | 4 月 | 5 月 |
|---|---|---|---|---|---|
| **生活费用价格总指数** | **106.2** | **103.2** | **103.5** | **101.8** | **100.7** |
| **零售物价总指数** | **107.4** | **104.0** | **103.8** | **101.1** | **99.4** |
| **一、消费品价格指数** | **104.8** | **102.2** | **102.7** | **100.8** | **99.6** |
| （一）食 品 类 | 102.7 | 98.5 | 100.2 | 97.7 | 96.8 |
| 1. 粮　　食 | 93.4 | 97.8 | 97.9 | 98.1 | 101.6 |
| (1) 细　　粮 | 94.7 | 99.0 | 99.7 | 100.2 | 103.9 |
| (2) 粗　　粮 | 81.6 | 86.1 | 81.1 | 79.9 | 81.0 |
| 2. 副 食 品 | 105.8 | 98.3 | 99.6 | 96.0 | 95.5 |
| (1) 食用植物油 | 101.1 | 101.5 | 93.8 | 93.9 | 92.7 |
| (2) 鲜　　菜 | 108.9 | 78.1 | 103.3 | 102.3 | 93.5 |
| (3) 干　　菜 | 115.7 | 108.6 | 104.5 | 102.4 | 103.7 |
| (4) 肉 禽 蛋 | 101.9 | 96.0 | 95.4 | 90.9 | 90.7 |
| (5) 水 产 品 | 104.0 | 101.8 | 100.5 | 89.7 | 98.7 |
| (6) 调 味 品 | 121.3 | 120.2 | 120.2 | 117.2 | 117.4 |
| (7) 食　　糖 | 105.3 | 102.3 | 99.1 | 99.9 | 99.1 |
| 3. 烟 酒 茶 | 101.7 | 102.5 | 104.6 | 102.8 | 103.4 |
| (1) 烟 | 102.1 | 103.9 | 108.4 | 104.6 | 105.8 |
| (2) 酒 | 100.8 | 100.2 | 99.5 | 99.8 | 99.7 |
| (3) 茶　　叶 | 109.6 | 111.7 | 111.2 | 118.7 | 114.2 |
| 4. 其他食品 | 95.1 | 96.1 | 101.3 | 101.5 | 92.0 |
| (1) 鲜　　果 | 73.6 | 77.6 | 94.3 | 95.7 | 70.7 |
| (2) 干　　果 | 92.6 | 97.6 | 100.4 | 106.7 | 97.3 |
| (3) 糖　　果 | 106.6 | 105.4 | 104.0 | 103.9 | 103.6 |
| (4) 糕　　点 | 110.8 | 108.1 | 108.3 | 103.7 | 104.0 |
| (5) 奶及奶制品 | 104.5 | 103.3 | 101.9 | 103.6 | 102.5 |
| (6) 罐　　头 | 122.2 | 113.3 | 110.4 | 108.8 | 107.6 |
| (7) 其他饮料 | 109.4 | 108.5 | 104.6 | 105.0 | 103.6 |
| （二）衣 着 类 | 113.4 | 112.7 | 111.9 | 111.2 | 109.1 |
| (1) 棉　　布 | 123.3 | 123.0 | 121.6 | 121.7 | 115.5 |
| (2) 棉花化纤混纺布 | 111.6 | 108.6 | 112.7 | 114.2 | 110.9 |
| (3) 化 纤 布 | 111.3 | 113.8 | 109.8 | 108.1 | 106.0 |
| (4) 呢　　绒 | 109.1 | 109.8 | 107.8 | 104.5 | 105.5 |
| (5) 绸　　缎 | 118.1 | 116.6 | 116.3 | 113.3 | 113.8 |
| (6) 针纺织品 | 115.0 | 114.3 | 113.4 | 112.5 | 109.1 |
| (7) 服　　装 | 110.7 | 109.1 | 109.0 | 108.6 | 107.1 |
| (8) 鞋 | 115.3 | 116.9 | 114.4 | 113.2 | 112.0 |
| (9) 其他衣着 | 112.0 | 110.9 | 111.2 | 109.1 | 109.5 |

| 6月 | 7月 | 8月 | 9月 | 10月 | 11月 | 12月 |
|---|---|---|---|---|---|---|
| **99.9** | **99.1** | **100.0** | **100.0** | **99.5** | **101.5** | **101.5** |
| **97.9** | **97.3** | **98.2** | **98.8** | **98.0** | **100.1** | **100.5** |
| **98.6** | **97.7** | **98.7** | **99.1** | **98.7** | **101.0** | **101.5** |
| 95.3 | 94.3 | 95.9 | 97.3 | 96.6 | 99.9 | 101.2 |
| 96.5 | 96.1 | 100.2 | 101.4 | 100.2 | 101.3 | 101.3 |
| 98.7 | 97.5 | 102.0 | 103.0 | 101.6 | 102.5. | 102.3 |
| 75.9 | 83.0 | 83.4 | 86.7 | 86.9 | 90.1 | 88.9 |
| 93.4 | 92.6 | 92.8 | 94.8 | 93.9 | 98.6 | 99.8 |
| 89.4 | 89.0 | 91.4 | 91.0 | 90.9 | 92.4 | 91.5 |
| 92.7 | 98.5 | 93.6 | 97.5 | 92.6 | 100.0 | 110.5 |
| 104.8 | 103.2 | 102.4 | 101.1 | 102.6 | 100.3 | 102.8 |
| 86.8 | 85.8 | 86.1 | 88.7 | 87.8 | 90.0 | 91.2 |
| 98.0 | 96.8 | 97.4 | 101.7 | 101.9 | 102.6 | 104.2 |
| 117.3 | 117.2 | 117.3 | 118.0 | 117.2 | 116.4 | 107.7 |
| 99.7 | 99.6 | 99.6 | 99.4 | 99.4 | 143.9 | 144.2 |
| 102.2 | 101.4 | 103.4 | 102.9 | 101.7 | 101.2 | 102.0 |
| 104.4 | 104.0 | 105.6 | 105.0 | 102.9 | 102.4 | 102.8 |
| 98.9 | 97.7 | 100.3 | 99.8 | 99.9 | 99.6 | 100.5 |
| 109.2 | 106.5 | 106.4 | 107.5 | 106.2 | 105.6 | 109.4 |
| 97.4 | 95.1 | 101.2 | 101.4 | 102.2 | 104.7 | 108.8 |
| 86.4 | 81.5 | 96.7 | 96.2 | 99.5 | 103.5 | 112.7 |
| 100.8 | 102.5 | 107.3 | 114.3 | 113.8 | 115.8 | 120.2 |
| 105.2 | 104.9 | 104.9 | 104.9 | 101.9 | 106.5 | 108.8 |
| 102.2 | 101.8 | 103.0 | 101.9 | 102.4 | 103.6 | 103.6 |
| 101.3 | 103.8 | 102.8 | 102.6 | 103.2 | 102.2 | 104.1 |
| 104.0 | 98.9 | 97.8 | 93.8 | 93.4 | 94.6 | 96.5 |
| 102.6 | 101.7 | 101.5 | 102.0 | 102.4 | 102.6 | 101.1 |
| 108.1 | 107.6 | 106.9 | 106.7 | 106.2 | 108.4 | 108.2 |
| 111.9 | 112.0 | 109.0 | 108.6 | 111.0 | 119.6 | 118.4 |
| 112.2 | 112.1 | 110.3 | 110.3 | 110.6 | 115.2 | 115.2 |
| 105.7 | 106.2 | 103.4 | 106.3 | 104.1 | 104.6 | 105.8 |
| 105.2 | 102.8 | 102.1 | 101.7 | 100.1 | 102.8 | 100.8 |
| 114.2 | 113.2 | 112.3 | 112.3 | 106.3 | 106.1 | 104.8 |
| 107.9 | 106.0 | 104.8 | 104.7 | 105.2 | 108.5 | 108.3 |
| 105.7 | 105.0 | 105.9 | 104.7 | 104.2 | 105.1 | 104.8 |
| 110.8 | 111.4 | 112.0 | 110.8 | 110.0 | 110.8 | 110.3 |
| 108.1 | 107.8 | 104.0 | 105.2 | 103.7 | 106.4 | 106.8 |

## 1990年广西全区生活费用价格和零售物价各月同比指数（续表）

以上年同月价格为100

| 类　别 | 1月 | 2月 | 3月 | 4月 | 5月 |
|---|---|---|---|---|---|
| （三）日用品类 | 105.3 | 105.0 | 104.4 | 103.3 | 102.1 |
| (1) 一般日用品 | 114.3 | 113.1 | 113.1 | 110.5 | 108.0 |
| (2) 日用机电消费品 | 95.6 | 96.6 | 95.2 | 95.1 | 94.3 |
| (3) 家　　具 | 106.6 | 105.5 | 105.3 | 105.4 | 104.8 |
| (4) 日用杂品 | 110.9 | 109.2 | 109.5 | 109.2 | 109.1 |
| （四）文化娱乐用品类 | 100.6 | 101.8 | 101.4 | 99.8 | 97.7 |
| (1) 纸张文具 | 110.8 | 111.7 | 111.2 | 111.6 | 108.0 |
| (2) 文娱用机电消费品 | 96.1 | 96.9 | 96.4 | 93.2 | 92.0 |
| (3) 其他文娱用品 | 110.5 | 112.9 | 113.6 | 116.2 | 112.2 |
| （五）书报杂志类 | 123.1 | 125.8 | 122.2 | 114.5 | 116.4 |
| （六）药及医疗用品类 | 106.4 | 104.8 | 103.3 | 103.4 | 100.4 |
| (1) 中　　药 | 100.3 | 99.2 | 97.4 | 97.6 | 93.5 |
| (2) 西药及医疗用品 | 112.7 | 110.6 | 109.4 | 109.5 | 107.4 |
| （七）建筑装潢材料类 | 97.9 | 96.3 | 95.2 | 94.2 | 92.9 |
| （八）燃 料 类 | 114.6 | 105.0 | 103.8 | 103.2 | 103.1 |
| **二、农业生产资料指数** | | | | | |
| 1. 小 农 具 | | | | | |
| (1) 铁制小农具 | | | | | |
| (2) 竹木制小农具 | | | | | |
| 2. 半机械化农具 | | | | | |
| 3. 机械化农具 | | | | | |
| 4. 化学肥料 | | | | | |
| 5. 农药及农药械 | | | | | |
| (1) 化学农药 | | | | | |
| (2) 农 药 械 | | | | | |
| 6. 农用机油 | | | | | |
| 7. 其　　他 | | | | | |
| **三、服务项目价格指数** | **116.8** | **110.1** | **108.9** | **110.2** | **109.6** |
| 1. 房　　租 | 105.2 | 105.6 | 100.8 | 101.4 | 100.6 |
| 2. 水 电 费 | 103.5 | 106.9 | 107.7 | 107.2 | 105.9 |
| 3. 交 通 费 | 135.8 | 132.8 | 133.1 | 143.6 | 149.2 |
| 4. 邮 电 费 | 103.9 | 104.9 | 102.0 | 102.2 | 103.9 |
| 5. 医疗保健费 | 110.8 | 106.1 | 105.9 | 105.7 | 105.2 |
| 6. 学杂保育费 | 121.5 | 106.0 | 103.8 | 103.8 | 102.8 |
| 7. 文 娱 费 | 111.4 | 113.6 | 113.6 | 113.6 | 108.1 |
| 8. 修理及其他服务费 | 112.8 | 110.9 | 109.6 | 110.5 | 108.2 |

注：生活费用价格统计一和三2大类商品价格，零售物价统计一和二2大类商品价格

| 6月 | 7月 | 8月 | 9月 | 10月 | 11月 | 12月 |
|---|---|---|---|---|---|---|
| 100.9 | 101.5 | 101.7 | 101.3 | 101.7 | 101.4 | 101.4 |
| 107.0 | 108.6 | 107.6 | 106.6 | 106.3 | 105.6 | 104.6 |
| 92.8 | 93.6 | 94.9 | 95.1 | 95.9 | 96.6 | 97.9 |
| 101.5 | 101.3 | 102.3 | 101.9 | 101.9 | 101.9 | 101.8 |
| 109.3 | 109.0 | 107.5 | 106.7 | 107.3 | 105.4 | 103.7 |
| 97.3 | 95.9 | 96.1 | 96.3 | 96.0 | 96.9 | 96.9 |
| 107.5 | 106.9 | 107.0 | 106.6 | 105.5 | 105.8 | 105.4 |
| 91.9 | 90.8 | 90.5 | 91.3 | 91.1 | 92.7 | 92.5 |
| 110.0 | 107.8 | 109.6 | 107.5 | 107.5 | 106.5 | 107.1 |
| 117.9 | 117.3 | 120.4 | 107.6 | 107.6 | 107.0 | 104.5 |
| 98.7 | 97.6 | 96.0 | 95.5 | 96.8 | 97.4 | 97.6 |
| 91.9 | 90.6 | 90.4 | 90.6 | 91.7 | 91.8 | 91.9 |
| 105.6 | 104.9 | 101.6 | 100.5 | 102.1 | 103.0 | 103.3 |
| 94.1 | 93.3 | 91.0 | 90.7 | 90.1 | 89.8 | 89.6 |
| 101.7 | 106.0 | 117.7 | 111.9 | 116.0 | 124.3 | 120.7 |
| | | | | | | |
| **110.5** | **109.8** | **109.6** | **106.7** | **105.5** | **105.5** | **101.1** |
| 100.6 | 100.6 | 100.6 | 100.4 | 99.5 | 101.0 | 100.7 |
| 105.9 | 106.9 | 107.3 | 107.3 | 105.3 | 105.5 | 105.6 |
| 155.9 | 156.0 | 152.2 | 127.5 | 122.6 | 120.3 | 103.1 |
| 104.4 | 107.3 | 215.2 | 219.7 | 210.4 | 208.9 | 207.8 |
| 104.2 | 104.1 | 103.4 | 104.2 | 105.8 | 105.8 | 105.6 |
| 103.8 | 102.9 | 101.4 | 100.1 | 99.3 | 99.6 | 94.8 |
| 104.8 | 100.3 | 104.2 | 104.1 | 105.1 | 104.9 | 103.3 |
| 107.3 | 106.6 | 104.0 | 105.6 | 105.5 | 105.5 | 103.5 |

# 1990年广西城镇生活费用价格和零售物价各月同比指数

以上年同月价格为100

| 类别 | 1月 | 2月 | 3月 | 4月 | 5月 |
|---|---|---|---|---|---|
| **生活费用价格总指数** | **103.2** | **99.1** | **100.3** | **98.2** | **96.9** |
| **零售物价总指数** | **102.1** | **97.9** | **99.4** | **97.1** | **95.8** |
| **一、消费品价格指数** | **102.1** | **97.9** | **99.4** | **97.1** | **95.8** |
| （一）食品类 | 100.9 | 94.7 | 97.4 | 94.4 | 93.0 |
| 1. 粮食 | 89.0 | 93.0 | 96.3 | 93.0 | 96.9 |
| (1) 细粮 | 90.1 | 94.1 | 97.4 | 94.0 | 98.7 |
| (2) 粗粮 | 78.6 | 82.7 | 86.0 | 84.7 | 81.0 |
| 2. 副食品 | 104.3 | 95.0 | 97.0 | 93.2 | 92.8 |
| (1) 食用植物油 | 100.6 | 98.4 | 92.2 | 91.9 | 91.3 |
| (2) 鲜菜 | 108.9 | 78.1 | 103.3 | 102.3 | 93.5 |
| (3) 干菜 | 122.3 | 106.2 | 98.9 | 96.3 | 96.4 |
| (4) 肉禽蛋 | 102.1 | 96.0 | 95.0 | 91.0 | 91.1 |
| (5) 水产品 | 102.5 | 100.6 | 99.5 | 88.7 | 98.2 |
| (6) 调味品 | 114.6 | 114.8 | 113.6 | 112.8 | 113.1 |
| (7) 食糖 | 99.5 | 100.5 | 100.0 | 100.0 | 100.0 |
| 3. 烟酒茶 | 99.7 | 100.6 | 100.4 | 101.8 | 102.1 |
| (1) 烟 | 101.1 | 102.6 | 103.3 | 104.0 | 104.9 |
| (2) 酒 | 97.1 | 96.6 | 95.2 | 96.6 | 96.5 |
| (3) 茶叶 | 104.9 | 109.3 | 108.6 | 121.1 | 114.8 |
| 4. 其他食品 | 88.7 | 90.3 | 99.1 | 99.6 | 85.3 |
| (1) 鲜果 | 73.6 | 77.6 | 94.3 | 95.6 | 70.7 |
| (2) 干果 | 92.0 | 95.8 | 100.5 | 103.2 | 96.8 |
| (3) 糖果 | 106.8 | 107.4 | 105.0 | 103.9 | 102.6 |
| (4) 糕点 | 110.4 | 104.7 | 106.3 | 102.6 | 102.4 |
| (5) 奶及奶制品 | 105.2 | 104.9 | 104.0 | 105.3 | 102.9 |
| (6) 罐头 | 121.8 | 113.5 | 113.2 | 109.6 | 108.1 |
| (7) 其他饮料 | 110.9 | 109.9 | 105.0 | 105.7 | 103.1 |
| （二）衣着类 | 111.3 | 111.2 | 109.7 | 110.0 | 108.7 |
| (1) 棉布 | 121.9 | 121.7 | 117.2 | 116.1 | 109.5 |
| (2) 棉花化纤混纺布 | 126.1 | 124.3 | 114.3 | 114.6 | 108.6 |
| (3) 化纤布 | 112.1 | 112.3 | 106.1 | 108.6 | 109.0 |
| (4) 呢绒 | 109.0 | 110.1 | 107.2 | 103.2 | 105.1 |
| (5) 绸缎 | 119.7 | 117.4 | 116.4 | 112.8 | 112.4 |
| (6) 针纺织品 | 114.0 | 112.7 | 111.8 | 111.1 | 106.6 |
| (7) 服装 | 108.8 | 108.8 | 108.3 | 108.8 | 108.4 |
| (8) 鞋 | 112.2 | 112.9 | 112.8 | 114.5 | 112.6 |
| (9) 其他衣着 | 108.5 | 108.5 | 108.0 | 106.9 | 106.7 |

| 6月 | 7月 | 8月 | 9月 | 10月 | 11月 | 12月 |
|---|---|---|---|---|---|---|
| **95.7** | **95.8** | **96.7** | **97.5** | **96.7** | **99.0** | **100.1** |
| **94.3** | **94.4** | **95.4** | **96.6** | **96.0** | **98.5** | **99.9** |
| **94.3** | **94.4** | **95.4** | **96.6** | **96.0** | **98.5** | **99.9** |
| 91.3 | 91.3 | 92.6 | 94.6 | 93.8 | 96.6 | 98.8 |
| 93.1 | 96.9 | 101.2 | 103.3 | 101.6 | 104.1 | 103.8 |
| 94.6 | 98.6 | 103.0 | 105.3 | 103.5 | 106.1 | 105.9 |
| 79.5 | 81.9 | 84.7 | 85.7 | 85.0 | 86.6 | 85.9 |
| 90.0 | 90.0 | 89.7 | 92.3 | 91.2 | 94.2 | 96.3 |
| 88.4 | 88.3 | 90.9 | 90.9 | 91.2 | 92.9 | 92.1 |
| 92.7 | 98.5 | 93.6 | 97.5 | 92.6 | 100.0 | 110.5 |
| 96.9 | 98.9 | 98.3 | 97.1 | 97.5 | 98.0 | 100.9 |
| 87.1 | 85.8 | 86.0 | 89.0 | 88.2 | 90.3 | 91.4 |
| 98.1 | 97.1 | 97.4 | 101.7 | 102.1 | 102.7 | 104.3 |
| 112.8 | 114.2 | 112.5 | 110.4 | 109.8 | 108.1 | 102.2 |
| 99.9 | 99.7 | 99.7 | 99.5 | 99.5 | 142.5 | 142.9 |
| 100.9 | 100.4 | 102.1 | 99.9 | 99.5 | 99.6 | 101.4 |
| 103.7 | 102.9 | 104.5 | 101.2 | 100.7 | 101.4 | 102.6 |
| 96.1 | 96.4 | 98.3 | 97.6 | 97.5 | 96.7 | 99.0 |
| 107.2 | 102.9 | 102.4 | 102.8 | 102.0 | 101.2 | 107.9 |
| 93.3 | 90.7 | 99.4 | 100.0 | 101.5 | 104.6 | 110.2 |
| 86.4 | 81.5 | 96.5 | 96.3 | 99.5 | 103.6 | 112.9 |
| 97.4 | 99.3 | 107.3 | 116.3 | 114.0 | 119.1 | 120.8 |
| 102.0 | 101.9 | 102.0 | 101.2 | 100.7 | 104.4 | 106.9 |
| 100.7 | 100.2 | 101.3 | 100.8 | 100.6 | 102.2 | 104.5 |
| 102.9 | 102.8 | 101.8 | 101.0 | 100.9 | 99.9 | 101.2 |
| 109.3 | 101.5 | 101.3 | 95.4 | 95.3 | 95.9 | 100.7 |
| 102.4 | 101.9 | 101.7 | 102.6 | 103.6 | 103.9 | 101.9 |
| 107.1 | 106.8 | 106.5 | 106.2 | 105.0 | 106.8 | 107.1 |
| 108.8 | 108.0 | 106.9 | 107.0 | 106.8 | 114.4 | 115.3 |
| 108.1 | 108.0 | 107.2 | 107.2 | 104.0 | 107.1 | 110.9 |
| 108.7 | 109.8 | 108.8 | 109.2 | 103.4 | 103.7 | 106.4 |
| 106.1 | 103.2 | 103.0 | 102.6 | 100.8 | 103.0 | 101.1 |
| 111.8 | 113.4 | 113.1 | 113.1 | 105.7 | 105.6 | 105.7 |
| 106.4 | 105.8 | 104.7 | 104.7 | 104.8 | 109.8 | 109.4 |
| 106.0 | 104.9 | 105.3 | 105.2 | 104.5 | 105.2 | 105.6 |
| 110.9 | 112.0 | 112.2 | 110.3 | 109.3 | 110.0 | 108.7 |
| 104.6 | 104.3 | 102.9 | 103.2 | 102.1 | 104.4 | 105.8 |

# 1990年广西城镇生活费用价格和零售物价各月同比指数（续表）

以上年同月价格为100

| 类别 | 1月 | 2月 | 3月 | 4月 | 5月 |
|---|---|---|---|---|---|
| （三）日用品类 | 101.1 | 101.6 | 100.7 | 99.9 | 99.2 |
| (1) 一般日用品 | 111.6 | 111.3 | 111.1 | 108.5 | 106.9 |
| (2) 日用机电消费品 | 91.6 | 93.3 | 91.9 | 91.8 | 91.5 |
| (3) 家　　具 | 106.4 | 106.3 | 105.7 | 106.3 | 105.5 |
| (4) 日用杂品 | 111.0 | 107.4 | 107.7 | 107.2 | 107.4 |
| （四）文化娱乐用品类 | 99.4 | 100.5 | 100.2 | 97.4 | 95.8 |
| (1) 纸张文具 | 111.9 | 113.5 | 112.5 | 113.5 | 111.6 |
| (2) 文娱用机电消费品 | 96.1 | 97.1 | 96.7 | 92.2 | 91.2 |
| (3) 其他文娱用品 | 108.2 | 108.9 | 109.5 | 112.1 | 108.4 |
| （五）书报杂志类 | 117.5 | 118.8 | 117.0 | 114.2 | 115.9 |
| （六）药及医疗用品类 | 101.9 | 99.6 | 97.1 | 96.4 | 95.5 |
| (1) 中　　药 | 94.0 | 91.6 | 90.3 | 89.8 | 88.8 |
| (2) 西药及医疗用品 | 112.3 | 110.0 | 106.0 | 105.1 | 104.3 |
| （七）建筑装潢材料类 | 97.7 | 96.7 | 96.0 | 95.0 | 93.8 |
| （八）燃 料 类 | 107.8 | 108.8 | 106.4 | 105.9 | 104.8 |
| **二、农业生产资料指数** | | | | | |
| 1. 小 农 具 | | | | | |
| (1) 铁制小农具 | | | | | |
| (2) 竹木制小农具 | | | | | |
| 2. 半机械化农具 | | | | | |
| 3. 机械化农具 | | | | | |
| 4. 化学肥料 | | | | | |
| 5. 农药及农药械 | | | | | |
| (1) 化学农药 | | | | | |
| (2) 农 药 械 | | | | | |
| 6. 农用机油 | | | | | |
| 7. 其　　他 | | | | | |
| **三、服务项目价格指数** | **113.5** | **109.8** | **108.1** | **108.6** | **107.9** |
| 1. 房　　租 | 103.3 | 103.5 | 100.4 | 100.5 | 100.4 |
| 2. 水 电 费 | 101.8 | 105.8 | 106.1 | 105.9 | 105.1 |
| 3. 交 通 费 | 146.5 | 145.2 | 145.7 | 151.3 | 153.5 |
| 4. 邮 电 费 | 104.3 | 106.0 | 102.2 | 102.5 | 105.3 |
| 5. 医疗保健费 | 106.2 | 105.5 | 104.6 | 103.5 | 103.0 |
| 6. 学杂保育费 | 116.8 | 105.9 | 102.7 | 102.7 | 102.2 |
| 7. 文 娱 费 | 110.6 | 112.3 | 112.3 | 112.3 | 107.4 |
| 8. 修理及其他服务费 | 112.5 | 109.7 | 108.1 | 108.6 | 106.6 |

注：生活费用价格统计一和三2大类商品价格，零售物价统计一和二2大类商品价格

| 6月 | 7月 | 8月 | 9月 | 10月 | 11月 | 12月 |
|---|---|---|---|---|---|---|
| 97.7 | 99.3 | 100.5 | 100.3 | 101.1 | 100.7 | 100.9 |
| 106.2 | 108.0 | 108.8 | 107.7 | 106.4 | 106.1 | 105.1 |
| 90.1 | 92.5 | 93.7 | 94.5 | 96.1 | 95.9 | 97.2 |
| 100.8 | 100.5 | 102.5 | 101.5 | 101.9 | 101.9 | 102.0 |
| 106.7 | 106.6 | 107.5 | 106.7 | 111.0 | 108.2 | 105.3 |
| 95.2 | 94.4 | 94.3 | 95.1 | 95.0 | 95.6 | 95.6 |
| 109.2 | 109.4 | 108.8 | 109.5 | 107.4 | 107.1 | 106.7 |
| 90.9 | 90.0 | 89.6 | 91.1 | 91.1 | 92.2 | 91.9 |
| 106.7 | 106.1 | 107.6 | 105.3 | 105.5 | 104.9 | 105.3 |
| 116.8 | 116.2 | 116.9 | 104.7 | 104.7 | 103.2 | 103.0 |
| 94.5 | 93.9 | 92.9 | 92.2 | 94.5 | 95.3 | 96.3 |
| 88.4 | 87.7 | 88.1 | 87.6 | 90.9 | 91.1 | 92.4 |
| 102.4 | 102.1 | 99.2 | 98.2 | 99.4 | 100.8 | 101.0 |
| 94.6 | 94.3 | 92.7 | 92.3 | 92.3 | 93.0 | 90.8 |
| 103.4 | 105.9 | 108.0 | 108.6 | 107.3 | 127.2 | 124.8 |
| | | | | | | |
| **108.6** | **108.5** | **108.5** | **105.1** | **103.1** | **103.4** | **101.5** |
| 100.4 | 100.4 | 100.4 | 100.0 | 100.0 | 102.4 | 101.9 |
| 105.0 | 105.7 | 105.9 | 105.9 | 105.0 | 105.1 | 105.2 |
| 157.1 | 157.1 | 156.8 | 125.9 | 112.9 | 111.9 | 102.8 |
| 105.6 | 108.8 | 215.6 | 222.8 | 207.9 | 205.7 | 206.6 |
| 102.1 | 102.1 | 102.0 | 106.0 | 106.4 | 106.4 | 104.2 |
| 104.4 | 104.0 | 100.6 | 97.4 | 95.7 | 96.2 | 94.6 |
| 103.0 | 101.6 | 102.5 | 102.4 | 102.7 | 102.8 | 102.6 |
| 105.8 | 105.4 | 104.6 | 105.1 | 105.0 | 105.1 | 103.7 |

# 1990年广西城市生活费用价格和零售物价各月同比指数

以上年同月价格为100

| 类　别 | 1月 | 2月 | 3月 | 4月 | 5月 |
|---|---|---|---|---|---|
| **生活费用价格总指数** | **102.4** | **98.4** | **99.8** | **97.6** | **97.1** |
| **零售物价总指数** | **101.4** | **97.2** | **98.9** | **96.5** | **96.0** |
| **一、消费品价格指数** | **101.4** | **97.2** | **98.9** | **96.5** | **96.0** |
| （一）食品类 | 100.3 | 94.1 | 97.0 | 93.9 | 93.5 |
| 1. 粮　食 | 89.2 | 90.1 | 95.9 | 92.5 | 98.1 |
| (1) 细　粮 | 90.6 | 91.3 | 96.9 | 93.3 | 99.7 |
| (2) 粗　粮 | 75.5 | 78.6 | 86.5 | 85.1 | 83.5 |
| 2. 副食品 | 103.3 | 94.5 | 96.4 | 92.5 | 93.5 |
| (1) 食用植物油 | 101.4 | 98.4 | 91.4 | 92.3 | 91.8 |
| (2) 鲜　菜 | 106.4 | 77.0 | 103.0 | 102.1 | 94.0 |
| (3) 干　菜 | 126.2 | 106.4 | 98.5 | 93.3 | 93.8 |
| (4) 肉禽蛋 | 101.4 | 95.7 | 94.3 | 90.4 | 92.0 |
| (5) 水产品 | 101.9 | 101.1 | 99.1 | 87.2 | 98.4 |
| (6) 调味品 | 114.2 | 114.4 | 112.7 | 112.7 | 113.1 |
| (7) 食　糖 | 99.8 | 100.0 | 100.0 | 100.0 | 100.0 |
| 3. 烟酒茶 | 98.6 | 98.7 | 98.1 | 101.1 | 101.2 |
| (1) 烟 | 100.4 | 100.5 | 100.6 | 103.7 | 104.5 |
| (2) 酒 | 95.6 | 95.0 | 93.4 | 95.1 | 95.1 |
| (3) 茶　叶 | 103.6 | 108.8 | 108.1 | 122.5 | 115.4 |
| 4. 其他食品 | 90.1 | 91.6 | 101.0 | 100.5 | 85.3 |
| (1) 鲜　果 | 74.8 | 79.1 | 97.4 | 97.0 | 69.9 |
| (2) 干　果 | 92.8 | 96.9 | 103.1 | 104.7 | 97.7 |
| (3) 糖　果 | 106.9 | 108.0 | 105.6 | 103.8 | 102.2 |
| (4) 糕　点 | 109.8 | 102.9 | 105.1 | 101.6 | 101.6 |
| (5) 奶及奶制品 | 105.5 | 105.1 | 104.2 | 105.5 | 102.5 |
| (6) 罐　头 | 122.4 | 114.2 | 114.7 | 110.5 | 109.3 |
| (7) 其他饮料 | 112.0 | 110.9 | 104.9 | 106.0 | 103.2 |
| （二）衣着类 | 110.3 | 110.4 | 108.8 | 109.8 | 108.5 |
| (1) 棉　布 | 121.6 | 121.4 | 116.0 | 114.0 | 107.2 |
| (2) 棉花化纤混纺布 | 133.9 | 133.8 | 114.2 | 114.4 | 107.0 |
| (3) 化纤布 | 111.5 | 110.5 | 104.1 | 108.1 | 109.5 |
| (4) 呢　绒 | 108.3 | 110.2 | 106.4 | 101.5 | 104.4 |
| (5) 绸　缎 | 120.6 | 117.8 | 116.7 | 112.9 | 112.1 |
| (6) 针纺织品 | 113.3 | 111.7 | 110.9 | 110.5 | 105.2 |
| (7) 服　装 | 107.8 | 108.7 | 107.9 | 108.9 | 109.1 |
| (8) 鞋 | 111.1 | 111.6 | 112.4 | 115.3 | 113.1 |
| (9) 其他衣着 | 105.6 | 105.6 | 104.7 | 104.7 | 103.8 |

| 6月 | 7月 | 8月 | 9月 | 10月 | 11月 | 12月 |
|---|---|---|---|---|---|---|
| **95.6** | **95.6** | **96.8** | **97.9** | **97.1** | **99.6** | **101.3** |
| **94.2** | **94.2** | **95.5** | **97.3** | **96.6** | **99.3** | **101.2** |
| **94.2** | **94.2** | **95.5** | **97.3** | **96.6** | **99.3** | **101.2** |
| 91.5 | 91.2 | 92.7 | 95.5 | 94.5 | 97.4 | 100.1 |
| 93.1 | 95.8 | 100.8 | 104.6 | 103.3 | 105.1 | 102.4 |
| 94.2 | 97.3 | 102.5 | 106.7 | 105.3 | 107.0 | 104.2 |
| 82.3 | 82.0 | 84.7 | 85.3 | 84.4 | 87.2 | 85.7 |
| 90.4 | 90.2 | 89.9 | 93.3 | 91.9 | 95.2 | 97.8 |
| 88.8 | 88.0 | 91.8 | 92.2 | 92.7 | 94.4 | 94.0 |
| 92.7 | 98.9 | 92.4 | 98.3 | 93.0 | 101.7 | 112.3 |
| 95.3 | 97.4 | 96.8 | 95.8 | 95.9 | 96.7 | 99.0 |
| 87.4 | 85.6 | 96.3 | 89.9 | 88.6 | 91.1 | 92.4 |
| 100.1 | 99.1 | 99.6 | 103.3 | 104.3 | 103.4 | 106.0 |
| 112.6 | 114.5 | 112.3 | 108.9 | 108.5 | 106.4 | 100.1 |
| 99.9 | 99.7 | 99.6 | 99.6 | 99.6 | 142.0 | 142.2 |
| 100.0 | 99.3 | 101.2 | 98.3 | 98.1 | 98.3 | 100.6 |
| 103.1 | 102.1 | 103.9 | 99.3 | 99.1 | 100.1 | 102.1 |
| 94.8 | 95.1 | 97.5 | 96.6 | 96.5 | 95.6 | 97.8 |
| 106.7 | 101.6 | 101.1 | 101.2 | 100.5 | 99.7 | 107.4 |
| 91.9 | 89.6 | 100.0 | 101.1 | 103.1 | 105.3 | 113.1 |
| 85.2 | 78.7 | 97.8 | 98.4 | 102.7 | 105.5 | 119.3 |
| 98.3 | 101.5 | 109.1 | 119.8 | 115.8 | 120.0 | 123.2 |
| 101.0 | 101.1 | 101.2 | 100.1 | 100.5 | 103.7 | 105.8 |
| 99.7 | 99.2 | 100.2 | 99.8 | 99.7 | 101.3 | 104.2 |
| 102.4 | 102.2 | 100.9 | 100.2 | 99.9 | 99.0 | 99.4 |
| 111.6 | 102.5 | 102.5 | 96.0 | 96.0 | 96.4 | 103.7 |
| 102.6 | 102.0 | 102.0 | 103.3 | 104.9 | 105.2 | 103.2 |
| 106.7 | 106.5 | 106.6 | 106.2 | 104.8 | 106.7 | 107.2 |
| 107.9 | 106.7 | 106.4 | 106.8 | 105.4 | 112.6 | 113.1 |
| 105.7 | 105.7 | 105.7 | 105.6 | 100.1 | 102.3 | 105.5 |
| 109.5 | 111.1 | 111.1 | 111.1 | 103.1 | 103.9 | 107.3 |
| 106.3 | 103.7 | 103.7 | 103.4 | 101.0 | 103.7 | 101.1 |
| 111.5 | 113.7 | 113.6 | 113.6 | 106.0 | 106.1 | 107.1 |
| 105.5 | 105.7 | 104.6 | 104.8 | 104.8 | 111.0 | 111.3 |
| 106.0 | 104.7 | 105.3 | 105.3 | 104.6 | 105.3 | 106.5 |
| 111.2 | 112.6 | 112.6 | 110.4 | 109.4 | 110.0 | 107.9 |
| 100.9 | 100.7 | 101.2 | 100.8 | 100.7 | 101.8 | 102.2 |

# 1990年广西城市生活费用价格和零售物价各月同比指数（续表）

以上年同月价格为100

| 类　别 | 1月 | 2月 | 3月 | 4月 | 5月 |
|---|---|---|---|---|---|
| （三）日用品类 | 99.8 | 100.6 | 99.7 | 98.9 | 98.3 |
| (1) 一般日用品 | 110.1 | 110.2 | 109.8 | 107.3 | 106.1 |
| (2) 日用机电消费品 | 89.8 | 92.0 | 90.5 | 90.2 | 90.1 |
| (3) 家　　具 | 107.1 | 107.3 | 106.6 | 107.7 | 106.3 |
| (4) 日用杂品 | 111.3 | 106.7 | 107.1 | 106.3 | 106.8 |
| （四）文化娱乐用品类 | 99.0 | 100.1 | 99.9 | 96.4 | 94.9 |
| (1) 纸张文具 | 112.9 | 115.0 | 113.4 | 115.0 | 113.3 |
| (2) 文娱用机电消费品 | 96.5 | 97.7 | 97.4 | 92.0 | 91.2 |
| (3) 其他文娱用品 | 105.8 | 105.6 | 106.5 | 110.2 | 105.7 |
| （五）书报杂志类 | 116.6 | 117.5 | 116.6 | 115.4 | 116.6 |
| （六）药及医疗用品类 | 99.5 | 97.1 | 94.0 | 93.1 | 93.6 |
| (1) 中　　药 | 90.6 | 87.7 | 86.7 | 85.4 | 86.3 |
| (2) 西药及医疗用品 | 113.3 | 111.6 | 105.3 | 105.1 | 104.9 |
| （七）建筑装潢材料类 | 95.6 | 96.7 | 97.3 | 96.3 | 95.0 |
| （八）燃 料 类 | 107.7 | 107.2 | 105.8 | 104.5 | 104.7 |
| **二、农业生产资料指数** | | | | | |
| 1. 小 农 具 | | | | | |
| (1) 铁制小农具 | | | | | |
| (2) 竹木制小农具 | | | | | |
| 2. 半机械化农具 | | | | | |
| 3. 机械化农具 | | | | | |
| 4. 化学肥料 | | | | | |
| 5. 农药及农药械 | | | | | |
| (1) 化学农药 | | | | | |
| (2) 农 药 械 | | | | | |
| 6. 农用机油 | | | | | |
| 7. 其　　他 | | | | | |
| **三、服务项目价格指数** | **112.0** | **110.0** | **108.0** | **108.2** | **107.9** |
| 1. 房　　租 | 100.0 | 100.0 | 100.0 | 100.0 | 100.0 |
| 2. 水 电 费 | 100.1 | 104.7 | 104.6 | 104.6 | 104.6 |
| 3. 交 通 费 | 152.2 | 152.2 | 152.7 | 155.6 | 155.6 |
| 4. 邮 电 费 | 104.4 | 106.5 | 102.3 | 102.7 | 106.3 |
| 5. 医疗保健费 | 105.0 | 105.3 | 104.3 | 102.9 | 102.4 |
| 6. 学杂保育费 | 114.2 | 106.8 | 102.9 | 102.9 | 102.9 |
| 7. 文 娱 费 | 110.4 | 111.9 | 111.9 | 111.9 | 107.1 |
| 8. 修理及其他服务费 | 112.1 | 108.8 | 106.0 | 106.1 | 105.1 |

注：生活费用价格统计一和三2大类商品价格，零售物价统计一和二2大类商品价格

| 6 月 | 7 月 | 8 月 | 9 月 | 10 月 | 11 月 | 12 月 |
|---|---|---|---|---|---|---|
| **100.1** | **101.4** | **99.6** | **98.9** | **99.9** | **99.7** | **102.7** |
| **123.3** | **124.8** | **124.7** | **121.4** | **118.9** | **118.5** | **115.9** |
| **101.4** | **101.6** | **102.1** | **101.6** | **102.2** | **102.7** | **101.8** |
| 97.8 | 97.4 | 99.5 | 99.9 | 101.4 | 101.4 | 101.4 |
| 105.5 | 105.7 | 107.6 | 107.8 | 107.6 | 108.5 | 105.6 |
| 99.2 | 99.4 | 98.9 | 97.7 | 98.6 | 99.2 | 99.0 |
| 100.1 | 100.3 | 100.1 | 100.1 | 100.6 | 100.4 | 100.9 |
| **98.2** | **98.9** | **98.9** | **99.5** | **99.4** | **99.5** | **99.9** |
| 96.7 | 97.5 | 97.3 | 98.9 | 98.6 | 98.6 | 98.5 |
| 99.9 | 100.3 | 100.3 | 100.3 | 100.3 | 100.0 | 100.0 |
| 97.8 | 99.2 | 99.2 | 99.2 | 99.2 | 100.1 | 101.9 |
| **118.0** | **114.2** | **112.5** | **110.9** | **106.4** | **105.4** | **107.1** |
| 105.4 | 105.3 | 105.3 | 105.3 | 104.3 | 104.3 | 100.6 |
| 120.0 | 115.6 | 113.5 | 111.7 | 106.7 | 105.5 | 108.0 |
| 113.0 | 110.6 | 113.0 | 109.3 | 98.4 | 95.5 | 102.0 |
| 109.4 | 108.9 | 107.1 | 107.2 | 100.7 | 100.3 | 100.5 |
| 126.6 | 120.1 | 115.0 | 114.3 | 113.9 | 113.9 | 113.8 |
| 124.7 | 118.6 | 113.8 | 113.1 | 112.7 | 112.7 | 112.6 |
| **102.2** | **100.9** | **100.7** | **100.1** | **100.7** | **101.9** | **101.9** |
| 102.0 | 100.4 | 100.1 | 99.3 | 100.1 | 101.7 | 101.7 |
| 102.9 | 102.9 | 102.9 | 102.9 | 102.7 | 102.3 | 102.4 |